中国二十大名著

国学经典文库 图文珍藏版

马博⊙主编

线装书局

前　言

名著就是指具有较高艺术价值和知名度,且包含永恒主题和经典的人物形象,能够经过时间考验经久不衰,被广泛认识以及流传的文字作品,能给人们以警世和深远影响的著作,以及对世人生存环境的感悟;名著可以使人陶冶情操,在经典的名著里去探索、去挖掘那潜在的文学风格。中国名著是博大精深、源远流长的中华文化之一,是中国文学史上闪烁着灿烂光辉的经典性作品或优秀作品,是世界文学宝库中令人瞩目的瑰宝;中国名著是全民族取之不竭,用之不尽的精神食粮,值得反复阅读,经常阅读,一代又一代地传承性阅读。当从某一代人开始不读传统名著,用网络"浅阅读"代替经典的"深阅读",便可能自绝文脉,形成一种民族文化断层和精神断层。

一些专家说得好,名著所关怀和弘扬的,总是具有永恒性的东西;读名著不只是读书,特别是经典名著,它们的内容往往与人性矛盾挂钩,具有时代穿透力,读它们不只是读书,更是在读人生且仔细品味,就能在其中增强对生活的感悟。在学习生活当中,常听到手拿书本的读者感叹:名著太难懂,啃都啃不进去。欣赏一部名著真的这么难吗?事实上并不难,关键在于你欣赏的方法是不是对,阅读的毅力是不是强。对于如何阅读名著,文学巨匠茅盾读名著的方法就可以借鉴,他认为最起码读三遍:第一遍最好很快地把它读完,这好像是在飞机上鸟瞰桂林城的全景;第二遍是慢慢地读,细细地咀嚼,注意各章各段的结构;第三遍是要细细地一段一段地读,这时要注意研究到它的炼字炼句。

我们欣赏名著要大段大段地读,千万别小口小口地啃,你读的句子越长,你就越能进入书的节奏和感情,从中得到的乐趣也就越大。对于名著,尤其要学会细细地回味和反复研读。你放心,所有名著都经得起细评和反复读。当你读完一本书后,如果很感兴趣,又不完全懂,那么可以与有兴趣的朋友共同回味它,或者立即重读一遍,你会发现对它的了解更深一步,甚至找到了作者当年的感受。很多人都有一种感受,几年前读过中国四大名著并且喜欢它,然而今天再重新读一遍的时候,都不相信这是几年前自己读的那本书。

当然,中国古典文学名著浩如烟海,汗牛充栋,试以一人之力,如何从书海中披

沙砾金？若不取其精华,弃其糟粕,只怕一个人从生至死,一百年不眠不休,也难以阅书海之一粟。而经典名著则是历经时间筛选留下的硕果,是古今中外的精华。读之,有以一当十的价值,它们是军事上的制高点,可以节省我们从书海中淘金的大量时间。有鉴于此,我们组织有关专家和学者编辑了这套《中国二十大名著》,这是中国古典名著的"好中选优,优中选精"的精华本,具体包括:《红楼梦》、《水浒传》、《三国演义》、《西游记》、《聊斋志异》、《封神演义》、《儒林外史》、《东周列国志》、《官场现形记》、《镜花缘》、《三言二拍》、《隋唐演义》、《说唐全传》、《说岳全传》、《济公全传》和《三侠五义》这二十部作品。坐拥此套名著经典,可洞窗八面,会千古人,知天下事,其中任何一部名著读完后,你都会觉得自己的灵魂深处被那些历史上最有天赋的作家的思想和洞察力鼓舞着。

国学经典文库

中国二十大名著

红楼梦

图文珍藏版

旷世奇书 谁说满纸荒唐言 经典之作 任谁可解其中味

[清]曹雪芹◎著 马博◎主编

第一册

中国名著

线装书局

图书在版编目（C I P）数据

红楼梦 /（清）曹雪芹著. -- 北京：线装书局，
2016.1
　（中国二十大名著 / 马博主编）
ISBN 978-7-5120-2004-7

　Ⅰ.①红… Ⅱ.①曹… Ⅲ.①章回小说 - 中国 - 清代
Ⅳ.①I242.4

中国版本图书馆CIP数据核字(2015)第255662号

红楼梦

原　　著：	[清] 曹雪芹	
主　　编：	马　博	
责任编辑：	高晓彬	
装帧设计：	博雅圣轩藏书馆 Boyashengxuan Cangshuguan	
出版发行：	线装书局	
	地　址：北京市西城区鼓楼西大街41号（100009）	
	电　话：010-64045283（发行部）　64045583（总编室）	
	网　址：www.xzhbc.com	
经　　销：	新华书店	
印　　制：	北京彩虹伟业印刷有限公司	
开　　本：	710mm×1040mm　1/16	
印　　张：	28	
字　　数：	340千字	
版　　次：	2016年1月第1版第1次印刷	
印　　数：	0001 - 3000套	

定　　价：4980.00元（全二十册）

导读

    《红楼梦》，中国古代四大名著之一，章回体长篇小说，成书于1784年（清乾隆四十九年），梦觉主人序本正式题为《红楼梦》。其原名有《石头记》、《情僧录》、《风月宝鉴》、《金陵十二钗》等。前80回曹雪芹著，后40回高鹗续（一说是无名氏续），程伟元、高鹗整理。本书是一部具有高度思想性和高度艺术性的伟大作品。作者通过贾宝玉与林黛玉的爱情悲剧的描写对现实社会、宫廷、官场的黑暗，封建贵族阶级及其家族的腐朽，对封建的科举、婚姻、奴婢、等级制度及社会统治思想等都进行了深刻的批判，并且提出了朦胧的带有初步民主主义性质的理想和主张。

目　录

国学经典文库

中国二十大名著

目录

图文珍藏版

2

国学经典文库

中国二十大名著

目录

图文珍藏版

4

国学经典文库

中国二十大名著

目录

图文珍藏版

第一回　甄士隐梦幻识通灵
贾雨村风尘怀闺秀

　　此开卷第一回也。作者自云：因曾历过一番梦幻之后，故将真事隐去，而借"通灵"之说，撰此《石头记》一书也，故曰"甄士隐"云云。但书中所记何事何人？自又云："今风尘碌碌，一事无成，忽念及当日所有之女子，一一细考较去，觉其行止见识，皆出于我之上。何我堂堂须眉，诚不若彼裙钗哉？实愧则有余，悔又无益之大无可如何之日也！当此，则自欲将已往所赖天恩祖德，锦衣纨绔之时，饫甘餍肥之日，背父兄教育之恩，负师友规训之德，以至今日一技无成，半生潦倒之罪，编述一集，以告天下人：我之罪固不免，然闺阁中本自历历有人，万不可因我之不肖，自护己短，一并使其泯灭也。虽今日之茅椽蓬牖，瓦灶绳床，其风晨月夕，阶柳庭花，亦未有妨我之襟怀笔墨者。虽我未学，下笔无文，又何妨用假语村言敷演出一段故事来，以悦人之耳目哉"。故曰"风尘怀闺秀"，乃是第一回提纲正义也。开卷即云"风尘怀闺秀"，则知作者本意为记述当日闺友闺情，并非怨世骂时之书矣。虽一时有涉于世态，然亦不得不叙者，但非其本旨耳，阅者切记之。诗曰：

　　　　浮生着甚苦奔忙，盛席华筵终散场。悲喜千般同幻渺，古今一梦尽荒唐。
　　　　谩言红袖啼痕重，更有情痴抱恨长。字字看来皆是血，十年辛苦不寻常。

　　列位看官：你道此书从何而来？说起根由虽近荒唐，细按则深有趣味。待在下将此来历注明，方使阅者了然不惑。

　　原来女娲氏炼石补天之时，于大荒山无稽崖炼成高经十二丈，方经二十四丈玩石三万六千五百零一块。娲皇氏只用了三万六千五百块，只单单剩了一块未用，便弃在此山青埂峰下。谁知此石自经锻炼之后，灵性已通，因见众石俱得补天，独自己无才不堪入选，遂自怨自叹，日夜悲号惭愧。

　　一日，正当嗟悼之际，俄见一僧一道远远而来，生得骨骼不凡，说说笑笑来至峰下，坐于石边高谈快论。先是说些云山雾海神仙玄幻之事，后便说到红尘中荣华富贵。此石听了，不觉打动凡心，也想要到人间去享一享这荣华富贵；但自恨粗蠢，不得已，便口吐人言，向那僧道说道："大师，弟子蠢物，不能见礼了。适闻二位谈那人世间荣耀繁华，心切慕之。弟子质虽粗蠢，性却稍通，况见二师仙形道体，定非凡品，必有补天济世之才，利物济人之德。如蒙发一点慈心，携带弟子得入红尘，在那富贵场中、温柔乡里受享几年，自当永佩洪恩，万劫不忘也。"二仙师听毕，齐憨笑道："善哉，善哉！那红尘中有却有些乐事，但不能永远依恃；况又有'美中不足，好事多磨'八个字紧相连属，瞬息间则又乐极悲生，人非物换，究竟是到头一梦，万境归空，倒不如不去的好。"

　　这石凡心已炽，哪里听得进这话去，乃复苦求再四。二仙知不可强制，乃叹道："此亦静极思动，无中生有之数也。既如此，我们便携你去受享受享，只是到不得意时，切莫后悔。"石道："自然，自然。"那僧又道："若说你性灵，却又如此质蠢，并更无奇贵之处。如此也只好踮脚而已。也罢，我如今大施佛法助你（一）助，待劫终之日，复还本质，以了此案。你道好否？"石头听了，感谢不尽。那僧便念咒书符，大展幻术，将一块大石登时变成一块鲜明莹洁的美玉，且又缩成扇坠大小的可佩可拿。那僧托于掌上，笑道："形体倒也是个宝物了！还只没有实在的好处，须得再镌上数字，使人一见便知是奇物方妙。然后好携你到那昌明隆盛之邦，诗礼簪缨之族，花柳繁华地，温柔富贵乡去安身乐业。"石头听了，喜不能禁，乃问："不知赐了弟子哪几件奇处，又不知携了弟子到何地方？望乞明示，使弟子不惑。"那僧笑道："你且莫问，日后自然明白的。"说着，便袖了这石，同那道人飘然而去，竟不知投奔何方何舍。

　　后来，又不知过了几世几劫，因有个空空道人访道求仙，忽从这大荒山无稽崖青埂峰下

经过，忽见一大块石上字迹分明，编述历历。空空道人乃从头一看，原来就是无才补天，幻形入世，蒙茫茫大士，渺渺真人携入红尘，历尽离合悲欢炎凉世态的一段故事。后面又有一首偈云：

> 无才可去补苍天，枉入红尘若许年。
>
> 此系身前身后事，倩谁记去作奇传？

诗后便是此石坠落之乡，投胎之处，亲自经历的一段陈迹故事。其中家庭闺阁琐事，以及闲情诗词倒还全备，或可适趣解闷；然朝代年纪，地舆邦国却反失落无考。

空空道人遂向石头说道："石兄，你这一段故事，据你自己说有些趣味，故编写在此，意欲问世传奇。据我看来，第一件，无朝代年纪可考；第二件，并无大贤大忠理朝廷治风俗的善政，其中只不过几个异样女子，或情或痴，或小才微善，亦无班姑、蔡女之德能。我纵抄去，恐世人不爱看呢。"石头笑答道："我师何太痴耶！若云无朝代可考，今我师竟假借汉唐等年纪添缀，又有何难？但我想，历来野史，皆蹈一辙，莫如我这不借此套者，反倒新奇别致，不过只取其事体情理罢了，又何必拘拘于朝代年纪哉！再者，市井俗人喜看理治之书者甚少，爱适趣闲文者特多。历来野史，或讪谤君相，或贬人妻女，奸淫凶恶，不可胜数。更有一种风月笔墨，其淫秽污臭，荼毒笔墨，坏人子弟，又不可胜数。至若佳人才子等书，则又千部共出一套，且其中终不能不涉于淫滥，以致满纸潘安、子建、西子、文君，不过作者要写出自己的那两首情诗艳赋来，故假拟出男女二人名姓，又必旁出一小人其间拨乱，亦如剧中之小丑然。且鬟婢开口即者也之乎，非文即理。故逐一看去，悉皆自相矛盾、大不近情理之话，竟不如我半世亲睹亲闻的这几个女子，虽不敢说强似前代书中所有之人，但事迹原委，亦可以消愁破闷；也有几首歪诗熟词，可以喷饭供酒。至若离合悲欢，兴衰际遇，则又追踪蹑迹，不敢稍加穿凿，徒为供人之目而反失其真传者。今之人，贫者日为衣食所累，富者又怀不足之心，纵一时稍闲，又有贪淫恋色、好货寻愁之事，哪里去有工夫看那理治之书？所以我这一段故事，也不愿世人称奇道妙，也不定要世人喜悦检读，只愿他们当那醉淫饱卧之时，或避事去愁之际，把此一玩，岂不省了些寿命筋力？就比那谋虚逐妄，却也省了口舌是非之害，腿脚奔忙之苦。再者，亦令世人换新眼目，不比那些胡牵乱扯忽离忽遇，满纸才人淑女、子建文君红娘小玉等通共熟套之旧稿。我师意为何如？"

空空道人听如此说，思忖半晌，将《石头记》再检阅一遍，因见上面虽有些指奸责佞贬恶诛邪之语，亦非伤时骂世之旨；及至君仁臣良父慈子孝，凡伦常所关之处，皆是称功颂德，眷眷无穷，实非别书之可比。虽其中大旨谈情，亦不过实录其事，又非假拟妄称，一味淫邀艳约、私订偷盟之可比。因毫不干涉时世，方从头至尾抄录回来，问世传奇。从此空空道人因空见色，由色生情，传情入色，自色悟空，遂易名为情僧，改《石头记》为《情僧录》。东鲁孔梅溪则题曰《风月宝鉴》。后因曹雪芹于悼红轩中披阅十载，增删五次，纂成目录，分出章回，则题曰《金陵十二钗》。并题一绝云：

> 满纸荒唐言，一把辛酸泪！
>
> 都云作者痴，谁解其中味？

出则既明，且看石上是何故事。按那石上书云：

当日地陷东南，这东南一隅有处曰姑苏，有城曰阊门者，最是红尘中一二等富贵风流之地。这阊门外有个十里街，街内有个仁清巷，巷内有个古庙，因地方窄狭，人皆呼作葫芦庙。庙旁住着一家乡宦，姓甄，名费，字士隐。嫡妻封氏，情性贤淑，深明礼义。家中虽不甚富贵，然本地便也推他为望族了。因这甄士隐禀性恬淡，不以功名为念，每日只以观花修竹、酌酒吟诗为乐，倒是神仙一流人品。只是一件不足：如今年已半百，膝下无儿，只有一女，乳名唤作英莲，年方三岁。

一日，炎夏永昼，士隐于书房闲坐，至手倦抛书，伏几少憩，不觉朦胧睡去。梦至一处，不辨是何地方。忽见那厢来了一僧一道，且行且谈。

只听道人问道："你携了这蠢物，意欲何往？"那僧笑道："你放心，如今现有一段风流公案正该了结，这一干风流冤家，尚未投胎入世。趁此机会，就将此蠢物夹带于中，使他去经历

经历。"那道人道："原来近日风流冤孽又将造劫历世去不成？但不知落于何方何处？"那僧笑道："此事说来好笑，竟是千古未闻的罕事。只因西方灵河岸上三生石畔，有绛珠草一株，时有赤瑕宫神瑛侍者，日以甘露灌溉，这绛珠草始得久延岁月。后来既受天地精华，复得雨露滋养，遂得脱却草胎木质，得换人形，仅修成个女体，终日游于离恨天外，饥则食蜜青果为膳，渴则饮灌愁海水为汤。只因尚未酬报灌溉之德，故其五内便郁结着一段缠绵不尽之意。恰近日这神瑛侍者凡心偶炽，乘此昌明太平朝世，意欲下凡造历幻缘，已在警幻仙子案前挂了号。警幻亦曾问及，灌溉之情未偿，趁此倒可了结的。那绛珠仙子道：'他是甘露之惠，我并无此水可还。他既下世为人，我也去下世为人，但把我一生所有的眼泪还他，也偿还得过他了。'因此一事，就勾出多少风流冤家来，陪他们去了结此案。"

那道人道："果是罕闻。实未闻有还泪之说。想来这一段故事，比历来风月事故更加琐碎细腻了。"那僧道："历来几个风流人物，不过传其大概以及诗词篇章而已；至家庭闺阁中一饮一食，总未述记。再者，大半风月故事，不过偷香窃玉，暗约私奔而已，并不曾将儿女之真情发泄一二。想这一干人入世，其情痴色鬼、贤愚不肖者，悉与前人传述不同矣。"那道人道："趁此何不你我也去下世度脱几个，岂不是一场功德？"那僧道："正合吾意，你且同我到警幻仙子宫中，将蠢物交割清楚，待这一干风流孽鬼下世已完，你我再去。如今虽已有一半落尘，然犹未全集。"道人道："既如此，便随你去来。"

却说甄士隐俱听得明白，但不知所云"蠢物"系何东西。遂不禁上前施礼，笑问道："二仙师请了。"那僧道也忙答礼相问。士隐因说道："适闻仙师所谈因果，实人世罕闻者。但弟子愚浊，不能洞悉明白，若蒙大开痴玩，备细一闻，弟子则洗耳谛听，稍能警醒，亦可免沉沦之苦。"二仙笑道："此乃玄机不可预泄者。到那时不要忘我二人，便可跳出火坑矣。"士隐听了，不便再问。因笑道："玄机不可预泄，但适云'蠢物'，不知为何，或可一见否？"那僧道："若问此物，倒有一面之缘。"说着，取出递与士隐。

士隐接了看时，原来是块鲜明美玉，上面字迹分明，镌着"通灵宝玉"四字，后面还有几行小字。正欲细看时，那僧便说已到幻境，便强从手中夺了去，与道人竟过一大石牌坊，上书四个大字，乃是"太虚幻境"。两边又有一副对联，道是：

> 假作真时真亦假，无为有处有还无。

士隐意欲也跟了过去，方举步时，忽听一声霹雳，有若山崩地陷。士隐大叫一声，定睛一看，只见烈日炎炎，所梦之事便忘了大半。又见奶母正抱了英莲走来。士隐见女儿越发生得粉妆玉琢，便伸手接来，抱在怀内，逗他玩耍一回，又带至街前，看那过会的热闹。

方欲进来时，只见从那边来了一僧一道：那僧则癞头跣脚，那道则跛足蓬头，疯疯癫癫，挥霍谈笑而至。及至到了他门前，看见士隐抱着英莲，那僧便大哭起来，又向士隐道："施主，你把这有命无运、累及爹娘之物，抱在怀内作甚？"士隐听了，知是疯话，也不去睬他。那僧还说："舍我吧，舍我吧！"士隐不耐烦，便抱女儿撤身要进去，那僧乃指着他大笑，口内念了四句言词道：

> 惯养娇生笑你痴，菱花空对雪澌澌。
> 好防佳节元宵后，便是烟消火灭时。

士隐听得明白,心下犹豫,意欲问他们来历。只听道人说道:"你我不必同行,就此分手,各干营生去吧。三劫后,我在北邙山等你,会齐了同往太虚幻境销号。"那僧道:"最妙,最妙!"说毕,二人一去,再不见个踪影了。士隐心中此时自忖:这两个人必有来历,该试一问,如今悔却晚也。

这士隐正痴想,忽见隔壁葫芦庙内寄居的一个穷儒——姓贾名化、表字时飞、别号雨村者走了出来。这贾雨村原系胡州人氏,也是诗书仕宦之族,因他生于末世,父母祖宗根基已尽,人口衰丧,只剩得他一身一口,在家乡无益,因进京求取功名,再整基业。自前岁来此,又淹蹇住了,暂寄庙中安身,每日卖字作文为生,故士隐常与他交接。

当下雨村见了士隐,忙施礼陪笑道:"老先生倚门伫望,敢是街市上有甚新闻否?"士隐笑道:"非也。适因小女啼哭,引他出来作耍,正是无聊之甚,兄来得正妙,请入小斋一谈,彼此皆可消此永昼。"说着,便令人送女儿进去,自与雨村携手来至书房中。小童献茶。方谈得三五句话,忽家人飞报:"严老爷来拜。"士隐慌得忙起身谢罪道:"恕诳驾之罪,略坐,弟即来陪。"雨村忙起身亦让道:"老先生请便。晚生乃常造之客,稍候何妨。"说着,士隐已出前厅去了。

这里雨村且翻弄书籍解闷。忽听得窗外有女子嗽声,雨村遂起身往窗外一看,原来是一个丫鬟在那里撷花儿,虽无十分姿色,却亦有动人之处。雨村不觉看的呆了。

那甄家丫鬟撷了花,方欲走时,猛抬头见窗内有人,敝巾旧服,虽是贫窘,然生得兼剑眉星眼。这丫鬟忙转身回避,心下乃想:"这人生的这样雄壮,却又这样褴褛,想他定是我家主人常说的什么贾雨村了,每有意帮助周济,只是没甚机会。我家并无这样贫窘亲友,想定是此人无疑了。怪道又说他必非久困之人。"如此想来,不免又回头两次。

雨村见他回了头,便自为这女子心中有意于他,便狂喜不尽,自为此女子必是个巨眼英雄,风尘中之知己也。一时小童进来,雨村打听得前面留饭,不可久待,遂从夹道中自便出门去了。士隐待客既散,知雨村自便,也不去再邀。

一日,早又中秋佳节。士隐家宴已毕,乃又另具一席于书房,却自己步月至庙中来邀雨村。原来雨村自那日见了甄家之婢曾回顾他两次,自为是个知己,便时刻放在心上。今又正值中秋,不免对月有怀,因而口占五言一律云:

未卜三生愿,频添一段愁。
闷来时敛额,行去几回头。
自顾风前影,谁堪月下俦?
蟾光如有意,先上玉人楼。

雨村吟罢,因又思及平生抱负,苦未逢时,乃又搔首对天长叹,复高吟一联曰:

玉在椟中求善价,钗于奁内待时飞。

恰值士隐走来听见,笑道:"雨村兄真抱负不浅也!"雨村忙笑道:"不过偶吟前人之句,何敢狂诞至此。"因问:"老先生何兴至此?"士隐笑道:"今夜中秋,俗谓'团圆之节',想尊兄旅寄僧房,不无寂寥之感,故特具小酌,邀兄到敝斋一饮,不知可纳芹意否?"雨村听了,并不推辞,便笑道:"既蒙厚爱,何敢拂此盛情。"说着,便同士隐复过这边书院中来。

须臾茶毕,早已设下杯盘,那美酒佳肴自不必说。当时街坊上家家箫管,户户弦歌,当头

一轮明月,飞彩凝辉,二人愈添豪兴,酒到杯干。雨村此时已有七八分酒意,狂兴不禁,乃对月寓怀,口号一绝云:

　　　　时逢三五便团圆,满把晴光护玉栏。
　　　　天上一轮才捧出,人间万姓仰头看。

　　士隐听了,大叫:"妙哉! 吾每谓兄必非久居人下者,今所吟之句,飞腾之兆已见,不日可接履于云霄之上矣。可贺,可贺!"乃亲斟一斗为贺。雨村因干过,叹道:"非晚生酒后狂言,若论时尚之学,晚生也或可去充数沽名,只是目今行囊路费一概无措,神京路远,非赖卖字撰文即能到者。"士隐不待说完,便道:"兄何不早言。愚每有此心,但每遇兄时,兄并未谈及,愚故未敢唐突。今既如此,愚虽不才,'义利'二字却还识得。且喜明岁正当大比,兄宜作速入都,春闱一战,方不负兄之所学也。其盘费余事,弟自代为处置,亦不枉兄之谬识矣!"当下即命小童进去,速封五十两白银,并两套冬衣。又云:"十九日乃黄道之期,兄可即买舟西上,待雄飞高举,明冬再晤,岂非大快之事耶!"雨村收了银衣,不过略谢一语,并不介意,仍是吃酒谈笑。那天已交了三更,二人方散。

　　士隐送雨村去后,回房一觉,直至红日三竿方醒。因思昨夜之事,意欲再写两封荐书与雨村带至神都,使雨村投谒个仕宦之家为寄足之地。因使人过去请时,那家人去了回来说:"和尚说,贾爷今日五鼓已进京去了,也曾留下话与和尚转达老爷,说'读书人不在黄道黑道,总以事理为要,不及面辞了。'"士隐听了,也只得罢了。

　　真是闲处光阴易过,倏忽又是元宵佳节矣。士隐命家人霍启抱了英莲去看社火花灯,半夜中,霍启因要小解,便将英莲放在一家门槛上坐着。待他小解完了来抱时,哪有英莲的踪影? 急得霍启直寻了半夜,至天明不见,那霍启也就不敢回来见主人,便逃往他乡去了。那士隐夫妇,见女儿一夜不归,便知有些不妥,再使几人去寻找,回来皆云连音响皆无。夫妻二人,半世只生此女,一旦失落,岂不思想,因此昼夜啼哭,几乎不曾寻死。看看的一月,士隐先就得了一病;当时封氏孺人也因思女构疾,日日请医疗治。

　　不想这日三月十五,葫芦庙中炸供,那些和尚不加小心,致使油锅火逸,便烧着窗纸。只可怜甄家在隔壁,早已烧成一片瓦砾场了。只有他夫妇并几个家人的性命不曾伤了。急得士隐唯跌足长叹而已。士隐只得将田庄都折变了,便携了妻子与两个丫鬟投他岳丈家去。

　　他岳丈名唤封肃,本贯大如州人氏,虽是务农,家中都还殷实。今见女婿这等狼狈而来,心中便有些不乐。士隐知投人不着,心中未免悔恨,再兼上年惊唬,急愤怨痛,已有积伤,暮年之人,贫病交攻,竟渐渐地露出那下世的光景来。

　　可巧这日拄了拐杖到街前散散心时,忽见那边来了一个跛足道人,疯癫落脱,麻屣鹑衣,口内念着几句言词,道是:

　　　　世人都晓神仙好,唯有功名忘不了!
　　　　古今将相在何方? 荒冢一堆草没了。
　　　　世人都晓神仙好,只有金银忘不了!
　　　　终朝只恨聚无多,及到多时眼闭了。
　　　　世人都晓神仙好,只有娇妻忘不了!
　　　　君生日日说恩情,君死又随人去了。
　　　　世人都晓神仙好,只有儿孙忘不了!
　　　　痴心父母古来多,孝顺儿孙谁见了?

　　士隐听了,便迎上来道:"你满口说些什么? 只听见些'好''了''好''了'。"那道人笑道:"你若听见'好''了'二字,还算你明白。可知世上万般,好便是了,了便是好。若不了,便不好;若要好,须是了。我这歌儿,便名《好了歌》。"士隐本是有宿慧的,一闻此言,心中早已彻悟。因笑道:"且住! 待我将你这《好了歌》解注出来何如?"道人笑道:"你解,你解。"士隐乃说道:

　　　　陋室空堂,当年笏满床。衰草枯杨,曾为歌舞场。蛛丝儿结满雕梁,绿纱今又糊在蓬窗上。说什么脂正浓、粉正香,如何两鬓又成霜? 昨日黄土陇头送白骨,今宵红绡帐

底卧鸳鸯。金满箱，银满箱，展眼乞丐人皆谤。正叹他人命不长，哪知自己归来丧！训有方，保不定日后作强梁。择膏粱，谁承望流落在烟花巷！因嫌纱帽小，致使锁枷扛；昨怜破袄寒，今嫌紫蟒长；乱哄哄你方唱罢我登场，反认他乡是故乡。甚荒唐，到头来都是为他人作嫁衣裳！

那疯跛道人听了，拍掌笑道："解得切，解得切！"士隐便说一声"走罢！"将道人肩上褡裢抢了过来背着，竟不回家，同了疯道人飘飘而去。封氏闻得此信，哭个死去活来，幸而身边还有两个旧日的丫鬟服侍，主仆三人，日夜做些针线发卖，帮着父亲用度。那封肃虽然日日抱怨，也无可奈何了。

这日，那甄家大丫鬟在门前买线，忽听街上喝道之声，众人都说新太爷到任。丫鬟于是隐在门内看时，只见大轿抬着一个乌帽猩袍的官府过去。丫鬟倒发了个怔，自思这官好面善，倒像在哪里见过的。至晚间，正待歇息之时，忽听一片声打的门响，许多人乱嚷，说："本府太爷差人来传人问话。"封肃听了，唬得目瞪口呆，不知有何祸事，且听下回分解。

第二回　贾夫人仙逝扬州城
　　　　冷子兴演说荣国府

却说封肃因听见公差传唤，忙出来陪笑启问。那些人只嚷："快请出甄爷来！"封肃忙陪笑道："小人姓封，并不姓甄。只有当日小婿姓甄，今已出家一二年了，不知可是问他？"那些公人道："我们也不知什么'真''假'，因奉太爷之命来问，他既是你女婿，便带了你去亲见太爷面禀，省得乱跑。"说着，不容封肃多言，大家推拥他去了。封家人个个都惊慌，不知何兆。

那天约二更时，只见封肃方回来，欢天喜地。众人忙问端的。他乃说道："原来本府新升的太爷姓贾名化，曾与女婿旧日相交。方才在咱门前过去，因看见娇杏那丫头买线，所以他只当女婿移住于此。我一一将缘故回明，那太爷倒伤感叹息了一回，又问外孙女儿，我说看灯丢了。太爷说：'不妨，我自使番役务必探访回来。'说了一回话，临走倒送了我二两银子。"甄家娘子听了，不免心中伤感。一宿无话。

至次日，早有雨村遣人送了两封银子、四匹锦缎，答谢甄家娘子；又寄一封密书与封肃，转托问甄家娘子要那娇杏作二房。封肃喜的屁滚尿流，便在女儿前一力撺掇成了，乘夜只用一乘小轿，便把娇杏送进去了。雨村欢喜，自不必说。

原来，雨村因那年士隐赠银之后，他于十六日便起身入都，至大比之期，不料他十分得意，已会了进士，选入外班，今已升了本府知府。虽才干优长，未免有些贪酷之弊；且又恃才侮上，那些官员皆侧目而视。不上一年，便被上司寻了个空隙，作成一本，参他"生情狡猾，擅纂礼仪，"龙颜大怒，即批革职。该部文书一到，本府官员无不喜悦。那雨村心中虽十分惭恨，却面上全无一点怨色，仍是嘻笑自若；交代过公事，安排妥协，却是自己担风袖月，游览天下胜迹。

那日，偶又游至维扬地面，因闻得今岁鹾政点的是林如海。这林如海姓林名海，表字如海，乃是前科的探花，今已升至兰台寺大夫，本贯姑苏人氏，今钦点出为巡盐御史，到任方一月有余。原来这林如海之祖，曾袭过列侯，今到如海，业经五世。今只有嫡妻贾氏生得一女，乳名黛玉，年方五岁。夫妻无子，故爱如珍宝，且又见他聪明清秀，便也欲使他读书识得几个字，不过假充养子之意，聊解膝下荒凉之叹。

雨村正值偶感风寒，病在旅店，将一月光景方渐愈。一因身体劳倦，二因盘费不继，也正欲寻个合式之处，暂且歇下。幸有两个旧友，亦在此境居住，因闻得鹾政欲聘一西宾，雨村便相托友力，谋了进去，且作安身之计。妙在只一个女学生，并两个伴读丫鬟，这女学生年小，身体又极怯弱，功课不限多寡，故十分省力。

堪堪又是一载的光阴，谁知女学生之母贾氏夫人一疾而终。女学生侍汤奉药，守丧尽哀，遂又将辞馆别图。林如海意欲令女守制读书，故又将他留下。近因女学生哀痛过伤，本自怯弱多病的，触犯旧症，遂连日不曾上学。雨村闲居无聊，每当风日晴和，饭后便出来闲步。

这日，偶至郭外，意欲到那村肆中沽饮三杯，以助野趣，于是款步行来。将入肆门，只见座上吃酒之客有一人起身大笑，接了出来，口内说："奇遇，奇遇。"雨村忙看时，此人是都中在古董行中贸易的号冷子兴者，旧日在都相识。雨村最赞这冷子兴是个有作为大本领的人，这子兴又借雨村斯文之名，故二人说话投机，最相契合。

雨村忙笑问道："老兄何日到此？弟竟不知。今日偶遇，真奇缘也。"子兴道："去年岁底到家，今因还要入都，从此顺路找个敝友说一句话，承他之情，留我多住两日。我也无紧事，且盘桓两日，待月半时也就起身了。今日敝友有事，我因闲步至此，且歇歇脚，不期这样巧遇！"一面说，一面让雨村同席坐了，另整上酒肴来。二人闲谈漫饮，叙些别后之事。

雨村因问："近日都中可有新闻没有？"子兴道："倒没有什么新闻，倒是老先生你贵同宗家，出了一件小小的异事。"雨村笑道："弟族中无人在都，何谈及此？"子兴笑道："你们同姓，岂非同宗一族？"雨村问是谁家。子兴道："荣国府贾府中，可也玷辱了先生的门楣否？"雨村笑道："原来是他家。若论起来，寒族人丁却不少，自东汉贾复以来，支派繁盛，各省皆有，谁逐细考查得来？若论荣国一支，却是同谱。但他那等荣耀，我们不便去攀扯，至今故越发生疏难认了。"

子兴叹道："老先生休如此说。如今的这宁荣两门，也都萧疏了，不比先时的光景。"雨村道："当日宁荣两宅的人口也极多，如何就萧疏了？"冷子兴道："正是，说来也话长。"雨村道："去岁我到金陵地界，因欲游览六朝遗迹，那日进了石头城，从他老宅门前经过。街东是宁国府，街西是荣国府，二宅相连，竟将大半条街占了。哪里象个衰败之家？"冷子兴笑道："亏你是进士出身，原来不通！古人有云：'百足之虫，死而不僵。'如今虽说不及先年那样兴盛，较之平常仕宦之家，到底气象不同。如今生齿日繁，事务日盛，其日用排场费用，又不能将就省俭，如今外面的架子虽未甚倒，内囊却也尽上来了。这还是小事。更有一件大事：谁知这样钟鸣鼎食之家，翰墨诗书之族，如今的儿孙，竟一代不如一代了！"雨村听说，也纳罕道："这样诗礼之家，岂有不善教育之理？别门不知，只说这宁、荣二宅，是最教子有方的。"

子兴叹道："正说的是这两门呢。待我告诉你：当日宁国公与荣国公是一母同胞弟兄两个。宁公居长，生了四个儿子。宁公死后，贾代化袭了官，也养了两个儿子：长名贾敷，至八九岁上便死了，只剩了次子贾敬袭了官，只爱烧丹炼汞，余者一概不在心上。幸而早年留下一子，名唤贾珍，因他父亲一心想作神仙，把官倒让他袭了。这位珍爷倒生了一个儿子，今年才十六岁，名叫贾蓉。这珍爷哪里肯读书，只一味高乐不了，把宁国府竟翻了过来，也没有人敢来管他。再说荣府你听，方才所说异事，就出在这里。自荣公死后，长子贾代善袭了官，娶的也是金陵世勋史侯家的小姐为妻，生了两个儿子：长子贾赦，次子贾政。如今代善早已去世，太夫人尚在，长子贾赦袭着官；次子贾政，自幼酷喜读书，祖、父最疼，皇上因恤先臣，遂额

外赐了这政老爹一个主事之衔，令其入部习学，如今现已升了员外郎了。这政老爹的夫人王氏，头胎生的公子，名唤贾珠，十四岁进学，不到二十岁就娶了妻生了子，一病死了。第二胎生了一位小姐，生在大年初一，这就奇了，不想后来又生一位公子，说来更奇，一落胎胞，嘴里便衔下一块五彩晶莹的玉来，上面还有许多字迹，就取名叫作宝玉。你道是新奇异事不是？"

雨村笑道："果然奇异。只怕这人来历不小。"子兴冷笑道："万人皆如此说，因而乃祖母便先爱如珍宝。那年周岁时，政老爹便要试他将来的志向，便将那世上所有之物摆了无数，与他抓取。谁知他一概不取，伸手只把些脂粉钗环抓来。政老爹便大怒了，说：'将来酒色之徒耳！'因此便大不喜悦。独那史老太君还是命根一样。说来又奇，如今长了七八岁，虽然淘气异常，但其聪明乖觉处，百个不及他一个。说起孩子话来也奇怪，他说：'女儿是水作的骨肉，男人是泥作的骨肉。我见了女儿，我便清爽；见了男子，便觉浊臭逼人。'你道好笑不好笑？将来色鬼无疑了！"雨村罕然厉色忙止道："非也！可惜你们不知道这人来历。大约政老前辈也错以淫魔色鬼看待了。若非多读书识事，加以致知格物之功，悟道参玄之力，不能知也。"

子兴见他说得这样重大，忙请教其端。雨村道："天地生人，除大仁大恶两种，余者皆无大异。若大仁者，则应运而生，大恶者，则应劫而生。蚩尤、共工、桀、纣、始皇、王莽、曹操、桓温、安禄山、秦桧等，皆应劫而生者。大仁者，修治天下；大恶者，扰乱天下。今当运隆祚永之朝，太平无为之世，清明灵秀之气所秉者，上至朝廷，下及草野，比比皆是。所余之秀气，漫无所归，遂为甘露，洽然溉及四海。彼残忍乖僻之邪气，遂凝结充塞于深沟大壑之内，偶因风荡，一丝半缕误而泄出者，偶值灵秀之气适过，正不容邪，邪复妒正，两不相下，既不能消，又不能让，必至搏击掀发后始尽。故其气亦必赋人，发泄一尽始散。使男女偶秉此气而生者，在上则不能成仁人君子，下亦不能为大凶大恶。若生于公侯富贵之家，则为情痴情种；若生于诗书清贫之族，则为逸士高人；纵再偶生于薄祚寒门，断不能为走卒健仆，甘遭庸人驱制驾驭，必为奇优名倡。

子兴道："依你说，'成则王侯败则贼'了。"雨村道："正是这意。你还不知，我自革职以来，这两年遍游各省，也曾遇见两个异样孩子。所以，方才你一说这宝玉，我就猜着了八九亦是这一派人物。不用远说，只金陵城内，钦差金陵省体仁院总裁甄家，你可知么？"子兴道："谁人不知！这甄府和贾府就是老亲，又系世交。两家来往，极其亲热的。"

雨村笑道："去岁我在金陵，也曾有人荐我到甄府处馆。我进去看其光景，谁知他家那等显贵，却是个富而好礼之家，倒是个难得之馆。但这一个学生，虽是启蒙，却比一个举业的还劳神。说起来更可笑，他说：'必得两个女儿伴着我读书，我方能认得字，心里也明白，不然我自己心里糊涂。'又常对跟他的小厮们说：'这女儿两个字，极尊贵，极清净的，比那阿弥陀佛、元始天尊的这两个宝号还更尊荣无对的呢！你们这浊口臭舌，万不可唐突了这两个字要紧。但凡要说时，必须先用清水香茶漱了口才可；'其暴虐浮躁，顽劣憨痴，种种异常。只一放了学，进去见了那些女儿们，其温厚和平，聪敏文雅，竟又变了一个人了。因此，他令尊也曾下死笞楚过几次，无奈竟不能改。每打的吃疼不过时，他便'姐姐''妹妹'乱叫起来。后来听

得里面女儿们拿他取笑:'因何打急了只管叫姐妹做甚? 莫不是求姐妹去说情讨饶? 你岂不愧些!'他回答的最妙。他说:'急疼之时,只叫"姐姐""妹妹"字样,或可解疼也未可知,因叫了一声,便果觉不疼了,遂得了秘法:每疼痛之极,便连叫姐妹起来了。'你说可笑不可笑? 也因祖母溺爱不明,每因孙辱师责子,因此我就辞了馆出来。如今在这巡盐御史林家做馆了。你看,这等子弟,必不能守祖父之根基,从师长之规谏的。只可惜他家几个姊妹都是少有的。"

子兴道:"便是贾府中,现有的三个也不错。政老爹的长女,名元春,选入宫中作女史去了。二小姐乃赦老爹之妾所出,名迎春,三小姐乃政老爹之庶出,名探春,四小姐乃宁府珍爷之胞妹,名唤惜春。因史老夫人极爱孙女,都跟在祖母这边一处读书,听得个个不错。"雨村道:"更妙在甄家的风俗,女儿之名,亦皆从男子之名命字,何得贾府亦落此俗套?"子兴道:"不然。只因今大小姐是正月初一日所生,故名元春,余者方从了'春'字。上一辈的,却也是从弟兄而来的。现有对证:目今你贵东家林公之夫人,即荣府中赦、政二公之胞妹,在家时名唤贾敏。"雨村拍案笑道:"怪道这女学生读至凡书中有'敏'字,皆念作'密'字,每每如是;写字遇着'敏'字,又减一二笔。今听你说,是为此无疑矣。怪道我这女学生言语举止,不与近日女子相同,度其母必不凡,方得其女,今知为荣府之孙,又不足罕矣,可伤上月竟亡故了。"子兴叹道:"老姊妹四个,这一个是极小的,又没了。长一辈的姊妹,一个也没了。只看这小一辈的,将来之东床如何呢?"

雨村道:"正是。方才说这政公,已有衔玉之儿,又有长子所遗一个弱孙。这赦老竟无一个不成?"子兴道:"政公既有玉儿之后,其妾又生了一个。只眼前现有二子一孙,却不知将来如何。若问那赦公,也有二子,长名贾琏,今已二十来往了,亲上作亲,娶的就是政老爹夫人王氏之内侄女,今已娶了二年。这位琏爷身上现捐的是个同知,也是不肯读书,如今只在乃叔政老爷家住着,帮着料理些家务。谁知自娶了他令夫人之后,倒上下无一人不称颂他夫人的,琏爷倒退了一射之地;说模样又极标致,言谈又爽利,心机又极深细,竟是个男人万不及一的。"

雨村向窗外看道:"天也晚了,仔细关了城门。我们慢慢的进城再谈,未为不可。"于是,二人起身,算还酒账。方欲走时,又听得后面有人叫道:"雨村兄,恭喜了! 特来报个喜信的。"雨村忙回头看时……要知是谁,且听下回分解。

第三回　贾雨村夤缘复旧取
　　　　林黛玉抛父进京都

却说雨村忙回头看时,不是别人,乃是当日同僚一案参革的号张如圭者。他本系此地人,革后家居,今打听得都中奏准起复旧员之信,忽遇见雨村,故忙道喜。二人见了礼,张如圭便将此信告诉雨村,雨村自是欢喜,冷子兴听得此言,便忙献计,令雨村央烦林如海,转向都中去央烦贾政。雨村领其意,作别回至馆中,忙寻邸报看真确了。

次日,面谋之如海。如海道:"天缘凑巧,因贱荆去世,都中家岳母念及小女无人依傍教育,前已遣了男女船只来接,因小女未曾大痊,故未及行。此刻正思向蒙训教之恩未经酬报,遇此机会,岂有不尽心图报之理。弟已预为筹划至此,已修下荐书一封,转托内兄务为周全协佐,亦不劳尊兄多虑矣。"雨村一面打恭,谢不释口,一面又问:"不知令亲大人现居何职?"如海笑道:"若论舍亲,与尊兄犹系同谱,乃荣公之孙:大内兄现袭一等将军,名赦,字恩侯;二内兄名政,字存周,现任工部员外郎,其为人谦恭厚道,大有祖父遗风,故弟方致书烦托。否则不但有污尊兄之清操,即弟亦不屑为矣。"雨村听了,心下方信了昨日子兴之言,于是又谢了林如海。如海乃说:"已择了出月初二日小女入都,尊兄即同路而往,岂不两便?"雨村唯唯听命,心中十分得意。如海遂打点礼物并饯行之事,雨村一一领了。

那女学生黛玉,身体方愈,原不忍弃父而往,无奈他外祖母致意务去,且兼如海说:"汝父年将半百,再无续室之意;且汝多病,年又极小,上无亲母教养,下无姊妹兄弟扶持,今依傍外祖母及舅氏姊妹去,正好减我顾盼之忧,何反云不往?"黛玉听了,方洒泪拜别,随了奶娘及荣府几个老妇人登舟而去。雨村另有一只船,带两个小童,依附黛玉而行。

有日到了都中,进入神京,雨村先整了衣冠,带了小童,拿着宗侄的名帖,至荣府的门前投了。彼时贾政已看了妹丈之书,便竭力内中协助。题奏之日,轻轻谋了一个复职候缺,不上两个月,金陵应天府缺出,便谋补了此缺,拜辞了贾政,择日上任去了。不在话下。

且说黛玉自那日弃舟登岸时,便有荣国府打发了轿子并拉行李的车辆久候了。这林黛玉常听得母亲说过,他外祖母家与别家不同。因此步步留心,时时在意,不肯轻易多说一句话,多行一步路,唯恐被人耻笑了他去。

自上了轿,进入城中,从纱窗向外瞧了一瞧,其街市之繁华,人烟之阜盛,自与别处不同。又行了半日,忽见街北蹲着两个大石狮子,三间兽头大门,门前列坐着十来个华冠丽服之人。正门却不开,只有东西两角门有人出入。正门之上有一匾,匾上大书"敕造宁国府"五个大字。黛玉想道:"这必是外祖之长房了。"想着,又往西行,不多远,照样也是三间大门,方是荣国府了。却不进正门,只进了西边角门。那轿夫抬进去,走了一射之地,将转弯时,便歇下退出去了。后面的婆子们已都下了轿,赶上前来。另换了三四个衣帽周全十七八岁的小厮上来,复抬起轿子。众婆子步下尾随至一垂花门前落下。众小厮退出,众婆子上来打起轿帘,扶黛玉下轿。林黛玉扶着婆子的手,进了垂花门,两边是抄手游廊,当中是穿堂,当地放着一个紫檀架子大理石的大插屏。转过插屏,小小的三间厅,厅后就是后面的正房大院。正面五间上房,皆雕梁画栋,两边穿山游廊厢房。台矶之上,坐着几个穿红着绿的丫头,一见他们来了,便忙都笑迎上来,说:

"刚才老太太还念呢,可巧就来了。"于是三四人争着打起帘笼,一面听得人回话:"林姑娘到了。"

黛玉方进入房时,只见两个人搀着一位鬓发如银的老母迎上来,黛玉便知是他外祖母。方欲拜见时,早被他外祖母一把搂入怀中,心肝儿肉叫着大哭起来。当下地下侍立之人,无不掩面涕泣,黛玉也哭个不住。一时众人慢慢解劝住了,黛玉方拜见了外祖母。——此即冷子兴所云之史氏太君,贾赦贾政之母也。当下贾母一一指与黛玉:"这是你大舅母;这是你二舅母;这是你先珠大哥的媳妇珠大嫂子。"黛玉一一拜见过。贾母又说:"请姑娘们来。今日远客才来,可以不必上学去了。"众人答应了一声,便去了两个。

不一时,只见三个奶嬷嬷并五六个丫鬟,簇拥着三个姊妹来了。黛玉忙起身迎上来见礼,互相厮认过,大家归了座。

众人见黛玉年貌虽小,其举止言谈不俗,身体面庞虽怯弱不胜,却有一段自然的风流态度,便知他有不足之症。因问:"常服何药,如何不急为疗治?黛玉道:"我自来是如此,从会吃饮食时便吃药,到今日未断,请了多少名医修方配药,皆不见效。那一年我三岁时,听得说来了一个癞头和尚,说要化我去出家,我父母固是不从。他又说:既舍不得他,只怕他的病一

生也不能好的了。若要好时，除非从此以后总不许见哭声；除父母之外，凡有外姓亲友之人，一概不见，方可平安了此一世。'疯疯癫癫，说了这些不经之谈，也没人理他。如今还是吃人参养荣丸。"贾母道："正好，我这里正配丸药呢。叫他们多配一料就是了"。

一语未了，只听后院中有人笑声，说："我来迟了，不曾迎接远客！"黛玉纳罕道："这些人个个皆敛声屏气，恭肃严整如此，这来者系谁，这样放诞无礼？"心下想时，只见一群媳妇丫鬟围拥着一个人从后房门进来。黛玉连忙起身接见。贾母笑道，"你不认得他，他是我们这里有名的一个泼皮破落户儿，南省俗谓作'辣子'，你只叫他'凤辣子'就是了。"

黛玉正不知以何称呼，只见众姊妹都忙告诉他道："这是琏嫂子。"黛玉虽不识，也曾听见母亲说过，大舅贾赦之子贾琏，娶的就是二舅母王氏之内侄女，自幼假充男儿教养的，学名王熙凤。黛玉忙陪笑见礼，以"嫂"呼之。

这熙凤携着黛玉的手，上下细细打量了一回，仍送至贾母身边坐下，因笑道："天下真有这样标致的人物，我今儿才算见了！况且这通身的气派，竟不像老祖宗的外孙女儿，竟是个嫡亲的孙女，怨不得老祖宗天天口头心头一时不忘。只可怜我这妹妹这样命苦，怎么姑妈偏就去世了！"说着，便用帕拭泪。又忙携黛玉之手，问："妹妹几岁了？可也上过学？现吃什么药？在这里不要想家，想要什么吃的、什么玩的，只管告诉我；丫头老婆们不好了，也只管告诉我。"一面又问婆子们："林姑娘的行李东西可搬进来了？带了几个人来？你们赶早打扫两间下房，让他们去歇歇。"

说话时，已摆了茶果上来。熙凤亲为捧茶捧果。又见二舅母问他："月钱放过了不曾？"熙凤道："月钱已放完了。才刚带着人到后楼上找缎子，找了这半日，也并没有见昨日太太说的那样的，想是太太记错了？"王夫人道："有没有，什么要紧。"因又说道："该随手拿出两个来给你这妹妹去裁衣裳的，等晚上想着叫人再去拿罢，可别忘了。"熙凤道："这倒是我先料着了，知道妹妹不过这两日到的，我已预备下了，等太太回去过了目好送来。"王夫人一笑，点头不语。

当下茶果已撤，贾母命两个老嬷嬷带了黛玉去见两个母舅。时贾赦之妻邢氏忙亦起身，笑回道："我带了外甥女过去，倒也便宜。"贾母笑道："正是呢，你也去罢，不必过来了。"邢夫人答应了一声"是"字，遂带了黛玉与王夫人作辞。大家送至穿堂前。

出了垂花门，早有众小厮们拉过一辆翠幄青绸车，邢夫人携了黛玉，坐在上面，众婆子们放下车帘，方命小厮们抬起，拉至宽处，方驾上驯骡，亦出了西角门，往东过荣府正门，便入一黑油大门中，至仪门前方下来。众小厮退出，方打起车帘，邢夫人搀着黛玉的手，进入院中。一时进入正室，早有许多盛妆丽服之姬妾丫鬟迎着，邢夫人让黛玉坐了，一面命人到外面书房去请贾赦。一时人来回话说："老爷说了：'连日身上不好，见了姑娘彼此倒伤心，暂且不忍相见。劝姑娘不要伤心想家，跟着老太太和舅母，即同家里一样。姊妹们虽拙，大家一处伴着，亦可以解些烦闷。或有委屈之处，只管说得，不要外道才是。'"黛玉忙站起来，一一听了。再坐一刻，便告辞。

邢夫人苦留吃过晚饭去，黛玉笑回道："舅母爱惜赐饭，原不应辞，只是还要过去拜见二舅舅，恐领了赐迟去不恭，异日再领，未为不可。望舅母容谅。"邢夫人听说，笑道："这倒是了。"遂令两三个嬷嬷用方才的车好生送了姑娘过去。于是黛玉告辞。

一时黛玉进了荣府，下了车。众嬷嬷引着，便往东转弯，穿过一个东西的穿堂，黛玉便知这方是正经正内室，一条大甬路，直接出大门的。

原来王夫人时常居坐宴息，亦不在这正室，只在这正室东边的三间耳房内。于是老嬷嬷引黛玉进东房门来。

老嬷嬷们让黛玉炕上坐，炕沿上却有两个锦褥对设，黛玉度其位次，便不上炕，只向东边椅子上坐了。本房内的丫鬟忙捧上茶来。黛玉一面吃茶，一面打量这些丫鬟们，妆饰衣裙，举止行动，果亦与别家不同。茶未吃了，只见一个穿红绫袄青缎掐牙背心的丫鬟走来笑说道："太太说，请林姑娘到那边坐罢。"老嬷嬷听了，于是又引黛玉出来，到了东廊三间小正房内。

正房炕上横设一张炕桌，桌上磊着书籍茶具，靠东壁面西设着半旧的青缎靠背引枕。王夫人却坐在西边下首，亦是半旧的青缎靠背坐褥。见黛玉来了，便往东让。黛玉心中料定这是贾政之位。因见挨炕一溜三张椅子上，也搭着半旧的弹墨椅袱，黛玉便向椅上坐了。王夫人再四携他上炕，他方挨王夫人坐了。王夫人因说："你舅舅今日斋戒去了，再见罢。只是有一句话嘱咐你：你三个姊妹倒都极好，以后一处念书认字学针线，或是偶一玩笑，都有尽让的。但我不放心的最是一件：我有一个孽根祸胎，是家里的'混世魔王'，今日因庙里还愿去了，尚未回来，晚间你看见便知了。你只以后不要睬他，你这些姊妹都不敢沾惹他的。"

黛玉亦常听得母亲说过，二舅母生的有个表兄，乃衔玉而诞，顽劣异常，极恶读书，最喜在内帏厮混；外祖母又极溺爱，无人敢管。今见王夫人如此说，便知说的是这表兄了。因陪笑道："舅母说的，可是衔玉所生的这位哥哥？在家时亦曾听见母亲常说，这位哥哥比我大一岁，小名就唤宝玉，虽极憨顽，说在姊妹情中极好的。况我来了，自然只和姊妹同处，兄弟们自是别院另室的，岂得去沾惹之理？"王夫人笑道："你不知缘故：他与别人不同，自幼因老太太疼爱，原系同姊妹们一处娇养惯了的。若姊妹们有日不理他，他倒还安静些，纵然他没趣，不过出了二门，背地里拿着他两个小幺儿出气，咕唧一会子就完了。若这一日姊妹们和他多说一句话，他心里一乐，便生出多少事来。所以嘱咐你别睬他。"

黛玉一一的都答应着。只见一个丫鬟来回："老太太那里传晚饭了。"王夫人遂携黛玉穿过一个东西穿堂，便是贾母的后院了。进入后房门，已有多人在此伺候，见王夫人来了，方安设桌椅。贾珠之妻李氏捧饭，熙凤安箸，王夫人进羹。贾母正面榻上独坐，两边四张空椅，熙凤忙拉了黛玉在左边第一张椅上坐了，黛玉十分推让。贾母笑道："你舅母你嫂子们不在这里吃饭。你是客，原应如此坐的。"黛玉方告了座，坐了。贾母命王夫人坐了。迎春姊妹三个告了座方上来。迎春便坐右手第一，探春坐左第二，惜春坐右第二。旁边丫鬟执着拂尘、漱盂、巾帕。李、凤二人立于案旁布让。贾母便说："你们去罢，让我们自在说话儿。"王夫人听了，忙起身，又说了两句闲话，方引凤、李二人去了。贾母因问黛玉念何书。黛玉道："只刚念了《四书》。"黛玉又问姊妹们读何书。贾母道："读的是什么书，不过是认得两个字，不是睁眼的瞎子罢了！"

一语未了，只听外面一阵脚步响，丫鬟进来笑道："宝玉来了！"忽见丫鬟话未报完，已进来了一位年轻的公子：面若中秋之月，色如春晓之花，鬓若刀裁，眉如墨画，面如桃瓣，目若秋波。虽怒时而若笑，即瞋视而有情。项上金螭璎珞，又有一根五色丝绦，系着一块美玉。

黛玉一见，便吃一大惊，心下想道："好生奇怪，倒像在哪里见过一般，何等眼熟到如此！"只见这宝玉向贾母请了安，贾母便命："去见你娘来。"宝玉即转身去了。一时回来，再看，已换了冠带。

贾母因笑道："外客未见，就脱了衣裳，还不去见你妹妹！"宝玉早已看见多了一个姊妹，便料定是林姑妈之女，忙来作揖。厮见毕归座，细看形容，与众各别：

两弯似蹙非蹙罥烟眉，一双似泣非泣含露目。态生两靥之愁，娇袭一身之病。泪光点点，娇喘微微。闲静时如姣花照水，行动处似弱柳扶风。心较比干多一窍，病如西子胜三分。

宝玉看罢，因笑道："这个妹妹我曾见过的。"贾母笑道："可又是胡说，你又何曾见过他？"宝玉笑道："虽然未曾见他，然我看着面善，心里就算是旧相识，今日只作远别重逢，亦未为不可。"贾母笑道："更好，更好，若如此，更相和睦了。"宝玉便走近黛玉身边坐下，又细细打量一番，因问："妹妹可曾读书？"黛玉道："不曾读，只上了一年学，些须认得几个字。"宝玉又道："妹妹尊名是哪两个字？"黛玉便说了名。宝玉又问表字。黛玉道："无字。"宝玉笑道："我送妹妹一妙字，莫若'颦颦'二字极妙。"又问黛玉："可也有玉没有？"众人不解其语，黛玉便忖度着因他有玉，故问我有也无，因答道："我没有那个。想来那玉是一件罕物，岂能人人有的。"

宝玉听了，登时发作起痴狂病来，摘下那玉，就狠命摔去，骂道："什么罕物，连人之高低不择，还说'通灵'不'通灵'呢！我也不要这劳什子了！"吓得众人一拥争去拾玉。贾母急的搂了宝玉道："孽障！你生气，要打骂人容易，何苦摔那命根子！"宝玉满面泪痕泣道："家里

姐姐妹妹都没有，单我有，我说没趣；如今来了这么一个神仙似的妹妹也没有，可知这不是个好东西。"贾母忙哄他道："你这妹妹原有这个来的，因你姑妈去世时，舍不得你妹妹，无法处，遂将他的玉带了去了你如今怎比得他？还不好生慎重带上，仔细你娘知道了。"说着，便向丫鬟手中接来，亲与他带上。宝玉听如此说，想一想大有情理，也就不生别论了。

当下，奶娘来请问黛玉之房舍。贾母说："今将宝玉挪出来，同我在套间暖阁儿里，把你林姑娘暂安置碧纱橱里。等过了残冬，春天再与他们收拾房屋，另作一番安置罢。"宝玉道："好祖宗，我就在碧纱橱外的床上很妥当，何必又出来闹的老祖宗不得安静。"贾母想了一想说："也罢了。"每人一个奶娘并一个丫头照管，余者在外间上夜听唤。一面早有熙凤命人送了一顶藕合色花帐，并几件锦被缎褥之类。

黛玉只带了两个人来：一个是自幼奶娘王嬷嬷，一个是十岁的小丫头，亦是自幼随身的，名唤作雪雁。贾母见雪雁甚小，一团孩气，王嬷嬷又极老，料黛玉皆不遂心省力的，便将自己身边的一个二等丫头，名唤鹦哥者与了黛玉。外亦如迎春等例，每人除自幼乳母外，另有四个教引嬷嬷，除贴身掌管钗钏盥沐两个丫鬟外，另有五六个洒扫房屋来往使役的小丫鬟。当下，王嬷嬷与鹦哥陪侍黛玉在碧纱橱内。宝玉之乳母李嬷嬷，并大丫鬟名唤袭人者，陪侍在外面大床上。

原来这袭人亦是贾母之婢，本名珍珠。贾母因溺爱宝玉，生恐宝玉之婢无竭力尽忠之人，素喜袭人心地纯良，克尽职任，遂与了宝玉。宝玉因知他本姓花，又曾见旧人诗句上有"花气袭人"之句，遂回明贾母，更名袭人。这袭人亦有些痴处：服侍贾母时，心中眼中只有一个贾母；如今服侍宝玉，心中眼中又只有一个宝玉。只因宝玉性情乖僻，每每规谏宝玉不听，心中着实忧郁。

是晚，宝玉李嬷嬷已睡了，他见里面黛玉和鹦哥犹未安息，他自卸了妆，悄悄进来，笑问："姑娘怎么还不安息？"黛玉忙让："姐姐请坐。"袭人在床沿上坐了。鹦哥笑道："林姑娘正在这里伤心，自己淌眼抹泪的说：'今儿才来，就惹出你家哥儿的狂病，倘或摔坏了那玉，岂不是因我之过！'因此便伤心，我好容易劝好了"。袭人道："姑娘快休如此，将来只怕比这个更奇怪的笑话儿还有呢！若为他这种行止，你多心伤感，只怕你伤感不了呢。快别多心！"黛玉道："姐姐们说的，我记着就是了。究竟那玉不知是怎么个来历？上面还有字迹？"袭人道："连一家子也不知来历，上头还有现成的眼儿，听得说，落草时是从他口里掏出来的。等我拿来你看便知。"黛玉忙止道："罢了，此刻夜深，明日再看也不迟。"大家又叙了一回，方才安歇。

次日起来，省过贾母，因往王夫人处来，正值王夫人与熙凤在一处拆金陵来的书信看，又有王夫人之兄嫂处遣了两个媳妇来说话的。黛玉虽不知原委，探春等却都晓得是议论金陵城中所居的薛家姨母之子姨表兄薛蟠，倚财仗势，打死人命，现在应天府案下审理。如今母舅王子腾得了信息，故遣他家内的人来告诉这边，意欲唤取进京之意。

国学经典文库

中国二十大名著

红楼梦

图文珍藏版

第四回　薄命女偏逢薄命郎　葫芦僧乱判葫芦案

却说黛玉同姊妹们至王夫人处，见王夫人与兄嫂处的来使计议家务，又说姨母家遭人命官司等语。因见王夫人事情冗杂，姊妹们遂出来，至寡嫂李氏房中来了。

原来这李氏即贾珠之妻。珠虽夭亡，幸存一子，取名贾兰，今方五岁，已入学攻书。这李氏亦系金陵名宦之女，取名为李纨，字宫裁。这李纨虽青春丧偶，居家处膏粱锦绣之中，竟如槁木死灰一般，一概无见无闻，唯知侍亲养子，外则陪侍小姑等针黹诵读而已。今黛玉虽客寄于斯，日有这般姐妹相伴，除老父外，余者也都毋庸虑及了。

如今且说雨村，因补授了应天府，一下马就有一件人命官司详至案下，乃是两家争买一婢，各不相让，以至殴伤人命。彼时雨村即拘原告之人来审。那原告道："被殴死者乃小人之主人。因那日买了一个丫头，不想是拐子拐来卖的。这拐子先已得了我家的银子，我家小爷原说第三日方是好日子，再接入门。这拐子便又悄悄的卖与薛家，被我们知道了，去找拿卖主，夺取丫头。无奈薛家原系金陵一霸，倚财仗势，众豪奴将我小主人竟打死了。凶身主仆已皆逃走，无影无踪，只剩了几个局外之人。小人告了一年的状，竟无人作主。望大老爷拘拿凶犯，剪恶除凶，以救孤寡，死者感戴天恩不尽！"

雨村听了大怒道："岂有这样放屁的事！打死人命就白白的走了，再拿不来的！"因发签差公人立刻将凶犯族中人拿来拷问，令他们实供藏在何处；一面再动海捕文书。正要发签时，只见案边立的一个门子使眼色儿，——不令他发签之意。雨村心下甚为疑怪，只得停了手，即时退堂，至密室，侍从皆退去，只留门子服侍。

雨村因问方才何故有不令发签之意。这门子道："老爷既荣任到这一省，难道就没抄一张本省'护官符'来不成？"雨村忙问："何为'护官符'？我竟不知。"门子道："这还了得！连这个不知，怎能做得长远！如今凡做地方官者，皆有一个私单，上面写的是本省最有权有势、极富极贵的大乡绅名姓，各省皆然；倘若不知，一时触犯了这样的人家，不但官爵不保，只怕连性命还保不成呢！所以绰号叫作'护官符'。方才所说的这薛家，老爷如何惹得他！他这件官司并无难断之处，皆因都碍着情分面上，所以如此。"一面说，一面从顺袋中取出一张抄写的'护官符'来，递与雨村，看时，上面皆是本地大族名宦之家的谚俗口碑。石头亦曾抄写了一张，今据石上所抄云：

贾不假，白玉为堂金作马。

阿房宫，三百里，住不下金陵一个史。

东海缺少白玉床，龙王来请金陵王。

丰年好大雪，珍珠如土金如铁。

雨村犹未看完，忽听传点，人报："王老爷来拜。"雨村忙具衣冠出去迎接。有顿饭工夫，方回来细问。这门子道："这四家皆联络有亲，一损皆损，一荣皆荣，扶持遮饰，俱有照应的。今告打死人之薛，就系丰年大雪之'雪'。也不单靠这三家，他的世交亲友在都在外者，本亦不少。老爷如今拿谁去？"雨村听如此说，便笑问门子道："如你这样说来，却怎么了结此案？你大约也深知这凶犯的方向了？"

门子笑道："不瞒老爷说，不但这凶犯躲的方向我知道，一并这拐卖之人我也知道，死鬼买主也深知道。待我细说与老爷听：这个被打之死鬼，乃是本地一个小乡绅之子，名唤冯渊，长到十八九岁上，酷爱男风，最厌女子。这也是前生冤孽，可巧遇见这拐子卖丫头，他便一眼看上了这丫头，立意买来作妾，立誓再不交结男子，也不再娶第二个了，所以郑重其事，必待三日后方过门。谁晓这拐子又偷卖与薛家，他意欲卷了两家的银子，再逃往他省。谁知又不

曾走脱，两家拿住，打了个臭死，都不肯收银，只要领人。那薛家公子岂是让人的，便喝着手下人一打，将冯公子打了个稀烂，抬回家去三日死了。这薛公子原是早已择定日子上京去的，头起身两日前，就偶然遇见这丫头，意欲买了就进京的，谁知闹出这事来。既打了冯公子，夺了丫头，他便没事人一般，只管带了家眷走他的路。他这里自有弟兄奴仆在此料理，也并非为此些些小事值得他一逃走的。这且别说，老爷你当被卖之丫头是谁？"雨村笑道："我如何得知。"门子冷笑道："这人算来还是老爷的大恩人呢！他就是葫芦庙旁住的甄老爷的小姐，名唤英莲的。"雨村罕然道："原来就是他！闻得养至五岁被人拐去，却如今才来卖呢？"

门子道："这一种拐子单管偷拐五六岁的儿女，养在一个僻静之处，到十一二岁，度其容貌，带至他乡转卖。当日这英莲，我们天天哄他玩耍；虽隔了七八年，然大概相貌，自是不改，熟人易认。况且他眉心中原有米粒大小的一点胭脂痣，从胎里带来的，所以我却认得。偏生这拐子又租了我的房舍居住，那日拐子不在家，我也曾问他。我又哄之再四，他又哭了，只说'我不记得小时之事！'这可无疑了。那日冯公子相看了，兑了银子，拐子醉了，他自叹道：'我今日罪孽可满了！'谁料天下竟有这等不如意事，第二日，他偏又卖与薛家。若卖与第二个人还好，这薛公子的混名人称'呆霸王'，最是天下第一个弄性尚气的人，而且使钱如土，遂打了个落花流水，生拖死拽，把个英莲拖去，如今也不知死活。这冯公子空喜一场，一念未遂，反花了钱，送了命，岂不可叹！"

雨村听了，亦叹道："这也是他们的孽障遭遇，亦非偶然。且不要议论他，只目今这官司，如何剖断才好？"门子笑道："老爷当年何其明决，今日何反成了个没主意的人了！小的闻得老爷补升此任，亦系贾府王府之力；此薛蟠即贾府之亲，老爷何不顺水行舟，作个整人情，将此案了结，日后也好去见贾府王府。"雨村道："你说的何尝不是。但事关人命，蒙皇上隆恩，起复委用，实是重生再造，正当殚心竭力图报之时，岂可因私而废法？是我实不能忍为者。"门子听了，冷笑道："老爷说的何尝不是大道理，但只是如今世上是行不去的。岂不闻古人有云：'大丈夫相时而动'，又曰'趋吉避凶者为君子'。依老爷这一说，不但不能报效朝廷，亦且自身不保，还要三思为妥。"

雨村低了半日头，方说道："依你怎么样？"门子道："小人已想了一个极好的主意在此：老爷明日坐堂，只管虚张声势，动文书发签拿人。元凶自然是拿不来的，原告固是定要将薛家族中及奴仆人等拿几个来拷问。薛家有的是钱，老爷断一千也可，五百也可，与冯家作烧埋之费。那冯家也无甚要紧的人，不过为的是钱，见有了这个银子，想来也就无话了。老爷细想此计如何？"雨村笑道："不妥，不妥。等我再斟酌斟酌，或可压服口声。"二人计议，天色已晚，别无话说。

至次日坐堂，勾取一应有名人犯，雨村详加审问，果见冯家人口稀疏，不过赖此欲多得些烧埋之费；薛家仗势倚情，偏不相让，故致颠倒未决。雨村便徇情枉法，胡乱判断了此案。冯家得了许多烧埋银子，也就无甚话说了。

雨村断了此案，急忙作书信二封，与贾政并京营节度使王子腾，不过说"令甥之事已完，

不必过虑"等语。

当下言不着雨村。且说那买了英莲打死冯渊的薛公子，亦系金陵人氏，本是书香继世之家。只是如今这薛公子幼年丧父，寡母又怜他是个独根孤种，未免溺爱纵容，遂至老大无成，且家中有百万之富，现领着内帑钱粮，采办杂料。

这薛公子学名薛蟠，表字文起，今年方十有五岁，性情奢侈，言语傲慢。虽也上过学，不过略识几字，终日唯有斗鸡走马，游山玩水而已。虽是皇商，一应经济世事，全然不知，不过赖祖父之旧情分，户部挂虚名，支领钱粮，其余事体，自有伙计老家人等措办。寡母王氏乃现任京营节度使王子腾之妹，与荣国府贾政的夫人王氏，是一母所生的姊妹，今年方四十上下年纪，只有薛蟠一子。还有一女，比薛蟠小两岁，乳名宝钗，生得肌骨莹润，举止娴雅。当日有他父亲在日，酷爱此女，令其读书识字，较之乃兄竟高过十倍。自父亲死后，见哥哥不能依贴母怀，他便不以书字为事，只留心针黹家计等事，好为母亲分忧解劳。

薛蟠素闻得都中乃第一繁华之地，正思一游，便趁此机会，一为送妹待选，二为望亲，三因亲自入部销算旧账，再计新支，——其实则为游览上国风光之意。因此早已打点下行装细软，以及馈送亲友各色土物人情等类，正择日已定起身，不想偏遇见了拐子重卖英莲。薛蟠见英莲生得不俗，立意买他，又遇冯家来夺人，他便仗强喝令手下豪奴将冯渊打死。他便将家中事务一一的嘱托了族中人并几个老家人，他便带了母妹竟自起身长行去了。人命官司一事，他竟视为儿戏，自为花上几个臭钱，没有不了的。

在路不记其日。那日已将入都时，却又闻得母舅王子腾升了九省统制，奉旨出都查边。薛蟠心中暗喜道："我正愁进京去有个嫡亲的母舅管辖着，不能任意挥霍挥霍；偏如今又升出去了，可知天从人愿。"因和母亲商议道："咱们京中虽有几处房舍，只是这十来年没人进京居住，那看守的人未免偷着租赁与人，须得先着几个人去打扫收拾才好。"他母亲道："何必如此招摇！咱们这一进京，原该先拜望亲友，或是在你舅舅家，或是你姨爹家。他两家的房舍极是便宜的，咱们先能着住下，再慢慢的着人去收拾，岂不消停些。"薛蟠道："如今舅舅正升了外省去，家里自然忙乱起身，咱们这工夫一窝一拖的奔了去，岂不没眼色。"他母亲道："你舅舅家虽升了去，还有你姨爹家。况这几年来，你舅舅姨娘两处，每每带信捎书，接咱们来。如今既来了，你舅舅虽忙着起身，你贾家姨娘未必不苦留我们。咱们且忙忙收拾房屋，岂不使人见怪？你的意思我却知道，守着舅舅姨爹住着，未免拘紧了你，不如你各自住着，好任意施为。你既如此，你自去挑所宅子去住，我和你姨娘，——姊妹们别了这几年，却要厮守几日。我带了你妹子投你姨娘家去，你道好不好？"薛蟠见母亲如此说，情知扭不过的，只得吩咐人夫一路奔荣国府来。

那时王夫人已知薛蟠官司一事，亏贾雨村维持了结，才放了心。又见哥哥升了边缺，正愁又少了娘家的亲戚来往，略加寂寞。过了几日，忽家人传报："姨太太带了哥儿姐儿，合家进京，正在门外下车。"喜的王夫人忙带了女媳人等，接出大厅，将薛姨妈等接了进去。姊妹们暮年相会，自不必说悲喜交集，泣笑叙阔一番。

薛蟠已拜见过贾政，贾琏又引着拜见了贾赦、贾珍等。贾政便使人上来对王夫人说："姨太太已有了春秋，外甥年轻不知世路，在外住着恐有人生事。咱们东北角上梨香院一所十来间房，白空闲着，打扫了，请姨太太和姐儿哥儿住了甚好。"从此后薛家母子就在梨香院住了。

每日或饭后，或晚间，薛姨妈便过来，或与贾母闲谈，或与王夫人相叙。宝钗日与黛玉迎春姊妹等一处，或看书下棋，或作针黹，倒也十分乐业。

只是薛蟠起初之心，原不欲在贾宅居住者，谁知自从在此住了不上一月的光景，贾宅族中凡有的子侄，俱已认熟了一半，凡是那些纨袴气习者，莫不喜与他来往，今日会酒，明日观花，甚至聚赌嫖娼，渐渐无所不至，引诱的薛蟠比当日更坏了十倍。况且这梨香院相隔两层房舍，又有街门另开，任意可以出入，所以这些子弟们竟可以放意畅怀的闹，因此遂将移居之念渐渐打灭了。

第五回 游幻境指迷十二钗 饮仙醪曲演红楼梦

第四回中既将薛家母子在荣府内寄居等事略已表明，此回则暂不能写矣。

如今且说林黛玉自在荣府以来，贾母万般怜爱，寝食起居一如宝玉，迎春、探春、惜春三个孙女儿倒且靠后；便是宝玉和黛玉二人之亲密友爱处，亦自较别个不同，日则同行同坐，夜则同息同止，真是言和意顺，略无参商。不想如今忽然来了一个薛宝钗，年岁虽大不多，然品格端方，容貌丰美，人多谓黛玉所不及。而且宝钗行为豁达，随分从时，不比黛玉孤高自许，目无下尘，故比黛玉大得下人之心。便是那些小丫头子们，亦多喜与宝钗去玩。因此黛玉心中便有些悒郁不忿之意，宝钗却浑然不觉。那宝玉亦在孩提之间，况自天性所禀来的一片愚拙偏僻，视姊妹弟兄皆出一意，并无亲疏远近之别。其中因与黛玉同随贾母一处坐卧，故略比别个姊妹熟惯些，既熟惯，则更觉亲密；既亲密，则不免一时有求全之毁，不虞之隙。这日不知为何，他二人言语有些不合起来，黛玉又气的独在房中垂泪。宝玉又自悔言语冒撞，前去俯就，那黛玉方渐渐的回转来。

因东边宁府中花园内梅花盛开，贾珍之妻尤氏乃治酒，请贾母、邢夫人、王夫人等赏花。是日先携了贾蓉之妻，二人来面请。贾母等于早饭后过来，就在会芳园游玩，先茶后酒。不过皆是宁荣二府眷属家宴小集，并无别样新文趣事可记。

一时宝玉倦怠，欲睡中觉。贾母命人好生哄着，歇一回再来。贾蓉之妻秦氏便忙笑回道："我们这里有给宝叔收拾下的屋子，老祖宗放心，只管交与我就是了。"又向宝玉的奶娘丫鬟等道："嬷嬷、姐姐们，请宝叔随我这里来。"贾母素知秦氏是个极妥当的人，生的袅娜纤巧，行事又温柔和平，乃重孙媳中第一个得意之人。见他去安置宝玉，自是安稳的。

当下秦氏引了一簇人来至上房内间。宝玉抬头看见一幅画贴在上面，画的人物固好，其故事乃是《燃藜图》，也不看系何人所画，心中便有些不快。又有一副对联，写的是：

世事洞明皆学问，人情练达即文章。

及看了这两句，纵然室宇精美，亦断断不肯在这里了，忙说："快出去，快出去！"秦氏听了笑道："这里还不好，可往哪里去？不然往我屋里去罢。"宝玉点头微笑。有一个嬷嬷说道："哪里有个叔叔往侄儿房里睡觉的理？"秦氏笑道："哎哟哟，不怕他恼，他能多大呢，就忌讳这些个！"说着大家来至秦氏房中。刚至房门，便有一股细细的甜香袭人而来。宝玉觉得眼饧骨软，连说："好香！"

宝玉含笑连道："这里好！"秦氏笑道："我这屋子大约神仙也可以住得了。"说道亲自展开了西子浣过的纱衾，移了红娘抱过的鸳枕。于是众奶母服侍宝玉卧好，款款散了，只留袭人、媚人、晴雯、麝月四个丫鬟为伴。

那宝玉刚合上眼，便惚惚的睡去，犹似秦氏在前，遂悠悠荡荡，随了秦氏，至一所在。但见朱栏白石，绿树清溪，真是人迹希逢，飞尘不到。宝玉在梦中欢喜，想着："这个去处有趣，我就在这里过一生，纵然失了家也愿意，强如天天被父母师傅打呢。"正胡思之间，忽听山后有人作歌曰：

春梦随云散，飞花逐水流。

寄言众儿女，何必觅闲愁。

宝玉听了是女子的声音。歌音未息，早见那边走出一个人来，蹁跹袅娜，端的与人不同。

宝玉见是一个仙姑，喜的忙来作揖问道："神仙姐姐不知从哪里来，如今要往哪里去？也不知这是何处，望乞携带携带。"那仙姑笑道："吾居离恨天之上，灌愁海之中，乃放春山遣香洞太虚幻境警幻仙姑是也；司人间之风情月债，掌尘世之女怨男痴。今忽与尔相逢，亦非偶

然。此离吾境不远，别无他物，仅有自采仙茗一盏，亲酿美酒一瓮，素练魔舞歌姬数人，新填《红楼梦》仙曲十二支。试随我一游否？"宝玉听了，便忘了秦氏在何处，竟随了仙姑，至一所在，有石牌横建，上书"太虚幻境"四个大字，两边一副对联，乃是：

> 假作真时真亦假，无为有处有还无。

转过牌坊，便是一座宫门，上面横书四个大字，道是"孽海情天"。又有一副对联，大书云：

> 厚地高天，堪叹古今情不尽；
> 痴男怨女，可怜风月债难偿。

宝玉看了，心下自思道："原来如此。但不知何为'古今之情'，何为'风月之债'？从今倒要领略领略。"宝玉只顾如此一想，不料早把些邪魔招入膏肓了。当下随了仙姑进入二层门内，至两边配殿，皆有匾额对联，一时看不尽许多，唯见有几处写的是"痴情司""结怨司""朝啼司""夜怨司""春感司""秋悲司"。看了，因向仙姑道："敢烦仙姑引我到那各司中游玩游玩，不知可使得？"仙姑道："此各司中皆贮的是普天之下所有的女子过去未来的簿册，尔凡眼尘躯，未便先知的。"宝玉听了，哪里肯依，复央之再四。仙姑无奈，说："也罢，就在此司内略随喜随喜罢。"宝玉喜不自胜，抬头看这司的匾上，乃是"薄命司"三字，两边对联写的是：

> 春恨秋悲皆自惹，花容月貌为谁妍。

宝玉看了，便知感叹。进入门来，只见有十数个大厨，皆用封条封着。见那边厨上封条大书七字云："金陵十二钗正册"，宝玉问道："何为'金陵十二钗正册'？"警幻道："即贵省中十二冠首女子之册，故为'正册'。"宝玉道："常听人说金陵极大，怎么只十二个女子？如今单我们家里，上上下下，就有几百女孩子呢。"警幻冷笑道："贵省女子固多，不过择其紧要者录之。下边二厨则又次。余者庸常之辈，则无册可录矣。"宝玉听说，再看下首二厨上，果然写着"金陵十二钗副册"，又一个写着"金陵十二钗又副册"。宝玉便伸手先将"又副册"厨开了，拿出一本册来，揭开一看，只见这首页上画着一幅画，又非人物，也无山水，不过是水墨滃染的满纸乌云浊雾而已。后有几行字迹，写道是：

> 霁月难逢，彩云易散。心比天高，身为下贱。风流灵巧招人怨。寿天多因毁谤生，多情公子空牵念。

宝玉看了，又见后面画着一簇鲜花，一床破席，也有几句言词，写道是：

> 枉自温柔和顺，空云似桂如兰。
> 堪羡优伶有福，谁知公子无缘。

宝玉看了不解。遂掷下这个，又去开了副册厨门，拿起一本册来，揭开看时，只见画着一株桂花，下面有一池沼，其中水涸泥干，莲枯藕败，后面书云：

> 根并荷花一茎香，平生遭际实堪伤。
> 自从两地生孤木，致使香魂返故乡。

宝玉看了仍不解。便又掷了，便去取"正册"看，只见头一页上便画着两株枯木，木上悬着一围玉带；地上一堆雪，雪中一股金簪。也有四句言词，道是：

　　可叹停机德，堪怜咏絮才。
　　玉带林中挂，金簪雪里埋。

宝玉看了仍不解。待要问时，情知他必不肯泄漏；待要丢下，又不舍。遂又往后看时，只见画着一张弓，弓上挂着香橼。也有一首歌词云：

　　二十年来辨是非，榴花开处照宫闱。
　　三春争及初春景？虎兕相逢大梦归。

后面又画着两人放风筝，一片大海，一只大船，船中有一女子掩面泣涕之状。也有四句写云：

　　才自精明志自高，生于末世运偏消。
　　清明涕送江边望，千里东风一梦遥。

后面又画几缕飞云，一湾逝水。其词曰：

　　富贵又何为，襁褓之间父母违。
　　展眼吊斜辉，湘江水逝楚云飞。

后面又画着一块美玉，落在泥垢之中。其断语云：

　　欲洁何曾洁，云空未必空。
　　可怜金玉质，终陷淖泥中。

后面忽见画着个恶狼，追扑一美女，欲啖之意。其书云：

　　子系中山狼，得志便猖狂。
　　金闺花柳质，一载赴黄粱。

后面便是一所古庙，里面有一美人在内看经独坐。其判云：

　　勘破三春景不长，缁衣顿改昔年妆。
　　可怜绣户侯门女，独卧青灯古佛旁。

后面便是一片冰山，上面有一只雌凤。其判曰：

　　凡鸟偏从末世来，都知爱慕此生才。
　　一从二令三人木，哭向金陵事更哀。

后面又是一座荒村野店，有一美人在那里纺绩。其判云：

　　事败休云贵，家亡莫论亲。
　　偶因济刘氏，巧得遇恩人。

后面又画着一盆茂兰，旁有一位凤冠霞帔的美人。也有判云：

　　桃李春风结子完，到头谁似一盆兰。
　　如冰水好空相妒，枉与他人作笑谈。

后面又画着高楼大厦，有一美人悬梁自缢。其判云：

　　情天情海幻情身，情既相逢必主淫。
　　漫言不肖皆荣出，造衅开端实在宁。

宝玉还欲看时，那仙姑知他天分高明，性情颖慧，恐把仙机泄漏，遂掩了卷册，笑向宝玉道："且随我去游玩奇景，何必在此打这闷葫芦！"

宝玉恍恍惚惚，不觉弃了卷册，又随了警幻来至后面。又听警幻笑道："你们快出来迎接贵客！"一语未了，只见房中又走出几个仙子来，皆是荷袂蹁跹，羽衣飘舞，姣若春花，媚如秋月。一见了宝玉，都怨谤警幻道："我们不知系何'贵客'，忙的接了出来！姐姐曾说今日今时必有绛珠妹子的生魂前来游玩，故我等久待。何故反引这浊物来污染这清净女儿之境？"

宝玉听如此说，便吓得欲退不能退，果觉自形污秽不堪。警幻忙携住宝玉的手，向众姊妹道："你等不知原委：今日原欲往荣府去接绛珠，适从宁府经过，偶遇宁荣二公之灵，故发慈心，引彼至此。先以彼家上中下三等女子之终身册籍，令彼熟玩，尚未觉悟；故引彼再至此处，令其再历饮馔声色之幻，或冀将来一悟，亦未可知也。"

说毕,携了宝玉入室。

饮酒间,又有十二个舞女上来,请问演何词曲。警幻道:"就将新制《红楼梦》十二支演上来。"舞女们答应了,便轻敲檀板,款按银筝,听他歌道是:

开辟鸿蒙……

方歌了一句,警幻便说道:"此曲不比尘世中所填传奇之曲,必有生旦净末之则,又有南北九宫之限。此或咏叹一人,或感怀一事,偶成一曲,即可谱入管弦。若非个中人,不知其中之妙。料尔亦未必深明此调。若不先阅其稿,后听其曲,反成嚼蜡矣。"说毕,回头命小丫鬟取了《红楼梦》原稿来,递与宝玉。宝玉接来,一面目视其文,一面耳聆其歌曰:

〔红楼梦引子〕开辟鸿蒙,谁为情种?都只为风月情浓。趁着这奈何天,伤怀日,寂寥时,试遣愚衷。因此上,演出这怀金悼玉的《红楼梦》。

〔终身误〕都道是金玉良姻,俺只念木石前盟。空对着,山中高士晶莹雪,终不忘,世外仙姝寂寞林。叹人间,美中不足今方信。纵然是齐眉举案,到底意难平。

〔枉凝眉〕一个是阆苑仙葩,一个是美玉无瑕。若说没奇缘,今生偏又遇着他;若说有奇缘,如何心事终虚化?一个枉自嗟呀,一个空劳牵挂。一个是水中月,一个是镜中花。想眼中能有多少泪珠儿,怎经得秋流到冬尽,春流到夏!

宝玉听了此曲,散漫无稽,不见得好处,但其声韵凄婉,竟能销魂醉魄。因此也不察其原委,问其来历,就暂以此释闷而已。因又看下面唱道:

〔恨无常〕喜荣华正好,恨无常又到。眼睁睁,把万事全抛。荡悠悠,把芳魂销耗。望家乡,路远山高。故向爹娘梦里相寻告:儿命已入黄泉,天伦呵,须要退步抽身早!

〔分骨肉〕一帆风雨路三千,把骨肉家园齐来抛闪。恐哭损残年,告爹娘,休把儿悬念。自古穷通皆有定,离合岂无缘?从今分两地,各自保平安。奴去也,莫牵连。

〔乐中悲〕襁褓中,父母叹双亡。纵居那绮罗丛,谁知娇养?幸生来,英豪阔大宽宏量,从未将儿女私情略萦心上。好一似,霁月光风耀玉堂。厮配得才貌仙郎,博得个地久天长,准折得幼年时坎坷形状。终究是云散高唐,水涸湘江。这是尘寰中消长数应当,何必枉悲伤!

〔世难容〕气质美如兰,才华阜比仙。天生成孤僻人皆罕。你道是啖肉食腥膻,视绮罗俗厌;却不知太高人愈妒,过洁世同嫌。可叹这,青灯古殿人将老;辜负了,红粉朱楼春色阑。到头来,依旧是风尘肮脏违心愿。好一似,无瑕白玉遭泥陷;又何须,王孙公子叹无缘。

〔喜冤家〕中山狼,无情兽,全不念当日根由。一味的骄奢淫荡贪还构。觑着那,侯门艳质同蒲柳;作践的,公府千金似下流。叹芳魂艳魄,一载荡悠悠。

〔虚花悟〕将那三春看破,桃红柳绿待如何?把这韶华打灭,觅那清淡天和。说什么,天上天桃盛,云中杏蕊多。到头来,谁把秋捱过?则看那,白杨村里人呜咽,青枫林下鬼吟哦。更兼着,连天衰草遮坟墓。这的是,昨贫今富人劳碌,春荣秋谢花折磨。似这般,生关死劫谁能躲?闻说道,西方宝树唤婆娑,上结着长生果。

〔聪明累〕机关算尽太聪明,反算了卿卿性命。生前心已碎,死后性空灵。家富人宁,终有个家亡人散各奔腾。枉费了,意悬悬半世心,好一似,荡悠悠三更梦。忽喇喇似大厦倾,昏惨惨似灯将尽。呀!一场欢喜忽悲辛。叹人世,终难定!

〔留余庆〕留余庆,留余庆,忽遇恩人;幸娘亲,幸娘亲,积得阴功。劝人生,济困扶穷,休似俺那爱银钱忘骨肉的狠舅奸兄!正是乘除加减,上有苍穹。

〔晚韶华〕镜里恩情,更那堪梦里功名!那美韶华去之何迅!再休提绣帐鸳衾。只这戴珠冠,披凤袄,也抵不了无常性命。虽说是,人生莫受老来贫,也须要阴骘积儿孙。气昂昂头戴簪缨,气昂昂头戴簪缨;光灿灿胸悬金印;威赫赫爵禄高登,威赫赫爵禄高登;昏惨惨黄泉路近。问古来将相可还存?也只是虚名儿与后人钦敬。

〔好事终〕画梁春尽落香尘。擅风情,秉月貌,便是败家的根本。箕裘颓堕皆从敬,家事消亡首罪宁,宿孽总因情。

〔收尾·飞鸟各投林〕为官的，家业凋零；富贵的，金银散尽；有恩的，死里逃生；无情的，分明报应。欠命的，命已还；欠泪的，泪已尽。冤冤相报实非轻，分离聚合皆前定。欲知命短问前生，老来富贵也真侥幸。看破的，遁入空门；痴迷的，枉送了性命。好一似食尽鸟投林，落了片白茫茫大地真干净！

歌毕，还要歌副曲。警幻见宝玉甚无趣味，因叹："痴儿竟尚未悟！"那宝玉忙止歌姬不必再唱，自觉朦胧恍惚，告醉求卧。警幻便命撤去残席，送宝玉至一香闺绣阁之中，其间铺陈之盛，乃素所未见之物。更可骇者，早有一位女子在内，其鲜艳妩媚，有似乎宝钗，则又如黛玉。正不知何意，忽警幻道："知情更淫。是以巫山之会，云雨之欢，皆由既悦其色、复恋其情所致也。吾所爱汝者，乃天下古今第一淫人也。"

宝玉听了，唬的忙答道："仙姑差了。我因懒于读书，家父母尚每垂训饬，岂敢再冒'淫'字。况且年纪尚小，不知'淫'字为何物。"警幻道："非也。淫虽一理，意则有别。如世之好淫者，不过悦容貌，喜歌舞，如尔则天分中生成一段痴情，吾辈推之为'意淫'。'意淫'二字，唯心会而不可口传，可神通而不可语达。今既遇令祖宁荣二公剖腹深嘱，吾不忍君独为我闺阁增光，见弃于世道，是以特引前来，醉以美酒，沁以仙茗，警以妙曲，再将吾妹一人，乳名兼美字可卿者，许配于汝，今夕良时，即可成姻。不过令汝领略此仙闺幻境之风光尚如此，何况尘境之情景哉？而后万万解释，改悟前情，留意于孔孟之间，委身于经济之道。"说毕，便秘授以云雨之事，推宝玉入房，将门掩上自去。

那宝玉恍恍惚惚，依警幻所嘱之言，未免有儿女之事，难以尽述。至次日，便柔情缱绻，软语温存，与可卿难解难分。因二人携手出去游玩之时，忽至一个所在，但见荆榛遍地，狼虎同群，迎面一道黑溪阻路，并无桥梁可通。正在犹豫之间，忽见警幻后面追来，告道："快休前进，作速回头要紧！"宝玉忙止步问道："此系何处？"警幻道："此即迷津也深有万丈，遥亘千里，中无舟楫可通，只有一个木筏，乃木居士掌舵，灰侍者撑篙，不受金银之谢，但遇有缘者渡之。尔今偶游至此，设如堕落其中，则深负我从前谆谆警戒之语矣。"话犹未了，只听迷津内水响如雷，竟有许多夜叉海鬼将宝玉拖将下去。吓得宝玉汗下如雨，一面失声喊叫："可卿救我！"吓得袭人辈众丫鬟忙上来搂住，叫："宝玉别怕，我们在这里呢！"

却说秦氏正在房外嘱咐小丫头们好生看着猫儿狗儿打架，忽闻宝玉在梦中唤他的小名，因纳闷道："我的小名这里从没人知道的，他如何知道，在梦里叫出来？"

第六回　贾宝玉初试云雨情
刘姥姥一进荣国府

却说秦氏因听见宝玉从梦中唤他的乳名，心中自是纳闷，又不好细问。彼时宝玉迷迷惑惑，若有所失。众人忙端上桂圆汤来，呷了两口，遂起身整衣。袭人伸手与他系裤带时，不觉伸手至大腿处，只觉冰冷一片粘湿，唬的忙退出手来，问是怎么了。宝玉红涨了脸，把他的手

一捻。袭人本是个聪明女子，年纪本又比宝玉大两岁，近来也渐通人事。今见宝玉如此光景，心中便觉察一半了，不觉也羞的红涨了脸面，不敢再问。仍旧理好衣裳，遂至贾母处来，胡乱吃毕了晚饭，过这边来。

袭人忙趁众奶娘丫鬟不在旁时，另取出一件中衣来与宝玉换下。宝玉含羞央告道："好姐姐，千万别告诉人。"袭人亦含羞笑问道："你梦见什么故事了？是那里流出来的那些脏东西？"宝玉道："一言难尽。"说着便把梦中之事细说与袭人听了。宝玉亦素喜袭人柔媚娇俏，遂强袭人同领警幻所训云雨之事。袭人素知贾母已将自己与了宝玉的，今便如此，亦不为越礼，遂和宝玉偷试一番，幸得无人撞见。自此宝玉视袭人更比别个不同，袭人待宝玉更为尽心。

千里之外，芥豆之微，小小一个人家，因与荣府略有些瓜葛，这日正往荣府中来。

方才所说的这小小之家，乃本地人氏，姓王，祖上曾作过小小的一个京官，昔年与凤姐之祖王夫人之父认识。因贪王家的势利，便连了宗认作侄儿。目今其祖已故，只有一个儿子，名唤王成，因家业萧条，仍搬出城外原乡中住去了。

王成新近亦因病故，只有其子，小名狗儿。狗儿亦生一子，小名板儿，嫡妻刘氏，又生一女，名唤青儿。一家四口，仍以务农为业。因狗儿白日间又作些生计，刘氏又操井臼等事，青板姊弟两个无人看管，狗儿遂将岳母刘姥姥接来一处过活。这刘姥姥乃是个积年的老寡妇，膝下又无儿女，只靠两亩薄田度日。今者女婿接来养活，岂不愿意，遂一心一计，帮趁着女儿女婿过活起来。

因这年秋尽冬初，天气冷将上来，家中冬事未办，狗儿未免心中烦虑，吃了几杯闷酒，在家闲寻气恼，刘氏也不敢顶撞。因此刘姥姥看不过，乃劝道："姑爷，你别嗔着我多嘴。这长安城中，遍地都是钱，只可惜没人会去拿去罢了。在家跳塌着会子也不中用。"狗儿听说，便急道："你老只会炕头儿上混说，难道叫我打劫偷去不成？"刘姥姥道："谁叫你偷去呢。也到底想法儿大家裁度，不然那银子钱自己跑到咱家来不成？"狗儿冷笑道："有法儿还等到这会子呢！我又没有收税的亲戚，做官的朋友，有什么法子可想的？便有，也只怕他们未必来理我们呢！"

刘姥姥道："这倒不然。当日你们原是和金陵王家连过宗，二十年前，他们看承你们还好；如今自然是你们拉硬屎，不肯去亲近他，故疏远起来。想当初我和女儿还去过一遭。他们家的二小姐着实响快，会待人，倒不拿大。如今现是荣国府贾二老爷的夫人。或者他还旧，有些好处，也未可知。要是他发一点好心，拔一根寒毛比咱们的腰还粗呢！"刘氏一旁接口道："你老虽说的是，但只你我这样个嘴脸，怎么好到他门上去。先不先，他们那些门上的人也未必肯去通信。没的去打嘴现世。"

谁知狗儿利名心最重，听如此一说，心下便有些活动起来。又听他妻子这话，便笑接道："姥姥既如此说，况且当年你又见过这姑太太一次，何不你老人家明日就走一趟，先试试风头再说。"刘姥姥道："哎哟哟！可是说的'侯门深似海'，我是个什么东西，他家人又不认得我，我去了也是白去的。"狗儿笑道："不妨，我教你老人家一个法子：你竟带了外孙子板儿，先去

找陪房周瑞，若见了他，就有些意思了。这周瑞先时曾和我父亲交过一件事，我们极好的。"刘姥姥道："我也知道他的。只是许多时不走动，知道他如今是怎样。这也说不得了，你又是个男人，又这样个嘴脸，自然去不得；我们姑娘年轻媳妇子，也难卖头卖脚的，倒还是舍着我这副老脸去碰一碰。果然有些好处，大家都有益；便是没有银子来，我也到那公府侯门见一见世面，也不枉我一生。"说毕，大家笑了一回。当晚计议已定。

次日天未明，刘姥姥便起来梳洗了，又将板儿教训了几句。

来至荣府大门石狮子前，只见簇簇轿马，刘姥姥便不敢过去，且掸了掸衣服，又教了板儿几句话，然后蹭到角门前。只见几个挺胸叠肚指手画脚的人，坐在大板凳上，说东谈西呢。刘姥姥只得蹭上来问："太爷们纳福。"众人打量他一会，便问："哪里来的？"刘姥姥陪笑道："我找太太的陪房周大爷的，烦哪位太爷替我请他老出来。"那些人听了，都不瞅睬，半日方说道："你远远的在那墙角下等着，一会他们家有人就出来的。"内中有一老年人说道："不要误他的事，何苦耍他。"因向刘姥姥道："那周大爷已往南边去了。他在后一带住着，他娘子却在家。你要找时，从这边绕到后街上后门上去问就是了。"

刘姥姥听了谢过，遂携了板儿，绕到后门上。只见门前歇着些生意担子，闹吵吵三二十个小孩子在那里厮闹。刘姥姥便拉住一个道："我问哥儿一声，有个周大娘可在家么？"孩子们道："那个周大娘？我们这里周大娘有三个呢，还有两个周奶奶，不知是哪一行当的？"刘姥姥道："是太太的陪房周瑞。"孩子道："这个容易，你跟我来。"说着，跳蹦蹦的引着刘姥姥进了后门，至一院门墙边，指与刘姥姥道："这就是他家。"又叫道："周大娘，有个老奶奶来找你呢，我带了来了。"

周瑞家的在内听说，忙迎了出来，问："是哪位？"刘姥姥忙迎上来问道："好啊，周嫂子！"周瑞家的认了半日，方笑道："刘姥姥，你好呀！你说说，能几年，我就忘了。请家里来坐罢。"又问刘姥姥："今日还是路过，还是特来的？"刘姥姥便说："原是特来瞧瞧嫂子你，二则也请请姑太太的安。若可以领我见一见更好，若不能，就借重嫂子转致意罢了。"

周瑞家的听了，便已猜着几分来意。听如此说，便笑说道："姥姥你放心。大远的诚心诚意来了，岂有个不教你见个真佛去的呢。但只一件，姥姥有所不知，我们这里又不比五年前了。如今太太竟不大管事，都是琏二奶奶管家。你道这琏二奶奶是谁？就是太太的内侄女，当日大舅老爷的女儿，小名凤哥的。"刘姥姥听了，罕问道："原来是他！这等说来，我今儿还得见他了。"周瑞家的道："这自然的。今儿宁可不会太太，倒得见他一面，才不枉这里来一遭。"刘姥姥道："阿弥陀佛！全仗嫂子方便了。"周瑞家的道："说哪里话。"说着，便唤小丫头到倒厅上悄悄地打听打听，老太太屋里摆了饭了没有。小丫头去了。这里二人又说了些闲话。

刘姥姥因说："这凤姑娘今年大还不过二十岁罢了，就这等有本事，当这样的家，可是难得的。"周瑞家的听了道："我的姥姥，告诉不得你呢。这位凤姑娘年纪虽小，行事却比世人都大呢。说着，只见小丫头回来说："老太太屋里已摆完了饭了，二奶奶在太太屋里呢。"周瑞家的听了，连忙起身，催着刘姥姥说："快走，快走。这一下来他吃饭是个空子，咱们先赶着去。若迟一步，回事的人也多了，难说话。再歇了中觉，越发没了时候了。"说着一齐下了炕，打扫打扫衣服，又教了板儿几句话，跟着周瑞家的，逶迤往贾琏的住宅来。

先到了倒厅，周瑞家的将刘姥姥安插在那里略等一等。自己先过了影壁，进了院门，知凤姐未下来，先找着凤姐的一个心腹通房大丫头名唤平儿的。周瑞家的先将刘姥姥起初来历说明，平儿听了，便作了个主意："叫他们进来，先在这里坐着就是了。"周瑞家的听了，方出去引他两个进入院来。

刘姥姥只听见咯当咯当的响声，大有似乎打箩柜筛面的一般，不免东瞧西望的，忽见堂屋中柱子上挂着一个匣子，底下又坠着一个秤砣般一物，却不住的乱幌。方欲问时，只见小丫头子们齐乱跑，说："奶奶下来了。"周瑞家的与平儿忙起身，命刘姥姥"只管等着，是时候我们来请你。"说着，都迎出去了。

刘姥姥屏声侧耳默候。只听远远有人笑声，约有一二十妇人，衣裙窸窣，渐入堂屋，往那

国学经典文库

中国二十大名著

红楼梦

图文珍藏版

23

边屋内去了。忽见周瑞家的笑嘻嘻走过来，招手儿叫他。刘姥姥会意，于是带了板儿下炕，至堂屋中，周瑞家的又和他唧咕了一会，方过这边屋里来。

平儿站在炕沿边，捧着小小的一个填漆茶盘，盘内一个小盖钟。凤姐也不接茶，也不抬头，只管拨手炉内的灰，慢慢的问道："怎么还不请进来？"一面说，一面抬身要茶时，只见周瑞家的已带了两个人在地下站着呢。这才忙欲起身犹未起身时，满面春风的问好，又嗔着周瑞家的怎么不早说。刘姥姥在地下已是拜了数拜，问姑奶奶安。凤姐忙说："周姐姐，快搀起来，别拜罢，请坐。我年轻，不大认得，可也不知是什么辈数，不敢称呼。"周瑞家的忙回道："这就是我才回的那姥姥了。"凤姐点头。刘姥姥已在炕沿上坐了。板儿便躲在背后，百般的哄他出来作揖，他死也不肯。

凤姐儿笑道："亲戚们不大走动，都疏远了。知道的呢，说你们弃厌我们，不肯常来；不知道的那起小人，还只当我们眼里没人似的。"说着，又问周瑞家的回了太太了没有。周瑞家的道："如今等奶奶的示下。"凤姐道："你去瞧瞧，要是有人有事就罢；得闲儿呢就回，看怎么说。"周瑞家的答应着去了。

这里凤姐叫人抓些果子与板儿吃，刚问些闲话时，只见周瑞家的回来，向凤姐道："太太说了，今日不得闲，二奶奶陪着便是一样，多谢费心想着。白来逛逛呢便罢；若有甚说的，只管告诉二奶奶，都是一样。"刘姥姥道："也没甚说的，不过是来瞧瞧姑太太、姑奶奶，也是亲戚们的情分。"周瑞家的道："没甚说的便罢；若有话，只管回二奶奶，是和太太一样的。"一面说，一面递眼色与刘姥姥。

刘姥姥会意，未语先飞红的脸，欲待不说，今日又所为何来？只得忍耻说道："论理今儿初次见姑奶奶，却不该说，只是大远的奔了你老这里来，也少不的说了。"刚说到这里，只听二门上小厮们回说："东府里的小大爷进来了。"凤姐忙止刘姥姥："不必说了。"一面便问："你蓉大爷在哪里呢？"只听一路靴子脚响，进来了一个十七八岁的少年，面目清秀，身材俊俏，轻裘宝带，美服华冠。刘姥姥此时坐不是，立不是，藏没处藏，凤姐笑道："你只管坐着，这是我侄儿。"刘姥姥方扭扭捏捏在炕沿上坐了。

贾蓉笑道："我父亲打发我来求婶子，说上回老舅太太给婶子的那架玻璃炕屏，明日请一个要紧的客，借了略摆一摆就送过来。"凤姐道："说迟了一日，昨儿已经给了人了。"贾蓉听着，嘻嘻地笑着，在炕沿上半跪道："婶子若不借，又说我不会说话了，又挨一顿好打呢。婶子只当可怜侄儿罢。"凤姐笑道："也没见你们，王家的东西都是好的不成？你们那里放着那些好东西，只是看不见，偏我的就是好的。"贾蓉笑道："哪里有这个好呢！只求开恩罢。"凤姐道："若碰一点儿，你可仔细你的皮！"因命平儿拿了楼房的钥匙，传几个妥当人抬去。贾蓉喜的眉开眼笑，说："我亲自带了人拿去，别由他们乱碰。"说着便起身出去了。

这里凤姐忽又想起一事来，便向窗外："叫蓉哥回来！"外面几个人接声说："蓉大爷快回来！"贾蓉忙复身转来，垂手侍立，听凤阿指示。那凤姐只管慢慢的吃茶，出了半日的神，又笑道："罢了，你且去罢。晚饭后你来再说罢。这会子有人，我也没精神了。"贾蓉答应了一声，方慢慢地退去。

这里刘姥姥心神方安，才又说道："今日我带了你侄儿来，也不为别的，只因他老子娘在家里，连吃的都没有。如今天又冷了，越想没个派头儿，只得带了你侄儿奔了你老来。"凤姐早已明白了，听他不会说话，因笑止道："不必说了，我知道了。"因问周瑞家的："这姥姥不知可用了早饭没有？"刘姥姥忙说道："一早就往这里赶咧，哪里还有吃饭的工夫咧。"凤姐听说，忙命快传饭来。一时周瑞家的传了一桌客饭来，摆在东边屋内，过来带了刘姥姥和板儿过去吃饭。

刘姥姥已吃毕了饭，拉了板儿过来，礚舌咂嘴的道谢。凤姐笑道："且请坐下，听我告诉你老人家。方才的意思，我已知道了。若论亲戚之间，原该不等上门来就该有照应才是。但如今家内杂事太烦，太太渐上了年纪，一时想不到也是有的。况且我近来接着管些事，都不知道这些亲戚们。二则外头看着虽是烈烈轰轰的，殊不知大有大的艰难去处，说与人也未必信罢。今儿你既老远的来了，又是头一次见我张口，怎么好叫你空回去呢。可巧昨儿太太给

我的丫头们做衣裳的二十两银子,我还没动呢,你若不嫌少,就暂且先拿了去罢。"

那刘姥姥先听见告艰难,只当是没有,心里便突突的;后来听见给他二十两,喜的又浑身发痒起来,说道:"嗳,我也是知道艰难的。但俗语说的:'瘦死的骆驼比马大',凭他怎样,你老拔根寒毛比我们的腰还粗哩!"周瑞家的见他说的粗鄙,只管使眼色止他。凤姐看见,笑而不睬,只命平儿把昨儿那包银子拿来,再拿一吊钱来,都送到刘姥姥的跟前。凤姐乃道:"这是二十两银子,暂且给这孩子做件冬衣罢。若不拿着,就真是怪我了。这钱雇车坐罢。改日无事,只管来逛逛,才是亲戚们的意思。天也晚了,也不虚留你们了,到家里该问好的问个好儿罢。"一面说,一面就站了起来。

刘姥姥只管千恩万谢的,拿了银子钱,感谢不尽,仍从后门去了。正是:

得意浓时易接济,受恩深处胜亲朋。

第七回　送宫花贾琏戏熙凤
宴宁府宝玉会秦钟

话说周瑞家的送了刘姥姥去后,便上来回王夫人话。谁知王夫人不在上房,问丫鬟们时,方知往薛姨妈那边闲话去了。周瑞家的听说,便转出东角门至东院,往梨香院来。

送宫花贾琏戏熙凤

周瑞家的轻轻掀帘进去,见王夫人和薛姨妈长篇大套的说些家务人情等话。周瑞家的不敢惊动,遂进里间来。坐在炕里边,伏在小炕桌上同丫鬟莺儿正描花样子呢。见他进来,宝钗才放下笔,转过身来,满面堆笑让:"周姐姐坐。"周瑞家的也忙陪笑问:"姑娘好?"一面炕沿上坐了,因说:"这有两三天也没见姑娘到那边逛逛去,只怕是你宝兄弟冲撞了你不成?"宝钗笑道:"哪里的话。只因我那种病又发了,所以这两天没出屋子。"周瑞家的道:"正是呢,姑娘到底有什么病根儿,也该趁早儿请个大夫来,好生开个方子,小小的年纪倒作下个病根儿,也不是玩的。"宝钗听了便笑道:"再不要提吃药。为这病请大夫吃药,也不知白花了多少银子钱呢。后来还亏了一个秃头和尚,说专治无名之症,因请他看了。他说我这是从胎里带来的一股热毒,幸而先天壮,还不相干;若吃寻常药,是不中用的。他就吃了一个海上方,又给了一包药末子作引子,异香异气的,不知是哪里弄了来的。他说发了时吃一丸就好。倒也奇怪,吃他的药倒效验些。"

周瑞家的还欲说话时,忽听王夫人问:"谁在房里呢?"周瑞家的忙出来答应了,趁便回了刘姥姥之事。略待半刻,见王夫人无语,方欲退出,薛姨妈忽又笑道:"你且站住。我有一

宗东西，你带了去罢。"说着便叫香菱。只听帘栊响处，方才和金钏儿玩的那个小丫头进来了，问："奶奶叫我做什么？"薛姨妈道："把匣子里的花儿拿来。"香菱答应了，向那边捧个小锦匣来。薛姨妈道："这是宫里头的新鲜样法，拿纱堆的花儿十二支。昨儿我想起来，白放着可惜了儿的，何不给他们姊妹们戴去。昨儿要送去，偏又忘了。你今儿来的巧，就带了去罢。你家的三位姑娘，每人一对，剩下的六枝，送林姑娘两枝，那四枝给了凤哥罢。"王夫人道："留着给宝丫头戴罢，又想着他们做什么。"薛姨妈道："姨娘不知道，宝丫头古怪着呢，他从来不爱这些花儿粉儿的。"

说着，周瑞家的拿了匣子，走出房门，见金钏仍在那里晒日阳儿。周瑞家的因问他道："那香菱小丫头子，可就是常说临上京时买的、为他打人命官司的那个小丫头子么？"金钏道："可不就是他。"正说着，只见香菱笑嘻嘻的走来，周瑞家的便拉了他的手，细细的看了一会，因向金钏儿笑道："倒好个模样儿，竟有些像咱们东府里蓉大奶奶的品格儿。"

一时间周瑞家的携花至王夫人正房后头来。原来近日贾母说孙女儿们太多了，一处挤着倒不方便，只留宝玉黛玉二人这边解闷，却将迎、探、惜三人移到王夫人这边房后三间小抱厦内居住，令李纨陪伴照管。如今周瑞家的故顺路先往这里来，只见几个小丫头子都在抱厦内听呼唤呢。迎春的丫鬟司棋与探春的丫鬟待书二人正掀帘子出来，手里都捧着茶钟，周瑞家的便知他们姊妹在一处坐着呢，遂进入内房，只见迎春、探春二人正在窗下围棋。周瑞家的将花送上，说明缘故。二人忙住了棋，都欠身道谢，命丫鬟们收了。

周瑞家的答应了，因说："四姑娘不在房里，只怕在老太太那边呢。"丫鬟们道："那屋里不是四姑娘？"周瑞家的听了，便往这边屋里来。只见惜春正同水月庵的小姑子智能儿一处玩耍呢，见周瑞家的进来，惜春便问他何事。周瑞家的便将花匣打开，说明缘故。惜春笑道："我这里正和智能儿说，我明儿也剃了头同他做姑子去呢，可巧又送了花儿来；若剃了头，可把这花儿戴在那里呢？"说着，大家取笑一回，惜春命丫鬟入画来收了。

那周瑞家的又和智能儿唠叨了一会，便往凤姐儿处来。穿夹道从李纨后窗下过，隔着玻璃窗户，见李纨在炕上歪着睡觉呢，遂越过西花墙，出西角门进入凤姐院中。走至堂屋，只见小丫头丰儿坐在凤姐房门槛上，见周瑞家的来了，连忙摆手儿叫他往东屋里去。周瑞家的会意，忙蹑手蹑足往东边房里来，只见奶子正拍着大姐儿睡觉呢。周瑞家的悄问奶子道："姐儿睡中觉呢？也该清醒了。"奶子摇头儿。正问着，只听那边一阵笑声，却有贾琏的声音。接着房门响处，平儿拿着大铜盆出来，叫丰儿舀水进去。平儿便到这边来，一见了周瑞家的便问："你老人家又跑了来作什么？"周瑞家的忙起身，拿匣子与他，说送花儿一事。平儿听了，便打开匣子，拿了四枝，转身去了。半刻工夫，手里拿出两枝来，先叫彩明吩咐道："送到那边府里给小蓉大奶奶戴去。"次后方命周瑞家的回去道谢。

周瑞家的这才往贾母这边来。

谁知此时黛玉不在自己房中，却在宝玉房中大家解九连环玩呢。周瑞家的进来笑道："林姑娘，姨太太着我送花儿与姑娘戴来了。"宝玉听说，便先问："什么花儿？拿来给我。"一面早伸手接过来了。开匣看时，原来是宫制堆纱新巧的假花儿。黛玉只就宝玉手中看了一看，便问道："这是单送我一个的，还是别的姑娘们都有呢？"周瑞家的道："各位都有了，这两枝是姑娘的了。"黛玉冷笑道："我就知道，别人不挑剩下的也不给我。"周瑞家的听了，一声儿不言语。宝玉便问道："周姐姐，你作什么到那边去了？"周瑞家的因说："太太在那里，因回话去了，姨太太就顺便叫我带来了。"宝玉道："宝姐姐在家作什么呢？怎么这几日也不过这边来？"周瑞家的道："身上不大好呢。"宝玉听了，便和丫头们说："谁去瞧瞧？只说我与林姑娘打发了来请姨太太姐姐安，问姐姐是什么病，现吃什么药。论理我该亲自来的，就说才从学里来，也着了些凉，异日再亲自来看罢。"说着，茜雪便答应去了。周瑞家的自去，无话。

至掌灯时分，凤姐已卸了妆，来见王夫人回说："临安伯老太太生日的礼已经打点了，派谁送去呢？"王夫人道："你瞧谁闲着，就叫他们去四个女人就是了，又来当什么正经事问我。"凤姐又笑道："今日珍大嫂子来，请我明日过去逛逛，明日倒没有什么事情。"王夫人道："有事没事都害不着什么。每常他来请，有我们，你自然不便意；他既不请我们，单请你，可知

是他诚心叫你散淡散淡，别辜负了他的心，便有事也该过去才是。"凤姐答应了。当下李纨、迎、探等姐妹们亦来定省毕，各自归房无话。

次日凤姐梳洗了，先回王夫人毕，方来辞贾母。宝玉听了，也要跟了逛去，凤姐只得答应，立等着换了衣裳，姐儿两个坐了车，一时进入宁府。早有贾珍之妻尤氏与贾蓉之妻秦氏婆媳两个，引了多少姬妾丫鬟媳妇等接出仪门。那尤氏一见了凤姐，必先笑嘲一阵，一手携了宝玉同入上房来归坐。秦氏献茶毕，凤姐因说："你们请我来作什么？有什么好东西孝敬我，就快献上来，我还有事呢。"尤氏秦氏未及答话，地下几个姬妾先来就笑说："二奶奶今儿不来就罢，既来了就依不得二奶奶了。"正说着，只见贾蓉进来请安。宝玉因问："大哥哥今日不在家么？"尤氏道："出城与老爷请安去了。可是，你怪闷的，坐在这里作什么？何不也去逛逛呢。"

秦氏笑道："今儿巧，上回宝叔立刻要见的我那兄弟，他今儿也在这里，想在书房里呢，宝叔何不去瞧一瞧？"宝玉听了，即便下炕要走。尤氏凤姐都忙说："好生着，忙什么？"一面便吩咐好生小心跟着，别委曲着他，倒比不得跟了老太太过来就罢了。凤姐说道："既这么着，何请进这秦小爷来，我也瞧一瞧。难道我见不得他不成？"尤氏笑道："罢，罢！可以不必见，他比不得咱们家的孩子们，胡打海摔的惯了。人家的孩子都是斯斯文文的惯了，乍见了你这破落户，还被人笑话死了呢。"凤姐笑道："普天下的人，我不笑话就罢了。竟叫这小孩子笑话我不成？"贾蓉笑道："不是这话，他生的腼腆，没见过大阵仗儿，婶子见了，没的生气。"凤姐道："凭他什么样儿的，我也要见一见！别放你娘的屁了。再不带我看看，给你一顿好嘴巴。"贾蓉笑嘻嘻地说："我不敢扭着，就带他来。"

说着，果然出去带进一个小后生来，较宝玉略瘦些，眉清目秀，粉面朱唇，身材俊俏，举止风流，似在宝玉之上，只是怯怯羞羞，有女儿之态，腼腆含糊，慢向凤姐作揖问好。秦氏等谢毕。一时吃过饭，尤氏、凤姐、秦氏等抹骨牌，不在话下。

忽然宝玉问他读什么书。秦钟见问，因而答以实话。二人你言我语，十来句后，越觉亲密起来。

一时凤姐尤氏又打发人来问宝玉："要吃什么，外面有，只管要去。"宝玉只答应着，也无心在饮食上，只问秦钟近日家务等事。秦钟因说："业师于去年病故，家父又年纪老迈，残疾在身，公务繁冗，因此尚未议及再延师一事，目下不过在家温习旧课而已。再读书一事，必须有一二知已为伴，时常大家讨论，才能进益。"宝玉不待说完，便答道："正是呢，我们却有个家塾，合族中有不能延师的，便可入塾读书，子弟们中亦有亲戚在内可以附读。我因业师上年回家去了，也现荒废着呢。家父之意，亦欲暂送我去温习旧书，待明年业师上来，再各自在家里读。家祖母因说：一则家学里之子弟太多，生恐大家淘气，反不好；二则也因我病了几天，遂暂且耽搁着。如此说来，尊翁如今也为此事悬心。今日回去，何不禀明，就往我们敝塾中来，我亦相伴，彼此有益，岂不是好事？"秦钟笑道："家父前日在家提起延师一事，也曾提起这里的义学倒好，原要来和这里的亲翁商议引荐。因这里又事忙，不便为这点小事来聒絮的。宝叔果然度小侄可磨墨涤砚，何不速速的作成，又彼此不致荒废，又可以常相聚谈，又可以

秦可府寄
鲤会宾园

慰父母之心，又可以得朋友之乐，岂不是美事？"宝玉道："放心，放心。咱们回来告诉你姐夫姐姐和琏二嫂子，你今日回就家禀明令尊，我回去再禀明祖母，再无不速成之理。"二人计议已定，那天气已是掌灯时候，出来又看他们玩了一回牌。算账时，却又是秦氏尤氏二人输了戏酒的东道，言定后日吃这东道。一面就叫送饭。

凤姐起身告辞，和宝玉携手同行。

第八回　比通灵金莺微露意
探宝钗黛玉半含酸

话说凤姐和宝玉回家，见过众人。宝玉先便回明贾母秦钟要上家塾之事，自己也有了个伴读的朋友，正好发奋；又着实的称赞秦钟的人品行事，最使人怜爱。凤姐又在一旁帮着说"过日他还来拜老祖宗"等语，说的贾母喜欢起来。凤姐又趁势请贾母后日过去看戏。贾母虽年老，却极有兴头。至后日，又有尤氏来请，遂携了王夫人林黛玉宝玉等过去看戏。至晌午，贾母便回来歇息了。王夫人本是好清净的，见贾母回来也就回来了。然后凤姐坐了首席，尽欢至晚无话。

却说宝玉因送贾母回来，待贾母歇了中觉，意欲还去看戏取乐，又恐扰的秦氏等人不便，因想起近日薛宝钗在家养病，未去亲候，意欲去望他一望。若从上房后角门过去，又恐遇见别事缠绕，再或可巧遇见他父亲，更为不妥，宁可绕远路罢了。当下众嬷嬷丫鬟伺候他换衣服，见他不换，仍出二门去了。众嬷嬷丫鬟只得跟随出来，还只当他去那府中看戏。

闲言少述，且说宝玉来至梨香院中，先入薛姨妈室中来，正见薛姨妈打点针黹与丫鬟们呢。宝玉忙请了安，薛姨妈忙一把拉了他，抱入怀内，笑说："这么冷天，我的儿，难为你想着来，快上炕来坐着罢。"命人倒滚滚的茶来。宝玉因问："哥哥不在家？"薛姨妈叹道："他是没笼头的马，天天忙不了，哪里肯在家一日。"宝玉道："姐姐可大安了？"薛姨妈道："可是呢，你前儿又想着打发人来瞧他。他在里间不是，你去瞧他，里间比这里暖和，那里坐着，我收拾收拾就进去和你说话儿。"

宝玉听说，忙下了炕来至里间门前，只见吊着半旧的红绸软帘。宝玉掀帘一迈步进去，先就看见薛宝钗坐在炕上做针线，宝玉一面看，一面问："姐姐可大愈了？"宝钗抬头只见宝玉进来，连忙起身含笑答说："已经太好了，倒多谢记挂着。"说着，让他在炕沿上坐下，即命莺儿斟茶来。

宝钗因笑说道："成日家说你的这玉，究竟未曾细细的赏鉴，我今儿倒要瞧瞧。"说着便挪近前来。宝玉亦凑了上去，从项上摘了下来，递在宝钗手内。宝钗托于掌上，只见大如雀卵，灿若明霞，莹润如酥，五色花纹缠护。

宝钗看毕，又从新翻过正面来细看，口里念道："莫失莫忘，仙寿恒昌。"念了两遍，乃回头向莺儿笑道："你不去倒茶，也在这里发呆作什么？"莺儿嘻嘻笑道："我听这两句话，倒像和姑娘的项圈上的两句话是一对儿。"宝玉听了，忙笑道："原来姐姐那项圈上也有八个字，我

也赏鉴赏鉴。"宝钗道:"你别听他的话,没有什么字。"宝玉笑央:"好姐姐,你怎么瞧我的了呢。"宝钗被缠不过,因说道:"也是个人给了两句吉利话儿,所以錾上了,叫天天带着;不然,沉甸甸的有什么趣儿。"一面说,一面解了排扣,从里面大红袄上将那珠宝晶莹黄金灿烂的璎珞掏将出来。宝玉忙托了锁看时,果然一面有四个篆字,两面八字,共成两句吉谶。亦曾按式画下形相:

金锁正面

金锁反面

　　宝玉看了,也念了两遍,又念自己的两遍,因笑问:"姐姐这八个字倒真与我的是一对。"莺儿笑道:"是个癞头和尚送的,他说必须錾在金器上——"宝钗不待说完,便嗔他不去倒茶,一面又问宝玉从哪里来。

　　一语未了,忽听外面人说:"林姑娘来了。"话犹未了,林黛玉已摇摇的走了进来,一见了宝玉,便笑道:"哎哟,我来的不巧了!"宝玉等忙起身笑让坐。宝钗因笑道:"这话怎么说?"黛玉笑道:"早知他来,我就不来了。"宝钗道:"我更不解这意。"黛玉笑道:"要来一群都来,要不来一个也不来;今儿他来了,明儿我再来,如此间错开了来着,岂不天天有人来了? 也不至于太冷落,也不至于太热闹了。姐姐如何反不解这意思?"

　　宝玉因见他外面罩着大红羽缎对衿褂子,因问:"下雪了么?"地下婆娘们道:"下了这半日雪珠儿了。"宝玉道:"取了我的斗篷来不曾?"黛玉便道:"是不是,我来了他就该去了。"宝玉笑道:"我多早晚儿说要去了? 不过拿来预备着。"宝玉的奶母李嬷嬷因说道:"天又下雪,也好早晚的了,就在这里同姐姐妹妹一处玩玩罢。姨妈那里摆茶果子呢。我叫丫头去取了斗篷来,说给小么儿们散了罢。"宝玉应允。李嬷嬷出去,命小厮们都各散去不提。

　　这里薛姨妈已摆了几样细巧茶果来留他们吃茶。宝玉因夸前日在那府里珍大嫂子的好鹅掌鸭信。薛姨妈听了,忙也把自己糟的取了些来与他尝。宝玉笑道:"这个须得就酒才好。"薛姨妈便令人去灌了最上等的酒来。

　　黛玉嗑着瓜子儿,只抿着嘴笑,可巧黛玉的小丫鬟雪雁走来与黛玉送小手炉,黛玉因含笑问他:"谁叫你送来的? 难为他费心,哪里就冷死了我!"雪雁道:"紫鹃姐姐怕姑娘冷,使我送来的。"黛玉一面接了,抱在怀中,笑道:"也亏你倒听他的话。我平日和你说的,全当耳旁风;怎么他说了你就依,比圣旨还快些!"宝玉听这话,知是黛玉借此奚落他,也无回复之词,只嘻嘻的笑两声罢了。宝钗素知黛玉是如此惯了的,也不去睬他。薛姨妈因道:"你素日身子弱,禁不得冷的,他们记挂着你倒不好?"黛玉笑道:"姨妈不知道。幸亏是姨妈这里,倘或在别人家,人家岂不恼? 好说就看的人家连个手炉也没有,巴巴的从家里送个来。不说丫鬟们太小心过余,还只当我素日是这等轻狂惯了呢。"薛姨妈道:"你是个多心的,有这样想,我就没这样心。"

　　说话时,宝玉已是三杯过去。李嬷嬷又上来拦阻。宝玉正在心甜意洽之时,和宝黛姊妹说说笑笑的,哪肯不吃。宝玉只得屈意央告:"好妈妈,我再吃两盅就不吃了。"李嬷嬷道:"你可仔细老爷今儿在家,提防问你的书!"宝玉听了此话,便心中大不自在,慢慢的放下酒,垂了头。黛玉先忙的说:"别扫大家的兴! 舅舅若叫你,只说姨妈留着呢。这个妈妈,他吃了酒,又拿我们来醒脾了!"一面悄推宝玉,使他赌气;一面悄悄的咕哝说:"别理那老货,咱们只管乐咱们的。"那李嬷嬷不知黛玉的意思,因说道:"林姐儿,你不要助着他了。你倒劝劝他,只怕他还听些。"林黛玉冷笑道:"我为什么助他? 我也不犯着劝他。你这妈妈太小心了,往

常老太太又给他酒吃,如今在姨妈这里多吃一口,料也不妨事。必定姨妈这里是外人,不当在这里的也未可定。"李嬷嬷听了,又是急,又是笑,说道:"真真这林姐儿,说出一句话来,比刀子还尖,你——这算了什么。"宝钗也忍不住笑着,把黛玉腮上一拧,说道:"真真这个颦丫头的一张嘴,叫人恨又不是,喜欢又不是。"薛姨妈一面又说:"别怕,别怕,我的儿!来这里没好的你吃,别把这点子东西唬的存在心里,倒叫我不安。只管放心吃,都有我呢。越发吃了晚饭去,便醉了,就跟着我睡罢。"因命:"再烫些酒来!姨妈陪你吃两杯,可就吃饭罢。"宝玉听了,方又鼓起兴来。

作酸笋鸡皮汤,宝玉痛喝了两碗,吃了半碗碧粳粥。一时薛林二人也吃完了饭,又酽酽的沏上茶来大家吃了。薛姨妈方放了心。雪雁等三四个丫头已吃了饭,进来伺候。黛玉因问宝玉道:"你走不走?"宝玉乜斜倦眼道:"你要走,我和你一同走。"黛玉听说,遂起身道:"咱们来了这一日,也该回去了。还不知那边怎么找咱们呢。"说着,二人便告辞。

贾母尚未用晚饭,知是薛姨妈处来,更加喜欢。因见宝玉吃了酒,遂命他自回房去歇着,不许再出来了。因命人好生看待着。晴雯先接出来,笑说道:"好,好,要我研了那些墨,早起高兴,只写了三个字,丢了笔就走了,哄的我们等了一日。快来与我写完这些墨才罢!"宝玉忽然想起早起的事来,因笑道:"我写的那三个字在哪里呢?"晴雯笑道:"这个人可醉了。你头里过那府里去,嘱咐贴在这门斗上,这会子又这么问。我生怕别人贴坏了,我亲自爬高上梯的贴上,这会子还冻的手僵冷的呢!"宝玉听了,笑道:"我忘了。你的手冷,我替你渥着。"说着便伸手携了晴雯的手,同仰首看门斗上新书的三个字。

一时黛玉来了,宝玉笑道:"好妹妹,你别撒谎,你看这三个字哪一个好?"黛玉仰头看里间门斗上,新贴了三个字,写着"绛云轩"。黛玉笑道:"个个都好。怎么写的这么好了?明儿也与我写一个匾。"宝玉嘻嘻的笑道:"又哄我呢。"说着又问:"袭人姐姐呢?"晴雯向里间炕上努嘴。宝玉一看,只见袭人和衣睡着在那里。接着,茜雪捧上茶来。宝玉因让:"林妹妹吃茶。"众人笑说:"林妹妹早走了,还让呢。"

次日醒来,就有人回:"那边小蓉大爷带了秦相公来拜。"宝玉忙接了出去,领了拜见贾母。贾母见秦钟形容标致,举止温柔,堪陪宝玉读书,心中十分喜欢,便留茶留饭,又命人带去见王夫人等。众人因素爱秦氏,今见了秦钟是这般人品,也都欢喜,临去时都有表礼。贾母又与了一个荷包并一个金魁星,取"文星和合"之意。又嘱咐他道:"你家住的远,或有一时寒热饥饱不便,只管住在这里,不必限定了。只和你宝叔在一处,别跟着那些不长进的东西们学。"秦钟一一的答应,回家禀知。

第九回　恋风流情友入家塾
起嫌疑玩童闹学堂

话说秦业父子专候贾家的人来送上学择日之信。原来宝玉急于要和秦钟相遇,却顾不得别的,遂择了后日一定上学。"后日一早请秦相公到我这里,会齐了,一同前去。"——打发了人送了信。

偏生这日贾政回家早些,正在书房中与相公清客们闲谈。忽见宝玉进来请安,回说上学里去,贾政冷笑道:"你如果再提'上学'两个字,连我也羞死了。依我的话,你竟玩你的去是正理。仔细站脏了我这地,靠脏了我的门!"众清客相公们都早起身笑道:"老世翁何必又如此。今日世兄一去,三二年就可显身成名的了,断不似往年仍作小儿之态了。天也将饭时,世兄竟快请罢。"说着便有两个年老的携了宝玉出去。

贾政因问:"跟宝玉的是谁?"只听外面答应了两声,早进来三四个大汉,打千儿请安。贾政看时,认得是宝玉的奶母之子,名唤李贵。因向他道:"你们成日家跟他上学,他到底念了些什么书!倒念了些流言混语在肚子里,学了些精致的淘气。等我闲一闲,先揭了你的皮,再和那不长进的算账!"吓的李贵忙双膝跪下,摘了帽子,碰头有声,连连答应"是",又回说:"哥儿已念到第三本《诗经》,什么'呦呦鹿鸣,荷叶浮萍',小的不敢撒谎。"说的满座哄然大笑起来。贾政也撑不住笑了。因说道:"哪怕再念三十本《诗经》,也都是掩耳偷铃,哄人而已。你去请学里太爷的安,就说我说了:什么《诗经》古文,一概不用虚应故事,只是先把《四书》一气讲明背熟,是最要紧的。"李贵忙答应"是",见贾政无话,方退出去。

原来这学中虽都是本族人丁与些亲戚的子弟,俗语说的好:"一龙生九种,九种各别。"未免人多了,就有龙蛇混杂,下流人物在内。自宝、秦二人来了,都生的花朵儿一般的模样,又见秦钟腼腆温柔,未语面先红,怯怯羞羞,有女儿之风;宝玉又是天生成惯能作小服低,赔身下气,情性体贴,话语绵缠,因此二人更加亲厚,也怨不得那起同窗人起了疑,背地里你言我语,诟谇谣诼,布满书房内外。

更又有两个多情的小学生,亦不知是那一房的亲眷,亦未考真名姓,只因生得妩媚风流,满学中都送了他两个外号,一号"香怜",一号"玉爱"。香、玉二人心中,也一般的留情与宝、秦。因此四人心中虽有情意,只未发迹。每日一入学中,四处各坐,却八目勾留,或设言托意,或咏桑寓柳,遥以心照,却外面自为避人眼目。不意偏又有几个滑贼看出形景来,都背后挤眉弄眼,或咳嗽扬声,这也非止一日。

可巧这日代儒有事,早已回家去了,只留下一句七言对联,命学生对了,明日再来上书;将学中之事,又命贾瑞暂且管理。秦钟趁此和香怜挤眉弄眼,递暗号儿,二人假装出小恭,走至后院说体己话。秦钟先问他:"家里的大人可管你交朋友不管?"一语未了,只听背后咳嗽了一声。二人唬的忙回头看时,原来是窗友名金荣者。香怜有些性急,羞怒相激,问他道:"你咳嗽什么?难道不许我两个说话不成?"金荣笑道:"许你们说话,难道不许我咳嗽不成?我只问你们:有话不明说,许你们这样鬼鬼祟祟的干什么故事?我可也拿住了,还赖什么!先得让我抽个头儿,咱们一声儿不言语,不然大家就奋起来。"秦钟香怜二人又气又急,忙进去向贾瑞前告金荣,说金荣无故欺负他两个。

原来这贾瑞最是个图便宜没行止的人,今见秦、香二人来告金荣,贾瑞心中便更不自在起来,虽不好呵斥秦钟,却拿着香怜作法,反说他多事,着实抢白了几句。香怜反讨了没趣,连秦钟也讪讪的各归座位去了。金荣越发得了意,摇头咂嘴的,口内还说许多闲话,玉爱偏又听了不忿,两个人隔座咕咕唧唧的角起口来。金荣只一口咬定说:"方才明明的撞见他两个在后院子里亲嘴摸屁股,一对一儿,撅草根儿抽长短,谁长谁先干。"金荣只顾得意乱说,却

不防还有别人。谁知早又触怒了一个。你道这个是谁？

原来这一个名唤贾蔷，亦系宁府中之正派玄孙，父母早亡，从小儿跟着贾珍过活，如今长了十六岁，比贾蓉生的还风流俊俏。他弟兄二人最相亲厚，常相共处。

今见有人欺负秦钟，如何肯依？也装作出小恭，走至外面，悄悄的把跟宝玉的书童名唤茗烟者唤到身边，如此这般，调拨他几句。

这茗烟乃是宝玉第一个得用的，且又年轻不谙世事，如今听贾蔷说金荣如此欺负秦钟，连他爷宝玉都干连在内，不给他个利害，下次越发狂纵难制了。这里茗烟先一把揪住金荣，问道："我们肏屁股不肏屁股，管你鸡巴相干，横竖没肏你爹去罢了！你是好小子，出来动一动你茗大爷！"嗃的满屋中子弟都怔怔的痴望。贾瑞忙吆喝："茗烟不得撒野！"金荣气黄了脸，说："反了！奴才小子都敢如此，我只和你主子说。"便夺手要去抓打宝玉秦钟。尚未去时，从脑后飕的一声，早见一方砚瓦飞来，并不知系何人打来的，幸未打着，却又打在旁人的座上，这座上乃是贾兰贾菌。

这贾菌亦系荣国府近派的重孙，其母亦少寡，独守着贾菌。这贾菌与贾兰最好，所以二人同桌而坐。谁知贾菌年纪虽小，志气最大，极是淘气不怕人的。他在座上冷眼看见金荣的朋友暗助金荣，飞砚来打茗烟，偏没打着茗烟，便落在他桌上，正打在面前，将一个磁砚水壶打了个粉碎，溅了一书黑水。贾菌如何依得，便骂："好囚攮的们，这不都动了手了么！"骂着，也便抓起砚砖来要打回去。贾兰是个省事的，忙按住砚，极口劝道："好兄弟，不与咱们相干。"贾菌如何忍得住，便两手抱起书匣子来，照那边抢了去。终是身小力薄，却抢不到那里，刚到宝玉秦钟桌案上就落了下来。只听哗啷啷一声，砸在桌上，书本纸片等至于笔砚之物撒了一桌，又把宝玉的一碗茶也砸得碗碎茶流。贾菌便跳出来，要揪打那一个飞砚的。

金荣此时随手抓了一根毛竹大板在手，地狭人多，哪里经得舞动长板。茗烟早吃了一下，乱嚷："你们还不来动手！"宝玉还有三个小厮：一名锄药，一名扫红，一名墨雨。这三个岂有不淘气的，一齐乱嚷："小妇养的！动了兵器了！"墨雨遂掇起一根门闩，扫红锄药手中都是马鞭子，蜂拥而上。贾瑞急的拦一回这个，劝一回那个，谁听他的话，肆行大闹。众玩童也有趁势帮着打太平拳助乐的，也有胆小藏在一边的，也有直立在桌上拍着手儿乱笑，喝着声儿叫打的。登时间鼎沸起来。

外边李贵等几个大仆人听见里边作起反来，忙都进来一齐喝住。秦钟的头早撞在金荣的板上，打起一层油皮，宝玉正拿褂襟子替他揉呢，见喝住了众人，便命："李贵，收书！拉马来，我去回太爷去！我们被人欺负了，不敢说别的，守礼来告诉瑞大爷，瑞大爷反倒派我们的不是，听着人家骂我们，还调唆他们打我们。苟烟见人欺负我，他岂有不为我的；他们反打伙儿打了茗烟，连秦钟的头也打破了。还在这里念什么书！茗烟他也是为有人欺侮我的。不如散了罢。"宝玉道："这是为什么？难道人家来的，咱们倒来不得？我必回明白众人，撵了金荣去。"又问李贵："金荣是哪一房的亲戚？"李贵想了一想道："也不用问了。若问起哪一房的亲戚，更伤了兄弟们的和气。"

茗烟在窗外道："他是东胡同子里璜大奶奶的侄儿。那是什么硬正仗腰子的，也来唬我们。璜大奶奶是他姑娘。你那姑妈只会打旋磨子，给我们琏二奶奶跪着借当头。我眼里就看不起他那样的主子奶奶！"李贵忙断喝不止，说："偏你这小狗肏的知道，有这些咀嚼！"宝玉冷笑道："我只当是谁的亲戚，原来是璜嫂子的侄儿，我就去问问他来！"

此时贾瑞也怕闹大了，自己也不干净，只得委曲着来央告秦钟，又央告宝玉。先是他二人不肯。后来宝玉说："不回去也罢了，只叫金荣赔不是便罢。"金荣先是不肯，后来禁不得贾瑞也来逼他去赔不是，李贵等只得好劝金荣说："原是你起的端，你不这样，怎得了局？"金荣强不得，只得与秦钟作了揖。宝玉还不依，偏定要磕头。贾瑞只要暂息此事，又悄悄的劝金荣说："俗语说的好：'杀人不过头点地。'你既惹出事来，少不得下点气儿，磕个头就完事了。"金荣无奈，只得进前来与秦钟磕头。且听下回分解。

第十回　金寡妇贪利权受辱
张太医论病细穷源

　　闲话之间，金荣的母亲偏提起昨日贾家学房里的那事，从头至尾，一五一十都向他小姑子说了。这璜大奶奶不听则已，听了，一时怒从心上起，说道："这秦钟小崽子是贾门的亲戚，难道荣儿不是贾门的亲戚？人都别恃势利了，况且都作的是什么有脸的好事！就是宝玉，也犯不上向着他到这个样。等我去到东府瞧瞧我们珍大奶奶，再向秦钟他姐姐说说，叫他评评这个理。"这金荣的母亲听了这话，急的了不得，忙说道："这都是我的嘴快，告诉了姑奶奶了，求姑奶奶别去，别管他们谁是谁非。倘或闹起来，怎么在那里站得住。若是站不住，家里不但不能请先生，反倒在他身上添出许多嚼用来呢。"璜大奶奶听了，说道："那里管得许多，你等我说了，看是怎么样！"也不容他嫂子劝，一面叫老婆子瞧了车，就坐上往宁府里来。

金寡妇贪利权受辱

　　到了宁府，进了车门，到了东边小角门前下了车，进去见了贾珍之妻尤氏。也未敢气高，殷殷勤勤叙说寒温，说了些闲话，方问道："今日怎么没见蓉大奶奶？"尤氏说道："他这些日子不知怎么着，经期有两个多月没来。叫大夫瞧了，又说并不是喜。那两日，到了下半天就懒待动，话也懒待说，眼神也发眩。我说他：'你且不必拘礼，早晚不必照例上来，你就好生养养罢。就是有亲戚一家儿来，有我呢。就有长辈们怪你，等我替你告诉。'他这为人行事，那个亲戚，那个一家的长辈不喜欢他？所以我这两日好不烦心，焦的我了不得。偏偏今日早晨他兄弟来瞧他，谁知那小孩子家不知好歹，看见他姐姐身上不大爽快，就有事也不当告诉他，别说是这么一点子小事，就是你受了一万分的委曲，也不该向他说才是。谁知他们昨儿学房里打架，不知是哪里附学来的一个人欺侮了他了。里头还有些不干不净的话，都告诉了他姐姐。婶子，你是知道那媳妇的：虽则见了人有说有笑，会行事儿，他可心细，心又重，不拘听见个什么话儿，都要度量个三日五夜才罢。这病就是打这个秉性上头思虑出来的。今儿听见有人欺负了他兄弟，又是恼，又是气。他听了这事，今日索性连早饭也没吃。我听见了，我方到他那边安慰了他一会子，又劝解了他兄弟一会子。我叫他兄弟到那边府里找宝玉去了，我才看着他吃了半盏燕窝汤，我才过来了。婶子，你说我心焦不心焦？况且如今又没个好大夫，我想到他这病上，我心里倒像针扎似的。你们知道有什么好大夫没有？"

　　金氏听了这半日话，把方才在他嫂子家的那一团要向秦氏理论的盛气，早吓的都丢在爪哇国去了。听见尤氏问他有知道的好大夫的话，连忙答道："我们这么听着，实在也没见人说有个好大夫。如今听起大奶奶这个来，定不得还是喜呢。嫂子倒别教人混治。倘或认错了，这可是了不得的。"尤氏道："可不是呢。"正是说话间，贾珍从外进来，见了金氏，便向尤氏问道："这不是璜大奶奶么？"金氏向前给贾珍请了安。贾珍向尤氏说道："让这大妹妹吃了饭去。"贾珍说着话，就过那屋里去了。金氏此来，原要向秦氏说说秦钟欺负了他侄儿的事，听见秦氏有病，不但不能说，亦且不敢提。况且贾珍尤氏又待的很好，反转怒为喜，又说了一会子话儿，方家去了。

金氏去后,贾珍方过来坐下,问尤氏道:"今日他来,有什么说的事情么?"尤氏答道:"倒没说什么。一进来的时候,脸上倒像有些着了恼的气色似的,及说了半天话,又提起媳妇这病,他倒渐渐的气色平定了。你又叫让他吃饭,他听见媳妇这么病,也不好意思只管坐着,又说了几句闲话儿就去了,倒没求什么事。如今且说媳妇这病,你到哪里寻一个好大夫来与他瞧瞧要紧,可别耽误了。"贾珍说道:"可是。我正进来要告诉你:方才冯紫英来看我,他见我有些抑郁之色,问我是怎么。我才告诉他说,媳妇忽然身子有好大的不爽快,因为不得个好太医,断不透是喜是病,又不知有妨碍无妨碍,所以我这两日心里着实着急。冯紫英因说起他有一个幼时从学的先生,姓张名友士,学问最渊博的,更兼医理极深,且能断人的生死。今年是上京给他儿子来捐官,现在他家住着呢。这么看来,竟是合该媳妇的病在他手里除灾亦未可知。我即刻差人拿我的名帖请去了。今日倘或天晚了不能来,明日想必一定来。况且冯紫英又即刻回家亲自去求他,务必叫他来瞧瞧。等这个张先生来瞧了再说罢。"

且说次日午间,人回道:"请的那张先生来了。"贾珍遂延入大厅坐下。茶毕,方开言道:"昨承冯大爷示知老先生人品学问,又兼深通医学,小弟不胜钦仰之至。"张先生道:"晚生粗鄙下士,本知见浅陋,昨因冯大爷示知,大人家第谦恭下士,又承呼唤,敢不奉命。但毫无实学,倍增颜汗。"贾珍道:"先生何必过谦。就请先生进去看看儿妇,仰仗高明,以释下怀。"

于是,贾蓉同了进去。到了贾蓉居室,见了秦氏,向贾蓉说道:"这就是尊夫人了?"贾蓉道:"正是。请先生坐下,让我把贱内的病症说一说再看脉如何?"那先生道:"依小弟的意思,竟先看过脉再说的为是。我是初造尊府的,本也不晓得什么,但是我们冯大爷务必叫小弟过来看看,小弟所以不得不来。如今看了脉息,看小弟说的是不是,再将这些日子的病势讲一讲,大家斟酌一个方儿,可用不可用,那时大爷再定夺。"贾蓉道:"先生实在高明,如今恨相见之晚。就请先生看一看脉息,可治不可治,以便使家父母放心。"于是家下媳妇们捧过大迎枕来,一面给秦氏拉着袖口,露出脉来。先生方伸手按在右手脉上,调了至数,宁神细诊了有半刻的工夫,方换过左手,亦复如是。诊毕脉息,说道:"我们外边坐罢。"

那先生笑道:"大奶奶这个症候,可是那众位耽搁了。要在初次行经的日期就用药治起来,不但断无今日之患,而且此时已痊愈了。如今既是把病耽误到这个地位,也是应有此灾。依我看来,这病尚有三分治得。吃了我的药看,若是夜里睡得着觉,那时又添了二分拿手了。据我看这脉息:大奶奶是个心性高强聪明不过的人;聪明忒过,则不如意事常有;不如意事常有,则思虑太过。此病是忧虑伤脾,肝木忒旺,经血所以不能按时而至。大奶奶从前的行经的日子问一问,断不是常缩,必是常长的。是不是?"这婆子答道:"可不是,从没有缩过,或是长两日三日,以至十日都长过。"先生听了道:"妙啊!这就是病源了。从前若能够养心调经之药服之,何至于此。这如今明显出一个水亏木旺的症候来。待用药看看。"于是写了方子,递与贾蓉,

贾蓉看了,说:"高明的很。还要请教先生,这病与性命终久有妨无妨?"先生笑道:"大爷是最高明的人。人病到这个地位,非一朝一夕的症候,吃了这药也要看医缘了。依小弟看来,今年一冬是不相干的。总是过了春分,就可望痊愈了。"贾蓉也是个聪明人,也不往下细问了。

于是贾蓉送了先生去了,方将这药方子并脉案都给贾珍看了,说的话也都回了贾珍并尤氏了。尤氏向贾珍说道:"从来大夫不像他说的这么痛快,想必用的药也不错。"贾珍道:"人家原不是混饭吃久惯行医的人。因为冯紫英我们好,他好容易求了他来了。既有这个人,媳妇的病或者就能好了。他那方子上有人参,就用前日买的那一斤好的罢。"贾蓉听毕话,方出来叫人打药去煎给秦氏吃。不知秦氏服了此药病势如何,下回分解。

第十一回 庆寿辰宁府排家宴
见熙凤贾瑞起淫心

话说是日贾敬的寿辰，贾珍先将上等可吃的东西，稀奇些的果品，装了十六大捧盒，着贾蓉带领家下人等与贾敬送去，向贾蓉说道："你留神看太爷喜欢不喜欢，你就行了礼来。你说：'我父亲遵太爷的话并未敢来，在家里率领合家都朝上行了礼了。'"贾蓉听罢，即率领家人去了。

这里渐渐的就有人来了。先是贾璜、贾蔷到来，先看了各处的座位，并问："有什么玩意儿没有？"家人答道："我们爷原算计请太爷今日来家来，所以并未敢预备玩意儿。前日听见太爷又不来了，现叫奴才们找了一班小戏儿并一档子打十番的，都在园子里戏台上预备着呢。"

次后邢夫人、王夫人、凤姐儿、宝玉都来了，贾珍并尤氏接了进去。尤氏的母亲已先在这里呢。大家见过了，彼此让了坐。

王夫人道："前日听见你大妹妹说，蓉哥儿媳妇儿身上有些不大好，到底是怎么样？"尤氏道："他这个病得的也奇。上月中秋还跟着老太太、太太们玩了半夜，回家来好好的。到了二十后，一日比一日觉懒，也懒的吃东西，这将近有半个多月了。经期又有两个月没来。"邢夫人接着说道："别是喜罢？"

正说着，外头人回道："大老爷、二老爷并一家子的爷们都来了，在厅上呢。"贾珍连忙出去了。这里尤氏方说道："从前大夫也有说是喜的。昨日冯紫英荐了他从学过的一个先生，医道很好，瞧了说不是喜，竟是很大的一个症候。昨日开了方子，吃了一剂药，今日头眩的略好些，别的仍不见怎么样大见效。"

正说话间，贾蓉进来，给邢夫人、王夫人、凤姐儿前都请了安，凤姐儿说："蓉哥儿，你且站住。你媳妇今日到底是怎么着？"贾蓉皱皱眉说道："不好么！婶子回来瞧瞧去就知道了。"于是贾蓉出去了。

这里尤氏向邢夫人、王夫人道："太太们在这里吃饭好，还是在园子里吃去好？小戏儿现预备在园子里呢。"王夫人向邢夫人道："我们索性吃了饭再过去罢，也省好些事。"邢夫人道："很好。"于是尤氏就吩咐媳妇婆子们："快送饭来。"门外一齐应了一声，都各人端各人的去了。不多一时，摆上了饭。尤氏让邢夫人、王夫人并他母亲都上了坐，他与凤姐儿、宝玉侧席坐了。邢夫人、王夫人道："我们来原为给大老爷拜寿，这不竟是我们来过生日来了么？"凤姐儿说道："大老爷原是好养静的，已经修炼成了，也算得神仙了。太太们这么一说，这

就叫作'心到神知'了。"一句话说的满屋里的人都笑起来了。

于是，尤氏的母亲并邢夫人、王夫人、凤姐儿都吃毕饭，漱了口，净了手；才说要往园子里去。

凤姐儿说："我回太太，我先瞧瞧蓉哥儿媳妇，我再过去。"王夫人道："很是。我们都要去瞧瞧他，倒怕他嫌闹的慌，说我们问他好罢。"尤氏道："好妹妹，媳妇听你的话，你去开导开导他，我也放心。你就快些过园子里来。"宝玉也要跟了凤姐儿去瞧秦氏去，王夫人道："你看看就过去罢，那是侄儿媳妇。"于是尤氏请了邢夫人、王夫人并他母亲都过会芳园去了。

凤姐儿、宝玉方和贾蓉到秦氏这边来了。进了房门，悄悄地走到里间房门口，秦氏见了，就要站起来，凤姐儿说："快别起来，看起猛了头晕。"于是凤姐儿就紧走两步，拉住秦氏的手，说道："我的奶奶！怎么几日不见，就瘦的这么着了！"于是就坐在秦氏坐的褥子上。宝玉也问了好，坐在对面椅子上。贾蓉叫："快倒茶来，婶子和二叔在上房还未喝茶呢。"

凤姐儿道："宝兄弟，太太叫你快过去呢。你别在这里只管这么着，倒招的媳妇也心里不好。太太那里又惦着你。"因向贾蓉说道："你先同你宝叔叔过去罢，我还略坐一坐儿。"贾蓉听说，即同宝玉过会芳园来了。

这里凤姐儿又劝解了秦氏一番，又低低地说了许多衷肠话儿。尤氏打发人请了两三遍，凤姐儿才向秦氏说道："你好生养着罢，我再来看你。合该你这病要好，所以前日就有人荐了这个好大夫来，再也是不怕的了。"秦氏笑道："任凭神仙也罢，治得病治不得命。婶子，我知道我这病不过是挨日子。"凤姐儿说道："你只管这么想，病哪里能好呢？总要想开了才是。况且听得大夫说，若是不治，怕的是春天不好呢。如今才九月半，还有四五个月的工夫，什么病治不好呢？咱们若是不能吃人参的人家，这也难说了；你公公婆婆听见治得好你，别说一日二钱人参，就是二斤也能够吃的起。好生养着罢，我过园子里去了。"秦氏又道："婶子，恕我不能跟过去了。闲了时候还求婶子常过来瞧瞧我，咱们娘儿们坐坐，多说几遭话儿。"凤姐儿听了，不觉得又眼圈儿一红，遂说道："我得了闲儿必常来看你。"

于是凤姐儿带领跟来的婆子丫头并宁府的媳妇婆子们，从里头绕进园子的便门来。

凤姐儿正自看园中的景致，一步步行来赞赏。猛然从假山石后走过一个人来，向前对凤姐儿说道："请嫂子安。"凤姐儿猛然见了，将身子往后一退，说道："这是瑞大爷不是？"贾瑞说道："嫂子连我也不认得了？不是我是谁！"凤姐儿道："不是不认得，猛然一见，不想到是大爷到这里来。"贾瑞道："也是合该我与嫂子有缘。我方才偷出了席，在这个清净地方略散一散，不想就遇见嫂子也从这里来。这不是有缘么？"一面说着，一面拿眼睛不住的觑着凤姐儿。

凤姐儿是个聪明人，见他这个光景，如何不猜透八九分呢，因向贾瑞假意含笑道："怨不得你哥哥时常提你，说你很好。今日见了，听你说这几句话儿，就知道你是个聪明和气的人了。这会子我要到太太们那里去，不得和你说话儿，等闲了咱们再说话儿罢。"贾瑞道："我要到嫂子家里去请安，又恐怕嫂子年轻，不肯轻易见人。"凤姐儿假意笑道："一家子骨肉，说什么年轻不年轻的话。"贾瑞听了这话，再不想到今日得这个奇遇，那神情光景亦发不堪难看

了。凤姐儿说道:"你快入席去罢,仔细他们拿住罚你酒。"贾瑞听了,身上已木了半边,慢慢的一面走着,一面回过头来看。凤姐儿故意地把脚步放迟了些儿,见他去远了,心里暗忖道:"这才是知人知面不知心呢,哪里有这样禽兽的人呢。他如果如此,几时叫他死在我的手里,他才知道我的手段!"

于是凤姐儿方移步前来。将转过了一重山坡,见两三个婆子慌慌张张的走来,见了凤姐儿,笑说道:"我们奶奶见二奶奶只是不来,急得了不得,叫奴才们又来请奶奶来了。"凤姐儿说道:"你们奶奶就是这么急脚鬼似的。"凤姐儿慢慢地走着,问:"戏唱了几出了?"那婆子回道:"有八九出了。"说话之间,已来到了天香楼的后门,见宝玉和一群丫头们在那里玩呢。凤姐儿说道:"宝兄弟,别忒淘气了。"有一个丫头说道:"太太们都在楼上坐着呢,请奶奶就从这边上去罢。"

于是说说笑笑,点的戏都唱完了,方才撤下酒席,摆上饭来。吃毕,大家才出园子来,到上房坐下,吃了茶,方才叫预备车,向尤氏的母亲告了辞。贾瑞犹不时拿眼睛觑着凤姐儿。贾珍等进去后,李贵才拉过马来,宝玉骑上,随了王夫人去了。这里贾珍同一家子的弟兄子侄吃过了晚饭,方大家散了。

且说贾瑞到荣府来了几次,偏都遇见凤姐儿往宁府那边去了。这年正是十一月三十日冬至。到交节的那几日,贾母、王夫人、凤姐儿日日差人去看秦氏,回来的人都说:"这几日也没见添病,也不见甚好。"

到了初二日,吃了早饭,来到宁府,看见秦氏的光景,虽未甚添病,但是那脸上身上的肉全瘦干了。于是和秦氏坐了半日,说了些闲话儿,又将这病无妨的话开导了一遍。秦氏说道:"好不好,春天就知道了。如今现过了冬至,又没怎么样,或者好的了也未可知。婶子回老太太、太太放心罢。昨日老太太赏的那枣泥馅的山药糕,我倒吃了两块,倒像克化的动似的。"凤姐儿说道:"明日再给你送来。我到你婆婆那里瞧瞧,就要赶着回去回老太太的话去。"秦氏道:"婶子替我请老太太、太太安罢。"

于是凤姐儿就回来了。到了家中,见了贾母,说:"蓉哥儿媳妇请老太太安,给老太太磕头,说他好些了,求老祖宗放心罢。他再略好些,还要给老祖宗磕头请安来呢。"贾母道:"你看他是怎么样?"凤姐儿说:"暂且无妨,精神还好呢。"贾母听了,沉吟了半日,因向凤姐儿说:"你换换衣服歇歇去罢。"

凤姐儿答应着出来,见过了王夫人,到了家中,平儿将烘的家常的衣服给凤姐儿换了。凤姐儿方坐下,问道:"家里没有什么事么?"平儿方端了茶来,递了过去,说道:"没有什么事。就是那三百银子的利银,旺儿媳妇送进来,我收了。再有瑞大爷使人来打听奶奶在家没有,他要来请安说话。"凤姐儿听了,哼了一声,说道:"这畜生合该作死,看他来了怎么样!"平儿因问道:"这瑞大爷是因什么只管来?"凤姐儿遂将九月里宁府园子里遇见他的光景,他说的话,都告诉了平儿。平儿说道:"癞蛤蟆想天鹅肉吃,没人伦的混账东西,起这个念头,叫他不得好死!"凤姐儿道:"等他来了,我自有道理。"不知贾瑞来时作何光景,且听下回分解。

第十二回　王熙凤毒设相思局
贾天祥正照风月鉴

话说凤姐正与平儿说话,只见有人回说:"瑞大爷来了。"凤姐急命"快请进来"。贾瑞见往里让,心中喜出望外,急忙进来,见了凤姐,满面陪笑,连连问好。凤姐儿也假意殷勤,让茶让座。

贾瑞见凤姐如此打扮,亦发酥倒,因饧了眼问道:"二哥哥怎么还不回来?"凤姐道:"不知什么缘故。"贾瑞笑道:"别是路上有人绊住了脚了,舍不得回来也未可知?"凤姐道:"也未

可知。男人家见一个爱一个也是有的。"贾瑞笑道："嫂子这话说错了，我就不这样。"凤姐笑道："像你这样的人能有几个呢，十个里也挑不出一个来。"贾瑞听了，喜的抓耳挠腮，又道："嫂子天天也闷的很。"凤姐道："正是呢，只盼个人来说话解解闷儿。"贾瑞笑道："我倒天天闲着，天天过来替嫂子解解闲闷可好不好？"凤姐笑道："你哄我呢，你哪里肯往我这里来。"贾瑞道："我在嫂子跟前，若有一点谎话，天打雷劈！只因素日闻得人说，嫂子是个利害人，在你跟前一点也错不得，所以唬住了我。如今见嫂子最是个有说有笑极疼人的，我怎么不来，——死了也愿意！"凤姐笑道："果然你是个明白人，比贾蓉、贾蔷两个强远了。我看他那样清秀，只当他们心里明白，谁知竟是两个糊涂虫，一点不知人心。"

贾瑞听了这话，越发撞在心坎儿上，由不得又往前凑了一凑，觑着眼看凤姐带的荷包，然后又问带着什么戒指。凤姐悄悄道："放尊重着，别叫丫头们看了笑话。"贾瑞如听纶音佛语一般，忙往后退。凤姐笑道："你该走了。"贾瑞说："我再坐一坐儿。——好狠心的嫂子。"凤姐又悄悄的道："大天白日，人来人往，你就在这里也不方便。你且去，等着晚上起了更你来，悄悄地在西边穿堂儿等我。"贾瑞听了，如得珍宝，忙问道："你别哄我。但只那里人过的多，怎么好躲的？"凤姐道："你只放心。我把上夜的小厮们都放了假，两边门一关，再没别人了。"贾瑞听了，喜之不尽，忙忙的告辞而去，心内以为得手。

盼到晚上，果然黑地里摸入荣府，趁掩门时，钻入穿堂。果见漆黑无一人，往贾母那边去的门户已锁倒，只有向东的门未关。贾瑞侧耳听着，半日不见人来，忽听咯噔一声，东边的门也倒关了。贾瑞急的也不敢则声，只得悄悄的出来，将门撼了撼，关的铁桶一般。此时要求出去亦不能够，南北皆是大房墙，要跳亦无攀援。这屋内又是过门风，空落落；现是腊月天气，夜又长，朔风凛凛，侵肌裂骨，一夜几乎不曾冻死。好容易盼到早晨，只见一个老婆子先将东门开了，进去叫西门。贾瑞瞅他背着脸，一溜烟抱着肩跑了出来，幸而天气尚早，人都未起，从后门一径跑回家去。

此时贾瑞前心犹是未改，再想不到是凤姐捉弄他。过后两日，得了空，便仍来找凤姐。凤姐故意抱怨他失信，贾瑞急的赌身发誓。凤姐因见他自投罗网，少不得再寻别计令他知改，故又约他道："今日晚上，你别在那里了。你在我这房后小过道子里那间空屋里等我，可别冒撞了。"贾瑞道："果真？"凤姐道："谁哄你，你不信就别来。"贾瑞道："来，来，来。死也要来！"凤姐道："这会子你先去罢。"贾瑞料定晚间必妥，此时先去了。凤姐在这里便点兵派将，设下圈套。

那贾瑞只盼不到晚上，偏生家里亲戚又来了，直等吃了晚饭才去，那天已有掌灯时候。又等他祖父安歇了，方溜进荣府，直往那夹道中屋子里来等着，热锅上的蚂蚁一般，只是干转。左等不见人影，右听也没声响，心下自思："别是又不来了，又冻我一夜不成？"正自胡猜，只见黑魆魆的来了一个人，贾瑞便意定是凤姐，不管皂白，饿虎一般，等那人刚至门前，便如猫捕鼠的一般，抱住叫道："亲嫂子，等死我了。"忽见灯光一闪，只见贾蔷举着个捻子照道："谁在屋里？"只见炕上那人笑道："瑞大叔要臊我呢。"贾瑞一见，却是贾蓉，真臊的无地可入，不知要怎么样才好，回身就要跑，被贾蔷一把揪住道："别走！如今琏二婶已经告到太太跟前，说你无故调戏他。他暂用了个脱身计，哄你在这边等着，太太气死过去，因此叫我来拿你。刚才你又拦住他，没的说，跟我去见太太！"

贾瑞听了，魂不附体，只说："好侄儿，只说没有见我，明日我重重的谢你。"贾蔷道："你若谢我，放你不值什么，只不知你谢我多少？况且口说无凭，写一文契来。"贾瑞道："这如何落纸呢？"贾蔷道："这也不妨，写一个赌钱输了外人账目，借头家银若干两便罢。"贾瑞道："这也容易。只是此时无纸笔。"贾蔷道："这也容易。"说罢，翻身出来，纸笔现成，拿来命贾瑞写。他两作好作歹，只写了五十两，然后画了押，贾蔷收起来。然后撕逻贾蓉。贾蓉先咬定牙不依，只说："明日告诉族中的人评评理。"贾瑞急的至于叩头。贾蔷作好作歹的，也写了一张五十两欠契才罢。

贾蔷又道："如今要放你，我就担着不是。老太太那边的门早已关了，老爷正在厅上看南京的东西，那一条路定难过去，如今只好走后门。若这一走，倘或遇见了人，连我也完了。等我们先去哨探哨探，再来领你。这屋你还藏不得，少时就来堆东西。等我寻个地方。"说毕，拉着贾瑞，仍熄了灯，出至院外，摸着大台矶底下，说道："这窝儿里好，你只蹲着，别哼一声，等我们来再动。"说毕，二人去了。

贾瑞此时身不由己，只得蹲在那里。心下正盘算，只听头顶上一声响，哗啦啦一净桶尿粪从上面直泼下来，可巧浇了他一身一头。贾瑞撑不住哎哟一声，忙又掩住口，不敢声张，满头满脸浑身皆是尿屎，冰冷打战。只见贾蔷跑来叫："快走，快走！"贾瑞如得了命，三步两步从后门跑到家里，天已三更，只得叫门。开门人见他这般景况，问是怎的。少不得扯谎说："黑了，失脚掉在茅厕里了。"

自此满心想凤姐，只不敢往荣府去了。贾蓉两个又常常的来索银子，他又怕祖父知道，正是相思尚且难禁，更又添了债务；日间功课又紧，他二十来岁人，尚未娶亲，迩来想着凤姐，未免有那指头告了消乏等事；更兼两回冻恼奔波，因此三五下里夹攻，不觉就得了一病。于是不能支持，一头睡倒，合上眼还只梦魂颠倒，满口乱说胡话，惊怖异常。百般请医疗治，诸如肉桂、附子、鳖甲、麦冬、玉竹等药，吃了有几十斤下去，也不见个动静。

倏又腊尽春回，这病更又沉重。

那贾瑞此时要命心甚切，无药不吃，只是白花钱，不见效。忽然这日有个跛足道人来化斋，口称专治冤业之症。贾瑞偏生在内就听见了，直着声叫喊说："快请进那位菩萨来救我！"一面叫，一面在枕上叩首。众人只得带了那道士进来。贾瑞一把拉住，连叫"菩萨救我！"那道士叹道："你这病非药可医。我有个宝贝与你，你天天看时，此命可保矣。"说毕，从褡裢中取出一面镜子来——两面皆可照人，镜把上面錾着"风月宝鉴"四字——递与贾瑞道："这物出自太虚幻境空灵殿上，警幻仙子所制，千万不可照正面，只照他的背面，要紧，要紧！三日后吾来收取，管叫你好了。"说毕，佯常而去，众人苦留不住。

贾瑞收了镜子，想道："这道士倒有意思，我何不照一照试试。"想毕，拿起"风月鉴"来，向反面一照，只见一个骷髅立在里面，唬得贾瑞连忙掩了，骂："道士混帐，如何吓我！——我倒再照正面是什么。"想着，又将正面一照，只见凤姐站在里面招手叫他。贾瑞心中一喜，荡悠悠的觉得进了镜子，与凤姐云雨一番，凤姐仍送他出来。到了床上，哎哟了一声，一睁眼，镜子从手里掉过来，仍是反面立着一个骷髅。贾瑞自觉汗津津的，底下已遗了一滩精。心中

到底不足,又翻过正面来,只见凤姐还招手叫他,他又进去。如此三四次。到了这次,刚要出镜子来,只见两个人走来,拿铁锁把他套住,拉了就走。贾瑞叫道:"让我拿了镜子再走。"——只说了这句,就再不能说话了。

旁边服侍贾瑞的众人,只见他先还拿着镜子照,落下来,仍睁开眼拾在手内,末后镜子落下来便不动了。众人上来看看,已没了气。

当下,代儒料理丧事,各处去报丧。三日起经,七日发引,寄灵于铁槛寺,日后带回原籍。

谁知这年冬底,林如海的书信寄来,却为身染重疾,写书特来接林黛玉回去。贾母听了,未免又加忧闷,只得忙忙的打点黛玉起身。宝玉大不自在,争奈父女之情,也不好拦劝。于是贾母定要贾琏送他去,仍叫带回来。一应土仪盘缠,不消烦说,自然要妥贴。作速择了日期,贾琏与林黛玉辞别了贾母等,带领仆从,登舟往扬州去了。要知端的,且听下回分解。

第十三回　秦可卿死封龙禁尉　王熙凤协理宁国府

话说凤姐儿自贾琏送黛玉往扬州去后,心中实在无趣,每到晚间,不过和平儿说笑一回,就胡乱睡了。

这日夜间,正和平儿灯下拥炉倦绣,早命浓薰绣被,二人睡下,屈指算行程该到何处,不知不觉已交三鼓。平儿已睡熟了。凤姐方觉星眼微朦,恍惚只见秦氏从外走来,含笑说道:"婶子好睡!我今日回去,你也不送我一程。因娘儿们素日相好,我舍不得婶子,故来别你一别。还有一件心愿未了,非告诉婶子,别人未必中用。"

凤姐便问何事。秦氏道:"目今祖茔虽四时祭祀,只是无一定的钱粮;第二,家塾虽立,无一定的供给。依我想来,如今盛时固不缺祭祀供给,但将来败落之时,此二项有何出处?莫若依我定见,趁今日富贵,将祖茔附近多置田庄房舍地亩,以备祭祀供给之费皆出自此处,将家塾亦设于此。合同族中长幼,大家定了则例,日后按房掌管这一年的地亩、钱粮、祭祀、供给之事。如此周流,又无争竞,亦不有典卖诸弊。便是有了罪,凡物可入官,这祭祀产业连官也不入的。便败落下来,子孙回家读书务农,也有个退步,祭祀又可永继。若目今以为荣华不绝,不思后日,终非长策。眼见不日又有一件非常喜事,真是烈火烹油、鲜花着锦之盛。要知道,也不过是瞬息的繁华,一时的欢乐,万不可忘了那'盛筵必散'的俗语。此时若不早为后虑,临期只恐后悔无益了。"凤姐忙问:"有何喜事?"秦氏道:"天机不可泄漏。只是我与婶子好了一场,临别赠你两句话,须要记着。"因念道:

　　三春去后诸芳尽,各自须寻各自门。

凤姐还欲问时,只听二门上传事云板连叩四下,将凤姐惊醒。人回:"东府蓉大奶奶没了。"凤姐闻听,吓了一身冷汗,出了一回神,只得忙忙的穿衣,往王夫人处来。

彼时合家皆知,莫不悲嚎痛哭者。

闲言少叙,却说宝玉因近日林黛玉回去,剩得自己孤栖,也不和人玩耍,每到晚间便索然睡了。如今从梦中听见说秦氏死了,连忙翻身爬起来,只觉心中似戳了一刀的不忍,哇的一声,直喷出一口血来。袭人等慌慌忙忙上来搀扶,问是怎么样,又要回贾母来请大夫。宝玉笑道:"不用忙,不相干,这是急火攻心,血不归经。"说着便爬起来,要衣服换了,来见贾母,即时要过去。

一直到了宁国府前,只见府门洞开,两边灯笼照如白昼,乱哄哄人来人往,里面哭声摇山振岳。宝玉下了车,忙忙奔至停灵之室,痛哭一番。贾珍哭的泪人一般,正和贾代儒等说道:"合家大小,远近亲友,谁不知我这媳妇比儿子还强十倍。如今伸腿去了,可见这长房内绝灭无人了。"说着又哭起来。众人忙劝:"人已辞世,哭也无益,且商议如何料理要紧。"贾珍拍手道:"如何料理,不过尽我所有罢了!"

因忽又听得秦氏之丫鬟名唤瑞珠者,见秦氏死了,他也触柱而亡。此事可罕,合族人也都称叹。贾珍遂以孙女之礼殓殡,一并停灵于会芳园中之登仙阁。小丫鬟名宝珠者,因见秦氏身无所出,乃甘心愿为义女,誓任摔丧驾灵之任。贾珍喜之不尽,即时传下,从此皆呼宝珠为小姐。那宝珠按未嫁女之丧,在灵前哀哀欲绝。于是,合族人丁并家下诸人,都各遵旧制行事,自不得紊乱。

贾珍因想着贾蓉不过是个黄门监,灵幡经榜上写时不好看,便是执事也不多,因此心下甚不自在。可巧这日正是首七第四日,早有大明宫掌宫内相戴权,先备了祭礼遣人来,次后坐了大轿,打伞鸣锣,亲来上祭。贾珍忙接着,让至逗蜂轩献茶。贾珍心中打算定了主意,因而趁便就说要与贾蓉捐个前程的话。戴权会意,因笑道:"想是为丧礼上风光些。"贾珍忙笑道:"老内相所见不差。"戴权道:"事倒凑巧,正有个美缺。如今三百员龙禁尉短了两员,昨儿襄阳侯的兄弟老三来求我,现拿了一千五百两银子,送到我家里。你知道,咱们都是老相与,不拘怎么样,看着他爷爷的分上,胡乱应了。还剩了一个缺,谁知永兴节度使冯胖子来求,要与他孩子捐,我就没工夫应他。既是咱们的孩子要捐,快写个履历来。"贾珍听说,忙吩咐:"快命书房里人恭敬写了大爷的履历来。"小厮不敢怠慢,去了一刻,便拿了一张红纸来与贾珍。贾珍看了,忙送与戴权。看时,上面写道:

江南江宁府江宁县监生贾蓉,年二十岁。曾祖,原任京营节度使世袭一等神威将军贾代化;祖,乙卯科进士贾敬;父,世袭三品爵威烈将军贾珍。

戴权看了,回手便递与一个贴身的小厮收了,说道:"回来送与户部堂官老赵,说我拜上他,起一张五品龙禁尉的票,再给个执照,就把这履历填上,明儿我来兑银子送去。"小厮答应了,戴权也就告辞了。贾珍十分款留不住,只得送出府门。临上轿,贾珍因问:"银子还是我到部兑,还是一并送入老内相府中?"戴权道:"若到部里,你又吃亏了。不如平准一千二百银子,送到我家就完了。"贾珍感谢不尽,只说:"待服满后,亲带小犬到府叩谢。"于是作别。

贾珍命贾蓉次日换了吉服,领凭回来。灵前供用执事等物,俱按五品职例。灵牌疏上皆写"天朝诰授贾门秦氏恭人之灵位"。

只是贾珍虽然此时心意满足,但里面尤氏又犯了旧疾,不能料理事务,唯恐各诰命来往,亏了礼数,怕人笑话,因此心中不自在。当下正忧虑时,因宝玉在侧问道:"事事都算妥贴了,大哥哥还愁什么?"贾珍见问,便将里面无人的话说了出来。宝玉听说笑道:"这有何难,我荐一个人与你权理这一个月的事,管必妥当。"贾珍忙问:"是谁?"宝玉见座间还有许多亲友,不便明言,走至贾珍耳边说了两句。贾珍听了喜不自禁,连忙起身笑道:"果然安贴,如今就去。"说着拉了宝玉,辞了众人,便往上房里来。

贾珍断不肯坐,因勉强陪笑道:"侄儿进来有一件事要求二位婶子并大妹妹。"邢夫人等忙问:"什么事?"贾珍忙笑道:"婶子自然知道,如今孙子媳妇没了,侄儿媳妇偏又病倒,我看里头着实不成个体统。怎么屈尊大妹妹一个月,在这里料理料理,我就放心了。"邢夫人笑道:"原来为这个。你大妹妹现在你二婶子家,只和你二婶子说就是了。"

王夫人心中怕的是凤姐儿未经过丧事,怕他料理不清,惹人耻笑。今见贾珍苦苦的说到这步田地,心中已活了几分,却又眼看着凤姐出神。那凤姐素日最喜揽事办,好卖弄才干,虽然当家妥当,也因未办过婚丧大事,恐人还不服,巴不得遇见这事。今见贾珍如此一来,他心中早已欢喜。便向王夫人道:"大哥哥说的这么恳切,太太就依了罢。"王夫人悄悄的道:"你可能么?"凤姐道:"有什么不能的。外面的大事已经大哥哥料理清了,不过是里头照管照管,

便是我有不知道的,问问太太就是了。"王夫人见说的有理,便不作声。贾珍见凤姐允了,又陪笑道:"也管不得许多了,横竖要求大妹妹辛苦辛苦。我这里先与妹妹行礼,等事完了,我再到那府里去谢。"说着,就作揖下去,凤姐儿还礼不迭。

　　一时女眷散后,王夫人因问凤姐:"你今儿怎么样?"凤姐儿道:"太太只管请回去,我须得先理出一个头绪来,才回去得呢。"王夫人听说,便先同邢夫人等回去,不在话下。

　　这里凤姐儿才至三间一所抱厦内坐了,因想:头一件是人口混杂,遗失东西;第二件,事无专执,临期推诿;第三件,需用过费,滥支冒领;第四件,任无大小,苦乐不均;第五件,家人豪纵,有脸者不服钤束,无脸者不能上进。此五件实是宁国府中风俗,不知凤姐如何处治,且听下回分解。正是:

　　　　金紫万千谁治国,裙钗一二可齐家。

<h2>第十四回　林如海捐馆扬州城
贾宝玉路谒北静王</h2>

　　凤姐即命彩明钉造簿册。即时传来升媳妇,兼要家口花名册来查看,又限于明日一早传齐家人媳妇进来听差等语。大概点了一点数目单册,问了来升媳妇儿句话,便坐车回家。一宿无话。

　　至次日,卯正二刻便过来了。那宁国府中婆娘媳妇闻得到齐,只见凤姐正与来升媳妇分派,众人不敢擅入,只在窗外听觑。只听凤姐与来升媳妇道:"既托了我,我就说不得要讨你们嫌了。我可比不得你们奶奶好性儿,由着你们去。再不要说你们'这府里原是这样'的话,如今可要依着我行,错我半点儿,管不得谁是有脸的,谁是没脸的,一例现清白处治。"说着,便吩咐彩明念花名册,按名一个一个的唤进来看视。

　　一时看完,便又吩咐道:"这二十个分作两班,一班十个,每日在里头单管人客来往倒茶,别的事不用他们管。这二十个也分作两班,每日单管本家亲戚茶饭,别的事也不用他们管。这四十个人也分作两班,单在灵前上香添油,挂幔守灵,供饭供茶,随起举哀,别的事也不与他们相干。这四个人单在内茶房收管杯碟茶器,若少一件,便叫他四个描赔。这四个人单管酒饭器皿,少一件,也是他四个描赔。这八个单管监收祭礼。这八个单管各处灯油、蜡烛、纸札,我总支了来,交与你八个,然后按我的定数再往各处去分派。这三十个每日轮流各处上夜,照管门户,监察火烛,打扫地方。这下剩的按着房屋分开,某人守某处,某处所有桌椅古董起,至于痰盒掸帚,一草一苗,或丢或坏,就和守这处的人算账描赔。来升家的每日揽总查看,或有偷懒的,赌钱吃酒的,打架拌嘴的,立刻来回我。

你有徇情，经我查出，三四辈子的老脸就顾不成了。说不得咱们大家辛苦这几日罢，事完了，你们家大爷自然赏你们。"

众人领了去，也都有了投奔，不似先时只拣便宜的做，剩下的苦差没个招揽。各房中也不能趁乱失迷东西。便是人来客往，也都安静了，不比先前一个正摆茶，又去端饭，正陪举哀，又顾接客。如这些无头绪、荒乱、推托、偷闲、窃取等弊，次日一概都蠲了。

凤姐儿见自己威重令行，心中十分得意。

这日乃五七正五日上，那应佛僧正开方破狱，传灯照亡，参阎君，拘都鬼，筵请地藏王，开金桥，引幢幡；那道士们正伏章申表，朝三清，叩玉帝；禅僧们行香，放焰口，拜水忏；又有十三众尼僧，搭绣衣，靸红鞋，在灵前默诵接引诸咒，十分热闹。

那凤姐必知今日人客不少，在家中歇宿一夜，至寅正，平儿便请起来梳洗。及收拾完备，更衣盥手，吃了两口奶子糖粳米粥，漱口已毕，已是卯正二刻了。来旺媳妇率领诸人伺候已久。凤姐出至厅前，上了车，前面打了一对明角灯，大书"荣国府"三个大字，款款来至宁府。

来旺媳妇献茶漱口毕，凤姐方起身，别过族中诸人，自入抱厦内来。按名查点，各项人数都已到齐，只有迎送亲客上的一人未到。即命传到，那人已张惶愧惧。凤姐冷笑道："我说是谁误了，原来是你！你原比他们有体面，所以才不听我的话。"那人道："小的天天都来的早，只有今儿，醒了觉得早些，因又睡迷了，来迟了一步，求奶奶饶过这次。"正说着，只见荣国府中的王兴媳妇来了，在前探头。

王靖北调戏五宝宝

凤姐且不发放这人，却先问："王兴媳妇作什么？"王兴媳妇巴不得先问他完了事，连忙进去说："领牌取线，打车轿网络。"说着，将个帖儿递上去。凤姐命彩明念道："大轿两顶，小轿四顶，车四辆，共用大小络子若干根，用珠儿线若干斤。"凤姐听了，数目相合，便命彩明登记，取荣国府对牌掷下。王兴家的去了。

凤姐便说道："明儿他也睡迷了，后儿我也睡迷了，将来都没了人了。本来要饶你，只是我头一次宽了，下次人就难管，不如现开发的好。"登时放下脸来，喝命："带出去，打二十板子！"一面又掷下宁国府对牌："出去说与来升，革他一月银米！"众人听说，又见凤姐眉立，知是恼了，不敢怠慢，拖人的出去拖人，执牌传谕的忙去传谕。那人身不由己，已拖出去挨了二十大板，还要进来叩谢。凤姐道："明日再有误的，打四十，后日的六十，有不怕挨打的，只管误！"说着，吩咐："散了罢。"

窗外众人听说，方各自执事去了。彼时宁国荣国府两处执事领牌交牌的，人来人往不绝，那抱愧被打之人含羞去了，这才知道凤姐利害。众人不敢偷闲，自此兢兢业业，执事保全。不在话下。

如今且说宝玉因见今日人众，恐秦钟受了委曲，因默与他商议，要同他往凤姐处来坐。秦钟道："他的事多，况且不喜人去，咱们去了，他岂不烦腻。"宝玉道："他怎好腻我们，不相干，只管跟我来。"说着，便拉了秦钟，直至抱厦。凤姐才吃饭，见他们来了，便笑道："好长腿子，快上来罢。"宝玉道："我们偏了。"凤姐道："在这边外头吃的，还是那边吃的？"宝玉道："这边同那些浑人吃什么！原是那边，我们两个同老太太吃了来的。"一面归坐。

凤姐吃毕饭,就有宁国府中的一个媳妇来领牌,为支取香灯事。

一时登记交牌。秦钟因笑道:"你们两府里都是这牌,倘或别人私弄一个,支了银子跑了,怎样?"凤姐笑道:"依你说,都没王法了。"宝玉因道:"怎么咱们家没人领牌子做东西?"凤姐道:"人家来领的时候,你还做梦呢。我且问你,你们这夜书多早晚才念呢?"宝玉道:"巴不得这如今就念才好,他们只是不快收拾出书房来,这也无法。"凤姐笑道:"你请我一请,包管就快了。"宝玉道:"你要快也不中用,他们该作到那里的,自然就有了。"凤姐笑道:"便是他们作,也得要东西,搁不住我不给对牌是难的。"宝玉听说,便猴向凤姐身上立刻要牌,说:"好姐姐,给出牌子来,叫他们要东西去。"凤姐道:"我乏的身子上生疼,还搁的住揉搓。你放心罢,今儿才领了纸裱糊去了,他们该要的还等叫去呢,可不傻了?"宝玉不信,凤姐便叫彩明查册子与宝玉看了。

正闹着,人回:"苏州去的人昭儿来了。"凤姐急命唤进来。昭儿打千儿请安。凤姐便问:"回来做什么的?"昭儿道:"二爷打发回来的。林姑老爷是九月初三日巳时没的。二爷带了林姑娘同送林姑老爷灵到苏州,大约赶年底就回来。二爷打发小的来报个信请安,讨老太太示下,还瞧瞧奶奶家里好,叫把大毛衣服带几件去。"凤姐道:"你见过别人了没有?"昭儿道:"都见过了。"说毕,连忙退去。凤姐向宝玉笑道:"你林妹妹可在咱们家住长了。"宝玉道:"了不得,想来这几日他不知哭的怎样呢。"说着,蹙眉长叹。

这日伴宿之夕,里面两班小戏并要百戏的与亲朋堂客伴宿,尤氏犹卧于内室,一应张罗款待,独是凤姐一人周全承应。合族中虽有许多妯娌,但或有羞口的,或有羞脚的,或有不惯见人的,或有惧贵怯官的,种种之类,俱不及凤姐举止舒徐,言语慷慨,珍贵宽大;因此也不把众人放在眼里,挥霍指示,任其所为,目若无人。一夜中灯明火彩,客送官迎,那百般热闹,自不用说的。至天明,吉时已到,一般六十四名青衣请灵,前面铭旌上大书:奉天洪建兆年不易之朝诰封一等宁国公家孙妇防护内延紫禁道御前侍卫龙禁尉享强寿贾门秦氏恭人之灵柩。

走不多时,路旁彩棚高搭,设席张筵,和音奏乐,俱是各家路祭:第一座是东平王府祭棚,第二座是南安郡王祭棚,第三座是西宁郡王,第四座是北静郡王的。原来这四王,当日唯北静王功高,及今子孙犹袭王爵。现今北静王水溶年未弱冠,生得形容秀美,情性谦和。近闻宁国公家孙妇告殂,因想当日彼此祖父相与之情,同难同荣,未以异姓相视,因此不以王位自居,上日也曾探丧上祭,如今又设路奠,命麾下各官在此伺候。自己五更入朝,公事一毕,便换了素服,坐大轿鸣锣张伞而来,至棚前落轿。手下各官两旁拥侍,军民人众不得往还。

一时只见宁府大殡浩浩荡荡、压地银山一般从北而至。早有宁府开路传事人看见,连忙回去报与贾珍。贾珍急命前面驻扎,同贾赦贾政三人连忙迎来,以国礼相见。水溶在轿内欠身含笑答礼,仍以世交称呼接待,并不妄自尊大。贾珍道:"犬妇之丧,累蒙郡驾下临,荫生辈何以克当。"水溶笑道:"世交之谊,何出此言。"遂回头命长府官主祭代奠。贾赦等一旁还礼毕,复身又来谢恩。

水溶十分谦逊,因问贾政道:"哪一位是衔宝而诞者?几次要见一见,都为杂冗所阻,想今日是来的,何不请来一会。"贾政听说,忙回去,急命宝玉脱去孝服,领他前来。那宝玉素日就曾听得父兄亲友人等说闲话时,赞水溶是个贤王,且生得才貌双全,风流潇洒,每不以官俗国体所缚。每思相会,只是父亲拘束严密,无由得会,今见反来叫他,自是欢喜。一面走,一面早瞥见那水溶坐在轿内,好个一表人才。不知近看时又是怎样,且听下回分解。

第十五回　王凤姐弄权铁槛寺
秦鲸卿得趣馒头庵

话说宝玉举目见北静王水溶头上戴着洁白簪缨银翅王帽,穿着江牙海水五爪坐龙白蟒

袍，系着碧玉红鞓带，面如美玉，目似明星，真好秀丽人物。宝玉忙抢上来参见，水溶连忙从轿内伸出手来挽住。见宝玉戴着束发银冠，勒着双龙出海抹额，穿着白蟒箭袖，围着攒珠银带，面若春花，目如点漆。水溶笑道："名不虚传，果然如'宝'似'玉'。"因问："衔的那宝贝在哪里？"宝玉见问，连忙从衣内取了递与过去。水溶细细的看了，又念了那上头的字，因问："果灵验否？"贾政忙道："虽如此说，只是未曾试过。"水溶一面极口称奇道异，一面理好彩绦，亲自与宝玉带上，又携手问宝玉几岁，读何书。宝玉一一的答应。

水溶见他语言清楚，谈吐有致，一面又向贾政笑道："令郎真乃龙驹凤雏，非小王在世翁前唐突，将来'雏凤清于老凤声'，未可量也。"

水溶又将腕上一串念珠卸了下来，递与宝玉道："今日初会，仓促竟无敬贺之物，此系是前日圣上亲赐鹡苓香念珠一串，权为贺敬之礼。"宝玉连忙接了，回身奉与贾政。贾政与宝玉一齐谢过。

且说宁府送殡，一路热闹非常。

不一时，只见从那边两骑马压地飞来，离凤姐车不远，一齐蹿下来，扶车回说："这里有下处，奶奶请歇更衣。"凤姐急命请邢夫人王夫人的示下，那人回来说："太太们说不用歇了，叫奶奶自便罢。"凤姐听了，便命歇了再走。

一时凤姐进入茅堂，因命宝玉等先出去玩玩。宝玉等会意，因同秦钟出来，带着小厮们各处游玩。

宝玉怅然无趣。只见凤姐儿打发人来叫他两个进去。凤姐洗了手，换衣服抖灰，问他们换不换。宝玉不换，只得罢了。家下仆妇们将带着行路的茶壶茶杯、什锦屉盒、各样小食端来，凤姐等吃过茶，待他们收拾完备，便起身上车。外面旺儿预备下赏封，赏了本村主人。庄妇等来叩赏。

走不多时，仍又跟上大殡了。早有前面法鼓金铙，幢幡宝盖：铁槛寺接灵众僧齐至。少时到入寺中，另演佛事，重设香坛。安灵于内殿偏室之中，宝珠安于里寝室相伴。外面贾珍款待一应亲友，也有扰饭的，也有不吃饭而辞的，一应谢过乏，从公侯伯子男一起一起的散去，至未末时分方才散尽。里面的堂客皆是凤姐张罗接待，先从显官诰命散起，也到响午大错时方散尽了。只有几个亲戚是至近的，等做过三日安灵道场方去。那时邢、王二夫人知凤姐必不能来家，也便就要进城。王夫人要带宝玉去，宝玉乍到郊外，哪里肯回去，只要跟凤姐住着。王夫人无法，只得交与凤姐便回来了。

原来这铁槛寺原是宁荣二公当日修造，现今还是有香火地亩布施，以备京中老了人口，在此便宜寄放。其中阴阳两宅俱已预备妥贴，好为送灵人口寄居。不想如今后辈人口繁盛，其中贫富不一，或性情参商：有那家业艰难安分的，便住在这里了；有那尚排场有钱势的，只说这里不方便，一定另外或村庄或尼庵寻个下处，为事毕宴退之所。即今秦氏之丧，族中诸人皆权在铁槛寺下榻，独有凤姐嫌不方便，因而早遣人来和馒头庵的姑子净虚说了，腾出两间房子来作下处。

原来这馒头庵就是水月庵，因他庙里做的馒头好，就起了这个浑号，离铁槛寺不远。当下和尚工课已完，莫过茶饭，贾珍便命贾蓉请凤姐歇息。凤姐见还有几个妯娌陪着女亲，自己便辞了众人，带了宝玉、秦钟往水月庵来。原来秦业年迈多病，不能在此，只命秦钟等待安灵罢了。那秦钟便只跟着凤姐、宝玉，一时到了水月庵，净虚带领智善、智能两个徒弟出来迎接，大家见过。

　　凤姐也略坐片时，便回至净室歇息，老尼相送。此时众婆娘媳妇见无事，都陆续散了，自去歇息，跟前不过几个心腹常侍小婢，老尼便趁机说道："我正有一事，要到府里求太太，先请奶奶一个示下。"凤姐因问何事。

　　老尼道："阿弥陀佛！只因当日我先在长安县内善才庵内出家的时节，那时有个施主姓张，是大财主。他有个女儿小名金哥，哪年都往我庙里来进香，不想遇见了长安府府太爷的小舅子李衙内。那李衙内一心看上，要娶金哥，打发人来求亲，不想金哥已受了原任长安守备的公子的聘定。张家若退亲，又怕守备不依，因此说已有了人家。谁知李公子执意不依，定要娶他女儿，张家正无计策，两处为难。不想守备家听了此信，也不管青红皂白，便来作践辱骂，说一个女儿许几家，偏不许退定礼，就打官司告状起来。那张家急了，只得着人上京来寻门路，赌气偏要退定礼。我想如今长安节度云老爷与府上最契，可以求太太与老爷说声，打发一封书去，求云老爷和那守备说一声，不怕那守备不依。若是肯行，张家连倾家孝顺也都情愿。"

　　凤姐听了笑道："这事倒不大，只是太太再不管这样的事。"老尼道："太太不管，奶奶也可以主张了。"凤姐听说笑道："我也不等银子使，也不做这样的事。"净虚听了，打去妄想，半晌叹道："虽如此说，张家已知我来求府里，如今不管这事，张家不知道没工夫管这事，不稀罕他的谢礼，倒像府里连这点子手段也没有的一般。"

　　凤姐听了这话，便发了兴头，说道："你是素日知道我的，从来不信什么是阴司地狱报应的，凭是什么事，我说要行就行。你叫他拿三千银子来，我就替他出这口气。"老尼听说，喜不自禁，忙说："有，有！这个不难。"凤姐又道："我比不得他们扯篷拉牵的图银子。这三千银子，不过是给打发说去的小厮做盘缠，使他赚几个辛苦钱，我一个钱也不要他的。便是三万两，我此刻也拿的出来。"老尼连忙答应，又说道："既如此，奶奶明日就开恩也罢了。"凤姐道："你瞧瞧我忙的，哪一处少了我？既应了你，自然快快的了结。"老尼道："这点子事，在别人的跟前就忙的不知怎么样，若是奶奶的跟前，再添上些也不够奶奶一发挥的。只是俗语说的，'能者多劳'，太太因大小事见奶奶妥贴，越性都推给奶奶了，奶奶也要保重金体才是。"一路话奉承的凤姐越发受用，也不顾劳乏，更攀谈起来。

　　一时宽衣安歇的时节，凤姐在里间，秦钟宝玉在外间，满地下皆是家下婆子，打铺坐更。凤姐因怕通灵玉失落，便等宝玉睡下，命人拿来擱在自己枕边。宝玉不知与秦钟算何账目，未见真切，未曾记得，此系疑案，不敢纂创。

　　一宿无话。至次日一早，便有贾母王夫人打发了人来看宝玉，又命多穿两件衣服，无事宁可回去。凤姐想了一想：凡丧仪大事虽妥，还有一半点小事未曾安插，可以指此再住一日，岂不又在贾珍跟前送了满情；二则又可以完净虚那事；三则顺了宝玉的心，贾母听见，岂不欢喜？因有此三益，便向宝玉道："我的事都完了，你要在这里逛，少不得越性辛苦一日罢了，明儿可是定要走的了。"宝玉听说，千姐姐万姐姐的央求："只住一日，明儿必回去的。"于是又住了一夜。

　　凤姐便命悄悄将昨日老尼之事，说与来旺儿。来旺儿心中俱已明白，急忙进城找着主文的相公，假托贾琏所嘱，修书一封，连夜往长安县来，不过百里路程，两日工夫俱已妥协。那节度使名唤云光，久欠贾府之情，这点小事，岂有不允之理，给了回书，旺儿回来。且不在话下。

　　却说凤姐等又过一日，次日方别了老尼，着他三日后往府里去讨信。那秦钟与智能百般不忍分离，背地里多少幽期密约，俱不用细述，只得含恨而别。凤姐又到铁槛寺中照望一番。宝珠执意不肯回家，贾珍只得派妇女相伴。后回再见。

第十六回　贾元春才选凤藻宫
　　　　　秦鲸卿夭逝黄泉路

话说宝玉见收拾了外书房，约定与秦钟读夜书。偏那秦钟禀赋最弱，因在郊外受了些风霜，又与智能儿偷期绻缱，未免失于调养，回来时便咳嗽伤风，懒进饮食，大有不胜之态，遂不敢出门，只在家中养息。宝玉便扫了兴头，只得付于无可奈何，且自静候大愈时再约。

那凤姐儿已是得了云光的回信，俱已妥协。老尼达知张家，果然那守备忍气吞声的收了前聘之物。谁知那张家父母如此爱势贪财，却养了一个知义多情的女儿，闻得父母退了前夫，他便一条麻绳悄悄的自缢了。那守备之子闻得金哥自缢，他也是个极多情的，遂也投河而死，不负妻义。张李两家没趣，真是人财两空。这里凤姐却坐享了三千两，王夫人等连一点消息也不知道。自此凤姐胆识愈壮，以后有了这样的事，便恣意的作为起来，也不消多记。

一日正是贾政的生辰，宁荣二处人丁都齐集庆贺，闹热非常。忽有门吏忙忙进来，至席前报说："有六宫都太监夏老爷来降旨。"唬的贾赦贾政等一干人不知是何消息，忙止了戏文，撤去酒席，摆了香案，启中门跪接。早见六宫都太监夏守忠乘马而至，前后左右又有许多内监跟从。那夏守忠也并不曾负诏捧敕，至檐前下马，满面笑容，走上厅来，南面而立，口内说："特旨：立刻宣贾政入朝，在临敬殿陛见。"说毕，也不及吃茶，便乘马去了。贾政等不知是何兆头。只得急忙更衣入朝。

贾母等合家人等心中皆惶惶不定，不住的使人飞马来往报信。有两个时辰工夫，忽见赖大等三四个管家喘吁吁跑进仪门报喜，又说"奉老爷命，速请老太太带领太太等进朝谢恩"等语。那时贾母正心神不定，在大堂廊下伫立，那邢夫人、王夫人、尤氏、李纨、凤姐、迎春姊妹以及薛姨妈等皆在一处，听如此信至，贾母便唤进赖大来细问端的。赖大禀道："小的们只在临敬门外伺候，里头的信息一概不能得知。后来还是夏太监出来道喜，说咱们

家大小姐晋封为凤藻宫尚书，加封贤德妃。后来老爷出来亦如此吩咐小的。如今老爷又往东宫去了，速请老太太领着太太们去谢恩。"

贾母等听了方心神安定，不免又都洋洋喜气盈腮。于是都按品大妆起来。贾母带领邢夫人、王夫人、尤氏，一共四乘大轿入朝。贾赦、贾珍亦换了朝服，带领贾蓉、贾蔷奉侍贾母大轿前往。于是宁荣两处上下里外，莫不欣然踊跃，个个面上皆有得意之状，言笑鼎沸不绝。

谁知近日水月庵的智能私逃进城，找至秦钟家下看视秦钟，不意被秦业知觉，将智能逐出，将秦钟打了一顿，自己气的老病发作，三五日光景呜呼死了。秦钟本自怯弱，又带病未

愈，受了答杖，今见老父气死，此时悔痛无及，更又添了许多症候。因此宝玉心中怅然如有所失。虽闻得元春晋封之事，亦未解得愁闷。贾母等如何谢恩，如何回家，亲朋如何来庆贺，宁荣两处近日如何热闹，众人如何得意，独他一个皆视有如无，毫不曾介意。因此众人嘲他越发呆了。

且喜贾琏与黛玉回来，先遣人来报信，明日就可到家，宝玉听了，方略有些喜意。

好容易盼至明日午错，果报："琏二爷和林姑娘进府了。"见面时彼此悲喜交集，未免又大哭一阵，后又致喜庆之词。宝玉心中品度黛玉，越发出落的超逸了。黛玉又带了许多书籍来，忙着打扫卧室，安插器具，又将些纸笔等物分送宝钗、迎春、宝玉等人。宝玉又将北静王所赠鹡鸰香串珍重取出来，转赠黛玉。黛玉说："什么臭男人拿过的！我不要他。"遂掷而不取。宝玉只得收回，暂且无话。

贾琏遂问别后家中的诸事，又谢凤姐的操持劳碌。

正说着，只听外间有人说话，凤姐便问："是谁？"平儿进来回道："姨太太打发了香菱妹子来问我一句话，我已经说了，打发他回去了。"一语未了，二门上小厮传报："老爷在大书房等二爷呢。"贾琏听了，忙忙整衣出去。

这里凤姐乃问平儿："方才姨妈有什么事，巴巴的打发了香菱来？"平儿笑道："哪里来的香菱，是我借他暂撒个谎。奶奶说说，旺儿嫂子越发连个成算也没了。"说着，又走至凤姐身边，悄悄的说道："奶奶的那利钱银子，迟不送来，早不送来，这会子二爷在家，他且送这个来了。幸亏我在堂屋里撞见，不然时走了来回奶奶，二爷倘或问奶奶是什么利钱，奶奶自然不肯瞒二爷的，少不得照实告诉二爷。我们二爷那脾气，油锅里的钱还要找出来花呢，听见奶奶有了这个梯己，他还不放心的花了呢。所以我赶着接了过来，叫我说了他两句，谁知奶奶偏听见了问，我就撒谎说香菱来了。"凤姐听了笑道："我说呢，姨妈知道你二爷来了，忽喇巴的反打发个房里人来了？原来你这蹄子倒鬼。"

说话时贾琏已进来，凤姐便命摆上酒馔来，夫妻对坐。凤姐虽善饮，却不敢任兴，只陪侍着贾琏。一时贾琏的乳母赵嬷嬷走来，贾琏凤姐忙让吃酒，令其上炕去。赵嬷嬷执意不肯。平儿等早于炕沿下设下一杌，又有一小脚踏，赵嬷嬷在脚踏上坐了。贾琏向桌上拣两盘肴馔与他放在杌上自吃。凤姐又道："妈妈很嚼不动那个，倒没的硌了他的牙。"因向平儿道："早起我说那一碗火腿炖肘子很烂，正好给妈妈吃，你怎么不拿了去赶着叫他们热来？"又道："妈妈，你尝一尝你儿子带来的惠泉酒。"赵嬷嬷道："我喝呢，奶奶也喝一盅，怕什么？只不要过多了就是了。我这会子跑了来，倒也不为饮酒，倒有一件正经事，奶奶好歹记在心里，疼顾我些罢。我们这爷，只是嘴里说的好，到了跟前就忘了我们。幸亏我从小儿奶了你这么大。我也老了，有的是那两个儿子，你就另眼照看他们些，别人也不敢龇牙儿的。我还再四的求了你几遍，你答应的倒好，到如今还是燥屎。这如今又从天上跑出这一件大喜事来，哪里用不着人？所以倒是来和奶奶来说是正经，靠着我们爷，只怕我还饿死了呢。"

凤姐笑道："妈妈你放心，两个奶哥哥都交给我。你从小儿奶的儿子，你还有什么不知他那脾气的？拿着皮肉倒往那不相干的外人身上贴。可是现放着奶哥哥，哪一个不比人强？你疼顾照看他们，谁敢说个'不'字儿？没的白便宜了外人——我这话也说错了，我们看着是'外人'，你却看着'内人'一样呢。"说的满屋里人都笑了。

贾琏此时没好意思，只讪笑吃酒，说'胡说'二字，——"快盛饭来，吃碗子还要往珍大爷那边去商议事呢。"凤姐道："可是别误了正事。才刚老爷叫你作什么？"贾琏道："就为省亲。"凤姐忙问道："省亲的事竟准了不成？"贾琏笑道："虽不十分准，也有八分准了。"凤姐笑道："可见当今的隆恩。历来听书看戏，古时从未有的。"赵嬷嬷又接口道："可是呢，我也老糊涂了。我听见上上下下吵嚷了这些日子，什么省亲不省亲，我也不理论他去；如今又说省亲，到底是怎么个缘故？"贾琏道："如今当今贴体万人之心，世上至大莫如'孝'字，想来父母儿女之性，皆是一理，不是贵贱上分别的。当今自为日夜侍奉太上皇、皇太后，尚不能略尽孝意，因见宫里嫔妃才人等皆是入宫多年，抛离父母音容，岂当有不思念之理？在儿女思想父母，是分所应当。想父母在家，若只管思念儿女，竟不能见，倘因此成疾致病，甚至死亡，皆由朕

躬禁锢,不能使其遂天伦之愿,亦大伤天和之事。故启奏太上皇、皇太后,每月逢二六日期,准其椒房眷属入宫请候看视。于是太上皇、皇太后大喜,深赞当今至孝纯仁,体天格物。因此二位老圣人又下旨意,说椒房眷属入宫,未免有国体仪制,母女尚不能惬怀。竟大开方便之恩,特降谕诸椒房贵戚,除二六日入宫之恩外,凡有重宇别院之家,可以驻跸关防之外,不妨启请内廷鸾舆入其私第,庶可略尽骨肉私情、天伦中之至性。此旨一下,谁不踊跃感戴?现今周贵人的父亲已在家里动了工了,修盖省亲别院呢。又有吴贵妃的父亲吴天祐家,也往城外踏看地方去了。这岂不有八九分了?"

正说的热闹,王夫人又打发人来瞧凤姐吃了饭不曾。凤姐便知有事等他,忙忙的吃了半碗饭,漱口要走,又有二门上小厮们回:"东府里蓉、蔷二位哥儿来了。"贾琏才漱了口,平儿捧着盆盥手,见他二人来了,便问:"什么话? 快说。"凤姐且止步稍候,听他二人回些什么。

贾蓉先回说:"我父亲打发我来回叔叔:老爷们已经议定了,从东边一带,借着东府里花园起,转至北边,一共丈量准了,三里半大,可以盖造省亲别院了。已经传人画图样去了,明日就得。叔叔才回家,未免劳乏,不用过我们那边去,有话明日一早再请过去面议。"贾琏笑着忙说:"多谢大爷费心体谅,我就不过去了。"

贾蔷又近前回说:"下姑苏聘请教习,采买女孩子,置办乐器行头等事,大爷派了侄儿,带领着来管家两个儿子,还有单聘仁、卜固修两个清客相公,一同前往,所以命我来见叔叔。"贾琏听了,将贾蔷打量了打量,笑道:"你能在这一行么? 这个事虽不算甚大,里头大有藏掖的。"贾蔷笑道:"只好学习着办罢了。"

贾蓉在身旁灯影下悄拉凤姐的衣襟,凤姐会意,因笑道:"你也太操心了,难道大爷比咱们还不会用人? 偏你又怕他不在行了。谁都是在行的? 孩子们已长的这么大了,'没吃过猪肉,也看见过猪跑'。大爷派他去,原不过是个坐纛旗儿,难道认真的叫他去讲价钱会经纪去呢! 依我说就很好。"贾琏道:"自然是这样。并不是我驳回,少不得替他算计算计。"因问:"这一项银子动哪一处的?"贾蔷道:"才也议到这里。赖爷爷说,不用从京里带下去,江南甄家还收着我们五万银子。明日写一封书信会票我们带去,先支三万,下剩二万存着,等置办花烛彩灯并各色帘栊帐缦的使费。"贾琏点头道:"这个主意好。"

凤姐忙向贾蔷道:"既这样,我有两个在行妥当人,你就带他们去办,这个便宜了你呢。"贾蔷忙陪笑说:"正要和婶婶讨两个人呢,这可巧了。"因问名字。凤姐便问赵嬷嬷。彼时赵嬷嬷已听呆了话,平儿忙笑推他,他才醒悟过来,忙说:"一个叫赵天梁,一个叫赵天栋。"凤姐道:"可别忘了,我可干我的去了。"说着便出去了。贾蓉忙送出来,又悄悄的向凤姐道:"婶子要什么东西,吩咐我开个账给蔷兄弟带了去,叫他按账置办了来。"凤姐笑道:"别放你娘的屁! 我的东西还没处撂呢,稀罕你们鬼鬼祟祟的?"说着一径去了。

次早贾琏起来,见过贾赦贾政,便往宁府中来,合同老管事的人等,并几位世交门下清客相公,审察两府地方,缮画省亲殿宇,一面察度办理人丁。自此后,各行匠役齐集,金银铜锡以及土木砖瓦之物,搬运移送不歇。

且说宝玉近因家中有这等大事,贾政不来问他的事,心中是件畅事;无奈秦钟之病日重一日,也着实悬心,不能乐业。这日一早起来才梳洗完毕,意欲回了贾母去望候秦钟,忽见茗烟在二门照壁前探头缩脑,宝玉忙出来问他:"作什么?"茗烟道:"秦相公不中用了!"宝玉听说,吓了一跳,忙问道:"我昨儿才瞧了他来,还明明白白的,怎么就不中用了?"茗烟道:"我也不知道,才刚是他家的老头子来特告诉我的。"宝玉听了,忙转身回明贾母。贾母吩咐:"好生派妥当人跟去,到那里尽一尽同窗之情就回来,不许多耽搁了。"

宝玉听了,忙忙的更衣出来,车犹未备,急的满厅乱转。一时催促的车到,忙上了车,李贵、茗烟等跟随。来至秦钟门首,悄无一人,遂蜂拥至内室,唬的秦钟的两个远房婶母并几个弟兄都藏之不迭。

宝玉又道:"宝玉来了。"

那秦钟早已魂魄离身,只剩得一口悠悠余气在胸,正见许多鬼判持牌提索来捉他。那秦钟魂魄那里肯就去,又惦记着家中无人掌管家务,又记挂着父亲还有留积下的三四千两银

子，又记挂着智能尚无下落，因此百般求告鬼判。

正闹着，那秦钟魂魄忽听见"宝玉来了"四字，便忙又央求道："列位神差，略发慈悲，让我回去，和这一个好朋友说一句话就来的。"众鬼道："又是什么好朋友？"秦钟道："不瞒列位，就是荣国公的孙子，小名宝玉。"都判官听了，先就唬慌起来，忙喝骂鬼使道："我说你们放了他回去走走，你们断不依我的话，如今只等他请出个运旺时盛的人来才罢。"众鬼见都判如此，也都忙了手脚，一面又抱怨道："你老人家先是那等雷霆电雹，原来见不得'宝玉'二字。依我们愚见，他是阳，我们是阴，怕他们也无益于我们。"都判道："放屁！俗语说的好，'天下官管天下事'，自古人鬼之道却是一般，阴阳并无二理。别管他阴也罢，阳也罢，还是把他放回没有错了的。"

众鬼听说，只得将秦魂放回，哼了一声，微开双目，见宝玉在侧，乃勉强叹道："怎么不肯早来？再迟一步也不能见了。"宝玉忙携手垂泪道："有什么话留下两句。"秦钟道："并无别话。以前你我见识自为高过世人，我今日才知自误了。以后还该立志功名，以荣耀显达为是。"说毕，便长叹一声，萧然长逝了。

第十七回至十八回　大观园试才题对额
荣国府归省庆元宵

又不知历几何时，这日贾珍等来回贾政："园内工程俱已告竣，大老爷已瞧过了，只等老爷瞧了，或有不妥之处，再行改造，好题匾额对联的。"贾政听了，沉思一会，说道："这匾额对联倒是一件难事。论理该请贵妃赐题才是，然贵妃若不亲睹其景，大约亦必不肯妄拟；若直待贵妃游幸过再请题，偌大景致，若干亭榭，无字标题，也觉寥落无趣，任有花柳山水，也断不能生色。"众清客在旁笑答道："老世翁所见极是。如今我们有个愚见：各处匾额对联断不可少，亦断不可定名。如今且按其景致，或两字、三字、四字，虚合其意，拟了出来，暂且做灯匾联悬了。待贵妃游幸时，再请定名，岂不两全？"贾政等听了，都道："所见不差。我们今日且看看去，只管题了，若妥当便用；不妥时，然后将雨村请来，令他再拟。"众人笑道："老爷今日一拟定佳，何必又待雨村。"贾政笑道："你们不知，我自幼于花鸟山水题咏上就平平；如今上了年纪，且案牍劳烦，于这怡情悦性文章上更生疏了。纵拟了出来，不免迂腐古板，反不能使花柳园亭生色，似不妥协，反没意思。"众清客笑道："这也无妨。我们大家看了公拟，各举其长，优则存之，劣则删之，未为不可。"贾政道："此论极是。且喜今日天气和暖，大家去逛逛。"说着起身，引众人前往。

贾珍先去园中知会众人。可巧近日宝玉因思念秦钟，忧戚不尽，贾母常命人带他到园中来戏耍。此时亦才进去，忽见贾珍走来，向他笑道："你还不出去，老爷就来了。"宝玉听了，带着奶娘小厮们，一溜烟就出园来。方转过弯，顶头贾政引众客来了，躲之不及，只得一边站了。贾政近因闻得塾掌称赞宝玉专能对对联，虽不喜读书，偏倒有些歪才情似的，今日偶然撞见这机会，便命他跟来。宝玉只得随往，尚不知何意。

贾政道："我们就从此小径游去，回来由那一边出去，方可遍览。"

说毕，命贾珍在前引导，自己扶了宝玉，逶迤进入山口。抬头忽见山上有镜面白石一块，正是迎面留题处。贾政回头笑道："诸公请看，此处题以何名方妙？"众人听说，也有说该题"叠翠"二字，也有说该提"锦嶂"的，又有说"赛香炉"的，又有说"小终南"的，种种名色，不止几十个。

原来众客心中早知贾政要试宝玉的功业进益如何，只将些俗套来敷衍。宝玉亦料定此意。贾政听了，便回头命宝玉拟来。宝玉道："尝闻古人有云：'编新不如述旧，刻古终胜雕今。'况此处并非主山正景，原无可题之处，不过是探景一进步耳。莫若直书'曲径通幽处'

这句旧诗在上,倒还大方气派。"众人听了,都赞道:"是极!二世兄天分高,才情远,不似我们读腐了书的。"贾政笑道:"不可谬奖。他年小,不过以一知充十用,取笑罢了。再俟选拟。"

于是出亭过池,一山一石,一花一草,莫不着意观览。忽抬头看见贾前面一带粉垣,里面数楹修舍,有千百竿翠竹遮映。众人都道:"好个所在!"于是大家进入,只见入门便是曲折游廊,阶下石子漫成甬路。上面小小两三间房舍,一明两暗,里面都是合着地步打就的床几椅案。从里间房内又得一小门,出去则是后院,有大株梨花兼着芭蕉。又有两间小小退步。后院墙下忽开一隙,得泉一派,开沟仅尺许,灌入墙内,绕阶缘屋至前院,盘旋竹下而出。贾政笑道:"这一处还罢了。若能月夜坐此窗下读书,不枉虚生一世。"说毕,看着宝玉,唬的宝玉忙垂了头。

众客忙用话开释,又说道:"此处的匾该题四个字。"贾政笑问:"哪四字?"一个道是"淇水遗风"。贾政道:"俗。"又一个是"睢园雅迹"。贾政道:"也俗。"贾珍笑道:"还是宝兄弟拟一个来。"贾政道:"他未曾作,先要议论人家的好歹,可见就是个轻薄人。"众客道:"议论的极是,其奈他何。"贾政忙道:"休如此纵了他。"因命他道:"今日任你狂为乱道,先设议论来,然后方许你作。方才众人说的,可有使得的?"宝玉见问,答道:"都似不妥。"贾政冷笑道:"怎么不妥?"宝玉道:"这是第一处行幸之处,必须颂圣方可。若用四字的匾,又有古人现成的,何必再作。"贾政道:"难道'淇水''睢园'不是古人的?"宝玉道:"这太板腐了。莫若'有凤来仪'四字。"众人都哄然叫妙。贾政点头道:"畜生,畜生,可谓'管窥蠡测'矣。"因命:"再题一联来。"宝玉便念道:

> 宝鼎茶闲烟尚绿,幽窗棋罢指犹凉。

贾政摇头说道:"也未见长。"说毕,引众人出来。

一面走,一面说,倏尔青山斜阻。转过山怀中,隐隐露出一带黄泥筑就矮墙,墙头皆用稻茎掩护。有几百株杏花,如喷火蒸霞一般。里面数楹茅屋。外面却是桑、榆、槿、柘,各色树稚新条,随其曲折,编就两溜青篱。篱外山坡之下,有一土井,旁有桔槔辘轳之属。下面分畦列亩,佳蔬菜花,漫然无际。

贾政笑道:"倒是此处有些道理。固然系人力穿凿,此时一见,未免勾引起我归农之意。我们且进去歇息歇息。"说毕,方欲进篱门去,忽见路旁有一石碣,亦为留题之备。众人笑道:"更妙,更妙!此处若悬匾待题,则田舍家风一洗尽矣。立此一碣,又觉生色许多,非范石湖田家之咏不足以尽其妙。"贾政道:"诸公请题。"

大家想着,宝玉却等不得了,也不等贾政的命,便说道:"旧诗有云:'红杏梢头挂酒旗'。如今莫若'杏帘在望'四字。"众人都道:"好个'在望'!又暗合'杏花村'意。"宝玉冷笑道:"村名若用'杏花'二字,则俗陋不堪了。又有古人诗云:'柴门临水稻花香',何不就用'稻香村'的妙?"众人听了,亦发哄声拍手道:"妙!"贾政一声断喝:"无知的业障!你能知道几个古人,能记得几首熟诗,也敢在老先生前卖弄!你方才那些胡说的,不过是试你的清浊,取笑而已,你就认真了!"

于是要进港洞时,又想起有船无船。贾珍道:"采莲船共四只,座船一只,如今尚未造成。"贾政笑道:"可惜不得入了。"贾珍道:"从山上盘道亦可以进去。"说毕,在前导引,大家攀藤抚树过去。只见水上落花愈多,其水愈清,溶溶荡荡,曲折萦迂。池边两行垂柳,杂着桃杏,遮天蔽日,真无一些尘土。忽见柳阴中又露出一个折带朱栏板桥来,度过桥去,诸路可通,便见一所清凉瓦舍,一色水磨砖墙,清瓦花堵。那大主山所分之脉,皆穿墙而过。

贾政道："此处这所房子，无味的很。"因而步入门时，忽迎面突出插天的大玲珑山石来，四面群绕各式石块，竟把里面所有房屋悉皆遮住，而且一株花木也无。只见许多异草：或有牵藤的，或有引蔓的，或垂山巅，或穿石隙，甚至垂檐绕柱，萦砌盘阶，或如翠带飘飘，或如金绳盘屈，或实若丹砂，或花如金桂，味芬气馥，非花香之可比。贾政不禁笑道："有趣！只是不大认识。"有的说："是薜荔藤萝。"贾政道："薜荔藤萝不得如此异香。"宝玉道："果然不是。这些之中也有藤萝薜荔。那香的是杜若蘅芜，那一种大约是茝兰，这一种大约是清葛，那一种是金䔲草，这一种是玉蕗藤，红的自然是紫芸，绿的定是青芷。想来《离骚》、《文选》等书上所有的那些异草，也有叫作什么藿纳姜荨的，也有叫作什么纶组紫绛的，还有石帆、水松、扶留等样，又有叫什么绿荑的，还有什么丹椒、蘼芜、风连。如今年深岁改，人不能识，故皆像形夺名，渐渐的唤差了，也是有的。"未及说完，贾政喝道："谁问你来！"唬的宝玉倒退，不敢再说。

贾政因见两边俱是抄手游廊，便顺着游廊步入。只见上面五间清厦连着卷棚，四面出廊，绿窗油壁，更比前几处清雅不同。贾政叹道："此轩中煮茶操琴，亦不必再焚名香矣。此造已出意外，诸公必有佳作新题以颜其额，方不负此。"众人笑道："再莫若'兰风蕙露'贴切了。"贾政道："也只好用这四字。其联若何？"一人道："我倒想了一对，大家批削改正。"念道是：

麝兰芳霭斜阳院，杜若香飘明月洲。

众人道："妙则妙矣，只是'斜阳'二字不妥。"那人道："古人诗云'蘼芜满手泣斜晖'。"众人道："颓丧，颓丧。"又一人道："我也有一联，诸公评阅评阅。"因念道：

三径香风飘玉蕙，一庭明月照金兰。

贾政拈髯沉吟，意欲也题一联。忽抬头见宝玉在旁不敢作声，因喝道："怎么你应说话时又不说了？还要等人请教你不成！"宝玉听说，便回道："此处并没有什么'兰麝'、'明月'、'洲渚'之类，若要这样着迹说起来，就题二百联也不能完。"贾政道："谁按着你的头，叫你必定说这些字样呢？"宝玉道："如此说，匾上则莫若'蘅芷清芬'四字。"对联则是：

吟成豆蔻才犹艳，睡足荼蘼梦也香。

贾政笑道："这是套的'书成蕉叶文犹绿'，不足为奇。"众客道："李太白'凤凰台'之作，全套'黄鹤楼'，只要套得妙。如今细评起来，方才这一联，竟比'书成蕉叶'犹觉幽娴活泼。视'书成'之句，竟似套此而来。"贾政笑道："岂有此理！"

说着，引人出来，再一观望，原来自进门起，所行至此，才游了十之五六。又值人来回，有雨村处遣人回话。贾政笑道："此数处不能游了。虽如此，到底从那一边出去，纵不能细观，也可稍览。"说着，引客行来，至一大桥前，见水如晶帘一般奔入。原来这桥便是通外河之闸，引泉而入者。贾政因问："此闸何名？"宝玉道："此乃沁芳泉之正源，就名'沁芳闸'。"贾政道："胡说，偏不用'沁芳'二字。"

于是一路行来，或清堂茅舍，或堆石为垣，或编花为牖，或山下得幽尼佛寺，或林中藏女道丹房，或长廊曲洞，或方厦圆亭，贾政皆不及进去。因说半日腿酸，未尝歇息，忽又见前面又露出一所院落来，贾政笑道："到此可要进去歇息歇息了。"说着，一径引人绕着碧桃花，穿过一层竹篱花障编就的月洞门，俄见粉墙环护，绿柳周垂。贾政与众人进去。

一面说话，一面都在廊外抱厦下打就的榻上坐了。贾政因问："想几个什么新鲜字来题此？"一客道："'蕉鹤'二字最妙。"又一个道："'崇光泛彩'方妙。"贾政与众人都道："好个'崇光泛彩'！"宝玉也道："妙极。"又叹："只是可惜了。"众人问："如何可惜？"宝玉道："此处蕉棠两植，其意暗蓄'红'、'绿'二字在内。若只说蕉，则棠无着落；若只说棠，蕉亦无着落。固有蕉无棠不可，有棠无蕉更不可。"贾政道："依你如何？"宝玉道："依我，题'红香绿玉'四字，方两全其妙。"贾政摇头道："不好，不好！"

说着，引人进入房内。只见这几间房内收拾的与别处不同，竟分不出间隔来的。原来四面皆是雕空玲珑木板，或"流云百蝠"，或"岁寒三友"，或山水人物，或翎毛花卉，或集锦，或博古，或万福万寿。各种花样，皆是名手雕镂，五彩销金嵌宝的。一槅一槅，或有贮书处，或

有设鼎处，或安置笔砚处，或供花设瓶、安放盆景处。其橱各式各样，或天圆地方，或葵花蕉叶，或连环半璧。真是花团锦簇，剔透玲珑。倏尔五色纱糊就，竟系小窗；倏尔彩凌轻覆，竟系幽户。且满墙满壁，皆系随依古董玩器之形抠成的槽子。诸如琴、剑、悬瓶、桌屏之类，虽悬于壁，却都是与壁相平的。众人都赞："好精致想头！难为怎么想来！"

那宝玉一心只记挂着里边，又不见贾政吩咐，少不得跟到书房。贾政忽想起他来，方喝道："你还不去？难道还逛不足！也不想逛了这半日，老太太必悬挂着，快进去，疼你也白疼了。"宝玉听说，方退了出来。

至院外，就有跟贾政的几个小厮上来拦腰抱住，都说："今儿亏我们，老爷才喜欢；老太太打发人出来问了几遍，都亏我们回说喜欢；不然，若老太太叫你进去，就不得展才了。人人都说，你才那些诗比世人的都强。今儿得了这样的彩头，该赏我们了。"宝玉笑道："每人一吊钱。"众人道："谁没见那一吊钱！把这荷包赏了罢。"说着，一个上来解荷包，那一个就解扇囊，不容分说，将宝玉所佩之物尽行解去。又道："好生送上去罢。"一个抱起来，几个围绕，送至贾母二门前。那时贾母已命人看了几次。众奶娘丫鬟跟上来，见过贾母，知不曾难为着他，心中自是欢喜。

少时袭人倒了茶来，见身边佩物一件无存，因笑道："带的东西又是那起没脸的东西们解了去了。"林黛玉听说，走来瞧瞧，果然一件无存，因向宝玉道："我给的那个荷包也给他们了？你明儿再想我的东西，可不能够了！"说毕，赌气回房，将前日宝玉所烦他作的那个香袋儿——才做了一半——赌气拿过来就铰。宝玉见他生气，便知不妥，忙赶过来，早剪破了。

宝玉已见过这香囊，虽尚未完，却十分精巧，费了许多工夫。今见无故剪了，却也可气。因忙把衣领解了，从里面红袄襟上将黛玉所给的那荷包解了下来，递与黛玉瞧道："你瞧瞧，这是什么！我哪一回把你的东西给人了？"林黛玉见他如此珍重，带在里面，可知是怕人拿去之意，因此又自悔莽撞，未见皂白，就剪了香袋。因此又愧又气，低头一言不发。宝玉道："你也不用剪，我知道你是懒待给我东西。我连这荷包奉还，何如？"说着，掷向他怀中便走。黛玉见如此，越发气起来，声咽气堵，又汪汪的滚下泪来，拿起荷包来又剪。宝玉见他如此，忙回身抢住，笑道："好妹妹，饶了它罢！"黛玉将剪子一摔，拭泪说道："你不用同我好一阵歹一阵的，要恼，就撂开手。这当了什么。"说着，赌气上床，面向里倒下拭泪。禁不住宝玉上来"妹妹"长"妹妹"短赔不是。

前面贾母一片声找宝玉。众奶娘丫鬟们忙回说："在林姑娘房里呢。"贾母听说道："好，好，好！让他姊妹们一处玩玩罢。才他老子拘了他这半天，让他开心一会子罢。只别叫他们拌嘴，不许扭了他。"众人答应着。黛玉被宝玉缠不过，只得起来道："你的意思不叫我安生，我就离了你。"说着往外就走。宝玉笑道："你到哪里，我跟到哪里。"一面仍拿起荷包来带上。黛玉伸手抢道："你说不要了，这会子又带上，我也替你怪臊的！"说着，"嗤"的一声又笑了。宝玉道："好妹妹，明儿另替我作个香袋儿罢。"黛玉道："那也只瞧我高兴罢了。"一面说，一面二人出房，到王夫人上房中去了，可巧宝钗亦在那里。

此时王夫人那边热闹非常。

又有林之孝家的来回："采访聘买得十个小尼姑、小道姑都有了，连新作的二十分道袍也有了。外有一个带发修行的，本是苏州人氏，祖上也是读书仕宦之家。因生了这位姑娘自小多病，买了许多替身儿皆不中用，足的这位姑娘亲自入了空门，方才好了，所以带发修行，今年才十八岁，法名妙玉。如今父母俱已亡故，身边只有两个老嬷嬷，一个小丫头服侍。文墨也极通，经文也不用学了，模样儿又极好。"王夫人不等回完，便说："既这样，我们何不接了他来。"林之孝家的回道："接他，他说'侯门公府，必以贵势压人，我再不去的。'"王夫人笑道："他既是官宦小姐，自然骄傲些，就下个帖子请他何妨。"林之孝家的答应了出去，命书启相公写请帖去请妙玉。次日遣人备车轿去接等后话，暂且搁过，此时不能表白。

王夫人等日日忙乱，直到十月将尽，幸皆全备：各处监管都交清账目；各处古董文玩，皆已陈设齐备；采办鸟雀的，自仙鹤、孔雀以及鹿、兔、鸡、鹅等类，悉已买全，交于园中各处像景饲养；贾蔷那边也演出二十出杂戏来；小尼姑、道姑也都学会了念几卷经咒。贾政方略心意

宽畅，又请贾母等进园，色色斟酌，点缀妥当，再无一些遗漏不当之处了。于是贾政方择日题本。本上之日，奉朱批准奏：次年正月十五上元之日，恩准贾妃省亲。贾府领了此恩旨，益发昼夜不闲，年也不曾好生过的。

展眼元宵在迩，自正月初八日，就有太监出来先看方向：何处更衣，何处燕坐，何处受礼，何处开宴，何处退息。又有巡察地方总理关防太监等，带了许多小太监出来，各处关防，挡围幕；指示贾宅人员何处退，何处跪，何处进膳，何处启事，种种仪注不一。外面又有工部官员并五城兵备道打扫街道，撵逐闲人。贾赦等督率匠人扎花灯烟火之类，至十四日，俱已停妥。这一夜，上下通不曾睡。

至十五日五鼓，自贾母等有爵者，皆按品服大妆。园内各处，帐舞蟠龙，帘飞彩凤，金银焕彩，珠宝争辉，鼎焚百合之香，瓶插长春之蕊，静悄无人咳嗽。贾赦等在西街门外，贾母等在荣府大门外。街头巷口，俱系围幕挡严。

半日静悄悄的。忽见一对红衣太监骑马缓缓的走来，至西街门下了马，将马赶出围幕之外，便垂手面西站住。半日又是一对，亦是如此。少时便来了十来对，方闻得隐隐细乐之声。一队队过完，后面方是八个太监抬着一顶金顶金黄绣凤版舆，缓缓行来。贾母等连忙路旁跪下。早飞跑过几个太监来，扶起贾母、邢夫人、王夫人来。那版舆抬进大门，入仪门往东去，到一所院落门前，有执拂太监跪请下舆更衣。于是抬舆入门，太监等散去，只有昭容、彩嫔等引领元春下舆。只见院内各色花灯烂灼，皆系纱绫扎成，精致非常。上面有一匾灯，写着"体仁沐德"四字。元春入室，更衣毕复出，上舆进园。只见园中香烟缭绕，花彩缤纷，处处灯光相映，时时细乐声喧，说不尽这太平气象，富贵风流。

且说贾妃在轿内看此园内外如此豪华，因默默叹息奢华过费。忽又见执拂太监跪请登舟，贾妃乃下舆。

按此四字并"有凤来仪"等处，皆系上回贾政偶然一试宝玉之课艺才情耳，何今日认真用此匾联？况贾政世代诗书，来往诸客屏侍作陪者，悉皆才技之流，岂无一名手题撰，竟用小儿一戏之辞苟且搪塞？诸公不知，待蠢物将原委说明，大家方知。

当日这贾妃未入宫时，自幼亦系贾母教养。后来添了宝玉，贾妃乃长姊，宝玉为弱弟，贾妃之心上念每母将迈，始得此弟，是以怜爱宝玉，与诸弟待之不同。且同随祖母，刻未暂离。那宝玉未入学堂之先，三四岁时，已得贾妃手引口传，教授了几本书、数千字在腹内了。其名分虽系姊弟，其情状有如母子。自入宫后，时时带信出来与父母说："千万好生扶养，不严不能成器，过严恐生不虞，且致父母之忧。"眷念切爱之心，刻未能忘。前日贾政闻塾师背后赞宝玉偏才尽有，贾政未信，适巧遇园已落成，令其题撰，聊一试其情思之清浊。其所拟之匾联虽非妙句，在幼童为之，亦或可取。即另使名公大笔为之，固不费难，然想来倒不如这本家风味有趣。更使贾妃见之，知系其爱弟所为，亦或不负其素日切望之意。因有这段原委，故此竟用了宝玉所题之联额。那日虽未曾题完，后来亦曾补拟。

茶已三献，贾妃降座，乐止。退入侧殿更衣，方备省亲车驾出园。至贾母正室，欲行家礼，贾母等俱跪止不迭。贾妃满眼垂泪，方彼此上前厮见，一手搀贾母，一手搀王夫人，三个人满心里皆有许多话，只是俱说不出，只管呜咽对泣。邢夫人、李纨、王熙凤、迎、探、惜三姊妹等，俱在旁围绕，垂泪无言。

半日，贾妃方忍悲强笑，安慰贾母、王夫人道："当日既送我到那不得见人的去处，好容易今日回家娘儿们一会，不说说笑笑，反倒哭起来。一会子我去了，又不知多早晚才来！"说到这句，不禁又哽咽起来。邢夫人等忙上来解劝。贾母等让贾妃归座，又逐次一一见过，又不免哭泣一番。然后东西两府掌家执事人丁在厅外行礼，及两府掌家执事媳妇领丫鬟等行礼毕。贾妃因问："薛姨妈、宝钗、黛玉因何不见？"王夫人启曰："外眷无职，未敢擅入。"贾妃听了，忙命快请。一时，薛姨妈等进来，欲行国礼，亦命免过，上前各叙阔别寒温。又有贾妃原带进宫去的丫鬟抱琴等上来叩见，贾母等连忙扶起，命人别室款待。执事太监及彩嫔、昭容各侍从人等，宁国府及贾赦那宅两处自有人款待，只留三四个小太监答应。母女姊妹深叙些离别情景，及家务私情。

　　贾政又启："园中所有亭台轩馆,皆系宝玉所题;如果有一二稍可寓目者,请别赐名为幸。"元妃听了宝玉能题,便含笑说:"果进益了。"贾政退出。贾妃见宝、林二人亦发比别姊妹不同,真是姣花软玉一般。因问:"宝玉为何不进见?"贾母乃启:"无谕,外男不敢擅入。"元妃命快引进来。小太监出去引宝玉进来,先行国礼毕,元妃命他进前,携手揽于怀内,又抚其头颈笑道:"比先竟长了好些……"一语未终,泪如雨下。

　　元妃乃命传笔砚伺候,亲搦湘管,择其几处最喜者赐名。按其书云:

"顾恩思义"匾额

"天地启宏慈,赤子苍头同感戴;

古今垂旷典,九州万国被恩荣。"此一匾一联书于正殿

"大观园"园之名

"有凤来仪"赐名曰"潇湘馆"

"红香绿玉"改作"怡红快绿"即名"怡红院"

"蘅芷清芬"赐名曰"蘅芜苑"

"杏帘在望"赐名曰"浣葛山庄"

正楼曰"大观楼"。东面飞楼曰"缀锦阁",西面斜楼曰"含芳阁";更有"蓼风轩"、"藕香榭"、"紫菱洲"、"荇叶渚"等名;又有四字的匾额十数个,诸如"梨花春雨"、"桐剪秋风"、"荻芦夜雪"等名,此时悉难全记。又命旧有匾联俱不必摘去。于是先题一绝云:

衔山抱水建来精,多少工夫筑始成。

天上人间诸景备,芳园应锡大观名。

写毕,向诸姊妹笑道:"我素乏捷才,且不长于吟咏,妹辈素所深知。今夜聊以塞责,不负斯景而已。异日少暇,必补撰《大观园记》并《省亲颂》等文,以记今日之事。妹辈亦各题一匾一诗,随才之长短,亦暂吟成,不可因我微才所缚。且喜宝玉竟知题咏,是我意外之想。此中'潇湘馆','蘅芜苑'二处,我所喜爱,次之'怡红院','浣葛山庄',此四大处,必得别有章句题咏方妙。前所题之联虽佳,如今再各赋五言律一首,使我当面试过,方不负我自幼教授之苦心。"宝玉只得答应了,下来自去构思。

　　迎、探、惜三人之中,要算探春又出于姊妹之上,然自忖亦难与薛林争衡,只得勉强随众塞责而已。李纨也勉强凑成一律。

　　贾妃看毕,称赏一番,又笑道:"终是薛林二妹之作与众不同,非愚姊妹可同列者。"原来林黛玉安心今夜大展奇才,将众人压倒,不想贾妃只命一匾一咏,倒不好违谕多作,只胡乱作一首五言律应景罢了。

　　彼时宝玉尚未作完,只刚作了"潇湘馆"与"蘅芜苑"二首,正作"怡红院"一首,起草内有"绿玉春犹卷"一句。宝钗转眼瞥见,便趁众人不理论,急忙回身悄推他道:"他因不喜'红香绿玉'四字,改了'怡红快绿',你这会子偏用'绿玉'二字,岂不是有意和他争驰了?况且蕉叶之说也颇多,再想一个字改罢。"宝玉见宝钗如此说,便拭汗道:"我这会子总想不起什么典故出处来。"宝钗笑道:"你只把'绿玉'的'玉'字改作'蜡'字就是了。"宝玉道:"'绿蜡'可有出处?"宝钗见问,悄悄的咂嘴点头笑道:"亏你,今夜不过如此,将来金殿对策,你大约连'赵钱孙李'都忘了呢!唐钱珝咏芭蕉诗头一句:'冷烛无烟绿蜡干',你都忘了不成?"宝玉听了,不觉洞开心臆,笑道:"该死,该死!现成眼前之物偏倒想不起来了,真可谓'一字师'了。从此后我只叫你师父,再不叫姐姐了。"宝钗亦悄悄的笑道:"还不快作上去,只管姐姐妹妹的。谁是你姐姐,那上头穿黄袍的才是你姐姐!你又认我这姐姐来了?"一面说笑,因说笑又怕他耽延工夫,遂抽身走了。宝玉只得续成,共有了三首。

　　此时林黛玉未得展其抱负,自是不快。因见宝玉独作四律,大费神思,何不代他作两首,也省他些精神不到之处。想着,便也走至宝玉案旁,悄问:"可都有了?"宝玉道:"才有了三首,只少'杏帘在望'一首了。"黛玉道:"既如此,你只抄录前三首罢。赶你写完那三首,我也替你作出这首了。"说毕,低头一想,早已吟成一律,便写在纸条上,搓成个团子,掷在他跟前。宝玉打开一看,只觉此首比自己所作的三首高过十倍,真是喜出望外,遂忙恭楷呈上。

贾妃看毕，喜之不尽，说："果然进益了！"

那时贾蔷带领十二个女戏，在楼下正等的不耐烦，只见一太监飞跑来说："作完了诗，快拿戏目来！"贾蔷急将锦册呈上，并十二个花名单子。少时，太监出来，只点了四出戏：

第一出，《豪宴》；第二出，《乞巧》；

第三出，《仙缘》；第四出，《离魂》。

少时，太监跪启："赐物俱齐，请验等例。"乃呈上略节。贾妃从头看了，俱甚妥协，即命照此遵行。太监听了，下来一一发放。原来贾母的是金、玉如意各一柄，沉香拐拄一根，伽楠念珠一串，"富贵长春"宫缎四匹，"福寿绵长"宫绸四匹，紫金"笔锭如意"锞十锭，"吉庆有鱼"银锞十锭。邢夫人、王夫人二分，只减了如意、拐、珠四样。贾敬、贾赦、贾政等，每分御制新书二部，宝墨二匣，金、银爵各二只，表礼按前。宝钗，黛玉诸姊妹等，每人新书一部，宝砚一方，新样格式金银锞二对。宝玉亦同此。贾兰则是金银项圈二个，金银锞二对。尤氏、李纨、凤姐等，皆金银锞四锭，表礼四端。外表礼二十四端，清钱一百串，是赐与贾母、王夫人及诸姊妹房中奶娘众丫鬟的。贾珍、贾琏、贾环、贾蓉 等，皆是表礼一分，金银锞一双。其余彩缎百端，金银千两，御酒华筵，是赐东西两府凡园中管理工程、陈设、答应及司戏、掌灯诸人的。外有清钱五百串，是赐厨役、优伶、百戏、杂行人丁的。

众人谢恩已毕，执事太监启道："时已丑正三刻，请驾回銮。"贾妃听了，不由的满眼又滚下泪来。却又勉强微笑，拉住贾母、王夫人的手，紧紧的不忍释放，再四叮咛："不须挂念，好生自养。如今天恩浩荡，一月许进内省视一次，见面是尽有的，何必伤惨。倘明岁天恩仍许归省，万不可如此奢华靡费了！"贾母等已哭的哽噎难言了。贾妃虽不忍别，怎奈皇家规范，违错不得，只得忍心上舆去了。这里诸人好容易将贾母、王夫人安慰解劝，搀扶出园去了。正是——

第十九回　情切切良宵花解语
意绵绵静日玉生香

且说荣宁二府中因连日用尽心力，真是人人力倦，各各神疲，又将园中一应陈设动用之物收拾了两三天方完。第一个凤姐事多任重，别人或可偷安躲静，独他是不能脱得的；二则本性要强，不肯落人褒贬，只拵挣着与无事的人一样。

第一个宝玉是极无事最闲暇的。偏这日一早，袭人的母亲又亲来回过贾母，接袭人家去吃年茶，晚间才得回来。因此，宝玉只和众丫头们掷骰子赶围棋作戏。正在房内玩的没兴头，忽见丫头们来回说："东府珍大爷来请过去看戏、放花灯。"宝玉听了，便命换衣裳。

谁想贾珍这边唱的是《丁郎认父》、《黄伯央大摆阴魂阵》，更有《孙行者大闹天宫》、《姜子牙斩将封神》等类的戏文，倏尔神鬼乱出，忽又妖魔毕露，甚至于扬幡过会，号佛行香，锣鼓喊叫之声远闻巷外。满街之人个个都赞："好热闹戏，别人家断不能有的。"宝玉见繁华热闹到如此不堪的田地，只略坐了一坐，便走开各处闲耍。先是进内去和尤氏和丫鬟姬妾说笑了一回，便出二门来。

尤氏等仍料他出来看戏，遂也不曾照管。贾珍、贾琏、薛蟠等只顾猜枚行令，百般作乐，也不理论，纵一时不见他在座，只道在里边去了，故也不问。至于跟宝玉的小厮们，那年纪大些的，知宝玉这一来了，必是晚间才散，因此偷空也有去会赌的，也有往亲友家去吃年茶的，更有或嫖或饮的，都私散了，待晚间再来；那小些的，都钻进戏房里瞧热闹去了。

茗烟因问："二爷为何不看这样的好戏？"宝玉道："看了半日，怪烦的，出来逛逛，就遇见你们了。这会子作什么呢？"茗烟吹吹笑道："这会子没人知道，我悄悄的引二爷往城外逛逛去，一会子再往这里来，他们就不知道了。"宝玉道："不好，仔细花子拐了去。便是他们知道

了，又闹大了，不如往熟近些的地方去，还可就来。"茗烟道："熟近地方，谁家可去？这却难了。"宝玉笑道："依我的主意，咱们竟找你花大姐姐去，瞧他在家作什么呢。"茗烟笑道："好，好！倒忘了他家。"又道："若他们知道了，说我引着二爷胡走，要打我呢？"宝玉道："有我呢。"茗烟听说，拉了马，二人从后门就走了。

幸而袭人家不远，不过一半里路程，转眼已到门前。茗烟先进去叫袭人之兄花自芳。彼时袭人之母接了袭人与几个外甥女儿、几个侄女儿来家，正吃果茶，听见外面有人叫"花大哥"，花自芳慌忙出去看时，见是他主仆两个，唬的惊疑不止，连忙抱下宝玉来，在院内嚷道："宝二爷来了！"别人听见还可，袭人听了，也不知为何，忙跑出来迎着宝玉，一把拉着问："你怎么来了？"宝玉笑道："我怪闷的，来瞧瞧你作什么呢。"

袭人之母也早迎了出来。袭人拉了宝玉进去。宝玉见房中三五个女孩儿，见他进来，都低了头，羞惭惭的。花自芳母子两个百般怕宝玉冷，又让他上炕，又忙另摆果桌，又忙倒好茶。袭人笑道："你们不用白忙，我自然知道。果子也不用摆，也不敢乱给东西吃。"一面说，一面将自己的坐褥拿了铺在一个杌上，宝玉坐了；用自己的脚炉垫了脚；向荷包内取出两个梅花香饼儿来，又将自己的手炉掀开焚上，仍盖好，放与宝玉怀内；然后将自己的茶杯斟了茶，送与宝玉。彼时他母兄已是忙另齐齐整整摆上一桌子果品来。袭人见总无可吃之物，因笑道："既来了，没有空去之理，好歹尝一点儿，也是来我家一趟。"说着，便拈了几个松子穰，吹去细皮，用手帕托着送与宝玉。

宝玉看见袭人两眼微红，粉光融滑，因悄问袭人："好好的哭什么？"袭人笑道："何尝哭，才迷了眼揉的。"因此便遮掩过了。当下宝玉穿着大红金蟒狐腋箭袖，外罩石青貂裘排穗褂。袭人道："你特为往这里来又换新服，他们就不问你往哪去的？"宝玉笑道："珍大爷那里去看戏换的。"袭人点头。又道："坐一坐就回去罢，这个地方不是你来的。"宝玉笑道："你就家去才好呢，我还替你留着好东西呢。"袭人悄笑道："悄悄的，叫他们听着什么意思。"一面又伸手从宝玉项上将通灵玉摘了下来，向他姊妹们笑道："你们见识见识。时常说起来都当稀罕，恨不能一见，今儿可尽力瞧了。再瞧什么稀罕物儿，也不过是这么个东西。"说毕，递与他们传看了一遍，仍与宝玉挂好。又命他哥哥去或雇一乘小轿，或雇一辆小车，送宝玉回去。花自芳道："有我送去，骑马也不妨了。"袭人道："不为不妨，为的是碰见人。"

花自芳忙去雇了一顶小轿来，众人也不敢相留，只得送宝玉出去。

却说宝玉自出了门，他房中这些丫鬟们都越性恣意的玩笑，也有赶围棋的，也有掷骰抹牌的，磕了一地瓜子皮。偏奶母李嬷嬷拄拐进来请安，瞧瞧宝玉，见宝玉不在家，丫头们只顾玩闹，十分看不过。因叹道："只从我出去了，不大进来，你们越发没个样儿了，别的妈妈们越不敢说你们了。那宝玉是个丈八的灯台——照见人家的，照不见自家的。只知嫌人家脏，这是他的屋子，由着你们糟蹋，越不成体统了。"这些丫头们明知宝玉不讲究这些，二则李嬷嬷已是告老解事出去的了，如今管他们不着，因此只顾玩，并不理他。那李嬷嬷还只管问"宝玉如

今一顿吃多少饭"、"什么时辰睡觉"等语。丫头们总胡乱答应。有的说："好一个讨厌的老货！"

李嬷嬷又问道："这盖碗里是酥酪，怎不送与我去？我就吃了罢。"说毕，拿匙就吃。一个丫头道："快别动！那是说了给袭人留着的，回来又惹气了。你老人家自己承认，别带累我们受气。"李嬷嬷听了，又气又愧，便说道："我不信他这样坏了。别说我吃了一碗牛奶，就是再比这个值钱的，也是应该的。难道待袭人比我还重？难道他不想想怎么长大了？我的血变的奶，吃的长这么大，如今我吃他一碗牛奶，他就生气了？我偏吃了，看怎么样！你们看袭人不知怎样，那是我手里调理出来的毛丫头，什么阿物儿！"一面说，一面赌气将酥酪吃尽。又一丫头笑道："他们不会说话，怨不得你老人家生气。宝玉还常送东西孝敬你老去，岂有为这个不自在的。"李嬷嬷道："你们也不必妆狐媚子哄我，打量上次为茶撵茜雪的事我不知道呢。明儿有了不是，我再来领！"说着，赌气去了。

少时，宝玉回来，命人去接袭人。只见晴雯躺在床上不动，宝玉因问："敢是病了？再不然输了？"秋纹道："他倒是赢的，谁知李老太太来了，混输了，他气的睡去了。"宝玉笑道："你别和他一般见识，由他去就是了。"说着，袭人已来，彼此相见。袭人又问宝玉何处吃饭，多早晚回来，又代母妹问诸同伴姊妹好。一时换衣卸妆。宝玉命取酥酪来，丫鬟们回说："李奶奶吃了。"宝玉才要说话，袭人便忙笑道："原来是留的这个，多谢费心。前儿我吃的时候好吃，吃过好肚子疼，足的吐了才好。他吃了倒好，搁在这里倒白糟蹋了。我只想风干栗子吃，你替我剥栗子，我去铺床。"

宝玉听了信以为真，方把酥酪丢开，取栗子来，自向灯前检剥，一面见众人不在房中，乃笑问袭人道："今儿那个穿红的是你什么人？"

袭人道："他虽没这造化，倒也是娇生惯养的呢，我姨爹姨娘的宝贝。如今十七岁，各样的嫁妆都齐备了，明年就出嫁。"宝玉听了"出嫁"二字，不禁又嗤了两声。正是不自在，又听袭人叹道："只从我来这几年，姊妹们都不得在一处。如今我要回去了，他们又都去了。"

宝玉听这话内有文章，不觉吃一惊，忙丢下栗子，问道："怎么，你如今要回去了？"袭人道："我今儿听见我妈和哥哥商议，教我再耐烦一年，明年他们上来，就赎我出去的呢。"宝玉听了这话，越发怔了，因问："为什么要赎你？"袭人道："这话奇了！我又比不得是你这里的家生子儿，一家子都在别处，独我一个人在这里，怎么是个了局？"宝玉道："我不叫你去也难。"袭人道："从来没这道理。便是朝廷宫里，也有个定例，或几年一选，几年一人，也没有个长远留下人的理，别说你了！"

宝玉听了这些话，竟是有去的理，无留的理，心内越发急了，因又道："虽然如此说，我只一心留下你，不怕老太太不和你母亲说。多多给你母亲些银子，他也不好意思接你了，"袭人道："我妈自然不敢强。且漫说和他好说，又多给银子；就便不好和他说，一个钱也不给，安心要强留下我，他也不敢不依。但只是咱们家从没干过这倚势杖贵霸道的事。这比不得别的东西，因为你喜欢，加十倍利弄了来给你，那卖的人不得吃亏，可以行得。如今无故平空留下我，于你又无益，反叫我们骨肉分离，这件事，老太太、太太断不肯行的。"宝玉听了，思忖半晌，乃说道："依你说，你是去定了？"袭人道："去定了。"宝玉听了，自思道："谁知这样一个人，这样薄情无义。"乃叹道："早知道都是要去的，我就不该弄了来，临了剩我一个孤鬼儿！"说着，便赌气上床睡去了。

原来袭人在家，听见他母兄要赎他回去，他就说至死也不回去的。又说："当日原是你们没饭吃，就剩我还值几两银子，若不叫你们卖，没有个看着老子娘饿死的理。如今幸而卖到这个地方，吃穿和主子一样，也不朝打暮骂。况且如今爹虽没了，你们却又整理的家成业就，复了元气。若果然还艰难，把我赎出来，再多掏澄几个钱，也还罢了，其实又不难了。这会子又赎我作什么？权当我死了，再不必起赎我的念头！"因此哭闹了一阵。

他母兄见他这般坚执，自然必不出来的了。

如今且说袭人自幼见宝玉性格异常，其淘气憨玩自是出于众小儿之外，更有几件千奇百怪口不能言的毛病儿。近来仗着祖母溺爱，父母亦不能十分严紧拘管，更觉放荡驰纵，任性

恣情，最不喜务正。每欲劝时，料不能听，今日可巧有赎身之论，故先用骗词，以探其情，以压其气，然后好下箴规。只见宝玉泪痕满面，袭人便笑道："这有什么伤心的，你果然留我，我自然不出去了。"宝玉见这话有文章，便说道："你倒说说，我还要怎么留你，我自己也难了的。"袭人笑道："咱们素日好处，再不用说。但今日你安心留我，不在这上头。我另说出两三件事来，你果然依了我，就是你真心留我了，刀搁在脖子上，我也是不出去的了。"

宝玉忙笑道："你说，哪几件？我都依你。好姐姐，好亲姐姐，别说两三件，就是两三百件，我也依。只求你们同看着我，守着我，等我有一日化成了飞灰，——飞灰还不好，灰还有形有迹，还有知识。——等我化成一股轻烟，风一吹便散了的时候，你们也管不得我，我也顾不得你们了。那时凭我去，我也凭你们爱哪里去就去了。"话未说完，急的袭人忙捂他的嘴，说："好好的，正为劝你这些，倒更说的狠了。"宝玉忙说道："再不说这话了。"袭人道："这是头一件要改的。"宝玉道："改了，再要说，你就拧嘴。还有什么？"

袭人道："第二件，你真喜读书也罢，假喜读书也罢，只是在老爷跟前或在别人跟前，你别只管批驳诮谤，只作出个喜读书的样子来，也教老爷少生些气，在人前也好说嘴。他心里想着，我家代代读书，只从有了你，不承望你不喜读书，已经他心里又气又愧。而且背前背后乱说那些混话，凡读书上进的人，你就起个名字叫作'禄蠹'；又说只除'明明德'外无书，都是前人自己不能解圣人之书，便另出己意，混编纂出来的。这些话，怎么怨得老爷不气，不时时打你。叫别人怎么想？"宝玉笑道："再不说了。那原是那小时不知天高地厚，信口胡说，如今再不敢说了。还有什么？"

袭人道："再不可毁僧谤道，调脂弄粉。还有更要紧的一件，再不许吃人嘴上擦的胭脂了，与那爱红的毛病儿。"宝玉道："都改，都改。再有什么，快说。"袭人笑道："再也没有了。只是百事检点些，不任意任情的就是了。你如果都依了，便拿八人轿也抬不出我去了。"宝玉笑道："你在这里长远了，不怕没八人轿你坐。"袭人冷笑道："这我可不稀罕的。有那个福气，没有那个道理。纵坐了，也没甚趣。"

至次日清晨，袭人起来，便觉身体发重，头疼目胀，四肢火热。先时还扎挣的住，次后捱不住，只要睡着，因而和衣躺在炕上。宝玉忙回了贾母，传医诊视，说道："不过偶感风寒，吃一两剂药疏散疏散就好了。"开方去后，令人取药来煎好，刚服下去，命他盖上被渥汗，宝玉自去黛玉房中来看视。

彼时黛玉自在床上歇午，丫鬟们皆出去自便，满屋内静悄悄的。宝玉揭起绣线软帘，进入里间，只见黛玉睡在那里，忙走上来推他道："好妹妹，才吃了饭，又睡觉。"将黛玉唤醒。黛玉见是宝玉，因说道："你且出去逛逛。我前儿闹了一夜，今儿还没有歇过来，浑身酸疼。"宝玉道："酸疼事小，睡出来的病大。我替你解闷儿，混过困去就好了。"黛玉只合着眼，说道："我不困，只略歇歇儿，你且别处去闹会子再来。"宝玉推他道："我往哪去呢，见了别人就怪腻的。"

宝玉总未听见这些话，只闻得一股幽香，却是从黛玉袖中发出，闻之令人醉魂酥骨。宝玉一把便将黛玉的袖子拉住，要瞧笼着何物。黛玉笑道："冬寒十月，谁带什么香呢。"宝玉笑道："既然如此，这香是哪里来的？"黛玉道："连我也不知道。想必是柜子里头的香气，衣服上熏染的也未可知。"宝玉摇头道："未必，这香的气味奇怪，不是那些香饼子、香毬子、香袋子的香。"黛玉冷笑道："难道我也有什么'罗汉''真人'给我些香不成？便是得了奇香，也没有亲哥哥亲兄弟弄了花儿、朵儿、霜儿、雪儿替我泡制。我有的是那些俗香罢了。"

宝玉笑道："凡我说一句，你就拉上这么些，不给你个利害，也不知道，从今儿可不饶你了。"说着翻身起来，将两只手呵了两口，便伸手向黛玉膈肢窝内两肋下乱挠。黛玉素性触痒不禁，宝玉两手伸来乱挠，便笑的喘不过气来，口里说："宝玉！你再闹，我就恼了。"宝玉方住了手，笑问道："你说还说这些不说了？"黛玉笑道："再不敢了。"一面理鬓笑道："我有奇香，你有'暖香'没有？"

宝玉见问，一时解不来，因问："什么'暖香'？"黛玉点头叹笑道："蠢才，蠢才！你有玉，人家就有金来配你；人家有'冷香'，你就没有'暖香'去配？"宝玉方听出来，笑道："方才求

饶，如今更说狠了。"说着，又去伸手。黛玉忙笑道："好哥哥，我可不敢了。"宝玉笑道："饶便饶你，只把袖子我闻一闻。"说着，便拉了袖子笼在面上，闻个不住。黛玉夺了手道："这可该去了。"宝玉笑道："去，不能。咱们斯斯文文的躺着说话儿。"说着，复又倒下。黛玉也倒下，用手帕子盖上脸。宝玉有一搭没一搭的说些鬼话，黛玉只不理。宝玉问他几岁上京，路上见何景致古迹，扬州有何遗迹故事，土俗民风。黛玉只不答。

一语未了，只见宝钗走来，笑问："谁说故典呢？我也听听。"黛玉忙让坐，笑道："你瞧瞧，有谁！他饶骂了人，还说是故典。"宝钗笑道："原来是宝兄弟，怨不得他，他肚子里的故典原多。只是可惜一件，凡该用故典之时，他偏就忘了。有今日记得的，前儿夜里的芭蕉诗就该记得。眼面前的倒想不起来，别人冷的那样，你急的只出汗。这会子偏又有记性了。"黛玉听了笑道："阿弥陀佛！到底是我的好姐姐。你一般也遇见对子了。可知一还一报，不爽不错的。"刚说到这里，只听宝玉房中一片声嚷，吵闹起来。

第二十回　王熙凤正言弹妒意　林黛玉俏语谑娇音

宝玉忙要赶过来，宝钗忙一把拉住道："你别和你妈妈吵才是，他老糊涂了，倒要让他一步为是。"宝玉道："我知道了。"说毕走来，只见李嬷嬷拄着拐棍，在当地骂袭人："忘了本的小娼妇！我抬举起你来，这会子我来了，你大模大样的躺在炕上，见我来也不理一理。一心只想妆狐媚子哄宝玉，哄的宝玉不理我，听你们的话。你不过是几两臭银子买来的毛丫头，这屋里你就作耗，如何使得！好不好拉出去配一个小子，看你还妖精似的哄宝玉不哄！"袭人先只道李嬷嬷不过为他躺着生气，少不得分辨说"病了，才出汗，蒙着头，原没看见你老人家"等语。后来只管听他说"哄宝玉"、"妆狐媚"，又说"配小子"等，由不得又愧又委屈，禁不住哭起来。

宝玉虽听了这些话，也不好怎样，少不得替袭人分辩病了吃药等话，又说："你不信，只问别的丫头们。"李嬷嬷听了这话，益发气起来了。

可巧凤姐正在上房算完输赢账，听得后面声高嚷动，便知是李嬷嬷老病发了，排揎宝玉的人。——正值他今儿输了钱，迁怒于人。便连忙赶过来，拉了李嬷嬷，笑道："好妈妈，别生气。大节下，老太太才喜欢了一日，你是个老人家，别人高声，你还要管他们呢；难道你反不知道规矩，在这里嚷起来，叫老太太生气不成？你只说谁不好，我替你打他。我家里烧的滚热的野鸡，快来跟我吃酒去。"一面说，一面拉着走，又叫："丰儿，替你李奶奶拿着拐棍子，擦眼泪的手帕子。"

那李嬷嬷脚不沾地跟了凤姐走了，一面还说："我也不要这老命了，越性今儿没了规矩，闹一场了，讨个没脸，强如受那娼妇蹄子的气！"后面宝钗黛玉随着，见凤姐儿这般，都拍手笑道："亏这一阵风来，把个老婆子撮了去了。"宝玉点头叹道："这又不知是哪里的账，只拣软的排揎。昨儿又不知是哪个姑娘得罪了，上在他账上。"

同贾母吃毕饭，贾母犹欲同那几个老管家嬷嬷斗牌解闷，宝玉记着袭人，便回至房中，见

袭人朦朦睡去。自己要睡,天气尚早。彼时晴雯、绮霰、秋纹、碧痕都寻热闹,找鸳鸯、琥珀等耍戏去了,独见麝月一个人在外间房里灯下抹骨牌。宝玉笑问道:"你怎不同他们玩去?"麝月道:"没有钱。"宝玉道:"床底下堆着那么些,还不够你输的?"麝月道:"都玩去了,这屋里交给谁呢?那一个又病了。满屋里上头是灯,地下是火。那些老妈妈子们,老天拔地,服侍一天,也该叫他们歇歇;小丫头子们也是服侍了一天,这会子还不叫他们玩玩去。所以让他们都去罢,我在这里看着。"

宝玉听了这话,公然又是一个袭人。因笑道:"我在这里坐着,你放心去罢。"麝月道:"你既在这里,越发不用去了,咱们两个说话玩笑岂不好?"宝玉笑道:"咱两个作什么呢?怪没意思的。也罢了,早上你说头痒,这会子没什么事,我替你篦头罢。"麝月听了便道:"就是这样。"说着,将文具镜匣搬来,卸去钗钏,打开头发,宝玉拿了篦子替他一一的梳篦。

只篦了三五下,只见晴雯忙忙走进来取钱。一见他两个,便冷笑道:"哦,交杯盏还没吃,倒上头了!"宝玉笑道:"你来,我也替你篦一篦。"晴雯道:"我没那么大福。"说着,拿了钱,便摔帘子出去了。

至次日清晨起来,袭人已是夜间发了汗,觉得轻省了些,只吃些米汤静养。宝玉放了心,因饭后走到薛姨妈这边来闲逛。彼时正月内,学房中放年学,闺阁中忌针黹,却都是闲时。贾环也过来玩,正遇见宝钗、香菱、莺儿三个赶围棋作耍,贾环见了也要玩。宝钗素习看他亦如宝玉,并没他意。今儿听他要玩,让他上来坐了一坐。一磊十个钱,头一回自己赢了,心中十分欢喜。后来接连输了几盘,便有些着急。赶着这盘正该自己掷骰子,若掷个七点便赢,若掷个六点,下该莺儿掷三点就赢。因拿起骰子来,狠命一掷,一个作定了五,那一个乱转。莺儿拍着手只叫"幺",贾环便瞪着眼,"六——七——八"混叫。那骰子偏生转出幺来。贾环急了,伸手便抓起骰子来,然后就拿钱,说是个六点。莺儿便说:"分明是个幺!"宝钗见贾环急了,便瞅莺儿说道:"越大越没规矩,难道爷们还赖你?还不放下钱来呢!"

正值宝玉走来,见了这般形况,问:"是怎么了。"

如今宝钗恐怕宝玉教训他,倒没意思,便连忙替贾环掩饰。宝玉道:"大正月里哭什么?这里不好,你别处玩去。你天天念书,倒念糊涂了。比如这件东西不好,横竖那一件好,就弃了这件取那件。难道你守着这个东西哭一会子就好了不成?你原是来取乐玩的,既不能取乐,就往别处去再寻乐玩去。哭一会子,难道算取乐玩了不成?倒招自己烦恼,不如快去为是。"贾环听了,只得回来。

赵姨娘见他这般,因问:"又是哪里垫了踹窝来了?"一问不答,再问时,贾环便说:"同宝姐姐玩的,莺儿欺负我,赖我的钱,宝玉哥哥撵我来了。"赵姨娘啐道:"谁叫你上高台盘去了?下流没脸的东西!那里玩不得?谁叫你跑了去讨没意思!"

正说着,可巧凤姐在窗外过,都听在耳内。便隔窗说道:"大正月又怎么了?环兄弟小孩子家,一半点儿错了,你只教导他,说这些淡话作什么!凭他怎么去,还有太太老爷管他呢,就大口啐他!他现是主子,不好了,横竖有教导他的人,与你什么相干!环兄弟,出来,跟我玩去。"

贾环素日怕凤姐比怕王夫人更甚,听见叫他,忙唯唯的出来。赵姨娘也不敢则声。不在话下。

且说宝玉正和宝钗玩笑,忽见人说:"史大姑娘来了。"宝玉听了,抬身就走。宝钗笑道:"等着,咱们两个一齐走,瞧瞧他去。"说着,下了炕,同宝玉一齐来至贾母这边。只见史湘云大笑大说的,见他两个来,忙问好厮见。正值林黛玉在旁,因问宝玉:"在哪里的?"宝玉便说:"在宝姐姐家的。"黛玉冷笑道:"我说呢,亏在那里绊住,不然早就飞了来了。"宝玉笑道:"只许同你玩,替你解闷儿。不过偶然去他那里一趟,就说这话。"林黛玉道:"好没意思的话!去不去管我什么事,我又没叫你替我解闷儿。可许你从此不理我呢!"说着,便赌气回房去了。

宝玉听了,忙上来悄悄的说道:"你这么个明白人,难道连'亲不间疏,先不僭后'也不知道?我虽糊涂,却明白这两句话。头一件,咱们是姑舅姊妹,宝姐姐是两姨姊妹,论亲戚,他比你疏。第二件,你先来,咱们两个一桌吃,一床睡,长的这么大了,他是才来的,岂有个为他疏你

的?"林黛玉啐道:"我难道为叫你疏他?我成了个什么人了呢!我为的是我的心。"宝玉道:"我也为的是我的心。难道你就知你的心,不知我的心不成?"林黛玉听了,低头一语不发,半日说道:"你只怨人行动嗔怪了你,你再不知道你自己怄人难受。就拿今日天气比,分明今儿冷的这样,你怎么倒反把个青肷披风脱了呢?"宝玉笑道:"何尝不穿着,见你一恼,我一暴躁就脱了。"林黛玉叹道:"回来伤了风,又该饿着吵吃的了。"

二人正说着,只见湘云走来,笑道:"爱哥哥,林姐姐,你们天天一处玩,我好容易来了,也不理我一理儿。"黛玉笑道:"偏是咬舌子爱说话,连个'二'哥哥也叫不出来,只是'爱'哥哥'爱'哥哥的。回来赶围棋儿,又该你闹'幺爱三四五'了。"宝玉笑道:"你学惯了他,明儿连你还咬起来呢。"史湘云道:"他再不放人一点儿,专挑人的不好。你自己便比世人好,也不犯着见一个打趣一个。我指出一个人来,你敢挑他,我就服你。"黛玉忙问是谁。湘云道:"你敢挑宝姐姐的短处,就算你是好的。我算不如你,他怎么不及你呢。"黛玉听了,冷笑道:"我当是谁,原来是他!我哪里敢挑他呢。"宝玉不等说完,忙用话岔开。湘云笑道:"这一辈子我自然比不上你。我只保佑着明儿得一个咬舌的林姐夫,时时刻刻你可听'爱''厄'去。阿弥陀佛,那才现在我眼里!"说的众人一笑,湘云忙回身跑了。要知端详,下回分解。

第二十一回　贤袭人娇嗔箴宝玉
俏平儿软语救贾琏

那天早又掌灯时分,王夫人、李纨、凤姐、迎、探、惜等都往贾母这边来,大家闲话了一回,各自归寝。湘云仍往黛玉房中安歇。

宝玉送他二人到房,那天已二更多时,袭人来催了几次,方回自己房中来睡。次日天明时,便披衣靸鞋往黛玉房中来时,不见紫鹃、翠缕二人,只见他姊妹两个尚卧在衾内。

黛玉起来叫醒湘云,二人都穿了衣服。宝玉复又进来,坐在镜台旁边,只见紫鹃、雪雁进来服侍梳洗。湘云洗了面,翠缕便拿残水要泼,宝玉道:"站着,我趁势洗了就完了,省得又过去费事。"说着便走过来,弯腰洗了两把。紫鹃递过香皂去,宝玉道:"这盆里的就不少,不用搓了。"再洗了两把,便要手巾。翠缕道:"还是这个毛病儿,多早晚才改。"

宝玉也不理,忙忙的要过青盐擦了牙,嗽了口,完毕,见湘云已梳完了头,便走过来笑道:"好妹妹,替我梳上头罢。"湘云道:"这可不能了。"宝玉笑道:"好妹妹,你先时怎么替我梳了呢?"湘云道:"如今我忘了,怎么梳呢?"宝玉道:"横竖我不出门,又不带冠子勒子,不过打几根散辫子就完了。"说着,又千妹妹万妹妹的央告。湘云只得扶过他的头来,一一梳篦。在家不戴冠,并不总角,只将四围短发编成小辫,往顶心发上归了总,编一根大辫,红绦结住。自发顶至辫梢,一路四颗珍珠,下面有金坠脚。

湘云一面编着，一面说道："这珠子只三颗了，这一颗不是的。我记得是一样的，怎么少了一颗？"宝玉道："丢了一颗。"湘云道："必定是外头走掉下来，不防被人拣了去，倒便宜他。"

黛玉一旁盥手，冷笑道："也不知是真丢了，也不知是给了人镶什么戴去了！"

一语未了，只见袭人进来，看见这般光景，知是梳洗过了，只得回来自己梳洗。忽见宝钗走来，因问："宝兄弟哪去了？"袭人含笑道："宝兄弟哪里还有在家里的工夫！"宝钗听说，心中明白。又听袭人叹道："姊妹们和气，也有个分寸礼节，也没个黑家白日闹的！凭人怎么劝，都是耳旁风。"宝钗听了，心中暗忖道："倒别看错了这个丫头，听他说话，倒有些识见。"宝钗便在炕上坐了，慢慢的闲言中套问他年纪家乡等语，留神窥察，其言语志量深可敬爱。

一时宝玉来了，宝钗方出去。宝玉便问袭人道："怎么宝姐姐和你说的这么热闹，见我进来就跑了？"问一声不答，再问时，袭人方道："你问我么？我哪里知道你们的缘故。"宝玉听了这话，见他脸上气色非往日可比，便笑道："怎么动了真气？"袭人冷笑道："我哪里敢动气！只是从今以后别进这屋子了。横竖有人服侍你，再别来支使我。我仍旧还服侍老太太去。"

正闹着，贾母遣人来叫他吃饭，方往前边来，胡乱吃了半碗，仍回自己房中。只见袭人睡在外头炕上，麝月在旁边抹骨牌。宝玉素知麝月与袭人亲厚，一并连麝月也不理，揭起软帘自往里间来。麝月只得跟进来。宝玉便推他出去，说："不敢惊动你们。"麝月只得笑着出来，唤了两个小丫头进来。宝玉拿一本书，歪着看了半天，因要茶，抬头只见两个小丫头在地下站着。一个大些儿的生得十分水秀，宝玉便问："你叫什么名字？"那丫头便说："叫蕙香。"宝玉便问："是谁起的？"蕙香道："我原叫芸香的，是花大姐姐改了蕙香。"宝玉道："正经该叫'晦气'罢了，什么蕙香呢！"又问："你姊妹几个？"蕙香道："四个。"宝玉道："你第几？"蕙香道："第四。"宝玉道："明儿就叫'四儿'，不必什么'蕙香''兰气'的。那一个配比这些花，没的玷辱了好名好姓。"一面说，一面命他倒了茶来吃。袭人和麝月在外间听了抿嘴而笑。

这一日，宝玉也不大出房，也不和姊妹丫头等厮闹，自己闷闷的，只不过拿着书解闷，或弄笔墨。也不使唤众人，只叫四儿答应。自己看了一回《南华经》。正看至《外篇·胠箧》一则，其文曰：

> 故绝圣弃知，大盗乃止，摘玉毁珠，小盗不起，焚符破玺，而民朴鄙；掊斗折衡，而民不争；殚残天下之圣法，而民始可与论议。擢乱六律，铄绝竽瑟，塞瞽旷之耳，而天下始人含其聪矣；灭文章，散五采，胶离朱之目，而天下始人含其明矣；毁钩绳而弃规矩，攦工倕之指，而天下始人有其巧矣。

看至此，意趣洋洋，趁着酒兴，不禁提笔续曰：

> 焚花散麝，而闺阁始人含其劝矣；戕宝钗之仙姿，灰黛玉之灵窍，丧减情意，而闺阁之美恶始相类矣。彼含其劝，则无参商之虞矣；戕其仙姿，无恋爱之心矣；灰其灵窍，无才思之情矣。彼钗、玉、花、麝者，皆张其罗而穴其隧，所以迷眩缠陷天下者也。

续毕，掷笔就寝。头刚着枕便酣然睡去，一夜竟不知所之，直至天明方醒。翻身看时，只见袭人和衣睡在衾上。

宝玉往上房去后，谁知黛玉走来，见宝玉不在房中，因翻弄案上书看，可巧翻出昨儿的《庄子》来。看至所续之处，不觉又气又笑，不禁也提笔续书一绝云：

> 无端弄笔是何人？作践南华庄子因。
> 不悔自己无见识，却将丑语怪他人！

写毕，也往上房来见贾母，后往王夫人处来。

谁知凤姐之女大姐病了，正乱着请大夫来诊脉。大夫便说："替夫人奶奶们道喜，姐儿发热是见喜了，并非别病。"王夫人凤姐听了，忙遣人问："可好不好？"医生回道："病虽险，却顺，倒还不妨。预备桑虫猪尾要紧。"凤姐听了，登时忙将起来：一面打扫房屋供奉痘疹娘娘，一面传与家人忌煎炒等物，一面命平儿打点铺盖衣服与贾琏隔房，一面又拿大红尺头与奶子丫头亲近人等裁衣。外面又打扫净室，款留两个医生，轮流斟酌诊脉下药，十二日不放家去。贾琏只得搬出外书房来斋戒，凤姐与平儿都随着王夫人日日供奉娘娘。

那个贾琏，只离了凤姐便要寻事，不想荣国府内有一个极不成器破烂酒头厨子，名唤多

官,人见他懦弱无能,都唤他作"多浑虫"。因他自小父母替他在外娶了一个媳妇,今年方二十来往年纪,生得有几分人才,见者无不羡爱。因这个媳妇美貌异常,轻浮无比,众人都呼他作"多姑娘儿"。

今闻贾琏挪在外书房来,他便没事也要走两趟去招惹。惹的贾琏似饥鼠一般,是夜二鼓人定,多浑虫醉昏在炕,贾琏便溜了来相会。进门一见其态,早已魄飞魂散,也不用情谈款叙,便宽衣动作起来。

一日大姐毒尽癍回,十二日后送了娘娘,合家祭天祀祖,还愿焚香,庆贺放赏已毕,贾琏仍复搬进卧室。见了凤姐,正是俗语云"新婚不如远别",更有无限恩爱,自不必烦絮。

次日早起,凤姐往上屋去后,平儿收拾贾琏在外的衣服铺盖,不承望枕套中抖出一绺青丝来。平儿会意,忙揣在袖内,便走至这边房内来,拿出头发来,向贾琏笑道:"这是什么?"贾琏看见了忙,抢上来要夺。平儿便跑,被贾琏一把揪住,按在炕上,掰手要夺,口内笑道:"小蹄子,你不趁早拿出来,我把你膀子撅折了。"平儿笑道:"你就是没良心的。我好意瞒着他来问,你倒赌狠!你只赌狠,等他回来我告诉他,看你怎么着。"贾琏听说,忙陪笑央求道:"好人,赏我罢,我再不赌狠了。"

一语未了,只听凤姐声音进来。贾琏听见松了手,平儿刚起身,凤姐已走进来,命平儿快开匣子,替太太找样子。平儿忙答应了找时,凤姐见了贾琏,忽然想起来,便问平儿:"拿出去的东西都收进来了么?"平儿道:"收进来了。"凤姐道:"可少什么没有?"平儿道:"我也怕丢下一两件,细细的查了查,也不少。"凤姐道:"不少就好,只是别多出来罢?"平儿笑道:"不丢万幸,谁还添出来呢?"凤姐冷笑道:"这半个月难保干净,或者有相厚的丢下的东西:戒指、汗巾、香袋儿,再至于头发、指甲,都是东西。"一席话,说的贾琏脸都黄了。

贾琏在凤姐身后,只望着平儿杀鸡抹脖使眼色儿。平儿只装着看不见,因笑道:"怎么我的心就和奶奶的心一样!我就怕有这些个,留神搜了一搜,竟一点破绽也没有。奶奶不信时,那些东西我还没收呢,奶奶亲自翻寻一遍去。"凤姐笑道:"傻丫头,他便有这些东西,哪里就叫咱们翻着了!"说着,寻了样子又上去了。

平儿指着鼻子,晃着头笑道:"这件事怎么回谢我呢?"喜的个贾琏身痒难挠,跑上来搂着,"心肝肠肉"乱叫乱谢。平儿仍拿了头发笑道:"这是我一生的把柄了。好就好,不好就抖搂出这事来。"

一句未了,凤姐走进院来,因见平儿在窗外,就问道:"要说话两个人不在屋里说,怎么跑出一个来,隔着窗子,是什么意思?"贾琏在窗内接道:"你可问他,倒像屋里有老虎吃他呢。"平儿道:"屋里一个人没有,我在他跟前作什么?"凤姐儿笑道:"正是没人才好呢。"平儿听说,便说道:"这话是说我呢?"凤姐笑道:"不说你说谁?"平儿道:"别叫我说出好话来了。"说着,也不打帘子让凤姐,自己先摔帘子进来,往那边去了。

　　谁想贾母自见宝钗来了，喜他稳重和平，正值他才过第一个生辰，便自己蠲资二十两，唤了凤姐来，交与他置酒戏。凤姐凑趣笑道："一个老祖宗给孩子们作生日，不拘怎样，谁还敢争，又办什么酒戏。既高兴要热闹，就说不得自己花上几两。巴巴的找出这霉烂的二十两银子来作东道，这意思还叫我赔上。果然拿不出来也罢了，金的、银的、圆的、扁的，压塌了箱子底，只是勒掯我们。举眼看看，谁不是儿女？难道将来只有宝兄弟顶了你老人家上五台山不成？那些梯己只留于他，我们如今虽不配使，也别苦了我们。这个够酒的？够戏的？"说的满屋里都笑起来。贾母亦笑道："你们听听这嘴！我也算会说的，怎么说不过这猴儿。你婆婆也不敢强嘴，你和我哪哪的。"凤姐笑道："我婆婆也是一样的疼宝玉，我也没处去诉冤，倒说我强嘴。"说着，又引着贾母笑了一回，贾母十分喜悦。

　　至二十一日，就贾母内院中搭了家常小巧戏台，定了一班新出小戏，昆弋两腔皆有。就在贾母上房摆了几席家宴酒席，并无一个外客，只有薛姨妈、史湘云、宝钗是客，余者皆是自己人。这日早起，宝玉因不见林黛玉，便到他房中来寻，只见林黛玉歪在炕上。宝玉笑道："起来吃饭去，就开戏了。你爱看哪一出？我好点。"林黛玉冷笑道："你既这样说，你就特叫一班戏来，拣我爱的唱给我看。这会子犯不上跐着人借光儿问我。"宝玉笑道："这有什么难的。明儿就这样行，也叫他们借咱们的光儿。"一面说，一面拉起他来，携手出去。

　　至晚散时，贾母深爱那作小旦的与一个作小丑的，因命人带进来，细看时益发可怜见。因问年纪，那小旦才十一岁，小丑才九岁，大家叹息一回。贾母令人另拿些肉果与他两个，又另外赏钱两串。凤姐笑道："这个孩子扮上活像一个人，你们再看不出来。"宝钗心里也知道，便只一笑不肯说。宝玉也猜着了，亦不敢说。史湘云接着笑道："倒像林妹妹的模样儿。"宝玉听了，忙把湘云瞅了一眼，使个眼色。众人却都听了这话，留神细看，都笑起来了，说果然不错。一时散了。

　　晚间，湘云更衣时，便命翠缕把衣包打开收拾，都包了起来。翠缕道："忙什么，等去的日子再包不迟。"湘云道："明儿一早就走。在这里作什么？——看人家的鼻子眼睛，什么意思！"宝玉听了这话，忙赶近前拉他说道："好妹妹，你错怪了我。林妹妹是个多心的人。别人分明知道，不肯说出来，也皆因怕他恼。谁知你不防头就说了出来，他岂不恼你？我是怕得罪了他，所以才使眼色。你这会子恼我，不但辜负了我，而且反倒委曲了我。若是别人，哪怕他得罪了十个人，与我何干呢。"湘云摔手道："你那花言巧语别哄我。我也原不如你林妹

妹，别人说他，拿他取笑都使得，只我说了就有不是。我原不配说他。他是小姐主子，我是奴才丫头，得罪了他，使不得！"宝玉急的说道："我倒是为你，反为出不是来了。我要有外心，立刻就化成灰，叫万人践踏！"湘云道："大正月里，少信嘴胡说。这些没要紧的恶誓、散话、歪话，说给那些小性儿、行动爱恼的人、会辖治你的人听去！别叫我啐你。"说着，一径至贾母里间屋里，忿忿的躺着去了。

宝玉没趣，只得又来寻黛玉。刚到门槛前，黛玉便推出来，将门关上。宝玉又不解何意，在窗外只是吞声叫"好妹妹"。黛玉总不理他。宝玉闷闷的垂头自审。袭人早知端的，当此时断不能劝。那宝玉只是呆呆的站在那里。黛玉只当他回房去了，便起来开门，只见宝玉还站在那里。黛玉反不好意思，不好再关，只得抽身上床躺着。宝玉随进来问道："凡事都有个缘故，说出来，人也不委曲。好好的就恼了，终是什么缘故起的？"林黛玉冷笑道："问的我倒好，我也不知为什么缘故。我原是给你们取笑的，——拿我比戏子取笑。"宝玉道："我并没有比你，我并没笑，为什么恼我呢？"黛玉道："你还要比？你还要笑？你不比不笑，比人家比了笑了的还利害呢！"宝玉听说，无可分辩，不则一声。

黛玉又道："这一节还恕得。再者，你为什么又和云儿使眼色？这安的是什么心？莫不是他和我玩，他就自轻自贱了？他原是公侯的小姐，我原是贫民的丫头，他和我玩，设若我回了口，岂不他自惹人轻贱呢。是这主意不是？这却也是你的好心，只是那一个偏又不领你这好情，一般也恼了。你又拿我作情，倒说我小性儿，行动肯恼。你又怕他得罪了我，我恼他。我恼他，与你何干？他得罪了我，又与你何干？"

宝玉见说，方才与湘云私谈，他也听见了。细想自己原为他二人，怕生隙恼，方在中调和，不想并未调和成功，反已落了两处的贬谤。正合着前日所看《南华经》上，有"巧者劳而智者忧，无能者无所求，饱食而遨游，泛若不系之舟"；又曰"山木自寇，源泉自盗"等语。因此越想越无趣。再细想来，目下不过这两个人，尚未应酬妥协，将来犹欲何为？想到其间，也无庸分辩回答，自己转身回房来。林黛玉见他去了，便知他回思无趣，赌气去了，一言也不曾发，不禁自己越发添了气，便说道："这一去，一辈子也别来，也别说话。"

宝玉不理，回房躺在床上，只是瞪瞪的。

忽然人报，娘娘差人送出一个灯谜儿，命你们大家去猜，猜着了每人也作一个进去。四人听说忙出去，至贾母上房。只见一个小太监，拿了一盏四角平头白纱灯，专为灯谜而制，上面已有一个，众人都争看乱猜。小太监又下谕道："众小姐猜着了，不要说出来，每人只暗暗的写在纸上，一齐封进宫去，娘娘自验是否。"宝钗等听了，近前一看，是一首七言绝句，并无甚新奇，口中少不得称赞，只说难猜，故意寻思，其实一见就猜着了。宝玉、黛玉、湘云、探春四个人也都解了，各自暗暗的写了半日。一并将贾环、贾兰等传来，一齐各揣机心都猜了，写在纸上。然后各人拈一物作一谜，恭楷写了，挂在灯上。

太监去了，至晚出来传谕："前日娘娘所制，俱已猜着，唯二小姐与三爷猜的不是。小姐们作的也都猜了，不知是否。"说着，也将写的拿出来。也有猜着的，也有猜不着的，都胡乱说猜着了。太监又将颁赐之物送与猜着之人，每人一个宫制诗筒，一柄茶筅，独迎春、贾环二人未得。迎春自为玩笑小事，并不介意，贾环便觉得没趣。且又听太监说："三爷说的这个不通，娘娘也没猜，叫我带回问问三爷是个什么。"众人听了，都来看他作的什么，写道：

　　大哥有角只八个，二哥有角只两根。

　　大哥只在床上坐，二哥爱在房上蹲。

众人看了，大发一笑。贾环只得告诉太监说："一个枕头，一个兽头。"太监记了，领茶而去。

贾母见元春这般有兴，自己越发喜乐，便命速作一架小巧精致围屏灯来，设于堂屋，命他姊妹们各自暗暗的作了，写出来粘在屏上，然后预备下香茶细果以及各色玩物，为猜着之贺。

第二十三回　西厢记妙词通戏语
牡丹亭艳曲警芳心

如今且说贾元春，因在宫中自编大观园题咏之后，忽想起那大观园中景致，自己幸过之后，贾政必定敬谨封锁，不敢使人进去骚扰，岂不寥落。况家中现有几个能诗会赋的姊妹，何不命他们进去居住，也不使佳人落魄，花柳无颜。却又想到宝玉自幼在姊妹丛中长大，不比别的兄弟，若不命他进去，只怕他冷清了，一时不大畅快，未免贾母王夫人愁虑，须得也命他进园居住方妙。想毕，遂命太监夏守忠到荣国府来下一道谕，命宝钗等只管在园中居住，不可禁约封锢，命宝玉仍随进去读书。

贾政、王夫人接了这谕，待夏守忠去后，便来回明贾母，遣人进去各处收拾打扫，安设帘幔床帐。别人听了还自犹可，唯宝玉听了这谕，喜的无可不可。

只见林黛玉正在那里，宝玉便问他："你住那一处好？"林黛玉正心里盘算这事，忽见宝玉问他，便笑道："我心里想着潇湘馆好，爱那几竿竹子隐着一道曲栏，比别处更觉幽静。"宝玉听了拍手笑道："正和我的主意一样，我也要叫你住这里呢。我就住怡红院，咱们两个又近，又都清幽。"

二人正计较，就有贾政遣人来回贾母说："二月二十二日子好，哥儿姐儿们好搬进去的。这几日内遣人进去分派收拾。"薛宝钗住了蘅芜苑，林黛玉住了潇湘馆，贾迎春住了缀锦楼，探春住了秋爽斋，惜春住了蓼风轩，李氏住了稻香村，宝玉住了怡红院。每一处添两个老嬷嬷，四个丫头，除各人奶娘亲随丫鬟不算外，另有专管收拾打扫的。至二十二日，一齐进去，登时园内花招绣带，柳拂香风，不似前番那等寂寞了。

闲言少叙。且说宝玉自进花园以来，心满意足，再无别项可生贪求之心。每日只和姊妹丫头们一处，或读书，或写字，或弹琴下棋，作画吟诗，以至描鸾刺凤，斗草簪花，低吟悄唱，拆字猜枚，无所不至，倒也十分快乐。

谁想静中生烦恼，忽一日不自在起来，这也不好，那也不好，出来进去只是闷闷的。园中那些人多半是女孩儿，正在混沌世界，天真烂漫之时，坐卧不避，嬉笑无心，哪里知宝玉此时的心事。那宝玉心内不自在，便懒在园内，只在外头鬼混，却又痴痴的。茗烟见他这样，因想与他开心，左思右想，皆是宝玉玩烦了的，不能开心，唯有这件，宝玉不曾看见过。想毕，便走去到书坊内，把那古今小说并飞燕、合德、武则天、杨贵妃的外传与那传奇角本买了许多来，引宝玉看。宝玉何曾见过这些书，一看见了便如得了珍宝。茗烟又嘱咐他不可拿进园去，"若叫人知道了，我就吃不了兜着走呢。"宝玉哪里舍的不拿进去，踌蹰再三，单把那文理细密的拣了几套进去，放在床顶上，无人时自己密看。那粗俗过露的，都藏在外面书房里。

那一日正当三月中浣，早饭后，宝玉携了一套《会真记》，走到沁芳闸桥边桃花底下一块石上坐着，展开《会真记》，从头细玩。正看到"落红成阵"，只见一阵风过，把树头上桃花吹下一大半来，落的满身满书满地皆是。宝玉要抖将下来，恐怕脚步践踏了，只得兜了那花瓣，来至池边，抖在池内。那花瓣浮在水面，飘飘荡荡，竟流出沁芳闸去了。回来只见地下还有许多。

宝玉正踟蹰间，只听背后有人说道："你在这里作什么?"宝玉一回头，却是林黛玉来了，肩上担着花锄，锄上挂着花囊，手内拿着花帚。宝玉笑道："好，好，来把这个花扫起来，撂在那水里。我才撂了好些在那里呢。"林黛玉道："撂在水里不好。你看这里的水干净，只一流出去，有人家的地方脏的臭的混倒，仍旧把花糟蹋了。那畸角上我有一个花冢，如今把他扫了，装在这绢袋里，拿土埋上，日久不过随土化了，岂不干净。"

宝玉听了喜不自禁，笑道："待我放下书，帮你来收拾。"黛玉道："什么书?"宝玉见问，慌的藏之不迭，便说道："不过是《中庸》《大学》。"黛玉笑道："你又在我跟前弄鬼。趁早儿给我瞧，好多着呢。"宝玉道："好妹妹，若论你，我是不怕的。你看了，好歹别告诉别人去。真真这是好书! 你要看了，连饭也不想吃呢。"一面说，一面递了过去。林黛玉把花具且都放下，接书来瞧，从头看去，越看越爱看，不到一顿饭工夫，将十六出俱已看完，自觉词藻警人，余香满口。虽看完了书，却只管出神，心内还默默记诵。

宝玉一面收书，一面笑道："正经快把花埋了罢，别提那个了。"二人便收拾落花，正才掩埋妥协，只见袭人走来，说道："那里没找到，摸在这里来。那边大老爷身上不好，姑娘们都过去请安，老太太叫打发你去呢。快回去换衣裳去罢。"宝玉听了，忙拿了书，别了黛玉，同袭人回房换衣不提。

第二十四回　醉金刚轻财尚义侠
痴女儿遗帕惹相思

见过贾母，出至外面，人马俱已齐备。刚欲上马，只见贾琏请安回来了，正下马，二人对面，彼此问了两句话。只见旁边转出一个人来，"请宝叔安。"宝玉看时，只见这人容长脸，长挑身材，年纪只好十八九岁，生得着实斯文清秀，倒也十分面善，只是想不起是哪一房的，叫什么名字。贾琏笑道："你怎么发呆，连他也不认得? 他是后廊上住的五嫂子的儿子芸儿。"宝玉笑道："是了，是了，我怎么就忘了。"因问他母亲好，这会子什么勾当。贾芸指贾琏道："找二叔说句话。"宝玉笑道："你倒比先越发出挑了，倒像我的儿子。"贾琏笑道："好不害臊! 人家比你大四五岁呢，就替你作儿子了?"宝玉笑道："你今年十几岁了?"贾芸道："十八岁。"

原来这贾芸最伶俐乖觉，听宝玉这样说，便笑道："俗语说的，'摇车里的爷爷，拄拐的孙孙'。虽然岁数大，山高高不过太阳。只从我父亲没了，这几年也无人照管教导。如若宝叔不嫌侄儿蠢笨，认作儿子，就是我的造化了。"贾琏笑道："你听见了? 认儿子不是好开交的呢。"说着就进去了。宝玉笑道："明儿你闲了，只管来找我，别和他们鬼鬼祟祟的。这会子我不得闲儿。明儿你到书房里来，和你说天话儿，我带你园里玩耍去。"说着扳鞍上马，众小厮围随往贾赦这边来。

见了贾赦，不过是偶感些风寒，先述了贾母问的话，然后自己请了安。贾赦先站起来回了贾母话，次后便唤人来："带哥儿去太太屋里坐着。"宝玉退出，来至后面，进入上房。邢夫人见了他来，先倒站了起来，请过贾母安，宝玉方请安。邢夫人拉他上炕坐了，方问别人好，又命人倒茶来。一钟茶未吃完，只见那贾琮来问宝玉好。邢夫人道："哪里找活猴儿去! 你那奶妈子死绝了，也不收拾收拾你，弄的黑眉乌嘴的，哪里像大家子念书的孩子!"

宝玉笑道："可是姐姐们都过来了，怎么不见?"邢夫人道："他们坐了一会子，都往后头

不知哪屋里去了。"宝玉道:"大娘方才说有话说,不知是什么话?"邢夫人笑道:"哪里有什么话,不过是叫你等着,同你姊妹们吃了饭去。还有一个好玩的东西给你带回去玩。"娘儿两个说话,不觉早又晚饭时节。调开桌椅,罗列杯盘,母女姊妹们吃毕了饭。宝玉去辞贾赦,同姊妹们一同回家,见过贾母、王夫人等,各自回房安息。不在话下。

且说贾芸进去见了贾琏,因打听可有什么事情。贾琏告诉他:"前儿倒有一件事情出来,偏生你婶子再三求了我,给了贾芹了。他许了我,说明儿园里还有几处要栽花木的地方,等这个工程出来,一定给你就是了。"贾芸听了,半晌说道:"既是这样,我就等着罢。叔叔也不必先在婶子跟前提我今儿来打听的话,到跟前再说也不迟。"贾琏道:"提他作什么,我哪里有这些工夫说闲话儿呢。明儿一个五更,还要到兴邑去走一趟,须得当日赶回来才好。你先去等着,后日起更以后你来讨信儿,来早了我不得闲。"说着便回后面换衣服去了。

贾芸出了荣国府回家,一路思量,想出一个主意来,便一径往他母舅卜世仁家来。原来卜世仁现开香料铺,方才从铺里来,忽见贾芸进来,彼此见过了,因问他这早晚什么事跑了来。贾芸道:"有件事求舅舅帮衬帮衬。我有一件事,用些冰片麝香使用,好歹舅舅每样赊四两给我,八月里按数送了银子来。"卜世仁冷笑道:"再休提赊欠一事。前儿也是我们铺子里一个伙计,替他的亲戚赊了几两银子的货,至今总未还上。因此我们大家赔上,立了合同,再不许替亲友赊欠。谁要赊欠,就要罚他二十两银子的东道。况且如今这货也短,你就拿现银子到我们这不三不四的铺子里来买,也还没有这些,只好倒扁儿去。这是一。二则你哪里有正经事,不过赊了去又是胡闹。你只说舅舅见你一遭儿就派你一遭儿不是。你小人儿家很不知好歹,也到底立个主见,赚几个钱,弄得穿是穿吃是吃的,我看着也喜欢。"

不言卜家夫妇,且说贾芸赌气离了母舅家门,一径回归旧路,心下正自烦恼,一边想一边低头只管走,不想一头就碰在一个醉汉身上,把贾芸唬了一跳。听那醉汉骂道:"臊你娘的!瞎了眼睛,碰起我来了。"贾芸忙要躲身,早被那醉汉一把抓住,对面一看,不是别人,却是紧邻倪二。原来这倪二是个泼皮,专放重利债,在赌博场吃闲钱,专管打降吃酒。如今正从欠钱人家索了利钱,吃醉回来,不想被贾芸碰了一头,正没好气,抢拳就要打。只听那人叫道:"老二住手!是我冲撞了你。"倪二听见是熟人的语音,将醉眼睁开看时,见是贾芸,忙把手松了,趔趄着笑道:"原来是贾二爷,我该死,我该死。这会子往哪里去?"贾芸道:"告诉不得你,平白的又讨了个没趣儿。"倪二道:"不妨不妨,有什么不平的事,告诉我,替你出气。这三街六巷,凭他是谁,有人得罪了我醉金刚倪二的街坊,管叫他离家散!"

贾芸道:"老二,你且别气,听我告诉你这缘故。"说着,便把卜世仁一段事告诉了倪二。倪二听了大怒,"要不是令舅,我便骂不出好话来,真真气死我倪二。也罢,你也不用愁烦,我这里现有几两银子,你若用什么,只管拿去买办。但只一件,你作了这些年的街坊,我在外头有名放账,你却从没有和我张过口。也不知你厌恶我是个泼皮,怕低了你的身分;也不知是你怕我难缠,利钱重?若说怕利钱重,这银子我是不要利钱的,也不用写文约;若说怕低了你的身分,我就不敢借给你了,各自走开。"一面说,一面果然从搭包里掏出一卷银子来。

那天已是掌灯时候,贾芸吃了饭收拾歇息,一宿无话。次日一早起来,洗了脸,便出南门,大香铺里买了冰麝,便往荣国府来。打听贾琏出了门,贾芸便往后面来。到贾琏院门前,只见几个小厮拿着大高笤帚在那里扫院子呢。忽见周瑞家的从门里出来叫小厮们:"先别扫,奶奶出来了。"贾芸忙上前笑问:"二婶婶哪去?"周瑞家的道:"老太太叫,想必是裁什么尺头。"

正说着,只见一群人簇着凤姐出来了。贾芸深知凤姐是喜奉承尚排场的,忙把手逼着,恭恭敬敬抢上来请安。凤姐连正眼也不看,仍往前走着,只问他母亲好,"怎么不来我们这里逛逛?"贾芸道:"只是身上不大好,倒时常记挂着婶子,要来瞧瞧,又不能来。"凤姐笑道:"可是会撒谎,不是我提起他来,你就不说他想我了。"贾芸笑道:"侄儿不怕雷打了,就敢在长辈前撒谎。昨儿晚上还提起婶子来,说婶子身子生的单弱,事情又多,亏婶子好大精神,竟料理的周周全全;要是差一点儿的,早累的不知怎么样呢。"

凤姐听了满脸是笑,不由的便止了步,问道:"怎么好好的你娘儿们在背地里嚼起我

来?"贾芸道:"有个缘故,只因我有个朋友,家里有几个钱,现开香铺。只因他身上捐着个通判,前儿选了云南不知哪一处,连家眷一齐去,把这香铺也不在这里开了。便把账物攒了一攒,该给人的给人,该贱发的贱发了,像这细贵的货,都分着送与亲朋。他就一共送了我些冰片、麝香。我就和我母亲商量,若要转卖,不但卖不出原价来,而且谁家拿这些银子买这个作什么,便是很有钱的大家子,也不过使个几分几钱就挺折腰了;若说送人,也没个人配使这些,倒叫他一文不值半文转卖了。因此我就想起婶子来。往年间我还见婶子大包的银子买这些东西呢,别说今年贵妃宫中,就是这个端阳节下,不用说这些香料自然是比往常加上十倍去的。因此想来想去,只孝顺婶子一个人才合适,方不算遭塌这东西。"一边说,一边将一个锦匣举起来。

凤姐正是要办端阳的节礼,采买香料药饵的时节,忽见贾芸如此一来,听这一篇话,心下又是得意又是欢喜,便命丰儿:"接过芸哥儿的来,送了家去,交给平儿。"因又说道:"看着你这样倒很知好歹,怪道你叔叔常提你,说你说话儿也明白,心里有见识。"贾芸听这话入了港,便打进一步来,故意问道:"原来叔叔也曾提我的?"凤姐见问,才要告诉他与他管事情的那话,便忙又止住,心下想道:"我如今要告诉他那话,倒叫他看着我见不得东西似的,为得了这点子香,就混许他管事了。今儿先别提起这事。"想毕,便把派他监种花木工程的事都隐瞒的一字不提,随口说了两句话,便往贾母那里去了。贾芸也不好提的,只得回来。

那贾芸一径回家。至次日来至大门前,可巧遇见凤姐往那边去请安,才上了车,见贾芸来,便命人唤住,隔窗子笑道:"芸儿,你竟有胆子在我的跟前弄鬼。怪道你送东西给我,原来你有事求我。昨儿你叔叔才告诉我说你求他。"贾芸笑道:"求叔叔这事,婶子休提,我昨儿正后悔呢。早知这样,我竟一起头求婶子,这会子也早完了。谁承望叔叔竟不能的。"凤姐笑道:"怪道你那里没成儿,昨儿又来寻我。"贾芸道:"婶子辜负了我的孝心,我并没有这个意思。若有这个意思,昨儿还不求婶子。如今婶子既知道了,我倒要把叔叔丢下,少不得求婶子好歹疼我一点儿。"

凤姐冷笑道:"你们要拣远路儿走,叫我也难说。早告诉我一声儿,有什么不成的,多大点子事,耽误到这会子。那园子里还要种树种花,我只想不出一个人来,你早来不早完了。"贾芸笑道:"既这样,婶子明儿就派我罢。"凤姐半晌道:"这个我看着不大好。等明年正月里烟火灯烛那个大宗儿下来,再派你罢。"贾芸道:"好婶子,先把这个派了我罢。果然这个办的好,再派我那个。"凤姐笑道:"你倒会拉长线儿。罢了,要不是你叔叔说,我不管你的事。我也不过吃了饭就过来,你到午错的时候来领银子,后儿就进去种树。"说毕,令人驾起香车,一径去了。

贾芸喜不自禁,来至绮霰斋打听宝玉,谁知宝玉一早便往北静王府里去了。贾芸便呆呆的坐到晌午,打听凤姐回来,便写个领票来领对牌。至院外,命人通报了,彩明走了出来,单要了领票进去,批了银数年月,一并连对牌交与了贾芸。贾芸接了,看那批上银数批了二百两,心中喜不自禁,翻身走到银库上,交与收牌票的,领了银子。回家告诉母亲,自是母子俱各欢喜。次日一过五鼓,贾芸先找了倪二,将前银按数还他。那倪二见贾芸有了银子,他便按数收回,不在话下。这里贾芸又拿了五十两,出西门找到花儿匠方椿家里去买树,不在话下。

如今且说宝玉,自那日见了贾芸,曾说明日着他进来说话儿。如此说了之后,他原是富贵公子的口角,哪里还把这个放在心上,因而便忘怀了。这日晚上,从北静王府里回来,见过贾母、王夫人等,回到园内,换了衣服,正要洗澡。袭人因被薛宝钗烦了去打结子;秋纹、碧痕两个去催水;檀云又因他母亲的生日接了出去;麝月又现在家中养病;虽还有几个作粗活听唤的丫头,估着叫不着他们,都出去寻伙觅伴的玩去了。不想这一刻的工夫,只剩了宝玉在房内。偏生的宝玉要吃茶,一连叫了两三声,方见两三个老嬷嬷走进来。宝玉见了他们,连忙摇手儿说:"罢,罢,不用你们了。"老婆子们只得退出。

宝玉见没丫头们,只得自己下来,拿了碗向茶壶去倒茶。只听背后说道:"二爷仔细烫了手,让我们来倒。"一面说,一面走上来,早接了碗过去。宝玉倒唬了一跳,问:"你在哪里的?

忽然来了，唬我一跳。"那丫头一面递茶，一面回说："我在后院子里，才从里间的后门进来，难道二爷就没听见脚步响?"宝玉一面吃茶，一面仔细打量那丫头：穿着几件半新不旧的衣裳，倒是一头黑鬒鬒的头发，挽着个鬏，容长脸面，细巧身材，却十分俏丽干净。

原来这小红本姓林，小名红玉，只因"玉"字犯了林黛玉、宝玉，便都把这个字隐起来，便都叫他"小红"。原是荣国府中世代的旧仆，他父母现在收管各处房田事务。这红玉年方十六岁，因分人在大观园的时节，把他便分在怡红院中，倒也清幽雅静。不想后来命人进来居住，偏生这一所儿又被宝玉占了。这红玉虽然是个不谙事的丫头，却因他原有三分容貌，心内着实妄想痴心的向上攀高，每每的要在宝玉面前现弄现弄。只是宝玉身边一干人，都是伶牙利爪的，哪里插的下手去。正闷闷的，忽然听见老嬷嬷说起贾芸来，不觉心中一动，便闷闷的回至房中，睡在床上暗暗盘算，翻来掉去，正没个抓寻。忽听窗外低低的叫道："红玉，你的手帕子我拾在这里呢。"红玉听了忙走出来看，不是别人，正是贾芸。红玉不觉的粉面含羞，问道："二爷在哪里拾着的?"贾芸笑道："你过来，我告诉你。"一面说，一面就上来拉他。那红玉急回身一跑，却被门槛绊倒。要知端的，下回分解。

第二十五回 魇魔法姊弟逢五鬼 红楼梦通灵遇双真

话说红玉心神恍惚，情思缠绵，忽朦胧睡去，遇见贾芸要拉他，却回身一跑，被门槛绊了一跌，唬醒过来，方知是梦。因此翻来覆去，一夜无眠。至次日天明，方才起来，就有几个丫头子来会他去打扫房子地面，提洗脸水。这红玉也不梳洗，向镜中胡乱挽了一挽头发，洗了洗手，腰内束了一条汗巾子，便来打扫房屋。

谁知宝玉昨儿见了红玉，也就留了心。

转眼过了一日，原来次日就是王子腾夫人的寿诞，那里原打发人来请贾母王夫人的，王夫人见贾母不自在，也便不去了。倒是薛姨妈同凤姐儿并贾家几个姊妹、宝钗、宝玉一齐都去了，至晚方回。

可巧王夫人见贾环下了学，便命他来抄个《金刚咒》唪诵唪诵。那贾环正在王夫人炕上坐着，命人点灯，拿腔作势的抄写。一时又叫彩云倒杯茶来，一时又叫玉钏儿来剪剪蜡花，一时又说金钏儿挡了灯影。众丫鬟们素日厌恶他，都不搭理。只有彩霞还和他合的来，倒了一盅茶来递与他。因见王夫人和人说话儿，他便悄悄的向贾环说道："你安些分罢，何苦讨这个厌那个厌的。"贾环道："我也知道了，你别哄我。如今你和宝玉好，把我不搭理，我也看出来了。"彩霞咬着嘴唇，向贾环头上戳了一指头，说道："没良心的! 狗咬吕洞宾，不识好人心。"

两人正说着，只见凤姐来了，拜见过王夫人。王夫人便一长一短的问他，今儿是哪几位堂客，戏文好歹，酒席如何等语。说了不多几句话，宝玉也来了，进门见了王夫人，不过规规矩矩说了几句，便命人除去抹额，脱了袍服，拉了靴子，便一头滚在王夫人怀里。王夫人便用手满身满脸摩挲抚弄他，宝玉也扳着王夫人的脖子说长道短的。王夫人道："我的儿，你又吃多了酒，脸上滚热。你还只是揉搓，一会闹上酒来。还不在那里静静的倒一会子呢。"说着，便叫人拿个枕头来。宝玉听说便下来，在王夫人身后倒下，又叫彩霞来替他拍着。宝玉便和彩霞说笑，只见彩霞淡淡的，不大搭理，两眼睛只向贾环处看。宝玉便拉他的手笑道："好姐姐，你也理我理儿呢。"一面说，一面拉的手，彩霞夺手不肯，便说："再闹，我就嚷了。"

二人正闹着，原来贾环听得见，素日原恨宝玉，如今又见他和彩霞闹，心中越发按不下这口毒气。虽不敢明言，却每每暗中算计，只是不得下手，今见离得甚近，便要用热油烫瞎他的眼睛。因而故意装作失手，把那一盏油汪汪的蜡灯向宝玉脸上只一推。只听宝玉"哎哟"了一声，满屋里众人都唬了一跳。连忙将地下的戳灯挪过来，又将里外间屋的灯拿了三四盏看时，只见宝玉满脸是油。王夫人又急又气，一面命人来替宝玉擦洗，一面又骂贾环。凤姐三步两步的上炕来替宝玉收拾着，一面笑道："老三还是这么慌脚鸡似的，我说你上不得高台盘。赵姨娘时常也该教导教导他。"一句话提醒了王夫人，那王夫人不骂贾环，便叫过赵姨娘来骂道："养出这样黑心不知道理下流种子来，也不管管！几番几次我都不理论，你们得了意了，越发上来了！"

王夫人命人好生送了宝玉回房去后，袭人等见了，都慌的了不得。

林黛玉见宝玉出了一天门，就觉闷闷的，没个可说话的人。至晚，正打发人来问了两三遍回来不曾，这遍方才回来，又偏生烫了。林黛玉便赶着来瞧，只见宝玉正拿镜子照呢，左边脸上满满的敷了一脸的药。

次日，宝玉见了贾母，虽然自己承认是自己烫的，不与别人相干，免不得那贾母又把跟从的人骂一顿。

过了一日，就有宝玉寄名的干娘马道婆进荣国府来请安。见了宝玉，唬一大跳，问起原由，说是烫的，便点头叹息一回，向宝玉脸上用指头画了一画，口内嘟嘟囔囔的又持诵了一回，说道："管保就好了，这不过是一时飞灾。"又向贾母道："祖宗老菩萨哪里知道，那经典佛法上说的利害，大凡那王公卿相人家的子弟，只一生长下来，暗里便有许多促狭鬼跟着他，得空便拧他一下，或掐他一下，或吃饭时打下他的饭碗来，或走着推他一跤，所以往往的那些大家子孙多有长不大的。"

说毕，那马道婆又坐了一回，便又往各院各房问安，闲逛了一回。一时来至赵姨娘房内，二人见过，赵姨娘命小丫头倒了茶来与他吃。马道婆因见炕上堆着些零碎绸缎湾角，赵姨娘正粘鞋呢。马道婆道："可是我正没了鞋面子了。赵奶奶你有零碎缎子，不拘什么颜色的，弄一双鞋面给我。"赵姨娘听说，便叹口气说道："你瞧瞧那里头，还有哪一块是成样的？成了样的东西，也不能到我手里来！有的没的都在这里，你不嫌，就挑两块子去。"马道婆见说，果真便挑了两块袖将起来。

马道婆见他如此说，便探他口气说道："我还用你说，难道都看不出来。也亏你们心里也不理论，只凭他去。倒也妙。"赵姨娘道："我的娘，不凭他去，难道谁还敢把他怎么样呢？"马道婆听说，鼻子里一笑，半晌说道："不是我说句造孽的话，你们没有本事！——也难怪别人。明不敢怎样，暗里也就算计了，还等到这如今！"赵姨娘闻听这话里有道理，心内暗暗的欢喜，便说道："怎么暗里算计？我倒有这个意思，只是没这样的能干人。你若教给我这法子，我大大的谢你。"马道婆听说这话打拢了一处，便又故意说道："阿弥陀佛！你快休问我，我那里知道这些事。罪过，罪过。"赵姨娘道："你又来了。你是最肯济困扶危的人，难道就眼睁睁的看人家来摆布死了我们娘儿两个不成？难道还怕我不谢你？"马道婆听说如此，便笑道："若说我不忍叫你娘儿们受人委曲还犹可，若说谢我的这两个字，可是你错打算盘了。就便是我希图你谢，靠你有些什么东西能打动我？"

赵姨娘听这话口气松动了，便说道："你这么个明白人，怎么糊涂起来了。你若果然法子

通灵玉蒙蔽遇双真

灵验，把他两个绝了，明日这家私不怕不是我环儿的。那时你要什么不得？"马道婆听了，低了头，半晌说道："那时候事情妥了，又无凭据，你还理我呢！"赵姨娘道："这又何难。如今我虽手里没什么，也零碎攒了几两体己，还有几件衣服簪子，你先拿些去。下剩的，我写个欠银子文契给你，你要什么保人也有，那时我照数给你。"马道婆道："果然这样？"赵姨娘道："这如何还撒得谎。"说着便叫过一个心腹婆子来，耳根底下嘁嘁喳喳说了几句话。

那婆子出去了，一时回来，果然写了个五百两欠契来。赵姨娘便印了手模，走到橱柜里将体己拿了出来，与马道婆道："这个你先拿了去做香烛供奉使费，可好不好？"马道婆看看白花花的一堆银子，又有欠契，并不顾青红皂白，满口里应着，伸手先去抓了银子掖起来，然后收了欠契。又向裤腰里掏了半晌，掏出十个纸铰的青面白发的鬼来，并两个纸人，递与赵姨娘，又悄悄的教他道："把他两个的年庚八字写在这两个纸人身上，一并五个鬼都掖在他们各人的床上就完了。我只在家里作法，自有效验。千万小心，不要害怕！"正才说着，只见王夫人的丫鬟进来找道："奶奶可在这里，太太等你呢。"二人方散了，不在话下。

却说林黛玉因见宝玉近日烫了脸，总不出门，倒时常在一处说说话儿。这日饭后看了两篇书，自觉无趣，便同紫鹃雪雁做了一回针线，更觉烦闷。便倚着房门出了一回神，信步出来，看阶下新进出的稚笋，不觉出了院门。来到园中，四顾无人，唯见花光柳影，鸟语溪声。

林黛玉信步便往怡红院中来，刚至房门前，只见赵姨娘和周姨娘两个人进来瞧宝玉。李宫裁、宝钗、宝玉等都让他两个坐。独凤姐只和林黛玉说笑，正眼也不看他们。宝钗方欲说话时，只见王夫人房内的丫头来说："舅太太来了，请奶奶姑娘们出去呢。"李宫裁听了，连忙叫着凤姐等走了。赵、周两个忙辞了宝玉出去。宝玉道："我也不能出去，你们好歹别叫舅母进来。"又道："林妹妹，你先略站一站，我说一句话。"凤姐听了，回头向林黛玉笑道："有人叫你说话呢。"说着便把林黛玉往里一推，和李纨一同去了。

这里宝玉拉着林黛玉的袖子，只是嘻嘻的笑，心里有话，只是口里说不出来。此时林黛玉只是禁不住把脸红涨了，挣着要走。宝玉忽然"哎哟"了一声，说："好头疼！"林黛玉道："该，阿弥陀佛！"只见宝玉大叫一声："我要死！"将身一纵，离地跳有三四尺高，口内乱嚷乱叫，说起胡话来了。林黛玉并丫头们都唬慌了，忙去报知王夫人、贾母等。此时王子腾的夫人也在这里，都一齐来时，宝玉益发拿刀弄杖，寻死觅活的，闹得天翻地覆。贾母、王夫人见了，唬的抖衣乱颤，且"儿"一声"肉"一声放声恸哭。于是惊动诸人，连贾赦、邢夫人、贾珍、贾政、贾琏、贾蓉、贾芸、贾萍、薛姨妈、薛蟠并周瑞家的一干家中上上下下里里外外众媳妇丫头等，都来园内看视。

登时园内乱麻一般。正没个主见，只见凤姐手持一把明晃晃钢刀砍进园来，见鸡杀鸡，见狗杀狗，见人就要杀人。众人越发慌了。周瑞媳妇忙带着几个有力量的胆壮的婆娘上去抱住，夺下刀来，抬回房去。平儿、丰儿等哭的泪天泪地。贾政等心中也有些烦难，顾了这里，丢不下那里。

此时贾赦、贾政又恐哭坏了贾母，日夜熬油费火，闹的人口不安，也都没了主意。贾赦还

各处去寻僧觅道。贾政见不灵效，着实懊恼，因阻贾赦道："儿女之数，皆由天命，非人力可强者。他二人之病出于不意，百般医治不效，想天意该如此，也只好由他们去罢。"贾赦也不理此话，仍是百般忙乱，那里见些效验。看看三日光阴，那凤姐和宝玉躺在床上，益发连气都将没了。合家人口无不惊慌，都说没了指望，忙着将他二人的后世的衣履都治备下了。贾母、王夫人、贾琏、平儿、袭人这几个人更比诸人哭的忘餐废寝，觅死寻活。赵姨娘、贾环等自是称愿。

到了第四日早晨，贾母等正围着宝玉哭时，只见宝玉睁开眼说道："从今以后，我可不在你家了！快收拾了，打发我走罢。"贾母听了这话，如同摘心去肝一般。

正闹的天翻地覆，没个开交，只闻得隐隐的木鱼声响，念了一句："南无解冤孽菩萨。有那人口不利，家宅颠倾，或逢凶险，或中邪祟者，我们善能医治。"贾母、王夫人听见这些话，哪里还耐得住，便命人去快请进来。贾政虽不在，奈贾母之言如何违拗；想如此深宅，何得听的这样真切，心中亦稀罕，命人请了进来。众人举目看时，原来是一个癞头和尚与一个跛足道人。

贾政问道："你道友二人在庙焚修？"那僧笑道："长官不须多话。因闻得府上人口不利，故特来医治。"贾政道："倒有两个人中邪，不知你们有何符水？"那道人笑道："你家现有稀世奇珍，如何还问我们要符水？"贾政听这话有意思，心中便动了，因说道："小儿落草时虽带了一块宝玉下来，上面说能除邪祟，谁知竟不灵验。"那僧道："长官你哪里知道那物的妙用。只因他如今被声色货利所迷，故不灵验了。你今且取他出来，待我们持诵持诵，只怕就好了。"

贾政听说，便向宝玉项上取下那玉来递与他二人。那和尚接了过来，擎在掌上，长叹一声道："青埂峰一别，展眼已过十三载矣！人世光阴，如此迅速，尘缘满日，若似弹指！可羡你当时的那段好处：

　　天不拘兮地不羁，心头无喜亦无悲；
　　却因锻炼通灵后，便向人间觅是非。

可叹你今日这番经历：

　　粉渍脂痕污宝光，绮栊昼夜困鸳鸯。
　　沉酣一梦终须醒，冤孽偿清好散场！

念毕，又摩弄一回，说了些疯话，递与贾政道："此物已灵，不可亵渎，悬于卧室上槛，将他二人安在一室之内，除亲身妻母外，不可使阴人冲犯。三十三日之后，包管身安病退，复旧如初。"说着回头便走了。贾政赶着还说话，让二人坐了吃茶，要送谢礼，他二人早已出去了。贾母等还只管着人去赶，哪里有个踪影。少不得依言将他二人就安放在王夫人卧室之内，将玉悬在门上。王夫人亲身守着，不许别个人进来。

至晚间他二人竟渐渐醒来，说腹中饥饿。贾母、王夫人如得了珍宝一般，旋熬了米汤来与他二人吃了，精神渐长，邪祟稍退，一家子才把心放下来。

第二十六回　蜂腰桥设言传心事　潇湘馆春困发幽情

话说宝玉养过了三十三天之后，不但身体强壮，亦且连脸上疮痕平复，仍回大观园内去。这也不在话下。

且说近日宝玉病的时节，贾芸带着家下小厮坐更看守，昼夜在这里，那红玉同众丫鬟也在这里守着宝玉，彼此相见多日，都渐渐混熟了。那红玉见贾芸手里拿的手帕子，倒像是自己从前掉的，待要问他，又不好问的。不料那和尚道士来过，用不着一切男人，贾芸仍种树去了。这件事待要放下，心内又放不下，待要问去，又怕人猜疑。

刚至沁芳亭畔，只见宝玉的奶娘李嬷嬷从那边走来。红玉立住笑问道："李奶奶，你老人家哪去了？怎打这里来？"李嬷嬷站住将手一拍道："你说说，好好的又看上了那个种树的什么云哥儿雨哥儿的，这会子逼着我叫了他来。明儿叫上房里听见，可又是不好。"红玉笑道："你老人家当真的就依了他去叫了？"李嬷嬷道："可怎么样呢？"红玉笑道："那一个要是知道好歹，就回不进来才是。"李嬷嬷道："他又不痴，为什么不进来？"红玉道："既是进来，你老人家该同他一齐来，回来叫他一个人乱碰，可是不好呢。"李嬷嬷道："我有那样工夫和他走？不过告诉了他，回来打发个小丫头子或是老婆子，带进他来就完了。"说着，拄着拐杖一径去了。

红玉听说，便站着出神，且不去取笔。一时，只见一个小丫头子跑来，见红玉站在那里，便问道："林姐姐，你在这里作什么呢？"红玉抬头见是小丫头子坠儿。红玉道："哪去？"坠儿道："叫我带进芸二爷来。"说着一径跑了。这里红玉刚走至蜂腰桥门前，只见那边坠儿引着贾芸来了。那贾芸一面走，一面拿眼把红玉一溜；那红玉只装着和坠儿说话，也把眼去一溜贾芸；四目恰相对时，红玉不觉脸红了，一扭身往蘅芜苑去了。

这里贾芸随着坠儿，逶迤来至怡红院中。坠儿先进去回明了，然后方领贾芸进去。只听里面隔着纱窗子笑说道："快进来罢。我怎么就忘了你两三个月！"

贾芸听得是宝玉的声音，连忙进入房内。抬头一看，只见金碧辉煌，文章炳灼，却看不见宝玉在哪里。一回头，只见左边立着一架大穿衣镜，从镜后转出两个一般大的十五六岁的丫头来说："请二爷里头屋里坐。"贾芸连正眼也不敢看，连忙答应了。宝玉笑道："只从那个月见了你，我叫你往书房里来，谁知接接连连许多事情，就把你忘了。"贾芸笑道："总是我没福，偏偏又遇着叔叔身上欠安。叔叔如今可大安了？"宝玉道："大好了。我倒听见说你辛苦了好几天。"贾芸道："辛苦也是该当的。叔叔大安了，也是我们一家子的造化。"

那宝玉便和他说些没要紧的散话。又说道谁家的戏子好，谁家的花园好，又告诉他谁家的丫头标致，谁家的酒席丰盛，又是谁家有奇货，又是谁家有异物。那贾芸口里只得顺着他说，说了一会，见宝玉有些懒懒的了，便起身告辞。宝玉也不甚留，只说："你明儿闲了，只管来。"仍命小丫头子坠儿送他出去。

出了怡红院，贾芸见四顾无人，便把脚慢慢停着些走，口里一长一短和坠儿说话，先问他"几岁了？名字叫什么？你父母在哪一行上？在宝叔房内几年了？一个月多少钱？共总宝叔房内有几个女孩子？"那坠儿见问，便一桩桩的都告诉他了。贾芸又道："才刚那个与你说话的，他可是叫小红？"坠儿笑道："他倒叫小红。你问他作什么？"贾芸道："方才他问你什么手帕子，我倒拣了一块。"坠儿听了笑道："他问了我好几遍，可有看见他的帕子。我有那么大工夫管这些事！今儿他又问我，他说我替他找着了，他还谢我呢。才在蘅芜苑门口说的，二爷也听见了，不是我撒谎。好二爷，你既拣了，给我罢。我看他拿什么谢我。"

原来上月贾芸进来种树之时，便拣了一块罗帕，便知是所在园内的人失落的，但不知是哪一个人的，故不敢造次。今听见红玉问坠儿，便知是红玉的，心内不胜喜幸。又见坠儿追索，心中早得了主意，便向袖内将自己的一块取了出来，向坠儿笑道："我给是给你，你若得了他的谢礼，不许瞒着我。"坠儿满口里答应了，接了手帕子，送出贾芸，回来找红玉，不在话下。

如今且说宝玉打发了贾芸去后，意思懒懒的歪在床上，似有朦胧之态。袭人便走上来，坐在床沿上推他，说道："怎么又要睡觉？闷的很，你出去逛逛不是？"宝玉见说，便拉着他的手笑道："我要去，只是舍不得你。"袭人笑道："快起来罢！"一面说，一面拉了宝玉起来。宝玉道："可往哪去呢？怪腻腻烦烦的。"袭人道："你出去了就好了。只管这么葳蕤，越发心里烦腻。"

宝玉无精打采的，顺着脚一径来至一个院门前，只见凤尾森森，龙吟细细。举目望门上一看，只见匾上写着"潇湘馆"三字。宝玉信步走入，只见湘帘垂地，悄无人声。走至窗前，觉得一缕幽香从碧纱窗中暗暗透出。宝玉便将脸贴在纱窗上，往里看时，耳内忽听得细细的长叹了一声道："'每日家情思睡昏昏。'"宝玉听了，不觉心内痒将起来，再看时，只见黛玉在床上伸懒腰。宝玉在窗外笑道："为什么'每日家情思睡昏昏'？"一面说，一面掀帘子进来了。

林黛玉自觉忘情，不觉红了脸，拿袖子遮了脸，翻身向里装睡着了。宝玉才走上来要扳

他的身子，只见黛玉的奶娘并两个婆子却跟了进来说："妹妹睡觉呢，等醒了再请来。"刚说着，黛玉便翻身坐了起来，笑道："谁睡觉呢。"那两三个婆子见黛玉起来，便笑道："我们只当姑娘睡着了。"说着，便叫紫鹃说："姑娘醒了，进来伺候。"一面说，一面都去了。

二人正说话，只见紫鹃进来。宝玉笑道："紫鹃，把你们的好茶倒碗我吃。"紫鹃道："哪里是好的呢？要好的，只是等袭人来。"黛玉道："别理他，你先给我舀水去罢。"紫鹃笑道："他是客，自然先倒了茶来再舀水去。"说着倒茶去了。宝玉笑道："好丫头，'若共你多情小姐同鸳帐，怎舍得叠被铺床？'"林黛玉登时撂下脸来，说道："二哥哥，你说什么？"宝玉笑道："我何尝说什么。"黛玉便哭道："如今新兴的，外头听了村话来，也说给我听；看了混帐书，也来拿我取笑儿。我成了爷们解闷的。"一面哭着，一面下床来往外就走。宝玉不知要怎样，心下慌了，忙赶上来道，"好妹妹，我一时该死，你别告诉去。我再要敢，嘴上就长个疔，烂了舌头。"

正说着，只见袭人走来说道："快回去穿衣服，老爷叫你呢。"宝玉听了，不觉打了个焦雷一般，也顾不得别的，急忙回来穿衣服。出园来，只见焙茗在二门前等着，宝玉便问道："你可知道叫我是为什么？"焙茗道："爷快出来罢，横竖是见去的，到那里就知道了。"一面说，一面催着宝玉。

转过大厅，宝玉心里还自狐疑，只听墙角边一阵呵呵大笑，回头只见薛蟠拍着手笑了出来，笑道："要不说姨父叫你，你哪里出来的这么快。"

薛蟠道："要不是，我也不敢惊动，只因明儿五月初三日是我的生日，谁知古董行的程日兴，他不知哪里寻了来的这么粗这么长粉脆的鲜藕，这么大的大西瓜，这么长一尾新鲜的鲟鱼，这么大的一个暹罗国进贡的灵柏香熏的暹猪。你说，他这四样礼可难得不难得？那鱼、猪不过贵而难得，这藕和瓜亏他怎么种出来的。我连忙孝敬了母亲，赶着给你们老太太、姨父、姨母送了些去。如今留了些，我要自己吃，恐怕折福，左思右想，除我之外，唯有你还配吃，所以特请你来。可巧唱曲儿的小么儿又来了，我同你乐一天何如？"

正说着，小厮来回冯大爷来了。宝玉便知是神武将军冯唐之子冯紫英了。薛蟠等一齐都叫"快请"。说犹未了，只见冯紫英一路说笑，已进来了。众人忙起席让座。冯紫英笑道："好呀！也不出门了，在家里高乐罢。"宝玉薛蟠都笑道："一向少会，老世伯身上康健？"紫英答道："家父倒也托庇康健。近来家母偶着了些风寒，不好了两天。"

薛蟠众人见他吃完了茶，都说道："且入席，有话慢慢的说。"冯紫英听说，便立起身来说道："论理，我该陪饮几杯才是，只是今儿有一件大大要紧的事，回去还要见家父面回，实不敢领。"薛蟠宝玉众人那里肯依，死拉着不放。冯紫英笑道："这又奇了。你我这些年，那回儿有这个道理的？果然不能遵命。若必定叫我领，拿大杯来，我领两杯就是了。"众人听说，只得罢了，薛蟠执壶，宝玉把盏，斟了两大海。那冯紫英站着，一气而尽。

宝玉回至园中，袭人正记挂着他去见贾政，不知是祸是福；只见宝玉醉醺醺的回来，问其缘故，宝玉一一向他说了。袭人道："人家牵肠挂肚的等着，你且高乐去，也到底打发人来给个信儿。"宝玉道："我何尝不要送信儿，只因冯世兄来了，就混忘了。"

正说着，只见宝钗走进来笑道："偏了我们新鲜东西了。"宝玉笑道："姐姐家的东西，自然先偏了我们了。"宝钗摇头笑道："昨儿哥哥倒特特的请我吃，我不吃，叫他留着请人送人罢。我知道我的命小福薄，不配吃那个。"说着，丫鬟倒了茶来，吃茶说闲话儿，不在话下。

却说那林黛玉听见贾政叫了宝玉去了，一日不回来，心中也替他忧虑。至晚饭后，闻得宝玉来了，心里要找他问问是怎么样了。一步步行来，见宝钗进宝玉的院内去了，自己也便随后走来。刚到了沁芳桥，只见各色水禽都在池中浴水，也认不出名色来，但见一个个文彩炫耀，好看异常，因而站住看了一会。再往怡红院来，只见院门关着，黛玉便以手扣门。

谁知晴雯和碧痕拌了嘴，没好气，忽见宝钗来了，那晴雯正把气移在宝钗身上，正在院内抱怨说："有事没事跑了来坐着，叫我们三更半夜的不得睡觉！"忽听又有人叫门，晴雯越发动了气，也并不问是谁，便说道："都睡下了，明儿再来罢！"林黛玉素知丫头们的情性，他们彼此玩耍惯了，恐怕院内的丫头没听真是他的声音，只当是别的丫头们来了，所以不开门，因

而又高声说道:"是我,还不开么?"晴雯偏生还没听出来,便使性子说道:"凭你是谁,二爷吩咐的,一概不许放人进来呢!"

林黛玉听了,不觉气怔在门外,待要高声问他,逗起气来,自己又回思一番:"虽说是舅母家如同自己家一样,到底是客边。如今父母双亡,无依无靠,现在他家依栖。如今认真淘气,也觉没趣。"一面想,一面又滚下泪珠来。正是回去不是,站着不是。正没主意,只听里面一阵笑语之声,细听一听,竟是宝玉、宝钗二人。林黛玉心中益发动了气,左思右想,忽然想起了早起的事来:"毕竟是宝玉恼我要告他的缘故。但只我何尝告了,你也打听打听,就恼我到这步田地。你今儿不叫我进来,难道明儿就不见面了!"越想越伤感起来,也不顾苍苔露冷,花径风寒,独立墙角边花荫之下,悲悲戚戚呜咽起来。

第二十七回　滴翠亭杨妃戏彩蝶　埋香冢飞燕泣残红

话说林黛玉正自悲泣,忽听院门响处,只见宝钗出来了,宝玉袭人一群人送了出来。待要上去问着宝玉,又恐当着众人问羞了宝玉不便,因而闪过一旁,让宝钗去了,宝玉等进去关了门,方转过来,犹望着门洒了几点泪。自觉无味,方转身回来,无精打采的卸了残妆。

至次日乃是四月二十六日,原来这日未时交芒种节。

且说宝钗、迎春、探春、惜春、李纨、凤姐等并巧姐、大姐、香菱与众丫鬟们在园内玩耍,独不见林黛玉。迎春因说道:"林妹妹怎么不见? 好个懒丫头!这会子还睡觉不成?"宝钗道:"你们等着,我去闹了他来。"说着便丢下了众人,一直往潇湘馆来。正走着,只见文官等十二个女孩子也来了,上来问了好,说了一回闲话。宝钗回身指道:"他们都在那里呢,你们找他们去罢。我叫林姑娘去就来。"说着便逶迤往潇湘馆来。

忽然抬头,见宝玉进去了,宝钗便站住低头想了想:宝玉和林黛玉是从小儿一处长大,他兄妹间多有不避嫌疑之处,嘲笑喜怒无常;况且林黛玉素习猜忌,好弄小性儿的。此刻自己也跟了进去,一则宝玉不便,二则黛玉嫌疑。罢了,倒是回来的妙。想毕抽身回来。

刚要寻别的姊妹去,只听滴翠亭里边嘁嘁喳喳有人说话。原来这亭子四面俱是游廊曲桥,盖造在池中水上,四面雕镂槅子糊着纸。

宝钗在亭外听见说话,便煞住脚往里细听,只听说道:"你瞧瞧这手帕子,果然是你丢的那块,你就拿着;要不是,就还芸二爷去。"又有一人说话:"可不是我那块!拿来给我罢。"又听道:"你拿什么谢我呢? 难道白寻了来不成。"又答道:"我既许了谢你,自然不哄你。"又听说道:"我寻了来给你,自然谢我,但只是拣的人,你就不拿什么谢他?"又回道:"你别胡说。他是个爷们家,拣了我的东西,自然该还的。我拿什么谢他呢?"又听说道:"你不谢他,我怎么回他呢? 况且他再三再四的和我说了,若没谢的,不许我给你呢。"半晌,又听答道:"也罢,拿我这个给他,算谢他的罢。——你要告诉别人呢? 须说个誓来。"又听说道:"我要告诉一个人,就长一个疔,日后不得好死!"又听说道:"嗳呀!咱们只顾说话,看有人来悄悄在外头听见。不如把这槅子都推开了,便是有人见咱们在这里,他们只当我们说玩话呢。若走到跟前,咱们也看的见,就别说了。"

宝钗在外面听见这话,心中吃惊,只听"咯吱"一声,宝钗便故意放重了脚步,笑着叫道:"颦儿,我看你往那里藏!"一面说,一面故意往前赶。

那亭内的红玉坠儿刚一推窗,只听宝钗如此说着往前赶,两个人都唬怔了。宝钗反向他二人笑道:"你们把林姑娘藏在哪里了?"坠儿道:"何曾见林姑娘了。"宝钗道:"我才在河那边看着林姑娘在这里蹲着弄水儿的。我要悄悄的唬他一跳,还没有走到跟前,他倒看见我了,朝东一绕就不见了。别是藏在这里头了。"一面说一面故意进去寻了一寻,抽身就走,口内说道:"一定是又钻在山子洞里去了。遇见蛇,咬一口也罢了。"一面说,一面走,心中又好

谁知红玉听了宝钗的话，便信以为真，让宝钗去远，便拉坠儿道："了不得了！林姑娘蹲在这里，一定听了话去了！"坠儿听说，也半日不言语。红玉又道："这可怎么样呢？"坠儿道："便是听了，管谁筋疼，各人干各人的就完了。"红玉道："若是宝姑娘听见，还倒罢了。林姑娘嘴里又爱刻薄人，心里又细，他一听见了，倘或走露了风声，怎么样呢？"二人正说着，只见文官、香菱、司棋、待书等上亭子来了。二人只得掩住这话，且和他们玩笑。

只见凤姐儿站在山坡上招手叫，红玉连忙弃了众人，跑至凤姐跟前，堆着笑问："奶奶使唤作什么事？"凤姐打量了一打量，见他生的干净俏丽，说话知趣，因笑道："我的丫头今儿没跟进我来。我这会子想起一件事来，要使唤个人出去，不知你能干不能干，说的齐全不齐全？"红玉笑道："奶奶有什么话，只管吩咐我说去。若说的不齐全，误了奶奶的事，凭奶奶责罚就是了。"凤姐笑道："你是哪位小姐房里的？我使你出去，他回来找你，我好替你说的。"红玉道："我是宝二爷房里的。"凤姐听了笑道："哎哟！你原来是宝玉房里的，怪道呢。也罢了，等他问，我替你说。你到我们家，告诉你平姐姐：外头屋里桌子上汝窑盘子架儿底下放着一卷银子，那是一百六十两，给绣匠的工价，等张材家的来要，当面称给他瞧了，再给他拿去。再里头床头间有一个小荷包拿了来。"

这里红玉听说，不便分证，来找凤姐儿。红玉上来回道："平姐姐说，奶奶刚出来了，他就把银子收了起来，才张材家的来讨，当面称了给他拿去了。"说着将荷包递了上去，又道："平姐姐教我回奶奶：才旺儿进来讨奶奶的示下，好往那家子去。平姐姐就把那话按着奶奶的主意打发他去了。"凤姐笑道："他怎么按我的主意打发去了？"红玉道："平姐姐说：我们奶奶问这里奶奶好。原是我们二爷不在家，虽然迟了两天，只管请奶奶放心。等五奶奶好些，我们奶奶还会了五奶奶来瞧奶奶呢。五奶奶前儿打发了人来说，舅奶奶带了信来了，问奶奶好，还要和这里的姑奶奶寻两丸延年神验万全丹。若有了，奶奶打发人来，只管送在我们奶奶这里。明儿有人去，就顺路给那边舅奶奶带了去的。"

话未说完，李氏道："哎哟哟！这些话我就不懂了。什么'奶奶''爷爷'的一大堆。"凤姐笑道："怨不得你不懂，这是四五门子的话呢。"说着，又向红玉笑道："好孩子，难为你说的齐全。别像他们扭扭捏捏的蚊子似的。嫂子你不知道，如今除了我随手使的几个丫头老婆之外，我就怕和他们说话。他们必定把一句话拉长了作两三截儿，咬文咬字，拿着腔儿，哼哼唧唧的，急的我冒火，他们哪里知道！先时我们平儿也是这么着，我就问着他：难道必定装蚊子哼哼就是美人了？说了几遭，才好些儿了。"李宫裁笑道："都像你泼皮破落户才好。"凤姐又道："这一个丫头就好。方才几遭，说话虽不多，听那口声就简断。"说着又向红玉笑道："你明儿服侍我去罢。我认你作女儿，我一调理，你就出息了。"

如今且说林黛玉因夜间失寐，次日起来迟了，闻得众姊妹都在园中作饯花会，恐人笑他痴懒，连忙梳洗了出来。刚到了院中，只见宝玉进门来了，笑道："好妹妹，你昨儿可告我了不曾？教我悬了一夜心。"林黛玉正眼也不看，各自出了院门，一直找别的姊妹去了。宝玉心中纳闷，自己猜疑：看起这个光景来，不像为昨日的事；但只昨日我回来的晚了，又没有见他，再没有冲撞了他的去处了。一面想，一面由不得随后追了来。

只见宝钗探春正在那边看鹤舞，见黛玉去了，三个一同站着说话儿。又见宝玉来了，探春便笑道："宝哥哥，身上好？我整整的三天没见你了。"宝玉笑道："妹妹身上好？我前儿还在大嫂子跟前问你呢。"探春道："宝哥哥，你往这里来，我和你说话。"宝玉听说，便跟了他，离了钗、玉两个，到了一棵石榴树下。

宝玉因不见了林黛玉，便知他躲往别处去了，想了一想，索性迟两日，等他的气消一消去也罢了。因低头看见许多凤仙石榴等各色落花，锦重重的落了一地，因叹道："这是他心里生了气，也不收拾这花儿来。待我送了去，明儿再问着他。"说着，只见宝钗约着他们往外头去。宝玉道："我就来。"说毕，等他二人去远了，便把那花兜了起来，登山渡水，过树穿花，一直奔了那日同林黛玉葬桃花的去处来。

将已到了花冢，犹未转过山坡，只听山坡那边有呜咽之声，一行数落着，哭的好不伤感。

宝玉心下想道:"这不知是哪房里的丫头,受了委曲,跑到这个地方来哭。"一面想,一面煞住脚步,听他哭道是:

花谢花飞花满天,红消香断有谁怜?
游丝软系飘春榭,落絮轻沾扑绣帘。
闺中女儿惜春暮,愁绪满怀无释处,
手把花锄出绣闺,忍踏落花来复去。
柳丝榆荚自芳菲,不管桃飘与李飞。
桃李明年能再发,明年闺中知有谁?
三月香巢已垒成,梁间燕子太无情!
明年花发虽可啄,却不道人去梁空巢也倾。
一年三百六十日,风刀霜剑严相逼,
明媚鲜妍能几时,一朝飘泊难寻觅。
花开易见落难寻,阶前闷杀葬花人,
独倚花锄泪暗洒,洒上空枝见血痕。
杜鹃无语正黄昏,荷锄归去掩重门。
青灯照壁人初睡,冷雨敲窗被未温。
怪奴底事倍伤神,半为怜春半恼春:
怜春忽至恼忽去,至又无言去不闻。
昨宵庭外悲歌发,知是花魂与鸟魂?
花魂鸟魂总难留,鸟自无言花自羞。
愿奴胁下生双翼,随花飞到天尽头。
天尽头,何处有香丘?
未若锦囊收艳骨,一抔净土掩风流。
质本洁来还洁去,强于污淖陷渠沟。
尔今死去侬收葬,未卜侬身何日丧?
侬今葬花人笑痴,他年葬侬知是谁?
试看春残花渐落,便是红颜老死时。
一朝春尽红颜老,花落人亡两不知!

宝玉听了不觉痴倒。要知端详,且听下回分解。

第二十八回　蒋玉菡情赠茜香罗
薛宝钗羞笼红麝串

那林黛玉正自伤感,忽听山坡上也有悲声,心下想道:"人人都笑我有些痴病,难道还有一个痴子不成?"想着,抬头一看,见是宝玉。林黛玉看见,便道:"啐!我道是谁,原来是这个狠心短命的……"刚说到"短命"二字,又把口掩住,长叹了一声,自己抽身便走了。

这里宝玉悲恸了一回,忽然抬头不见了黛玉,便知黛玉看见他躲开了,自己也觉无味,抖抖土起来,下山寻归旧路,往怡红院来。可巧看见林黛玉在前头走,连忙赶上去,说道:"你且站住。我知你不理我,我只说一句话,从今后撂开手。"林黛玉回头看见是宝玉,待要不理他,听他说"只说一句话,从此撂开手",这话里有文章,少不得站住说道:"有一句话,请说来。"宝玉笑道:"两句话,说了你听不听?"黛玉听说,回头就走。宝玉在身后面叹道:"既有今日,何必当初!"林黛玉听见这话,由不得站住,回头道:"当初怎么样?今日怎么样?"宝玉叹道:"当初姑娘来了,那不是我陪着玩笑?凭我心爱的,姑娘要,就拿去;我爱吃的,听见姑娘也爱吃,连忙干干净净收着等姑娘吃。一桌子吃饭,一床上睡觉。丫头们想不到的,我怕姑娘生

气,我替丫头们想到了。我心里想着:姊妹们从小儿长大,亲也罢,热也罢,和气到了儿,才见得比人好。如今谁承望姑娘人大心大,不把我放在眼里,倒把外四路的什么宝姐姐凤姐姐的放在心坎儿上,倒把我三日不理四日不见的。我又没个亲兄弟亲姊妹。——虽然有两个,你难道不知道是和我隔母的?我也和你似的独出,只怕同我的心一样。谁知我是白操了这个心,弄的有冤无处诉!"说着不觉滴下眼泪来。

黛玉听了这个话,不觉将昨晚的事都忘在九霄云外了,便说道:"你既这么说,昨儿为什么我去了,你不叫丫头开门?"宝玉诧异道:"这话从哪里说起?我要是这么样,立刻就死了!"林黛玉啐道:"大清早起死呀活的,也不忌讳。你说有呢就有,没有就没有,起什么誓呢。"宝玉道:"实在没有见你去。就是宝姐姐坐了一坐,就出来了。"林黛玉想了一想,笑道:"是了。想必是你的丫头们懒待动,丧声歪气的也是有的。"宝玉道:"想必是这个缘故。等我回去问了是谁,教训教训他们就好了。"黛玉道:"你的那些姑娘们也该教训教训,只是我论理不该说。今儿得罪了我的事小,倘或明儿宝姑娘来,什么贝姑娘来,也得罪了,事情岂不大了。"说着抿着嘴笑。宝玉听了,又是咬牙,又是笑。

正说着,只见贾母房里的丫头找宝玉林黛玉去吃饭。林黛玉也不叫宝玉,便起身拉了那丫头就走。那丫头说等着宝玉一块儿走。林黛玉道:"他不吃饭了,咱们走吧。"那个丫头道:"吃不吃,等他一块儿去。老太太问,让他说去。"黛玉道:"你就等着。我先走了。"说着便出去了。宝玉道:"我今儿还跟着太太吃罢。"王夫人道:"罢,罢,我今儿吃斋,你正经吃你的去罢。"宝玉道:"我也跟着吃斋。"说着便叫那丫头"去罢",自己先跑到桌子上坐了。王夫人向宝钗等笑道:"你们只管吃你们的,由他去罢。"宝钗因笑道:"你正经去罢。吃不吃,陪着林姑娘走一趟,他心里打紧的不自在呢。"宝玉道:"理他呢,过一会子就好了。"

一时吃过饭,宝玉一则怕贾母记挂,二则也记挂着林黛玉,忙忙的要茶漱口。探春惜春都笑道:"二哥哥,你成日家忙些什么?吃饭吃茶也是这么忙碌碌的。"宝钗笑道:"你叫他快吃了瞧林妹妹去罢,叫他在这里胡羼些什么。"

宝玉吃了茶,便出来,一直往西院来。可巧走到凤姐儿院门前,只见凤姐蹬着门槛子拿耳挖子剔牙,看着十来个小厮们挪花盆呢。见宝玉来了,笑道:"你来的好。进来,进来,替我写几个字儿。"宝玉只得跟了进来。到了屋里,凤姐命人取过笔砚纸来,向宝玉道:"大红妆缎四十匹,蟒缎四十匹,上用纱各色一百匹,金项圈四个。"宝玉道:"这算什么?又不是账,又不是礼物,怎么个写法?"凤姐儿道:"你只管写上,横竖我自己明白就罢了。"宝玉听说只得写了。凤姐一面收起,一面笑道:"还有句话告诉你,不知你依不依?你屋里有个丫头叫红玉,我要叫了来使唤,明儿我再替你挑几个,可使得么?"宝玉道:"我屋里的人也多的很,姐姐喜欢谁,只管叫了来,何必问我。"凤姐笑道:"既这么着,我就叫人带他去了。"宝玉道:"只管带去。"说着便要走。

凤姐儿道:"你回来,我还有一句话呢。"宝玉道:"老太太叫我呢,有话等我回来说罢。"说着便来至贾母这边,只见都已吃完饭了。贾母因问他:"跟着你娘吃了什么好的?"宝玉笑

道：“也没什么好的，我倒多吃了一碗饭。”因问：“林妹妹在哪里？”贾母道：“里头屋里呢。”

宝玉进来，只见地下一个丫头吹熨斗，炕上两个丫头打粉线，黛玉弯着腰拿着剪子裁什么呢。宝玉走进来笑道：“哦，这是作什么呢？才吃了饭，这么空着头，一会子又头疼了。”黛玉并不理，只管裁他的。有一个丫头说道：“那块绸子角儿还不好呢，再熨他一熨。”黛玉便把剪子一搁，说道：“理他呢，过一会子就好了。”宝玉听了，只是纳闷。

林黛玉道：“你倒是去罢，这里有老虎，看吃了你！”说着又裁。宝玉见他不理，只得还陪笑说道：“你也出去逛逛再裁不迟。”林黛玉总不理。宝玉便问丫头们：“这是谁叫裁的？”林黛玉见问丫头们，便说道：“凭他谁叫我裁，也不管二爷的事！”宝玉方欲说话，只见有人进来回说“外头有人请”。宝玉听了，忙撇身出来。黛玉向外头说道：“阿弥陀佛！赶你回来，我死了也罢了。”

宝玉出来，到外面，只见焙茗说道：“冯大爷家请。”宝玉听了，知道是昨日的话，便说：“要衣裳去。”自己便往书房里来。焙茗一直到了二门前等人，只见一个老婆子出来了，焙茗上去说道：“宝二爷在书房里等出门的衣裳，你老人家进去带个信儿。”那婆子说：“放你娘的屁！倒好，宝二爷如今在园里住着，跟他的人都在园里，你又跑了这里来带信儿来了！”焙茗听了，笑道：“骂的是，我也糊涂了。”说着一径往东边二门前来。可巧门上小厮在甬路底下踢球，焙茗将缘故说了。小厮跑了进去，半日抱了一个包袱出来，递与焙茗。回到书房里，宝玉换了，命人备马，只带着焙茗、锄药、双瑞、双寿四个小厮去了。

一径到了冯紫英家门口，有人报与了冯紫英，出来迎接进去。只见薛蟠早已在那里久候，还有许多唱曲儿的小厮并唱小旦的蒋玉菡、锦香院的妓女云儿。大家都见过了，然后吃茶。宝玉擎茶笑道：“前儿所言幸与不幸之事，我昼悬夜想，今日一闻呼唤即至。”冯紫英笑道：“你们令表兄弟倒都心实。前日不过是我的设辞，诚心请你们一饮，恐又推托，故说下这句话。今日一邀即至，谁知都信真了。”说毕大家一笑，然后摆上酒来。依次坐定，冯紫英先命唱曲儿的小厮过来让酒，然后命云儿也来敬。

宝玉笑道：“听我说来：如此滥饮，易醉而无味。我先喝一大海，发一新令，有不遵者，连罚十大海，逐出席外与人斟酒。”冯紫英蒋玉菡等都道：“有理，有理。”宝玉拿起海来一气饮干，说道：“如今要说悲、愁、喜、乐四字，却要说出女儿来，还要注明这四字缘故。说完了，饮门杯。酒面要唱一个新鲜时样曲子；酒底要席上生风一样东西，或古诗、旧对、《四书》《五经》成语。”薛蟠未等说完，先站起来拦道：“我不来，别算我。这竟是捉弄我呢！”云儿也站起来，推他坐下，笑道：“怕什么？这还亏你天天吃酒呢，难道你连我也不如！我回来还说呢。说是了，罢；不是了，不过罚上几杯，那里就醉死了。你如今一乱令，倒喝十大海，下去斟酒不成？”众人都拍手叫妙。薛蟠听说无法，只得坐了。

听宝玉说道：

　　女儿悲，青春已大守空闺。
　　女儿愁，悔教夫婿觅封侯。
　　女儿喜，对镜晨妆颜色美。
　　女儿乐，秋千架上春衫薄。

众人听了，都道：“说得有理。”薛蟠独扬着脸摇头说：“不好，该罚！”众人问：“如何该罚？”薛蟠道：“他说的我通不懂，怎么不该罚？”云儿便拧他一把，笑道：“你悄悄的想你的罢。回来说不出，又该罚了。”于是拿琵琶听宝玉唱道：

　　滴不尽相思血泪抛红豆，开不完春柳春花满画楼，睡不稳纱窗风雨黄昏后，忘不了新愁与旧愁，咽不下玉粒金莼噎满喉，照不见菱花镜里形容瘦。展不开的眉头，捱不明的更漏。呀！恰便似遮不住的青山隐隐，流不断的绿水悠悠。

唱完，大家齐声喝彩，独薛蟠说无板。宝玉饮了门杯，便拈起一片梨来，说道：

　　雨打梨花深闭门。

完了令，下该冯紫英，说道：

　　女儿悲，儿夫染病在垂危。

女儿愁，大风吹倒梳妆楼。

女儿喜，头胎养了双生子。

女儿乐，私向花园掏蟋蟀。

说毕，端起酒来，唱道：

你是个可人，你是个多情，你是个刁钻古怪鬼灵精，你是个神仙也不灵。我说的话儿你全不信，只叫你去背地里细打听，才知道我疼你不疼！

唱完，饮了门杯，说道：

鸡声茅店月。

令完，下该云儿。云儿便说道：

女儿悲，将来终身指靠谁？

薛蟠叹道："我的儿，有你薛大爷在，你怕什么！"众人都道："别混他，别混他！"云儿又道：

女儿愁，妈妈打骂何时休！

薛蟠道："前儿我见了你妈，还吩咐他不叫他打你呢。"众人都道："再多言者罚酒十杯。"薛蟠连忙自己打了一个嘴巴子，说道："没耳性，再不许说了。"云儿又道：

女儿喜，情郎不舍还家里。

女儿乐，住了箫管弄弦索。

说完，便唱道：

豆蔻开花三月三，一个虫儿往里钻。钻了半日不得进去，爬到花儿上打秋千。肉儿小心肝，我不开了你怎么钻？

唱毕，饮了门杯，说道："桃之夭夭。"令完了，下该薛蟠。

薛蟠道："我可要说了：女儿悲——"说了半日，不见说底下的。冯紫英道："悲什么？快说来。"薛蟠登时急的眼睛铃铛一般，瞪了半日，才说道："女儿悲——"又咳嗽了两声，说道：

女儿悲，嫁了个男人是乌龟。

众人听了都大笑起来。薛蟠道："笑什么，难道我说的不是？一个女儿嫁了，汉子要当王八，他怎么不伤心呢？"众人笑的弯腰说道："你说的很是，快说底下的。"薛蟠瞪了一瞪眼，又说道：

女儿愁——

说了这句，又不言语了。众人道："怎么愁？"薛蟠道：

绣房蹿出个大马猴。

众人呵呵笑道："该罚，该罚！这句更不通，先还可恕。"说着便要筛酒。宝玉笑道："押韵就好。"薛蟠道："令官都准了，你们闹什么？"众人听说，方才罢了。云儿笑道："下两句越发难说了，我替你说罢。"薛蟠道："胡说！当真我就没好的了！听我说罢：

女儿喜，洞房花烛朝慵起。

众人听了，都诧异道："这句何其太韵？"薛蟠又道：

女儿乐，一根乿巴往里戳。

众人听了，都扭着脸说道："该死，该死！快唱了罢。"薛蟠便唱道：

一个蚊子哼哼哼。

众人都怔了，说："这是个什么曲儿？"薛蟠还唱道：

两个苍蝇嗡嗡嗡。

众人都道："罢，罢，罢！"薛蟠道："爱听不听！这是新鲜曲儿，叫作哼哼韵。你们要懒待听，连酒底都免了，我就不唱。"众人都道："免了罢，免了罢，倒别耽误了别人家。"

少刻，宝玉出席解手，蒋玉菡便随了出来。二人站在廊檐下，蒋玉菡又陪不是。宝玉见他妩媚温柔，心中十分留恋，便紧紧的搭着他的手，叫他："闲了往我们那里去。还有一句话借问：也是你们贵班中，有一个叫琪官的，他在哪里？如今名驰天下，我独无缘一见。"蒋玉菡

笑道："就是我的小名儿。"宝玉听说，不觉欣然跌足笑道："有幸，有幸！果然名不虚传。今儿初会，便怎么样呢？"想了一想，向袖中取出扇子，将一个玉玦扇坠解下来，递与琪官，道："微物不堪，略表今日之谊。"琪官接了，笑道："无功受禄，何以克当！也罢，我这里得了一件奇物，今日早起方系上，还是簇新的，聊可表我一点亲热之意。"说毕撩衣，将系小衣儿一条大红汗巾子解了下来，递与宝玉，道："这汗巾子是茜香国女国王所贡之物，夏天系着，肌肤生香，不生汗渍。昨日北静王给我的，今日才上身。若是别人，我断不肯相赠。二爷请把自己系的解下来，给我系着。"宝玉听说，喜不自禁，连忙接了，将自己一条松花汗巾解了下来，递与琪官。

宝玉回至园中，宽衣吃茶。袭人见扇子上的坠儿没了，便问他："哪里去了？"宝玉道："马上丢了。"睡觉时只见腰里一条血点似的大红汗巾子，袭人便猜了八九分，因说道："你有了好的系裤子，把我那条还我罢。"宝玉听说，方想起那条汗巾子原是袭人的，不该给人才是，心里后悔，口里说不出来，只得笑道："我赔你一条罢。"

至次日天明，方才醒了，只见宝玉笑道："夜里失了盗也不晓得，你瞧瞧裤子上。"袭人低头一看，只见昨日宝玉系的那条汗巾子系在自己腰里呢，便知是宝玉夜间换了，忙一顿把解下来，说道："我不稀罕这行子，趁早儿拿了去！"宝玉见他如此，只得委婉解劝了一回。袭人无法，只得系在腰里。过后宝玉出去，终久解下来掷在个空箱子里，自己又换了一条系着。

宝玉并未理论，因问昨日可有什么事情。袭人便回说："昨儿贵妃打发夏太监出来，送了一百二十两银子，叫在清虚观初一到初三打三天平安醮，唱戏献供，叫珍大爷领着众位爷们跪香拜佛呢。还有端午儿的节礼也赏了。"说着命小丫头子来，将昨日所赐之物取了出来，只见上等宫扇两柄，红麝香珠二串，凤尾罗二端，芙蓉簟一领。宝玉见了，喜不自胜，问："别人的也都是这个？"袭人道："老太太的多着一个香如意，一个玛瑙枕。太太、老爷、姨太太的只多着一个如意。你的同宝姑娘的一样。林姑娘同二姑娘、三姑娘、四姑娘只单有扇子同数珠儿，别人都没了。大奶奶、二奶奶他两个是每人两匹纱，两匹罗，两个香袋，两个锭子药。"

宝玉听了，笑道："这是怎么个缘故？怎么林姑娘的倒不同我的一样，倒是宝姐姐的同我一样！别是传错了罢？"袭人道："昨儿拿出来，都是一份一份的写着签子，怎么就错了！你的是在老太太屋里的，我去拿了来了。老太太说了，明儿叫你一个五更天进去谢恩呢。"宝玉道："自然要走一趟。"说着便叫紫绡来："拿了这个到林姑娘那里去，就说是昨儿我得的，爱什么留下什么。"紫绡答应了，拿了去，不一时回来说："林姑娘说了，昨儿也得了，二爷留着罢。"

宝玉听说，便命人收了。刚洗了脸出来，要往贾母那里请安去，只见林黛玉顶头来了。

正说着，只见宝钗从那边来了，二人便走开了。宝钗分明看见，只装看不见，低着头过去了，到了王夫人那里，坐了一回，然后到了贾母这边，只见宝玉在这里呢。薛宝钗因往日母亲对王夫人等曾提过"金锁是个和尚给的，等日后有玉的方可结为婚姻"等语，所以总远着宝玉。昨儿见元春所赐的东西，独他与宝玉一样，心里越发没意思起来。幸亏宝玉被一个林黛玉缠绵住了，心心念念只记挂着林黛玉，并不理论这事。此刻忽见宝玉笑问道："宝姐姐，我瞧瞧你的红麝串子？"可巧宝钗左腕上笼着一串，见宝玉问他，少不得褪了下来。宝钗生的肌肤丰泽，容易褪不下来。宝玉在旁看着雪白一段酥臂，不觉动了羡慕之心。

宝钗见他怔了，自己倒不好意思的，丢下串子，回身才要走，只见林黛玉蹬着门槛子，嘴里咬着手帕子笑呢。宝钗道："你又禁不得风吹，怎么又站在那风口里？"林黛玉笑道："何曾不是在屋里的。只因听见天上一声叫唤，出来瞧了瞧，原来是个呆雁。"薛宝钗道："呆雁在哪里呢？我也瞧一瞧。"林黛玉道："我才出来，他就'忒儿'一声飞了。"口里说着，将手里的帕子一甩，向宝玉脸上甩来。宝玉不防，正打在眼上，"哎哟"了一声。要知端的，且听下回分解。

第二十九回　享福人福深还祷福
　　　　　痴情女情重愈斟情

话说宝玉正自发怔，不想黛玉将手帕子甩了来，正碰在眼睛上，倒唬了一跳，问是谁。林黛玉摇着头儿笑道："不敢，是我失了手。因为宝姐姐要看呆雁，我比给他看，不想失了手。"宝玉揉着眼睛，待要说什么，又不好说的。

一时，凤姐儿来了，因说起初一日在清虚观打醮的事来，遂约着宝钗、宝玉、黛玉等看戏去。宝钗笑道："罢，罢，怪热的。什么没看过的戏，我就不去了。"凤姐儿道："他们那里凉快，两边又有楼。咱们要去，我头几天打发人去，把那些道士都赶出去，把楼打扫干净，挂起帘子来，一个闲人不许放进庙去，才是好呢。我已经回了太太了。你们不去我去，这些日子也闷的很了。家里唱动戏，我又不得舒舒服服的看。"

贾母听说，笑道："既这么着，我同你去。"凤姐听说，笑道："老祖宗也去，敢情好了！就只是我又不得受用了。"贾母道："到明儿，我在正面楼上，你在旁边楼上，你也不用到我这边来立规矩，可好不好？"凤姐儿笑道："这就是老祖宗疼我了。"贾母因又向宝钗道："你也去，连你母亲也去。长天老日的，在家里也是睡觉。"宝钗只得答应着。

单表到了初一这一日，荣国府门前车辆纷纷，人马簇簇。那底下凡执事人等，闻得是贵妃作好事，贾母亲去拈香，正是初一日乃月之首日，况是端阳节间，因此凡动用的什物，一色都是齐全的，不同往日。

将至观前，只听钟鸣鼓响，早有张法官执香披衣，带领众道士在路旁迎接。贾母的轿刚至山门以内，贾母在轿内因看见有守门大帅并千里眼、顺风耳、当方土地、本境城隍各位泥胎圣像，便命住轿。贾珍带领各子弟上来迎接。

凤姐儿知道鸳鸯等在后面，赶不上来搀贾母，自己下了轿，忙要上来搀。这里贾母带着众人，一层一层的瞻拜观玩。外面小厮们见贾母等进入二层山门，忽见贾珍领了一个小道士出来，叫人来带去，给他几百钱，不要难为了他。家人听说，忙上来领了下去。

贾珍站在阶矶上，因问："管家在哪里？"底下站的小厮们见问，都一齐喝声说："叫管家！"登时林之孝一手扣着帽子跑了来，到贾珍跟前。贾珍道："虽说这里地方大，今儿不承望来这些人。你使的人，你就带了往你的那院里去；使不着的，打发到那院里去。把小幺儿们多挑几个在这二层门上同两边的角门上，伺候着要东西传话。你可知道不知道，今儿小姐奶奶们都出来，一个闲人也到不了这里。"林之孝忙答应"晓得"，又说了几个"是"。贾珍道："去罢。"又问："怎么不见蓉儿？"

一声未了，只见贾蓉从钟楼里跑了出来。贾珍道："你瞧瞧他，我这里也还没敢说热，他倒乘凉去了！"喝命家人啐他。那小厮们都知道贾珍素日的性子，违拗不得，有个小厮便上来向贾蓉脸上啐了一口。贾珍又道："问着他！"那小厮便问贾蓉道："爷还不怕热，哥儿怎么先乘凉去了？"贾蓉垂着手，一声不敢说。那贾芸、贾萍、贾芹等听见了，不但他们慌了，亦且连贾璜，贾琼，贾琼等也都忙了，一个一个从墙根下慢慢的溜上来。贾珍又向贾蓉道："你站着作什么？还不骑了马跑到家里，告诉你娘母子去！老太太同姑娘们都来了，叫他们快来伺候。"

且说贾珍方要抽身进去，只见张道士站在旁边陪笑说道："论理我不比别人，应该里头伺候。只因天气炎热，众位千金都出来了，法官不敢擅入，请爷的示下。恐老太太问，或要随喜那里，我只在这里伺候罢了。"贾珍知道，这张道士虽然是当日荣国府国公的替身，曾经先皇御口亲呼为"大幻仙人"，如今现掌"道录司"印，又是当今封为"终了真人"，现今王公藩镇都称他为"神仙"，所以不敢轻慢。二则他又常往两个府里去，凡夫人小姐都是见的。今见他如

此说,便笑道:"咱们自己,你又说起这话来。再多说,我把你这胡子还揭了呢!还不跟我进来。"那张道士呵呵大笑,跟了贾珍进来。

贾珍到贾母跟前,控身陪笑说:"这张爷爷进来请安。"贾母听了,忙道:"搀他来。"贾珍忙去搀了过来。那张道士先哈哈笑道:"无量寿佛!老祖宗一向福寿安康?众位奶奶小姐纳福?一向没到府里请安,老太太气色越发好了。"贾母笑道:"老神仙,你好?"张道士笑道:"托老太太万福万寿,小道也还康健。别的倒罢,只记挂着哥儿,一向身上好?前日四月二十六日,我这里做遮天大王的圣诞,人也来的少,东西也很干净,我说请哥儿来逛逛,怎么说不在家?"贾母说道:"果真不在家。"一面回头叫宝玉。谁知宝玉解手去了才来,忙上前问:"张爷爷好?"张道士忙抱住问了好,又向贾母笑道:"哥儿越发发福了。"贾母道:"他外头好,里头弱。又搭着他老子逼着他念书,生生的把个孩子逼出病来了。"张道士道:"前日我在好几处看见哥儿写的字,作的诗,都好的了不得,怎么老爷还抱怨说哥儿不大喜欢念书?依小道看来,也就罢了。"又叹道:"我看见哥儿的这个形容身段,言谈举动,怎么就同当日国公爷一个稿子!"说着两眼流下泪来。贾母听说,也由不得满脸泪痕,说道:"正是呢,我养这些儿子孙子,也没一个像他爷爷的,就只这玉儿像他爷爷。"

说毕,只见凤姐儿笑道:"张爷爷,我们丫头的寄名符儿你也不换去。前儿亏你还有那么大脸,打发人和我要鹅黄缎子去! 要不给你,又恐怕你那老脸上过不去。"张道士呵呵大笑道:"你瞧,我眼花了,也没看见奶奶在这里,也没道谢。符早已有了,前日原要送去的,不指望娘娘来作好事,就混忘了,还在佛前镇着。待我取来。"说着跑到大殿上去,一时拿了一个茶盘,搭着大红蟒缎经袱子,托出符来。大姐儿的奶子接了符。

这里贾母与众人上了楼,在正面楼上归座。凤姐等占了东楼。众丫头等在西楼,轮流伺候。贾珍一时来回:"神前拈了戏,头一本《白蛇记》。"贾母问《白蛇记》是什么故事?"贾珍道:"是汉高祖斩蛇方起首的故事。第二本是《满床笏》。"贾母笑道:"这倒是第二本上? 也罢了。神佛要这样,也只得罢了。"又问第三本,贾珍道:"第三本是《南柯梦》。"贾母听了便不言语。贾珍退了下来,至外边预备着申表、焚钱粮、开戏,不在话下。

且说宝玉在楼上,坐在贾母旁边,因叫个小丫头子捧着方才那一盘子贺物,将自己的玉戴上,用手翻弄寻拨,一件一件的挑与贾母看。贾母因看见有个赤金点翠的麒麟,便伸手拿了起来,笑道:"这件东西好像我看见谁家的孩子也带着这么一个的。"宝钗笑道:"史大妹妹有一个,比这个小些。"贾母道:"原来是云儿有这个。"宝玉道:"他这么往我们家去住着,我也没看见。"探春笑道:"宝姐姐有心,不管什么他都记得。"林黛玉冷笑道:"他在别的上还有限,唯有这些人带的东西上越发留心。"宝钗听说,便回头装没听见。

宝玉听见史湘云有这件东西,自己便将那麒麟忙拿起来揣在怀里。一面心里又想到怕人看见他听见史湘云有了,他就留这件,因此手里揣着,却拿眼睛瞟人。只见众人都倒不大理论,唯有林黛玉瞅着他点头儿,似有赞叹之意。宝玉不觉心里没好意思起来,又掏了出来,向黛玉笑道:"这个东西倒好玩,我替你留着,到了家穿上你带。"林黛玉将头一扭,说道:"我不稀罕。"宝玉笑道:"你果然不稀罕,我少不得就拿着。"说着又揣了起来。

且说宝玉因见林黛玉又病了,心里放不下,饭也懒去吃,不时来问。林黛玉又怕他有个好歹,因说道:"你只管看你的戏去,在家里作什么?"宝玉因昨日张道士提亲,心中大不受用,今听见林黛玉如此说,心里因想道:"别人不知道我的心还可恕,连他也奚落起我来。"因此心中更比往日的烦恼加了百倍。若是别人跟前,断不能动这肝火,只是林黛玉说了这话,倒比往日别人说这话不同,由不得立刻沉下脸来,说道:"我白认得了你。罢了,罢了!"林黛玉听说,便冷笑了两声道:"我也知道白认得了我,哪里像人家有什么配的上呢。"宝玉听了,便向前来直问到脸上:"你这么说,是安心咒我天诛地灭?"林黛玉一时解不过这个话来。宝玉又道:"昨儿还为这个赌了几回咒,今儿你到底又准我一句。我便天诛地灭,你又有什么益处?"林黛玉一闻此言,方想起上日的话来。今日原是自己说错了,又是着急,又是羞愧,便颤颤兢兢的说道:"我要安心咒你,我也天诛地灭。何苦来!我知道,昨日张道士说亲,你怕阻了你的好姻缘,你心里生气,来拿我煞性子。"

那宝玉又听见他说"好姻缘"三个字，越发逆了己意，心里干噎，口里说不出话来，便赌气向颈上抓下通灵宝玉，咬牙狠命往地下一摔，道："什么捞什骨子，我砸了你完事！"偏生那玉坚硬非常，摔了一下，竟文风没动。宝玉见没摔碎，便回身找东西来砸。林黛玉见他如此，早已哭起来，说道："何苦来，你摔砸那哑巴物件。有砸他的，不如来砸我。"二人闹着，紫鹃雪雁等忙来解劝。后来见宝玉下死砸玉，忙上来夺，又夺不下来，见比往日闹的大了，少不得去叫袭人。袭人忙赶了来，才夺了下来。宝玉冷笑道："我砸我的东西，与你们什么相干！"

又见林黛玉脸红头胀，一行啼哭，一行气凑，一行是泪，一行是汗，不胜怯弱。宝玉见了这般，又自己后悔方才不该同他较证，这会子他这样光景，我又替不了他。心里想着，也由不的滴下泪来了。袭人见他两个哭，由不得守着宝玉也心酸起来，又摸着宝玉的手冰凉，待要劝宝玉不哭罢，一则又恐宝玉有什么委屈闷在心里，二则又恐薄了林黛玉。不如大家一哭，就丢开手了，因此也流下泪来。紫鹃一面收拾了吐的药，一面拿扇子替林黛玉轻轻的扇着，见三个人都鸦雀无声，各人哭各人的，也由不得伤心起来，也拿手帕子擦泪。四个人都无言对泣。

一时，袭人勉强笑向宝玉道："你不看别的，你看看这玉上穿的穗子，也不该同林姑娘拌嘴。"林黛玉听了，也不顾病，赶来夺过去，顺手抓起一把剪子来要剪。袭人紫鹃刚要夺，已经剪了几段。林黛玉哭道："我也是白效力。他也不稀罕，自有别人替他再穿好的去。"袭人忙接了玉道："何苦来，这是我才多嘴的不是了。"宝玉向林黛玉道："你只管剪，我横竖不带他，也没什么。"

只顾里头闹，谁知那些老婆子们见林黛玉大哭大吐，宝玉又砸玉，不知道要闹到什么田地，倘或连累了他们，便一齐往前头回贾母王夫人知道，好不干连了他们。那贾母王夫人见他们忙忙的作一件正经事来告诉，也都不知有了什么大祸，便一齐进园来瞧他兄妹。急的袭人抱怨紫鹃为什么惊动了老太太、太太；紫鹃又只当是袭人去告诉的，也抱怨袭人。那贾母、王夫人进来，见宝玉也无言，林黛玉也无话，问起来又没为什么事，便将这祸移到袭人紫鹃两个人身上，说"为什么你们不小心服侍，这会子闹起来都不管了！"因此将他二人连骂带说教训了一顿。二人都没话，只得听着。还是贾母带出宝玉去了，方才平服。

过了一日，至初三日，乃是薛蟠生日，家里摆酒唱戏，来请贾府诸人。宝玉因得罪了林黛玉，二人总未见面，心中正自后悔，无精打采的，哪里还有心肠去看戏，因而推病不去。林黛玉不过前日中了些暑溽之气，本无甚大病，听见他不去，心里想："他是好吃酒看戏的，今日反不去，自然是因为昨儿气着了。再不然，他见我不去，他也没心肠去。只是昨儿千不该万不该剪了那玉上的穗子。管定他再不带了，还得我穿了他才带。"因而心中十分后悔。

第三十回　宝钗借扇机带双敲　龄官划蔷痴及局外

话说林黛玉自与宝玉口角后，也自后悔，但又无去就他之理，因此日夜闷闷，如有所失。紫鹃度其意，乃劝道："若论前日之事，竟是姑娘太浮躁了些。别人不知宝玉那脾气，难道咱们也不知道的。为那玉也不是闹了一遭两遭了。"黛玉啐道："你倒来替人派我的不是。我怎么浮躁了？"紫鹃笑道："好好的，为什么又剪了那穗子？岂不是宝玉只有三分不是，姑娘倒有七分不是。我看他素日在姑娘身上好，皆因姑娘小性儿，常要歪派他，才这么样。"

林黛玉正欲答话，只听院外叫门。紫鹃听了一听，笑道："这是宝玉的声音，想必是来赔不是来了。"林黛玉听了道："不许开门！"紫鹃道："姑娘又不是了。这么热天毒日头地下，晒坏了他如何使得呢！"口里说着，便出去开门，果然是宝玉。一面让他进来，一面笑道："我只当是宝二爷再不上我们这门了，谁知这会子又来了。"宝玉笑道："你们把极小的事倒说大

了。好好的，为什么不来？我便死了，魂也要一日来一百遭。妹妹可大好了？"紫鹃道："身上病好了，只是心里还气不大好。"宝玉笑道："我晓得有什么气。"一面说着，一面进来，只见林黛玉又在床上哭。

那林黛玉本不曾哭，听见宝玉来，由不得伤了心，止不住滚下泪来。宝玉笑着走近床来，道："妹妹身上可大好了？"林黛玉只顾拭泪，并不答应。宝玉因便挨在床沿上坐了，一面笑道："我知道妹妹不恼我。但只是我不来，叫旁人看着，倒像是咱们又拌了嘴的似的。若等他们来劝咱们，那时节岂不咱们倒觉生分了？不如这会子，你要打要骂，凭着你怎么样，千万别不理我。"说着，又把"好妹妹"叫了几万声。

林黛玉心里原是再不理宝玉的，这会子听见宝玉说别叫人知道他拌了嘴就生分了似的这一句话，又可见得比别人原亲近，因又撑不住哭道："你也不用哄我。从今以后，我也不敢亲近二爷，二爷也全当我去了。"宝玉听了笑道："你往哪去呢？"林黛玉道："我回家去。"宝玉笑道："我跟了你去。"林黛玉道："我死了。"宝玉道："你死了，我做和尚！"林黛玉一闻此言，登时将脸放下来，问道："想是你要死了，胡说的是什么！你家倒有几个亲姐姐亲妹妹呢，明儿都死了，你有几个身子去做和尚？明儿我倒把这话告诉别人去评评。"

宝玉自知这话说的造次了，后悔不来，登时脸上红胀起来，低着头不敢则一声。幸而屋里没人。林黛玉直瞪瞪的瞅了他半天，气的一声儿也说不出话来。见宝玉憋的脸上紫胀，便咬着牙用指头狠命的在他额颅上戳了一下，哼了一声，咬牙说道："你这——"刚说了两个字，便又叹了一口气，仍拿起手帕子来擦眼泪。

宝玉心里原有无限的心事，又兼说错了话，正自后悔；又见黛玉戳他一下，要说又说不出来，自叹自泣，因此自己也有所感，不觉滚下泪来。要用帕子揩拭，不想又忘了带来，便用衫袖去擦。林黛玉虽然哭着，却一眼看见了，见他穿着簇新藕合纱衫，竟去拭泪，便一面自己拭着泪，一面回身将枕边搭的一方绡帕子拿起来，向宝玉怀里一摔，一语不发，仍掩面自泣。宝玉见他摔了帕子来，忙接住拭了泪，又挨近些，伸手拉了林黛玉一只手，笑道："我的五脏都碎了，你还只是哭。走罢，我同你往老太太跟前去。"林黛玉将手一摔道："谁同你拉拉扯扯的。一天大似一天的，还这么涎皮赖脸的，连个道理也不知道。"

一句没说完，只听喊道："好了！"宝林二人不防，都唬了一跳，回头看时，只见凤姐儿跳了进来，笑道："老太太在那里抱怨天抱怨地，只叫我来瞧瞧你们好了没有。我说不用瞧，过不了三天，他们自己就好了。老太太骂我，说我懒。我来了，果然应了我的话了。也没见你们两个人有些什么可拌的，三日好了，两日恼了，越大越成了孩子了！有这会子拉着手哭的，昨儿为什么又成了乌眼鸡呢！还不跟我走，到老太太跟前，叫老人家也放些心。"说着拉了林黛玉就走。林黛玉回头叫丫头们，一个也没有。凤姐道："又叫他作什么，有我服侍你呢。"一面说，一面拉了就走。宝玉在后面跟着出了园门。

到了贾母跟前，凤姐笑道："我说他们不用人费心，自己就会好的。老祖宗不信，一定叫我去说合。我及至到那里要说合，谁知两个人倒在一处对赔不是了。对笑对诉，倒像'黄鹰抓住了鹞子的脚'，两个都扣了环了，哪里还要人去说合。"说的满屋里都笑起来。

此时宝钗正在这里。那林黛玉一言不发，挨着贾母坐下。宝玉没甚说的，便向宝钗笑道："大哥哥好日子，偏生我又不好了，没别的礼送，连个头也不得磕去。大哥哥不知我病，倒像我懒，推故不去的。倘或明儿恼了，姐姐替我分辨分辨。"宝钗笑道："这也多事。你便要去也不敢惊动，何况身上不好。弟兄们日日一处，要存这个心倒生分了。"宝玉又笑道："姐姐知道体谅我就好了。"又道："姐姐怎么不看戏去？"宝钗道："我怕热，看了两出，热的很。要走，客又不散。我少不得推身上不好，就来了。"宝玉听说，自己由不得脸上没意思，只得又搭讪笑道："怪不得他们拿姐姐比杨妃，原来也体丰怯热。"

宝钗听说，不由的大怒，待要怎样，又不好怎样。回思了一回，脸红起来，便冷笑了两声，说道："我倒像杨妃，只是没一个好哥哥好兄弟可以作得杨国忠的！"二人正说着，可巧小丫头靛儿因不见了扇子，和宝钗笑道："必是宝姑娘藏了我的。好姑娘，赏我罢。"宝钗指他道："你要仔细！我和你玩过，你再疑我。和你素日嬉皮笑脸的那些姑娘们跟前，你该问他们

去。"说的个靛儿跑了。宝玉自知又把话说造次了,当着许多人,更比才在林黛玉跟前更不好意思,便急回身又同别人搭讪去了。

林黛玉听见宝玉奚落宝钗,心中着实得意,才要搭言也趁势儿取个笑,不想靛儿因找扇子,宝钗又发了两句话,他便改口笑道:"宝姐姐,你听了两出什么戏?"宝钗因见林黛玉面上有得意之态,一定是听了宝玉方才奚落之言,遂了他的心愿,忽又见问他这话,便笑道:"我看的是李逵骂了宋江,后来又赔不是。"宝玉便笑道:"姐姐通今博古,色色都知道,怎么连这一出戏的名字也不知道,就说了这么一串子。这叫《负荆请罪》。"宝钗笑道:"原来这叫作《负荆请罪》!你们通今博古,才知道'负荆请罪',我不知道什么是'负荆请罪'!"一句话还未说完,宝玉林黛玉二人心里有病,听了这话早把脸羞红了。

谁知目今盛暑之时,又当早饭已过、各处主仆人等多半都因日长神倦之时,宝玉背着手,到一处,一处鸦雀无闻。从贾母这里出来,往西走过了穿堂,便是凤姐的院落。到他们院门前,只见院门掩着。知道凤姐素日的规矩,每到天热,午间要歇一个时辰的,进去不便,遂进角门,来到王夫人上房内。只见几个丫头子手里拿着针线,却打盹儿呢。

王夫人在里间凉榻上睡着,金钏儿坐在旁边捶腿,也乜斜着眼乱恍。宝玉轻轻的走到跟前,把他耳上带的坠子一摘,金钏儿睁开眼,见是宝玉。宝玉悄悄的笑道:"就困的这么着?"金钏抿嘴一笑,摆手令他出去,仍合上眼。宝玉见了他,就有些恋恋不舍的,悄悄的探头瞧瞧王夫人合着眼,便自己向身边荷包里带的香雪润津丹掏了一丸出来,便向金钏儿口里一送。金钏儿并不睁眼,只管噙了。宝玉上来便拉着手,悄悄的笑道:"我明日和太太讨你,咱们在一处罢。"金钏儿不答。宝玉又道:"不然,等太太醒了我就讨。"

金钏儿睁开眼,将宝玉一推,笑道:"你忙什么!'金簪子掉在井里头,有你的只是有你的',连这句话语难道也不明白?我倒告诉你个巧宗儿,你往东小院子里拿环哥儿同彩云去。"宝玉笑道:"凭他怎么去罢,我只守着你。"只见王夫人翻身起来,照金钏儿脸上就打了个嘴巴子,指着骂道:"下作小娼妇,好好的爷们,都叫你教坏了。"宝玉见王夫人起来,早一溜烟去了。

这里金钏儿半边脸火热,一声不敢言语。登时众丫头听见王夫人醒了,都忙进来。王夫人便叫玉钏儿:"把你妈叫来,带出你姐姐去。"金钏儿听说,忙跪下哭道:"我再不敢了。太太要打骂,只管发落,别叫我出去就是天恩了。我跟了太太十来年,这会子撵出去,我还见人不见人呢!"王夫人固然是个宽仁慈厚的人,从来不曾打过丫头们一下,今忽见金钏儿行此无耻之事,此乃平生最恨者,故气忿不过,打了一下,骂了几句。虽金钏儿苦求,亦不肯收留,到底唤了金钏儿之母白老媳妇来领了下去。那金钏儿含羞忍辱的出去,不在话下。

且说那宝玉见王夫人醒来,自己没趣,忙进大观园来。只见赤日当空,树阴合地,满耳蝉声,静无人语。刚到了蔷薇花架,只听有人哽噎之声。宝玉心中疑惑,便站住细听,果然架下那边有人。如今五月之际,那蔷薇正是花叶茂盛之际,宝玉便悄悄的隔着篱笆洞儿一看,只见一个女孩子蹲在花下,手里拿着根绾头的簪子在地下抠土,一面悄悄的流泪。

伏中阴晴不定,片云可以致雨,忽一阵凉风过了,唰唰的落下一阵雨来。宝玉看着那女

子头上滴下水来，纱衣裳登时湿了。宝玉想道："这时下雨。他这个身子，如何禁得骤雨一激！"因此禁不住便说道："不用写了。你看下大雨，身上都湿了。"那女孩子听说倒唬了一跳，抬头一看，只见花外一个人叫他不要写了，下大雨了。一则宝玉脸面俊秀；二则花叶繁茂，上下俱被枝叶隐住，刚露着半边脸，那女孩子只当是个丫头，再不想是宝玉，因笑道："多谢姐姐提醒了我。难道姐姐在外头有什么遮雨的？"一句提醒了宝玉，"哎哟"了一声，才觉得浑身冰凉。低头一看，自己身上也都湿了。说声"不好"，只得一气跑回怡红院去了，心里却还记挂着那女孩子没处避雨。

原来明日是端阳节，那文官等十二个女子都放了学，进园来各处玩耍。

宝玉见关着门，便以手扣门，里面诸人只顾笑，哪里听见。

宝玉一肚子没好气，满心里要把开门的踢儿脚，及开了门，并不看真是谁，还只当是那些小丫头子们，便抬腿踢在肋上。袭人"哎哟"了一声。宝玉还骂道："下流东西们！我素日担待你们得了意，一点儿也不怕，越发拿我取笑儿了。"口里说着，一低头见是袭人哭了，方知踢错了，忙笑道："哎哟，是你来了！踢在哪里了？"袭人从来不曾受过一句大话的，今儿忽见宝玉生气踢他一下，又当着许多人，又是羞，又是气，又是疼，真一时身无地。待要怎样，料着宝玉未必是安心踢他，少不得忍着说道："没有踢着。还不换衣裳去。"

说着，那雨已住了，宝官、玉官也早去了。袭人只觉肋下疼的心里发闹，晚饭也不曾好生吃。至晚间洗澡时脱了衣服，只见肋上青了碗大一块，自己倒唬了一跳，又不好声张。

一时睡下，梦中作痛，由不得"哎哟"之声从睡中哼出。宝玉虽说不是安心，因见袭人懒懒的，也睡不安稳。忽夜间听得"哎哟"，便知踢重了，自己下床悄悄的秉灯来照。刚到床前，只见袭人嗽了两声，吐出一口痰来，"哎哟"一声，睁开眼见了宝玉，倒唬了一跳道："作什么？"宝玉道："你梦里'哎哟'，必定踢重了。我瞧瞧。"袭人道："我头上发晕，嗓子里又腥又甜，你倒照一照地下罢。"宝玉听说，果然持灯向地下一照，只见一口鲜血在地。宝玉慌了，只说"了不得了！"袭人见了，也就心凉了半截。要知端的，且听下回分解。

第三十一回　撕扇子作千金一笑　因麒麟伏白首双星

一交五更，宝玉也顾不的梳洗，忙穿衣出来，将王济仁叫来，亲自确问。王济仁问缘故，不过是伤损，便说了个丸药的名字，怎么服，怎么敷。宝玉记了，回园依方调治。不在话下。

这日正是端阳佳节，蒲艾簪门，虎符系臂。午间，王夫人治了酒席，请薛家母女等赏午。宝玉见宝钗淡淡的，也不和他说话，自知是昨儿的缘故。王夫人见宝玉没精打采，也只当是金钏儿昨日之事，他没好意思的，越发不理他。林黛玉见宝玉懒懒的，只当是他因为得罪了宝钗的缘故，心中不自在，形容也就懒懒的。凤姐昨日晚间王夫人就告诉了他宝玉金钏的事，知道王夫人不自在，自己如何敢说笑，也就随着王夫人的气色行事，更觉淡淡的。贾迎春姊妹见众人无意思，也都无意思了。因此，大家坐一坐就散了。

因此，今日之筵，大家无兴散去，林黛玉倒不觉得，倒是宝玉心中闷闷不乐，回至自己房中长吁短叹。偏生晴雯上来换衣服，不防又把扇子失了手跌在地下，将股子跌折。宝玉因叹道："蠢才，蠢才！将来怎么样？明日你自己当家立事，难道也是这么顾前不顾后的？"晴雯冷笑道："二爷近来气大的很，行动就给脸子瞧。前儿连袭人都打了，今儿又来寻我们的不是。要踢要打凭爷去。就是跌了扇子，也是平常的事。先时连那么样的玻璃缸、玛瑙碗不知弄坏了多少，也没见个大气儿，这会子一把扇子就这么着了。何苦来！要嫌我们就打发我们，再挑好的使。好离好散的，倒不好？"宝玉听了这些话，气的浑身乱战，因说道："你不用忙，将来有散的日子！"

袭人在那边早已听见,忙赶过来向宝玉道:"好好的,又怎么了?可是我说的'一时我不到,就有事故儿'。"晴雯听了冷笑道:"姐姐既会说,就该早来,也省了爷生气。自古以来,就是你一个人服侍爷的,我们原没服侍过。因为你服侍的好,昨日才挨窝心脚;我们不会服侍的,到明儿还不知是个什么罪呢!"袭人听了这话,又是恼,又是愧,待要说几句话,又见宝玉已经气的黄了脸,少不得自己忍了性子,推晴雯道:"好妹妹,你出去逛逛,原是我们的不是。"

晴雯听他说"我们"两个字,自然是他和宝玉了,不觉又添了酸意,冷笑几声,道:"我倒不知道你们是谁,别教我替你们害臊了!便是你们鬼鬼祟祟干的那事儿,也瞒不过我去,那里就称起'我们'来了。明公正道,连个姑娘还没挣上去呢,也不过和我似的,哪里就称上'我们'了!"

宝玉向晴雯道:"你也不用生气,我也猜着你的心事了。我回太太去,你也大了,打发你出去好不好?"晴雯听见了这话,不觉又伤心起来,含泪道:"为什么我出去?要嫌我,变着法儿打发我出去,也不能够。"宝玉道:"我何曾经过这个吵闹?一定是你要出去了。不如回太太,打发你去吧。"说着,站起来就要走。袭人忙回身拦住,笑道:"往哪里去?"宝玉道:"回太太去。"袭人笑道:"好没意思!真个的去回,你也不怕臊了?便是他认真的要去,也等把这气下去了,等无事中说话儿回了太太也不迟。这会子急急的当作一件正经事去回,岂不叫太太犯疑?"宝玉道:"太太必不犯疑,我只明说是他闹着要去的。"晴雯哭道:"我多早晚闹着要去了?饶生了气,还拿话压派我。只管去回,我一头碰死了也不出这门儿。"宝玉道:"这也奇了。你又不去,你又闹些什么?我经不起这吵,不如去了倒干净。"说着一定要去回。

撕扇子作千金一笑

晴雯在旁哭着,方欲说话,只见林黛玉进来,便出去了。林黛玉笑道:"大节下怎么好好的哭起来?难道是为争粽子吃争恼了不成?"宝玉和袭人嗤的一笑。黛玉道:"二哥哥不告诉我,我问你就知道了。"一面说,一面拍着袭人的肩,笑道:"好嫂子,你告诉我。必定是你两个拌了嘴了。告诉妹妹,替你们和劝和劝。"袭人推他道:"林姑娘你闹什么?我们一个丫头,姑娘只是混说。"林黛玉笑道:"你说你是丫头,我只拿你当嫂子待。"宝玉道:"你何苦来替他招骂名儿。饶这么着,还有人说闲话,还搁的住你来说他。"袭人笑道:"林姑娘,你不知道我的心事,除非一口气不来死了倒也罢了。"林黛玉笑道:"你死了,别人不知怎么样,我先就哭死了。"宝玉笑道:"你死了,我作和尚去。"袭人笑道:"你老实些罢,何苦还说这些话。"林黛玉将两个指头一伸,抿嘴笑道:"作了两个和尚了。我从今以后都记着你作和尚的遭数儿。"宝玉听得,知道是他点前儿的话,自己一笑也就罢了。

一时黛玉去后,就有人说"薛大爷请",宝玉只得去了。原来是吃酒,不能推辞,只得尽席而散。

晚间回来,已带了几分酒,跟跄走至自己院内,只见院中早把乘凉枕榻设下,榻上有个人睡着。宝玉只当是袭人,一面在榻沿上坐下,一面推他,问道:"疼的好些了?"只见那人翻身起来说:"何苦来,又招我!"宝玉一看,原来不是袭人,却是晴雯。宝玉将他一拉,拉在身旁坐下,笑道:"你的性子越发惯娇了。早起就是跌了扇子,我不过说了那两句,你就说上那些话。

说我也罢了,袭人好意来劝,你又括上他,你自己想想,该不该?"

晴雯笑道:"我慌张的很,连扇子还跌折了,哪里还配打发吃果子。倘或再打破了盘子,还更了不得呢。"宝玉笑道:"你爱打就打,这些东西原不过是借人所用,你爱这样,我爱那样,各自性情不同。晴雯听了,笑道:"既这么说,你就拿了扇子来我撕。我最喜欢撕的。"宝玉听了,便笑着递与他。晴雯果然接过来,嗤的一声,撕了两半,接着嗤嗤又听几声。宝玉在旁笑着说:"响的好,再撕响些!"

至次日午间,王夫人、薛宝钗、林黛玉众姊妹正在贾母房内坐着,就有人回:"史大姑娘来了。"一时果见史湘云带领众多丫鬟媳妇走进院来。宝钗黛玉等忙迎至阶下相见。青年姊妹间经月不见,一旦相逢,其亲密自不必细说。

一时进入房中,请安问好,都见过了。

刚说着,只见宝玉来了,笑道:"云妹妹来了。前儿打发人接你去,怎么不来?"王夫人道:"这里老太太才说这一个,他又来提名道姓的了。"林黛玉道:"你哥哥得了好东西,等着你呢。"史湘云道:"什么好东西?"宝玉笑道:"你信他呢!几日不见,越发高了。"湘云笑道:"袭人姐姐好?"宝玉道:"多谢你记挂。"湘云道:"我给他带了好东西来了。"说着,拿出手帕子来,挽着一个疙瘩。宝玉道:"什么好的?你倒不如把前儿送来的那种绛纹石的戒指儿带两个给他。"湘云笑道:"这是什么?"说着便打开。众人看时,果然就是上次送来的那绛纹戒指,一包四个。

林黛玉笑道:"你们瞧瞧他这主意。前儿一般的打发人给我们送来,你就把他带,岂不省事?今儿巴巴的自己带了来,我当又是什么新奇东西,原来还是他。真真你是糊涂人。"史湘云笑道:"你才糊涂呢!我把这理说出来,大家评一评谁糊涂。给你们送东西,就是使来的不用说话,拿进来一看,自然就知是送姑娘们的了;若带他们的东西,这得我先告诉来人,这是哪一个丫头的,那是哪一个丫头的,那使来的人明白了好,再糊涂些,丫头的名字他也不记得,混闹胡说的,反连你们的东西都搅糊涂了。若是打发个女人素日知道的还罢了,偏生前儿又打发小子来,可怎么说丫头们的名字呢?横竖我来给他们带来,岂不清白。"说着,把四个戒指放下,说道:"袭人姐姐一个,鸳鸯姐姐一个,金钏儿姐姐一个,平儿姐姐一个:这倒是四个人的,难道小子也记得这么清楚?"

众人听了,都笑道:"果然明白。"宝玉笑道:"还是这么会说话,不让人。"林黛玉听了,冷笑道:"他不会说话,他的金麒麟会说话。"一面说着,便起身走了。幸而诸人都不曾听见,只有薛宝钗掬嘴一笑。宝玉听见,倒自己后悔又说错了话,忽见宝钗一笑,由不得也笑了。宝钗见宝玉笑了,忙起身走开,找了林黛玉去说话。贾母向湘云道:"吃了茶歇一歇,瞧瞧你的嫂子们去。园里也凉快,同你姐姐们去逛逛。"

湘云答应了,将三个戒指儿包上,歇了一歇,便起身要瞧凤姐等人去。众奶娘丫头跟着,到了凤姐那里,说笑了一回,出来便往大观园来,见过了李宫裁,少坐片时,便往怡红院来找袭人。因回头说道:"你们不必跟着,只管瞧你们的朋友亲戚去,留下翠缕服侍就是了。"

众人听了,自去寻姑寻嫂,早剩下湘云翠缕两个人。翠缕道:"这荷花怎么还不开?"史湘云道:"时候没到。"翠缕道:"这也和咱们家池子里的一样,也是楼子花?"湘云道:"他们这个还不如咱们的。"翠缕道:"他们那边有棵石榴,接连四五枝,真是楼子上起楼子,这也难为他长。"史湘云道:"花草也是同人一样,气脉充足,长的就好。"翠缕把脸一扭,说道:"我不信这话。若说同人一样,我怎么不见头上又长出一个头来的人?"

湘云听了,由不得一笑,说道:"我说你不用说话,你偏好说。这叫人怎么好答言?天地间都赋阴阳二气所生,或正或邪,或奇或怪,千变万化,都是阴阳顺逆多少。一生出来,人罕见的就奇,究竟理还是一样。"翠缕道:"这么说起来,从古至今,开天辟地,都是些阴阳了?"湘云笑道:"糊涂东西,越说越放屁。什么'都是些阴阳',难道还有两个阴阳不成!'阴''阳'两个字还只是一字,阳尽了就成阴,阴尽了就成阳,不是阴尽了又有个阳生出来,阳尽了又有个阴生出来。"翠缕道:"这糊涂死了我!什么是个阴阳,没影没形的。我只问姑娘,这阴阳是怎么个样儿?"湘云道:"阴阳可有什么样儿,不过是个气,器物赋了成形。比如天是

因麒麟伏白首双星

阳,地就是阴;水是阴,火就是阳;日是阳,月就是阴。"

翠缕听了,笑道:"是了,是了,我今儿可明白了。怪道人都管着日头叫'太阳'呢,算命的管着月亮叫什么'太阴星',就是这个理了。"

翠缕又点头笑了,还要拿几件东西问,因想不起个什么来,猛低头就看见湘云宫绦上系的金麒麟,便提起来笑道:"姑娘,这个难道也有阴阳?"湘云道:"走兽飞禽,雄为阳,雌为阴;牝为阴,牡为阳。怎么没有呢!"

一面说,一面走,刚到蔷薇架下,湘云道:"你瞧那是谁掉的首饰,金晃晃在那里。"翠缕听了,忙赶上拾在手里擎着,笑道:"可分出阴阳来了。"说着,先拿史湘云的麒麟瞧。湘云要他拣的瞧,翠缕只管不放手,笑道:"是件宝贝,姑娘瞧不得。这是从哪里来的?好奇怪!我从来在这里没见有人有这个。"湘云笑道:"拿来我看。"翠缕将手一撒,笑道:"请看。"湘云举目一验,却是文彩辉煌的一个金麒麟,比自己佩的又大又有文彩。湘云伸手擎

在掌上,只是默默不语。

正自出神,忽见宝玉从那边来了,笑问道:"你两个在这日头底下作什么呢?怎么不找袭人去?"湘云连忙将那麒麟藏起道:"正要去呢。咱们一处走。"说着,大家进入怡红院来。

袭人正在阶下倚槛迎风,忽见湘云来了,连忙迎下来,携手笑说一向久别情况。一时进来归坐,宝玉因笑道:"你该早来,我得了一件好东西,专等你呢。"说着,一面在身上摸掏,掏了半天,呵呀了一声,便问袭人"那个东西你收起来了么?"袭人道:"什么东西?"宝玉道:"前儿得的麒麟。"袭人道:"你天天带在身上的,怎么问我?"宝玉听了,将手一拍说道:"这可丢了,往哪里找去!"就要起身自己寻去。湘云听了,方知是他遗落的,便笑问道:"你几时又有了麒麟了?"宝玉道:"前儿好容易得的呢,不知多早晚丢了,我也糊涂了。"湘云笑道:"幸而是玩的东西,还是这么慌张。"说着,将手一撒,笑道:"你瞧瞧,是这个不是?"宝玉一见由不得欢喜非常,因说道……不知是如何,且听下回分解。

第三十二回　诉肺腑心迷活宝玉
含耻辱情烈死金钏

话说宝玉见那麒麟,心中甚是欢喜,便伸手来拿,笑道:"亏你捡着了。你是哪里捡的?"史湘云笑道:"幸而是这个,明儿倘或把印也丢了,难道也就罢了不成?"宝玉笑道:"倒是丢了印平常,若丢了这个,我就该死了。"

袭人道:"且别说玩话,正有一件事还要求你呢。"史湘云便问"什么事?"袭人道:"有一双鞋,抠了垫心子。我这两日身上不好,不得做,你可有工夫替我做做?"史湘云笑道:"这又

奇了,你家放着这些巧人不算,还有什么针线上的,裁剪上的,怎么教我做起来? 你的活计叫谁做,谁好意思不做呢。"袭人笑道:"你又糊涂了。你难道不知道,我们这屋里的针线,是不要那些针线上的人做的。"史湘云听了,便知是宝玉的鞋,因笑道:"既这么说,我就替你做了罢。只是一件,你的我才做,别人的我可不能。"袭人笑道:"又来了,我是个什么,就烦你做鞋。实告诉你,可不是我的。你别管是谁的,横竖我领情就是了。"史湘云道:"论理,你的东西也不知烦我做了多少了,今儿我倒不做的缘故,你必定也知道。"袭人道:"倒也不知道。"

史湘云冷笑道:"前儿我听见把我做的扇套子拿着和人家比,赌气又铰了。我早就听见了,你还瞒我。这会子又叫我做,我成了你们的奴才了。"宝玉忙笑道:"前儿的那事,本不知是你做的。"袭人也笑道:"他本不知是你做的。是我哄他的话,说是新近外头有个会做活的女孩子,说扎的出奇的花,我叫他拿了一个扇套子试试看好不好。他就信了,拿出去给这个瞧给那个看的。不知怎么又惹恼了林姑娘,铰了两段。回来他还叫赶着做去,我才说了是你做的,他后悔的什么似的。"史湘云道:"越发奇了。林姑娘他也犯不上生气,他既会剪,就叫他做。"袭人道:"他可不做呢。饶这么着,老太太还怕他劳碌着了。大夫又说好生静养才好,谁还烦他做? 旧年好一年的工夫,做了个香袋儿;今年半年,还没见拿针线呢。"

正说着,有人来回说:"兴隆街的大爷来了,老爷叫二爷出去会。"宝玉听了,便知是贾雨村来了,心中好不自在。袭人忙去拿衣服。宝玉一面蹬着靴子,一面抱怨道:"有老爷和他坐着就罢了,回回定要见我。"史湘云一边摇着扇子,笑道:"自然你能会宾接客,老爷才叫你出去呢。"宝玉道:"哪里是老爷,都是他自己要请我去见。"湘云笑道:"主雅客来勤,自然你有些警他的好处,他才只要会你。"宝玉道:"罢,罢,我也不敢称雅,俗中又俗的一个俗人,并不愿同这些人往来。"

湘云笑道:"还是这个情性不改。如今大了,你就不愿读书去考举人进士的,也该常常的会会这些为官做宰的人们,谈谈讲讲些仕途经济的学问,也好将来应酬世务,日后也有个朋友。没见你成年家只在我们队里搅些什么!"宝玉听了道:"姑娘请别的姊妹屋里坐坐,我这里仔细污了你知经济学问的。"袭人道:"云姑娘快别说这话。上回也是宝姑娘也说过一回,他也不管人脸上过的去过不去,他就咳了一声,拿起脚来走。这里宝姑娘的话也没说完,见他走了,登时羞的脸通红,说又不是,不说又不是。幸而是宝姑娘,那要是林姑娘,不知又闹到怎么样,哭的怎么样呢。提起这个话来,真真的宝姑娘叫人敬重,自己讪了一会子去了。我倒过不去,只当他恼了。谁知过后还是照旧一样,真真有涵养,心地宽大。谁知这一个反倒同他生分了。那林姑娘见你赌气不理他,你得赔多少不是呢。"宝玉道:"林姑娘从来说过这些混帐话不曾? 若他也说过这些混帐话,我早和他生分了。"袭人和湘云都点头笑道:"这原是混帐话。"

原来林黛玉知道史湘云在这里,宝玉又赶来,一定说麒麟的缘故。

林黛玉听了这话,不觉又喜又惊,又悲又叹。所喜者,果然自己眼力不错,素日认他是个知己,果然是个知己。所惊者,他在人前一片私心称扬于我,其亲热厚密,竟不避嫌疑。所叹者,你既为我之知己,自然我亦可为你之知己矣;既你我为知己,则又何必有金玉之论哉;既有金玉之论,亦该你我有之,则又何必来一宝钗哉! 所悲者,父母早逝,虽有铭心刻骨之言,无人为我主张。况近日每觉神思恍惚,病已渐成,医者更云气弱血亏,恐致劳怯之症。你我虽为知己,但恐自不能久待;你纵为我知己,奈我薄命何! 想到此间,不禁滚下泪来。待进去相见,自觉无味,便一面拭泪,一面抽身回去了。

这里宝玉忙忙的穿了衣裳出来,忽见林黛玉在前面慢慢的走着,似有拭泪之状,便忙赶上来,笑道:"妹妹往哪里去? 怎么又哭了? 又是谁得罪了你?"林黛玉回头见是宝玉,便勉强笑道:"好好的,我何曾哭了。"宝玉笑道:"你瞧瞧,眼睛上的泪珠儿未干,还撒谎呢。"一面说,一面禁不住抬起手来替他拭泪。林黛玉忙向后退了几步,说道:"你又要死了! 作什么这么动手动脚的!"宝玉笑道:"说话忘了情,不觉的动了手,也就顾不的死活。"林黛玉道:"你死了倒不值什么,只是丢下了什么金,又是什么麒麟,可怎么样呢?"一句话又把宝玉说急了,

赶上来问道:"你还说这话,到底是咒我还是气我呢?"林黛玉见问,方想起前日的事来,遂自悔自己又说造次了,忙笑道:"你别着急,我原说错了。这有什么的,筋都暴起来,急的一脸汗。"一面说,一面禁不住近前伸手替他拭上的汗。

宝玉瞅了半天,方说道"你放心"三个字。林黛玉听了,怔了半天,方说道:"我有什么不放心的?我不明白这话。你倒说说怎么放心不放心?"宝玉叹了一口气,问道:"你果不明白这话?难道我素日在你身上的心都用错了?连你的意思若体贴不着,就难怪你天天为我生气了。"林黛玉道:"果然我不明白放心不放心的话。"宝玉点头叹道:"好妹妹,你别哄我。果然不明白这话,不但我素日之意白用了,且连你素日待我之意也都辜负了。你皆因总是不放心的缘故,才弄了一身病。但凡宽慰些,这病也不得一日重似一日。"

林黛玉听了这话,如轰雷掣电,细细思之,竟比自己肺腑中掏出来的还觉恳切,竟有万句言语,满心要说,只是半个字也不能吐,却怔怔的望着他。此时宝玉心中也有万句言语,不知从哪一句上说起,却也怔怔的望着黛玉。两个人怔了半天,林黛玉只咳了一声,两眼不觉滚下泪来,回身便要走。宝玉忙上前拉住,说道:"好妹妹,且略站住,我说一句话再走。"林黛玉一面拭泪,一面将手推开,说道:"有什么可说的。你的话我早知道了!"口里说着,却头也不回竟去了。

宝玉站着,只管发起呆来。原来方出来慌忙,不曾带得扇子。袭人怕他热,忙拿了扇子赶来送与他,忽抬头见了林黛玉和他站着,一时黛玉走了,他还站着不动,因而赶上来说道:"你也不带了扇子去,亏我看见,赶了送来。"宝玉出了神,见袭人和他说话,并未看出是何人来,便一把拉住,说道:"好妹妹,我的这心事,从来也不敢说,今儿我大胆说出来,死也甘心!我为你也弄了一身的病在这里,又不敢告诉人,只好掩着。只等你的病好了,只怕我的病才得好呢。睡里梦里也忘不了你!"袭人听了这话,吓得魄消魂散,只叫"神天菩萨,坑死我了!"便推他道:"这是哪里的话!敢是中了邪?还不快去?"宝玉一时醒过来,方知是袭人送扇子来,羞的满面紫涨,夺了扇子,便忙忙的抽身跑了。

这里袭人见他去了,自思方才之言,一定是因黛玉而起,如此看来,将来难免不才之事,令人可惊可畏。想到此间,也不觉怔怔的滴下泪来,心下暗度如何处治方免此丑祸。正裁疑间,忽有宝钗从那边走来,笑道:"大毒日头地下,出什么神呢?"

一句话未了,忽见一个老婆子忙忙走来,说道:"这是哪里说起!金钏儿姑娘好好的投井死了!"袭人唬了一跳,忙问"哪个金钏儿?"那老婆子道:"哪里还有两个金钏儿呢?就是太太屋里的。前儿不知为什么撵他出去,在家里哭天哭地的,也都不理会他,谁知找他不见了。刚才打水的人在那东南角上井里打水,见一个尸首,赶着叫人打捞起来,谁知是他。他们家里还只管乱着要救活,哪里中用了!"宝玉道:"这也奇了。"袭人听说,点头赞叹,想素日同气之情,不觉流下泪来。宝钗听见这话,忙向王夫人处来道安慰。这里袭人回去。不提。

却说宝钗来至王夫人处,只见鸦雀无声,独有王夫人在里间房内坐着垂泪。宝钗便不好提这事,只得一旁坐了。王夫人便问:"你从哪里来?"宝钗道:"从园里来。"王夫人道:"你从

园里来,可见你宝兄弟?"宝钗道:"才倒看见了。他穿了衣服出去了,不知哪里去。"

王夫人点头哭道:"你可知道一桩奇事?金钏儿忽然投井死了!"宝钗见说,道:"怎么好好的投井?这也奇了。"王夫人道:"原是前儿他把我一件东西弄坏了,我一时生气,打了他几下,撵了他下去。我只说气他两天,还叫他上来,谁知他这么气性大,就投井死了。岂不是我的罪过。"宝钗叹道:"姨娘是慈善人,固然这么想。据我看来,他并不是赌气投井。多半他下去住着,或是在井跟前憨玩,失了脚掉下去的。他在上头拘束惯了,这一出去,自然要到各处去玩玩逛逛,岂有这样大气的理!纵然有这样大气,也不过是个糊涂人,也不为可惜。"王夫人点头叹道:"这话虽然如此说,到底我心不安。"宝钗叹道:"姨娘也不必念念于兹,十分过不去,不过多赏他几两银子发送他,也就尽主仆之情了。"

第三十三回　手足眈眈小动唇舌　不肖种种大承笞挞

却说王夫人唤他母亲上来,拿几件簪环当面赏与,又吩咐请几众僧人念经超度。他母亲磕头谢了出去。

原来宝玉会过雨村回来听见了,便知金钏儿含羞赌气自尽,心中早又五内摧伤,进来被王夫人数落教训,也无可回说。见宝钗进来,方得便出来,茫然不知何往,背着手,低头一面感叹,一面慢慢的走着,信步起来至厅上。

刚转过屏门,不想对面来了一人正往里走,可巧儿撞了个满怀。只听那人喝了一声"站住!"宝玉唬了一跳,抬头一看,不是别人,却是他父亲,不觉的倒抽了一口气,只得垂手一旁站了。

贾政见他惶悚,应对不似往日,原本无气的,这一来倒生了三分气。方欲说话,忽有回事人来回:"忠顺亲王府里有人来,要见老爷。"贾政听了,心下疑惑,暗暗思忖道:"素日并不和忠顺府来往,为什么今日打发人来?"一面想,一面令"快请",急走出来看时,却是忠顺府长史官,忙接进厅上坐了献茶。

未及叙谈,那长史官先就说道:"下官此来,并非擅造潭府,皆因奉王命而来,有一件事相求。看王爷面上,敢烦老大人作主,不但王爷知情,且连下官辈亦感谢不尽。"贾政听了这话,抓不住头脑,忙陪笑起身问道:"大人既奉王命而来,不知有何见谕,望大人宣明,学生好遵谕承办。"那长史官便冷笑道:"也不必承办,只用大人一句话就完了。我们府里有一个做小旦的琪官,一向好好在府里,如今竟三五日不见回去,各处去找,又摸不着他的道路,因此各处访察。这一城内,十停人倒有八停人都说,他近日和衔玉的那位令郎相与甚厚。下官辈等听了,尊府不比别家,可以擅入索取,因此启明王爷。王爷亦云:'若是别的戏子呢,一百个也罢了;只是这琪官随机应答,谨慎老诚,甚合我老人家的心,竟断断少不得此人。'故此求老大人转谕令郎,请将琪官放回,一则可慰王爷谆谆奉恩,二则下官辈也可免操劳求觅之苦。"说毕,忙打一躬。

贾政听了这话,又惊又气,即命唤宝玉来。

贾政此时气的目瞪口歪,一面送那长史官,一面回头命宝玉"不许动!回来有话问你!"一直送那官员去了。才回身,忽见贾环带着几个小厮一阵乱跑。贾政喝令小厮"快打,快打!"贾环见了他父亲,唬的骨软筋酥,忙低头站住。贾政便问:"你跑什么?带着你的那些人都不管你,不知往哪里逛去,由你野马一般!"喝令叫跟上学的人来。贾环见他父亲盛怒,便乘机说道:"方才原不曾跑,只因从那井边一过,那井里淹死了一个丫头,我看见人头这样大,身子这样粗,泡的实在可怕,所以才赶着跑了过来。"贾政听了惊疑,问道:"好端端的,谁去跳井?我家从无这样事情,自祖宗以来,皆是宽柔以待下人。——大约我近年于家务疏懒,自

国学经典文库

中国二十大名著

红楼梦

图文珍藏版

95

然执事人操克夺之权，致使生出这暴殄轻生的祸患。若外人知道，祖宗颜面何在！"喝令快叫贾琏、赖大、兴儿来。

小厮们答应了一声，方欲叫去，贾环忙上前拉住贾政的袍襟，贴膝跪下道："父亲不用生气。此事除太太房里的人，别人一点也不知道。我听见我母亲说……"说到这里，便回头四顾一看。贾政知意，将眼一看众小厮，小厮们明白，都往两边后面退去。贾环便悄悄说道："我母亲告诉我说，宝玉哥哥前日在太太屋里，拉着太太的丫头金钏儿强奸不遂，打了一顿。那金钏儿便赌气投井死了。"

话未说完，把个贾政气的面如金纸，大喝"快拿宝玉来！"一面说，一面便往里边书房里去，喝令"今日再有人劝我，我把这冠带家私一应交与他与宝玉过去！我免不得做个罪人，把这几根烦恼鬓毛剃去，寻个干净去处自了，也免得上辱先人下生逆子之罪。"

那宝玉听见贾政吩咐他"不许动"，早知多凶少吉，哪里承望贾环又添了许多的话。正在厅上干转，怎得个人来往里头去捎信，偏生没个人，连焙茗也不知在哪里。

宝玉急的跺脚，正没抓寻处，只见贾政的小厮走来，逼着他出去了。贾政一见，眼都红紫了，也不暇问他在外流荡优伶，表赠私物，在家荒疏学业，淫辱母婢等语，只喝令"堵起嘴来，着实打死！"小厮们不敢违拗，只得将宝玉按在凳上，举起大板打了十来下。贾政犹嫌打轻了，一脚踢开掌板的，自己夺过来，咬着牙狠命盖了三四十下。众门客见打的不祥了，忙上前夺劝。贾政哪里肯听，说道："你们问问他干的勾当可饶不可饶！素日皆是你们这些人把他酿坏了，到这步田地还来解劝。明日酿到他弑君杀父，你们才不劝不成！"

众人听这话不好听，知道气急了，忙又退出，只得觅人进去给信。王夫人不敢先回贾母，只得忙穿衣出来，也不顾有人没人，忙忙赶往书房中来，慌的众门客小厮等避之不及。王夫人一进房来，贾政更如火上浇油一般，那板子越发下去的又狠又快。按宝玉的两个小厮忙松了手走开，宝玉早已动弹不得了。

贾政还欲打时，早被王夫人抱住板子。贾政道："罢了，罢了！今日必定要气死我才罢！"王夫人哭道："宝玉虽然该打，老爷也要自重。况且炎天暑日的，老太太身上也不大好，打死宝玉事小，倘或老太太一时不自在了，岂不事大！"贾政冷笑道："倒休提这话。我养了这不肖的孽障，已不孝；教训他一番，又有众人护持；不如趁今日一发勒死了，以绝将来之患！"说着，便要绳索来勒死。

王夫人连忙抱住哭道："老爷虽然应当管教儿子，也要看夫妻分上。我如今已将五十岁的人，只有这个孽障，必定苦苦的以他为法，我也不敢深劝。今日越发要他死，岂不是有意绝我。既要勒死他，快拿绳子来先勒死我，再勒死他。我们娘儿们不敢含怨，到底在阴司里得个依靠。"说毕，爬在宝玉身上大哭起来。

正没开交处，忽听丫鬟来说："老太太来了。"一句话未了，只听窗外颤巍巍的声气说道："先打死我，再打死他，岂不干净了！"贾政见他母亲来了，又急又痛，连忙迎接出来，只见贾母扶着丫头，喘吁吁的走来。

贾政上前躬身陪笑道："大暑热天，母亲有何生气亲自走来？有话只该叫了儿子进去吩咐。"贾母听说，便止住步喘息一回，厉声说道："你原来是和我说话！我倒有话吩咐，只是可怜我一生没养个好儿子，却教我和谁说去！"贾政听这话不像，忙跪下含泪说道："为儿的教训儿子，也为的是光宗耀祖。母亲这话，我做儿的如何禁得起？"贾母听说，便啐了一口，说道："我说了一句话，你就禁不起，你那样下死手的板子，难道宝玉就禁得起了？你说教训儿子是光宗耀祖，当初你父亲怎么教训你来！"说着，不觉就滚下泪来。

贾母一面说话，一面又记挂宝玉，忙进来看时，只见今日这顿打不比往日，又是心疼，又是生气，也抱着哭个不了。王夫人与凤姐等解劝了一会，方渐渐的止住。早有丫鬟媳妇等上来，要搀宝玉，凤姐便骂道："糊涂东西，也不睁开眼瞧瞧！打的这么个样儿，还要搀着走！还不快进去把那藤屜子春凳抬出来呢。"众人听说连忙进去，果然抬出春凳来，将宝玉抬放凳上，随着贾母王夫人等进去，送至贾母房中。

此时薛姨妈同宝钗、香菱、袭人、史湘云也都在这里。袭人满心委屈，只不好十分使出

来，见众人围着，灌水的灌水，打扇的打扇，自己插不下手去，便越性走出来到二门前，令小厮们找了焙茗来细问："方才好端端的，为什么打起来？你也不早来透个信儿！"焙茗急的说："偏生我没在跟前，打到半中间我才听见了。忙打听缘故，却是为琪官金钏姐姐的事。"袭人道："老爷怎么得知道的？"焙茗道："那琪官的事，多半是薛大爷素日吃醋，没法儿出气，不知在外头唆挑了谁来，在老爷跟前下的火。那金钏儿的事是三爷说的，我也是听见老爷的人说的。"袭人听了这两件事都对景，心中也就信了八九分。然后回来，只见众人都替宝玉疗治。调停完备，贾母令"好生抬到他房内去"。众人答应，七手八脚，忙把宝玉送入怡红院内自己床上卧好。又乱了半日，众人渐渐散去，袭人方进前来经心服侍，问他端的。且听下回分解。

第三十四回 情中情因情感妹妹
错里错以错劝哥哥

话说袭人见贾母王夫人等去后，便走来宝玉身边坐下，含泪问他："怎么就打到这步田地？"宝玉叹气说道："不过为那些事，问他做什么！只是下半截疼得很，你瞧瞧打坏了哪里。"袭人听说，便轻轻的伸手进去，将中衣褪下。宝玉略动一动，便咬着牙叫"哎哟"，袭人连忙停住手，如此三四次才褪了下来。

袭人看时，只见腿上半段青紫，都有四指宽的僵痕高了起来。袭人咬着牙说道："我的娘，怎么下这般的狠手！你但凡听我一句话，也不得到这步地位。幸而没动筋骨，倘或打出个残疾来，可叫人怎么样呢！"

正说着，只听丫鬟们说："宝姑娘来了。"袭人听见，知道穿不及中衣，便拿了一床袷纱被替宝玉盖了。只见宝钗手里托着一丸药走进来，向袭人说道："晚上把这药用酒研开，替他敷上，把那淤血的热毒散开，可以就好了。"说毕，递与袭人，又问道："这会子可好些？"宝玉一面道谢，说："好些了。"又让座。

宝钗见他睁开眼说话，不像先时，心中也宽慰了好些。

袭人抽身回来，心内着实感激宝钗。进来见宝玉沉思默默似睡非睡的模样，因而退出房外，自去栉沐。宝玉默默的躺在床上，无奈臀上作痛，如针挑刀挖一般，更又热如火炙，略展转时，禁不住"哎哟"之声。那时天色将晚，因见袭人去了，却有两三个丫鬟伺候，此时并无呼唤之事，因说道："你们且去梳洗，等我叫时再来。"众人听了，也都退出。

这里宝玉昏昏默默，只见蒋玉菡走了进来，诉说忠顺府拿他之事；又见金钏儿进来哭说为他投井之情。宝玉半梦半醒，都不在意。忽又觉有人推他，恍恍惚惚听得有

人悲泣之声。宝玉从梦中惊醒，睁眼一看，不是别人，却是林黛玉。

宝玉犹恐是梦，忙又将身子欠起来，向脸上细细一认，只见两个眼睛肿的桃儿一般，满面泪光，不是黛玉，却是哪个？宝玉还欲看时，怎奈下半截疼痛难忍，支持不住，便"哎哟"一声，仍旧倒下，叹了一声，说道："你又做什么跑来！虽说太阳落下去，那地上的余热未散，走两趟又要受了暑。我虽然挨了打，并不觉疼痛。我这个样儿，只装出来哄他们，好在外头布散与老爷听，其实是假的。你不可认真。"此时林黛玉虽不是嚎啕大哭，然越是这等无声之泣，气噎喉堵，更觉得利害。听了宝玉这番话，心中虽然有万句言语，只是不能说得，半日，方抽抽噎噎的说道："你从此可都改了罢！"宝玉听说，便长叹一声，道："你放心，别说这样话。就便为这些人死了，也是情愿的！"

一句话未了，只见院外人说："二奶奶来了。"林黛玉便知是凤姐来了，连忙立起身说道："我从后院子去罢，回来再来。"宝玉一把拉住道："这可奇了，好好的怎么怕起他来。"林黛玉急的跺脚，悄悄的说道："你瞧瞧我的眼睛，又该他取笑开心呢。"宝玉听说赶忙的放手。黛玉三步两步转过床后，出后院而去。凤姐从前头已进来了，问宝玉："可好些了？想什么吃，叫人往我那里取去。"接着，薛姨妈又来了。一时贾母又打发了人来。

至掌灯时分，宝玉只喝了两口汤，便昏昏沉沉的睡去。接着，周瑞媳妇、吴新登媳妇、郑好时媳妇，这几个有年纪常往来的，听见宝玉挨了打，也都进来。袭人忙迎出来，悄悄的笑道："婶婶们来迟了一步，二爷才睡着了。"说着，一面带他们到那边房里坐了，倒茶与他们吃。那几个媳妇子都悄悄的坐了一回，向袭人说："等二爷醒了，你替我们说罢。"

袭人答应了，送他们出去。刚要回来，只见王夫人使个婆子来，口称"太太叫一个跟二爷的人呢。"袭人见说，想了一想，便回身悄告诉晴雯、麝月、檀云、秋纹等说："太太叫人，你们好生在房里，我去了就来。"说毕，同那婆子一径出了园子，来至上房。

王夫人正坐在凉榻上摇着芭蕉扇子，见他来了，说："不管叫个谁来也罢了。你又丢下他来了，谁服侍他呢？"袭人见说，连忙陪笑回道："二爷才睡安稳了，那四五个丫头如今也好了，会服侍二爷了，太太请放心。恐怕太太有什么话吩咐，打发他们来，一时听不明白，倒耽误了。"王夫人道："也没甚话，白问问他这会子疼的怎么样。"袭人道："宝姑娘送去的药，我给二爷敷上了，比先好些了。先疼的躺不稳，这会子都睡沉了，可见好些了。"

袭人答应着，方要走时，王夫人又叫："站着，我想起一句话来问你。"袭人忙又回来。王夫人见房内无人，便问道："我恍惚听见宝玉今儿挨打，是环儿在老爷跟前说了什么话。你可听见这个了？你要听见，告诉我听听，我也不吵出来教人知道是你说的。"袭人道："我倒没听见这话，只听说为二爷霸占着戏子，人家来和老爷要，为这个打的。"王夫人摇头说道："也为这个，还有别的缘故。"袭人道："别的缘故实在不知道了。我今儿在太太跟前大胆说句不知好歹的话。论理……"说了半截忙又咽住。王夫人道："你只管说。"袭人笑道："太太别生气，我就说了。"王夫人道："我有什么生气的，你只管说来。"

袭人道："论理，我们二爷也须得老爷教训两顿。若老爷再不管，将来不知做出什么事来呢。"王夫人一闻此言，便合掌念声"阿弥陀佛"，由不得赶着袭人叫了一声"我的儿，亏了你也明白，这话和我的心一样。我何曾不知道管儿子，先时你珠大爷在，我是怎么样管他，难道我如今倒不知管儿子了？只是有个缘故：如今我想，我已经快五十岁的人，通共剩了他一个，他又长的单弱，况且老太太宝贝似的，若管紧了他，倘或再有个好歹，或是老太太气坏了，那时上下不安，岂不倒坏了。所以就纵坏了他。我常常掰着口儿劝一阵，说一阵，气的骂一阵，哭一阵，彼时他好，过后儿还是不相干，端的吃了亏才罢了。若打坏了，将来我靠谁呢！"说着，由不得滚下泪来。

袭人见王夫人这般悲感，自己也不觉伤了心，陪着落泪。又道："二爷是太太养的，岂不心疼。便是我们做下人的服侍一场，大家落个平安，也算是造化了。要这样起来，连平安都不能了。哪一日哪一时我不劝二爷，只是再劝不醒。偏生那些人又肯亲近他，也怨不得他这样，总是我们劝的倒不好了。今儿太太提起这话来，我还记挂着一件事，每要来回太太，讨太太个主意。只是我怕太太疑心，不但我的话白说了，且连葬身之地都没了。"王夫人听了这话

内有因，忙问道："我的儿，你有话只管说。近来我因听见众人背前背后都夸你，我只说你不过是在宝玉身上留心，或是诸人跟前和气，这些小意思好，所以将你和老姨娘一体行事。谁知你方才和我说的话全是大道理，正和我的想头一样。你有什么只管说什么，只别教别人知道就是了。"

袭人道："我也没什么别的说。我只想着讨太太一个示下，怎么变个法儿，以后竟还教二爷搬出园外来住就好了。"王夫人听了，吃一大惊，忙拉了袭人的手问道："宝玉难道和谁作怪了不成？"袭人连忙回道："太太别多心，并没有这话。这不过是我的小见识。如今二爷也大了，里头姑娘们也大了，况且林姑娘宝姑娘又是两姨姑表姊妹，虽说是姊妹们，到底是男女之分，日夜一处起坐不方便，由不得叫人悬心，便是外人看着也不像。一家子的事，俗语说的'没事常思有事'，世上多少无头脑的人，多半因为无心中做出，有心人看见，当作有心事，反说坏了。只是预先不防着，断然不好。二爷素日性格，太太是知道的。他又偏好在我们队里闹，倘或不防，前后错了一点半点，不论真假，人多口杂，那起小人的嘴有什么避讳，心顺了，说的比菩萨还好，心不顺，就贬的连畜牲不如。二爷将来倘或有人说好，不过大家直过没事；若要叫人说出一个不好字来，我们不用说，粉身碎骨，罪有万重，都是平常小事，但后来二爷一生的声名品行岂不完了，二则太太也难见老爷。俗语又说'君子防不然'，不如这会子防避的为是。太太事情多，一时固然想不到。我们想不到则可，既想到了，若不回明太太，罪越重了。近来我为这事日夜悬心，又不好说与人，唯有灯知道罢了。"

王夫人听了这话，如雷轰电掣的一般，正触了金钏儿之事，心内越发感受袭人不尽，忙笑道："我的儿，你竟有这个心胸，想的这样周全！我何曾又不想到这里，只是这几次有事就忘了。你今儿这一番话提醒了我。难为你成全我娘儿两个声名体面，真真我竟不知你这样好。罢了，你且去罢，我自有道理。只是还有一句话：你今既说了这样的话，我就把他交给你了，好歹留心，保全了他，就是保全了我。我自然不辜负你。"

袭人连连答应着去了。回来正值宝玉睡醒，袭人回明香露之事。宝玉喜不自禁，即令调来尝试，果然香妙非常。因心下记挂着黛玉，满心里要打发去，只是怕袭人，便设一法，先使袭人往宝钗那里去借书。

袭人去了，宝玉便命晴雯来吩咐道："你到林姑娘那里看看他做什么呢。他要问我，只说我好了。"晴雯道："白眉赤眼，做什么去呢？到底说句话儿，也像一件事。"宝玉道："没有什么可说的。"晴雯道："若不然，或是送件东西，或是取件东西，不然我去了怎么搭讪呢？"宝玉想了一想，便伸手拿了两条手帕子撂与晴雯，笑道："也罢，就说我叫你送这个给他去了。"晴雯道："这又奇了。他要这半新不旧的两条手帕子？他又要恼了，说你打趣他。"宝玉笑道："你放心，他自然知道。"

晴雯听了，只得拿了帕子往潇湘馆来。只见春纤正在栏杆上晾手帕子，见他进来，忙摆手儿，说："睡下了。"晴雯走进来，满屋魆黑。并未点灯。黛玉已睡在床上。问是谁。晴雯忙答道："晴雯。"黛玉道："做什么？"晴雯道："二爷送手帕子来给姑娘。"黛玉听了，心中发闷："做什么送手帕子来给我？"因问："这帕子是谁送他的？必是上好的，叫他留着送别人罢，我这会子不用这个。"晴雯笑道："不是新的，就是家常旧的。"林黛玉听见，越发闷住，着实细心搜求，思忖一时，方大悟过来，连忙说："放下，去罢。"晴雯听了，只得放下，抽身回去，一路盘算，不解何意。

这里林黛玉体贴出手帕子的意思来，不觉神魂驰荡：宝玉这番苦心，能领会我这番苦意，又令我可喜；我这番苦意，不知将来如何，又令我可悲；忽然好好的送两块旧帕子来，若不是领我深意，单看了这帕子，又令我可笑；再想令人私相传递与我，又可惧；我自己每每好哭，想来也无味，又令我可愧。如此左思右想，一时五内沸然炙起。黛玉由不得余意绵缠，令掌灯，也想不起嫌疑避讳等事，便向案上研墨蘸笔，便向那两块旧帕子上走笔写道：

其 一

眼空蓄泪泪空垂，暗洒闲抛却为谁？
尺幅鲛绡劳解赠，叫人焉得不伤悲！

其 二

抛珠滚玉只偷潸，镇日无心镇日闲；

枕上袖边难拂拭，任他点点与斑斑。

其 三

彩线难收面上珠，湘江旧迹已模糊；

窗前亦有千竿竹，不识香痕渍也无？

林黛玉还要往下写时，觉得浑身火热，面上作烧，走至镜台揭起锦袱一照，只见腮上通红，自羡压倒桃花，却不知病由此萌。一时方上床睡去，犹拿着那帕子思索，不在话下。

却说袭人来见宝钗，谁知宝钗不在园内，往他母亲那里去了，袭人便空手回来。等至二更，宝钗方回来。原来宝钗素知薛蟠情性，心中已有一半疑是薛蟠调唆了人来告宝玉的，谁知又听袭人说出来，越发信了。究竟袭人是听焙茗说的，那焙茗也是私心窥度，并未据实，竟认准是他说的。那薛蟠都因素日有这个名声，其实这一次却不是他干的，被人生生的一口咬死是他，有口难分。

次日早起来，也无心梳洗，胡乱整理整理，便出来瞧母亲。可巧遇见林黛玉独立在花阴之下，问他哪里去。薛宝钗因说"家去"，口里说着，便只管走。黛玉见他无精打采的去了，又见眼上有哭泣之状，大非往日可比，便在后面笑道："姐姐也自保重些儿。就是哭出两缸眼泪来，也医不好棒疮！"不知宝钗如何答对，且听下回分解。

<h1 style="text-align:center">第三十五回 白玉钏亲尝莲叶羹
黄金莺巧结梅花络</h1>

话说宝钗分明听见林黛玉刻薄他，因记挂着母亲哥哥，并不回头，一径去了。这里林黛玉还自立于花阴之下，远远的却向怡红院内望着，只见李宫裁、迎春、探春、惜春并各项人等都向怡红院内去过之后，一起一起的散尽了，只不见凤姐儿，心里自己盘算道："如何他不来瞧宝玉？便是有事缠住了，他必定也是要来打个花胡哨，讨老太太和太太的好儿才是。今儿这早晚不来，必有缘故。"一面猜疑，一面抬头再看时，只见花花簇簇一群人又向怡红院内来了。定睛看时，只见贾母搭着凤姐儿的手，后头邢夫人王夫人跟着周姨娘并丫鬟媳妇等人都进院去了。

黛玉看了不觉点头，想起有父母的人的好处来，早又泪珠满面。少顷，只见宝钗薛姨妈等也进去了。忽见紫鹃从背后走来，说道："姑娘吃药去罢，开水又冷了。"黛玉道："你到底要怎么样？只是催，我吃不吃，管你什么相干！"紫鹃笑道："咳嗽的才好了些，又不吃药了。如今虽然是五月里，天气热，到底也该还小心些。大清早起，在这个潮地方站了半日，也该回去歇息歇息了。"一句话提醒了黛玉，方觉得有点腿酸，呆了半日，方慢慢的扶着紫鹃，回潇湘馆来。

这里薛姨妈和宝钗进园来瞧宝玉，到了怡红院中，只见抱厦里外回廊上许多丫鬟老婆站着，便知贾母等都在这里。母女两个进来，大家见过了，只见宝玉躺在榻上。薛姨妈问他可好些。宝玉忙欲欠身，口里答应着"好些"，又说："只管惊动姨娘、姐姐，我禁不起。"薛姨妈忙扶他睡下，又问他："想什么，只管告诉我。"宝玉笑道："我想起来，自然和姨娘要去的。"

王夫人又问："你想什么吃？回来好给你送来的。"宝玉笑道："也倒不想什么吃，倒是那一回做的那小荷叶儿小莲蓬儿的汤还好些。"凤姐一旁笑道："听听，口味不算高贵，只是太磨牙了。巴巴的想这个吃了。"贾母便一叠声的叫人做去。凤姐儿笑道："老祖宗别急，等我想一想这模子谁收着呢。"因回头吩咐个婆子去问管厨房的要去。那婆子去了半天，来回说："管厨房的说，四副汤模子都交上来了。"凤姐儿听说，想了一想，道："我记得交给谁了，多半

在茶房里。"一面又遣人去问管茶房的,也不曾收。次后还是管金银器皿的送了来。

薛姨妈先接过来瞧时,原来是个小匣子,里面装着四副银模子,都有一尺多长,一寸见方,上面凿着有豆子大小,也有菊花的,也有梅花的,也有莲蓬的,也有菱角的,共有三四十样,打的十分精巧。因笑向贾母王夫人道:"你们府上也都想绝了,吃碗汤还有这些样子。若不说出来,我见这个也不认得这是作什么用的。"凤姐儿也不等人说话,便笑道:"姑妈哪里晓得,这是旧年备膳,他们想的法儿。不知弄些什么面印出来,借点新荷叶的清香,全仗着好汤,究竟没意思,谁家常吃他了。那一回呈样的作了一回,他今日怎么想起来了。"说着接了过来,递与个妇人,吩咐厨房里立刻拿几只鸡,另外添了东西,做出十来碗来。

忽有人来请吃饭,贾母方立起身来,命宝玉好生养着,又把丫头们嘱咐了一回,方扶着凤姐儿,让着薛姨妈,大家出房去了。因问汤好了不曾,又问薛姨妈等:"想什么吃,只管告诉我,我有本事叫凤丫头弄了来咱们吃。"薛姨妈笑道:"老太太也会怄他的。时常他弄了东西孝敬,究竟又吃不了多少。"凤姐儿笑道:"姑妈倒别这样说。我们老祖宗只是嫌人肉酸,若不嫌人肉酸,早已把我还吃了呢。"一句话没说了,引的贾母众人都哈哈的笑起来。

宝玉在房里也撑不住笑了。袭人笑道:"真真的二奶奶的这张嘴怕死人!"宝玉伸手拉着袭人笑道:"你站了这半日,可乏了?"一面说,一面拉他身旁坐了。袭人笑道:"可是又忘了。趁宝姑娘在院子里,你和他说,烦他莺儿来打上几根络子。"宝玉笑道:"亏你提起来。"说着,便仰头向窗外道:"宝姐姐,吃过饭叫莺儿来,烦他打几根络子,可得闲儿?"宝钗听见,回头道:"怎么不得闲儿,一会叫他来就是了。"贾母等尚未听真,都止步问宝钗。宝钗说明了,大家方明白。贾母又说道:"好孩子,叫他来替你兄弟作几根。你要无人使唤,我那里闲着的丫头多呢,你喜欢谁,只管叫了来使唤。"薛姨妈宝钗等都笑道:"只管叫他来作就是了,有什么使唤的去处。他天天也是闲着淘气。"

少顷饭至,众人调放了桌子。凤姐儿用手巾裹着一把牙箸站在地下,笑道:"老祖宗和姑妈不用让,还听我说就是了。"贾母笑向薛姨妈道:"我们就是这样。"薛姨妈笑着应了。于是凤姐放了四双:上面两双是贾母薛姨妈,两边是薛宝钗史湘云的。王夫人李宫裁等都站在地下看着放菜。凤姐先忙着要干净家伙来,替宝玉拣菜。

少顷,荷叶汤来,贾母看过了。王夫人回头见玉钏儿在那边,便令玉钏与宝玉送去。凤姐道:"他一个人拿不去。"可巧莺儿和喜儿都来了。宝钗知道他们已吃了饭,便向莺儿道:"宝兄弟正叫你去打络子,你们两个一同去罢。"莺儿答应,同着玉钏儿出来。莺儿道:"这么远,怪热的,怎么端了去?"玉钏笑道:"你放心,我自有道理。"说着,便令一个婆子来,将汤饭等物放在一个捧盒里,令他端了跟着,他两个却空着手走。一直到了怡红院门内,玉钏儿方接了过来,同莺儿进入宝玉房中。

宝玉见莺儿来了,却倒十分欢喜;忽见了玉钏儿,便想到他姐姐金钏儿身上,又是伤心,又是惭愧,便把莺儿丢下,且和玉钏儿说话。

那玉钏儿先虽不悦,只管见宝玉一些性子没有,凭他怎么丧谤,他还是温存和气,自己倒不好意思的了。脸上方有三分喜色。宝玉便笑求他:"好姐姐,你把那汤拿了来我尝尝。"玉钏

儿道："我从不会喂人东西，等他们来了再吃。"宝玉笑道："我不是要你喂我。我因为走不动，你递给我吃了，你好赶早儿回去交代了，你好吃饭的。我只管耽误时候，你岂不饿坏了。你要懒待动，我少不了忍了疼下去取来。"说着便要下床来，扎挣起来，禁不住哎哟之声。玉钏儿见他这般，忍不住起身说道："躺下罢！那世里造了来的业，这会子现世现报。教我那一个眼睛看的上！"一面说，一面嗤的一声又笑了，端过汤来。

宝玉笑道："好姐姐，你要生气只管在这里生罢，见了老太太、太太可放和气些，若还这样，你就又挨骂了。"玉钏儿道："吃罢，吃罢！不用和我甜嘴蜜舌的，我可不信这样话！"说着，催宝玉喝了两口汤。宝玉故意说："不好吃，不吃了。"玉钏儿道："阿弥陀佛！这还不好吃，什么好吃。"宝玉道："一点味儿也没有，你不信，尝一尝就知道了。"玉钏儿真就赌气尝了一尝。宝玉笑道："这可好吃了。"玉钏儿听说，方解过意来，原是宝玉哄他吃一口，便说道："你既说不好吃，这会子说好吃也不给你吃了。"宝玉只管央求陪笑要吃，玉钏儿又不给他，一面又叫人打发吃饭。

如今且说袭人见人去了，便携了莺儿过来，问宝玉打什么络子。宝玉笑向莺儿道："才只顾说话，就忘了你。烦你来不为别的，却为替我打几根络子。"莺儿道："装什么的络子？"宝玉见问，便笑道："不管装什么的，你都每样打几个罢。"莺儿拍手笑道："这还了得！要这样，十年也打不完了。"宝玉笑道："好姐姐，你闲着也没事，都替我打了罢。"

宝玉一面看莺儿打络子，一面说闲话，因问他"十几岁了？"莺儿手里打着，一面答话说："十六岁了。"宝玉道："你本姓什么？"莺儿道："姓黄。"宝玉笑道："这个名姓倒对了，果然是个黄莺儿。"莺儿笑道："我的名字本来是两个字，叫作金莺。姑娘嫌拗口，就单叫莺儿，如今就叫开了。"宝玉道："宝姐姐也算疼你。明儿宝姐姐出阁，少不得是你跟去了。"莺儿抿嘴一笑。宝玉笑道："我常常和袭人说，明儿不知哪一个有福的消受你们主子奴才两个呢。"

莺儿笑道："你还不知道，我们姑娘有几样世人都没有的好处呢，模样儿还在次。"宝玉见莺儿娇憨婉转，语笑如痴，早不胜其情了，哪更提起宝钗来！便问他道："好处在哪里？好姐姐，细细告诉我听。"莺儿笑道："我告诉你，你可不许又告诉他去。"宝玉笑道："这个自然的。"正说着，只听外头说道："怎么这样静悄悄的！"二人回头看时，不是别人，正是宝钗来了。

宝玉忙让坐。宝钗坐了，因问莺儿"打什么呢？"一面问，一面向他手里去瞧，才打了半截。宝钗笑道："这有什么趣儿，倒不如打个络子把玉络上呢。"一句话提醒了宝玉，便拍手笑道："倒是姐姐说得是，我就忘了。只是配个什么颜色才好？"宝钗道："若用杂色断然使不得，大红又犯了色，黄的又不起眼，黑的又过暗。等我想个法儿：把那金线拿来，配着黑珠儿线，一根一根的拈上，打成络子，这才好看。"

宝玉听说，喜之不尽，一叠声便叫袭人来取金线。正值袭人端了两碗菜走进来，告诉宝玉道："今儿奇怪，才刚太太打发人给我送了两碗菜来。"宝玉笑道："必定是今儿菜多，送来给你们大家吃的。"袭人道："不是，指名给我送来的，还不叫我过去磕头。这可是奇了。"宝钗笑道："给你的，你就吃了，这有什么可猜疑的。"袭人笑道："从来没有的事，倒叫我不好意思的。"宝钗抿嘴一笑，说道："这就不好意思了？明儿比这个更叫你不好意思的还有呢。"袭人听了话内有因，素知宝钗不是轻嘴薄舌奚落人的，自己方想起上日王夫人的意思来，便不再提，将菜与宝玉看了，说："洗了手来拿线。"说毕，便一直的出去了。吃过饭，洗了手，进来拿金线与莺儿打络子。此时宝钗早被薛蟠遣人来请出去了。

这里宝玉正看着打络子，忽见邢夫人那边遣了两个丫鬟送了两样果子来与他吃，问他"可走得了？若走得动，叫哥儿明儿过来散散心，太太着实记挂着呢。"宝玉忙道："若走得了，必请太太的安去。疼的比先好些，请太太放心罢。"一面叫他两个坐下，一面又叫秋纹来，把才拿来的那果子拿一半送与林姑娘去。秋纹答应了，刚欲去时，只听黛玉在院内说话，宝玉忙叫"快请"。要知端的，且听下回分解。

第三十六回 绣鸳鸯梦兆绛芸轩
识分定情悟梨香院

话说贾母自王夫人处回来,见宝玉一日好似一日,心中自是欢喜。因怕将来贾政又叫他,遂命人将贾政的亲随小厮李儿唤来,吩咐他"以后倘有会人待客诸样的事,你老爷要叫宝玉,你不用上来传话,就回他说我说了:一则打重了,得着实将养几个月才走得;二则他的星宿不利,祭了星不见外人,过了八月才许出二门。"那小厮头儿听了,领命而去。贾母又命李嬷嬷袭人等来,将此话说与宝玉,使他放心。

宝钗独自行来,顺路进了怡红院,意欲寻宝玉谈讲以解午倦。不想一入院来,鸦雀无闻,一并连两只仙鹤在芭蕉下都睡着了。宝钗便顺着游廊来至房中,只见外间床上横三竖四,都是丫头们睡觉。转过十锦槅子,来至宝玉的房内。宝玉在床上睡着了,袭人坐在身旁,手里做针线,旁边放着一柄白犀麈。宝钗走近前来,悄悄的笑道:"你也过于小心了,这个屋里那里还有苍蝇蚊子,还拿蝇帚子赶什么?"袭人不防,猛抬头见是宝钗,忙放下针线,起身悄悄笑道:"姑娘来了,我倒也不防,唬了一跳。姑娘不知道,虽然没有苍蝇蚊子,谁知有一种小虫子,从这纱眼里钻进来,人也看不见,只睡着了,咬一口,就像蚂蚁夹的。"宝钗道:"怨不得。这屋子后头又近水,又都是香花儿,这屋子里头又香。这种虫子都是花心里长的,闻香就扑。"

不想林黛玉因遇见史湘云约他来与袭人道喜,二人来至院中,见静悄悄的,湘云便转身先到厢房里去找袭人。林黛玉却来至窗外,隔着纱窗往里一看,只见宝玉穿着银红纱衫子,随便睡着在床上,宝钗坐在身旁做针线,旁边放着蝇帚子。

林黛玉见了这个景儿,连忙把身子一藏,手握着嘴不敢笑出来,招手儿叫湘云。湘云一见他这般景况,只当有什么新闻,忙也来一看,也要笑时,忽然想起宝钗素日待他厚道,便忙掩住口。知道林黛玉不让人,怕他言语之中取笑,便忙拉过他来道:"走罢。我想起袭人来,他说午间要到池子里去洗衣裳,想必去了,咱们那里找他去。"林黛玉心下明白,冷笑了两声,只得随他走了。

这里宝钗只刚做了两三个花瓣,忽见宝玉在梦中喊骂说:"和尚道士的话如何信得?什么是金玉姻缘,我偏说是木石姻缘!"薛宝钗听了这话,不觉怔了。忽见袭人走过来,笑道:"还没有醒呢。"宝钗摇头。袭人又笑道:"我才碰见林姑娘史大姑娘,他们可曾进来?"宝钗道:"没见他们进来。"因向袭人笑道:"他们没告诉你什么话?"袭人笑道:"左不过是他们那些玩话,有什么正经说的。"宝钗笑道:"他们说的可不是玩话,我正要告诉你呢,你又忙忙的出去了。"

一句话未完,只见凤姐儿打发人来叫袭人。

宝玉喜不自禁,又向他笑道:"我可看你回家去不去了!那一回往家里走了一趟,回来就说你哥哥要赎你,又说在这里没着落,终久算什么,说了那么些无情无义的生分话唬我。从今以后,我可看谁来敢叫你去。"袭人听了,便冷笑道:"你倒别这么说。从此以后我是太太的人了,我要走连你也不必告诉,只回了太太就走。"宝玉笑道:"就便算我不好,你回了太太竟去了,叫别人听见说我不好,你去了你也没意思。"袭人笑道:"有什么没意思,难道作了强盗贼,我也跟着罢。再不然,还有一个死呢。人活百岁,横竖要死,这一口气不在,听不见看不见就罢了。"

宝玉听见这话,便忙握他的嘴,说道:"罢,罢,罢,不用说这些话了。"袭人深知宝玉性情古怪,听见奉承吉利话又厌虚而不实,听了这些尽情实话又生悲感,便悔自己说冒撞了,连忙笑着用话截开,只拣那宝玉素喜谈者问之。先问他春风秋月,再谈及粉淡脂莹,然后谈到女儿如何好,又谈到女儿死,袭人忙掩住口。

一日，宝玉因各处游的烦腻，便想起《牡丹亭》曲来，自己看了两遍，犹不惬怀，因闻得梨香院的十二个女孩子中有小旦龄官最是唱的好，因着意出角门来找时，只见宝官玉官都在院内，见宝玉来了，都笑嘻嘻的让坐。宝玉因问“龄官独在哪里?”众人都告诉他说:“在他房里呢。”

宝玉忙至他房内，只见龄官独自倒在枕上，见他进来，文风不动。宝玉素习与别的女孩子玩惯了的，只当龄官也同别人一样，因进前来身旁坐下，又陪笑央他起来唱“袅晴丝”一套。不想龄官见他坐下，忙抬身起来躲避，正色说道:“嗓子哑了。前儿娘娘传进我们去，我还没有唱呢。”宝玉见他坐正了，再一细看，原来就是那日蔷薇花下划“蔷”字那一个。又见如此景况，从来未经过这番被人弃厌，自己便讪讪的红了脸，只得出来了。

宝官等不解何故，因问其所以。宝玉便说了，遂出来。宝官便说道:“只略等一等，蔷二爷来了叫他唱，是必唱的。”宝玉听了，心下纳闷，因问:“蔷哥儿哪去了?”宝官道:“才出去了，一定还是龄官要什么，他去变弄去了。”宝玉听了，以为奇特，少站片时，果见贾蔷从外头来了，手里又提着个雀儿笼子，上面扎着个小戏台，并一个雀儿，兴兴头头的往里走着找龄官。见了宝玉，只得站住。宝玉问他:“是个什么雀儿，会衔旗串戏台?”贾蔷笑道:“是个玉顶金豆。”宝玉道:“多少钱买的?”贾蔷道:“一两八钱银子。”一面说，一面让宝玉坐，自己往龄官房里来。

宝玉此刻把听曲子的心都没了，且要看他和龄官是怎样。只见贾蔷进去笑道:“你起来，瞧这个玩意儿。”龄官起身问是什么，贾蔷道:“买了雀儿你玩，省得天天闷闷的无个开心。我先玩个你看。”说着，便拿些谷子哄的那个雀儿在戏台上乱串，衔鬼脸旗帜。众女孩子都笑道“有趣”，独龄官冷笑了两声，赌气仍睡去了。贾蔷还只管陪笑，问他好不好。龄官道:“你们家把好好的人弄了来，关在这牢坑里学这个劳什子还不算，你这会子又弄个雀儿来，也偏生干这个。你分明是弄了他来打趣形容我们，还问我好不好。”贾蔷听了，不觉慌起来，连忙赌身立誓。又道:“今儿我那里的香脂油蒙了心！费一二两银子买他来，原说解闷，就没有想到这上头。罢，罢，放了生，免免你的灾病。”说着，果然将雀儿放了，一顿把将笼子拆了。

宝玉见了这般景况，不觉痴了，这才领会了划“蔷”深意。自己站不住，便抽身走了。贾蔷一心都在龄官身上，也不顾送，倒是别的女孩子送了出来。

那宝玉一心裁夺盘算，痴痴的回至怡红院中，正值林黛玉和袭人坐着说话儿呢。宝玉一进来，就和袭人长叹，说道:“我昨晚上的话竟说错了，怪道老爷说我是‘管窥蠡测’。昨夜说你们的眼泪单葬我，这就错了。我竟不能全得了。从此后只是各人各得眼泪罢了。”袭人昨夜不过是些玩话，已经忘了，不想宝玉今又提起来，便笑道:“你可真真有些疯了。”宝玉默默不对，自此深悟人生情缘，各有分定，只是每每暗伤“不知将来葬我洒泪者为谁?”此皆宝玉心中所怀，也不可十分妄拟。

第三十七回　秋爽斋偶结海棠社　蘅芜苑夜拟菊花题

这年贾政又点了学差，择于八月二十日起身。是日拜过宗祠及贾母起身，宝玉诸子弟等送至洒泪亭。

却说贾政出门去后，外面诸事不能多记。单表宝玉每日在园中任意纵性的逛荡，真把光阴虚度，岁月空添。这日正无聊之际，只见翠墨进来，手里拿着一副花笺送与他。宝玉因道："可是我忘了，才说要瞧瞧三妹妹去的，可好些了，你偏走来。"翠墨道："姑娘好了，今儿也不吃药了，不过是凉着一点儿。"宝玉听说，便展开花笺看时，上面写道：

宝玉看了，不觉喜的拍手笑道："倒是三妹妹的高雅，我如今就去商议。"一面说，一面就走，翠墨跟在后面。

刚到了沁芳亭，只见园中后门上值日的婆子手里拿着一个字帖走来，见了宝玉，便迎上去，口内说道："芸哥儿请安，在后门等着，叫我送来的。"

宝玉看了，笑问道："独他来了，还有什么人？"婆子道："还有两盆花儿。"宝玉道："你出去说，我知道了，难为他想着。你就把花儿送到我屋里去就是了。"一面说，一面同翠墨往秋爽斋来，只见宝钗、黛玉、迎春、惜春已都在那里了。

众人见他进来，都笑说："又来了一个。"探春笑道："我不算俗，偶然起个念头，写了几个帖儿试一试，谁知一招皆到。"宝玉笑道："可惜迟了，早该起个社的。"黛玉道："此时还不算迟，也没什么可惜。但是你们只管起社，可别算上我，我是不敢的。"迎春笑道："你不敢谁还敢呢？"宝玉道："这是一件正经大事，大家鼓舞起来，不要你谦我让。各有主意只管说出来大家平章。宝姐姐也出个主意，林妹妹也说个话儿。"宝钗道："你忙什么，人还不全呢。"

一语未了，李纨也来了，进门笑道："雅的紧！要起诗社，我自荐我掌坛。前儿春天我原有这个意思的。我想了一想，我又不会作诗，瞎乱些什么，因而也忘了，就没说得。既是三妹妹高兴，我就帮你作兴起来。"

黛玉道："既然定要起诗社，咱们就是诗翁了，先把这些姐妹叔嫂的字样改了才不俗。"李纨道："极是，何不大家起个别号，彼此称呼则雅。我是定了'稻香老农'，再无人占的。"

探春笑道："我就是'秋爽居士'罢。"宝玉道："居士、主人到底不恰，且又瘰赘。这里梧桐芭蕉尽有，或指梧桐芭蕉起个倒好。"探春笑道："有了，我最喜芭蕉，就称'蕉下客'罢。"众人都道别致有趣。黛玉笑道："你们快牵了他去，炖了脯子吃酒。"众人不解。黛玉笑道："古人曾云'蕉叶覆鹿'。他自称'蕉下客'，可不是一只鹿了？快做了鹿脯来。"众人听了都笑

起来。

　　探春因笑道："你别忙中使巧话来骂人，我已替你想了个极当的美号了。"又向众人道："当日娥皇女英洒泪在竹上成斑，故今斑竹又名湘妃竹。如今他住的是潇湘馆，他又爱哭，将来他想林姐夫，那些竹子也是要变成斑竹的。以后都叫他作'潇湘妃子'就完了。"大家听说，都拍手叫妙。林黛玉低了头方不言语。李纨笑道："我替薛大妹妹也早已想了个好的，也只三个字。"惜春迎春都问是什么。李纨道："我是封他为'蘅芜君'了，不知你们以为如何。"探春笑道："这个封号极好。"宝玉道："我呢？你们也替我想一个。"宝钗笑道："你的号早有了，'无事忙'三字恰当的很！"李纨道："你还是你的旧号'绛洞花主'就好。"宝玉笑道："小时候干的营生，还提他做什么。"探春道："你的号多的很，又起什么。我们爱叫你什么，你就答应着就是了。"宝钗道："还是我送你个号罢。有最俗的一个号，却于你最当。天下难得的是富贵，又难得的是闲散，这两样再不能兼有，不想你兼有了，就叫你'富贵闲人'也罢了。"宝玉笑道："当不起，当不起，倒是随你们混叫去罢。"李纨道："二姑娘四姑娘起个什么号？"迎春道："我们又不大会诗，白起个号做什么？"探春道："虽如此，也起个才是。"宝钗道："他住的是紫菱洲，就叫他'菱洲'；四丫头在藕香榭，就叫他'藕榭'就完了。"

　　李纨道："就是这样好。但序齿我大，你们都要依我的主意，管教说了大家合意。我们七个人起社，我和二姑娘四姑娘都不会作诗，须得让出我们三个人去。我们三个人各分一件事。"探春笑道："已有了号，还只管这样称呼，不如不有了。以后错了，也要立个罚约才好。"李纨道："立定了社，再定罚约。我哪里地方大，竟在我那里作社，我虽不能作诗，这些诗人竟不厌俗客，我做个东道主人，我自然也清雅起来了若是要推我做社长。我一个社长不够，必要再请两位副社长，就请菱洲藕榭二位学究来，一位出题限韵，一位誊录监场。亦不可拘定了我们三个人不作，若遇见容易些的题目韵脚，我们也随便作一首。你们四个却是要限定的。若如此便起，若不依我，我也不敢附骥了。"迎春惜春本性懒于诗词，又有薛林在前，听了这话便深合己意，二人皆说"极是"。

　　探春道："只是原系我起的意，我须得先做个东道主人，方不负我这兴。"李纨道："既这样说，明日你就先开一社如何？"探春道："明日不如今日，此刻就很好。你就出题，菱洲限韵，藕榭监场。"迎春道："依我说，也不必随一人出题限韵，竟是拈阄公道。"李纨道："方才我来时，看见他们抬进两盆白海棠来，倒是好花。你们何不就咏起他来？"迎春道："都还未赏，先倒作诗？"宝钗道："不过是白海棠，又何必定要见了才作。古人的诗赋，也不过都是寄兴写情耳。若都是等见了作，如今也没这些诗了。"

　　迎春道："既如此，待我限韵。"说着，走到书架前抽出一本诗来，随手一揭，这首竟是一首七言律，递与众人看了，都该作七言律。迎春掩了诗，又向一个小丫头道："你随口说一个字来。"那丫头正倚门立着，便说了个"门"字。迎春笑道："就是门字韵，'十三元'了。头一个韵定要这'门'字。"说着，又要了韵牌匣子过来，抽出"十三元"一屉，又命那小丫头随手拿四块。那丫头便拿了"盆""魂""痕""昏"四块来。

宝玉道:"这'盆''门'两个字不大好作呢!"

作书一样预备下四份纸笔,便都悄然各自思索起来。独黛玉或抚梧桐,或看秋色,或又和丫鬟们嘲笑。迎春又令丫鬟炷了一支"梦甜香"。原来这"梦甜香"只有三寸来长,有灯草粗细,以其易烬,故以此烬为限,如香烬未成便要罚。

一时探春便先有了,自提笔写出,又改抹了一回,递与迎春。因问宝钗:"蘅芜君,你可有了?"宝钗道:"有却有了,只是不好。"宝玉背着手,在回廊上踱来踱去,因向黛玉说道:"你听,他们都有了。"黛玉道:"你别管我。"宝玉又见宝钗已誊写出来,因说道:"了不得! 香只剩下一寸了,我才有了四句。"又向黛玉道:"香就完了,只管蹲在那潮地下作什么?"黛玉也不理。宝玉道:"我可顾不得你了,好歹也写出来罢。"说着也走在案前写了。

李纨道:"我们要看诗了,若看完了还不交卷是必罚的。"宝玉道:"稻香老农虽不善作却善看,又最公道,你就评阅优劣,我们都服的。"众人都道:"自然。"

大家看了,宝玉说探春的好,李纨才要推宝钗这诗有身分,因又催黛玉。黛玉道:"你们都有了?"说着,提笔一挥而就,掷与众人。李纨等看他写道:

半卷湘帘半掩门,碾冰为土玉为盆。

看了这句,宝玉先喝起彩来,只说:"从何处想来!"又看下面道:

偷来梨蕊三分白,借得梅花一缕魂。

众人看了也都不禁叫好,说"果然比别人又是一样心肠。"又看下面道是:

月窟仙人缝缟袂,秋闺怨女拭啼痕。

娇羞默默同谁诉,倦倚西风夜已昏。

众人看了,都道是这首为上。李纨道:"若论风流别致,自是这首;若论含蓄浑厚,终让蘅稿。"探春道:"这评的有理,潇湘妃子当居第二。"李纨道:"怡红公子是压尾,你服不服?"宝玉道:"我的那首原不好了,这评的最公。"又笑道:"只是蘅潇二首还要斟酌。"李纨道:"原是依我评论,不与你们相干,再有多说者必罚。"宝玉听说,只得罢了。

李纨道:"从此后,我定于每月初二、十六这两日开社,出题限韵都要依我。这其间你们有高兴的,你们只管另择日子补开,哪怕一个月每天都开社,我只不管。只是到了初二、十六这两日,是必往我那里去。"宝玉道:"到底要起个社名才是。"探春道:"俗了又不好,特新了,刁钻古怪也不好。可巧才是海棠诗开端,就叫个海棠社罢。虽然俗些,因真有此事,也就不碍了。"说毕大家又商议了一回,略用些酒果,方各自散去。也有回家的,也有往贾母王夫人处去的。当下别人无话。

宝玉回来,先忙着看了一回海棠,至房内告诉袭人起诗社的事。袭人也把打发宋妈妈与史湘云送东西去的话告诉了宝玉。宝玉听了,拍手道:"偏忘了他。我自觉心里有件事,只是想不起来,亏你提起来,正要请他去。这诗社里若少了他还有什么意思。"袭人劝道:"什么要紧,不过玩意儿。他比不得你们自在,家里又作不得主儿。告诉他,他要来又由不得他;不来,他又牵肠挂肚的,没的叫他不受用。"宝玉道:"不妨事,我回老太太打发人接他去。"正说着,宋妈妈已经回来,回复道生受,与袭人道乏,又说:"问二爷做什么呢,我说和姑娘们起什么诗社作诗呢。史姑娘说,他们作诗也不告诉他去,急的了不得。"宝玉听了立身便往贾母处来,立逼着叫人接去。贾母因说:"今儿天晚了,明日一早再去。"宝玉只得罢了,回来闷闷的。

次日一早,便又往贾母处来催逼人接去。直到午后,史湘云才来,宝玉方放了心。见面时就把始末原由告诉他,他要与他诗看。李纨等因说道:"且别给他诗看,先说与他韵。他后来,先罚他和了诗;若好,便请入社;若不好,还要罚他一个东道再说。"史湘云道:"你们忘了请我,我还要罚你们呢。就拿韵来,我虽不能,只得勉强出丑。容我入社,扫地焚香我也情愿。"

众人见他这般有趣,越发喜欢,都埋怨昨日怎么忘了他,遂忙告诉他韵。史湘云一心兴头,等不得推敲删改,一面只管和人说着话,心内早已和成,即用随便的纸笔录出,先笑说道:"我却依韵和了两首,好歹我却不知,不过应命而已。"说着递与众人。众人道:"我们四首也算想绝了,再一首也不能了。你倒弄了两首,哪里有许多话说,必要重了我们。"一面说,一面

看时，只见那两首诗写道：

其一

神仙昨日降都门，种得蓝田玉一盆。

自是霜娥偏爱冷，非关倩女亦离魂。

秋阴捧出何方雪，雨渍添来隔宿痕。

却喜诗人吟不倦，岂令寂寞度朝昏。

其二

蘅芷阶通萝薜门，也宜墙角也宜盆。

花因喜洁难寻偶，人为悲秋易断魂。

玉烛滴干风里泪，晶帘隔破月中痕。

幽情欲向嫦娥诉，无奈虚廊夜色昏。

众人看一句，惊讶一句，看到了，赞到了，都说："这个不枉作了海棠诗，真该要起海棠社了。"史湘云道："明日先罚我个东道，就让我先邀一社可使得？"众人道："这更妙了。"因又将昨日的与他评论了一回。

至晚，宝钗将湘云邀往蘅芜苑安歇去。湘云灯下计议如何设东拟题。宝钗听他说了半日，皆不妥当，因向他说道："既开社，便要作东。虽然是玩意儿，也要瞻前顾后，又要自己便宜，又要不得罪了人，然后方大家有趣。你家里你又作不得主，一个月通共那几串钱，你还不够盘缠呢。这会子又干这没要紧的事，你婶子听见了，越发抱怨你了。况且你就都拿出来，做这个东道也是不够，难道为这个家去要不成？还是往这里要呢？"一席话提醒了湘云，倒踌躇起来。

宝钗道："这个我已经有个主意。我们当铺里有个伙计，他家田上出的很好的肥螃蟹，前儿送了几斤来。现在这里的人，从老太太起连上园里的人，有多一半都是爱吃螃蟹的。前日姨娘还说要请老太太在园里赏桂花吃螃蟹，因为有事还没有请呢。你如今且把诗社别提起，只管普通一请。等他们散了，咱们有多少诗作不得的。我和我哥哥说，要几篓极肥极大的螃蟹来，再往铺子里取上几坛好酒，再备上四五桌果碟，岂不又省事又大家热闹了。"湘云听了，心中自是感服，极赞他想的周到。

这里宝钗又向湘云道："诗题也不要过于新巧了。你看古人诗中那些刁钻古怪的题目和那极险的韵了，若题过于新巧，韵过于险，再不得有好诗，终是小家气。诗固然怕说熟话，更不可过于求生，只要头一件立意清新，自然措词就不俗了。究竟这也算不得什么，还是纺绩针黹是你我的本等。一时闲了，倒是于你我深有益的书看几章是正经。"

湘云只答应着，因笑道："我如今心里想着，昨日作了海棠诗，我如今要作个菊花诗如何？"宝钗道："菊花倒也合景，只是前人太多了。"湘云道："我也是如此想着，恐怕落套。"宝钗想了一想，说道："有了，如今以菊花为宾，以人为主，竟拟出几个题目来，都是两个字：一个虚字，一个实字，实字便用'菊'字，虚字便用通用门的。如此又是咏菊，又是赋事，前人也没作过，也不能落套。赋景咏物两关着，又新鲜，又大方。"

湘云笑道："这却很好。只是不知用何等虚字才好。你先想一个我听听。"宝钗想了一想，笑道："《菊梦》就好。"湘云笑道："果然好。我也有一个，《菊影》可使得？"宝钗道："也罢了。只是也有人作过，若题目多，这个也算的上。我又有了一个。"湘云道："快说出来。"宝钗道："《问菊》如何？"湘云拍案叫妙，因接说道："我也有了，《访菊》如何？"宝钗也赞有趣，因说道："索性拟出十个来，写上再来。"说着，二人研墨蘸笔，湘云便写，宝钗便念，一时凑了十个。湘云看了一遍，又笑道："十个还不成幅，索性凑成十二个便全了，也如人家的字画册页一样。"

宝钗听说，又想了两个，一共凑成十二。又说道："既这样，索性编出他个次序先后来。"湘云道："如此更妙，竟弄成个菊谱了。"宝钗道："起首是《忆菊》；忆之不得，故访，第二是《访菊》；访之既得，便种，第三是《种菊》；种既盛开，故相对而赏，第四是《对菊》；相对而兴有余，故折来供瓶为玩，第五是《供菊》；既供而不吟，亦觉菊无彩色，第六便是《咏菊》；既入词章，

不可不供笔墨,第七便是《画菊》;既为菊如是碌碌,究竟不知菊有何妙处,不禁有所问,第八便是《问菊》;菊如解语,使人狂喜不禁,第九便是《簪菊》;如此人事虽尽,犹有菊之可咏者,《菊影》《菊梦》二首续在第十第十一;末卷便以《残菊》总收前题之。这便是三秋的妙景妙事都有了。"

湘云依说将题录出,又看了一回,又问"该限何韵?"宝钗道:"我平生最不喜限韵的,分明有好诗,何苦为韵所缚。咱们别学那小家派,只出题不拘韵。原为大家偶得了好句取乐,并不为此而难人。"湘云道:"这话很是。这样大家的诗还进一层。但只咱们五个人,这十二人题目,难道每人作十二首不成?"宝钗道:"那也太难人了。将这题目誊好,都要七言律,明日贴在墙上。他们看了,谁作哪一个就作哪一个。有力量者,十二首都作可也;不能的,一首不成也可。高才捷足者为尊。若十二首已全,便不许他后赶着又作,罚他就完了。"湘云道:"这倒也罢了。"二人商议妥贴,方才息灯安寝。要知端的,且听下回分解。

第三十八回　林潇湘魁夺菊花诗　薛蘅芜讽和螃蟹咏

话说宝钗湘云二人计议已妥,一宿无话。湘云次日便请贾母等赏桂花。贾母等都说道:"是他有兴头,须要扰他这雅兴。"至午,果然贾母带了王夫人凤姐兼请薛姨妈等进园来。贾母因问"哪一处好?"王夫人道:"凭老太太爱在哪一处,就在哪一处。"凤姐道:"藕香榭已经摆下了,那山坡下两棵桂花开的又好,河里的水又碧清,坐在河当中亭子上岂不敞亮,看着水眼也清亮。"贾母听了,说:"这话很是。"说着,就引了众人往藕香榭来。原来这藕香榭盖在池中,四面有窗,左右有曲廊可通,亦是跨水接岸,后面又有曲折竹桥暗接。众人上了竹桥,凤姐忙上来搀着贾母,口里说:"老祖宗只管迈大步走,不相干的,这竹子桥规矩是咯吱咯喳的。"

说着,一齐进入亭子,献过茶,凤姐忙着搭桌子,要杯箸。上面一桌,贾母、薛姨妈、宝钗、黛玉、宝玉;东边一桌,史湘云、王夫人、迎、探、惜;西边靠门一小桌,李纨和凤姐的,虚设座位,二人皆不敢坐,只在贾母王夫人两桌上伺候。凤姐吩咐:"螃蟹不可多拿来,仍旧放在蒸笼里,拿十个来,吃了再拿。"一面又要水洗了手,站在贾母跟前剥蟹肉,头次让薛姨妈。薛姨妈道:"我自己掰着吃香甜,不用人让。"凤姐便奉与贾母。二次的便与宝玉,又说:"把酒烫的滚热的拿来。"又命小丫头们去取菊花叶儿桂花蕊熏的绿豆面子来,预备洗手。

史湘云陪着吃了一个,就下座来让人,又出至外头,令人盛两盘子与赵姨娘周姨娘送去。又见凤姐走来道:"你不惯张罗,你吃你的去。我先替你张罗,等散了我再吃。"湘云不肯,又令人在那边廊上摆了两桌,让鸳鸯、琥珀、彩霞、彩云、平儿去坐。鸳鸯因向凤姐笑道:"二奶奶在这里伺候,我们可吃去了。"凤姐儿道:"你们只管去,都交给我就是了。"说着,史湘云仍入了席。凤姐和李纨也胡乱应个景儿。

凤姐仍是下来张罗,一时出至廊上,鸳鸯等正吃的高兴,见他来了,鸳鸯等站起来道:"奶奶又出来作什么?让我们也受用一会子。"凤姐笑道:"鸳鸯小蹄子越发坏了,我替你当差,倒不领情,还抱怨我。还不快斟一盅酒来我喝呢。"鸳鸯笑着忙斟了一杯酒,送至凤姐唇边,凤姐一扬脖子吃了。琥珀彩霞二人也斟上一杯,送至凤姐唇边,那凤姐也吃了。平儿早剔了一壳黄子送来,凤姐道:"多倒些姜醋。"一面也吃了,笑道:"你们坐着吃罢,我可去了。"

贾母一时不吃了,大家方散,都洗了手,也有看花的,也有弄水看鱼的,游玩了一回。王夫人因回贾母说:"这里风大,才又吃了螃蟹,老太太还是回房去歇歇罢了。若高兴,明日再来逛逛。"贾母听了,笑道:"正是呢。我怕你们高兴,我走了又怕扫了你们的兴。既这么说,咱们就都去罢。"回头又嘱咐湘云:"别让你宝哥哥林姐姐多吃了。"湘云答应着。又嘱咐湘

云宝钗二人说："你两个也别多吃。那东西虽好吃，不是什么好的，吃多了肚子疼。"二人忙应着送出园外，仍旧回来，令将残席收拾了另摆。宝玉道："也不用摆，咱们且作诗。把那大团圆桌就放在当中，酒菜都放着，也不必拘定坐位，有爱吃的去吃大家，散坐岂不便宜。"宝钗道："这话极是。"湘云道："虽如此说，还有别人。"因又命另摆一桌，拣了热螃蟹来，请袭人、紫鹃、司棋、待书、入画、莺儿、翠墨等一处共坐。山坡桂树底下铺下两条花毡，命答应的婆子并小丫头等也都坐了，只管随意吃喝，等使唤再来。

湘云便取了诗题，用针绾在墙上。众人看了，都说："新奇固新奇，只怕作不出来。"湘云又把不限韵的缘故说了一番。宝玉道："这才是正理，我也最不喜限韵。"林黛玉因不大吃酒，又不吃螃蟹，自令人掇了一个绣墩倚栏杆坐着，拿着钓竿钓鱼。宝钗手里拿着一枝桂花玩了一回，俯在窗槛上掐了桂蕊掷向水面，引的游鱼浮上来唼喋。湘云出一回神，又让一回袭人等，又招呼山坡下的众人只管放量吃。探春和李纨惜春立在垂柳阴中看鸥鹭。迎春又独在花阴下拿着花针穿茉莉花。宝玉又看了一回黛玉钓鱼，一回又俯在宝钗旁边说笑两句，一回又看袭人等吃螃蟹，自己也陪他饮两口酒。袭人又剥一壳肉给他吃。

宝钗也走过来，另拿了一只杯来，也饮了一口，便蘸笔至墙上把头一个《忆菊》勾了，底下又赘了一个"蘅"字。宝玉忙道："好姐姐，第二个我已经有了四句了，你让我作罢。"宝钗笑道："我好容易有了一首，你就忙的这样。"黛玉也不说话，接过笔来把第八个《问菊》勾了，接着把第十一个《菊梦》也勾了，也赘一个"潇"字。宝玉也拿起笔来，将第二个《访菊》也勾了，也赘上一个"绛"字。探春走来看看道："竟没有人作《簪菊》，让我作这《簪菊》。"又指着宝玉笑道："才宣过总不许带出闺阁字样来，你可要留神。"

说着，只见史湘云走来，将第四第五《对菊》《供菊》一连两个都勾了，也赘上一个"湘"字。探春道："你也该起个号。"湘云笑道："我们家里如今虽有几处轩馆，我又不住着，借了来也没趣。"宝钗笑道："方才老太太说，你们家也有这个水亭叫'枕霞阁'，难道不是你的。如今虽没了，你到底是旧主人。"众人都道有理，宝玉不待湘云动手，便代将"湘"字抹了，改了一个"霞"字。

又有顿饭工夫，十二题已全，各自誊出来，都交与迎春，另拿了一张雪浪笺过来，一并誊录出来，某人作的底下赘明某人的号。

众人看一首，赞一首，彼此称扬不已。李纨笑道："等我从公评来。通篇看来，各人有各人的警句。今日公评：《咏菊》第一，《问菊》第二，《菊梦》第三，题目新，诗也新，立意更新，恼不得要推潇湘妃子为魁了；然后《簪菊》《对菊》《供菊》《画菊》《忆菊》次之。"宝玉听说，喜的拍手叫"极是，极公道。"黛玉道："我那首也不好，到底伤于纤巧些。"李纨道："巧的却好，不露堆砌生硬。"

黛玉道："据我看来，头一句好的是'圃冷斜阳忆旧游'，这句背面傅粉。'抛书人对一枝秋'已经妙绝，将供菊说完，没处再说，故翻回来想到未拆未供之先，意思深透。"李纨笑道："固如此说，你的'口齿噙香'句也敌的过了。"探春又道："到底要算蘅芜君沉着，'秋无迹'，

‘梦有知’，把个忆字竟烘染出来了。”宝钗笑道：“你的‘短鬓冷沾’，‘葛巾香染’，也就把簪菊形容的一个缝儿也没了。”湘云道：“‘偕谁隐’，‘为底迟’，真个把个菊花问的无言可对。”李纨笑道：“你的‘科头坐’，‘抱膝吟’，竟一时也不能别开，菊花有知，也必腻烦了。”说的大家都笑了。

宝玉笑道：“我又落第。难道‘谁家种’，‘何处秋’，‘蜡屐远来’，‘冷吟不尽’，都不是访，‘昨夜雨’，‘今朝霜’，都不是种不成？但恨敌不上‘口齿噙香对月吟’，‘清冷香中抱膝吟’，‘短鬓’，‘葛巾’，‘金淡泊’，‘翠离披’，‘秋无迹’，‘梦有知’这几句罢了。”又道：“明儿闲了，我一个人作出十二首来。”李纨道：“你的也好，只是不及这几句新巧就是了。”

大家又评了一回，复又要了热蟹来，就在大圆桌子上吃了一回。宝玉笑道：“今日持螯赏桂，亦不可无诗。我已吟成，谁还敢作呢？”说着，便忙洗了手提笔写出。众人看道：

　　持螯更喜桂阴凉，泼醋擂姜兴欲狂。
　　饕餮王孙应有酒，横行公子却无肠。
　　脐间积冷馋忘忌，指上沾腥洗尚香。
　　原为世人美口腹，坡仙曾笑一生忙。

黛玉笑道：“这样的诗，要一百首也有。”宝玉笑道：“你这会子才力已尽，不说不能作了，还贬人家。”黛玉听了，并不答言，也不思索，提起笔来一挥，已有了一首。众人看道：

　　铁甲长戈死未忘，堆盘色相喜先尝。
　　螯封嫩玉双双满，壳凸红脂块块香。
　　多肉更怜卿八足，助情谁劝我千觞。
　　对斯佳品酬佳节，桂拂清风菊带霜。

宝玉看了正喝彩，黛玉便一把撕了，令人烧去，因笑道：“我的不及你的，我烧了他。你那个很好，比方才的菊花诗还好，你留着他给人看。”宝钗接着笑道：“我也勉强了一首，未必好，写出来取笑儿罢。”说着也写了出来。大家看时，写道是：

　　桂霭桐阴坐举觞，长安涎口盼重阳。
　　眼前道路无经纬，皮里春秋空黑黄。

看到这里，众人不禁叫绝。宝玉道：“写得痛快！我的诗也该烧了。”又看底下道：

　　酒未敌腥还用菊，性防积冷定须姜。
　　于今落釜成何益，月浦空余禾黍香。

众人看毕，都说这是食螃蟹绝唱，这些小题目，原要寓大意才算是大才，只是讽刺世人太毒了些。说着，只见平儿复进园来。不知作什么，且听下回分解。

第三十九回　村姥姥是信口开河　情哥哥偏寻根究底

话说众人见平儿来了，都说：“你们奶奶作什么呢，怎么不来了？”平儿笑道：“他哪里得空儿来。因为说没有好生吃得，又不得来，所以叫我来问还有没有，叫我要几个拿了家去吃罢。”湘云道：“有，多着呢。”忙令人拿了十个极大的。平儿道：“多拿几个团脐的。”众人又拉平儿坐，平儿不肯。

李纨拉着他笑道:"偏要你坐。"拉着他身边坐下,端了一杯酒送到他嘴边。平儿忙喝了一口就要走。李纨道:"偏不许你去。显见得只有凤丫头,就不听我的话了。"说着又命:"嬷嬷们先送了盒子去,就说我留下平儿了。"

大家约往贾母王夫人处问安。

众婆子丫头打扫亭子,收拾杯盘。袭人和平儿一同往前去,袭人因让平儿到房里坐坐,再喝一杯茶。平儿说:"不喝茶了,再来罢。"说着便要出去。袭人又叫住问道:"这个月的月钱,连老太太和太太还没放呢,是为什么?"平儿见问,忙转身至袭人跟前,见左近无人,才悄悄说道:"你快别问,横竖再迟几天就放了。"

袭人笑道:"这是为什么,唬得你这样?"平儿悄悄告诉他道:"这个月的月钱,我们奶奶早已支了,放给人使呢。等别处的利钱收了来,凑齐了才放。因为是你,我才告诉你,你可不许告诉一个人去。"袭人道:"难道他还短钱使,还没个足厌?何苦还操这心。"平儿笑道:"何曾不是呢。这几年拿着这一项银子,翻出有几百来了。他的公费月例又使不着,十两八两零碎攒了放出去,只他这梯己利钱,一年不到,上千的银子呢。"

袭人笑道:"拿着我们的钱,你们主子奴才赚利钱,哄的我们呆呆的等着。"平儿道:"你又说没良心的话。你难道还少钱使?"袭人道:"我虽不少,只是我也没地方使去,就只预备我们那一个。"平儿道:"你倘若有要紧的事用钱使时,我那里还有几两银子,你先拿来使,明儿我扣下你的就是了。"袭人道:"此时也用不着,怕一时要用起来不够了,我打发人去取就是了。"

平儿答应着,一径出了园门,来至家内,只见凤姐儿不在房里。忽见上回来抽丰的那刘姥姥和板儿又来了,坐在那边屋里,还有张材家的周瑞家的陪着,又有两三个丫头在地下倒口袋里的枣子倭瓜并些野菜。

众人见他进来,都忙站起来了。刘姥姥因上次来过,知道平儿的身分,忙跳下地来问"姑娘好",又说:"家里都问好。早要来请姑奶奶的安看姑娘来的,因为庄家忙。好容易今年多打了两石粮食,瓜果菜蔬也丰盛。这是头一起摘下来的,并没敢卖呢,留的尖儿孝敬姑奶奶姑娘们尝尝。姑娘们天天山珍海味的也吃腻了,这个吃个野意儿,也算是我们的穷心。"平儿忙道:"多谢费心。"又让坐,自己也坐了。又让"张婶子周大娘坐",又令小丫头子倒茶去。

平儿等问怎么样,周瑞家的笑道:"二奶奶在老太太的跟前呢。我原是悄悄的告诉二奶奶,'刘姥姥要家去呢,怕晚了赶不出城去。'二奶奶说:'大远的,难为他扛了那些沉东西来,晚了就住一夜明儿再去。'这可不是投上二奶奶的缘了。这也罢了,偏生老太太又听见了,问刘姥姥是谁。二奶奶便回明白了。老太太说:'我正想个积古的老人家说话儿,请了来我见一见。'这可不是想不到投上缘分了。"说着,催刘姥姥下来前去。刘姥姥道:"我这生像儿怎好见的。好嫂子,你就说我去了罢。"平儿忙道:"你快去罢,不相干的。我们老太太最是惜老怜贫的,比不得那个狂三诈四的那些人。想是你怯上,我和周大娘送你去。"说着,同周瑞家的引了刘姥姥往贾母这边来。

平儿等来至贾母房中,彼时大观园中姊妹们都在贾母前承奉。刘姥姥进去,只见满屋里珠围翠绕,花枝招展,并不知都系何人。只见一张榻上歪着一位老婆婆,身后坐着一个纱罗裹着的美人一般的一个丫鬟在那里捶腿,凤姐儿站着正说笑。刘姥姥便知是贾母了,忙上来陪着笑,道了万福,口里说:"请老寿星安。"贾母亦欠身问好,又命周瑞家的端过椅子来坐着。那板儿仍是怯人,不知问候。

贾母道:"老亲家,你今年多大年纪了?"刘姥姥忙立身答道:"我今年七十五了。"贾母向众人道:"这么大年纪了,还这么健朗。比我大好几岁呢。我要到这么大年纪,还不知怎么动不得呢。"刘姥姥笑道:"我们生来是受苦的人,老太太生来是享福的。若我们也这样,那些庄家活也没人作了。"贾母道:"眼睛牙齿都还好?"刘姥姥道:"都还好,就是今年左边的槽牙活动了。"贾母道:"我老了,都不中用了,眼也花,耳也聋,记性也没了。你们这些老亲戚,我都不记得了。亲戚们来了,我怕人笑我,我都不会,不过嚼的动的吃两口,困了睡一觉,闷了时和这些孙子孙女儿玩笑一回就完了。"刘姥姥笑道:"这正是老太太的福了。我们想这么着

也不能。"贾母道:"什么福,不过是个老废物罢了。"说的大家都笑了。

凤姐儿见贾母喜欢,也忙留道:"我们这里虽不比你们的场院大,空屋子还有两间。你住两天罢,把你们那里的新闻故事儿说些与我们老太太听听。"贾母笑道:"凤丫头别拿他取笑儿。他是乡屯里的人,老实,那里搁的住你打趣他。"说着,又命人去先抓果子与板儿吃。板儿见人多了,又不敢吃。贾母又命拿些钱给他,叫小幺儿们带他外头玩去。刘姥姥吃了茶,便把些乡村中所见所闻的事情说与贾母,贾母益发得了趣味。正说着,凤姐儿便令人来请刘姥姥吃晚饭。贾母又将自己的菜拣了几样,命人送过去与刘姥姥吃。

凤姐知道合了贾母的心,吃了饭便又打发过来。鸳鸯忙令老婆子带了刘姥姥去洗了澡,自己挑了两件随常的衣服令给刘姥姥换上。那刘姥姥哪里见过这般行事,忙换了衣裳出来,坐在贾母榻前,又搜寻些话出来说。彼时宝玉姊妹们也都在这里坐着,他们何曾听见过这些话,自觉比那些瞽目先生说的书还好听。

忽听外面人吵嚷起来,又说:"不相干的,别唬着老太太。"贾母等听了,忙问怎么了,丫鬟回说"南院马棚里走了水,不相干,已经救下去了。"贾母最胆小的,听了这个话,忙起身扶了人出至廊上来瞧,只见东南上火光犹亮。贾母唬的口内念佛,忙命人去火神跟前烧香。王夫人等也忙都过来请安,又回说"已经下去了,老太太请进房去罢。"贾母足的看着火光息了方领众人进来。宝玉且忙着问刘姥姥:"那女孩儿大雪地作什么抽柴草?倘或冻出病来呢?"贾母道:"都是才说抽柴草惹出火来了,你还问呢。别说这个了,再说别的罢。"宝玉听说,心内虽不乐,也只得罢了。

刘姥姥便又想了一篇,说道:"我们庄子东边庄上,有个老奶奶子,今年九十多岁了。他天天吃斋念佛,谁知就感动了观音菩萨夜里来托梦说:'你这样虔心,原来你该绝后的,如今奏了玉皇,给你个孙子。'原来这老奶奶只有一个儿子,这儿子也只一个儿子,好容易养到十七八岁上死了,哭的什么似的。后果然又养了一个,今年才十三四岁,生的雪团儿一般,聪明伶俐非常。可见这些神佛是有的。"这一席话,实合了贾母王夫人的心事,连王夫人也都听住了。

一时散了,背地里宝玉足的拉了刘姥姥,细问那女孩儿是谁。刘姥姥只得编了告诉他道:"那原是我们庄北沿地埂子上有一个小祠堂里供的,不是神佛,当先有个什么老爷。"说着又想名姓。宝玉道:"不拘什么名姓,你不必想了,只说缘故就是了。"刘姥姥道:"这老爷没有儿子,只有一位小姐,名叫茗玉。小姐知书识字,老爷太太爱如珍宝。可惜这茗玉小姐生到十七岁,一病死了。"宝玉听了,跌足叹惜,又问后来怎么样。刘姥姥道:"因为老爷太太思念不尽,便盖了这祠堂,塑了这茗玉小姐的像,派了人烧香拨火。如今日久年深的,人也没了,庙也烂了,那个像就成了精。"宝玉忙道:"不是成精,规矩这样人是虽死不死的。"刘姥姥道:"阿弥陀佛!原来如此。不是哥儿说,我们都当他成精。他时常变了人出来各村庄店道上闲逛。我才说这抽柴火的就是他。我们村庄上的人还商议着要打了这塑像平了庙呢。"宝玉忙道:"快别如此。若平了庙,罪过不小。"刘姥姥道:"幸亏哥儿告诉我,我明儿回去告诉他们就是了。"

宝玉信以为真,回至房中,盘算了一夜。次日一早,便出来给了茗烟几百钱,按着刘姥姥

说的方向地名，着茗烟去先踏看明白，回来再做主意。那茗烟去后，宝玉左等也不来，右等也不来，急的热锅上的蚂蚁一般。

好容易等到日落，方见茗烟兴兴头头的回来。宝玉忙道："可有庙了？"茗烟笑道："爷听的不明白，叫我好找。那地名座落不似爷说的一样，所以找了一日，找到东北上田埂子上才有一个破庙。"宝玉听说，喜的眉开眼笑，忙说道："刘姥姥有年纪的人，一时错记了也是有的。你且说你见的。"茗烟道："那庙门却倒是朝南开，也是稀破的。我找的正没好气，一见这个，我说'可好了'，连忙进去。一看泥胎，唬的我跑出来了，活似真的一般。"宝玉喜的笑道："他能变化人了，自然有些生气。"茗烟拍手道："哪里有什么女孩儿，竟是一位青脸红发的瘟神爷。"宝玉听了，啐了一口，骂道："真是一个无用的杀才！这点子事也干不来。"茗烟道："二爷又不知看了什么书，或者听了谁的混话，信真了，把这件没头脑的事派我去碰头，怎么说我没用呢？"宝玉见他急了，忙抚慰他道："你别急。改日闲了你再找去。若是他哄我们呢，自然没了，若真有的，你岂不也积了阴鸷。我必重重的赏你。"正说着，只见二门上的小厮来说："老太太房里的姑娘们站在二门口找二爷呢。"

第四十回 史太君两宴大观园
金鸳鸯三宣牙牌令

话说宝玉听了，忙进来看时，只见琥珀站在屏风跟前说："快去吧，立等你说话呢。"宝玉来至上房，只见贾母正和王夫人众姊妹商议给史湘云还席。宝玉因说道："我有个主意。既没有外客，吃的东西也别定了样数，谁素日爱吃的拣样儿做几样。也不要按桌席，每人跟前摆一张高几，各人爱吃的东西一两样，再一个什锦攒心盒子，自斟壶，岂不别致。"贾母听了，说"很是"，忙命传与厨房："明日就拣我们爱吃的东西作了，按着人数，再装了盒子来。早饭也摆在园里吃。"商议之间早又掌灯，一夕无话。

次日清早起来，可喜这日天气清朗。李纨侵晨先起，看着老婆子丫头们扫那些落叶，并擦抹桌椅，预备茶酒器皿。只见丰儿带了刘姥姥板儿进来，说"大奶奶倒忙的紧。"

正乱着安排，只见贾母已带了一群人进来了。李纨忙迎上去，笑道："老太太高兴，倒进来了。我只当还没梳头呢，才撷了菊花要送去。"一面说，一面碧月早捧过一个大荷叶式的翡翠盘子来，里面盛着各色的折枝菊花。贾母便拣了一朵大红的簪于鬓上。因回头看见了刘姥姥，忙笑道："过来带花儿。"一语未完，凤姐便拉过刘姥姥来，笑道："让我打扮你。"说着，将一盘子花横三竖四的插了一头。贾母和众人笑的不住。刘姥姥笑道："我这头也不知修了什么福，今儿这样体面起来。"众人笑道："你还不拔下来摔到他脸上呢，把你打扮的成了个老妖精了。"刘姥姥笑道："我虽老了，年轻时也风流，爱个花儿粉儿的，今儿老风流才好。"

说笑之间，已来至沁芳亭子上。

史太君两宴大观园

贾母少歇一回，自然领着刘姥姥都见识见识。先到了潇湘馆。

紫鹃早打起湘帘，贾母等进来坐下。林黛玉亲自用小茶盘捧了一盖碗茶来奉与贾母。王夫人道："我们不吃茶，姑娘不用倒了。"林黛玉听说，便命丫头把自己窗下常坐的一张椅子挪到下首，请王夫人坐了。刘姥姥因见窗下案上设着笔砚，又见书架上磊着满满的书，刘姥姥道："这必定是那位哥儿的书房了。"贾母笑指黛玉道："这是我这外孙女儿的屋子。"刘姥姥留神打量了黛玉一番，方笑道："这哪像个小姐的绣房，竟比那上等的书房还好。"贾母因问："宝玉怎么不见？"众丫头们答说："在池子里舡上呢。"贾母道："谁又预备下舡了？"李纨忙回说："才开楼拿几，我恐怕老太太高兴，就预备下了。"贾母听了方欲说话时，有人回说："姨太太来了。"贾母等刚站起来，只见薛姨妈早进来了，一面归坐，笑道："今儿老太太高兴，这早晚就来了。"贾母笑道："我才说来迟了的要罚他，不想姨太太就来迟了。"

贾母起身笑道："这屋里窄，再往别处逛去。"刘姥姥念佛道："人人都说大家子住大房。昨儿见了老太太正房，配上大箱大柜大桌子大床，果然威武。那柜子比我们那一间房子还大还高。怪道后院子里有个梯子。我想并不上房晒东西，预备个梯子作什么？后来我想起来，定是为开顶柜收放东西，非离了那梯子，怎么得上去呢。如今又见了这小屋子，更比大的越发齐整了。满屋里的东西都只好看，都不知叫什么，我越看越舍不得离了这里。"凤姐道："还有好的呢，我都带你去瞧瞧。"说着一径离了潇湘馆。

远远望见池中一群人在那里撑舡。贾母道："他们既预备下船，咱们就坐。"一面说着，便向紫菱洲蓼溆一带走来。未至池前，只见几个婆子手里都捧着一色捏丝戗金五彩大盒子走来。凤姐忙问王夫人早饭在哪里摆。王夫人道："问老太太在那里，就在那里罢了。"贾母听说，便回头说："你三妹妹那里就好。你就带了人摆去，我们从这里坐了船去。"

凤姐听说，便回身同了探春、李纨、鸳鸯、琥珀带着端饭的人等，抄着近路到了秋爽斋，就在晓翠堂上调开桌案。鸳鸯笑道："天天咱们说外头老爷们吃酒吃饭都有一个篾片相公，拿他取笑儿。咱们今儿也得了一个女篾片了。"李纨是个厚道人，听了不解。凤姐儿却知是说的是刘姥姥了，也笑说道："咱们今儿就拿他取个笑儿。"二人便如此这般的商议。李纨笑劝道："你们一点好事也不做，又不是个小孩儿，还这么淘气，仔细老太太说。"鸳鸯笑道："很不与你相干，有我呢。"

正说着，只见贾母等来了，各自随便坐下。先着丫鬟端过两盘茶来，大家吃毕。凤姐手里拿着西洋布手巾，裹着一把乌木三镶银箸，战敠人位，按席摆下。贾母因说："把那一张小楠木桌子抬过来，让刘亲家近我这边坐着。"众人听说，忙抬了过来。凤姐一面递眼色与鸳鸯，鸳鸯便拉了刘姥姥出去，悄悄的嘱咐了刘姥姥一席话，又说："这是我们家的规矩，若错了我们就笑话呢。"调停已毕，然后归坐。

只见一个媳妇端了一个盒子站在当地，一个丫鬟上来揭去盒盖，里面盛着两碗菜。李纨端了一碗放在贾母桌上。凤姐儿偏拣了一碗鸽子蛋放在刘姥姥桌上。贾母这边说声"请"，刘姥姥便站起身来，高声说道："老刘，老刘，食量大似牛，吃一个老母猪不抬头。"自己却鼓着腮不语。

众人先是发怔，后来一听，上上下下都哈哈的大笑起来。史湘云撑不住，一口饭都喷了出来；林黛玉笑岔了气，伏着桌子叫"哎哟"；宝玉早滚到贾母怀里，贾母笑的搂着宝玉叫"心肝"；王夫人笑的用手指着凤姐儿，只说不出话来；薛姨妈也撑不住，口里茶喷了探春一裙子；探春手里的饭碗都合在迎春身上；惜春离了座位，拉着他奶母叫揉一揉肠子。地下的无一个不弯腰屈背，也有躲出去蹲着笑去的，也有忍着笑上来替他姊妹换衣裳的，独有凤姐鸳鸯二人撑着，还只管让刘姥姥。

一时吃毕，贾母等都往探春卧室中去说闲话。这里收拾过残桌，又放了一桌。刘姥姥看着李纨与凤姐儿对坐着吃饭，叹道："别的罢了，我只爱你们家这行事。怪说道'礼出大家'。"凤姐儿忙笑道："你可别多心，才刚不过大家取笑儿。"一言未了，鸳鸯也进来笑道："姥姥别恼，我给你老人家赔个不是。"刘姥姥笑道："姑娘说哪里话，咱们哄着老太太开个心儿，可有什么恼的！你先嘱咐我，我就明白了，不过大家取个笑儿。我要心里恼，也就不说了。"鸳鸯

便骂人"为什么不倒茶给姥姥吃。"刘姥姥忙道:"刚才那个嫂子倒了茶来,我吃过了。姑娘也该用饭了。"凤姐儿便拉鸳鸯:"你坐下和我们吃了罢,省的回来又闹。"鸳鸯便坐下了。婆子们添上碗箸来,三人吃毕。

刘姥姥笑道:"我看你们这些人都只吃这一点儿就完了,亏你们也不饿。怪只道风儿都吹的倒。"鸳鸯便问:"今儿剩的菜不少,都哪去了?"婆子们道:"都还没散呢,在这里等着一齐散与他们吃。"鸳鸯道:"他们吃不了这些,挑两碗给二奶奶屋里平丫头送去。"凤姐儿道:"他早吃了饭了,不用给他。"鸳鸯道:"他不吃了,喂你们的猫。"婆子听了,忙拣了两样拿盒子送去。鸳鸯道:"素云哪去了?"李纨道:"他们都在这里一处吃,又找他作什么。"鸳鸯道:"这就罢了。"凤姐儿道:"袭人不在这里,你倒是叫人送两样给他去。"鸳鸯听说,便命人也送两样去后,鸳鸯又问婆子们:"回来吃酒的攒盒可装上了?"婆子道:"想必还得一会子。"鸳鸯道:"催着些儿。"婆子应喏了。

凤姐儿等来至探春房中,只见他娘儿们正说笑。探春素喜阔朗,这三间屋子并不曾隔断。

右边洋漆架上悬着一个白玉比目磬,旁边挂着小锤。那板儿略熟了些,便要摘那锤子要击,丫鬟们忙拦住他。他又要佛手吃,探春拣了一个与他说:"玩罢,吃不得的。"东边便设着卧榻,拔步床上悬着葱绿双绣花卉草虫的纱帐。板儿又跑过来看,说"这是蝈蝈,这是蚂蚱"。刘姥姥忙打了他一巴掌,骂道:"下作黄子,没干没净的乱闹。倒叫你进来瞧瞧,就上脸了。"打的板儿哭起来,众人忙劝解方罢。贾母因隔着纱窗往后院内看了一回,说道:"后廊檐下的梧桐也好了,就只细些。"

正说话,忽一阵风过,隐隐听得鼓乐之声。贾母问"是谁家娶亲呢? 这里临街倒近。"王夫人等笑回道:"街上的哪里听的见,这是咱们的那十几个女孩子们演习吹打呢。"贾母便笑道:"既是他们演,何不叫他们进来演习。他们也逛一逛,咱们可又乐了。"凤姐听说,忙命人出去叫来,又一面吩咐摆下条桌,铺上红毡子。贾母道:"就铺排在藕香榭的水亭子上,借着水音更好听。回来咱们就在缀锦阁底下吃酒,又宽阔,又听的近。"众人都说那里好。

贾母向薛姨妈笑道:"咱们走罢。他们姊妹们都不大喜欢人来坐着,怕脏了屋子。咱们别没眼色,正经坐一回子船喝酒去。"说着大家起身便走。探春笑道:"这是那里的话,求着老太太、姨妈、太太来坐坐还不能呢。"贾母笑道:"我的这三丫头却好,只有两个玉儿可恶。回来吃醉了,咱们偏往他们屋里闹去。"

说着,众人都笑了,一齐出来。走不多远,已到了荇叶渚。那姑苏选来的几个驾娘早把两只棠木舫撑来,众人扶着贾母、王夫人、薛姨妈、刘姥姥、鸳鸯、玉钏儿上了这一只,落后李纨也跟上去。凤姐儿也上去,立在舡头上,也要撑舡。

贾母因见岸上的清厦旷朗,便问"这是你薛姑娘的屋子不是?"众人道:"是。"贾母忙命拢岸,顺着云步石梯上去,一同进了蘅芜苑,只觉异香扑鼻。那些奇草仙藤愈冷愈苍翠,都结了实,似珊瑚豆子一般,累垂可爱。及进了房屋,雪洞一般,一色玩器全无,案上只有一个土定瓶中供着数枝菊花,并两部书,茶奁茶杯而已。床上只吊着青纱帐幔,衾褥也十分朴素。

坐了一回方出来,一径来至缀锦阁下。文官等上来请过安,因问"演习何曲"。贾母道:"只拣你们生的演习几套罢。"文官等下来,往藕香榭去不提。

大家坐定,贾母先笑道:"咱们先吃两杯,今日也行一令才有意思。"薛姨妈等笑道:"老太太自然有好酒令,我们如何会呢,安心要我们醉了。我们都多吃两杯就有了。"贾母笑道:"姨太太今儿也过谦起来,想是厌我老了。"薛姨妈笑道:"不是谦,只怕行不上来倒是笑话了。"王夫人忙笑道:"便说不上来,就便多吃一杯酒,醉了睡觉去,还有谁笑话咱们不成。"薛姨妈点头笑道:"依令。老太太到底吃一杯令酒才是。"贾母笑道:"这个自然。"说着便吃了一杯。

凤姐儿忙走至当地,笑道:"既行令,还叫鸳鸯姐姐来行更好。"众人都知贾母所行之令必得鸳鸯提着,故听了这话,都说"很是"。凤姐儿便拉了鸳鸯过来。王夫人笑道:"既在令内,没有站着的理。"回头命小丫头子:"端一张椅子,放在你二位奶奶的席上。"鸳鸯也半推

半就，谢了坐，便坐下，也吃了一钟酒，笑道："酒令大如军令，不论尊卑，唯我是主。违了我的话，是要受罚的。"王夫人等都笑道："一定如此，快些说来。"鸳鸯未开口，刘姥姥便下了席，摆手道："别这样捉弄人，我家去了。"众人都笑道："这却使不得。"鸳鸯喝令小丫头子们："拉上席去！"小丫头子们也笑着，果然拉入席中。刘姥姥只叫"饶了我罢！"鸳鸯道："再多言的罚一壶。"刘姥姥方住了声。

鸳鸯道："如今我说骨牌副儿，从老太太起，顺领说下去，至刘姥姥止。比如我说一副儿，将这三张牌拆开，先说头一张，次说第二张，再说第三张，说完了，合成这一副儿的名字。无论诗词歌赋，成语俗话，比上一句，都要叶韵。错了的罚一杯。"众人笑道："这个令好，就说出来。"

鸳鸯道："有了一副了。左边是张'天'。"贾母道："头上有青天。"众人道："好。"鸳鸯道："当中是个'五与六'。"贾母道："六桥梅花香彻骨。"鸳鸯道："剩得一张'六与幺'。"贾母道："一轮红日出云霄。"鸳鸯道："凑成便是个'蓬头鬼'。"贾母道："这鬼抱住钟馗腿。"说完，大家笑说："极妙。"贾母饮了一杯。

鸳鸯又道："有了一副。左边是个'大长五'。"薛姨妈道："梅花朵朵风前舞。"鸳鸯道："右边还是个'大五长'。"薛姨妈道："十月梅花岭上香。"鸳鸯道："当中'二五'是杂七。"薛姨妈道："织女牛郎会七夕。"鸳鸯道："凑成'二郎游五岳'。"薛姨妈道："世人不及神仙乐。"说完，大家称赏，饮了酒。

鸳鸯又道："有了一副。左边'长幺'两点明。"湘云道："双悬日月照乾坤。"鸳鸯道："右边'长幺'两点明。"湘云道："闲花落地听无声。"鸳鸯道："中间还得'幺四'来。"湘云道："日边红杏倚云栽。"鸳鸯道："凑成'樱桃是九熟'。"湘云道："御园却被鸟衔出。"说完饮了一杯。

鸳鸯道："有了一副。左边是'长三'。"宝钗道："双双燕子语梁间。"鸳鸯道："右边是'三长'。"宝钗道："水荇牵风翠带长。"鸳鸯道："当中'三六'九点在。"宝钗道："三山半落青天外。"鸳鸯道："凑成'铁锁练孤舟'。"宝钗道："处处风波处处愁。"说完饮毕。

鸳鸯又道："左边一个'天'。"黛玉道："良辰美景奈何天。"宝钗听了，回头看着他。黛玉只顾怕罚，也不理论。鸳鸯道："中间'锦屏'颜色俏。"黛玉道："纱窗也没有红娘报。"鸳鸯道："剩了'二六'八点齐。"黛玉道："双瞻玉座引朝仪。"鸳鸯道："凑成'篮子'好采花。"黛玉道："仙杖香挑芍药花。"说完，饮了一口。

鸳鸯道："左边'四五'成花九。"迎春道："桃花带雨浓。"众人道："该罚！错了韵，而且又不像。"迎春笑着饮了一口。原是凤姐儿和鸳鸯都要听刘姥姥的笑话，故意都令说错，都罚了。至王夫人，鸳鸯代说了个，下便该刘姥姥。

刘姥姥道："我们庄家人闲了，也常会几个人弄这个，但不如说的这么好听。少不得我也试一试。"众人都笑道："容易说的。你只管说，不相干。"鸳鸯笑道："左边'四四'是个人。"刘姥姥听了，想了半日，说道："是个庄家人罢。"众人哄堂笑了。贾母笑道："说的好，就是这样说。"刘姥姥也笑道："我们庄家人，不过是现成的本色，众位别笑。"鸳鸯道："中间'三四'绿配红。"刘姥姥道："大火烧了毛毛虫。"众人笑道："这是有的，还说你的本色。"鸳鸯道："右边'幺四'真好看。"刘姥姥道："一个萝卜一头蒜。"众人又笑了。鸳鸯笑道："凑成便是一枝花。"刘姥姥两只手比着，说道："花儿落了结个大倭瓜。"众人大笑起来。只听外面乱嚷——

第四十一回 栊翠庵茶品梅花雪 怡红院劫遇母蝗虫

话说刘姥姥两只手比着说道："花儿落了结个大倭瓜。"众人听了哄堂大笑起来。于是吃过门杯，因又逗趣笑道："实告诉说罢，我的手脚子粗笨，又喝了酒，仔细失手打了这瓷杯。

有木头的杯取个子来,我便失了手,掉了地下也无碍。"众人听了,又笑起来。

只见一个婆子走来请问贾母,说:"姑娘们都到了藕香榭,请示下,就演罢还是再等一会子?"贾母忙笑道:"可是倒忘了他们,就叫他们演罢。"那个婆子答应去了。不一时,只听得箫管悠扬,笙笛并发。正值风清气爽之时,那乐声穿林度水而来,自然使人神怡心旷。

宝玉先禁不住,拿起壶来斟了一杯,一口饮尽。复又斟上,才要饮,只见王夫人也要饮,命人换暖酒,宝玉连忙将自己的杯捧了过来,送到王夫人口边,王夫人便就他手内吃了两口。一时暖酒来了,宝玉仍旧旧坐,王夫人提了暖壶下席来,众人皆都出了席,薛姨妈也立起来,贾母忙命李、凤二人接过来:"让你姨妈坐了,大家才便。"王夫人见如此说,方将壶递与凤姐,自己归坐。贾母笑道:"大家吃上两杯,今日着实有趣。"说着擎杯让薛姨妈,又向湘云宝钗道:"你姐妹两个也吃一杯。你妹妹虽不大会吃,也别饶他。"说着自己已干了。湘云、宝钗、黛玉也都干了。当下刘姥姥听见这般音乐,且又有了酒,越发喜的手舞足蹈起来。宝玉因下席过来向黛玉笑道:"你瞧刘姥姥的样子。"黛玉笑道:"当日圣乐一奏,百兽率舞,如今才一牛耳。"众姐妹都笑了。

须臾乐止,薛姨妈出席笑道:"大家的酒想也都有了,且出去散散再坐罢。"贾母也正要散散,于是大家出席,都随着贾母游玩。贾母因要带着刘姥姥散闷,遂携了刘姥姥至山前树下盘桓了半晌,又说与他这是什么树,这是什么石,这是什么花。刘姥姥一一的领会,又向贾母道:"谁知城里不但人尊贵,连雀儿也是尊贵的。偏这雀儿到了你们这里,他也变俊了,也会说话了。"众人不解,因问什么雀儿变俊了,会讲话。刘姥姥道:"那廊下金架子上站的绿毛红嘴是鹦哥儿,我是认得的。那笼子里黑老鸹子怎么又长出凤头来,也会说话呢。"众人听了都笑将起来。

忽见奶子抱了大姐儿来,大家哄他玩了一会。那大姐儿因抱着一个大柚子玩的,忽见板儿抱着一个佛手,便也要佛手。丫鬟哄他取去,大姐儿等不得,便哭了。众人忙把柚子与了板儿,将板儿的佛手哄过来与他才罢。那板儿因玩了半日佛手,此刻又两手抓些果子吃,又忽见这柚子又香又圆,更觉好玩,且当球踢着玩去,也就不要佛手了。

当下贾母等吃过茶,又带了刘姥姥至栊翠庵来。妙玉忙接了进去。至院中见花木繁盛,贾母笑道:"到底是他们修行的人,没事常常修理,比别处越发好看。"一面说,一面便往东禅堂来。妙玉笑往里让,贾母道:"我们才都吃了酒肉,你这里头有菩萨,冲了罪过。我们这里坐坐,把你的好茶拿来,我们吃一杯就去了。"妙玉听了,忙去烹了茶来。

且说贾母因觉身上乏倦,便命王夫人和迎春姊妹陪了薛姨妈去吃酒,自己便往稻香村来歇息。凤姐忙命人将小竹椅抬来,贾母坐上,两个婆子抬起,凤姐李纨和众丫鬟婆子围随去了,不在话下。这里薛姨妈也就辞出。王夫人打发文官等出去,将攒盒散与众丫鬟们吃去,自己便也乘空歇着,随便歪在方才贾母坐的榻上,命一个小丫头放下帘子来,又命他捶着腿,吩咐他:"老太太那里有信,你就叫我。"说着也歪着睡着了。

宝玉湘云等看着丫鬟们将攒盒搁在山石上,也有坐在山石上的,也有坐在草地下的,也有靠着树的,也有傍着水的,倒也十分热闹。一时又见鸳鸯来了,要带着刘姥姥各处去逛,众人也都赶着取笑。一时来至"省亲别墅"的牌坊底下,刘姥姥道:"哎呀!这里还有个大庙呢。"说着,便爬下磕头。众人笑弯了腰。刘姥姥道:"笑什么?这牌楼上字我都认得。我们那里这样的庙宇最多,都是这样的牌坊,那字就是庙的名字。"众人笑道:"你认得这是什么庙?"刘姥姥便抬头指那字道:"这不是'玉皇宝殿'四字?"众人笑的拍手打脚,还要拿他取笑。刘姥姥觉得腹内一阵乱响,忙的拉着一个小丫头,要了两张纸就解衣。众人又是笑,又忙喝他:"这里使不得!"忙命一个婆子带了东北角上去了。那婆子指与地方,便乐得走开去歇息。

那刘姥姥因喝了些酒,他脾气不与黄酒相宜,且吃了许多油腻饮食,发渴多喝了几碗茶,不免通泻起来,蹲了半日方完。及出厕来,酒被风禁,且年迈之人,蹲了半天,忽一起身,只觉得眼花头眩,辨不出路径。四顾一望,皆是树木山石楼台房舍,却不知哪一处是往哪里去的了,只得认着一条石子路慢慢的走来。及至到了房舍跟前,又找不着门,再找了半日,忽见一

带竹篱,刘姥姥心中自忖道:"这里也有扁豆架子。"

一面想,一面顺着花障走了来,得了一个月洞门进去。只见迎面忽有一带水池,只有七八尺宽,石头砌岸,里面碧浏清水流往那边去了,上面有一块白石横架在上面。刘姥姥便度石过去,顺着石子甬路走去,转了两个弯子,只见一房门。于是进了房门,只见迎面一个女孩儿,满面含笑迎了出来。刘姥姥忙笑道:"姑娘们把我丢下来了,要我碰头碰到这里来。"说了,只觉那女孩儿不答。刘姥姥便赶来拉他的手,"咕咚"一声,便撞到板壁上,把头碰的生疼。细瞧了一瞧,原来是一幅画儿。刘姥姥自忖道:"原来画儿有这样活凸出来的。"一面想,一面看,一面又用手摸去,却是一色平,点头叹了两声。一转身方得了一个小门,门上挂着葱绿撒花软帘。

刘姥姥掀帘进去,抬头一看,只见四面墙壁玲珑剔透,琴剑瓶炉皆贴在墙上,锦笼纱罩,金彩珠光,连地下踩的砖,皆是碧绿凿花,竟越发把眼花了,找门出去,哪里有门? 左一架书,右一架屏。刚从屏后得了一门转去,只见他亲家母也从外面迎了进来。刘姥姥诧异,忙问道:"你想是见我这几日没家去,亏你找我来。哪一位姑娘带你进来的?"他亲家只是笑,不还言。刘姥姥笑道:"你好没见世面,见这园里的花好,你就没死活戴了一头。"他亲家也不答。便心下忽然想起:"常听大富贵人家有一种穿衣镜,这别是我在镜子里头呢罢?"说毕伸手一摸,再细一看,可不是,四面雕空紫檀板壁将镜子嵌在中间。因说:"这已经拦住,如何走出去呢?"一面说,一面只管用手摸。

这镜子原是西洋机括,可以开合。不意刘姥姥乱摸之间,其力巧合,便撞开消息,掩过镜子,露出门来。刘姥姥又惊又喜,迈步出来,忽见有一副最精致的床帐。他此时又带了七八分醉,又走乏了,便一屁股坐在床上,只说歇歇,不承望身不由己,前仰后合的,朦胧着两眼,一歪身就睡熟在床上。

且说众人等他不见,板儿见没了他姥姥,急的哭了。众人都笑道:"别是掉在茅厕里了? 快叫人去瞧瞧。"因命两个婆子去找,回来说没有。众人各处搜寻不见。袭人蓦其道路:"是他醉了迷了路,顺着这一条路往我们后院子里去了。若进了花障子到后门进去,虽然碰头,还有小丫头们知道;若不进花障子再往西南上去,若绕出去还好,若绕不出去,可够他绕回子好的。我且瞧瞧去。"一面想,一面回来,进了怡红院便叫人,谁知那几个房子里小丫头已偷空玩去了。

袭人一直进了房门,转过集锦槅子,就听的鼾齁如雷。忙进来,只闻见酒屁臭气,满屋一瞧,只见刘姥姥扎手舞脚的仰卧在床上。袭人这一惊不小,慌忙赶上来将他死活的推醒。那刘姥姥惊醒,睁眼见了袭人,连忙爬起来道:"姑娘,我失错了! 并没弄脏了床帐。"一面说,一面用手去掸。

袭人恐惊动了人被宝玉知道了,只向他摇手,不叫他说话。忙将鼎内贮了三四把百合香,仍用罩子罩上。些须收拾收拾,所喜不曾呕吐,忙悄悄的笑道:"不相干,有我呢。你随我出来。"刘姥姥满口答应,跟了袭人出至小丫头们房中。命他坐了,向他说道:"你就说醉倒在山子石上打了个盹儿。"刘姥姥答应知道。又与他两碗茶吃,方觉酒醒了,因问道:"这是哪个小姐的绣房,这样精致? 我就像到了天宫里的一样。"袭人微微笑道:"这么? 是宝二爷的卧室。"那刘姥姥吓的不敢作声。袭人带他从前面出去,见了众人,只说他在草地下睡着了,带了他来。众人都不理会,也就罢了。

一时贾母醒了,就在稻香村摆晚饭。贾母因觉懒懒的,也不吃饭,便坐了竹椅小敞轿,回至房中歇息,命凤姐儿等去吃饭。他姊妹方复进园来。要知端的——

第四十二回　蘅芜君兰言解疑癖　潇湘子雅谑补余香

话说他姊妹复进园来，吃过饭，大家散出，都无别话。

且说刘姥姥带着板儿，先来见凤姐儿，说："明日一早定要家去了。虽住了两三天，日子不多，却把古往今来没见过的，没吃过的，没听见过的，都经验了。难得老太太和姑奶奶并那些小姐们，连各房里的姑娘们，都这样怜贫惜老照看我。我这一回去后没别的报答，唯有请些高香天天给你们念佛，保佑你们长命百岁的，就算我的心了。"

凤姐儿笑道："你别喜欢。都是为你，老太太也被风吹病了，睡着说不好过；我们大姐儿也着了凉，在那里发热呢。"刘姥姥听了，忙叹道："老太太有年纪的人，不惯十分劳乏的。"凤姐儿道："从来没像昨儿高兴。往常也进园子逛去，不过到一二处坐坐就回来了。昨儿因为你在这里，要叫你逛逛，一个园子倒走了多半个。大姐儿因为找我去，太太递了一块糕给他，谁知风地里吃了，就发起热来。"

刘姥姥道："这也有的事。富贵人家养的孩子多太娇嫩，自然禁不得一些儿委曲；再他小人儿家，过于尊贵了，也禁不起。以后姑奶奶少疼他些就好了。"凤姐儿道："这也有理。我想起来，他还没个名字，你就给他起个名字。一则借借你的寿；二则你们是庄家人，不怕你恼，到底贫苦些，你贫苦人起个名字，只怕压的住他。"刘姥姥听说，便想了一想，笑道："不知他几时生的？"凤姐儿道："正是生日的日子不好呢，可巧是七月初七日。"刘姥姥忙笑道："这个正好，就叫他是巧哥儿。这叫作'以毒攻毒，以火攻火'的法子。姑奶奶定要依我这名字，他必长命百岁。日后大了，各人成家立业，或一时有不遂心的事，必然是遇难成祥，逢凶化吉，却从这'巧'字上来。"

凤姐儿听了，自是欢喜，忙道谢，又笑道："只保佑他应了你的话就好了。"说着叫平儿来吩咐道："明儿咱们有事，恐怕不得闲儿。你这空儿把送姥姥的东西打点了，他明儿一早就好走的便宜了。"刘姥姥忙说："不敢多破费了。已经遭扰了几日，又拿着走，越发心里不安起来。"凤姐儿道："也没有什么，不过随常的东西。好也罢，歹也罢，带了去，你们街坊邻舍看着也热闹些，也是上城一次。"只见平儿走来说："姥姥过这边瞧瞧。"

因贾母欠安，众人都过来请安，出去传请大夫。一时婆子回大夫来了。老妈妈请贾母进幔子去坐。贾母道："我也老了，那里养不出那阿物儿来，还怕他不成！不要放幔子，就这样瞧罢。"众婆子听了，便拿过一张小桌来，放下一个小枕头，便命人请。

一时只见贾珍、贾琏、贾蓉三个人将王太医领来。

贾母见他穿着六品服色，便知是御医了，也便含笑问："供奉好？"因问贾珍："这位供奉贵姓？"贾珍等忙说："姓王"。贾母道："当日太医院正堂王君效，好脉息。"王太医忙躬身低头，含笑回说："那是晚晚生家叔祖。"贾母听了，笑道："原来这样，也是世交了。"一面说，一面慢慢的伸手放在小枕上。老嬷嬷端着一张小杌：连忙放在小桌前，略偏些。王太医便屈一膝坐下，歪着头诊了半日，又诊了那只手，忙欠身低头退出。贾母笑说："劳动了。珍儿让出去好生看茶。"

贾珍贾琏等忙答了几个"是"，复领王太医出到外书房中。王太医说："太夫人并无别症，偶感一点风凉，究竟不用吃药，不过略清淡些，暖着一点儿，就好了。如今写个方子在这里，若老人家爱吃便按方煎一剂吃，若懒待吃，也就罢了。"说着，吃过茶写了方子。

刚要告辞，只见奶子抱了大姐儿出来，笑说："王老爷也瞧瞧我们。"王太医听说忙起身，就奶子怀中，左手托着大姐儿的手，右手诊了一诊，又摸了一摸头，又叫伸出舌头来瞧瞧，笑道："我说姐儿又骂我了，只是要清清净净的饿两顿就好了。不必吃煎药，我送丸药来，临睡

时用姜汤研开，吃下去就是了。"说毕作辞而去。

贾珍等拿了药方来，回明贾母缘故，将药方放在桌上出去，不在话下。这里王夫人和李纨、凤姐儿、宝钗姊妹等见大夫出去，方从橱后出来。王夫人略坐一坐，也回房去了。

刘姥姥见无事，方上来和贾母告辞。贾母说："闲了再来。"又命鸳鸯："好生打发刘姥姥出去。我身上不好，不能送你。"刘姥姥道了谢，又作辞，方同鸳鸯出来。

且说宝钗等吃过早饭，又往贾母处问过安，回园至分路之处，宝钗便叫黛玉道："颦儿跟我来，有一句话问你。"黛玉便同了宝钗，来至蘅芜苑中。进了房，宝钗便坐了笑道："你跪下，我要审你。"黛玉不解何故，因笑道："你瞧宝丫头疯了！审问我什么？"宝钗冷笑道："好个千金小姐！好个不出闺门的女孩儿！满嘴里说的是什么？你只实说便罢。"黛玉不解，只管发笑，心里也不免疑惑起来，口里只说："我何曾说什么？你不过要捏我的错儿罢了。你倒说出来我听听。"宝钗笑道："你还装憨儿。昨儿行酒令你说的是什么？我竟不知哪里来的。"

黛玉一想，方想起来昨儿失于检点，那《牡丹亭》《西厢记》说了两句，不觉红了脸，便上来搂着宝钗，笑道："好姐姐，原是我不知随口说的。你教给我，再不说了。"宝钗笑道："我也不知道，听你说的怪生的，所以请教你。"黛玉道："好姐姐，你别说与别人，我以后再不说了。"

宝钗见他羞得满脸飞红，满口央告，便不肯再往下追问，因拉他坐下吃茶，款款的告诉他道："你当我是谁，我也是个淘气的。从小七八岁上也够个人缠的。我们家也算是个读书人家，祖父手里也爱藏书。先时人口多，姊妹弟兄都在一处，都怕看正经书。弟兄们也有爱诗的，也有爱词的，诸如这些'西厢''琵琶'以及'元人百种'，无所不有。他们是偷背着我们看，我们却也偷背着他们看。后来大人知道了，打的打，骂的骂，烧的烧，才丢开了。所以咱们女孩儿家不认得字的倒好。男人们读书不明理，尚且不如不读书的好，何况你我。就连作诗写字等事，这不是你我分内之事，究竟也不是男人分内之事。男人们读书明理，辅国治民，这便好了。只是如今并不听见有这样的人，读了书倒更坏了。这是书误了他，可惜他也把书糟蹋了，所以竟不如耕种买卖，倒没有什么大害处。你我只该做些针黹纺织的事才是，偏又认得了字，既认得了字，不过拣那正经的看也罢了，最怕见了些杂书，移了性情，就不可救了。"一席话，说的黛玉垂头吃茶，心下暗伏，只有答应"是"的一字。

忽见素云进来说："我们奶奶请二位姑娘商议要紧的事呢。二姑娘、三姑娘、四姑娘、史姑娘、宝二爷都在那里等着呢。"宝钗道："又是什么事？"黛玉道："咱们到了那里就知道了。"说着便和宝钗往稻香村来，果见众人都在那里。

李纨见了他两个，笑道："社还没起，就有脱滑的了，四丫头要告一年的假呢。"黛玉笑道："都是老太太昨儿一句话，又叫他画什么园子图儿，惹得他乐得告假了。"探春笑道："也别要怪老太太，都是刘姥姥一句话。"林黛玉忙笑道："可是呢，都是他一句话。他是哪一门子的姥姥，直叫他是个'母蝗虫'就是了。"说着大家都笑起来。宝钗笑道："世上的话，到了凤丫头嘴里也就尽了。幸而凤丫头不认得字，不大通，不过一概是市俗取笑，更有颦儿这促狭嘴，他用'春秋'的法子，将市俗的粗话，撮其要，删其繁，再加润色比方出来，一句是一句。这'母蝗虫'三字，把昨儿那些形景都现出来了。亏他想的倒也快。"众人听了，都笑道："你这一注解，也就不在他两个以下。"

黛玉忙拉他笑道："我且问你，还是单画这园子呢，还是连我们众人都画在上头呢？"惜春道："原说只画这园子的，昨儿老太太又说，单画了园子成个房样子了，叫连人都画上，就像'行乐'似的才好。我又不会这工细楼台，又不会画人物，又不好驳回，正为这个为难呢。"黛玉道："人物还容易，你草虫上不能。"李纨道："你又说不通的话了，这个上头哪里又用的着草虫？或者翎毛倒要点缀一两样。"黛玉笑道："别的草虫不画罢了，昨儿'母蝗虫'不画上，岂不缺了典！"众人听了，又都笑起来。黛玉一面笑的两手捧着胸口，一面说道："你快画罢，我连题跋都有了，起个名字，就叫作《携蝗大嚼图》。"

林黛玉早红了脸，拉着宝钗说："咱们放他一年的假罢。"宝钗道："我有一句公道话，你们听听。藕丫头虽会画，不过是几笔写意。如今画这园子，非离了肚子里头有几幅丘壑的才

国学经典文库

中国二十大名著

红楼梦

图文珍藏版

能成画。这园子却是像画儿一般，山石树木，楼阁房屋，远近疏密，也不多，也不少，恰恰的是这样。你只照样儿往纸上一画，是必不能讨好的。这要看纸的地步远近，该多该少，分主分宾，该添的要添，该减的要减，该藏的要藏，该露的要露。这一起了稿子，再端详斟酌，方成一幅图样。第二件，这些楼台房舍，是必要用界划的。一点不留神，栏杆也歪了，柱子也塌了，门窗也倒竖过来，阶矶也离了缝，甚至于桌子挤到墙里去，花盆放在帘子上来，岂不倒成了一张笑'话'儿了。第三，要插人物，也要有疏密，有高低。衣折裙带，手指足步，最是要紧；一笔不细，不是肿了手就是跛了腿，染脸撕发倒是小事。依我看来竟难的很。如今一年的假也太多，一月的假也太少，竟给他半年的假，再派了宝兄弟帮着他。并不是为宝兄弟知道教着他画，那就更误了事；为的是有不知道的，或难安插的，宝兄弟好拿出去问问那会画的相公，就容易了。"

大家又说了一回闲话。至晚饭后又往贾母处来请安。贾母原没有大病，不过是劳乏了，兼着些凉，温存了一日，又吃了一剂药疏散一疏散，至晚也就好了。不知次日又有何话，且听下回分解。

第四十三回　闲取乐偶攒金庆寿　不了情暂撮土为香

话说王夫人因见贾母那日在大观园不过着了些风寒，不是什么大病，请医生吃了两剂药也就好了，便放了心，因命凤姐来吩咐他预备给贾政带送东西。正商议着，只见贾母打发人来请，王夫人忙引着凤姐儿过来。王夫人又请问"这会子可又觉大安些？"贾母道："今日可大好了。方才你们送来野鸡崽子汤，我尝了一尝，倒有味儿，又吃了两块肉，心里很受用。"王夫人笑道："这是凤丫头孝敬老太太的。算他的孝心虔，不枉了素日老太太疼他。"贾母点头笑道："难为他想着。若是还有生的，再炸上两块，咸浸浸的，吃粥有味儿。那汤虽好，就只不对稀饭。"凤姐听了，连忙答应，命人去厨房传话。

这里贾母又向王夫人笑道："我打发人请你来，不为别的。初二是凤丫头的生日，上两年我原早想替他做生日，偏到跟前有大事，就混过去了。今年人又齐全，料着又没事，咱们大家好生乐一日。"王夫人笑道："我也想着呢。既是老太太高兴，何不就商议定了？"贾母笑道："我想往年不拘谁作生日，都是各自送各自的礼，这个也俗了，也觉很生分似的。今儿我出个新法子，又不生分，又可取乐。"王夫人忙道："老太太怎么想着好，就是怎么样行。"贾母笑道："我想着，咱们也学那小家子大家凑份子，多少尽着这钱去办，你道好玩不好玩？"王夫人笑道："这个很好，但不知怎么凑法？"贾母听说，益发高兴起来，忙遣人去请薛姨妈邢夫人等，又叫请姑娘们并宝玉，那府里珍儿媳妇并赖大家的等有头脸管事的媳妇也都叫了来。

贾母笑着把方才一席话说与众人听了。众人谁不凑这趣儿？再，也有和凤姐儿好的，有情愿这样的；也有畏惧凤姐儿的，巴不得来奉承的：况且都是拿的出来的，所以一闻此言都欣然应诺。

闲取乐偶攒金庆寿

说着，早已合算了，共凑了一百五十两有余。贾母道："一日戏酒用不了。"尤氏道："既不请客，酒席又不多，两三日的用度都够了。头等，戏不用钱，省在这上头。"贾母道："凤丫头说哪一班好，就传哪一班。"凤姐儿道："咱们家的班子都听熟了，倒是花几个钱叫一班来听听罢。"贾母道："这件事我交给珍哥媳妇了。越性叫凤丫头别操一点心，受用一日才算。"尤氏答应着。又说了一回话，都知贾母乏了，才渐渐的都散出来。

尤氏等送邢夫人王夫人二人散去，便往凤姐房里来商议怎么办生日的话。凤姐儿道："你不用问我，你只看老太太的眼色行事就完了。"尤氏笑道："你这阿物儿，也试行了大运了。我当有什么事叫我们去，原来单为这个。出了钱不算，还要我来操心，你怎么谢我？"凤姐笑道："你别扯臊，我又没叫你来，谢你什么！你怕操心？你这会子就回老太太去，再派一个就是了。"尤氏笑道："你瞧他兴的这样儿！我劝你收着些儿好。太满了就泼出来了。"二人又说了一回方散。

次日将银子送到宁国府来，尤氏方才起来梳洗，因问是谁送过来的，丫鬟们回说："是林大娘。"尤氏便命叫了他来。丫鬟走至下房，叫了林之孝家的过来。尤氏命他脚踏上坐了，一面忙着梳洗，一面问他："这一包银子共多少？"林之孝家的回说："这是我们底下人的银子，凑了先送过来。老太太和太太们的还没有呢。"正说着，丫鬟们回说："那府里太太和姨太太打发人送份子来了。"

说着，尤氏已梳洗了，命人伺候车辆，一时来至荣府，先来见凤姐。只见凤姐已将银子封好，正要送去。尤氏问："都齐了？"凤姐儿笑道："都有了，快拿了去罢，丢了我不管。"尤氏笑道："我有些信不及，倒要当面点一点。"说着果然按数一点，只没有李纨的一份。尤氏笑道："我说你闹鬼呢，怎么你大嫂子的没有？"凤姐儿笑道："那么些还不够使？短一分儿也罢了，等不够了我再给。"尤氏道："昨儿你在人跟前作人，今儿又来和我赖，这个断不依你。我只和老太太要去。"凤姐儿笑道："我看你利害。明儿有了事，我也丁是丁卯是卯的，你也别抱怨。"尤氏笑道："你一般的也怕。不看你素日孝敬我，我才是不依你呢。"说着，把平儿的一份拿了出来，说道："平儿，来！把你的收起去，等不够了，我替你添上。"平儿会意，因说道："奶奶先使着，若剩下了再赏我一样。"尤氏笑道："只许你那主子作弊，就不许我作情儿。"平儿只得收了。尤氏又道："我看着你主子这么细致，弄这些钱哪里使去！使不了，明儿带了棺材里使去。"

一面说着，一面又往贾母来处。先请了安，大概说了两句话，便走到鸳鸯房中和鸳鸯商议，只听鸳鸯的主意行事，何以讨贾母的喜欢。二人计议妥当。尤氏临走时，也把鸳鸯二两银子还他，说："这还使不了呢。"说着，一径出来，又至王夫人跟前说了一回话。因王夫人进了佛堂，把彩云一份也还他。见凤姐不在跟前，一时把周、赵二人的也还了。他两个还不敢收。尤氏道："你们可怜见的，哪里有这些闲钱？凤丫头便知道了，有我应着呢。"二人听说，千恩万谢的方收了。于是尤氏一径出来，坐车回家。不在话下。

展眼已是九月初二日，园中人都打听得尤氏办得十分热闹，不但有戏，连耍百戏并说书的男女先儿全有，都打点取乐玩耍。李纨又向众姊妹道："今儿是正经社日，可别忘了。宝玉也不来，想必他只图热闹，把清雅就丢开了。"说着，便命丫鬟去瞧作什么，快请了来。丫鬟去了半日，回说："花大姐姐说，今儿一早就出门去了。"众人听了，都诧异说："再没有出门之理。这丫头糊涂，不知说话。"因又命翠墨去。

一时翠墨回来说："可不真出了门了。说有个朋友死了，出去探丧去了。"探春道："断然没有的事。凭他什么，再没今日出门之理。你叫袭人来，我问他。"刚说着，只见袭人走来。李纨等都说道："今儿凭他有什么事，也不该出门。头一件，你二奶奶的生日，老太太都这等高兴，两府上下众人来凑热闹，他倒走了；第二件，又是头一社的正日子，他也不告假，就私自去了！"袭人叹道："昨儿晚上就说了，今儿一早起有要紧的事到北静王府里去，就赶回来的。劝他不要去，他必不依。今儿一早起来，又要素衣裳穿，想必是北静王府里的要紧姬妾没了，也未可知。"李纨等道："若果如此，也该去走走，只是也该回来了。"说着，大家又商议："咱们只管作诗，等他回来罚他。"刚说着，只见贾母已打发人来请，便都往前头来了。袭人回明宝

玉的事,贾母不乐,便命人去接。

原来宝玉心里有件私事,于头一日就吩咐茗烟:"明日一早要出门,备下两匹马在后门口等着,不要别一个跟着。说给李贵,我往北府里去了。倘或要有人找我,叫他拦住不用找,只说北府里留下了,横竖就来的。"茗烟也摸不着头脑,只得依言说了。今儿一早,果然备了两匹马在园后门等着。天亮了,只见宝玉遍体纯素,从角门出来,一语不发跨上马,一弯腰,顺着街就趱下去了。茗烟也只得跨马加鞭赶上,在后面忙问:"往哪里去?"宝玉道:"这条路是往哪里去的?"茗烟道:"这是出北门的大道。出去了冷清清没有可玩的。"宝玉听说,点头道:"正要冷清清的地方好。"说着,越性加了鞭,那马早已转了两个弯子,出了城门。

茗烟越发不得主意,只得紧紧跟着。一气跑了七八里路出来,人烟渐渐稀少,宝玉方勒住马,回头问茗烟道:"这里可有卖香的?"茗烟道:"香倒有,不知是哪一样?"宝玉想道:"别的香不好,须得檀、芸、降三样。"茗烟笑道:"这三样可难得。"宝玉为难。茗烟见他为难,因问道:"要香作什么使?我见二爷时常小荷包有散香,何不找一找。"一句提醒了宝玉,便回手向衣襟上掏出一个荷包来,摸了一摸,竟有两星沉速,心内欢喜:"只是不恭些。"再想自己亲身带的,倒比买的又好些。于是又问炉炭。茗烟道:"这可罢了。荒郊野外哪里有?用这些何不早说,带了来岂不便宜。"宝玉道:"糊涂东西,若可带了来,又不这样没命的跑了。"

茗烟想了半日,笑道:"我得了个主意,不知二爷心下如何?我想二爷不止用这个呢,只怕还要用别的。这也不是事。如今我们往前再走二里地,就是水仙庵了。"宝玉听了忙问:"水仙庵就在这里?更好了,我们就去。"说着,就加鞭前行,一面回头向茗烟道:"这水仙庵的姑子长往咱们家去,咱们这一去到那里,和他借香炉使使,他自然是肯的。"

说着早已来到门前。那老姑子见宝玉来了,事出意外,竟像天上掉下个活龙来的一般,忙上来问好,命老道来接马。宝玉进去,也不拜洛神之像,却只管赏鉴。虽是泥塑的,却真有"翩若惊鸿,婉若游龙"之态,"荷出绿波,日映朝霞"之姿。宝玉不觉滴下泪来。老姑子献了茶。宝玉因和他借香炉。那姑子去了半日,连香供纸马都预备了来。宝玉道:"一概不用。"说着,便命茗烟捧着炉出至后院中,拣一块干净地方儿,竟拣不出。茗烟道:"那井台儿上如何?"宝玉点头,一齐来至井台上,将炉放下。

茗烟站过一旁。宝玉掏出香来焚上,含泪施了半礼,回身命收过去。茗烟答应,且不收,忙爬下磕了几个头,口内祝道:"我茗烟跟二爷这几年,二爷的心事,我没有不知道的,只有今儿这一祭祀这没有告诉我,我也不敢问。只是这受祭的阴魂虽不知名姓,想来自然是那人间有一,天上无双,极聪明极俊雅的一位姐姐妹妹了。二爷心事不能出口,让我代祝:若芳魂有感,香魂多情,虽然阴阳间隔,既是知己之间,时常来望候二爷,未尝不可。你在阴间保佑二爷来生也变个女孩儿,和你们一处相伴,再不可又托生这须眉浊物了。"说毕,又磕几个头,才爬起来。

二人便上马仍回旧路。茗烟在后面只嘱咐:"二爷好生骑着,这马总没大骑的,手里提紧着。"一面说着,早已进了城,仍从后门进去,忙忙来至怡红院中。袭人等都不在房里,只有几个老婆子看屋子,见他来了,都喜的眉开眼笑,说:"阿弥陀佛,可来了!把花姑娘急疯了!上头正坐席呢,二爷快去罢。"宝玉听说忙将素服脱了,自去寻了华服换上,问在什么地方坐席,老婆子回说在新盖的大花厅上。

宝玉听说,一径往花厅来,耳内早已隐隐闻得歌管之声。刚至穿堂那边,只见玉钏儿独坐在廊檐下垂泪,一见他来,便收泪说道:"凤凰来了,快进去罢。再一会子不来,都反了。"宝玉陪笑道:"你猜我往哪里去了?"玉钏儿不答,只管擦泪。宝玉忙进厅里,见了贾母王夫人等,众人真如得了凤凰一般。

宝玉忙赶着与凤姐儿行礼。贾母王夫人都说他不知好歹,"怎么也不说声就私自跑了,这还了得!明儿再这样,等老爷回家来,必告诉他打你。"说着又骂跟的小厮们都偏听他的话,说哪里去就去,也不回一声儿。一面又问他到底哪去了,可吃了什么,可唬着了。宝玉只回说:"北静王的一个爱妾昨日没了,给他道恼去。他哭的那样,不好撇下就回来,所以多等了一会子。"贾母道:"以后再私自出门,不先告诉我们,一定叫你老子打你。"宝玉答应着。

第四十四回　变生不测凤姐泼醋
喜出望外平儿理妆

话说众人看演《荆钗记》，宝玉和姐妹一处坐着。林黛玉因看到《男祭》这一出上，便和宝钗说道："这王十朋也不通的很，不管在哪里祭一祭罢了，必定跑到江边子上来作什么！俗语说，'睹物思人'，天下的水总归一源，不拘哪里的水舀一碗看着哭去，也就尽情了。"宝钗不答。宝玉回头要热酒敬凤姐儿。

贾母不时吩咐尤氏等："让凤丫头坐在上面，你们好生替我待东，难为他一年到头辛苦。"尤氏答应了，又笑回说道："他坐不惯首席，坐在上头横不是竖不是的，酒也不肯吃。"贾母听了，笑道："你不会，等我亲自让他去。"凤姐儿忙也进来笑说："老祖宗别信他们的话，我吃了好几盅了。"贾母笑着，命尤氏："快拉他出去，按在椅子上，你们都轮流敬他。他再不吃，我当真的就亲自去了。"尤氏听说，忙笑着又拉他出来坐下，命人拿了台盏斟了酒，笑道："一年到头难为你孝顺老太太，太太和我。我今儿没什么疼你的，亲自斟杯酒，乖乖儿的在我手里喝一口。"凤姐儿笑道："你要安心孝敬我，跪下我就喝。"尤氏笑道："说的你不知是谁！我告诉你说，好容易今儿这一遭，过了后儿，知道还得像今儿这样不得了？趁着尽力灌丧两盅罢。"凤姐儿见推不过，只得喝了两盅。

接着，众姊妹也来，凤姐也只得每人的喝一口。

凤姐儿自觉酒沉了，心里突突的似往上撞，要往家去歇歇，只见那耍百戏的上来，便和尤氏说："预备赏钱，我要洗洗脸去。"尤氏点头。凤姐儿瞅人不防，便出了席，往房门后檐下走来。平儿留心，也忙跟了来，凤姐儿便扶着他。才至穿廊下，只见他房里的一个小丫头正在那里站着，见他两个来了，回身就跑。凤姐儿便疑心，忙叫："站住！"那丫头先只装听不见，无奈后面连平儿也叫，只得回来。

凤姐儿越发起了疑心，忙和平儿进了穿堂，叫那小丫头子也进来，把槅扇关了。凤姐儿坐在小院子的台矶上，命那丫头子跪了，喝命平儿："叫两个二门上的小厮来，拿绳子鞭子，把那眼睛里没主子的小蹄子打烂了！"那小丫头子已经唬的魂飞魄散，哭着只管碰头求饶。凤姐儿问道："我又不是鬼，你见了我，不说规规矩矩站住，怎么倒往前跑？"小丫头子哭道："二爷在家里，打发我来这里瞧着奶奶的，若见奶奶散了，先叫我送信儿去的。不承望奶奶这会子就来了。"

凤姐儿见话中有文章，便又问道："叫你瞧着我作什么？难道怕我家去不成？必有别的缘故，快告诉我，我从此以后疼你。你若不细说，立刻拿刀子来割你的肉。"说着，回头向头上拔下一根簪子来，向那丫头嘴上乱戳，唬的那丫头一行躲，一行哭求道："我告诉奶奶，可别说我说的。"平儿一旁劝，一面催他，叫他快说。丫头便说道："二爷也是才来房里的，睡了一会醒了，打发人来瞧瞧奶奶，说才坐席，还得好一会才来呢。二爷就开了箱子，拿了两块银子，还有两根簪子，两匹缎子，叫我悄悄的送与鲍二的老婆去，叫他进来。他收了东西就往咱们屋里来了。二爷叫我来瞧着奶奶，底下的事我就不知道了。"

凤姐听了，已气的浑身发软，忙立起身来一径来家。

往里听时，只听里头说笑。那妇人笑道："多早晚你那阎王老婆死了就好了。"贾琏道："他死，再娶一个也是这样，又怎么样呢？"那妇人道："他死了，你倒是把平儿扶了正，只怕还好些。"贾琏道："如今连平儿他也不叫我沾一沾。平儿也是一肚子委曲不敢说。我命里怎么就该犯了'夜叉星'。"

凤姐听了，气的浑身乱战，又听他俩都赞平儿，便疑平儿素日背地里自然也有愤怨语了，那酒越发涌了上来，也并不忖度，回身把平儿先打了两下，一脚踢开门进去，也不容分说，抓着鲍二家的撕打一顿。又怕贾琏走出去，便堵着门站着骂道："好淫妇！你偷主子汉子，还要

治死主子老婆！平儿过来！你们淫妇忘八一条藤儿，多嫌着我，外面儿你哄我！"说着又把平儿打几下，打的平儿有冤无处诉，只气得干哭，骂道："你们做这些没脸的事，好好的又拉上我做什么！"说着也把鲍二家的撕打起来。

正闹的不开交，只见尤氏等一群人来了，说："这是怎么说，才好好的，就闹起来。"贾琏见了人，越发"倚酒三分醉"，逞起威风来，故意要杀凤姐儿。凤姐儿见人来了，便不似先前那般泼了，丢下众人，便哭着往贾母那边跑。

此时戏已散出，凤姐跑到贾母跟前，爬在贾母怀里，只说："老祖宗救我！琏二爷要杀我呢！"贾母、邢夫人、王夫人等忙问怎么了。凤姐儿哭道："我才家去换衣裳，不防琏二爷在家和人说话，我只当是有客来了，唬得我不敢进去。在窗户外头听了一听，原来是和鲍二家的媳妇商议，说我利害，要拿毒药给我吃了治死我，把平儿扶了正。我原气了，又不敢和他吵，原打了平儿两下，问他为什么要害我。他臊了，就要杀我。"

贾母等听了，都信以为真，说："这还了得！快拿了那下流种子来！"一语未完，只见贾琏拿着剑赶来，后面许多人跟着。

贾琏明仗着贾母素习疼他们，连母亲姊母也无碍，故逞强闹了来。邢夫人王夫人见了，气的忙拦住骂道："这下流种子！你越发反了，老太太在这里呢！"贾琏乜斜着眼，道："都是老太太惯的他，他才这样，连我也骂起来了！"邢夫人气的夺下剑来，只管喝他"快出去！"那贾琏撒娇撒痴，涎言涎语的还只乱说。贾母气的说道："我知道你也不把我们放在眼里，叫人把他老子叫来！"贾琏听见这话，方趔趄着脚儿出去了，赌气也不往家去，便往外书房来。

原来平儿早被李纨拉入大观园去了。平儿哭的哽咽难止。宝玉劝道："你是个明白人，素日凤丫头何等待你，今儿不过他多吃一口酒。他可不拿你出气，难道倒拿别人出气不成？别人又笑话他吃醉了。你只管这会子委曲，素日你的好处，岂不都是假的了？"正说着，只见琥珀走来，说了贾母的话。平儿自觉面上有了光辉，方才渐渐的好了，也不往前头去。宝钗等歇息了一回，方来看贾母凤姐。

宝玉便让平儿到怡红院中来。

宝玉因自来从未在平儿前尽过心——且平儿又是个极聪明极清俊的上等女孩儿，比不得那起俗蠢拙物——深为恨怨。今日是金钏儿的生日，故一日不乐。不想落后闹出这件事来，竟得在平儿前稍尽片心，亦今生意中不想之乐也。因歪在床上，心内怡然自得。忽又思及贾琏唯知以淫乐悦己，并不知作养脂粉。又思平儿并无父母兄弟姊妹，独自一人，供应贾琏夫妇二人。贾琏之俗，凤姐之威，他竟能周全妥帖，今儿还遭荼毒，想来此人薄命，比黛玉犹甚。想到此间，便又伤感起来，不觉洒然泪下。因见袭人等不在房内，尽力落了几点痛泪。复起身，又见方才的衣裳上喷的酒已半干，便拿熨斗熨了叠好；见他的手帕子忘去，上面犹有泪渍，又拿至脸盆中洗了晾上。又喜又悲，闷了一回，也往稻香村来，说一回闲话，掌灯后方散。

平儿就在李纨处歇了一夜，凤姐儿只跟着贾母。贾琏晚间归房，冷清清的，又不好去叫，只得胡乱睡了一夜。次日醒了，想昨日之事，大没意思，后悔不来。邢夫人记挂着昨日贾琏醉了，忙一早过来，叫了贾琏过贾母这边来。

贾琏只得忍愧前来，在贾母面前跪下。贾母问他："怎么了？"贾琏忙陪笑说："昨儿原是吃了酒，惊了老太太的驾了，今儿来领罪。"贾母啐道："下流东西，灌了黄汤，不说安分守己的

挺尸去，倒打起老婆来了！凤丫头成日家说嘴，霸王似的一个人，昨儿唬得可怜。要不是我，你要伤了他的命，这会子怎么样？"贾琏一肚子的委屈，不敢分辩，只认不是。贾母又道："那凤丫头和平儿还不是个美人胎子？你还不足！成日家偷鸡摸狗，脏的臭的，都拉了你屋里去。为这起淫妇打老婆，又打屋里的人，你还亏是大家子的公子出身，活打了嘴！若你眼睛里有我，你起来，我饶了你，乖乖的替你媳妇赔个不是，拉他家去，我就喜欢了。要不然，你只管出去，我也不敢受你的跪。"

贾琏听如此说，又见凤姐儿站在那边，也不盛妆，哭的眼睛肿着，也不施脂粉，黄黄脸儿，比往常更觉可怜可爱。想着："不如赔了不是，彼此也好了，又讨老太太的喜欢。"想毕，便笑道："老太太的话，我不敢不依，只是越发纵了他了。"贾母笑道："胡说！我知道他最有礼的，再不会冲撞人。他日后得罪了你，我自然也作主，叫他降伏就是了。"贾琏听说，爬起来，便与凤姐儿作了一个揖，笑道："原来是我的不是，二奶奶饶过我罢。"满屋里的人都笑了。贾母笑道："凤丫头，不许恼了，再恼我就恼了。"

说着，又命人去叫了平儿来，命凤姐儿和贾琏两个安慰平儿。

三个人从新给贾母、邢王二位夫人磕了头。老嬷嬷答应了，送他三人回去。至房中，凤姐儿见无人，方说道："我怎么像个阎王，又像夜叉？那淫妇咒我死，你也帮着咒。我千日不好，也有一日好。可怜我熬的连个淫妇也不如了，我还有什么脸来过这日子？"说着，又哭了。贾琏道："你还不足？你细想想，昨儿谁的不是多？今儿当着人还是我跪了一跪，又赔不是，你也争足了光了。这会子还叨叨，难道还叫我替你跪了才罢？太要足了强也不是好事。"说的凤姐儿无言可对，平儿嗤的一声又笑了。贾琏也笑道："又好了！真真我也没法了。"

正说着，只见一个媳妇来回说："鲍二媳妇吊死了。"贾琏凤姐儿都吃了一惊。凤姐忙收了怯色，反喝道："死了罢了，有什么大惊小怪的！"一时，只见林之孝家的进来悄回凤姐道："鲍二媳妇吊死了，他娘家的亲戚要告呢。"凤姐儿笑道："这倒好了，我正想要打官司呢！"林之孝家的道："我才和众人劝了他们，又威吓了一阵，又许了他几个钱，也就依了。"凤姐儿道："我没一个钱！有钱也不给，只管叫他告去。也不许劝他，也不用镇吓他，只管让他告去。告不成，倒问他个'以尸讹诈'！"

林之孝家的正在为难，见贾琏和他使眼色儿，心下明白，便出来等着。贾琏道："我出去瞧瞧，看是怎么样。"凤姐儿道："不许给他钱。"贾琏一径出来，和林之孝来商议，着人去作好作歹，许了二百两发送才罢。贾琏生恐有变，又命人去和王子腾说，将番役仵作人等叫了几名来，帮着办丧事。那些人见了如此，纵要复辨亦不敢辨，只得忍气吞声罢了。贾琏又命林之孝将那二百银子入在流年账上，分别添补开销过去。又梯己给鲍二些银两，安慰他说："另日再挑个好媳妇给你。"鲍二又有体面，又有银子，有何不依，便仍然奉承贾琏，不在话下。

里面凤姐心中虽不安，面上只管佯不理论，因房中无人，便拉平儿笑道："我昨儿灌丧了酒了，你别埋怨，打了哪里，让我瞧瞧。"平儿道："也没打重。"只听得说，奶奶姑娘都进来了。要知端的，下回分解。

第四十五回　金兰契互剖金兰语
风雨夕闷制风雨词

话说凤姐儿正抚恤平儿，忽见众姊妹进来，忙让坐了，平儿斟上茶来。凤姐儿笑道："今儿来的这么齐，倒像下帖子请了来的。"探春笑道："我们有两件事：一件是我的，一件是四妹妹的，还夹着老太太的话。"凤姐儿笑道："有什么事，这么要紧？"探春笑道："我们起了个诗社，头一社就不齐全，众人脸软，所以就乱了。我想必得你去作个监社御史，铁面无私才好。再四妹妹为画园子，用的东西这般那般不全，回了老太太。老太太说：'只怕后头楼底下还有

当年剩下的,找一找,若有呢拿出来,若没有,叫人买去。'"凤姐笑道:"我又不会作什么'湿的''干的',要我吃东西去不成?"探春道:"你虽不会作,也不要你作。你只监察着我们里头有偷安怠惰的,该怎么样罚他就是了。"凤姐儿笑道:"你们别哄我,我猜着了:哪里是请我作监社御史?分明是叫我作个进钱的铜商!你们弄什么社,必是要轮流作东道的。你们的月钱不够花了,想出这个法子来拗了我去,好和我要钱。可是这个主意?"一席话说的众人都笑起来了。

说着才要回去,只见一个小丫头扶了赖嬷嬷进来。凤姐儿等忙站起来,笑道:"大娘坐。"又都向他道喜。赖嬷嬷向炕沿上坐了,笑道:"我也喜,主子们也喜。若不是主子们的恩典,我们这喜从何来?昨儿奶奶又打发哥儿赏东西,我孙子在门上朝上磕了头了。"李纨笑道:"多早晚上任去?"赖嬷嬷叹道:"我哪里管他们,由他们去罢!前儿在家里给我磕头,我没好话,我说:'哥哥儿,你别说你是官儿了,横行霸道的!你今年活了三十岁,虽然是人家的奴才,一落娘胎胞,主子恩典,放你出来,上托着主子的洪福,下托着你老子娘,也是公子哥儿似的读书认字,也是丫头、老婆、奶子捧凤凰似的。长了这么大,你哪里知道那'奴才'两字是怎么写的!只知道享福,也不知道你爷爷和你老子受的那苦恼,熬了两三辈子,好容易挣出你这么个东西来。从小儿三灾八难,花的银子也照样打出你这么个银人儿来了。到二十岁上,又蒙主子的恩典,许你捐前程在身上。你看那正根正苗的忍饥挨饿的要多少?你一个奴才秧子,仔细折了福!如今乐了十年,不知怎么弄神弄鬼的,求了主子,又选了出来。州县官儿虽小,事情却大,为那一州的州官,就是那一方的父母。你不安分守己,尽忠报国,孝敬主子,只怕天也不容你。'"李纨凤姐儿都笑道:"你也多虑。我们看他也就好了。先那几年还进来了两次,这有好几年没了,年下生日,只见他的名字就罢了。前儿给老太太、太太磕头来,在老太太那院里,见他又穿着新官的服色,倒越发的威武了,比先时也胖了。他这一得了官,正该你乐呢,反倒愁起这些来!他不好,还有他父亲呢,你只受用你的就完了。闲了坐个轿子进来,和老太太斗一日牌,说一天话儿,谁好意思的委屈了你。家去一般也是楼房厦厅,谁不敬你,自然也是老封君似的了。"

正说着,只见赖大家的来了。接着,周瑞家的张材家的都进来回事情。凤姐儿笑道:"媳妇来接婆婆来了。"赖大家的笑道:"不是接他老人家,倒是打听打听奶奶姑娘们赏脸不赏脸?"赖嬷嬷听了,笑道:"可是我糊涂了,正经说的话且不说,且说陈谷子烂芝麻的混捣熟。因为我们小子选了出来,众亲友要给他贺喜,少不得家里摆个酒。我想,摆一日酒,请这个也不是,请那个也不是。又想了一想,托主子洪福,想不到的这样荣耀,就倾了家,我也是愿意的。因此吩咐他老子连摆三日酒:头一日,在我们破花园子里摆几席酒,一台戏,请老太太、太太们、奶奶姑娘们去散一日闷;外头大厅上一台戏,摆几席酒,请老爷们、爷们去增增光。第二日再请亲友。第三日再把我们两府里的伴儿请一请。热闹三天,也是托着主子的洪福一场,光辉光辉。"李纨凤姐儿都笑道:"多早晚的日子?我们必去,只怕老太太高兴要去也定不得。"赖大家的忙道:"择了十四的日子,只看我们奶奶的老脸罢了。"凤姐道:"别人不知道,我是一定去。先说下,我是没有贺礼的,也不知道放赏,吃完了一走,可别笑话。"赖大家的笑道:"奶奶说哪里话?奶奶要赏,赏我们三二万银子就有了。"赖嬷嬷笑道:"我才去请老太太,老太太也说去,可算我这脸还好。"说毕又叮咛了一回,方起身要走,因看见周瑞家的,便想起一事来,因说道:"可是还有一句话问奶奶,这周嫂子的儿子犯了什么不是,撵了他不用?"凤姐儿听了,笑道:"正是我要告诉你媳妇,事情多也忘了。赖嫂子回去说给你老头子,两府里不许收留他小子,叫他各人去罢。"

赖大家的只得答应着。周瑞家的忙跪下央求。赖嬷嬷忙道:"什么事?说给我评评。"凤姐儿道:"前日我生日,里头还没吃酒,他小子先醉了。老娘那边送了礼来,他不说在外头张罗,他倒坐着骂人,礼也不送进来。两个女人进来了,他才带着小幺们往里抬。小幺们倒好,他拿的一盒子倒失了手,撒了一院子馒头。人去了,打发彩明去说他,他倒骂了彩明一顿。这样无法无天的王八羔子,不撵了作什么!"赖嬷嬷笑道:"我当什么事情,原来为这个"。奶奶听我说:"他有不是,打他骂他,使他改过,撵了去断乎使不得。他又比不得是咱们家的家

凤姐凤妻闺夕凤凤

生子儿,他现是太太的陪房。奶奶只顾撵了他,太太脸上不好看。依我说,奶奶教导他几板子,以戒下次,仍旧留着才是。不看他娘,也看太太。"凤姐儿听说,便向赖大家的说道:"既这样,打他四十棍,以后不许他吃酒。"赖大家的答应了。周瑞家的磕头起来,又要与赖嬷嬷磕头,赖大家的拉着方罢。然后他三人去了,李纨等也就回园中来。

至晚,果然凤姐命人找了许多旧收的画具出来,送至园中。宝钗等选了一回,各色东西可用的只有一半,将那一半又开了单子,与凤姐儿去照样置买,不必细说。

黛玉每岁至春分秋分之后,必犯嗽疾;今秋又遇贾母高兴,多游玩了两次,未免过劳了神,近日又复嗽起来,觉得比往常又重,所以总不出门,只在自己房中将养。有时闷了,又盼个姊妹来说些闲话排遣;至宝钗等来望候他,说不得三五句话又厌烦了。众人都体谅他病中,且素日形体娇弱,禁不得一些委屈,所以他接待不周,礼数粗忽,也都不苛责。

这日宝钗来望他,因说起这病症来。宝钗道:"这里走的几个太医虽都还好,只是你吃他们的药总不见效,不如再请一个高明的人来瞧一瞧,治好了岂不好?每年间闹一春一夏,又不老又不小,成什么?不是个常法。"黛玉道:"不中用。我知道我这样病是不能好的了。且别说病,只论好的日子我是怎么形景,就可知了。"宝钗点头道:"可正是这话。古人说'食谷者生',你素日吃的竟不能添养精神气血,也不是好事。"黛玉叹道:"'死生有命,富贵在天',也不是人力可强的。今年比往年反觉又重了些的似的。"说话之间,已咳嗽了两三次。宝钗道:"昨儿我看你那药方上,人参肉桂觉得太多了。虽说益气补神,也不宜太热。依我说,先以平肝健胃为要,肝火一平,不能克土,胃气无病,饮食就可养人了。每日早起拿上等燕窝一两,冰糖五钱,用银铫子熬出粥来,若吃惯了,比药还强,最是滋阴补气的。"

黛玉叹道:"你素日待人,固然是极好的,然我最是个多心的人,只当你心里藏奸。从前日你说看杂书不好,又劝我那些好话,竟大感激你。往日竟是我错了,实在误到如今。细细算来,我母亲去世的早,又无姊妹兄弟,我长了今年十五岁,竟没一个人像你前日的话教导我。怨不得云丫头说你好,我往日见他赞你,我还不受用,昨儿我亲自经过,才知道了。比如若是你说了那个,我再不轻放过你的;你竟不介意,反劝我那些话,可知我竟自误了。若不是从前日看出来,今日这话,再不对你说。你方才说叫我吃燕窝粥的话,虽然燕窝易得,但只我因身上不好了,每年犯这个病,也没什么要紧的去处。请大夫,熬药,人参肉桂,已经闹了个天翻地覆,这会子我又兴出新文来熬什么燕窝粥,老太太、太太、凤姐姐这三个人便没话说,那些底下的婆子丫头们,未免不嫌我太多事了。你看这里这些人,因见老太太多疼了宝玉和凤丫头两个,他们尚虎视眈眈,背地里言三语四的,何况于我?况我又不是他们这里正经主子,原是无依无靠投奔了来的,他们已经多嫌着我了。如今我还不知进退,何苦叫他们咒我?"

宝钗道:"这样说,我也是和你一样。"黛玉道:"你如何比我?你又有母亲,又有哥哥,这里又有买卖地土,家里又仍旧有房有地。你不过是亲戚的情分,白住了这里,一应大小事情,又不沾他们一文半个,要走就走了。我是一无所有,吃穿用度,一草一纸,皆是和他们家的姑娘一样,那起小人岂有不多嫌的。"宝钗笑道:"将来也不过多费得一副嫁妆罢了,如今也愁不到这里。"黛玉听了,不觉红了脸,笑道:"人家才拿你当个正经人,把心里的烦难告诉你听,你反拿我取笑儿。"宝钗笑道:"虽是取笑儿,却也是真话。你放心,我在这里一日,我与你消

遣一日。你有什么委屈烦难，只管告诉我，我能解的，自然替你解一日。我虽有个哥哥，你也是知道的，只有个母亲比你略强些。咱们也算同病相怜。你也是个明白人，何必作'司马牛之叹'？你才说的也是，多一事不如省一事。我明日家去和妈妈说了，只怕我们家里还有，与你送几两，每日叫丫头们就熬了，又便宜，又不惊师动众的。"黛玉忙笑道："东西事小，难得你多情如此。"宝钗道："这有什么放在口里的！只愁我人人跟前失于应候罢了。只怕你烦了，我且去了。"黛玉道："晚上再来和我说句话儿。"宝钗答应着便去了，不在话下。

这里黛玉喝了两口稀粥，仍歪在床上，不想日未落时天就变了，淅淅沥沥下起雨来。

方要安寝，丫鬟报说："宝二爷来了。"一语未完，只见宝玉头上带着大箬笠，身上披着蓑衣。黛玉不觉笑了："哪里来的渔翁！"宝玉忙问："今儿好些？吃了药没有？今儿一日吃了多少饭？"一面说，一面摘了笠，脱了蓑衣，忙一手举起灯来，一手遮住灯光，向黛玉脸上照了一照，觑着眼细瞧了一瞧，笑道："今儿气色好了些。"

黛玉看脱了蓑衣，里面只穿半旧红绫短袄，系着绿汗巾子，膝下露出油绿绸撒花裤子，底下是掐金满绣的绵纱袜子，趿着蝴蝶落花鞋。黛玉问道："上头怕雨，底下这鞋袜子是不怕雨的？也倒干净。"宝玉笑道："我这一套是全的。有一双棠木屐，才穿了来，脱在廊檐上了。"黛玉又看那蓑衣斗笠不是寻常市卖的，十分细致轻巧，因说道："是什么草编的？怪道穿上不像那刺猬似的。"宝玉道："这三样都是北静王送的。他闲了下雨时在家里也是这样。你喜欢这个，我也弄一套来送你。别的都罢了，唯有这斗笠有趣，竟是活的。上头的这顶儿是活的，冬天下雪，带上帽子，就把竹信子抽了，去下顶子来，只剩了这圈子。下雪时男女都戴得，我送你一顶，冬天下雪戴。"黛玉笑道："我不要他。戴上那个，成个画儿上画的和戏上扮的渔婆了。"及说了出来，方想起话未忖度，与方才说宝玉的话相连，后悔不及，羞的脸飞红，便伏在桌上嗽个不住。

黛玉道："我也好了许多，谢你一天来几次瞧我，下雨还来。这会子夜深了，我也要歇着，你且请回去，明儿再来。"宝玉听说，回手向怀中掏出一个核桃大小的一个金表来，瞧了一瞧，那针已指到戌末亥初之间，忙又揣了，说道："原该歇了，又扰的你劳了半日神。"说着，披蓑戴笠出去了。

就有蘅芜苑的一个婆子，也打着伞提着灯，送了一大包上等燕窝来，还有一包子洁粉梅片雪花洋糖。说："这比买的强。姑娘说了：姑娘先吃着，完了再送来。"黛玉道："回去说'费心'。"命他外头坐了吃茶。婆子笑道："不吃茶了，我还有事呢。"黛玉笑道："我也知道你们忙。如今天又凉，夜又长，越发该会个夜局，痛赌两场了。"婆子笑道："不瞒姑娘说，今年我大沾光儿了。横竖每夜各处有几个上夜的人，误了更也不好，不如会个夜局，又坐更，又解闷儿。今儿又是我的头家，如今园门关了，就该上场了。"黛玉听说笑道："难为你。误了你发财，冒雨送来。"命人给他几百钱，打些酒吃，避避雨气。那婆子笑道："又破费姑娘赏酒吃。"说着，磕了一个头，外面接了钱，打伞去了。

紫鹃收起燕窝，然后移灯下帘，服侍黛玉睡下。黛玉自在枕上感念宝钗，一时又羡他有母兄；一面又想宝玉虽素习和睦，终有嫌疑。又听见窗外竹梢蕉叶之上，雨声淅沥，清寒透幕，不觉又滴下泪来。直到四更将阑，方渐渐的睡了。暂且无话。要知端的，下回分解。

第四十六回　尴尬人难免尴尬事　鸳鸯女誓绝鸳鸯偶

话说林黛玉直到四更将阑，方渐渐的睡去，暂且无话。

如今且说凤姐儿因见邢夫人叫他，不知何事，忙另穿戴了一番，坐车过来。邢夫人将房内人遣出，悄向凤姐儿道："叫你来不为别事，有一件为难的事，老爷托我，我不得主意，先和你商议。老爷因看上了老太太的鸳鸯，要他在房里，叫我和老太太讨去。我想这倒平常有的事，只是怕老太太不给，你可有法子？"凤姐儿听了，忙道："依我说，竟别碰这个钉子去。老太

太离了鸳鸯,饭也吃不下去的,哪里就舍得了?况且平日说起闲话来,老太太常说,老爷如今上了年纪,作什么左一个小老婆右一个小老婆放在屋里,没的耽误了人家。放着身子不保养,官儿也不好生作去,成日家和小老婆喝酒。太太听这话,很喜欢老爷呢?

邢夫人冷笑道:"大家子三房四妾的也多,偏咱们就使不得?我劝了也未必依。就是老太太心爱的丫头,这么胡子苍白了又作了官的一个大儿子,要了作房里人,也未必好驳回的。我叫了你来,不过商议商议,你先派上了一篇不是。也有叫你要去的理?自然是我说去。你倒说我不劝,你还不知道那性子的,劝不成,先和我恼了。"

凤姐儿知道邢夫人禀性愚謩,只知承顺贾赦以自保,如今又听邢夫人如此的话,便知他又弄左性,劝了不中用,连忙陪笑说道:"太太这话说的极是。我能活了多大,知道什么轻重?想来父母跟前,别说一个丫头,就是那么大的活宝贝,不给老爷给谁?背地里的话那里信得?我竟是个呆子。

邢夫人见他这般说,便又喜欢起来,又告诉他道:"我的主意先不和老太太要。老太太要说不给,这事便死了。我心里想着先悄悄的和鸳鸯说。他虽害臊,我细细的告诉了他,他自然不言语,就妥了。那时再和老太太说,老太太虽不依,搁不住他愿意,常言'人去不中留',自然这就妥了。"凤姐儿笑道:"到底是太太有智谋,这是千妥万妥的。别说是鸳鸯,凭他是谁,哪一个不想巴高望上,不想出头的?这半个主子不做,倒愿意做个丫头,将来配个小子就完了。"邢夫人笑道:"正是这个话了。别说鸳鸯,就是那些执事的大丫头,谁不愿意这样呢。你先过去,别露一点风声,我吃了晚饭就过来。"

凤姐儿暗想:"鸳鸯素习是个极有心胸识见的丫头,虽如此说,保不严他就愿意。我先过去了,太太后过去,若他依了便没话说;倘或不依,太太是多疑的人,只怕就疑我走了风声,使他拿腔作势。那时太太又见了应了我的话,羞恼变成怒,拿我出起气来,倒没意思。不如同着一齐过去了,他依也罢,不依也罢,就疑不到我身上了。"想毕,因笑道:"方才临来,舅母那边送了两笼子鹌鹑,我吩咐他们炸了,原要赶太太晚饭上送过来的。我才进大门时,见小子们抬车,说太太的车拔了缝,拿去收拾去了。不如这会子坐了我的车一齐过去倒好。"邢夫人听了,便命人来换衣服。凤姐忙着服侍了一回,娘儿两个坐车过来。凤姐儿又说道:"太太过老太太那里去,我若跟了去,老太太若问起我过去作什么的,倒不好。不如太太先去,我脱了衣裳再来。"

邢夫人听了有理,便自往贾母处,和贾母说了一回闲话,便出来假托往王夫人房里去,从后门出去,打鸳鸯的卧房前过。只见鸳鸯正然坐在那里做针线,见了邢夫人,忙站起来。邢夫人笑道:"做什么呢?我瞧瞧,你扎的花儿越发好了。"一面说,一面便接他手内的针线瞧了一瞧,只管赞好。放下针线,又浑身打量。

鸳鸯见他这般看他,自己倒不好意思起来,心里便觉诧异,因笑问道:"太太,这会子不早不晚的,过来做什么?"邢夫人使个眼色儿,跟的人退出。邢夫人便坐下,拉着鸳鸯的手笑道:"我特来给你道喜来了。"鸳鸯听了,心中已猜着三分,不觉红了脸,低了头不发一言。听邢夫人道:"你知道,你老爷跟前竟没有个可靠的人,心里再要买一个,又怕那些人牙子家出来的不干不净,也不知道毛病儿,买了来家,三日两日,又要俏鬼吊猴的。因满府里要挑一个家生女儿收了,又没个好的。不是模样儿不好,就是性子不好,有了这个好处,没了那个好处。因此冷眼选了半年,这些女孩子里头,就只你是个尖儿,模样儿,行事作人,温柔可靠,一概是齐

全的。意思要和老太太讨了你去，收在屋里。你比不得外头新买的，你这一进去了，进门就开了脸，就封你姨娘，又体面，又尊贵。你又是个要强的人，俗话说的'金子终得金子换'，谁知竟被老爷看中了你。如今这一来，你可遂了素日志大心高的愿了，也堵一堵那些嫌你的人的嘴。跟了我回老太太去！"说着拉了他的手就要走。鸳鸯红了脸，夺手不行。

邢夫人知他害臊，因又说道："这有什么臊处？你又不用说话，只跟着我就是了。"鸳鸯只低了头不动身。邢夫人见他这般，便又说道："难道你不愿意不成？若果然不愿意，可真是个傻丫头了。放着主子奶奶不作，倒愿意作丫头！三年二年，不过配上个小子，还是奴才。你跟了我们去，你知道我的性子又好，又不是那不容人的人。老爷待你们又好。过一年半载，生下个一男半女，你就和我并肩了。家里人你要使唤谁，谁还不动？现成主子不做去，错过这个机会，后悔就迟了。"鸳鸯只管低了头，仍是不语。邢夫人又道："你这么个响快人，怎么又这样积粘起来？有什么不称心之处，只管说与我，我管保你遂心如意就是了。"鸳鸯仍不语。邢夫人又笑道："想必你有老子娘，你自己不肯说话，怕臊。你等他们问你，这也是理。让我问他们去，叫他们来问你，有话只管告诉他们。"说毕，便往凤姐儿房中来。

凤姐儿早换了衣服，因房内无人，便将此话告诉了平儿。平儿也摇头笑道："据我看，此事未必妥。平常我们背着人说话来，听他那主意，未必是肯的。也只说着瞧罢了。"凤姐儿道："太太必来这屋里商议。依你还可，若不依，白寻个臊，当着你们，岂不脸上不好看。你说给他们炸鹌鹑，再有什么配几样，预备吃饭。你且别处逛逛去，估量着去了再来。"平儿听说，照样传给婆子们，便逍遥自在的往园子里来。

这里鸳鸯见邢夫人去了，必在凤姐儿房里商议去了，必定有人来问他的，不如躲了这里，因找了琥珀说道："老太太要问我，只说我病了，没吃早饭，往园子里逛逛就来。"琥珀答应了。鸳鸯也往园子里来，各处游玩，不想正遇见平儿。平儿因见无人，便笑道："新姨娘来了！"鸳鸯听了，便红了脸，说道："怪道你们串通一气来算计我！等着我和你主子闹去就是了。"

平儿听了，自悔失言，便拉他到枫树底下，坐在一块石上，越性把方才凤姐过去回来所有的形景言词始末原由告诉与他。

只听山石背后哈哈的笑道："好个没脸的丫头，亏你不怕牙碜。"二人听了不免吃了一惊，忙起身向山石背后找寻，不是别人，却是袭人笑着走了出来问："什么事情？告诉我。"说着，三人坐在石上。平儿又把方才的话说与袭人，袭人听了说道："真真这话论理不该我们说，这个大老爷太好色了，略平头正脸的，他就不放手了。"

鸳鸯道："我只不去就完了。"平儿摇头道："你不去未必得干休。大老爷的性子你是知道的。虽然你是老太太房里的人，此刻不敢把你怎么样，将来难道你跟老太太一辈子不成？也要出去的。那时落了他的手，倒不好了。"鸳鸯冷笑道："老太太在一日，我一日不离这里，若是老太太归西去了，他横竖还有三年的孝呢，没个娘才死了他先纳小老婆的！等过三年，知道又是怎么个光景，那时再说。纵到了至急为难，我剪了头发作姑子去，不然，还有一死。一辈子不嫁男人，又怎么样？乐得干净呢！"平儿袭人笑道："真这蹄子没了脸，越发信口儿都说出来了。"鸳鸯道："事到如此，臊一会怎么样！你们不信，慢慢的看着就是了。太太才说了，找我老子娘去。我看他南京找去！"平儿道："你的父母都在南京看房子，没上来，终久不寻的着。现在还有你哥哥嫂子在这里。可惜你是这里的家生女儿，不如我们两个人是单在这里。"鸳鸯道："家生女儿怎么样？'牛不吃水强按头'？我不愿意，难道杀我的老子娘不成？"

平儿因问袭人道："你在那里藏着做什么的？我们竟没看见你。"袭人道："我因为往四姑娘房里瞧我们宝二爷去的，谁知迟了一步，说是来家里了。我疑惑怎么不遇见呢，想要往林姑娘家里找去，又遇见他的人说也没去。我这里正疑惑是出园子去了，可巧你从那里来了，我一闪，你也没看见。后来他又来了。我从这树后头走到山子石后，我却见你两个说话来了，谁知你们四个眼睛没见我。"

一语未了，又听身后笑道："四个眼睛没见你？你们六个眼睛竟没见我！"三人唬了一跳，回身一看，不是别个，正是宝玉走来。袭人先笑道："要我好找，你哪里来？"宝玉笑道："我从

四妹妹那里出来,迎头看见你来了,我就知道是找我去的,我就藏了起来哄你。看你撼着头过去了,进了院子就出来了,逢人就问。我在那里好笑,只等你到了跟前唬你一跳的,后来见你也藏藏躲躲的,我就知道也是要哄人了。我探头往前看了一看,却是他两个,所以我就绕到你身后。你出去,我就躲在你躲的那里了。"平儿笑道:"咱们再往后找找去,只怕还找出两个人来也未可知。"宝玉笑道:"这可再没了。"

鸳鸯已知话俱被宝玉听了,只伏在石头上装睡。宝玉推他笑道:"这石头上冷,咱们回房里去睡,岂不好?"说着拉起鸳鸯来,又忙让平儿来家坐吃茶。平儿和袭人都劝鸳鸯走,鸳鸯方立起身来,四人竟往怡红院来。宝玉将方才的话俱已听见,心中自然不快,只默默的歪在床上,任他三人在外间说笑。

鸳鸯一夜没睡。至次日,他哥哥回贾母接他家去逛逛,贾母允了,命他出去。鸳鸯意欲不去,又怕贾母疑心,只得勉强出来。他哥哥只得将贾赦的话说与他,又许他怎么体面,又怎么当家作姨娘。鸳鸯只咬定牙不愿意。

他哥哥无法,少不得去回覆了贾赦。贾赦怒起来,因说道:"我这话告诉你,叫你女人向他说去,就说我的话'自古嫦娥爱少年',他必定嫌我老了。大约他恋着少爷们,多半是看上了宝玉,只怕也有贾琏。果有此心,叫他早早歇了心。我要他不来,此后谁还敢收?此是一件。第二件,想着老太太疼他,将来自然往外聘作正头夫妻去。叫他细想,凭他嫁到谁家去,也难出我的手心。除非他死了,或是终身不嫁男人,我就服了他!若不然时,叫他趁早回心转意,有多少好处。"贾赦说一句,金文翔应一声"是"。贾赦道:"你别哄我,我明儿还打发你太太过去问鸳鸯,你们说了,他不依,便没你们的不是。若问他,他再依了,仔细你的脑袋!"

金文翔忙应了又应,退出回家,也不等得告诉他女人转说,竟自己对面说了这话。把个鸳鸯气的无话可回,想了一想,便说道:"便愿意罢,也须得你们带了我回声老太太去。"他哥嫂听了,只当回想过来,都喜之不胜。他嫂子即刻带了他上来见贾母。

可巧王夫人、薛姨妈、李纨、凤姐儿、宝钗等姊妹并外头的几个执事有头脸的媳妇,都在贾母跟前凑趣儿呢。鸳鸯喜之不尽,拉了他嫂子,到贾母跟前跪下,一行哭,一行说,把邢夫人怎么来说,园子里他嫂子又如何说,今儿他哥哥又如何说,"因为不依,方才大老爷越性说我恋宝玉,不然要等着往外聘,我到天上,这一辈子也跳不出他的手心去,终究要报仇。我是横了心的,当着众人在这里,我这一辈子莫说是'宝玉',便是'宝金''宝银''宝天王''宝皇帝',横竖不嫁人就完了!就是老太太逼着我,我一刀抹死了,也不能从命!若有造化,我死在老太太之先;若没造化,该讨吃的命,服侍老太太归了西,我也不跟着我老子娘哥哥去,我或是寻死,或是剪了头发当尼姑去!若说我不是真心,暂且拿话来支吾,日后再图别的,天地鬼神,日头月亮照着嗓子,从嗓子里头长疔烂了出来,烂化成酱在这里!"原来他一进来时,便袖了一把剪子,一面说着,一面左手打开头发,右手便铰。众婆娘丫鬟忙来拉住,已剪下半绺了。众人看时,幸而他的头发极多,铰的不透,连忙替他挽上。

贾母听了,气的浑身乱颤,口内只说:"我通共剩了这么一个可靠的人,他们还要来算计!"因见王夫人在旁,便向王夫人道:"你们原来都是哄我的!外头孝敬,暗地里盘算我。有好东西也来要,有好人也要,剩了这么个毛丫头,见我待他好了,你们自然气不过,弄开了他,好摆弄我!"王夫人忙站起来,不敢还一言。薛姨妈见王夫人怪上,反不好劝的了。李纨一听见鸳鸯的话,早带了姊妹们出去。

探春有心的人,想王夫人虽有委屈,如何敢辩;薛姨妈也是亲姊妹,自然也不好辩的;宝钗也不便为姨母辩;李纨、凤姐、宝玉一概不敢辩;这正用着女孩儿之时,迎春老实,惜春小,因此窗外听了一听,便走进来陪笑向贾母道:"这事与太太什么相干?老太太想一想,也有大伯子要收屋里的人,小婶子如何知道?便知道,也推不知道。"犹未说完,贾母笑道:"可是我老糊涂了!姨太太别笑话我。你这个姐姐他极孝顺我,不像我那大太太一味怕老爷,婆婆跟前不过应景儿。可是委屈了他。"薛姨妈只答应"是",又说:"老太太偏心,多疼小儿子媳妇,也是有的。"贾母道:"不偏心!"因又说道:"宝玉,我错怪了你娘,你怎么也不提我,看着你娘受委屈?"宝玉笑道:"我偏着娘说大爷大娘不成?通共一个不是,我娘在这里不认,却推谁

去？我倒要认是我的不是，老太太又不信。"贾母笑道："这也有理。你快给你娘跪下，你说太太别委屈了，老太太有年纪了，看着宝玉罢。"

宝玉听了，忙走过去，便跪下要说。王夫人忙笑着拉他起来，说："快起来，快起来，断乎使不得。终不成你替老太太给我赔不是不成？"宝玉听说，忙站起来。贾母又笑道："凤姐儿也不提我。"凤姐儿笑道："我倒不派老太太的不是，老太太倒寻上我了？"贾母听了，与众人都笑道："这可奇了！倒要听听这不是。"凤姐儿道："谁教老太太会调理人，调理的水葱儿似的，怎么怨得人要？我幸亏是孙子媳妇，若是孙子，我早要了，还等到这会子呢。"贾母笑道："这倒是我的不是了？"凤姐儿笑道："自然是老太太的不是了。"贾母笑道："这样，我也不要了，你带了去罢！"凤姐儿道："等着修了这辈子，来生托生男人，我再要罢。"贾母笑道："你带了去，给琏儿放在屋里，看你那没脸的公公还要不要了！"凤姐儿道："琏儿不配，就只配我和平儿这一对烧糊了的卷子和他混罢。"说的众人都笑起来了。丫鬟回说："大太太来了。"王夫人忙迎了出去。要知端的——

要知端的——

第四十七回　呆霸王调情遭苦打
冷郎君惧祸走他乡

话说王夫人听见邢夫人来了，连忙迎了出去。邢夫人犹不知贾母已知鸳鸯之事，正还要来打听信息，进了院门，早有几个婆子悄悄的回了他，他方知道。待要回去，里面已知，又见王夫人接了出来，少不得进来，先与贾母请安，贾母一声儿不言语，自己也觉得愧悔。凤姐儿早指一事回避了。鸳鸯也自回房去生气。薛姨妈王夫人等恐碍着邢夫人的脸面，也都渐渐的退了。邢夫人且不敢出去。

贾母见无人，方说道："我听见你替你老爷说媒来了。你倒也三从四德，只是这贤慧也太过了！你们如今也是孙子儿子满眼了，你还怕他，劝两句就使不得，还由着你老爷性儿闹。"邢夫人满面通红，回道："我劝过几次不依。老太太还有什么不知道呢，我也是不得已儿。"贾母道："他逼着你杀人，你也杀去？如今你也想想，你兄弟媳妇本来老实，又生得多病多痛，上上下下哪不是他操心？你一个媳妇虽然帮着，也是天天丢下笆儿弄扫帚。凡百事情，我如今都自己减了。我这屋里有的没的，剩了他一个，年纪也大些，我凡百的脾气性格儿他还知道些。这会子他去了，你们弄个什么人来我使？你们就弄他那么一个真珠的人来，不会说话也无用。我正要打发人和你老爷说去，他要什么人，我这里有钱，叫他只管一万八千的买去，就只这个丫头不能。留下他服侍我几年，就比他日夜服侍我尽了孝的一般。你来的也巧，你就去说，更妥当了。"

说毕,命人来:"请了姨太太你姑娘们来说个话儿。才高兴,怎么又都散了!"丫头们忙答应着去了。众人忙赶着又来。贾母忙让坐,又笑道:"咱们斗牌罢。姨太太的牌也生,咱们一处坐着,别叫凤姐儿混了我们去。"薛姨妈笑道:"正是呢,老太太替我看着些儿。就是咱们娘儿四个斗呢,还是再添个呢?"王夫人笑道:"可不只四个。"凤姐儿道:"再添一个人热闹些。"贾母道:"叫鸳鸯来,叫他在这下手里坐着。姨太太眼花了,咱们两个的牌都叫他瞧着些儿。"凤姐儿叹了一声,向探春道:"你们识书识字的,倒不学算命!"探春道:"这又奇了。这会子你倒不打点精神赢老太太几个钱,又想算命。"凤姐儿道:"我正要算算命,今儿该输多少呢?我还想赢呢!你瞧瞧,场没上,左右都埋伏下了。"说的贾母薛姨妈都笑起来。

一时鸳鸯来了,便坐在贾母下手,鸳鸯之下便是凤姐儿。

贾母规矩是鸳鸯代洗牌,因和薛姨妈说笑,不见鸳鸯动手,贾母道:"你怎么恼了,连牌也不替我洗。"鸳鸯拿起牌来,笑道:"二奶奶不给钱。"贾母道:"他不给钱,那是他交运了。"便命小丫头子:"把他那一吊钱都拿过来。"小丫头子真就拿了,搁在贾母旁边。凤姐儿笑道:"赏我罢,我照数儿给就是了。"薛姨妈笑道:"果然是凤丫头小器,不过是玩儿罢了。"凤姐听说,便站起来,拉着薛姨妈,回头指着贾母素日放钱的一个木匣子笑道:"姨妈瞧瞧,那个里头不知玩了我多少去了。这一吊钱玩不了半个时辰,那里头的钱就招手儿叫他了。只等把这一吊也叫进去了,牌也不用斗了,老祖宗的气也平了,又有正经事差我办去了。"话说未完,引的贾母众人笑个不住。偏有平儿怕钱不够,又送了一吊来。凤姐儿道:"不用放在我跟前,也放在老太太的那一处罢。一齐叫进去倒省事,不用做两次叫箱子里的钱费事。"贾母笑的手里的牌撒了一桌子,推着鸳鸯,叫:"快撕他的嘴!"

平儿依言放下钱,也笑了一回,方回来。至院门前遇见贾琏,问他:"太太在哪里呢?老爷叫我请过去呢。"平儿忙笑道:"在老太太跟前呢,站了这半日还没动呢。趁早丢开手罢。老太太生了半日气,这会子亏二奶奶凑了半日趣儿,才略好了些。"贾琏道:"我过去只说讨老太太的示下,十四往赖大家去不去,好预备轿子的。又请了太太,又凑了趣儿,岂不好?"平儿笑道:"依我说,你竟不去罢。合家子连太太宝玉都有了不是,这会子你又填限去了。"贾琏道:"已经完了,难道还找补不成?况且与我又无干。二则老爷亲自吩咐我请太太的,这会子我打发了人去,倘或知道了,正没好气呢,指着这个拿我出气罢。"说着就走。平儿见他说得有理,也便跟了过来。

贾琏到了堂屋里,便把脚步放轻了,往里间探头,只见邢夫人站在那里。凤姐儿眼尖,先瞧见了,使眼色儿不命他进来,又使眼色与邢夫人。邢夫人不便就走,只得倒了一碗茶来,放在贾母跟前。贾母一回身,贾琏不防,便没躲伶俐。贾母便问:"外头是谁?倒像个小子一伸头。"凤姐儿忙起身说:"我也恍惚看见一个人影儿,让我瞧瞧去。"一面说,一面起身出来。贾琏忙进去,陪笑道:"打听老太太十四可出门?好预备轿子。"贾母道:"既这么样,怎么不进来?又作鬼作神的。"贾琏陪笑道:"见老太太玩牌,不敢惊动,不过叫媳妇出来问问。"贾母道:"就忙到这一时,等他家去,你问多少问不得?那一遭儿你这么小心来着!又不知是来作耳报神的,也不知是来作探子的,鬼鬼祟祟的,倒唬了我一跳。什么好下流种子!你媳妇和我玩牌呢,还有半日的空儿,你家去再和那赵二家的商量治你媳妇去罢。"说着,众人都笑了。鸳鸯笑道:"鲍二家的,老祖宗又拉上赵二家的。"贾母也笑道:"可是,我哪里记得什么抱着背着的,提起这些事来,不由我不生气!我进了这门子作重孙子媳妇起,到如今我也有了重孙子媳妇了,连头带尾五十四年,凭着大惊大险千奇百怪的事,也经了些,从没经过这些事。还不离了我这里呢!"

贾琏一声儿不敢说,忙退了出来。正说着,只见邢夫人也出来,贾琏道:"太太快过去罢,叫我来请了好半日了。"说着,送他母亲出来过那边去。

邢夫人将方才的话只略说了几句,贾赦无法,又含愧,自此便告病,且不敢见贾母,只打发邢夫人及贾琏每日过去请安。只得又各处遣人购求寻觅,终久费了八百两银子买了一个十七岁的女孩子来,名唤嫣红,收在屋内。不在话下。

这里斗了半日牌,吃晚饭才罢。此一二日间无话。

　　转眼到了十四日，黑早，赖大的媳妇又进来请。贾母高兴，便带了王夫人薛姨妈及宝玉姊妹等，到赖大花园中坐了半日。赖大家内也请了几个现任的官长并几个世家子弟作陪。因其中有柳湘莲，薛蟠自上次会过一次，已念念不忘。

　　那柳湘莲原是世家子弟，读书不成，父母早丧，素性爽侠，不拘细事，酷好耍枪舞剑，赌博吃酒，以至眠花卧柳，吹笛弹筝，无所不为。因他年纪又轻，生得又美，不知他身份的人，却误认作优伶一类。那赖大之子赖尚荣与他素习交好，故他今日请来作陪。不想酒后别人犹可，独薛蟠又犯了旧病。他心中早已不快，得便意欲走开完事，无奈赖尚荣死也不放。

　　宝玉便拉了柳湘莲到厅侧小书房中坐下，问他这几日可到秦钟的坟上去了。

　　刚至大门前，早遇见薛蟠在那里乱嚷乱叫说："谁放了小柳儿走了！"柳湘莲听了，火星乱迸，恨不得一拳打死，复思酒后挥拳，又碍着赖尚荣的脸面，只得忍了又忍。薛蟠忽见他走出来，如得了珍宝，忙趱趕着上来一把拉住，笑道："我的兄弟，你往哪里去了？"湘莲道："走走就来。"薛蟠笑道："好兄弟，你一去都没兴了，好歹坐一坐，你就疼我了。凭你有什么要紧的事，交给哥，你只别忙，有你这个哥，你要做官发财都容易。"

　　湘莲见他如此不堪，心中又恨又愧，早生一计，便拉他到避人之处，笑道："你真心和我好，假心和我好呢？"薛蟠听这话，喜的心痒难挠，也斜着眼忙笑道："好兄弟，你怎么问起我这话来？我要是假心，立刻死在眼前！"湘莲道："既如此，这里不便。等坐一坐，我先走，你随后出来，跟到我下处，咱们替另喝一夜酒。我那里还有两个绝好的孩子，从没出门。你可连一个跟的人也不用带，到了那里，服侍的人都是现成的。"薛蟠听如此说，喜得酒醒了一半，说："果然如此？"湘莲道："如何！人拿真心待你，你倒不信了！"薛蟠忙笑道："我又不是呆子，怎么有个不信的呢！既如此，我又不认得，你先去了，我在哪里找你？"湘莲道："我这下处在北门外头，你可舍得家，城外住一夜去？"薛蟠笑道："有了你，我还要家做什么！"湘莲道："既如此，我在北门外头桥上等你。咱们席上且吃酒去。你看我走了之后你再走，他们就不留心了。"薛蟠听了，连忙答应。于是二人复又入席，饮了一回。那薛蟠难熬，只拿眼看湘莲，心内越想越乐，左一壶右一壶，并不用人让，自己便吃了又吃，不觉酒已八九分了。

　　湘莲便起身出来，瞅人不防去了，至门外，命小厮杏奴："先家去罢，我到城外就来。"说毕，已跨马直出北门，桥上等候薛蟠。没顿饭时工夫，只见薛蟠骑着一匹大马，远远的赶了来，张着嘴，瞪着眼，头似拨浪鼓一般不住左右乱瞧。及至从湘莲马前过去，只顾望远处瞧，不曾留心近处，反蹉过去了。湘莲又是笑，又是恨，便也撒马随后赶来。薛蟠往前看时，渐渐人烟稀少，便又圈马回来再找，不想一回头见了湘莲，如获奇珍，忙笑道："我说你是个再不失信的。"湘莲笑道："快往前走，仔细人看见跟了来，就不便了。"说着，先就撒马前去，薛蟠也紧紧的跟着。

　　湘莲见前面人迹已稀，且有一带苇塘，便下马，将马拴在树上，向薛蟠笑道："你下来，咱们先设个誓，日后要变了心，告诉人去的，便应了誓。"薛蟠笑道："这话有理。"连忙下了马，也拴在树上，便跪下说道："我要日久变心，告诉人去的，天诛地灭！"一语未了，只听"喥"的一声，颈后好似铁锤砸下来，只觉得一阵黑，满眼金星乱迸，身不由己，便倒下来。

　　谁知贾珍等席上忽不见了他两个，各处寻找不见。有人说："恍惚出北门去了。"薛蟠的小厮们素日是惧他的，他吩咐不许跟去，谁又敢找去？后来还是贾珍不放心，命贾蓉带着小厮们寻踪问迹的直找出北门，下桥二里多路，忽见苇坑边薛蟠的马拴在那里。众人都道："可好了！有马必有人。"一齐来至马前，只听苇中有人呻吟。大家忙走来一看，只见薛蟠衣衫零碎，面目肿破，没头没脸，遍身内外，滚的似个泥猪一般。

　　贾蓉心内已猜着九分了，忙下马令人搀了出来，薛蟠自在卧房将养，推病不见。

　　贾母等回来各自归家时，薛姨妈与宝钗见香菱哭得眼睛肿了。问其缘故，忙赶来瞧薛蟠时，脸上身上虽有伤痕，并未伤筋动骨。薛姨妈又是心疼，又是发恨，骂一回薛蟠，又骂一回柳湘莲，意欲告诉王夫人，遣人寻拿柳湘莲。宝钗忙劝道："这不是什么大事，不过他们一处吃酒，酒后反脸常情。谁醉了，多挨几下子打，也是有的。况且咱们家的无法无天，也是人所共知的。妈不过是心疼的缘故。要出气也容易，等三五天哥哥养好了出的去时，那边珍大爷

琏二爷这干人也未必白丢开了,自然备个东道,叫了那个人来,当着众人替哥哥赔不是认罪就是了。如今妈先当件大事告诉众人,倒显得妈偏心溺爱,纵容他生事招人,今儿偶然吃了一次亏,妈就这样兴师动众,倚着亲戚之势欺压常人。"薛姨妈听了道:"我的儿,到底是你想的到,我一时气糊涂了。"宝钗笑道:"这才好呢。他又不怕妈,又不听人劝,一天纵似一天,吃过两三个亏,他倒罢了。"

薛蟠睡在炕上痛骂柳湘莲,又命小厮们去拆他的房子,打死他,和他打官司。薛姨妈禁住小厮们,只说柳湘莲一时酒后放肆,如今酒醒,后悔不及,惧罪逃走了。薛蟠听见如此说了,要知端的——

第四十八回　滥情人情误思游艺
慕雅女雅集苦吟诗

且说薛蟠听见如此说了,气方渐平。三五日后,疼痛虽愈,伤痕未平,只装病在家,愧见亲友。

展眼已到十月,因有各铺面伙计内有算年账要回家的,少不得家内治酒饯行。内有一个张德辉,年过六十,自幼在薛家当铺内揽总,家内也有二三千金的过活,今岁也要回家,明春方来。因说起,"今年纸札香料短少,明年必是贵的。明年先打发大小儿上来当铺内照管,赶端阳前我顺路贩些纸札香扇来卖。除去关税花销,亦可以剩得几倍利息。"薛蟠听了,心中忖度:"我如今挨了打,正难见人,想着要躲一年半载,又没处去躲。天天装病,也不是事。况且我长了这么大,文又不文,武又不武,虽说做买卖,究竟戥子算盘从没拿过,地土风俗远近道路又不知道,不如也打点几个本钱,和张德辉逛一年来。赚钱也罢,不赚钱也罢,且躲躲羞去。二则逛逛山水也是好的。"心内主意已定,至酒席散后,便和张德辉说知,命他等一二日一同前往。

晚间薛蟠告诉了他母亲。

至次日,薛姨妈命人请了张德辉来,在书房中命薛蟠款待酒饭,自己在后廊下,隔着窗子,向里千言万语嘱托张德辉照管薛蟠。

至十三日,薛蟠先去辞了他舅舅,然后过来辞了贾宅诸人。贾珍等未免又有饯行之说,也不必细述。至十四日一早,薛姨妈宝钗等直同薛蟠出了仪门,母女两个四只泪眼看他去了,方回来。

薛姨妈上京带来的家人不过四五房,并两三个老嬷嬷小丫头,今跟了薛蟠一去,外面只剩了一两个男子。因此薛姨妈即日到书房,将一应陈设玩器并帘幔等物尽行搬了进来收贮,命那两个跟去的男子之妻一并也进来睡觉。又命香菱将他屋里也收拾严紧,"将门锁了,晚间和我去睡。"宝钗道:"妈既有这些人作伴,不如叫菱姐姐和我作伴去。我们园里又空,夜长了,我每夜作活,越多一个人岂不越好。"薛姨妈听了,笑道:"正是我忘了,原该叫他同你去才是。我前日还同你哥哥说,文杏又小,道三不着两,莺儿一个人不够服侍的,还要买一个丫头来你使。"宝钗道:"买的不知底里,倘或走了眼,花了钱小事,没的淘气。倒是慢慢的打听着,有知道来历的,买个还罢了。"一面说,一面命香菱收拾了衾褥妆奁,命一个老嬷嬷并臻儿送至蘅芜苑去,然后宝钗和香菱才回园中来。

香菱应着才要走时,只见平儿忙忙的走来。香菱忙问了好,平儿只得陪笑相问。宝钗因向平儿笑道:"我今儿带了他来作伴儿,正要去回你奶奶一声儿。"平儿笑道:"姑娘说的是哪里话?我竟没话答言了。"宝钗道:"这才是正理。店房也有个主人,庙里也有个住持。虽不是大事,到底告诉一声,便是园里坐更上夜的人知道添了他两个,也好关门候户的了。你回去告诉一声罢,我不打发人去了。"平儿答应着,因又向香菱笑道:"你既来了,也不拜一拜街坊邻舍去?"宝钗笑道:"我正叫他去呢。"平儿道:"你且不必往我们家去,二爷病了在家里

呢。"香菱答应着去了,先从贾母处来,不在话下。

且说平儿见香菱去了,便拉宝钗忙说道:"姑娘可听见我们的新闻了?"宝钗道:"我没听见新闻。因连日打发我哥哥出门,所以你们这里的事,一概也不知道,连姊妹们这两日也没见。"平儿笑道:"老爷把二爷打了个动不得,难道姑娘就没听见?"宝钗道:"早起恍惚听见了一句,也信不真。我也正要瞧你奶奶去呢,不想你来了。又是为了什么打他?"

平儿咬牙骂道:"都是那贾雨村什么,半路途中那里来的饿不死的野杂种!认了不到十年,生了多少事出来!今年春天,老爷不知在哪个地方看见了几把旧扇子,回家看家里所有收着的这些好扇子都不中用了,立刻叫人各处搜求。谁知就有一个不知死的冤家,混号儿世人叫他作石呆子,穷的连饭也没的吃,偏他家就有二十把旧扇子,死也不肯拿出大门来。二爷好容易烦了多少情,见了这个人,说之再三,把二爷请到他家里坐着,拿出这扇子略瞧了一瞧。据二爷说,原是不能再有的,全是湘妃、棕竹、麋鹿、玉竹的,皆是古人写画真迹,因来告诉了老爷。老爷便叫买他的,要多少银子给他多少。偏那石呆子说:'我饿死冻死,一千两银子一把我也不卖!'老爷没法子,天天骂二爷没能为。已经许了他五百两,先兑银子后拿扇子。他只是不卖,只说:'要扇子,先要我的命!'姑娘想想,这有什么法子?谁知雨村那没天理的听见了,便设了个法子,讹他拖欠了官银,拿他到衙门里去,说所欠官银,变卖家产赔补,把这扇子抄了来,作了官价送了来。那石呆子如今不知是死是活。老爷拿着扇子问着二爷说:'人家怎么弄了来?'二爷只说了一句:'为这点子小事,弄得人坑家败业,也不算什么能为!'老爷听了就生了气,说二爷拿话堵老爷,因此这是第一件大的。这几日还有几件小的,我也记不清,所以都凑在一处,就打起来了。也没拉倒用板子棍子,就站着,不知拿什么混打一顿,脸上打破了两处。我们听见姨太太这里有一种丸药,上棒疮的,姑娘快寻一丸子给我。"宝钗听了,忙命莺儿去要了一丸来与平儿。宝钗道:"既这样,替我问候罢,我就不去了。"平儿答应着去了,不在话下。

且说香菱见过众人之后,吃过晚饭,宝钗等都往贾母处去了,自己便往潇湘馆中来。此时黛玉已好了大半,见香菱也进园来住,自是欢喜。香菱因笑道:"我这一进来了,也得了空儿,好歹教给我作诗,就是我的造化了!"黛玉笑道:"既要作诗,你就拜我作师。我虽不通,大略也还教得起你。"香菱笑道:"果然这样,我就拜你作师。你可不许腻烦的。"

黛玉听说,便命紫鹃将王右丞的五言律拿来,递与香菱,又道:"你只看有红圈的都是我选的,有一首念一首。不明白的问你姑娘,或者遇见我,我讲与你就是了。"香菱拿了诗,回至蘅芜苑中,诸事不顾,只向灯下一首一首的读起来。宝钗连催他数次睡觉,他也不睡。宝钗见他这般苦心,只得随他去了。

一日,黛玉方梳洗完了,只见香菱笑吟吟的送了书来,又要换杜律。黛玉笑道:"共记得多少首?"香菱道:"凡红圈选的我尽读了。"黛玉道:"可领略了些滋味没有?"香菱笑道:"领略了些滋味,不知可是不是,说与你听听。"黛玉笑道:"正要讲究讨论,方能长进。你且说来我听。"

香菱笑道:"据我看来,诗的好处,有口里说不出来的意思,想去却是逼真的。有似乎无理的,想去竟是有理有情的。"黛玉笑道:"这话有了些意思,但不知你从何处见得?"香菱笑道:"我看他《塞上》一首,那一联云:'大漠孤烟直,长河落日圆。'想来烟如何直?日自然是圆的。

这'直'字似无理,'圆'字似太俗。合上书一想,倒像是见了这景的。若说再找两个字换这两个,竟再找不出两个字来。再还有'日落江湖白,潮来天地青',这'白''青'两个字也似无理。想来,必得这两个字才形容得尽,念在嘴里倒像有几千斤重的一个橄榄。还有'渡头余落日,墟里上孤烟。'这'余'字和'上'字,难为他怎么想来!我们那年上京来,那日下晚便湾住船,岸上又没有人,只有几棵树,远远的几家人家做晚饭,那个烟竟是碧青,连云直上。谁知我昨日晚上读了这两句,倒像我又到了那个地方去了。"

正说着,宝玉和探春也来了,也都入座听他讲诗。宝玉笑道:"既是这样,也不用看诗。会心处不在多,听你说了这两句,可知'三昧'你已得了。"黛玉笑道:"你说他这'上孤烟'好,你还不知他这一句还是套了前人的来。我给你这一句瞧瞧,更比这个淡而现成。"说着便把陶渊明的"暧暧远人村,依依墟里烟"翻了出来,递与香菱。香菱瞧了,点头叹赏,笑道:"原来'上'字是从'依依'两个字上化出来的。"宝玉大笑道:"你已得了,不用再讲,越发倒学杂了。你就作起来,必是好的。"探春笑道:"明儿我补一个柬来,请你入社。"香菱笑道:"姑娘何苦打趣我,我不过是心里羡慕,才学着玩罢了。"

探春黛玉都笑道:"谁不是玩?难道我们是认真作诗呢!若说我们认真成了诗,出了这园子,把人的牙还笑倒了呢。"宝玉道:"这也算自暴自弃。前日我在外头和相公们商议画儿,他们听见咱们起诗社,求我把稿子给他们瞧瞧。我就写了几首给他们看看,谁不真心叹服。他们都抄了刻去了。"探春黛玉忙问道:"这是真话么?"宝玉笑道:"说谎的是那架上的鹦哥。"黛玉探春听说,都道:"你真真胡闹!且别说那不成诗,便是成诗,我们的笔墨也不该传到外头去。"宝玉道:"这怕什么!古来闺阁中的笔墨不要传出去,如今也没有人知道了。"说着,只见惜春打了入画来请宝玉,宝玉方去了。

香菱又逼着黛玉换出杜律来,又央黛玉探春二人:"出个题目,让我诌去,诌了来,替我改正。"黛玉道:"昨夜的月最好,我正要诌一首,竟未诌成,你竟作一首来。十四寒的韵,由你爱用哪几个字去。"

各自散后,香菱满心中还是想诗。至晚间对灯出了一回神,至三更以后上床卧下,两眼鳏鳏,直到五更方才朦胧睡去了。一时天亮,宝钗醒了,听了一听,他安稳睡了,心下想:"他翻腾了一夜,不知可作成了?这会子乏了,且别叫他。"正想着,只听香菱从梦中笑道:"可是有了,难道这一首还不好?"宝钗听了,又是可叹,又是可笑,连忙唤醒了他,问他:"得了什么?你这诚心都通了仙了。学不成诗,还弄出病来呢。"一面说,一面梳洗了,会同姊妹往贾母处来。

原来香菱苦志学诗,精血诚聚,日间做不出,忽于梦中得了八句。梳洗已毕,便忙录出来,自己并不知好歹,便拿来又找黛玉。刚到沁芳亭,只见李纨与众姊妹方从王夫人处回来,宝钗正告诉他们说他梦中作诗说梦话。众人正笑,抬头见他来了,便都争着要诗看。且听下回分解。

第四十九回 琉璃世界白雪红梅
脂粉香娃割腥啖膻

话说香菱见众人正说笑,他便迎上去笑道:"你们看这一首。若使得,我便还学;若还不好,我就死了这作诗的心了。"说着,把诗递与黛玉及众人看时,只见写道是:

精华欲掩料应难,影自娟娟魄自寒。
一片砧敲千里白,半轮鸡唱五更残。
绿蓑江上秋闻笛,红袖楼头夜倚栏。
博得嫦娥应借问,缘何不使永团圆!

国学经典文库

中国二十大名著

红楼梦

图文珍藏版

众人看了笑道："这首不但好，而且新巧有意趣。可知俗语说'天下无难事，只怕有心人。'社里一定请你了。"香菱听了心下不信，料着是他们瞒哄自己的话，还只管问黛玉宝钗等。

正说之间，只见几个小丫头并老婆子忙忙的走来，都笑道："来了好些姑娘奶奶们，我们都不认得，奶奶姑娘们快认亲去。"大家纳闷，来至王夫人上房，只见乌压压一地的人。

原来邢夫人之兄嫂带了女儿岫烟进京来投邢夫人的，可巧凤姐之兄王仁也正进京，两亲家一处打帮来了。走至半路泊船时，正遇见李纨之寡婶带着两个女儿——大名李纹，次名李绮——也上京。大家叙起来又是亲戚，因此三家一路同行。后有薛蟠之从弟薛蝌，因当年父亲在京时已将胞妹薛宝琴许配都中梅翰林之子为婚，正欲进京发嫁，闻得王仁进京，他也带了妹子随后赶来。所以今日会齐了来访投各人亲戚。

于是大家见礼叙过，贾母王夫人都欢喜非常。

然后宝玉忙忙来至怡红院中，向袭人、麝月、晴雯等笑道："你们还不快看人去！谁知宝姐姐的亲哥哥是那个样子，他这叔伯弟兄形容举止另是一样了，倒像是宝姐姐的同胞兄弟似的。更奇在你们成日家只说宝姐姐是绝色的人物，你们如今瞧瞧他这妹子，更有大嫂嫂这两个妹子，我竟形容不出了。老天，老天，你有多少精华灵秀，生出这些人上之人来！可知我井底之蛙，成日家自说现在的这几个人是有一无二的，谁知不必远寻，就是本地风光，一个赛似一个，如今我又长了一层学问了。除了这几个，难道还有几个不成？"一面说，一面自笑自叹。袭人见他又有了魔意，便不肯去瞧。晴雯等早去瞧了一遍回来，吹吹笑向袭人道："你快瞧瞧去！大太太的一个侄女儿，宝姑娘一个妹妹，大奶奶两个妹妹，倒像一把子四根水葱儿。"

一语未了，只见探春也笑着进来找宝玉，因说道："咱们的诗社可兴旺了。"宝玉笑道："正是呢。这是你一高兴起诗社，所以鬼使神差来了这些人。但只一件，不知他们可学过作诗不曾？"探春道："我才都问了问他们，虽是他们自谦，看其光景，没有不会的。便是不会也没难处，你看香菱就知道了。"

说着，兄妹两个一齐往贾母处来。果然王夫人已认了宝琴作干女儿，贾母欢喜非常，连园中也不命住，晚上跟着贾母一处安寝。薛蝌自向薛蟠书房中住下。贾母便和邢夫人说："你侄女儿也不必家去了，园里住几天，逛逛再去。"

邢夫人兄嫂家中原艰难，这一上京，原仗的是邢夫人与他们治房舍，帮盘缠，听如此说，岂不愿意。邢夫人便将岫烟交与凤姐儿。凤姐儿筹算得园中姊妹多，性情不一，且又不便另设一处，莫若送到迎春一处去，倘日后邢岫烟有些不遂意的事，纵然邢夫人知道了，与自己无干。从此后若邢岫烟家去住的日期不算，若在大观园住到一个月上，凤姐儿亦照迎春的分例送一份与岫烟。凤姐儿冷眼敁敠岫烟心性为人，竟不像邢夫人及他的父母一样，却是温厚可疼的人。因此凤姐儿又怜他家贫命苦，比别的姊妹多疼他些，邢夫人倒不大理论了。

贾母王夫人因素喜李纨贤惠，且年轻守节，令人敬佩，今见他寡婶来了，便不肯令他外头

去住。那李婶虽十分不肯，无奈贾母执意不从，只得带着李纹李绮在稻香村住下来。

当下安插既定，谁知保龄侯史鼐又迁委了外省大员，不日要带了家眷去上任。贾母因舍不得湘云，便留下他了，接到家中，原要命凤姐儿另设一处与他住。史湘云执意不肯，只要与宝钗一处住，因此就罢了。

如今香菱正满心满意只想作诗，又不敢十分罗唣宝钗，可巧来了个史湘云。那史湘云又是极爱说话的，哪里禁得起香菱又请教他谈诗，越发高了兴，没昼没夜高谈阔论起来。宝钗因笑道："我实在聒噪的受不得了。一个女孩儿家，只管拿着诗作正经事讲起来，叫有学问的人听了，反笑话说不守本分的。一个香菱没闹清，偏又添了你这么个话口袋子，满嘴里说的是什么：怎么是杜工部之沉郁，韦苏州之淡雅，又怎么是温八叉之绮靡，李义山之隐僻。放着两个现成的诗家不知道，提那些死人做什么！"湘云听了，忙笑问道："是哪两个？好姐姐，你告诉我。"宝钗笑道："呆香菱之心苦，疯湘云之话多。"湘云香菱听了，都笑起来。

正说着，只见宝琴来了，披着一领斗篷，金翠辉煌，不知何物。

正说着，只见琥珀走来笑道："老太太说了，叫宝姑娘别管紧了琴姑娘。他还小呢，让他爱怎么样就怎么样。要什么东西只管要去，别多心。"宝钗忙起身答应了，又推宝琴笑道："你也不知是哪里来的福气！你倒去罢，仔细我们委屈着你。我就不信我那些儿不如你。"说话之间，宝玉黛玉都进来了，宝钗犹自嘲笑。湘云因笑道："宝姐姐，你这话虽是玩话，恰有人真心是这样想呢。"琥珀笑道："真心恼的再没别人，就只是他。"口里说，手指着宝玉。宝钗湘云都笑道："他倒不是这样人。"琥珀又笑道："不是他，就是他。"说着又指着黛玉。湘云便不则声。宝钗忙笑道："更不是了。我的妹妹和他的妹妹一样。他喜欢的比我还疼呢，哪里还恼？你信云儿混说。他的那嘴有什么实据。"

宝玉素习深知黛玉有些小性儿，且尚不知近日黛玉和宝钗之事，正恐贾母疼宝琴他心中不自在，今见湘云如此说了，宝钗又如此答，再审度黛玉声色亦不似往时，果然与宝钗之说相符，心中闷闷不解。因想："他两个素日不是这样的好，今看来竟更比他人好十倍。"一时林黛玉又赶着宝琴叫妹妹，并不提名道姓，直是亲姊妹一般。那宝琴年轻心热，且本性聪敏，自幼读书识字，今在贾府住了两日，大概人物已知。又见诸姊妹都不是那轻薄脂粉，且又和姐姐皆和契，故也不肯怠慢。其中又见林黛玉是个出类拔萃的，便更与黛玉亲敬异常。宝玉看着只是暗暗的纳罕。

一时宝钗姊妹往薛姨妈房内去后，湘云往贾母处来，林黛玉回房歇着。宝玉便找了黛玉来，笑道："我虽看了《西厢记》，也曾有明白的几句，说了取笑，你曾恼过。如今想来，竟有一句不解，我念出来你讲讲我听。"黛玉听了，便知有文章，因笑道："你念出来我听听。"宝玉笑道："那《闹简》上有一句说得最好，'是几时孟光接了梁鸿案？''孟光接了梁鸿案'这七个字，不过是现成的典，难为他这'是几时'三个虚字问的有趣。是几时接了？你说说我听。"黛玉听了，禁不住也笑起来，因笑道："这原问的好。他也问的好，你也问的好。"宝玉道："先时你只疑我，如今你也没的说，我反落了单。"黛玉笑道："谁知他竟真是个好人，我素日只当他藏奸。"因把说错了酒令起，连送燕窝病中所谈之事，细细告诉了宝玉。宝玉方知缘故，因笑道："我说呢，正纳闷'是几时孟光接了梁鸿案'，原来是从'小孩儿家口没遮拦'就接了案了。"

正说着，只见他屋里的小丫头子送了猩猩毡斗篷来，又说："大奶奶才打发人来说，下了雪，要商议明日请人作诗呢。"一语未了，只见李纨的丫头走来请黛玉。宝玉便邀着黛玉同往稻香村来。

二人一齐踏雪行来。

湘云道："快商议作诗！我听听是谁的东家？"李纨道："我的主意。想来昨儿的正日已过了，再等正日又太远，可巧又下雪，不如大家凑个社，又替他们接风，又可以作诗。你们意思怎么样？"宝玉先道："这话很是。只是今日晚了，若到明儿，晴了又无趣。"众人看道："这雪未必晴，纵晴了，这一夜下的也够赏了。"李纨道："我这里虽好，又不如芦雪广好。我已经打发人笼地炕去了，咱们大家拥炉作诗。老太太想来未必高兴，况且咱们小玩意儿，单给凤

丫头个信儿就是了。你们每人一两银子就够了，送到我这里来。"指着香菱、宝琴、李纹、李绮、岫烟道，"他们五个不算外，咱们里头二丫头病了不算，四丫头告了假也不算，你们四分子送了来，我包总五六两银子也尽够了。"宝钗等一齐应诺。因又拟题限韵，李纨笑道："我心里自己定了，等到了明日临期，横竖知道。"说毕，大家又闲话了一回，方往贾母处来。本日无话。

到了次日一早，宝玉因心里记挂着这事，一夜没好生得睡，天亮了就爬起来。掀开帐子一看，虽门窗尚掩，只见窗上光辉夺目，心内早踌躇起来，埋怨定是晴了，日光已出。一面忙起来揭起窗屉，从玻璃窗内往外一看，原来不是日光，竟是一夜大雪，下将有一尺多厚，天上仍是搓绵扯絮一般。

一时众姊妹来齐，宝玉只嚷饿了，连连催饭。好容易等摆上来，头一样菜便是牛乳蒸羊羔。贾母便说："这是我们有年纪的人的药，没见天日的东西，可惜你们小孩子们吃不得。今儿另外有新鲜鹿肉，你们等着吃。"众人答应了。宝玉却等不得，只拿茶泡了一碗饭，就着野鸡瓜子忙忙的咽完了。贾母道："我知道你们今儿又有事情，连饭也不顾吃了。"便叫"留着鹿肉与他晚上吃"，凤姐忙说"还有呢"，方才罢了。史湘云便悄和宝玉计较道："有新鲜鹿肉，不如咱们要一块，自己拿了园里弄着，又玩又吃。"宝玉听了，巴不得一声儿，便真和凤姐要了一块，命婆子送入园去。

一时大家散后，进园齐往芦雪庵来，听李纨出题限韵，独不见湘云宝玉二人。黛玉道："他两个再到不了一处，若到一处，生出多少故事来。这会子一定算计那块鹿肉去了。"正说着，只见李婶也走来看热闹，因问李纨道："怎么一个带玉的哥儿和那一个挂金麒麟的姐儿，那样干净清秀，又不少吃的，他两个在那里商议着要吃生肉呢，说的有来有去的。我只不信肉也生吃得。"众人听了，都笑道："了不得，快拿了他两个来。"黛玉笑道："这可是云丫头闹的，我的卦再不错。"

李纨等忙出来找着他两个说道："你们两个要吃生的，我送你到老太太那里吃去。哪怕吃一只生鹿，撑病了不与我相干。这么大雪，怪冷的，替我作祸呢。"宝玉笑道："没有的事，我们烧着吃呢。"李纨道："这还罢了。"只见老婆们拿了铁炉、铁叉、铁丝缕来，李纨道："仔细割了手，不许哭！"说着，同探春进去了。

凤姐打发了平儿来回复不能来，为发放年例正忙。湘云见了平儿，哪里肯放。平儿也是个好玩的，素日跟着凤姐儿无所不至，见如此有趣，乐得玩笑，因而褪去手上的镯子，三个围着火炉儿，便要先烧三块吃。那边宝钗黛玉平素看惯了，不以为异，宝琴等及李婶深为罕事。探春与李纨等已议定了题韵。探春笑道："你闻闻，香气这里都闻见了，我也吃去。"说着，也找了他们来。李纨也随来说："客已齐了，你们还吃不够？"湘云一面吃，一面说道："我吃这个方爱吃酒，吃了酒才有诗。若不是这鹿肉，今儿断不能作诗。"说着，只见宝琴披着凫靥裘站在那里笑。湘云笑道："傻子，过来尝尝。"宝琴笑说："怪脏的。"宝钗笑道："你尝尝去，好吃的。你林姐姐弱，吃了不消化，不然他也爱吃。"宝琴听了，便过去吃了一块，果然好吃，便也吃起来。

说着，吃毕，洗漱了一回。平儿带镯子时却少了一个，左右前后乱找了一番，踪迹全无。众人都诧异。凤姐儿笑道："我知道这镯子的去向。你们只管作诗去，我们也不用找，只管前头去，不出三日包管就有了。"说着又问："你们今儿作什么诗？老太太说了，离年又近了，正月里还该作些灯谜儿大家玩笑。"众人听了，都笑道："可是倒忘了。如今赶着作几个好的，预备正月里玩。"说着，一齐来至地炕屋内，只见杯盘果菜俱已摆齐，墙上已贴出诗题、韵脚、格式来了。宝玉湘云二人忙看时，只见题目是"即景联句，五言排律一首，限二萧韵。"后面尚未列次序。李纨道："我不大会作诗，我只起三句罢，然后谁先得了谁先联。"宝钗道："到底分个次序。"要知端的，且听下回分解。

第五十回 芦雪广争联即景诗
暖香坞雅制春灯谜

　　话说薛宝钗道:"到底分个次序,让我写出来。"说着,便令众人拈阄为序。起首恰是李氏,然后按次各各开出。凤姐儿说道:"既是这样说,我也说一句在上头。"众人都笑说道:"更妙了!"宝钗便将稻香老农之上补了一个"凤"字,李纨又将题目讲与他听。凤姐儿想了半日,笑道:"你们别笑话我。我只有一句粗话,下剩的我就不知道了。"众人都笑道:"越是粗话越好,你说了只管干正事去罢。"凤姐儿笑道:"我想下雪必刮北风。昨夜听见了一夜的北风,我有了一句,就是'一夜北风紧',可使得?"众人听了,都相视笑道:"这句虽粗,不见底下的,这正是会作诗的起法。不但好,而且留了多少地步与后人。就是这句为首,稻香老农快写上续下去。"凤姐和李婶平儿又吃了两杯酒,自去了。这里李纨便写了:

　　一夜北风紧,
自己联道:

　　开门雪尚飘。入泥怜洁白,
香菱:

　　匝地惜琼瑶。有意荣枯草,
探春道:

　　无心饰萎苕。价高村酿熟,
李绮道:

　　年稔府梁饶。葭动灰飞管,
李纹道:

　　阳回斗转杓。寒山已失翠,
岫烟道:

　　冻浦不闻潮。易挂疏枝柳,
湘云道:

　　难堆破叶蕉。麝煤融宝鼎,
宝琴道:

　　绮袖笼金貂。光夺窗前镜,
黛玉道:

　　香粘壁上椒。斜风仍故故,
宝玉道:

　　清梦转聊聊。何处梅花笛?
宝钗道:

　　谁家碧玉箫?鳌愁坤轴陷,
李纨笑道:"我替你们看热酒去罢。"宝钗命宝琴续联,只见湘云站起来道:

　　龙斗阵云销。野岸回孤棹,
宝琴也站起道:

　　吟鞭指灞桥。赐裘怜抚戍,
湘云哪里肯让人,且别人也不如他敏捷,都看他扬眉挺身的说道:

　　加絮念征徭。坳垤审夷险,
宝钗连声赞好,也便联道:

　　枝柯怕动摇。皑皑轻趁步,

黛玉忙联道:

　　翦翦舞随腰。煮芋成新赏,

一面说,一面推宝玉,命他联。宝玉正看宝钗、宝琴、黛玉三人共战湘云,十分有趣,哪里还顾得联诗,今见黛玉推他,方联道:

　　撒盐是旧谣。苇蓑犹泊钓,

湘云笑道:"你快下去,你不中用,倒耽搁了我。"一面只听宝琴联道:

　　林斧不闻樵。伏像千峰凸,

湘云忙联道:

　　盘蛇一径遥。花缘经冷聚,

宝钗与众人又忙赞好。探春又联道:

　　色岂畏霜凋。深院惊寒雀,

湘云正渴了,忙忙的吃茶,已被岫烟联道:

　　空山泣老鸮。阶墀随上下,

湘云忙丢了茶杯,忙联道:

　　池水任浮漂。照耀临清晓,

黛玉联道:

　　缤纷入永宵。诚忘三尺冷,

湘云忙笑联道:

　　瑞释九重焦。僵卧谁相问,

宝琴也忙笑联道:

　　狂游客喜招。天机断缟带,

湘云又忙道:

　　海市失鲛绡。

林黛玉不容他出,接着便道:

　　寂寞对台榭,

湘云忙联道:

　　清贫怀箪瓢。

宝琴也不容情,也忙道:

　　烹茶冰渐沸,

湘云见这般,自为得趣,又是笑,又忙联道:

　　煮酒叶难烧。

黛玉也笑道:

　　没帚山僧扫,

宝琴也笑道:

　　埋琴稚子挑。

湘云笑的弯了腰,忙念了一句,众人问"到底说的什么?"湘云喊道:

　　石楼闲睡鹤,

黛玉笑的握着胸口,高声嚷道:

　　锦罽暖亲猫。

宝琴也忙笑道:

　　月窟翻银浪,

湘云忙联道:

　　霞城隐赤标。

黛玉忙笑道:

　　沁梅香可嚼,

宝钗笑称好,也忙联道:

　　淋竹醉堪调。

宝琴也忙道：

　　或湿鸳鸯带，

湘云忙联道：

　　时凝翡翠翘。

黛玉又忙道：

　　无风仍脉脉，

宝琴又忙笑联道：

　　不雨亦潇潇。

　　湘云伏着已笑软了。众人看他三人对抢，也都不顾作诗，看着也只是笑。黛玉还推他往下联，又道："你也有才尽之时。我听听还有什么舌根嚼了！"湘云只伏在宝钗怀里，笑个不住。宝钗推他起来道："你有本事，把'二萧'的韵全用完了，我才服你。"湘云起身笑道："我也不是作诗，竟是抢命呢。"众人笑道："倒是你说罢。"探春早已料定没有自己联的了，便早写出来，因说："还没收住呢。"李纨听了，接过来便联了一句道：

　　欲志今朝乐，

李绮收了一句道：

　　凭诗祝舜尧。

　　李纨道："够了，够了。虽没作完了韵，腾的字若生扭用了，倒不好了。"说着，大家来细细评论一回，独湘云的多，都笑道："这都是那块鹿肉的功劳。"

　　李纨笑道："逐句评去都还一气，只是宝玉又落了第了。"宝玉笑道："我原不会联句，只好担待我罢。"李纨笑道："也没社社担待你的。又说韵险了，又整误了，又不会联句了，今日必罚你。我才看见栊翠庵的红梅有趣，我要折一枝来插瓶。可厌妙玉为人，我不理他。如今罚你去取一枝来。"众人都道这罚的又雅又有趣。

　　宝玉也乐为，答应着就要走。湘云黛玉一齐说道："外头冷得很，你且吃杯热酒再去。"湘云早执起壶来，黛玉递了一个大杯，满斟了一杯。湘云笑道："你吃了我们的酒，你要取不来，加倍罚你。"宝玉忙吃一杯，冒雪而去。李纨命人好好跟着。黛玉忙拦说："不必，有了人反不得了。"李纨点头说："是。"一面命丫鬟将一个美女耸肩瓶拿来，贮了水准备插梅，因又笑道："回来该咏红梅了。"

　　一语未了，只见宝玉欢欢勤了一枝红梅进来，众丫鬟忙已接过，插入瓶内。众人都笑称谢。宝玉笑道："你们如今赏罢，也不知费了我多少精神呢。"

　　一面说，一面大家看梅花。原来这枝梅花只有二尺来高，旁有一横枝纵横而出，约有五六尺长，其间小枝分歧，或如蟠螭，或如僵蚓，或孤削如笔，或密聚如林，花吐胭脂，香欺兰蕙，各各称赏。谁知邢岫烟、李纹、薛宝琴三人都已吟成，各自写了出来。众人便依"红梅花"三字之序看去，写道是：

咏红梅花得"红"字　　邢岫烟

桃未芳菲杏未红，冲寒先已笑东风。
魂飞庾岭春难辨，霞隔罗浮梦未通。
绿萼添妆融宝炬，缟仙扶醉跨残虹。
看来岂是寻常色，浓淡由他冰雪中。

咏红梅花得"梅"字　　李纹

白梅懒赋赋红梅，逞艳先迎醉眼开。
冻脸有痕皆是血，醉心无恨亦成灰。
误吞丹药移真骨，偷下瑶池脱旧胎。
江北江南春灿烂，寄言蜂蝶漫疑猜。

咏红梅花得"花"字　　薛宝琴

疏是枝条艳是花，春妆儿女竞奢华。

闲庭曲槛无余雪，流水空山有落霞。

幽梦冷随红袖笛，游仙香泛绛河槎。

前身定是瑶台种，无复重疑色相差。

众人看了，都笑称赏了一番，又指末一首说更好。宝玉见宝琴年纪最小，才又敏捷，深为奇异。黛玉湘云二人斟了一小杯酒，齐贺宝琴。宝钗笑道："三首各有各好。你们两个天天捉弄厌了我，如今捉弄他来了。"李纨又问宝玉："你可有了？"宝玉忙道："我倒有了，才一看见那三首，又吓忘了，等我再想。"湘云听了，便拿了一支铜火箸击着手炉，笑道："我击鼓了，若鼓绝不成，又要罚的。"宝玉笑道："我已有了。"黛玉提起笔来，说道："你念，我写。"湘云便击了一下笑道："一鼓绝。"宝玉笑道："有了，你写吧。"众人听他念道，

"酒未开樽句未裁"，

黛玉写了，摇头笑道："起的平平。"湘云又道："快着！"宝玉笑道：

寻春问腊到蓬莱。

黛玉湘云都点头笑道："有些意思了。"宝玉又道：

不求大士瓶中露，为乞嫦娥槛外梅。

黛玉写了，又摇头道："凑巧而已。"湘云忙催二鼓，宝玉又笑道：

入世冷挑红雪去，离尘香割紫云来。

槎枒谁惜诗肩瘦，衣上犹沾佛院苔。"

黛玉写毕，湘云大家才评论时，只见几个小丫鬟跑进来道："老太太来了。"众人忙迎出来。

贾母来至室中，先笑道："好俊梅花！你们也会乐，我来着了。"说着，李纨早命拿了一个大狼皮褥来铺在当中。贾母坐了，因笑道："你们只管玩笑吃喝。我因为天短了，不敢睡中觉，摸了一回牌，想起你们来了，我也来凑个趣儿。"

众人听了，方依次坐下。只李纨便挪到尽下边。贾母因问作何事了，众人便说作诗。贾母道："有作诗的，不如作些灯谜，大家正月里好玩。"众人答应了。说笑了一回，贾母便说："这里潮湿，你们别久坐，仔细受了潮湿。"因说："你四妹妹那里暖和，我们到那里瞧瞧他的画儿，赶年可有了？"众人笑道："哪里能年下就有了？只怕明年端阳有了。"贾母道："这还了得！他竟比盖这园子还费工夫了。"

大家进入房中，贾母并不归坐，只问画在哪里。惜春因笑问："天气寒冷了，胶性皆凝涩不润，画了恐不好看，故此收起来。"贾母笑道："我年下就要的。你别托懒儿，快拿出来给我快画。"

一语未了，忽见凤姐儿披着紫羯绒褂，笑欺欺的来了，口内说道："老祖宗今儿也不告诉人，私自就来了，要我好找。"贾母见他来了，心中自是喜悦，便道："我怕你们冷着了，所以不许人告诉你们去。你真是个鬼灵精儿，到底找了我来。以理，孝敬也不在这上头。"凤姐儿笑道："我哪里是孝敬的心找了来？我因为到了老祖宗那里，鸦没雀静的，问小丫头子们，他又不肯说，叫我找到园里来。我正疑惑，忽然来了两三个姑子，我心里才明白。我想姑子必是来送年疏，或要年例香例银子，老祖宗年下的事也多，一定是躲债来了。我赶忙问了那姑子，果然不错。我连忙把年例给了他们去了。如今来回老祖宗，债主已去，不用躲着了。已预备下希嫩的野鸡，请用晚饭去，再迟一回就老了。"他一行说，众人一行笑。

凤姐儿也不等贾母说话，便命人抬过轿子来。

说话之间，已出了园门，来至贾母房中。吃毕饭大家又说笑了一回。忽见薛姨妈也来了，说："好大雪，一日也没过来望候老太太。今日老太太倒不高兴？正该赏雪才是。"贾母笑道："何曾不高兴！我找了他们姊妹们去玩了一会子。"薛姨妈笑道："昨日晚上，我原想着今日要和我们姨太太借一日园子，摆两桌粗酒，请老太太赏雪的，又见老太太安息的早。我闻得女儿说，老太太心下不大爽，因此今日也没敢惊动。早知如此，我正该请。"贾母笑道："这才是十月里头场雪，往后下雪的日子多呢，再破费不迟。"薛姨妈笑道："果然如此，算我的孝心虔了。"

贾母因又说及宝琴雪下折梅比画儿上还好，因又细问他的年庚八字并家内景况。薛姨妈度其意思，大约是要与宝玉求配。薛姨妈心中固也遂意，只是已许过梅了，因贾母尚未明说，自己也不好拟定，遂半吐半露告诉贾母道："可惜这孩子没福，前年他父亲就没了。他从小儿见的世面倒多，跟他父母四山五岳都走遍了。他父亲是好乐的，各处因有买卖，带着家眷，这一省逛一年，明年又往那一省逛半年，所以天下十停走了有五六停了。那年在这里，把他许了梅翰林的儿子，偏第二年他父亲就辞世了，他母亲又是痰症，"凤姐也不等说完，便嗐声跺脚的说："偏不巧，我正要作个媒呢，又已经许了人家。"贾母笑道："你要给谁说媒？"凤姐儿说道："老祖宗别管，我心里看准了他们两个是一对。如今已许了人，说也无益，不如不说罢了。"贾母也知凤姐儿之意，听见已有了人家，也就不提了，大家又闲话了一会方散。一宿无话。

次日雪晴。饭后，贾母又亲嘱惜春："不管冷暖，你只画去，赶到年下，十分不能便罢了。第一要紧把昨日琴儿和丫头梅花，照模照样，一笔别错，快快添上。"惜春听了虽是为难，只得应了。一时众人都来看他如何画，惜春只是出神。

李纨因笑向众人道："让他自己想去，咱们且说话儿。昨儿老太太只叫作灯谜，回家和绮儿纹儿睡不着，我就编了两个'四书'的。他两个每人也编了两个。"众人听了，都笑道："这倒该作的。先说了，我们猜猜。"李纨笑道："'观音未有世家传'，打'四书'一句。"湘云接着就说："在止于至善。"宝钗笑道："你也想一想'世家传'三个字的意思再猜。"李纨笑道："再想。"黛玉笑道："哦，是了。是'虽善无征'。"众人都笑道："这句是了。"李纨又道："一池青草青何名。"湘云忙道："这一定是'蒲芦也'。再不是不成？"李纨笑道："这难为你猜。纹儿的是'水向石边流出冷'，打一古人名。"探春笑问道："可是山涛？"李纹笑道："是。"李纨又道："绮儿的是个'萤'字，打一个字。"众人猜了半日，宝琴笑道："这个意思却深，不知可是花草的'花'字？"李绮笑道："恰是了。"众人道："萤与花何干？"黛玉笑道："妙得很！萤可不是草化的？"众人会意，都笑了说："好"！

宝钗道："这些虽好，不合老太太的意思，不如作些浅近的物儿，大家雅俗共赏才好。"众人都道："也要作些浅近的俗物才是。"

探春也有了一个，方欲念时，宝琴走过来笑道："我从小儿所走的地方的古迹不少。我如今拣了十个地方的古迹，作了十首怀古的诗。诗虽粗鄙，却怀往事，又暗隐俗物十件，姐姐们请猜一猜。"众人听了，都说："这倒巧，何不写出来大家一看？"要知端的——

第五十一回　薛小妹新编怀古诗　胡庸医乱用虎狼药

众人闻得宝琴将素习所经过各省内的古迹为题,作了十首怀古绝句,内隐十物,皆说这自然新巧。都争着看时,只见写道是:

赤壁怀古　其一

赤壁沉埋水不流,徒留名姓载空舟。
喧阗一炬悲风冷,无限英魂在内游。

交趾怀古　其二

铜铸金镛振纪纲,声传海外播戎羌。
马援自是功劳大,铁笛无烦说子房。

钟山怀古　其三

名利何曾伴汝身,无端被诏出凡尘。
牵连大抵难休绝,莫怨他人嘲笑频。

淮阴怀古　其四

壮士须防恶犬欺,三齐位定盖棺时。
寄言世俗休轻鄙,一饭之恩死也知。

广陵怀古　其五

蝉噪鸦栖转眼过,隋堤风景近如何。
只缘占得风流号,惹得纷纷口舌多。

桃叶渡怀古　其六

衰草闲花映浅池,桃枝桃叶总分离。
六朝梁栋多如许,小照空悬壁上题。

青冢怀古　其七

黑水茫茫咽不流,冰弦拨尽曲中愁。
汉家制度诚堪叹,樗栎应惭万古羞。

马嵬怀古　其八

寂寞脂痕渍汗光,温柔一旦付东洋。
只因遗得风流迹,此日衣衾尚有香。

蒲东寺怀古　其九

小红骨贱最身轻,私掖偷携强撮成。
虽被夫人时吊起,已经勾引彼同行。

梅花观怀古　其十

不在梅边在柳边,个中谁拾画婵娟。
团圆莫忆春香到,一别西风又一年。

众人看了,都称奇道妙。

冬日天短,不觉又是前头吃晚饭之时,一齐前来吃饭。因有人回王夫人说:"袭人的哥哥花自芳进来说,他母亲病重了,想他女儿。他来求恩典,接袭人家去走走。"王夫人听了,便道:"人家母女一场,岂有不许他去的。"一面就叫了凤姐儿来,告诉了凤姐儿,命酌量去办理。

凤姐儿答应了,回至房中,便命周瑞家的去告诉袭人缘故。

这里凤姐又将怡红院的嬷嬷唤了两个来,吩咐道:"袭人只怕不来家,你们素日知道那大丫头们,哪两个知好歹,派出来在宝玉屋里上夜。你们也好生照管着,别由着宝玉胡闹。"两

个嬷嬷答应着去了，一时来回说："派了晴雯和麝月在屋里，我们四个人原是轮流着带管上夜的。"凤姐儿听了，点头道："晚上催他早睡，早上催他早起。"老嬷嬷们答应了，自回园去。一时果有周瑞家的带了信回凤姐儿说："袭人之母业已停床，不能回来。"凤姐儿回明了王夫人，一面着人往大观园去取他的铺盖妆奁。

晴雯自在熏笼上，麝月便在暖阁外边。至三更以后，宝玉睡梦之中，便叫袭人。叫了两声，无人答应，自己醒了，方想起袭人不在家，自己也好笑起来。晴雯已醒，因笑唤麝月道："连我都醒了，他守在旁边还不知道，真是个挺死尸的。"麝月翻身打个哈气笑道："他叫袭人，与我什么相干！"因问："作什么？"宝玉说："要吃茶。"麝月忙起来，单穿红绸小棉袄儿。宝玉道："披上我的袄儿再去，仔细冷着。"麝月听说，回手便把宝玉披着起夜的一件貂颏满襟暖袄披上，下去向盆内洗手，先倒了一盅温水，拿了大漱盂，宝玉漱了一口；然后才向茶槅上取了茶碗，先用温水涮了一涮，向暖壶中倒了半碗茶，递与宝玉吃了；自己也漱了一漱，吃了半碗。晴雯笑道："好妹子，也赏我一口儿。"麝月笑道："越发上脸儿了！"晴雯道："好妹妹，明儿晚上你别动，我服侍你一夜，如何？"麝月听说，只得也服侍他漱了口，倒了半碗茶与他吃过。麝月笑道："你们两个别睡，说着话儿，我出去走走回来。"晴雯笑道："外头有个鬼等着你呢。"宝玉道："外头自然有大月亮的，我们说话，你只管去。"一面说，一面便嗽了两声。

麝月便开了后门，揭起毡帘一看，果然好月色。晴雯等他出去，便欲唬他玩耍。仗着素日比别人气壮，不畏寒冷，也不披衣，只穿着小袄，便蹑手蹑脚的下了熏笼，随后出来。宝玉笑劝道："看冻着，不是玩的。"晴雯只摆手，随后出了房门。只见月光如水，忽然一阵微风，只觉侵肌透骨，不禁毛骨悚然。心下自思道："怪道人说热身子不可被风吹，这一冷果然利害。"一面正要唬麝月，只听宝玉高声在内道："晴雯出去了！"晴雯忙回身进来，笑道："哪里就唬死了他？偏你惯会这蝎蝎螫螫老婆汉像的！"宝玉笑道："倒不为唬坏了他，头一则你冻着也不好；二则他不防，不免一喊，倘或唬醒了别人，不说咱们是玩意，倒反说袭人才去了一夜，你们就见神见鬼的。你来把我的这边被掖一掖。"晴雯听说，便上来掖了掖，伸手进去渥一渥时，宝玉笑道："好冷手！我说看冻着。"一面又见晴雯两腮如胭脂一般，用手摸了一摸，也觉冰冷。宝玉道："快进被来渥渥罢。"

晴雯因方才一冷，如今又一暖，不觉打了两个喷嚏。宝玉叹道："如何？到底伤了风了。"麝月笑道："他早起就嚷不受用，一日也没吃饭。他这会还不保养些，还要捉弄人。明儿病了，叫他自作自受。"宝玉问："头上可热？"晴雯嗽了两声，说道："不相干，哪里这么娇嫩起来了。"说着，只听外间房中什锦槅上的自鸣钟当当两声，外间值宿的老嬷嬷嗽了两声，因说道："姑娘们睡罢，明儿再说罢。"宝玉方悄悄的笑道："咱们别说话了，又惹他们说话。"说着，方大家睡了。

至次日起来，晴雯果觉有些鼻塞声重，懒怠动弹。宝玉道："快不要声张！太太知道，又叫你搬了家去养息。家去虽好，到底冷些，不如在这里。你就在里间屋里躺着，我叫人请了大夫，悄悄的从后门来瞧瞧就是了。"晴雯道："虽如此说，你到底要告诉大奶奶一声儿，不然

一时大夫来了,人问起来,怎么说呢?"宝玉听了有理,便唤一个老嬷嬷吩咐道:"你回大奶奶去,就说晴雯白冷着了些,不是什么大病。袭人又不在家,他若家去养病,这里更没有人了。传一个大夫,悄悄的从后门进来瞧瞧,别回太太罢了。"老嬷嬷去了半日,来回说:"大奶奶知道了,说吃两剂药好了便罢,若不好时,还是出去为是。如今时气不好,恐沾带了别人事小,姑娘们的身子要紧的。"晴雯睡在暖阁里,只管咳嗽,听了这话,气的喊道:"我哪里就害瘟病了,只怕过了人!我离了这里,看你们这一辈子都别头疼脑热的。"说着,便真要起来。宝玉忙按他,笑道:"别生气,这原是他的责任,唯恐太太知道了说他,不过白说一句。你索习好生气,如今肝火自然盛了。"

正说时,人回大夫来了。宝玉便走过来,避在书架之后。只见两三个后门口的老嬷嬷带了一个大夫进来。这里的丫鬟都回避了,有三四个老嬷嬷放下暖阁上的大红绣幔,晴雯从幔中单伸出手去。那大夫见这只手上有两根指甲,足有三寸长,尚有金凤花染的通红的痕迹,便忙回过头来。有一个老嬷嬷忙拿了一块手帕掩了。那大夫方诊了一回脉,起身到外间,向嬷嬷们说道:"小姐的症是外感内滞,近日时气不好,竟算是个小伤寒。幸亏是小姐素日饮食有限,风寒也不大,不过是血气原弱,偶然沾带了些,吃两剂药疏散疏散就好了。"说着,便又随婆子们出去。

宝玉看时,上面有紫苏、桔梗、防风、荆芥等药,后面又有枳实、麻黄。宝玉道:"该死,该死,他拿着女孩儿们也像我们一样的治,如何使得!凭他有什么内滞,这枳实、麻黄如何禁得。谁请了来的?快打发他去罢!再请一个熟的来。"

一时茗烟果请了王太医来,诊了脉后,说的病症与前相仿,只是方子上果没有枳实、麻黄等药,倒有当归、陈皮、白芍等,药之分量较先也减了些。

只见老婆子取了药来。宝玉命把煎药的银吊子找了出来,就命在火盆上煎。晴雯因说:"正经给他们茶房里煎去,弄得这屋里药气,如何使得。"宝玉道:"药气比一切的花香果子香都雅。神仙采药烧药,再者高人逸士采药治药,是最妙的一件东西。这屋里我正想各色都齐了,就只少药香,如今恰好全了。"一面说,一面早命人煨上。又嘱咐麝月打点东西,遣老嬷嬷去看袭人,劝他少哭。——妥当,方过前边来贾母王夫人处问安吃饭。

正值凤姐儿和贾母王夫人商议说:"天天短又冷,不如以后大嫂子带着姑娘们在园子里吃饭一样。等天长暖和了,再来回的跑也不妨。"王夫人笑道:"这也是好主意。刮风下雪倒便宜。吃些东西受了冷气也不好;空心走来,一肚子冷风,压上些东西也不好。不如后园门里头的五间大房子,横竖有女人们上夜的,挑两个厨子女人在那里,单给他姊妹们弄饭。新鲜菜蔬是有分例的,在总管房里支去,或要钱,或要东西;那些野鸡、獐、狍各样野味,分些给他们就是了。"贾母道:"我也正想着呢,就怕又添一个厨房多事些。"凤姐道:"并不多事。一样的分例,这里添了,那里减了。就便多费些事,小姑娘们冷风朔气的,别人还可,第一,林妹妹如何禁得住?就连宝兄弟也禁不住,何况众位姑娘。"贾母道:"正是这话了。上次我要说这话,我见你们的大事太多了,如今又添出这些事来。"要知端的——

第五十二回　俏平儿情掩虾须镯　勇晴雯病补雀金裘

贾母道:"正是这话了。上次我要说这话,我见你们的大事多,如今又添出这些事来,你们固然不敢抱怨,未免想着我只顾疼这些小孙子孙女儿们,就不体贴你们这当家人了。你既这么说出来,更好了。"因此时薛姨妈李婶都在座,邢夫人及尤氏婆媳也都过来请安,还未过去,贾母向王夫人等说道:"今儿我才说这话,素日我不说,一则怕逗了凤丫头的脸,二则众人不服。今日你们都在这里,都是经过妯娌姑嫂的,还有他这样想的到的没有?"薛姨妈、李婶、

尤氏等齐笑说:"真个少有。别人不过是礼上面子情儿,实在他是真疼小叔子小姑子。就是老太太跟前,也是真孝顺。"

宝玉因记挂着晴雯袭人等事,便先回园里来。到房中,药香满屋,一人不见,只见晴雯独卧于炕上,脸面烧的飞红,又摸了一摸,只觉烫手。忙又向炉上将手烘暖,伸进被去摸了一摸身上,也是火烧。因说道:"别人去了也罢,麝月秋纹也这样无情,各自去了?"晴雯道:"秋纹是我撵了他去吃饭的,麝月是方才平儿来找他出去了。两人鬼鬼祟祟的,不知说什么。必是说我病了不出去。"宝玉道:"平儿不是那样人。况且他并不知你病特来瞧你,想来一定是找麝月来说话,偶然见你病,随口说特瞧你的病,这也是人情乖觉取和的常事。便不出去,有不是,与他何干?你们素日好好,断不肯为这无干的事伤和气。"晴雯道:"这话也是,只是疑他为什么忽然又瞒起我来。"宝玉笑道:"让我从后门出去,到那窗根下听听他们说些什么,来告诉你。"说着,果然从后门出去,至窗下潜听。

只闻麝月悄问道:"你怎么就得了的?"平儿道:"那日洗手时不见了,二奶奶就不许吵嚷,出了园子,即刻就传给园里各处的妈妈们小心查访。我们只疑惑邢姑娘的丫头,本来又穷,只怕小孩子家没见过,拿了起来也是有的。再不料定是你们这里的。幸而二奶奶没有在屋里,你们这里的宋妈妈去了,拿着这支镯子,说是小丫头子坠儿偷起来的,被他看见,来回二奶奶的。我赶忙接了镯子,想了一想:宝玉是偏在你们身上留心用意、争胜要强的,那一年有一个良儿偷玉,刚冷了一二年,间还有人提起来趁愿,这会子又跑出一个偷金子来了。而且更偷到街坊家去了。偏是他这样,偏是他的人打嘴。所以我倒忙叮咛宋妈,千万别告诉宝玉,只当没有这事,别和一个人提起。第二件,老太太、太太听了也生气。三则袭人和你们也不好看。所以我回二奶奶,只说:'我往大奶奶那里去的,谁知镯子褪了口,丢在草根底下,雪深了没看见。今儿雪化尽了,黄澄澄的映着日头,还在那里呢,我就捡了起来。'二奶奶也就信了,所以我来告诉你们。你们以后防着他些,别使唤他到别处去。等袭人回来,你们商议着,变个法子打发出去就完了。"麝月道:"这小娼妇也见过些东西,怎么这么眼皮子浅。"平儿道:"究竟这镯子能多少重,原是二奶奶的,说这叫做'虾须镯',倒是这颗珠子还罢了。晴雯那蹄子是块爆炭,要告诉了他,他是忍不住的。一时气了,或打或骂,依旧嚷出来不好,所以单告诉你,留心就是了。"说着便作辞而去。

宝玉听了,又喜又气又叹。喜的是平儿竟能体贴自己;气的是坠儿小窃;叹的是坠儿那样一个伶俐人,作出这丑事来。因而回至房中,把平儿之话一长一短告诉了晴雯。又说:"他说你是个要强的,如今病着,听了这话越发要添病,等好了再告诉你。"晴雯听了,果然气的蛾眉倒蹙,凤眼圆睁,即时就叫坠儿。宝玉忙劝道:"你这一喊出来,岂不辜负了平儿待你我之心了。不如领他这个情,过后打发他就完了。"晴雯道:"虽如此说,只是这口气如何忍得!"宝玉道:"这有什么气的?你只养病就是了。"

晴雯服了药,至晚间又服二和,夜间虽有些汗,还未见效,仍是发烧,头疼鼻塞声重。次日,王太医又来诊视,另加减汤剂。虽然稍减了烧,仍是头疼。

宝玉笑道:"越性尽用西洋药治一治,只怕就好了。"说着,便命麝月:"和二奶奶要去,就说我说了:姐姐那里常有那西洋贴头疼的膏子药,叫做'依弗哪',找寻一点儿。"麝月答应了,去了半日,果拿了半节来。便去找了一块红绫子角儿,铰了两块指顶大的圆式,将那药烤和了,用簪挺摊上。晴雯自拿着一面靶镜,贴在两太阳上。麝月笑道:"病的蓬头鬼一样,如今贴了这个,倒俏皮了。二奶奶贴惯了,倒不大显。"说毕,又向宝玉道:"二奶奶说了:明日是舅老爷生日,太太说了叫你去呢。明儿穿什么衣裳?今儿晚上好打点齐备了,省得明儿早起费手。"宝玉道:"什么顺手就是什么罢了。一年闹生日也闹不清。"说着,便起身出房,往惜春房中去画画。

刚到院门外边,忽见宝琴的小丫鬟名小螺者从那边过去,宝玉忙赶上问:"哪去?"小螺笑道:"我们二位姑娘都在林姑娘房里呢,我如今也往那里去。"宝玉听了,转步也便同他往潇湘馆来。

因见暖阁之中有一玉石条盆,里面攒三聚五栽着一盆单瓣水仙,点着宣石,便极口赞:

"好花！这屋子越发暖，这花香的越清香。昨日未见。"

宝玉笑道："咱们明儿下一社又有了题目了，就咏水仙腊梅。"黛玉听了，笑道："罢，罢！我再不敢作诗了，作一回，罚一回，没的怪羞的。"说着，便两手握起脸来。宝玉笑道："何苦来！又奚落我作什么。我还不怕臊呢，你倒握起脸来了。"宝钗因笑道："下次我邀一社，四个诗题，四个词题。每人四首诗，四阕词。头一个诗题《咏〈太极图〉》，限一先的韵，五言律，要把一先的韵都用尽了，一个不许剩。"

一语未了，只见麝月走来说："太太打发人来告诉二爷，明儿一早往舅舅那里去，就说太太身上不大好，不得亲自来。"宝玉忙站起来答应道："是。"因问宝钗宝琴可去。宝钗道："我们不去，昨儿单送礼去了。"大家说了一回方散。

正值吃晚饭时，见了王夫人，王夫人又嘱他早去。宝玉回来，看晴雯吃了药。此夕宝玉便不命晴雯挪出暖阁来，自己便在晴雯外边。又命将熏笼抬至暖阁前，麝月便在熏笼上。一宿无话。

至次日，天未明时，晴雯便叫醒麝月道："你也该醒了，只是睡不够！你出去叫人给他预备茶水，我叫醒他就是了。"麝月忙披衣起来道："咱们叫起他来，穿好衣裳，抬过这火箱去，再叫他们进来。老嬷嬷们已经说过，不叫他在这屋里，怕过了病气。如今他们见咱们挤在一处，又该唠叨了。"晴雯道："我也是这么说呢。"二人才叫时，宝玉已醒了，忙起身披衣。麝月先叫进小丫头子来，收拾妥当了，才命秋纹檀云等进来，一同服侍宝玉梳洗毕。麝月道："天又阴阴的，只怕有雪，穿那一套毡的罢。"宝玉点头，即时换了衣裳。小丫头便用小茶盘捧了一盖碗建莲红枣儿汤来，宝玉喝了两口。麝月又捧过一小碟法制紫姜来，宝玉嚼了一块。又嘱咐了晴雯一回，便往贾母处来。

贾母犹未起来，知道宝玉出门，便开了房门，命宝玉进去。宝玉见贾母身后宝琴面向里也睡着未醒。贾母见宝玉身上穿着荔色哆罗呢的天马箭袖，大红猩猩毡盘金彩绣石青妆缎沿边的排穗褂子。贾母道："下雪呢么？"宝玉道："天阴着，还没下呢。"贾母便命鸳鸯来："把昨儿那一件乌云豹的氅衣给他罢。"鸳鸯答应了，走去果取了一件来。

宝玉看时，金翠辉煌，碧彩闪灼，又不似宝琴所披之凫靥裘。只听贾母笑道："这叫作'雀金呢'，这是俄罗斯国拿孔雀毛拈了线织的。前儿把那一件野鸭子的给了你小妹妹，这件给你罢。"宝玉磕了一个头，便披在身上。贾母笑道："你先给你娘瞧瞧去再去。"宝玉答应了，便出来，只见鸳鸯站在地下揉眼睛。因自那日鸳鸯发誓决绝之后，他总不和宝玉讲话。宝玉正自日夜不安，此时见他又要回避，宝玉便上来笑道："好姐姐，你瞧瞧，我穿着这个好不好？"鸳鸯一摔手，便进贾母房中来了。宝玉只得到了王夫人房中，与王夫人看了，然后又回至园中，与晴雯麝月看过后，复回至贾母房中，回说："太太看了，只说可惜了的，叫我仔细穿，别糟蹋了他。"贾母道："就剩下了这一件，你糟蹋了也再没了。这会子特给你做这个也是没有的事。"说着又嘱咐他："不许多吃酒，早些回来。"宝玉应了几个"是"。

这里晴雯吃了药，仍不见病退，急的乱骂大夫，说："只会骗人的钱，一剂好药也不给人吃。"麝月笑劝他道："你太性急了，俗语说：'病来如山倒，病去如抽丝。'又不是老君的仙丹，

哪有这样灵药！你只静养几天，自然好了。你越急越着手。"晴雯又骂小丫头子们："哪里钻沙去了！瞅我病了，都大胆走了。明儿我好了，一个一个的才揭你们的皮呢！"唬的小丫头子篆儿忙进来问："姑娘作什么。"晴雯道："别人都死绝了，就剩了你不成？"

说着，只见坠儿也蹭了进来。晴雯道："你瞧瞧这小蹄子，不问他还不来呢。这里又放月钱了，又散果子了，你该跑在头里。你往前些，我不是老虎吃了你！"坠儿只得前凑。晴雯便冷不防欠身一把将他的手抓住，向枕边取了一丈青，向他手上乱戳，口内骂道："要这爪子作什么？拈不得针，拿不动线，只会偷嘴吃。眼皮子又浅，爪子又轻，打嘴现世的，不如戳烂了！"坠儿疼的乱哭乱喊。麝月忙拉开坠儿，按晴雯睡下，笑道："才出了汗，又作死。等你好了，要打多少打不的？这会子闹什么！"晴雯便命人叫宋嬷嬷进来，说道："宝二爷才告诉了我，叫我告诉你们，坠儿很懒，宝二爷当面使他，他拨嘴儿不动，连袭人使他，他背后骂他。今儿务必打发他出去，明儿宝二爷亲自回太太就是了。"宋嬷嬷听了，心下便知镯子事发，因笑道："虽如此说，也等花姑娘回来知道了，再打发他。"晴雯道："宝二爷今儿千叮咛万嘱咐的，什么'花姑娘''草姑娘'，我们自然有道理。你只依我的话，快叫他家的人来领他出去。"麝月道："这也罢了，早也去，晚也去，带了去早清静一日。"

宋嬷嬷听了，只得出去唤了他母亲来。打点了他的东西，又来见晴雯等，说道："姑娘们怎么了，你侄女儿不好，你们教导他，怎么撵出去？也到底给我们留个脸儿。"晴雯："你这话只等宝玉来问他，与我们无干。"那媳妇冷笑道："我有胆子问他去！他哪一件事不是听姑娘们的调停？他纵依了，姑娘们不依，也未必中用。比如方才说话，虽是背地里，姑娘就直叫他的名字。在姑娘们就使得，在我们就成了野人了。"

晴雯听说，一发急红了脸，说道："我叫了他的名字了，你在老太太跟前告我去，说我撒野，也撵出我去。"麝月忙道："嫂子，你只管带了人出去，有话再说。这个地方岂有你叫喊讲礼的？你见谁和我们讲过礼？别说嫂子你，就是赖奶奶林大娘，也得担待我们三分。便是叫名字，从小儿直到如今，都是老太太盼咐过的，你们也知道的，恐怕难养活，巴巴的写了他的小名儿，各处贴着叫万人叫去，为的是好养活。连挑水、挑粪、花子都叫得，何况我们！连昨儿林大娘叫了一声'爷'，老太太还说他呢，此是一件。二则，我们这些人常回老太太的话去，可不叫着名字回话，难道也称'爷'？哪一日不把宝玉两个字念二百遍，偏嫂子又来挑这个了！过一日嫂子闲了，在老太太、太太跟前，听听我们当着面儿叫他就知道了。嫂子原也不得在老太太、太太跟前当些体统差事，成年家只在三门外头混，怪不得不知我们里头的规矩。这里不是嫂子久站的，再一会，不用我们说话，就有人来问你了。有什么分证话，且带了他去，你回了林大娘，叫他来找二爷说话。家里上千的人，你也跑来，我也跑来，我们认人问姓，还认不清呢！"说着，便叫小丫头子："拿了擦地的布来擦地！"

那媳妇听了，无言可对，亦不敢久立，赌气带了坠儿就走。宋妈妈忙道："怪道你这嫂子不知规矩，你女儿在这屋里一场，临去时，也给姑娘们磕个头。没有别的谢礼——便有谢礼，他也不稀罕——不过磕个头，尽了心。怎么说走就走？"坠儿听了，只得翻身进来，给他两个磕了两个头，又找秋纹等。他们也不瞅他。那媳妇嗐声叹气，不敢多言，抱恨而去。

晴雯方才又闪了风，着了气，反觉更不好了，翻腾至掌灯，刚安静了些。只见宝玉回来，进门就嗐声跺脚。麝月忙问缘故，宝玉道："今儿老太太喜喜欢欢的给了这个褂子，谁知不防后襟子上烧了一块，幸而天晚了，老太太、太太都不理论。"一面说，一面脱下来。麝月瞧时，果见有指顶大的烧眼，说："这必定是手炉里的火进上了。这不值什么，赶着叫人悄悄的拿出去，叫个能干织补匠人织上就是了。"说着便用包袱包了，交与一个妈妈送出去。说："赶天亮就有才好。千万别给老太太、太太知道。"

婆子去了半日，仍旧拿回来，说："不但能干织补匠人，就连裁缝绣匠并作女工的问了，都不认得这是什么，都不敢揽。"麝月道："这怎么样呢！明儿不穿也罢了。"宝玉道："明儿是正日子，老太太、太太说了，还叫穿这个去呢。偏头一日就烧了，岂不扫兴。"晴雯听了半日，忍不住翻身说道："拿来我瞧瞧罢。没那个福气穿就罢了。这会子又着急。"宝玉笑道："这话倒说的是。"说着，便递与晴雯，又移过灯来，细看了一会。晴雯道："这是孔雀金线织的，如今

咱们也拿孔雀金线就像界线似的界密了,只怕还可混得过去。"麝月笑道:"孔雀线现成的,但这里除了你,还有谁会界线?"晴雯道:"说不得,我挣命罢了。"宝玉忙道:"这如何使得!才好了些,如何做得活。"

晴雯道:"不用你蝎蝎螫螫的,我自知道。"一面说,一面坐起来,挽了一挽头发,披了衣裳,只觉头重身轻,满眼金星乱迸,实实撑不住。若不做,又怕宝玉着急,少不得狠命咬牙挨着。便命麝月只帮着拈线。晴雯先拿了一根比一比,笑道:"这虽不很像,若补上,也不很显。"宝玉道:"这就很好,哪里去找俄罗斯国的裁缝去。"晴雯先将里子拆开,用茶杯口大的一个竹弓钉牢在背面,再将破口四边用金刀刮的散松松的,然后用针纫了两条,分出经纬,亦如界线之法,先界出地子后,依本衣之纹来回织补。补两针,又看看,织补两针,又端详端详。无奈头晕眼黑,气喘神虚,补不上三五针,便伏在枕上歇一会。

宝玉在旁,一时又问:"吃些滚水不吃?"一时又命:"歇一歇。"一时又拿一件灰鼠斗篷替他披在背上,一时又命拿个拐枕与他靠着。急的晴雯央道:"小祖宗!你只管睡罢。再熬上半夜,明儿把眼睛抠搂了,怎么处!"宝玉见他着急,只得胡乱睡下,仍睡不着。

一时只听自鸣钟已敲了四下,刚刚补完,又用小牙刷慢慢的剔出绒毛来。麝月道:"这就很好,若不留心,再看不出的。"宝玉忙要了瞧瞧,说道:"真真一样了。"晴雯已嗽了几阵,好容易补完了,说了一声:"补虽补了,到底不像,我也再不能了!"哎哟了一声,便身不由主倒下了。要知端的,且听下回分解。

第五十三回　宁国府除夕祭宗祠　荣国府元宵开夜宴

话说宝玉见晴雯将雀裘补完,已使的力尽神危,忙命小丫头子来替他捶着,彼此捶打了一会歇下。没一顿饭的工夫,天已大亮,且不出门,只叫快传大夫。一时王太医来了,诊了脉,疑惑说道:"昨日已好了些,今日如何反虚微浮缩起来,敢是吃多了饮食?不然就是劳了神思。外感却倒清了,这汗后失于调养,非同小可。"一面说,一面出去开了药方进来。

袭人送母殡后,业已回来,麝月便将平儿所说宋妈坠儿一事,并晴雯撵逐出去也曾回过宝玉等话,一一告诉袭人。袭人也没说别的,只说太性急了些。只因李纨亦因时气感冒;邢夫人又正害火眼,迎春岫烟皆过去朝夕侍药;李婶之弟又接了李婶和李纹李绮家去住几日;宝玉又见袭人常常思母含悲,晴雯犹未大愈:因此诗社之日,皆未有人作兴,便空了几社。

当下已是腊月,离年日近,王夫人与凤姐治办年事。王子腾升了九省都检点,贾雨村补授了大司马,协理军机参赞朝政,不题。

且说贾珍那边,开了宗祠,着人打扫,收拾供器,请神主,又打扫上房,以备悬供遗真影像。此时荣宁二府内外上下,皆是忙忙碌碌。这日宁府中尤氏正起来同贾蓉之妻打点送贾母这边的针线礼物,正值丫头捧了一茶盘押岁锞子进来,回说:"兴儿回奶奶,前儿那一包碎金子共是一百五十三两六钱七分,里头成色不等,共总倾了二百二十个锞子。"说着递上去。尤氏看了看,只见也有梅花式的,也有海棠式的,也有笔锭如意的,也有八宝联春。尤氏命:"收起这个来,叫他把银锞子快快交了进来。"丫鬟答应去了。

一时贾珍进来吃饭,贾蓉之妻回避了。贾珍因问尤氏:"咱们春祭的恩赏可领了不曾?"尤氏道:"今儿我打发蓉儿关去了。"贾珍道:"咱们家虽不等这几两银子使,多少是皇上天恩。早关了来,给那边老太太见过,置了祖宗的供,上领皇上的恩,下则是托祖宗的福。咱们哪怕用一万银子供祖宗,到底不如这个又体面,又是沾恩锡福。除咱们这样一二家之外,那些世袭穷官儿家,若不仗着这银子,拿什么上供过年?真正皇恩浩大,想的周到。"尤氏道:"正是这话。"

贾珍看了,吃过饭,盥漱毕,换了靴帽,命贾蓉捧着银子跟了来,回过贾母王夫人,又至这边回过贾赦邢夫人,方回家去,取出银子,命将口袋向宗祠大炉内焚了。又命贾蓉道:"你去问问你琏二婶子,正月里请吃年酒的日子拟了没有。若拟定了,叫书房里明白开了单子来,咱们再请时,就不能重犯了。旧年不留心重了几家,不说咱们不留神,倒像两宅商议定了送虚情怕费事一样。"贾蓉忙答应了过去。一时,拿了请人吃年酒的日期单子来了。贾珍看了,命交与赖升去看了,请人别重这上头日子。因在厅上看着小厮们抬围屏,擦抹几案金银供器。

这里贾珍吩咐将方才各物,留出供祖的来,将各样取了些,命贾蓉送到荣府里。然后自己留了家中所用的,余者派出等例来,一分一分的堆在月台下,命人将族中的子侄唤来与他们。接着荣国府也送了许多供祖之物及与贾珍之物。

贾珍看着收拾完备供器,靸着鞋,披着猞猁狲大裘,命人在厅柱下石矶上太阳中铺了一个大狼皮褥子,负暄闲看各子弟们来领取年物。因见贾芹亦来领物,贾珍叫他过来,说道:"你作什么也来了? 谁叫你来的?"贾芹垂手回说:"听见大爷这里叫我们领东西,我没等人去叫就来了。"贾珍道:"我这东西,原是给你那些闲着无事的无进益的小叔叔兄弟们的。那二年你闲着,我也给过你的。你如今在那府里管事,家庙里管和尚道士们,一月又有你的分例外,这些和尚的分例银子都从你手里过,你还来取这个,太也贪了! 你自己瞧瞧,你穿的可像个手里使钱办事的? 先前说你没进益,如今又怎么了? 比先倒不像了。"贾芹道:"我家里原人口多,费用大。"贾珍冷笑道:"你还支吾我。你在家庙里干的事,打谅我不知道呢。你到了那里自然是爷了,没人敢违拗你。你手里又有了钱,离着我们又远,你就为王称霸起来,夜夜招聚匪类赌钱,养老婆小子。这会子花的这个形象,你还敢领东西来? 领不成东西,领一顿驮水棍去才罢。等过了年,我必和你琏二叔说,换回你来。"贾芹红了脸,不敢答应。

人回:"北府水王爷送了字联,荷包来了。"贾珍听说,忙命贾蓉出去款待,"只说我不在家。"贾蓉去了,这里贾珍看着领完东西,回房与尤氏吃毕晚饭,一宿无话。至次日,更比往日忙,都不必细说。

已到了腊月二十九日了,各色齐备,两府中都换了门神、联对、挂牌,新油了桃符,焕然一新。宁国府从大门、仪门、大厅、暖阁、内厅、内三门、内仪门并内塞门,直到正堂,一路正门大开,两边阶下一色朱红大高照,点的两条金龙一般。

次日,由贾母有诰封者,皆按品级着朝服,先坐八人大轿,带领着众人进宫朝贺,行礼领宴毕回来,便到宁国府暖阁下轿。诸子弟有未随入朝者,皆在宁府门前排班伺侯,然后引入宗祠。

众人围随着贾母至正堂上,影前锦幔高挂,彩屏张护,香烛辉煌。上面正居中悬着宁荣二祖遗像,皆是披蟒腰玉;两边还有几轴列祖遗影。贾荇贾芷等从内仪门挨次列站,直到正堂廊下。槛外方是贾敬贾赦,槛内是各女眷。众家人小厮皆在仪门之外。

每一道菜至,传至仪门,贾荇贾芷等便接了,按次传至阶上贾敬手中。贾蓉系长房长孙,独他随女眷在槛内。每贾敬捧菜至,传于贾蓉,贾蓉便传于他妻子,又传于凤姐尤氏诸人,直传至供桌前,方传于王夫人。王夫人传于贾母,贾母方捧放在桌上。邢夫人在供桌之西,东向立,同贾母供放。直至将菜饭汤点酒茶传完,贾蓉方退出下阶,归入贾芹阶位之首。

尤氏上房早已袭地铺满红毡,当地放着像鼻三足鳅沿鎏金珐琅大火盆,正面炕上铺新猩红毡,设着大红彩绣云龙捧寿的靠背引枕,外另有黑狐皮的袱子搭在上面,大白狐皮坐褥,请贾母上去坐了。两边又铺皮褥,让贾母一辈的两三个妯娌坐了。这边横头排插之后小炕上,也铺了皮褥,让邢夫人等坐了。地下两面相对十二张雕漆椅上,都是一色灰鼠椅搭小褥,每一张椅下一个大铜脚炉,让宝琴等姊妹坐了。尤氏用茶盘亲捧茶与贾母,蓉妻捧与众老祖母,然后尤氏又捧与邢夫人等,蓉妻又捧与众姊妹。凤姐李纨等只在地下伺侯。茶毕,邢夫人等便先起身来侍贾母。贾母吃茶,与老妯娌闲话了两三句,便命看轿。

凤姐儿忙上去挽起来。尤氏笑回说:"已经预备下老太太的晚饭。每年都不肯赏些体面用过晚饭过去,果然我们就不及凤丫头不成?"凤姐儿挽着贾母笑道:"老祖宗快走,咱们家

去吃饭,别理他。"贾母笑道:"你这里供着祖宗,忙的什么似的,那里搁得住我闹。况且每年我不吃,你们也要送去的。不如还送了去,我吃不了留着明儿再吃,岂不多吃些。"说的众人都笑了。又吩咐他:"好生派妥当人夜里看香火,不是大意得的。"尤氏答应了。一面走出来至暖阁前上了轿。尤氏等闪过屏风,小厮们才领轿夫,请了轿出大门。尤氏亦随邢夫人等同至荣府。

众人围随同至贾母正室之中,亦是锦裀绣屏,焕然一新。当地火盆内焚着松柏香、百合草。贾母归了坐,老嬷嬷来回:"老太太们来行礼。"贾母忙又起身要迎,只见两三个老妯娌已进来了。大家挽手,笑了一回,让了一回。吃茶去后,贾母只送至内仪门便回来,归正坐。

贾敬贾赦等领诸子弟进来。贾母笑道:"一年价难为你们,不行礼罢。"一面说着,一面男一起,女一起,一起一起俱行过了礼。左右两旁设下交椅,然后又按长幼挨次归坐受礼。两府男妇小厮丫鬟亦按差役上中下行礼毕,散押岁钱、荷包、金银锞,摆上合欢宴来。男东女西归坐,献屠苏酒、合欢汤、吉祥果、如意糕毕,贾母起身进内间更衣,众人方各散出。

那晚各处佛堂灶王前焚香上供,王夫人正院内设着天地纸马香供,大观园正门上也挑着大明角灯,两溜高照,各处皆有路灯。上下人等,皆打扮的花团锦簇,一夜人声嘈杂,语笑喧阗,爆竹起火,络绎不绝。

至次日五鼓,贾母等又按品大妆,摆全副执事进宫朝贺,兼祝元春千秋。领宴回来,又至宁府祭过列祖,方回来受礼毕,便换衣歇息。所有贺节来的亲友一概不会,只和薛姨妈李婶二人说话取便,或者同宝玉、宝琴、钗、玉等姊妹赶围棋抹牌作戏。王夫人与凤姐是天天忙着请人吃年酒,那边厅上院内皆是戏酒,亲友络绎不绝,一连忙了七八日才完了。早又元宵将近,宁荣二府皆张灯结彩。十一日是贾赦请贾母等,次日贾珍又请,贾母皆去随便领了半日。王夫人和凤姐儿连日被人请去吃年酒,不能胜记。

至十五日之夕,贾母便在大花厅上命摆几席酒,定一班小戏,满挂各色佳灯,带领荣宁二府各子侄孙男孙媳等家宴。贾敬素不茹酒,也不去请他,于后十七日祖祀已完,他便仍出城去修养。便这几日在家内,亦是净室默处,一概无听无闻,不在话下。贾赦略领了贾母之赐,也便告辞而去。贾母知他在此彼此不便,也就随他去了。贾赦自到家中与众门客赏灯吃酒,自然是笙歌聒耳,锦绣盈眸,其取便快乐另与这边不同的。

这边贾母花厅之上共摆了十来席。每一席旁边设一几,几上设炉瓶三事,焚着御赐百合宫香。又有八寸来长四五寸宽二三寸高的点着山石布满青苔的小盆景,俱是新鲜花卉。又有小洋漆茶盘,内放着旧窑茶杯并十锦小茶吊,里面泡着上等名茶。一色皆是紫檀透雕,嵌着大红纱透绣花卉并草字诗词的璎珞。

上面两席是李婶薛姨妈二位。贾母于东边设一透雕夔龙护屏矮足短榻,靠背引枕皮褥俱全。榻之上一头又设一个极轻巧洋漆描金小几,几上放着茶吊、茶碗、漱盂、洋巾之类,又有一个眼镜匣子。贾母歪在榻上,与众人说笑一回,又自取眼镜向戏台上照一回,又向薛姨妈李婶笑说:"恕我老了,骨头疼,容我放肆些,歪着相陪罢。"因又命琥珀坐在榻上,拿着美人拳捶腿。

榻下并不摆席面,只有一张高几,却设着璎珞花瓶香炉等物。外另设一精致小高桌,设着酒杯匙箸,将自己这一席设于榻旁,命宝琴、湘云、黛玉、宝玉四人坐着。每一馔一果来,先捧与贾母看了,喜则留在小桌上尝一尝,仍撤了放在他四人席上,只算他四人是跟着贾母坐。故下面方是邢夫人王夫人之位,再下便是尤氏、李纨、凤姐、贾蓉之妻。西边一路便是宝钗、李纹、李绮、岫烟、迎春姊妹等。两边大梁上,挂着一对联三聚五玻璃芙蓉彩穗灯。每一席前竖一柄漆干倒垂荷叶,叶上有烛信插着彩烛。这荷叶乃是錾珐琅的,活信可以扭转,如今皆将荷叶扭转向外,将灯影逼住全向外照,看戏分外真切。窗格门户一齐摘下,全挂彩穗各种宫灯。廊檐内外及两边游廊罩棚,将各色羊角、玻璃、戳纱、料丝、或绣、或画、或堆、或抠、或绢、或纸诸灯挂满。

廊上几席,便是贾珍、贾琏、贾环、贾琮、贾蓉、贾芹、贾芸、贾菱、贾菖等。贾母也曾差人去请众族中男女,奈他们或有年迈懒于热闹的;或有家内没人不便来的;或有疾病淹缠,欲

来竟不能来的;或有一等妒富愧贫不来的;甚至于有一等憎畏凤姐之为人而赌气不来的;或有羞口羞脚,不惯见人,不敢来的:因此族众虽多,女客来者只不过贾菌之母娄氏带了贾菌来了,男子只有贾芹、贾芸、贾菖、贾菱四个现是在凤姐麾下办事的来了。当下人虽不全,在家庭间小宴中,数来也算是热闹的了。

当下又有林之孝之妻带了六个媳妇,抬了三张炕桌,每一张上搭着一条红毡,毡上放着选净一般大新出局的铜钱,用大红彩绳串着,每二人搭一张,共三张。林之孝家的指示将那两张摆至薛姨妈李婶的席下,将一张送至贾母榻下来。贾母便说:"放在当地罢。"这媳妇们都素知规矩的,放下桌子,一并将钱都打开,将彩绳抽去,散堆在桌上。

贾珍贾琏已命小厮们抬了大簸箩的钱来,暗暗的预备在那里。听见贾母一赏,要知端的——

第五十四回　史太君破陈腐旧套
王熙凤效戏彩斑衣

却说贾珍贾琏暗暗预备下大簸箩的钱,见贾母说"赏",他们也忙命小厮们快撒钱。只听满台钱响,贾母大悦。

当下天未二鼓,戏演的是《八义》中《观灯》八出。正在热闹之际,宝玉因下席往外走。贾母因说:"你往哪里去!外头爆竹利害,仔细天上掉下火纸来烧了。"宝玉回说:"不往远去,只出去就来。"贾母命婆子们好生跟着。于是宝玉出来,只有麝月秋纹并几个小丫头随着。

贾母因说:"袭人怎么不见?他如今也有些拿大了,单支使小女孩子出来。"王夫人忙起身笑回道:"他妈前日没了,因有热孝,不便前头来。"贾母听了点头,又笑道:"跟主子却讲不起这孝与不孝。若是他还跟我,难道这会子也不在这里不成?皆因我们太宽了,有人使,不查这些,竟成了例了。"凤姐儿忙过来笑回道:"今儿晚上他便没孝,那园子里也须得他看着,灯烛花炮最是耽险的。这里一唱戏,园子里的人谁不偷来瞧瞧。他还细心,各处照看照看。况且这一散后宝兄弟回去睡觉,各色都是齐的。若他再来了,众人又不经心,散了回去,铺盖也是冷的,茶水也不齐备,各色都不便宜,所以我叫他不用来,只看屋子。散了又齐备,我们这里也不担心,又可以全他的礼,岂不三处有益。老祖宗要叫他,我叫他来就是了。"

且说宝玉一径来至园中,众婆子见他回房,便不跟去,只坐在园门里茶房里烤火,和管茶的女人偷空饮酒斗牌。宝玉至院中,虽是灯光灿烂,却无人声。麝月道:"他们都睡了不成?咱们悄悄的进去唬他们一跳。"于是大家蹑足潜踪的进了镜壁一看,只见袭人和一人对面都歪在地炕上,那一头有两三个老嬷嬷打盹。

宝玉只当他两个睡着了,才要进去,忽听鸳鸯叹了一声,说道:"可知天下事难定。论理你单身在这里,父母在外头,每年他们东去西来,没个定准,想来你是不能送终的了,偏生今年就死在这里,你倒出去送了终。"袭人道:"正是。我也想不到能够看父母回首。太太又赏了四十两银子,这倒也算养我一场,我也不敢妄想了。"宝玉听了,忙转身悄向麝月等道:"谁知他也来了。我这一进去,他又赌气走了。不如咱们回去罢,让他两个清清静静的说一回。袭人正一个闷着,他幸而来的好。"说着,仍悄悄的出来。

宝玉便走过山石之后去站着撩衣,麝月秋纹皆站住背过脸去,口内笑说:"蹲下再解小衣,仔细风吹了肚子。"后面两个小丫头子知是小解,忙先出去茶房预备去了。

正说着,可巧见一个老婆子提着一壶滚水走来。小丫头便说:"好奶奶,过来给我倒上些。"那婆子道:"哥哥儿,这是老太太泡茶的,劝你走了罢去罢,那里就走大了脚。"秋纹道:"凭你是谁的,你不给?我管把老太太茶吊子倒了洗手。"那婆子回头见是秋纹,忙提起壶来

就倒。秋纹道:"够了。你这么大年纪也没个见识,谁不知是老太太的水!要不着的人就敢要了。"婆子笑道:"我眼花了,没认出这姑娘来。"宝玉洗了手,那小丫头子拿小壶倒了些沤子在他手内,宝玉沤了。秋纹麝月也趁热水洗了一回,沤了,跟进宝玉来。

一时上汤后,又接献元宵来。贾母便命将戏暂歇歇:"小孩子们可怜见的,也给他们些滚汤滚菜的吃了再唱。"又命将各色果子元宵等物拿些与他们吃去。

一时歇了戏,便有婆子带了两个门下常走的女先生儿进来,放两张杌子在那一边命他坐了,将弦子琵琶递过去。贾母便问李薛听何书,他二人都回说:"不拘什么都好。"贾母便问:"近来可有添些什么新书?"那两个女先儿回说道:"倒有一段新书,是残唐五代的故事。"贾母问是何名,女先儿道:"叫做《凤求鸾》。"贾母道:"这一个名字倒好,不知因什么起的,先大概说说缘故,若好再说。"女先儿道:"这书上乃说残唐之时,有一位乡绅,本是金陵人氏,名唤王忠,曾做过两朝宰辅。如今告老还家,膝下只有一位公子,名唤王熙凤。"

众人听了,笑将起来。贾母笑道:"这重了我们凤丫头了。"媳妇忙上去推他,"这是二奶奶的名字,少混说。"贾母笑道:"你说,你说。"女先生忙笑着站起来,说:"我们该死了,不知是奶奶的讳。"凤姐儿笑道:"怕什么,你们只管说罢,重名重姓的多呢。"

女先生又说道:"这年王老爷打发了王公子上京赶考,那日遇见大雨,进到一个庄上避雨。谁知这庄上也有个乡绅,姓李,与王老爷是世交,便留下这公子住在书房里。这李乡绅膝下无儿,只有一位千金小姐。这小姐芳名叫作雏鸾,琴棋书画,无所不通。"贾母忙道:"怪道叫作《凤求鸾》。不用说,我猜着了,自然是这王熙凤要求这雏鸾小姐为妻。"女先儿笑道:"老祖宗原来听过这一回书。"众人都道:"老太太什么没听过!便没听过,也猜着了。"

贾母笑道:"这些书都是一个套子,左不过是些佳人才子,最没趣儿。把人家女儿说的那样坏,还说是佳人,编的连影儿也没有了。开口都是书香门第,父亲不是尚书就是宰相,生一个小姐必是爱如珍宝。这小姐必是通文知礼,无所不晓,竟是个绝代佳人。只一见了一个清俊的男人,不管是亲是友,便想起终身大事来,父母也忘了,书礼也忘了,鬼不成鬼,贼不成贼,哪一点儿是佳人?便是满腹文章,做出这些事来,也算不得佳人了。比如男人满腹文章去作贼,难道那王法就说他是才子就不入贼情一案不成?可知那编书的是自己塞了自己的嘴。再者,既说是世宦书香大家小姐都知礼读书,连夫人都知书识礼,便是告老还家,自然这样大家人口不少,奶母丫鬟服侍小姐的人也不少,怎么这些书上,凡有这样的事,就只小姐和紧跟的一个丫鬟?你们白想想,那些人都是管什么的,可是前言不搭后语?"

众人听了,都笑说:"老太太这一说,是谎都批出来了。"贾母笑道:"这有个缘故:编这样书的,有一等妒人家富贵,或有求不遂心,所以编出来污秽人家。再一等,他自己看了这些书看魔了,他也想一个佳人,所以编了出来取乐。何尝他知道那世宦读书家的道理!别说他书上那些世宦书礼大家,如今眼下真的,拿我们这中等人家说起,也没有这样的事,别说是那些大家子。可知是诌掉了下巴的话。所以我们从不许说这些书,丫头们也不懂这些话。这几年我老了,他们姊妹们住的远,我偶然闷了,说几句听听,他们一来,就忙歇了。"李薛二人

都笑说："这正是大家的规矩，连我们家也没这些杂话给孩子们听见。"

凤姐儿走上来斟酒，笑道："罢，罢，酒冷了，老祖宗喝一口润润嗓子再掰谎。这一回就叫作《掰谎记》，就出在本朝本地本年本月本日本时，老祖宗一张口难说两家话，花开两朵，各表一枝，是真是谎且不表，再整那观灯看戏的人。老祖宗且让这二位亲戚吃一杯酒看两出戏之后，再从昨朝话言掰起如何？"他一面斟酒，一面笑说，未曾说完，众人俱已笑倒。两个女先生也笑个不住，都说："奶奶好刚口。奶奶要一说书，真连我们吃饭的地方也没了。"

薛姨妈笑道："你少兴头些，外头有人，比不得往常。"凤姐儿笑道："外头的只有一位珍大爷。我们还是论哥哥妹妹，从小儿一处淘气了这么大。这几年因做了亲，我如今立了多少规矩了。便不是从小儿的兄妹，便以伯叔论，那《二十四孝》上'斑衣戏彩'，他们不能来'戏彩'引老祖宗笑一笑，我这里好容易引的老祖宗笑了一笑，多吃了一点儿东西，大家喜欢，都该谢我才是，难道反笑话我不成？"贾母笑道："可是这两日我竟没有痛痛的笑一场，倒是亏他才一路笑的我心里痛快了些，我再吃一盅酒。"

女先生回说："老祖宗不听这书，或者弹一套曲子听听罢。"贾母便说道："你们两个对一套《将军令》罢。"二人听说，忙和弦按调拨弄起来。贾母因问："天有几更了。"众婆子忙回："三更了。"贾母道："怪道寒浸浸的起来。"早有众丫鬟拿了添换的衣裳送来。王夫人起身笑说道："老太太不如挪进暖阁里地炕上倒也罢了。这二位亲戚也不是外人，我们陪着就是了。"贾母听说，笑道："既这样说，不如大家都挪进去，岂不暖和？"王夫人道："恐里间坐不下。"贾母笑道："我有道理。如今也不用这些桌子，只用两三张并起来，大家坐在一处挤着，又亲香，又暖和。"众人都道："这才有趣。"说着，便起了席。

众媳妇忙撤去残席，里面直顺并了三张大桌，另又添换了果馔摆好。贾母便说："这都不要拘礼，只听我分派你们就坐才好。"说着便让薛李正面上坐，自己西向坐了，叫宝琴、黛玉、湘云三人皆紧依左右坐下，向宝玉说："你挨着你太太。"于是邢夫人王夫人之中夹着宝玉，宝钗等姊妹在西边，挨次下去便是娄氏带着贾菌，尤氏李纨夹着贾兰，下面横头便是贾蓉之妻。贾母便说："珍哥儿带着你兄弟们去罢，我也就睡了。"

贾珍忙答应，又都进来。贾母道："快去罢！不用进来，才坐好了，又都起来。你快歇着，明日还有大事呢。"贾珍忙答应了，又笑说："留下蓉儿斟酒才是。"贾母笑道："正是忘了他。"贾珍答应了一个"是"，便转身带领贾琏等出来。二人自是欢喜，便命人将贾琮贾璜各自送回家去，便邀了贾琏去追欢买笑，不在话下。

这里贾母笑道："我正想着虽然这些人取乐，竟没一对双全的，就忘了蓉儿。这可全了，蓉儿就合你媳妇坐在一处，倒也团圆了。"

当下贾蓉夫妻二人捧酒一巡，凤姐儿因见贾母十分高兴，便笑道："趁着女先儿们在这里，不如叫他们击鼓，咱们传梅，行一个'春喜上眉梢'的令如何？"贾母笑道："这是个好令，正对时对景。"忙命人取了一面黑漆铜钉花腔令鼓来，与女先儿们击着，席上取了一枝红梅。贾母笑道："若到谁手里住了，吃一杯，也要说个什么才好。"凤姐儿笑道："依我说，谁像老祖宗要什么有什么呢。我们这不会的，岂不没意思。依我说也要雅俗共赏，不如谁输了谁说个笑话罢。"众人听了，都知道他素日善说笑话，最是他肚内有无限的新鲜趣谈。今儿如此说，不但在席的诸人喜欢，连地下服侍的老小人等无不欢喜。那小丫头子们都忙出去，找姐唤妹的告诉他们："快来听，二奶奶又说笑话儿了。"众丫头子们便挤了一屋子。

小丫头子们只要听凤姐儿的笑话，便悄悄的和女先儿说明，以咳嗽为记。须臾传至两遍，刚到了凤姐儿手里，小丫头子们故意咳嗽，女先儿便住了。

众人齐笑道："这可拿住他了。快吃了酒说一个好的，别太逗的人笑的肠子疼。"凤姐儿想了一想，笑道："一家子也是过正月半，合家赏灯吃酒，真真的热闹非常，祖婆婆、太婆婆、婆婆、媳妇、孙子媳妇、重孙子媳妇、亲孙子、侄孙子、重孙子、灰孙子、滴滴搭搭的孙子、孙女儿、外孙女儿、姨表孙女儿、姑表孙女儿，……哎哟哟，真好热闹！"众人听他说着，已经笑了，都说："听数贫嘴，又不知编派哪一个呢。"尤氏笑道："你要招我，我可撕你的嘴。"凤姐儿起身拍手笑道："人家费力说，你们混，我就不说了。"贾母笑道："你说你说，底下怎么样？"凤姐儿

想了一想,笑道:"底下就团团的坐了一屋子,吃了一夜酒就散了。"众人见他正言厉色的说了,别无他话,都怔怔的还等下话,只觉冰冷无味。

史湘云看了他半日。凤姐儿笑道:"再说一个过正月半的。几个人抬着个房子大的炮仗往城外放去,引了上万的人跟着瞧去。有一个性急的人等不得,便偷着拿香点着了。只听'噗哧'一声,众人哄然一笑都散了。这抬炮仗的人抱怨卖炮仗的扦不结实,没等放就散了。"湘云道:"难道他本人没听见响?"凤姐儿道:"这本人原是聋子。"众人听说,一回想,不觉一齐失声都大笑起来。又想着先前那一个没完的,问他:"先一个怎么样?也该说完。"凤姐儿将桌子一拍,说道:"好啰唆,到了第二日是十六日,年也完了,节也完了,我看着人忙着收东西还闹不清,哪里还知道底下的事了。"众人听说,复又笑将起来。凤姐儿笑道:"外头已经四更,依我说,老祖宗也乏了,咱们也该'聋子放炮仗——散了'罢。"尤氏等用手帕子握着嘴,笑的前仰后合,指他说道:"这个东西真会数贫嘴。"贾母笑道:"真真这凤丫头越发贫嘴了。"一面说,一面吩咐道:"他提起炮仗来,咱们也把烟火放了解解酒。"

说话之间,外面一色一色的放了又放,又有许多的满天星,九龙入云,一声雷、飞天十响之类的零碎小爆竹。放罢,然后又命小戏子打了一回"莲花落",撒了满台钱,命那孩子们满台抢钱取乐。又上汤时,贾母说道:"夜长,觉的有些饿了。"凤姐儿忙回说:"有预备的鸭子肉粥。"贾母道:"我吃些清淡的罢。"凤姐儿忙道:"也有枣儿熬的粳米粥,预备太太们吃斋的。"贾母笑道:"不是油腻腻的就是甜的。"凤姐儿又忙道:"还有杏仁茶,只怕也甜。"贾母道:"倒是这个还罢了。"说着,又命人撤去残席,外面另设上各种精致小菜。大家随便随意吃了些,用过漱口茶,方散。

十七日一早,又过宁府行礼,伺候掩了宗祠,收过影像,方回来。此日便是薛姨妈家请吃年酒。十八日便是赖大家,十九日便是宁府赖升家,二十日便是林之孝家,二十一日便是单大良家,二十二日便是吴新登家。这几家,贾母也有去的,也有不去的,也有高兴直待众人散了方回的,也有兴尽半日一时就来的。凡诸亲友来请或来赴席,贾母一概怕拘束不会,自有邢夫人、王夫人、凤姐儿三人料理。连宝玉只除王子腾家去了,余者亦皆不会,只说贾母留下解闷。所以倒是家下人家来请,贾母可以自便之处,方高兴去逛逛。闲言不提,且说当下元宵已过——

第五十五回　辱亲女愚妾争闲气
欺幼主刁奴蓄险心

且说元宵已过,只因当今以孝治天下,目下宫中有一位太妃欠安,故各嫔妃皆为之减膳谢妆,不独不能省亲,亦且将宴乐俱免。故荣府今岁元宵亦无灯谜之集。

刚将年事忙完,凤姐儿便小月了,在家一月,不能理事,天天两三个太医用药。

如今且说今王夫人见他如此,探春与李纨暂难谢事,园中人多,又恐失于照管,因又特请了宝钗来,托他各处小心。

时届孟春,黛玉又犯了嗽疾。湘云亦因时气所感,亦卧病于蘅芜苑,一天医药不断。探春同李纨相住间隔,二人近日同事,不比往年,来往回话人等亦不便,故二人议定:每日早晨皆到园门口南边的三间小花厅上去会齐办事,吃过早饭,于午错方回房。这三间厅原系预备省亲之时众执事太监起坐之处,故省亲之后也用不着了,每日只有婆子们上夜。如今天已和暖,不用十分修饰,只不过略略的铺陈了,便可他二人起坐。这厅上也有一匾,题着"辅仁谕德"四字,家下俗呼皆只叫"议事厅"儿。如今他二人每日卯正至此,午正方散。凡一应执事媳妇等来往回话者,络绎不绝。

众人先听见李纨独办,各各心中暗喜,以为李纨素日原是个厚道多恩无罚的,自然比凤姐儿好搪塞。便添了一个探春,也都想着不过是个未出闺阁的年轻小姐,且素日也最平和恬

淡,因此都不在意,比凤姐儿前更懈怠了许多。只三四日后,几件事过手,渐觉探春精细处不让凤姐,只不过是言语安静,性情和顺而已。

这日王夫人正是往锦乡侯府去赴席,李纨与探春早已梳洗,伺候出门去后,回至厅上坐了。刚吃茶时,只见吴新登的媳妇进来回说:"赵姨娘的兄弟赵国基昨日死了。昨日回过太太,太太说知道了,叫回姑娘奶奶来。"说毕,便垂手旁侍,再不言语。彼时来回话者不少,都打听他二人办事如何:若办得妥当,大家则安个畏惧之心;若少有嫌隙不当之处,不但不畏伏,出二门还要编出许多笑话来取笑。吴新登的媳妇心中已有主意,若是凤姐前,他便早已献勤说出许多主意,又查出许多旧例来任凤姐儿拣择施行。如今他藐视李纨老实,探春是年轻的姑娘,所以只说出这一句话来,试他二人有何主见。

探春便问李纨。李纨想了一想,便道:"前儿袭人的妈死了,听见说赏银四十两。这也赏他四十两罢了。"吴新登家的听了,忙答应了是,接了对牌就走。探春道:"你且回来。"吴新登家的只得回来。探春道:"你且别支银子。我且问你:那几年老太太屋里的几位老姨奶奶,也有家里的也有外头的这两个分别。家里的若死了人是赏多少,外头的死了人是赏多少,你且说两个我们听听。"

一问,吴新登的便都忘了,忙陪笑回说:"这也不是什么大事,赏多少谁还敢争不成?"探春笑道:"这话胡闹。依我说,赏一百倒好。若不按例,别说你们笑话,明儿也难见你二奶奶。"吴新登家的笑道:"既这么说,我查旧账去,此时却记不得。"探春笑道:"你办事办老了的,还记不得,倒来难我们。你素日回你二奶奶也现查去?若有这道理,凤姐姐还不算利害,也就是算宽厚了!还不快找了来我瞧。再迟一日,不说你们粗心,反像我们没主意了。"吴新登家的满面通红,忙转身出来。众媳妇们都伸舌头。这里又回别的事。

一时,吴家的取了旧账来。探春看时,两个家里的赏过皆二十两,两个外头的皆赏过四十两。外还有两个外头的,一个赏过一百两,一个赏过六十两。这两笔底下皆注有缘故:一个是隔省迁父母之柩,外赏六十两;一个是现买葬地,外赏二十两。探春便递与李纨看了。探春便道:"给他二十两银子。把这账留下,我们细看看。"吴新登家的去了。

忽见赵姨娘进来,李纨探春忙让坐。赵姨娘开口便说道:"这屋里的人都踩下我的头去还罢了。姑娘你也想一想,该替我出气才是。"一面说,一面眼泪鼻涕哭起来。探春忙道:"姨娘这话说谁,我竟不解。谁踩姨娘的头?说出来我替姨娘出气。"赵姨娘道:"姑娘现踩我,我告诉谁!"探春听说,忙站起来,说道:"我并不敢。"李纨也站起来劝。赵姨娘道:"你们请坐下,听我说。我这屋里熬油似的熬了这么大年纪,又有你和你兄弟,这会子连袭人都不如了,我还有什么脸?连你也没脸面,别说我了!"探春笑道:"原来为这个。我说我并不敢犯法违理。"一面便坐了,拿账翻与赵姨娘看,又念与他听,又说道:"这是祖宗手里旧规矩,人人都依着,偏我改了不成?也不但袭人,将来环儿收了外头的,自然也是同袭人一样。这原不是什么争大争小的事,讲不到有脸没脸的话上。他是太太的奴才,我是按着旧规矩办。说办的好,领祖宗的恩典、太太的恩典;若说办的不均,那是他糊涂不知福,也只好凭他抱怨去。太太连房子赏了人,我有什么有脸之处;一文不赏,我也没什么没脸之处。依我说,太太不在

家,姨娘安静些养神罢了,何苦只要操心。太太满心疼我,因姨娘每每生事,几次寒心。我但凡是个男人,可以出得去,我必早走了,立一番事业,那时自有我一番道理。偏我是女孩儿家,一句多话也没有我乱说的。太太满心里都知道。如今因看重我,才叫我照管家务,还没有做一件好事,姨娘倒先来作践我。倘或太太知道了,怕我为难不叫我管,那才正经没脸,连姨娘也真没脸!"一面说,一面不禁滚下泪来。

忽听有人说:"二奶奶打发平姑娘说话来了。"赵姨娘听说,方把口止住。只见平儿进来,赵姨娘忙陪笑让坐,又忙问:"你奶奶好些? 我正要瞧去,就只没得空儿。"李纨见平儿进来,因问他来做什么。平儿笑道:"奶奶说,赵姨奶奶的兄弟没了,恐怕奶奶和姑娘不知有旧例,若照常例,只得二十两。如今请姑娘裁夺,再添些也使得。"探春早已拭去泪痕,忙说道:"又好好的添什么,谁又是二十四个月养下来的? 不然也是那出兵放马背着主子逃出命来过的人不成? 你主子真个倒巧,叫我开了例,他做好人,拿着太太不心疼的钱乐的做人情。你告诉他,我不敢添减混出主意。他添他施恩,等他好了出来,爱怎么添了去。"平儿一来时已明白了对半,今听这一番话,越发会意,见探春有怒色,便不敢以往日喜乐之时相待,只一边垂手默侍。

探春一面匀脸,一面向平儿冷笑道:"你迟了一步,还有可笑的:连吴姐姐这么个办老了事的,也不查清楚,就来混我们。幸亏我们问他,他竟有脸说忘了。我说他回你主子事也忘了再找去? 我料着你那主子未必有耐性儿等他去找。"平儿忙笑道:"他有这一次,管包腿上的筋早折了两根。姑娘别信他们。那是他们瞅着大奶奶是个菩萨,姑娘又是个腼腆小姐,固然是托懒来混。"说着,又向门外说道:"你们只管撒野,等奶奶大安了,咱们再说。"门外的众媳妇都笑道:"姑娘,你是个最明白的人,俗语说,'一人作罪一人当',我们并不敢欺蔽小姐。如今小姐是娇客,若认真惹恼了,死无葬身之地。"

平儿冷笑道:"你们明白就好了。"又陪笑向探春道:"姑娘知道二奶奶本来事多,哪里照看的这些,保不住不忽略。俗语说,'旁观者清',这几年姑娘冷眼看着,或有该添该减的去处二奶奶没行到,姑娘竟一添减,头一件于太太的事有益,第二件也不枉姑娘待我们奶奶的情义了。"

话未说完,宝钗李纨皆笑道:"好丫头,真怨不得凤丫头偏疼他! 本来无可添减的事,如今听你一说,倒要找出两件来斟酌斟酌,不辜负你这话。"探春笑道:"我一肚子气,没人煞性子,正要拿他奶奶出气去,偏他碰了来,说了这些话,叫我也没了主意了。"

就有大观园中媳妇捧了饭盒来。

待书素云早已抬过一张小饭桌来,平儿也忙着上菜。平儿便坐下。又有茶房里的两个婆子拿了个坐褥铺下,说:"石头冷,这是极干净的,姑娘将就坐一坐儿罢。"平儿忙陪笑道:"多谢。"一个又捧了一碗精致新茶出来,也悄悄笑说:"这不是我们的常用茶,原是伺候姑娘们的,姑娘且润一润罢。"

平儿忙欠身接了,因指众媳妇悄悄说道:"你们太闹的不像了。他是个姑娘家,不肯发威动怒,这是他尊重,你们就藐视欺负他。果然招他动了大气,不过说他个粗糙就完了,你们就现吃不了的亏。他撒个娇儿,太太也得让他一二分,二奶奶也不敢怎样。你们就这么大胆子小看他,可是鸡蛋往石头上碰。"众人都忙道:"我们何尝敢大胆了,都是赵姨奶奶闹的。"

正说着,只见秋纹走来。众媳妇忙赶着问好,又说:"姑娘也且歇一歇,里头摆饭呢。等撤下饭桌子,再回话去。"秋纹笑道:"我比不得你们,我哪里等得?"说着便直要上厅去。平儿忙叫:"快回来。"秋纹回头见了平儿,笑道:"你又在这里充什么外围的防护?"一面回身便坐在平儿褥上。

平儿悄问:"回什么?"秋纹道:"问一问宝玉的月银我们的月钱多早晚才领。"平儿道:"这什么大事。你快回去告诉袭人,说我的话,凭有什么事今儿都别回。若回一件,管驳一件;回一百件,管驳一百件。"秋纹听了,忙问:"这是为什么了?"平儿与众媳妇等都忙告诉他缘故,又说:"正要找几件利害事与有体面的人开例作法子,镇压与众人作榜样呢。何苦你们先来碰在这钉子上。你这一去说了,他们若拿你们也作一二件榜样,又碍着老太太、太太;若

不拿着你们作一二件,人家又说偏一个向一个,仗着老太太、太太威势的就怕,也不敢动,只拿着软的作鼻子头。你听听罢,二奶奶的事,他还要驳两件,才压的众人口声呢。"秋纹听了,伸舌笑道:"幸而平姐姐在这里,没的膆一鼻子灰。我赶早知会他们去。"说着,便起身走了。

探春气方渐平,因向平儿道:"我有一件大事,早要和你奶奶商议,如今可巧想起来。你吃了饭快来。宝姑娘也在这里,咱们四个人商议了,再细细问你奶奶可行止。"平儿答应回去。

凤姐因问为何去这一日,平儿便笑着将方才的缘故细细说与他听了。凤姐儿笑道:"好,好,好,好个三姑娘!我说他不错。只可惜他命薄,没托生在太太肚里。"平儿笑道:"奶奶也说糊涂话了。他便不是太太养的,难道谁敢小看他,不与别的一样看了?"凤姐儿叹道:"你那里知道,虽然庶出一样,女儿却比不得男人,将来攀亲时,如今有一种轻狂人,先要打听姑娘是正出庶出,多有为庶出不要的。殊不知别说庶出,便是我们的丫头,比人家的小姐还强呢。将来不知哪个没造化的,挑庶正误了事呢;也不知哪个有造化的不挑庶正的得了去。"

说着,丰儿等三四个小丫头子进来放小炕桌。凤姐只吃燕窝粥,两碟子精致小菜,每日分例菜已暂减去。丰儿便将平儿的四样分例菜端至桌上,与平儿盛了饭来。平儿屈一膝于炕沿之上,半身犹立于炕下,陪着凤姐儿吃了饭,服侍漱盥。漱毕,嘱咐了丰儿些话,方往探春处来。只见院中寂静,人已散出。要知端的——

第五十六回　敏探春兴利除宿弊
贤宝钗小惠全大体

话说平儿陪着凤姐儿吃了饭,服侍盥漱毕,方往探春处来。只见院中寂静,只有丫鬟婆子诸内壶近人在窗外听候。

平儿进入厅中,他姊妹三人正议论些家务,说的便是年内赖大家请吃酒,他家花园中事故。见他来了,探春便命他脚踏上坐了,因说道:"我想的事不为别的,因想着我们一月有二两月银外,丫头们又另有月钱。前儿又有人回,要我们一月所用的头油脂粉,每人又是二两。这又同才刚学里的八两一样,重重叠叠,事虽小,钱有限,看起来也不妥当。你奶奶怎么就没想到这个?"

平儿笑道:"这有个缘故:姑娘们所用的这些东西,自然是该有分例。每月买办买了,令女人们各房交与我们收管,不过预备姑娘们使用就罢了,没有一个我们天天各人拿钱找人买头油又是脂粉去的理。所以外头买办总领了去,按月使女人按房交与我们的。姑娘们的每月这二两,原不是为买这些的,原为的是一时当家的奶奶太太或不在,或不得闲,姑娘们偶然一时可巧要几个钱使,省得找人去。这原是恐怕姑娘们受委屈,可知这个钱并不是买这个才有的。如今我冷眼看着,各房里的我们的姊妹都是现拿钱买这些东西的,竟有一半。我就疑惑,不是买办脱了空,迟些日子,就是买的不是正经货,弄些使不得的东西来搪塞。"

探春、李纨都笑道:"你也留心看出来了。脱空是没有的,也不敢,只是迟些日子;催急了,不知哪里弄些来,不过是个名儿,其实使不得,依然得现买。就用这二两银子,另叫别人的奶妈子的或是弟兄哥哥的儿子买了来才使得。若使了官中的人,依然是那一样的。不知他们是什么法子,是铺子里坏了不要的,他们都弄了来,单预备给我们?"平儿笑道:"买办买的是那样的,他买了好的来,买办岂肯和他善开交,又说他使坏心要夺这买办了。所以他们也只得如此,宁可得罪了里头,不肯得罪了外头办事的人。姑娘们只能可使奶妈们,他们也就不敢闲话了。"

探春道:"因此我心中不自在。钱费两起,东西又白丢一半,通算起来,反费了两折子,不如竟把买办的每月蠲了为是。此是一件事。第二件,年里往赖大家去,你也去的,你看他那

小园子比咱们这个如何?"平儿笑道:"还没有咱们这一半大,树木花草也少多了。"探春道:"我因和他家女儿说闲话儿,谁知那么个园子,除他们带的花、吃的笋菜鱼虾之外,一年还有人包了去,年终足有二百两银子剩。从那日我才知道,一个破荷叶,一根枯草根子,都是值钱的。"

探春因又接说道:"咱们这园子只算比他们的多一半,加一倍算,一年就有四百银子的利息。若此时也出脱生发银子,自然小器,不是咱们这样人家的事。若派出两个一定的人来,既有许多值钱之物,一味任人作践,也似乎暴殄天物。不如在园子里所有的老妈妈中,拣出几个本分老诚能知园圃的事的,派准他们收拾料理,也不必要他们交租纳税,只问他们一年可以孝敬些什么。一则园子有专定之人修理,花木自有一年好似一年的,也不用临时忙乱;二则也不至作践,白辜负了东西;三则老妈妈们也可借此小补,不枉年日在园中辛苦;四则亦可以省了这些花儿匠山子匠打扫人等的工费。将此有余,以补不足,未为不可。"

平儿忙道:"我已明白了。姑娘竟说谁好,竟一派人就完了。"探春道:"虽如此说,也须得回你奶奶一声。我们这里搜剔小遗,已经不当,皆因你奶奶是个明白人,我才这样行,若是糊涂多蛊多妒的,我也不肯,倒像抓他乖一般。岂可不商议了行。"平儿笑道:"既这样,我去告诉一声。"说着去了,半方回来,笑说:"我说是白走一趟,这样好事,奶奶岂有不依的。"

探春听了,便和李纨命人将园中所有的婆子的名单要来,大家参度,大概定了几个。又将他们一齐传来,李纨大概告诉与他们。众人听了,无不愿意,也有说:"那一片竹子单交给我,一年工夫,明年又是一片。除了家里吃的笋,一年还可以交些钱粮。"这一个说:"那一片稻地交给我,一年这些玩的大小雀鸟的粮食不必动官中钱粮,我还可以交钱粮。"

探春才要说话,人回:"大夫来了,进园瞧姑娘。"众婆子只得去接大夫。平儿忙说:"单你们,有一百个也不成个体统,难道没有两个管事的头脑带进大夫来?"回事的那人说:"有,吴大娘和单大娘他两个在西南角上聚锦门等着呢。"平儿听说,方罢了。

众婆子去后,探春问宝钗如何。宝钗笑答道:"幸于始者怠于终,缮其辞者嗜其利。"探春听了点头称赞,便向册上指出几人来与他三人看。平儿忙去取笔砚来。他三人说道:"这一个老祝妈是个妥当的,况他老头子和他儿子代代都是管打扫竹子,如今竟把这所有的竹子交与他。这一个老田妈本是种庄稼的,稻香村一带凡有菜蔬稻稗之类,虽是玩意儿,不必认真大治大耕,也须得他去,再一按时加些培植,岂不更好?"

探春又笑道:"可惜,蘅芜苑和怡红院这两处大地方竟没有出利息之物。"李纨忙笑道:"蘅芜苑更利害。如今香料铺并大市大庙卖的各处香料香草儿,都不是这些东西?算起来比别的利息更大。怡红院别说别的,单只说春夏天一季玫瑰花,共下多少花?还有一带篱笆上蔷薇、月季、宝相、金银藤,单这没要紧的草花干了,卖到茶叶铺药铺去,也值几个钱。"探春笑道:"原来如此。只是弄香草的没有在行的人。"

平儿忙笑道:"跟宝姑娘的莺儿他妈就是会弄这个的,上回他还采了些晒干了编成花篮

葫芦给我玩的,姑娘倒忘了不成?"宝钗笑道:"我才赞你,你倒来捉弄我了。"三人都诧异,都问这是为何。宝钗道:"断断使不得!你们这里多少得用的人,一个一个闲着没事办,这会子我又弄个人来,叫那起人连我也看小了。我倒替你们想出一个人来:怡红院有个老叶妈,他就是茗烟的娘。那是个诚实老人家,他又和我们莺儿的娘极好,不如把这事交与叶妈。他有不知的,不必咱们说,他就找莺儿的娘去商议了。哪怕叶妈全不管,竟交与那一个,那是他们私情儿,有人说闲话,也就怨不到咱们身上了。如此一行,你们办的又至公,于事又甚妥。"李纨平儿都道:"是极。"探春笑道:"虽如此,只怕他们见利忘义。"平儿笑道:"不相干,前儿莺儿还认了叶妈做干娘,请吃饭吃酒,两家和厚的好的很呢。"探春听了,方罢了。又共同斟酌出几人来,俱是他四人素昔冷眼取中的,用笔圈出。

探春笑道:"我又想起一件事:若年终算账归钱时,自然归到账房,仍是上头又添一层管主,还在他们手心里,又剥一层皮。这如今我们兴出这事来派了你们,已是跨过他们的头去了,心里有气,只说不出来;你们年终去归账,他们还不捉弄你们等什么?再者,这一年间管什么的,主子有一全分,他们就得半分。这是家里的旧例,人所共知的,别的偷着的在外。如今这园子里是我的新创,竟别入他们手,每年归账,竟归到里头来才好。"

宝钗笑道:"依我说,里头也不用归账。这个多了那个少了,倒多了事。不如问他们谁领这一分的,他就揽一宗事去。不过是园里的人的动用。我替你们算出来了,有限的几宗事:不过是头油、胭粉、香、纸,每一位姑娘几个丫头,都是有定例的;再者,各处笤帚、撮箕、掸子并大小禽鸟、鹿、兔吃的粮食。不过这几样,都是他们包了去,不用账房去领钱。你算算,就省下多少来?"

平儿笑道:"这几宗虽小,一年通共算了,也省的下四百两银子。"宝钗笑道:"却又来,一年四百,二年八百两,取租的钱房子也能看得了几间,薄地也可添几亩。虽然还有富余的,但他们既辛苦闹一年,也要叫他们剩些,贴补贴补自家。虽是兴利节用为纲,然亦不可太啬。纵再省上二三百银子,失了大体统也不像。所以如此一行,外头账房里一年少出四五百银子,也不觉得很艰啬的,他们里头却也得些小补。这些没营生的妈妈们也宽裕了,园子里花木,也可以每年滋长蕃盛,你们也得了可使之物。这庶几不失大体。若一味要省时,哪里不搜寻出几个钱来?凡有些余利的,一概入了官中,那时里外怨声载道,岂不失了你们这样人家的大体?如今这园里几十个老妈妈们,若只给了这几个,那剩的也必抱怨不公。我才说的,他们只供给这几样,也未免太宽裕了。一年竟除这个之外,他每人不论有余无余,只叫他拿出若干贯钱来,大家凑齐,单散与园中这些妈妈们。他们虽不料理这些,却日夜也是在园中照看当差之人,关门闭户,起早睡晚,大雨大雪,姑娘们出入,抬轿子,撑船,拉冰床,一应粗糙活计,都是他们的差使。一年在园里辛苦到头,这园内既有出息,也是分内该沾带些的。还有一句至小的话,越发说破了:你们只管了自己宽裕,不分与他们些,他们虽不敢明怨,心里却都不服,只用假公济私的多摘你们几个果子,多掐几枝花儿,你们有冤还没处诉。他们也沾带了些利息,你们有照顾不到,他们就替你们照顾了。"

众婆子听了这个议论,又去了账房受辖治,又不与凤姐儿去算账,一年不过多拿出若干贯钱来,各各欢喜异常,都齐说:"愿意。强如出去被他揉搓着,还得拿出钱来呢。"

刚说着,只见林之孝家的进来说:"江南甄府里家眷昨日到京,今日进宫朝贺。此刻先遣人来送礼请安。"说着,便将礼单送上去。探春接了,看道:"上用的妆缎蟒缎十二匹,上用杂色缎十二匹,上用各色纱十二匹,上用宫绸十二匹,官用各色缎纱绸绫二十四匹。"李纨也看过,说:"用上等封儿赏他。"因又命人回了贾母。

贾母便命人叫李纨、探春、宝钗等也都过来,将礼看了。李纨收过,一边吩咐内库上人说:"等太太回来看了再收。"贾母因说:"这甄家又不与别家相同,上等赏封赏男人,只怕展眼又打发女人来请安,预备下尺头。"一语未完,果然人回:"甄府四个女人来请安。"贾母听了,忙命人带进来。

那四个人都是四十往上的年纪,穿戴之物,皆比主子不甚差别。请安问好毕,贾母命拿了四个脚踏来,他四人谢了坐,待宝钗等坐了,方都坐下。贾母便问:"多早晚进京的?"四人

忙起身回说："昨日进的京。今日太太带了姑娘进宫请安去了，故令女人们来请安，问候姑娘们。"

贾母又问："你这哥儿也跟着你们老太太？"四人回说："也是跟着老太太。"贾母道："几岁了？"又问："上学不曾？"四人笑说："今年十三岁。因长得齐整，老太太很疼。自幼淘气异常，天天逃学，老爷太太也不便十分管教。"贾母笑道："也不成了我们家的了！你这哥儿叫什么名字？"四人道："因老太太当作宝贝一样，他又生的白，老太太便叫作宝玉。"贾母便向李纨等道："偏也叫作个宝玉。"李纨忙欠身笑道："从古至今，同时隔代重名的很多。"四人也笑道："起了这个小名儿之后，我们上下都疑惑，不知那亲友家也倒似曾有一个的。只是这十来年没进京来，却记不真了。"贾母笑道："那就是我的孙子。人来。"众媳妇丫头答应了一声，走近几步。贾母笑道："园里把咱们的宝玉叫了来，给这四个管家娘子瞧瞧，比他们的宝玉如何？"

众媳妇听了，忙去了，半刻围了宝玉进来。四人一见，忙起身笑道："唬了我们一跳。若是我们不进府来，倘若别处遇见，还只道我们的宝玉后赶着也进了京了呢。"一面说，一面都上来拉他的手，问长问短。宝玉忙也笑问好。

贾母笑道："比你们的长的如何？"李纨等笑道："四位妈妈才一说，可知是模样相仿了。"贾母笑道："哪有这样巧事？大家子孩子们再养的娇嫩，除了脸上有残疾十分黑丑的，大概看去都是一样的齐整。这也没有什么怪处。"四人笑道："如今看来，模样是一样。据老太太说，淘气也一样。我们看来，这位哥儿性情却比我们的好些。"贾母忙问："怎见得？"四人笑道："方才我们拉哥儿的手说话便知。我们那一个只说我们糊涂，慢说拉手，他的东西我们略动一动也不依。所使唤的人都是女孩子们。"

四人未说完，李纨姊妹等禁不住都失声笑出来。

这里贾母喜的逢人便告诉，也有一个宝玉，也都一般行景。众人都说天下之大，世宦之多，同名者也甚多，祖母溺爱孙者亦古今之常情，不是什么罕事，故皆不介意。独宝玉是个迂阔呆公子的性情，自为是那四人承悦贾母之词。

宝玉心中便又疑惑起来：若说必无，然亦似有，若说必有，又并无目睹。心中闷闷了，回至房中榻上默默盘算，不觉就忽忽的睡去，不觉竟到了一座花园之内。宝玉诧异道："除了我们大观园，更又有这一个园子？"

正疑惑间，从那边来了几个女儿，都是丫鬟。宝玉又诧异道："除了鸳鸯、袭人、平儿之外，也竟还有这一干人？"只见那些丫鬟笑道："宝玉怎么跑到这里来了？"宝玉只当是说他自己，忙来陪笑说道："因我偶步至此，不知是哪位世交的花园，好姐姐们，带我逛逛。"众丫鬟都笑道："原来不是咱家的宝玉。他生的倒也还干净，嘴儿也倒乖觉。"

宝玉听了，忙道："姐姐们，这里也竟还有个宝玉？"丫鬟们忙道："宝玉二字，我们是奉老太太、太太之命，为保佑他延寿消灾的。我们叫他，他听见喜欢。你是哪里远方来的臭小厮，也乱叫起他来。仔细你的臭肉，打不烂你的。"又一个丫鬟笑道："咱们快走罢，别叫宝玉看见，又说同这臭小厮说了话，把咱熏臭了。"说着一径去了。

宝玉纳闷道："从来没有人如此茶毒我，他们如何竟这样？真亦有我这样一个人不成？"一面想，一面顺步早到了一所院内。宝玉又诧异道："除了怡红院，也更还有这么一个院落？"忽上了台矶，进入屋内，只见榻上有一个人卧着，那边有几个女孩儿做针线，也有嘻笑玩耍的。只见榻上那个少年叹了一声。一个丫鬟笑问道："宝玉，你不睡又叹什么？想必为你妹妹病了，你又胡愁乱恨呢。"

宝玉听说，心下也便吃惊。只见榻上少年说道："我听见老太太说，长安都中也有个宝玉，和我一样的性情，我只不信。我才作了一个梦，竟梦中到了都中一个花园子里头，遇见几个姐姐，都叫我臭小厮，不理我。好容易找到他房里头，偏他睡觉，空有皮囊，真性不知哪去了。"宝玉听说，忙说道："我因找宝玉来到这里。原来你就是宝玉？"榻上的忙下来拉住笑道："原来你就是宝玉？这可不是梦里了。"宝玉道："这如何是梦？真而又真了。"一语未了，只见人来说："老爷叫宝玉。"唬得二人皆慌了。一个宝玉就走，一个宝玉便忙叫："宝玉快回

来,快回来!"

袭人在旁听他梦中自唤,忙推醒他,笑问道:"宝玉在哪里?"此时宝玉虽醒,神意尚恍惚,因向门外指说:"才出去了。"袭人笑道:"那是你梦迷了。你揉眼细瞧,是镜子里照的你影儿。"宝玉向前瞧了一瞧,原是那嵌的大镜对面相照,自己也笑了。

第五十七回　慧紫鹃情辞试忙玉
慈姨妈爱语慰痴颦

这日宝玉因见湘云渐愈,然后去看黛玉。正值黛玉才歇午觉,宝玉不敢惊动,因紫鹃正在回廊上手里做针黹,便来问他:"昨日夜里咳嗽可好了?"紫鹃道:"好些了。"宝玉笑道:"阿弥陀佛! 宁可好了罢。"紫鹃笑道:"你也念起佛来,真是新闻!"宝玉笑道:"所谓'病笃乱投医'了。"一面说,一面见他穿着弹墨绫薄绵袄,外面只穿着青缎夹背心,宝玉便伸手向他身上摸了一摸,说:"穿这样单薄,还在风口里坐着,看天风馋,时气又不好,你再病了,越发难了。"紫鹃便说道:"从此咱们只可说话,别动手动脚的。一年大二年小的,叫人看着不尊重。打紧的那起混帐行子们背地里说你,你总不留心,还只管和小时一般行为,如何使得。姑娘常常吩咐我们,不叫和你说笑。你近来瞧他远着你还恐远不及呢。"说着便起身,携了针线进别房去了。

宝玉见了这般景况,心中忽浇了一盆冷水一般,只瞅着竹子,发了一回呆。因祝妈正来挖笋修竿,便怔怔的走出来,一时魂魄失守,心无所知,随便坐在一块山石上出神,不觉滴下泪来。直呆了五六顿饭工夫,千思万想,总不知如何是可。

黛玉未醒,将人参交与紫鹃。紫鹃因问他:"太太做什么呢?"雪雁道:"也歇中觉,所以等了这半日。姐姐你听笑话儿:我因等太太的工夫,和玉钏儿姐姐坐在下房里说话儿,谁知赵姨奶奶招手儿叫我。我只当有什么话说,原来他和太太告了假,出去给他兄弟伴宿坐夜,明儿送殡去,跟他的小丫头子小吉祥儿没衣裳,要借我的月白缎子袄儿。我想他们一般也有两件子的,往脏地方儿去恐怕弄脏了,自己的舍不得穿,故此借别人的。借我的弄脏了也是小事,只是我想,他素日有些什么好处到咱们跟前,所以我说了:'我的衣裳簪环都是姑娘叫紫鹃姐姐收着呢。如今先得去告诉他,还得回姑娘呢。姑娘身上又病着,更费了大事,误了你老出门,不如再转借罢。'"紫鹃笑道:"你这个小东西子倒也巧。你不借给他,你往我和姑娘身上推,叫人怨不着你。他这会子就下去了,还是等明日一早才去?"雪雁道"这会子就去的,只怕此时已去了。"紫鹃点点头。雪雁道:"姑娘还没醒呢,是谁给了宝玉气受,坐在那里哭呢。"紫鹃听了,忙问在哪里。雪雁道:"在沁芳亭后头桃花树底下呢。"

紫鹃听说,忙放下针线,又嘱咐雪雁好生听叫:"若问我,答应我就来。"说着,便出了潇湘馆,一径来寻宝玉,走至宝玉跟前,含笑说道:"我不过说了那两句话,为的是大家好,你就赌气跑了这风地里来哭,作出病来唬我。"宝玉忙笑道:"谁赌气了! 我因为听你说的有理。我想你们既这样说,自然别人也是这样说,将来渐渐的都不理我了,我所以想着自己伤心。"

紫鹃也便挨他坐着。宝玉笑道:"方才对面说话你尚走开,这会子如何又来挨我坐着?"紫鹃道:"你都忘了? 几日前你们兄妹两个正说话,赵姨娘一头走了进来——我才听见他不在家,所以我来问你。正是前日你和他才说了一句'燕窝'就歇住了,总没提起,我正想着问你。"宝玉道:"也没什么要紧。不过我想着宝姐姐也是客中,既吃燕窝,又不可间断,若只管和他要,太也托实。虽不便和太太要,我已经在老太太跟前略露了个风声,只怕老太太和凤姐姐说了。我告诉他的,竟没告诉完了他。如今我听见一日给你们一两燕窝,这也就完了。"紫鹃道:"原来是你说了,这又多谢你费心。我们正疑惑,老太太怎么忽然想起来叫人每一日送一两燕窝来呢? 这就是了。"宝玉笑道:"这要天天吃惯了,吃上三二年就好了。"紫鹃道:

"在这里吃惯了,明年家去,哪里有这闲钱吃这个。"

宝玉听了,吃了一惊,忙问:"谁?往哪个家去?"紫鹃道:"你妹妹回苏州家去。"宝玉笑道:"你又说白话。苏州虽是原籍,因没了姑父姑母,无人照看,才就了来的。明年回去找谁?可见是扯谎。"紫鹃冷笑道:"你太看小了人。你们贾家独是大族人口多的,除了你家,别人只得一父一母,房族中真个再无人了不成?我们姑娘来时,原是老太太心疼他年小,虽有叔伯,不如亲父母,故此接来住几年。大了该出阁时,自然要送还林家的。终不成林家的女儿在你贾家一世不成?林家虽贫到没饭吃,也是世代书宦之家,断不肯将他家的人丢在亲戚家,落人的耻笑。所以早则明年春天,迟则秋天,这里纵不送去,林家亦必有人来接的。前日夜里姑娘和我说了,叫我告诉你:将从前小时玩的东西,有他送你的,叫你都打点出来还他。他也将你送他的打叠了在那里呢。"宝玉听了,便如头顶上响了一个焦雷一般。紫鹃看他怎样回答,等了半日,见他只不作声。忽见晴雯找来说:"老太太叫你呢,谁知道在这里。"紫鹃笑道:"他这里问姑娘的病症。我告诉了他半日,他只不信。你倒拉他去罢。"说着,自己便走回房去了。

晴雯见他呆呆的,一头热汗,满脸紫胀,忙拉他的手,一直到怡红院中。袭人见了这般,慌起来,只说时气所感,热汗被风扑了。无奈宝玉发热事犹小可,更觉两个眼珠儿直直的起来,口角边津液流出,皆不知觉。给他个枕头,他便睡下;扶他起来,他便坐着;倒了茶来,他便吃茶。众人见他这般,一时忙乱起来,又不敢造次去回贾母,先便差人出去请李嬷嬷。

一时李嬷嬷来了,看了半日,问他几句话也无回答,用手向他脉门摸了摸,嘴唇人中上边着力掐了两下,掐的指印如许来深,竟也不觉疼。李嬷嬷只说了一声"可了不得了","呀"的一声便搂着放声大哭起来。急的袭人忙拉他说:"你老人家瞧瞧,可怕不怕?且告诉我们去回老太太、太太去。你老人家怎么先哭起来?"李嬷嬷捶床捣枕说:"这可不中用了!我白操了一世心了!"袭人等以他年老多知,所以请他来看,如今见他这般一说,都信以为实,也都哭起来。

晴雯便告诉袭人,方才如此这般。袭人听了,便忙到潇湘馆来,见紫鹃正服侍黛玉吃药,也顾不得什么,便走上来问紫鹃道:"你才和我们宝玉说了些什么?你瞧他去,你回老太太去,我也不管了!"说着,便坐在椅上。

黛玉忽见袭人满面急怒,又有泪痕,举止大变,便不免也慌了,忙问怎么了。袭人定了一会,哭道:"不知紫鹃姑奶奶说了些什么话,那个呆子眼也直了,手脚也冷了,话也不说了,李妈妈掐着也不疼,已死了大半个了!连李妈妈都说不中用了,那里放声大哭。只怕这会子都死了!"黛玉一听此言,李妈妈乃是经过的老妪,说不中用了,可知必不中用。哇的一声,将腹中之药一概呛出,抖肠搜肺、炽胃扇肝的痛声大嗽了几阵,一时面红发乱,目肿筋浮,喘的抬不起头来。紫鹃忙上来捶背,黛玉伏枕喘息半晌,推紫鹃道:"你不用捶,你竟拿绳子来勒死我是正经!"紫鹃哭道:"我并没说什么,不过是说了几句玩话,他就认真了。"袭人道:"你还不知道他,那傻子每每玩话认了真。"黛玉道:"你说了什么话,趁早儿去解说,他只怕就醒过来了。"紫鹃听说,忙下了床,同袭人到了怡红院。

谁知贾母王夫人等已都在那里了。贾母一见了紫鹃,眼内出火,骂道:"你这小蹄子,和他说了什么?"紫鹃忙道:"并没说什么,不过说几句玩话。"谁知宝玉见了紫鹃,方哎呀了一声,哭出来了。众人一见,方都放下心来。贾母便拉住紫鹃,只当他得罪了宝玉,所以拉紫鹃命他打。

谁知宝玉一把拉住紫鹃,死也不放,说:"要去连我也带了去。"众人不解,细问起来,方知紫鹃说"要回苏州去"一句玩话引出来的。贾母流泪道:"我当有什么要紧大事,原来是这句玩话。"又向紫鹃道:"你这孩子素日最是个伶俐聪敏的,你又知道他有个呆根子,平白的哄他作什么?"薛姨妈劝道:"宝玉本来心实,可巧林姑娘又是从小儿来的,他姊妹两个一处长了这么大,比别的姊妹更不同。这会子热刺刺的说一个去,别说他是个实心的傻孩子,便是冷心肠的大人也要伤心。这并不是什么大病,老太太和姨太太只管万安,吃一两剂药就好了。"

晚间宝玉稍安，贾母王夫人等方回房去。一夜还遣人来问讯几次。李奶母带领宋嬷嬷等几个年老人用心看守，紫鹃、袭人、晴雯等日夜相伴。有时宝玉睡去，必从梦中惊醒，不是哭了说黛玉已去，便是说有人来接。每一惊时，必得紫鹃安慰一番方罢。彼时贾母又命将祛邪守灵丹及开窍通神散各样上方秘制诸药，按方饮服。

次日又服了王太医药，渐次好起来。宝玉心下明白，因恐紫鹃回去，故有时或作佯狂之态。紫鹃自那日也着实后悔，如今日夜辛苦，并没有怨意。袭人等皆心安神定，因向紫鹃笑道："都是你闹的，还得你来治。也没见我们这呆子听了风就是雨，往后怎么好。"暂且按下。

因此时湘云之症已愈，天天过来瞧看，见宝玉明白了，便将他病中狂态形容了与他瞧，引的宝玉自己伏枕而笑。原来他起先那样竟是不知的，如今听人说还不信。无人时紫鹃在侧，宝玉又拉他的手问道："你为什么唬我？"紫鹃道："不过是哄你玩的，你就认真了。"宝玉道："你说的那样有情有理，如何是玩话。"紫鹃笑道："那些玩话都是我编的。林家实没了人口，纵有也是极远的。族中也都不在苏州住，各省流寓不定。纵有人来接，老太太必不放去的。"

宝玉道："便老太太放去，我也不依。"紫鹃笑道："果真的你不依？只怕是口里的话。你如今也大了，连亲也定下了，过二三年再娶了亲，你眼里还有谁了？"宝玉听了，又惊问："谁定了亲？定了谁？"紫鹃笑道："年里我听见老太太说，要定下琴姑娘呢。不然那么疼他？"宝玉笑道："人人只说我傻，你比我更傻。不过是句玩话，他已经许给梅翰林家了。果然定下了他，我还是这个形景了？先是我发誓赌咒砸这劳什子，你都没劝过，说我疯的？刚刚的这几日才好了，你又来怄我。"

一面说，一面咬牙切齿的，又说道："我只愿这会子立刻我死了，把心迸出来你们瞧见了，然后连皮带骨一概都化成一股灰——灰还有形迹，不如再化一股烟——烟还可凝聚，人还看见，须得一阵大乱风吹的四面八方都登时散了，这才好！"一面说，一面又滚下泪来。

林黛玉近日闻得宝玉如此形景，未免又添些病症，多哭几场。今见紫鹃来了，问其缘故，已知大愈，仍遣琥珀去服侍贾母。夜间人定后，紫鹃已宽衣卧下之时，悄向黛玉笑道："宝玉的心倒实，听见咱们去就那样起来。"黛玉不答。

目今是薛姨妈的生日，自贾母起，诸人皆有祝贺之礼。黛玉亦早备了两色针线送去。是日也定了一本小戏请贾母王夫人等，独有宝玉与黛玉二人不曾去得。至散时，贾母等顺路又瞧他二人一遍，方回房去。次日，薛姨妈家又命薛蝌陪诸伙计吃了一天酒，连忙了三四天方完备。

因薛姨妈看见邢岫烟生得端雅稳重，且家道贫寒，是个钗荆裙布的女儿，便欲说与薛蟠为妻。因薛蟠素习行止浮奢，又恐遭踏人家的女儿。正在踌躇之际，忽想起薛蝌未娶，看他二人恰是一对天生地设的夫妻，因谋之于凤姐儿。凤姐儿叹道："姑妈素知我们太太有些左性的，这事等我慢谋。"

如今薛姨妈既定了邢岫烟为媳，合宅皆知。邢夫人本欲接出岫烟去住，贾母因说："这又何妨，两个孩子又不能见面，就是姨太太和他一个大姑，一个小姑，又何妨？况且都是女儿，正好亲香呢。"邢夫人方罢。

蝌岫二人前次途中皆曾有一面之遇，大约二人心中也皆如意。只是邢岫烟未免比先时拘泥了些，不好与宝钗姊妹共处闲语；又兼湘云是个爱取笑的，更觉不好意思。幸他是个知书达礼的，虽有女儿身份，还不是那种佯羞诈愧一味轻薄造作之辈。

宝钗自见他时，见他家业贫寒，二则别人之父母皆年高有德之人，独他父母偏是酒糟透之人，于女儿分中平常；邢夫人也不过是脸面之情，亦非真心疼爱；且岫烟为人雅重，迎春是个有气的死人，连他自己尚未照管齐全，如何能照管到他身上，凡闺阁中家常一应需用之物，或有亏乏，无人照管，他又不与人张口，宝钗倒暗中每相体贴接济，也不敢叫邢夫人知道，亦恐多心闲话之故耳。如今却出人意料之外奇缘作成这门亲事。岫烟心中先取中宝钗，然后方取薛蝌。有时岫烟仍与宝钗闲话，宝钗仍以姊妹相呼。

这日宝钗因来瞧黛玉，恰值岫烟也来瞧黛玉，二人在半路相遇。宝钗含笑唤他到跟前，二人同走至一块石壁后，宝钗笑问他："这天还冷的很，你怎么倒全换了夹的？"岫烟见问，低

头不答。宝钗便知道又有了缘故，因又笑问道："必定是这个月的月钱又没得。凤丫头如今也这样没心没计了。"岫烟道："他倒想着不错日子给，因姑妈打发人和我说，一个月用不了二两银子，叫我省一两给爹妈送出去，要使什么，横竖有二姐姐的东西，能着些儿搭着就使了。姐姐想，二姐姐也是个老实人，也不大留心，我使他的东西，他虽不说什么，他那些妈妈丫头，那一个是省事的，哪一个是嘴里不尖的？我虽在那屋里，却不敢很使他们，过三天五天，我倒得拿出钱来给他们打酒买点心吃才好。因一月二两银子还不够使，如今又去了一两。前儿我悄悄的把绵衣服叫人当了几吊钱盘缠。"

宝钗听了，愁眉叹道："偏梅家又合家在任上，后年才进来。若是在这里，琴儿过去了，好再商议你这事。离了这里就完了。如今不先完了他妹妹的事，也断不敢先娶亲的。如今倒是一件难事。再迟两年，又怕你熬煎出病来。等我和妈再商议，有人欺负你，你只管耐些烦儿，千万别自己熬煎出病来。不如把那一两银子明儿也索性给了他们，倒都歇心。你以后也不用白给那些人东西吃，他尖刺让他们去尖刺，很听不过了，各人走开。倘或短了什么，你别存那小家儿女气，只管找我去。并不是作亲后方如此，你一来时咱们就好的。便怕人闲话，你打发小丫头悄悄的和我说去就是了。"岫烟低头答应了。

宝钗就往潇湘馆来。正值他母亲也来瞧黛玉，正说闲话呢。宝钗笑道："妈多早晚来的？我竟不知道。"薛姨妈道："我这几天连日忙，总没来瞧瞧宝玉和他。所以今儿瞧他二个，都也好了。"黛玉忙让宝钗坐了，因向宝钗道："天下的事真是人想不到的，怎么想的到姨妈和大舅母又作一门亲家。"薛姨妈道："我的儿，你们女孩家哪里知道，自古道：'千里姻缘一线牵'。管姻缘的有一位月下老人，预先注定，暗里只用一根红丝把这两个人的脚绊住，凭你两家隔着海，隔着国，有世仇的，也终久有机会作了夫妇。这一件事都是出人意料之外，凭父母本人都愿意了，或是年年在一处的，以为是定了的亲事，若月下老人不用红线拴的，再不能到一处。比如你姐妹两个的婚姻，此刻也不知在眼前，也不知在山南海北呢。"

宝钗道："唯有妈，说动话就拉上我们。"一面说，一面伏在他母亲怀里笑说："咱们走罢。"黛玉笑道："你瞧，这么大了，离了姨妈他就是个最老道的，见了姨妈他就撒娇儿。"薛姨妈用手摩弄着宝钗，叹向黛玉道："你这姐姐就和凤哥儿在老太太跟前一样，有了正经事就和他商量，没了事，幸亏他开开我的心。我见了他这样，有多少愁都不散的。"黛玉听说，流泪叹道："他偏在这里这样，分明是气我没娘的人，故意来刺我的眼。"宝钗笑道："妈瞧他轻狂，倒说我撒娇儿。"

薛姨妈道："也怨不得他伤心，可怜没父母，到底没个亲人。"又摩婆黛玉道："好孩子别哭。你见我疼你姐姐你伤心了，你不知我心里更疼你呢。你姐姐虽没有父亲，到底有我，有亲哥哥，这就比你强了。我每每和你姐姐说，心里很疼你，只是外头不好带出来的。你这里人多口杂，说好话的人少，说歹话的人多，不说你无依无靠，为人作人配人疼，只说我们看老太太疼你了，我们也洑上水去了。"

黛玉笑道："姨妈既这么说，我明日就认姨妈做娘，姨妈若是弃嫌不认，便是假意疼我

了。"薛姨妈道:"你不厌我,就认了才好。"宝钗忙道:"认不得的。"黛玉道:"怎么认不得?"宝钗笑问道:"我且问你,我哥哥还没定亲事,为什么反将邢妹妹先说与我兄弟了,是什么道理?"黛玉道:"他不在家,或是属相生日不对,所以先说与兄弟了。"宝钗笑道:"非也。我哥哥已经相准了,只等来家就下定了,也不必提出人来,我方才说你认不得娘,你细想去。"说着,便和他母亲挤眼儿发笑。

黛玉听了,便也一头伏在薛姨妈身上,说道:"姨妈不打他我不依。"薛姨妈忙也搂他笑道:"你别信你姐姐的话,他是玩你呢。"宝钗笑道:"真个的,妈明儿和老太太求了他作媳妇,岂不比外头寻的好?"黛玉便够上来要抓他,口内笑说:"你越发疯了。"薛姨妈忙也笑劝,用手分开方罢。因又向宝钗道:"连邢女儿我还怕你哥哥糟蹋了他,所以给你兄弟说了。别说这孩子,我也断不肯给他。前儿老太太因要把你妹妹说给宝玉,偏生又有了人家,不然倒是一门好亲。前儿我说定了邢女儿,老太太还取笑说:'我原要说他的人,谁知他的人没到手,倒被他说了我们的一个去了。'虽是玩话,细想来倒有些意思。我想宝琴虽有了人家,我虽没人可给,难道一句话也不说。我想着,你宝兄弟老太太那样疼他,他又生的那样,若要外头说去,老太太断不中意。不如竟把你林妹妹定与他,岂不四角俱全?"

林黛玉先还怔怔的,听后来见说到自己身上,便啐了宝钗一口,红了脸,拉着宝钗笑道:"我只打你!你为什么招出姨妈这些老没正经的话来?"宝钗笑道:"这可奇了!妈说你,为什么打我?"紫鹃忙也跑来笑道:"姨太太既有这主意,为什么不和太太说去?"薛姨妈哈哈笑道:"你这孩子,急什么,想必催着你姑娘出了阁,你也要早些寻一个小女婿去了。"紫鹃听了,也红了脸,笑道:"姨太太真个倚老卖老的起来。"说着,便转身去了。黛玉先骂:"又与你这蹄子什么相干?"后来见了这样,也笑起来说:"阿弥陀佛!该,该,该!也臊了一鼻子灰去了!"薛姨妈母女及屋内婆子丫鬟都笑起来。婆子们因也笑道:"姨太太虽是玩话,却倒也不差呢。到闲了时和老太太一商议,姨太太竟做媒保成这门亲事是千妥万妥的。"薛姨妈道:"我一出这主意,老太太必喜欢的。"

一语未了,忽见湘云走来,手里拿着一张当票,口内笑道:"这是个账篇子?"黛玉瞧了,也不认得。地下婆子们都笑道:"这可是一件奇货,这个乖可不是白教人的。"宝钗忙一把接了,看时,就是岫烟才说的当票,忙折了起来。

这里屋内无人时,宝钗方问湘云何处捡的。湘云笑道:"我见你令弟媳的丫头篆儿悄悄的递与莺儿。莺儿便随手夹在书里,只当我没看见。我等他们出去了,我偷着看,竟不认得。知道你们都在这里,所以拿来大家认认。"黛玉忙问:"怎么,他也当衣裳不成?既当了,怎么又给人去?"宝钗见问,不好隐瞒他两个,遂将方才之事都告诉了他二人。

说着,人报:"三姑娘四姑娘来了。"三人听了,忙掩了口不提此事。要知端的,且听下回分解。

第五十八回　杏子阴假凤泣虚凰
茜纱窗真情揆痴理

话说他三人因见探春等进来,忙将此话掩住不提。探春等问候过,大家说笑了一会方散。

谁知上回所表的那位老太妃已薨,凡诰命等皆入朝随班按爵守制。敕谕天下:凡有爵之家,一年内不得筵宴音乐,庶民皆三月不得婚嫁。贾母、邢、王、尤、许婆媳祖孙等皆每日入朝随祭,至未正以后方回。在大内偏宫二十一日后,方请灵入先陵,地名曰孝慈县。这陵离都来往得十来日之功,如今请灵至此,还要停放数日,方入地宫,故得一月光景。宁府贾珍夫妻二人,也少不得是要去的。

当下荣宁两处主人既如此不暇，并两处执事人等，或有人跟随入朝的，或有朝外照理下处事务的，又有先踩踏下处的，也都各各忙乱。因此两处下人无了正经头绪，也都偷安，或乘隙结党，与权暂执事者窃弄威福。荣府只留得赖大并几个管事照管外务。这赖大手下常用几个人已去，虽另委人，都是些生的，只觉不顺手。且他们无知，或赚骗无节，或呈告无据，或举荐无因，种种不善，在在生事，也难备述。

又见各官宦家，凡养优伶男女者，一概蠲免遣发，尤氏等便议定，待王夫人回家回明，也欲遣发十二个女孩子，又说："这些人原是买的，如今虽不学唱，尽可留着使唤，令其教习们自去也罢了。"王夫人因说："这学戏的倒比不得使唤的，他们也是好人家的儿女，因无能卖了做这事，装丑弄鬼的几年。如今有这机会，不如给他们几两银子盘费，各自去罢。当日祖宗手里都是有这例的。咱们如今损阴坏德，而且还小

器。如今虽有几个老的还在，那是他们各有缘故，不肯回去的，所以才留下使唤，大了配了咱们家的小厮们了。"尤氏道："如今我们也去问他十二个，有愿意回去的，就带了信儿，叫上父母来亲自来领回去，给他们几两银子盘缠方妥当。若不叫上他父母亲人来，只怕有混帐人顶名冒领出去又转卖了，岂不辜负了这恩典。若有不愿意回去的，就留下。"王夫人笑道："这话妥当。"

贾母便留下文官自使，将正旦芳官指与宝玉，将小旦蕊官送了宝钗，将小生藕官指与了黛玉，将大花面葵官送了湘云，将小花面豆官送了宝琴，将老外艾官送了探春，尤氏便讨了老旦茄官去。当下各得其所，就如倦鸟出笼，每日园中游戏。众人皆知他们不能针黹，不惯使用，皆不大责备。其中或有一二个知事的，愁将来无应时之技，亦将本技丢开，便学起针黹纺绩女工诸务。

一日正是朝中大祭，贾母等五更便去了，先到下处用些点心小食，然后入朝。

可巧这日乃是清明之日，贾琏已备下年例祭祀，带领贾环、贾琮、贾兰三人去往铁槛寺祭枢烧纸。宁府贾蓉也同族中几人各办祭祀前往。因宝玉未大愈，故不曾去得。饭后发倦，袭人因说："天气甚好，你且出去逛逛，省得丢下粥碗就睡，存在心里。"宝玉听说，只得拄了一支杖，靸着鞋，步出院外。

正胡思间，忽见一股火光从山石那边发出，将雀儿惊飞。宝玉吃了一大惊，又听那边有人喊道："藕官，你要死，怎弄些纸钱进来烧？我回去回奶奶们去，仔细你的肉！"宝玉听了，益发疑惑起来，忙转过山石看时，只见藕官满面泪痕，蹲在那里，手里还拿着火，守着些纸钱灰作悲。宝玉忙问道："你与谁烧纸钱？快不要在这里烧。你或是为父母兄弟，你告诉我姓名，外头去叫小厮们打了包袱写上名姓去烧。"藕官见了宝玉，只不作一声。

宝玉数问不答，忽见一婆子恶狠狠走来拉藕官，口内说道："我已经回了奶奶们了，奶奶气的了不得。"藕官听了，终是孩气，怕辱没了没脸，便不肯去。婆子道："我说你们别太兴头过余了，如今还比你们在外头随心乱闹呢。这是尺寸地方儿。"指宝玉道："连我们的爷还守规矩呢，你是什么阿物儿，跑来胡闹。怕也不中用，跟我快走罢！"

宝玉忙道："他并没烧纸钱，原是林妹妹叫他来烧那烂字纸的。你没看真，反错告了他。"藕官正没了主意，见了宝玉，也正添了畏惧，忽听他反掩饰，心内转忧成喜，也便硬着口说道："你很看真是纸钱么？我烧的是林姑娘写坏了的字纸！"那婆子听如此，亦发狠起来，便弯腰向纸灰中拣那不曾化尽的遗纸，拣了两点在手内，说道："你还嘴硬，有据有证在这里。我只和你厅上讲去！"说着，拉了袖子，就拽着要走。

宝玉忙把藕官拉住，用拄杖敲开那婆子的手，说道："你只管拿了那个回去。实告诉你：我昨夜作了一个梦，梦见杏花神和我要一挂白纸钱，不可叫本房人烧，要一个生人替我烧了，我的病就好的快。所以我请了这白钱，巴巴儿的和林姑娘烦了他来，替我烧了祝赞。原不许一个人知道的，所以我今日才能起来，偏你看见了。我这会子又不好了，都是你冲了！你还要告他去。藕官，只管去，见了他们你就照依我这话说。等老太太回来，我就说他故意来冲神祇，保佑我早死。"

藕官听了，益发得了主意，反倒拉着婆子要走。那婆子听了这话，忙丢下纸钱，陪笑央告宝玉道："我原不知道，二爷若回了老太太，我这老婆子岂不完了？我如今回奶奶们去，就说是爷撞神，我看错了。"宝玉道："你也不许再回去了，我便不说。"婆子道："我已经回了，叫我来带他，我怎好不回去的。也罢，就说我已经叫到了他，林姑娘叫了去了。"宝玉想一想，方点头应允。那婆子只得去了。

这里宝玉问他："到底是为谁烧纸？我想来若是为父母兄弟，你们皆烦人外头烧过了，这里烧这几张，必有私自的情理。"藕官因方才护庇之情感激于衷，便知他是自己一流的人物，便含泪说道："我这事，除了你屋里的芳官并宝姑娘的蕊官，并没第三个人知道。今日被你遇见，又有这段意思，少不得也告诉了你，只不许再对人言讲。"又哭道："我也不便和你面说，你只回去背人悄问芳官就知道了。"说毕，扬长而去。

宝玉听了，心下纳闷，只得踱到潇湘馆，瞧黛玉益发瘦的可怜，问起来，比往日已算大愈了。黛玉见他也比先大瘦了，想起往日之事，不免流下泪来，些微谈了谈，便催宝玉去歇息调养。宝玉只得回来。

宝玉使个眼色与芳官，芳官本自伶俐，又学几年戏，何事不知？便装说头疼不吃饭了。袭人道："既不吃饭，你就在屋里作伴儿，把这粥给你留着，一时饿了再吃。"说着，都去了。

这里宝玉和他只二人，宝玉便将方才从火光发起，如何见了藕官，又如何谎言护庇，又如何藕官叫我问你，从头至尾，细细的告诉他一遍，又问他祭的果系何人。芳官听了，满面含笑，又叹一口气，说道："这事说来可笑又可叹。"宝玉听了，忙问如何。芳官笑道："你说他祭的是谁？祭的是死了的菂官。"宝玉道："这是友谊，也应当的。"

芳官笑道："哪里是友谊？他竟是疯傻的想头，说他自己是小生，菂官是小旦，常做夫妻，虽说是假的，每日那些曲文排场，皆是真正温存体贴之事，故此二人就疯了，虽不做戏，寻常饮食起坐，两个人竟是你恩我爱。菂官一死，他哭的死去活来，至今不忘，所以每节烧纸。后来补了蕊官，我们见他一般的温柔体贴，也曾问他得新弃旧的。他说：'这又有个大道理。比如男子丧了妻，或有必当续弦者，也必要续弦为是。便只是不把死的丢过不提，便是情深意重了。若一味因死的不续，孤守一世，妨了大节，也不是理，死者反不安了。'你说可是又疯又呆？说来可是可笑？"

宝玉听说了这篇呆话，独合了他的呆性，不觉又是欢喜，又是悲叹，又称奇道绝，说："天既生这样人，又何用我这须眉浊物玷辱世界。"因又忙拉芳官嘱道："既如此说，我也有一句话嘱咐他，我若亲对面与他讲未免不便，须得你告诉他。"芳官问何事。宝玉道："以后断不可烧纸钱。这纸钱原是后人异端，不是孔子遗训。以后逢时按节，只备一个炉，到日随便焚香，一心诚虔，就可感格了。愚人原不知，无论神佛死人，必要分出等例，各式各例的。殊不知只一'诚心'二字为主。即值仓皇流离之日，虽连香亦无，随便有土有草，只以洁净，便可为祭，不独死者享祭，便是神鬼也来享。你瞧瞧我那案上，只设一炉，不论日期，时常焚香。他们皆不知缘故，我心里却各有所因。随便有清茶便供一盅茶，有新水就供一盏水，或有鲜花，或有鲜果，甚至荤羹腥菜，只要心诚意洁，便是佛也都可来享，所以说，只在敬不在虚名。以后

快命他不可再烧纸。"芳官听了，便答应着。一时吃过饭，便有人回："老太太、太太回来了。"

第五十九回　柳叶渚边嗔莺咤燕　绛云轩里召将飞符

话说宝玉听说贾母等回来，遂多添了一件衣服，拄杖前边来，都见过了。贾母等因每日辛苦，都要早些歇息，一宿无话，次日五鼓，又往朝中去。

一日清晓，宝钗春困已醒，搴帷下榻，微觉轻寒，启户视之，见园中土润苔青，原来五更时落了几点微雨。于是唤起湘云等人来，一面梳洗，湘云因说两腮作痒，恐又犯了杏癍癣，因问宝钗要些蔷薇硝来。宝钗道："前儿剩的都给了妹妹。"因说："颦儿配了许多，我正要和他要些，因今年竟没发痒，就忘了。"因命莺儿去取些来。莺儿应了才去时，蕊官便说："我同你去，顺便瞧瞧藕官。"说着，一径同莺儿出了蘅芜苑。

二人你言我语，一面行走，一面说笑，不觉到了柳叶渚，顺着柳堤走来。因见柳叶才吐浅碧，丝若垂金，莺儿便笑道："你会拿着柳条子编东西不会？"蕊官笑道："编什么东西？"莺儿道："什么编不得？玩的使的都可。等我摘些下来，带着这叶子编个花篮儿，采了各色花放在里头，才是好玩呢。"说着，且不去取硝，且伸手挽翠披金，采了许多的嫩条，命蕊官拿着。莺儿一行走一行编花篮，随路见花便采一二枝，编出一个玲珑过梁的篮子。枝上自有本来翠叶满布，将花放上，却也别致有趣。喜的蕊官笑道："姐姐，给了我罢。"莺儿道："这一个咱们送林姑娘，回来咱们再多采些，编几个大家玩。"说着，来至潇湘馆中。

黛玉也正晨妆，见了篮子，便笑说："这个新鲜花篮是谁编的？"莺儿笑说："我编了送姑娘玩的。"黛玉接了笑道："怪道人赞你的手巧，这玩意儿却也别致。"一面瞧了，一面便命紫鹃挂在那里。莺儿又问侯了薛姨妈，方和黛玉要硝。黛玉忙命紫鹃包了一包，递与莺儿。黛玉又道："我好了，今日要出去逛逛。你回去说与姐姐，不用过来问候妈了，也不敢劳他来瞧我，梳了头同妈都往你那里去，连饭也端了那里去吃，大家热闹些。"

莺儿答应了出来，便到紫鹃房中找蕊官，只见藕官与蕊官二人正说得高兴，不能相舍，因说："姑娘也去呢，藕官先同我们去等着岂不好？"紫鹃听如此说，便也说道："这话倒是，他这里淘气的也可厌。"一面说，一面便将黛玉的匙箸用一块洋巾包了，交与藕官道："你先带了这个去，也算一趟差了。"

藕官接了，笑嘻嘻同他二人出来，一径顺着柳堤来。莺儿便又采些柳条，越性坐在山石上编起来，又命蕊官先送了硝去再来。他二人只顾爱看他编，哪里舍得去。莺儿只顾催说："你们再不去，我也不编了。"藕官便说："我同你去了再快回来。"二人方去了。

这里莺儿正编，只见何婆的小女春燕走来，笑问："姐姐编什么呢？"正说着，蕊藕二人也到了。春燕便向藕官道："前儿你到底烧什么纸？被我姨妈看见了，要告你没告成，倒被宝玉赖了他一大些不是，气的他一五一十告诉我妈。你们在外头这二三年积了些什么仇恨，如今还不解开？"藕官冷笑道："有什么仇恨？他们不知足，反怨我们了。在外头这两年，别的东西不算，只算我们的米菜，不知赚了多少家去，合家子吃不了，还有每日买东买西赚的钱在外。逢我们使他们一使儿，就怨天怨地的。你说说可有良心？"

一语未了，他姑娘果然拄了拐走来。莺儿春燕等忙让坐。那婆子见采了许多嫩柳，又见藕官等采了许多鲜花，心内便不受用；看着莺儿编，又不好说什么，便说春燕道："我叫你来照看照看，你就贪住玩不去了。倘或叫起你来，你又说我使你了，拿我做隐身符儿来乐。"春燕道："你老又使我，又怕，这会子反说我。难道把我劈做八瓣子不成？"

莺儿笑道："姑妈，你别信小燕的话。这都是他摘下来的，烦我给他编，我撺掇他，他不去。"春燕笑道："你可少言儿，你只顾玩儿，他老人家就认真了。"那婆子本是愚玩之辈，兼之年近昏眊，唯利是命，一概情面不管，正心疼肝断，无计可施，听莺儿如此说，便以老卖老，拿起柱杖来

向春燕身上击上几下，骂道："小蹄子，我说着你，你还和我强嘴儿呢。你妈恨的牙根痒痒，要撕你的肉吃呢。你还来和我强梆子似的。"打的春燕又愧又急，哭道："莺儿姐姐玩话，你老就认真打我。我妈为什么恨我？我又没烧胡了洗脸水，有什么不是！"

偏又有春燕的娘出来找他，喊道："你不来舀水，在那里做什么呢？"那婆子便接声儿道："你来瞧瞧，你的女儿连我也不服了！在那里排揎我呢。"那婆子一面走过来说："姑奶奶，又怎么了？我们丫头眼里没娘罢了，连姑妈也没了不成？"莺儿见他娘来了，只得又说缘故。他姑娘哪里容人说话，便将石上的花柳与他娘瞧道："你瞧瞧，你女儿这么大孩子玩的。他先领着人糟踏我，我怎么说人？"

他娘也正为芳官之气未平，又恨春燕不遂他的心，便走上来打耳刮子，骂道："小娼妇，你能上去了几年？你也跟那起轻狂浪小妇学，怎么就管不得你们了？干的我管不得，你是我屁里掉出来的，难道也不敢管你不成！既是你们这起蹄子到的去的地方我到不去，你就该死在那里伺侯，又跑出来浪汉。"一面又抓起柳条子来，直送到他脸上，问道："这叫作什么？这编的是你娘的屁！"莺儿忙道："那是我们编的，你老别指桑骂槐。"那婆子深妒袭人晴雯一干人，已知凡房中大些的丫鬟都比他们有些体统权势，凡见了这一干人，心中又畏又让，未免又气又恨，亦且迁怒于众，复又看见了藕官，又是他令姊的冤家，四处凑成一股怒气。

那春燕啼哭着往怡红院去了。他娘又恐问他为何哭，怕他又说出自己打他，又要受晴雯等之气，不免着起急来，又忙喊道："你回来！我告诉你再去。"春燕哪里肯回来？急的他娘跑了去又拉他。他回头看见，便往前飞跑。他娘只顾赶他，不防脚下被青苔滑倒，引的莺儿三个人反都笑了。莺儿便赌气将花柳皆掷于河中，自回房去。这里把个婆子心疼的只念佛，又骂："促狭小蹄子！糟蹋了花儿，雷也是要打的。"自己且掐花与各房送去不提。

却说春燕一直跑入院中，顶头遇见袭人往黛玉处去问安。春燕便一把抱住袭人，说："姑娘救我！我娘又打我呢。"袭人见他娘来了，不免生气，便说道："三日两头儿打了干的打亲的，还是卖弄你女儿多，还是认真不知王法？"这婆子虽来了几日，见袭人不言不语是好性的，便说道："姑娘你不知道，别管我们闲事！都是你们纵的，这会子还管什么？"说着，便又赶着打。

袭人气的转身进来，见麝月正在海棠下晾手巾，听得如此喊闹，便说："姐姐别管，看他怎样。"一面使眼色与春燕，春燕会意，便直奔了宝玉去。众人都笑说："这可是没有的事都闹出来了。"麝月向婆子道："你再略煞一煞气儿，难道这些人的脸面，和你讨一个情还讨不下来不成？"那婆子见他女儿奔到宝玉身边去，又见宝玉拉了春燕的手说："别怕，有我呢。"

春燕又一行哭，又一行说，把方才莺儿等事都说出来。宝玉越发急起来，说："你只在这里闹也罢了，怎么连亲戚也都得罪起来呢？"麝月又向婆子及众人道："怨不得这嫂子说我们管不着他们的事，我们虽无知错管了，如今请出一个管得着的人来管一管，嫂子就心服口服，也知道规矩了。"便回头叫小丫头子："去把平儿给我们叫来！平儿不得闲就把林大娘叫了来。"那小丫头应了就走。众媳妇上来笑说："嫂子，快求姑娘们叫回那孩子罢。平姑娘来了，可就不好了。"那婆子说道："凭你那个平姑娘来也凭个理，没有娘管女儿大家管着娘的。"众人笑道："你当是哪个平姑娘？是二奶奶屋里的平姑娘。他有情呢，说你两句；他一翻脸，嫂子你吃不了兜着走！"

说话之间，只见小丫头子回来说："平姑娘正有事，问我作什么，我告诉了他，他说：'既这样，且撵他出去，告诉林大娘在角门外打他四十板子就是了。'"那婆子听如此说，自不舍得出去，便又泪流满面，央告袭人等说："好容易我进来了，况且我是寡妇，家里没人，正好一心无挂的在里头服侍姑娘们。姑娘们也便宜，我家里也省些搅过。我这一去，又要去自己生火过活，将来不免又没了过活。"

袭人见他如此，早又心软了，便说："你既要在这里，又不守规矩，又不听说，又乱打人。哪里弄你这个不晓事的来，天天斗口，也叫人笑话，失了体统。"晴雯道："理他呢，打发去了是正经。谁和他去对嘴对舌的。"那婆子又央众人道："我虽错了，姑娘们吩咐了，我以后改过。姑娘们那不是行好积德。"一面又央春燕道："原是我为打你起的，究竟没打成你，我如今反

受了罪？你也替我说说。"宝玉见如此可怜，只得留下，吩咐他不可再闹。那婆子走来一一的谢过了下去。

宝玉便叫春燕："你跟了你妈去，到宝姑娘房里给莺儿几句好话听听，也不可白得罪了他。"春燕答应了，和他妈出去。宝玉又隔窗说道："不可当着宝姑娘说，仔细反叫莺儿受教导。"

娘儿两个应了出来，一壁走着，一面说闲话儿。

当下来至蘅芜苑中，正值宝钗、黛玉、薛姨妈等吃饭。莺儿自去泡茶，春燕便和他妈一径到莺儿前，陪笑说"方才言语冒撞了，姑娘莫嗔莫怪，特来陪罪"等语。莺儿忙笑让坐，又倒茶。他娘儿两个说有事，便作辞回来。

春燕进来，宝玉知道回复，便先点头。春燕知意，便不再说一语，略站了一站，便转身出来，使眼色与芳官。芳官出来，春燕方悄悄的说与他蕊官之事，并与了他硝。宝玉并无与琮环可谈之语，因笑问芳官手里是什么。芳官便忙递与宝玉瞧，又说是擦春癣的蔷薇硝。宝玉笑道："亏他想得到。"贾环听了，便伸着头瞧了一瞧，又闻得一股清香，便弯腰向靴桶内掏出一张纸来托着，笑说："好哥哥，给我一半儿。"宝玉只得要与他。芳官心中因是蕊官之赠，不肯与别人，连忙拦住，笑说道："别动这个，我另拿些来。"宝玉会意，忙笑包上，说道："快取来。"

芳官接了这个，自去收好，便从奁中去寻自己常使的。启奁看时，盒内已空，心中疑惑，早间还剩了些，如何没了？因问人时，都说不知。麝月便说："这会子且忙着问这个，不过是这屋里人一时短了使的。你不管拿些什么给他们，他们哪里看得出来？快打发他们去了，咱们好吃饭。"芳官听了，便将些茉莉粉包了一包拿来。贾环见了，喜的就伸手来接。芳官便忙向炕上一掷。贾环只得向炕上拾了，揣在怀内，方作辞而去。

原来贾政不在家，且王夫人等又不在家，贾环连日也便装病逃学。如今得了硝，兴兴头头来找彩云。正值彩云和赵姨娘闲谈，贾环嘻嘻向彩云道："我也得了一包好的，送你擦脸。你常说，蔷薇硝擦癣，比外头的银硝强。你且看看，可是这个？"彩云打开一看，嗤的一声笑了，说道："你是和谁要来的？"贾环便将方才之事说了。彩云笑道："这是他们哄你这乡老呢。这不是硝，这是茉莉粉。"贾环看了一看，果然比先的带些红色，闻闻也是喷香，因笑道："这也是好的，硝粉一样，留着擦罢，自是比外头买的高便好。"彩云只得收了。

赵姨娘便说："有好的给你！谁叫你要去了，怎怨他们要你！依我，拿了去照脸摔给他去，趁着这回子撞尸的撞尸去了，挺床的便挺床，吵一出子，大家别心净，也算是报仇。莫不是两个月之后，还找出这个碴儿来问你不成？便问你，你也有话说。宝玉是哥哥，不敢冲撞他罢了。难道他屋里的猫儿狗儿，也不敢去问问不成！"贾环听说，便低了头。彩云忙说："这又何苦生事，不管怎样，忍耐些罢了。"

赵姨娘道："你快休管，横竖与你无干。乘着抓住这个理，骂给那些浪淫妇们一顿也是好的。"又指贾环道："呸！你这下流没刚性的，也只好受这些毛崽子的气！平白我说你一句儿，或无心中错拿了一件东西给你，你倒会扭头暴筋瞪着眼蹾摔娘。这会子被那起尿崽子耍弄也罢了。你明儿还想这些家里人怕呢。你没有屁本事，我也替你羞。"贾环听了，不免又愧又急，又不敢去，只摔手说道："你这么会说，你又不敢去，支使了我去闹。倘或往学里告去挨了打，你敢自不疼？遭遭儿调唆了我闹去，闹出了事来，我挨了打骂，你一般也低了头。这会子又调唆我和毛丫头们去闹。你不怕三姐姐，你敢去，我就服你。"只这一句话，便戳了他

娘的肺，便喊说："我肠子里爬出来的，我再怕不成！这屋里越发有得说了。"一面说，一面拿了那包子，便飞也似的往园中去。彩云死劝不住，只得躲入别房。贾环便也躲出仪门，自去玩耍。

可巧宝玉听见黛玉在那里，便往那里去了。芳官正与袭人等吃饭，见赵姨娘来了，便都起身笑让："姨奶奶吃饭，有什么事这么忙？"赵姨娘也不答话，走上来便将粉照着芳官脸上撒来，指着芳官骂道："小淫妇！你是我银子钱买来学戏的，不过娼妇粉头之流！我家里下三等奴才也比你高贵些，你都会看人下菜碟儿。宝玉要给东西，你拦在头里，莫不是要了你的了？拿这个哄他，你只当他不认得呢！好不好，他们是手足，都是一样的主子，哪里有你小看他的！"

芳官哪里禁得住这话，一行哭，一行说："没了硝我才把这个给他的。若说没了，又恐他不信，难道这不是好的？我便学戏，也没往外头去唱。我一个女孩儿家，知道什么是粉头面头的！姨奶奶犯不着来骂我，我又不是姨奶奶家买的。'梅香拜把子——都是奴儿'呢！"袭人忙拉他说："休胡说！"赵姨娘气的便上来打了两个耳刮子。袭人等忙上来拉劝，说："姨奶奶别和他小孩子一般见识，等我们说他。"芳官挨了两下打，哪里肯依，便捶头打滚，泼哭泼闹起来。口内便说："你打得起我么？你照照那模样儿再动手！我叫你打了去，我还活着！"便撞在怀里叫他打。

正没开交，谁知晴雯早遣春燕回了探春。当下尤氏、李纨、探春三人带着平儿与众媳妇走来，将四个喝住。问起缘故，赵姨娘便气的瞪着眼粗了筋，一五一十说个不清。尤李两个不答言，只喝禁他四人。探春便叹气说："这是什么大事，姨娘也太肯动气了！我正有一句话要请姨娘商议，怪道丫头说不知在哪里，原来在这里生气呢，快同我来。"尤氏李氏都笑说："姨娘请到厅上来，咱们商量。"

赵姨娘无法，只得同他三人出来，口内犹说长说短。探春便说："那些小丫头子们原是些玩意儿，喜欢呢，和他说说笑笑；不喜欢便可以不理他。便他不好了，也如同猫儿狗儿抓咬了一下子，可恕就恕，不恕时也只该叫了管家媳妇们去说给他去责罚，何苦自己不尊重，大吆小喝失了体统。你瞧周姨娘，怎不见人欺他，他也不寻人去。我劝姨娘且回房去煞煞性儿，别听那些混帐人的调唆，没的惹人笑话，自己呆，白给人作粗活。心里有二十分的气，也忍耐这几天，等太太回来自然料理。"一席话说得赵姨娘闭口无言，只得回房去了。

这里探春气的和尤氏李纨说："这么大年纪，行出来的事总不叫人敬服。这是什么意思，也值得吵一吵，并不留体统，耳朵又软，心里又没有计算。这又是那起没脸面的奴才们的调停，作弄出个呆人替他们出气。"越想越气，因命人查是谁调唆的。媳妇们只得答应着，出来相视而笑，都说是"大海里哪里寻针去。"只得将赵姨娘的人并园中人唤来盘诘，都说不知道。众人没法，只得回探春："一时难查，慢慢访查，凡有口舌不妥的，一总来回了责罚。"

探春气渐渐平服方罢。可巧艾官便悄悄的回探春说："都是夏妈和我们素日不对，每每的造言生事。前儿赖藕官烧钱，幸亏是宝玉叫他烧的，宝玉自己应了，他才没话说。今儿我与姑娘送手帕去，看见他和姨奶奶在一处说了半天，喊喊喳喳的，见了我才走开了。"探春听了，虽知情弊，亦料定他们皆是一党，本皆淘气异常，便只答应，也不肯据此为实。

谁知夏婆子的外孙女儿蝉姐儿便是探春处当役的，时常与房中丫鬟们买东西呼唤人，众女孩儿都和他好。这日饭后，探春正上厅理事，翠墨在家看屋子，因命蝉姐儿出去叫小幺儿买糕去。蝉姐儿便说："我才扫了个大院子，腰腿生疼的，你叫个别的人去罢。"翠墨笑说："我又叫谁去？你趁早儿去，我告诉你一句好话，你到后门顺路告诉你老娘，防着些儿。"说着，便将艾官告他老娘话告诉了他。蝉姐儿听了，忙接了钱道："这个小蹄子也要捉弄人，等我告诉去。"说着，便起身出来。

至后门边，只见厨房内此刻手闲之时，都坐在阶砌上说闲话呢，他老娘亦在内。蝉姐儿便命一个婆子出去买糕。他且一行骂，一行说，将方才之话告诉与夏婆子。夏婆子听了，又气又怕，便欲去找艾官问他，又欲往探春前去诉冤。蝉姐儿忙拦住说："你老人家去怎么说呢？这话怎得知道的，可又叮噔不好了。说给你老防着就是了，哪里忙到这一时儿。"

正说着，忽见芳官走来，扒着院门，笑向厨房中柳家媳妇说道："柳嫂子，宝二爷说了：晚饭的素菜要一样凉凉的酸酸的东西，只别搁些香油弄腻了。"柳家的笑道："知道。"

前言少述，且说当下芳官回至怡红院中，回复了宝玉。宝玉正在听见赵姨娘厮吵，心中自是不悦，说又不是，不说又不是，只得等吵完了，打听着探春劝了他去后方从蘅芜苑回来，劝了芳官一阵，方大家安妥。今见他回来，又说还要些玫瑰露与柳五儿吃去。宝玉忙道："有的，我又不大吃，你都给他去罢。"说着命袭人取了出来，见瓶中亦不多，遂连瓶与了他。

芳官便自携瓶与他去。

玫瑰露出茶
茯苓引霜

单表五儿回来，与他娘深谢芳官之情。他娘因说："再不承望得了这些东西，虽然是个珍贵物儿，却是吃多了也最动热。竟把这个倒些送个人去，也是个大情。"五儿问："送谁？"他娘道："送你舅舅的儿子，昨日热病，也想这些东西吃。如今我倒半盏与他去。"五儿听了，半日没言语，随他妈倒了半盏子去，将剩的连瓶便放在家伙厨内。五儿冷笑道："依我说，竟不给他也罢了。倘或有人盘问起来，倒又是一场事了。"他娘道："哪里怕起这些来，还了得了。我们辛辛苦苦的，里头赚些东西，也是应当的。难道是贼偷的不成？"说着，一径去了。直至外边他哥哥家中，他侄子正躺着，一见了这个，他哥嫂侄男无不欢喜。现从井上取了凉水，和吃了一碗，心中一畅，头目清凉。剩的半盏，用纸覆着，放在桌上。

可巧又有家中几个小厮同他侄儿素日相好的，走来问候他的病。内中有一小伙名唤钱槐者，乃系赵姨娘之内亲。他父母现在库上管账，他本身又派跟贾环上学。因他有些钱势，尚未娶亲，素日看上了柳家的五儿标致，和父母说了，欲娶他为妻。也曾央中保媒人再四求告。柳家父母也情愿，争奈五儿执意不从，虽未明言，却行止中已带出，父母未敢应允。近日又想往园内去，越发将此事丢开，只等三五年后放出来，自向外边择婿了。钱家见他如此，也就罢了。怎奈钱槐不得五儿，心中又气又愧，发恨定要弄取成配，方了此愿。今也同人来瞧望柳侄，不期柳家的在内。

柳家的忽见一群人来了，内中有钱槐，便推说不得闲，起身便走了。他哥嫂忙说："姑妈怎么不吃茶就走？倒难为姑妈记挂。"柳家的因笑道："只怕里面传饭，再闲了出来瞧侄子罢。"他嫂子因向抽屉内取了一个纸包出来，拿在手内送柳家的出来，至墙角边递与柳家的，又笑道："这是你哥哥昨儿在门上该班儿，谁知这五日一班，竟偏冷淡，一个外财没发。只有昨儿有粤东的官儿来拜，送了上头两小篓子茯苓霜。余外给了门上人一篓作门礼，你哥哥分了这些。这地方千年松柏最多，所以单取了这茯苓的精液和了药，不知怎么弄出这怪俊的白霜儿来。说第一用人乳和着，每日早起吃一钟，最补人的；第二用牛奶子；万不得，滚白水也好。我们想着，正宜外甥女儿吃。原是上半日打发小丫头子送了家去的，他说锁着门，连外甥女儿也进去了。本来我要瞧瞧他去，给他带了去的，又想主子们不在家，各处严紧，我又没什么差使，有要没紧跑些什么。况且这两日风声，闻得里头家反宅乱的，倘或沾带了倒值多的。姑娘来的正好，亲自带去罢。"

柳氏道了生受，别作回来。刚到了角门前，只见一个小幺儿笑道："你老人家哪里去了？

里头三次两趟叫人传呢,我们三四个人都找你老去了,还没来。你老人家却从那里来了?这条路又不是家去的路,我倒疑心起来。"那柳家的笑骂道:"好猴儿崽子……"要知端的,且听下回分解。

第六十一回　投鼠忌器宝玉瞒赃
判冤决狱平儿行权

正说着,只听门内又有老婆子向外叫:"小猴儿们,快传你柳婶子去罢,再不来可就误了。"柳家的听了,不顾和小厮说话,忙推门进去,笑说:"不必忙,我来了。"一面来至厨房——虽有几个同伴的人,他们都不敢自专,单等他来调停分派——一面问众人:"五丫头哪去了?"众人都说:"才往茶房里找他们姊妹去了。"

柳家的打发他女儿喝了一回汤,吃了半碗粥,又将茯苓霜一节说了。五儿听罢,便心下要分些赠芳官,遂用纸另包了一半,趁黄昏人稀之时,自己花遮柳隐的来找芳官。且喜无人盘问。一径到了怡红院门前,不好进去,只在一簇玫瑰花前站立,远远的望着。

有一盏茶时,可巧小燕出来,忙上前叫住。小燕不知是哪一个,至跟前方看真切,因问作什么。五儿笑道:"你叫出芳官来,我和他说话。"小燕悄笑道:"姐姐太性急了,横竖等十来日就来了,只管找他做什么。方才使了他往前头去了,你且等他一等。不然,有什么话告诉我,等我告诉他。恐怕你等不得,只怕关园门了。"五儿便将茯苓霜递与了小燕,又说这是茯苓霜,如何吃,如何补益,"我得了些送他的,转烦你递与他就是了。"说毕,作辞回来。

正走蓼溆一带,忽见迎头林之孝家的带着几个婆子走来,五儿藏躲不及,只得上来问好。林之孝家的问道:"我听见你病了,怎么跑到这里来?"五儿陪笑道:"因这两日好些,跟我妈进来散散闷。才因我妈使我到怡红院送家伙去。"林之孝家的说道:"这话岔了。方才我见你妈出来我才关门。既是你妈使了你去,他如何不告诉我说你在这里呢,竟出去让我关门,是何主意?可知是你扯谎。"五儿听了,没话回答,只说:"原是我妈一早教我取去的,我忘了,挨到这时我才想起来了。只怕我妈错当我先出去了,所以没和大娘说得。"

林之孝家的听他辞钝色虚,又因近日玉钏儿说那边正房内失落了东西,几个丫头对赖,没主儿,心下便起了疑。可巧小蝉、莲花儿并几个媳妇子走来,见了这事,便说道:"林奶奶倒要审审他。这两日他往这里头跑的不像,鬼鬼唧唧的,不知干些什么事。"小蝉又道:"正是。昨儿玉钏姐姐说,太太耳房里的柜子开了,少了好些零碎东西。琏二奶奶打发平姑娘和玉钏姐姐要些玫瑰露,谁知也少了一罐子。若不是寻露,还不知道呢。"莲花儿笑道:"这话我没听见,今儿我倒看见一个露瓶子。"

林之孝家的正因这些事没主儿,每日凤姐儿使平儿催逼他,一听此言,忙问在哪里。莲花儿便说:"在他们厨房里呢。"林之孝家的听了,忙命打了灯笼,带着众人来寻。五儿急的便说:"那原是宝二爷屋里的芳官给我的。"林之孝家的便说:"不管你方官圆官,现有了赃证,我只呈报了,凭你主子前辩去。"一面说,一面进入厨房,莲花儿带着,取出露瓶。恐还有偷的别物,又细细搜了一遍,又得了一包茯苓霜,一并拿了,带了五儿,来回李纨与探春。

那时李纨正因兰哥儿病了,不理事务,只命去见探春。探春已归房。人回进去,丫鬟们都在院内纳凉,探春在内盥沐,只有待书回进去。半日,出来说:"姑娘知道了,叫你们找平儿回二奶奶去。"林之孝家的只得领出来。到凤姐儿那边,先找着了平儿,平儿进去回了凤姐。

凤姐方才歇下,听见此事,便吩咐:"将他娘打四十板子,撵出去,永不许进二门。把五儿打四十板子,立刻交给庄子上,或卖或配人。"平儿听了,出来依言吩咐了林之孝家的。五儿唬的哭哭啼啼,给平儿跪着,细诉芳官之事。平儿道:"这也不难,等明日问了芳官便知真假。但这茯苓霜前日人送了来,还等老太太、太太回来看了才敢打动,这不该偷了去。"五儿见问,忙又将他舅舅送的一节说了出来。

平儿听了，笑道："这样说，你竟是个平白无辜之人，拿你来顶缸。此时天晚，奶奶才进了药歇下，不便为这点子小事去絮叨。如今且将他交给上夜的人看守一夜，等明儿我回了奶奶，再做道理。"林之孝家的不敢违拗，只得带了出来交与上夜的媳妇们看守，自便去了。

这里五儿被人软禁起来，一步不敢多走。又兼众媳妇也有劝他说，不该做这没行止之事；也有报怨说，正经更还坐不上来，又弄个贼来给我们看，倘或眼不见寻了死，或逃走了，都是我们的不是。于是又有素日一干与柳家不睦的人，见了这般，十分趁愿，都来奚落嘲戏他。这五儿心内又气又委屈，竟无处可诉；且本来怯弱有病，这一夜思茶无茶，思水无水，思睡无衾枕，呜呜咽咽直哭了一夜。

谁知和他母女不和的那些人，巴不得一时撵出他们去，唯恐次日有变，大家先起了个清早，都悄悄来买转平儿，一面送些东西，一面又奉承他办事简断，一面又讲述他母亲素日许多不好。平儿一一的都应着，打发他们去了，却悄悄的来访袭人，问他可果真芳官给他露了。袭人便说："露却是给了芳官，芳官转给何人我却不知。"袭人于是又问芳官，芳官听了，唬天跳地，忙应是自己送他的。

芳官便又告诉了宝玉，宝玉也慌了，说："露虽有了，若勾起茯苓霜来，他自然也实供。若听见了是他舅舅门上得的，他舅舅又有了不是，岂不是人家的好意，反被咱们陷害了。"因忙和平儿计议："露的事虽完，然这霜也是有不是的。好姐姐，你叫他说也是芳官给他的就完了。"平儿笑道："虽如此，只是他昨晚已经同人说是他舅舅给的了，如何又说你给的？况且那边所丢的露也是无主儿，如今有赃证的白放了，又去找谁？谁还肯认？众人也未必心服。"

晴雯走来笑道："太太那边的露再无别人，分明是彩云偷了给环哥儿去了。你们可瞎乱说。"平儿笑道："谁不知是这个缘故，但今玉钏儿急的哭，悄悄问着他，他若应了，玉钏儿也罢了，大家也就混着不问了。难道我们好意兜揽这事不成！可恨彩云不但不应，他还挤玉钏儿，说他偷了去了。两个人窝里发炮，先吵的合府皆知，我们如何装没事人。少不得要查的。殊不知告失盗的就是贼，又没赃证，怎么说他。"

宝玉道："也罢，这件事我也应起来，就说是我唬他们玩，悄悄的偷了太太的来了。两件事都完了。"袭人道："也倒是件阴骘事，保全人的贼名儿。只是太太听见又说你小孩子气，不知好歹了。"平儿笑道："这也倒是小事。如今便从赵姨娘屋里起了赃来也容易，我只怕又伤着一个好人的体面。别人都别管，这一个岂不又生气。我可怜的是他，不肯为打老鼠伤了玉瓶。"说着，把三个指头一伸。袭人等听说，便知他说的是探春。大家都忙说："可是这话。竟是我们这里应了起来的为是。"

平儿又笑道："也须得把彩云和玉钏儿两个业障叫了来，问准了他方好。不然他们得了益，不说这个，倒像我没了本事问不出来，烦出这里来完事，他们以后越发偷的偷，不管的不管了。"袭人等笑道："正是，也要你留个地步。"

平儿便命人叫了他两个来，说道："不用慌，贼已有了。"玉钏儿先问贼在哪里，平儿道："现在二奶奶屋里，你问他什么应什么。我心里明知不是他偷的，可怜他害怕都承认。这里宝二爷不过意，要替他认一半。我待要说出来，但只是这做贼的素日又是和我好的一个姊妹，窝主却是平常，里面又伤着一个好人的体面，因此为难，少不得央求宝二爷应了，大家无事。如今反要问你们两个，还是怎样？若从此以后大家小心存体面，这便求宝二爷应了；若不然，我就回了二奶奶，别冤屈了好人。"

彩云听了，不觉红了脸，一时羞恶之心感发，便说道："姐姐放心，也别冤屈了好人，也别带累了无辜之人伤体面。偷东西原是赵姨奶奶央告我再三，我拿了些与环哥是情真。连太太在家我们还拿过，各人去送人，也是常事。我原说嚷过两天就罢了。如今既冤屈了好人，我心也不忍。姐姐竟带了我回奶奶去，我一概应了完事。"

众人听了这话，一个个都诧异，他竟这样有肝胆。宝玉忙笑道："彩云姐姐果然是个正经人。如今也不用你应，我只说是我悄悄的偷的唬你们玩，如今闹出事来，我原该承认。只求姐姐们以后省些事，大家就好了。"彩云道："我干的事为什么叫你应，死活我该是受。"平儿袭人忙道："不是这样说，你一应，未免又叨登出赵姨奶奶来，那时三姑娘听了，岂不生气。

竟不如宝二爷应了，大家无事，且除这几个人皆不得知道这事，何等的干净。但只以后千万大家小心些就是了。要拿什么，好歹耐到太太到家，哪怕连这房子给了人，我们就没干系了。"彩云听了，低头想了一想，方依允。

于是大家商议妥贴，平儿带了他两个并芳官往前边来，至上夜房中叫五儿，将茯苓霜一节也悄悄的教他说系芳官所赠，五儿感谢不尽。平儿带他们来至自己这边，已见林之孝家的带领了几个媳妇，押解着柳家的等够多时。

林之孝家的又向平儿说："今儿一早押了他来，恐园里没人伺候姑娘们的饭，我暂且将秦显的女人派了去伺候。姑娘一并回明奶奶，他倒干净谨慎，以后就派他常伺候罢。"平儿道："秦显的女人是谁？我不大相熟。"林之孝家的道："他是园里南角子上夜的，白日里没什么事，所以姑娘不大相识。高高孤拐，大大的眼睛，最干净爽利的。"玉钏儿道："是了。姐姐，你怎么忘了？他是跟二姑娘的司棋的婶娘。司棋的父母虽是大老爷那边的人，他这叔叔却是咱们这边的。"

平儿听了，方想起来，笑道："哦，你早说是他，我就明白了。"又笑道："也太派急了些。如今这事八下里水落石出了，连前儿太太屋里丢的也有了主儿。是宝玉那日过来和这两个业障要什么的，偏这两个业障怄他玩，说太太不在家不敢拿。宝玉便瞅他两个不提防的时节，自己进去拿了些什么出来。这两个业障不知道，就唬慌了。如今宝玉听见带累了别人，方细细的告诉了我，拿出东西来我瞧，一件不差。那茯苓霜是宝玉外头得的，也曾赏过许多人，不独园内人有，连妈妈子们讨了出去给亲戚们吃，又转送人，袭人也曾给过芳官之流的人。他们私情各相来往，也是常事。前儿那两篓还摆在议事厅上，好好的原封没动，怎么就混赖起人来。等我回了奶奶再说。"说毕，抽身进了卧房，将此事照前言回了凤姐儿一遍。

凤姐儿道："虽如此说，但宝玉为人不管青红皂白，爱兜揽事情。别人再求他去，他又搁不住人两句好话，给他个炭篓子戴上，什么事他不应承。咱们若信了，将来若大事也如此，如何治人。还要细细的追求才是。依我的主意，把太太屋里的丫头都拿来，虽不便擅加拷打，只叫他们垫着磁瓦子跪在太阳地下，茶饭也别给吃。一日不说跪一日，便是铁打的，一日也管招了。又道是'苍蝇不抱无缝的蛋'。虽然这柳家的没偷，到底有些影儿，人才说他。虽不加贼刑，也革出不用。朝廷家原有罣误的，倒也不算委屈了他。"

平儿道："何苦来操这心！'得放手时须放手'，什么大不了的事，乐得不施恩呢。依我说，纵在这屋里操上一百分的心，终久咱们是那边屋里去的。没的结些小人仇恨，使人含怨。况且自己又三灾八难的，好容易怀了一个哥儿，到了六七个月还掉了，焉知不是素日操劳太过，气恼伤着的。如今乘早儿见一半不见一半的，也倒罢了。"一席话，说的凤姐儿倒笑了，说道："凭你这小蹄子发放去罢。我才精爽些了，没的淘气。"平儿笑道："这不是正经！"说毕，转身出来，一一发放。要知端的，且听下回分解。

第六十二回　憨湘云醉眠芍药裀
呆香菱情解石榴裙

话说平儿出来吩咐林之孝家的道："大事化为小事，小事化为没事，方是兴旺之家。若得不了一点子小事，便扬铃打鼓的乱折腾起来，不成道理。如今将他母女带回，照旧去当差。将秦显家的仍旧退回。再不必提此事。只是每日小心巡察要紧。"说毕，起身走了。柳家的母女忙向上磕头，林家的带回园中，回了李纨探春，二人皆说："知道了，宁可无事，很好。"

当下又值宝玉生日已到，原来宝琴也是这日，二人相同。因王夫人不在家，也不曾像往年闹热。

这日宝玉清晨起来，梳洗已毕，冠带出来。至前厅院中，已有李贵等四五个人在那里设

下天地香烛,宝玉炷了香。行毕礼,奠茶焚纸后,便至宁府中宗祠祖先堂两处行毕礼,出至月台上,又朝上遥拜过贾母、贾政、王夫人等。一顺到尤氏上房,行过礼,坐了一回,方回荣府。先至薛姨妈处,薛姨妈再三拉着,然后又遇见薛蝌,让一回,方进园来。晴雯、麝月二人跟随,小丫头夹着毡子,从李氏起,一一挨着比他长的房中到过。复出二门,至李、赵、张、王四个奶妈家让了一回,方进来。虽众人要行礼,也不曾受。回至房中,袭人等只都来说一声就是了。王夫人有言,不令年轻人受礼,恐折了福寿,故皆不磕头。

歇一时,贾环、贾兰等来了,袭人连忙拉住,坐了一坐,便去了。宝玉笑说走乏了,便歪在床上。方吃了半盏茶,只听外面咭咭呱呱,一群丫头笑进来,原来是翠墨、小螺、翠缕、入画、邢岫烟的丫头篆儿,并奶子抱着巧姐儿,彩鸾、绣鸾八九个人,都抱着红毡笑着走来,说:"拜寿的挤破了门了,快拿面来我们吃。"刚进来时,探春、湘云、宝琴、岫烟、惜春也都来了。宝玉忙迎出来,笑说:"不敢起动,快预备好茶。"进入房中,不免推让一回,大家归坐。袭人等捧过茶来,才吃了一口,平儿也打扮的花枝招展的来了。

宝玉忙迎出来,笑说:"我方才到凤姐姐们上,回了进去,不能见,我又打发人进去让姐姐的。"平儿笑道:"我正打发你姐姐梳头,不得出来回你。后来听见又说让我,我哪里禁当的起,所以特赶来磕头。"宝玉笑道:"我也禁当不起。"袭人早在外间安了坐,让他坐。平儿便福下去,宝玉作揖不迭。平儿便跪下去,宝玉也忙还跪下,袭人连忙搀起来。又下了一福,宝玉又还了一揖。袭人笑推宝玉:"你再作揖。"宝玉道:"已经完了,怎么又作揖?"袭人笑道:"这是他来给你拜寿。今儿也是他的生日,你也该给他拜寿。"宝玉听了,喜的忙作下揖去,说:"原来今儿也是姐姐的芳诞。"平儿还万福不迭。

探春因说道:"可巧今儿里头厨房不预备饭,一应下面弄菜都是外头收拾。咱们就凑了钱叫柳家的来揽了去,只在咱们里头收拾倒好。"众人都说是极。探春一面遣人去问李纨、宝钗、黛玉,一面遣人去传柳家的进来,吩咐他内厨房中快收拾两桌酒席。

这里探春又邀了宝玉,同到厅上去吃面,等到李纨宝钗一齐来全,又遣人去请薛姨妈与黛玉。因天气和暖,黛玉之疾渐愈,故也来了。花团锦簇,挤了一厅的人。

谁知薛蝌又送了巾扇香帛四色寿礼与宝玉,宝玉于是过去陪他吃面。两家皆治了寿酒,互相酬送,彼此同领。至午间,宝玉又陪薛蝌吃了两杯酒。宝钗带了宝琴过来与薛蝌行礼,把盏毕,宝钗因嘱薛蝌:"家里的酒也不用送过那边去,这虚套竟可收了。你只请伙计们吃罢。我们和宝兄弟进去还要待人去呢,也不能陪你了。"薛蝌忙说:"姐姐兄弟只管请,只怕伙计们也就好来了。"宝玉忙又告过罪,方同他姊妹回来。

来到沁芳亭边,只见袭人、香菱、待书、素云、晴雯、麝月、芳官、蕊官、藕官等十来个人都在那里看鱼作耍。见他们来了,都说:"芍药栏里预备下了,快去上席罢。"宝钗等随携了他们同到了芍药栏中红香圃三间小敞厅内。连尤氏已请过来了,诸人都在那里,只没平儿。

原来平儿出去,有赖林诸家送了礼来,连三接四,上中下三等家人来拜寿送礼的不少,平儿忙着打发赏钱道谢,一面又色色的回明凤姐儿,不过留下几样,也有不收的,也有收下即刻

赏与人的。忙了一回,又直待凤姐儿吃过面,方换了衣裳往园里来。

宝玉便说:"雅坐无趣,须要行令才好。"众人有的说行这个令好,那个又说行那个令好。黛玉道:"依我说,拿了笔砚将各色全都写了,拈成阄儿,咱们抓出哪个来,就是哪个。"众人都道妙。即拿了一副笔砚花笺。香菱近日学了诗,又天天学写字,见了笔砚便图不得,连忙起座说:"我写。"

大家想了一回,共得了十来个,念着,香菱一一的写了,搓成阄儿,掷在一个瓶中间。探春便命平儿拣,平儿向内搅了一搅,用箸拈了一个出来,打开看,上写着"射覆"二字。宝钗笑道:"把个酒令的祖宗拈出来。'射覆'从古有的,如今失了传,这是后人纂的,比一切的令都难。这里头倒有一半是不会的,不如毁了,另拈一个雅俗共赏的。"探春笑道:"既拈了出来,如何又毁。如今再拈一个,若是雅俗共赏的,便叫他们行去。咱们行这个。"说着又着袭人拈了一个,却是"拇战"。史湘云笑说:"这个简断爽利,合了我的脾气。我不行这个'射覆',没的垂头丧气闷人,我只划拳去了。"探春道:"唯有他乱令,宝姐姐快罚他一盅。"宝钗不容分说,便灌湘云一杯。

探春道:"我吃一杯,我是令官,也不用宣,只听我分派。"命取了令骰令盆来,"从琴妹掷起,挨下掷去,对了点的二人射覆。"宝琴一掷,是个三,岫烟宝等皆掷的不对,直到香菱方掷了个三。宝琴笑道:"只好室内生春,若说到外头去,可太没头绪了。"探春道:"自然。三次不中者罚一杯。

你覆,他射。"宝琴想了一想,说了个"老"字。香菱原生于这令,一时想不到,满室满席都不见有与"老"字相连的成语。湘云先听了,便也乱看,忽见门斗上贴着"红香圃"三个字,便知宝琴覆的是"吾不如老圃"的"圃"字。见香菱射不着,众人击鼓又催,便悄悄的拉香菱,教他说"药"字。黛玉偏看见了,说"快罚他,又在那里私相传递呢"。哄的众人都知道了,忙又罚了一杯,恨的湘云拿筷子敲黛玉的手。于是罚了香菱一杯。下则宝钗和探春对了点子。探春便覆了一个"人"字。宝钗笑道:"这个'人'字泛的很。"探春笑道:"添一字,两覆一射也不泛了。"说着,便又说了一个"窗"字。宝钗一想,因见席上有鸡,便射着他是用"鸡窗""鸡人"二典了,因射了一个"埘"字。探春知他射着,用了"鸡栖于埘"的典,二人一笑,各饮一口门杯。

大家又该对点的对点,划拳的划拳。这些人因贾母王夫人不在家,没了管束,便任意取乐,呼三喝四,喊七叫八。满厅中红飞翠舞,玉动珠摇,真是十分热闹。玩了一回,大家方起席散了一散,倏然不见了湘云,只当他外头自便就来,谁知越等越没了影响,使人各处去找,哪里找得着。

正说着,只见一个小丫头笑嘻嘻的走来:"姑娘们快瞧云姑娘去,吃醉了图凉快,在山子后头一块青板石凳上睡着了。"众人听说,都笑道:"快别吵嚷。"说着,都走来看时,果见湘云卧于山石僻处一个石凳子上,业经香梦沉酣,四面芍药花飞了一身,满头脸衣襟上皆是红香散乱,手中的扇子在地下,也半被落花埋了,一群蜂蝶闹穰穰的围着他,又用鲛帕包了一包芍药花瓣枕着。众人看了,又是爱,又是笑,忙上来推唤挽扶。湘云口内犹作睡语说酒令,唧唧嘟嘟说:

泉香而酒洌,玉碗盛来琥珀光,直饮到梅梢月上,醉扶归,却为宜会亲友。

众人笑推他,说道:"快醒醒儿吃饭去,这潮凳上还睡出病来呢。"湘云慢启秋波,见了众人,低头看了一看自己,方知是醉了。原是来纳凉僻静的,不觉的因多罚了两杯酒,娇娆不胜,便睡着了,心中反觉自愧。连忙起身挣扎着同人来至红香圃中,用过水,又吃了两盏酽茶。探春忙将醒酒石拿来给他衔在口内,一时又命他喝了一些酸汤,方才觉得好些。

当下又选了几样果菜与凤姐送去,凤姐儿也送了几样来。宝钗等吃过点心,大家也有坐的,也有立的,也有在外观花的,也有扶栏观鱼的,各自取便说笑不一。探春便和宝琴下棋,宝钗岫烟观局。林黛玉和宝玉在一簇花下唧唧哝哝不知说些什么。

只见林之孝家的和一群女人带了一个媳妇进来。那媳妇愁眉苦脸,也不敢进厅,只到了阶下,便朝上跪下了,碰头有声。探春因一块棋受了敌,算来算去纵得了两个眼,便折了官

着,两眼只瞅着棋枰,一只手却伸在盒内,只管抓弄棋子作想,林之孝家的站了半天,因回头要茶时才看见,问:"什么事?"林之孝家的便指那媳妇说:"这是四姑娘屋里的小丫头彩儿的娘,现是园内伺候的人。嘴很不好,才是我听见了问着他,他说的话也不敢回姑娘,竟要撵出去才是。"探春道:"怎么不回大奶奶?"林之孝家的道:"方才大奶奶都往厅上姨太太处去了,顶头看见,我已回明白了,叫回姑娘来。"探春道:"怎么不回二奶奶?"平儿道:"不回去也罢,我回去说一声就是了。"探春点点头,道:"既这么着,就撵出他去,等太太来了,再回定夺。"说毕仍又下棋。这林之孝家的带了那人去。不提。

黛玉和宝玉二人站在花下,遥遥知意。黛玉便说道:"你家三丫头倒是个乖人。虽然叫他管些事,倒也一步儿不肯多走。差不多的人就早作起威福来了。"宝玉道:"你不知道呢。你病着时,他干了好几件事。这园子也分了人管,如今多掐一草也不能了。又蠲了几件事,单拿我和凤姐姐作筏子禁别人。最是心里有算计的人,岂只乖而已。"黛玉道:"要这样才好,咱们家里也太花费了。我虽不管事,心里每常闲了,替你们一算计,出的多进的少,如今若不省俭,必致后手不接。"宝玉笑道:"凭他怎么后手不接,也短不了咱们两个的。"黛玉听了,转身就往厅上寻宝钗说笑去了。

宝玉正欲走时,只见袭人走来,手内捧着一个小连环洋漆茶盘,里面可式放着两盅新茶,因问:"他往哪去了?我见你两个半日没吃茶,巴巴的倒了两盅来,他又走了。"宝玉道:"那不是他,你给他送去。"说着自拿了一盅。袭人便送了那盅去,偏和宝钗在一处,只得一盅茶,便说:"哪位渴了哪位先接了,我再倒去。"宝钗笑道:"我却不渴,只要一口漱一漱就够了。"说着先拿起来喝了一口,剩下半杯递在黛玉手内。袭人笑道:"我再倒去。"黛玉笑道:"你知道我这病,大夫不许我多吃茶,这半盅尽够了,难为你想的到。"说毕,饮干,将杯放下。袭人又来接宝玉。宝玉因问:"这半日没见芳官,他在哪里呢?"袭人四顾一瞧说:"才在这里几个人斗草的,这会子不见了。"

宝玉听说,便忙回至房中,果见芳官面向里睡在床上。宝玉推他说道:"快别睡觉,咱们外头玩去,一回儿好吃饭的。"芳官道:"你们吃酒不理我,教我闷了半日,可不来睡觉罢了。"宝玉拉了他起来,笑道:"咱们晚上家里再吃,回来我叫袭人姐姐带了你桌上的饭,何如?"芳官道:"藕官蕊官都不上去,单我在那里也不好。我也不惯吃那个面条子,早起也没好生吃。才刚饿了,我已告诉了柳嫂子,先给我做一碗汤盛半碗粳米饭送来,我这里吃了就完事。若是晚上吃酒,不许教人管着我,我要尽力吃够了才罢。我先在家里,吃二三斤好惠泉酒呢。如今学了这劳什子,他们说怕坏嗓子,这几年也没闻见。乘今儿我是要开斋了。"宝玉道:"这个容易。"

宝玉便出来,仍往红香圃寻众姐妹,芳官在后拿着巾扇。刚出了院门,只见袭人晴雯二人携手回来。宝玉问:"你们做什么?"袭人道:"摆下饭了,等你吃饭呢。"

大家说着,来至厅上。薛姨妈也来了。大家依序坐下吃饭。宝玉只用茶泡了半碗饭,应景而已。一时吃毕,大家吃茶闲话,又随便玩笑。

外面小螺和香菱、芳官、蕊官、藕官、豆官等四五个人,都满园中玩了一回,大家采了些花草来兜着,坐在花草堆中斗草。这一个说:"我有观音柳。"那一个说:"我有罗汉松。"那一个又说:"我有君子竹。"这一个又说:"我有美人蕉。"这个又说:"我有星星翠。"那个又说:"我有月月红。"这个又说:"我有《牡丹亭》上的牡丹花。"那个又说:"我有《琵琶记》里的枇杷果。"豆官便说:"我有姐妹花。"众人没了,香菱便说:"我有夫妻蕙。"豆官说:"从没听见有个夫妻蕙。"香菱道:"一箭一花为兰,一箭数花为蕙。凡蕙有两枝,上下结花者为兄弟蕙,有并头结花者为夫妻蕙。我这枝并头的,怎么不是夫妻蕙。"豆官没的说了,便起身笑道:"依你说,若是这两枝一大一小,就是老子儿子蕙了。若两枝背面开的,就是仇人蕙了。你汉子去了大半年,你想夫妻了?便扯上蕙也有夫妻,好不害羞!"香菱听了,红了脸,忙要起身拧他,笑骂道:"我把你这个烂了嘴的小蹄子!满嘴里汗牛的胡说了。等我起来打不死你这小蹄子!"

豆官见他要勾来,怎容他起来,便忙连身将他压倒。回头笑着央告蕊官等:"你们来,帮

着我拧他这诌嘴。"两个人滚在草地下。众人拍手笑说:"了不得了,那是一洼子水,可惜污了他的新裙子了。"豆官回头看了一看,果见旁边有一汪积雨,香菱的半扇裙子都污湿了,自己不好意思,忙夺了手跑了。众人笑个不住,怕香菱拿他们出气,笑着一哄而散。

香菱起身低头一瞧,那裙上犹滴滴点点流下绿水来。正恨骂不绝,可巧宝玉见他们斗草,也寻了些花草来凑戏,忽见众人跑了,只剩了香菱一个低头弄裙,因问:"怎么散了?"香菱便说:"我有一枝夫妻蕙,他们不知道,反说我诌,因此闹起来,把我的新裙子也脏了。"宝玉笑道:"你有夫妻蕙,我这里倒有一枝并蒂菱。"口内说,手内却真个拈着一枝并蒂菱花,又拈了那枝夫妻蕙在手内。香菱道:"什么夫妻不夫妻,并蒂不并蒂,你瞧瞧这裙子。"

宝玉方低头一瞧,便哎呀了一声,说:"怎么就拖在泥里了?可惜这石榴红绫最不经染。"香菱道:"这是前儿琴姑娘带了来的。姑娘做了一条,我做了一条,今儿才上身。"宝玉跌脚叹道:"若你们家,一日糟蹋这一百件也不值什么。只是头一件既系琴姑娘带来的,你和宝姐姐每人才一件,他的尚好,你的先脏了,岂不辜负他的心。二则姨妈老人家嘴碎,饶这么样,我还听见常说你们不知过日子,只会糟蹋东西,不知惜福呢。这叫姨妈看见了,又说一个不清。"

香菱听了这话,却碰在心坎儿上,反倒喜欢起来了,因笑道:"就是这话了。我虽有几条新裙子,都不和这一样,若有一样的,赶着换了,也就好了。过后再说。"宝玉道:"你快休动,只站着方好,不然连小衣儿膝裤鞋面都要拖脏。我有个主意:袭人上月做了一条和这个一模一样的,他因有孝,如今也不穿。竟送了你换下这个来,如何?"香菱笑着摇头说:"不好,他们倘或听见了倒不好。"宝玉道:"这怕什么。等他们孝满了,他爱什么难道不许你送他别的不成。你若这样,还是你素日为人了!况且不是瞒人的事,只管告诉宝姐姐也可,只不过怕姨妈老人家生气罢了。"香菱想了一想有理,便点头笑道:"就是这样罢了,别辜负了你的心。我等着,你千万叫他亲自送来才好。"

宝玉听了,喜欢非常,答应了忙忙的回来。拉了袭人,细细告诉了他缘故。

香菱之为人,无人不怜爱的。袭人又本是个手中撒漫的,况与香菱素相交好,一闻此信,忙就开箱取了出来折好,随了宝玉来寻着香菱,他还站在那里等呢。袭人笑道:"我说你太淘气了,足的淘出个故事来才罢。"香菱红了脸,笑道:"多谢姐姐了,谁知那起促狭鬼使黑心。"说着,接了裙子,展开一看,果然同自己的一样。又命宝玉背过脸去,自己又手向内解下来,将这条系上。袭人道:"把这脏了的交与我拿回去,收拾了再给你送来。你若拿回去,看见了也是要问的。"香菱道:"好姐姐,你拿去不拘给哪个妹妹罢。我有了这个,不要他了。"袭人道:"你倒大方的好。"香菱忙又万福道谢,袭人拿了脏裙便走。

香菱见宝玉蹲在地下,将方才的夫妻蕙与并蒂菱用树枝儿抠了一个坑,先抓些落花来铺垫了,将这菱蕙安放好,又将些落花来掩了,方撮土掩埋平服。香菱拉他的手,笑道:"这又叫做什么?怪道人人说你惯会鬼鬼祟祟使人肉麻的事。你瞧瞧,你这手弄的泥乌苔滑的,还不快洗去。"宝玉笑着,方起身走了去洗手,香菱也自走开。二人已走远了数步,香菱复转身回来叫住宝玉。宝玉不知有何话,扎着两只泥手,笑嘻嘻的转来问:"什么?"香菱只顾笑。因那边他的小丫头臻儿走来说:"二姑娘等你说话呢。"香菱方向宝玉道:"裙子的事可别向你哥哥说才好。"说毕,即转身走了。宝玉笑道:"可不我疯了,往虎口里探头儿去呢。"说着,也回去洗手去了。不知端详,且听下回分解。

第六十三回 寿怡红群芳开夜宴
死金丹独艳理亲丧

话说宝玉回至房中洗手,因与袭人商议:"晚间吃酒,大家取乐,不可拘泥。如今吃什么,

好早说给他们备办去。"

已是掌灯时分，听得院门前有一群人进来。大家隔窗悄视，果见林之孝家的和几个管事的女人走来，前头一人提着大灯笼。晴雯悄笑道："他们查上夜的人来了。这一出去，咱们好关门了。"只见怡红院凡上夜的人都迎了出去，林之孝家的看了不少。林之孝家的吩咐："别耍钱吃酒，放倒头睡到大天亮。我听见是不依的。"众人都笑说："哪里有那样大胆子的人。"林之孝家的又问："宝二爷睡下了没有？众人都回不知道。

那林之孝家的已带了众人，又查别处去了。

这里晴雯等忙命关了门，进来笑说："这位奶奶哪里吃了一杯来了，唠三叨四的，又排场了我们一顿去了。"麝月笑道："他也不是好意的，少不得也要常提着些儿。也堤防着怕走了大褶儿的意思。"说着，一面摆上酒果。

袭人等一一的斟了酒来，说："且等等再划拳，虽不安席，每人在手里吃我们一口罢了。"于是袭人为先，端在唇上吃了一口，余依次下去，一一吃过，大家方团圆坐定。小燕四儿因炕沿坐不下，便端了两张椅子，近炕放下。那四十个碟子，皆是一色白粉定窑的，不过只有小茶碟大，里面不过是山南海北，中原外国，或干或鲜，或水或陆，天下所有的酒馔果菜。

宝玉因说："咱们也该行个令才好。"袭人道："斯文些的才好，别大呼小叫，惹人听见。二则我们不识字，可不要那些文的。"麝月笑道："拿骰子咱们抢红罢。"宝玉道："没趣，不好。咱们占花名儿好。"晴雯笑道："正是早儿想弄这个玩意儿。"袭人道："这个玩意虽好，人少了没趣。"小燕笑道："依我说，咱们竟悄悄的把宝姑娘林姑娘请了来玩一回子，到二更天再睡不迟。"袭人道："又开门户的闹，倘或遇见巡夜的问呢？"宝玉道："怕什么，咱们三姑娘也吃酒，再请他一声才好。还有琴姑娘。"众人都道："琴姑娘罢了，他在大奶奶屋里，叨登的大发了。"宝玉道："怕什么，你们就快请去。"小燕四儿都得不得一声，二人忙命开了门，分头去请。

晴雯、麝月、袭人三人又说："他两个去请，只怕宝林两个不肯来，须得我们请去，死活拉他来。"于是袭人晴雯忙又命老婆子打个灯笼，二人又去。果然宝钗说夜深了，黛玉说身上不好，他二人再三央求说："好歹给我们一点体面，略坐坐再来。"探春听了却也欢喜。因想："不请李纨，倘或被他知道了倒不好。"便命翠墨同了小燕也再三的请了李纨和宝琴二人，会齐，先后都到了怡红院中。袭人又死活拉了香菱来。炕上又并了一张桌子，方坐开了。

宝玉忙说："林妹妹怕冷，过这边靠板壁坐。"又拿个靠背垫着些。袭人等都端了椅子在炕沿下一陪。黛玉却离桌远远的靠着靠背，因笑向宝钗、李纨、探春等道："你们日日说人夜聚饮博，今儿我们自己也如此，往后怎么说人。"李纨笑道："这有何妨。一年之中不过生日节间如此，并无夜夜如此，这倒也不怕。"

说着，晴雯拿了一个竹雕的签筒来，里面装着象牙花名签子，摇了一摇，放在当中。又取过骰子来，盛在盒内，摇了一摇，揭开一看，里面是五点，数至宝钗。宝钗便笑道："我先抓，不知抓出个什么来。"说着，将筒摇了一摇，伸手掣出一根，大家一看，只见签上画着一支牡丹，题着"艳冠群芳"四字，下面又有镌的小字一句唐诗，道是：

　　　任是无情也动人。

又注着："在席共贺一杯，此为群芳之冠，随意命人，不拘诗词雅谑，道一则以侑酒。"众人看了，都笑说："巧的很，你也原配牡丹花。"说着，大家共贺了一杯。宝钗吃过，便笑说："芳官唱一支我们听罢。"芳官道："既这样，大家吃门杯好听的。"于是大家吃酒。芳官便唱：寿筵开处风光好。

众人都道："快打回去。这会子很不用你来上寿，拣你极好的唱来。"芳官只得细细的唱了一支《赏花时》：

　　　翠凤毛翎扎帚叉，闲踏天门扫落花。您看那风起玉尘沙。猛可的那一层云下，抵多少门外即天涯。您再休要剑斩黄龙一线儿差，再休向东老贫穷卖酒家。您与俺眼向云霞。洞宾呵，您得了人可便早些儿回话，若迟呵，错教人留恨碧桃花。

袭人才要掷，只听有人叫门。老婆子忙出去问时，原来是薛姨妈打发人来了接黛玉的。

壽怡紅群
芳開夜宴

众人因问几更了，人回："二更以后了，钟打过十一下了。"宝玉犹不信，要过表来瞧了一瞧，已是子初初刻十分了。黛玉便起身说："我可撑不住了，回去还要吃药呢。"众人说："也都该散了。"袭人宝玉等还要留着众人。李纨宝钗等都说："夜太深了不像，这已是破格了。"袭人道："既如此，每位再吃一杯再走。"说着，晴雯等已都斟满了酒，每人吃了，都命点灯。袭人等直送过沁芳亭河那边方回来。

关了门，大家复又行起令来。袭人等又用大盅斟了几盅，用盘攒了各样果菜与地下的老嬷嬷们吃。彼此有了三分酒，便猜拳赢唱小曲儿。那天已四更时分，老嬷嬷们一面明吃，一面暗偷，酒坛已罄，众人听了纳罕，方收拾盥漱睡觉。

大家黑甜一觉，不知所之。及至天明，袭人睁眼一看，只见天色晶明，忙说："可迟了。"向对面床上瞧了一瞧，只见芳官头枕着炕沿上，睡犹未醒，连忙起来叫他。宝玉已翻身醒了，笑道："可迟了！"因又推芳官起身。那芳官坐起来，犹发怔揉眼睛。袭人笑道："不害羞，你吃醉了，怎么也不拣地方儿乱挺下了。"芳官听了，瞧了一瞧，方知道和宝玉同榻，忙笑的下地来，说："我怎么吃的不知道了。"宝玉笑道："我竟也不知道了。若知道，给你脸上抹些黑墨。"说着，丫头进来伺候梳洗。

忽见平儿笑嘻嘻的走来，说亲自来请昨日在席的人："今儿我还东，短一个也使不得。"众人忙让坐吃茶。晴雯笑道："可惜昨夜没他。"平儿忙问："你们夜里做什么来？"袭人便说："告诉不得你。昨儿夜里热闹非常，连往日老太太、太太带着众人玩也不及昨儿这一玩。一坛酒我们都鼓捣光了，一个个吃的把臊都丢了，三不知的又都唱起来。四更多天才横三竖四的打了一个盹儿。"平儿笑道："好，白和我要了酒来，也不请我，还说着给我听，气我。"晴雯道："今儿他还席，必来请你的，等着罢。"平儿笑问道："他是谁，谁是他？"晴雯听了，赶着笑打，说着："偏你这耳朵尖，听得真。"平儿笑道："这会子有事不和你说，我干事去了。一回再打发人来请，一个不到，我是打上门来的。"宝玉等忙留，他已经去了。

这里宝玉梳洗了正吃茶，忽然一眼看见砚台底下压着一张纸，因道："你们这随便混压东西也不好。"袭人晴雯等忙问："又怎么了，谁又有了不是了？"宝玉指道："砚台下是什么？一定又是哪位的样子忘记了收的。"晴雯忙启砚拿了出来，却是一张字帖儿，递与宝玉看时，原来是一张粉笺子，上面写着"槛外人妙玉恭肃遥叩芳辰"。

宝玉看毕，直跳了起来，忙问："这是谁接了来的？也不告诉。"袭人晴雯等见了这般，不知当是哪个要紧的人来的帖子，忙一齐问："昨儿谁接下了一个帖子？"四儿忙飞跑进来，笑说："昨儿妙玉并没亲来，只打发个妈妈送来。我就搁在那里，谁知一顿酒就忘了。"众人听了，道："我当谁的，这样大惊小怪。这也不值的。"宝玉忙命："快拿纸来。"当时拿了纸，研了墨，看他下着"槛外人"三字，自己竟不知回帖上回个什么字样才相敌。只管提笔出神，半天仍没主意。因又想："若问宝钗去，他必又批评怪诞，不如问黛玉去。"

想罢，袖了帖儿，径来寻黛玉。刚过了沁芳亭，忽见岫烟颤颤巍巍的迎面走来。宝玉忙问："姐姐哪里去？"岫烟笑道："我找妙玉说话。"宝玉听了诧异，说道："他为人孤癖，不合时

国学经典文库
中国二十大名著
红楼梦
图文珍藏版

187

宜，万人不入他目。原来他推重姐姐，竟知姐姐不是我们一流的俗人。"岫烟笑道："他也未必真心重我，但我和他做过十年的邻居，只一墙之隔。他在蟠香寺修炼，我家原寒素，赁房居住，就赁的是他庙里的房子，住了十年，无事到他庙里去作伴。我所认的字都是承他所授。我和他又是贫贱之交，又有半师之分。因我们投亲去了，闻得他因不合时宜，权势不容，竟投到这里来。如今又天缘凑合，我们得遇，旧情竟未易。承他青目，更胜当日。"

宝玉听了，恍如听了焦雷一般，喜的笑道："怪道姐姐举止言谈，超然如野鹤闲云，原来有本而来。正因他的一件事我为难，要请教别人去。如今遇见姐姐，真是天缘巧合，求姐姐指教。"说着，便将拜帖取与岫烟看。岫烟笑道："他这脾气竟不能改，竟是生成这等放诞诡僻了。从来没见拜帖上下别号的，这可是俗语说的'僧不僧，俗不俗，女不女，男不男'，成个什么道理。"宝玉听说，忙笑道："姐姐不知道，他原不在这些人中，算他原是世人意外之人。因取我是个些微有知识的，方给我这帖子。我因不知回什么字样才好，竟没了主意，正要去问林妹妹，可巧遇见了姐姐。"

岫烟听了宝玉这话，且只顾用眼上下细细打量了半日，方笑道："怪道俗语说的'闻名不如见面'，又怪不得妙玉竟下这帖子给你，又怪不得上年竟给你那些梅花。既连他这样，少不得我告诉你缘故。他常说：'古人中自汉晋五代唐宋以来皆无好诗，只有两句好，说道："纵有千年铁门槛，终须一个土馒头。"'所以他自称'槛外之人'。又常赞文是庄子的好，故又或称为'畸人'。他若帖子上是自称'畸人'的，你就还他个'世人'。畸人者，他自称是畸零之人；你谦自己乃世中扰扰之人，他便喜了。如今他自称'槛外之人'，是自谓蹈于铁槛之外了；故你如今只下'槛内人'，便合了他的心了。"宝玉听了，如醍醐灌顶，哎哟了一声，方笑道："怪道我们家庙说是'铁槛寺'呢，原来有这一说。姐姐就请，让我去写回帖。"岫烟听了，便自往栊翠庵来。宝玉回房写了帖子，上面只写"槛内人宝玉熏沐谨拜"几字，亲自拿了到栊翠庵，只隔门缝儿投进去便回来了。

因饭后平儿还席，说红香圃太热，便在榆荫堂中摆了几席新酒佳肴。可喜尤氏又带了佩凤偕鸳二妾过来游玩。这二妾亦是青年姣憨女子，不常过来的，今既入了这园，再遇见湘云、香菱、芳蕊一干女子，所谓'方以类聚，物以群分'二语不错，只见他们说笑不了，也不管尤氏在那里，只凭丫鬟们去伏侍，且同众人一一的游玩。一时到了怡红院，忽听宝玉叫"耶律雄奴"，把佩凤、偕鸳、香菱三个人笑在一处，问是话，大家也学着叫这名字，又叫错了音韵，或忘了字眼，甚至于叫出"野驴子"来，引的合园中人凡听见无不笑倒。宝玉又见人人取笑，恐作贱了他，忙又说："海西福朗思牙，闻有金星玻璃宝石，他本国番语以金星玻璃名为'温都里纳'。如今将你比作他，就改名唤叫'温都里纳'可好？"芳官听了更喜，说："就是这样罢。"因此又唤了这名。众人嫌拗口，仍翻汉名，就唤"玻璃"。

正玩笑不绝，忽见东府中几个人慌慌张张跑来说："老爷宾天了。"众人听了，唬了一大跳，忙都说："好好的并无疾病，怎么就没了？"家下人说："老爷天天修炼，定是功行圆满，升仙去了。"尤氏一闻此言，又见贾珍父子并贾琏等皆不在家，一时竟没个着己的男子来，未免忙了。

荣府中凤姐儿出不来，李纨又照顾姊妹，宝玉不识事体，只得将外头之事暂托了几个家中二等管事人。贾瑞、贾珖、贾珩、贾璎、贾菖、贾菱等各有执事。尤氏不能回家，便将他继母接来在宁府看家。他这继母只得将两个未出嫁的小女带来，一并起居才放心。

且说贾珍闻了此信，即忙告假，礼部因贾珍并贾蓉是有职之人。而且当今隆敦孝弟，不敢自专，具本请旨。原来天子极是仁孝过天的，且更隆重功臣之裔，一见此本，便诏问贾敬何职。礼部代奏："系进士出身，祖职已荫其子贾珍。贾敬因年迈多疾，常养静于都城之外玄真观。今因疾殁于寺中，其子珍，其孙蓉，现因国丧随驾在此，故乞假归殓。"天子听了，忙下额外恩旨曰："贾敬虽白衣无功于国，念彼祖父之功，追赐五品之职。令其子孙扶柩由北下之门进都，入彼私第殡殓。任子孙尽丧礼毕扶柩回籍外，着光禄寺按上例赐祭。朝中由王公以下准其祭吊。钦此。"此旨一下，不但贾府中人谢恩，连朝中所有大臣皆嵩呼称颂不绝。

贾珍父子星夜驰回，半路中又见贾瑞、贾珖二人领家丁飞骑而来，看见贾珍，一齐滚鞍下

马请安。贾珍忙问："作什么?"贾瑞回说："嫂子恐哥哥和侄儿来了,老太太路上无人,叫我们两个来护送老太太的。"贾珍听了,赞称不绝,又问家中如何料理。贾瑞等便将如何拿了道士,如何挪至家庙,怕家内无人接了亲家母和两个姨娘在上房住着。贾蓉当下也下了马,听见两个姨娘来了,便和贾珍一笑。贾珍忙说了几声"妥当",加鞭便走,店也不投,连夜换马飞驰。一日到了都门,先奔入铁槛寺。那天已是四更天气,坐更的闻知,忙喝起众人来。贾珍下了马,和贾蓉放声大哭,从大门外便跪爬进来,至棺前额颅泣血,直哭到天亮喉咙都哑了方住。尤氏等都一齐见过。贾珍父子忙按礼换了凶服,在棺前俯伏,无奈自要理事,竟不能目不视物,耳不闻声,少不得减些悲戚,好指挥众人。因将恩旨备述与众亲友听了。一面先打发贾蓉家中料理停灵之事。

第六十四回　幽淑女悲题五美吟
浪荡子情遗九龙佩

话说贾蓉见家中诸事已妥,连忙赶至寺中,回明贾珍。于是连夜分派各项执事人役,并预备一切应用幡杠等物。择于初四日卯时请灵柩进城,一面使人知会诸位亲友。

是日,丧仪焜耀,宾客如云,自铁槛寺至宁府,夹路看的何止数万人。内中有嗟叹的,也有羡慕的,又有一等半瓶醋的读书人,说是"丧礼与其奢易莫若俭戚"的,一路纷纷议论不一。至未申时方到,将灵柩停放在正堂之内。供奠举哀已毕,亲友渐次散回,只剩族中人分理迎宾送客等事。近亲只有邢大舅相伴未去。

贾珍贾蓉此时为礼法所拘,不免在灵旁籍草枕块,恨苦居丧。人散后,仍乘空寻他小姨子们厮混。宝玉亦每日在宁府穿孝,至晚人散,方回园里。凤姐身体未愈,虽不能时常在此,或遇开坛诵经亲友上祭之日,亦扎挣过来,相帮尤氏料理。

一日,供毕早饭,因此时天气尚长,贾珍等连日劳倦,不免在灵旁假寐。宝玉见无客至,遂欲回家看视黛玉,因先回至怡红院中。

宝玉笑着挨近袭人坐下,瞧他打结子,问道:"这么长天,你也该歇息歇息,或和他们玩笑,要不,瞧瞧林妹妹去也好。怪热的,打这个哪里使?"袭人道:"我见你带的扇套还是那年东府里蓉大奶奶的事情上作的。那个青东西除族中或亲友家夏天有丧事才带得着,一年遇着带一两遭,平常又不犯做。如今那府里有事,这是要过去天天带的,所以我赶着另作一个。等打完了结子,给你换下那旧的来。你虽然不讲究这个,若叫老太太回来看见,又该说我们躲懒,连你的穿带之物都不经心了。"宝玉笑道:"这真难为你想的到。只是也不可过于赶,热着了倒是大事。"

说着,芳官早托了一杯凉水内新浔的茶来。因宝玉素昔赋柔脆,虽暑月不敢用冰,只以新汲井水将茶连壶浸在盆内,不时更换,取其凉意而已。宝玉就芳官手内吃了半盏,遂向袭人道:"我来时已吩咐了茗烟,若珍大哥那边有要紧的客来时,叫他即刻送信;若无要紧的事,我就不过去了。"说毕,遂出了房门,又回头向碧痕道:"如有事往林姑娘处来找我。"于是一径往潇湘馆来看黛玉。

进了潇湘馆院门看时,只见炉袅残烟,奠余玉醴。紫鹃正看着人往里搬桌子,收陈设呢。宝玉便知已经祭完了,走入屋内,只见黛玉面向里歪着,病体恹恹,大有不胜之态。紫鹃连忙说道:"宝二爷来了。"黛玉方慢慢的起来,含笑让座。宝玉道:"妹妹这两天可大好些了? 气色倒觉静些,只是为何又伤心了?"黛玉道:"可是你没的说了,好好的我多早晚又伤心了?"宝玉笑道"妹妹脸上现有泪痕,如何还哄我呢。只是我想妹妹素日本来多病,凡事当各自宽解,不可过作无益之悲。若作践坏了身子,使我……"说到这里,觉得以下的话有些难说,连忙咽住。只因他虽说和黛玉一处长大,情投意合,又愿同生死,却只是心中领会,从来未曾当

次了，接不下去，心中一急，又怕黛玉恼他。又想一想自己的心实在的是为好，因而转急为悲，早已滚下泪来。黛玉起先原恼宝玉说话不论轻重，如今见此光景，心有所感，本来素昔爱哭，此时亦不免无言对泣。

却说紫鹃端了茶来，打量二人又为何事角口，因说道："姑娘才身上好些，宝二爷又来怄气了，到底是怎么样？"宝玉一面拭泪笑道："谁敢怄妹妹了。"一面搭讪着起来闲步。只见砚台底下微露一纸角，不禁伸手拿起。黛玉忙要起身来夺，已被宝玉揣在怀内，笑央道："好妹妹，赏我看看罢。"黛玉道："不管什么，来了就混翻。"

一语未了，只见宝钗走来，笑道："宝兄弟要看什么？"宝玉因未见上面是何言词，又不知黛玉心中如何，未敢造次回答，却望着黛玉笑。黛玉一面让宝钗坐，一面笑说道："我曾见古史中有才色的女子，终身遭际令人可欣可羡可悲可叹者甚多。今日饭后无事，因欲择出数人，胡乱凑几首诗以寄感慨，可巧探丫头来会我瞧凤姐姐去，我也身上懒懒的没同他去。才将做了五首，一时困倦起来，撂在那里，不想二爷来了就瞧见了，其实给他看也倒没有什么，但只我嫌他是不是的写给人看去。"宝玉忙道："我多早晚给人看来呢。昨日那把扇子，原是我爱那几首白海棠的诗，所以我自己用小楷写了，不过为的是拿在手中看着便易。我岂不知闺阁中诗词字迹是轻易往外传诵不得的。自从你说了，我总没拿出园子去。"

宝钗道："林妹妹这虑的也是。你既写在扇子上，偶然忘记了，拿在书房里去被相公们看见了，岂有不问是谁做的呢。倘或传扬开了，反为不美。自古道：'女子无才便是德'，总以贞静为主，女工还是第二件。其余诗词，不过是闺中游戏，原可以会可以不会。咱们这样人家的姑娘，倒不要这些才华的名誉。"因又笑向黛玉道："拿出来给我看看无妨，只不叫宝兄弟拿出去就是了。"黛玉笑道："既如此说，连你也可以不必看了。"又指着宝玉笑道："他早已抢了去了。"宝玉听了，方自怀内取出，凑至宝钗身旁，一同细看。

宝玉看了，赞不绝口，又说道："妹妹这诗恰好只做了五首，何不就命曰《五美吟》。"于是不容分说，便提笔写在后面。宝钗亦说道："做诗不论何题，只要善翻古人之意。若要随人脚踪走去，纵使字句精工，已落第二义，究竟算不得好诗。即如前人所咏昭君之诗甚多，有悲挽昭君的，有怨恨延寿的，又有讥汉帝不能使画工图貌贤臣而画美人的，纷纷不一。后来王荆公复有'意态由来画不成，当时枉杀毛延寿'；永叔有'耳目所见尚如此，万里安能制夷狄'。二诗俱能各出己见，不与人同。今日林妹妹这五首诗，亦可谓命意新奇，别开生面了。"

仍欲往下说时，只见有人回道："琏二爷回来了。适才外间传说，往东府里去了一会子了，想必就回来的。"宝玉听了，连忙起身，迎至大门以内等待。恰好贾琏自外下马进来。于是宝玉先迎着贾琏跪下，口中给贾母王夫人等请了安，又给贾琏请了安。二人携手走了进来。只见李纨、凤姐、宝钗、黛玉、迎、探、惜等早在中堂等候，一一相见已毕。因听贾琏说道："老太太明日一早到家，一路身体甚好。今日先打发了我来回家看视，明日五更，仍要出城迎接。"说毕，众人又问了些路途的景况。因贾琏是远归，遂大家别过，让贾琏回房歇息。一宿

国学经典文库

中国二十大名著

红楼梦

图文珍藏版

晚景，不必细述。

至次日饭时前后，果见贾母王夫人等到来。众人接见已毕，略坐了一坐，吃了一杯茶，便领了王夫人等人过宁府中来。只听见里面哭声震天，却是贾赦贾琏送贾母到家即过这边来了。当下贾母进入里面，早有贾赦贾琏率领族中人哭着迎了出来。他父子一边一个挽了贾母，走至灵前，又有贾珍贾蓉跪着扑入贾母怀中痛哭。贾母暮年人，见此光景，亦搂了珍蓉等痛哭不已。贾赦贾琏在旁苦劝，方略略止住。又转至灵右，见了尤氏婆媳，不免又相持大痛一场。哭毕，众人方上前一一请安问好。贾珍因贾母才回家来，未得歇息，坐在此间，看着未免要伤心，遂再三求贾母回家；王夫人等亦再三相劝。贾母不得已，方回来了。果然年迈的人禁不住风霜伤感，至夜间便觉头闷目酸，鼻塞声重。连忙请了医生来诊脉下药，足足的忙乱了半夜一日。幸而发散的快，未曾传经，至三更天，些须发了点汗，脉静身凉，大家方放了心。至次日仍服药调理。

又过了数日，乃贾敬送殡之期，贾母犹未大愈，遂留宝玉在家侍奉。凤姐因未曾甚好，亦未去。其余贾赦、贾琏、邢夫人、王夫人等率领家人仆妇，都送至铁槛寺，至晚方回。贾珍尤氏并贾蓉仍在寺中守灵，等过百日后，方扶柩回籍。家中仍托尤老娘并二姐三姐照管。

却说贾琏素日既闻尤氏姐妹之名，恨无缘得见。近因贾敬停灵在家，每日与二姐三姐相认已熟，不禁动了垂涎之意。况知与贾珍贾蓉等素有聚麀之诮，因而乘机百般撩拨，眉目传情。那三姐却只是淡淡相对，只有二姐也十分有意。但只是眼目众多，无从下手。贾琏又怕贾珍吃醋，不敢轻动，只好二人心领神会而已。

此时出殡以后，贾珍家下人少，除尤老娘带领二姐三姐并几个粗使的丫鬟老婆子在正室居住外，其余婢妾，都随在寺中。外面仆妇，不过晚间巡更，日间看守门户。白日无事，亦不进里面去。所以贾琏便欲趁此下手。遂托相伴贾珍为名，亦在寺中住宿，又时常借着替贾珍料理事务，不时至宁府中来勾搭二姐。

一日，有小管家俞禄来回贾珍道："前者所用棚杠孝布并请杠人青衣，共使银一千一百十两，除给银五百两外，仍欠六百零十两。昨日两处买卖人俱来催讨，小的特来讨爷的示下。"贾珍道："你且向库上领去就是了，这又何必来问我。"俞禄道："昨日已曾上库上去领，但只是老爷宾天以后，各处支领甚多，所剩还要预备百日道场及庙中用度，此时竟不能发给。所以小的今日特来回爷，或者爷内库里暂且发给，或者挪借何项，吩咐了小的好办。"贾珍笑道："你还当是先呢，有银子放着不使。你无论哪里借了给他罢。"俞禄笑回道："若说一二百，小的还可以挪借；这五六百，小的一时哪里办得来。"

贾珍想了一回，向贾蓉道："你问你娘去，昨日出殡以后，有江南甄家送来打祭银五百两，未曾交到库上去，你先要了来，给他去罢。"贾蓉答应了，连忙过这边来回了尤氏，复转来回他父亲道："昨日那项银子已使了二百两，下剩的三百两令人送至家中交与老娘收了。"贾珍道："既然如此，你就带了他去，向你老娘要了出来交给他。再也瞧瞧家中有事无事，问你两个姨娘好。下剩的俞禄先借了添上罢。"

贾蓉与俞禄答应了，方欲退出，只见贾琏走了进来。俞禄忙上前请了安。贾琏便问何事，贾珍一一告诉了。贾琏心中想道："趁此机会正可至宁府寻二姐。"一面遂说道："这有多大事，何必向人借去。昨日我方得了一项银子还没有使呢，莫若给他添上，岂不省事。"贾珍道："如此甚好。你就吩咐了蓉儿，一并令他取去。"贾琏忙道："这必得我亲身取去。再我这几日没回家了，还要给老太太、老爷、太太们请请安去。到大哥那边查查家人们有无生事，再也给亲家太太请请安。"贾珍笑道："只是又劳动你，我心里倒不安。"贾琏也笑道："自家兄弟，这有何妨呢。"贾珍又吩咐贾蓉道："你跟你叔叔去，也到那边给老太太、老爷、太太们请安，说我和你娘都请安，打听打听老太太身上可大安了？还服药呢没有？"贾蓉一一答应了，跟随贾琏出来，带了几个小厮，骑上马一同进城。

在路叔侄闲话。贾琏有心，便提到尤二姐，因说如何标致，如何做人好，举止大方，言语温柔，无一处不令人可敬可爱，"人人都说你姊子好，据我看那里及你二姨一零儿呢。"贾蓉揣知其意，便笑道："叔叔既这么爱他，我给叔叔作媒，说了做二房，何如？"贾琏笑道："你

这是玩话还是正经话？"贾蓉道："我说的是当真的话。"贾琏又笑道："敢自好呢。只是怕你姊子不依，再也怕你老娘不愿意。况且我听见说你二姨儿已有了人家了。"

贾蓉又想了一想，笑道："叔叔若有胆量，依我的主意管保无妨，不过多花上几个钱。"贾琏忙道："有何主意，快些说来，我没有不依的。"贾蓉道："叔叔回家，一点声色也别露，等我回明了我父亲，向我老娘说妥，然后在咱们府后方近左右买上一所房子及应用家伙，再拨两窝子家人过去服侍。择了日子，人不知鬼不觉娶了过去，嘱咐家人不许走漏风声。姊子在里面住着，深宅大院，哪里就得知道了。叔叔两下里住着，过个一年半载，即或闹出来，不过挨上老爷一顿骂。叔叔只说姊子总不生育，原是为子嗣起见，所以私自在外面作成此事。就是姊子，见生米做成熟饭，也只得罢了。再求一求老太太，没有不完的事。"

自古道"欲令智昏"，贾琏只顾贪图二姐美色，听了贾蓉一篇话，遂为计出万全，将现今身上有服，并停妻再娶，严父妒妻种种不妥之处，皆置之度外了。却不知贾蓉亦非好意，素日因同他姨娘有情，只因贾珍在内，不能畅意。如今若是贾琏娶了，少不得在外居住，趁贾琏不在时，好去鬼混之意。贾琏哪里思想及此，遂向贾蓉致谢道："好侄儿，你果然能够说成了，我买两个绝色的丫头谢你。"说着，已至宁府门首。

于是贾蓉自去给贾母请安。

贾琏进入宁府，早有家人头儿率领家人等请安，一路围随至厅上。贾琏一一的问了些话，不过塞责而已，便命家人散去，独自往里面走来。原来贾琏贾珍素日亲密，又是弟兄，本无可避忌之人，自来是不等通报的。于是走至上房，早有廊下伺候的老婆子打起帘子，让贾琏进去。

贾琏进入房中一看，只见南边炕上只有尤二姐带着两个丫鬟一处做活，却不见尤老娘与三姐。贾琏忙上前问好相见。尤二姐含笑让座，便靠东边排插儿坐下。贾琏仍将上首让与二姐儿，说了几句见面情儿，便笑问道："亲家太太和三妹妹哪里去了。怎么不见？"尤二姐笑道："才有事往后头去了，也就来的。"此时伺候的丫鬟因倒茶去，无人在跟前，贾琏不住的拿眼瞟着二姐。二姐低了头，只含笑不理。

贾琏又不敢造次动手动脚，因见二姐手中拿着一条拴着荷包的绢子摆弄，便搭讪着往腰里摸了摸，说道："槟榔荷包也忘记了带了来，妹妹有槟榔，赏我一口吃。"二姐道："槟榔倒有，就只是我的槟榔从来不给人吃。"贾琏便笑着欲近身来拿。二姐怕人看见不雅，便连忙一笑，摔了过来。贾琏接在手中，都倒了出来，拣了半块吃剩下的摔在口中吃了，又将剩下的都揣了起来。刚要把荷包亲身送过去，只见两个丫鬟倒了茶来。

贾琏一面接了茶吃茶，一面暗将自己带的一个汉玉九龙佩解了下来，拴在手绢上，趁丫鬟回头时，仍摔了过去。二姐亦不去拿，只装看不见，坐着吃茶。只听后面一阵帘子响，却是尤老娘三姐带着两个小丫鬟自后面走来。贾琏送目与二姐，令其拾取，这尤二姐亦只是不理。贾琏不知二姐何意，甚是着急，只得迎上来与尤老娘三姐相见。一面又回头看二姐时，只见二姐笑着，没事人似的；再又看一看绢子，已不知哪里去了，贾琏方放了心。

却说贾蓉见俞禄跟了贾琏去取银子，自己无事，便仍回至里面，和他两个姨娘嘲戏一回，方起身。至晚到寺，见了贾珍回道："银子已经交给俞禄了。老太太已大愈了，如今已经不服药了。"说毕，又趁便将路上贾琏要娶尤二姐做二房之意说了。又说如何在外面置房子住，不使凤姐知道，"此时总不过为的是子嗣艰难起见。为的是二姨是见过的，亲上做亲，比别处不知道的人家说了来的好。所以二叔再三央我对父亲说。"只不说是他自己的主意。

贾珍想了想，笑道："其实倒也罢了。只不知你二姨心中愿意不愿意。明日你先去和你老娘商量，叫你老娘问准了你二姨，再作定夺。"于是又教了贾蓉一篇话，便走过来将此事告诉了尤氏。尤氏却知此事不妥，因而极力劝止。无奈贾珍主意已定，素日又是顺从惯了的，况且他与二姐本非一母，不便深管，因而也只得由他们闹去了。

至次日一早，果然贾蓉复进城来见他老娘，将他父亲之意说了。又添上许多话，说贾琏做人如何好，目今凤姐身子有病，已是不能好的了，暂且买了房子在外面住着，过个一年半载，只等凤姐一死，便接了二姨进去做正室。又说他父亲此时如何聘，贾琏那边如何娶，如何

接了你老人家养老，往后三姨也是那边应了替聘，说得天花乱坠，不由得尤老娘不肯。况且素日全亏贾珍周济，此时又是贾珍作主替聘，而且妆奁不用自己置买，贾琏又是青年公子，比张华胜强十倍，遂连忙过来与二姐商议。二姐又是水性的人，在先已和姐夫不妥，又常怨恨当时错许张华，致使后来终身失所，今见贾琏有情，况是姐夫将他聘嫁，有何不肯，也便点头依允。当下回复了贾蓉，贾蓉回了他父亲。

次日命人请了贾琏到寺中来，贾珍当面告诉了他尤老娘应允之事。贾琏自是喜出望外，感谢贾珍贾蓉父子不尽。于是二人商量着，使人看房子打首饰，给二姐置买妆奁及新房中应用床帐等物。不过几日，早将诸事办妥。已于宁荣街后二里远近小花枝巷内买定一所房子，共二十余间。又买了两个小丫鬟。贾珍又给了一房家人，名叫鲍二，夫妻两口，以备二姐过来时服侍。那鲍二两口子听见这个巧宗儿，如何不来呢？

第六十五回　贾二舍偷娶尤二姨
尤三姐思嫁柳二郎

话说贾琏、贾珍、贾蓉三人商议，事事妥帖，至初二日，先将尤老和三姐送入新房。尤老一看，虽不似贾蓉口内之言，也十分齐备，母女二人已称了心。

那贾琏越看越爱，越瞧越喜，不知要怎生奉承这二姐，乃命鲍二等人不许提三说二的，直以奶奶称之，自己也称奶奶，竟将凤姐一笔勾倒。有时回家中，只说在东府有事羁绊，凤姐辈因知他和贾珍相得，自然是或有事商议，也不疑心。再家下人虽多，都不管这些事。便有那游手好闲专打听小事的人，也都去奉承贾琏，乘机讨些便宜，谁肯去露风。于是贾琏深感贾珍不尽。贾琏一月出五两银子做天天的供给。若不来时，他母女三人一处吃饭；若贾琏来了，他夫妻二人一处吃，他母女便回房自吃。贾琏又将自己积年所有的体己，一并搬了与二姐收着，又将凤姐素日之为人行事，枕边衾内尽情告诉了他，只等一死，便接他进去。二姐听了，自是愿意。当下十来个人，倒也过起日子来，十分丰足。

眼见已是两个月光景。这日贾珍在铁槛寺作完佛事，晚间回家时，因与他姨妹久别，竟要去探望探望。先命小厮去打听贾琏在与不在，小厮回来说不在。贾珍欢喜，将左右一概先遣回去，只留两个心腹小童牵马。一时，到了新房，已是掌灯时分，悄悄入去。两个小厮将马拴在圈内，自往下房去听候。

贾珍进来，屋内才点灯，先看过了尤氏母女，然后二姐出见，贾珍仍唤二姨。大家吃茶，说了一回闲话。贾珍因笑说："我作的这保山如何？若错过了，打着灯笼还没处寻，过日你姐姐还备了礼来瞧你们呢。"说话之间，尤二姐已命人预备下酒馔，关起门来，都是一家人，原无避讳。那鲍二来请安，贾珍便说："你还是个有良心的小子，所以叫你来服侍。日后自有大用你之处，不可在外头吃酒生事。我自然赏你。倘或这里短了什么，你琏二爷事多，那里人杂，你只管去回我。我们弟兄不比别人。"鲍二答应道："是，小的知道。若小的不尽心，除非不要这脑

袋了。"贾珍点头说:"要你知道。"当下四人一处吃酒。

尤二姐知局,便邀他母亲说:"我怪怕的,妈同我到那边走走来。"尤老也会意,便真个同他出来,只剩小丫头们。贾琏便和三姐挨肩擦脸,百般轻薄起来。小丫头子们看过,也都躲了出去,凭他两个自在取乐,不知作些什么勾当。

四人正吃的高兴,忽听扣门之声,鲍二家的忙出来开门,看见是贾琏下马,问有事无事。鲍二女人便悄悄告他说:"大爷在这里西院里呢。"贾琏听了,便回至卧房。只见尤二姐和他母亲都在房中,见他来了,二人面上便有些讪讪的。贾琏反推不知,只命:"快拿酒来,咱们吃两杯好睡觉。我今日很乏了。"尤二姐忙上来陪笑接衣奉茶,问长问短。贾琏喜的心痒难受。一时鲍二家的端上酒来,二人对饮。他丈母不吃,自回房中睡去了。两个小丫头分了一个过来服侍。

走了,便至西院中来,只见窗内灯烛辉煌,二人正吃酒取乐。

贾琏便推门进去,笑说:"大爷在这里,兄弟来请安。"贾珍羞的无话,只得起身让座。贾琏忙笑道:"何必又作如此景象,咱们弟兄从前是如何样来!大哥为我操心,我今日粉身碎骨,感激不尽。大哥若多心,我意何安。从此以后,还求大哥如昔方好;不然,兄弟能可绝后,再不敢到此处来了。"说着,便要跪下。慌的贾珍连忙搀起,只说:"兄弟怎么说,我无不领命。"贾琏忙命人:"看酒来,我和大哥吃两杯。"又拉尤三姐:"你过来,陪小叔子一杯。"贾珍笑着说:"老二,到底是你,哥哥必要吃干这盅。"说着,一扬脖。

尤三姐站在炕上,指贾琏笑道:"你不用和我花马吊嘴,清水下杂面,你吃我看见。见提着影戏人子上场,好歹别戳破这层纸儿。你别油蒙了心,打量我们不知道你府上的事。这会子花了几个臭钱,你们哥儿两个拿我们姐儿两个权当粉头来取乐儿,你们就打错了算盘了。我也知道你那老婆太难缠,如今把我姐姐拐了来做二房,偷的锣儿敲不得。我也要会会那凤奶奶去,看他是几个脑袋几只手。若大家好取和便罢;倘若有一点叫人过不去,我有本事先把你两个的牛黄狗宝掏了出来,再和那泼妇拼了这命,也不算是尤三姑奶奶!喝酒怕什么,咱们就喝!"说着,自己绰起壶来斟了一杯,自己先喝了半杯,搂过贾琏的脖子来就灌,说:"我和你哥哥已经吃过了,咱们来亲香亲香。"唬的贾琏酒都醒了。

贾珍也不承望尤三姐这等无耻老辣。弟兄两个本是风月场中耍惯的,不想今日反被这闺女一席话说住。尤三姐一叠声又叫:"将姐姐请来,要乐咱们四个一处同乐。俗语说'便宜不过当家',他们是弟兄,咱们是姊妹,又不是外人,只管上来。"尤二姐反不好意思起来。贾珍得便就要一溜,尤三姐哪里肯放。贾珍此时方后悔,不承望他是这种为人,与贾琏反不好轻薄起来。

自此后,或略有丫鬟婆娘不到之处,便将贾琏、贾珍、贾蓉三个泼声厉言痛骂,说他爷儿三个诓骗了他寡妇孤女。贾珍回去之后,以后亦不敢轻易再来,有时尤三姐自己高了兴悄命小厮来请,方敢去一会,到了这里,也只好随他的便。谁知这尤三姐天生脾气不堪,仗着自己风流标致,偏要打扮的出色,另式作出许多万人不及的淫情浪态来,哄的男子们垂涎落魄,欲近不能,欲远不舍,迷离颠倒,他以为乐。

他母姊二人也十分相劝,他反说:"姐姐涂糊。咱们金玉一般的人,白叫这两个现世宝玷污了去,也算无能。而且他家有一个极利害的女人,如今瞒着他不知,咱们方安。倘或一日他知道了,岂当干休之理,势必有一场大闹,不知谁生谁死。趁如今我不拿他们取乐作践准折,到那时白落个臭名,后悔不及。"

贾琏来了,只在二姐房内,心中也悔上来。

二姐在枕边衾内,也常劝贾琏说:"你和珍大哥商议商议,拣个相熟的人,把三丫头聘了罢。留着他不是常法子,终久要生出事来怎么处?"贾琏道:"前日我曾回过大哥的,他只是舍不得。我说'是块肥羊肉,只是烫的慌;玫瑰花儿可爱,刺大扎手。咱们未必降的住,正经拣个人聘了罢。'他只意意思思,就丢开手了。你叫我有何法。"二姐道:"你放心。咱们明日先劝三丫头,他肯了,叫他自己闹去。闹的无法,少不得聘他。"贾琏听了说:"这话极是。"

至次日,二姐另备了酒,贾琏也不出门,至午间特请他小妹过来,与他母亲上坐。尤三姐便

知其意,酒过三巡,不用姐姐开口,先便滴泪泣道:"姐姐今日请我,自有一番道理要说。但妹子不是那愚人,也不用絮絮叨叨提那从前丑事,我已尽知,说也无益。既如今姐姐也得了好处安身,妈也有了安身之处,我也要自寻归结去,方是正理。但终身大事,一生至一死,非同儿戏。我如今改过守分,只要我拣一个素日可心如意的人方跟他去。若凭你们拣择,虽是富比石崇,才过子建,貌比潘安的,我心里进不去,也白过了一世。"

贾琏笑道:"这也容易。凭你说是谁就是谁,一应彩礼都有我们置办,母亲也不用操心。"尤三姐泣道:"姐姐知道,不用我说。"贾琏笑问二姐是谁,二姐一时也想不起来。大家想来,贾琏便料定是此人无疑矣'便拍手笑道:"我知道了。这人原不差,果然好眼力。"二姐笑问是谁,贾琏笑道:"别人他如何进得去,一定是宝玉。"二姐与尤老听了,亦以为然。尤三姐便啐了一口,道:"我们有姊妹十个,也嫁你弟兄十个不成。难道除了你家,天下就没了好男子了不成!"众人听了都诧异:"除去他,还有哪一个?"尤三姐笑道:"别只在眼前想,姐姐只在五年前想就是了。"

正说着,忽见贾琏的心腹小厮兴儿走来请贾琏说:"老爷那边紧等着叫爷呢。小的答应往舅老爷那边去了,小的连忙来请。"贾琏又忙问:"昨日家里没人问?"兴儿道:"小的回奶奶说,爷在家庙里同珍大爷商议作百日的事,只怕不能来家。"贾琏忙命拉马,隆儿跟随去了,留下兴儿答应人来事务。

第六十六回　情小妹耻情归地府
冷二郎一冷入空门

这里尤二姐命掩了门早睡,盘问他妹子一夜。至次日午后,贾琏方来了。尤二姐因劝他说:"既有正事,何必忙忙又来,千万别为我误事。"贾琏道:"也没甚事,只是偏偏的又出来了一件远差。出了月就起身,得半月工夫才来。"尤二姐道:"既如此,你只管放心前去,这里一应不用你记挂。三妹子他从不会朝更暮改的。他已说了改悔,必是改悔的。他已择定了人,你只要依他就是了。"贾琏问是谁,尤二姐笑道:"这人此刻不在这里,不知多早才来,也难为他眼力不错。自己说了,这人一年不来,他等一年;十年不来,等十年;若这人死了再不来了,他情愿剃了头当姑子去,吃长斋念佛,以了今生。"

贾琏问:"到底是谁,这样动他的心?"二姐笑道:"说来话长。五年前我们老娘家里做生日,妈和我们到那里与老娘拜寿。他家请了一起串客,里头有个作小生的叫作柳湘莲,他看上了,如今要是他才嫁。旧年我们闻得柳湘莲惹了一个祸逃走了,不知可又回来了不曾?"贾琏听了道:"怪道呢!我说是个什么样人,原来是他!果然眼力不错。你不知道这柳二郎,那样一个标致人,最是冷面冷心的,差不多的人,他都无情无义。他最和宝玉合的来。去年因打了薛呆子,他不好意思见我们的,不知哪里去了一向。后来听见有人说来了,不知是真是假。一问宝玉的小子们就知道了。倘或没来,他萍踪浪迹,知道几年才来,岂不白耽搁了?"尤二姐道:"我们这三丫头说的出来,干的出来,他怎样说,只依他便了。"

二人正说之间,只见尤三姐走来说道:"姐夫,你只放心。我们不是那心口两样的人,说什么是什么。若有了姓柳的来,我便嫁他。从今日起,我吃斋念佛,只服侍母亲,等他来了,嫁了他去,若一百年不来,我自己修行去了。"说着,将一根玉簪击作两段,"一句不真,就如这簪子!"说着,回房去了,真个竟非礼不动,非礼不言起来。贾琏无了法,只得和二姐商议了一回家务,复回家与凤姐商议起身之事。一面着人问茗烟,茗烟说:"竟不知道。大约未来;若来了,必是我知道的。"一面又问他的街坊,也说未来。贾琏只得回复了二姐。至起身之日已近,前两天便说起身,却先往二姐这边来住两夜,从这里再悄悄长行。果见小妹竟又换了一个人,又见二姐持家勤慎,自是不消记挂。

是日一早出城,就奔平安州大道,晓行夜住,渴饮饥餐。方走了三日,那日正走之间,顶

头来了一群驮子，内中一伙，主仆十来骑马，走的近来一看，不是别人，竟是薛蟠和柳湘连来了。贾琏深为奇怪，忙伸马迎了上来，大家一齐相见，说些别后寒温，大家便入酒店歇下，叙谈叙谈。

贾琏因笑说："闹过之后，我们忙着请你两个和解，谁知柳兄踪迹全无。怎么你两个今日倒在一处了？"薛蟠笑道："天下竟有这样奇事。我同伙计贩了货物，自春天起身，往回里走，一路平安。谁知前日到了平安州界，遇一伙强盗，已将东西劫去。不想柳二弟从那边来了，方把贼人赶散，夺回货物，还救了我们的性命。我谢他又不受，所以我们结拜了生死弟兄，如今一路进京。从此后我们是亲弟亲兄一般。到前面岔口上分路，他就分路往南二百里有他一个姑妈，他去望候望候。我先进京去安置了我的事，然后给他寻一所宅子，寻一门好亲事，大家过起来。"贾琏听了道："原来如此，倒教我们悬了几日心。"因又听道寻亲，又忙说道："我正有一门好亲事堪配二弟。"说着，便将自己娶尤氏，如今又要发嫁小姨一节说了出来，只不说尤三姐自择之语。又嘱薛蟠且不可告诉家里，等生了儿子，自然是知道的。

薛蟠听了大喜，说："早该如此，这都是舍表妹之过。"湘莲忙笑说："你又忘情了，还不住口。"薛蟠忙止住不语，便说："既是这等，这门亲事定要做的。"湘莲道："我本有愿，定要一个绝色的女子。如今既是贵昆仲高谊，顾不得许多了，任凭裁夺，我无不从命。"贾琏笑道："如今口说无凭，等柳兄一见，便知我这内娣的品貌是古今有一无二的了。"

湘莲听了大喜，说："既如此说，等弟探过姑娘，不过月中就进京的，那时再定如何？"贾琏笑道："你我一言为定，只是我信不过柳兄。你乃是萍踪浪迹，倘然淹滞不归，岂不误了人家。须得留一定礼。"湘莲道："大丈夫岂有失信之理。小弟素系寒贫，况且客中，何能有定礼。"薛蟠道："我这里现成，就备一分二哥带去。"贾琏笑道："也不用金帛之礼，须是柳兄亲身自有之物，不论物之贵贱，不过我带去取信耳。"湘莲道："既如此说，弟无别物，此剑防身，不能解下。囊中尚有一把鸳鸯剑，乃吾家传代之宝，弟也不敢擅用，只随身收藏而已。贾兄请拿去为定。弟纵系水流花落之性，然亦断不舍此剑者。"说毕，解囊出剑，捧与贾琏。贾琏命人收了。大家又饮了几杯，方各自上马，作别启程。正是：

　　将军不下马，各自奔前程。

且说贾琏一日到了平安州，见了节度，完了公事。因又嘱他十月前后务要还来一次，贾琏领命。次日连忙取路回家，先到尤二姐处探望。谁知贾琏出门之后，尤二姐操持家务十分谨肃，每日关门闭户，一点外事不闻。他小妹子果是个斩钉截铁之人，每日侍奉母姊之余，只安分守己，随分过活。虽是夜晚间孤衾独枕，不惯寂寞，奈一心丢了众人，只念柳湘连早早回来完了终身大事。这日贾琏进门，见了这般景况，喜之不尽，深念二姐之德。大家叙些寒温之后，贾琏便将路上相遇湘连一事说了出来，又将鸳鸯剑取出，递与三姐。

三姐看时，上面龙吞夔护，珠宝晶莹，将靶一掣，里面却是两把合体的。一把上面錾着一"鸳"字，一把上面錾着一"鸯"字，冷飕飕，明亮亮，如两痕秋水一般。三姐喜出望外，连忙收了，挂在自己绣房床上，每日望着剑，自笑终身有靠。

谁知八月内湘连方进了京，先来拜见薛姨妈，又遇见薛蝌，方知薛蟠不惯风霜，不服水土，一进京时便病倒，在家请医调治。听见湘连来了，请入卧室相见。薛姨妈也不念旧事，只感救命之恩，母子们十分称谢。又说起亲事一节，凡一应东西皆已妥当，只等择日。柳湘连也感激不尽。

次日又来见宝玉，二人相会，如鱼得水。湘连因问贾琏偷娶二房之事，宝玉笑道："我听见茗烟一干人说，我却未见，我也不敢多管。我又听见茗烟说，琏二哥哥着实问你，不知有何话说？"湘连就将路上所有之事一概告诉宝玉，宝玉笑道："大喜，大喜！难得这个标致人，果然是个古今绝色，堪配你之为人。"湘连道："既是这样，他那里少了人物，如何只想到我。况且我又素日不甚和他厚，也关切不至此。路上工夫忙忙的就那样再三要来定，难道女家反赶着男家不成。我自己疑惑起来，后悔不该留下这剑作定。所以后来想起你来，可以细细问个底里才好。"宝玉道："你原是个精细人，如何既许了定礼又疑惑起来？你原说只要一个绝色的，如今既得了个绝色便罢了。何必再疑？"

湘莲道："你既不知他娶，如何又知是绝色？"宝玉道："他是珍大嫂子的继母带来的两位小姨。我在那里和他们混了一个月，怎么不知？真真一对尤物，他又姓尤。"湘莲听了，跌足道："这事不好，断乎做不得了。你们东府里除了那两个石头狮子干净，只怕连猫儿狗儿都不干净。我不做这剩忘八。"宝玉听说，红了脸。

湘莲自惭失言，连忙作揖说："我该死胡说。你好歹告诉我，他品行如何？"宝玉笑道："你既深知，又来问我作甚么？连我也未必干净了。"湘莲笑道："原是我自己一时忘情，好歹别多心。"宝玉笑道："何必再提，这倒似有心了。"湘莲作揖告辞出来，心中想着若去找薛蟠，一则他现卧病，二则他又浮躁，不如去索回定礼。主意已定，便一径来找贾琏。

贾琏正在新房中，闻得湘莲来了，喜之不禁，忙迎了出来，让到内室与尤老相见。湘莲只作揖称老伯母，自称晚生，贾琏听了诧异。吃茶之间，湘莲便说："客中偶然忙促，谁知家姑母于四月间订了弟妇，使弟无言可回。若从了老兄背了姑母，似非合理。若系金帛之订，弟不敢索取，但此剑系祖父所遗，请仍赐回为幸。"贾琏听了，便不自在，还说："定者，定也。原怕反悔所以为定。岂有婚姻之事，出入随意的？还要斟酌。"湘莲笑道："虽如此说，弟愿领责领罚，然此事断不敢从命。"贾琏还要饶舌，湘莲便起身说："请兄外坐一叙，此处不便。"

那尤三姐在房明明听见。好容易等了他来，今忽见反悔，便知他在贾府中得了消息，自然是嫌自己淫奔无耻之流，不屑为妻。今若容他出去和贾琏说亲，料那贾琏必无法可处，自己岂不无趣。一听贾琏要同他出去，连忙摘下剑来，将一股雌锋隐在肘内，出来便说："你们不必出去再议，还你的定礼。"一面泪如雨下，左手将剑并鞘送与湘莲，右手回肘只往项上一横。

芳灵蕙性，渺渺冥冥，不知哪边去了。当下唬得众人急救不迭。尤老一面嚎哭，一面又骂湘莲。贾琏忙揪住湘莲，命人捆了送官。

尤二姐忙止泪反劝贾琏："你太多事，人家并没威逼他死，是他自寻短见。你便送他到官，又有何益，反觉生事出丑。不如放他去罢，岂不省事。"贾琏此时也没了主意，便放了手命湘莲快去。湘莲反不动身，泣道："我并不知是这等刚烈贤妻，可敬，可敬。"湘莲反伏尸大哭一场。等买了棺木，眼见入殓，又抚棺大哭一场，方告辞而去。

出门无所之，昏昏默默，自想方才之事。原来尤三姐这样标致，又这等刚烈，自悔不及。正走之间，只见薛蟠的小厮寻他去，那湘莲只管出神。那小厮带他到新房之中，十分齐整。忽听环珮叮当，尤三姐从外而入，一手捧着鸳鸯剑，一手捧着一卷册子，向柳湘莲泣道："妾痴情待君五年矣。不期君果冷心冷面，妾以死报此痴情。妾今奉警幻之命，前往太虚幻境修注案中所有一干情鬼。妾不忍一别，故来一会，从此再不能相见矣。"说着便走。湘莲不舍，忙欲上来拉住问时，那尤三姐便说："来自情天，去由情地。前生误被情惑，今既耻情而觉，与君两无干涉。"说毕，一阵香风，无踪无影去了。

湘莲警觉，似梦非梦，睁眼看时，那里有薛家小童，也非新室，竟是一座破庙，旁边坐着一个跏腿道士捕虱。湘莲便起身稽首相问："此系何方？仙师仙名法号？"道士笑道："连我也不知道此系何方，我系何人，不过暂来歇足而已。"柳湘莲听了，不觉冷然如寒冰侵骨，掣出那股雄剑，将万根烦恼丝一挥而尽，便随那道士，不知往哪里去了。后回便见——

第六十七回　见土仪颦卿思故里　闻秘事凤姐讯家童

话说尤三姐自尽之后,尤老娘和二姐儿、贾珍、贾琏等俱不胜悲恸,自不必说,忙令人盛殓,送往城外埋葬。柳湘莲见尤三姐身亡,痴情眷恋,却被道人数句冷言打破迷关,竟自截发出家,跟随疯道人飘然而去,不知何往。暂且不表。

且说薛姨妈闻知湘莲已说定了尤三姐为妻,心中甚喜,正是高高兴兴要打算替他买房子,治家伙,择吉迎娶,以报他救命之恩。忽有家中小厮吵嚷"三姐儿自尽了",被小丫头们听见,告知薛姨妈。薛姨妈不知为何,心甚叹息。正在猜疑,宝钗从园里过来,薛姨妈便对宝钗说道:"我的儿,你听见了没有?你珍大嫂子的妹妹三姑娘,他不是已经许给你哥哥的义弟柳湘莲了么,不知为什么自刎了。那柳湘莲也不知往哪里去了。真正奇怪的事,叫人意想不到。"

母女正说话间,见薛蟠自外而入,眼中尚有泪痕。一进门来,便向他母亲拍手说道:"妈妈可知道柳二哥尤三姐的事么?"薛姨妈说:"我才听见说,正在这里和你妹妹说这件公案呢。"薛蟠道:"妈妈可听见说柳湘莲跟着一个道士出了家了么?"薛姨妈道:"这越发奇了。怎么柳相公那样一个年轻的聪明人,一时糊涂,就跟着道士去了呢。我想你们好了一场,他又无父母兄弟,只身一人在此,你该各处找找他才是。靠那道士能往哪里远去,左不过是在这方近左右的庙里寺里罢了。"

话犹未了,外面小厮进来回说:"管总的张大爷差人送了两箱子东西来,说这是爷各自买的,不在货账里面。本要早送来,因货物箱子压着,没得拿;昨儿货物发完了,所以今日才送来了。"一面说,一面又见两个小厮搬进了两个夹板夹的大棕箱。薛蟠一见,说:"哎哟,可是我怎么就糊涂到这步田地了!特特的给妈和妹妹带来的东西,都忘了没拿了家里来,还是伙计送了来了。"

且说宝钗到了自己房中,将那些玩意儿一件一件的过了目,除了自己留用之外,一份一份配合妥当,也有送笔墨纸砚的,也有送香袋扇子香坠的,也有送脂粉头油的,有单送玩意儿的。只有黛玉的比别人不同,且又加厚一倍。一一打点完毕,使莺儿同着一个老婆子,跟着送往各处。

这边姊妹诸人都收了东西,赏赐来使,说见面再谢。唯有林黛玉看见他家乡之物,反自触物伤情,想起父母双亡,又无兄弟,寄居亲戚家中,哪里有人也给我带些土物?想到这里,不觉的又伤起心来了。

只听见小丫头子在院内说:"宝二爷来了。"紫鹃忙说:"请二爷进来罢。"

只见宝玉进房来了,黛玉让坐毕,宝玉见黛玉泪痕满面,便问:"妹妹,又是谁气着你了?"黛玉勉强笑道:"谁生什么气。"旁边紫鹃将嘴向床后桌上一努,宝玉会意,往那里一瞧,见堆着许多东西,就知道是宝钗送来的,便取笑说道:"哪里这些东西,不是妹妹要开杂货铺啊?"黛玉也不答言。紫鹃笑着道:"二爷还提东西呢。因宝姑娘送了些东西来,姑娘一看就伤起心来了。我正在这里劝解,恰好二爷来的很巧,替我们劝劝。"宝玉明知黛玉是这个缘故,却也不敢提头儿,只得笑说道:"你们姑娘的缘故,想来不为别的,必是宝姑娘送来的东西少,所以生气伤心。妹妹,你放心,等我明年叫人往江南去,与你多多的带两船来,省得你淌眼抹泪的。"

黛玉听了这些话,也知宝玉是为自己开心,也不好推,也不好任,因道:"我任凭怎么没见世面,也到不了这步田地,因送的东西少,就生气伤心。我又不是两三岁的小孩子,你也忒把人看得小气了。我有我的缘故,你哪里知道。"说着,眼泪又流下来了。宝玉忙走到床前,挨着黛玉坐下,将那些东西一件一件拿起来摆弄着细瞧,故意问这是什么,叫什么名字;那是

什么做的,这样齐整;这是什么,要他做什么使用。又说这一件可以摆在面前,又说那一件可以放在条桌上当古董儿倒好呢。一味的将些没要紧的话来厮混。

黛玉见宝玉如此,自己心里倒过不去,便说:"你不用在这里混搅了。咱们到宝姐姐那边去罢。"宝玉巴不得黛玉出去散散闷,解了悲痛,便道:"宝姐姐送咱们东西,咱们原该谢谢去。"黛玉道:"自家姊妹,这倒不必。只是到他那边,薛大哥回来了,必然告诉他些南边的古迹儿,我去听听,只当回了家乡一趟的。"说着,眼圈儿又红了。宝玉便站着等他。黛玉只得同他出来,往宝钗那里去了。

且说宝玉同着黛玉到宝钗处来。宝玉见了宝钗,便说道:"大哥哥辛辛苦苦的带了东西来,姐姐留着使罢,又送我们。"宝钗笑道:"原不是什么好东西,不过是远路带来的土物儿,大家看着新鲜些就是了。"黛玉道:"这些东西我们小时候倒不理会,如今看见,真是新鲜物儿了。"宝钗因笑道:"妹妹知道,这就是俗语说的'物离乡贵',其实可算什么呢。"宝玉听了这话正对了黛玉方才的心事,连忙拿话岔道:"明年好歹大哥哥再去时,替我们多带些来。"黛玉瞅了他一眼,便道:"你要你只管说,不必拉扯上人。姐姐你瞧,宝哥哥不是给姐姐来道谢,竟又要定下明年的东西来了。"说的宝钗宝玉都笑了。

三个人又闲话了一回,因提起黛玉的病来。宝钗劝了一回,因说道:"妹妹若觉着身子不爽快,倒要自己勉强挣扎着出来走走逛逛,散散心,比在屋里闷坐着到底好些。我那两日不是觉着发懒,浑身发热,只是要歪着,也因为时气不好,怕病,因此寻些事情自己混着。这两日才觉着好些了。"黛玉道:"姐姐说的何尝不是。我也是这么想着呢。"大家又坐了一会子方散。宝玉仍把黛玉送至潇湘馆门首,才各自回去了。

却说莺儿带着老婆子们送东西回来,回复了宝钗,将众人道谢的话并赏赐的银钱都回完了,那老婆子便出去了。莺儿走近前来一步,挨着宝钗悄悄地说道:"刚才我到琏二奶奶那边,看见二奶奶一脸的怒气。我送下东西出来时,悄悄地问小红,说刚才二奶奶从老太太屋里回来,不似往日欢天喜地的,叫了平儿去,唧唧咕咕的不知说了些什么。看那个光景,倒像有什么大事的似的。姑娘没听见那边老太太有什么事?"宝钗听了,也自己纳闷,想不出凤姐是为什么有气,便道:"各人家有各人的事,咱们哪里管得。你去倒茶去罢。"莺儿于是出来,自去倒茶不提。

却说袭人因宝玉出门,自己作了回活计,忽想起凤姐身上不好,这几日也没有过去看看,况闻贾琏出门,正好大家说说话儿。便告诉晴雯:"好生在屋里,别都出去了,叫宝玉回来抓不着人。"晴雯道:"哎哟,这屋里单你一个人记挂着他,我们都是白闲着混饭吃的。"袭人笑着,也不答言,就走了。

一到院里,只听凤姐说道:"天理良心,我在这屋里熬的越发成了贼了。"袭人听见这话,知道有缘故了,又不好回来,又不好进去,遂把脚步放重些,隔着窗子问道:"平姐姐在家里呢么?"平儿忙答应着迎出来。袭人便问:"二奶奶也在家里呢么,身上可大安了?"说着,已走进来。

凤姐装着在床上歪着呢,见袭人进来,也笑着站起来,说:"好些了,叫你惦着。怎么这几日不过我们这边坐坐?"袭人道:"奶奶身上欠安,本该天天过来请安才是。但只怕奶奶身上不爽快,倒要静静儿的歇歇儿,我们来了,倒吵的奶奶烦。"凤姐笑道:"烦是没的话。倒是宝兄弟屋里虽然人多,也就靠着你一个照看他,也实在的离不开。我常听见平儿告诉我,说你

背地里还惦着我，常常问我。这就是你尽心了。"一面说着，叫平儿挪了张杌子放在床边，让袭人坐下。

丰儿端进茶来，袭人欠身道："妹妹坐着罢。"一面说闲话儿。只见一个小丫头子在外间屋里悄悄的和平儿说："旺儿来了。在二门上伺候着呢。"又听见平儿也悄悄的道："知道了。叫他先去，回来再来，别在门口儿站着。"袭人知他们有事，又说了两句话，便起身要走。凤姐道："闲来坐坐，说说话儿，我倒开心。"因命平儿："送送你妹妹。"平儿答应着送出来。只见两三个小丫头子，都在那里屏声息气齐齐的伺候着。袭人不知何事，便自去了。

却说平儿送出袭人，进来回道："旺儿才来了，因袭人在这里，我叫他先到外头等等儿，这会子还是立刻叫他呢，还是等着？请奶奶的示下。"凤姐道："叫他来。"平儿忙叫小丫头去传旺儿进来。这里凤姐又问平儿："你到底是怎么听见说的？"平儿道："就是头里那小丫头子的话。他说他在二门里头听见外头两个小厮说：'这个新二奶奶比咱们旧二奶奶还俊呢，脾气儿也好。'不知是旺儿是谁，吆喝了两个一顿，说：'什么新奶奶旧奶奶的，还不快悄悄儿的呢，叫里头知道了，把你的舌头还割了呢。'"平儿正说着，只见一个小丫头进来回道："旺儿在外头伺候着呢。"凤姐听了，冷笑了一声说："叫他进来。"那小丫头出来说："奶奶叫呢。"旺儿连忙答应着进来。

旺儿请了安，在外间门口垂手侍立。凤姐儿道："你过来，我问你话。"旺儿才走到里间门旁站着。凤姐儿道："你二爷在外头弄了人，你知道不知道？"旺儿又打着千儿回道："奴才天天在二门上听差事，如何能知道二爷外头的事呢。"凤姐冷笑道："你自然不知道。你要知道，你怎么拦人呢。"旺儿见这话，知道刚才的话已经走了风了，料着瞒不过，便又跪回道："奴才实在不知。就是头里兴儿和喜儿两个人在那里混说，奴才吆喝了他们两句。内中深情底里奴才不知道，不敢妄回。求奶奶问兴儿，他是长跟二爷出门的。"

凤姐听了，下死劲啐了一口，骂道："你们这一起没良心的混帐忘八崽子！都是一条藤儿，打量我不知道呢。先去给我把兴儿那个忘八崽子叫了来，你也不许走。问明白了他，回来再问你。好，好，好，这才是我使出来的好人呢！"那旺儿只得连声答应几个是，磕了个头爬起来出去，去叫兴儿。

却说兴儿正在账房儿里和小厮们玩呢，听见说二奶奶叫，先唬了一跳，却也想不到是这件事发作了，连忙跟着旺儿进来。旺儿先进去，回说："兴儿来了。"凤姐儿厉声道："叫他来！"那兴儿听见这个声音儿，早已没了主意了，只得乍着胆子进来。凤姐儿一见，便说："好小子啊！你和你爷办的好事啊！你只实说罢！"兴儿一闻此言，又看见凤姐儿气色及两边丫头们的光景，早唬软了，不觉跪下，只是磕头。

凤姐儿道："论起这事来，我也听见说不与你相干。但只你不早来回我知道，这就是你的不是了。你要实说了，我还饶你；再有一字虚言，你先摸摸你腔子上几个脑袋瓜子！"兴儿战兢兢的朝上磕头道："奶奶问的是什么事，奴才同爷办坏了？"凤姐听了，一腔火都发作起来，喝命："打嘴巴！"旺儿过来才要打时，凤姐儿骂道："什么糊涂忘八崽子！叫他自己打，用你打吗！一会子你再各人打你那嘴巴子还不迟呢。"那兴儿真个自己左右开弓打了自己十几个嘴巴。凤姐儿喝声"站住"，问道："你二爷外头娶了什么新奶奶旧奶奶的事，你大概不知道啊。"

兴儿见说出这件事来，越发着了慌，连忙把帽子抓下来在砖地上咕咚咕咚碰的头山响，口里说道："只求奶奶超生，奴才再不敢撒一个字儿的谎。"凤姐道："快说！"兴儿直瞜瞜的跪起来回道："这事头里奴才也不知道。就是这一天，东府里大老爷送了殡，俞禄往珍大爷庙里去领银子。二爷同着蓉哥儿到了东府里，道儿上爷儿两个说起珍大奶奶那边的二位姨奶奶来。二爷夸他好，蓉哥儿哄着二爷，说把二姨奶奶说给二爷。"凤姐听到这里，使劲啐道："呸，没脸的忘八蛋！他是你哪一门子的姨奶奶！"

兴儿忙又磕头道："奴才该死！"往上瞅着，不敢言语。凤姐儿道："完了吗？怎么不说了？"兴儿方才又回道："奶奶恕奴才，奴才才敢回。"凤姐啐道："放你妈的屁，这还什么恕不恕了。你好生给我往下说，好多着呢。"兴儿又回道："二爷听见这个话就喜欢了。后来奴才

也不知道怎么就弄真了。"凤姐微微冷笑道:"这个自然么,你可哪里知道呢!你知道的只怕都烦了呢。是了,说底下的罢!"兴儿回道:"后来就是蓉哥儿给二爷找了房子。"凤姐忙问道:"如今房子在那里?"兴儿道:"就在府后头。"凤姐儿道:"哦。"回头瞅着平儿道:"咱们都是死人哪。你听听!"平儿也不敢作声。

凤姐又问:"前头那些日子说给那府里办事,想来办的就是这个了。"兴儿回道:"也有办事的时候,也有往新房子里去的时候。"凤姐又问道:"谁和他住着呢。"兴儿道:"他母亲和他妹子。昨儿他妹子各人抹了脖子了。"凤姐道:"这又为什么?"兴儿随将柳湘莲的事说了一遍。凤姐道:"这个人还算造化高,省当那出名儿的忘八。"因又问道:"没了别的事了么?"兴儿道:"别的事奴才不知道。奴才刚才说的字字是实话,一字虚假,奶奶问出来只管打死奴才,奴才也无怨的。"

凤姐低了一回头,便又指着兴儿说道:"你这个猴儿崽子就该打死。这有什么瞒着我的?你想着瞒了我,就在你那糊涂爷跟前讨了好儿了,你新奶奶好疼你。我不看你刚才还有点怕惧儿,不敢撒谎,我把你的腿不给你砸折了呢。"说着喝声,"起去。"兴儿磕了个头,才爬起来,退到外间门口,不敢就走。凤姐道:"过来,我还有话呢。"兴儿赶忙垂手敬听。凤姐道:"你忙什么,新奶奶等着赏你什么呢?"兴儿也不敢抬头。

凤姐道:"你从今日不许过去。我什么时候叫你,你什么时候到。迟一步儿,你试试!出去罢。"兴儿忙答应几个"是",退出门来。凤姐又叫道:"兴儿!"兴儿赶忙答应回来。凤姐道:"快出去告诉你二爷去,是不是啊?"兴儿回道:"奴才不敢。"凤姐道:"你出去提一个字儿,提防你的皮!"兴儿连忙答应着才出去了。

凤姐又叫:"旺儿呢?"旺儿连忙答应着过来。凤姐把眼直瞪瞪的瞅了两三句话的工夫,才说道:"好旺儿,很好,去罢!外头有人提一个字儿,全在你身上。"旺儿答应着也出去了。

凤姐便叫倒茶。小丫头子们会意,都出去了。这里凤姐才和平儿说:"你都听见了?这才好呢。"平儿也不敢答言,只好陪笑儿。凤姐越想越气,歪在枕上只是出神,忽然眉头一皱,计上心来,便叫:"平儿来。"平儿连忙答应过来。凤姐道:"我想这件事竟该这么着才好。也不必等你二爷回来再商量了。"未知凤姐如何办理,下回分解。

第六十八回　苦尤娘赚入大观园　酸凤姐大闹宁国府

话说贾琏起身去后,偏值平安节度巡边在外,约一个月方回。贾琏未得确信,只得住在下处等候。及至回来相见,将事办妥,回程已是将两个月的限了。

谁知凤姐心下早已算定,只待贾琏前脚走了,回来便传各色匠役,收拾东厢房三间,照依自己正室一样装饰陈设。至十四日便回明贾母王夫人,说十五日一早要到姑子庙进香去。只带了平儿、丰儿、周瑞媳妇、旺儿媳妇四人,未曾上车,便将缘故告诉了众人。又吩咐众男人,素衣素盖,一径前来。

兴儿引路,一直到了二姐门前扣门。鲍二家的开了。兴儿笑说:"快回二奶奶去,大奶奶来了。"鲍二家的听了这句,顶梁骨走了真魂,忙飞进报与尤二姐。尤二姐虽也一惊,但已来了,只得以礼相见,于是忙整衣迎了出来。至门前,凤姐方下车进来。尤二姐一看,只见头上皆是素白银器,身上月白缎袄,青缎披风,白绫素裙。眉弯柳叶,高吊两梢,目横丹凤,神凝三角。俏丽若三春之桃,清素若九秋之菊。周瑞旺儿二女人搀入院来。尤二姐陪笑忙迎上来万福,张口便叫:"姐姐下降,不曾远接,望恕仓促之罪。"说着便福了下来。凤姐忙陪笑还礼不迭。二人携手同入室中。

凤姐上座,尤二姐命丫鬟拿褥子来便行礼,说:"奴家年轻,一从到了这里,诸事皆系家母

和家姐商议主张。今日有幸相会，若姐姐不弃奴家寒微，凡事求姐姐的指示教训。奴亦倾心吐胆，只服侍姐姐。"说着，便行下礼去。

凤姐儿忙下座以礼相还，口内忙说："皆因奴家妇人之见，一味劝夫慎重，不可在外眠花卧柳，恐惹父母担忧。此皆是你我之痴心，怎奈二爷错会奴意。眠花宿柳之事瞒奴或可；今娶姐姐二房之大事亦人家大礼，亦不曾对奴说。奴亦曾劝二爷早行此礼，以备生育。不想二爷反以奴为那等嫉妒之妇，私自行此大事，并不说知。使奴有冤难诉，唯天地可表。前于十日之先奴已风闻，恐二爷不乐，遂不敢先说。今可巧远行在外，故奴家亲自拜见过，还求姐姐下体奴心，起动大驾，挪至家中。你我姊妹同居同处，彼此合心谏劝二爷，慎重世务，保养身体，方是大礼。若姐姐在外，奴在内，虽愚贱不堪相伴，奴心又何安。再者，使外人闻知，亦甚不雅观。二爷之名也要紧，倒是谈论奴家，奴亦不怨。所以今生今世奴之名节全在姐姐身上。那起下人小人之言，未免见我素日持家太严，背后加减些语言，自是常情。姐姐乃等样人物，岂可信真。若我实有不好之处，上头三层公婆，中有无数姊妹妯娌，况贾府世代名家，岂容我到今日。今日二爷私娶姐姐在外，若别人则怒，我则以为幸。正是天地神佛不忍我被小人们诽谤，故生此事。我今来求姐姐进去和我一样同居同处，同分同例，同侍公婆，同谏丈夫。喜则同喜，悲则同悲；情似亲妹，和比骨肉。不但那起小人见了，自悔从前错认了我；就是二爷来家一见，他作丈夫之人，心中也未免暗悔。所以姐姐竟是我的大恩人，使我从前之名一洗无余了。若姐姐不随奴去，奴亦情愿在此相陪。奴愿作妹子，每日服侍姐姐梳头洗面。只求姐姐在二爷跟前替我好言方便方便，容我一席之地安身，奴死也愿意。"说着，便呜呜咽咽哭将起来。尤二姐见了这般，也不免滴下泪来。

二人吃茶，对诉已往之事。凤姐口内全是自怨自错，"怨不得别人，如今只求姐姐疼我"等语。尤二姐见了这般，便认他作是个极好的人，小人不遂心诽谤主子亦是常理，故倾心吐胆，叙了一回，竟把凤姐认为知己。又见周瑞家的等媳妇在旁边称扬凤姐素日许多善政，只是吃亏人太痴了，惹人怨，又说"已经预备了房屋，奶奶进去一看便知。"

尤氏心中早已要进去同住方好，今又见如此，岂有不允之理，凤姐听了，便命周瑞家的记清，好生看管着抬到东厢房去。

于是催着尤二姐穿戴了，二人携手上车，又同坐一处，又悄悄的告诉他："我们家的规矩大。这事老太太一概不知，倘或知二爷孝中娶你，管把他打死了。如今且别见老太太、太太。我们有一个花园子极大，姊妹住着，容易没人去的。你这一去且在园里住两天，等我设个法子回明白了，那时再见方妥。"尤二姐道："任凭姐姐裁处。"那些跟车的小厮们皆是预先说明的，如今不去大门，只奔后门而来。

下了车，赶散众人。凤姐便带尤氏进了大观园的后门，来到李纨处相见了。彼时大观园中十停人已有九停人知道了，今忽见凤姐带了进来，引动多人来看问。尤二姐一一见过。众人见他标致和悦，无不称扬。凤姐一一的吩咐了众人："都不许在外走了风声，若老太太、太太知道，我先叫你们死。"园中婆子丫鬟都素惧凤姐的，又系贾琏国孝家孝中所行之事，知道关系非常，都不管这事。凤姐悄悄的求李纨收养几日，"等回明了，我们自然过去的。"李纨见凤姐那边已收拾房屋，况在服中，不好倡扬，自是正理，只得收下权住。凤姐又变法将他的丫头一概退出，又将自己的一个丫头送他使唤。暗暗吩咐园中媳妇们："好生照看着他。若有走失逃亡，一概和你们算账。"自己又去暗中行事。合家之人都暗暗纳罕说："看他如何这等贤惠起来了。"

那尤二姐得了这个所在，又见园中姊妹各各相好，倒也安心乐业的自为得其所矣。谁知三日之后，丫头善姐便有些不服使唤起来。

那善姐渐渐连饭也怕端来与他吃，或早一顿，或晚一顿，所拿来之物，皆是剩的。尤二姐说过两次，他反先乱叫起来。尤二姐又怕人笑他不安分，少不得忍着。隔上五日八日见凤姐一面，那凤姐却是和容悦色，满嘴里姐姐不离口。又说："倘有下人不到之处，你降不住他们，只管告诉我，我打他们。"又骂丫头媳妇说："我深知你们，软的欺，硬的怕，背开我的眼，还怕谁。倘或二奶奶告诉我一个不字，我要你们的命。尤氏见他这般的好心，思想，"既有他，何

必我又多事。下人不知好歹，也是常情。我若告了，他们受了委屈，反叫人说我不贤良。"因此反替他们遮掩。

凤姐一面使旺儿在外打听细事，这尤二姐之事皆已深知。原来已有了婆家的，女婿现在才十九岁，成日在外嫖赌，不理生业，家私花尽，父亲撵他出来，现在赌钱场存身。父亲得了尤婆十两银子退了亲的，这女婿尚不知道。原来这小伙子名叫张华。凤姐都一一尽知原委，便封了二十两银子与旺儿，悄悄命他将张华勾来养活，着他写一张状子，只管往有司衙门中告去，就告琏二爷"国孝家孝之中，背旨瞒亲，仗财依势，强逼退亲，停妻再娶"等语。

察院坐堂看状，见是告贾琏的事，上面有家人旺儿一人，只得遣人去贾府传旺儿来对词。青衣不敢擅入，只命人带信。那旺儿正等着此事，不用人带信，早在这条街上等候。见了青衣，反迎上去笑道："起动众位兄弟，必是兄弟的事犯了。说不得，快来套上。"众青衣不敢，只说："你老去罢，别闹了。"于是来至堂前跪了。

察院命将状子与他看，旺儿故意看了一遍，碰头说道："这事小的尽知，小的主人实有此事。但这张华素与小的有仇，故意攀扯小的在内。其中还有别人，求老爷再问。"张华碰头说："虽还有人，小的不敢告他，所以只告他下人。"旺儿故意急的说："糊涂东西，还不快说出来！这是朝廷公堂之上，凭是主子，也要说出来。"张华便说出贾蓉来。

且说贾蓉等正忙着贾珍之事，忽有人来报信，说有人告你们如此如此，这般这般，快作道理。贾蓉慌了，忙来回贾珍。贾珍说："我防了这一着，只亏他大胆子。"即刻封了二百银子着人去打点察院，又命家人去对词。正商议之间，人报："西府二奶奶来了。"贾珍听了这个，倒吃了一惊，忙要同贾蓉藏躲。不想凤姐进来，说："好大哥哥，带着兄弟们干的好事！"贾蓉忙请安，凤姐拉了他就进来。贾珍还笑说："好生伺候你姑娘，吩咐他们杀牲口备饭。"说了，忙命备马，躲往别处去了。

这里凤姐儿带着贾蓉走来上房，尤氏正迎了出来，见凤姐气色不善，忙笑说："什么事情这等忙？"凤姐照脸一口唾沫啐道："你尤家的丫头没人要了，偷着只往贾家送！难道贾家的人都是好的，普天下死绝了男人了！你就愿意给，也要三媒六证，大家说明，成个体统才是。你瘦迷了心，脂油蒙了窍，国孝家孝两重在身，就把人家送来了。这会子被人家告我们，我又是个没脚蟹，连官场中都知道我利害吃醋，如今指名提我，要休我。我来了你家，干错了什么不是，你这等害我？或是老太太、太太有了话在你心里，使你们做这圈套，要挤我出去。如今咱们两个一同去见官，分证明白。回来咱们公同请了合族中人，大家觌面说个明白。给我休书，我就走路。"一面说，一面大哭，拉着尤氏，只要去见官。急的贾蓉跪在地下碰头，只求："姑娘婶子息怒。"

凤姐儿听说，哭着两手搬着尤氏的脸紧对相问道："你发昏了？你的嘴里难道有茄子塞着？不然他们给你嚼子衔上了？为什么你不告诉我去？你若告诉了我，这会子平安不了？怎得经官动府，闹到这步田地，你这会子还怨他们。自古说：'妻贤夫祸少，表壮不如里壮。'你但凡是个好的，他们怎得闹出这些事来！你又没才干，又没口齿，锯了嘴子的葫芦，就只会一味瞎小心图贤良的名儿。总是他们也不怕你，也不听你。"说着啐了几口。尤氏也哭道：

"何曾不是这样。你不信问问跟的人，我何曾不劝的，也得他们听。叫我怎么样呢，怨不得妹妹生气，我只好听着罢了。"

凤姐见他母子这般，也再难往前施展了，只得又转过了一副形容言谈来，与尤氏反陪礼说："我是年轻不知事的人，一听见有人告诉了，把我吓昏了，不知方才怎样得罪了嫂子。可是蓉儿说的'胳膊折了往袖子里藏'，少不得嫂子要体谅我。还要嫂子转替哥哥说了，先把这官司按下去才好。"尤氏贾蓉一齐都说："婶子放心，横竖一点儿连累不着叔叔。婶子方才说用过了五百两银子，少不得我娘儿们打点五百两银子与婶子送去，好补上的，不然岂有反教婶子又添上亏空之名，越发我们该死了。但还有一件，老太太、太太们跟前婶子还要周全方便，别提这些话方好。"

凤姐儿又冷笑道："你们饶压着我的头干事，这会子反哄着我替你们周全。我虽然是个呆子，也呆不到如此。嫂子的兄弟是我的丈夫，嫂子既怕他绝后，我岂不更比嫂子更怕绝后。嫂子的令妹就是我的妹子一样。我一听见这话，连夜喜欢的连觉也睡不成，赶着传人收拾了屋子，就要接进来同住。倒是奴才小人的见识，他们倒说：'奶奶太好性了。若是我们的主意，先回了老太太、太太看是怎样，再收拾房子去接也不迟。'我听了这话，教我要打要骂的，才不言语。谁知偏不称我的意，偏打我的嘴，半空里又跑出一个张华来告了一状。我听见了，吓的两夜没合眼儿，又不敢声张，只求人去打听这张华是什么人，这样大胆。打听了两日，谁知是个无赖的花子。我年轻不知事，反笑了，说：'他告什么?'倒是小子们说：'原是二奶奶许了他的。他如今正是急了，冻死饿死也是个死；现在有这个理他抓着，纵然死了，死的倒比冻死饿死还值些。怎么怨的他告呢。这事原是爷做的太急了。国孝一层罪，家孝一层罪，背着父母私娶一层罪，停妻再娶一层罪。俗语说："拼着一身剐，敢把皇帝拉下马。"他穷疯了的人，什么事作不出来，况且他又拿着这满理，不告等请不成。'嫂子说，我便是个韩信张良，听了这话，也把智谋吓回去了。你兄弟又不在家，又没个商议，少不得拿钱去垫补，谁知越使钱越被人拿住了刀靶，越发来讹。我是耗子尾巴上长疮——多少脓血儿? 所以又急又气，少不得来找嫂子。"

凤姐也不多坐，执意就走了。进园中将此事告诉与尤二姐，又说我怎么操心打听，又怎么设法子，须得如此如此方救下众人无罪，少不得我去拆开这鱼头，大家才好。不知端的，且听下回分解。

第六十九回　弄小巧用借剑杀人　觉大限吞生金自逝

话说尤二姐听了，又感谢不尽，只得跟了他来。尤氏那边怎好不过来的，少不得也过来跟着凤姐去回，方是大礼。凤姐笑说："你只别说话，等我去说。"尤氏道："这个自然。但一有个不是，是往你身上推的。"说着，大家先来至贾母房中。

正值贾母和园中姊妹们说笑解闷，忽见凤姐带了一个标致小媳妇进来，忙觑着眼看，说："这是谁家的孩子! 好可怜见的。"凤姐上来笑道："老祖宗倒细细的看看，好不好?"说着，忙拉二姐说："这是太婆婆，快磕头。"二姐忙行了大礼，展拜起来。又指着众姊妹说：这是某人某人，你先认了，太太瞧过了再见礼。二姐听了，一一又从新故意的问过，垂头站在旁边。贾母上下瞧了一遍，因又笑问："你姓什么? 今年十几了?"凤姐忙又笑说："老祖宗且别问，只说比我俊不俊。"贾母又戴了眼镜，命鸳鸯琥珀："把那孩子拉过来，我瞧瞧肉皮儿。"众人都抿嘴儿笑着，只得推他上去。贾母细瞧了一遍，又命琥珀："拿出手来我瞧瞧。"鸳鸯又揭起裙子来。贾母瞧毕，摘下眼镜来，笑说道："更是个齐全孩子，我看比你俊些。"

凤姐听说，笑着忙跪下，将尤氏那边所编之话，一五一十细细的说了一遍，"少不得老祖

宗发慈心，先许他进来，住一年后再圆房。"贾母听了道："这有什么不是。既你这样贤良，很好。只是一年后方可圆得房。"凤姐听了，叩头起来，又求贾母着两个女人一同带去见太太们，说是老祖宗的主意。贾母依允，遂使二人带去见了邢夫人等。王夫人正因他风声不雅，深为忧虑，见他今行此事，岂有不乐之理。于是尤二姐自此见了天日，挪到厢房住居。

凤姐一面使人暗暗调唆张华，只叫他要原妻，这里还有许多赔送外，还给他银子安家过活。张华原无胆无心告贾家的，后来又见贾蓉打发人来对词，那人原说的："张华先退了亲。我们皆是亲戚。接到家里住着是真，并无娶嫁之说。皆因张华拖欠了我们的债务，追索不与，方诬赖小的主人那些个。"察院都和贾王两处有瓜葛，况又受了贿，只说张华无赖，以穷讹诈，状子也不收，打了一顿赶出来。庆儿在外替他打点，也没打重。又调唆张华："亲原是你家定的，你只要亲事，官必还断给你。"于是又告。王信那边又透了消息与察院，察院便批："张

华所欠贾宅之银，令其限内按数交还；其所定之亲，仍令其有力时娶回。"又传了他父亲来当堂批准。他父亲亦系庆儿说明，乐得人财两进，便去贾家领人。

凤姐儿一面吓的来回贾母，说如此这般，"都是珍大嫂子干事不明，并没和那家退准，惹人告了，如此官断。"贾母听了，忙唤出尤氏过来，说他作事不妥，"既是你妹子从小曾与人指腹为婚，又没退断，使人混告了。"尤氏听了，只得说："他连银子都收了，怎么没准。"凤姐在旁又说："张华的口供上现说不曾见银子，也没见人去。他老子说：'原是亲家母说过一次，并没应准。亲家母死了，你们就接进去作二房。'如此没有对证的话，只好由他去混说。幸而琏二爷不在家，没曾圆房，这还无妨。只是人已来了，怎好送回去，岂不伤脸。"贾母道："又没圆房，没的强占人家有夫之人，名声也不好，不如送给他去。哪里寻不出好人来。"尤二姐听了，又回贾母说："我母亲实于某年月日给了他十两银子退准的。他因穷急了告，又翻了口。我姐姐原没错办。"贾母听了，便说："可见刁民难惹。既这样，凤丫头去料理料理。"凤姐听了无法，只得应着。回来只命人去找贾蓉。

贾蓉深知凤姐之意，若要使张华领回，成何体统，便回了贾珍，暗暗遣人去说张华："你如今既有许多银子，何必定要原人。若只管执定主意，岂不怕爷们一怒，寻出个由头，你死无葬身之地。你有了银子，回家去什么好人寻不出来。你若走时，还赏你些路费。"张华听了，心中想了一想，这倒是好主意，和父亲商议已定，约共也得了有百金，父子次日起个五更，便回原籍去了。

那贾琏一日事毕回来，先到了新房中，已静悄悄的封锁，只有一个看房子的老头儿。贾琏问他缘故，老头子细说原委，贾琏只在镫中跌足。少不得来见贾赦与邢夫人，将所完之事回明。贾赦十分欢喜，说他中用，赏了他一百两银子，又将房中一个十七岁的丫鬟名唤秋桐者，赏他为妾。贾琏叩头领去，喜之不尽。见了贾母和家人，回来见凤姐，未免脸上有些愧色。谁知凤姐儿他反不似往日容颜，同尤二姐一同出迎，叙了寒温。贾琏将秋桐之事说了，未免脸上有些得意之色，骄矜之容。凤姐听了，忙命两个媳妇坐车往那边接了来。心中一刺

未除，又凭空添了一刺，说不得且吞声忍气，将好颜面换出来遮掩。一面又命摆酒接风，一面带了秋桐来见贾母与王夫人等。贾琏心中也暗暗的纳罕。

秋桐自为系贾赦之赐，无人僭他的，连凤姐、平儿皆不放在眼里，岂肯容他。张口是"先奸后娶没汉子要的娼妇，也来要我的强。"凤姐听了暗乐，尤二姐听了暗愧暗怒暗气。凤姐既装病，便不和尤二姐吃饭了。每日只命人端了菜饭到他房中去吃，那茶饭系都系不堪之物。平儿看不过，自拿了钱出来弄菜与他吃，或是有时只说和他园中去玩，在园中厨内另做了汤水与他吃，也无人敢回凤姐。只有秋桐一时撞见了，便去说舌告诉凤姐说："奶奶的名声，生是平儿弄坏了的。这样好菜好饭浪着不吃，却往园里去偷吃。"凤姐听了，骂平儿说："人家养猫拿耗子，我的猫只倒咬鸡。"平儿不敢多说，自此也要远着了。又暗恨秋桐，难以出口。

凤姐虽恨秋桐，且喜借他先可发脱二姐，自己且抽头，用"借剑杀人"之法，"坐山观虎斗"，等秋桐杀了尤二姐，自己再杀秋桐。主意已定，没人处常又私劝秋桐说："你年轻不知事。他现是二房奶奶，你爷心坎儿上的人，我还让他三分，你去硬碰他，岂不是自寻其死？"那秋桐听了这话，越发恼了，天天大口乱骂说："奶奶是软弱人，那等贤惠，我却做不来。奶奶把素日的威风怎都没了。奶奶宽洪大量，我却眼里揉不下沙子去。让我和他这淫妇做一回，他才知道。"凤姐儿在屋里，只装不敢出声儿。气的尤二姐在房里哭泣，饭也不吃，又不敢告诉贾琏。次日贾母见他眼红红的肿了，问他，又不敢说。

那尤二姐原是个花为肠肚雪作肌肤的人，如何经得这般磨折，不过受了一个月的暗气，便恹恹得了一病，四肢懒动，茶饭不进，渐次黄瘦下去。夜来合上眼，只见他小妹子手捧鸳鸯宝剑前来说："姐姐，你一生为人心痴意软，终吃了这亏。休信那妒妇花言巧语，外作贤良，内藏奸狡，他发恨定要弄你一死方罢。若妹子在世，断不肯令你进来，即进来时，亦不容他这样。此亦系理数应然，你我生前淫奔不才，使人家丧伦败行，故有此报。你依我将此剑斩了那妒妇，一同归至警幻案下，听其发落。不然，你则白白的丧命，且无人怜惜。"尤二姐泣道："妹妹，我一生行止既亏，今日之报既系当然，何必又生杀戮之冤。随我去忍耐。若天见怜，使我好了，岂不两全。"小妹笑道："姐姐，你终是个痴人。自古'天网恢恢，疏而不漏'，天道好还。你虽悔过自新，然已将人父子兄弟致于麇聚之乱，天怎容你安生。"尤二姐泣道："既不得安生，亦是理之当然，奴亦无怨。"小妹听了，长叹而去。

尤二姐惊醒，却是一梦。等贾琏来看时，因无人在侧，便泣说："我这病便不能好了。我来半年，腹中也有身孕，但不能预知男女。倘天见怜，生了下来还可，若不然，我这命就不保，何况于他。"贾琏亦泣说："你只放心，我请名人来医治。"于是出去即刻请医生。

谁知王太医亦谋干了军前效力，回来好讨荫封的。小厮们走了，便请了个姓胡的太医，名叫君荣。进来诊脉看了，说是经水不调，全要大补。

一时掩了帐子，贾琏就陪他出来，问是如何。胡太医道："不是胎气，只是瘀血凝结。如今只以下迂血通经脉要紧。"于是写了一方，作辞而去。贾琏命人送了药礼，抓了药来，调服下去。只半夜，尤二姐腹痛不止，谁知竟将一个已成形的男胎打了下来。于是血行不止，二姐就昏迷过去。贾琏闻知，大骂胡君荣。一面再遣人去请医调治，一面命人去打告胡君荣。胡君荣听了，早已卷包逃走。

这里太医便说："本来气血生成亏弱，受胎以来，想是着了些气恼，郁结于中。这位先生擅用虎狼之剂，如今大人元气十分伤其八九，一时难保就愈。煎丸二药并行，还要一些闲言闲事不闻，庶可望好。"说毕而去。急的贾琏查是谁请了姓胡的来，一时查了出来，便打了半死。

凤姐比贾琏更急十倍，只说："咱们命中无子，好容易有了一个，又遇见这样没本事的大夫。"于是天地前烧香礼拜，自己通陈祷告说："我或有病，只求尤氏妹子身体大愈，再得怀胎生一男子，我愿吃长斋念佛。"贾琏众人见了，无不称赞。

晚间，贾琏在秋桐房中歇了，凤姐已睡，平儿过来瞧他，又悄悄劝他："好生养病，不要理那畜生。"尤二姐拉他哭道："姐姐，我从到了这里，多亏姐姐照应。为我，姐姐也不知受了多少闲气。我若逃的出命来，我必答报姐姐的恩德；只怕我逃不出命来，也只好等来生罢。"平

儿也不禁滴泪说道:"想来都是我坑了你。我原是一片痴心,从没瞒他的话。既听见你在外头,岂有不告诉他的。谁知生出这些个事来。"尤二姐忙道:"姐姐这话错了。若姐姐便不告诉他,他岂有打听不出来的,不过是姐姐说的在先。况且我也要一心进来,方成个体统,与姐姐何干。"二人哭了一回,平儿又嘱咐了几句,夜已深了,方去安息。

这里尤二姐心下自思:"病已成势,日无所养,反有所伤,料定必不能好。况胎已打下,无可悬心,何必受这些零气,不如一死,倒还干净。常听见人说,生金子可以坠死,岂不比上吊自刎又干净。"想毕,拌挣起来,打开箱子,找出一块生金,也不知多重,恨命含泪便吞入口中,几次狠命直脖,方咽了下去。于是赶忙将衣服首饰穿戴齐整,上炕躺下了。当下人不知,鬼不觉。

到第二日早晨,丫鬟媳妇们见他不叫人,乐得且自己去梳洗。凤姐便和秋桐都上去了。平儿看不过,说丫头们:"你们就只配没人心的打着骂着使也罢了,一个病人,也不知可怜可怜。他虽好性儿,你们也该拿出个样儿来,别太过逾了,墙倒众人推。"丫鬟听了,急推房门进来看时,却穿戴的齐齐整整,死在炕上。于是方吓慌了,喊叫起来。平儿进来看了,不禁大哭。众人虽素日惧怕凤姐,然想尤二姐实在温和怜下,比凤姐原强,如今死去,谁不伤心落泪,只不敢与凤姐看见。

当下合宅皆知。贾琏进来,搂尸大哭不止。凤姐也假意哭道:"狠心的妹妹!你怎么丢下我去了,辜负了我的心!"尤氏贾蓉等也来哭了一场,劝住贾琏。贾琏便回了王夫人,讨了梨香院停放五日,挪到铁槛寺去,王夫人依允。贾琏忙命人去开了梨香院的门,收拾出正房来停灵。贾琏嫌后门出灵不像,便对着梨香院的正墙上通街现开了一个大门。两边搭棚,安坛场做佛事。用软榻铺了锦缎衾褥,将二姐抬上榻去,用衾单盖了。八个小厮和几个媳妇围随,从内子墙一带抬往梨香院来。那里已请下天文生预备,揭起衾单一看,只见这尤二姐面色如生,比活着还美貌。贾琏又搂着大哭,只叫"奶奶,你死的不明,都是我坑了你!"

第七十回　林黛玉重建桃花社　史湘云偶填柳絮词

话说贾琏自在梨香院伴宿七日夜,天天僧道不断做佛事。贾母唤了他去,吩咐不许送往家庙中。贾琏无法,只得又和时觉说了,就在尤三姐之上点了一个穴,破土埋葬。那日送殡,只不过族中人与王信夫妇,尤氏婆媳而已。凤姐一应不管,只凭他自去办理。

这日清晨方醒,只见湘云又打发了翠缕来说:"请二爷快出去瞧好诗。"宝玉听了,忙问:"哪里的好诗?"翠缕笑道:"姑娘们都在沁芳亭上,你去了便知。"宝玉听了,忙梳洗了出来,果见黛玉、宝钗、湘云、宝琴、探春都在那里,手里拿着一篇诗看。见他来时,都笑说:"这会子还不起来,咱们的诗社散了一年,也没有人作兴。如今正是初春时节,万物更新,正该鼓舞另立起来才好。"湘云笑道:"一起诗社时是秋天,就不应发达。如今恰好万物逢春,皆主生盛。况这首桃花诗又好,就把海棠社改作桃花社。"宝玉听着,点头说:"很好。"且忙着要诗看。众人都又说:"咱们此时就访稻香老农去,大家议定好起的。"说着,一齐起来,都往稻香村来。

宝玉一壁走,一壁看那纸上写着《桃花行》一篇,曰:

> 桃花帘外东风软,桃花帘内晨妆懒。
> 帘外桃花帘内人,人与桃花隔不远。
> 东风有意揭帘栊,花欲窥人帘不卷。
> 桃花帘外开仍旧,帘中人比桃花瘦。
> 花解怜人花也愁,隔帘消息风吹透。
> 风透湘帘花满庭,庭前春色倍伤情。

闲苔院落门空掩，斜日栏杆人自凭。
凭栏人向东风泣，茜裙偷傍桃花立。
桃花桃叶乱纷纷，花绽新红叶凝碧。
雾裹烟封一万株，烘楼照壁红模糊。
天机烧破鸳鸯锦，春酣欲醒移珊枕。
侍女金盆进水来，香泉影蘸胭脂冷。
胭脂鲜艳何相类，花之颜色人之泪，
若将人泪比桃花，泪自长流花自媚。
泪眼观花泪易干，泪干春尽花憔悴。
憔悴花遮憔悴人，花飞人倦易黄昏。
一声杜宇春归尽，寂寞帘栊空月痕！

宝玉看了并不称赞，却滚下泪来。便知出自黛玉，因此落下泪来，又怕众人看见，又忙自己擦了。因问："你们怎么得来？"宝琴笑道："你猜是谁作的？"宝玉笑道："自然是潇湘子稿。"宝琴笑道："现是我作的呢。"宝玉笑道："我不信。这声调口气，迥乎不像蘅芜之体，所以不信。"宝钗笑道："所以你不通。难道杜工部首首只作'丛菊两开他日泪'之句不成！一般的也有'红绽雨肥梅''水荇牵风翠带长'之媚语。"宝玉笑道："固然如此说。但我知道姐姐断不许妹妹有此伤悼语句，妹妹虽有此才，是断不肯作的。比不得林妹妹曾经离丧，作此哀音。"众人听说，都笑了。

已至稻香村中，将诗与李纨看了，自不必说称赏不已。说起诗社，大家议定：明日乃三月初二日，就起社，就改"海棠社"为"桃花社"，林黛玉就为社主。明日饭后，齐集潇湘馆。因又大家拟题。黛玉便说："大家就作桃花诗一百韵。"宝钗道："使不得。从来桃花诗最多，纵作了必落套，比不得你这一首古风。须得再拟。"正说着，人回："舅太太来了。姑娘出去请安。"因此大家都往前头来见王子腾的夫人，陪着说话。吃饭毕，又陪入园中来，各处游玩一遍。至晚饭后掌灯方去。

次日乃是探春的寿日，元春早打发了两个小太监送了几件玩器。合家皆有寿仪，自不必说。饭后，探春换了礼服，各处行礼。黛玉笑向众人道："我这一社开的又不巧了，偏忘了这两日是他的生日。虽不摆酒唱戏的，少不得都要陪他在老太太、太太跟前玩笑一日，如何能得闲空儿。"因此改至初五。

时值暮春之际，史湘云无聊，因见柳花飘舞，便偶成一小令，调寄《如梦令》，其词曰：

岂是绣绒残吐，卷起半帘香雾，
纤手自拈来，空使鹃啼燕妒。且住，
且住！莫使春光别去。

自己作了，心中得意，便用一条纸儿写好，与宝钗看了，又来找黛玉。黛玉看毕，笑道："好，也新鲜有趣。我却不能。"湘云笑道："咱们这几社总没有填词。你明日何不起社填词，改个样儿，岂不新鲜些。"黛玉听了，偶然兴动，便说："这话说的极是。我如今便请他们去。"说着，一面吩咐预备了几色果点之类，一面就打发人

图文珍藏版

林黛玉
重建桃
花社

分头去请众人。这里他二人便拟了柳絮之题，又限出几个调来，写了绾在壁上。

众人来看时，以柳絮为题，限各色小调。又都看了史湘云的，称赏了一回。宝玉笑道："这词上我们倒平常，少不得也要胡诌起来。"于是大家拈阄，宝钗便拈得了《临江仙》，宝琴拈得了《西江月》，探春拈得了《南柯子》，黛玉拈得了《唐多令》，宝玉拈得了《蝶恋花》。紫鹃炷了一支梦甜香，大家思索起来。

一时黛玉有了，写完。接着宝琴宝钗都有了。他三人写完，互相看时，宝钗便笑道："我先瞧完了你们的，再看我的。"探春笑道："哎呀，今儿这香怎么这样快，已剩了三分了。我才有了半首。"因又问宝玉可有了。宝玉虽作了些，只是自己嫌不好，又都抹了，要另作，回头看香，已将烬了。李纨笑道："这算输了。蕉丫头的半首且写出来。"探春听说，忙写了出来。众人看时，上面却只半首《南柯子》，写道是：

　　空挂纤纤缕，徒垂络络丝，也难绾系也难羁，一任东西南北各分离。

李纨笑道："这也却好作，何不续上？"宝玉见香没了，情愿认负，不肯勉强塞责，将笔搁下，来瞧这半首。见没完时，反倒动了兴开了机，乃提笔续道是：

　　落去君休惜，飞来我自知。莺愁蝶倦晚芳时，纵是明春再见隔年期！

众人笑道："正经你分内的又不能，这却偏有了。纵然好，也不算得。"说着，看黛玉的《唐多令》：

　　粉堕百花州，香残燕子楼。一团团逐对成毬。漂泊亦如人命薄，空缱绻，说风流。
　　草木也知愁，韶华竟白头！叹今生谁舍谁收？嫁与东风春不管，凭尔去，忍淹留。

众人看了，俱点头感叹，说："太作悲了，好是固然好的。"因又看宝琴的是《西江月》：

　　汉苑零星有限，隋堤点缀无穷。三春事业付东风，明月梅花一梦。　　几处落红庭院，谁家香雪帘栊？江南江北一般同，偏是离人恨重！

众人都笑说："到底是他的声调壮。'几处''谁家'两句最妙。"宝钗笑道："终不免过于丧败。我想，柳絮原是一件轻薄无根无绊的东西，然依我的主意，偏要把他说好了，才不落套。所以我诌了一首来，未必合你们的意思。"众人笑道："不要太谦。我们且赏鉴，自然是好的。"因看这一首《临江仙》道是：

　　白玉堂前春解舞，东风卷得均匀。

湘云先笑道："好一个'东风卷得均匀'！这一句就出人之上了。"又看底下道：

　　蜂团蝶阵乱纷纷。几曾随逝水，岂必委芳尘。　　万缕千丝终不改，任他随聚随分。韶华休笑本无根，好风频借力，送我上青云！

众人拍案叫绝，都说："果然翻得好气力，自然是这首为尊。缠绵悲戚，让潇湘妃子；情致妩媚，却是枕霞；小薛与蕉客今日落第，要受罚。"宝琴笑道："我们自然受罚，但不知付白卷子的又怎么罚？"李纨道："不要忙，这定要重重罚他。下次为例。"

一语未了，只听窗外竹子上一声响，恰似窗屉子倒了一般，众人唬了一跳。丫鬟们出去瞧时，帘外丫鬟嚷道："一个大蝴蝶风筝挂在竹梢上了。"众丫鬟笑道："好一个齐整风筝！不知是谁家放断了绳，拿下他来。"宝玉等听了，也都出来看时，宝玉笑道："我认得这风筝。这是大老爷那院里娇红姑娘放的，拿下来给他送过去罢。"紫鹃笑道："难道天下没有一样的风筝，单他有这个不成？我不管，我且拿起来。"探春道："紫鹃也学小气了。你们一般的也有，这会子拾人走了的，也不怕忌讳。"黛玉笑道："可是呢，知道是谁放晦气的，快掉出去罢。把咱们的拿出来，咱们也放晦气。"紫鹃听了，赶忙命小丫头们将风筝送出与园门上值日的婆子去了，倘有人来找，好与他们去。

这里小丫头们听见放风筝，巴不得一声儿，七手八脚都忙着拿出个美人风筝来。也有搬高凳去的，也有捆剪子股的，也有拨籰子的。宝钗等都立在院门前，命丫头们在院外敞地下放去。宝琴笑道："你这个不大好看，不如三姐姐的那一个软翅子大凤凰好。"宝钗笑道："果然。"因回头向翠墨笑道："你把你们的拿来也放放。"翠墨笑嘻嘻的果然也取去了。

宝玉又兴头起来，也打发个小丫头子家去，说："把昨儿赖大娘送我的那个大鱼取来。"小丫头子去了半天，空手回来，笑道："晴姑娘昨儿放走了。"宝玉道："我还没放一遭儿呢。"

探春笑道:"横竖是给你放晦气罢了。"宝玉道:"也罢。再把那个大螃蟹拿来罢。"丫头去了,同了几个人扛了一个美人并簸子来,说道:"袭姑娘说,昨儿把螃蟹给了三爷了。这一个是林大娘才送来的,放这一个罢。"宝玉细看了一回,只见这美人做的十分精致。心中欢喜,便叫放起来。

此时探春的也取了来,翠墨带着几个小丫头子们在那边山坡上已放了起来。宝琴也命人将自己的一个大红蝙蝠也取来。宝钗也高兴,也取了一个来,却是一连七个大雁的,都放起来。独有宝玉的美人放不起去。宝玉说丫头们不会放,自己放了半天,只起房高便落下来了。急的宝玉头上出汗,众人又笑。宝玉恨的掷在地下,指着风筝道:"若不是个美人,我一顿脚踩个稀烂。"黛玉笑道:"那是顶线不好,拿出去另使人打了顶线就好了。"宝玉一面使人拿去打顶线,一面又取一个来放。大家都仰面而看,天上这几个风筝都起在半空中去了。

第七十一回　嫌隙人有心生嫌隙
鸳鸯女无意遇鸳鸯

话说贾政回京之后,诸事完毕,赐假一月在家歇息。因年景渐老,事重身衰,又近因在外几年,骨肉离异,今得晏然复聚于庭室,自觉喜幸不尽。一应大小事务一概益发付于度外,只是看书,闷了便与清客们下棋吃酒,或日间在里面母子夫妻共叙天伦庭闱之乐。

因今岁八月初三日乃贾母八旬之庆,又因亲友全来,恐筵宴排设不开,便早同贾赦及贾珍贾琏等商议,议定于七月二十八日起至八月初五日止荣宁两处齐开筵宴,宁国府中单请官客,荣国府中单请堂客,大观园中收拾出缀锦阁并嘉荫堂等处大地方来作退居。二十八日请皇亲驸马王公诸公主郡主王妃国君太君夫人等,二十九日便是阁下都府督镇及诰命等,三十日便是诸官长及诰命并远近亲友及堂客。初一日是贾赦的家宴,初二日是贾政,初三日是贾珍贾琏,初四日是贾府中合族长幼大小共凑的家宴。初五日是赖大林之孝等家下管事人等共凑一日。

至二十八日,两府中俱悬灯结彩,屏开鸾凤,褥设芙蓉,笙箫鼓乐之音,通衢越巷。宁府中本日只有北静王、南安郡王、永昌驸马、乐善郡王并几个世交公侯应袭,荣府中南安王太妃、北静王妃并几位世交公侯诰命。贾母等皆是按品大妆迎接。大家厮见,先请入大观园内嘉荫堂,茶毕更衣后,方出至荣庆堂上拜寿入席。大家谦逊半日,方才入席。

吃了茶,园中略逛了一逛,贾母等因又让入席。南安太妃便告辞,说身上不快,"今日若不来,实在使不得,因此恕我竟先要告别了。"贾母等听说,也不便强留,大家又让了一回,送至园门,坐轿而去。接着北静王妃略坐一坐也就告辞了。余者也有终席的,也有不终席的。

贾母劳乏了一日,次日便不出来会人,一应都是邢夫人王夫人管待。有那些世家子弟拜寿的,只到厅上行礼,贾赦、贾政、贾珍等还礼管待,至宁府坐席。不在话下。

这几日,尤氏晚间也不回那府里去,白日间待客,晚间陪贾母玩笑,又帮凤姐料理出入大小器皿,以及收放赏礼事物。晚间在园内李纨房中歇宿。这日晚间服侍过贾母晚饭后,贾母因说:"你们也乏了,我也乏了,早些寻一点子吃的歇歇去。明儿还要起早呢。"尤氏答应着退了出来,到凤姐儿房里来吃饭。凤姐儿在楼上看着人收送礼的新围屏,只有平儿在房里与凤姐儿叠衣服。尤氏因问:"你们奶奶吃了饭了没有?"平儿笑道:"吃饭岂不请奶奶去的。"尤氏笑道:"既这样,我别处找吃的去。饿的我受不得了。"说着,就走。平儿忙笑道:"奶奶请回来。这里有点心,且点补一点儿,回来再吃饭。"尤氏笑道:"你们忙的这样,我园里和他姊妹们闹去。"一面说,一面就走。平儿留不住,只得罢了。

且说尤氏一径来至园中,只见园中正门与各处角门仍未关,犹吊着各色彩灯,因回头命小丫头叫该班的女人。那丫鬟走入班房中,竟没一个人影,回来回了尤氏。尤氏便命传管家的女人。这丫头应了便出去,到二门外鹿顶内,乃是管事的女人议事取齐之所。到了这里,

只有两个婆子分菜果呢。因问:"哪一位奶奶在这里?东府奶奶立等一位奶奶,有话吩咐。"

这两个婆子只顾分菜果,又听见是东府里的奶奶,不大在心上,因就回说:"管家奶奶们才散了。"小丫头道:"散了,你们家里传他去。"婆子道:"我们只管看屋子,不管传人。姑娘要传人再派传人的去。"小丫头听了道:"哎呀,哎呀,这可反了!怎么你们不传去?你哄那新来了的,怎么哄起我来了!素日你们不传谁传去!这会子打听了体己信儿,或是赏了哪位管家奶奶的东西,你们争着狗颠儿似的传去的,不知谁是谁呢。琏二奶奶要传,你们可也这么回?"这两个婆子一则吃了酒,二则被这丫头揭挑着弊病,便羞激怒了,因回口道:"扯你的臊!我们的事,传不传不与你相干!你不用揭挑我们,你想想,你那老子娘在那边管家爷们跟前比我们还更会溜须呢。什么'清水下杂面你吃我也见'的事,各家门,另家户,你有本事,排场你们那边人去。我们这边,你们还早些呢!"丫头听了,气白了脸,因说道:"好,好,这话说的好!"一面转身进来回话。

尤氏已早入园来,因遇见了袭人、宝琴、湘云三人同着地藏庵的两个姑子正说故事玩笑,尤氏因说饿了,先到怡红院,袭人装了几样荤素点心出来与尤氏吃。两个姑子、宝琴、湘云等都吃茶,仍说故事。

那小丫头子一径找了来,气狠狠的把方才的话都说了出来。尤氏听了,冷笑道:"这是两个什么人?"两个姑子并宝琴湘云等听了,生怕尤氏生气,忙劝说:"没有的事,必是这一个听错了。"两个姑子笑推这丫头道:"你这孩子好性气,那糊涂老嬷嬷们的话,你也不该来回才是。咱们奶奶万金之躯,劳乏了几日,黄汤辣水没吃,咱们哄他欢喜一会还不得一半儿,说这些话做什么。"袭人也忙笑拉出他去,说:"好妹子,你且出去歇歇,我打发人叫他们去。"尤氏道:"你不要叫人,你去就叫这两个婆子来,到那边把他们家的凤儿叫来。"袭人笑道:"我请去。"尤氏道:"偏不要你去。"两个姑子忙立起身来,笑道:"奶奶素日宽洪大量,今日老祖宗千秋,奶奶生气,岂不惹人议论。"宝琴湘云二人也都笑劝。尤氏道:"不为老太太的千秋,我断不依。且放着就是了。"

说话之间,袭人早又遣了一个丫头去到园门外找人,可巧遇见周瑞家的,这小丫头子就把这话告诉周瑞家的。周瑞家的虽不管事,因他素日仗着是王夫人的陪房,原有些体面,心性乖滑,专管各处献勤讨好,所以各处房里的主人都喜欢他。他今日听了这话,忙的便跑入怡红院来,一面飞走,一面口内说:"气坏了奶奶了,可了不得!我们家里,如今惯的太不堪了。偏生我不在跟前,若在跟前,且打给他们几个耳刮子,再等过了这几日算账。"尤氏见了他,也便笑道:"周姐姐你来,有个理你说说。这早晚门还大开着,明灯蜡烛,出入的人又杂,倘有不防的事,如何使得?因此叫该班的人吹灯关门。谁知一个人芽儿也没有。"周瑞家的道:"这还了得!前儿二奶奶还吩咐了他们,说这几日事多人杂,一晚就关门吹灯,不是园里人不许放进去。今儿就没了人。这事过了这几日,必要打几个才好。"

尤氏又说小丫头子的话。周瑞家的道:"奶奶不要生气,等过了事,我告诉管事的打他个臭死。只问他们,谁叫他们说这'各家门各家户'的话!我已经叫他们吹了灯,关上正门和角门子。"正乱着,只见凤姐儿打发人来请吃饭。尤氏道:"我也不饿了,才吃了几个饽饽,请你奶奶自吃罢。"

一时周瑞家的得便出去,便把方才的事回了凤姐,又说:"这两个婆子就是管家奶奶,时常我们和他说话,都似狠虫一般。奶奶若不戒饬,大奶奶脸上过不去。"凤姐道:"既这么着,记上两个人的名字,等过了这几日,捆了送到那府里凭大嫂子开发,或是打几下子,或是他开恩饶了他们,随他去就是了,什么大事。"周瑞家的听了,巴不得一声儿,素日因与这几个人不睦,出来了便命一个小厮到林之孝家传凤姐的话,立刻叫林之孝家的进来见大奶奶;一面又传人立刻捆起这两个婆子来,交到马圈里派人看守。

林之孝家的不知有什么事,此时已经点灯,忙坐车进来,先见凤姐。至二门上传进话去,丫头们出来说:"奶奶才歇了。大奶奶在园里,叫大娘见了大奶奶就是了。"林之孝家的只得进园来到稻香村,丫鬟们回进去,尤氏听了反过意不去,忙唤进他来,因笑向他道:"我不过为找人找不着因问你,你既去了,也不是什么大事,谁又把你叫进来,倒要你白跑一遭。不大的

事,已经撒开手了。"林之孝家的也笑道:"二奶奶打发人传我,说奶奶有话吩咐。"尤氏笑道:"这是哪里的话,只当你没去,白问你。这是谁又多事告诉了凤丫头,大约周姐姐说的。你家去歇着罢,没有什么大事。"李纨又要说缘故,尤氏反拦住了。

林之孝家的见如此,只得便回身出园去。可巧遇见赵姨娘,姨娘因笑道:"哎哟哟,我的嫂子!这会子还不家去歇歇,还跑些什么?"林之孝家的便笑说何曾不家去的,如此这般进来了。又是个齐头故事。赵姨娘原是好察听这些事的,且素日又与管事的女人们扳厚,互相连络,好作首尾。方才之事,已竟闻得八九,听林之孝家的如此说,便怎般如此告诉了林之孝家的一遍,林之孝家的听了,笑道:"原来是这事,也值一个屁!开恩呢,就不理论;心窄些儿,也不过打几下子就完了。"赵姨娘道:"我的嫂子,事虽不大,可见他们太张狂了些。巴巴的传进你来,明明戏弄你,玩算你。快歇歇去,明儿还有事呢,也不留你吃茶去。"

说毕,林之孝家的出来,到了侧门前,就有方才两个婆子的女儿上来哭着求情。林之孝家的笑道:"你这孩子好糊涂,谁叫你娘吃酒混说了,惹出事来,连我也不知道。二奶奶打发人捆他,连我还有不是呢。我替谁讨请去。"这两个小丫头子才七八岁,原不识事,只管哭啼求告。缠的林之孝家的没法,因说道:"糊涂东西!你放着门路不去,却缠我来。你姐姐现给了那边太太作陪房费大娘的儿子,你走过去告诉你姐姐,叫亲家娘和太太一说,什么完不了的事!"一语提醒了这一个,那一个还求。林之孝家的啐道:"糊涂攘的!他过去一说,自然都完了。没有个单放了他妈,又只打你妈的理。"说毕,上车去了。

这一个小丫头果然过来告诉了他姐姐,和费婆子说了。这费婆子原是邢夫人的陪房,起先也曾兴过时,只因贾母近来不大作兴邢夫人,所以连这边的人也减了威势。凡贾政这边有些体面的人,那边各各皆虎视眈眈。这费婆子常倚老卖老,仗着邢夫人,常吃些酒,嘴里胡骂乱怨的出气。如今贾母庆寿这样大事,干看着人家逞才卖技办事,呼幺喝六弄手脚,心中早已不自在,指鸡骂狗,闲言闲语的乱闹。这边的人也不和他较量。如今听了周瑞家的捆了他亲家,越发火上浇油,仗着酒兴,指着隔断的墙大骂一阵,便走上来求邢夫人,说他亲家并没什么不是,"不过和那府里的大奶奶的小丫头白斗了两句话,周瑞家的便调唆了咱家二奶奶捆到马圈里,等过了这两日还要打。求太太——我那亲家娘也是七八十岁的老婆子——和二奶奶说声,饶他这一次罢。"

邢夫人自为要鸳鸯之后讨了没意思,后来见贾母越发冷淡了他,凤姐的体面反胜自己;且前日南安太妃来了,要见他姊妹,贾母又只令探春出来,迎春竟似有如无,自己心内早已怨忿不乐,只是使不出来。又值这一干小人在侧,他们心内嫉妒挟怨之事不敢施展,便背地里造言生事,挑拨主人。先不过是告那边的奴才,后来渐次告到凤姐"只哄着老太太喜欢了他好就中作威作福,辖治着琏二爷,调唆二太太,把这边的正经太太倒不放在心上。"后来又告到王夫人,说:"老太太不喜欢太太,都是二太太和琏二奶奶调唆的。"邢夫人纵是铁心铜胆的人,妇女家终不免生些嫌隙之心,近日因此着实恶绝凤姐。今听了如此一篇话,也不说长短。

至次日一早,见过贾母,众族人中到齐,坐席开戏。贾母高兴,又见今日无远亲,都是自己族中子侄辈,只便衣常妆出来,堂上受礼。当中独设一榻,引枕靠背脚踏俱全,自己歪在榻上。榻之前后左右,皆是一色的小矮凳,宝钗、宝琴、黛玉、湘云、迎春、探春、惜春姊妹等围绕。因贾瑞之母也带了女儿喜鸾,贾琼之母也带了女儿四姐儿,还有几房的孙女儿,大小共有二十来个。贾母独见喜鸾和四姐儿生得又好,说话行事与众不同,心中喜欢,便命他两个也过来榻前同坐。宝玉却在榻上脚下与贾母捶腿。

首席便是薛姨妈,下边两溜皆顺着房头辈数下去。帘外两廊都是族中男客,也依次而坐。先是那女客一起一起行礼,后方是男客行礼。贾母歪在榻上,一命人说"免了罢",早已都行完了。然后赖大等带领众家人,从仪门直跪至大厅上,磕头礼毕,又是众家下媳妇,然后各房的丫鬟,足闹了两三顿饭时。然后又抬了许多雀笼来,在当院中放了生。贾赦等焚过了天地寿星纸,方开戏饮酒。直到歇了中台,贾母方进来歇息,命他们取便,因命凤姐儿留下喜鸾四姐儿玩两日再去。凤姐儿出来便和他母亲说,他两个母亲素日都承凤姐的照顾,也巴不

得一声儿。他两个也愿意在园内玩耍,至晚便不回家了。

邢夫人直至晚间散时,当着许多人陪笑和凤姐求情说:"我听见昨儿晚上二奶奶生气,打发周管家的娘子捆了两个老婆子,可也不知犯了什么罪。论理我不该讨情,我想老太太好日子,发狠的还舍钱舍米,周贫济老,咱们家先倒折磨起老人家来了。不看我的脸,权且看老太太,竟放了他们罢。"说毕,上车去了。

凤姐听了这话,又当着许多人,又羞又气,一时抓寻不着头脑,憋得脸紫涨,回头向赖大家的等笑道:"这是哪里的话。昨儿因为这里的人得罪了那府里的大嫂子,我怕大嫂子多心,所以尽让他发放,并不为着罪了我。这又是谁的耳报神这么快。"王夫人因问为什么事,凤姐儿笑将昨日的事说了。尤氏也笑道:"连我并不知道,你原也太多事了。"凤姐儿道:"我为你脸上过不去,所以等你开发,不过是个礼。就如我在你那里有人得罪了我,你自然送了来尽我开发。凭他是什么好奴才,到底错不过这个礼去。这又不知谁过去没的献勤儿,这也当作一件事情去说。"王夫人道:"你太太说的是。就是珍哥儿媳妇也不是外人,也不用这些虚礼。老太太的千秋要紧,放了他们为是。"说着,回头便命人去放了那两个婆子。

凤姐由不得越想越气越愧,不觉的灰心转悲,滚下泪来。因赌气回房哭泣,又不使人知觉。偏是贾母打发了琥珀来叫立等说话。琥珀见了,诧异道:"好好的,这是什么缘故?那里立等你呢。"凤姐听了,忙擦干了泪,洗面另施了脂粉,方同琥珀过来。

贾母因问道:"前儿这些人家送礼来的共有几家有围屏?"凤姐儿道:"共有十六家有围屏,十二架大的,四架小的炕屏。内中只有江南甄家一架大屏十二扇,大红缎子缂丝'满床笏',一面是泥金'百寿图'的,是头等的。还有粤海将军邬家一架玻璃的还罢了。"贾母道:"既这样,这两架别动,好生搁着,我要送人的。"凤姐儿答应了。

鸳鸯忽过来向凤姐儿面上只管瞧,引的贾母问说:"你不认得他?只管瞧什么。"鸳鸯笑道:"怎么他的眼肿肿的,所以我诧异,只管看。"贾母听说,便叫进前来,也觑着眼看。凤姐笑道:"才觉的一阵痒痒,揉肿了些。"鸳鸯笑道:"别又是受了谁的气了不成?"凤姐道:"谁敢给我气受,便受了气,老太太好日子,我也不敢哭的。"贾母道:"正是呢。我正要吃晚饭,你在这里打发我吃,剩下的你就和珍儿媳妇吃了。你两个在这里帮着两个师傅替我拣佛豆儿,你们也积积寿,前儿你姊妹们和宝玉都拣了,如今也叫你们拣拣,别说我偏心。"

说话时,先摆上一桌素的来,两个姑子吃了,然后才摆上荤的,贾母吃毕,抬出外间。尤氏凤姐儿二人正吃,贾母又叫把喜鸾四姐儿二人也叫来,跟他二人吃毕,洗了手,点上香,捧过一升豆子来。两个姑子先念了佛偈,然后一个一个的拣在一个簸箩内,每拣一个,念一声佛。明日煮熟了,令人在十字街结寿缘。贾母歪着听两个姑子又说些佛家的因果善事。

鸳鸯早已听见琥珀说凤姐哭之事,又和平儿前打听得缘故。晚间人散时,便回说:"二奶奶还是哭的,那边大太太当着人给二奶奶没脸。"贾母因问为什么缘故,鸳鸯便将缘故说了。贾母道:"这才是凤丫头知礼处,难道为我的生日由着奴才们把一族中的主子都得罪了也不管罢。这是大太太素日没好气,不敢发作,所以今儿拿着这个作法子,明是当着众人给凤儿没脸罢了。"正说着,只见宝琴等进来,也就不说了。

贾母因问:"你在哪里来。"宝琴道:"在园里林姐姐屋里大家说话的。"贾母忽想起一事来,忙唤一个老婆子来,吩咐他:"到园里各处女人们跟前嘱咐嘱咐,留下的喜姐儿和四姐儿,虽然穷,也和家里的姑娘们是一样,大家照看经心些。我知道咱们家的男男女女都是'一个富贵心,两只体面眼',未必把他两个放在眼里。有人小看了他们,我听见可不依。"婆子应了方要走时,鸳鸯道:"我说去罢。他们哪里听他的话。"说着,便一径往园子来。

先到稻香村中,李纨与尤氏都不在这里。问丫鬟们,说"都在三姑娘那里呢。"鸳鸯回身又来至晓翠堂,果见那园人都在那里说笑。见他来了,都笑说:"你这会子又跑来做什么?"又让他坐。鸳鸯笑道:"不许我也逛逛么?"于是把方才的话说了一遍。李纨忙起身听了,就叫人把各处的头儿唤了一个来。令他们传与诸人知道。不在话下。

且说鸳鸯一径回来,刚至园门前,只见角门虚掩,犹未上闩。此时园内无人来往,只有该班的房内灯光掩映,微月半天。鸳鸯又不曾有个作伴的,也不曾提灯笼,独自一个,脚步又

轻，所以该班的人皆不理会。偏生又要小解，因下了甬路，寻微草处，行至一湖山石后大桂树阴下来。刚转过石后，只听一阵衣衫响，吓了一惊不小。定睛一看，只见是两个人在那里，见他来了，便想往石后树丛藏躲。鸳鸯眼尖，趁月色见准一个穿红裙子梳鬅头高大丰壮身材的，是迎春房里的司棋。鸳鸯只当他和别女孩子也在此方便，见自己来了，故意藏躲恐吓着耍，因便笑叫道："司棋，你不快出来，吓着我，我就喊起来当贼拿了。这么大丫头了，没个黑家白日的只是玩不够。"

这本是鸳鸯的戏语，叫他出来。谁知他贼人胆虚，只当鸳鸯已看见他的首尾了，生恐叫喊起来使众人知觉更不好，且素日鸳鸯又和自己亲厚不比别人，便从树后跑出来，一把拉住鸳鸯，便双膝跪下，只说："好姐姐，千万别嚷！"鸳鸯反不知因何，忙拉他起来，笑问道："这是怎么说？"司棋满脸红胀，又流下泪来。鸳鸯再一回想，那一个人影恍惚像个小厮，心下便猜

着了八九，自己反羞的面红耳赤，又怕起来。因定了一会，忙悄问："那个是谁？"司棋复跪下道："是我姑舅兄弟。"鸳鸯啐了一口，道："要死，要死。"司棋又回头悄道："你不用藏着，姐姐已看见了，快出来磕头。"那小厮听了，只得也从树后爬出来，磕头如捣蒜。

鸳鸯忙要回身，司棋拉住苦求，哭道："我们的性命，都在姐姐身上，只求姐姐超生要紧！"鸳鸯道："你放心，我横竖不告诉一个人就是了。"一语未了，只听角门上有人说道："金姑娘已出去了，角门上锁罢。"鸳鸯正被司棋拉住，不得脱身，听见如此说，便接声道："我在这里有事，且略住手，我出来了。"司棋听了，只得松手让他去了——

第七十二回　王熙凤恃强羞说病
　　　　　　来旺妇倚势霸成亲

原来，那司棋因从小儿和他姑表兄弟在一处玩笑起住时，小儿戏言，便都订下将来不娶不嫁。近年大了，彼此又出落的品貌风流。常时司棋回家时，二人眉来眼去，旧情不忘，只不能入手。又彼此生怕父母不从，二人便设法彼此里外买嘱园内老婆子们留门看道，今日趁乱，方初次入港。虽未成双，却也海誓山盟，私传表记，已有无限风情了。忽被鸳鸯惊散，那小厮早穿花度柳，从角门出去了。司棋一夜不曾睡着，又后悔不来。至次日，见了鸳鸯，自是脸上一红一白，百般过不去。心内怀着鬼胎，茶饭无心，起坐恍惚。挨了两日，竟不听见有动静，方略放下了心。

这日晚间，忽有个婆子来悄告诉他道："你兄弟竟逃走了，三四天没归家。如今打发人四处找他呢。"司棋听了，气个倒仰，因思道："纵是闹了出来，也该死在一处。他自为是男人，先就走了，可见是个没情意的。"因此又添了一层气。次日便觉心内不快，百般支持不住，一头睡倒，恹恹的成了大病。

鸳鸯闻知那边无故走了一个小厮，园内司棋又病重，要往外挪，心下料定是二人惧罪之故，"生怕我说出来，方吓到这样。"因此自己反过意不去，指着来望候司棋，支出人去，反自己立身发誓，与司棋说："我若告诉一个人，立刻现死现报！你只管放心养病，别白糟蹋了小命儿。"司棋一把拉住，哭道："我的姐姐，咱们从小儿耳鬓厮磨，你不曾拿我当外人待，我也不敢怠慢了你。如今我虽一着走错，你若果然不告诉一个人，你就是我的亲娘一样。从此后我活一日是你给我一日，我的病好之后，把你立个长生牌位，我天天焚香礼拜，保佑你一生福寿双全。我若死了时，变驴变狗报答你。再俗语说，'千里搭长棚，没有不散的筵席。'再过三二年，咱们都是要离这里的。俗语又说，'浮萍尚有相逢日，人岂全无见面时。'倘或日后咱们遇见了，那时我又怎么报你的德行。"一面说，一面哭。

这一席话反把鸳鸯说的心酸，也哭起来了。因点头道："正是这话。我又不是管事的人，何苦我坏你的声名，我白去献勤。况且这事我自己也不便开口向人说。你只放心。从此养好了，可要安分守己，再不许胡行乱作了。"司棋在枕上点首不绝。

鸳鸯又安慰了他一番，方出来。因知贾琏不在家中，又因这两日凤姐儿声色怠惰了些，不似往日一样，因顺路也来望候。因进入凤姐门口，二门上的人见是他来，便立身待他进去。鸳鸯刚至堂屋中，只见平儿从里间出来，见了他来，便忙上来悄声笑道："才吃了一口饭歇了午睡，你且这屋里略坐坐。"

鸳鸯听了，只得同平儿到东边房里来。小丫头倒了茶来。鸳鸯因悄问："你奶奶这两日是怎么了？我看他懒懒的。"平儿见问，因房内无人，便叹道："他这懒懒的也不止今日了，这有一月之前便是这样。又兼这几日忙乱了几天，又受了些闲气，从新又勾起来。这两日比先又添了些病，所以支持不住，便露出马脚来了。"鸳鸯忙道："既这样，怎么不早请大夫来治？"平儿叹道："我的姐姐，你还不知道他的脾气。别说请大夫来吃药。我看不过，白问了一声身上觉怎么样，他就动了气，反说我咒他病了。饶这样，天天还是察三访四，自己再不肯看破些且养身子。"

鸳鸯道："虽然如此，到底该请大夫来瞧瞧是什么病，也都好放心。"平儿道："我的姐姐，说起病来，据我看也不是什么小症候。"鸳鸯忙道："是什么病呢？"平儿见问，又往前凑了一凑，向耳边说道："只从上月行了经之后，这一个月竟沥沥淅淅的没有止住。这可是大病不是？"鸳鸯听了，忙答道："哎哟！依你这话，这可不成了血山崩了。"平儿忙啐了一口，又悄笑道："你女孩儿家，这是怎么说的，倒会咒人呢。"鸳鸯见说，不禁红了脸，又悄笑："究竟我也不知什么是崩不崩的，你倒忘了不成，先我姐姐不是害这病死了。我也不知是什么病，因无心听见妈和亲家妈说，我还纳闷，后来也是听见妈细说缘故，才明白了一二分。"平儿笑道："你该知道的，我竟也忘了。"

二人正说着，只见小丫头进来向平儿道："方才朱大娘又来了。我们回了他奶奶才歇午觉，他往太太上头去了。"平儿听了点头。鸳鸯问："哪一个朱大娘？"平儿道："就是官媒婆那朱嫂子。因有什么孙大人家来和咱们求亲，所以他这两日天天弄个帖子来赖死赖活。"一语

未了，小丫头跑来说："二爷进来了。"说话之间，贾琏已走至堂屋门，口内唤平儿。

平儿答应着才迎出去，贾琏已找至这间房内来。至门前，忽见鸳鸯坐在炕上，便煞住脚，笑道："鸳鸯姐姐，今儿贵脚踏贱地。"鸳鸯只坐着，笑道："来请爷奶奶的安，偏又不在家的不在家，睡觉的睡觉。"贾琏笑道："姐姐一年到头辛苦服侍老太太，我还没看你去，哪里还敢劳动来看我们。正是巧的很，我才要找姐姐去。因为穿着这袍子热，先来换了夹袍子再过去找姐姐，不想天可怜，省我走这一趟，姐姐先在这里等我了。"一面说，一面在椅上坐下。

说着向鸳鸯道："这两日因老太太的千秋，所有的几千两银子都使了。几处房租地税通在九月才得，这会子竟接不上。明儿又要送南安府里的礼，又要预备娘娘的重阳节礼，还有几家红白大礼，至少还得三二千两银子用，一时难去支借。俗语说'求人不如求己'。说不得，姐姐担个不是，暂且把老太太查不着的金银家伙偷着运出一箱子来，暂押千数两银子支腾过去。不上半年的光景，银子来了，我就赎了交还，断不能叫姐姐落不是。"

鸳鸯听了，笑道："你倒会变法儿，亏你怎么想来。"贾琏笑道："不是我扯谎，若论除了姐姐，也还有人手里管的起千数两银子的，只是他们为人都不如你明白有胆量。我若和他们一说，反吓住了他们。所以我'宁撞金钟一下，不打破鼓三千'。"一语未了，忽有贾母那边的小丫头子忙忙走来找鸳鸯，说："老太太找姐姐半日，我们哪里没找到，却在这里。"鸳鸯听说，忙的且去见贾母。

贾琏见他去了，只得回来瞧凤姐。谁知凤姐已醒了，听他和鸳鸯借当，自己不便答话，只躺在榻上。听见鸳鸯去了，贾琏进来，凤姐因问道："他可应准了？"贾琏笑道："虽然未应准，却有几分成手，须得你晚上再和他一说，就十分成了。"凤姐笑道："我不管这事。倘或说准了，这会子说得好听，到有了钱的时节，你就丢在脖子后头，谁去和你打饥荒去。倘或老太太知道了，倒把我这几年的脸面都丢了。"

贾琏笑道："好人，你若说定了，我谢你如何？"凤姐笑道："你说，谢我什么？"贾琏笑道："你说要什么就给你什么。"平儿一旁笑道："奶奶倒不要谢的。昨儿正说，要作一件什么事，恰少一二百银子使，不如借了来，奶奶拿一二百银子，岂不两全其美。"凤姐笑道："幸亏提起我来，就是这样也罢。"贾琏笑道："你们太也狠了。你们这会子别说一千两的当头，就是现银子要三五千，只怕也难不倒。我不和你们借就罢了。这会子烦你说一句话，还要个利钱，真真了不得。"

一语未了，只见旺儿媳妇走进来。凤姐便问："可成了没有？"旺儿媳妇道："竟不中用。我说须得奶奶作主就成了。"贾琏便问："又是什么事？"凤姐儿见问，便说道："不是什么大事。旺儿有个小子，今年十七岁了，还没得女人，因要求太太房里的彩霞，不知太太心里怎么样，就没有计较得。前日太太见彩霞大了，二则又多病多灾的，因此开恩打发他出去了，给他老子娘随便自己拣女婿去罢。因此旺儿媳妇来求我。我想他两家也就算门当户对的，一说去自然成的，谁知他这会子来了说不中用。"贾琏道："这是什么大事，比彩霞好的多着呢。"

旺儿家的陪笑道："爷虽如此说，连他家还看不起我们，别人越发看不起我们了。好容易相看准一个媳妇，我只说求爷奶奶的恩典，替作成了。奶奶又说他必肯的，我就烦了人走过去试一试，谁知白讨了没趣。若论那孩子倒好，据我素日私意儿试他，他心里没有甚说的，只是他老子娘两个老东西太心高了些。"一语戳动了凤姐和贾琏，凤姐因见贾琏在此，且不作一声，只看贾琏的光景。贾琏心中有事，哪里把这点子事放在心里。待要不管，只是看着他是凤姐儿的陪房，且又素日出过力的，脸上实在过不去，因说道："什么大事，只管咕咕唧唧的。你放心且去，我明儿作媒打发两个有体面的人，一面说，一面带着定礼去，说就我的主意。他十分不依，叫他来见我。"旺儿家的看着凤姐，凤姐便扭嘴儿。

旺儿家的会意，忙爬下就给贾琏磕头谢恩。贾琏忙道："你只给你姑娘磕头。我虽如此说了这样行，到底也得你姑娘打发个人叫他女人上来，和他好说更好些。虽然他们必依，然这事也不可霸道了。"

晚间凤姐已命人唤了彩霞之母来说媒。那彩霞之母满心纵不愿意，见凤姐亲自和他说，何等体面，便心不由意的满口应了出去。今凤姐问贾琏，可说了没有，贾琏因说："我原要说

的,打听得他小儿子大不成人,故还不曾说。若果然不成人,且管教他两日,再给他老婆不迟。"凤姐听说,便说:"你听见谁说他不成人?"贾琏道:"不过是家里的人,还有谁。"凤姐笑道:"我们王家的人,连我还不中你们的意,何况奴才呢。我才竟和他母亲说了,他娘已经欢天喜地应了,难道又叫进他来不要了不成?"贾琏道:"既你说了,又何必退,明儿说给他老子好生管他就是了。"这里说话不提。

且说彩霞因前日出去,等父母择人,心中虽是与贾环有旧,尚未作准。今日又见旺儿每每来求亲,早闻得旺儿之子酗酒赌博,而且容颜丑陋,一技不知,自此心中越发懊恼。生恐旺儿仗凤姐之势,一时作成,终身为患,不免心中急躁。遂至晚间悄命他妹子小霞进二门来找赵姨娘,问了端的。

赵姨娘素日深与彩霞契合,巴不得与了贾环,方有个膀臂,不承望王夫人又放了出去。每唆贾环去讨,一则贾环羞口难开,二则贾环也不大甚在意,不过是个丫头,他去了,将来自然还有,遂迁延住不说,意思便丢开手。无奈赵姨娘又不舍,又见他妹子来问,是晚得空,便先求了贾政。贾政因说道:"且忙什么,等他们再念一二年书再放人不迟。我已经看中了两个丫头,一个与宝玉,一个给环儿。只是年纪还小,又怕他们误了书,所以再等一二年。"赵姨娘道:"宝玉已有了二年了,老爷还不知道?"贾政听了,忙问道:"谁给的?"赵姨娘方欲说话,只听外面一声响,不知何物,大家吃了一惊不小。要知端的,且听下回分解。

第七十三回　痴丫头误拾绣春囊
懦小姐不问累金凤

话说那赵姨娘和贾政说话,忽听外面一声响,不知何物。忙问时,原来是外间窗屉不曾扣好,塌了屈戍了吊下来。赵姨娘骂了丫头几句,自己带领丫鬟上好,方进来打发贾政安歇。不在话下。

却说怡红院中宝玉正才睡下,丫鬟们正欲各散安歇,忽听有人击院门。老婆子开了门,见是赵姨娘房内的丫鬟名唤小鹊的。问他什么事,小鹊不答,直往房内来找宝玉。只见宝玉才睡下,晴雯等犹在床边坐着,大家玩笑,见他来了,都问:"什么事,这时候又跑了来作什么?"小鹊笑向宝玉道:"我来告诉你一个信儿。方才我们奶奶这般如此在老爷前说了你。仔细明儿老爷问你话。"说着回身就去了。袭人命留他吃茶,因怕关门,遂一直去了。

这里宝玉听了,便如孙大圣听见了紧箍咒一般,登时四肢五内一齐皆不自在起来。想来想去,别无他法,且理熟了书预备明儿盘考。口内不舛错,便有他事,也可搪塞一半。想罢,忙披衣起来要读书。心中又自后悔,这些日子只说不提了,偏又丢生,早知该天天好歹温习些的。

如今打算打算,肚子内现可背诵的,不过只有"学""庸""二论"是带注背得出的。至上本《孟子》,就有一半是夹生的,若凭空提一句,断不能接背的;至"下孟",就有一大半忘了。算起五经来,因近来作诗,常把《诗经》读些,虽不甚精阐,还可塞责。别的虽不记得,素日贾政也幸未吩咐过读的,纵不知,也还不妨。

至于古文,这是那几年所读过的几篇,连"左传""国策""公羊""穀梁"汉唐等文,不过几十篇,这几年竟未曾温得半篇片语,虽闲时也曾遍阅,不过一时之兴,随看随忘,未下苦功夫,如何记得。这是断难塞责的。

更有时文八股一道,因平素深恶此道,原非圣贤之制撰,焉能阐发圣贤之微奥,不过作后人饵名钓禄之阶。虽贾政当日起身时选了百十篇命他读的,不过偶因见其中或一二股内,或承起之中,有作的或精致、或流荡、或游戏、或悲感,稍能动性者,偶一读之,不过供一时之兴趣,究竟何曾成篇潜心玩索。

如今若温习这个，又恐明日盘诘那个；若温习那个，又恐盘驳这个。况一夜之功，亦不能全然温习。因此越添了焦燥。自己读书不知紧要，却带累着一房丫鬟们皆不能睡。袭人麝月晴雯等几个大的是不用说，在旁剪烛斟茶；那些小的，都困眼朦胧，前仰后合起来。晴雯因骂道："什么蹄子们，一个个黑日白夜挺尸挺不够，偶然一次睡迟了些，就装出这腔调来了。再这样，我拿针戳你们两下子！"

话犹未了，只听外间咕咚一声，急忙看时，原来是一个小丫头子坐着打盹，一头撞到壁上了，从梦中惊醒，恰正是晴雯说这话之时，他怔怔的只当是晴雯打了他一下，遂哭央说："好姐姐，我再不敢了。"众人都发起笑来。

宝玉忙劝道："饶他去罢，原该叫他们都睡去才是。你们也该替换着睡去。"袭人忙道："小祖宗，你只顾你的罢。统共这一夜的工夫，你把心暂且用在这几本书上，等过了这一关，由你再张罗别的去，也不算误了什么。"宝玉听他说的恳切，只得又读。读了没有几句，麝月又斟了一杯茶来润舌，宝玉接茶吃了。因见麝月只穿着短袄，解了裙子，宝玉道："夜静了，冷，到底穿一件大衣裳才是。"麝月笑指着书道："你暂且把我们忘了，把心且略对着他些罢。"

话犹未了，只听金星玻璃从后房门跑进来，口内喊说："不好了，一个人从墙上跳下来了！"众人听说，忙问在哪里，即喝起人来，各处寻找。晴雯因见宝玉读书苦恼，劳费一夜神思，明日也未必妥当，心下正要替宝玉想出一个主意来脱此难，正好忽然逢此一惊，即便生计，向宝玉道："趁这个机会快装病，只说唬着了。"

此话正中宝玉心怀，因而遂传起上夜人等来，打着灯笼，各处搜寻，并无踪迹，都说："小姑娘家想是睡花了眼出去，风摇的树枝儿，错认作人了。"晴雯便道："别放诌屁！你们查的不严，怕担不是，还拿这话来支吾。才刚并不是一个人见的，宝玉和我们出去有事，大家亲见的。如今宝玉唬的颜色都变了，满身发热，我如今还要上房里取安魂丸药去。太太问起来，是要回明白的，难道依你说就罢了不成。"

众人听了，吓的不敢则声，只得又各处去找。晴雯和玻璃二人果出去要药，故意闹的众人皆知宝玉吓着了。王夫人听了，忙命人来看视给药，又吩咐各上夜人仔细搜查，又一面叫查二门外邻园墙上夜的小厮们。于是园内灯笼火把，直闹了一夜。至五更天，就传管家男女，命仔细查一查，拷问内外上夜男女等人。

贾母闻知宝玉被吓，细问缘由，不敢再隐，只得回明。贾母道："我料到必有此事。如今各处上夜都不小心，还是小事，只怕他们就是贼也未可知。"当下邢夫人并尤氏等都过来请安，凤姐、李纨及姊妹等皆陪侍，听贾母如此说，都默无所答。独探春出位笑道："近因凤姐姐身子不好，几日园内的人比先放肆了许多。先前不过是大家偷着一时半刻，或夜里坐更时，三四个人聚在一处，或掷骰或斗牌，小小的玩意，不过为熬困。近来渐次发诞，竟开了赌局，甚至有头家局主，或三十吊五十吊三百吊的大输赢。半月前竟有争斗相打之事。"贾母听了，忙说："你既知道，为何不早回我们来？"探春道："我因想着太太事多，且连日不自在，所以没回。只告诉了大嫂子和管事的人们，戒饬过几次，近日好些。"

贾母忙道："你姑娘家，如何知道这里头的利害。你自为要钱常事，不过怕起争端。殊不

知夜间既要钱,就保不住不吃酒;既吃酒,就免不得门户任意开锁。或买东西,寻张觅李,其中夜静人稀,趋便藏贼引奸引盗,何等事作不出来。况且园内的姊妹们起居所伴者皆系丫头媳妇们,贤愚混杂,贼盗事小,再有别事,倘略沾带些,关系不小。这事岂可轻恕。"探春听说,便默然归座。

凤姐虽未大愈,精神固比素常素稍减,今见贾母如此说,便忙道:"偏生我又病了。"遂回头命人速传林之孝家的等总理家事四个媳妇到来,当着贾母申饬了一顿。贾母命即刻查了头家赌家来,有人出首者赏,隐情不告者罚。

林之孝家的等见贾母动怒,谁敢狗私,忙至园内传齐人,一一盘查。虽不免大家赖一回,终不免水落石出。查得大头家三人,小头家八人,聚赌者通共二十多人,都带来见贾母,跪在院内磕响头求饶。贾母先问大头家名姓和钱之多少。原来这三个大头家,一个就是林之孝的两姨亲家,一个就是园内厨房内柳家媳妇之妹,一个就是迎春之乳母。这是三个为首的,余者不能多记。

贾母便命将骰子牌一并烧毁,所有的钱入官分散与众人,将为首者每人打四十大板,撵出,总不许再入;从者每人打二十大板,革去三月月钱,拨入圊厕行内。又将林之孝家的申饬了一番。林之孝家的见他的亲戚又与他打嘴,自己也觉没趣。迎春在座,也觉没意思。

黛玉、宝钗、探春等见迎春的乳母如此,也是物伤其类的意思,遂都起身笑向贾母讨情说:"这个妈妈素日原不玩的,不知怎么也偶然高兴。求看二姐姐面上,饶他这次罢。"贾母道:"你们不知。大约这些奶子们,一个个仗着奶过哥儿姐儿,原比别人有些体面,他们就生事,比别人更可恶,专管调唆主子护短偏向。我都是经过的。况且要拿一个作法,恰好果然就遇见了一个。你们别管,我自有道理。"宝钗等听说,只得罢了。

一时贾母歇晌,大家散出,都知贾母今日生气,皆不敢各散回家,只得在此暂候。尤氏便往凤姐儿处来闲话了一回,因他也不自在,只得往园内寻众姑嫂闲谈。邢夫人在王夫人处坐了一回,也就往园内散散心来。刚至园门前,只见贾母房内的小丫头子名唤傻大姐的笑嘻嘻走来,手内拿着个花红柳绿的东西,低头一壁瞧着,一壁只管走,不防迎头撞见邢夫人,抬头看见,方才站住。邢夫人因说:"这痴丫头,又得了个什么狗不识儿这么欢喜? 拿来我瞧瞧。"

原来这傻大姐年方十四五岁,是新挑上来的与贾母这边提水桶扫院子专作粗活的一个丫头。只因他生得体肥面阔,两只大脚,作粗活简捷爽利,且心性愚顽,一无知识,行事出言,常在规矩之外。贾母因喜欢他爽利便捷,又喜他出言可以发笑,便起名为"呆大姐",常闷来便引他取笑一回,毫无避忌,因此又叫他作"痴丫头"。他纵有失礼之处,见贾母喜欢他,众人也就不去苛责。

这丫头也得了这个力,若贾母不唤他时,便入园内来玩耍。今日正在园内掏促织,忽在山石背后得了一个五彩绣香囊,其华丽精致,固是可爱,但上面绣的并非花鸟等物,一面却是两个人赤条条的盘踞相抱,一面是几个字。这痴丫头原不认得是春意,便心下盘算:"敢是两个妖精打架? 不然必是两口子相打。"左右猜解不来,正要拿去与贾母看,是以笑嘻嘻的一壁看,一壁走,忽见了邢夫人如此说,便笑道:"太太真个说的巧,真个是狗不识呢。太太请瞧一瞧。"说着,便送过去。

邢夫人接来一看,吓得连忙死紧攥住,忙问"你是哪里得的?"傻大姐道:"我掏促织儿在山石上拣的。"邢夫人道:"快休告诉一人。这不是好东西,连你也要打死。皆因你素日是傻子,以后再别提起了。"这傻大姐听了,反吓的黄了脸,说:"再不敢了。"磕了个头,呆呆而去。邢夫人回头看时,都是些女孩儿,不便递与,自己便塞在袖内,心内十分罕异,揣摩此物从何而至,且不形于声色,且来至迎春室中。

迎春正因他乳母获罪,自觉无趣,心中不自在,忽报母亲来了,遂接入内室。奉茶毕,邢夫人因说道:"你这么大了,你那奶妈子行此事,你也不说说他。如今别人都好好的,偏咱们的人做出这事来,什么意思。"迎春低着头弄衣带,半晌答道:"我说他两次,他不听也无法。况且他是妈妈,只有他说我的,没有我说他的。"邢夫人道:"胡说! 你不好了他原该说,如今他犯了法,你就该拿出小姐的身份来。他敢不从,你就回我去才是。如今直等外人共知,是

什么意思。再者，只他去放头儿，还恐怕他巧言花语的和你借贷些簪环衣履作本钱，你这心活面软，未必不周接他些。若被他骗去，我是一个钱没有的，看你明日怎么过节。"迎春不语，只低头弄衣带。

邢夫人见他这般，因冷笑道："总是你那好哥哥好嫂子，一对儿赫赫扬扬，琏二爷凤奶奶，两口子遮天盖日，百事周到，竟通共这一个妹子，全不在意。但凡是我身上掉下来的，又有一话说——只好凭他们罢了。况且你又不是我养的，你虽然不是同他一娘所生，到底是同出一父，也该彼此瞻顾些，也免别人笑话。我想，天下的事也难较定，你是大老爷跟前人养的，这里探丫头也是二老爷跟前人养的，出身一样。如今你娘死了，从前看来，你两个的娘，只有你娘比如今赵姨娘强十倍。你该比探丫头强才是，怎么反不及他一半！谁知竟不然。这可不是异事。倒是我一生无儿无女，一生干净，也不能惹人笑话。"旁边伺侯的媳妇们便趁机道："我们的姑娘老实仁德，哪里像他们三姑娘伶牙俐齿，会要姊妹们的强。他们明知姐姐这样，他竟不顾恤一点儿。"邢夫人道："连他哥哥嫂子还如是，别人又作什么呢。"

一言未了，人回："琏二奶奶来了。"邢夫人听了，冷笑两声，命人出去说："请他自去养病，我这里不用他伺候。"接着又有探春的小丫头来报说："老太太醒了。"邢夫人方起身前边来。迎春送至院外方回。

绣桔因说道："如何，前儿我回姑娘，那一个攒珠累丝金凤竟不知哪里去了。回了姑娘，姑娘竟不问一声儿。我说必是老奶奶拿去典了银子放头儿的，姑娘不信，只说司棋收着呢。问司棋，司棋虽病着，心里却明白。我去问他，他说没有收起来，还在书架上匣内暂放着，预备八月十五日恐怕要戴呢。姑娘该问老奶奶一声，只是脸软怕人恼。如今竟怕着落，明儿要都戴时，独咱们不戴，是何意思呢。"

迎春道："何用问，自然是他拿去暂时借一肩儿。我只说他悄悄的拿了出去，不过一时半晌，仍旧悄悄的送来就完了，谁知他就忘了。今日偏又闹出来，问他想也无益。"绣桔道："何曾是忘记！他是试准了姑娘的性格，所以才这样。如今我有个主意：我竟走到二奶奶房里，将此事回了他，或他着人去要，或他省事拿几吊钱来替他赔补。如何？"迎春忙道："罢，罢，罢，省些事罢。宁可没有了，又何必生事。"绣桔道："姑娘怎么这样软弱。都要省起事来，将来连姑娘还骗了去呢，我竟去的是。"说着便走。迎春便不言语，只好由他。

谁知迎春乳母之媳王住儿媳妇正因他婆婆得了罪，来求迎春去讨情，听他们正说金凤一事，且不进去。也因素日迎春懦弱，他们都不放在心上。如今见绣桔立意去回凤姐，估着这事脱不去的，且又有求迎春之事，只得进来，陪笑先向绣桔说："姑娘，你别去生事。姑娘的金丝凤，原是我们老奶奶老糊涂了，输了几个钱，没的捞梢，所以暂借了去。原说一日半晌就赎的，因总未捞过本儿来，就迟住了。可巧今儿又不知是谁走了风声，弄出事来。虽然这样，到底主子的东西，我们不敢迟误下，终久是要赎的。如今还要求姑娘看从小儿吃奶的情常，往老太太那边去讨个情面，救出他老人家来才好。"迎春先便说道："好嫂子，你趁早儿打了这妄想，要等我去说情儿，等到明年也不中用的。方才连宝姐姐林妹妹大伙儿说情，老太太还不依，何况是我一个人。我自己愧还愧不来，反去讨臊去。"绣桔便说："赎金凤是一件事，说情是一件事，别绞在一处说。难道姑娘不去说情，你就不赎了不成？嫂子且取了金凤来再说。"

王住儿家的听见迎春如此拒绝他，绣桔的话又锋利无可回答，一时脸上过不去，也明欺迎春素日好性儿，乃向绣桔发话道："姑娘，你别太仗势了。你满家子算一算，谁的妈妈奶子不仗着主子哥儿姐儿多得些益，偏咱们就这样丁是丁卯是卯的，只许你们偷偷摸摸的哄骗了去。自从邢姑娘来了，太太吩咐一个月俭省出一两银子来与舅太太去，这里饶添了邢姑娘的使费，反少了一两银子。常时短了这个，少了那个，那不是我们供给？谁又要去？不过大家将就些罢了。算到今日，少些些也有三十两了。我们这一向的钱，岂不白填的限呢。"绣桔不待说完，便啐了一口，道："作什么你白填了三十两，我且和你算算账，姑娘要了些什么东西？"迎春见这媳妇发邢夫人之私意，忙止道："罢，罢，罢。你不能拿了金凤来，不必牵三扯四乱嚷。我也不要那凤了。便是太太们问时，我只说丢了，也妨碍不着什么的，你出去歇息歇息

倒好。"一面叫绣桔倒茶来。

绣桔又气又急，因说道："姑娘虽不怕，我们是作什么的，把姑娘的东西丢了。他倒赖说姑娘使了他们的钱，这如今竟要准折起来。倘或太太问姑娘为什么使了这些钱，敢是我们就中取势了？这还了得！"一行说，一行就哭了。司棋听不过，只得勉强过来，帮着绣桔问着那媳妇。迎春劝止不住，自拿了一本《太上感应篇》来看。

三人正没开交，可巧宝钗、黛玉、宝琴、探春等因恐迎春今日不自在，都约来安慰他。走至院中，听得两三个人较口。探春从纱窗内一看，只见迎春倚在床上看书，若有不闻之状。探春也笑了。小丫鬟们忙打起帘子，报道："姑娘们来了。"迎春方放下书起身。那媳妇见有人来，且又有探春在内，不劝而自止了，遂趁便要去。

探春坐下，便问："才刚谁在这里说话？倒像拌嘴似的。"迎春笑道："没有说什么，左不过是他们小题大作罢了。何必问他。"探春笑道："我才听见什么'金凤'，又是什么'没有钱只和我们奴才要'，谁和奴才要钱了？难道姐姐和奴才要钱了不成？难道姐姐不是和我们一样有月钱的，一样有用度不成？"司棋绣桔道："姑娘说的是了。姑娘们都是一样的，哪一位姑娘的钱不是由着奶奶妈妈们使，连我们也不知道怎样是算账，不过要东西只说得一声儿。如今他偏要说姑娘使过了头儿，他赔出许多来了。究竟姑娘何曾和他要什么了。"

探春笑道："姐姐既没有和他要，必定是我们或者和他们要了不成！你叫他进来，我倒要问问他。"迎春笑道："这话又可笑。你们又无沾碍，何得带累于他。"探春笑道："这倒不然。我和姐姐一样，姐姐的事和我的也是一般，他说姐姐就是说我。我那边的人有怨我的，姐姐听见也即同怨姐姐一理。咱们是主子，自然不理论那些钱财小事，只知想起什么要什么，也是有的事。但不知金累丝凤因何又夹在里头？"那王住儿媳妇生恐绣桔等告出他来，遂忙进来用话掩饰。探春深知其意，因笑道："你们所以糊涂。如今你奶奶已得了不是，趁此求求二奶奶，把方才的钱尚未散人的拿些来赎取了就完了。比不得没闹出来，大家都藏着留脸面；如今既是没了脸，趁此时纵有十个罪，也只一人受罚，没有砍两颗头的理。你依我，竟是和二奶奶说去。在这里大声小气，如何使得。"

这媳妇被探春说出真病，也无可赖了，只不敢往凤姐处自首。探春笑道："我不听见便罢，既听见，少不得替你们分解分解。"谁知探春早使个眼色与待书出去了。

这里正说话，忽见平儿进来。宝琴拍手笑说道："三姐姐敢是有驱神召将的符箓？"黛玉笑道："这倒不是道家玄术，倒是用兵最精的，所谓'守如处女，脱如狡兔'，出其不备之妙策也。"二人取笑。宝钗便使眼色与二人，令其不可，遂以别话岔开。探春见平儿来了，遂问："你奶奶可好些了？真是病糊涂了，事事都不在心上，叫我们受这样的委屈。"平儿忙道："姑娘怎么委屈？谁敢给姑娘气受，姑娘快别吩我。"

当时住儿媳妇儿方慌了手脚，遂上来赶着平儿叫："姑娘坐下，让我说缘故请听。"平儿正色道："姑娘这里说话，也有你我混插口的礼！你但凡知礼，只该在外头伺候。不叫你进不来的地方，几曾有外头的媳妇子们无故到姑娘们房里来的例。"绣桔道："你不知我们这屋里是没礼的，谁爱来就来。"平儿道："都是你们的不是。姑娘好性儿，你们就该打出去，然后再回太太去才是。"王住儿媳妇见平儿出了言，红了脸方退出去。

探春接着道："我且告诉你，若是别人得罪了我，倒还罢了。如今那住儿媳妇和他婆婆仗着是妈妈，又瞅着二姐姐好性儿，如此这般私自拿了首饰去赌钱，而且还捏造假账折算，威逼着还要去讨情，和这两个丫头在卧房里大嚷大叫，二姐姐竟不能辖治，所以我看不过，才请你来问一声：还是他原是天外的人，不知道理？还是谁主使他如此，先把二姐姐制伏，然后就要治我和四姑娘了？"平儿忙赔笑道："姑娘怎么今日说这话出来？我们奶奶如何当得起！"

探春冷笑道："俗语说的'物伤其类'，'齿竭唇亡'，我自然有些惊心。"平儿问迎春道："若论此事，还不是大事，极好处置。但他现是姑娘的奶嫂，据姑娘怎么样为是？"当下迎春只和宝钗阅"感应篇"故事，究竟连探春之语亦不曾闻得，忽见平儿如此说，仍笑道："问我，我也没什么法子。他们的不是，自作自受，我也不能讨情，我也不去苛责就是了。至于私自拿去的东西，送来我收下，不送来我也不要了。太太们要问，我可以隐瞒遮饰过去，是他的造

化,若瞒不住,我也没法,没有个为他们反欺枉太太们的理,少不得直说。你们若说我好性儿,没个决断,竟有好主意可以八面周全,不使太太们生气,任凭你们处治,我总不知道。"

众人听了,都好笑起来。黛玉笑道:"真是'虎狼屯于阶陛,尚谈因果'。若使二姐姐是个男人,这一家上下若许人,又如何裁治他们。"迎春笑道:"正是。多少男人尚如此,何况我哉。"一语未了,只见又有一人进来。正不知道是哪个,且听下回分解。

第七十四回　惑奸谗抄检大观园　矢孤介杜绝宁国府

话说平儿听迎春说了,正自好笑,忽见宝玉也来了。原来管厨房柳家的媳妇之妹,也因放头开赌得了不是。这园中有素与柳家不睦的,便又告出柳家来,说他和他妹子是伙计,虽然他妹子出名,其实赚了钱两个人平分。因此凤姐要治柳家之罪。

那柳家的因得此信,便慌了手脚,因思素与怡红院人最为深厚,故走来悄悄的央求晴雯金星玻璃等人。金星玻璃告诉了宝玉。宝玉因思内中迎春之乳母也现有此罪,不若来约同迎春去讨情,比自己独去单为柳家说情又更妥当,故此前来。忽见许多人在此,见他来时,都问:"你的病可好了?跑来作什么?"宝玉不便说出讨情一事,只说:"来看二姐姐。"当下众人也不在意,且说些闲话。

平儿便出去办累丝金凤一事。那王住儿媳妇紧跟在后,口内百般央求,只说:"姑娘好歹口内超生,我横竖去赎了来。"平儿笑道:"你迟也赎,早也赎,既有今日,何必当初。你的意思得过去就过去了。既是这样,我也不好意思告人,趁早去赎了来交与我送去,我一字不提。"王住儿媳妇听说,方放下心来,就拜谢,又说:"姑娘自去贵干,我赶晚拿了来,先回了姑娘,再送去,如何?"平儿道:"赶晚不来,可别怨我。"说毕,二人方分路各自散了。

平儿到房,凤姐问他:"三姑娘叫你作什么?"平儿笑道:"三姑娘怕奶奶生气,叫我劝着奶奶些,问奶奶这两天可吃些什么。"凤姐笑道:"倒是他还记挂着我。刚才又出来了一件事:有人来告柳二媳妇和他妹子通同开局,凡妹子所为,都是他作主。我想,你素日肯劝我'多一事不如省一事',就可闲一时心,自己保养保养也是好的。我因听不进去,果然应了些,先把太太得罪了,而且自己反赚了一场病。如今我也看破了,随他们闹去罢,横竖还有许多人呢。我白操一会子心,倒惹的万人咒骂。我且养病要紧;便是好了,我也作个好好先生,得乐且乐,得笑且笑,一概是非都凭他们去罢。所以我只答应着知道了,白不在我心上。"平儿笑道:"奶奶果然如此,便是我们的造化。"

一语未了,只见贾琏进来,拍手叹气道:"好好的又生事!前儿我和鸳鸯借当,那边太太怎么知道。才刚太太叫过我去,叫我不管哪里先迁挪二百银子,做八月十五日节间使用。

我回没处迁挪。太太就说：'你没有钱就有地方迁挪。我白和你商量，你就搪塞我。你就说没地方，前儿一千银子的当是哪里的？连老太太的东西你都有神通弄出来，这会子二百银子，你就这样。幸亏我没和别人说去。'我想太太分明不短，何苦来要寻事奈何人。"凤姐儿道："那日并没一个外人，谁走了这个消息。"

平儿听了，也细想那日有谁在此，想了半日，笑道："是了。那日说话时没一个外人，但晚上送东西来的时节，老太太那边傻大姐的娘也可巧来送浆洗衣服。他在下房里坐了一会子，见一大箱子东西，自然要问，必是小丫头们不知道，说了出来，也未可知。"因此便唤了几个小丫头来问，那日谁告诉呆大姐的娘。众小丫头慌了，都跪下赌咒发誓，说："自来也不敢多说一句话。有人凡问什么，都答应不知道。这事如何敢多说。"

凤姐详情说："他们必不敢，倒别委屈了他们。如今把这事靠后，且把太太打发了去要紧。宁可咱们短些，又别讨没意思。"因叫平儿："把我的金项圈拿来，且去暂押二百银子来送去完事。"贾琏道："越性多押二百，咱们也要使呢。"凤姐道："很不必，我没处使钱。这一去还不知指那一项赎呢。"平儿拿去，吩咐一个人唤了旺儿媳妇来领去，不一时拿了银子来。贾琏亲自送去，不在话下。

这里凤姐和平儿猜疑，终是谁人走的风声，竟拟不出人来。凤姐儿又道："知道这事还是小事，怕的是小人趁便又造非言，生出别的事来。打紧那边正和鸳鸯结下仇了，如今听得他私自借给琏二爷东西，那起小人眼馋肚饱，连没缝儿的鸡蛋还要下蛆呢，如今有了这个因由，恐怕又造出些没天理的话来也定不得。在你琏二爷还无妨，只是鸳鸯，正经女儿，带累了他受屈，岂不是咱们的过失。"

平儿笑道："这也无妨。鸳鸯借东西，看的是奶奶，并不为的是二爷。一则鸳鸯虽应名是他私情，其实他是回过老太太的。老太太因怕孙男弟女多，这个也借，那个也要，到跟前撒个娇儿，和谁要去，因此只装不知道。纵闹了出来，究竟也无碍。"凤姐儿道："理固如此，只是你我是知道的，那不知道的，焉得不生疑呢。"

一语未了，人报："太太来了。"凤姐听了诧异，不知为何事亲来，与平儿等忙迎出来。只见王夫人气色更变，只带一个贴己的小丫头走来，一语不发，走至里间坐下。凤姐忙奉茶，因陪笑道："太太今日高兴，到这里逛逛。"王夫人喝命："平儿出去！"平儿见了这般，着慌不知怎么样了，忙应了一声，带着众小丫头一齐出去，在房门外站住，越性将房门掩了，自己坐在台矶上，所有的人，一个不许进去。

凤姐也着了慌，不知有何等事。只见王夫人含着泪，从袖内掷出一个香袋子来，说："你瞧。"凤姐忙拾起一看，见是十锦春意香袋，也吓了一跳，忙问："太太从哪里得来？"王夫人见问，越发泪如雨下，颤声说道："我从哪里得来！我天天坐在井里，拿你当个细心人，所以我才偷个空儿。谁知你也和我一样。这样的东西，大天白日明摆在园里山石上，被老太太的丫头拾着，不亏你婆婆遇见，早已送到老太太跟前去了。我且问你，这个东西如何遗在那里来？"

凤姐听得，也更了颜色，忙问："太太怎知是我的？"王夫人又哭又叹说道："你反问我！你想，一家子除了你们小夫小妻，余者老婆子们，要这个何用？再女孩子们是从哪里得来？自然是那琏儿不长进下流种子哪里弄来。你们又和气，当作一件玩意儿，年轻人儿女闺房私意是有的，你还和我赖！幸而园内上下人还不解事，尚未捡得。倘或丫头们捡着，你姊妹看见，这还了得。不然有那小丫头们捡着，出去说是园内捡的，外人知道，这性命脸面要也不要？"

凤姐听说，又急又愧，登时紫涨了面皮，便依炕沿双膝跪下，也含泪诉道："太太说的固然有理，我也不敢辩我并无这样的东西。但其中还要求太太细详其理：那香袋是外头雇工仿着内工绣的，带子穗子一概是市卖货。我便年轻不尊重些，也不要这劳什子，自然都是好的，此其一。二者这东西也不是常带着的，我纵有，也只好在家里，焉肯带在身上各处去？况且又在园里去，个个姊妹我们都肯拉拉扯扯，倘或露出来，不但在姊妹前，就是奴才看见，我有什么意思？我虽年轻不尊重，亦不能糊涂至此。三则论主子内我是年轻媳妇，算起奴才来，比我更年轻的又不止一个人了。况且他们也常进园，晚间各人家去，焉知不是他们身上的？四

则除我常在园里之外，还有那边太太常带过几个小姨娘来，如嫣红翠云等人，皆系年轻侍妾，他们更该有这个了。还有那边珍大嫂子，他也不算甚老，他也常带过佩凤等人来，焉知又不是他们的？五则园内丫头太多，保的住个个都是正经的不成？也有年纪大些的知道了人事，或者一时半刻人查问不到偷着出去，或借着因由同二门上小幺儿们打牙犯嘴，外头得了来的，也未可知。如今不但我没此事，就连平儿，我也可以下保的。太太请细想。"

王夫人听了这一席话大近情理，因叹道："你起来。我也知道你是大家小姐出身，焉得轻薄至此，不过我气急了，拿了话激你。但如今却怎么处？你婆婆才打发人封了这个给我瞧，说是前日从傻大姐手里得的，把我气了个死。"凤姐道："太太快别生气。若被众人觉察了，保不定老太太不知道。且平心静气暗暗访察，才得确实；纵然访不着，外人也不能知道。这叫作'胳膊折在袖内'。如今唯有趁着赌钱的因由革了许多人这空儿，把周瑞媳妇旺儿媳妇等四五个贴近不能走话的人安插在园里，以查赌为由。再如今他们的丫头也太多了，保不住人大心大，生事作耗，等闹出事来，反悔之不及。如今若无故裁革，不但姑娘们委屈烦恼，就连太太和我也过不去。不如趁此机会，以后凡年纪大些的，或有些咬牙难缠的，拿个错儿撵出去配了人。一则保得住没有别的事，二则也可省些用度。太太想我这话如何？"

王夫人叹道："你说的何尝不是，但从公细想来，你这几个姊妹也甚可怜了。也不用远比，只说如今你林妹妹的母亲，未出阁时，是何等的娇生惯养，是何等的金尊玉贵，那才像个千金小姐的体统。如今这几个姊妹，不过比人家的丫头略强些罢了。通共每人只有两三个丫头像个人样，余者纵有四五个小丫头子，竟是庙里的小鬼。如今还要裁革了去，不但于我心不忍，只怕老太太未必依。虽然艰难，难不至此。我虽没受过大荣华富贵，比你们是强的。如今我宁可省些，别委屈了他们。以后凡省俭先从我来倒使的。如今且叫人传了周瑞家的等人进来，就吩咐他们快快暗地访拿这事要紧。"

凤姐听了，即唤平儿进来吩咐出去。一时，周瑞家的与吴兴家的、郑华家的、来旺家的、来喜家的现在五家陪房进来，余者皆在南方，各有执事。王夫人正嫌人少不能勘察，忽见邢夫人的陪房王善保家的走来，方才正是他送香囊来的。王夫人向来看视邢夫人之得力心腹人等原无二意，今见他来打听此事，十分关切，便向他说："你去回了太太，也进园内照管照管，不比别人又强些。"这王善保家的正因素日进园去那些丫鬟们不大趋奉他，他心里大不自在，要寻他们的故事又寻不着，恰好生出这事来，以为得了把柄。又听王夫人委托，正撞在心坎上，说："这个容易。不是奴才多话，论理这事该早严紧。太太也不大往园里去，这些女孩子们一个个倒像受了封诰似的，他们就成了千金小姐了。闹下天来，谁敢哼一声儿。不然，就调唆姑娘的丫头们，说欺负了姑娘了，谁还担得起。"

王夫人道："这也有的常情，跟姑娘的丫头原比别的娇贵些。你们该劝他们。连主子们的姑娘不教导尚且不堪，何况他们。"王善保家的道："别的都还罢了。太太不知道，一个宝玉屋里的晴雯，那丫头仗着他生的模样儿比别人标致些，又生了一张巧嘴，天天打扮的像个西施的样子，在人跟前能说惯道，掐尖要强。一句话不投机，他就立起两个骚眼睛来骂人，妖妖趫趫，大不成个体统。"

王夫人听了这话，猛然触动往事，便问凤姐道："上次我们跟了老太太进园逛去，有一个水蛇腰、削肩膀、眉眼又有些像你林妹妹的，正在那里骂小丫头。我的心里很看不上那个轻狂样子，因同老太太走，我不曾说得。后来要问是谁，又偏忘了。今日对了坎儿，这丫头想必就是他了。"凤姐道："若论这些丫头们，共总比起来，都没晴雯生得好。论举止言语，他原有些轻薄。方才太太说的倒很像他，我也忘了那日的事，不敢乱说。"

王善保家的便道："不用这样，此刻不难叫了他来太太瞧瞧。"王夫人道："宝玉房里常见我的只有袭人麝月，这两个笨笨的倒好。若有这个，他自不敢来见我的。我一生最嫌这样的人，况且又出来这个事。好好的宝玉，倘或叫这蹄子勾引坏了，那还了得。"因叫自己的丫头来，吩咐他到园里去，"只说我说有话问他们，留下袭人麝月服侍宝玉不必来，有一个晴雯最伶俐，叫他即刻快来。你不许和他说什么。"

小丫头子答应了，走入怡红院，正值晴雯身上不自在，睡中觉才起来，正发闷，听如此说，

只得随了他来。素日这些丫鬟皆知王夫人最嫌妖妆艳饰语薄言轻者，故晴雯不敢出头。今因连日不自在，并没十分妆饰，自为无碍。及到了凤姐房中，王夫人一见他钗軃鬓松，衫垂带褪，有春睡捧心之遗风，而且形容面貌恰是上月的那人，不觉勾起方才的火来。王夫人原是天真烂漫之人，喜怒出于心臆，不比那些饰词掩意之人，今既真怒攻心，又勾起往事，便冷笑道："好个美人！真像个病西施了。你天天作这轻狂样儿给谁看？你干的事，打量我不知道呢！我且放着你，自然明儿揭你的皮！宝玉今日可好些？"

晴雯一听如此说，心内大异，便知有人暗算了他。虽然着恼，只不敢作声。他本是个聪敏过顶的人，见问宝玉可好些，他便不肯以实话对，只说："我不大到宝玉房里去，又不常和宝玉在一处，好歹我不能知道，只问袭人麝月两个。"王夫人道："这就该打嘴！你难道是死人，要你们作什么！"

晴雯道："我原是跟老太太的人。因老太太说园里空大人少，宝玉害怕，所以拨了我去外间屋里上夜，不过看屋子。我原回过我笨，不能服侍。老太太骂了我，说：'又不叫你管他的事，要伶俐的作什么。'我听了这话才去的。不过十天半个月之内，宝玉闷了大家玩一会子就散了。至于宝玉饮食起坐，上一层有老奶奶老妈妈们，下一层又有袭人麝月秋纹几个人。我闲着还要作老太太屋里的针线，所以宝玉的事竟不曾留心。太太既怪，从此后我留心就是了。"

王夫人信以为实了，忙说："阿弥陀佛！你不近宝玉是我的造化，竟不劳你费心。既是老太太给宝玉的，我明儿回了老太太，再撵你。"因向王善保家的道："你们进去，好生防他几日，不许他在宝玉房里睡觉。等我回过老太太，再处治他。"喝声"去！站在这里，我看不上这浪样儿！谁许你这样花红柳绿的妆扮！"晴雯只得出来，这气非同小可，一出门便拿手帕子握着脸，一头走，一头哭，直哭到园门内去。

这里王夫人向凤姐等自怨道："这几年我越发精神短了，照顾不到。这样妖精似的东西竟没看见。只怕这样的还有，明日倒得查查。"凤姐见王夫人盛怒之际，又因王善保家的是邢夫人的耳目，常调唆着邢夫人生事，纵有千百样言词，此刻也不敢说，只低头答应着。王善保家的道："太太且请养息身体要紧，这些小事只交与奴才。如今要查这个主儿也极容易，等到晚上园门关了的时节，内外不通风，我们竟给他们个猛不防，带着人到各处丫头们房里搜寻。想来谁有这个，断不单只有这个，自然还有别的东西。那时翻出别的来，自然这个也是他的。"王夫人道："这话倒是。若不如此，断不能清的清白的白。"因问凤姐如何。凤姐只得答应说："太太说的是，就行罢了。"王夫人道："这主意很是，不然一年也查不出来。"于是大家商议已定。

至晚饭后，待贾母安寝了，宝钗等入园时，王善保家的便请了凤姐一并入园，喝命将角门皆上锁，便从上夜的婆子处抄检起，不过抄检出些多余攒下蜡烛灯油等物。王善保家的道："这也是赃，不许动，等明儿回过太太再动。"

于是先就到怡红院中，喝命关门。当下宝玉正因晴雯不自在，忽见这一干人来，不知为何直扑了丫头们的房内去，因迎出凤姐来，问是何故。凤姐道："丢了一件要紧的东西，因大家混赖，恐怕有丫头们偷了，所以大家都查一查去疑。"一面说，一面坐下吃茶。

王善保家的等搜了一回，又细问这几个箱子是谁的，都叫本人来亲自打开。袭人因见晴雯这样，知道必有异事，又见这番抄检，只得自己先出来打开了箱子并匣子，任其搜检一番，不过是平常动用之物。随放下又搜别人的，挨次都一一搜过。

到了晴雯的箱子，因问："是谁的，怎不开了让搜？"袭人等方欲代晴雯开时，只见晴雯挽着头发闯进来，豁啷一声将箱子掀开，两手捉着底子朝天，往地下尽情一倒，将所有之物尽都倒出。王善保家的也觉没趣，看了一看，也无甚私弊之物。回了凤姐，要往别处去。

凤姐儿道："你们可细细的查，若这一番查不出来，难回话的。"众人都道："都细翻看了，没什么差错东西。虽有几样男人物件，都是小孩子的东西，想是宝玉的旧物件，没甚关系的。"凤姐听了，笑道："既如此咱们就走，再瞧别处去。"

说着，一径出来，因向王善保家的道："我有一句话，不知是不是。要抄检只抄检咱们家

国学经典文库

中国二十大名著

红楼梦

图文珍藏版

的人,薛大姑娘屋里,断乎检抄不得的。"王善保家的笑道:"这个自然。岂有抄起亲戚家来的。"凤姐点头道:"我也这样说呢。"一头说,一头到了潇湘馆内。

黛玉已睡了,忽报这些人来,也不知为甚事。才要起来,只见凤姐已走进来,忙按住他不许起来,只说:"睡罢,我们就走。"这边且说些闲话。那个王善保家的带了众人到丫鬟房中,也一一开箱倒笼抄检了一番。因从紫鹃房中抄出两副宝玉常换下来的寄名符儿,一副束带上的披带,两个荷包并扇套,套内有扇子。打开看时皆是宝玉往往日日手内曾拿过的。王善保家的自为得了意,遂忙请凤姐过来验视,又说:"这些东西从哪里来的?"凤姐笑道:"宝玉和他们从小儿在一处混了几年,这自然是宝玉的旧东西。这也不算什么罕事,撂下再往别处去是正经。"紫鹃笑道:"直到如今,我们两下里的东西也算不清。要问这一个,连我也忘了是哪年月日有的了。"王善保家的听凤姐如此说,也只得罢了。

又到探春院内,谁知早有人报与探春了。探春也就猜着必有缘故,所以引出这等丑态来,遂命众丫鬟秉烛开门而待。

一时众人来了。探春故问何事。凤姐笑道:"因丢了一件东西,连日访察不出人来,恐怕旁人赖这些女孩子们,所以越性大家搜一搜,使人去疑,倒是洗净他们的好法子。"探春冷笑道:"我们的丫头,自然都是些贼,我就是头一个窝主。既如此,先来搜我的箱柜,他们所有偷了来的都交给我藏着呢。"说着,便命丫头们把箱柜一齐打开,将镜奁、妆盒、衾袄、衣包若大若小之物一齐打开,请凤姐去抄阅。凤姐陪笑道:"我不过是奉太太的命来,妹妹别错怪我。何必生气。"因命丫鬟们快快关上。

平儿丰儿等忙着替待书等关的关,收的收。探春道:"我的东西倒许你们搜阅;要想搜我的丫头,这却不能。我原比众人歹毒,凡丫头所有的东西我都知道,都在我这里间收着,一针一线他们也没的收藏,要搜所以只来搜我。你们不依,只管去回太太,只说我违背了太太,该怎么处治,我去自领。你们别忙,自然连你们抄的日子有呢!你们今日早起不曾议论甄家,自己家里好好的抄家,果然今日真抄了。咱们也渐渐的来了。可知这样大族人家,若从外头杀来,一时是杀不死的,这是古人曾说的'百足之虫,死而不僵',必须先从家里自杀自灭起来,才能一败涂地!"说着,不觉流下泪来。凤姐只看着众媳妇们。

周瑞家的便道:"既是女孩子的东西全在这里,奶奶且请到别处去罢,也让姑娘好安寝。"凤姐便起身告辞。探春道:"可细细的搜明白了?若明日再来,我就不依了。"凤姐笑道:"既然丫们的东西都在这里,就不必搜了。"探春冷笑道:"你果然倒乖。连我的包袱都打开了,还说没翻。明日敢说我护着丫头们,不许你们翻了。你趁早说明,若还要翻,不妨再翻一遍。"凤姐知道探春素日与众不同的,只得陪笑道:"我已经连你的东西都搜查明白了。"探春又问众人:"你们也都搜明白了不曾?"周瑞家的等都赔笑说:"都翻明白了。"

那王善保家的本是个心内没成算的人,素日虽闻探春的名,他自为众人没眼力没胆量罢了,那里一个姑娘家就这样起来;况且又是庶出,他敢怎么。他自恃是邢夫人陪房,连王夫人尚另眼相看,何况别个。今见探春如此,他只当是探春认真单恼凤姐,与他们无干。他便要趁势作脸献好,因越众向前拉起探春的衣襟,故意一掀,嘻嘻笑道:"连姑娘身上我都翻了,果然没有什么。"凤姐见他这样,忙说:"妈妈走罢,别疯疯癫癫的。"一语未了,只听"啪"的一声,王家的脸上早着了探春一掌。

探春登时大怒,指着王家的问道:"你是什么东西,敢来拉扯我的衣裳!我不过看着太太的面上,你又有年纪,叫你一声妈妈,你就狗仗人势,天天作耗,专管生事。如今越性不得了。你打量我是同你们姑娘那样好性儿,由着你们欺负他,就错了主意!你搜检东西我不恼,你不该拿我取笑。"说着,便亲自解衣卸裙,拉着凤姐儿细细的翻。又说:"省得叫奴才来翻我身上。"

凤姐平儿等忙与探春束裙整袂,口内喝着王善保家的说:"妈妈吃两口酒就疯疯癫癫起来。前儿把太太也冲撞了。快出去,不要提起了。"又劝探春休得生气。探春冷笑道:"我但凡有气性,早一头碰死了!不然,岂许奴才来我身上翻贼赃么。明儿一早,我先回过老太太、太太,然后过去给大娘赔礼,该怎么,我就领。"

那王善保家的讨了个没意思,在窗外只说:"罢了,罢了,这也是头一遭挨打。我明儿回了太太,仍回老娘家去罢。这个老命还要他做什么!"探春喝命丫鬟道:"你们听他说的这话,还等我和他对嘴去不成。"待书等听说,便出去说道:"你果然回老娘家去,倒是我们的造化了。只怕舍不得去。"凤姐笑道:"好丫头,真是有其主必有其仆。"探春冷笑道:"我们作贼的人,嘴里都有三言两语的。这还算笨的,背地里就只不会调唆主子。"平儿忙也赔笑解劝,一面又拉了待书进来。周瑞家的等人劝了一番。凤姐直待服侍探春睡下,方带着人往对过暖香坞来。

彼时李纨犹病在床上,他与惜春是紧邻,又与探春相近,故顺路先到这两处。因李纨才吃了药睡着,不好惊动,只到丫鬟们房中一一的搜了一遍,也没有什么东西,遂到惜春房中来。

因惜春年少,尚未识事,吓的不知当有什么事故,凤姐也少不得安慰他。谁知竟在入画箱中寻出一大包金银锞子来,约共三四十个,又有一副玉带板子并一包男人的靴袜等物。入画也黄了脸。

因问是哪里来的,入画只得跪下哭诉真情,说:"这是珍大爷赏我哥哥的。因我们老子娘都在南方,如今只跟着叔叔过日子。我叔叔婶子只要吃酒赌钱,我哥哥怕交给他们又花了,所以每常得了,悄悄的烦了老妈妈带进来叫我收着的。"惜春胆小,见了这个也害怕,说:"我竟不知道。这还了得!二嫂子,你要打他,好歹带他出去打罢,我听不惯的。"凤姐笑道:"这话若果真呢,也倒可恕,只是不该私自传送进来。这个可以传递,什么不可以传递。这倒是传递人的不是了。若这话不真,倘是偷来的,你可就别想活了。"入画跪着哭道:"我不敢扯谎。奶奶只管明日问我们奶奶和大爷去,若说不是赏的,就拿我和我哥哥一同打死无怨。"

凤姐道:"这个自然要问的,只是真赏的也有不是。谁许你私自传送东西的!你且说是谁作接应,我便饶你。下次万万不可。"惜春道:"嫂子别饶他这次方可。这里人多,若不拿一个人作法,那些大的听见了,又不知怎样呢。嫂子若饶他,我也不依。"凤姐道:"素日我看他还好。谁没一个错,只这一次。二次犯下,二罪俱罚。但不知传递是谁。"惜春道:"若说传递,再无别个,必是后门上的张妈。他常肯和这些丫头们鬼鬼祟祟的,这些丫头们也都肯照顾他。"凤姐听说,便命人记下,将东西且交给周瑞家的暂拿着,等明日对明再议。于是别了惜春,方往迎春房内来。

迎春已经睡着了,丫鬟们也才要睡,众人叩门半日才开。凤姐吩咐:"不必惊动小姐。"遂往丫鬟们房里来。因司棋是王善保的外孙女儿,凤姐倒要看看王家的可藏私不藏,遂留神看他搜检。先从别人箱子搜起,皆无别物。及到了司棋箱子中搜了一回,王善保家的说:"也没有什么东西。"

才要盖箱时,周瑞家的道:"且住,这是什么?"说着,便伸手掣出一双男子的锦带袜并一双缎鞋来。又有一个小包袱,打开看时,里面有一个同心如意并一个字帖儿。一总递与凤姐。凤姐因当家理事,每每看开帖并账目,也颇识得几个字了。便看那帖子是大红双喜笺帖,上面写道:

上月你来家后,父母已觉察你我之意。但姑娘未出阁,尚不能完你我之心愿。若园内可以相见,你可托张妈给一信息。若得在园内一见,倒比来家得说话。千万,千万。再所赐香袋二个,今已查收外,特寄香珠一串,略表我心。千万收好。表弟潘又安拜具。

凤姐看罢,不怒而反乐。别人并不识字。王家的素日并不知道他姑表姊弟有这一节风流故事,见了这鞋袜,心内已是有些毛病,又见有一红帖,凤姐又看着笑,他便说道:"必是他们胡写的账目,不成个字,所以奶奶见笑。"凤姐笑道:"正是这个账竟算不过来。你是司棋的老娘,他的表弟也该姓王,怎么又姓潘呢?"王善保家的见问的奇怪,只得勉强告道:"司棋的姑妈给了潘家,所以他姑表兄弟姓潘。上次逃走了的潘又安就是他表弟。"凤姐笑道:"这就是了。"因道:"我念给你听听。"说着从头念了一遍,大家都唬了一跳。

这王家的一心只要拿人的错儿,不想反拿住了他外孙女儿,又气又躁。周瑞家的四人又都问着他:"你老可听见了?明明白白,再没的话说了。如今据你老人家,该怎么样?"这王家

的只恨没地缝儿钻进去。凤姐只瞅着他嘻嘻的笑,向周瑞家的笑道:"这倒也好。不用你们作老娘的操一点儿心,他鸦雀不闻的给你们弄了一个好女婿来,大家倒省心。"周瑞家的也笑着凑趣儿。

王家的气无处泄,便自己回手打着自己的脸,骂道:"老不死的娼妇,怎么造下孽了!说嘴打嘴,现世现报在人眼里。"众人见这般,俱笑个不住,又半劝半讽的。凤姐见司棋低头不语,也并无畏惧惭愧之意,倒觉可异。料此时夜深,且不必盘问,只怕他夜间自愧去寻拙志,遂唤两个婆子监守起他来。带了人,拿了赃证回来,且自安歇,等待明日料理。谁知到夜里又连起来几次,下面淋血不止。

至次日,便觉身体十分软弱,起来发晕,遂撑不住。请太医来,诊脉毕,遂立药案云:"看得少奶奶系心气不足,虚火乘脾,皆由忧劳所伤,以致嗜卧好眠,胃虚土弱,不思饮食。今聊用升阳养荣之剂。"写毕,遂开了几样药名,不过是人参、当归、黄芪等类之剂。一时退去,有老嬷嬷们拿了方子回过王夫人,不免又添一番愁闷,遂将司棋等事暂未理。

可巧这日尤氏来看凤姐,坐了一回,到园中去又看过李纨。才要望候众姊妹们去,忽见惜春遣人来请,尤氏遂到了他房中来,惜春便将昨晚之事细细告诉与尤氏,又命将入画的东西一概要来与尤氏过目。

尤氏道:"实是你哥哥赏他哥哥的,只不该私自传送,如今官盐竟成了私盐了。"因骂入画"糊涂脂油蒙了心的"。惜春道:"你们管教不严,反骂丫头。这些姊妹,独我的丫头这样没脸,我如何去见人。昨儿我立逼着凤姐姐带了他去,他只不肯。我想,他原是那边的人,凤姐姐不带他去,也原有理。我今日正要送过去,嫂子来的恰好,快带了他去。或打,或杀,或卖,我一概不管。"

入画听说,又跪下哭求,说:"再不敢了。只求姑娘看从小儿的情常,好歹生死在一处罢。"尤氏和奶娘等人也都十分了解,说他"不过一时糊涂了,下次再不敢的。他从小儿服侍你一场,到底留着他为是。"谁知惜春虽然年幼,却天生成一种百折不回的廉介孤独僻性,任人怎说,他只以为丢了他的体面,咬定牙断乎不肯。更又说的好:"不但不要入画,如今我也大了,连我也不便往你们那边去了。况且近日我每每风闻得有人背地里议论什么多少不堪的闲话,我若再去,连我也编派上了。"

尤氏道:"谁议论什么?又有什么可议论的!姑娘是谁,我们是谁。姑娘既听见人议论我们,就该问着他才是。"惜春冷笑道:"你这话问着我倒好。我一个姑娘家,只有躲是非的,我反去寻是非,成个什么人了!还有一句话:我不怕你恼,好歹自有公论,又何必去问人。古人说得好'善恶生死,父子不能有所勖助',何况你我二人之间。我只知道保得住我就够了,不管你们。从此以后,你们有事别累我。"

尤氏听了,又气又好笑,因向地下众人道:"怪道人人都说这四丫头年轻糊涂,我只不信。你们听才一篇话,无缘无故,又不知好歹,又没个轻重。虽然是小孩子的话,却又能寒人的心。"众嬷嬷笑道:"姑娘年轻,奶奶自然要吃些亏的。"惜春冷笑道:"我虽年轻,这话却不年轻。你们不看书不识几个字,所以都是些呆子,看着明白人,倒说我年轻糊涂。"

尤氏道:"你是状元榜眼探花,古今第一个才子。我们是糊涂人,不如你明白,何如?"惜春道:"状元榜眼难就没有糊涂的不成。可知他们也有不能了悟的。"尤氏笑道:"你倒好。才是才子,这会子又作大和尚了,又讲起了悟来了。"惜春道:"我不了悟,我也舍不得入画了。"尤氏道:"可知你是个心冷口冷心狠意狠的人。"惜春:"古人曾也说的'不作狠心人,难得自了汉'。我清清白白的一个人,为什么教你们带累坏了我!"

尤氏心内原有病,怕说这些话。听说有人议论,已是心中羞恼激射,只是在惜春分上不好发作,忍耐了大半。今见惜春又说这句,因按捺不住,因问惜春道:"怎么就带累了你?你的丫头的不是,无故说我,我倒忍了这半日,你倒越发得了意,只管说这些话。你是千金万金的小姐,我们以后就不亲近,仔细带累了小姐的美名。即刻就叫人将入画带了过去!"说着,便赌气起身去了。惜春道:"若果然不来,倒也省了口舌是非,大家倒还清净。"尤氏也不答话,一径往前边去了。不知后事如何——

第七十五回 开夜宴异兆发悲音
赏中秋新词得佳谶

话说尤氏从惜春处赌气出来，正欲往王夫人处去。跟从的老嬷嬷们因悄悄的回道："奶奶且别往上房去。才有甄家的几个人来，还有些东西，不知是作什么机密事。奶奶这一去恐不便。"尤氏听了道："昨日听见你爷说，看邸报甄家犯了罪，现今抄没家私，调取进京治罪。怎么又有人来？"老嬷嬷道："正是呢。才来了几个女人，气色不成气色，慌慌张张的，想必有什么瞒人的事情。"

尤氏听了，便不往前去，仍往李氏这边来了。恰好太医才诊了脉去。李纨近日也略觉精爽了些，拥衾倚枕，坐在床上，正欲一二人来说些闲话。因见尤氏进来不似往日和蔼可亲，只呆呆的坐着。李纨因问道："你过来了这半日，可在别屋里吃些东西没有？只怕饿了。"命素云瞧有什么新鲜点心拣了来。尤氏忙止道："不必，不必。你这一向病着，哪里有什么新鲜东西。况且我也不饿。"李纨道："昨日他姨娘家送来的好茶面子，倒是对碗来你喝罢。"说毕，便吩咐人去对茶。

尤氏出神无语。跟来的丫头媳妇们因问："奶奶今日中晌尚未洗脸，这会子趁便可净一净好？"尤氏点头。李纨忙命素云来取自己妆奁。素云一面取来，一面将自己的胭粉拿来，笑道："我们奶奶就少这个。奶奶不嫌脏，这是我的，能着用些。"李纨道："我虽没有，你就该往姑娘那里取去。怎么公然拿出你的来。幸而是他，若是别人，岂不恼呢。"尤氏笑道："这又何妨。自来我凡过来，谁的没使过，今日忽然又嫌脏了？"一面说，一面盘膝坐在炕沿上。银蝶上来忙代为卸去腕镯戒指，又将一大袱手巾盖在下截，将衣裳护严。小丫鬟炒豆儿捧了一大盆温水走至尤氏跟前，只弯腰捧着。

银蝶笑道："说一个个没机变的，说一个葫芦就是一个瓢。奶奶不过待咱们宽些，在家里不管怎样罢了，你就得了意，不管在家出外，当着亲戚也只随着便了。"尤氏道："你随他去罢，横竖洗了就完了事。"炒豆儿忙赶着跪下。尤氏笑道："我们家上下大小的人只会讲外面假礼假体面，究竟作出来的事都够使的了。"李纨听如此说，便知他已知道昨夜的事，因笑道："你这话有因，谁作事究竟够使了？"尤氏道："你倒问我！你敢是病着死过去了！"

一语未了，只见人报："宝姑娘来了。"忙说快请时，宝钗已走进来。尤氏忙擦脸起身让坐，因问："怎么一个人忽然走来，别的姊妹都怎么不见？"宝钗道："正是我也没有见他们。

只因今日我们奶奶身上不自在，家里两个女人也都因时症未起炕，别的靠不得，我今儿要出去伴着老人家夜里作伴儿。要去回老太太、太太，我想又不是什么大事，且不用提，等好了我横竖进来的，所以来告诉大嫂子一声。"李纨听说，只看着尤氏笑。尤氏也只看着李纨笑。一时尤氏盥沐已毕，大家吃面茶。

李纨因笑道："既这样，且打发人去请姨娘的安，问是何病。我也病着，不能亲来的。好妹妹，你去只管去，我自打发人到你那里去看屋子。你好歹住一两天还进来，别叫我落不是。"宝钗笑道："落什么不是呢，这也是通共常情，你又不曾卖放了贼。依我的主意，也不必添人过去，竟把云丫头请了来，你和他住一两日，岂不省事。"尤氏道："可是史大妹妹往哪里去了？"宝钗道："我才打发他们找你们探丫头去了，叫他同到这里来，我也明白告诉他。"

正说着，果然报："云姑娘和三姑娘来了。"大家让坐已毕，宝钗便说要出去一事。探春道："很好。不但姨妈好了还来的，就便好了不来也使得。"尤氏笑道："这话奇怪，怎么撵起亲戚来了？"探春冷笑道："正是呢，有叫人撵的，不如我先撵。亲戚们好，也不在必要死住着才好。咱们倒是一家子亲骨肉呢，一个个不像乌眼鸡似的，恨不得你吃了我，我吃了你！"尤氏忙笑道："我今儿是哪里来的晦气，偏都碰着你姊妹们的气头儿上了。"探春道："谁叫你赶热灶来了！"因问："谁又得罪了你呢？"因又寻思道："惜丫头不犯啰唣你，却是谁呢？"尤氏只含糊答应。

探春知他畏事不肯多言，因笑道："你别装老实了。除了朝廷治罪，没有砍头的，你不必畏头畏尾。实告诉你罢，我昨日把王善保家的那老婆子打了，我还顶着个罪呢。不过背地里说我些闲话，难道也还打我一顿不成！"宝钗忙问因何又打他，探春悉把昨夜怎的抄检，怎的打他，一一说了出来。尤氏见探春已经说了出来，便把惜春方才之事也说了出来。

探春道："这是他的僻性，孤介太过，我们再傲不过他的。"又告诉他们说："今日一早不见动静，打听凤辣子又病了。我就打发我妈妈出去打听王善保家的是怎样。回来告诉我说，王善保家的挨了一顿打，太太太嗔着他多事。"尤氏李纨道："这倒也是正理。"探春冷笑道："这种掩饰谁不会作，且再瞧就是了。"尤氏李纨皆默无所答。一时估着前头用饭，湘云和宝钗回房打点衣衫。不在话下。

尤氏等遂辞了李纨，往贾母这边来。贾母歪在榻上，王夫人说甄家因何获罪，如今抄没了家产，回京治罪等语。贾母听了正不自在，恰好见他姊妹来了，因问："从哪里来的？可知凤姐妯娌两个的病今日怎样？"尤氏等忙回道："今日都好些。"贾母点头叹道："咱们别管人家的事，且商量咱们八月十五日赏月是正经。"王夫人笑道："都已预备下了。不知老太太拣那里好，只是园里空，夜晚风冷。"贾母笑道："多穿两件衣服何妨，那里正是赏月的地方，岂可倒不去的。"

说话之间，早有媳妇丫鬟们抬过饭桌来，王夫人尤氏等忙上来放箸捧饭。贾母见自己的几色菜已摆完，另有两大捧盒内捧了几色菜来，便知是各房另外孝敬的旧规矩。贾母因问："都是些什么？上几次我就吩咐，如今可以把这些蠲了罢，你们还不听。如今比不得在先辐辏的时光了。"鸳鸯道："我说过几次，都不听，也只罢了。"王夫人笑道："不过都是家常东西。今日我吃斋，没有别的。那些面筋豆腐老太太又不大甚爱吃，只拣了一样椒油莼齑酱来。"贾母笑道："这样正好，正想这个吃。"鸳鸯听说，便将碟子挪在跟前。宝琴一一的让了，方归坐。贾母便命探春来同吃。探春也都让过了，便和宝琴对面坐下。待书忙去取了碗来。

鸳鸯又指那几样菜道："这两样看不出是什么东西来，大老爷送来的。这一碗是鸡髓笋，是外头老爷送上来的。"一面说，一面就只将这碗笋送至桌上。贾母略尝了两点，便命："将那两样着人送回去，就说我吃了。以后不必天天送，我想吃自然来要。"媳妇们答应着，仍送过去，不在话下。

贾母因问："有稀饭吃些罢了。"尤氏早捧过一碗来，说是红稻米粥。贾母接来吃了半碗，便吩咐："将这粥送给凤哥儿吃去。"又指着，"这一碗笋和这一盘风腌果子狸给颦儿宝玉两个吃去，那一碗肉给兰小子吃去。"又向尤氏道："我吃了，你就来吃了罢。"尤氏答应着，待贾母漱口洗手毕，贾母便下地和王夫人说闲话行食。尤氏告坐。

探春宝琴二人也起来了,笑道:"失陪,失陪。"尤氏笑道:"剩我一个人,大排桌的不惯。"贾母笑道:"鸳鸯琥珀来趁势也吃些,又作了陪客。"尤氏笑道:"好,好,好,我正要说呢。"贾母笑道:"看着多多的人吃饭,最有趣的。"又指银蝶道:"这孩子也好,也来同你主子一块来吃,等你们离了我,再立规矩去。"尤氏道:"快过来,不必装假。"贾母负手看着取乐。

因见伺候添饭的人手内捧着一碗下人的米饭,尤氏吃的仍是白粳米饭,贾母问道:"你怎么昏了,盛这个饭来给你奶奶。"那人道:"老太太的饭完了。今日添了一位姑娘,所以短了些。"鸳鸯道:"如今都是可着头做帽子了,要一点儿富余也不能的。"王夫人忙回道:"这一二年旱涝不定,田上的米都不能按数交的。这几样细米更艰难了,所以都可着吃的多少关去,生恐一时短了,买的不顺口。"

贾母笑道:"这正是'巧媳妇做不出没米的粥'来。"众人都笑起来。鸳鸯道:"既这然,你就去把三姑娘的饭拿来添也是一样,就这样笨。"尤氏笑道:"我这个就够了,也不用取去。"鸳鸯道:"你够了,我不会吃的。"地下的媳妇们听说,方忙着取去了。一时王夫人也去用饭,这里尤氏直陪贾母说话取笑。

到起更的时候,贾母说:"黑了,过去罢。"尤氏方告辞出来。走至大门前上了车,银蝶坐在车沿上。众媳妇放下帘子来,便带着小丫头们先直走过那边大门口等着去了。因二府之门相隔没有一箭之路,每日家常来往不必定要周备,况天黑夜晚之间回来的遭数更多,所以老嬷嬷带着小丫头,只几步便走了过来。两边大门上的人都列在东西街口,早把行人断住。尤氏大车上也不用牲口,只用七八个小厮挽环拽轮,轻轻的便推拽过这边阶矶上来。于是众小厮退过狮子以外,众嬷嬷打起帘子,银蝶先下,然后搀下尤氏来。

大小七八个灯笼照的十分真切。尤氏因见两边狮子下放着四五辆大车,便知系来赴赌之人所乘,遂向银蝶众人道:"你看,坐车的是这样,骑马的还不知有几个呢。马自然在圈里拴着,咱们看不见。也不知道他娘老子挣下多少钱与他们,这么开心儿。"一面说,一面已到了厅上。

贾蓉之妻带领家下媳妇丫头们,也都秉烛接了出来。尤氏笑道:"成日家我要偷着瞧瞧他们,也没得便。今儿倒巧,就顺便打他们窗户跟前走过去。"众媳妇答应着,提灯引路,又有一个先去悄悄的知会服侍的小厮们不要失惊打怪。于是尤氏一行人悄悄的来至窗下,只听里面称三赞四,耍笑之音虽多,又兼有恨五骂六,怨怨之声亦不少。

原来贾珍近因居丧,每不得游玩旷荡,又不得观优闻乐作遣。无聊之极,便生了个破闷之法。日间以习射为由,请了各世家弟兄及诸富贵亲友来较射。因说:"白白的只管乱射,终无裨益,不但不能长进,而且坏了式样,必须立个罚约,赌个利物,大家才有勉力之心。"因此在天香楼下箭道内立了鹄子,皆约定每日早饭后来射鹄子。

贾珍不肯出名,便命贾蓉作局家。这些来的皆系世袭公子,人人家道丰富,且都在少年,正是斗鸡走狗、问柳评花的一干游侠纨绔。因此大家议定,每日轮流作晚饭之主——每日来射,不便独扰贾蓉一人之意。于是天天宰猪割羊,屠鹅戮鸭,好似临潼斗宝一般,都要卖弄自己家的好厨役好烹炮。不到半月工夫,贾赦贾政听见这般,不知就里,反说这才是正理,文既误矣,武事当亦该习,况在武荫之属。两处遂也命贾环、贾琮、宝玉、贾兰等四人于饭后过来,跟着贾珍习射一回,方许回去。

贾珍志不在此,再过一二日便渐次以歇臂养力为由,晚间或抹抹骨牌,赌个酒东而已,至后渐次至钱。如今三四月的光景,竟一日一日赌胜于射了,公然斗叶掷骰,放头开局,夜赌起来。家下人借此各有些进益,巴不得的如此,所以竟成了势了。外人皆不知一字。

近日邢夫人之胞弟邢德全也酷好如此,故也在其中。又有薛蟠,头一个惯喜送钱与人的,见此岂不快乐。这邢德全虽系邢夫人之胞弟,却居心行事大不相同。这个邢德全只知吃酒赌钱、眠花宿柳为乐,手中滥漫使钱,待人无二心,好酒者喜之,不饮者则不去亲近,无论上下主仆皆出自一意,并无贵贱之分,因此都唤他"傻大舅"。薛蟠早已出名的呆大爷。今日二人皆凑在一处,都爱"抢新快"爽利,便又会了两家,在外间炕上"抢新快"。

别的又有几家在当地下大桌上打公番。里间又一起斯文些的,抹骨牌打天九。此间服侍的小厮都是十五岁以下的孩子,若成丁的男子到不了这里,故尤氏方潜至窗外偷看。其中有两个十六七岁娈童以备奉酒的,都打扮的粉妆玉琢。今日薛蟠又输了一张,正没好气,幸而掷第二张完了,算来除翻过来倒反赢了,心中只是兴头起来。贾珍道:"且打住,吃了东西再来。"因问那两处怎样。里头打天九的,也作了账等吃饭。打公番的未清,且不肯吃。于是各不能顾,先摆下一大桌,贾珍陪着吃,命贾蓉落后陪那一起。

薛蟠兴头了,便搂着一个娈童吃酒,又命将酒去敬邢傻舅。傻舅输家,没心绪,吃了两碗,便有些醉意,嗔着两个娈童只赶着赢家不理输家了,因骂道:"你们这起兔子,就是这样专洑上水。天天在一处,谁的恩你们不沾,只不过我这一会子输了几两银子,你们就三六九等了。难道从此以后再没有求着我们的事了!"众人见他带酒,忙说:"很是,很是。果然他们风俗不好。"因喝命:"快敬酒赔罪。"两个娈童都是演就的局套,忙都跪下奉酒,说:"我们这行人,师父教的不论远近厚薄,只看一时有钱势就亲敬;便是活佛神仙,一时没了钱势了,也不许去理他。况且我们又年轻,又居这个行次,求舅太爷体恕些我们就过去了。"说着,便举着酒俯膝跪下。

邢大舅心内虽软了,只还故作怒意不理。众人又劝道:"这孩子是实情话。老舅是久惯怜香惜玉的,如何今日反这样起来? 若不吃这酒,他两个怎样起来。"邢大舅已撑不住了,便说道:"若不是众位说,我再不理。"说着,方接过来一气喝干了。又斟一碗来。这邢大舅便酒勾往事,醉露真情起来,乃拍案对贾珍叹道:"怨不的他们视钱如命。多少世宦大家出身的,若提起'钱势'二字,连骨肉都不认了。老贤婿,昨日我和你那边的令伯母赌气,你可知道否?"贾珍道:"不曾听见。"邢大舅叹道:"就为钱这件混帐东西。利害,利害!"

贾珍深知他与邢夫人不睦,每遭邢夫人弃恶,扳出怨言,因劝道:"老舅,你也太散漫些。若只管花去,有多少给老舅花的。"邢大舅道:"老贤婿,你不知我邢家底里。我母亲去世时我尚小,世事不知。他姊妹三个人,只有你令伯母年长出阁,一分家私都是他把持带来。如今二家姐虽也出阁,他家也甚艰窘,三家姐尚在家里,一应用度都是这里陪房王善保家的掌管。我便来要钱,也非要的是你贾府,我邢家家私也就够我花了。无奈竟不得到手,所以有冤无处诉。"贾珍见他酒后叨叨,恐人听见不雅,连忙用话解劝。

外面尤氏等听得十分真切,乃悄向银蝶笑道:"你听见了? 这是北院里大太太的兄弟抱怨他呢。可怜他亲兄弟还是这样说,这就怨不得这些人了。"因还要听时,正值打公番者也歇住了,要吃酒。因有一个问道:"方才是谁得罪了老舅,我们竟不曾听明白,且告诉我们评评理。"邢德全见问,便把两个娈童不理输的只赶赢的话说了一遍。这一个年少的纨绔道:"这样说,原可恼的,怨不得舅太爷生气。我且问你两个:舅太爷虽然输了,输的不过是银子钱,并没有输丢了鸡巴,怎就不理他了?"说着,众人大笑起来,连邢德全也喷了一地饭。尤氏在外面悄悄的啐了一口,骂道:"你听听,这一起子没廉耻的小挨刀的,才丢了脑袋骨子,就胡嘤嚼毛了。再俟攮下黄汤去,还不知嗳出些什么来呢。"一面说,一面便进去卸妆安歇。至四更时,贾珍方散,往佩凤房里去了。

次日起来,就有人回西瓜月饼都全了,只待分派送人。贾珍吩咐佩凤道:"你请你奶奶看着送罢,我还有别的事呢。"佩凤答应去了,回了尤氏,尤氏只得一一分派遣人送去。一时佩凤又来说:"爷问奶奶,今儿出门不出? 说咱们是孝家,明儿十五过不得节,今儿晚上倒好,可以大家应个景儿,吃些瓜饼酒。"尤氏道:"我倒不愿出门呢。那边珠大奶奶又病了,凤丫头又睡倒了,我再不过去,越发没个人了。况且又不得闲,应什么景儿。"佩凤道:"爷说了,今儿已辞了众人,直等十六才来呢,好歹定要请奶奶吃酒的。"尤氏笑道:"请我,我没的还席。"

佩凤笑着去了,一时又来笑道:"爷说,连晚饭也请奶奶吃,好歹早些回来,叫我跟了奶奶去呢。"尤氏道:"这样,早饭吃什么? 快些吃了,我好走。"佩凤道:"爷说早饭在外头吃,请奶奶自己吃罢。"尤氏问道:"今日外头有谁?"佩凤道:"听见说外头有两个南京新来的,倒不知是谁。"说话之间,贾蓉之妻也梳妆了来见过。少时摆上饭来,尤氏在上,贾蓉之妻在下相陪,婆媳二人吃毕饭。尤氏便换了衣服,仍过荣府来,至晚方回去。

果然贾珍煮了一口猪,烧了一腔羊,备了一桌菜及果品之类,不可胜记,就在会芳园丛绿堂中,屏开孔雀,褥设芙蓉,带领妻子姬妾,先饭后酒,开怀赏月作乐。将一更时分,真是风清月朗,上下如银。贾珍因要行令,尤氏便叫佩凤等四个人也都入席,下面一溜坐下,猜枚划拳,饮了一回。贾珍有了几分酒,益发高兴,便命取了一竿紫竹箫来,命佩凤吹箫,文花唱曲,喉清嗓嫩,真令人魄醉魂飞。唱罢复又行令。

那天将有三更时分,贾珍酒已八分。大家正添衣饮茶,换盏更酌之际,忽听那边墙下有人长叹之声。大家明明听见,都悚然疑畏起来。贾珍忙厉声叱咤,问:“谁在那里?”连问几声,没有人答应。尤氏道:“必是墙外边人家里人也未可知。”贾珍道:“胡说。这墙四面皆无下人的房子,况且那边又紧靠着祠堂,焉得有人。”一语未了,只听得一阵风声,竟过墙去了。恍惚闻得祠堂内隔扇开阖之声。只觉得风气森森,比先更觉凉飒起来,月色惨淡,也不似先明朗。众人都觉毛发倒竖。贾珍酒已吓醒了一半,只比别人撑持得住些,心下也十分疑畏,便大没兴头起来。勉强又坐了一会子,就归房安歇去了。

次日一早起来,乃是十五日,带领众子侄开祠堂行朔望之礼,细察祠内,都仍是照旧好好的,并无怪异之迹。贾珍自为醉后自怪,也不提此事。礼毕,仍闭上门,看着锁禁起来。

贾珍夫妻至晚饭后方过荣府来。只见贾赦贾政都在贾母房内坐着说闲话,与贾母取笑。贾琏、宝玉、贾环、贾兰皆在地下侍立。贾珍来了,都一一见过。说了两句话后,贾母命坐,贾珍方在近门小杌子上告了坐,警身侧坐。贾母笑问道:“这两日你宝兄弟的箭如何了?”贾珍忙起身笑道:“大长进了,不但样式好,而且弓也长了一个力气。”贾母道:“这也够了,且别贪力,仔细努伤。”贾珍忙答应几个“是”。贾母又道:“你昨日送来的月饼好;西瓜看着好,打开却也罢了。”贾珍笑道:“月饼是新来的一个专做点心的厨子,我试了试果然好,才敢做了孝敬。西瓜往年都还可以,不知今年怎么就不好了。”贾政道:“大约今年雨水太勤之故。”贾母笑道:“此时月已上了,咱们且去上香。”说着,便起身扶着宝玉的肩,带领众人齐往园中来。

当下园之正门俱已大开,吊着羊角大灯。嘉荫堂前月台上,焚着斗香,秉着风烛,陈献着瓜饼及各色果品。邢夫人等一干女客皆在里面久候。真是月明灯彩,人气香烟,晶艳氤氲,不可形状。地下铺着拜毯锦褥。贾母盥手上香拜毕,于是大家皆拜过。贾母便说:“赏月在山上最好。”因命在那山脊上的大厅上去。众人听说,就忙着在那里去铺设。贾母且在嘉荫堂中吃茶少歇,说些闲话。

一时,人回:“都齐备了。”贾母方扶着人上山来。王夫人等因说:“恐石上苔滑,还是坐竹椅上去。”贾母道:“天天有人打扫,况且极平稳的宽路,何必不疏散疏散筋骨。”于是贾赦贾政等在前导引,又是两个老婆子秉着两把羊角手罩,鸳鸯、琥珀、尤氏等贴身搀扶,邢夫人等在后围随,从下逶迤而上,不过百余步,至山之峰脊上,便是这座敞厅。因在山之高脊,故名曰凸碧山庄。于厅前平台上列下桌椅,又用一架大围屏隔作两间。凡桌椅形式皆是圆的,特取团圆之意。上面居中贾母坐下,左垂首贾赦、贾珍、贾琏、贾蓉,右垂首贾政、宝玉、贾环、贾兰,团团围坐。只坐了半壁,下面还有半壁余空。

贾母笑道:“常日倒还不觉人少,今日看来,还是咱们的人也甚少,算不得什么。想当年过的日子,到今夜男女三四十个,何等热闹。今日就这样,太少了。待要再叫几个来,他们都是有父母的,家里去应景,不好来的。如今叫女孩们来坐那边罢。”于是令人向围屏后将迎春、探春、惜春三个请出来。贾琏、宝玉等一齐出坐,先尽他姊妹坐了,然后在下方依次坐定。

贾母便命折一枝桂花来,命一媳妇在屏后击鼓传花。若花到谁手中,饮酒一杯,罚说笑话一个。于是先从贾母起,次贾赦,一一接过。鼓声两转,恰恰在贾政手中住了,只得饮了酒。众姊妹弟兄皆你悄悄的扯我一下,我暗暗的又捏你一把,都含笑倒要听是何笑话。

贾政见贾母喜悦,只得承欢。方欲说时,贾母又笑道:“若说的不笑了,还要罚。”贾政笑道:“只得一个,说来不笑,也只好受罚了。”因笑道:

“一家子一个人最怕老婆的。”才说了一句,大家都笑了。因从不曾见贾政说过笑话,所以才笑。贾母笑道:“这必是好的。”贾政笑道:“若好,老太太多吃一杯。”贾母笑道:“自然。”贾政又说道:

"这个怕老婆的人从不敢多走一步。偏是那日是八月十五，到街上买东西，便遇见了几个朋友，死活拉到家里去吃酒。不想吃醉了，便在朋友家睡着了，第二日才醒，后悔不及，只得来家赔罪。他老婆正洗脚，说：'既是这样，你替我舔舔就饶你。'这男人只得给他舔，未免恶心要吐。他老婆便恼了，要打，说：'你这样轻狂！'唬得他男人忙跪下求说：'并不是奶奶的脚脏。只因昨晚吃多了黄酒，又吃了几块月饼馅子，所以今日有些作酸呢。'"

说的贾母与众人都笑了。贾政忙斟了一杯，送与贾母。贾母笑道："既这样，快叫人取烧酒来，别叫你们受累。"众人又都笑起来。

于是又击鼓，便从贾政传起，可巧传至宝玉鼓止。宝玉因贾政在座，自是踧踖不安，花偏又在他手内，因想："说笑话倘或不发笑，又说没口才，连一笑话不能说，何况别的，这有不是。若说好了，又说正经的不会，只惯油嘴贫舌，更有不是。不如不说的好。"乃起身辞道："我不能说笑话，求再限别的罢了。"贾政道："既这样，限一个'秋'字，就即景作一首诗。若好，便赏你；若不好，明日仔细。"贾母忙道："好好的行令，如何又要作诗？"贾政道："他能的。"贾母听说，道"既这样就作。"命人取了纸笔来，贾政道："只不许用那些冰玉晶银彩光明素等样堆砌字眼，要另出己见，试试你这几年的情思。"宝玉听了，碰在心坎上，遂立想了四句，向纸上写了，呈与贾政看，道是：……

贾政看了，点头不语。贾母见这般，知无甚大不好，便问："怎么样？"贾政因欲贾母喜悦，便说："难为他。只是不肯念书，到底词句不雅。"贾母道："这就罢了。他能多大，定要他做才子不成！这就该奖励他，以后越发上心了。"贾政道："正是。"因回头命个老嬷嬷出去吩咐书房内的小厮，"把我海南带来的扇子取两把给他。"宝玉忙拜谢，仍复归座行令。

当下贾兰见奖励宝玉，他便出席也做一首递与贾政看时，写道是：……

贾政看了喜不自胜，遂并讲与贾母听时，贾母也十分欢喜，也忙令贾政赏他。于是大家归座，复行起令来。

这次在贾赦手内住了，只得吃了酒，说笑话。因说道：

"一家子一个儿子最孝顺。偏生母亲病了，各处求医不得，便请了一个针灸的婆子来。这婆子原不知道脉理，只说是心火，如今用针灸之法，针灸针灸就好了。这儿子慌了，便问：'心见铁即死，如何针得？'婆子道：'不用针心，只针肋条就是了。'儿子道，'肋条离心甚远，怎么就好？'婆子道：'不妨事。你不知天下父母心偏的多呢。'"

众人听说，都笑起来。贾母也只得吃半杯酒，半日笑道："我也得这个婆子针一针就好了。"贾赦听说，便知自己出言冒撞，贾母疑心，忙起身笑与贾母把盏，以别言解释。贾母亦不好再提，且行起令来。

不料这次花却在贾环手里。贾环近日读书稍进，其脾昧中不好务正也与宝玉一样，故每常也好看些诗词，专好奇诡仙鬼一格。今见宝玉作诗受奖，他便技痒，只当着贾政不敢造次。如今可巧花在手中，便也索纸笔来立挥一绝与贾政。贾政看了，亦觉罕异，只是词句终带着不乐读书之意，遂不悦道："可见是弟兄了。发言吐气总属邪派，将来都是不由规矩准绳，一起下流货。妙在古人中有'二难'，你两个也可以称'二难'了。只是你两个的'难'字，却是作难以教训之'难'字讲才好。哥哥是公然以温飞卿自居，如今兄弟又自为曹唐再世了。"说的贾赦等都笑了。

贾赦乃要诗瞧了一遍，连声赞好，道："这诗据我看甚是有骨气。想来咱们这样人家，原不比那起寒酸，定要'雪窗荧火'，一日蟾宫折桂，方得扬眉吐气。咱们的子弟都原该读些书，不过比别人略明白些，可以做得官时就跑不了一个官。何必多费了工夫，反弄出书呆子来。所以我爱他这诗，竟不失咱们侯门的气概。"因回头吩咐人去取了自己的许多玩物来赏赐与他。因又拍着贾环的头，笑道："以后就这么做去，方是咱们的口气，将来这世袭的前程定跑不了你袭呢。"贾政听说，忙劝说："不过他胡诌如此，那里就论到后事了。"

说着便斟上酒，又行了一回令。贾母便说："你们去罢。自然外头还有相公们候着，也不可轻忽了他们。况且二更多了，你们散了，再让我和姑娘们多乐一回，好歇着了。"贾赦等听了，方止了令，又大家公进了一杯酒，方带着子侄们出去了。要知端详，再听下回。

第七十六回 凸碧堂品笛感凄清
凹晶馆联诗悲寂寞

话说贾赦贾政带领贾珍等散去不提。且说贾母这里命将围屏撤去,两席并而为一。众媳妇另行擦桌整果,更杯洗箸,陈设一番。贾母等都添了衣,盥漱吃茶,方又入座,团团围绕。贾母看时,宝钗姊妹二人不在坐内,知他们家去圆月去了,且李纨凤姐二人又病着,少了四个人,便觉冷清了好些。

贾母因笑道:"往年你老爷们不在家,咱们越性请过姨太太来,大家赏月,却十分闹热。忽一时想起你老爷来,又不免想到母子夫妻儿女不能一处,也都没兴。及至今年你老爷来了,正该大家团圆取乐,又不便请他们娘儿们来说说笑笑。况且他们今年又添了两口人,也难丢了他们跑到这里来。偏又把凤丫头病了,有他一人来说说笑笑,还抵得十个人的空儿。可见天下事总难十全。"说毕,不觉长叹一声,遂命拿大杯来斟热酒。

王夫人笑道:"今日得母子团圆,自比往年有趣。往年娘儿们虽多,终不似今年自己骨肉齐全的好。"贾母笑道:"正是为此,所以我才高兴拿大杯来吃酒。你们也换大杯才是。"邢夫人等只得换上大杯来。因夜深体乏,且不能胜酒,未免都有些倦意,无奈贾母兴犹未阑,只得陪饮。

贾母又命将氍毹铺于阶上,命将月饼西瓜果品等类都叫搬下去,令丫头媳妇们也都团团围坐赏月。贾母因见月至中天,比先越发精彩可爱,因说:"如此好月,不可不闻笛。"因命人将十番上女孩子传来。贾母道:"音乐多了,反失雅致,只用吹笛的远远的吹起来就够了。"说毕,刚才去吹时,只见跟邢夫人的媳妇走来向邢夫人前说了两句话。贾母便问:"什么事?"那媳妇便回说:"方才大老爷出去,被石头绊了一下,崴了腿。"贾母听说,忙命两个婆子快着去,又命邢夫人快去。

邢夫人遂告辞起身。贾母便又说:"珍哥媳妇也趁着便就家去罢,我也就睡了。"尤氏笑道:"我今日不回去了,定要和老祖宗吃一夜。"贾母笑道:"使不得,使不得。你们小夫妻家,今夜不要团圆团圆,如何为我耽搁了。"尤氏红了脸,笑道:"老祖宗说的我们太不堪了。我们虽然年轻,已经是十来年的夫妻,也奔四十岁的人了。况且孝服未满,陪着老太太说一夜还罢了,岂有自去团圆的理。"

贾母听说,笑道:"这话很是,我倒也忘了孝未满。可怜你公公已死二年多了,可是我倒忘了,该罚我一大杯。既这样,你就越性别送,陪着我罢了。你叫蓉儿媳妇送去,就顺便回去罢。"尤氏说了。蓉妻答应着,送出邢夫人,一同至大门,各自上车回去。不在话下。

这里贾母仍带众人赏了一回桂花,又入席换暖酒来。正说着闲话,猛不防只听那壁厢桂花树下,呜呜咽咽,悠悠扬扬,吹出笛声来。趁着这明月清风,天空地静,真令人烦心顿解,万虑齐除,都肃然危坐,默默相赏。听约两盏茶时,方才止住,大家称赞不已。

于是遂又斟上暖酒来。贾母笑道:"果然可听么?"众人笑道:"实在可听。我们也想不到这样,须得老太太带领着,我们也得开些心胸。"贾母道:"这还不大好,须得拣那曲谱越慢的吹来越好。"说着,便将自己吃的一个内造瓜仁油松穰月饼,又命斟一大杯热酒,送给谱笛之人,慢慢的吃了再细细的吹一套来。媳妇们答应了,

方送去,只见方才瞧贾赦的两个婆子回来了,说:"右脚面上白肿了些,如今调服了药,疼的好些了,也没甚大关系。"贾母点头叹道:"我也太操心。打紧说我偏心,我反这样。"因就将方才贾赦的笑话说与王夫人尤氏等听。王夫人等因笑劝道:"这原是酒后大家说笑,不留心也是有的,岂有敢说老太太之理。老太太自当解释才是。"

只见鸳鸯拿了软巾兜与大斗篷来,说:"夜深了,恐露水下来,风吹了头,须要添了这个。坐坐也该歇了。"贾母道:"偏今儿高兴,你又来催。难道我醉了不成,偏到天亮!"因命再斟酒来。一面戴上兜巾,披了斗篷,大家陪着又饮,说些笑话。只听桂花阴里,呜呜咽咽,袅袅悠悠,又发出一缕笛音来,果真比先越发凄凉。大家都寂然而坐。夜静月明,且笛声悲怨,贾母年老带酒之人,听此声音,不免有触于心,禁不住堕下泪来。众人此时都不禁有凄凉寂寞之意,半日,方知贾母伤感,才忙转身陪笑,发语解释。又命暖酒,且住了笛。

尤氏笑道:"我也就学了一个笑话,说与老太太解解闷。"贾母勉强笑道:"这样更好,快说来我听。"尤氏乃说道:"一家子养了四个儿子:大儿子只一个眼睛,二儿子只一个耳朵,三儿子只一个鼻子眼,四儿子倒都齐全,偏又是个哑巴。"正说到这里,只见贾母已朦胧双眼,似有睡去之态。尤氏方住了,忙和王夫人轻轻的请醒。贾母睁眼笑道:"我不困,白闭闭眼养神。你们只管说,我听着呢。"王夫人等笑道:"夜已四更了,风露也大,请老太太安歇罢。明日再赏十六,也不辜负这月色。"贾母道:"哪里就四更了?"王夫人笑道:"实已四更,他们姊妹们熬不过,都去睡了。"

贾母听说,细看了一看,果然都散了,只有探春在此。贾母笑道:"也罢。你们也熬不惯,况且弱的弱,病的病,去了倒省心。只是三丫头可怜见的,尚还等着。你也去罢,我们散了。"说着,便起身,吃了一口清茶,便有预备下的竹椅小轿,便围着斗篷坐上,两个婆子搭起,众人围随出园去了。不在话下。

这里众媳妇收拾杯盘碗盏时,却少了个细茶杯,各处寻觅不见,又问众人:"必是谁失手打了。撂在那里,告诉我拿了磁瓦去交收是证见,不然又说偷起来。"众人都说:"没有打了,只怕跟姑娘的人打了,也未可知。你细想想,或问问他们去。"一语提醒了这管家伙的媳妇,因笑道:"是了,那一会记得是翠缕拿着的。我去问他。"说着便去找时,刚下了甬道,就遇见了紫鹃和翠缕来了。

翠缕便问道:"老太太散了,可知我们姑娘哪去了?"这媳妇道:"我来问那一个茶盅往哪里去了,你们倒问我要姑娘。"翠缕笑道:"我因倒茶给姑娘吃的,展眼回头,就连姑娘也没了。"那媳妇道:"太太才说都睡觉去了。你不知哪里玩去了,还不知道呢。"翠缕和紫鹃道:"断乎没有悄悄的睡去之理,只怕在哪里走了一走。如今见老太太散了,赶过前边送去,也未可知。我们且往前边找找去。有了姑娘,自然你的茶盅也有了。你明日一早再找,有什么忙的。"媳妇笑道:"有了下落就不必忙了,明儿就和你要罢。"说毕回去,仍查收家伙。这里紫鹃和翠缕便往贾母处来。不在话下。

原来黛玉和湘云二人并未去睡觉。只因黛玉见贾府中许多人赏月,贾母犹叹人少,不似当年热闹,又提宝钗姊妹家去母女弟兄自去赏月等语,不觉对景感怀,自去俯栏垂泪。宝玉近因晴雯病势甚重,诸务无心,王夫人再四遣他去睡,他也便去了。探春又因近日家事着恼,无暇游玩。虽有迎春惜春二人,偏又素日不大甚合。所以只剩了湘云一人宽慰他,因说:"你是个明白人,何必作此形景自苦。我也和你一样,我就不似你这样心窄。何况你又多病,还不自己保养。可恨宝姐姐,姊妹天天说亲道热,早已说今年中秋要大家一处赏月,必要起社,

大家联句，到今日便弃了咱们，自己赏月去了。社也散了，诗也不作了。倒是他们父子叔侄纵横起来。你可知宋太祖说的好：'卧榻之侧，岂许他人酣睡。'他们不作，咱们两个竟联起句来，明日羞他们一羞。"黛玉见他这般劝慰，不肯负他的豪兴，因笑道："你看这里这等人声嘈杂，有何诗兴。"

湘云笑道："这山上赏月虽好，终不及近水赏月更妙。你知道这山坡底下就是池沿，山坳里近水一个所在就是凹晶馆。可知当日盖这园子时就有学问。这山之高处，就叫凸碧；山之低洼近水处，就叫作凹晶。这'凸''凹'二字，历来用的人最少。如今直用作轩馆之名，更觉新鲜，不落窠臼。可知这两处一上一下，一明一暗，一高一矮，一山一水，竟是特因玩月而设此处。有爱那山高月小的，便往这里来；有爱那皓月清波的，便往那里去。只是这两个字俗念作'洼''拱'二音，便说俗了，不大见用，只陆放翁用了一个'凹'字，说'古砚微凹聚墨多'，还有人批他俗，岂不可笑。"林黛玉道："也不只放翁才用，古人中用者太多。如江淹《青苔赋》，东方朔《神异经》，以至《画记》上云张僧繇画一乘寺的故事，不可胜举。只是今人不知，误作俗字用了。实和你说罢，这两个字还是我拟的呢。因那年试宝玉，因他拟了几处，也有存的，也有删改的，也有尚未拟的。这是后来我们大家把这没有名色的也都拟出来了，注了出处，写了这房屋的坐落，一并带进去与大姐姐瞧了。他又带出来，命给舅舅瞧过。谁知舅舅倒喜欢起来，又说：'早知这样，那日该就叫他姊妹一并拟了，岂不有趣。'所以凡我拟的，一字不改都用了。如今就往凹晶馆去看看。"

说着，二人便同下了山坡。只一转弯，就是池沿，沿上一带竹栏相接，直通着那边藕香榭的路径。因这几间就此山怀抱之中，乃凸碧山庄之退居，因洼而近水，故颜其额曰"凹晶溪馆"。因此处房宇不多，且又矮小，故只有两个老婆子上夜。今日打听得凸碧山庄的人应差，与他们无干，这两个老婆子关了月饼果品并犒赏的酒食来，二人吃得既醉且饱，早已息灯睡了。

黛玉湘云见熄了灯，湘云笑道："倒是他们睡了好。咱们就在这卷棚底下近水赏月如何？"二人遂在两个湘妃竹墩上坐下。只见天上一轮皓月，池中一轮水月，上下争辉，如置身于晶宫鲛室之内。微风一过，粼粼然池面皱碧铺纹，真令人神清气净。湘云笑道："怎得这会子坐上船吃酒倒好。这要是我家里这样，我就立刻坐船了。"黛玉笑道："正是古人常说的好，'事若求全何所乐'。据我说，这也罢了，偏要坐船起来。"湘云笑道："得陇望蜀，人之常情。可知那些老人家说的不错。说贫穷之家自为富贵之家事事趁心，告诉他说竟不能遂心，他们不肯信的；必得亲历其境，他方知觉了。就如咱们两个，虽父母不在，然却忝在富贵之乡，只你我竟有许多不遂心的事。"黛玉笑道："不但你我不能趁心，就连老太太、太太以至宝玉、探丫头等人，无论事大事小，有理无理，其不能各遂其心者，同一理也，何况你我旅居客寄之人哉！"湘云听说，恐怕黛玉又伤感起来，忙道："休说这些闲话，咱们且联诗。"

正说间，只听笛韵悠扬起来。黛玉笑道："今日老太太、太太高兴了，这笛子吹的有趣，倒是助咱们的兴趣了。咱两个都爱五言，就还是五言排律罢。"湘云道："限何韵？"黛玉笑道："咱们数这个栏杆的直棍，这头到那头为止。他是第几根就用第几韵。若十六根，便是'一先'起。这可新鲜？"湘云笑道："这倒别致。"于是二人起身，便从头数至尽头，止得十三根。湘云道："偏又是'十三元'了。这个韵少，作排律只怕牵强不能押韵呢。少不得你先起一句罢了。"黛玉笑道："倒要试试咱们谁强谁弱，只是没有纸笔记。"湘云道："不妨，明儿再写。只怕这一点聪明还有。"

黛玉道："我先起一句现成的俗语罢。"因念道：

　　三五中秋夕，

湘云想了一想，道：

　　清游拟上元。

　　撒天箕斗灿，

林黛玉笑道：

　　匝地管弦繁。

几处狂飞盏，

湘云笑道："这一句'几处狂飞盏'有些意思。这倒要对的好呢。"想了一想，笑道：

谁家不启轩。

轻寒风剪剪，

黛玉道："对的比我的却好。只是底下这句又说熟话了，就该加劲说了去才是。"湘云道："诗多韵险，也要铺陈些才是。纵有好的，且留在后头。"黛玉笑道："到后头没有好的，我看你羞不羞。"因联道：

良夜景暄暄。

争饼嘲黄发，

湘云笑道："这句不好，是你杜撰，用俗事来难我了。"黛玉笑道："我说你不曾见过书呢。吃饼是旧典，唐书唐志你看了来再说。"湘云笑道："这也难不倒我，我也有了。"因联道：

分瓜笑绿媛。

香新荣玉桂，

黛玉笑道："分瓜可是实实的你杜撰了。"湘云笑道："明日咱们对查了出来大家看看，这会子别耽误工夫。"黛玉笑道："虽如此，下句也不好，不犯着又用'玉桂''金兰'等字样来塞责。"因联道：

色健茂金萱。

蜡烛辉琼宴，

湘云笑道："'金萱'二字便宜了你，省了多少力。这样现成的韵被你得了，只是不犯着替他们颂圣去。况且下句你也是塞责了。"黛玉笑道："你不说'玉桂'，我难道强对个'金萱'么？再也要铺陈些富丽，方才是即景之实事。"湘云只得又联道：

觥筹乱绮园。

分曹尊一令，

黛玉笑道："下句好，只是难对些。"因想了一想，联道：

射覆听三宣。

骰彩红成点，

湘云笑道："'三宣'有趣，竟化俗成雅了。只是下句又说上骰子。"少不得联道：

传花鼓滥喧。

晴光摇院宇，

黛玉笑道："对的却好。下句又溜了，只管拿些风月来塞责。"湘云道："究竟没说到月上，也要点缀点缀，方不落题。"黛玉道："且姑存之，明日再斟酌。"因联道：

素彩接乾坤。

赏罚无宾主，

湘云道："又说他们作什么，不如说咱们。"只得联道：

吟诗序仲昆。

构思时倚槛，

黛玉笑道："这可以入上你我了。"因联道：

拟景或依门。

酒尽情犹在，

湘云说道："是时候了。"乃联道：

更残乐已谖。

渐闻语笑寂，

黛玉说道："这时候可知一步难似一步了。"因联道：

空剩雪霜痕。

阶露团朝菌，

湘云笑道："这一句怎么押韵，让我想想。"因起身负手，想了一想，笑道："够了，幸而想

出一个字来,几乎败了。"因联道:

　　庭烟敛夕椿,

　　秋湍泻石髓,

　　黛玉听了,不禁也起身叫妙,说:"这促狭鬼,果然留下好的。这会子才说'椿'字,亏你想得出。"湘云道:"幸而昨日看历朝文选见了这个字,我不知是何树,因要查一查。宝姐姐说不用查,这就是如今俗叫作明开夜合的。我信不及,到底查了一查,果然不错。看来宝姐姐知道的竟多。"黛玉笑道:"'椿'字用在此时更恰,也还罢了。只是'秋湍'一句亏你好想。只这一句,别的都要抹倒。我少不得打起精神来对一句,只是再不能似这一句了。"因想了一想,道:

　　风叶聚云根。

　　宝婺情孤洁,

　　湘云道:"这对的也还好。只是下一句你也溜了,幸而是景中情,不单用'宝婺'来塞责。"因联道:

　　银蟾气吐吞。

　　药经灵兔捣,

　　黛玉不语点头,半日随念道:

　　人向广寒奔。

　　犯斗邀牛女,

　　湘云也望月点首,联道:

　　乘槎待帝孙。

　　虚盈轮莫定,

　　黛玉笑道:"又用比兴了。"因联道:

　　晦朔魄空存。

　　壶漏声将涸,

　　湘云方欲联时,黛玉指池中黑影与湘云看道:"你看那河里怎么像个人在黑影里去了,敢是个鬼罢?"湘云笑道:"可是又见鬼了。我是不怕鬼的,等我打他一下。"因弯腰拾了一块小石片向那池中打去,只听打得水响,一个大圆圈将月影荡散复聚者几次。只听那黑影里嘎然一声,却飞起一个白鹤来,直往藕香榭去了。黛玉笑道:"原来是他,猛然想不到,反吓了一跳。"湘云笑道:"这个鹤有趣,倒助了我了。"因联道:

　　窗灯焰已昏。

　　寒塘渡鹤影,

　　林黛玉听了,又叫好,又跺足,说:"了不得,这鹤真是助他的了!这一句更比'秋湍'不同,叫我对什么才好?'影'字只有一个'魂'字可对,况且'寒塘渡鹤'何等自然,何等现成,何等有景且又新鲜,我竟要搁笔了。"湘云笑道:"大家细想就有了,不然就放着明日再联也可。"黛玉只看天,不理他,半日,猛然笑道:"你不必捞嘴,我也有了,你听听。"因对道:

　　冷月葬诗魂。

　　湘云拍手赞道:"果然好极!非此不能对。好个'葬诗魂'!"因又叹道:"诗固新奇,只是太颓丧了些。你现病着,不该作此过于清奇诡谲之语。"黛玉笑道:"不如此如何压倒你。下句竟还未得,只为用工在这一句了。"

　　一语未了,只见栏外山石后转出一个人来,笑道:"好诗,好诗,果然太悲凉了。不必再往下联,若底下只这样去,反不显这两句了,倒觉得堆砌牵强。"二人不防,倒唬了一跳。细看时,不是别人,却是妙玉。

　　二人皆诧异,因问:"你如何到了这里?"妙玉笑道:"我听见你们大家赏月,又吹的好笛,我也出来玩赏这清池皓月。顺脚走到这里,忽听见你两个联诗,更觉清雅异常,故此听住了。只是方才我听见这一首中,有几句虽好,只是过于颓败凄楚。此亦关人之气数而有,所以我出来止住。如今老太太都已早散了,满园的人想俱已睡熟了,你两个的丫头还不知在哪里找

你们呢。你们也不怕冷了？快同我来，到我那里去吃杯茶，只怕就天亮了。"黛玉笑道："谁知道就这个时候了。"

三人遂一同来至栊翠庵中。只见龛焰犹青，炉香未烬。几个老嬷嬷也都睡了，只有小丫鬟在蒲团上垂头打盹。妙玉唤他起来，现去烹茶。忽听叩门之声，小丫鬟忙去开门看时，却是紫鹃翠缕与几个老嬷嬷来找他姊妹两个。进来见他们正吃茶，因都笑道："要我们好找，一个园里走遍了，连姨太太那里都找到了。才到了那山坡底下小亭里找时，可巧那里上夜的正睡醒了。我们问他们，他们说，方才亭外头棚下两个人说话，后来又添了一个，听见说大家往庵里去。我们就知是这里了。"妙玉忙命小丫鬟引他们到那边去坐着歇息吃茶。自取了笔砚纸墨出来，将方才的诗命他二人念着，遂从头写出来。

黛玉见他今日十分高兴，便笑道："从来没见你这样高兴。若不见你这样高兴，我也不敢唐突请教，这还可以见教否？若不堪时，便就烧了；若或可政，即请改正改正。"妙玉笑道："也不敢妄加评赞。只是这才有了二十二韵。我意思想着你二位警句已出，再若续时，恐后力不加。我竟要续貂，又恐有玷。"黛玉从没见妙玉作过诗，今见他高兴如此，忙说："果然如此，我们的虽不好，亦可以带好了。"妙玉道："如今收结，到底还该归到本来面目上去。若只管丢了真情真事且去搜奇捡怪，一则失了咱们的闺阁面目，二则也与题目无涉了。"二人皆道极是。

妙玉遂提笔一挥而就，递与他二人道："休要见笑。依我必须如此，方翻转过来，虽前头有凄楚之句，亦无甚碍了。"二人接了看时，只见他续道：

> 香篆销金鼎，脂冰腻玉盆。
> 箫增嫠妇泣，衾倩侍儿温。
> 空帐悬文凤，闲屏掩彩鸳。
> 露浓苔更滑，霜重竹难扪。
> 犹步萦纡沼，还登寂历原。
> 石奇神鬼搏，木怪虎狼蹲。
> 赑赑朝光透，罘罳晓露屯。
> 振林千树鸟，啼谷一声猿。
> 歧熟焉忘径，泉知不问源。
> 钟鸣栊翠寺，鸡唱稻香村。
> 有兴悲何继，无愁意岂烦。
> 芳情只自遣，雅趣向谁言。
> 彻旦休云倦，烹茶更细论。

后书：《右中秋夜大观园即景联句三十五韵》。

黛玉湘云二人皆赞赏不已，说："可见我们天天是舍近而求远。现有这样诗仙在此，却天天去纸上谈兵。"妙玉笑道："明日再润色。此时想也快天亮了，到底要歇息歇息才是。"林史二人听说，便起身告辞，带领丫鬟出来。妙玉送至门外，看他们去远，方掩门进来。不在话下。

这里翠缕向湘云道："大奶奶那里还有人等着咱们睡去呢。如今还是那里去好？"湘云笑道："你顺路告诉他们，叫他们睡罢。我这一去未免惊动病人，不如闹林姑娘半夜去罢。"说着，大家走至潇湘馆中，有一半人已睡去。二人进去，方才卸妆宽衣，盥漱已毕，方上床安歇。紫鹃放下绿帐，移灯掩门出去。

谁知湘云有择席之病，虽在枕上，只是睡不着。黛玉又是个心血不足常常失眠的，今日又错过困头，自然也是睡不着。二人在枕上翻来覆去。黛玉因问道："怎么你还没睡着？"湘云微笑道："我有择席的病，况且走了困，只好躺躺罢。你怎么也睡不着？"黛玉叹道："我这睡不着也并非今日，大约一年之中，通共也只好睡十夜满足的。"湘云道："却是你病的缘故，所以……"不知下文什么——

第七十七回 俏丫鬟抱屈夭风流
美优伶斩情归水月

话说王夫人见中秋已过,凤姐病已比先减了,虽未大愈,然亦可以出入行走得了,仍命大夫每日诊脉服药,又开了丸药方子来配调经养荣丸。因用上等人参二两,王夫人命人取时,翻寻了半日,只向小匣内寻了几枝簪挺粗细的。王夫人看了嫌不好,命再找去,又找了一大包须末出来。

王夫人焦躁道:"用不着偏有,但用着了,再找不着。成日家我说叫你们查一查,都归拢在一处,你们白不听,就随手混撂。你们不知他的好处,用起来得多少换买来还不中使呢。"彩云道:"想是没了,就只有这个。上次那边的太太来寻些去,太太都给过去了。"王夫人道:"没有的话,你再细找找。"彩云只得又去找,又拿了几包药材来说:"我们不认得这个,请太太自看。除这个再没有了。"王夫人打开看时,也都忘了,不知都是什么药,并没有一枝人参。因一面遣人去问凤姐有无,凤姐来说:"也只有些参膏芦须。虽有几枝,也不是上好的,每日还要煎药用里呢。"王夫人听了,只得向邢夫人那里问去。邢夫人说:"因上次没了,才往这里来寻,早已用完了。"

王夫人没法,只得亲身过来请问贾母。贾母忙命鸳鸯取出当日所余的来,竟还有一大包,皆有手指头粗细的,遂称二两与王夫人。王夫人出来交与周瑞家的拿去令小厮送与医生家去,又命将那几包不能辨得的药也带了去,命医生认了,各包记号了来。

一时,周瑞家的又拿了进来说:"这几包都各包好记上名字了。但这一包人参固然是上好的,如今就连三十换也不能得这样的了,但年代太陈了。这东西比别的不同,凭是怎样好的,只过一百年后,便自己就成了灰了。如今这个虽未成灰,然已成了朽糟烂木,也无性力的了。请太太收了这个,倒不拘粗细,好歹再换些新的倒好。"王夫人听了,低头不语,半日才说:"这可没法了,只好去买二两来罢。"也无心看那些,只命:"都收了罢。"因向周瑞家的说:"你就去说给外头人们,拣好的换二两来。倘一时老太太问,你们只说用的是老太太的,不必多说。"

周瑞家的方才要去时,宝钗因在座,乃笑道:"姨娘且住。如今外头卖的人参都没好的。虽有一枝全的,他们也必截做两三段,镶嵌上芦泡须枝,掺匀了好卖,看不得粗细。我们铺子里常和参行交易,如今我去和妈说了,叫哥哥去托个伙计过去和参行商议说明,叫他把未作的原枝好参兑二两来。不妨咱们多使几两银子,也得了好的。"王夫人笑道:"倒是你明白。就难为你亲自走一趟更好。"

于是宝钗去了,半日回来说:"已遣人去,赶晚就有回信的。明日一早去配也不迟。"王夫人自是喜悦,因说道:"'卖油的娘子水梳头',自来家里有好的,不知给了人多少。这会子轮到自己用,反倒各处求人去了。"说毕长叹。宝钗笑道:"这东西虽然值钱,究竟不过是药,原该济众散人才是。咱们比不得那没见世面的人家,得了这个,就珍藏密敛的。"王夫人点头道:"这话极是。"

一时宝钗去后,因见无别人在室,遂唤周瑞家的来问前日园中搜检的事情可得个下落。周瑞家的是已和凤姐等人商议停妥,一字不隐,遂回明王夫人。

王夫人听了,虽惊且怒,却又作难,因思司棋系迎春之人,皆系那边的人,只得令人去回邢夫人。周瑞家的回道:"前日那边太太嗔着王善保家的多事,打了几个嘴巴子,如今他也装病在家,不肯出头了。况且又是他外孙女儿,自己打了嘴,他只好装个忘了,日久平服了再说。如今我们过去回时,恐怕又多心,倒像似咱们多事似的。不如直把司棋带过去,一并连赃证与那边太太瞧了,不过打一顿配了人,再指个丫头来,岂不省事。如今白告诉去,那边太

太再推三阻四的，又说'既这样你太太就该料理，又来说什么'，岂不反耽搁了。倘那丫头瞅空寻了死，反不好了。如今看了两三天，人都有个偷懒的时候，倘一时不到，岂不倒弄出事来。"王夫人想了一想，说："这也倒是。快办了这一件，再办咱们家的那些妖精。"

周瑞家的听说，会齐了那几个媳妇，先到迎春房里，回迎春道："太太们说了，司棋大了，连日他娘求了太太，太太已赏了他娘配人，今日叫他出去，另挑好的与姑娘使。"说着，便命司棋打点走路。迎春听了，含泪似有不舍之意，因前夜已闻得别的丫鬟悄悄的说了缘故，虽数年之情难舍，但事关风化，亦无可如何了。那司棋也曾求了迎春，实指望迎春能死保赦下的，只是迎春语言迟慢，耳软心活，是不能作主的。

司棋见了这般，知不能免，因哭道："姑娘好狠心！哄了我这两日，如今怎么连一句话也没有？"周瑞家的等说道："你还要姑娘留你不成？便留下，你也难见园里的人了。依我们的好话，快快收了这样子，倒是人不知鬼不觉的去罢，大家体面些。"迎春含泪道："我知道你干了什么大不是，我还十分说情留下，岂不连我也完了。你瞧入画也是几年的人，怎么说去就去了。自然不止你两个，想这园里凡大的都要去呢。依我说，将来终有一散，不如你各人去罢。"周瑞家的道："所以到底是姑娘明白。明儿还有打发的人呢，你放心罢。"

司棋无法，只得含泪与迎春磕头，和众姊妹告别，又向迎春耳根说："好歹打听我要受罪，替我说个情儿，就是主仆一场！"迎春亦含泪答应："放心。"

于是周瑞家的人等带了司棋出了院门，又命两个婆子将司棋所有的东西都与他拿着。走了没几步，后头只见绣桔赶来，一面也擦着泪，一面递与司棋一个绢包说："这是姑娘给你的。主仆一场，如今一旦分离，这个与你作个想念罢。"司棋接了，不觉更哭起来了，又和绣桔哭了一回。周瑞家的不耐烦，只管催促，二人只得散了。

司棋因又哭告道："婶子大娘们，好歹略徇个情儿，如今且歇一歇，让我到相好的姊妹跟前辞一辞，也是我们这几年好了一场。"周瑞家的等人皆各有事务，作这些事便是不得已了，况且又深恨他们素日大样，如今哪里有工夫听他的话，因冷笑道："我劝你走罢，别拉拉扯扯的了。我们还有正经事呢。谁是你一个衣包里爬出来的，辞他们作什么，他们看你的笑声还看不了呢。你不过是挨一会是一会罢了，难道就算了不成！依我说快走罢。"一面说，一面总不住脚，直带着往后角门出去了。司棋无奈，又不敢再说，只得跟了出来。

可巧正值宝玉从外而入，一见带了司棋出去，又见后面抱着些东西，料着此去再不能来了。因闻得上夜之事，又兼晴雯之病亦因那日加重，细问晴雯，又不说是为何。上日又见入画已去，今又见司棋亦走，不觉如丧魂魄一般，因忙拦住问道："哪里去？"周瑞家的等皆知宝玉素日行为，又恐唠叨误事，因笑道："不干你事，快念书去罢。"宝玉笑道："好姐姐们，且站一站，我有道理。"周瑞家的便道："太太不许少挨一刻，又有什么道理。我们只知遵太太的话，管不得许多。"

司棋见了宝玉，因拉住哭道："他们做不得主，你好歹求求太太去。"宝玉不禁也伤心，含泪说道："我不知你作了什么大事，晴雯也病了，如今你又去。都要去了，这却怎么的好。"周瑞家的发躁向司棋道："你如今不是副小姐了，若不听话，我就打得你。别想着往日姑娘护着，任你们作耗。越说着，还不好好走。如今和小爷们拉拉扯扯，成个什么体统！"那几个媳妇不由分说，拉着司棋便出去了。

宝玉又恐他们去告舌，恨的只瞪着他们，看已去远，方指着恨道："奇怪，奇怪，怎么这些人只一嫁了汉子，染了男人的气味，就这样混帐起来，比男人更可杀了！"守园门的婆子听了，也不禁好笑起来，因问道："这样说，凡女儿个个是好的了，女人个个是坏的了？"宝玉点头道："不错，不错！"婆子们笑道："还有一句话我们糊涂不解，倒要请问请问。"

方欲说时，只见几个老婆子走来，忙说道："你们小心，传齐了伺候着。此刻太太亲自来园里，在那里查人呢。只怕还查到这里来呢。又盼咐快叫怡红院的晴雯姑娘的哥嫂来，在这里等着领出他妹妹去。"因笑道："阿弥陀佛！今日天睁了眼，把这一个祸害妖精退送了，大家清净些。"宝玉一闻得王夫人进来亲查，便料定晴雯也保不住了，早飞也似的赶了去，所以后来趁愿之语竟未得听见。

宝玉及到了怡红院,只见一群人在那里,王夫人在屋里坐着,一脸怒色,见宝玉也不理。晴雯四五日水米不曾沾牙,恹恹弱息,如今现从炕上拉了下来,蓬头垢面,两个女人才架起来去了。王夫人吩咐,只许把他贴身衣服撂出去,余者好衣服留下给好丫头们穿。

　　又命把这里所有的丫头们都叫来一一过目。原来王夫人自那日着恼之后,王善保家的去趁势告倒了晴雯,本处有人和园中不睦的,也就随机趁便下了些话。王夫人皆记在心中。因节间有事,故忍了两日,今日特来亲自阅人。一则为晴雯犹可,二则因竟有人指宝玉为由,说他大了,已解人事,都由屋里的丫头们不长进教习坏了。因这事更比晴雯一人较甚,乃从袭人起以至于极小作粗活的小丫头们,个个亲自看了一遍。

　　因问:"谁是和宝玉一日的生日?"本人不敢答应,老嬷嬷指道:"这一个蕙香,又叫作四儿的,是同宝玉一日生日的。"王夫人细看了一看,虽比不上晴雯一半,却有几分水秀。视其行止,聪明皆露在外面,且也打扮的不同。王夫人冷笑道:"这也是个不怕臊的。他背地里说的,同日生日就是夫妻。这可是你说的?打量我隔的远,都不知道呢。可知道我身子虽不大来,我的心耳神意时时都在这里。难道我通共一个宝玉,就白放心凭你们勾引坏了不成!"这个四儿见王夫人说着他素日和宝玉的私语,不禁红了脸,低头垂泪。王夫人即命也快把他家的人叫来,领出去配人。

　　又问:"谁是耶律雄奴?"老嬷嬷们便将芳官指出。王夫人道:"唱戏的女孩子,自然是狐狸精了!上次放你们,你们又懒待出去,可就该安分守己才是。你就成精鼓捣起来,调唆着宝玉无所不为。"芳官笑辩道:"并不敢调唆什么。"王夫人笑道:"你还强嘴。我且问你,前年我们往皇陵上去,是谁调唆宝玉要柳家的丫头五儿了? 幸而那丫头短命死了,不然进来了,你们又连伙聚党遭害这园子呢。你连你干娘都欺倒了,岂止别人!"因喝命:"唤他干娘来领去,就赏他外头自寻个女婿去吧。把他的东西一概给他。"又吩咐上年凡有姑娘们分的唱戏的女孩子们,一概不许留在园里,都令其各人干娘带出,自行聘嫁。一语传出,这些干娘皆感恩趁愿不尽,都约齐来与王夫人磕头领去。

　　王夫人又满屋里搜检宝玉之物。凡略有眼生之物,一并命收的收,卷的卷,着人拿到自己房内去了。因说:"这才干净,省得旁人口舌。"因又吩咐袭人麝月等人:"你们小心!往后再有一点分外之事,我一概不饶。因叫人查看了,今年不宜迁挪,暂且挨过今年,明年一并给我仍旧搬出去心净。"说毕,茶也不吃,遂带领众人又往别处去阅人。暂且说不到后文。

　　如今且说宝玉只当王夫人不过来搜检搜检,无甚大事,谁知竟这样雷嗔电怒的来了。所责之事皆系平日之语,一字不爽,料必不能挽回的。虽心下恨不能一死,但王夫人盛怒之际,自不敢多言一句,多动一步,一直跟送王夫人到沁芳亭。王夫人命:"回去好生念念那书,仔细明儿问你。才已发下狠了。"宝玉听如此说,方回来,一路打算:"谁这样犯舌?况这里事也无人知道,如何就都说着了。"一面想,一面进来,只见袭人在那里垂泪。且又去了心上第一等的人,岂不伤心,便倒在床上也哭起来。

　　袭人知他心内别的还犹可,独有晴雯是第一件大事,乃推他劝道:"哭也不中用了。你起来我告诉你,晴雯已经好了,他这一家去,倒心净养几天。你果然舍不得他,等太太气消了,你再求老太太,慢慢的叫进来也不难。不过太太偶然信了人的诽言,一时气头上如此罢了。"宝玉哭道:"我究竟不知道晴雯犯了何等滔天大罪!"袭人道:"太太只嫌他生的太好了,未免轻佻些。在太太是深知这

国学经典文库

中国二十大名著

红楼梦

图文珍藏版

243

样美人似的人必不安静,所以恨嫌他,像我们这粗粗笨笨的倒好。"宝玉道:"这也罢了。咱们私自玩话怎么也知道了? 又没外人走风的,这可奇怪。"袭人道:"你有甚忌讳的,一时高兴了,你就不管有人无人了。我也曾使过眼色,也曾递过暗号,倒被那别人已知道了,你反不觉。"宝玉道:"怎么人人的不是太太都知道,单只挑出你和麝月秋纹来?"

袭人听了这话,心内一动,低头半日,无可回答,因便笑道:"正是呢。若论我们也有玩笑不留心的孟浪去处,怎么太太竟忘了? 想是还有别的事,等完了再发放我们,也未可知。"宝玉笑道:"你是头一个出了名的至善至贤之人,他两个又是你陶冶教育的,焉得还有孟浪该罚之处! 只是芳官尚小,过于伶俐些,未免倚强压倒了人,惹人厌。四儿是我误了他,还是那年我和你拌嘴的那日起,叫上来作些细活,未免夺占了地位,故有今日。只是晴雯也是和你一样,从小儿在老太太屋里过来的,虽然他生得比人强,也没甚妨碍去处。就只是他的性情爽利,口角锋芒些,究竟也不曾得罪你们。想是他过于生得好了,反被这好所误。"说毕,复又哭起来。

袭人细揣此话,好似宝玉有疑他之意,竟不好再劝,因叹道:"天知道罢了。此时也查不出人来了,白哭一会子也无益。倒是养着精神,等老太太喜欢时,回明白了再要他是正理。"宝玉冷笑道:"你不必虚宽我的心。等到太太平服了再瞧势头去要时,知他的病等得等不得。他自幼上来娇生惯养,何尝受过一日委屈。连我知道他的性格,还时常冲撞了他。他这一去,就如同一才才抽出嫩箭来的兰花送到猪窝里去一般。况又是一身重病,里头一肚子的闷气。他又没亲爷热娘,只有一个醉泥鳅姑舅哥哥。他这一去,一时也不惯的,哪里还等得几日。知道还能见他一面两面不能了!"说着又越发伤心起来。

袭人笑道:"可是你'只许州官放火,不许百姓点灯'。我们偶然说一句略妨碍些的话,就说是不吉利之谈,你如今好好的咒他,是该的了! 他便比别人娇些,也不至这样起来。"宝玉道:"不是我妄口咒他,今年春天已有兆头的。"袭人忙问何兆。宝玉道:"这阶下好好的一株海棠花,竟无故死了半边,我就知有异事,果然应在他身上。"

袭人听了,又笑起来,因说道:"我待不说,又撑不住,你太也婆婆妈妈的了。这样的话,岂是你读书的男人说。草木怎又关系起人来? 若不是婆婆妈妈的,真也成了个呆子了。"宝玉叹道:"你们哪里知道,不但草木,凡天下之物,皆是有情有理的,也和人一样,得了知己,便极有灵验的。若用大题目比,就有孔子庙前之桧、坟前之蓍,诸葛祠前之柏,岳武穆坟前之松。这都是堂堂正大随人之正气,千古不磨之物。世乱则萎,世治则荣,几千百年了,枯而复生者几次。这岂不是兆? 小题目比,就有杨太真沉香亭之木芍药,端正楼之相思树,王昭君冢上之草,岂不也有灵验。所以这海棠亦应其人欲亡,故先就死了半边。"

袭人听了这篇痴话,又可笑,又可叹,因笑道:"真真的这话越发说上我的气来了。那晴雯是个什么东西,就费这样心思,比出这些正经人来! 还有一说,他纵好,也灭不过我的次序去。便是这海棠,也该先来比我,也还轮不到他。想是我要死了。"宝玉听说,忙捂他的嘴,劝道:"这是何苦! 一个未清,你又这样起来。罢了,再别提这事,别弄的去了三个,又饶上一个。"袭人听说,心下暗喜道:"若不如此,你也不能了局。"

宝玉乃道:"从此休提起,全当他们三个死了,不过如此。况且死了的也曾有过,也没有见我怎么样,此一理也。如今且说现在的,倒是把他的东西,作瞒上不瞒下,悄悄的打发人送出去与了他。再或有咱们常时积攒下的钱,拿几吊出去给他养病,也是你姊妹好了一场。"袭人听了,笑道:"你太把我们看的又小器又没人心了。这话还等你说,我才已将他素日所有的衣裳以至各什各物总打点下了,都放在那里。如今白日里人多眼杂,又恐生事,且等到晚上,悄悄的叫宋妈给他拿出去。我还有攒下的几吊钱也给他罢。"宝玉听了,感谢不尽。袭人笑道:"我原是久已出了名的贤人,连这一点子好名儿还不会买来不成!"宝玉听他方才的话,忙赔笑抚慰一时。晚间果密遣宋妈送去。

宝玉将一切人稳住,便独自得便出了后角门,央一个老婆子带他到晴雯家去瞧瞧。先是这婆子百般不肯,只说怕人知道,"回了太太,我还吃饭不吃饭!"无奈宝玉死活央告,又许他些钱,那婆子方带了他来。

这晴雯当日系赖大家用银子买的，那时晴雯才得十岁，尚未留头。因常跟赖嬷嬷进来，贾母见他生得伶俐标致，十分喜爱。故此赖嬷嬷就孝敬了贾母使唤，后来所以到了宝玉房里。这晴雯进来时，也不记得家乡父母，只知有个姑舅哥哥，专能庖宰，也沦落在外，故又求了赖家的收买进来吃工食。

赖家的见晴雯虽到贾母跟前，千伶百俐，嘴尖性大，却倒还不忘旧，故又将他姑舅哥哥收买进来，把家里一个女孩子配了他。成了房后，谁知他姑舅哥哥一朝身安泰，就忘却当年流落时，任意吃死酒，家小也不顾。偏又娶了个多情美色之妻，见他不顾身命，不知风月，一味死吃酒，便不免有兼葭倚玉之叹，红颜寂寞之悲。又见他器量宽宏，并无嫉妒忌之意，这媳妇遂恣情纵欲，满宅内便延揽英雄，收纳材俊，上上下下竟有一半是他考试过的。若问他夫妻姓甚名谁，便是上回贾琏所接见的多浑虫灯姑娘儿的便是了。

目今晴雯只有这一门亲戚，所以出来就在他家。此时多浑虫外头去了，那灯姑娘吃了饭去串门子，只剩下晴雯一人，在外间房内爬着。

宝玉命那婆子在院门瞭哨，他独自掀起草帘进来，一眼就看见晴雯睡在芦席土炕上，幸而衾褥还是旧日铺的。心内不知自己怎么才好，因上来含泪伸手轻轻拉他，悄唤两声。

当下晴雯又因着了风，又受了他哥嫂的歹话，病上加病，嗽了一日，才朦胧睡了。忽闻有人唤他，强展星眸，一见是宝玉，又惊又喜，又悲又痛，忙一把死攥住他的手。哽咽了半日，方说出半句话来："我只当不得见你了。"接着便嗽个不住。宝玉也只有哽咽之份。

晴雯道："阿弥陀佛，你来的好，且把那茶倒半碗我喝。渴了这半日，叫半个人也叫不着。"宝玉听说，忙拭泪问："茶在哪里？"晴雯道："那炉台上就是。"宝玉看时，虽有个黑沙吊子，却不像个茶壶。只得桌上去拿了一个碗，也甚大甚粗，不像个茶碗，未到手内，先就闻得油膻之气。宝玉只得拿了来，先拿些水洗了两次，复又用水汕过，方提起沙壶斟了半碗。看时，绛红的，也太不成茶。晴雯扶枕道："快给我喝一口罢！这就是茶了。哪里比得咱们的茶！"宝玉听说，先自己尝了一尝，并无清香，且无茶味，一味苦涩，略有茶意而已。尝毕，方递与晴雯。只见晴雯如得了甘露一般，一气都灌下去了。

宝玉心下暗道："往常那样好茶，他尚有不如意之处；今日这样。看来，可知古人说的'饱饫烹宰，饥餍糟糠'，又道是'饭饱弄粥'，可见都不错了。"一面想，一面流泪问："你有什么说的，趁着没人告诉我。"晴雯呜咽道："有什么可说的！不过挨一刻是一刻，挨一日是一日。我已知横竖不过三五日的光景，就好回去了。只是一件，我死也不甘心的：我虽生的比别人略好些，并没有私情密意勾引你怎样，如何一口死咬定了我是个狐狸精！我太不服。今日既已担了虚名，而且临死，不是我说一句后悔的话，早知如此，我当日也另有个道理。不料痴心傻意，只说大家横竖是在一处。不想平空里生出这一节话来，有冤无处诉。"说毕又哭。

宝玉拉着他的手，只觉瘦如枯柴，腕上犹戴着四个银镯，因泣道："且卸下这个来，等好了再戴上罢。"因与他卸下来，塞在枕下。又说："可惜这两个指甲，好容易长了二寸长，这一病好了，又损好些。"晴雯拭泪，就伸手取了剪刀，将左手上两根葱管一般的指甲齐根铰下；又伸手向被内将贴身穿着的一件旧红绫袄脱下，并指甲都与宝玉道："这个你收了，以后就如见我一般。快把你的袄儿脱下来我穿。我将来在棺材内独自躺着，也就像还在怡红院的一样了。论理不该如此，只是担了虚名，我可也是无可如何了。"宝玉听说，忙宽衣换上，藏了指甲。晴雯又哭道："回去他们看见了要问，不必撒谎，就说是我的。既担了虚名，越性如此，也不过这样了。"

一语未了，只见他嫂子笑嘻嘻掀帘进来，道："好呀，你两个的话，我已都听见了。"又向宝玉道："你一个作主子的，跑到下人房里作什么？看我年轻又俊，敢是来调戏我么？"宝玉听说，吓的忙赔笑央道："好姐姐，快别大声。他服侍我一场，我私自来瞧瞧他。"灯姑娘便一手拉了宝玉进里间来，笑道："你不叫嚷也容易，只是依我一件事。"说着，便坐在炕沿上，却紧紧的将宝玉搂入怀中。

宝玉如何见过这个，心内早突突的跳起来了，急的满面红涨，又羞又怕，只说："好姐姐，别闹。"灯姑娘乜斜醉眼，笑道："呸！成日家听见你风月场中惯作工夫的，怎么今日就反讪起

来。"宝玉红了脸,笑道:"姐姐放手,有话咱们好说。外头有老妈妈,听见什么意思。"灯姑娘笑道:"我早进来了,却叫婆子去园门等着呢。我等什么似的,今儿等着了你。虽然闻名,不如见面,空长了一个好模样儿,竟是没药性的炮仗,只好装幌子罢了,倒比我还发訕怕羞。可知人的嘴一概听不得的。就比如方才我们姑娘下来,我也料定你们素日偷鸡盗狗的。我进来一会在窗下细听,屋内只你二人,若有偷鸡盗狗的事,岂有不谈及于此,谁知你两个竟还是各不相扰。可知天下委屈事也不少。如今我反后悔错怪了你们。既然如此,你但放心。以后你只管来,我也不罗唣你。"

宝玉听说,才放下心来,方起身整衣央道:"好姐姐,你千万照看他两天。我如今去了。"说毕出来,又告诉晴雯。二人自是依依不舍,也少不得一别。晴雯知宝玉难行,遂被蒙头,总不理他,宝玉方出来。意欲到芳官四儿处去,无奈天黑,出来了半日,恐里面人找他不见,又恐生事,遂且进园来,明日再作计较。因乃至后角门,小厮正抱铺盖,里边嬷嬷们正查人,若再迟一步也就关了。

宝玉进入园中,且喜无人知道。到了自己房内,告诉袭人只说在薛姨妈家去的,也就罢了。一时铺床,袭人不得不问今日怎么睡。宝玉道:"不管怎么睡罢了。"

原来这一二年间,袭人因王夫人看重了他了,他越发自要尊重。凡背人之处,或夜晚之间,总不与宝玉狎昵,较先幼时反倒疏远了。况虽无大事办理,然一应针线并宝玉及诸小丫头们凡出入银钱衣履什物等事,也甚烦琐;且有吐血旧症虽愈,然每因劳碌风寒所感,即嗽中带血,故迩来夜间总不与宝玉同房。宝玉夜间常醒,又极胆小,每醒必唤人。因晴雯睡卧警醒,且举动轻便,故夜晚一应茶水起坐呼唤之任皆悉委他一人,所以宝玉外床只是他睡。今他去了,袭人只得要问,因思此任比日间紧要之意。宝玉既答不管怎样,袭人只得还依旧年之例,遂仍将自己铺盖搬来设于床外。

宝玉发了一晚上呆。及催他睡下,袭人等也都睡后,听着宝玉在枕上长吁短叹,复去翻来,直至三更以后。方渐渐的安顿了,略有鼾声。袭人方放心,也就朦胧睡着。没半盏茶时,只听宝玉叫"晴雯"。袭人忙睁开眼连声答应,问作什么。宝玉因要吃茶。袭人忙下去向盆内蘸过手,从暖壶内倒了半盏茶来吃过。宝玉乃笑道:"我近来叫惯了他,却忘了是你。"袭人笑道:"他一乍来时你也曾睡梦中直叫我,半年后才改了。我知道这晴雯人虽去了,这两个字只怕是不能去的。"说着,大家又卧下。

宝玉又翻转了一个更次,至五更方睡去时,只见晴雯从外头走来,仍是往日形景,进来笑向宝玉道:"你们好生过罢,我从此就别过了。"说毕,翻身便走。宝玉忙叫时,又将袭人叫醒。袭人还只当他惯了口乱叫,却见宝玉哭了,说道:"晴雯死了。"袭人笑道:"这是哪里的话!你就知道胡闹,被人听着什么意思。"宝玉哪里肯听,恨不得一时亮了就遣人去问信。

及至天亮时,就有王夫人房里小丫头立等叫开前角门传王夫人的话:"'即时叫起宝玉,快洗脸,换了衣裳快来,因今儿有人请老爷寻秋赏桂花,老爷因喜欢他前儿作得诗好,故此要带他们去。'这都是太太的话,一句别错了。你们快飞跑告诉他去,立逼叫他快来,老爷在上屋里还等他吃面茶呢。环哥儿已来了。快跑,快跑。再着一个人去叫兰哥儿,也要这等说。"里面的婆子听一句,应一句,一面扣扭子,一面开门。一面早有两三个人一行扣衣,一行分头去了。

袭人听得叩院门,便知有事,忙一面命人问时,自己已起来了。听得这话,忙促人来舀了面汤,催宝玉起来盥漱。他自去取衣。因思跟贾政出门,便不肯拿出十分出色的新鲜衣履来。只拣那二等成色的来。宝玉此时亦无法,只得忙忙的前来。果然贾政在那里吃茶,十分喜悦。宝玉忙行了省晨之礼。贾环贾兰二人也都见过宝玉。贾政命坐吃茶,向环兰二人道:"宝玉读书不如你两个,论题联和诗这种聪明,你们皆不及他。今日此去,未免强你们做诗,宝玉须听便助他们两个。"王夫人等自来不曾听见这等考语,真是意外之喜。

一时候他父子二人等去了,方欲过贾母这边来时,就有芳官等三个的干娘走来,回说:"芳官自前日蒙太太的恩典赏了出去,他就疯了似的,茶也不吃,饭也不用,勾引上藕官蕊官,三个人寻死觅活,只要剪了头发做尼姑去。我只当是小孩子家一时出去不惯也是有的,不过

隔两日就好了。谁知越闹越凶，打骂着也不怕。实在没法，所以来求太太，或者就依他们做尼姑去，或教导他们一顿，赏给别人作女儿去罢，我们也没这福。"王夫人听了道："胡说！哪里由得他们起来，佛门也是轻易人进去的！每人打一顿给他们，看还闹不闹了！"

当下因八月十五日各庙内上供去，皆有各庙内的尼姑来送供尖之例，王夫人曾于十五日就留下水月庵的智通与地藏庵的圆信住两日，至今日未回，听得此信，巴不得又拐两个女孩子去作活使唤，因都向王夫人道："咱们府上到底是善人家。因太太好善，所以感应得这些小姑娘们皆如此。虽说佛门轻易难入，也要知道佛法平等。我佛立愿，原是一切众生无论鸡犬皆要度他，无奈迷人不醒。若果有善根能醒悟，即可以超脱轮回。所以经上现有虎狼蛇虫得道者就不少。如今这两三个姑娘既然无父无母，家乡又远，他们既经了这富贵，又想从小儿命苦入了这风流行次，将来知道终身怎么样，所以苦海回头，立意出家修修来世，也是他们的高意。太太倒不要限了善念。"

王夫人原是个好善的，先听彼等之语不肯听其自由者，因思芳官等不过皆系小儿女，一时不遂心，故有此意，但恐将来熬不得清净，反致获罪。今听这两个拐子的话大近情理；且近日家中多故，又有邢夫人遣人来知会，明日接迎春家去住两日，以备人家相看；且又有官媒婆来求说探春等事，心绪正烦，哪里着意在这些小事上。既听此言，便笑答道："你两个既这等说，你们就带了作徒弟去如何？"两个姑子听了，念一声佛道："善哉！善哉！若如此，可是你老人家阴德不小。"说毕，便稽首拜谢。

王夫人道："既这样，你们问他们去。若果真心，即上来当着我拜了师父去罢。"这三个女人听了出去，果然将他三人带来。王夫人问之再三，他三人已是立定主意，遂与两个姑子叩了头，又拜辞了王夫人。王夫人见他们意皆决断，知不可强了，反倒伤心可怜，忙命人取了些东西来赍赏了他们，又送了两个姑子些礼物。从此芳官跟了水月庵的智通，蕊官藕官二人跟了地藏庵的圆信，各自出家去了。再听下回分解。

第七十八回　老学士闲征姽婳词
痴公子杜撰芙蓉诔

话说两个尼姑领了芳官等去后，王夫人便往贾母处来省晨，见贾母喜欢，便趁便回道："宝玉屋里有个晴雯，那个丫头也大了，而且一年之间，病不离身；我常见他比别人分外淘气，也懒；前日又病倒了十几天，叫大夫瞧，说是女儿痨，所以我就赶着叫他下去了。若养好了也不用叫他进来，就赏他家配人去也罢了。再那几个学戏的女孩子，我也作主放出去了。一则他们都会戏，口里没轻没重，只会混说，女孩儿们听了如何使得？二则他们既唱了会子戏，白放了他们，也是应该的。况丫头们也太多，若说不够使，再挑上几个来也是一样。"贾母听了，点头道："这倒是正理，我也正想着如此呢。但晴雯那丫头我看他甚好，怎么就这样起来。我的意思，这些丫头的模样爽利言谈针线多不及他，将来只他还可以给宝玉使唤。谁知变了。"

王夫人笑道："老太太挑中的人原不错。只怕他命里没造化，所以得了这个病。俗语又说，'女大十八变'。况且有了本事的人，未免就有些调歪。老太太还有什么不曾经验过的。三年前我也就留心这件事。先只取中了他，我便留心。冷眼看去，他色色虽比人强，只是不大沉重。若说沉重知大礼，莫若袭人第一。虽说贤妻美妾，然也要性情和顺举止沉重的更好些。就是袭人模样虽比晴雯略次一等，然放在房里，也算得一二等的了。况且行事大方，心地老实，这几年来，从未逢迎着宝玉淘气。凡宝玉十分胡闹的事，他只有死劝。因此品择了二年，一点不错了，我就悄悄的把他丫头的月分钱止住，我的月分银子里批出二两银子来给他。不过使他自己知道越发小心效好之意。且不明说者，一则宝玉年纪尚小，老爷知道了又恐说担误了书；二则宝玉再自为已是跟前的人不敢劝他说他，反倒纵性起来。所以直到今

日才回明老太太。"

贾母听了,笑道:"原来这样,如此更好了。袭人本来从小儿不言不语,我只说他是没嘴的葫芦。既是你深知,岂有大错误的。而且你这不明说与宝玉的主意更好。且大家别提这事,只是心里知道罢了。我深知宝玉将来也是个不听妻妾劝的。我也解不过来,也从未见过这样的孩子。别的淘气都是应该的,只他这种和丫头们好却是难懂。我为此也担心,每每的冷眼查看他。只和丫头们闹,必是人大心大,知道男女的事了,所以爱亲近他们。既细细查试,究竟不是为此。岂不奇怪。想必原是个丫头错投了胎不成。"说着,大家笑了。王夫人又回今日贾政如何夸奖,又如何带他们逛去,贾母听了,更加喜悦。

一时,只见迎春妆扮了前来告辞过去。凤姐也来省晨,伺候过早饭,又说笑了一回。贾母歇晌后,王夫人便唤了凤姐,问他丸药可曾配来。凤姐儿道:"还不曾呢,如今还是吃汤药。太太只管放心,我已大好了。"王夫人见他精神复初,也就信了。因告诉撵逐晴雯等事,又说:"怎么宝丫头私自回家睡了,你们都不知道?我前儿顺路都查了一查。谁知兰小子这一个新进来的奶子也十分的妖乔,我也不喜欢他。我也说与你嫂子了,好不好叫他各自去罢。况且兰小子也大了,用不着奶子了。我因问你大嫂子:'宝丫头出去难道你也不知道不成?'他说是告诉了他的,不过住两三日,等你姨妈好了就进来。姨妈究竟没甚大病,不过还是咳嗽腰疼,年年是如此的。他这去必有缘故,敢是有人得罪了他不成?那孩子心重,亲戚们住一场,别得罪了人,反不好了。"

凤姐笑道:"谁可好好的得罪着他?况且他天天在园里,左不过是他们姊妹那一群人。"王夫人道:"别是宝玉有嘴无心,傻子似的从没个忌讳,高兴了信嘴胡说也是有的。"凤姐笑道:"这可是太太过于操心了。若说他出去干正经事说正经话去,却像个傻子;若只叫进来在这些姊妹跟前以至于大小的丫头们跟前,他最有尽让,又恐怕得罪了人,那是再不得有人恼他的。我想薛妹妹出去,想必为着前时搜检众丫头的东西的缘故。他自然为信不及园里的人才搜检,他又是亲戚,现也有丫头老婆在内,我们又不好去搜检,恐我们疑他,所以多了这个心,自己回避了。也是应该避嫌疑的。"

王夫人听了这话不错,自己遂低头想了一想,便命人请了宝钗来分晰前日的事以解他疑心,又仍命他进来照旧居住。宝钗赔笑道:"我原要早出去的,只是姨娘有许多的大事,所以不便来说。可巧前日妈又不好了,家里两个靠得的女人也病着,我所以趁便出去了。姨娘今日既已知道了,我正好明讲出情理来,就从今日辞了好搬东西的。"

王夫人凤姐都笑着:"你太固执了。正经再搬进来为是,休为没要紧的事反疏远了亲戚。"宝钗笑道:"这话说的太不解了,并没有什么事我出去。我为的是妈近来神思比先大减,而且夜间晚上没有得靠的人,通共只我一个。二则如今我哥哥眼看要娶嫂子,多少针线活计并家里一切动用的器皿,尚有未齐备的,我也须得帮着妈去料理料理。姨妈和凤姐姐都知道我们家的事,不是我撒谎。三则自我在园里,东南上小角门子就常开着,原是为我走的,保不住出入的人就图省路也从那里走,又没人盘查,设若从那里生出一件事来,岂不两碍脸面。而且我进园里来住原不是什么大事,因前几年年纪皆小,且家里没事,有在外头的,不如进来姊妹相共,或作针线,或玩笑,皆比在外头闷坐着好,如今彼此都大了,也彼此皆有事。况姨娘这边历年皆遇不遂心的事故,那园子也太大,一时照顾不到,皆有关系,唯有少几个人,就可以少操些心。所以今日不但我执意辞去,此外还要劝姨娘如今该减些的就减些,也不为失了大家的体统。据我看,园里这一项费用也竟可以免,说不得当日的话。姨娘深知我家的,难道我们家当日也是这样冷落不成。"凤姐听了这篇话,便向王夫人笑道:"这话竟是,不必强他了。"王夫人点头道:"我也无可回答,只好随你便罢了。"

话说之间,只见宝玉等已回来,因说他父亲还不散,恐天黑了,所以先叫我们回来了。王夫人忙问:"今日可有丢了丑?"宝玉笑道:"不但不丢丑,倒拐了许多东西来。"接着,就有老婆子们从二门上小厮手内接东西来。王夫人一看时,只见扇子三把,扇坠三个,笔墨共六匣,香珠三串,玉绦环三个。宝玉说道:"这是梅翰林送的,那是杨侍郎送的,这是李员外送的,每人一份。"说着,又向怀中取出一个旃檀香小护身佛来,说:"这是庆国公单给我的。"

王夫人又问在席何人、作何诗词等语毕,只将宝玉一份令人拿着,同宝玉兰环前来见过贾母。贾母看了,喜欢不尽,不免又问些话。无奈宝玉一心记着晴雯,答应完了话时,便说骑马颠了,骨头疼。贾母便说:"快回房去换了衣服,疏散疏散就好了,不许睡倒。"宝玉听了,便忙入园来。

当下麝月秋纹已带了两个丫头来等候,见宝玉辞了贾母出来,秋纹便将笔墨拿起来,一同随宝玉进园来。宝玉满口里说"好热",一壁走,一壁便摘冠解带,将外面的大衣服都脱下来麝月拿着,只穿着一件松花绫子夹袄,袄内露出血点般大红裤子来。秋纹见这条红裤是晴雯手内针线,因叹道:"这条裤子以后收了罢,真是物件在人去了。"麝月忙也笑道:"这是晴雯的针线。"又叹道:"真真物在人亡了!"秋纹将麝月拉了一把,笑道:"这裤子配着松花色袄儿、石青靴子,越显出这靛青的头,雪白的脸来了。"

宝玉在前只装听不见,又走了两步,便止步道:"我要走一走,这怎么好?"麝月道:"大白日里,还怕什么? 还怕丢了你不成!"因命两个小丫头跟着,"我们送了这些东西去再来。"宝玉道:"好姐姐,等一等我再去。"麝月道:"我们去就来。两个人手里都有东西,倒像摆执事的,一个捧着文房四宝,一个捧着冠袍带履,成个什么样子?"宝玉听见,正中心怀,便让他两个去了。

他便带了两个小丫头到一石后,也不怎么样,只问他二人道:"自我去了,你袭人姐姐打发人瞧晴雯姐姐去了不曾?"这一个答道:"打发宋妈妈瞧去了。"宝玉道:"回来说什么?"小丫头道:"回来说晴雯姐姐直着脖子叫了一夜,今日早起就闭了眼,住了口,世事不知,也出不得一声儿,只有倒气的分儿了。"宝玉忙道:"一夜叫的是谁?"小丫头子说:"一夜叫的是娘。"宝玉拭泪道:"还叫谁?"小丫头子道:"没有听见叫别人了。"宝玉道:"你糊涂,想必没有听真。"

旁边那一个小丫头最伶俐,听宝玉如此说,便上来说:"真个他糊涂。"又向宝玉道:"不但我听得真切,我还亲自偷着看去的。"宝玉听说,忙问:"你怎么又亲自看去?"小丫头道:"我因想晴雯姐姐素日与别人不同,待我们极好。如今他虽受了委屈出去,我们不能别的法子救他,只亲去瞧瞧,也不枉素日疼我们一场。就是人知道了回了太太,打我们一顿,也是愿受的。所以我拚着挨一顿打,偷着下去瞧了一瞧。谁知他平生为人聪明,至死不变。他因想着那起俗人不可说话,所以只闭眼养神,见我去了便睁开眼,拉我的手问:'宝玉哪去了?'我告诉他实情。他叹了一口气说:'不能见了。'我就说:'姐姐何不等一等他回来见一面,岂不两完心愿?'他就笑道:'你们还不知道。我不是死,如今天上少了一位花神,玉皇敕命我去司主。我如今在未正二刻到任司花,宝玉须待未正三刻才到家,只少得一刻的工夫,不能见面。世上凡该死之人阎王勾取了过去,是差些小鬼来捉他魂魄。若要迟延一时半刻,不过烧些纸钱浇些浆饭,那鬼只顾抢钱去了,该死的人就可多待些个工夫。我这如今是有天上的神仙来召请,岂可挨得时刻!'我听了这话,竟不大信,及进来到房里留神看时辰表时,果然是未正二刻他咽了气,正三刻上就有人来叫我们,说你来了。这时候倒都对合。"

宝玉忙道:"你不识字看书,所以不知道。这原是有的,不但花有一个神,一样花有一位神之外还有总花神。但他不知是作总花神去了,还是单管一样花的神?"这丫头听了,一时诌不出来。恰好这是八月时节,园中池上芙蓉正开。这丫头便见景生情,忙答道:"我也曾问他是管什么花的神,告诉我们日后也好供养。他说:'天机不可泄漏。你既这样虔诚,我只告诉你,你只可告诉宝玉一人。除他之外若泄了天机,五雷就来轰顶的。'他就告诉我说,他就是专管这芙蓉花的。"

宝玉听了这话,不但不为怪,亦且去悲而生喜,乃指芙蓉笑道:"此花也须得这样一个人去司掌。我就料定他那样的人必有一番事业做的。虽然超出苦海,从此不能相见,也免不得伤感思念。"因又想:"虽然临终未见,如今且去灵前一拜,也算尽这五六年的情常。"

想毕忙至房中,又另穿戴了,只说去看黛玉,遂一人出园来,往前次之处去,意为停柩在内。谁知他哥嫂见他一咽气便回了进去,希图早些得几两发送例银。王夫人闻知,便命赏了十二烧埋银子。又命:"即刻送到外头焚化了罢。女儿痨死的,断不可留!"他哥嫂听了这话,

一面得银，一面就雇了人来入殓，抬往城外化人场上去了。剩的衣履簪环，约有三四百金之数，他兄嫂自收了为后日之计。二人将门锁上，一同送殡去未回。宝玉走来扑了个空。

宝玉自立了半天，别无法儿，只得复身进入园中。待回至房中，甚觉无味，因乃顺路来找黛玉。偏黛玉不在房中，问其何往，丫鬟们回说："往宝姑娘那里去了。"宝玉又至蘅芜苑中，只见寂静无人，房内搬的空空落落的，不觉吃一大惊。忽见几个老婆子走来，宝玉忙问这是什么缘故。老婆子道："宝姑娘出去了。这里交我们看着，还没有搬清楚。我们帮着送了些东西去，这也就完了。你老人家请出去罢，让我们扫扫灰尘也好，从此你老人家省跑这一处的腿子了。"

宝玉听了，怔了半天，因看着那院中的香藤异蔓，仍是翠翠青青，忽比昨日好似改作凄凉了一般，更又添了伤感。默默出来，又见门外的一条翠樾埭上也半日无人来往，不似当日各处房中丫鬟不约而来者络绎不绝。又俯身看那埭下之水，仍是溶溶脉脉的流将过去。心下因想："天地间竟有这样无情的事！"悲感一番，忽又想到去了司棋、入画，芳官等五个；死了晴雯；今又去了宝钗等一处；迎春虽尚未去，然连日也不见回来，且接连有媒人来求亲：大约园中之人不久都要散的了。纵生烦恼，也无济于事。不如还是找黛玉去相伴一日，回来还是和袭人厮混，只这两三个人，只怕还是同死同归的。想毕，仍往潇湘馆来，偏黛玉尚未回来。宝玉想亦当出去候送才是，无奈不忍悲感，还是不去的是，遂又垂头丧气的回来。

正在不知所以之际，忽见王夫人的丫头进来找他说："老爷回来了，找你呢，又得了好题目来了。快走，快走。"宝玉听了，只得跟了出来。到王夫人房中，他父亲已出去了。王夫人命人送宝玉至书房中。

彼时贾政正与众幕友们谈论寻秋之胜，又说："快散时忽然谈及一事，最是千古佳谈，'风流隽逸，忠义慷慨'八字皆备，倒是个好题目，大家要作一首挽词。"众幕宾听了，都忙请教系何等妙事。

贾政乃道："当日曾有一位王封曰恒王，出镇青州。这恒王最喜女色，且公余好武，因选了许多美女，日习武事。每公余辄开宴连日，令众美女习战斗功拔之事。其姬中有姓林行四者，姿色既冠，且武艺更精，皆呼为林四娘。恒王最得意，遂超拔林四娘统辖诸姬，又呼为'姽婳将军'。"众清客都称"妙极神奇。竟以'姽婳'下加'将军'二字，反更觉妩媚风流，真绝世奇文也。想这恒王也是千古第一风流人物了。"贾政笑道："这话自然是如此，但更有可奇可叹之事。"众清客都愕然惊问道："不知底下有何奇事？"贾政道："谁知次年便有'黄巾''赤眉'一干流贼余党复又乌合，抢掠山左一带。恒王意为犬羊之恶，不足大举，因轻骑前剿。不意贼众颇有诡谲智术，两战不胜，恒王遂为众贼所戮。于是青州城内文武官员，各各皆谓'王尚不胜，你我何为！'遂将有献城之举。林四娘得闻凶报，遂集聚众女将，发令说道：'你我皆向蒙王恩，戴天履地，不能报其万一。今王既殒身国事，我意亦当殒身于王。尔等有愿随者，即时同我前往；有不愿者，亦早各散。'众女将听他这样，都一齐说愿意。于是林四娘带领众人连夜出城，直杀至贼营里头。众贼不防，也被斩戮了几员首贼。然后大家见是不过几个女人，料不能济事，遂回戈倒兵，奋力一阵，把林四娘等一个不曾留下，倒作成了这林四娘的一片忠义之志。后来报至中都，自天子以至百官，无不惊骇道奇。其后朝中自然又有人去剿灭，天兵一到，化为乌有，不必深论。只就林四娘一节，位众听了，可羡不可羡呢？"众幕友叹道："实在可羡可奇，实是个妙题，原该大家挽一挽才是。"说着，早有人取了笔砚，按贾政口中之言稍加改易了几个字，便成了一篇短序，递与贾政看了。贾政道："不过如此。他们那里已有原序。昨日因又奉恩旨，着察核前代以来应加褒奖而遗落未经请奏各项人等，无论僧尼乞丐与女妇人等，有一事可嘉，即行汇送履历至礼部备请恩奖。所以他这原序也送往礼部去了。大家听见这新闻，所以都要作一首《姽婳词》，以志其忠义。"众人听了，都又笑道："这原该如此。只是更可羡者，本朝皆系千古未有之旷典隆恩，实历代所不及处，可谓'圣朝无阙事'，唐朝人预先说了，竟应在本朝。如今年代方不虚此一句。"贾政点头道："正是。"

说话间，贾环叔侄亦到。贾政命他们看了题目。他两个虽能诗，较腹中之虚实虽也去宝玉不远，但第一件他两个终是别路，若论举业一道，似高过宝玉，若论杂学，则远不能及；第二件

他二人才思滞钝,不及宝玉空灵娟逸,每作诗亦如八股之法,未免拘板庸涩。

那宝玉虽不算是个读书人,然亏他天性聪敏,且素喜好些杂书,他自为古人中也有杜撰的,也有误失之处,拘较不得许多;若只管怕前怕后起来,纵堆砌成一篇,也觉得甚无趣味。因心里怀着这个念头,每见一题,不拘难易,他便毫无费力之处,就如世上的流嘴滑舌之人,无风作有,信着伶口俐舌,长篇大论,胡扳乱扯,敷演出一篇话来。虽无稽考,却都说得四座春风。虽有正言厉语之人,亦不得压倒这一种风流去。

近日贾政年迈,名利大灰,然起初天性也是个诗酒放诞之人,因在子侄辈中,少不得规以正路。近见宝玉虽不读书,竟颇能解此,细评起来,也还不算十分玷辱了祖宗。就思及祖宗们,各各亦皆如此,虽有深精举业的,也不曾发迹过一个,看来此亦贾门之数。况母亲溺爱,遂也不强以举业逼他了。所以近日是这等待他。又要环兰二人举业之余,怎得亦同宝玉才好,所以每欲作诗,必将三人一齐唤来对作。

闲言少述。且说贾政又命他三人各吊一首,谁先成者赏,佳者额外加赏。贾环贾兰二人近日当着多人皆作过几首了,胆量逾壮,今看了题,遂自去思索。一时,贾兰先有了。贾环生恐落后也就有了。二人皆已录出,宝玉尚自出神。贾政与众人且看他二人的二首。

贾兰的是一首七言绝句,写道是:

> 姽婳将军林四娘,玉为肌骨铁为肠,
> 捐躯自报恒王后,此日青州土亦香。

众幕宾看了,便皆大赞:"小哥儿十三岁的人就如此,可知家学渊源,真不诬矣。"贾政笑道:"稚子口角,也还难为他。"

又看贾环的,是首五言律,写道是:

> 红粉不知愁,将军意未休。
> 掩啼离绣幕,抱恨出青州。
> 自谓酬王德,讵能复寇仇。
> 谁题忠义墓,千古独风流。

众人道:"更佳。倒是大几岁年纪,立意又自不同。"贾政道:"还不甚大错,终不恳切。"众人道:"这就罢了。三爷才大不多两岁,俱在未冠之时,如此用了工夫,再过几年,怕不是大阮小阮了。"贾政道:"过奖了。只是不肯读书过失。"

因又问宝玉怎样。众人道:"二爷细心镂刻,定又是风流悲感,不同此等的了。"宝玉笑道:"这个题目似不称近体,须得古体,或歌或行,长篇一首,方能恳切。"众人听了,都立身点头拍手道:"我说他立意不同!每一题到手必先度其体格宜与不宜,这便是老手妙法。就如裁衣一般,未下剪时,须度其身量。这题目名曰《姽婳词》,且既有了序,此必是长篇歌行方合体的。或拟白乐天《长恨歌》,或拟温八叉《击瓯歌》,或拟李长吉《会稽歌》或拟咏古词,半叙半咏,流利飘逸,始能尽妙。"

贾政听说,也合了主意,遂自提笔向纸上要写,又向宝玉笑道:"如此,你念我写。若不好了,我捶你那肉。谁许你先大言不惭了!"宝玉只得念了一句,道是:

> 恒王好武兼好色,

贾政写了看时,摇头道:"粗鄙。"一幕宾道:"要这样方古,究竟不粗。且看他底下的。"贾政道:"姑存之。"宝玉又道:

> 遂教美女习骑射。
> 秾歌艳舞不成欢,列阵挽戈为自得。

贾政写出,众人都道:"只这第三句便古朴老健,极妙。这四句平叙出,也最得体。"贾政道:"休谬加奖誉,且看转的如何。"宝玉念道:

> 眼前不见尘沙起,将军俏影红灯里。

众人听了这两句,便都叫:"妙! 好个'不见尘沙起'! 又承了一句'俏影红灯里',用字用句,皆入神化了。"宝玉道:

> 叱咤时闻口舌香,霜矛雪剑娇难举。

众人听了，便拍手笑道："益发画出来了。当日敢是宝公也在座，见其娇且闻其香否？不然，何体贴至此。"宝玉笑道："闺阁习武，任其勇悍，怎似男人。不待问而可知娇怯之形的了。"贾政道："还不快续，这又有你说嘴的了。"

宝玉只得又想了一想，念道：

丁香结子芙蓉绦。

众人都道："转'绦'，'萧'韵，更妙，这才流利飘荡。而且这一句也绮靡秀媚的妙。"贾政写了，看道："这一句不好。已写过'口舌香''娇难举'，何必又如此。这是力量不加，故又用这些堆砌货来搪塞。"宝玉笑道："长歌也须得要些词藻点缀点缀，不然便觉萧索。"贾政道："你只顾用这些，但这一句底下如何能转至武事？若再多说两句，岂不蛇足了。"宝玉道："如此，底下一句转煞住，想亦可矣。"贾政冷笑道："你有多大本领？上头说了一句大开门的散话，如今又要一句连转带煞，岂不心有余而力不足些。"宝玉听了，垂头想了一想，说了一句道：

不系明珠系宝刀。

忙问："这一句可还使得？"众人拍案叫绝。贾政写了，看着笑道："且放着，再续。"宝玉道："若使得，我便要一气下去了。若使不得，索性涂了，我再想别的意思出来，再另措词。"贾政听了，便喝道："多话！不好了再作，便作十篇百篇，还怕辛苦了不成！"宝玉听说，只得想了一会，便念道：

战罢夜阑心力怯，脂痕粉渍污鲛绡。

贾政道："又一段。底下怎样？"宝玉道：

明年流寇走山东，强吞虎豹势如蜂。

众人道："好个'走'字！便见得高低了。且通句转的也不板。"宝玉又念道：

王率天兵思剿灭，一战再战不成功。
腥风吹折陇头麦，日照旌旗虎帐空。
青山寂寂水湔湔，正是恒王战死时。
雨淋白骨血染草，月冷黄沙鬼守尸。

众人都道："妙极，妙极！布置，叙事，词藻，无不尽美。且看如何至四娘，必另有妙转奇句。"

宝玉又念道：

纷纷将士只保身，青州眼见皆灰尘，
不期忠义明闺阁，愤起恒王得意人。

众人都道："铺叙得委婉。"贾政道："太多了，底下只怕累赘呢。"

宝玉乃又念道：

恒王得意数谁行，姽婳将军林四娘，
号令秦姬驱赵女，艳李秾桃临战场。
绣鞍有泪春愁重，铁甲无声夜气凉。
胜负自然难预定，誓盟生死报前王。
贼势猖獗不可敌，柳折花残实可伤，
魂依城郭家乡近，马践胭脂骨髓香。
星驰时报入京师，谁家儿女不伤悲！
天子惊慌恨失守，此时文武皆垂首。
何事文武立朝纲，不及闺中林四娘！
我为四娘长太息，歌成余意尚彷徨。

念毕，众人都大赞不止，又都从头看了一遍。贾政笑道："虽然说了几句，到底不大恳切。"因说："去罢。"三人如得了赦的一般，一齐出来，各自回房。

众人皆别无话，不过至晚安歇而已。独有宝玉一心凄楚，回至园中，猛然见池上芙蓉，想起小丫鬟说晴雯作了芙蓉之神，不觉又喜欢起来，乃看着芙蓉嗟叹了一会。忽又想起死后并

未到灵前一祭,如今何不在芙蓉前一祭,岂不尽了礼,比俗人去灵前祭吊又更觉别致。

　　想毕,便欲行礼。忽又止住道:"虽如此,亦不可太草率,也须得衣冠整齐,奠仪周备,方为诚敬。"想了一想,"如今若学那世俗之奠礼,断然不可;竟也还要别开生面,另立排场,风流奇异,于世无涉,方不负我二人之为人。况且古人有云:'潢污行潦,蘋繁蕴藻之贱,可以羞王公,荐鬼神。'原不在物之贵贱,全在心之诚敬而已。此其一也。二则诔文挽词也须另出己见,自放手眼,亦不可蹈袭前人的套头,填写几字搪塞耳目之文,亦必须洒泪泣血,一字一咽,一句一啼,宁使文不足悲有余,万不可尚文藻而反失悲戚。况且古人多有微词,非自我今作俑也。奈今人全惑于功名二字,尚古之风一洗皆尽,恐不合时宜,于功名有碍之故。我又不稀罕那功名,不为世人观阅称赞,何必不远师楚人之《大言》《招魂》《离骚》《九辩》《枯树》《问难》《秋水》《大人先生传》等法,或杂参单句,或偶成短联,或用实典,或设譬喻,随意所之,信笔而去,喜则以文为戏,悲则以言志痛,辞达意尽为止,何必若世俗之拘拘于方寸之间哉。"

　　宝玉本是个不读书之人,再心中有了这篇歪意,怎得有好诗好文作出来。他自己却任意纂著,并不为人知慕,所以大肆妄诞,竟杜撰成一篇长文,用晴雯素日所喜之冰鲛縠一幅楷字写成,名曰《芙蓉女儿诔》,前序后歌。又备了四样晴雯所喜之物,于是夜月下,命那小丫头捧至芙蓉花前。先行礼毕,将那诔文即挂于芙蓉枝上,乃泣涕念曰:

　　维太平不易之元,蓉桂竞芳之月,无可奈何之日,怡红院浊玉,谨以群花之蕊、冰鲛之縠、沁芳之泉、枫露之茗,四者虽微,聊以达诚申信,乃致祭于

　　白帝宫中抚司秋艳芙蓉女儿之前曰:

　　窃思女儿自临浊世,迄今凡十有六载。其先之乡籍姓氏,湮沦而莫能考者久矣。而玉得于衾枕栉沐之间,栖息宴游之夕,亲昵狎亵,相与共处者,仅五年八月有畸。

　　忆!女儿曩生之昔,其为质则金玉不足喻其贵,其为性则冰雪不足喻其洁,其为神则星日不足喻其精,其为貌则花月不足喻其色。姊妹悉慕媖娴,妪媪咸仰惠德。

　　孰料鸠鸩恶其高,鹰鸷翻遭罦罭;薋葹妒其臭,茝兰竟被芟鉏!花原自怯,岂奈狂飙;柳本多愁,何禁骤雨。偶遭蛊虿之谗,遂抱膏肓之疢。故尔樱唇红褪,韵吐呻吟,杏脸香枯,色陈颣颔,诼谣謑诟,出自屏帏,荆棘蓬榛,蔓延户牖。岂招尤则替,实攘诟而终。既忳幽沉于不尽,复含罔屈于无穷。高标见嫉,闺帏恨比长沙;直烈遭危,巾帼惨于羽野。

　　自蓄辛酸,谁怜夭折!仙云既散,芳趾难寻。洲迷聚窟,何来却死之香?海失灵槎,不获回生之药。眉黛烟青,昨犹我画;指环玉冷,今倩谁温?鼎炉之剩药犹存,襟泪之余痕尚渍。镜分鸾别,愁开麝月之奁;栉化龙飞,哀折檀云之齿。委金钿于草莽,抛翠匌于尘埃。楼空鳷鹊,徒悬七夕之针;带断鸳鸯,谁续五丝之缕?况乃金天属节,白帝司时,孤衾有梦,空室无人。桐阶月暗,芳魂与倩影同销;蓉帐香残,娇喘共细言皆绝。连天衰草,岂独蒹葭;匝地悲声,无非蟋蟀。露苔晚砌,穿帘不度寒砧;雨荔秋垣,隔院希闻怨笛。芳名未泯,檐前鹦鹉犹呼;艳质将亡,槛外海棠预老。捉迷屏后,莲瓣无声;斗草庭前,兰芽枉待。抛残绣线,银笺彩缕谁裁?折断冰丝,金斗御香未熨。

　　昨承严命,既趋车而远涉芳园;今犯慈威,复拄杖而遍抛孤柩。及闻槥棺被燹,惭违共穴之盟;石椁成灾,愧迨同灰之诮。尔乃西风古寺,淹滞青燐,落日荒丘,零星白骨。楸榆飒飒,蓬艾萧萧。隔雾圹以啼猿,绕烟塍而泣鬼。自为红绡帐里,公子情深;始信黄土垄中,女儿命薄!汝南泪血,斑斑洒向西风;梓泽余衷,默默诉凭冷月。

　　呜呼!固鬼蜮之为灾,岂神灵而亦妒。钳诐奴之口,讨岂从宽;剖悍妇之心,忿犹未释!在君之尘缘虽浅,然玉之鄙意岂终。因蓄拳拳之思,不禁谆谆之问。始知上帝垂旌,花宫待诏,生侪兰蕙,死辖芙蓉。听小婢之言,似涉无稽;以浊玉之思,则深为有据。

　　何也?昔叶法善摄魂以撰碑,李长吉被诏而为记,事虽殊,其理则一也。故相物以配才,苟非其人,恶乃滥乎?始信上帝委托权衡,可谓至洽至协,庶不负其所秉赋也。因希其不昧之灵,或陟降于兹;特不揣鄙俗之词,有污慧听。乃歌而招之曰:

　　天何如是之苍苍兮,乘玉虬以游乎穹窿耶?

地何如是之茫茫兮,驾瑶象以降乎泉壤耶?
望繖盖之陆离兮,抑箕尾之光耶?
列羽葆而为前导兮,卫危虚于旁耶?
驱丰隆以为比从兮,望舒月以离耶?
听车轨而伊轧兮,御鸾鹥以征耶?
问馥郁而蔓然兮,纫蘅杜以缫耶?
炫裙裾之烁烁兮,镂明月以为珰耶?
藉葳蕤而成坛畤兮,檠莲焰以烛兰膏耶?
文魅瓟以为觯斝兮,漉醽醁以浮桂醑耶?
瞻云气而凝眄兮,仿佛有所觇耶?
俯窈窕而属耳兮,恍惚有所闻耶?
期汗漫而无天阍兮,忍捐弃余于尘埃耶?
倩风廉之为余驱车兮,冀联辔而携归耶?
余中心为之慨然兮,徒嗷嗷而何为耶?
君偃然而长寝兮,岂天运之变于斯耶?
既窀穸且安稳兮,反其真而复奚化耶?
余犹桎梏而悬附兮,灵格余以嗟来耶!
来兮止兮,君其来耶?

　若夫鸿蒙而居,寂静以处,虽临于兹,余亦莫睹。搴烟萝而为步幛,列枪蒲而森行伍。警柳眼之贪眠,释莲心之味苦。素女约于桂岩,宓妃迎于兰渚。弄玉吹笙,寒簧击敔。征嵩岳之妃,启骊山之姥。龟呈洛浦之灵,兽作咸池之舞。潜赤水兮龙吟,集珠林兮凤翥。爰格爰诚,匪簠匪筥。发轫乎霞城,返旌乎玄圃。既显微而若通,复氤氲而倏阻。离合兮烟云,空蒙兮雾雨。尘霾敛兮星高,溪山丽兮月午。何心意之怦怦,若寤寐之栖栖。余乃欷歔怅望,泣涕彷徨。人语兮寂历,天籁兮筼筜。鸟惊散而飞,鱼唼喋以响。志哀兮是祷,成礼兮期祥。

　呜呼哀哉! 尚飨!

　读毕,遂焚帛奠茗,犹依依不舍。丫鬟催至再四,方才回身。忽听山石之后有一人笑道:"且请留步。"二人听了,不免一惊。那丫鬟回头一看,却是个人影从芙蓉花中走出来,他便大叫:"不好,有鬼。晴雯真来显魂了!"唬得宝玉也忙看时——且听下回分解。

第七十九回　薛文龙悔娶河东狮
贾迎春误嫁中山狼

　话说宝玉才祭完了晴雯,只听花影中有人声,倒唬了一跳。走出来细看,不是别人,却是林黛玉,满面含笑,口内说道:"好新奇的祭文! 可与曹娥碑并传的了。"宝玉听了,不觉红了脸,笑答道:"我想着世上这些祭文都蹈于熟滥了,所以改个新样,原不过是我一时的玩意,谁知又被你听见了。有什么大使不得的,何不改削改削。"

　黛玉道:"原稿在哪里? 倒要细细一读。长篇大论,不知说的是些什么,只听见中间两句,什么'红绡帐里,公子多情;黄土垄中,女儿薄命。'这一联意思却好,只是'红绡帐里'未免熟滥些。放着现成真事,为什么不用?"宝玉忙问:"什么现成的真事?"黛玉笑道:"咱们如今都系霞影纱糊的窗槅,何不说'茜纱窗下,公子多情'呢?"宝玉听了,不禁跌足笑道:"好

极，是极！到底是你想的出，说的出。可知天下古今现成的好景妙事尽多，只是愚人蠢子说不出想不出罢了。但只一件：虽然这一改新妙之极，但你居此则可，在我实不敢当。"说着，又接连说了一二百句"不敢"。

黛玉笑道："何妨。我的窗即可为你之窗，何必分晰得如此生疏。古人异姓陌路，尚然同肥马，衣轻裘，敝之而无憾，何况咱们。"宝玉笑道："论交之道，不在肥马轻裘，即黄金白璧，亦不当锱铢较量。倒是这唐突闺阁，万万使不得的。如今我越性将'公子''女儿'改去，竟算是你诔他的倒妙。况且素日你待他甚厚，故今宁可弃此一篇大文，万不可弃此'茜纱'新句。竟莫若改作'茜纱窗下，小姐多情；黄土垄中，丫鬟薄命。'如此一改，虽于我无涉，我也是惬怀的。"黛玉笑道："他又不是我的丫头，何用作此语。况且小姐丫鬟亦不典雅，等我的紫鹃死了，我再如此说，还不算迟。"宝玉听了，忙笑道："这是何苦又咒他。"黛玉笑道："是你要咒的，并不是我说的。"宝玉道："我又有了，这一改可极妥当了。莫若说'茜纱窗下，我本无缘；黄土垄中，卿何薄命。'"

黛玉听了，怵然变色，心中虽有无限的狐疑乱拟，外面却不肯露出，反连忙含笑点头称妙，说："果然改的好。再不必乱改了，快去干正经事罢。才刚太太打发人叫你明儿一早快过大舅母那边去。你二姐姐已有人家求准了，想是明儿那家人来拜允，所以叫你们过去呢。"宝玉拍手道："何必如此忙？我身上也不大好，明儿还未必能去呢。"黛玉道："又来了，我劝你把脾气改改罢。一年大二年小，……"一面说话，一面咳嗽起来。宝玉忙道："这里风冷，咱们只顾呆站在这里，快回去罢。"黛玉道："我也家去歇息了，明儿再见罢。"说着，便自取路去了。

宝玉只得闷闷的转步，又忽想起来黛玉无人随伴，忙命小丫头子跟了送回去。自己到了怡红院中，果有王夫人打发老嬷嬷来，吩咐他明日一早过贾赦那边去，与方才黛玉之言相对。

原来贾赦已将迎春许与孙家了。这孙家乃是大同府人氏，祖上系军官出身，乃当日宁荣府中之门生，算来亦系世交。如今孙家只有一人在京，现袭指挥之职，此人名唤孙绍祖，生得相貌魁梧，体格健壮，弓马娴熟，应酬权变，年纪未满三十，且又家资饶富，现在兵部候缺题升。因未有室，贾赦见是世交之孙，且人品家当都相称合，遂青目择为东床娇婿。亦曾回明贾母。

贾母心中却不十分称意，想来拦阻亦恐不听，儿女之事自有天意前因，况且他是亲父主张，何必出头多事，为此只说"知道了"三字，余不多及。

贾政又深恶孙家，虽是世交，当年不过是彼祖希慕荣宁之势，有不能了结之事才拜在门下的，并非诗礼名族之裔，因此倒劝谏过两次，无奈贾赦不听，也只得罢了。

宝玉却从未会过这孙绍祖一面的，次日只得过去聊以塞责。只听见说娶亲的日子甚急，不过今年就要过门的，又见邢夫人等回了贾母将迎春接出大观园去等事，越发扫去了兴头，每日痴痴呆呆的，不知何消遣。又听得说陪四个丫头过去，更又跌足自叹道："从今后这世上又少了五个清洁人了。"因此天天到紫菱洲一带地方徘徊瞻顾，见其轩窗寂寞，屏帐俨然，

不过有几个该班上夜的老妪。再看那岸上的蓼花苇叶,池内的翠荇香菱,也都觉摇摇落落,似有追忆故人之态,迥非素常逞妍斗色之可比。既领略得如此寥落凄惨之景,是以情不自禁,乃信口吟成一歌曰:

> 池塘一夜秋风冷,吹散芰荷红玉影。
> 蓼花菱叶不胜愁,重露繁霜压纤梗。
> 不闻永昼敲棋声,燕泥点点污棋枰。
> 古人惜别怜朋友,况我今当手足情!

宝玉方才吟罢,忽闻背后有人笑道:"你又发什么呆呢?"宝玉回头忙看是谁,原来是香菱。宝玉便转身笑问道:"我的姐姐,你这会子跑到这里来做什么?许多日子也不进来逛逛。"香菱拍手笑嘻嘻的说道:"我何曾不要来。如今你哥哥回来了,哪里比先时自由自在的了。才刚我们奶奶使人找你凤姐姐的,竟没找着,说往园子里来了。我听见了这信,我就讨了这件差进来找他。遇见他的丫头,说在稻香村呢。如今我往稻香村去,谁知又遇见了你。我且问你,袭人姐姐这几日可好?怎么忽然把个晴雯姐姐也没了,到底是什么病?二姑娘搬出去的好快,你瞧瞧这地方好空落落的。"

宝玉应之不迭,又让他同到怡红院去吃茶。香菱道:"此刻竟不能,等找着琏二奶奶,说完了正经事再来。"宝玉道:"什么正经事这么忙?"香菱道:"为你哥哥娶嫂子的事,所以要紧。"宝玉道:"正是。说的到底是哪一家的?只听见吵嚷了这半年,今儿又说张家的好,明儿又要李家的,后儿又议论王家的。这些人家的女儿他也不知道造了什么罪了,叫人家好端端议论。"香菱道:"这如今定了,可以不用搬扯别家了。"

宝玉忙问:"定了谁家的?"香菱道:"因你哥哥上次出门贸易时,在顺路到了个亲戚家去。这门亲原是老亲,且又和我们是同在户部挂名行商,也是数一数二的大门户。前日说起来,你们两府也都知道的。合长安城中,上至王侯,下至买卖人,都称他家是'桂花夏家。'"宝玉笑问道:"如何又称为'桂花夏家'?"香菱道:"他家本姓夏,非常的富贵。其余田地不用说,单有几十顷地独种桂花,凡这长安城里城外桂花局俱是他家的,连宫里一应陈设盆景亦是他家贡奉,因此才有这个诨号。如今大爷也没了,只有老奶奶带着一个亲生的姑娘过活,也并没有哥儿兄弟,可惜他竟一门尽绝了后。"

宝玉忙道:"咱们也别管他绝后不绝后,只是这姑娘可好?你们大爷怎么就中意了?"香菱笑道:"一则是天缘,二则是'情人眼里出西施'。当年又是通家来往,从小儿都一处厮混过。叙起亲是姑舅兄妹,又没嫌疑。虽离开了这几年,前儿一到他家,夏奶奶又是没儿子的,一见你哥哥出落的这样,又是哭,又是笑,竟比见了儿子的还胜。又令他兄妹相见,谁知这姑娘出落得花朵似的了,在家里也读书写字,所以你哥哥当时就一心看准了。连当铺里老朝奉伙计们一群人蹓扰了人家三四日,他们还留多住几日,好容易苦辞才放回家。你哥哥一进门,就咕咕唧唧求我们奶奶去求亲。我们奶奶原也是见过这姑娘的,且又门当户对,也就依了。和这里姨太太凤姑娘商议了,打发人去一说就成了。只是娶的日子太急,所以我们忙乱的很。我也巴不得早些过来,又添一个作诗的人了。"宝玉冷笑道:"虽如此说,但只我听这话不知怎么倒替你担心虑后呢。"香菱听了,不觉红了脸,正色道:"这是什么话!素日咱们都是厮抬厮敬的,今日忽然提起这些事来,是什么意思!怪不得人人都说你是个亲近不得的人。"一面说,一面转身走了。

宝玉见他这样,便怅然如有所失,呆呆的站了半天,思前想后,不觉滴下泪来,只得没精打采,还入怡红院来。一夜不曾安稳,睡梦之中犹唤晴雯,或魇魔惊怖,种种不宁。次日便懒进饮食,身体作热。此皆近日抄检大观园、逐司棋、别迎春、悲晴雯等羞辱惊恐悲凄之所致,兼以风寒外感,故酿成一疾,卧床不起。贾母听得如此,天天亲来看视。王夫人心中自悔不合因晴雯过于逼责了他。心中虽如此,脸上却不露出。只吩咐众奶娘等好生服侍看守,一日两次带进医生来诊脉下药。一月之后,方才渐渐的痊愈。

贾母命好生保养,过百日方许动荤腥油面等物,方可出门行走。这一百日内,连院门前皆不许到,只在房中玩笑。四五十日后,就把他拘约的火星乱迸,哪里忍耐得住。虽百般设

法,无奈贾母王夫人执意不从,也只得罢了。因此和那些丫鬟们无所不至,恣意耍笑作戏。又听得薛蟠摆酒唱戏,热闹非常,已娶亲入门,闻得这夏家小姐十分俊俏,也略通文翰,宝玉恨不得就过去一见才好。

再过些时,又闻得迎春出了阁。宝玉思及当时姊妹们一处,耳鬓厮磨,从今一别,纵得相逢,也必不似先前那等亲密了。眼前又不能去一望,真令人凄惶迫切之至。少不得潜心忍耐,暂同这些丫鬟们厮闹释闷,幸免贾政责备逼迫读书之难。这百日内,只不曾拆毁了怡红院,和这些丫头们无法无天,凡世上所无之事,都玩耍出来。如今且不消细说。

且说香菱自那日抢白了宝玉之后,心中自为宝玉有意唐突他,"怨不得我们宝姑娘不敢亲近,可见我不如宝姑娘远矣;怨不得林姑娘时常和他角口气的痛哭,自然唐突他也是有的了。从此倒要远避他才好。"因此,以后连大观园也不轻易进来。日日忙乱着,薛蟠娶过亲,自为得了护身符,自己身上分去责任,到底比这样安宁些;二则又闻得是个有才有貌的佳人,自然是典雅和平的:因此他心中盼过门的日子比薛蟠还急十倍。好容易盼得一日娶过了门,他便十分殷勤小心服侍。

原来这夏家小姐今年方十七岁,生得亦颇有姿色,亦颇识得几个字。若论心中的丘壑经纬,颇步熙凤之后尘。只吃亏了一件,从小时父亲去世的早,又无同胞弟兄,寡母独守此女,娇养溺爱,不啻珍宝,凡女儿一举一动,彼母皆百依百随,因此未免娇养太过,竟酿成个盗跖的性气。爱自己尊若菩萨,窥他人秽如粪土;外具花柳之姿,内秉风雷之性。在家中时常就和丫鬟们使性弄气,轻骂重打的。今日出了阁,自为要作当家的奶奶,比不得作女儿时腼腆温柔,须要拿出这威风来,才钤压得住人;况且见薛蟠气质刚硬,举止骄奢,若不趁热灶一气炮制熟烂,将来必不能自竖旗帜矣;又见有香菱这等一个才貌俱全的爱妾在室,越发添了"宋太祖灭南唐"之意,"卧榻之侧岂容他人酣睡"之心。

因他家多桂花,他小名就唤做金桂。他在家时不许人口中带出金桂二字来,凡有不留心误道一字者,他便定要苦打重罚才罢。他因想桂花二字是禁止不住的,须另唤一名,因想桂花曾有广寒嫦娥之说,便将桂花改为嫦娥花,又寓自己身份如此。

薛蟠本是个怜新弃旧的人,且是有酒胆无饭力的,如今得了这样一个妻子,正在新鲜兴头上,凡事未免尽让他些。那夏金桂见了这般情景,便也试着一步紧似一步。一月之中,二人气概还都相平;至两月之后,便觉薛蟠的气概渐次低矮了下去。一日薛蟠酒后,不知要行何事,先与金桂商议,金桂执意不从。薛蟠忍不住便发了几句话,赌气自行了,这金桂便气的哭如醉人一般,茶汤不进,装起病来。请医疗治,医生又说"气血相逆,当进宽胸顺气之剂。"

薛姨娘恨的骂了薛蟠一顿,说:"如今娶了亲,眼前抱儿子了,还是这样胡闹。人家凤凰蛋似的,好容易养了一个女儿,比花朵儿还轻巧,原看的你是个人物,才给你作老婆。你不说收了心安分守己,一心一计和和气气的过日子,还是这样胡闹,哧嗓了黄汤,折磨人家。这会子花钱吃药白遭心。"一席话说的薛蟠后悔不迭,反来安慰金桂。金桂见婆婆如此说丈夫,越发得了意,便装出些张致来,总不理薛蟠。薛蟠没了主意,唯自怨而已,好容易十天半月之后,才渐渐的哄转过金桂的心来,自此便加一倍小心,不免气概又矮了半截下来。

那金桂见丈夫旗纛渐倒,婆婆良善,也就渐渐的持戈试马起来。先时不过挟制薛蟠,后来倚娇作媚,将及薛姨妈,后又将至薛宝钗。宝钗久察其不轨之心,每随机应变,暗以言语弹压其志。金桂知其不可犯,每欲寻隙,又无隙可乘,只得曲意附就。一日金桂无事,因和香菱闲谈,问香菱家乡父母。香菱皆答忘记,金桂便不悦,说有意欺瞒了他。回问他"香菱"二字是谁起的名字,香菱便答:"姑娘起的。"金桂冷笑道:"人人都说姑娘通,只这一个名字就不通。"香菱忙笑道:"哎呦,奶奶不知道,我们姑娘的学问连我们姨老爷时常还夸呢。欲明后事,且见下回。

第八十回　美香菱屈受贪夫棒
　　　　王道士胡诌妒妇方

话说金桂听了，将脖项一扭，嘴唇一撇，鼻孔里哧哧两声，拍着掌冷笑道："菱角花谁闻见香来着？若说菱角香了，正经那些香花放在哪里？可是不通之极！"香菱道："不独菱花，就连荷叶莲蓬，都是有一股清香的。但他那原不是花香可比，若静日静夜或清早半夜细领略了去，那一股清香比是花儿都好闻呢。就连菱角、鸡头、苇叶、芦根得了风露，那一股清香，就令人心神爽快的。"金桂道："依你说，那兰花桂花倒香的不好了？"香菱说到热闹头上，忘了忌讳，便接口道："兰花桂花的香，又非别花之香可比。"

一句未完，金桂的丫鬟名唤宝蟾者，忙指着香菱的脸儿说道："要死，要死！你怎么真叫起姑娘的名字来！"香菱猛省了，反不好意思，忙陪笑赔罪说："一时说顺了嘴，奶奶别计较。"金桂笑道："这有什么，你也太小心了。但只是我想这个'香'字到底不妥，意思要换一个字，不知你服不服？"香菱忙笑道："奶奶说哪里话，此刻连我一身一体俱属奶奶，何得换一名字反问我服不服，叫我如何当得起。奶奶说哪一个字好，就用哪一个。"

金桂笑道："你虽说的是，只怕姑娘多心，说'我起的名字，反不如你？你能来了几日，就驳我的回了。'"香菱笑道："奶奶有所不知，当日买了我来时，原是老奶奶使唤的，故此姑娘起得名字。后来我自服侍了爷，就与姑娘无涉了。如今又有了奶奶，益发不与姑娘相干。况且姑娘又是极明白的人，如何恼得这些呢。"金桂道："既这样说，'香'字竟不如'秋'字妥当。菱角菱花皆盛于秋，岂不比'香'字有来历些。"香菱道："就依奶奶这样罢了。"自此后遂改了秋字，宝钗亦不在意。

只因薛蟠天性是"得陇望蜀"的，如今得娶了金桂，又见金桂的丫鬟宝蟾有三分姿色，举止轻浮可爱，便时常要茶要水的故意撩逗他。宝蟾虽亦解事，只是怕着金桂，不敢造次，且看金桂的眼色。金桂亦颇觉察其意，想着："正要摆布香菱，无处寻隙，如今他既看上了宝蟾，如今且舍出宝蟾去与他，他一定就和香菱疏远了，我且乘他疏远之时，便摆布了香菱。那时宝蟾原是我的人，也就好处了。"打定了主意，伺机而发。

这日薛蟠晚间微醺，又命宝蟾倒茶来吃。薛蟠接碗时，故意捏他的手。宝蟾又乔装躲闪，连忙缩手。两下失误，豁啷一声，茶碗落地，泼了一身一地的茶。薛蟠不好意思，佯说宝蟾不好生拿着。宝蟾说："姑爷不好生接。"金桂冷笑道："两个人的腔调儿都够使了。别打量谁是傻子。"薛蟠低头微笑不语，宝蟾红了脸出去。

一时安歇之时，金桂便故意的撵薛蟠别处去睡，"省得你馋痨饿眼"。薛蟠只是笑。金桂道："要作什么和我说，别偷偷摸摸的不中用。"薛蟠听了，仗着酒盖脸，便趁势跪在被上拉着金桂笑道："好姐姐，你若要把宝蟾赏了我，你要怎样就怎样。你要人脑子也弄来给你。"金桂笑道："这话好不通。你爱谁，说明了，就收在房里，省得别人看着不雅。我可要什么呢。"薛蟠得了这话，喜的称谢不尽，是夜曲尽丈夫之道，奉承金桂。次日也不出门，只在家中厮奈，越发放大了胆。

至午后，金桂故意出去，让个空儿与他二人。薛蟠便拉拉扯扯的起来。宝蟾心里也知八九，也就半推半就，正要入港。谁知金桂是有心等候的，料必在难分之际，便叫丫头小舍儿过来。原来这小丫头也是金桂从小儿在家使唤的，因他自幼父母双亡，无人看管，便大家叫他作小舍儿，专作些粗笨的生活。金桂如今有意独唤他来吩咐道："你去告诉秋菱，到我屋里将手帕取来，不必说我说的。"小舍儿听了，一径寻着香菱说："菱姑娘，奶奶的手帕子忘记在屋里了。你去取来送上去岂不好？"

香菱正因金桂近日每每的折挫他，不知何意，百般竭力挽回不暇。听了这话，忙往房里

来取。不防正遇见他二人推就之际，一头撞了进去，自己倒羞的耳面飞红，忙转身回避不迭。那薛蟠自为是过了明路的，除了金桂，无人可怕，所以连门也不掩，今见香菱撞来，故也略有些惭愧，还不十分在意。无奈宝蟾素日最是说嘴要强的，今遇见了香菱，便恨无地缝儿可入，忙推开薛蟠，一径跑了，口内还恨怨不迭，说他强奸力逼等语。

薛蟠好容易圈哄的要上手，却被香菱打散，不免一腔兴头变作了一腔恶怒，都在香菱身上，不容分说，赶出来啐了两口，骂道："死娼妇，你这会子作什么来撞尸游魂！"香菱料事不好，三步两步早已跑了。

薛蟠再来找宝蟾，已无踪迹了，于是恨的只骂香菱。至晚饭后，已吃得醺醺然，洗澡时不防水略热了些，烫了脚，便说香菱有意害他，赤条精光赶着香菱踢打了两下。香菱虽未受过这气苦，既到此时，也说不得了，只好自悲自怨，各自走开。

彼时金桂已暗和宝蟾说明，今夜令薛蟠和宝蟾在香菱房中去成亲，命香菱过来陪自己先睡。先是香菱不肯，金桂说他嫌脏了，再必是图安逸，怕夜里劳动服侍，又骂说："你那没见世面的主子，见一个，爱一个，把我的人霸占了去，又不叫你来。到底是什么主意，想必是逼我死罢了。"

薛蟠听了这话，又怕闹黄了宝蟾之事，忙又赶来骂香菱："不识抬举！再不去便要打了！"香菱无奈，只得抱了铺盖来。金桂命他在地下铺睡。香菱无奈，只得依命。刚睡下，便叫倒茶，一时又叫捶腿，如是一夜七八次，总不使其安逸稳卧片时。那薛蟠得了宝蟾，如获珍宝，一概都置之不顾。恨的金桂暗暗的发恨道："且叫你乐这几天，等我慢慢的摆布了来，那时可别怨我！"一面隐忍，一面设计摆布香菱。

半月光景，忽又装起病来，只说心疼难忍，四肢不能转动。请医疗治不效，众人都说是香菱气的。闹了两日，忽又从金桂的枕头内抖出纸人来，上面写着金桂的年庚八字，有五根针钉在心窝并四肢骨节等处。于是众人反乱起来，当作新闻，先报与薛姨妈。

薛姨妈先手忙脚乱的，薛蟠自然更乱起来，立刻要拷打众人。金桂笑道："何必冤枉众人，大约是宝蟾的镇魔法儿。"薛蟠道："他这些时并没多空儿在你房里，何苦赖好人。"金桂冷笑道："除了他还有谁，莫不是我自己不成！虽有别人，谁敢进我的房呢。"薛蟠道："香菱如今是天天跟着你，他自然知道，先拷问他就知道了。"金桂冷笑道："拷问谁，谁肯认？依我说竟装个不知道，大家丢开手罢了。横竖治死我也没什么要紧，乐得再娶好的。若据良心上说，左不过是你三个多嫌我一个。"说着，一面痛哭起来。

薛蟠更被这一席话激怒，顺手抓起一根门闩来，一径抢步找着香菱，不容分说便劈头劈面打起来，一口咬定是香菱所施。香菱叫屈，薛姨妈跑来禁喝说："不问明白，你就打起人来了。这丫头服侍了你这几年，哪一点不周到，不尽心？他岂肯如今作这没良心的事！你且问个清浑皂白，再动粗卤。"金桂听见他婆婆如此说着，怕薛蟠耳软心活，便益发嚎啕大哭起来，一面又哭喊说："这半个多月把我的宝蟾霸占了去，不容他进我的房，唯有秋菱跟着我睡。我要拷问宝蟾，你又护到头里。你这会子又赌气打他去。治死我，再拣富贵的标致的娶来就是了，何苦作出这些把戏来！"薛蟠听了这些话，越发着了急。

薛姨妈听见金桂句句挟制着儿子，百般恶赖的样子，十分可恨。无奈儿子偏不硬气，已是被他挟制软惯了。如今又勾搭上丫头，被他说霸占了去，他自己反要占温柔让夫之礼。这魔魔法究竟不知谁作的，实是俗语说的"清官难断家务事"，此事正是公婆难断床帏事了。因此无法，只得赌气喝骂薛蟠说："不争气的孽障！骚狗也比你体面些！谁知你三不知的把陪房丫头也摸索上了，叫老婆说嘴霸占了丫头，什么脸出去见人！也不知谁使的法子，也不问青红皂白，好歹就打人。我知道你是个得新弃旧的东西，白辜负了我当日的心。他既不好，你也不许打，我即刻叫人牙子来卖了他，你就心净了。"说着，命香菱"收拾了东西跟我来"，一面叫人去，"快叫个人牙子来，多少卖几两银子，拔去肉中刺，眼中钉，大家过太平日子。"薛蟠见母亲动了气，早也低下头了。

金桂听了这话，便隔着窗子往外哭道："你老人家只管卖人，不必说着一个扯着一个的。我们很是那吃醋拈酸容不下人的不成，怎么'拔出肉中刺，眼中钉'？是谁的钉，谁的刺？但

凡多嫌着他,也不肯把我的丫头也收在房里了。"薛姨妈听说,气的身战气咽道:"这是谁家的规矩? 婆婆这里说话,媳妇隔着窗子拌嘴。亏你是旧家人家的女儿! 满嘴里大呼小喊,说的是些什么!"

薛蟠急的跺脚说:"罢哟,罢哟! 看人听见笑话。"金桂意谓一不作,二不休,越发发泼喊起来了,说:"我不怕人笑话! 你的小老婆治我害我,我倒怕人笑话了! 再不然,留下他,就卖了我。谁还不知道你薛家有钱,行动拿钱垫人,又有好亲戚挟制着别人。你不趁早施为,还等什么? 嫌我不好,谁叫你们瞎了眼,三求四告的跑了我们家作什么去了! 这会子人也来了,金的银的也赔了,略有个眼睛鼻子的也霸占去了,该挤发我了!"一面哭喊,一面滚揉,自己拍打。薛蟠急的说又不好,劝又不好,打又不好,央告又不好,只是出入咳声叹气,抱怨说运气不好。

当下薛姨妈早被薛宝钗劝进去了,只命人来卖香菱。宝钗笑道:"咱们家从来只知买人,并不知卖人之说。妈可是气的糊涂了,倘或叫人听见,岂不笑话。哥哥嫂子嫌他不好,留下我使唤,我正也没人使呢。"薛姨妈道:"留下他还是淘气,不如打发了他倒干净。"宝钗笑道:"他跟着我也是一样,横竖不叫他到前头去。从此断绝了他那里,也如卖了一般。"香菱早已跑到薛姨妈跟前痛哭哀求,只不愿出去,情愿跟着姑娘,薛姨妈也只得罢了。

自此以后,香菱果跟随宝钗到园内去了,把前面路径竟一心断绝。虽然如此,终不免对月伤悲,挑灯自叹。本来怯弱,虽在薛蟠房中几年,皆由血分中有病,是以并无胎孕。今复加以气怒伤感,内外折挫不堪,竟酿成干血之症,日渐羸瘦作烧,饮食懒进,请医诊视服药亦不效验。

那时金桂又吵闹了数次,气的薛姨妈母女唯暗自垂泪,怨命而已。薛蟠虽曾仗着酒胆挺撞过两三次,持棍欲打,那金桂便递与他身子随意叫打;这里持刀欲杀时,便伸与他脖项。薛蟠也实不能下手,只得乱闹了一阵罢了。如今习惯成自然,反使金桂越发长了威风,薛蟠越发软了气骨。虽是香菱犹在,却亦如不在的一般,纵不能十分畅快,也就不觉的碍眼了,且姑置不究。如此又渐次寻趁宝蟾。

宝蟾却不比香菱的情性,最是个烈火干柴,既和薛蟠情投意合,便把金桂忘在脑后。近见金桂又作践他,他便不肯服低容让半点。先是一冲一撞的拌嘴口角,后来金桂气急了,甚至于骂,再至于打。他虽不敢还言还手,便大撒泼性,拾头打滚,寻死觅活,昼则刀剪,夜则绳索,无所不闹。薛蟠此时一身难以两顾,唯徘徊观望于二者之间,十分闹的无法,便出门躲在外厢。

金桂不发作性气,有时欢喜,便纠聚人来斗纸牌、掷骰子作乐。又生平最喜啃骨头,每日务要杀鸡鸭,将肉赏人吃,只单以油炸焦骨头下酒。吃的不耐烦或动了气,便肆行海骂,说:"有别的忘八粉头乐的,我为什么不乐!"薛家母女总不去理他。薛蟠亦无别法,唯日夜悔恨不该娶这搅家星罢了,都是一时没了主意。于是宁荣二宅之人,上上下下,无有不知,无有不叹者。

此时宝玉已过了百日,出门行走。亦曾过来见过金桂,"举止形容也不怪厉,一般是鲜花嫩柳,与众姊妹不差上下的人,焉得这等样情性,可为奇之至极。"因此心下纳闷。这日与王夫人请安去,又正遇见迎春奶娘来家请安,说起孙绍祖甚属不端,"姑娘唯有背地里淌眼抹泪的,只要接了来家散诞两日。"王夫人因说:"我正要这两日接他去,只因七事八事的都不遂心,所以就忘了。前儿宝玉去了,回来也曾说过。明日是个好日子,就接去。"正说着,贾母打发人来找宝玉,说:"明儿一早往天齐庙还愿。"宝玉如今巴不得各处去逛逛,听见如此,喜的一夜不曾合眼,盼明不明的。

次日一早,梳洗穿带已毕,随了两三个老嬷嬷坐车出西城门外天齐庙来烧香还愿。这庙里已是昨日预备停妥的。宝玉天生性怯,不敢近狰狞神鬼之像。这天齐庙本系前朝所修,极其宏壮。如今年深岁久,又极其荒凉。里面泥胎塑像皆极其凶恶,是以忙忙的焚过纸马钱粮,便退至道院歇息。一时吃过饭,众嬷嬷和李贵等人围随宝玉到处散诞玩耍了一回。宝玉困倦,复回至静室安歇。众嬷嬷生恐他睡着了,便请当家的老王道士来陪他说话儿。

　　这老王道士专意在江湖上卖药，弄些海上方治人射利。这庙外现挂着招牌，丸散膏丹，色色俱备，亦长在宁荣两宅走动熟惯，都与他起了个诨号，唤他作"王一贴"，言他的膏药灵验，只一贴百病皆除之意。

　　当下王一贴进来，宝玉正歪在炕上想睡，李贵等正说"哥儿别睡着了"，厮混着。看见王一贴进来，都笑道："来的好，来的好。王师父，你极会说古记的，说一个与我们小爷听听。"王一贴笑道："正是呢。哥儿别睡，仔细肚里面筋作怪。"说着，满屋里人都笑了。宝玉也笑着起身整衣。王一贴喝命徒弟们快泡好酽茶来。

　　茗烟道："我们爷不吃你的茶，连这屋里坐着还嫌膏药气息呢。"王一贴笑道："没当家花花的，膏药从不拿进这屋里来的。知道哥儿今日必来，头三五天就拿香熏了又熏的。"宝玉道："可是呢，天天只听见你的膏药好，到底治什么病？"王一贴道："哥儿若问我的膏药，说来话长，其中细理，一言难尽。共药一百二十味，君臣相济，宾主得宜，温凉兼用，贵贱殊方。内则调元补气，开胃口，养荣卫，宁神安志，去寒去暑，化食化痰；外则和血脉，舒筋络，出死肌，生新肉，去风散毒。其效如神，贴过的便知。"

　　宝玉道："我不信一张膏药就治这些病。我且问你，倒有一种病可贴的好么？"王一贴道："百病千灾，无不见效。若不立效，哥儿只管揪着胡子打我这老脸，拆我这庙何如？只说出病源来。"宝玉笑道："你猜，若你猜的着，便贴的好了。"王一贴听了，寻思一会，笑道："这倒难猜，只怕膏药有些不灵了。"宝玉命李贵等："你们且出去散散。这屋里人多，越发蒸臭了。"李贵等听说，且都出去自便，只留下茗烟一人。这茗烟手内点着一枝梦甜香，宝玉命他坐在身旁，却倚在他身上。

　　王一贴心有所动，便笑嘻嘻走近前来，悄悄的说道："我可猜着了。想是哥儿如今有了房中的事情，要滋助的药，可是不是？"话犹未完，茗烟先喝道："该死，打嘴！"宝玉犹未解，忙问："他说什么？"茗烟道："信他胡说。"唬的王一贴不敢再问，只说："哥儿明说了罢。"宝玉道："我问你，可有贴女人的妒病方子没有？"王一贴听说，拍手笑道："这可罢了。不但说没有方子，就是听也没有听见过。"宝玉笑道："这样还算不得什么。"王一贴又忙道："贴妒的膏药倒没经过，倒有一种汤药或者可医，只是慢些儿，不能立竿见影的效验。"

　　宝玉道："什么汤药，怎么吃法？"王一贴道："这叫做'疗妒汤'：用极好的秋梨一个，二钱冰糖，一钱陈皮，水三碗，梨熟为度，每日清早吃这么一个梨，吃来吃去就好了。"宝玉道："这也不值什么，只怕未必见效。"王一贴道："一剂不效吃十剂，今日不效明日再吃，今年不效吃到明年。横竖这三味药都是润肺开胃不伤人的，甜丝丝的，又止咳嗽，又好吃。吃过一百岁，人横竖是要死的，死了还妒什么！那时就见效了。"说着，宝玉茗烟都大笑不止，骂"油嘴的牛头"。

　　王一贴笑道："不过是闲着解午盹罢了，有什么关系。说笑了你们就值钱。实告诉你们，连膏药也是假的。我有真药，我还吃了作神仙呢。有真的，跑到这里来混？"正说着，吉时

已到,请宝玉出去焚化钱粮散福。功课完毕,方进城回家。

那时迎春已来家好半日,孙家的婆娘媳妇等人已待过晚饭,打发回家去了。迎春方哭哭啼啼的在王夫人房中诉委屈,说孙绍祖"一味好色,好赌酗酒,家中所有的媳妇丫头将及淫遍。略劝过两三次,便骂我是'醋汁子老婆拧出来的'。又说老爷曾收着他五千银子,不该使了他。如今他来要了两三次不得,他便指着我的脸道:'你别和我充夫人娘子,你老子使了我五千银子,把你准折买给我的。好不好,打一顿撵在下房里睡去。当日有你爷爷在时,希图上我们的富贵,赶着相与的。论理我和你父亲是一辈,如今强压我的头,卖了一辈。又不该作了这门亲,倒没的叫人看着赶势利似的。'"一行说,一行哭的呜呜咽咽,连王夫人并众姊妹无不落泪。

王夫人只得用言语解劝说:"已是遇见了这不晓事的人,可怎么样呢。想当日你叔叔也曾劝过大老爷,不叫作这门亲的。大老爷执意不听,一心情愿,到底作不好了。我的儿,这也是你的命。"迎春哭道:"我不信我的命就这么不好!从小儿没了娘,幸而婶子这边过了几年心净日子,如今偏又是这么个结果!"王夫人一面劝解,一面问他随意要在哪里安歇。迎春道:"乍乍的离了姊妹们,只是眠思梦想。二则还记挂着我的屋子,还得在园里旧房子里住得三五天,死也甘心了。不知下次还可能得住不得住了呢!"王夫人忙劝道:"快休乱说。不过年轻的夫妻们,闲牙斗齿,亦是万万人之常事,何必说这丧话。"仍命人忙忙的收拾紫菱洲房屋,命姊妹们陪伴着解释,又吩咐宝玉:"不许在老太太跟前走漏一些风声,倘或老太太知道了这些事,都是你说的。"宝玉唯唯的听命。

迎春是夕仍在旧馆安歇。众姊妹丫鬟等更加亲热异常。一连住了三日,才往邢夫人那边去。先辞过贾母及王夫人,然后与众姊妹分别,更皆悲伤不舍。还是王夫人薛姨妈等安慰劝释,方止住了过那边去。又在邢夫人处住了两日,就有孙绍祖的人来接去。迎春虽不愿去,无奈惧孙绍祖之恶,只得勉强忍情作辞了。邢夫人本不在意,也不问其夫妻和睦,家务烦难,只面情塞责而已。终不知端的,且听下回分解。

第八十一回　占旺相四美钓游鱼　奉严词两番入家塾

且说迎春归去之后,邢夫人像没有这事,倒是王夫人抚养了一场,却甚实伤感,在房中自己叹息了一回。只见宝玉走来请安,看见王夫人脸上似有泪痕,也不敢坐,只在旁边站着。王夫人叫他坐下,宝玉才挨上炕来,就在王夫人身旁坐了。王夫人见他呆呆的瞅着,似有欲言不言的光景,便道:"你又为什么这样呆呆的?"宝玉道:"并不为什么,只是昨儿听见二姐姐这种光景,我实在替他受不得。虽不敢告诉老太太,却这两夜只是睡不着。我想咱们这样人家的姑娘,哪里受得这样的委屈。况且二姐姐是个最懦弱的人,向来不会和人拌嘴,偏偏儿的遇见这样没人心的东西,竟一点儿不知道女人的苦处。"说着,几乎滴下泪来。王夫人道:"这也是没法儿的事。俗语说的,'嫁出去的女孩儿泼出去的水',叫我能怎么样呢。"宝玉道:"我昨儿夜里倒想了一个主意:咱们索性回明了老太太,把二姐姐接回来,还叫他紫菱洲住着,仍旧我们姐妹弟兄们一块儿吃,一块儿玩,省得受孙家那混帐行子的气。等他来接,咱们硬不叫他去。由他接一百回,咱们留一百回,只说是老太太的主意。这个岂不好呢!"王夫人听了,又好笑,又好恼,说道:"你又发了呆气了,混说的是什么!大凡做了女孩儿,终久是要出门子的,嫁到人家去,娘家那里顾得,也只好看他自己的命运,碰得好就好,碰得不好也就没法儿。你难道没听见人说'嫁鸡随鸡,嫁狗随狗'?哪里个个都像你大姐姐做娘娘呢。况且你二姐姐是新媳妇,孙姑爷也还是年轻的人,各人有各人的脾气,新来乍到,自然要有些扭别。过几年大家摸着脾气儿,生儿长女以后那好了。你断断不许在老太太跟前说起

半个字,我知道了是不依你的。快去干你的去罢,不要在这里混说。"说得宝玉也不敢作声,坐了一回,无精打采的出来了。憋着一肚子闷气无处可泄,走到园中,一径往潇湘馆来。

刚进了门,便放声大哭起来。黛玉正在梳洗才毕,见宝玉这个光景,倒吓了一跳,问:"是怎么了? 和谁怄了气了?"连问几声。宝玉低着头,伏在桌子上,呜呜咽咽,哭的说不出话来。黛玉便在椅子上怔怔的瞅着他,一会子问道:"到底是别人和你怄了气了,还是我得罪了你呢?"宝玉摇手道:"都不是,都不是。"黛玉道:"那么着,为什么这么伤起心来?"宝玉道:"我只想着咱们大家越早些死的越好,活着真真没有趣儿!"黛玉听了这话,更觉惊讶,道:"这是什么话,你真正发了疯了不成!"宝玉道:"也并不是我发疯,我告诉你,你也不能不伤心。前儿二姐姐回来的样子和那些话,你也都听见看见了。我想人到了大的时候,为什么要嫁? 嫁出去受人家这般苦累! 还记得咱们初结'海棠社'的时候,大家吟诗做东道,那时候何等热闹。如今宝姐姐家去了,连香菱也不能过来,二姐姐又出了门子了,几个知心知意的人都不在一处,弄得这样光景。我原打算去告诉老太太接二姐姐回来,谁知太太不依,倒说我呆、混说,我又不敢言语。这不多几时,你瞧瞧,园中光景,已经大变了。若再过几年,又不知怎么样了。故此越想不由人不心里难受起来。"黛玉听了这番言语,把头渐渐的低了下去,身子渐渐的退至炕上,一言不发,叹了口气,便向里躺下去了。

紫鹃刚拿进茶来,见他两个这样,正在纳闷。只见袭人来了,进来看见宝玉,便道:"二爷在这里呢么,老太太那里叫呢。我估量着二爷就是在这里。"黛玉听见是袭人,便欠身起来让坐。黛玉的两个眼圈儿已经哭的通红了。宝玉看见道:"妹妹,我刚才说的不过是些呆话,你也不用伤心。你要想我的话时,身子更要保重才好。你歇歇儿罢,老太太那边叫我,我看看去就来。"说着,往外走了。袭人悄问黛玉道:"你两个人又为什么?"黛玉道:"他为他二姐姐伤心;我是刚才眼睛发痒揉的,并不为什么。"袭人也不言语,忙跟了宝玉出来,各自散了。宝玉来到贾母那边,贾母却已经歇响,只得回到怡红院。

到了午后,宝玉睡了中觉起来,甚觉无聊,随手拿了一本书看。袭人见他看书,忙去沏茶伺候。谁知宝玉拿的那本书却是《古乐府》,随手翻来,正看见曹孟德"对酒当歌,人生几何"一首,不觉刺心。因放下这一本,又拿一本看时,却是晋文,翻了几页,忽然把书掩上,托着腮,只管痴痴的坐着。袭人倒了茶来,见他这般光景便道:"你为什么又不看了?"宝玉也不答言,接过茶来喝了一口,便放下了。袭人一时摸不着头脑,也只管站在旁边呆的看着他。忽见宝玉站起来,嘴里咕咕哝哝的说道:"好一个'放浪形骸之外'!"袭人听了,又好笑,又不敢问他,只得劝道:"你若不爱看这些书,不如还到园里逛逛,也省得闷出毛病来。"那宝玉只管口中答应,只管出着神往外走了。

一时走到沁芳亭,但见萧疏景象,人去房空。又来至蘅芜院,更是香草依然,门窗掩闭。转过藕香榭来,远远的只见几个人在蓼溆一带栏杆上靠着,有几个小丫头蹲在地下找东西。宝玉轻轻的走在假山背后听着。只听一个说道:"看他洑上来不洑上来。"好似李纹的语音。一个笑道:"好,下去了。我知道他不上来的。"这个却是探春的声音。一个

又道:"是了,姐姐你别动,只管等着。他横竖上来。"一个又说:"上来了。"这两个是李绮邢岫烟的声儿。宝玉忍不住,拾了一块小砖头儿,往那水里一撂,咕咚一声,四个人都吓了一跳,惊讶道:"这是谁这么促狭? 唬了我们一跳。"宝玉笑着从山子后直跳出来,笑道:"你们好乐啊,怎么不叫我一声儿?"探春道:"我就知道再不是别人,必是二哥哥这样淘气。没什么说的,你好好儿的赔我们的鱼罢。刚才一个鱼上来,刚刚儿的要钓着,叫你唬跑了。"宝玉笑道:"你们在这里玩竟不找我,我还要罚你们呢。"大家笑了一回。宝玉道:"咱们大家今儿钓鱼占占谁的运气好。看谁钓得着就是他今年的运气好,钓不着就是他今年运气不好。咱们谁先钓?"探春便让李纹,李纹不肯。探春笑道:"这样就是我先钓。"回头向宝玉说道:"二哥哥,你再赶走了我的鱼,我可不依了。"宝玉道:"头里原是我要唬你们玩,这会子你只管钓罢。"探春把丝绳抛下,没十来句话的工夫,就有一个杨叶窜儿吞着钩子把漂儿坠下去,探春把竿一挑,往地下一撩,却活迸的。侍书在满地上乱抓,两手捧着,搁在小磁坛内清水养着。探春把钓竿递与李纹。李纹也把钓竿垂下,但觉丝儿一动,忙挑起来,却是个空钩子。又垂下去,半晌钩丝一动,又挑起来,还是空钩子。李纹把那钩子拿上来一瞧,原来往里钩了。李纹笑道:"怪不得钓不着。"忙叫素云把钩子敲好了,换上新虫子,上边贴好了苇片儿。垂下去一会儿,见苇片直沉下去,急忙提起来,倒是一个二寸长的鲫瓜儿。李纹笑着道:"宝哥哥钓罢。"宝玉道:"索性三妹妹和邢妹妹钓了我再钓。"岫烟却不答言。只见李绮道:"宝哥哥先钓罢。"说着水面上起了一个泡儿。探春道:"不必尽着让了。你看那鱼都在三妹妹那边呢,还是三妹妹快着钓罢。"李绮笑着接了钓竿儿,果然沉下去就钓了一个。然后岫烟也钓着了一个,随将竿子仍旧递给探春,探春才递与宝玉。宝玉道:"我是要做姜太公的。"便走下石矶,坐在池边钓起来,岂知那水里的鱼看见人影儿,都躲到别处去了。宝玉抢着钓竿等了半天,那钓丝儿动也不动。刚有一个鱼儿在水边吐沫,宝玉把竿子一幌又唬走了。急的宝玉道:"我最是个性儿急的人,他偏性儿慢,这可怎么样呢。好鱼儿,快来罢! 你也成全成全我呢。"说得四人都笑了。一言未了,只见钓丝微微一动。宝玉喜得满怀,用力往上一兜,把钓竿往石上一碰,折作两段,丝也振断了,钩子也不知往哪里去了。众人越发笑起来。探春道:"再没见像你这样鲁人。"

正说着,只见麝月慌慌张张的跑着说:"二爷,老太太醒了,叫你快去呢。"五个人都唬了一跳。探春便问麝月道:"老太太叫二爷什么事?"麝月道:"我也不知道。就只听见说是什么闹破了,叫宝玉来问,还要叫琏二奶奶一块儿查问呢。"吓得宝玉发了一回呆,说道:"不知又是哪个丫头遭了瘟了。"探春道:"不知什么事,二哥哥你快去,有什么信儿,先叫麝月来告诉我们一声儿。"说着,便同李纹李绮岫烟走了。

宝玉走到贾母房中,只见王夫人陪着贾母摸牌。宝玉看见无事,才把心放下了一半。贾母见他进来,便问道:"你前年那一次大病的时候,后来亏了一个疯和尚和个癞道士治好了的。那会子病里,你觉得是怎么样?"宝玉想了一回,道:"我记得得病的时候儿,好好的站着,倒像背地里有人把我拦头一棍,疼的眼睛前头漆黑,看见满屋子里都是些青面獠牙、拿刀举棒的恶鬼。躺在炕上,觉得脑袋上加了几个脑箍似的。以后便疼的任什么不知道了。到好的时候,又记得堂屋里一片金光直照到我房里,那些鬼都跑着躲避,便不见了。我的头也不疼了,心上也就清楚了。"贾母告诉王夫人道:"这个样儿也就差不多了。"

说着凤姐也来了,见了贾母,又回身见过了王夫人,说道:"老祖宗要问我什么?"贾母道:"你前年害了邪病,你还记得怎么样?"凤姐儿笑道:"我也不很记得了。但觉自己身子不由自主,倒像有些鬼怪拉拉扯扯要我杀人才好,有什么,拿什么,见什么,杀什么。自己原觉很乏,只是不能住手。"贾母道:"好的时候还记得么?"凤姐道:"好的时候好像空中有人说了几句话似的,却不记得说什么来着。"贾母道:"这么看起来竟是他了。他姐儿两个病中的光景和才说的一样。这老东西竟这样坏心,宝玉枉认了他做干妈。倒是这个和尚道人,阿弥陀佛,才是救宝玉性命的,只是没有报答他。"凤姐道:"怎么老太太想起我们的病来呢?"贾母道:"你问你太太去,我懒待说。"王夫人道:"才刚老爷进来说起宝玉的干妈竟是个混帐东西,邪魔外道的。如今闹破了,被锦衣府拿住送入刑部监,要问死罪的了,前几天被人告发

的。那个人叫做什么潘三保，有一所房子卖与斜对过当铺里。这房子加了几倍价钱，潘三保还要加，当铺里哪里还肯。潘三保便买嘱了这老东西，因他常到当铺里去，那当铺里人的内眷都与他好的。他就使了个法儿，叫人家的内人便得了邪病，家翻宅乱起来。他又去说这个病他能治，就用些神马纸钱烧献了，果然见效。他又向人家内眷们要了十几两银子。岂知老佛爷有眼，应该败露了。这一天要起要回去，掉了一个绢包儿。当铺里人捡起来一看，里头有许多纸人，还有四丸子很香的香。正诧异着呢，那老东西倒回来找这绢包儿。这里的人就把他拿住，身边一搜，搜出一个匣子，里面有象牙刻的一男一女，不穿衣服，光着身子的两个魔王，还有七根朱红绣花针。立时送到锦衣府去，问出许多官员家大户太太姑娘们的隐情事来。所以知会了营里，把他家中一抄，抄出好些泥塑的煞神，几匣子闹香。炕背后空屋子里挂着一盏七星灯，灯下有几个草人，有头上戴着脑箍的，有胸前穿着钉子的，有项上拴着锁子的。柜子里无数纸人儿，底下几篇小账，上面记着某家验过，应找银若干。得人家油钱香分也不计其数。凤姐道："咱们的病，一准是他。我记得咱们病后，那老妖精向赵姨娘处来过几次，要向赵姨娘讨银子，见了我，便脸上变貌变色，两眼鸳鸯鸡似的。我当初还猜疑了几遍，总不知什么缘故。如今说起来，却原来都是有因的。但只我在这里当家，自然惹人恨怨，怪不得人治我。宝玉可和人有什么仇呢，忍得下这样毒手。"贾母道："焉知不因我疼宝玉不疼环儿，竟给你们种了毒了呢。"王夫人道："这老货已经问了罪，决不好叫他来对证。没有对证，赵姨娘哪里肯认账。事情又大，闹出来，外面也不雅，等他自作自受，少不得要自己败露的。"贾母道："你这话说的也是，这样事，没有对证，也难作准。只是佛爷菩萨看的真，他们姐儿两个，如今又比谁不济了呢。罢了，过去的事，凤哥儿也不必提了。今日你和你太太都在我这边吃了晚饭再过去罢。"遂叫鸳鸯琥珀等传饭。凤姐赶忙笑道："怎么老祖宗倒操起心来！"王夫人也笑了。只见外头几个媳妇伺候。凤姐连忙告诉小丫头子传饭："我和太太都跟着老太太吃。"正说着，只见玉钏儿走来对王夫人道："老爷要找一件什么东西，请太太伺候了老太太的饭完了自己去找一找呢。"贾母道："你去罢，保不住你老爷有要紧的事。"王夫人答应着，便留下凤姐儿伺候，自己退了出来。

回至房中，和贾政说了些闲话，把东西找了出来。贾政便问道："迎儿已经回去了，他在孙家怎么样？"王夫人道："迎丫头一肚子眼泪，说孙姑爷凶横的了不得。"因把迎春的话述了一遍。贾政叹道："我原知不是对头，无奈大老爷已说定了，教我也没法。不过迎丫头受些委屈罢了。"王夫人道："这还是新媳妇，只指望他以后好了好。"说着，嗤的一笑。贾政道："笑什么？"王夫人道："我笑宝玉，今儿早起特特的到这屋里来，说的都是些孩子话。"贾政道："他说什么？"王夫人把宝玉的言语笑述了一遍。贾政也忍不住的笑，因又说道："你提宝玉，我正想起一件事来。这小孩子天天放在园里，也不是事。生女儿不得济，还是别人家的人；生儿若不济事，关系非浅。前日倒有人和我提起一位先生来，学问人品都是极好的，也是南边人。但我想南边先生性情最是和平，咱们城里的小孩，个个踢天弄井，鬼聪明倒是有的，可以搪塞就搪塞过去了；胆子又大，先生再要不肯给没脸，一日哄哥儿似的，没的白担误了。所以老辈子不肯请外头的先生，只在本家择出有年纪再有点学问的请来掌家塾。如今儒大太爷虽学问也只中平，但还弹压的住这些小孩子们，不至以颠预了事。我想宝玉闲着总不好，不如仍旧叫他家塾中读书去罢了。"王夫人道："老爷说的很是。自从老爷外任去了，他又常病，竟担搁了好几年。如今且在家学里温习温习，也是好的。"贾政点头，又说些闲话，不题。

且说宝玉次日起来，梳洗已毕，早有小厮们传进话来说："老爷叫二爷说话。"宝玉忙整理了衣服，来至贾政书房中，请了安站着。贾政道："你近来作些什么功课？虽有几篇字，也算不得什么。我看你近来的光景，越发比头几年散荡了，况且每每听见你推病不肯念书。如今可大好了，我还听见你天天在园子里和姊妹们玩玩笑笑，甚至和那些丫头们混闹，把自己的正经事，总丢在脑袋后头。就是做得几句诗词，也并不怎么样，有什么稀罕处！比如应试选举，到底以文章为主，你这上头倒没有一点儿工夫。我可嘱咐你：自今日起，再不许做诗做对的了，单要习学八股文章。限你一年，若毫无长进，你也不用念书了，我也不愿有你这样的儿子。"遂叫李贵来，说："明儿一早，传焙茗跟了宝玉去收拾应念的书籍，一齐拿过来我看

看,亲自送他到家学里去。"喝命宝玉:"去罢! 明日起早来见我。"宝玉听了,半日竟无一言可答,因回到怡红院来。

袭人正在着急听信,见说取书,倒也欢喜。独是宝玉要人即刻送信与贾母,欲叫拦阻。贾母得信,便命人叫过宝玉来,告诉他说:"只管放心先去,别叫你老子生气。有什么难为你,有我呢。"宝玉没法,只得回来嘱咐了丫头们:"明日早早叫我,老爷要等着送我到家学里去呢。"袭人等答应了,同麝月两个倒替着醒了一夜。

次日一早,袭人便叫醒宝玉,梳洗了,换了衣服,打发小丫头子传了焙茗在二门上伺候,拿着书籍等物。袭人又催了两遍,宝玉只得出来过贾政书房中来,先打听"老爷过来了没有?"书房中小厮答应:"方才一位清客相公请老爷回话,里边说梳洗呢,命清客相公出去候着去了。"宝玉听了,心里稍稍安顿,连忙到贾政这边来。恰好贾政着人来叫,宝玉便跟着进去。贾政不免又嘱咐几句话,带了宝玉上了车,焙茗拿着书籍,一直到家塾中来。

早有人先抢一步回代儒说:"老爷来了。"代儒站起身来,贾政早已走入,向代儒请了安。代儒拉着手问了好,又问:"老太太近日安么?"宝玉过来也请了安。贾政站着,请代儒坐了,然后坐下。贾政道:"我今日自己送他来,因要求托一番。这孩子年纪也不小了,到底要学个成人的举业,才是终身立身成名之事。如今他在家中只是和些孩子们混闹,虽懂得几句诗词,也是胡诌乱道的;就是好了,也不过是风云月露,与一生的正事毫无关涉。"代儒道:"我看他相貌也还体面,灵性也还去得,为什么不念书,只是心野贪玩。诗词一道,不是学不得的,只要发达了以后,再学还不迟呢。"贾政道:"原是如此。目今只求叫他读书、讲书、作文章。倘或不听教训,还求太爷认真的管教管教他,才不至有名无实的白担误了他的一世。"说毕,站起来又作了一个揖,然后说了些闲话,才辞了出去。代儒送至门首,说:"老太太前替我问好请安罢。"贾政答应着,自己上车去了。

代儒回身进来,看见宝玉在西南角靠窗户摆着一张花梨小桌,右边堆下两套旧书,薄薄儿的一本文章,叫焙茗将纸墨笔砚都搁在抽屉里藏着。代儒道:"宝玉,我听见说你前儿有病,如今可大好了?"宝玉站起来道:"大好了。"代儒道:"如今论起来,你可也该用功了。你父亲望你成人恳切的很。你且把从前念过的书,打头儿理一遍。每日早起理书,饭后写字,响午讲书,念儿遍文章就是了。"宝玉答应了个"是",回身坐下时,不免四面一看。见昔时金荣辈不见了几个,又添了几个小学生,都是些粗俗异常的。忽然想起秦钟来,如今没有一个做得伴说句知心话儿的,心上凄然不乐,却不敢作声,只是闷着看书。代儒告诉宝玉道:"今日头一天,早些放你家去罢。明日要讲书。但是你又不是很愚夯的,明日我倒要你先讲一两章书我听,试试你近来的功课何如,我才晓得你到怎么个份儿上头。"说得宝玉心中乱跳。欲知明日听解何如,且听下回分解。

第八十二回　老学究讲义警顽心　病潇湘痴魂惊恶梦

话说宝玉下学回来,见了贾母。贾母笑道:"好了,如今野马上了笼头了。去罢,见见你老爷,回来散散儿去罢。"宝玉答应着,去见贾政。贾政道:"这早晚就下了学了么? 师父给你定了功课没有?"宝玉道:"定了。早起理书,饭后写字,响午讲书念文章。"贾政听了,点点头儿,因道:"去罢,还到老太太那边陪着坐坐去。你也该学些人功道理,别一味的贪玩。晚上早些睡,天天上学早些起来。你听见了?"宝玉连忙答应几个"是",退出来,忙忙又去见王夫人,又到贾母那边打了个照面儿。

赶着出来,恨不得一走就走到潇湘馆才好。刚进门口,便拍着手笑道:"我依旧回来了!"猛可里倒唬了黛玉一跳。紫鹃打起帘子,宝玉进来坐下。黛玉道:"我恍惚听见你念书去了。

这么早就回来了?"宝玉道:"哎呀,了不得!我今儿不是被老爷叫了念书去了么,心上倒像没有和你们见面的日子。好容易熬了一天,这会子瞧见你们,竟如死而复生的一样,真真古人说'一日三秋',这话再不错的。"黛玉道:"你上头去过了没有?"宝玉道:"都去过了。"黛玉道:"别处呢?"宝玉道:"没有。"黛玉道:"你也该瞧瞧他们去。"宝玉道:"我这会子懒待动了,只和妹妹坐着说一会子话儿罢。老爷还叫早睡早起,只好明儿再瞧他们去了。"黛玉道:"你坐坐儿,可是正该歇歇儿去了。"宝玉道:"我哪里是乏,只是闷得慌。这会子咱们坐着才把闷散了,你又催起我来。"黛玉微微的一笑,因叫紫鹃:"把我的龙井茶给二爷沏一碗。二爷如今念书了,比不的头里。"紫鹃笑着答应,去拿茶叶,叫小丫头子沏茶。宝玉接着说道:"还提什么念书,我最厌这些道学话。更可笑的是八股文章,拿他诓功名混饭吃也罢了,还要说代圣贤立言。好些的,不过拿些经书凑搭凑搭还罢了;更有一种可笑的,肚子里原没有什么,东拉西扯,弄的牛鬼蛇神,还自以为博奥。这哪里是阐发圣贤的道理。目下老爷口口声声叫我学这个,我又不敢违拗,你这会子还提念书呢。"黛玉道:"我们女孩儿家虽然不要这个,但小时跟着你们雨村先生念书,也曾看过。内中也有近情近理的,也有清微淡远的。那时候虽不大懂,也觉得好,不可一概抹倒。况且你要取功名,这个也清贵些。"宝玉听到这里,觉得不甚耳,因想黛玉从来不是这样人,怎么也这样势欲熏心起来?又不敢在他跟前驳回,只在鼻子眼里笑了一声。正说着,忽听外面两个人说话,却是秋纹和紫鹃。只听秋纹道:"袭人姐姐叫我老太太那里接去,谁知却在这里。"紫鹃道:"我们这里才沏了茶,索性让他喝了再去。"说着,二人一齐进来。宝玉和秋纹笑道:"我就过去,又劳动你来找。"秋纹未及答言,只见紫鹃道:"你快喝了茶去罢,人家都想了一天了。"秋纹啐道:"呸,好混帐丫头!"说的大家都笑了。宝玉起身才辞了出来。黛玉送到屋门口儿,紫鹃在台阶下站着,宝玉出去,才回房里来。

却说宝玉回到怡红院中,进了屋子,只见袭人从里间迎出来,便问:"回来了么?"秋纹应道:"二爷早来了,在林姑娘那边来着。"宝玉道:"今日有事没有?"袭人道:"事却没有。方才太太叫鸳鸯姐姐来吩咐我们:如今老爷发狠叫你念书,如有丫鬟们再敢和你玩笑,都要照着晴雯司棋的例办。我想,服侍你一场,赚了这些言语,也没什么趣儿。"说着,便伤起心来。宝玉忙道:"好姐姐,你放心。我只好生念书,太太再不说你们了。我今儿晚上还要看书,明日师父叫我讲书呢。我要使唤,横竖有麝月秋纹呢,你歇歇去罢。"袭人道:"你要真肯念书,我们服侍你也是欢喜的。"宝玉听了,赶忙吃了晚饭,就叫点灯,把念过的"四书"翻出来。只是从何处看起?翻了一本,看去章章里头似乎明白,细按起来,却不很明白。看着小注,又看讲章,闹到梆子下来了,自己想道:"我在诗词上觉得很容易,在这个上头竟没头脑。"便坐着呆呆的呆想。

袭人道:"歇歇罢,做工夫也不在这一时的。"宝玉嘴里只管胡乱答应。麝月袭人才服侍他睡下,两个才也睡了。及至睡醒一觉,听得宝玉炕上还是翻来复去。袭人道:"你还醒着呢么?你倒别混想了,养养神明儿好念书。"宝玉道:"我也是这样想,只是睡不着。你来给我揭去一层被。"袭人道:"天气不热,别揭罢。"宝玉道:"我心里烦躁的很。"自把被窝褪下来。袭人忙爬起来按住,把手去他头上一摸,觉得微微有些发烧。袭人道:"你别动了,有些发烧了。"宝玉道:"可不是。"袭人道:"这是怎么说呢!"宝玉道:"不怕,是我心烦的缘故。你别吵嚷,省得老爷知道了,必说我装病逃学,不然怎么病的这么巧。明儿好了,原到学里去就完事了。"袭人也觉得可怜,说道:"我靠着你睡罢。"便和宝玉捶了一回脊梁,不知不觉大家都睡着了。

直到红日高升,方才起来。宝玉道:"不好了,晚了!"急忙梳洗毕,问了安,就往学里来了。代儒已经变着脸,说:"怪不得你老爷生气,说你没出息。第二天你就懒惰,这是什么时候才来!"宝玉把昨儿发烧的话说了一遍,方过去了,仍旧念书。到了下晚,代儒道:"宝玉,有一章书你来讲讲。"宝玉过来一看,却是"后生可畏"章。宝玉心上说:"这还好,幸亏不是'学''庸'。"问道:"怎么讲呢?"代儒道:"你把节旨句子细细儿讲来。"宝玉把这章先朗朗的念了一遍,说:"这章书是圣人劝勉后生,教他及时努力,不要弄到……"说到这里,抬头向代儒一瞧。代儒觉得了,笑了一笑道:"你只管说,讲书是没有什么避忌的。《礼记》上说'临文

不讳',只管说,'不要弄到'什么?"宝玉道:"不要弄到老大无成。先将'可畏'二字激发后生的志气,后把'不足畏'二字警惕后生的将来。"说罢,看着代儒。代儒道:"也还罢了。串讲呢?"宝玉道:"圣人说,人生少时,心思才力,样样聪明能干,实在是可怕的。哪里料得定他后来的日子不像我的今日。若是悠悠忽忽到了四十岁,又到五十岁,既不能够发达,这种人虽是他后生时像个有用的,到了那个时候,这一辈子就没有人怕他了。"代儒笑道:"你方才节旨讲的倒清楚,只是句子里有些孩子气。'无闻'二字不是不能发达做官的话。'闻'是实在自己能够明理见道,就不做官也是有'闻'了。不然,古圣贤有遁世不见知的,岂不是不做官的人,难道也是'无闻'么?'不足畏'是使人料得定,方与'焉知'的'知'字对针,不是'怕'的字眼。要从这里看出,方能入细。你懂得不懂得?"宝玉道:"懂得了。"代儒道:"还有一章,你也讲一讲。"代儒往前揭了一篇,指给宝玉。宝玉看是"吾未见好德如好色者也"。宝玉觉得这一章却有些刺心,便陪笑道:"这句话没有什么讲头。"代儒道:"胡说!譬如场中出了这个题目,也说没有做头么?"宝玉不得已,讲道:"是圣人看见人不肯好德,见了色便好的了不得。殊不想德是性中本有的东西,人偏都不肯好他。至于那个色呢,虽也是从先天中带来,无人不好。但是德乃天理,色是人欲,人那里肯把天理好的像人欲似的。孔子虽是叹息的话,又是望人回转来的意思。并且见得人就有好德的好得终是浮浅,直要像色一样的好起来,那才是真好呢。"代儒道:"这也讲的罢了。我有句话问你:你既懂得圣人的话,为什么正犯着这两件病?我虽不在家中,你们老爷也不曾告诉我,其实你的毛病我却尽知的。做一个人,怎么不望长进?你这会儿正是'后生可畏'的时候,'有闻''不足畏'全在你自己做去了。我如今限你一个月,把念过的旧书全要理清,再念一个月文章。以后我要出题目叫你作文章了。如若懈怠,我是断乎不依的。自古道:'成人不自在,自在不成人。'你好生记着我的话。"宝玉答应了,也只得天天按着功课干去。不提。

且说宝玉上学之后,怡红院中甚觉清净闲暇。袭人倒可做些活计,拿着针线要绣个槟榔包儿,想着如今宝玉有了功课,丫头们可也没有饥荒了。早要如此,晴雯何至弄到没有结果?兔死狐悲,不觉滴下泪来。忽又想到自己终身本不是宝玉的正配,原是偏房。宝玉的为人,却还拿得住,只怕娶了一个利害的,自己便是尤二姐香菱的后身。素来看着贾母王夫人光景及凤姐儿往往露出话来,自然是黛玉无疑了。那黛玉就是个多心人。想到此际,脸红心热,拿着针不知戳到哪里去了,便把活计放下,走到黛玉处去探探他的口气。

黛玉正在那里看书,见是袭人,欠身让坐。袭人也连忙迎上来问:"姑娘这几天身子可大好了?"黛玉道:"哪里能够,不过略硬朗些。你在家里做什么呢?"袭人道:"如今宝二爷上了学,房中一点事儿没有,因此来瞧瞧姑娘,说说话儿。"说着,紫鹃拿茶来。袭人忙站起来道:"妹妹坐着罢。"因又笑道:"我前儿听见秋纹说,妹妹背地里说我们什么来着。"紫鹃也笑道:"姐姐信他的话!我说宝二爷上了学,宝姑娘又隔断了,连香菱也不过来,自然是闷的。"袭人道:"你还提香菱呢,这才苦呢,撞着这位太岁奶奶,难为他怎么过!"把手伸着两个指头道:"说起来,比他还利害,连外头的脸面都不顾了。"黛玉接着道:"他也够受了,尤二姑娘怎么死了?"袭人道:"可不是。想来都是一个人,不过名分里头差些,何苦这样毒?外面名声也不好听。"黛玉从不闻袭人背地里说人,今听此话有因,便说道:"这也难说。但凡家庭之事,不是东风压了西风,就是西风压了东风。"袭人道:"做了旁边人,心里先怯了,哪里倒敢去欺负人呢。"

说着,只见一个婆子在院里问道:"这里是林姑娘的屋子么?"哪位姐姐在这里呢?"雪雁出来一看,模模糊糊认得是薛姨妈那边的人,便问道:"作什么?"婆子道:"我们姑娘打发来给这里林姑娘送东西的。"雪雁道:"略等等儿。"雪雁进来回了黛玉,黛玉便叫领他进来。那婆子进来请了安,且不说送什么,只是觑着眼瞧瞧黛玉,看的黛玉脸上倒不好意思起来,因问道:"宝姑娘叫你来送什么?"婆子方笑着回道:"我们姑娘叫给姑娘送了一瓶儿蜜饯荔枝来。"回头又瞧见袭人,便问道:"这位姑娘不是宝二爷屋里的花姑娘么?"袭人笑道:"妈妈怎么认得我?"婆子笑道:"我们只在太太屋里看屋子,不大跟太太姑娘出门,所以姑娘们都不大认得。姑娘们碰着到我们那边去,我们都模糊记得。"说着,将一个瓶儿递给雪雁,又回头

看看黛玉,因笑着向袭人道:"怨不得我们太太说这林姑娘和你们宝二爷是一对儿,原来真是天仙似的。"袭人见他说话造次,连忙岔道:"妈妈,你乏了,坐坐吃茶罢。"那婆子笑嘻嘻的道:"我们那里忙呢,都张罗琴姑娘的事呢。姑娘还有两瓶荔枝,叫给宝二爷送去。"说着,颤颤巍巍告辞出去。黛玉虽恼这婆子方才冒撞,但因是宝钗使来的,也不好怎么样他。等他出了屋门,才说一声道:"给你们姑娘道费心。"那老婆子还只管嘴里咕咕哝哝的说:"这样好模样儿,除了宝玉,什么人擎受的起。"黛玉只装没听见。袭人笑道:"怎么人到了老来,就是混说白道的,叫人听着又生气,又好笑。"一时雪雁拿过瓶子来与黛玉看。黛玉道:"我懒待吃,拿了搁起去罢。"又说了一回话,袭人才去了。

一时晚妆将卸,黛玉进了套间,猛抬头看见了荔枝瓶,不禁想起日间老婆子的一番混话,甚是刺心。当此黄昏人静,千愁万绪,堆上心来。想起自己身上不牢,年纪又大了。看宝玉的光景,心里虽没别人,但是老太太舅母又不见有半点意思。深恨父母在时,何不早定了这头婚姻。又转念一想道:"倘若父母在时,别处定了婚姻,怎能够似宝玉这般人材心地,不如此时尚有可图。"心内一上一下,辗转缠绵,竟像辘轳一般。叹了一回气,掉了几点泪,无情无绪,和衣倒下。

不知不觉,只见小丫头走来说道:"外面雨村贾老爷请姑娘。"黛玉道:"我虽跟他读过书,却不比男学生,要见我作什么? 况且他和舅舅往来,从未提起,我也不便见的。"因叫小丫头:"回复'身上有病不能出来',与我请安道谢就是了。"小丫头道:"只怕要与姑娘道喜,南京还有人来接。"说着,又见凤姐同邢夫人、王夫人、宝钗等都来笑道:"我们一来道喜,二来送行。"黛玉慌道:"你们说什么话?"凤姐道:"你还装什么呆。你难道不知道林姑爷升了湖北的粮道,娶了一位继母,十分合心合意。如今想着你撂在这里,不成事体,因托了贾雨村作媒,将你许了你继母的什么亲戚,还说是续弦,所以着人到这里来接你回去。大约一到家中就要过去的,都是你继母作主。怕的是道儿上没有照应,还叫你琏二哥哥送去。"说得黛玉一身冷汗。黛玉又恍惚父亲果在那里做官的样子,心上急着硬说道:"没有的事,都是凤姐姐混闹。"只见邢夫人向王夫人使个眼色儿,"他还不信呢,咱们走罢。"黛玉含着泪道:"二位舅母坐坐去。"众人不言语,都冷笑而去。黛玉此时心中干急,又说不出来,哽哽咽咽。恍惚又是和贾母在一处的似的,心中想道:"此事唯求老太太,或还可救。"于是两腿跪下去,抱着贾母的腰说道:"老太太救我! 我南边是死也不去的! 况且有了继母,又不是我的亲娘。我是情愿跟着老太太一块儿的。"但见老太太呆着脸儿笑道:"这个不干我事。"黛玉哭道:"老太太,这是什么事呢。"老太太道:"续弦也好,倒多一副妆奁。"黛玉哭道:"我若在老太太跟前,决不使这里分外的闲钱,只求老太太救我。"贾母道:"不中用了。做了女人,终是要出嫁的,你孩子家,不知道,在此地终非了局。"黛玉道:"我在这里情愿自己做个奴婢过活,自做自吃,也是愿意。只求老太太作主。"老太太总不言语。黛玉抱着贾母的腰哭道:"老太太,你向来最是慈悲的,又最疼我的,到了紧急的时候怎么全不管! 不要说我是你的外孙女儿,是隔了一层了,我的娘是你的亲生女儿,看我娘分上,也该护庇些。"说着,撞在怀里痛哭,听见贾母道:"鸳鸯,你来送姑娘出去歇歇。我倒被他闹乏了。"黛玉情知不是路了,求去无用,不如寻个自尽,站起来往外就走。深痛自己没有亲娘,便是外祖母与舅母姊妹们,平时何等待的好,可见都是假的。又一想:"今日怎么独不见宝玉? 或见一面,看他还有法儿?"便见宝玉站在面前,笑嘻嘻地说:"妹妹大喜呀。"黛玉听了这一句话,越发急了,也顾不得什么了,把宝玉紧紧拉住说:"好,宝玉,我今日才知道你是个无情无义的人了。"宝玉道:"我怎么无情无义? 你既有了人家儿,咱们各自干各自的了。"黛玉越听越气,越没了主意,只得拉着宝玉哭道:"好哥哥,你叫我跟了谁去?"宝玉道:"你要不去,就在这里住着。你原是许了我的,所以你才到我们这里来。我待你是怎么样的,你也想想。"黛玉恍惚又像果曾许过宝玉的,心内忽又转悲作喜,问宝玉道:"我是死活打定主意的了。你到底叫我去不去?"宝玉道:"我说叫你住下。你不信我的话,你就瞧瞧我的心。"说着,就拿着一把小刀子往胸口上一划,只见鲜血直流。黛玉吓得魂飞魄散,忙用手握着宝玉的心窝,哭道:"你怎么做出这个事来,你先来杀了我罢!"宝玉道:"不怕,我拿我的心给你瞧。"还把手在划开的地方儿乱抓。黛玉又颤又哭,又怕人撞

破，抱住宝玉痛哭。宝玉道："不好了，我的心没有了，活不得了。"说着，眼睛往上一翻，咕咚就倒了。黛玉拼命放声大哭。只听见紫鹃叫道："姑娘，姑娘，怎么魇住了？快醒醒儿脱了衣服睡罢。"黛玉一翻身，却原来是一场噩梦。

喉间犹是哽咽，心上还是乱跳，枕头上已经湿透，肩背身心，但觉冰冷。想了一回，"父亲死得久了，与宝玉尚未放定，这是从哪里说起？"又想梦中光景，无倚无靠，再真把宝玉死了，那可怎么样好！一时痛定思痛，神魂俱乱。又哭了一回，遍身微微的出了一点儿汗，扎挣起来，把外罩大袄脱了，叫紫鹃盖好了被窝，又躺下去。翻来复去，哪里睡得着。只听得外面淅淅飒飒，又像风声，又像雨声。又停了一会子，又听得远远的吆呼声儿，却是紫鹃已在那里睡着，鼻息出入之声。自己扎挣着爬起来，围着被坐了一会。觉得窗缝里透进一缕凉风来，吹得寒毛直竖，便又躺下。正要朦胧睡去，听得竹枝上不知有多少家雀儿的声儿，啾啾唧唧，叫个不住。那窗上的纸，隔着屉子，渐渐的透进清光来。

黛玉此时已醒得双眸炯炯，一回儿咳嗽起来，连紫鹃都咳嗽醒了。紫鹃道："姑娘，你还没睡着么？又咳嗽起来了，想是着了风了。这会儿窗户纸发清了，也待好亮起来了。歇歇儿罢，养养神，别尽着想长想短的了。"黛玉道："我何尝不要睡，只是睡不着。你睡你的罢。"说了又嗽起来。紫鹃见黛玉这般光景，心中也自伤感，睡不着了。听见黛玉又嗽，连忙起来，捧着痰盒。这时天已亮了。黛玉道："你不睡了么？"紫鹃笑道："天都亮了，还睡什么呢。"黛玉道："既这样，你就把痰盒儿换了罢。"紫鹃答应着，忙出来换了一个痰盒儿，将手里的这个盒儿放在桌上，开了套间门出来，仍旧带上门，放下撒花软帘，出来叫醒雪雁。开了屋门去倒那盒子时，只见满盒子痰，痰中好些血星，唬了紫鹃一跳，不觉失声道："哎哟，这还了得！"黛玉里面接着问是什么，紫鹃自知失言，连忙改说道："手里一滑，几乎撂了痰盒子。"黛玉道："不是盒子里的痰有了什么？"紫鹃道："没有什么。"说着这句话时，心中一酸，那眼泪直流下来，声儿早已岔了。黛玉因为喉间有些甜腥，早自疑惑，方才听见紫鹃在外边诧异，这会子又听见紫鹃说话声音带着悲惨的光景，心中觉了八九分，便叫紫鹃："进来罢，外头看凉着。"紫鹃答应了一声，这一声更比头里凄惨，竟是鼻中酸楚之音。黛玉听了，凉了半截。看紫鹃推门进来时，尚拿手帕拭眼。黛玉道："大清早起，好好的为什么哭？"紫鹃勉强笑道："谁哭来，早起起来眼睛里有些不舒服。姑娘今夜大概比往常醒的时候更大罢，我听见咳嗽了大半夜。"黛玉道："可不是，越要睡，越睡不着。"紫鹃道："姑娘身上不大好，依我说，还得自己开解着些。身子是根本，俗语说的，'留得青山在，依旧有柴烧。'况这里自老太太、太太起，哪个不疼姑娘。"只这一句话，又勾起黛玉的梦来。觉得心头一撞，眼中一黑，神色俱变，紫鹃连忙端着痰盒，雪雁捶着脊梁，半日才吐出一口痰来。痰中一缕紫血，簌簌乱跳。紫鹃雪雁脸都唬黄了。两个旁边守着，黛玉便昏昏躺下。紫鹃看着不好，连忙努嘴叫雪雁叫人去。

雪雁才出屋门，只见翠缕翠墨两个人笑嘻嘻的走来。翠缕便道："林姑娘怎么这早晚还不出门？我们姑娘和三姑娘都在四姑娘屋里讲究四姑娘画的那张园子景儿呢。"雪雁连忙摆手儿，翠缕翠墨二人倒都吓了一跳，说："这是什么缘故？"雪雁将方才的事，一一告诉他二人。二人都吐了吐舌头儿说："这可不是玩的！你们怎么不告诉老太太去？这还了得！你们怎么这么糊涂。"雪雁道："我这里才要去，你们就来了。"正说着，只听紫鹃叫道："谁在外头说话？

姑娘问呢。"三个人连忙一齐进来。翠缕翠墨见黛玉盖着被躺在床上,见了他二人便说道:"谁告诉你们了?你们这样大惊小怪的。"翠墨道:"我们姑娘和云姑娘才都在四姑娘屋里讲究四姑娘画的那张园子图儿,叫我们来请姑娘来,不知姑娘身上又欠安了。"黛玉道:"也不是什么大病,不过觉得身子略软些,躺躺儿就起来了。你们回去告诉三姑娘和云姑娘,饭后若无事,倒是请他们来这里坐坐罢。宝二爷没到你们那边去?"二人答道:"没有。"翠墨又道:"宝二爷这两天上了学了,老爷天天要查功课,哪里还能像从前那么乱跑呢。"黛玉听了,默然不言。二人又略站了一回,都悄悄的退出来了。

且说探春湘云正在惜春那边论评惜春所画大观园图,说这个多一点,那个少一点,这个太疏,那个太密。大家又议着题诗,着人去请黛玉商议。正说着,忽见翠缕翠墨二人回来,神色匆忙。湘云便先问道:"林姑娘怎么不来?"翠缕道:"林姑娘昨日夜里又犯了病了,咳嗽了一夜。我们听见雪雁说,吐了一盒子痰血。"探春听了诧异道:"这话真么?"翠缕道:"怎么不真。"翠墨道:"我们刚才进去去瞧了瞧,颜色不成颜色,说话儿的力气儿都微了。"湘云道:"不好的这么着,怎么还能说话呢。"探春道:"怎么你这么糊涂,不能说话不是已经……"说到这里却咽住了。惜春道:"林姐姐那样一个聪明人,我看他总有些瞧不破,一点半点儿都要认真来。天下事哪里有多少真的呢。"探春道:"既这么着,咱们都过去看看。倘若病的利害,咱们好过去告诉大嫂子回老太太,传大夫进来瞧瞧,也得个主意。"湘云道:"正是这样。"惜春道:"姐姐们先去,我回来再过去。"

于是探春湘云扶着小丫头,都到潇湘馆来。进入房中,黛玉见他二人,不免又伤心起来。因又转念想起梦中,连老太太尚且如此,何况他们。况且我不请他们,他们还不来呢。心里虽是如此,脸上却překро不过去,只得勉强令紫鹃扶起,口中让座。探春湘云都坐在床沿上,一头一个。看了黛玉这般光景,也自伤感。探春便道:"姐姐怎么身上又不舒服了?"黛玉道:"也没什么要紧,只是身子软得很。"紫鹃在黛玉身后偷偷的用手指那痰盒儿。湘云到底年轻,性情又兼直爽,伸手便把痰盒拿起来看。不看则已,看了唬的惊疑不止,说:"这是姐姐吐的?这还了得!"初时黛玉昏昏沉沉,吐了也没细看,此时见湘云这么说,回头看时,自己早已灰了一半。探春见湘云冒失,连忙解说道:"这不过是肺火上炎,带出一半点来,也是常事。偏是云丫头,不拘什么,就这样蝎蝎螫螫的!"湘云红了脸,自悔失言。探春见黛玉精神短少,似有烦倦之意,连忙起身说道:"姐姐静静的养养神罢,我们回来再瞧你。"黛玉道:"累你二位惦着。"探春又嘱咐紫鹃好生留神服侍姑娘,紫鹃答应着。探春才要走,只听外面一个人嚷起来。未知是谁,下回分解。

第八十三回　省宫闱贾元妃染恙
闹闺阃薛宝钗吞声

话说探春湘云才要走时,忽听外面一个人嚷道:"你这不成人的小蹄子!你是个什么东西,来这园子里头混搅!"黛玉听了,大叫一声道:"这里住不得了。"一手指着窗外,两眼反插上去。原来黛玉住在大观园中,虽靠着贾母疼爱,然在别人身上,凡事终是寸步留心。听见窗外老婆子这样骂着,在别人呢,一句是贴不上的,竟像专骂着自己的。自思一个千金小姐,只因没了爹娘,不知何人指使这老婆子来这般辱骂,哪里委屈得来,因此肝肠崩裂,哭晕去了。紫鹃只是哭叫:"姑娘怎么样了,快醒转来罢。"探春也叫了一回。半响,黛玉回过这口气,还说不出话来,那只手仍向窗外指着。

探春会意,开门出去,看见老婆子手中拿着拐棍赶着一个不干不净的毛丫头道:"我是为照管这园中的花果树木来到这里,你作什么来了!等我家去打你一个知道。"这丫头扭着头,把一个指头探在嘴里,瞅着老婆子笑。探春骂道:"你们这些人如今越发没了王法了,这里是你骂人的地方儿吗!"老婆子见是探春,连忙赔着笑脸儿说道:"刚才是我的外孙女儿,看见

我来了他就跟了来。我怕他闹，所以才吆喝他回去，哪里敢在这里骂人呢。"探春道："不用多说了，快给我都出去。这里林姑娘身上不大好，还不快去么？"老婆子答应了几个"是"，说着一扭身去了。那丫头也就跑了。

探春回来，看见湘云拉着黛玉的手只管哭，紫鹃一手抱着黛玉，一手给黛玉揉胸口，黛玉的眼睛方渐渐的转过来了。探春笑道："想是听见老婆子的话，你疑了心了么？"黛玉只摇头儿。探春道："他是骂他外孙女儿，我才刚也听见了。这种东西说话再没有一点道理的，他们懂得什么避讳。"黛玉听了点点头儿，拉着探春的手道："妹妹……"叫了一声，又不言语。探春又道："你别心烦。我来看你是姊妹们应该的，你又少人服侍。只要你安心肯吃药，心上把喜欢事儿想想，能够一天一天的硬朗起来，大家依旧结社做诗，岂不好呢。"湘云道："可是三姐姐说的，那么着不乐？"黛玉哽咽道："你们只顾要我喜欢，可怜我哪里赶得上这日子，只怕不能够了！"探春道："你这话说的太过了。谁没个病儿灾儿的，哪里就想到这里来了。你好生歇歇儿罢，我们到老太太那边，回来再看你。你要什么东西，只管叫紫鹃告诉我。"黛玉流泪道："好妹妹，你到老太太那里只说我请安，身上略有点不好，不是什么大病，也不用老太太烦心的。"探春答应道："我知道，你只管养着罢。"说着，才同湘云出去了。

这里紫鹃扶着黛玉躺在床上，地下诸事，自有雪雁照料，自己只守着旁边，看着黛玉，又是心酸，又不敢哭泣。那黛玉闭着眼躺了半响，哪里睡得着？觉得园里头平日只见寂寞，如今躺在床上，偏听得风声，虫鸣声，鸟语声，人走的脚步声，又像远远的孩子们啼哭声，一阵一阵的聒噪的烦躁起来，因叫紫鹃放下帐子。雪雁捧了一碗燕窝汤递与紫鹃，紫鹃隔着帐子轻轻问道："姑娘喝一口汤罢？"黛玉微微应了一声。紫鹃复将汤递给雪雁，自己上来搀扶黛玉坐起，然后接过汤来，搁在唇边试了一试，一手搂着黛玉肩臂，一手端着汤送到唇边。黛玉微微睁眼喝了两三口，便摇摇头儿不喝了。紫鹃仍将碗递给雪雁，轻轻扶黛玉睡下。

静了一时，略觉安顿。只听窗外悄悄问道："紫鹃妹妹在家么？"雪雁连忙出来，见是袭人，因悄悄说道："姐姐屋里坐着。"袭人也便悄悄问道："姑娘怎么着？"一面走，一面雪雁告诉夜间及方才之事。袭人听了这话，也唬怔了，因说道："怪道刚才翠缕到我们那边，说你们姑娘病了，唬的宝二爷连忙打发我来看看是怎么样。"正说着，只见紫鹃从里间掀起帘子望外看，见袭人，点头儿叫他。袭人轻轻走过来问道："姑娘睡着了吗？"紫鹃点点头儿，问道："姐姐才听见说了？"袭人也点点头儿，蹙着眉道："终久怎么样好呢！那一位昨夜也把我唬了个半死儿。"紫鹃忙问怎么了，袭人道："昨日晚上睡觉还是好好儿的，谁知半夜里一叠连声的嚷起心疼来，嘴里胡说白道，只说好像刀子割了去的似的。直闹到打亮梆子以后才好些了。你说唬人不唬人。今日不能上学，还要请大夫来吃药呢。"正说着，只听黛玉在帐子里又咳嗽起来。紫鹃连忙过来捧痰盒儿接痰。黛玉微微睁眼问道："你和谁说话呢？"紫鹃道："袭人姐姐来瞧姑娘来了。"说着，袭人已走到床前。黛玉命紫鹃扶起，一手指着床边，让袭人坐下。袭人侧身坐了，连忙陪着笑劝道："姑娘倒还是躺着罢。"黛玉道："不妨，你们快别这样大惊小怪的。刚才是说谁半夜里心疼起来？"袭人道："是宝二爷偶然魇住了，不是认真怎么样。"黛玉会意，知道是袭人怕自己又悬心的缘故，又感激，又伤心。因趁势问道："既是魇住了，不听见他还说什么？"袭人道："也没说什么。"黛玉点点头儿，迟了半日，叹了一声，才说道："你们别告诉宝二爷说我不好，看耽搁了他的工夫，又叫老爷生气。"袭人答应了，又劝道："姑娘

还是躺躺歇歇罢。"黛玉点头，命紫鹃扶着歪下。袭人不免坐在旁边，又宽慰了几句，然后告辞，回到怡红院，只说黛玉身上略觉不受用，也没什么大病。宝玉才放了心。

且说探春湘云出了潇湘馆，一路往贾母这边来。探春因嘱咐湘云道："妹妹，回来见了老太太，别像刚才那样冒冒失失的了。"湘云点头笑道："知道了，我头里是叫他唬的忘了神了。"说着，已到贾母那边。探春因提起黛玉的病来。贾母听了自是心烦，因说道："偏是这两个玉儿多病多灾的。林丫头一来二去的大了，他这个身子也要紧。我看那孩子太是个心细。"众人也不敢答言。贾母便向鸳鸯道："你告诉他们，明儿大夫来瞧了宝玉，就叫他到林姑娘那屋里去。"鸳鸯答应着，出来告诉了婆子们，婆子们自去传话。这里探春湘云就跟着贾母吃了晚饭，然后同回园中去。不提。

到了次日，大夫来了，瞧了宝玉，不过说饮食不调，着了点儿风邪，没大要紧，疏散疏散就好了。这里王夫人凤姐等一面遣人拿了方子回贾母，一面使人到潇湘馆告诉说大夫就过来。紫鹃答应了，连忙给黛玉盖好被窝，放下帐子。雪雁赶着收拾房里的东西。一时贾琏陪着大夫进来了，便说道："这位老爷是常来的，姑娘们不用回避。"老婆子打起帘子，贾琏让着进入房中坐下。贾琏道："紫鹃姐姐，你先把姑娘的病势向王老爷说说。"王大夫道："且慢说。等我诊了脉，听我说了看是对不对，若有不合的地方，姑娘们再告诉我。"紫鹃便向帐中扶出黛玉的一只手来，搁在迎手上。紫鹃又把镯子连袖子轻轻的搂起，不叫压住了脉息。那王大夫诊了好一回儿，又换那只手也诊了，便同贾琏出来，到外间屋里坐下，说道："六脉皆弦，因平日郁结所致。"说着，紫鹃也出来站在里间门口。那王大夫便向紫鹃道："这病时常应得头晕，减饮食，多梦，每到五更，必醒几次。即日间听见不干自己的事，也必要动气，且多疑多惧。不知者疑为性情乖诞，其实因肝阴亏损，心气衰耗，都是这个病在那里作怪。不知是否？"紫鹃点点头儿，向贾琏道："说的很是。"王太医道："既这样就是了。"说毕起身，同贾琏往外书房去开方子。小厮们早已预备下一张梅红单帖，王太医吃了茶，因提笔先写道：

> 六脉弦迟，素由积郁。左寸无力，心气已衰。关脉独洪，肝邪偏旺。木气不能疏达，势必上侵脾土，饮食无味，甚至胜所不胜，肺金定受其殃。气不流精，凝而为痰；血随气涌，自然咳吐。理宜疏肝保肺，涵养心脾。虽有补剂，未可骤施。姑拟黑逍遥以开先，复用归肺固金以继其后。不揣固陋，候高明裁服。

又将七味药与引子写了。贾琏拿来看时，问道："血势上冲，柴胡使得么？"王大夫笑道："二爷但知柴胡是升提之品，为吐衄所忌。岂知用鳖血拌炒，非柴胡不足宣少阳甲胆之气。以鳖血制之，使其不致升提，且能培养肝阴，制遏邪火。所以《内经》说：'通因通用，塞因塞用。'柴胡用鳖血拌炒，正是'假周勃以安刘'的法子。"贾琏点头道："原来是这么着，这就是了。"王大夫又道："先请服两剂，再加减或再换方子罢。我还有一点小事，不能久坐，容日再来请安。"说着，贾琏送了出来，说道："舍弟的药就是那么着了？"王大夫道："宝二爷倒没什么大病，大约再吃一剂就好了。"说着，上车而去。

这里贾琏一面叫人抓药，一面回到房中告诉凤姐黛玉的病原与大夫用的药，述了一遍。只见周瑞家的走来回了几件没要紧的事，贾琏听到一半，便说道："你回二奶奶罢，我还有事呢。"说着就走了。周瑞家的回完了这件事，又说道："我方才到林姑娘那边，看他那个病，竟是不好呢。脸上一点血色也没有，摸了摸身上，只剩得一把骨头。问问他，也没有话说，只是淌眼泪。回来紫鹃告诉我说：'姑娘现在病着，要什么自己又不肯要，我打算要问二奶奶那里支用一两个月的月钱。如今吃药虽是公中的，零用也得几个钱。'我答应了他，替他来回奶奶。"凤姐低了半日头，说道："竟这么着罢：我送他几两银子使罢，也不用告诉林姑娘。这月钱却是不好支的，一个人开了例，要是都支起来，那如何使得呢。你不记得赵姨娘和三姑娘拌嘴，也无非为的是月钱。况且近来你也知道，出去的多，进来的少，总绕不过弯儿来。不知道的，还说我打算的不好；更有那一种嚼舌根的，说我搬运到娘家去了。周嫂子，你倒是那里经手的人，这个自然还知道些。"周瑞家的道："真正委屈死人！这样大门头儿，除了奶奶这样心计儿当家罢了。别说是女人当不来，就是三头六臂的男人，还撑不住呢。还说这些个混帐话。"说着，又笑了一声，道："奶奶还没听见呢，外头的人还更糊涂呢。前儿周瑞回家来，说

起外头的人打量着咱们府里不知怎么样有钱呢。也有说'贾府里的银库几间,金库几间,使的家伙都是金子镶了玉石嵌了的。'也有说'姑娘做了王妃,自然皇上家的东西分的了一半子给娘家。前儿贵妃娘娘省亲回来,我们还亲见他带了几车金银回来,所以家里收拾摆设的水晶宫似的。那日在庙里还愿,花了几万银子,只算得牛身上拔了一根毛罢咧。'有人还说'他门前的狮子只怕还是玉石的呢。园子里还有金麒麟,叫人偷了一个去,如今剩下一个了。家里的奶奶姑娘不用说,就是屋里使唤的姑娘们,也是一点儿不动,喝酒下棋,弹琴画画,横竖有服侍的人呢。单管穿罗罩纱,吃的戴的,都是人家不认得的。那些哥儿姐儿们更不用说了,要天上的月亮,也有人去拿下来给他玩。'还有歌儿呢,说是'宁国府,荣国府,金银财宝如粪土。吃不穷,穿不穷,算来……'"说到这里,猛然咽住。原来那时歌儿说道是"算来总是一场空"。这周瑞家的说溜了嘴,说到这里,忽然想起这话不好,因咽住了。凤姐儿听了,已明白必是句不好的话了。也不便追问,因说道:"那都没要紧。只是这金麒麟的话从何而来?"周瑞家的笑道:"就是那庙里的老道士送给宝二爷的小金麒麟儿。后来丢了几天,亏了史姑娘捡着还了他,外头就造出这个谣言来了。奶奶说这些人可笑不可笑?"凤姐道:"这些话倒不是可笑,倒是可怕的。咱们一日难似一日,外面还是这么讲究。俗语儿说的,'人怕出名猪怕壮',况且又是个虚名儿,终久还不知怎么样呢。"周瑞家的道:"奶奶虑的也是。只是满城里茶坊酒铺儿以及各胡同儿都是这样说,并且不是一年了,哪里握的住众人的嘴"凤姐点点头儿,因叫平儿称了几两银子,递给周瑞家的,道:"你先拿去交给紫鹃,只说我给他添补买东西的。若要官中的,只管要去,别提这月钱的话。他也是个伶透人,自然明白我的话。我得了空儿,就去瞧姑娘去。"周瑞家的接了银子,答应着自去。不提。

且说贾琏走到外面,只见一个小厮迎上来回道:"大老爷叫二爷说话呢。"贾琏急忙过来,见了贾赦。贾赦道:"方才风闻宫里头传了一个太医院御医、两个吏目去看病,想来不是宫女儿下人了。这几天娘娘宫里有什么信儿没有?"贾琏道:"没有。"贾赦道:"你去问问二老爷和你珍大哥。不然,还该叫人去到太医院里打听打听才是。"贾琏答应了,一面吩咐人往太医院去,一面连忙去见贾政贾珍。贾政听了这话,因问道:"是哪里来的风声?"贾琏道:"是大老爷才说的。"贾政道:"你索性和你珍大哥到里头打听打听。"贾琏道:"我已经打发人往太医院打听去了。"一面说着,一面退出来,去找贾珍。只见贾珍迎面来了,贾琏忙告诉贾珍。贾珍道:"我正为也听见这话,来回大老爷二老爷去的。"于是两个人同着来见贾政。贾政道:"如系元妃,少不得终有信的。"说着,贾赦也过来了。

到了晌午,打听的尚未回来。门上人进来,回说:"有两个内相在外要见二位老爷呢。"贾赦道:"请进来。"门上的人领了老公进来。贾赦贾政迎至二门外,先请了娘娘的安,一面同着进来,走至厅上让了座。老公道:"前日这里贵妃娘娘有些欠安。昨日奉过旨意,宣召亲丁四人进里头探问。许各带丫头一人,余皆不用。亲丁男人只许在宫门外递个职名,请安听信,不得擅入。准于明日辰巳时进去,申酉时出来。"贾政贾赦等站着听了旨意,复又坐下,让老公吃茶毕,老公辞了出去。

贾赦贾政送出大门,回来先禀贾母。贾母道:"亲丁四人,自然是我和你们两位太太了。那一个人呢?"众人也不敢答言,贾母想了想,道:"必得是凤姐儿,他诸事有照应。你们爷儿们各自商量去罢。"贾赦贾政答应了出来,因派了贾琏贾蓉看家外,凡文字辈至草字辈一应都去。遂吩咐家人预备四乘绿轿,十余辆大车,明儿黎明伺候。家人答应去了。贾赦贾政又去回明老太太,辰巳时进去,申酉时出来,今日早些歇歇,明日好早些起来收拾进宫。贾母道:"我知道,你们去罢。"赦政等退出。这里邢夫人王夫人、凤姐儿也都说了一会子元妃的病,又说了些闲话,才各自散了。

次日黎明,各间屋子丫头们将灯火俱已点齐,太太们各梳洗毕,爷们亦各整顿好了。一到卯初,林之孝和赖大进来,至二门口回道:"轿车俱已齐备,在门外伺候着呢。"不一时,贾赦邢夫人也过来了。大家用了早饭。凤姐先扶老太太出来,众人围随,各带使女一人,缓缓前行。又命李贵等二人先骑马去外宫门接应,自己家眷随后。文字辈至草字辈各自登车骑马,跟着众家人,一齐去了。贾琏贾蓉在家中看家。

且说贾家的车辆轿马俱在外西垣门口歇下等着。一回儿，有两个内监出来说："贾府省亲的太太奶奶们，着令入宫探问；爷们俱着令内宫门外请安，不得入见。"门上人叫快进去。贾府中四乘轿子跟着小内监前行，贾家爷们在轿后步行跟着，令众家人在外等候。走近宫门口，只见几个老公在门上坐着，见他们来了，便站起来说道："贾府爷们至此。"贾赦贾政便挨次立定。轿子抬至宫门口，便都出了轿。早有几个小内监引路，贾母等各有丫头扶着步行。走至元妃寝宫，只见奎壁辉煌，琉璃照耀。又有两个小宫女儿传谕道："只用请安，一概仪注都免。"贾母等谢了恩，来至床前请安毕，元妃赐了坐。贾母等又告了坐。元妃便向贾母道："近日身上可好？"贾母扶着小丫头，颤颤巍巍站起来，答应道："托娘娘洪福，起居尚健。"元妃又向邢夫人王夫人问了好，邢、王二夫人站着回了话。元妃又问凤姐家中过的日子若何，凤姐站起来回奏道："尚可支持。"元妃道："这几年来难为你操心。"凤姐正要站起来回奏，只见一个宫女传进许多职名，请娘娘龙目。元妃看时，就是贾赦贾政等若干人。那元妃看了职名，眼圈儿一红，止不住流下泪来。宫女儿递过绢子，元妃一面拭泪，一面传谕道："今日稍安，令他们外面暂歇。"贾母等站起来，又谢了恩。元妃含泪道："父女弟兄，反不如小家子得以常常亲近。"贾母等都忍着泪道："娘娘不用悲伤，家中已托着娘娘的福多了。"元妃又问："宝玉近来若何？"贾母道："近来颇肯念书。因他父亲逼得严紧，如今文字也都做上来了。"元妃道："这样才好。"遂命外宫赐宴，便有两个宫女儿、四个小太监引了到一座宫里，已摆得齐整，各按坐次坐了。不必细述。一时吃完了饭，贾母带着他婆媳三人谢过宴，又耽搁了一回。看看已近酉初，不敢羁留，俱各辞了出来。元妃命宫女儿引道，送至内宫门，门外仍是四个小太监送出。贾母等依旧坐着轿子出来，贾赦接着，大伙儿一齐回去。到家又要安排明后日进宫，仍令照应齐集。不题。

　　且说薛家夏金桂赶了薛蟠出去，日间拌嘴没有对头，秋菱又住在宝钗那边去了，只剩得宝蟾一人同住。既给与薛蟠作妾，宝蟾的意气又不比从前了。金桂看去更是一个对头，自己也后悔不来。一日，吃了几杯闷酒，躺在炕上，便要借那宝蟾做个醒酒汤儿，因问着宝蟾道："大爷前日出门，到底是到哪里去？你自然是知道的了。"宝蟾道："我那里知道。他在奶奶跟前还不说，谁知道他那些事！"金桂冷笑道："如今还有什么奶奶太太的，都是你们的世界了。别人是惹不得的，有人护庇着，我也不敢去虎头上捉虱子。你还是我的丫头，问你一句话，你就和我摔脸子，说塞话。你既这么有势力，为什么不把我勒死了，你和秋菱不拘谁做了奶奶，那不清净了么！偏我又不死，碍着你们的道儿。"宝蟾听了这话，哪里受得住，便眼睛直直的瞅着金桂道："奶奶这些闲话只好说给别人听去！我并没和奶奶说什么。奶奶不敢惹人家，何苦来拿着我们小软儿出气呢。正经的，奶奶又装听不见，'没事人一大堆'了。"说着，便哭天哭地起来。金桂越发性起，便爬下炕来，要打宝蟾。宝蟾也是夏家的风气，半点儿不让。金桂将桌椅杯盏，尽行打翻，那宝蟾只管喊冤叫屈，哪里理会他半点儿。

　　岂知薛姨妈在宝钗房中听见如此吵嚷，叫香菱："你去瞧瞧，且劝劝他。"宝钗道："使不得，妈妈别叫他去。他去岂能劝他，那更是火上浇了油了。"薛姨妈道："既这么样，我自己过去。"宝钗道："依我说妈妈也不用去，由着他们闹去罢。这也是没法儿的事了。"薛姨妈道："这哪里还了得！"说着，自己扶了丫头，往金桂这边来。宝钗只得也跟着过去，又嘱咐香菱道："你在这里罢。"

　　母女同至金桂房门口，听见里头正还嚷哭不止。薛姨妈道："你们是怎么着，又这样家翻宅乱起来，这还像个人家儿！矮墙浅屋的，难道都不怕亲戚们听见笑话么。"金桂屋里接声道："我倒怕人笑话呢！只是这里扫帚颠倒竖，也没有主子，也没有奴才，也没有妻，没有妾，是个混帐世界了。我们夏家门子里没见过这样规矩，实在受不得你们家这样委屈了！"宝钗道："大嫂子，妈妈因听见闹得慌，才过来的。就是问的急了些，没有分清'奶奶''宝蟾'两字，也没有什么。如今且先把事情说开，大家和和气气的过日子，也省的妈妈天天为咱们操心。"那薛姨妈道："是啊，先把事情说开了，你再问我的不是还不迟呢。"金桂道："好姑娘，好姑娘，你是个大贤大德的。你日后必定有个好人家，好女婿，决不像我这样守活寡，举眼无亲，叫人家骑上头来欺负我的。我是个没心眼儿的人，只求姑娘我说话别往死里挑捡，我从

小儿到如今,没有爹娘教导。再者我们屋里老婆汉子大女人小女人的事,姑娘也管不得!"宝钗听了这话,又是羞,又是气;见他母亲这样光景,又是疼不过。因忍了气说道:"大嫂子,我劝你少说句儿罢。谁挑捡你?又是谁欺负你?不要说是嫂子,就是秋菱,我也从来没有加他一点声气儿的。"金桂听了这几句话,更加拍着炕沿大哭起来,说:"我哪里比得秋菱,连他脚底下的泥我还跟不上呢!他是来久了的,知道姑娘的心事,又会献勤儿;我是新来的,又不会献勤儿,如何拿我比他。何苦来,天下有几个都是贵妃的命,行点好儿罢!别修的像我嫁个糊涂行子守活寡,那就是活活儿的现了眼了!"薛姨妈听到这里,万分气不过,便站起身来道:"不是我护着自己的女孩儿,他句句劝你,你却句句怄他。你有什么过不去,不要寻他,勒死我倒也是稀松的。"宝钗忙劝道:"妈妈,你老人家不用动气。咱们既来劝他,自己生气,倒多了层气。不如且出去,等嫂子歇歇儿再说。"因吩咐宝蟾道:"你可别再多嘴了。"跟了薛姨妈出得房来。

走过院子里,只见贾母身边的丫头同着秋菱迎面走来。薛姨妈道:"你从哪里来,老太太身上可安?"那丫头道:"老太太身上好,叫来请姨太太安,还谢谢前儿的荔枝,还给琴姑娘道喜。"宝钗道:"你多早晚来的?"那丫头道:"来了好一会子了。"薛姨妈料他知道,红着脸说道:"这如今我们家里闹得也不像个过日子的人家了,叫你们那边听见笑话。"丫头道:"姨太太说哪里的话,谁家没个碟大碗小磕着碰着的呢。那是姨太太多心罢咧。"说着,跟了回到薛姨妈房中,略坐了一回就去了。宝钗正嘱咐香菱些话,只听薛姨妈忽然叫道:"左肋疼痛的很。"说着,便向炕上躺下。唬得宝钗香菱二人手足无措。要知后事如何,下回分解。

第八十四回　试文字宝玉始提亲　探惊风贾环重结怨

却说薛姨妈一时因被金桂这场气怄得肝气上逆,左肋作痛。宝钗明知是这个缘故,也等不及医生来看,先叫人去买了几钱钩藤来,浓浓的煎了一碗,给他母亲吃了。又和秋菱给薛姨妈捶腿揉胸,停了一会儿,略觉安顿。这薛姨妈只是又悲又气,气的是金桂撒泼,悲的是宝钗有涵养,倒觉可怜。宝钗又劝了一回,不知不觉的睡了一觉,肝气也渐渐平复了。宝钗便说道:"妈妈,你这种闲气不要放在心上才好。过几天走的动了,乐得往那边老太太姨妈处去说说话儿散散闷也好。家里横竖有我和秋菱照看着,谅他也不敢怎么样。"薛姨妈点点头道:"过两日看罢了。"

且说元妃疾愈之后,家中俱各喜欢。过了几日,有几个老公走来,带着东西银两,宣贵妃娘娘之命,因家中省问勤劳,俱有赏赐。把物件银两一一交代清楚。贾赦贾政等禀明了贾母,一齐谢恩毕,太监吃了茶去了。大家回到贾母房中,说笑了一回。外面老婆子传进来说:"小厮们来回道,那边有人请大老爷说要紧的话呢。"贾母便向贾赦道:"你去罢。"贾赦答应着,退出来自去了。

这里贾母忽然想起,和贾政笑道:"娘娘心里却甚实惦记着宝玉,前儿还特特的问他来着呢。"贾政赔笑道:"只是宝玉不大肯念书,辜负了娘娘的美意。"贾母道:"我倒给他上了个好儿,说他近日文章都做上来了。"贾政笑道:"哪里能像老太太的话呢。"贾母道:"你们时常叫他出去作诗作文,难道他都没作上来么。小孩子家慢慢的教导他,可是人家说的,'胖子也不是一口儿吃的'。"贾政听了这话,忙赔笑道:"老太太说的是。"贾母又道:"提起宝玉,我还有一件事和你商量。如今他也大了,你们也该留神看一个好孩子给他定下。这也是他终身的大事。也别论远近亲戚,什么穷啊富的,只要深知那姑娘的脾性儿好模样儿周正的就好。"贾政道:"老太太吩咐的很是。但只一件,姑娘也要好,第一要他自己学好才好,不然不稂不莠的,反倒耽误了人家的女孩儿,岂不可惜。"贾母听了这话,心里却有些不喜欢,便说道:"论起

来，现放着你们作父母的，哪里用我去张心。但只我想宝玉这孩子从小儿跟着我，未免多疼他一点儿，耽误了他成人的正事也是有的。只是我看他那生来的模样儿也还齐整，心性儿也实在，未必一定是那种没出息的，必至糟蹋了人家的女孩儿。也不知是我偏心，我看着横竖比环儿略好些，不知你们看着怎么样。"几句话说得贾政心中甚实不安，连忙赔笑道："老太太看的人也多了，既说他好有造化的，想来是不错的。只是儿子望他成人性儿太急了一点，或者竟和古人的话相反，倒是'莫知其子之美'了。"一句话把贾母也怄笑了，众人也都陪着笑了。贾母因道："你这会子也有了几岁年纪，又居着官，自然越历练越老成。"说到这里，回头瞅着邢夫人和王夫人笑道："想他那年轻的时侯，那一种古怪脾气，比宝玉还加一倍呢。直等娶了媳妇，才略略的懂了些人事儿。如今只抱怨宝玉，这会子我看宝玉比他还略体些人情儿呢。"说的邢夫人王夫人都笑了。因说道："老太太又说起逗笑儿的话儿来了。"说着，小丫头子们进来告诉鸳鸯："请示老太太，晚饭伺候下了。"贾母便问："你们又咕咕唧唧的说什么？"鸳鸯笑着回明了。贾母道："那么着，你们也都吃饭去罢，单留凤姐儿和珍哥媳妇跟着我吃罢。"贾政及邢、王二夫人都答应着，伺候摆上饭来，贾母又催了一遍，才都退出各散。

却说邢夫人自去了。贾政同王夫人进入房中。贾政因提起贾母方才的话来，说道："老太太这样疼宝玉，毕竟要他有些实学，日后可以混得功名，才好不枉老太太疼他一场，也不至糟蹋了人家的女儿。"王夫人道："老爷这话自然是该当的。"贾政因着个屋里的丫头传出去告诉李贵："宝玉放学回来，索性吃饭后再叫他过来，说我还要问他话呢。"李贵答应了"是"。至宝玉放了学刚要过来请安，只见李贵道："二爷先不用过去。老爷吩咐了，今日叫二爷吃了饭再过去呢，听见还有话问二爷呢。"宝玉听了这话，又是一个闷雷。只得见过贾母，便回园吃饭。三口两口吃完，忙漱了口，便往贾政这边来。

贾政此时在内书房坐着，宝玉进来请了安，一旁侍立。贾政问道："这几日我心上有事，也忘了问你。那一日你说你师父叫你讲一个月的书就要给你开笔，如今算来将两个月了，你到底开了笔了没有？"宝玉道："才做过三次。师父说且不必回老爷知道，等好些再回老爷知道罢。因此这两天总没敢回。"贾政道："是什么题目？"宝玉道："一个是《吾十有五而志于学》，一个是《人不知而不愠》，一个是《则归墨》三字。"贾政道："都有稿儿么？"宝玉道："都是作了抄出来师父又改的。"贾政道："你带了家来了还是在学房里呢？"宝玉道："在学房里呢。"贾政道："叫人取了来我瞧。"宝玉连忙叫人传话与焙茗："叫他往学房中去，我书桌子抽屉里有一本薄薄儿竹纸本子，上面写着'窗课'两字的就是，快拿来。"一会儿焙茗拿了来递给宝玉。宝玉呈与贾政。贾政翻开看时，见头一篇写着题目是《吾十有五而志于学》。他原本破的是"圣人有志于学，幼而已然矣。"代儒却将幼字抹去，明用"十五"。贾政道："你原本'幼'字便扣不清题目了。'幼'字是从小起至十六以前都是'幼'。这章书是圣人自言学问工夫与年俱进的话，所以十五、三十、四十、五十、六十、七十俱要明点出来，才见得到几时有这么个光景，到了几时又有那么个光景。师父把你'幼'字改了'十五'，便明白了好些。"看到承题，那抹去的原本云："夫不志于学，人之常也。"贾政摇头道："不但是孩子气，可见你本性不是个学者的志气。"又看后句"圣人十五而志之，不亦难乎"，说道："这更不成话了。"然后看代儒的改本云："夫人孰不学，而志于学者卒鲜。此圣人所为自信于十五时欤。"便问"改的懂得么？"宝玉答应道："懂得。"又看第二艺，题目是《人不知而不愠》，便先看代儒的改本云："不以不知而愠者，终无改其说乐矣。"方觑着眼看那抹去的底本，说道："你是什么？——'能无愠人之心，纯乎学者也。'上一句似单做了'而不愠'三个字的题目，下一句又犯了下文君子的分界。必如改笔才合题位呢。且下句找清上文，方是书理。须要细心领略。"宝玉答应着。贾政又往下看："夫不知，未有不愠者也；而竟不然。是非由说而乐者，曷克臻此。"原本末句"非纯学者乎"贾政道："这也与破题同病的。这改的也罢了，不过清楚，还说得去。"第三艺是《则归墨》，贾政看了题目，自己扬着头想了一想，因问宝玉道："你的书讲到这里了么？"宝玉道："师父说，《孟子》好懂些，所以倒先讲《孟子》，大前日才讲完了。如今讲'上论语'呢。"贾政因看这个破承倒没大改。破题云："言于舍杨之外，若别无所归者焉。"贾政道："第二句倒难为你。""夫墨，非欲归者也；而墨之言已半天下矣，则舍杨之外，欲

不归于墨,得乎?"贾政道:"这是你做的么?"宝玉答应道:"是。"贾政点点头儿,因说道:"这也并没有什么出色处,但初试笔能如此,还算不离。前年我在任上时,还出过《惟士为能》这个题目。那些童生都读过前人这篇,不能自出心裁,每多抄袭。你念过没有?"宝玉道:"也念过。"贾政道:"我要你另换个主意,不许雷同了前人,只做个破题也使得。"宝玉只得答应着,低头搜索枯肠。贾政背着手,也在门口站着作想。只见一个小小厮往外飞走,看见贾政,连忙侧身垂手站住。贾政便问道:"作什么?"小厮回道:"老太太那边姨太太来了,二奶奶传出话来,叫预备饭呢。"贾政听了,也没言语。那小厮自去了。

谁知宝玉自从宝钗搬回家去,十分想念,听见薛姨妈来了,只当宝钗同来,心中早已忙了,便乍着胆子回道:"破题倒作了一个,但不知是不是。"贾政道:"你念来我听。"宝玉念道:"天下不皆士也,能无产者亦仅矣。"贾政听了,点着头道:"也还使得。以后作文,总要把界限分清,把神理想明白了再去动笔。你来的时侯老太太知道不知道?"宝玉道:"知道的。"贾政道:"既如此,你还到老太太处去罢。"宝玉答应了个"是",只得拿捏着慢慢的退出,刚过穿廊月洞门的影屏,便一溜烟跑到老太太院门口。急得焙茗在后头赶着叫:"看跌倒了!老爷来了。"宝玉哪里听得见。刚进得门来,便听见王夫人、凤姐、探春等笑语之声。

丫鬟们见宝玉来了,连忙打起帘子,悄悄告诉道:"姨太太在这里呢。"宝玉赶忙进来给薛姨妈请安,过来才给贾母请了晚安。贾母便问:"你今儿怎么这早晚才散学?"宝玉悉把贾政看文章并命他破题的话述了一遍。贾母笑容满面。宝玉因问众人道:"宝姐姐在哪里坐着呢?"薛姨妈笑道:"你宝姐姐没过来,家里和香菱作活呢。"宝玉听了,心中索然,又不好就走。只见说着话儿已摆上饭来,自然是贾母薛姨妈上坐,探春等陪坐。薛姨妈:"宝哥儿呢?"贾母忙笑说道:"宝玉跟着我这边坐罢。"宝玉连忙回道:"头里散学时李贵传老爷的话,叫吃了饭过去。我赶着要了一碟菜,泡茶吃了一碗饭,就过去了。老太太和姨妈姐姐们用罢。"贾母道:"既这么着,凤丫头就过来跟着我。你太太才说他今儿吃斋,叫他们自己吃去罢。"王夫人也道:"你跟着老太太姨太太吃罢,不用等我,我吃斋呢。"于是凤姐告了坐,丫头安了杯箸,凤姐执壶斟了一巡,才归坐。

大家吃着酒。贾母便问道:"可是才姨太太提香菱,我听见前儿丫头们说'秋菱',不知是谁,问起来才知道是他。怎么那孩子好好的又改了名字呢?"薛姨妈满脸飞红,叹了一口气道:"老太太再别提起。自从蟠儿娶了这个不知好歹的媳妇,成日家咕咕唧唧,如今闹的也不成个人家了。我也说过他几次,他牛心不听说,我也没那么大精神和他们尽着吵去,只好由他们去。可不是他嫌这丫头的名儿不好改的。"贾母道:"名儿什么要紧的事呢?"薛姨妈道:"说起来我也怪臊的,其实老太太这边有什么不知道。他哪里是为这名儿不好,听见说他因为是宝丫头起的,他才有心要改。"贾母道:"这又是什么缘故呢?"薛姨妈把手绢子不住的擦眼泪,未曾说,又叹了一口气,道:"老太太还不知道呢,这如今媳妇子专和宝丫头怄气。前日老太太打发人看我去,我们家里正闹呢。"贾母连忙接着问道:"可是前儿听见姨太太肝气疼,要打发人看去,后来听见说好了,所以没着人去。依我,劝姨太太竟把他们别放在心上。再者,他们也是新过门的小夫妻,过些时自然就好了。我看宝丫头性格儿温厚和平,虽然年轻,比大人还强几倍。前日那小丫头子回来说,我们这边还都赞叹了他一会子。都像宝丫头那样心胸儿脾气,真是百里挑一的。不是我说句冒失话,那给人家做了媳妇儿,怎么叫公婆不疼,家里上上下下的不宾服呢?"宝玉头里已经听烦了,推故要走,及听见这话,又坐了呆呆的往下听。薛姨妈道:"不中用。他虽好,到底是女孩儿家。养了蟠儿这个糊涂孩子,真真叫我不放心,只怕在外头喝点子酒,闹出事来。幸亏老太太这里的大爷二爷常和他在一块儿,我还放点儿心。"宝玉听到这里,便接口道:"姨妈更不用悬心。薛大哥相好的都是些正经买卖大客人,都是有体面的,那里就闹出事来。"薛姨妈笑道:"依你这样说,我敢只不用操心了。"说话间,饭已吃完。宝玉先告辞了,晚间还要看书,便各自去了。

这里丫头们刚捧上茶来,只见琥珀走过来向贾母耳朵旁边说了几句,贾母便向凤姐儿道:"你快去罢,瞧瞧巧姐儿去罢。"凤姐听了,还不知何故,大家也怔了。琥珀遂过来向凤姐道:"刚才平儿打发小丫头子来回二奶奶,说巧姐儿身上不大好,请二奶奶忙着些过来才好

呢。"贾母因说道："你快去罢，姨太太也不是外人。"凤姐连忙答应，在薛姨妈跟前告了辞。又见王夫人说道："你先过去，我就去。小孩子家魂儿还不全呢，别叫丫头们大惊小怪的，屋里的猫儿狗儿，也叫他们留点神儿。尽着孩子贵气，偏有这些琐碎。"凤姐答应了，然后带了小丫头回房去了。

这里薛姨妈又问了一回黛玉的病。贾母道："林丫头那孩子倒罢了，只是心重些，所以身子就不大很结实了。要赌灵性儿，也和宝丫头不差什么；要赌宽厚待人里头，却不济他宝姐姐有耽待、有尽让了。"薛姨妈又说了两句闲话儿，便道："老太太歇着罢。我也要到家里去看看，只剩下宝丫头和香菱了。打那么同着姨太太看看巧姐儿。"贾母道："正是。姨太太上年纪的人看看是怎么不好，说给他们，也得点主意儿。"薛姨妈便告辞，同着王夫人出来，往凤姐院里去了。

却说贾政试了宝玉一番，心里却也喜欢，走向外面和那些门客闲谈。说起方才的话来，便有新近到来最善大棋的一个王尔调名作梅的说道："据我们看来，宝二爷的学问已是大进了。"贾政道："那有进益，不过略懂得些罢咧，'学问'两个字早得很呢。"詹光道："这是老世翁过谦的话。不但王大兄这般说，就是我们看，宝二爷必定要高发的。"贾政笑道："这也是诸位过爱的意思。"那王尔调又道："晚生还有一句话，不揣冒昧，和老世翁商议。"贾政道："什么事？"王尔调赔笑道："也是晚生的相与，做过南韶道的张大老爷家有一位小姐，说是生得德容功貌俱全，此时尚未受聘。他又没有儿子，家资巨万。但是要富贵双全的人家，女婿又要出众，才肯作亲。晚生来了两个月，瞧着宝二爷的人品学业，都是必要大成的。老世翁这样门楣，还有何说。若晚生过去，包管一说就成。"贾政："宝玉说亲却也是年纪了，并且老太太常说起。但只张大老爷素来尚未深悉。"詹光道："王兄所提张家，晚生却也知道。况和大老爷那边是旧亲，老世翁一问便知。"贾政想了一回，道："大老爷那边不曾听得这门亲戚。"詹光道："老世翁原来不知，这张府上原和邢舅太爷那边有亲的。"贾政听了，方知是邢夫人的亲戚。坐了一回，进来了，便要同王夫人说知，转问邢夫人去。谁知王夫人陪了薛姨妈到凤姐那边看巧姐儿去了。那天已经掌灯时候，薛姨妈去了，王夫人才过来了。贾政告诉了王尔调和詹光的话，又问巧姐儿怎么了。王夫人道："怕是惊风的光景。"贾政道："不甚利害呀？"王夫人道："看着是搐风的来头，只还没搐出来呢。"贾政听了，便不言语，各自安歇，一宿晚景不提。

却说次日邢夫人过贾母这边来请安，王夫人便提起张家的事，一面回贾母，一面问邢夫人。邢夫人道："张家虽系老亲，但近年来久已不通音信，不知他家的姑娘是怎么样的。倒是前日孙亲家太太打发老婆子来问安，却说起张家的事，说他家有个姑娘，托孙亲家那边有对劲的提一提。听见说只这一个女孩儿，十分娇养，也识得几个字，见不得大阵仗儿，常在房中不出来的。张大老爷又说，只有这一个女孩儿，不肯嫁出去，怕人家公婆严，姑娘受不得委屈，必要女婿过门赘在他家，给他料理理家事。"贾母听到这里，不等说完便道："这断使不得。我们宝玉别人服侍他还不够呢，倒给人家当家去。"邢夫人道："正是老太太这个话。"贾母因向王夫人道："你回来告诉你老爷，就说我的话，这张家的亲事是作不得的。"王夫人答应了。贾母便问："你们昨日看巧姐儿怎么样？头里平儿来回我说很不大好，我也要过去看看呢。"邢、王二夫人道："老太太虽疼他，他哪里担的住。"贾母道："却也不止为他，我也要走动走动，活活筋骨儿。"说着，便吩咐："你们吃饭去罢，回来同我过去。"邢、王二夫人答应着出来，各自去了。

一时吃了饭，都来陪贾母到凤姐房中。凤姐连忙出来接了进去。贾母便问巧姐儿到底怎么样。凤姐儿道："只怕是搐风的来头。"贾母道："这么着还不请人赶着瞧！"凤姐道："已经请去了。"贾母因邢、王二夫人进房来看，只见奶子抱着，用桃红绫子小绵被儿裹着，脸皮趣青，眉梢鼻翅微有动意。贾母同邢、王二夫人看了看，便出外间坐下。正说间，只见一个小丫头回凤姐道："老爷打发人问姐儿怎么样。"凤姐道："替我回老爷，就说请大夫去了。一会儿开了方子，就过去回老爷。"贾母忽然想起张家的事来，向王夫人道："你该就去告诉你老爷，省得人家去说了回来又驳回。"又问邢夫人道："你们和张家如今为什么不走了？"邢夫人

因又说："论起那张家行事，也难和咱们作亲，太啬克，没的玷辱了宝玉。"凤姐听了这话，已知八九，便问道："太太不是说宝兄弟的亲事？"邢夫人道："可不是么。"贾母接着因把刚才的话告诉凤姐。凤姐笑道："不是我当着老祖宗太太们跟前说句大胆的话，现放着天配的姻缘，何用别处去找。"贾母笑问道："在哪里？"凤姐道："一个'宝玉'，一个'金锁'，老太太怎么忘了？"贾母笑一笑，因说："昨日你姑妈在这里，你为什么不提？"凤姐道："老祖宗和太太们在前头，哪里有我们小孩子家说话的地方儿。况且姨妈过来瞧老祖宗，怎么提这些个，这也得太太们过去求亲才是。"贾母笑了，邢、王二夫人也都笑了。贾母因道："可是我背晦了。"

说着人回："大夫来了。"贾母便坐在外间，邢、王二夫人略避。那大夫同贾琏进来，给贾母请了安，方进房中。看了出来，站在地下躬身回贾母道："姐儿一半是内热，一半是惊风。须先用一剂发散风痰药，还要用四神散才好，因病势来得不轻。如今的牛黄都是假的，要找真牛黄方用得。"贾母道了乏，那大夫同贾琏出去开了方子，去了。凤姐道："人家参里常有，这牛黄倒怕未必有，外头买去，只是要真的才好。"王夫人道："等我打发人到姨太太那边去找找。他家蟠儿是向与那些西客们做买卖，或者有真的也未可知。我叫人去问问。"正说话间，众姊妹都来瞧来了，坐了一回，也都跟着贾母等去了。

这里煎了药给巧姐儿灌了下去，只听咯的一声，连药带痰都吐出来，凤姐才略放了一点儿心。只见王夫人那边的小丫头拿着一点儿的小红纸包儿说道："二奶奶，牛黄有了。太太说了，叫二奶奶亲自把分两对准了呢。"凤姐答应着接过来，便叫平儿配齐了真珠、冰片、朱砂，快熬起来。自己用戥子按方秤了，搀在里面，等巧姐儿醒了好给他吃。只见贾环掀帘进来说："二姐姐，你们巧姐儿怎么了？妈叫我来瞧瞧他。"凤姐见了他母子便嫌，说："好些了。你回去说，叫你们姨娘想着。"那贾环口里答应，只管各处瞧看。看了一回，便问凤姐儿道："你这里听的说有牛黄，不知牛黄是怎么个样儿，给我瞧瞧呢。"凤姐道："你别在这里闹了，姐儿才好些。那牛黄都煎上了。"贾环听了，便去伸手拿那锦子瞧时，岂知措手不及，沸的一声，锦子倒了，火已泼灭了一半。贾环见不是事，自觉没趣，连忙跑了。凤姐急的火星直爆，骂道："真真那一世的对头冤家！你何苦来还来使促狭！从前你妈要想害我，如今又来害姐儿。我和你几辈子的仇呢！"一面骂平儿不照应。正骂着，只见丫头来找贾环。凤姐道："你去告诉赵姨娘，说他操心也太苦了。巧姐儿死定了，不用他惦着了！"平儿急忙在那里配药再熬，那丫头摸不着头脑，便悄悄问平儿道："二奶奶为什么生气？"平儿将环哥弄倒药锦子说了一遍。丫头道："怪不得他不敢回来，躲了别处去了。这环哥儿明日还不知怎么样呢。平姐姐，我替你收拾罢。"平儿说："这倒不消。幸亏牛黄还有一点，如今配好了，你去罢。"丫头道："我一准回去告诉赵姨奶奶，也省得他天天说嘴。"

丫头回去果然告诉了赵姨娘。赵姨娘气的叫："快找环儿！"环儿在外间屋子里躲着，被丫头找了来。赵姨娘便骂道："你这个下作种子！你为什么弄洒了人家的药，招的人家咒骂。我原叫你去问一声，不用进去。你偏进去，又不就走，还要虎头上捉虱子。你看我回了老爷，

打你不打!"这里赵姨娘正说着,只听贾环在外间屋子里更说出些惊心动魄的话来。未知何言,下回分解。

第八十五回　贾存周报升郎中任
薛文起复惹放流刑

话说赵姨娘正在屋里抱怨贾环,只听贾环在外间屋里发话道:"我不过弄倒了药锦子,洒了一点子药,那丫头子又没就死了,值的他也骂我,你也骂我,赖我心坏,把我往死里糟蹋。等着我明儿还要那小丫头子的命呢,看你们怎么着!只叫他们堤防着就是了。"那赵姨娘赶忙从里间出来,握住他的嘴道:"你还只管信口胡嘈,还叫人家先要了我的命呢!"娘儿两个吵了一回。赵姨娘听见凤姐的话,越想越气,也不着人来安慰凤姐一声儿。过了几天,巧姐儿也好了。因此两边结怨比从前更加一层了。

一日林之孝进来回道:"今日是北静郡王生日,请老爷的示下。"贾政吩咐道:"只按向年旧例办了,回大老爷知道,送去就是了。"林之孝答应了,自去办理。不一时,贾赦过来同贾政商议,带了贾珍、贾琏、宝玉去与北静王拜寿。别人还不理论,唯有宝玉素日仰慕北静王的容貌威仪,巴不得常见才好,遂连忙换了衣服,跟着来到北府。贾赦贾政递了职名候谕。不多时,里面出来了一个太监,手里掐着数珠儿,见了贾赦贾政,笑嘻嘻的说道:"二位老爷好?"贾赦贾政也都赶忙问好。他兄弟三人也过来问了好。那太监道:"王爷叫请进去呢。"于是爷儿五个跟着那太监进入府中,过了两层门,转过一层殿去,里面方是内宫门。刚到门前,大家站住,那太监先进去回王爷去了。这里门上小太监都迎着问了好。一时那太监出来,说了个"请"字,爷儿五个肃敬跟入。只见北静郡王穿着礼服,已迎到殿门廊下。贾赦贾政先上来请安,挨次便是珍、琏、宝玉请安。那北静郡王单拉着宝玉道:"我久不见你,很惦记你。"因又笑问道:"你那块玉儿呢?"宝玉躬着身打一半千儿回道:"蒙王爷福庇,都好。"北静王道:"今日你来,没有什么好东西给你吃的,倒是大家说说话儿罢。"说着,几个老公打起帘子,北静王说"请",自己却先进去,然后贾赦等都躬着身跟进去。先是贾赦请北静王受礼,北静王也说了两句谦辞,那贾赦早已跪下,次及贾政等挨次行礼,自不必说。

那贾赦等复肃敬退出。北静王吩咐太监等让在众戚旧一处好生款待,却单留宝玉在这里说话儿,又赏了坐。宝玉又磕头谢了恩,在挨门边绣墩上侧坐,说了一回读书作文诸事。北静王甚加爱惜,又赏了茶,因说道:"昨儿巡抚吴大人来陛见,说起令尊翁前任学政时,秉公办事,凡属生童,俱心服之至。他陛见时,万岁爷也曾问过,他也十分保举,可知是令尊翁的喜兆。"宝玉连忙站起,听毕这一段话,才回启道:"此是王爷的恩典,吴大人的盛情。"正说着,小太监进来回道:"外面诸位大人老爷都在前殿谢王爷赏宴。"说着,呈上谢宴并请午安的帖子来。北静王略看了一看,仍递给小太监,笑了一笑说道:"知道了,劳动他们。"那小太监又回道:"这贾宝玉王爷单赏的饭预备了。"北静王便命那太监带了宝玉到一所极小巧精致的院里,派人陪着吃了饭,又过来谢了恩。北静王又说了些好话儿,忽然笑说道:"我前次见你那块玉倒有趣儿,回来说了个式样,叫他们也作了一块来。今日你来得正好,就给你带回去玩罢。"因命小太监取来,亲手递给宝玉。宝玉接过来捧着,又谢了,然后退出。北静王又命两个小太监跟出来,才同着贾赦等回来了。贾赦便各自回院里去。

这里贾政带着他三人回来见过贾母,请过了安,说了一回府里遇见的人。宝玉又回了贾政吴大人陛见保举的话。贾政道:"这吴大人本来咱们相好,也是我辈中人,还倒是有骨气的。"又说了几句闲话儿,贾母便叫"歇着去罢。"贾政退出,珍、琏、宝玉都跟到门口。贾政道:"你们都回去陪老太太坐着去罢。"说着,便回房去。刚坐了一坐,只见一个小丫头回道:"外面林之孝请老爷回话。"说着,递上个红单帖来,写着吴巡抚的名字。贾政知是来拜,便叫

小丫头叫林之孝进来。贾政出至廊檐下。林之孝进来回道:"今日巡抚吴大人来拜,奴才回了去了。再奴才还听见说,现今工部出了一个郎中缺,外头人和部里都吵嚷是老爷拟正呢。"贾政道:"瞧罢咧。"林之孝又回了几句话,才出去了。

且说珍、琏、宝玉三人回去,独有宝玉到贾母那边,一面述说北静王待他的光景,并拿出那块玉来。大家看着笑了一回。贾母因命人:"给他收起去罢,别丢了。"因问:"你那块玉好生带着罢?别闹混了。"宝玉在项上摘了下来,说:"这不是我那一块玉,哪里就掉了呢。比起来,两块玉差远着呢,哪里混得过。我正要告诉老太太,前儿晚上我睡的时候把玉摘下来挂在帐子里,他竟放起光来了,满帐子都是红的。"贾母说道:"又胡说了,帐子的檐子是红的,火光照着,自然红是有的。"宝玉道:"不是。那时候灯已灭了,屋里都漆黑的了,还看得见他呢。"邢、王二夫人抿着嘴笑。凤姐道:"这是喜信发动了。"宝玉道:"什么喜信?"贾母道:"你不懂得。今儿个闹了一天,你去歇歇儿去罢,别在这里说呆话了。"宝玉又站了一回儿,才回园中去了。

这里贾母问道:"正是。你们去看薛姨妈说起这事没有?"王夫人道:"本来就要去看的,因凤丫头为巧姐儿病着,耽搁了两天,今日才去。这事我们都告诉了,姨妈倒也十分愿意,只说蟠儿这时候不在家,目今他父亲没了,只得和他商量商量再办。"贾母道:"这也是情理的话。既这么样,大家别先提起,等姨太太那边商量定了再说。"

不说贾母处谈论亲事,且说宝玉回到自己房中,告诉袭人道:"老太太与凤姐姐方才说话含含糊糊,不知是什么意思。"袭人想了想,笑了一笑道:"这个我也猜不着。但只刚才说这些话时,林姑娘在跟前没有?"宝玉道:"林姑娘才病起来,这些时何曾到老太太那边去呢。"正说着,只听外间屋里麝月与秋纹拌嘴。袭人道:"你两个又闹什么?"麝月道:"我们两个斗牌,他赢了我的钱他拿了去,他输了钱就不肯拿出来。这也罢了,他倒把我的钱都抢了去了。"宝玉笑道:"几个钱什么要紧,傻丫头,不许闹了。"说的两个人都咕嘟着嘴坐着去了。这里袭人打发宝玉睡下。不提。

却说袭人听了宝玉方才的话,也明知是给宝玉提亲的事。因恐宝玉每有痴想,这一提起不知又招出他多少呆话来,所以故作不知,自己心上却也是头一件关切的事。夜间躺着想了个主意,不如去见见紫鹃,看他有什么动静,自然就知道了。次日一早起来,打发宝玉上了学,自己梳洗了,便慢慢的去到潇湘馆来。只见紫鹃正在那里掐花儿呢,见袭人进来,便笑嘻嘻的道:"姐姐屋里坐着。"袭人道:"坐着,妹妹掐花儿呢吗?姑娘呢?"紫鹃道:"姑娘才梳洗完了,等着温药呢。"紫鹃一面说着,一面同袭人进来。见了黛玉正在那里拿着一本书看。袭人陪着笑道:"姑娘怨不得劳神,起来就看书。我们宝二爷念书若能像姑娘这样,岂不好了呢。"黛玉笑着把书放下。雪雁已拿着个小茶盘里托着一盅药,一盅水,小丫头在后面捧着痰盒漱盂进来。原来袭人来时要探探口气,坐了一回,无处入话,又想着黛玉最是心多,探不成消息再惹着了他倒是不好,又坐了坐,搭讪着辞了出来了。

将到怡红院门口,只见两个人在那里站着呢。袭人不便往前走,那一个早看见了,连忙跑过来。袭人一看,却是锄药,因问"你作什么?"锄药道:"刚才芸二爷来了,拿了个帖儿,说给咱们宝二爷瞧的,在这里候信。"袭人道:"宝二爷天天上学,你难道不知道,还候什么信呢。"锄药笑道:"我告诉他了。他叫告诉姑娘,听姑娘的信呢。"袭人正要说话,只见那一个也慢慢的蹭了过来,细看时,就是贾芸,溜溜湫湫往这边来了。袭人见是贾芸,连忙向锄药道:"你告诉说知道了,回来给宝二爷瞧罢。"那贾芸原要过来和袭人说话,无非亲近之意,又不敢造次,只得慢慢蹩来。相离不远,不想袭人说出这话,自己也不好再往前走,只好站住。这里袭人已掉背脸往回里去了。贾芸只得怏怏而回,同锄药出去了。

晚间宝玉回房,袭人便回道:"今日廊下小芸二爷来了。"宝玉道:"作什么?"袭人道:"他还有个帖儿呢。"宝玉道:"在哪里?拿来我看看。"麝月便走去在里间屋里书橱子上头拿了来。宝玉接过看时,上面皮儿上写着"叔父大人安禀"。宝玉道:"这孩子怎么又不认我作父亲了?"袭人道:"怎么?"宝玉道:"前年他送我白海棠时称我作'父亲大人',今日这帖子封皮上写着'叔父',可不是又不认了。"袭人道:"他也不害臊,你也不害臊。他那么大了,倒认

你这么大儿的作父亲,可不是他不害臊? 你正经连个——"刚说到这里,脸一红,微微的一笑。宝玉也觉得了,便道:"这倒难讲。俗语说:'和尚无儿,孝子多着呢。'只是我看着他还伶俐得人心儿,才这么着;他不愿意,我还不稀罕呢。"说着,一面拆那帖儿。袭人也笑道:"那小芸二爷也有些鬼鬼头头的。什么时候又要看人,什么时侯又躲躲藏藏的,可知也是个心术不正的货。"宝玉只顾拆开看那字儿,也不理会袭人这些话。袭人见他看那帖儿,皱一回眉,又笑一笑儿,又摇摇头儿,后来光景竟大不耐烦起来。袭人等他看完了,问道:"是什么事情?"宝玉也不答言,把那帖儿已经撕作几段。袭人见这般光景,也不便再问,便问宝玉吃了饭还看书不看。宝玉道:"可笑芸儿这孩子竟这样的混帐。"袭人见他所答非所问,便微微的笑着问道:"到底是什么事?"宝玉道:"问他作什么,咱们吃饭罢。吃了饭歇着罢,心里闹的怪烦的。"说着叫小丫头子点了一个火儿来,把那撕的帖儿烧了。

一时小丫头们摆上饭来。宝玉只是怔怔的坐着,袭人连哄带怄催着吃了一口儿饭,便搁下了,仍是闷闷的歪在床上。一时间,忽然掉下泪来。此时袭人麝月都摸不着头脑。麝月道:"好好儿的,这又是为什么? 都是什么芸儿雨儿的,不知什么事弄了这么个浪帖子来,惹的这么傻了的似的,哭一会子,笑一会子。要天长日久闹起这闷葫芦来,可叫人怎么受呢。"说着,竟伤起心来。袭人旁边由不得要笑,便劝道:"好妹妹,你也别怄人了。他一个人就够受了,你又这么着。他那帖子上的事难道与你相干?"麝月道:"你混说起来了。知道他帖儿上写的是什么混帐话,你混往人身上扯。要那么说,他帖儿上只怕倒与你相干呢。"袭人还未答言,只听宝玉在床上噗哧的一声笑了,爬起来抖了抖衣裳,说:"咱们睡觉罢,别闹了。明日我还起早念书呢。"说着便躺下睡了。一宿无话。

次日宝玉起来梳洗了,便往家塾里去。走出院门,忽然想起,叫焙茗略等,急忙转身回来叫:"麝月姐姐呢?"麝月答应着出来问道:"怎么又回来了?"宝玉道:"今日芸儿要来了,告诉他别在这里闹,再闹我就回老太太和老爷去了。"麝月答应了,宝玉才转身去了。刚往外走着,只见贾芸慌慌张张往里来,看见宝玉连忙请安,说:"叔叔大喜了。"那宝玉估量着是昨日那件事,便说道:"你也太冒失了,不管人心里有事没事,只管来搅。"贾芸赔笑道:"叔叔不信只管瞧去,人都来了,在咱们大门口呢。"宝玉越发急了,说:"这是哪里的话!"正说着,只听外边一片声嚷起来。贾芸道:"叔叔听这不是?"宝玉越发心里狐疑起来,只听一个人嚷道:"你们这些人好没规矩,这是什么地方,你们在这里混嚷。"那人答道:"谁叫老爷升了官呢,怎么不叫我们来吵喜呢。别人家盼着吵还不能呢。"宝玉听了,才知道是贾政升了郎中了,人来报喜的。心中自是甚喜。连忙要走时,贾芸赶着说道:"叔叔乐不乐? 叔叔的亲事要再成了,不用说是两层喜了。"宝玉红了脸,啐了一口道:"呸! 没趣儿的东西! 还不快走呢。"贾芸把脸红了道:"这有什么的,我看你老人家就不——"宝玉沉着脸道:"就不什么?"贾芸未及说完,也不敢言语了。

宝玉连忙来到家塾中,只见代儒笑着说道:"我才刚听见你老爷升了。你今日还来了么?"宝玉赔笑道:"过来见了太爷,好到老爷那边去。"代儒道:"今日不必来了,放你一天假罢。可不许回园子里玩去。你年纪不小了,虽不能办事,也当跟着你大哥他们学学才是。"宝玉答应着回来。刚走到二门口,只见李贵走来迎着,旁边站住笑道:"二爷来了么,奴才才要到学里请去。"宝玉笑道:"谁说的?"李贵道:"老太太才打发人到院里去找二爷,那边的姑娘们说二爷学里去了。刚才老太太打发人出来叫奴才去给二爷告几天假,听说还要唱戏贺喜呢,二爷就来了。"说着,宝玉自己进去。进了二门,只见满院里丫头老婆都是笑容满面,见他来了,笑道:"二爷这早晚才来,还不快进去给老太太道喜去呢。"

宝玉笑着进了房门,只见黛玉挨着贾母左边坐着呢,右边是湘云。地下邢、王二夫人。探春、惜春、李纨、凤姐、李纹、李绮、邢岫烟一干姐妹,都在屋里,只不见宝钗、宝琴、迎春三人。宝玉此时喜的无话可说,忙给贾母道了喜,又给邢、王二夫人道喜,一一见了众姐妹,便向黛玉笑道:"妹妹身体可大好了?"黛玉也微笑道:"大好了。听见说二哥哥身上也欠安,好了么?"宝玉道:"可不是,我那日夜里忽然心里疼起来,这几天刚好些就上学去了,也没能过去看妹妹。"黛玉不等他说完,早扭过头和探春说话去了。凤姐在地下站着笑道:"你两个哪

里像天天在一处的，倒像是客一般，有这些套话，可是人说的'相敬如宾'了。"说的大家一笑。林黛玉满脸飞红，又不好说，又不好不说，迟了一回儿，才说道："你懂得什么？"众人越发笑了。凤姐一时回过味来，才知道自己出言冒失，正要拿话岔时，只见宝玉忽然向黛玉道："林妹妹，你瞧瞧凤姐儿这种冒失鬼。"说了这一句，方想起来，便不言语了。招的大家又都笑起来，说："这从哪里说起。"黛玉也摸不着头脑，也跟着讪讪的笑。宝玉无可搭讪，因又说道："可是刚才我听见有人要送戏，说是几儿？"大家都瞅着他笑。凤姐儿道："你在外头听见，你来告诉我们。你这会子问谁呢？"宝玉得便说道："我外头再去问问去。"贾母道："别跑到外头去，头一件看报喜的笑话，第二件你老子今日大喜，回来碰见你，又该生气了。"宝玉答应个"是"，才出来了。

这里贾母因问凤姐谁说送戏的话，凤姐道："说是舅太爷那边说，后儿日子好，送一班新出的小戏儿给老太太、老爷、太太贺喜。"因又笑着说道："不但日子好，还是好日子呢。"说着这话，却瞅着黛玉笑。黛玉也微笑。王夫人因道："可是呢，后日还是外甥女儿的好日子呢。"贾母想了一想，也笑道："可见我如今老了，什么事都糊涂了。亏了有我这凤丫头是我个'给事中'。既这么着，很好，他舅舅家给他们贺喜，你舅舅家就给你做生日，岂不好呢。"说的大家都笑起来，说道："老祖宗说句话儿都是上篇上论的，怎么怨得有这么大福气呢。"说着，宝玉进来，听见这些话，越发乐的手舞足蹈了。一时，大家都在贾母这边吃饭，甚热闹，自不必说。饭后，那贾政谢恩回来，给宗祠里磕了头，便来给贾母磕头，站着说了几句话，便出去拜客去了。这里接连着亲戚族中的人来来去去，闹闹穰穰，车马填门，貂蝉满座，真是：

花到正开蜂蝶闹，月逢十足海天宽。

如此两日，已是庆贺之期。这日一早，王子腾和亲戚家已送过一班戏来，就在贾母正厅前搭起行台。外头爷们都穿着公服陪侍，亲戚来贺的约有十余桌酒。里面为着是新戏，又见贾母高兴，便将琉璃戏屏隔在后厦，里面也摆下酒席。上首薛姨妈一桌，是王夫人宝琴陪着；对面老太太一桌，是邢夫人岫烟陪着；下面尚空两桌，贾母叫他们快来。一会儿，只见凤姐领着众丫头，都簇拥着林黛玉来了。黛玉略换了几件新鲜衣服，打扮得宛如嫦娥下界，含羞带笑的出来见了众人。湘云、李纹、李绮都让他上首座，黛玉只是不肯。贾母笑道："今日你坐了罢。"薛姨妈站起来问道："今日林姑娘也有喜事么？"贾母笑道："是他的生日。"薛姨妈道："咳，我倒忘了。"走过来说道："恕我健忘，回来叫宝琴过来拜姐姐的寿。"黛玉笑说"不敢"。大家坐了。那黛玉留神一看，独不见宝钗，便问道："宝姐姐可好么？为什么不过来？"薛姨妈道："他原该来的，只因无人看家，所以不来。"黛玉红着脸微笑道："姨妈那里又添了大嫂子，怎么倒用宝姐姐看起家来？大约是他怕人多热闹，懒待来罢。我倒怪想他的。"薛姨妈笑道："难得你惦记他。他也常想你们姊妹们，过一天我叫他来，大家叙叙。"

说着，丫头们下来斟酒上菜，外面已开戏了。出场自然是一两出吉庆戏文，乃至第三出，只见金童玉女，旗幡宝幢，引着一个霓裳羽衣的小旦，头上披着一条黑帕，唱了一回儿进去

了。众皆不识,听见外面人说:"这是新打的《蕊珠记》里的《冥升》。小旦扮的是嫦娥,前因堕落人寰,几乎给人为配,幸亏观音点化,他就未嫁而逝,此时升引月宫。不听见曲里头唱的'人间只道风情好,那知道秋月春花容易抛,几乎不把广寒宫忘却了!'"第四出是《吃糠》,第五出是达摩带着徒弟过江回去,正扮出些海市蜃楼,好不热闹。

众人正在高兴时,忽见薛家的人满头汗闯进来,向薛蝌说道:"二爷快回去,并里头回明太太也请速回来,家中有要事。"薛蝌道:"什么事?"家人道:"家去说罢。"薛蝌也不及告辞就走了。薛姨妈见里头丫头传进话去,更骇得面如土色,即忙起身,带着宝琴,别了一声,即刻上车回去了。弄得内外愕然。贾母道:"咱们这里打发人跟过去听听,到底是什么事,大家都关切的。"众人答应了个"是"。

不说贾府依旧唱戏,单说薛姨妈回去,只见有两个衙役站在二门口,几个当铺里伙计陪着,说:"太太回来自有道理。"正说着,薛姨妈已进来了。那衙役们见跟从着许多男妇簇拥着一位老太太,便知是薛蟠之母。看见这个势派,也不敢怎么,只得垂手侍立,让薛姨妈进去了。

那薛姨妈走到厅房后面,早听见有人大哭,却是金桂。薛姨妈赶忙走来,只见宝钗迎出来,满面泪痕,见了薛姨妈,便道:"妈妈听了先别着急,办事要紧。"薛姨妈同着宝钗进了屋子,因为头里进门时已经走着听见家人说了,吓的战战兢兢的了,一面哭着,因问:"到底是和谁?"只见家人回道:"太太此时且不必问那些底细,凭他是谁,打死了总是要偿命的,且商量怎么办才好。"薛姨妈哭出来道:"还有什么商议?"家人道:"依小的们的主见,今夜打点银两同着二爷赶去和大爷见了面,就在那里访一个有斟酌的刀笔先生,许他些银子,先把死罪撕掳开,回来再求贾府去上司衙门说情。还有外面的衙役,太太先拿出几两银子来打发了他们。我们好赶着办事。"薛姨妈道:"你们找着那家子,许他发送银子,再给他些养济银子,原告不追,事情就缓了。"宝钗在帘内说道:"妈妈,使不得。这些事越给钱越闹的凶,倒是刚才小厮说的话是。"薛姨妈又哭道:"我也不要命了,赶到那里见他一面,同他死在一处就完了。"宝钗急的一面劝,一面在帘子里叫"快同二爷办去罢。"丫头们搀进薛姨妈来。薛蝌才往外走,宝钗道:"有什么信打发人即刻寄了来,你们只管在外头照料。"薛蝌答应着去了。

这宝钗方劝薛姨妈,那里金桂趁空儿抓住香菱,又和他嚷道:"平常你们只管夸他们家里打死了人一点事也没有,就进京来了的,如今撺掇的真打死人了。平日里只讲有钱有势有好亲戚,这时候我看着也是唬的慌手慌脚的了。大爷明儿个有好歹儿不能回来时,你们各自干你们的去了,撂下我一个人受罪!"说着,又大哭起来。这里薛姨妈听见,越发气的发昏。宝钗急的没法。正闹着,只见贾府中王夫人早打发大丫头过来打听来了。宝钗虽心知自己是贾府的人了,一则尚未提明,二则事急之时,只得向那大丫头道:"此时事情头尾尚未明白,就只听见说我哥哥在外头打死了人被县里拿了去了,也不知怎么定罪呢。刚才二爷才去打听去了,一半日得了准信,赶着就给那边太太送信去。你先回去道谢太太惦记着,底下我们还有多少仰仗那边爷们的地方呢。"那丫头答应着去了。薛姨妈和宝钗在家抓摸不着。

过了两日,只见小厮回来,拿了一封书交给小丫头拿进来。宝钗拆开看时,书内写着:

大哥人命是误伤,不是故杀。今早用蝌出名补了一张呈纸进去,尚未批出。大哥前头口供甚是不好,待此纸批准后再录一堂,能够翻供得好,便可得生了。快向当铺内再取银五百两来使用。千万莫迟。并请太太放心。余事问小厮。

宝钗看了,一一念给薛姨妈听了。薛姨妈拭着眼泪道:"这么看起来,竟是死活不定了。"宝钗道:"妈妈先别伤心,等着叫进小厮来问明了再说。"一面打发小丫头把小厮叫进来。薛姨妈便问小厮道:"你把大爷的事细说与我听听。"小厮道:"我那一天晚上听见大爷和二爷说的,把我唬糊涂了。"未知小厮说出什么话来,下回分解。

第八十六回　受私贿老官翻案牍
　　　　　　寄闲情淑女解琴书

　　话说薛姨妈听了薛蟠的来书，因叫进小厮问道："你听见你大爷说，到底是怎么就把人打死了呢？"小厮道："小的也没听真切。那一日大爷告诉二爷说。"说着回头看了一看，见无人，才说道："大爷说自从家里闹的特利害，大爷也没心肠了，所以要到南边置货去。这日想着约一个人同行，这人在咱们这城南二百多地住。大爷找他去了，遇见在先和大爷好的那个蒋玉菡带着些小戏子进城。大爷同他在个铺子里吃饭喝酒，因为这当槽儿的尽着拿眼瞟蒋玉菡，大爷就有了气了。后来蒋玉菡走了。第二天，大爷就请找的那个人喝酒，酒后想起头一天的事来，叫那当槽儿的换酒，那当槽儿的来迟了，大爷就骂起来了。那个人不依，大爷就拿起酒碗照他打去。谁知那个人也是个泼皮，便把头伸过来叫大爷打。大爷拿碗就砸他的脑袋一下，他就冒了血了，躺在地下，头里还骂，后头就不言语了。"薛姨妈道："怎么也没人劝劝吗？"那小厮道："这个没听见大爷说，小的不敢妄言。"薛姨妈道："你先去歇歇罢。"小厮答应出来。这里薛姨妈自来见王夫人，托王夫人转求贾政。贾政问了前后，也只好含糊应了，只说等薛蟠递了呈子，看他本县怎么批了再作道理。

　　这里薛姨妈又在当铺里兑了银子，叫小厮赶着去了。三日后果有回信。薛姨妈接着了，即叫小丫头告诉宝钗，连忙过来看了。只见书上写道：

　　带去银两做了衙门上下使费。哥哥在监也不大吃苦，请太太放心。独是这里的人很刁，尸亲见证都不依，连哥哥请的那个朋友也帮着他们。我与李祥两个俱系生地生人，幸找着一个好先生，许他银子，才讨个主意，说是须得拉扯着同哥哥喝酒的吴良，弄人保出他来，许他银两，叫他撕掳。他若不依，便说张三是他打死，明推在异乡人身上，他吃不住，就好办了。我依着他，果然吴良出来。现在买嘱尸亲见证，又做了一张呈子。前日递的，今日批来，请看呈底便知。

因又念呈底道：

　　具呈人某，呈为兄遭飞祸代伸冤抑事。窃生胞兄薛蟠，本籍南京，寄寓西京。于某年月日备本往南贸易。去未数日，家奴送信回家，说遭人命。生即奔治，知兄误伤张姓，及至图圄。据兄泣告，实与张姓素不相认，并无仇隙。偶因换酒角口，生兄将酒泼地，恰值张三低头拾物，一时失手，酒碗误碰囟门身死。蒙恩拘讯，兄惧受刑，承认斗殴致死。仰蒙宪天仁慈，知有冤抑，尚未定案。生兄在禁，具呈诉辩，有干例禁。生念手足，冒死代呈，伏乞宪慈恩准，提证质讯，开恩莫大。生等举家仰戴鸿仁，永永无既矣。激切上呈。

批的是：

　　尸场检验，证据确凿。且并未用刑，尔兄自认斗杀，招供在案。今尔远来，并非目睹，何得捏词妄控。理应治罪，姑念为兄情切，且恕。不准。

　　薛姨妈听到那里，说道："这不是救不过来了么。这怎么好呢！"宝钗道："二哥的书还没看完，后面还有呢。"因又念道："有要紧的问来使便知。"薛姨妈便问来人，因说道："县里早知我们的家当充足，须得在京里谋干得大情，再送一分大礼，还可以复审，从轻定案。太太此时必得快办，再迟了就怕大爷要受苦了。"

　　薛姨妈听了，叫小厮自去，即刻又到贾府与王夫人说明缘故，恳求贾政。贾政只肯托人与知县说情，不肯提及银物。薛姨妈恐不中用，求凤姐与贾琏说了，花上几千银子，才把知县买通。薛蟠那里也便弄通了。然后知县挂牌坐堂，传齐了一干邻保证见尸亲人等，监里提出薛蟠。刑房书吏俱一一点名。知县便叫地保对明初供，又叫尸亲张王氏并尸叔张二问话。张王氏哭禀道："小的的男人是张大，南乡里住，十八年前死了。大儿子二儿子也都死了，光

留下这个死的儿子叫张三，今年二十三岁，还没有娶女人呢。为小人家里穷，没得养活，在李家店里做当槽儿的。那一天晌午，李家店里打发人来叫俺，说'你儿子叫人打死了。'我的青天老爷，小的就唬死了。跑到那里，看见我儿子头破血出的躺在地下喘气儿，问他话也说不出来，不多一会儿就死了。小人就要揪住这个小杂种拼命。"众衙役吆喝一声。张王氏便磕头道："求青天老爷伸冤，小人就只这一个儿子了。"知县便叫下去，又叫李家店的人问道："那张三是你店内佣工的么？"那李二回道："不是佣工，是做当槽儿的。"知县道："那日尸场上你说张三是薛蟠将碗砸死的，你亲眼见的么。"李二说道："小的在柜上，听见说客房里要酒。不多一回，便听见说'不好了，打伤了。'小的跑进去，只见张三躺在地下，也不能言语。小的便喊禀地保，一面报他母亲去了。他们到底怎样打的，实在不知道，求太爷问那喝酒的便知道了。"知县喝道："初审口供，你是亲见的，怎么如今说没有见？"李二道："小的前日唬昏了乱说。"衙役又吆喝了一声。知县便叫吴良问道："你是同在一处喝酒的么？薛蟠怎么打的，据实供来。"吴良说："小的那日在家，这个薛大爷叫我喝酒。他嫌酒不好要换，张三不肯。薛大爷生气把酒向他脸上泼去，不晓得怎么样就碰在那脑袋上了。这是亲眼见的。"知县道："胡说。前日尸场上薛蟠自己认拿碗砸死的，你说你亲眼见的，怎么今日的供不对？掌嘴。"衙役答应着要打，吴良求着说："薛蟠实没有与张三打架，酒碗失手碰在脑袋上的。求老爷问薛蟠便是恩典了。"知县叫提薛蟠，问道："你与张三到底有什么仇隙？毕竟是如何死的，实供上来。"薛蟠道："求太老爷开恩，小的实没有打他。为他不肯换酒，故拿酒泼他，不想一时失手，酒碗误碰在他的脑袋上。小的即忙掩他的血，哪里知道再掩不住，血淌多了，过一回就死了。前日尸场上怕太老爷要打，所以说是拿碗砸的。只求太爷开恩。"知县便喝道："好个糊涂东西！本县问你怎么砸他的，你便供说恼他不换酒才砸的，今日又供是失手碰的。"知县假作声势，要打要夹，薛蟠一口咬定。知县叫仵作将前日尸场填写伤痕据实报来。仵作禀报说："前日验得张三尸身无伤，惟囟门有磁器伤长一寸七分，深五分，皮开，卤门骨脆裂破三分。实系磕碰伤。"知县查对尸格相符，早知书吏改轻，也不驳诘，胡乱便叫画供。张王氏哭喊道："青天老爷！前日听见还有多少伤，怎么今日都没有了？"知县道："这妇人胡说，现有尸格，你不知道么。"叫尸叔张二便问道："你侄儿身死，你知道有几处伤？"张二忙供道："脑袋上一伤。"知县道："可又来。"叫书吏将尸格给张王氏瞧去，并叫地保尸叔指明与他瞧，现有尸场亲押证见俱供并未打架，不为斗殴。只依误伤吩咐画供。将薛蟠监禁候详，余令原保领出，退堂。张王氏哭着乱嚷，知县叫众衙役撵他出去。张二也劝张王氏道："实在误伤，怎么赖人。现在太老爷断明，不要胡闹了。"薛蟠在外打听明白，心内喜欢，便差人回家送信。等批详回来，便好打点赎罪，且住着等信。只听路上三三两两传说，有个贵妃薨了，皇上辍朝三日。这里离陵寝不远，知县办差垫道，一时料着不得闲，住在这里无益，不如到监告诉哥哥安心等着，"我回家去，过几日再来。"薛蟠也怕母亲痛苦，带信说："我无事，必须衙门再使费几次，便可回了。只是不要可惜银钱。"

薛蝌留下李祥在此照料，一径回家，见了薛姨妈，陈说知县怎样徇情，怎样审断，终定了误伤，将来尸亲那里再花些银子，一准赎罪，便没事了。薛姨妈听说，暂且放心，说："正盼你来家中照应。贾府里本该谢去，况且周贵妃薨了，他们天天进去，家里空落落的。我想着要去替姨太太那边照应照应作伴儿，只是咱们家又没人。你这来的正好。"薛蝌道："我在外头原听见说是贾妃薨了，这么才赶回来的。我们元妃好好儿的，怎么说死了？"薛姨妈道："上年

国学经典文库

中国二十大名著

红楼梦

图文珍藏版

原病过一次，也就好了。这回又没听见元妃有什么病。只闻那府里头几天老太太不大受用，合上眼便看见元妃娘娘。众人都不放心，直至打听起来，又没有什么事。到了大前儿晚上，老太太亲口说是'怎么元妃独自一个人到我这里？'众人只道是病中想的话，总不信。老太太又说：'你们不信，元妃还与我说是荣华易尽，须要退步抽身。'众人都说：'谁不想到？这是有年纪的人思前想后的心事。'所以也不当件事。恰好第二天早起，里头吵嚷出来说娘娘病重，宣各诰命进去请安。他们就惊疑的了不得，赶着进去。他们还没有出来，我们家里已听见周贵妃薨逝了。你想外头的讹言，家里的疑心，恰碰在一处，可奇不奇！"宝钗道："不但是外头的讹言舛错，便在家里的，一听见'娘娘'两个字，也就都忙了，过后才明白。这两天那府里这些丫头婆子来说，他们早知道不是咱们家的娘娘。我说：'你们哪里拿得定呢？'他说道：'前几年正月，外省荐了一个算命的，说是很准。那老太太叫人将元妃八字夹在丫头们八字里头，送出去叫他推算。他独说这正月初一日生日的那位姑娘只怕时辰错了，不然真是个贵人，也不能在这府中。老爷和众人说，不管他错不错，照八字算去。那先生便说，甲申年正月丙寅这四个字内有伤官败财，唯申字内有正官禄马，这就是家里养不住的，也不见什么好。这日子是乙卯，初春木旺，虽是比肩，哪里知道愈比愈好，就像那个好木料，愈经斫削，才成大器。独喜时上什么辛金为贵，什么巳中正官禄马独旺，这叫作飞天禄马格。又说什么日禄归时，贵重的很，天月二德坐本命，贵受椒房之宠。这位姑娘若是时辰准了，定是一位主子娘娘。这不是算准了么！我们还记得说，可惜荣华不久，只怕遇着寅年卯月，这就是比而又比，劫而又劫，譬如好木，太要做玲珑剔透，本质就不坚了。他们把这些话都忘记了，只管瞎忙。我才想起来告诉我们大奶奶，今年哪里是寅年卯月呢。"宝钗尚未说完，薛蝌急道："且不要管人家的事，既有这样个神仙算命的，我想哥哥今年什么恶星照命，遭这么横祸，快开八字与我给他算去，看有妨碍么。"宝钗道："他是外省来的，不知如今在京不在了。"

说着，便打点薛姨妈往贾府去。到了那里，只有李纨探春等在家接着，便问道："大爷的事怎么样了？"薛姨妈道："等详上司才定，看来也到不了死罪了。"这才大家放心。探春便道："昨晚太太想着说，上回家里有事，全仗姨太太照应，如今自己有事，也难提了。心里只是不放心。"薛姨妈道："我在家里也是难过。只是你大哥遭了事，你二兄弟又办事去了，家里你姐姐一个人，中什么用？况且我们媳妇儿又是个不大晓事的，所以不能脱身过来。目今那里知县也正为预备周贵妃的差事，不得了结案件，所以你二兄弟回来了，我才得过来看看。"李纨便道："请姨太太这里住几天更好。"薛姨妈点头道："我也要在这边给你们姐妹们作作伴儿，就只你宝妹妹冷静些。"惜春道："姨妈要惦着，为什么不把宝姐姐也请了来？"薛姨妈笑着说道："使不得。"惜春道："怎么使不得？他先怎么住着来呢？"李纨道："你不懂的，人家家里如今有事，怎么来呢。"惜春也信以为实，不便再问。

正说着，贾母等回来。见了薛姨妈，也顾不得问好，便问薛蟠的事。薛姨妈细述了一遍。宝玉在旁听见什么蒋玉菡一段，当着人不问，心里打量是"他既回了京，怎么不来瞧我？"又见宝钗也不过来，不知是怎么个缘故。心内正自呆呆的想呢，恰好黛玉也来请安。宝玉稍觉心里喜欢，便把想宝钗来的念头打断，同着姊妹们在老太太那里吃了晚饭。大家散了，薛姨妈将就住在老太太的套间屋里。

宝玉回到自己房中，换了衣服，忽然想起蒋玉菡给的汗巾，便向袭人道："你那一年没有系的那条红汗巾子还有没有？"袭人道："我搁着呢。问他做什么？"宝玉道："我白问问。"袭人道："你没有听见，薛大爷相与这些混帐人，所以闹到人命关天。你还提那些作什么？有这样白操心，倒不如静静儿的念念书，把这些个没要紧的事撂开了也好。"宝玉道："我并不闹什么，偶然想起，有也罢，没也罢，我白问一声，你们就有这些话。"袭人笑道："并不是我多话。一个人知书达理，就该往上巴结才是。就是心爱的人来了，也叫他瞧着喜欢尊敬啊。"宝玉被袭人一提，便说："了不得，方才我在老太太那边，看见人多，没有与林妹妹说话。他也不曾理我，散的时候他先走了，此时必在屋里。我去就来。"说着就走。袭人道："快些回来罢，这都是我提头儿，倒招起你的高兴来了。"

宝玉也不答言，低着头，一径走到潇湘馆来。只见黛玉靠在桌上看书。宝玉走到跟前，

笑说道:"妹妹早回来了。"黛玉也笑道:"你不理我,我还在那里做什么!"宝玉一面笑说:"他们人多说话,我插不下嘴去,所以没有和你说话。"一面瞧着黛玉看的那本书。书上的字一个也不认得,有的像"芍"字,有的像"茫"字,也有一个"大"字旁边"九"字加上一勾,中间又添个"五"字,也有上头"五"字"六"字又添一个"木"字,底下又是一个"五"字,看着又奇怪,又纳闷,便说:"妹妹近日愈发进了,看起天书来了。"黛玉嗤的一声笑道:"好个念书的人,连个琴谱都没有见过。"宝玉道:"琴谱怎么不知道,为什么上头的字一个也不认得。妹妹你认得么?"黛玉道:"不认得瞧他做什么?"宝玉道:"我不信,从没有听见你会抚琴。我们书房里挂着好几张,前年来了一个清客先生叫做什么嵇好古,老爷烦他抚了一曲。他取下琴来说,都使不得,还说:'老先生若高兴,改日携琴来请教。'想是我们老爷也不懂,他便不来了。怎么你有本事藏着?"黛玉道:"我何尝真会呢。前日身上略觉舒服,在大书架上翻书,看有一套琴谱,甚有雅趣,上头讲的琴理甚通,手法说的也明白,真是古人静心养性的工夫。我在扬州也听得讲究过,也曾学过,只是不弄了,就没有了。这果真是'三日不弹,手生荆棘。'前日看这几篇没有曲文,只有操名。我又到别处找了一本有曲文的来看着,才有意思。究竟怎么弹得好,实在也难。书上说的师旷鼓琴能来风雷龙凤;孔圣人尚学琴于师襄,一操便知其为文王;高山流水,得遇知音。"说到这里,眼皮儿微微一动,慢慢的低下头去。宝玉正听得高兴,便道:"好妹妹,你才说的实在有趣,只是我才见上头的字都不认得,你教我几个呢。"黛玉道:"不用教的,一说便可以知道的。"宝玉道:"我是个糊涂人,得教我那个'大'字加一勾,中间一个'五'字的。"黛玉笑道:"这'大'字'九'字是用左手大拇指按琴上的九徽,这一勾加'五'字是右手钩五弦。并不是一个字,乃是一声,是极容易的。还有吟、揉、绰、注、撞、走、飞、推等法,是讲究手法的。"宝玉乐得手舞足蹈的说:"好妹妹,你既明琴理,我们何不学起来。"黛玉道:"琴者,禁也。古人制下,原以治身,涵养性情,抑其淫荡,去其奢侈。若要抚琴,必择静室高斋,或在层楼的上头,在林石的里面,或是山巅上,或是水涯上。再遇着那天地清和的时候,风清月朗,焚香静坐,心不外想,气血和平,才能与神合灵,与道合妙。所以古人说'知音难遇'。若无知音,宁可独对着那清风明月,苍松怪石,野猿老鹤,抚弄一番,以寄兴趣,方为不负了这琴。还有一层,又要指法好,取音好。若必要抚琴,先须衣冠整齐,或鹤氅,或深衣,要如古人的像表,那才能称圣人之器,然后盥了手,焚上香,方才将身就在榻边,把琴放在案上,坐在第五徽的地方儿,对着自己的当心,两手方从容抬起,这才心身俱正。还要知道轻重疾徐,卷舒自若,体态尊重方好。"宝玉道:"我们学着玩,若这么讲究起来,那就难了。"

两个人正说着,只见紫鹃进来,看见宝玉笑说道:"宝二爷,今日这样高兴。"宝玉笑道:"听见妹妹讲究的叫人顿开茅塞,所以越听越爱听。"紫鹃道:"不是这个高兴,说的是二爷到我们这边来的话。"宝玉道:"先时妹妹身上不舒服,我怕闹的他烦。再者我又上学,因此显着就疏远了似的。"紫鹃不等说完,便道:"姑娘也是才好,二爷既这么说,坐坐也该让姑娘歇歇儿了,别叫姑娘只是讲究劳神。"宝玉笑道:"可是我只顾爱听,也就忘了妹妹劳神了。"黛玉笑道:"说这些倒也开心,也没有什么劳神的。只是怕我只管说,你只管不懂呢。"宝玉道:"横竖慢慢的自然明白了。"说着,便站起来道:"当真的妹妹歇歇儿罢。明儿我告诉三妹妹和四妹妹去,叫他们都学起来,让我听。"黛玉笑道:"你也太受用了。即如大家学会了抚起来,你不懂,可不是对——"黛玉说到那里,想起心上的事,便缩住口,不肯往下说了。宝玉便笑道:"只要你们能弹,我便爱听,也不管牛不牛的了。"黛玉红了脸一笑。紫鹃雪雁也都笑了。

于是走出门来,只见秋纹带着小丫头捧着一小盆兰花来说:"太太那边有人送了四盆兰花来,因里头有事没有空儿玩他,叫给二爷一盆,林姑娘一盆。"黛玉看时,却有几枝双朵儿的,心中忽然一动,也不知是喜是悲,便呆呆的呆看。那宝玉此时却一心只在琴上,便说:"妹妹有了兰花,就可以做《猗兰操》了。"黛玉听了,心里反不舒服。回到房中,看着花,想到"草木当春,花鲜叶茂,想我年纪尚小,便像三秋蒲柳。若是果能随愿,或者渐渐的好来,不然,只恐似那花柳残春,怎禁得风催雨送。"想到那里,不禁又滴下泪来。紫鹃在旁看见这般光景,却想不出缘故来。方才宝玉在这里那么高兴,如今好好的看花,怎么又伤起心来。正愁着没

法儿劝解，只见宝钗那边打发人来。未知何事，下回分解。

第八十七回　感秋深抚琴悲往事
坐禅寂走火入邪魔

　　却说黛玉叫进宝钗家的女人来，问了好，呈上书子。黛玉叫他去喝茶，便将宝钗来书打开看时，只见上面写着：

　　妹生辰不偶，家运多艰，姊妹伶仃，萱亲衰迈。兼之狼声狺语，旦暮无休。更遭惨祸飞灾，不啻惊风密雨。夜深辗侧，愁绪何堪？属在同心，能不为之悒恻乎？回忆海棠结社，序属清秋，对菊持螯，同盟欢洽。犹记"孤标傲世偕谁隐，一样花开为底迟"之句，未尝不叹冷节遗芳，如吾两人也。感怀触绪，聊赋四章，匪曰无故呻吟，亦长歌当哭之意耳。

　　悲时序之递嬗兮，又属清秋。感遭家之不造兮，独处离愁。北堂有萱兮，何以忘忧？无以解忧兮，我心咻咻。一解。

　　云凭凭兮秋风酸，步中庭兮霜叶干。何去何从兮，失我故欢。静言思之兮恻肺肝！二解。

　　惟鲔有潭兮，惟鹤有梁。鳞甲潜伏兮，羽毛何长！搔首问兮茫茫，高天厚地兮，谁知余之永伤。三解。

　　银河耿耿兮寒气侵，月色横斜兮玉漏沉。忧心炳炳兮发我哀吟，吟复吟兮寄我知音。四解。

　　黛玉看了，不胜伤感。又想："宝姐姐不寄与别人，单寄与我，也是惺惺惜惺惺的意思。"正在沉吟，只听见外面有人说道："林姐姐在家里呢么？"黛玉一面把宝钗的书叠起，口内便答应道："是谁？"正问着，早见几个人进来，却是探春、湘云、李纹、李绮。彼此问了好，雪雁倒上茶来，大家喝了，说些闲话。因想起前年的菊花诗来，黛玉便道："宝姐姐自从挪出去，来了两遭，如今索性有事也不来了，真真奇怪。我看他终久还来我们这里不来。"探春微笑道："怎么不来，横竖要来的。如今是他们尊嫂有些脾气，姨妈上了年纪的人，又兼有薛大哥的事，自然得宝姐姐照料一切，哪里还比得先前有工夫呢。"正说着，忽听得唿喇喇一片风声，吹了好些落叶，打在窗纸上。停了一回儿，又透过一阵清香来。众人闻着，都说道："这是何处来的香风？这像什么香？"黛玉道："好像木樨香。"探春笑道："林姐姐终不脱南边人的话，这大九月里的，哪里还有桂花呢。"黛玉笑道："原是啊，不然怎么不竟说是桂花香只说似乎像呢。"湘云道："三姐姐，你也别说。你可记得'十里荷花，三秋桂子'？在南边，正是晚桂开的时候了。你只没有见过罢了，等你明日到南边去的时候，你自然也就知道了。"探春笑道："我有什么事到南边去？况且这个也是我早知道的，不用你们说嘴。"李纹李绮只抿着嘴儿笑。黛玉道："妹妹，这可说不齐。俗语说，'人是地行仙'，今日在这里，明日就不知在哪里。譬如我，原是南边人，怎么到了这里呢？"湘云拍着手笑道："今儿三姐姐可叫林姐姐问住了。不但林姐姐是南边人到这里，就是我们这几个人就不同。也有本来是北边的；也有根子是南边，生长在北边的；也有生长在南边，到这北边来的，今儿大家都凑在一处。可见人总有一个定数，大凡地和人总是各自有缘分的。"众人听了都点头，探春也只是笑。又说了一会子闲话儿，大家散出。黛玉送到门口，大家都说："你身上才好些，别出来了，看着了风。"

　　于是黛玉一面说着话儿，一面站在门口又与四人殷勤了几句，便看着他们出院去了。进来坐着，看看已是林鸟归山，夕阳西坠。因史湘云说起南边的话，便想着"父母若在，南边的景致，春花秋月，水秀山明，二十四桥，六朝遗迹。不少下人服侍，诸事可以任意，言语亦可不避。香车画舫，红杏青帘，唯我独尊。今日寄人篱下，纵有许多照应，自己无处不要留心。不知前生作了什么罪孽，今生这样孤凄。真是李后主说的'此间日中，只以眼泪洗面'矣！"一

　　紫鹃走来,看见这样光景,想着必是因刚才说起南边北边的话来,一时触着黛玉的心事了,便问道:"姑娘们来说了半天话,想来姑娘又劳了神了。刚才我叫雪雁告诉厨房里给姑娘作了一碗火肉白菜汤,加了一点儿虾米儿,配了点青笋紫菜。姑娘想着好么?"黛玉道:"也罢了。"紫鹃道:"还熬了一点江米粥。"黛玉点点头儿,又说道:"那粥该你们两个自己熬了,不用他们厨房里熬才是。"紫鹃道:"我也怕厨房里弄的不干净,我们各自熬呢。就是那汤,我也告诉雪雁和柳嫂儿说了,要弄干净着。柳嫂儿说了,他打点妥当,拿到他屋里叫他们五儿瞅着炖呢。"黛玉道:"我倒不是嫌人家肮脏,只是病了好些日子,不周不备,都是人家。这会子又汤儿粥儿的调度,未免惹人厌烦。"说着,眼圈儿又红了。紫鹃道:"姑娘这话也是多想。姑娘是老太太的外孙女儿,又是老太太心坎儿上的。别人求其在姑娘跟前讨好儿还不能呢,哪里有抱怨的。"黛玉点点头儿,因又问道:"你才说的五儿,不是那日和宝二爷那边的芳官在一处的那个女孩儿?"紫鹃道:"就是他。"黛玉道:"不听见说要进来么?"紫鹃道:"可不是,因为病了一场,后来好了才要进来,正是晴雯他们闹出事来的时候,也就耽搁住了。"黛玉道:"我看那丫头倒也还头脸儿干净。"说着,外头婆子送汤来。雪雁出来接时,那婆子说道:"柳嫂儿叫回姑娘,这是他们五儿作的,没敢在大厨房里作,怕姑娘嫌肮脏。"雪雁答应着接了进来。黛玉在屋里已听见了,吩咐雪雁告诉那老婆子回去说,叫他费心。雪雁出来说了,老婆子自去。这里雪雁将黛玉的碗箸安放在小几儿上,因问黛玉道:"还有咱们南来的五香大头菜,拌些麻油醋可好么?"黛玉道:"也使得,只不必累赘了。"一面盛上粥来,黛玉吃了半碗,用羹匙舀了两口汤喝,就搁下了。两个丫鬟撤了下来,拭净了小几端下去,又换上一张常放的小几。黛玉漱了口,盥了手,便道:"紫鹃,添了香了没有?"紫鹃道:"就添去。"黛玉道:"你们就把那汤和粥吃了罢,味儿还好,且是干净。待我自己添香罢。"两个人答应了,在外间自吃去了。

　　这里黛玉添了香,自己坐着。才要拿本书看,只听得园内的风自西边直透到东边,穿过树枝,都在那里唏唰哗喇不住的响。一回儿,檐下的铁马也只管叮叮当当的乱敲起来。一时雪雁先吃完了,进来伺候。黛玉便问道:"天气冷了,我前日叫你们把那些小毛儿衣服晾晾,可曾晾过没有?"雪雁道:"都晾过了。"黛玉道:"你拿一件来我披披。"雪雁走去将一包小毛衣服抱来,打开毡包,给黛玉自拣。只见内中夹着个绢包儿,黛玉伸手拿起打开看时,却是宝玉病时送来的旧手帕,自己题的诗,上面泪痕犹在,里头却包着那剪破了的香囊扇袋并宝玉通灵玉上的穗子。原来晾衣服时从箱中捡出,紫鹃恐怕遗失了,遂夹在这毡包里的。这黛玉不看则已,看了时也不说穿那一件衣服,手里只拿着那两方手帕,呆呆的看那旧诗。看了一回,不觉的簌簌泪下。紫鹃刚从外间进来,只见雪雁正捧着一毡包衣裳在旁边呆立,小几上却搁着剪破的香囊,两三截儿扇袋和那铰折了的穗子,黛玉手中自拿着两方旧帕,上边写着字迹,在那里对着滴泪。正是:

　　　失意人逢失意事,新啼痕间旧啼痕。

　　紫鹃见了这样,知是他触物伤情,感怀旧事,料道劝也无益,只得笑着道:"姑娘还看那些东西作什么,那都是那几年宝二爷和姑娘小时一时好了,一时恼了,闹出来的笑话儿。要像如今这样斯抬斯敬,哪里是能把这些东西白糟蹋了呢。"紫鹃这话原给黛玉开心,不料这几句话更提起黛玉初来时和宝玉的旧事来,一发珠泪连绵起来。紫鹃又劝道:"雪雁这里等着呢,姑娘披上一件罢。"那黛玉才把手帕撂下。紫鹃连忙拾起,将香袋等物包起拿开。这黛玉方披了一件皮衣,自己闷闷的走到外间来坐下。回头看见案上宝钗的诗启尚未收好,又拿出来瞧了两遍,叹道:"境遇不同,伤心则一。不免也赋四章,翻入琴谱,可弹可歌,明日写出来寄去,以当和作。"便叫雪雁将外边桌上笔砚拿来,濡墨挥毫,赋成四叠。又将琴谱翻出,借他《猗兰》《思贤》两操,合成音韵,与自己做的配齐了,然后写出,以备送与宝钗。又即叫雪雁向箱中将自己带来的短琴拿出,调上弦,又操演了指法。黛玉本是个绝顶聪明人,又在南边学过几时,虽是手生,到底一理就熟。抚了一番,夜已深了,便叫紫鹃收拾睡觉。不题。

　　却说宝玉这日起来梳洗了,带着焙茗正往书房中来,只见墨雨笑嘻嘻的跑来迎头说道:

"二爷今日便宜了,太爷不在书房里,都放了学了。"宝玉道:"当真的么?"墨雨道:"二爷不信,那不是三爷和兰哥儿来了。"宝玉看时,只见贾环贾兰跟着小厮们,两个笑嘻嘻的嘴里咭咭呱呱不知说些什么,迎头来了。见了宝玉,都垂手站住。宝玉问道:"你们两个怎么就回来了?"贾环道:"今日太爷有事,说是放一天学,明儿再去呢。"宝玉听了,方回身到贾母贾政处去禀明了,然后回到怡红院中。袭人问道:"怎么又回来了?"宝玉告诉了他,只坐了一坐儿,便往外走。袭人道:"往哪里去,这样忙法?就放了学,依我说也该养养神儿了。"宝玉站住脚,低了头,说道:"你的话也是。但是好容易放一天学,还不散散去,你也该可怜我些儿了。"袭人见说的可怜,笑道:"由爷去罢。"正说着,端了饭来。宝玉也没法儿,只得且吃饭,三口两口忙忙的吃完,漱了口,一溜烟往黛玉房中去了。

走到门口,只见雪雁在院中晾绢子呢。宝玉因问:"姑娘吃了饭么?"雪雁道:"早起喝了半碗粥,懒待吃饭。这时候打盹儿呢。二爷且到别处走走,回来再来罢。"宝玉只得回来。

无处可去,忽然想起惜春有好几天没见,便信步走到蓼风轩来。刚到窗下,只见静悄悄一无人声。宝玉打量他也睡午觉,不便进去。才要走时,只听屋里微微一响,不知何声。宝玉站住再听,半日又拍的一响。宝玉还未听出,只见一个人道:"你在这里下了一个子儿,那里你不应么?"宝玉方知是下大棋,但只急切听不出这个人的语音是谁。底下方听见惜春道:"怕什么,你这么一吃我,我这么一应,你又这么吃,我又这么应。还缓着一着儿呢,终久连得上。"那一个又道:"我要这么一吃呢?"惜春道:"阿嗄,还有一着'反扑'在里头呢!我倒没防备。"宝玉听了,听那一个声音很熟,却不是他们姊妹。料着惜春屋里也没外人,轻轻的掀帘进去。看时不是别人,却是那栊翠庵的槛外人妙玉。这宝玉见是妙玉,不敢惊动。妙玉和惜春正在凝思之际,也没理会。宝玉却站在旁边看他两个的手段。只见妙玉低着头问惜春道:"你这个'畸角儿'不要了么?"惜春道:"怎么不要。你那里头都是死子儿,我怕什么。"妙玉道:"且别说满话,试试看。"惜春道:"我便打了起来,看你怎么样。"妙玉却微微笑着,把边上子一接,却搭转一吃,把惜春的一个角儿都打起来了,笑着说道:"这叫做'倒脱靴势'。"

惜春尚未答言,宝玉在旁情不自禁,哈哈一笑,把两个人都唬了一大跳。惜春道:"你这是怎么说,进来也不言语,这么使促狭唬人。你多早晚进来的?"宝玉道:"我头里就进来了,看着你们两个争这个'畸角儿'。"说着,一面与妙玉施礼,一面又笑问道:"妙公轻易不出禅关,今日何缘下凡一走?"妙玉听了,忽然把脸一红,也不答言,低了头自看那棋。宝玉自觉造次,连忙赔笑道:"倒是出家人比不得我们在家的俗人,头一件心是静的。静则灵,灵则慧。"宝玉尚未说完,只见妙玉微微的把眼一抬,看了宝玉一眼,复又低下头去,那脸上的颜色渐渐的红晕起来。宝玉见他不理,只得讪讪的旁边坐了。惜春还要下子,妙玉半日说道:"再下罢。"便起身理理衣裳,重新坐下,痴痴的问着宝玉道:"你从何处来?"宝玉巴不得这一声,好解释前头的话,忽又想道:"或是妙玉的机锋。"转红了脸答应不出来。妙玉微微一笑,自和惜春说话。惜春也笑道:"二哥哥,这什么难答的,你没的听见人家常说的'从来处来'么。这也值得把脸红了,见了生人的似的。"妙玉听了这话,想起自家,心上一动,脸上一热,必然也是红的,倒觉不好意思起来。因站起来说道:"我来得久了,要回庵里去了。"惜春知妙玉为人,也不深留,送出门口。妙玉笑道:"久已不来这里,弯弯曲曲的,回去的路头都要迷住了。"宝玉道:"这倒要我来指引指引何如?"妙玉道:"不敢,二爷前请。"

于是二人别了惜春,离了蓼风轩,弯弯曲曲,走近潇湘馆,忽听得叮咚之声。妙玉道:"哪里的琴声?"宝玉道:"想必是林妹妹那里抚琴呢。"妙玉道:"原来他也会这个,怎么素日不听见提起?"宝玉悉把黛玉的事述了一遍,因说:"咱们去看他。"妙玉道:"从古只有听琴,再没有'看琴'的。"宝玉笑道:"我原说我是个俗人。"说着,二人走至潇湘馆外,在山子石坐着静听,甚觉音调清切。只听得低吟道:

　　风萧萧兮秋气深,美人千里兮独沉吟。

　　望故乡兮何处,倚栏杆兮涕沾襟。

　　歇了一回,听得又吟道:

　　山迢迢兮水长,照轩窗兮明月光。耿耿不寐兮银河渺茫,罗衫怯怯兮风露凉。

又歇了一歇。妙玉道："刚才'侵'字韵是第一叠，如今'阳'字韵是第二叠了。咱们再听。"里边又吟道：

　　子之遭兮不自由，予之遇兮多烦忧。之子与我兮心焉相投，思古人兮俾无尤。

妙玉道："这又是一拍。何忧思之深也！"宝玉道："我虽不懂得，但听他音调，也觉得过悲了。"里头又调了一回弦。妙玉道："君弦太高了，与无射律只怕不配呢。"里边又吟道：

　　人生斯世兮如轻尘，天上人间兮感夙因。感夙因兮不可惶，素心如何兮天上月。

妙玉听了，呀然失色道："如何忽作变徵之声？音韵可裂金石矣。只是太过。"宝玉道："太过便怎么？"妙玉道："恐不能持久。"正议论时，听得君弦蹦的一声断了。妙玉站起来连忙就走。宝玉道："怎么样？"妙玉道："日后自知，你也不必多说。"竟自走了。弄得宝玉满肚疑团，没精打采的归至怡红院中，不表。

单说妙玉归去，早有道婆接着，掩了庵门，坐了一回，把"禅门日诵"念了一遍。吃了晚饭，点上香拜了菩萨，命道婆自去歇着，自己的禅床靠背俱已整齐，屏息垂帘，跏趺坐下，断除妄想，趋向真如。坐到三更过后，听得屋上骨碌碌一片瓦响，妙玉恐有贼来，下了禅床，出到前轩，但见云影横空，月华如水。那时天气尚不很凉，独自一个凭栏站了一回，忽听房上两个猫儿一递一声厮叫。那妙玉忽想起日间宝玉之言，不觉一阵心跳耳热。自己连忙收慑心神，走进禅房，仍到禅床上坐了。怎奈神不守舍，一时如万马奔驰，觉得禅床便恍荡起来，身子已不在庵中。便有许多王孙公子要求娶他，又有些媒婆扯扯拽拽扶他上车，自己不肯去。一回儿又有盗贼劫他，持刀执棍的逼勒，只得哭喊求救。早惊醒了庵中女尼道婆等众，都拿火来照看。只见妙玉两手撒开，口中流沫。急叫醒时，只见眼睛直竖，两颧鲜红，骂道："我是有菩萨保佑，你们这些强徒敢要怎么样！"众人都唬的没了主意，都说道："我们在这里呢，快醒转来罢。"妙

玉道："我要回家去，你们有什么好人送我回去罢。"道婆道："这里就是你住的房子。"说着，又叫别的女尼忙向观音前祷告，求了签，翻开签书看时，是触犯了西南角上的阴人。就有一个说："是了。大观园中西南角上本来没有人住，阴气是有的。"一面弄汤弄水的在那里忙乱。那女尼原是自南边带来的，服侍妙玉自然比别人尽心，围着妙玉，坐在禅床上。妙玉回头道："你是谁？"女尼道："是我。"妙玉仔细瞧了一瞧，道："原来是你。"便抱住那女尼呜呜咽咽的哭起来，说道："你是我的妈呀，你不救我，我不得活了。"那女尼一面唤醒他，一面给他揉着。道婆倒上茶来喝了，直到天明才睡了。

女尼便打发人去请大夫来看脉，也有说是思虑伤脾的，也有说是热入血室的，也有说是邪祟触犯的，也有说内外感冒的，终无定论。后请得一个大夫来看了，问："曾打坐过没有？"道婆说道："向来打坐的。"大夫道："这病可是昨夜忽然来的么？"道婆道："是。"大夫道："这是走魔入火的缘故。"众人问："有碍没有？"大夫道："幸亏坐的不久，魔还入得浅，可以有救。"写了降伏心火的药，吃了一剂，稍稍平复些。外面那些游头浪子听见了，便造作许多谣言说："这样年纪，哪里忍得住。况且又是很风流的人品，很乖觉的性灵，以后不知飞在谁手里，便宜谁去呢。"过了几日，妙玉病虽略好，神思未复，终有些恍惚。

一日惜春正坐着，彩屏忽然进来说道："姑娘知道妙玉师父的事吗？"惜春道："他有什么事？"彩屏道："我昨日听见邢姑娘和大奶奶那里说呢。他自从那日和姑娘下棋回去，夜间忽然中了邪，嘴里乱嚷说强盗来抢他来了，到如今还没好。姑娘你说这不是奇事吗？"惜春听了，默默无语，因想："妙玉虽然洁净，毕竟尘缘未断。可惜我生在这种人家不便出家。我若

出了家时，那有邪魔缠扰，一念不生，万缘俱寂。"想到这里，蓦与神会，若有所得，便口占一偈云：

　　　　大造本无方，云何是应住。

　　　　既从空中来，应向空中去。

　　占毕，即命丫头焚香。自己静坐了一回，又翻开那棋谱来，把孔融王积薪等所著看了几篇。内中"荷叶包蟹势""黄莺搏兔势"都不出奇，"三十六局杀角势"一时也难会难记，独看到"八龙走马"，觉得甚有意思。正在那里作想，只听见外面一个人走进院来，连叫彩屏。未知是谁，下回分解。

第八十八回　博庭欢宝玉赞孤儿
　　　　　　　　正家法贾珍鞭悍仆

　　却说惜春正在那里揣摩棋谱，忽听院内有人叫彩屏，不是别人，却是鸳鸯的声儿。彩屏出去，同着鸳鸯进来。那鸳鸯却带着一个小丫头，提了一个小黄绢包儿。惜春笑问道："什么事？"鸳鸯道："老太太因明年八十一岁，是个暗九。许下一场九昼夜的功德，发心要写三千六百五十零一部《金刚经》。这已发出外面人写了。但是俗说《金刚经》就像那道家的符壳，《心经》才算是符胆。故此《金刚经》内必要插着《心经》，更有功德。老太太因《心经》是更要紧的，观自在又是女菩萨，所以要几个亲丁奶奶姑娘们写上三百六十五部，如此又虔诚，又洁净。咱们家中除了二奶奶，头一宗他当家没有空儿，二宗他也写不上来，其余会写字的，不论写得多少，连东府珍大奶奶姨娘们都分了去，本家里头自不用说。"惜春听了，点头道："别的我做不来，若要写经，我最信心的。你搁下喝茶罢。"鸳鸯才将那小包儿搁在桌上，同惜春坐下。彩屏倒了一盅茶来。惜春笑问道："你写不写？"鸳鸯道："姑娘又说笑话了。那几年还好，这三四年来姑娘见我还拿了拿笔儿么。"惜春道："这却是有功德的。"鸳鸯道："我也有一件事：向来服侍老太太安歇后，自己念上米佛，已经念了三年多了。我把这个米收好，等老太太做功德的时候，我将他衬在里头供佛施食，也是我一点诚心。"惜春道："这样说来，老太太做了观音，你就是龙女了。"鸳鸯道："哪里跟得上这个分儿。却是除了老太太，别的也服侍不来，不晓得前世什么缘分儿。"说着要走，叫小丫头把小绢包打开，拿出来道："这素纸一扎是写《心经》的。"又拿起一子儿藏香道："这是叫写经时点着写的。"惜春都应了。

　　鸳鸯遂辞了出来，同小丫头来至贾母房中，回了一遍。看见贾母与李纨打双陆，鸳鸯旁边瞧着。李纨的骰子好，掷下去把老太太的锤打下了好几个去。鸳鸯抿着嘴儿笑。忽见宝玉进来，手中提了两个细蔑丝的小笼子，笼内有几个蝈蝈儿，说道："我听说老太太夜里睡不着，我给老太太留下解解闷。"贾母笑道："你别瞅着你老子不在家，你只管淘气。"宝玉笑道："我没有淘气。"贾母道："你没淘气，不在学房里念书，为什么又弄这个东西呢。"宝玉道："不是我自己弄的。今儿因师父叫环儿和兰儿对对子，环儿对不来，我悄悄的告诉了他。他说了，师父喜欢，夸了他两句。他感激我的情，买了来孝敬我的。我才拿了来孝敬老太太的。"贾母道："他没有天天念书么，为什么对不上来？对不上来就叫你儒大爷爷打他的嘴巴子，看他臊不臊。你也够受了，不记得你老子在家时，一叫做诗做词，唬的倒像个小鬼儿似的，这会子又说嘴。那环儿小子更没出息，求人替做了，就变着方法儿打点人。这么点子孩子就闹鬼闹神的，也不害臊，赶大了还不知是个什么东西呢。"说的满屋子人都笑了。贾母又问道："兰小子呢，做上来了没有？这该环儿替他了，他又比他小了。是不是？"宝玉笑道："他倒没有，却是自己对的。"贾母道："我不信，不然就也是你闹了鬼了。如今你还了得，'羊群里跑出骆驼来了，就只你大。'你又会做文章了。"宝玉笑道："实在是他作的。师父还夸他明儿一定有大出息呢。老太太不信，就打发人叫了他来亲自试试，老太太就知道了。"贾母道："果然这么着我才喜欢。我不过怕你

撒谎。既是他做的,这孩子明儿大概还有一点儿出息。"因看着李纨,又想起贾珠来,"这也不枉你大哥哥死了,你大嫂子拉扯他一场,日后也替你大哥哥顶门壮户。"说到这里,不禁流下泪来。李纨听了这话,却也动心,只是贾母已经伤心,自己连忙忍住泪笑劝道:"这是老祖宗的余德,我们托着老祖宗的福罢咧。只要他应得了老祖宗的话,就是我们的造化了。老祖宗看着也喜欢,怎么倒伤起心来呢。"因又回头向宝玉道:"宝叔叔明儿别这么夸他,他多大孩子,知道什么。你不过是爱惜他的意思,他哪里懂得,一来二去,眼大心肥,那里还能够有长进呢。"贾母道:"你嫂子这也说的是。就只他还太小呢,也别逼檔紧了他。小孩子胆儿小,一时逼急了,弄出点子毛病来,书倒念不成,把你的工夫都白糟蹋了。"贾母说到这里,李纨却忍不住扑簌簌掉下泪来,连忙擦了。

只见贾环贾兰也都进来给贾母请了安。贾兰又见过他母亲,然后过来在贾母旁边侍立。贾母道:"我刚才听见你叔叔说你对的好对子,师父夸你来着。"贾兰也不言语,只管抿着嘴儿笑。鸳鸯过来说道:"请示老太太,晚饭伺候下了。"贾母道:"请你姨太太去罢。"琥珀接着便叫人去王夫人那边请薛姨妈。这里宝玉贾环退出。素云和小丫头们过来把双陆收起。李纨尚等着伺候贾母的晚饭,贾兰便跟着他母亲站着。贾母道:"你们娘儿两个跟着我吃罢。"李纨答应了。一时摆上饭来,丫鬟回来禀道:"太太叫回老太太,姨太太这几天浮来暂去,不能过来回老太太,今日饭后家去了。"于是贾母叫贾兰在身旁边坐下,大家吃饭,不必细述。

却说贾母刚吃完了饭,盥漱了,歪在床上说闲话儿。只见小丫头子告诉琥珀,琥珀过来回贾母道:"东府大爷请晚安来了。"贾母道:"你们告诉他,如今他办理家务乏乏的,叫他歇着去罢。我知道了。"小丫头告诉老婆子们,老婆子才告诉贾珍。贾珍然后退出。

到了次日,贾珍过来料理诸事。门上的小厮陆续回了几件事,又一个小厮回道:"庄头送果子来了。"贾珍道:"单子呢?"那小厮连忙呈上。贾珍看时,上面写着不过是时鲜果品,还夹带菜蔬野味若干在内。贾珍看完,问向来经管的是谁。门上的回道:"是周瑞。"便叫周瑞:"照账点清,送往里头交代。等我把来账抄下一个底子,留着好对。"又叫"告诉厨房,把下菜中添几宗给送果子的来人,照常赏饭给钱。"周瑞答应了。一面叫人搬至凤姐儿院子里去,又把庄上的账同果子交代明白。出去了一回儿,又进来回贾珍道:"才刚来的果子,大爷曾点过数目没有?"贾珍道:"我哪里有工夫点这个呢。给了你账,你照账点就是了。"周瑞道:"小的曾点过,也没有少,也不能多出来。大爷既留下底子,再叫送果子来的人问问,他这账是真的假的。"贾珍道:"这是怎么说,不过是几个果子罢咧,有什么要紧。我又没有疑你。"说着,只见鲍二走来,磕了一个头,说道:"求大爷原旧放小的在外头伺候罢。"贾珍道:"你们这又是怎么着?"鲍二道:"奴才在这里又说不上话来。"贾珍道:"谁叫你说话。"鲍二道:"何苦来,在这里作眼睛珠儿。"周瑞接口道:"奴才在这里经管地租庄子,银钱出入每年也有三五十万来往,老爷太太奶奶们从没有说过话的,何况这些零星东西。若照鲍二说起来,爷们家里的田地房产都被奴才们弄完了。"贾珍想道:"必是鲍二在这里拌嘴,不如叫他出去。"因向鲍二说道:"快滚罢。"又告诉周瑞说:"你也不用说了,你干你的事罢。"二人各自散了。

贾珍正在厢房里歇着,听见门上闹的翻江搅海。叫人去查问,回来说道:"鲍二和周瑞的干儿子打架。"贾珍道:"周瑞的干儿子是谁?"门上的回道:"他叫何三,本来是个没味儿的,天天在家里喝酒闹事,常来门上坐着。听见鲍二与周瑞拌嘴,他就插在里头。"贾珍道:"这却可恶。把鲍二和那个什么何儿给我一块儿捆起来!周瑞呢?"门上的回道:"打架时他先走了。"贾珍道:"给我拿了来!这还了得了!"众人答应了。正嚷着,贾琏也回来了,贾珍便告诉了一遍。贾琏道:"这还了得!"又添了人去拿周瑞。周瑞知道躲不过,也找到了。贾珍便叫都捆上。贾琏便向周瑞道:"你们前头的话也不要紧,大爷说开了,很是了。为什么外头又打架!你们打架已使不得,又弄个野杂种什么何三来闹,你不压伏压伏他们,倒竟走了。"就把周瑞踢了几脚。贾珍道:"单打周瑞不中用。"喝命人把鲍二和何三各人打了五十鞭子,撵了出去,方和贾琏两个商量正事。下人背地里便生出许多议论来:也有说贾珍护短的;也有说不会调停的;也有说他本不是好人,前儿尤家姊妹弄出许多丑事来,那鲍二不是他调停着二爷叫了来的吗,这会子又嫌鲍二不济事,必是鲍二的女人服侍不到了。人多嘴杂,纷纷

不一。

却说贾政自从在工部掌印，家人中尽有发财的。那贾芸听见了，也要插手弄一点事儿，便在外头说了几个工头，讲了成数，便买了些时新绣货，要走凤姐儿门子。凤姐正在房中听见丫头们说："大爷二爷都生了气，在外头打人呢。"凤姐听了，不知何故，正要叫人去问问，只见贾琏已进来了，把外面的事告诉了一遍。凤姐道："事情虽不要紧，但这风俗儿断不可长。此刻还算咱们家里正旺的时候儿，他们就敢打架。以后小辈儿们当了家，他们越发难制伏了。前年我在东府里，亲眼见过焦大吃的烂醉，躺在台阶子底下骂人，不管上上下下一混汤子的混骂。他虽是有过功的人，到底主子奴才的名分，也要存点儿体统才好。珍大奶奶不是我说是个老实头，个个人都叫他养得无法无天的。如今又弄出一个什么鲍二，我还听见是你和珍大爷得用的人，为什么今儿又打他呢？"贾琏听了这话刺心，便觉讪讪的，拿话来支开，借有事，说着就走了。

小红进来回道："芸二爷在外头要见奶奶。"凤姐一想，"他又来做什么？"便道："叫他进来罢。"小红出来，瞅着贾芸微微一笑。贾芸赶忙凑近一步问道："姑娘替我回了没有？"小红红了脸，说道："我就是见二爷的事多。"贾芸道："何曾有多少事能到里头来劳动姑娘呢。就是那一年姑娘在宝二叔房里，我才和姑娘——"小红怕人撞见，不等说完，赶忙问道："那年我换给二爷的一块绢子，二爷见了没有？"那贾芸听了这句话，喜的心花俱开，才要说话，只见一个小丫头从里面出来，贾芸连忙同着小红往里走。两个人一左一右，相离不远，贾芸悄悄的道："回来我出来还是你送出我来，我告诉你还有笑话儿呢。"小红听了，把脸飞红，瞅了贾芸一眼，也不答言。同他到了凤姐门口，自己先进去回了，然后出来，掀起帘子点手儿，口中却故意说道："奶奶请芸二爷进来呢。"

贾芸笑了一笑，跟着他走进房来，见了凤姐儿，请了安，并说："母亲叫问好。"凤姐也问了他母亲好。凤姐道："你来有什么事？"贾芸道："侄儿从前承婶娘疼爱，心上时刻想着，总过意不去。欲要孝敬婶娘，又怕婶娘多想。如今重阳时候，略备了一点儿东西。婶娘这里哪一件没有，不过是侄儿一点孝心。只怕婶娘不肯赏脸。"凤姐儿笑道："有话坐下说。"贾芸才侧身坐了，连忙将东西捧着搁在旁边桌上。凤姐又道："你不是什么有余的人，何苦又去花钱。我又不等着使。你今日来意是怎么个想儿，你倒是实说。"贾芸道："并没有别的想头儿，不过感念婶娘的恩惠，过意不去罢咧。"说着微微的笑了。凤姐道："不是这么说。你手里窄，我很知道，我何苦白白儿使你的。你要我收下这个东西，须先和我说明白了。要是这么含着骨头露着肉的，我倒不收。"贾芸没法儿，只得站起来陪着笑儿说道："并不是有什么妄想。前儿日听见老爷总办陵工，侄儿有几个朋友办过好些工程，极妥当的，要求婶娘在老爷跟前提一提。办得一两种，侄儿再忘不了婶娘的恩典。若是家里用得着，侄儿也能给婶娘出力。"凤姐道："若是别的我却可以作主。至于衙门里的事，上头呢，都是堂官司员定的；底下呢，都是那些书办衙役们办的。别人只怕插不上手。连自己的家人，也不过跟着老爷服侍服侍。就是你二叔去，亦只是为的是各自家里的事，他也并不能搀越公事。论家事，这里是踩一头儿橇一头儿的，连珍大爷还弹压不住，你的年纪儿又轻，辈数儿又小，那里缠的清这些人呢？况且衙门里头的事差不多儿也要完了，不过吃饭瞎跑。你在家里什么事作不得，难道没了这碗饭吃不成。我这是实在话，你自己回去想想就知道了。你的情意我已经领了，把东西快拿回

去,是哪里弄来的,仍旧给人家送了去罢。"正说着,只见奶妈子一大起带了巧姐儿进来。那巧姐儿身上穿得锦团花簇,手里拿着好些玩意儿,笑嘻嘻走到凤姐身边学舌。贾芸一见,便站起来笑盈盈的赶着说道:"这就是大妹妹么?你要什么好东西不要?"那巧姐儿便哑的一声哭了。贾芸连忙退下。凤姐道:"乖乖不怕。"连忙将巧姐揽在怀里道:"这是你芸大哥哥,怎么认起生来了?"贾芸道:"妹妹生得好相貌,将来又是个有大造化的。"那巧姐儿回头把贾芸一瞧,又哭起来,叠连几次。贾芸看这光景坐不住,便起身告辞要走。凤姐道:"你把东西带了去罢。"贾芸道:"这一点子婶娘还不赏脸?"凤姐道:"你不带去,我便叫人送到你家去。芸哥儿,你不要这样,你又不是外人,我这里有机会,少不得打发人去叫你,没有事也没法儿,不在乎这些东东西西上的。"贾芸看见凤姐执意不受,只得红着脸道:"既这么着,我再找得用的东西来孝敬婶娘罢。"凤姐儿便叫小红拿了东西,跟着贾芸送出来。

贾芸走着,一面心中想道:"人说二奶奶利害,果然利害。一点儿都不漏缝,真正斩钉截铁,怪不得没有后世。这巧姐儿更怪,见了我好像前世的冤家似的。真正晦气,白闹了这么一天。"小红见贾芸没得彩头,也不高兴,拿着东西跟出来。贾芸接过来,打开包儿拣了两件,悄悄的递给小红。小红不接,嘴里说道:"二爷别这么着,看奶奶知道了,大家倒不好看。"贾芸道:"你好生收着罢,怕什么,哪里就知道了呢。你若不要,就是瞧不起我了。"小红微微一笑,才接过来,说道:"谁要你这些东西,算什么呢。"说了这句话,把脸又飞红了。贾芸也笑道:"我也不是为东西,况且那东西也算不了什么。"说着话儿,两个已走到二门口。贾芸把下剩的仍旧揣在怀内。小红催着贾芸:"你先去罢,有什么事情,只管来找我。我如今在这院里了,又不隔手。"贾芸点点头儿,说道:"二奶奶太利害,我可惜不能长来。刚才我说的话,你横竖心里明白,得了空儿再告诉你罢。"小红满脸羞红,说道:"你去罢,明儿他也长来走走。谁叫你和他生疏呢。"贾芸道:"知道了。"贾芸说着出了院门。这里小红站在门口,怔怔的看他去远了,才回来了。

却说凤姐在房中吩咐预备晚饭,因又问道:"你们熬了粥了没有?"丫鬟们连忙去问,回来回道:"预备了。"凤姐道:"你们把那南边来的糟东西弄一两碟来罢。"秋桐答应了,叫丫头们伺候。平儿走来笑道:"我倒忘了,今儿晌午奶奶在上头老太太那边的时候,水月庵的师父打发人来,要向奶奶讨两瓶南小菜,还要支用几个月的月银,说是身上不受用。我问那道婆来着:'师父怎么不受用?'他说:'四五天了,前儿夜里因那些小沙弥小道士里头有几个女孩子睡觉没有吹灯,他说了几次不听。那一夜看见他们三更以后灯还点着呢,他便叫他们吹灯,个个都睡着了,没有人答应,只得自己亲自起来给他们吹灭了。回到炕上,只见有两个人,一男一女,坐在炕上。他赶着问是谁,那里把一根绳子往他脖子上一套,他便叫起人来。众人听见,点上灯火一齐赶来,已经躺在地下,满口吐白沫子,幸亏救醒了。此时还不能吃东西,所以叫来寻些小菜儿的。'我因奶奶不在房中,不便给他。我说:'奶奶此时没有空儿,在上头呢,回来告诉。'便打发他回去了。才刚听见说起南菜,方想起来了,不然就忘了。"凤姐听了,呆了一呆,说道:"南菜不是还有呢,叫人送些去就是了。那银子过一天叫芹哥来领就是了。"又见小红进来回道:"才刚二爷差人来,说是今晚城外有事,不能回来,先通知一声。"凤姐道:"是了。"

说着,只听见小丫头从后面喘吁吁的嚷着直跑到院子里来,外面平儿接着,还有几个丫头们,咕咕唧唧的说话。凤姐道:"你们说什么呢?"平儿道:"小丫头子有些胆怯,说鬼话。"凤姐叫那一个小丫头进来,问道:"什么鬼话?"那丫头道:"我才刚到后边去叫打杂儿的添煤,只听得三间空屋子里哗喇哗喇的响,我还道是猫儿耗子,又听得嗳的一声,像个人出气儿的似的。我害怕,就跑回来了。"凤姐骂道:"胡说!我这里断不兴说神说鬼,我从来不信这些个话。快滚出去罢。"那小丫头出去了。凤姐便叫彩明将一天零碎日用账对过一遍,时已将近二更。大家又歇了一回,略说些闲话,遂叫各人安歇去罢。凤姐也睡下了。

将近三更,凤姐似睡不睡,觉得身上寒毛一乍,自己惊醒了,越躺着越发起瘆来,因叫平儿秋桐过来作伴。二人也不解何意。那秋桐本来不顺凤姐,后来贾琏因尤二姐之事不大爱惜他了,凤姐又笼络他,如今倒也安静,只是心里比平儿差多了,外面情儿。今见凤姐不受

用，只得端上茶来。凤姐喝了一口，道："难为你，睡去罢，只留平儿在这里就够了。"秋桐却要献勤儿，因说道："奶奶睡不着，倒是我们两个轮流坐坐也使得。"凤姐一面说，一面睡着了。平儿秋桐看见凤姐已睡，只听得远远的鸡叫了，二人方都穿着衣服略躺了一躺，就天亮了，连忙起来服侍凤姐梳洗。凤姐因夜中之事，心神恍惚不宁，只是一味要强，仍然扎挣起来。正坐着纳闷，忽听个小丫头子在院里问道："平姑娘在屋里么？"平儿答应了一声，那小丫头掀起帘子进来，却是王夫人打发过来来找贾琏，说："外头有人回要紧的官事。老爷才出了门，太太叫快请二爷过去呢。"凤姐听见唬了一跳。未知何事，下回分解。

第八十九回　人亡物在公子填词
蛇影杯弓颦卿绝粒

　　却说凤姐正自起来纳闷，忽听见小丫头这话，又唬了一跳，连忙问道："什么官事？"小丫头道："也不知道。刚才二门上小厮回进来，回老爷有要紧的官事，所以太太叫我请二爷来了。"凤姐听是工部里的事，才把心略略的放下，因说道："你回去回太太，就说二爷昨日晚上出城有事，没有回来。打发人先回珍大爷去罢。"那丫头答应着去了。

　　一时贾珍过来见了部里的人，问明了，进来见了王夫人，回道："部中来报，昨日总河奏到河南一带决了河口，淹没了几府州县。又要开销国帑，修理城工。工部司官又有一番照料，所以部里特来报知老爷的。"说完退出，及贾政回家来回明。从此直到冬间，贾政天天有事，常在衙门里。宝玉的功课也渐渐松了，只是怕贾政觉察出来，不敢不常在学房里去念书，连黛玉处也不敢常去。

　　那时已到十月中旬，宝玉起来要往学房中去。这日天气陡寒，只见袭人早已打点出一包衣服，向宝玉道："今日天气很冷，早晚宁使暖些。"说着，把衣服拿出来给宝玉挑了一件穿。又包了一件，叫小丫头拿出交给焙茗，嘱咐道："天气凉，二爷要换时，好生预备着。"焙茗答应了，抱着毡包，跟着宝玉自去。宝玉到了学房中，做了自己的功课，忽听得纸窗呼喇喇一派风声。代儒道："天气又发冷。"把风门推开一看，只见西北上一层层的黑云渐渐往东南扑上来。焙茗走进来回宝玉道："二爷，天气冷了，再添些衣服罢。"宝玉点点头儿。只见焙茗拿进一件衣服来，宝玉不看则已，看了时神乎痴了。那些小学生都巴着眼瞧，却原是晴雯所补的那件雀金裘。宝玉道："怎么拿这一件来！是谁给你的？"焙茗道："是里头姑娘们包出来的。"宝玉道："我身上不大冷，且不穿呢，包上罢。"代儒只当宝玉可惜这件衣服，却也心里喜他知道俭省。焙茗道："二爷穿上罢，着了凉，又是奴才的不是了。二爷只当疼奴才罢。"宝玉无奈，只得穿上，呆呆的对着书坐着。代儒也只当他看书，

不甚理会。晚间放学时,宝玉便往代儒托病告假一天。代儒本来上年纪的人,也不过伴着几个孩子解闷儿,时常也八病九痛的,乐得去一个少操一日心。况且明知贾政事忙,贾母溺爱,便点点头儿。

宝玉一径回来,见过贾母王夫人,也是这样说,自然没有不信的,略坐一坐便回园中去了。见了袭人等,也不似往日有说有笑的,便和衣躺在炕上。袭人道:"晚饭预备下了,这会儿吃还是等一等儿?"宝玉道:"我不吃了,心里不舒服。你们吃去罢。"袭人道:"那么着你也该把这件衣服换下来了,那个东西那里禁得住揉搓。"宝玉道:"不用换。"袭人道:"倒也不但是娇嫩物儿,你瞧瞧那上头的针线也不该这么糟蹋他呀。"宝玉听了这话,正碰在他心坎儿上,叹了一口气道:"那么着,你就收起来给我包好了,我也总不穿他了。"说着,站起来脱下。袭人才过来接时,宝玉已经自己叠起。袭人道:"二爷怎么今日这样勤谨起来了?"宝玉也不答言,叠好了,便问:"包这个的包袱呢?"麝月连忙递过来,让他自己包好,回头却和袭人挤着眼儿笑。宝玉也不理会,自己坐着,无精打采,猛听架上钟响,自己低头看了看表,针已指到酉初二刻了。一时小丫头点上灯。袭人道:"你不吃饭,喝一口粥儿罢。别净饿着,看仔细饿上虚火来,那又是我们的累赘了。"宝玉摇摇头儿,说:"不大饿,强吃了倒不受用。"袭人道:"既这么着,就索性早些歇着罢。"于是袭人麝月铺设好了,宝玉也就歇下,翻来复去只睡不着,将及黎明,反朦胧睡去,不一顿饭时,早又醒了。

此时袭人麝月也都起来。袭人道:"昨夜听着你翻腾到五更多,我也不敢问你。后来我就睡着了,不知到底你睡着了没有?"宝玉道:"也睡了一睡,不知怎么就醒了。"袭人道:"你没有什么不受用?"宝玉道:"没有,只是心上发烦。"袭人道:"今日学房里去不去?"宝玉道:"我昨儿已经告了一天假了,今儿我要想园里逛一天,散散心,只是怕冷。你叫他们收拾一间房子,备下一炉香,搁下纸墨笔砚。你们只管干你们的,我自己静坐半天才好。别叫他们来搅我。"麝月接着道:"二爷要静静儿的用工夫,谁敢来搅。"袭人道:"这么着很好,也省得着了凉。自己坐坐,心神也不散。"因又问:"你既懒待吃饭,今日吃什么?早说好传给厨房里去。"宝玉道:"还是随便罢,不必闹的大惊小怪的。倒是要几个果子搁在那屋里,借点果子香。"袭人道:"哪个屋里好?别的都不大干净,只有晴雯起先住的那一间,因一向无人,还干净,就是清冷些。"宝玉道:"不妨,把火盆挪过去就是了。"袭人答应了。正说着,只见一个小丫头端了一个茶盘儿,一个碗,一双牙箸,递给麝月道:"这是刚才花姑娘要的,厨房里老婆子送了来的。"麝月接了一看,却是一碗燕窝汤,便问袭人道:"这是姐姐要的么?"袭人笑道:"昨夜二爷没吃饭,又翻腾了一夜,想来今日早起心里必是发空的,所以我告诉小丫头们叫厨房里作了这个来的。"袭人一面叫小丫头放桌儿,麝月打发宝玉喝了,漱了口。只见秋纹走来说道:"那屋里已经收拾妥了,但等着一时炭劲过了,二爷再进去罢。"宝玉点头,只是一腔心事,懒怠说话。一时小丫头来请,说笔砚都安放妥当了。宝玉道:"知道了。"又一个小丫头回道:"早饭得了。二爷在哪里吃?"宝玉道:"就拿了来罢,不必累赘了。"小丫头答应了自去。一时端上饭来,宝玉笑了一笑,向袭人麝月道:"我心里闷得很,自己吃只怕又吃不下去,不如你们两个同我一块儿吃,或者吃的香甜,我也多吃些。"麝月笑道:"这是二爷的高兴,我们可不敢。"袭人道:"其实也使得,我们一处喝酒,也不止今日。只是偶然替你解闷儿还使得,若认真这样,还有什么规矩体统呢。"说着三人坐下。宝玉在上首,袭人麝月两个打横陪着。吃了饭,小丫头端上漱口茶,两个看着撤了下去。宝玉因端着茶,默默如有所思,又坐了一坐,便问道:"那屋里收拾妥了么?"麝月道:"头里就回过了,这回子又问。"

宝玉略坐了一坐,便进这间屋子来,亲自点了一炷香,摆上些果品,便叫人出去,关上了门。外面袭人等都静悄无声。宝玉拿了一幅泥金角花的粉红笺出来,口中祝了几句,便提起笔来写道:

怡红主人焚付晴姐知之,酌茗清香,庶几来飨。

其词云

随身伴,独自意绸缪。谁料风波平地起,顿教躯命即时休。孰与话轻柔?

东逝水,无复向西流。想象更无怀梦草,添衣还见翠云裘。脉脉使人愁!

国学经典文库 中国二十大名著 红楼梦 图文珍藏版

写毕,就在香上点个火焚化了。静静儿等着,直待一炷香点尽了,才开门出来。袭人道:"怎么出来了?想来又闷的慌了。"

宝玉笑了一笑,假说道:"我原是心里烦,才找个地方儿静坐坐儿。这会子好了,还要外头走走去呢。"说着,一径出来,到了潇湘馆中,在院里问道:"林妹妹在家里呢么?"紫鹃接应道:"是谁?"掀帘看时,笑道:"原来是宝二爷。姑娘在屋里呢,请二爷到屋里坐着。"宝玉同着紫鹃走进来。黛玉却在里间呢,说道:"紫鹃,请二爷屋里坐罢。"宝玉走到里间门口,看见新写的一副紫墨色泥金云龙笺的小对,上写着:"绿窗明月在,青史古人空。"宝玉看了,笑了一笑,走入门去,笑问道:"妹妹做什么呢?"黛玉站起来迎了两步,笑着让道:"请坐。我在这里写经,只剩得两行了,等写完了再说话儿。"因叫雪雁倒茶。宝玉道:"你别动,只管写。"说着,一面看见中间挂着一幅单条,上面画着一个嫦娥,带着一个侍者;又一个女仙,也有一个侍者,捧着一个长长儿的衣囊似的,二人身边略有些云护,别无点缀,全仿李龙眠白描笔意,上有"斗寒图"三字,用八分书写着。宝玉道:"妹妹这幅《斗寒图》可是新挂上的?"黛玉道:"可不是。昨日他们收拾屋子,我想起来,拿出来叫他们挂上的。"宝玉道:"是什么出处?"黛玉笑道:"眼前熟的很的,还要问人。"宝玉笑道:"我一时想不起,妹妹告诉我罢。"黛玉道:"岂不闻'青女素娥俱耐冷,月中霜里斗婵娟'。"宝玉道:"是啊。这个实在新奇雅致,却好此时拿出来挂。"说着,又东瞧瞧,西走走。

雪雁沏了茶来,宝玉吃着。又等了一会子,黛玉经才写完,站起来道:"简慢了。"宝玉笑道:"妹妹还是这么客气。"但见黛玉身上穿着月白绣花小毛皮袄,加上银鼠坎肩;头上挽着随常云髻,簪上一枝赤金匾簪,别无花朵;腰下系着杨妃色绣花绵裙。真比如:

　　亭亭玉树临风立,冉冉香莲带露开。

宝玉因问道:"妹妹这两日弹琴来着没有?"黛玉道:"两日没弹了。因为写字已经觉得手冷,哪里还去弹琴。"宝玉道:"不弹也罢了。我想琴虽是清高之品,却不是好东西,从没有弹琴里弹出富贵寿考来的,只有弹出忧思怨乱来的。再者弹琴也得心里记谱,未免费心。依我说,妹妹身子又单弱,不操这心也罢了。"黛玉抿着嘴儿笑。宝玉指着壁上道:"这张琴可就是么?怎么这么短?"黛玉笑道:"这张琴不是短,因我小时学抚的时候别的琴都够不着,因此特地做起来的。虽不是焦尾枯桐,这鹤山凤尾还配得齐整,龙池雁足高下相宜。你看这断纹不是牛旄似的么,所以音韵也还清越。"宝玉道:"妹妹这几天来做诗没有?"黛玉道:"自结社以后没大作。"宝玉笑道:"你别瞒我,我听见你吟的什么'不可惵,素心如何天上月',你搁在琴里觉得音响分外的响亮。有的没有?"黛玉道:"你怎么听见了?"宝玉道:"我那一天从蓼风轩来听见的,又恐怕打断你的清韵,所以静听一会就走了。我正要问你:前路是平韵,到末了儿忽转了仄韵,是个什么意思?"黛玉道:"这是人心自然之音,做到那里就到那里,原没有一定的。"宝玉道:"原来如此。可惜我不知音,枉听了一会子。"黛玉道:"古来知音人能有几个?"宝玉听了。又觉得出言冒失了,又怕寒了黛玉的心,坐了一坐,心里像有许多话,却再无可讲。黛玉因方才的话也是冲口而出,此时回想,觉得太冷淡些,也就无话。宝玉一发打量黛玉设疑,遂讪讪的站起来说道:"妹妹坐着罢。我还要到三妹妹那里瞧瞧去呢。"黛玉道:"你若是见了三妹妹,替我问候一声罢。"宝玉答应着便出来了。

黛玉送至屋门口,自己回来闷闷的坐着,心里想道:"宝玉近来说话半吐半吞,忽冷忽热,也不知他是什么意思。"正想着,紫鹃走来道:"姑娘,经不写了?我把笔砚都收好了?"黛玉道:"不写了,收起去罢。"说着,自己走到里间黛玉床上歪着,慢慢的细想。紫鹃进来问道:"姑娘喝碗茶罢?"黛玉道:"不喝呢。我略歪歪儿,你们自己去罢。"

紫鹃答应着出来,只见雪雁一个人在那里发呆。紫鹃走到他跟前问道:"你这会子也有了什么心事了么?"雪雁只顾发呆,倒被他唬了一跳,因说道:"你别嚷,今日我听见一句话,我告诉你听,奇不奇。你可别言语。"说着,往屋里努嘴儿。因自己先行,点着头儿叫紫鹃同他出来,到门外平台底下,悄悄儿的道:"姐姐你听见了么?宝玉定了亲了!"紫鹃听见,唬了一跳,说道:"这是哪里来的话?只怕不真罢。"雪雁道:"怎么不真,别人大概都知道,就只咱们没听见。"紫鹃道:"你是哪里听来的?"雪雁道:"我听见侍书说的,是个什么知府家,家资

也好，人才也好。"紫鹃正听时，只听得黛玉咳嗽了一声，似乎起来的光景。紫鹃恐怕他出来听见，便拉了雪雁摇摇手儿，往里望望，不见动静，才又悄悄儿的问道："他到底怎么说来？"雪雁道："前儿不是叫我到三姑娘那里去道谢吗，三姑娘不在屋里，只有侍书在那里。大家坐着，无意中说起宝二爷的淘气来，他说宝二爷怎么好，只会玩儿，全不像大人的样子，已经说亲了，还是这么呆头呆脑。我问他定了没有，他说是定了，是个什么王大爷做媒的。那王大爷是东府里的亲戚，所以也不用打听，一说就成了。"紫鹃侧着头想了一想，"这句话奇！"又问道："怎么家里没有人说起？"雪雁道："侍书也说的是老太太的意思。若一说起，恐怕宝玉野了心，所以都不提起。侍书告诉了我，又叮嘱千万不可露风，说出来只道是我多嘴。"把手往里一指，"所以他面前也不提。今日是你问起，我不犯瞒你。"

正说到这里，只听鹦鹉叫唤，学着说："姑娘回来了，快倒茶来！"倒把紫鹃雪雁吓了一跳，回头并不见有人，便骂了鹦鹉一声，走进屋内。只见黛玉喘吁吁的刚坐在椅子上，紫鹃搭讪着问茶问水。黛玉问道："你们两个哪里去了？再叫不出一个人来。"说着便走到炕边，将身子一歪，仍旧倒在炕上，往里躺下，叫把帐子撩着。紫鹃雪雁答应出去。他两个心里疑惑方才的话只怕被他听了去了，只好大家不提。谁知黛玉一腔心事，又窃听了紫鹃雪雁的话，虽不很明白，已听得了七八分，如同将身撂在大海里一般。思前想后，竟应了前日梦中之谶，千愁万恨，堆上心来。左右打算，不如早些死了，免得眼见了意外的事情，那时反倒无趣。又想到自己没了爹娘的苦，自今以后，把身子一天一天的糟蹋起来，一年半载，少不得身登清净。打定了主意，被也不盖，衣也不添，竟是合眼装睡。紫鹃和雪雁来伺候几次，不见动静，又不好叫唤。晚饭都不吃。点灯已后，紫鹃掀开帐子，见已睡着了，被窝都蹬在脚后。怕他着了凉，轻轻儿拿来盖上。黛玉也不动，单待他出去，仍然退下。那紫鹃只管问雪雁："今儿的话到底是真的是假的？"雪雁道："怎么不真。"紫鹃道："侍书怎么知道的？"雪雁道："是小红那里听来的。"紫鹃道："头里咱们说话，只怕姑娘听见了，你看刚才的神情，大有缘故。今日以后，咱们倒别提这件事了。"说着，两个人也收拾要睡。紫鹃进来看时，只见黛玉被窝又蹬下来，复又给他轻轻盖上。一宿晚景不提。

次日，黛玉清早起来，也不叫人，独自一个呆呆的坐着。紫鹃醒来，看见黛玉已起，便惊问道："姑娘怎么这样早？"黛玉道："可不是，睡得早，所以醒得早。"紫鹃连忙起来，叫醒雪雁，伺候梳洗。那黛玉对着镜子，只管呆呆的自看。看了一回，那泪珠儿断断连连，早已湿透了罗帕。正是：

瘦影正临春水照，卿须怜我我怜卿。

紫鹃在旁也不敢劝，只怕倒把闲话勾引旧恨来。迟了好一会，黛玉才随便梳洗了，那眼中泪渍终是不干。又自坐了一会，叫紫鹃道："你把藏香点上。"紫鹃道："姑娘，你睡也没睡得几时，如何点香？不是要写经？"黛玉点点头儿。紫鹃道："姑娘今日醒得太早，这会子又写经，只怕太劳神了罢。"黛玉道："不怕，早完了早好。况且我也并不是为经，倒借着写字解解闷儿。以后你们见了我的字迹，就算见了我的面儿了。"说着，那泪直流下来。紫鹃听了这话，不但不能再劝，连自己也撑不住滴下泪来。

原来黛玉立定主意，自此以后，有意糟蹋身子，茶饭无心，每日渐减下来。宝玉下学时，也常抽空问候，只是黛玉虽有万千言语，自知年纪已大，又不便似小时可以柔情挑逗，所以满腔心事，只是说不出来。宝玉欲将实言安慰，又恐黛玉生嗔，反添病症。两个人见了面，只得用浮言劝慰，真真是亲极反疏了。那黛玉虽有贾母王夫人等怜恤，不过请医调治，只说黛玉常病，哪里知他的心病。紫鹃等虽知其意，也不敢说。从此一天一天的减，到半月之后，肠胃日薄，一日果然粥都不能吃了。黛玉日间听见的话，都似宝玉婆亲的话，看见怡红院中的人，无论上下，也像宝玉婆亲的光景。薛姨妈来看，黛玉不见宝钗，越发起疑心，索性不要人来看望，也不肯吃药，只要速死。睡梦之中，常听见有人叫宝二奶奶的。一片疑心，竟成蛇影。一日竟是绝粒，粥也不喝，恹恹一息，垂毙殆尽。未知黛玉性命如何，且看下回分解。

第九十回　失绵衣贫女耐嗷嘈
送果品小郎惊叵测

却说黛玉自立意自戕之后，渐渐不支，一日竟至绝粒。从前十几天内，贾母等轮流看望，他有时还说几句话；这两日索性不大言语。心里虽有时昏晕，却也有时清楚。贾母等见他这病不似无因而起，也将紫鹃雪雁盘问过两次，两个哪里敢说。便是紫鹃欲向侍书打听消息，又怕越闹越真，黛玉更死得快了，所以见了侍书，毫不提起。那雪雁是他传话弄出这样缘故来，此时恨不得长出百十个嘴来说"我没说"，自然更不敢提起。到了这一天黛玉绝粒之日，紫鹃料无指望了，守着哭了会子，因出来偷向雪雁道："你进屋里来好好儿的守着他。我去回老太太、太太和二奶奶去，今日这个光景大非往常可比了。"雪雁答应，紫鹃自去。

这里雪雁正在屋里伴着黛玉，见他昏昏沉沉，小孩子家哪里见过这个样儿，只打量如此便是死的光景了，心中又痛又怕，恨不得紫鹃一时回来才好。正怕着，只听窗外脚步走响，雪雁知是紫鹃回来，才放下心了，连忙站起来掀着里间帘子等他。只见外面帘子响处，进来了一个人，却是侍书。那侍书是探春打发来看黛玉的，见雪雁在那里掀着帘子，便问道："姑娘怎么样？"雪雁点点头儿叫他进来。侍书跟进来，见紫鹃不在屋里，瞧了瞧黛玉，只剩得残喘微延，唬的惊疑不止，因问："紫鹃姐姐呢？"雪雁道："告诉上屋里去了。"那雪雁此时只打量黛玉心中一无所知了，又见紫鹃不在面前，因悄悄的拉了侍书的手道："你前日告诉我说的什么王大爷给这里宝二爷说了亲，是真话么？"侍书道："怎么不真。"雪雁道："多早晚放定的？"侍书道："哪里就放定了呢。那一天我告诉你时，是我听见小红说的。后来我到二奶奶那边去，二奶奶正和平姐姐说呢，说那都是门客们借着这个事讨老爷的喜欢，往后好拉拢的意思。别说大太太说不好，就是大太太愿意，说那姑娘好，那大太太眼里看的出什么人来！再者老太太心里早有了人了，就在咱们园子里的。大太太哪里摸的着底呢。老太太不过因老爷的话，不得不问问罢咧。又听见二奶奶说，宝玉的事，老太太总是要亲上作亲的，凭谁来说亲，横竖不中用。"雪雁听到这里，也忘了神了，因说道："这是怎么说，白白的送了我们这一位的命了！"侍书道："这是从哪里说起？"雪雁道："你还不知道呢。前日都是我和紫鹃姐姐说来着，这一位听见了，就弄到这步田地了。"侍书道："你悄悄儿的说罢，看仔细他听见了。"雪雁道："人事都不省了，瞧瞧罢，左不过在这一两天了。"正说着，只见紫鹃掀帘进来说："这还了得！你们有什么话，还不出去说，还在这里说。索性逼死

他就完了。"侍书道:"我不信有这样奇事。"紫鹃道:"好姐姐,不是我说,你又该恼了。你懂得什么呢!懂得也不传这些舌了。"

这里三个人正说着,只听黛玉忽然又嗽了一声。紫鹃连忙跑到炕沿前站着,侍书雪雁也都不言语了。紫鹃弯着腰,在黛玉身后轻轻问道:"姑娘喝口水罢。"黛玉微微答应了一声。雪雁连忙倒了半盅滚白水,紫鹃接了托着,侍书也走近前来。紫鹃和他摇摇儿,不叫他说话,侍书只得咽住了。站了一回,黛玉又嗽了一声。紫鹃趁势问道:"姑娘喝水呀?"黛玉又微微应了一声,那头似有欲抬之意,哪里抬得起。紫鹃爬上炕去,爬在黛玉旁边,端着水试了冷热,送到唇边,扶了黛玉的头,就到碗边,喝了一口。紫鹃才要拿时,黛玉意思还要喝一口,紫鹃便托着那碗不动。黛玉又喝了一口,摇摇儿不喝了,喘了一口气,仍旧躺下。半日,微微睁眼说道:"刚才说话不是侍书么?"紫鹃答应道:"是。"侍书尚未出去,因连忙过来问候。黛玉睁眼看了,点点头儿,又歇了一歇,说道:"回去问你姑娘好罢。"侍书见这番光景,只当黛玉嫌烦,只得悄悄的退出去了。

原来那黛玉虽则病势沉重,心里却还明白。起先侍书雪雁说话时,他也模糊听见了一半句,却只作不知,也因实无精神答理。及听了雪雁侍书的话,才明白过前头的事情原是议而未成的,又兼侍书说是凤姐说的,老太太的主意亲上作亲,又是园中住着的,非自己而谁?因此一想,阴极阳生,心神顿觉清爽许多,所以才喝了两口水,又要想问侍书的话。恰好贾母、王夫人、李纨、凤姐听见紫鹃之言,都赶着来看。黛玉心中疑团已破,自然不似先前寻死之意了。虽身体软弱,精神短少,却也勉强答应一两句。凤姐因叫过紫鹃问道:"姑娘也不至这样,这是怎么说,你这样唬人。"紫鹃道:"实在头里看着不好,才敢去告诉的,回来见姑娘竟好了许多,也就怪了。"贾母笑道:"你也别怪他,他懂得什么。看见不好就言语,这倒是他明白的地方,小孩子家,不嘴懒脚懒就好。"说了一回,贾母等料着无妨,也就去了。正是:

心病终须心药治,解铃还是系铃人。

不言黛玉病渐减退,且说雪雁紫鹃背地里都念佛。雪雁向紫鹃说道:"亏他好了,只是病的奇怪,好的也奇怪。"紫鹃道:"病的倒不怪,就只好的奇怪。想来宝玉和姑娘必是姻缘,人家说的'好事多磨',又说道'是姻缘棒打不回'。这样看起来,人心天意,他们两个竟是天配的了。再者,你想那一年我说了林姑娘要回南去,把宝玉没急死了,闹得家翻宅乱。如今一句话,又把这一个弄得死去活来。可不说的三生石上百年前结下的么。"说着,两个悄悄的抿着嘴笑了一回。雪雁又道:"幸亏好了。咱们明儿再别说了,就是宝玉娶了别的人家儿的姑娘,我亲见他在那里结亲,我也再不露一句话了。"紫鹃笑道:"这就是了。"不但紫鹃和雪雁在私下里讲究,就是众人也都知道黛玉的病也病得奇怪,好也好得奇怪,三三两两,唧唧哝哝议论着。不多几时,连凤姐儿也知道了,邢、王二夫人也有些疑惑,倒是贾母略猜着了八九。

那时正值邢、王二夫人凤姐等在贾母房中说闲话,说起黛玉的病来。贾母道:"我正要告诉你们,宝玉和林丫头是从小儿在一处的,我只说小孩子们,怕什么?以后时常听得林丫头忽然病,忽然好,都为有了些知觉了。所以我想他们若尽着搁在一块儿,毕竟不成体统。你们怎么说?"王夫人听了,便了一呆,只得答应道:"林姑娘是个有心计儿的。至于宝玉,呆头呆恼,不避嫌疑是有的,看起外面,却还都是个小孩儿形象。此时若忽然或把那一个分出园外,不是倒露了什么痕迹了么。古来说的:'男大须婚,女大须嫁。'老太太想,倒是赶着把他们的事办办也罢了。"贾母皱了一皱眉,说道:"林丫头的乖僻,虽也是他的好处,我的心里不把林丫头配他,也是为这点子。况且林丫头这样虚弱,恐不是有寿的。只有宝丫头最妥。"王夫人道:"不但老太太这么想,我们也是这样。但林姑娘也得给他说了人家儿才好,不然女孩儿家长大了,哪个没有心事?倘或真与宝玉有些私心,若知道宝玉定下宝丫头,那倒不成事了。"贾母道:"自然先给宝玉娶了亲,然后给林丫头说人家,再没有先是外人后是自己的。况且林丫头年纪到底比宝玉小两岁。依你们这样说,倒是宝玉定亲的话不许叫他知道倒罢了。"凤姐便吩咐众丫头们道:"你们听见了,宝二爷定亲的话,不许混吵嚷。若有多嘴的,堤防着他的皮。"贾母又向凤姐儿道:"凤哥儿,你如今自从身上不大好,也不大管园里的事了。我告诉你,须得经点儿心。不但这个,就像前年那些人喝酒耍钱,都不是事。你还精细些,少不

得多分点心儿,严紧严紧他们才好。况且我看他们也就只还服你。"凤姐答应了。娘儿们又说了一回话,方各自散了。

从此凤姐常到园中照料。一日,刚走进大观园,到了紫菱洲畔,只听见一个老婆子在那里嚷。凤姐走到跟前,那婆子才瞧见了,早垂手侍立,口里请安。凤姐道:"你在这里闹什么?"婆子道:"蒙奶奶派我在这里看守花果,我也没有差错,不料邢姑娘的丫头说我们是贼。"凤姐道:"为什么呢?"婆子:"昨儿我们家的黑儿跟着我到这里玩了一回,他不知道,又往邢姑娘那边去瞧了一瞧,我就叫他回去了。今儿早起听见他们丫头说丢了东西了。我问他丢了什么,他就问起我来了。"凤姐道:"问了你一声,也犯不着生气呀。"婆子道:"这里园子到底是奶奶家里的,并不是他们家里的。我们都是奶奶派的,贼名儿怎么敢认呢。"凤姐照脸啐了一口,厉声道:"你少在我跟前唠唠叨叨的!你在这里照看,姑娘丢了东西,你们就该问哪,怎么说出这些没道理的话来。把老林叫了来,撵出他去。"丫头们答应了。只见邢岫烟赶忙出来,迎着凤姐赔笑道:"这使不得,没有的事,事情早过去了。"凤姐道:"姑娘,不是这个话。倒不讲事情,这名分上太岂有此理了。"岫烟见婆子跪在地下告饶,便忙请凤姐到里边去坐。凤姐道:"他们这种人我知道,他除了我,其余都没上没下的了。"岫烟再三替他讨饶,只说自己的丫头不好。凤姐道:"我看着邢姑娘的分上,饶你这一次。"婆子才起来,磕了头,又给岫烟磕了头,才出去了。

这里二人让座。凤姐笑问道:"你丢了什么东西了?"岫烟笑道:"没有什么要紧的,是一件红小袄儿,已经旧了的。我原叫他们找,找不着就罢了。这小丫头不懂事,问了那婆子一声,那婆子自然不依了。这都是小丫头糊涂不懂事,我也骂了几句,已经过去了,不必再提了。"凤姐把岫烟内外一瞧,看见虽有些皮绵衣服,已是半新不旧的,未必能暖和。他的被窝多半是薄的。至于房中桌上摆设的东西,就是老太太拿来的,却一些不动,收拾的干干净净。凤姐心上便很爱敬他,说道:"一件衣服原不要紧,这时候冷,又是贴身的,怎么就不问一声儿呢。这撒野的奴才了不得了!"说了一回,凤姐出来,各处去坐了一坐,就回去了。到了自己房中,叫平儿取了一件大红洋绉的小袄儿,一件松花色绫子一斗珠儿的小皮袄,一条宝蓝盘锦镶花绵裙,一件佛青银鼠褂子,包好叫人送去。

那时岫烟被那老婆子聒噪了一场,虽有凤姐来压住,心上终是不安。想起"许多姊妹们在这里,没有一个下人敢得罪他的,独自我这里,他们言三语四,刚刚凤姐来碰见。"想来想去,终是没意思,又说不出来。正在吞声饮泣,看见凤姐那边的丰儿送衣服过来。岫烟一看,决不肯受。丰儿道:"奶奶吩咐我说,姑娘要嫌是旧衣裳,将来送新的来。"岫烟笑谢道:"承奶奶的好意,只是因我丢了衣服,他就拿来,我断不敢受。你拿回去千万谢你们奶奶,承你奶奶的情,我算领了。"倒拿个荷包给了丰儿。那丰儿只得拿了去了。不多时,又见平儿同着丰儿过来,岫烟忙迎着问了好,让了座。平儿笑说道:"我们奶奶,姑娘特外道的了不得。"岫烟道:"不是外道,实在不过意。"平儿道:"奶奶说,姑娘要不收这衣裳,不是嫌太旧,就是瞧不起我们奶奶。刚才说了,我要拿回去,奶奶不依我呢。"岫烟红着脸笑谢道:"这样说了,叫我不敢不收。"又让了一回茶。

平儿同丰儿回去,将到凤姐那边,碰见薛家差来的一个老婆子,接着问好。平儿便问道:"你哪里来的?"婆子道:"那边太太姑娘叫我来请各位太太、奶奶、姑娘们的安。我才刚在奶奶前问起姑娘来,说姑娘到园中去了。可是从邢姑娘那里来么?"平儿道:"你怎么知道?"婆子道:"方才听见说。真真的二奶奶和姑娘们的行事叫人感念。"平儿笑了一笑说:"你回来坐着罢。"婆子道:"我还有事,改日再过来瞧姑娘罢。"说着走了。平儿回来,回复了凤姐。不在话下。

且说薛姨妈家中被金桂搅得翻江倒海,看见婆子回来,述起岫烟的事,宝钗母女二人不免滴下泪来。宝钗道:"都为哥哥不在家,所以叫邢姑娘多吃几天苦。如今还亏凤姐姐不错。咱们底下也得留心,到底是咱们家里人。"说着,只见薛蝌进来说道:"大哥哥这几年在外头相与的都是些什么人,连一个正经的也没有,来一起子,都是些狐群狗党。我看他们那里是不放心,不过将来探探消息儿罢咧。这两天都被我干出去了。以后吩咐了门上,不许传进这

种人来。"薛姨妈道："又是蒋玉菡那些人哪?"薛蝌道："蒋玉菡却倒没来,倒是别人。"薛姨妈听了薛蝌的话,不觉又伤心起来,说道："我虽有儿,如今就像没有的了,就是上司准了,也是个废人。你虽是我侄儿,我看你还比你哥哥明白些,我这后半子全靠你了。你自己从今更要学好。再者,你聘下的媳妇儿,家道不比往时了。人家的女孩儿出门子不是容易,再没别的想头,只盼着女婿能干,他就有日子过了。若邢丫头也像这个东西,"说着把手往里头一指,道,"我也不说了。邢丫头实在是个有廉耻有心计儿的,又守得贫,耐得富。只是等咱们的事情过去了,早些把你们的正经事完结了,也了我一宗心事。"薛蝌道："琴妹妹还没有出门子,这倒是太太烦心的一件事。至于这个,可算什么呢。"大家又说了一回闲话。

薛蝌回到自己房中,吃了晚饭,想起邢岫烟住在贾府园中,终是寄人篱下,况且又穷,日用起居,不想可知。况兼当初一路同来,模样儿性格儿都知道的。可知天意不均:如夏金桂这种人,偏教他有钱,娇养得这般泼辣;邢岫烟这种人,偏教他这样受苦。阎王判命的时候,不知如何判法的。想到闷来也想吟诗一首,写出来出出胸中的闷气。又苦自己没有工夫,只得混写道:

　　蛟龙失水似枯鱼,两地情怀感索居。
　　同在泥涂多受苦,不知何日向清虚。

写毕看了一回,意欲拿来粘在壁上,又不好意思。自己沉吟道："不要被人看见笑话。"又念了一遍,道："管他呢,左右粘上自己看着解闷儿罢。"又看了一回,到底不好,拿来夹在书里。又想自己年纪可也不小了,家中又碰见这样飞灾横祸,不知何日了局,致使幽闺弱质,弄得这般凄凉寂寞。

正在那里想时,只见宝蟾推门进来,拿着一个盒子,笑嘻嘻放在桌上。薛蝌站起来让坐。宝蟾笑着向薛蝌道："这是四碟果子,一小壶儿酒,大奶奶叫给二爷送来的。"薛蝌陪笑道："大奶奶费心。但是叫小丫头们送来就完了,怎么又劳动姐姐呢。"宝蟾道："好说。自家人,二爷何必说这些套话。再者我们大爷这件事,实在叫二爷操心,大奶奶久已要亲自弄点什么儿谢二爷,又怕别人多心。二爷是知道的,咱们家里都是言合意不合,送点子东西没要紧,倒没的惹人七嘴八舌的讲究。所以今日些微的弄了一两样果子,一壶酒,叫我亲自悄悄儿的送来。"说着,又笑瞅了薛蝌一眼,道："明儿二爷再别说这些话,叫人听着怪不好意思的。我们不过也是底下的人,服侍的着大爷就服侍的着二爷,这有何妨呢。"薛蝌一则秉性忠厚,二则到底年轻,只是向来不见金桂和宝蟾如此相待,心中想到刚才宝蟾说为薛蟠之事也是情理,因说道："果子留下罢,这个酒儿,姐姐只管拿回去。我向来的酒上实在很有限,挤住了偶然喝一盅,平日无事是不能喝的。难道大奶奶和姐姐还不知道么。"宝蟾道："别的我作得主,独这一件事,我可不敢应。大奶奶的脾气儿,二爷是知道的,我拿回去,不说二爷不喝,倒要说我不尽心了。"薛蝌没法,只得留下。宝蟾方才要走,又到门口往外看看,回过头来向着薛蝌一笑,又用手指着里面说道："他还只怕要来亲自给你道乏呢。"薛蝌不知何意,反倒讪讪的起来,因说道："姐姐替我谢大奶奶罢。天气寒,看凉着。再者,自己叔嫂,也不必拘这些个礼。"宝蟾也不答言,笑着走了。

薛蝌始而以为金桂为薛蟠之事,或者真是不过意,备此酒果给自己道乏,也是有的。及见了宝蟾这种鬼鬼祟祟不尴不尬的光景,也觉了几分。却自己回心一想:"他到底是嫂子的名分,哪里就有别的讲究了呢。或者宝蟾不老成,自己不好意思怎么样,却指着金桂的名儿,也未可知。然而到底是哥哥的屋里人,也不好。"忽又一转念:"那金桂素性为人毫无闺阁理法,况且有时高兴,打扮得妖调非常,自以为美,又焉知不是怀着坏心呢?不然,就是他和琴妹妹也有了什么不对的地方儿,所以设下这个毒法儿,要把我拉在浑水里,弄一个不清不白的名儿,也未可知。"想到这里,索性倒怕起来。正在不得主意的时候,忽听窗外扑哧的笑了一声,把薛蝌倒唬了一跳。未知是谁,下回分解。

国学经典文库

中国二十大名著

红楼梦

图文珍藏版

第九十一回　纵淫心宝蟾工设计　布疑阵宝玉妄谈禅

话说薛蝌正在狐疑，忽听窗外一笑，唬了一跳，心中想道："不是宝蟾，定是金桂。只不理他们，看他们有什么法儿。"听了半日，却又寂然无声。自己也不敢吃那酒果。掩上房门，刚要脱衣时，只听见窗纸上微微一响。薛蝌此时被宝蟾鬼混了一阵，心中七上八下，竟不知是如何是可。听见窗纸微响，细看时，又无动静，自己反倒疑心起来，掩了怀，坐在灯前，呆呆的细想；又把那果子拿了一块，翻来覆去地细看。猛回头，看见窗上纸湿了一块，走过来觑着眼看时，冷不防外面往里一吹，把薛蝌唬了一大跳。听得吱吱的笑声，薛蝌连忙把灯吹灭了，屏息而卧。只听外面一个人说道："二爷为什么不喝酒吃果子，就睡了？"这句话仍是宝蟾的语音。薛蝌只不作声装睡。又隔有两句话时，又听得外面似有恨声道："天下哪里有这样没造化的人。"薛蝌听了是宝蟾又似是金桂的语音，这才知道他们原来是这一番意思，翻来覆去，直到五更后才睡着了。

刚到天明，早有人来扣门。薛蝌忙问是谁，外面也不答应。薛蝌只得起来，开了门看时，却是宝蟾，拢着头发，掩着怀，穿一件片锦边琵琶襟小紧身，上面系一条松花绿半新的汗巾，下面并未穿裙，正露着石榴红洒花夹裤，一双新绣红鞋。原来宝蟾尚未梳洗，恐怕人见，赶早来取家伙。薛蝌见他这样打扮便走进来，心中又一动，只得赔笑问道："怎么这样早就起来了？"宝蟾把脸红着，并不答言，只管把果子折在一个碟子里，端着就走。薛蝌见他这般，知是昨晚的缘故，心里想道："这也罢了。倒是他们恼了，索性死了心，也省得来缠。"于是把心放下，唤人舀水洗脸。自己打算在家里静坐两天，一则养养心神，二则出去怕人找他。原来和薛蟠好的那些人因见薛家无人，只有薛蝌在那里办事，年纪又轻，便生许多觊觎之心。也有想插在里头做跑腿的；也有能做状子的，认得一二个书役的，要给他上下打点的；甚至有叫他在内趁钱的；也有造作谣言恐吓的：种种不一。薛蝌见了这些人，远远躲避，又不敢面辞，恐怕激出意外之变，只好藏在家中，听候转详。不提。

且说金桂昨夜打发宝蟾送了些酒果去探探薛蝌的消息，宝蟾回来将薛蝌的光景一一的说了。金桂见事有些不大投机，便怕白闹一场，反被宝蟾瞧不起，欲把两三句话遮饰改过口来，又可惜了这个人，心里倒没了主意，怔怔的坐着。那知宝蟾亦知薛蟠难以回家，正欲寻个头路，因怕金桂拿他，所以不敢透漏。今见金桂所为先已开了端了，他便乐得借风使船，先弄薛蝌到手，不怕金桂不依，所以用言挑拨。见薛蝌似非无情，又不甚兜揽，一时也不敢造次。后来见薛蝌吹灯自睡，大觉扫兴，回来告诉金桂，看金桂有甚方法，再作道理。及见金桂怔怔的，似乎无技可施，他也只得陪金桂收拾睡了。夜里哪里睡得着，翻来覆去，想出一个法子来：不如明儿一早起来，先去取了家伙，却自己换上一两件动人的衣服，也不梳洗，越显出一番娇媚来。只看薛蝌的神情，自己反倒装出一番恼意，索性不理他。那薛蝌若有悔心，自然移船泊岸，不愁不先到手。及至见了薛蝌，仍是昨晚这般光景，并无邪僻之意，自己只得以假为真，端了碟子回来，却故意留下酒壶，以为再来搭转之地。只见金桂问道："你拿东西去有人碰么？"宝蟾道："没有。""二爷也没问你什么？"宝蟾道："也没有。"金桂因一夜不曾睡着，也想不出一个法子来，只得回思道："若作此事，别人可瞒，宝蟾如何能瞒？不如我分惠于他，他自然没有不尽心的。我又不能自去，少不得要他作脚，倒不如和他商量一个稳便主意。"因带笑说道："你看二爷到底是个怎么样的人？"宝蟾道："倒像个糊涂人。"金桂听了笑道："你如何说起爷们来了。"宝蟾也笑道："他辜负奶奶的心，我就说得他。"金桂道："他怎么辜负我的心，你倒得说说。"宝蟾道："奶奶给他好东西吃，他倒不吃，这不是辜负奶奶的心么。"说着，却把眼溜着金桂一笑。金桂道："你别胡想。我给他送东西，为大爷的事不辞劳

苦，我所以敬他；又怕人说瞎话，所以问你。你这些话向我说，我不懂是什么意思。"宝蟾笑道："奶奶别多心，我是跟奶奶的，还有两个心么。但是事情要密些，倘或声张起来，不是玩的。"金桂也觉得脸飞红了，因说道："你这个丫头就不是个好货！想来你心里看上了，却拿我作筏子，是不是呢？"宝蟾道："只是奶奶那么想罢咧，我倒是替奶奶难受。奶奶要真瞧二爷好，我倒有个主意。奶奶想，哪个耗子不偷油呢，他也不过怕事情不密，大家闹出乱子来不好看。依我想，奶奶且别性急，时常在他身上不周不备的去处张罗张罗。他是个小叔子，又没娶媳妇儿，奶奶就多尽点心儿和他贴个好儿，别人也说不出什么来。过几天他感奶奶的情，他自然要谢候奶奶。那时奶奶再备点东西儿在咱们屋里，我帮着奶奶灌醉了他，怕跑了他？他

要不应，咱们索性闹起来，就说他调戏奶奶。他害怕，他自然得顺着咱们的手儿。他再不应，他也不是人，咱们也不至白丢了脸面。奶奶想怎么样？"金桂听了这话，两颧早已红晕了，笑骂道："小蹄子，你倒偷过多少汉子的似的，怪不得大爷在家时离不开你。"宝蟾把嘴一撇，笑说道："罢哟，人家倒替奶奶拉纤，奶奶倒往我们说这个话咧。"从此金桂一心笼络薛蝌，倒无心混闹了。家中也少觉安静。

当日宝蟾自去取了酒壶，仍是稳稳重重一脸的正气。薛蝌偷眼看了，反倒后悔，疑心或者是自己错想了他们，也未可知。果然如此，倒辜负了他这一番美意，保不住日后倒要和自己也闹起来，岂非自惹的呢。过了两天，甚觉安静。薛蝌遇见宝蟾，宝蟾便低头走了，连眼皮儿也不抬；遇见金桂，金桂却一盆火儿的赶着。薛蝌见这般光景，反倒过意不去。这且不表。

且说宝钗母女觉得金桂几天安静，待人忽亲热起来，一家子都为罕事。薛姨妈十分欢喜，想到必是薛蟠娶这媳妇时冲犯了什么，才败坏了这几年。目今闹出这样事来，亏得家里有钱，贾府出力，方才有了指望。媳妇儿忽然安静起来，或者是蟠儿转过运气来了，也未可知，于是自己心里倒以为稀有之奇。这日饭后扶着同贵过来，到金桂房里瞧瞧。走到院中，只听一个男人和金桂说话。同贵知机，便说道："大奶奶，老太太过来了。"说着已到门口。只见一个人影儿在房门后一躲，薛姨妈一吓，倒退了出来。金桂道："太太请里头坐。没有外人，他就是我的过继兄弟，本住在屯里，不惯见人，因没有见过太太。今儿才来，还没去请太太的安。"薛姨妈道："既是舅爷，不妨见见。"金桂叫兄弟出来，见了薛姨妈，作了一个揖，问了好。薛姨妈也问了好，坐下叙起话来。薛姨妈道："舅爷上京几时了？"那夏三道："前月我妈没有人管家，把我过来的。前日才进京，今日来瞧姐姐。"薛姨妈看那人不尴尬，于是略坐坐儿，便起身道："舅爷坐着罢。"回头向金桂道："舅爷头上末下的来，留在咱们这里吃了饭再去罢。"金桂答应着，薛姨妈自去了。金桂见婆婆去了，便向夏三道："你坐着，今日可是过了明路的了，省得我们二爷查考你。我今日还叫你买些东西，只别叫众人看见。"夏三道："这个交给我就完了。你要什么，只要有钱，我就买得来。"金桂道："且别说嘴，你买上了当，我可不收。"说着，二人又笑了一回，然后金桂陪夏三吃了晚饭，又告诉他买的东西，又嘱咐一回，夏三自去。从此夏三往来不绝。虽有个年老的门上人，知是舅爷，也不常回，从此生出无

限风波,这是后话。不表。

一日薛蟠有信寄回,薛姨妈打开叫宝钗看时,上写:

男在县里也不受苦,母亲放心。但昨日县里书办说,府里已经准详,想是我们的情到了。岂知府里详上去,道里反驳下来。亏得县里主文相公好,即刻做了回文顶上去了。那道里却把知县申饬。现在道里要亲提,若一上去,又要吃苦。必是道里没有托到。母亲见字,快快托人求道爷去。还叫兄弟快来,不然就要解道。银子短不得。火速,火速。

薛姨妈听了,又哭了一场,自不必说。薛蝌一面劝慰,一面说道:"事不宜迟。"薛姨妈没法,只得叫薛蝌到县照料,命人即便收拾行李,兑了银子,家人李祥本在那里照应的,薛蝌又同了一个当中伙计连夜启程。

那时手忙脚乱,虽有下人办理,宝钗又恐他们思想不到,亲来帮着,直闹至四更才歇。到底富家女子娇养惯的,心上又急,又苦劳了一会,晚上就发烧。到了明日,汤水都吃不下。莺儿去回了薛姨妈。薛姨妈急来看时,只见宝钗满面通红,身如燔灼,话都不说。薛姨妈慌了手脚,便哭得死去活来。宝琴扶着劝薛姨妈。秋菱也泪如泉涌,只管叫着。宝钗不能说话,手也不能摇动,眼干鼻塞。叫人请医调治,渐渐苏醒回来。薛姨妈等大家略略放心。早惊动荣宁两府的人,先是凤姐打发人送十香返魂丹来,随后王夫人又送至宝丹来。贾母邢、王二夫人以及尤氏等都打发丫头来问候,却都不叫宝玉知道。一连治了七八天,终不见效,还是他自己想起冷香丸,吃了三丸,才得病好。后来宝玉也知道了,因病好了,没有瞧去。

那时薛蝌又有信回来,薛姨妈看了,怕宝钗担忧,也不叫他知道。自己来求王夫人,并述了一会子宝钗的病。薛姨妈去后,王夫人又求贾政。贾政道:"此事上头可托,底下难托,必须打点才好。"王夫人又提起宝钗的事来,因说道:"这孩子也苦了。既是我家的人了,也该早些娶了过来才是,别叫他糟蹋坏了身子。"贾政道:"我也是这么想。但是他家乱忙,况且如今到了冬底,已经年近岁逼,不无各自要料理些家务。今冬且放了定,明春再过礼,过了老太太的生日,就定日子娶。你把这番话先告诉薛姨太太。"王夫人答应了。

到了明日,王夫人将贾政的话向薛姨妈述了。薛姨妈想着也是。到了饭后,王夫人陪着来到贾母房中,大家让了座。贾母道:"姨太太才过来?"薛姨妈道:"还是昨儿过来的。因为晚了,没得过来给老太太请安。"王夫人便把贾政昨夜所说的话向贾母述了一遍,贾母甚喜。说着,宝玉进来了。贾母便问道:"吃了饭了没有?"宝玉道:"才打学房里回来,吃了要往学房里去,先见见老太太。又听见说姨妈来了,过来给姨妈请安。"因问:"宝姐姐可大好了?"薛姨妈笑道:"好了。"原来方才大家正说着,见宝玉进来,都煞住了。宝玉坐了坐,见薛姨妈情形不似从前亲热,"虽是此刻没有心情,也不犯大家都不言语。"满腹猜疑,自往学中去了。

晚间回来,都见过了,便往潇湘馆来。掀帘进去,紫鹃接着,见里间屋内无人,宝玉道:"姑娘哪里去了?"紫鹃道:"上屋里去了。知道姨太太过来,姑娘请安去了。二爷没有到上屋里去么?"宝玉道:"我去了来的,没有见你姑娘。"紫鹃道:"这也奇了。"宝玉问:"姑娘到底哪里去了?"紫鹃道:"不定。"宝玉往外便走。刚出屋门,只见黛玉带着雪雁,冉冉而来。宝玉道:"妹妹回来了。"缩身退步进来。

黛玉进来,走入里间屋内,便请宝玉里头坐。紫鹃拿了一件外罩换上,然后坐下,问道:"你上去看见姨妈没有?"宝玉道:"见过了。"黛玉道:"姨妈说起我没有?"宝玉道:"不但没有说起你,连见了我也不像先时亲热。今日我问起宝姐姐病来,他不过笑了一笑,并不答言。难道怪我这两天没有去瞧他么。"黛玉笑了一笑道:"你去瞧过没有?"宝玉道:"头几天不知道;这两天知道了,也没有去。"黛玉道:"可不是。"宝玉道:"老太太不叫我去,太太也不叫我去,老爷又不叫我去,我如何敢去。若是像从前这扇小门走得通的时候,要我一天瞧他十趟也不难。如今把门堵了,要打前头过去,自然不便了。"黛玉道:"他哪里知道这个缘故。"宝玉道:"宝姐姐为人是最体谅我的。"黛玉道:"你不要自己打错了主意。若论宝姐姐,更不体谅,又不是姨妈病,是宝姐姐病。向来在园中,做诗赏花饮酒,何等热闹,如今隔开了,你看见

他家里有事了,他病到那步田地,你像没事人一般,他怎么不恼呢。"宝玉道:"这样难道宝姐姐便不和我好了不成?"黛玉道:"他和你好不好我却不知,我也不过是照理而论。"宝玉听了,瞪着眼呆了半晌。黛玉看见宝玉这样光景,也不睬他,只是自己叫人添上香,又翻出书来细看了一会。只见宝玉把眉一皱,把脚一跺道:"我想这个人生他做什么!天地间没有了我,倒也干净!"黛玉道:"原是有了我,便有了人;有了人,便有无数的烦恼生出来,恐怖,颠倒,梦想,更有许多缠碍。——才刚我说的都是玩话,你不过是看见姨妈没精打采,如何便疑到宝姐姐身上去?姨妈过来原为他的官司事情心绪不宁,哪里还来应酬你?都是你自己心上胡思乱想,钻入魔道里去了。"宝玉豁然开朗,笑道:"很是,很是。你的性灵比我竟强远了,怨不得前年我生气的时候,你和我说过几句禅语,我实在对不上来。我虽丈六金身,还借你一茎所化。"黛玉乘此机会说道:"我便问你一句话,你如何回答?"宝玉盘着腿,合着手,闭着眼,嘘着嘴道:"讲来。"黛玉道:"宝姐姐和你好你怎么样?宝姐姐不和你好你怎么样?宝姐姐前儿和你好,如今不和你好你怎么样?今儿和你好,后来不和你好你怎么样?你和他好他偏不和你好你怎么样?你不和他好他偏要和你好你怎么样?"宝玉呆了半晌,忽然大笑道:"任凭弱水三千,我只取一瓢饮。"黛玉道:"瓢之漂水奈何?"宝玉道:"非瓢漂水,水自流,瓢自漂耳!"黛玉道:"水止珠沉,奈何?"宝玉道:"禅心已作沾泥絮,莫向春风舞鹧鸪。"黛玉道:"禅门第一戒是不打诳语的。"宝玉道:"有如三宝。"黛玉低头不语。

只听见檐外老鸹呱呱的叫了几声,便飞向东南上去,宝玉道:"不知主何吉凶。"黛玉道:"人有吉凶事,不在鸟音中。"忽见秋纹走来说道:"请二爷回去。老爷叫人到园里来问过,说二爷打学里回来了没有。袭人姐姐只说已经来了。快去罢。"吓得宝玉站起身来往外忙走,黛玉也不敢相留。未知何事,下回分解。

<h2>第九十二回　评女传巧姐慕贤良
玩母珠贾政参聚散</h2>

话说宝玉从潇湘馆出来,连忙问秋纹道:"老爷叫我作什么?"秋纹笑道:"没有叫,袭人姐姐叫我请二爷,我怕你不来,才哄你的。"宝玉听了才把心放下,因说:"你们请我也罢了,何苦来唬我。"说着,回到怡红院内。袭人便问道:"你这好半天到哪里去了?"宝玉道:"在林姑娘那边,说起薛姨妈宝姐姐的事,便坐住了。"袭人又问道:"说些什么?"宝玉将打禅语的话述了一遍。袭人道:"你们再没个计较,正经说些家常闲话儿,或讲究些诗句,也是好的,怎么又说到禅语上了?又不是和尚。"宝玉道:"你不知道,我们有我们的禅机,别人是插不下嘴去的。"袭人笑道:"你们参禅参翻了,又叫我们跟着打闷葫芦了。"宝玉道:"头里我也年纪小,他也孩子气,所以我说了不留神的话,他就恼了。如今我也留神,他也没有恼的了。只是他近来不常过来,我又念书,偶然到一处,好像生疏了似的。"袭人道:"原该这么着才是。都长了几岁年纪了,怎么好意思还像小孩子时候的样子?"宝玉点头道:"我也知道。如今且不用说那个。我问你,老太太那里打发人来说什么来着没有?"袭人道:"没有说什么。"宝玉道:"必是老太太忘了。明儿不是十一月初一日么,年年老太太那里必是个老规矩,要办消寒会,齐打伙儿坐下喝酒说笑。我今日已经在学房里告了假了,这会子没有信儿,明儿可是去不去呢?若去了呢,白白的告了假;若不去,老爷知道了又说我偷懒。"袭人道:"据我说,你竟是去的是。才念的好些儿了,又想歇着。依我说也该上紧些才好。昨儿听见太太说,兰哥儿念书真好,他打学房里回来,还各自念书作文章,天天晚上弄到四更多天才睡。你比他大多了,又是叔叔,倘或赶不上他,又叫老太太生气。倒不如明儿早起去罢。"麝月道:"这样冷天,已经告了假又去,倒叫学房里说:既这么着就不该告假呀,显见的是告谎假脱滑儿。依我说落得歇一天。就是老太太忘记了,咱们这里就不消寒了么,咱们也闹个会儿不好么。"袭人道:"都是你起头儿,二爷更不肯去了。"麝月道:"我也是乐一天是一天,比不得你要好名儿,

使唤一个月再多得二两银子!"袭人啐道:"小蹄子,人家说正经话,你又来胡拉混扯的了。"麝月道:"我倒不是混拉扯,我是为你。"袭人道:"为我什么?"麝月道:"二爷上学去了,你又该咕嘟着嘴想着,巴不得二爷早一刻儿回来,就有说有笑的了。这会儿又假撇清,何苦呢!我都看见了。"

袭人正要骂他,只见老太太那里打发人来说道:"老太太说了,叫二爷明儿不用上学去呢。明儿请了姨太太来给他解闷,只怕姑娘们都来,家里的史姑娘、邢姑娘、李姑娘们都请了,明儿来赴什么消寒会呢。"宝玉没有听完便喜欢道:"可不是,老太太最高兴的,明日不上学是过了明路的了。"袭人也便不言语了。那丫头回去。宝玉认真念了几天书,巴不得玩这一天。又听见薛姨妈过来,想着"宝姐姐自然也来"。心里喜欢,便说:"快睡罢,明日早些起来。"于是一夜无话。

到了次日,果然一早到老太太那里请了安,又到贾政王夫人那里请了安,回明了老太太今儿不叫上学,贾政也没言语,便慢慢退出来,走了几步,便一溜烟跑到贾母房中。见众人都没来,只有凤姐那边的奶妈子带了巧姐儿,跟着几个小丫头过来,给老太太请了安,说:"我妈妈先叫我来请安,陪着老太太说说话儿。妈妈回来就来。"贾母笑着道:"好孩子,我一早就起来了,等他们总不来,只有你二叔叔来了。"那奶妈子便说:"姑娘给你二叔叔请安。"宝玉也问了一声"妞妞好?"巧姐儿道:"我昨夜听见我妈妈说,要请二叔叔去说话。"宝玉道:"说什么呢?"巧姐儿道:"我妈妈说,跟着李妈认了几年字,不知我认得不认得。我说都认得,我认给妈妈瞧。妈妈说我瞎认,不信,说我一天尽子玩,哪里认得。我瞧着那些字也不要紧,就是那《女孝经》也是容易念的。妈妈说我哄他,要请二叔叔得空儿的时候给我理理。"贾母听了,笑道:"好孩子,你妈妈是不认得字的,所以说你哄他。明儿叫你二叔叔理给他瞧瞧,他就信了。"宝玉道:"你认了多少字了?"巧姐儿道:"认了三千多字,念了一本《女孝经》,半个月头里又上了《列女传》。"宝玉道:"你念了懂得吗? 你要不懂,我倒是讲讲这个你听罢。"贾母道:"做叔叔的也该讲究给侄女儿听听。"宝玉道:"那文王后妃是不必说了,想来是知道的。那姜后脱簪待罪,齐国的无盐虽丑,能安邦定国,是后妃里头的贤能的。若说有才的,是曹大姑、班婕妤、蔡文姬、谢道韫诸人。孟光的荆钗布裙,鲍宣妻的提瓮出汲,陶侃母的截发留宾,还有画荻教子的。那苦的里头,有乐昌公主破镜重圆,苏蕙的回文感主。那孝的是更多了,木兰代父从军,曹娥投水寻父的尸首等类也多,我也说不得许多。那个曹氏的引刀割鼻,是魏国的故事。那守节的更多了,只好慢慢的讲。若是那些艳的,王嫱、西子、樊素、小蛮、绛仙等。妒的是秃妾发、怨洛神等类,也少。文君、红拂是女中的……"贾母听到这里,说:"够了,不用说了。你讲的太多,他哪里还记得呢?"巧姐儿道:"二叔叔才说的,也有念过的,也有没念过的。念过的二叔叔一讲,我更知道了好些。"宝玉道:"那字是自然认得的了,不用再理。明儿我还上学去呢。"巧姐儿道:"我还听见我妈妈昨儿说,我们家的小红头里是二叔叔那里的,我妈妈要了来,还没有补上人呢。我妈妈想着要把什么柳家的五儿补上,不知二叔叔要不要。"宝玉听了更喜欢,笑着道:"你听你妈妈的话!要补谁就补谁罢咧,又问什么要不要呢。"因又向贾母笑道:"我瞧大姐姐这个小模样儿,又有这个聪明儿,只怕将来比凤姐姐还强呢,又比他认的字。"贾母道:"女孩儿家认得字呢也好,只是女工针黹倒是要紧的。"巧姐儿道:"我也跟着刘妈妈学着做呢,什么扎花儿啊、拉锁子,我虽弄不好,却也学着会做几针儿。"贾母道:"咱们这样人家固然不仗着自己做,但只到底知道些,日后才不受人家的拿捏。"巧姐儿答应着"是",还要宝玉解说《列女传》,见宝玉呆呆的,也不敢再说。

你道宝玉呆的是什么? 只因柳五儿要进怡红院,头一次是他病了不能进来,第二次王夫人撵了晴雯,大凡有些姿色的,都不敢挑。后来又在吴贵家看晴雯去,五儿跟着他妈给晴雯送东西去,见了一面,更觉娇娜妖媚。今日亏得凤姐想着,叫他补入小红的窝儿,竟是喜出望外了。所以呆呆的想他。

贾母等着那些人,见这时候还不来,又叫丫头去请。回来李纨同着他妹子、探春、惜春、史湘云、黛玉都来了,大家请了贾母的安。众人厮见。独薛姨妈未到,贾母又叫请去。果然姨妈带着宝琴过来。宝玉请了安,问了好。只不见宝钗邢岫烟二人。黛玉便问起"宝姐姐

为何不来?"薛姨妈假说身上不好。邢岫烟知道薛姨妈在坐,所以不来。宝玉虽见宝钗不来,心中纳闷,因黛玉来了,便把想宝钗的心暂且搁开。不多时,邢王二夫人也来了。凤姐听见婆婆们先到了,自己不好落后,只得打发平儿先来告假,说是正要过来,因身上发热,过一会儿就来。贾母道:"既是身上不好,不来也罢。咱们这时候很该吃饭了。"丫头们把火盆往后挪了一挪儿,就在贾母榻前一溜摆下两桌,大家序次坐下。吃了饭,依旧围炉闲谈,不须多赘。

且说凤姐因何不来? 头里为着倒比邢、王二夫人迟了,不好意思;后来旺儿家的来回说:"迎姑娘那里打发人来请奶奶安,还说并没有到上头,只到奶奶这里来。"凤姐听了纳闷,不知又是什么事,便叫那人进来,问:"姑娘在家好?"那人道:"有什么好的,奴才并不是姑娘打发来的,实在是司棋的母亲央我来求奶奶的。"凤姐道:"司棋已经出去了,为什么来求我?"那人道:"自从司棋出去,终日啼哭。忽然那一日他表兄来了,他母亲见了,恨得什么似的,说他害了司棋,一把拉住要打。那小子不敢言语。谁知司棋听见了,急忙出来老着脸和他母亲道:'我是为他出来的,我也恨他没良心。如今他来了,妈要打他,不如勒死了我。'他母亲骂他:'不害臊的东西,你心里要怎么样?'司棋说道:'一个女人配一个男人。我一时失脚上了他的当,我就是他的人了,决不肯再失身给别人的。我恨他为什么这样胆小,一身作事一身当,为什么要逃。就是他一辈子不来,我也一辈子不嫁人的。妈要给我配人,我原拼着一死的。今儿他来了,妈问他怎么样。若是他不改心,我在妈跟前磕了头,只当是我死了,他到哪里,我跟到哪里,就是讨饭吃也是愿意的。'他妈气得了不得,便哭着骂着说:'你是我的女儿,我偏不给他,你敢怎么着。'那知道那司棋这东西糊涂,便一头撞在墙上,把脑袋撞破,鲜血直流,竟死了。他妈哭着救不过来,便要叫那小子偿命。他表兄道:'你们不用着急。我在外头原发了财,因想着他才回来的,心也算是真了。你们若不信,只管瞧。'说着,打怀里掏出一匣子金珠首饰来。他妈妈看见了便心软了,说:'你既有心,为什么总不言语?'他外甥道:'大凡女人都是水性杨花,我若说有钱,他便是贪图银钱。如今他只为人,就是难得的。我把金珠给你们,我去买棺盛殓他。'那司棋的母亲接了东西,也不顾女孩儿了,便由着外甥去。哪里知道他外甥叫人抬了两口棺材来。司棋的母亲看见诧异,说:'怎么棺材要两口?'他外甥笑道:'一口装不下,得两口才好。'司棋的母亲见他外甥又不哭,只当是他心疼的傻了。岂知他忙着把司棋收拾了,也不啼哭,眼错不见,把带的小刀子往脖子里一抹,也就抹死了。司棋的母亲懊悔起来,倒哭得了不得。如今坊上知道了,要报官。他急了,央我来求奶奶说个人情,他再过来给奶奶磕头。"凤姐听了,诧异道:"哪有这样傻丫头,偏偏的就碰见这个傻小子! 怪不得那一天翻出那些东西来,他心里没事人似的,敢只是这么个烈性孩子。论起来,我也没这么大工夫管他这些闲事,但只你才说的叫人听着怪可怜儿的。也罢了,你回去告诉他,我和你二爷说,打发旺儿给他撕掳就是了。"凤姐打发那人去了,才过贾母这边来。不提。

且说贾政这日正与詹光下大棋,通局的输赢也差不多,单为着一只角儿死活未分,在那里打劫。门上的小厮进来回道:"外面冯大爷要见老爷。"贾政道:"请进来。"小厮出去请了,冯紫英走进门来。贾政即忙迎着。冯紫英进来,在书房中坐下,见是下棋,便道:"只管下棋,我来观局。"詹光笑道:"晚生的棋是不堪瞧的。"冯紫英道:"好说,请下罢。"贾政道:"有什么事么?"

冯紫英道："没有什么话。老伯只管下棋，我也学几着儿。"贾政向詹光道："冯大爷是我们相好的，既没事，我们索性下完了这一局再说话儿。冯大爷在旁边瞧着。"冯紫英道："下采不下采？"詹光道："下采的。"冯紫英道："下采的是不好多嘴的。"贾政道："多嘴也不妨，横竖他输了十来两银子，终久是不拿出来的。往后只好罚他做车便了。"詹光笑道："这倒使得。"冯紫英道："老伯和詹公对下么？"贾政笑道："从前对下，他输了；如今让他两个子儿，他又输了。时常还要悔几着，不叫他悔他就急了。"詹光也笑道："没有的事。"贾政道："你试试瞧。"大家一面说笑，一面下完了。做起棋来，詹光还了棋头，输了七个子儿。冯紫英道："这盘终吃亏在打劫里头。老伯劫少，就便宜了。"

贾政对冯紫英道："有罪，有罪。咱们说话儿罢。"冯紫英道："小侄与老伯久不见面，一来会会，二来因广西的同知进来引见，带了四种洋货，可以做得贡的。一件是围屏，有二十四扇槅子，都是紫檀雕刻的。中间虽说不是玉，却是绝好的硝子石，石上镂出山水人物楼台花鸟等物。一扇上有五六十个人，都是宫妆的女子，名为《汉宫春晓》。人的眉目口鼻以及出手衣褶，刻得又清楚又细腻。点缀布置都是好的。我想尊府大观园中正厅上却可用得着。还有一个钟表，有三尺多高，也是一个小童儿拿着时辰牌，到了什么时候他就报什么时辰。里头也有些人在那里打十番的。这是两件重笨的，却还没有拿来。现在我带在这里两件却有些意思儿。"就在身边拿出一个锦匣子，见几重白锦裹着，揭开了锦子，第一层是一个玻璃盒子，里头金托子大红绉绸托底，上放着一颗桂圆大的珠子，光华耀目。冯紫英道："据说这就叫做母珠。"因叫拿一个盘儿来。詹光即忙端过一个黑漆茶盘，道："使得么？"冯紫英道："使得。"便又向怀里掏出一个白绢包儿，将包儿里的珠子都倒在盘里散着，把那颗母珠搁在中间，将盘置于桌上。看见那些小珠子儿滴溜滴溜滚到大珠身边来，一回儿把这颗大珠子抬高了，别处的小珠子一颗也不剩，都粘在大珠上。詹光道："这也奇怪。"贾政道："这是有的，所以叫做母珠，原是珠之母。"那冯紫英又回头看着他跟来的小厮道："那个匣子呢？"那小厮赶忙捧过一个花梨木匣子来。大家打开看时，原来匣内衬着虎纹锦，锦上叠着一束蓝纱。詹光道："这是什么东西？"冯紫英道："这叫做鲛绡帐。"在匣子里拿出来时，叠得长不满五寸，厚不上半寸，冯紫英一层一层的打开，打到十来层，已经桌上铺不下了。冯紫英道："你看里头还有两折，必得高屋里去才张得下。这就是鲛丝所织，暑热天气张在堂屋里头，苍蝇蚊子一个不能进来，又轻又亮。"贾政道："不用全打开，怕叠起来倒费事。"詹光便与冯紫英一层一层折好收拾。冯紫英道："这四件东西价儿也不很贵，两万银他就卖。母珠一万，鲛绡帐五千，《汉宫春晓》与自鸣钟五千。"贾政道："哪里买得起。"冯紫英道："你们是个国戚，难道宫里头用不着么？"贾政道："用得着的很多，只是哪里有这些银子。等我叫人拿进去给老太太瞧瞧。"冯紫英道："很是。"

贾政便着人叫贾琏把这两件东西送到老太太那边去，并叫人请了邢、王二夫人凤姐儿都来瞧着，又把两件东西一一试过。贾琏道："他还有两件：一件是围屏，一件是乐钟。共总要卖二万银子呢。"凤姐儿接着道："东西自然是好的，但是哪里有这些闲钱。咱们又不比外任督抚要办贡。我已经想了好些年了，像咱们这种人家，必得置些不动摇的根基才好，或是祭地，或是义庄，再置些坟屋。往后子孙遇见不得意的事，还是点儿底子，不到一败涂地。我的意思是这样，不知老太太、老爷、太太们怎么样。若是外头老爷们要买，只管买。"贾母与众人都说："这话说的倒也是。"贾琏道："还了他罢。原是老爷叫我送给老太太瞧，为的是宫里好进。谁说买来搁在家里？老太太还没开口，你便说了一大些丧气话！"

说着，便把两件东西拿了出去，告诉贾政，说老太太不要。便与冯紫英道："这两件东西好可好，就只没银子。我替你留心，有要买的人，我便送信给你去。"冯紫英只得收拾好，坐下说些闲话，没有兴头，就要起身。贾政道："你在我这里吃了晚饭去罢。"冯紫英道："罢了，来了就叨扰老伯吗！"贾政道："说哪里的话。"正说着，人回："大老爷来了。"贾赦早已进来。彼此相见，叙些寒温。不一时摆上酒来，看馔罗列，大家喝着酒。至四五巡后，说起洋货的话，冯紫英道："这种货本是难消的，除非要像尊府这种人家，还可消得，其余就难了。"贾政道："这也不见得。"贾赦道："我们家里也比不得从前了，这回儿也不过是个空门面。"冯紫英

又问："东府珍大爷可好么？我前儿见他，说起家常话儿来，提到他令郎续娶的媳妇，远不及头里那位秦氏奶奶了。如今后娶的到底是哪一家的，我也没有问起。"贾政道："我们这个侄孙媳妇儿，也是这里大家，从前做过京畿道的胡老爷的女孩儿。"紫英道："胡道长我是知道的。但是他家教上也不怎么样。也罢了，只要姑娘好就好。"

贾琏道："听得内阁里人说起，贾雨村又要升了。"贾政道："这也好，不知准不准。"贾琏道："大约有意思的了。"冯紫英道："我今儿从吏部里来，也听见这样说。雨村老先生是贵本家不是？"贾政道："是。"冯紫英道："是有服的还是无服的？"贾政道："说也话长。他原籍是浙江湖州府人，流寓到苏州，甚不得意。有个甄士隐和他相好，时常周济他。以后中了进士，得了榜下知县，便娶了甄家的丫头。如今的太太不是正配。岂知甄士隐弄到零落不堪，没有找处。雨村革了职以后，那时还与我家并未相识，只因舍妹丈林如海林公在扬州巡盐的时候，请他在家做西席，外甥女儿是他的学生。因他有起复的信要进京来，恰好外甥女儿要上来探亲，林姑老爷便托他照应上来的，还有一封荐书，托我吹嘘吹嘘。那时看他不错，大家常会。岂知雨村也奇，我家世袭起，从代字辈下来，宁荣两宅人口房舍以及起居事宜，一概都明白，因此遂觉得亲热了。"因又笑说道："几年间门子也会钻了。由知府推升转了御史，不过几年，升了吏部侍郎，署兵部尚书。为着一件事降了三级，如今又要升了。"冯紫英道："人世的荣枯，仕途的得失，终属难定。"贾政道："像雨村算便宜的了。还有我们差不多的人家就是甄家，从前一样功勋，一样的世袭，一样的起居，我们也是时常往来。不多几年，他们进京来差人到我这里请安，还很热闹。一会儿抄了原籍的家财，至今杳无音信，不知他近况若何，心下也着实惦记。看了这样，你想做官的怕不怕？"贾赦道："咱们家是最没有事的。"冯紫英道："果然，尊府是不怕的。一则里头有贵妃照应，二则故旧好亲戚多，三则你家自老太太起至于少爷们，没有一个刁钻刻薄的。"贾政道："虽无刁钻刻薄，却没有德行才情。白白的衣租食税，哪里当得起。"贾赦道："咱们不用说这些话，大家吃酒罢。"大家又喝了几杯，摆上饭来。吃毕，喝茶。冯家的小厮走来轻轻的向紫英说了一句，冯紫英便要告辞了。贾赦贾政道："你说什么？"小厮道："外面下雪，早已下了梆子了。"贾政叫人看时，已是雪深一寸多了。贾政道："那两件东西你收拾好了么？"冯紫英道："收好了。若尊府要用，价钱还自然让些。"贾政道："我留神就是了。"紫英道："我再听信罢。天气冷，请罢，别送了。"贾赦贾政便命贾琏送了出去。未知后事如何，下回分解。

第九十三回　甄家仆投靠贾家门
水月庵掀翻风月案

却说冯紫英去后，贾政叫门上人来吩咐道："今儿临安伯那里来请吃酒，知道是什么事？"门上的人道："奴才曾问过，并没有什么喜庆事。不过南安王府里到了一班小戏子，都说是个名班。伯爷高兴，唱两天戏请相好的老爷们瞧瞧，热闹热闹。大约不用送礼的。"说着，贾赦过来问道："明儿二老爷去不去？"贾政道："承他亲热，怎么好不去的。"说着，门上进来回道："衙门里书办来请老爷明日上衙门，有堂派的事，必得早些去。"贾政道："知道了。"说着，只见两个管屯里地租子的家人走来，请了安，磕了头，旁边站着。贾政道："你们是郝家庄的？"两个答应了一声。贾政也不往下问，竟与贾赦各自说了一回话儿散了。家人等秉着手灯送过贾赦去。

这里贾琏便叫那管租的人道："说你的。"那人说道："十月里的租子奴才已经赶上来了，原是明儿可到。谁知京外拿车，把车上的东西不由分说都掀在地下。奴才告诉他说是府里收租子的车，不是买卖车。他更不管这些。奴才叫车夫只管拉着走，几个衙役就把车夫混打了一顿，硬扯了两辆车去了。奴才所以先来回报，求爷打发个人到衙门里去要了来才好。再者，也整治整治这些无法无天的差役才好。爷还不知道呢，更可怜的是那买卖车，客商的东

西全不顾,掀下来赶着就走。那些赶车的但说句话,打的头破血出的。"贾琏听了,骂道:"这个还了得!"立刻写了一个帖儿,叫家人:"拿去向拿车的衙门里要车去,并车上东西。若少了一件,是不依的。快叫周瑞。"周瑞不在家。又叫旺儿,旺儿晌午出去了,还没有回来。贾琏道:"这些忘八羔子,一个都不在家!他们终年家吃粮不管事。"因吩咐小厮们:"快给我找去。"说着,也回到自己屋里睡下。不题。

且说临安伯第二天又打发人来请。贾政告诉贾赦道:"我是衙门里有事,琏儿要在家等候拿车的事情,也不能去,倒是大老爷带宝玉应酬一天也罢了。"贾赦点头道:"也使得。"贾政遣人去叫宝玉,说"今儿跟大爷到临安伯那里听戏去。"宝玉喜欢的了不得,便换上衣服,带了焙茗、扫红、锄药三个小子出来,见了贾赦,请了安,上了车,来到临安伯府里。门上人回进去,一会子出来说:"老爷请。"于是贾赦带着宝玉走入院内,只见宾客喧阗。贾赦宝玉见了临安伯,又与众宾客都见过礼。大家坐着说笑了一回。只见一个掌班的拿着一本戏单,一个牙笏,向上打了一个千儿,说道:"求各位老爷赏戏。"先从尊位点起,挨至贾赦,也点了一出。那人回头见了宝玉,便不向别处去,竟抢步上来打个千儿道:"求二爷赏两出。"宝玉一见那人,面如傅粉,唇若涂朱,鲜润如出水芙蕖,飘扬似临风玉树。原来不是别人,就是蒋玉菡。前日听得他带了小戏儿进京,也没有到自己那里。此时见了,又不好站起来,只得笑道:"你多早晚来的?"蒋玉菡把手在自己身子上一指,笑道:"怎么二爷不知道么?"宝玉因众人在座,也难说话,只得胡乱点了一出。蒋玉菡去了,便有几个议论道:"此人是谁?"有的说:"他向来是唱小旦的,如今不肯唱小旦,年纪也大了,就在府里掌班。头里也改过小生。他也攒了好几个钱,家里已经有两三个铺子,只是不肯放下本业,原旧班。"有的说:"想必成了家了。"有的说:"亲还没有定。他倒拿定一个主意,说是人生配偶关系一生一世的事,不是混闹得的,不论尊卑贵贱,总要配的上他的才能。所以到如今还并没娶亲。"宝玉暗忖度道:"不知日后谁家的女孩儿嫁他。要嫁着这样的人才儿,也算不辜负了。"那时开了戏,也有昆腔,也有高腔,也有弋腔梆子腔,做得热闹。

过了晌午,便摆开桌子吃酒。又看了一回,贾赦便欲起身。临安伯过来留道:"天色尚早,听见说蒋玉菡还有一出《占花魁》,他们顶好的首戏。"宝玉听了,巴不得贾赦不走。于是贾赦又坐了一会。果然蒋玉菡扮着秦小官服侍花魁醉后神情,把这一种怜香惜玉的意思,做得极情尽致。以后对饮对唱,缠绵缱绻。宝玉这时不看花魁,只把两只眼睛独射在秦小官身上。更加蒋玉菡声音响亮,口齿清楚,按腔落板,宝玉的神魂都唱了进去了。直等这出戏进场后,更知蒋玉菡极是情种,非寻常戏子可比。因想着《乐记》上说的是"情动于中,故形于声。声成文谓之音。"所以知声,知音,知乐,有许多讲究。声音之原,不可不察。诗词一道,但能传情,不能入骨,自后想要研究研究音律。宝玉想出了神,忽见贾赦起身,主人不及相留。宝玉没法,只得跟了回来。到了家中,贾赦自回那边去了,宝玉来见贾政。

贾政才下衙门,正向贾琏问起拿车之事。贾琏道:"今儿门人拿帖儿去,知县不在家。他的门上说了:这是本官不知道的,并无牌票出去拿车,都是那些混帐东西在外头撒野挤讹头。既是老爷府里的,我便立刻叫人去追办,包管明儿连车连东西一并送来,如有半点差迟,再行禀过本官,重重处治。此刻本官不在家,求这里老爷看破些,可以不用本官知道更好。"贾政道:"既无官票,到底是何等样人在那里作怪?"贾琏道:"老爷不知,外头都是这样。想来明

儿必定送来的。"贾琏说完下来,宝玉上去见了。贾政问了几句,便叫他往老太太那里去。

贾琏因为昨夜叫空了家人,出来传唤,那起人多已伺候齐全。贾琏骂了一顿,叫大管家赖升:"将各行档的花名册子拿来,你去查点查点。写一张谕帖,叫那些人知道:若有并未告假,私自出去,传唤不到,贻误公事的,立刻给我打了撵出去!"赖升连忙答应了几个"是",出来吩咐了一回。家人各自留意。

过不几时,忽见有一个人头上载着毡帽,身上穿着一身青布衣裳,脚下穿着一双撒鞋,走到门上向众人作了个揖。众人拿眼上上下下打谅了他一番,便问他是哪里的。那人道:"我自南边甄府中来的。并有家老爷手书一封,求这里的爷们呈上尊老爷。"众人听见他是甄府来的,才站起来让他坐下道:"你乏了,且坐坐,我们给你回就是了。"门上一面进来回明贾政,呈上来书。贾政拆书看时,上写着:

　　世交凤好,气谊素敦。遥仰禧帷,不胜依切。弟因菲材获谴,自分万死难偿,幸邀宽宥,待罪边隔,迨今门户凋零,家人星散。所有奴子包勇,向曾使用,虽无奇技,人尚悫实。倘使得备奔走,糊口有资,屋乌之爱,感佩无涯矣。专此奉达,余容再叙。不宣。

贾政看完,笑道:"这里正因人多,甄家倒荐人来,又不好却的。"吩咐门上:"叫他见我。且留他住下,因材使用便了。"门上出去,带进人来。见贾政便磕了三个头,起来道:"家老爷请老爷安。"自己又打个千儿说:"包勇请老爷安。"贾政回问了甄老爷的好,便把他上下一瞧。但见包勇身长五尺有零,肩背宽肥,浓眉爆眼,磕额长髯,气色粗黑,垂着手站着。便问道:"你是向来在甄家的,还是住过几年的?"包勇道:"小的向在甄家的。"贾政道:"你如今为什么要出来呢?"包勇道:"小的原不肯出来。只是家爷再四叫小的出来,说是别处你不肯去,这里老爷家里只当原在自己家里一样的,所以小的来的。"贾政道:"你们老爷不该有这事情,弄到这样的田地。"包勇道:"小的本不敢说,我们老爷只是太好了,一味的真心待人,反倒招出事来。"贾政道:"真心是最好的了。"包勇道:"因为太真了,人人都不喜欢,讨人厌烦是有的。"贾政笑了一笑道:"既这样,皇天自然不负他的。"包勇还要说时,贾政又问道:"我听见说你们家的哥儿不是也叫宝玉么?"包勇道:"是。"贾政道:"他还肯向上巴结么?"包勇道:"老爷若问我们哥儿,倒是一段奇事。哥儿的脾气也和我家老爷一个样子,也是一味的诚实。从小儿只管和那些姐妹们在一块玩,老爷太太也狠打过几次,他只是不改。那一年太太进京的时候儿,哥儿大病一场,已经死了半日,把老爷几乎急死,装裹都预备了。幸喜后来好了,嘴里说道,走到一座牌楼那里,见了一个姑娘领着他到了一座庙里,见了好些柜子,里头见了好些册子。又到屋里,见了无数女子,说是多变了鬼怪似的,也有变做骷髅儿的。他吓急了,便哭喊起来。老爷知他醒过来了,连忙调治,渐渐的好了。老爷仍叫他在姐妹们一处玩去,他竟改了脾气了,好着时候的玩意儿一概都不要了,唯有念书为事。就有什么人来引诱他,他也全不动心。如今渐渐的能够帮着老爷料理些家务了。"贾政默然想了一回,道:"你去歇歇去罢。等这里用着你时,自然派你一个行次儿。"包勇答应着退下来,跟着这里人出去歇息。不提。

一日贾政早起刚要上衙门,看见门上那些人在那里交头接耳,好像要使贾政知道的似的,又不好明回,只管咕咕唧唧的说话。贾政叫上来问道:"你们有什么事,这么鬼鬼祟祟的?"门上的人回道:"奴才们不敢说。"贾政道:"有什么事不敢说的?"门上的人道:"奴才今儿起来开门出去,见门上贴着一张白纸,上写着许多不成事体的字。"贾政道:"哪里有这样的事,写的是什么?"门上的人道:"是水月庵里的腌臜话。"贾政道:"拿给我瞧。"门上的人道:"奴才本要揭下来,谁知他贴得结实,揭不下来,只得一面抄一面洗。刚才李德揭了一张给奴才瞧,就是那门上贴的话。奴才们不敢隐瞒。"说着呈上那帖儿。贾政接来看时,上面写着:

　　西贝草斤年纪轻,水月庵里管尼僧。
　　一个男人多少女,窝娼聚赌是陶情。
　　不肖子弟来办事,荣国府内出新闻。

贾政看了,气得头昏目晕,赶着叫门上的人不许声张,悄悄叫人往宁荣两府靠近的夹道

子墙壁上再去找寻。随即叫人去唤贾芸出来。

贾芸即忙赶至。贾政忙问道："水月庵中寄居的那些女尼女道，向来你也查考过没有？"贾芸道："没有。一向都是芹儿在那里照管。"贾政道："你知道芹儿照管得来照管不来？"贾芸道："老爷既这么说，想来芹儿必有不妥当的地方儿。"贾政叹道："你瞧瞧这个帖儿写的是什么。"贾芸一看，道："有这样事么。"正说着，只见贾蓉走来，拿着一封书子，写着"二老爷密启"。打开看时，也是无头榜一张，与门上所贴的话相同。贾政道："快叫赖大带了三四辆车子到水月庵里去，把那些女尼女道士一齐拉回来。不许泄漏，只说里头传唤。"赖大领命去了。

且说水月庵中小女尼女道士等初到庵中，沙弥与道士原系老尼收管，日间教他些经忏。以后元妃不用，也便习学得懒怠了。那些女孩子们年纪渐渐的大了，都也有个知觉了。更兼贾芹也是风流人物，打量芳官等出家只是小孩子性儿，便去招惹他们。那知芳官竟是真心，不能上手，便把这心肠移到女尼女道士身上。因那小沙弥中有个名叫沁香的和女道士中有个叫做鹤仙的，长得都甚妖娆，贾芹便和这两个人勾搭上了。闲时便学些丝弦，唱个曲儿。那时正当十月中旬，贾芹给庵中那些人领了月例银子，便想起法儿来，告诉众人道："我为你们领月钱不能进城，又只得在这里歇着。怪冷的，怎么样？我今儿带些果子酒，大家吃着乐一夜好不好？"那些女孩子都高兴，便摆起桌子，连本庵的女尼也叫了来，唯有芳官不来。贾芹喝了几杯，便说道要行令。沁香等道："我们都不会，到不如搳拳罢。谁输了喝一杯，岂不爽快。"本庵的女尼道："这天刚过晌午，混嚷混喝的不像。且先喝几盅，爱散的先散去，谁爱陪芹大爷的，回来晚上尽子喝去，我也不管。"

正说着，只见道婆急忙进来说："快散了罢，府里赖大爷来了。"众女尼忙乱收拾，便叫贾芹躲开。贾芹因多喝了几杯，便道："我是送月钱来的，怕什么！"话犹未完，已见赖大进来，见这般样子，心里大怒。为的是贾政吩咐不许声张，只得糊装笑道："芹大爷也在这里呢么。"贾芹连忙站起来道："赖大爷，你来作什么？"赖大说："大爷在这里更好。快快叫沙弥道士收拾上车进城，宫里传呢。"贾芹等不知缘故，还要细问。赖大说："天已不早了，快快的好赶进城。"众女孩子只得一齐上车，赖大骑着大走骡押着赶进城。不提。

却说贾政知道这事，气得衙门也不能上了，独坐在内书房叹气。贾芸也不敢走开。忽见门上的进来禀道："衙门里今夜该班是张老爷，因张老爷病了，有知会来请老爷补一班。"贾政正等赖大回来要办贾芹，此时又要该班，心里纳闷，也不言语。贾芸走上去说道："赖大是饭后出去的，水月庵离城二十来里，就赶进城也得二更天。今日又是老爷的帮班，请老爷只管去。赖大来了，叫他押着，也别声张，等明儿老爷回来再发落。倘或芹儿来了，也不用说明，看他明儿见了老爷怎么说话。"贾政听来有理，只得上班去了。

贾芸抽空才要回到自己房中，一面走着，心里抱怨凤姐出的主意，欲要埋怨，因他病着，只得隐忍，慢慢的走着。且说那些下人一人传十传到里头。先是平儿知道，即忙告诉凤姐。凤姐因那一夜不好，恹恹的总没精神，正是惦记铁槛寺的事情。听说外头贴了匿名揭帖的一句话，吓了一跳，忙问贴的是什么。平儿随口答应，不留神就错说了道："没要紧，是馒头庵里的事情。"凤姐本是心虚，听见馒头庵的事情，这一唬直唬怔了，一句话没说出来，急火上攻，眼前发晕，咳嗽了一阵，哇的一声，吐出一口血来。平儿慌了，说道："水月庵里不过是女沙弥女道士的事，奶奶着什么急。"凤姐听是水月庵，才定了定神，说道："呸，糊涂东西，到底是水月庵呢，是馒头庵？"平儿笑道："是我头里错听了是馒头庵，后来听见不是馒头庵，是水月庵。我刚才也就说溜了嘴，说成馒头庵了。"凤姐道："我就知道是水月庵，那馒头庵与我什么相干。原是这水月庵是我叫芹儿管的，大约克扣了月钱。"平儿道："我听着不像月钱的事，还有些腌臜话呢。"凤姐道："我更不管那个。你二爷哪里去了？"平儿说："听见老爷生气，他不敢走开。我听见事情不好，我吩咐这些人不许吵嚷，不知太太们知道了么。但听见说老爷叫赖大拿这些女孩子去了。且叫个人前头打听打听。奶奶现在病着，依我竟先别管他们的闲事。"正说着，只见贾琏进来。凤姐欲待问他，见贾琏一脸的怒气，暂且装作不知。贾琏饭没吃完，旺儿来说："外头请爷呢，赖大回来了。"贾琏道："芹儿来了没有？"旺儿道："也来了。"

贾琏便道："你去告诉赖大，说老爷上班儿去了。把这些个女孩子暂且收在园里，明日等老爷回来送进宫去。只叫芹儿在内书房等着我。"旺儿去了。

　　贾芹走进书房，只见那些下人指指点点，不知说什么。看起这个样儿来，不像宫里要人。想着问人，又问不出来。正在心里疑惑，只见贾琏走出来。贾芹便请了安，垂手侍立，说道："不知道娘娘宫里即刻传那些孩子们做什么，叫侄儿好赶。幸喜侄儿今儿送月钱去还没有走，便同着赖大来了。二叔想来是知道的。"贾琏道："我知道什么！你才是明白的呢。"贾芹摸不着头脑儿，也不敢再问。贾琏道："你干得好事，把老爷都气坏了。"贾芹道："侄儿没有干什么。庵里月钱是月月给的，孩子们经忏是不忘记的。"贾琏见他不知，又是平素常在一处玩笑的，便叹口气道："打嘴的东西，你各自去瞧瞧罢！"便从靴掖儿里头拿出那个揭帖来，扔与他瞧。贾芹拾来一看，吓的面如土色，说道："这是谁干的！我并没得罪人，为什么这么坑我！我一月送钱去，只走一趟，并没有这些事。若是老爷回来打着问我，侄儿便该死了。我母亲知道，更要打死。"说着，见没人在旁边，便跪下去说道："好叔叔，救我一救儿罢！"说着，只管磕头，满眼泪流。贾琏想道："老爷最恼这些，要是问准了有这些事，这场气也不小。闹出去也不好听，又长那个贴帖儿的人的志气了。将来咱们的事多着呢。倒不如趁着老爷上班儿，和赖大商量着，若混过去，就可以没事了。现在没有对证。"想定主意，便说："你别瞒我，你干的鬼鬼祟祟的事，你打量我都不知道呢。若要完事，就是老爷打着问你，你一口咬定没有才好。没脸的，起去罢！"叫人去唤赖大。

　　不多时，赖大来了。贾琏便与他商量。赖大说："这芹大爷本来闹的不像。奴才今儿到庵里的时候，他们正在那里喝酒呢。帖儿上的话是一定有的。"贾琏道："芹儿你听，赖大还赖你不成。"贾芹此时红涨了脸，一句也不敢言语。还是贾琏拉着赖大，央他："护庇护庇罢，只说是芹哥儿在家里找来的。你带了他去，只说没有见我。明日你求老爷也不用问那些女孩子了，竟是叫了媒人来，领了去一卖完事。果然娘娘再要的时候儿，咱们再买。"赖大想来，闹也无益，且名声不好，就应了。贾琏叫贾芹："跟了赖大爷去罢，听着他教你。你就跟着他。"说罢，贾芹又磕了一个头，跟着赖大出去。到了没人的地方儿，又给赖大磕头。赖大说："我的小爷，你太闹的不像了。不知得罪了谁，闹出这个乱儿。你想想谁和你不对罢。"贾芹想了一想，忽然想起一个人来。未知是谁，下回分解。

第九十四回　宴海棠贾母赏花妖
失宝玉通灵知奇祸

　　话说赖大带了贾芹出来，一宿无话，静候贾政回来。单是那些女尼女道重进园来，都喜欢的了不得，欲要到各处逛逛，明日预备进宫。不料赖大便吩咐了看园的婆子并小厮看守，唯给了些饮食，却是一步不准走开。那些女孩子摸不着头脑，只得坐着等到天亮。园里各处的丫头虽都知道拉进女尼们来预备宫里使唤，却也不能深知原委。

　　到了明日早起，贾政正要下班，因堂上发下两省城工估销册子立刻要查核，一时不能回家，便叫人回来告诉贾琏："赖大回来，你务必查问明白。该如何办就如何办了，不必等我。"贾琏奉命，先替芹儿喜欢，又想道：若是办得一点影儿都没有，又恐贾政生"不如回明二太太讨个主意办去，便是不合老爷的心，我也不至甚担干系。"主意定了，进内去见王夫人，陈说："昨日老爷见了揭帖生气，把芹儿和女尼女道等都叫进府来查办。今日老爷没空问这种不成体统的事，叫我来回太太，该怎么便怎么样。我所以来请示太太，这件事如何办理？"王夫人听了，诧异道："这是怎么说！若是芹儿这么样起来，这还成咱们家的人了么！但只这个贴帖儿的也可恶，这些话可是混嚼说得的么。你到底问了芹儿有这件事没有呢？"贾琏道："刚才也问过了。太太想，别说他干了没有，就是干了，一个人干了混帐事也肯应承么？但只

我想芹儿也不敢行此事,知道那些女孩子都是娘娘一时要叫的,倘或闹出事来,怎么样呢?依侄儿的主见,要问也不难,若问出来,太太怎么个办法呢?"王夫人道:"如今那些女孩子在哪里?"贾琏道:"都在园里锁着呢。"王夫人道:"姑娘们知道不知道?"贾琏道:"大约姑娘们也都知道是预备宫里头的话,外头并没提起别的来。"王夫人道:"很是。这些东西一刻也是留不得的。头里我原要打发他们去来着,都是你们说留着好,如今不是弄出事来了么。你竟叫赖大那些人带去,细细的问他的本家有人没有,将文书查出,花上几十两银子,雇只船,派个妥当人送到本地,一概连文书发还了,也落得无事。若是为着一两个不好,个个都押着他们还俗,那又太造孽了。若在这里发给官媒,虽然我们不要身价,他们弄去卖钱,哪里顾人的死活呢。芹儿呢,你便狠狠的说他一顿。除了祭祀喜庆,无事叫他不用到这里来,看仔细碰在老爷气头儿上,那就吃不了兜着走了。并说与账房儿里,把这一项钱粮档子销了。还打发个人到水月庵,说老爷的谕:除了上坟烧纸,若有本家爷们到他那里去,不许接待。若再有一点不好风声,连老姑子一并撵出去。"

贾琏一一答应了,出去将王夫人的话告诉赖大,说:"是太太主意,叫你这么办去。办完了,告诉我去回太太。你快办去罢。回来老爷来,你也按着太太的话回去。"赖大听说,便道:"我们太太真正是个佛心。这班东西着人送回去。既是太太好心,不得不挑个好人。芹哥儿竟交给二爷开发了罢。那个贴帖儿的,奴才想法儿查出来,重重的收拾他才好。"贾琏点头说:"是了。"即刻将贾芹发落。赖大也赶着把女尼等领出,按着主意办去了。晚上贾政回家,贾琏赖大回明贾政。贾政本是省事的人,听了也便摆开手了。独有那些无赖之徒,听得贾府发出二十四个女孩子出来,那个不想。究竟那些人能够回家不能,未知着落,亦难虚拟。

且说紫鹃因黛玉渐好,园中无事,听见女尼等预备宫内使唤,不知何事,便到贾母那边打听打听,恰遇着鸳鸯下来,闲着坐下说闲话儿,提起女尼的事。鸳鸯诧异道:"我并没有听见,回来问问二奶奶就知道了。"正说着,只见傅试家两个女人过来请贾母的安,鸳鸯要陪了上去。那两个女人因贾母正睡晌觉,就与鸳鸯说了一声儿回去了。紫鹃问:"这是谁家差来的?"鸳鸯道:"好讨人嫌。家里有了一个女孩儿生得好些,便献宝似的,常常在老太太面前夸他家姑娘长得怎么好,心地怎么好,礼貌上又能,说话儿又简绝,做活计儿手儿又巧,会写会算,尊长上头最孝敬的,就是待下人也是极和平的。来了就编这么一大套,常常说给老太太听。我听着很烦。这几个老婆子真讨人嫌。我们老太太偏爱听那个话。老太太也罢了,还有宝玉,素常见了老婆子便很厌烦的,偏见了他们家的老婆子便不厌烦。你说奇不奇!前儿还来说,他们姑娘现有多少人家儿来求亲,他们老爷总不肯应,心里只要和咱们这种人家作亲才肯。一回夸奖,一回奉承,把老太太的心都说活了。"紫鹃听了一呆,便假意道:"若老太太喜欢,为什么不就给宝玉定了呢?"鸳鸯正要说出缘故,听见上头说:"老太太醒了。"鸳鸯赶着上去。

紫鹃只得起身出来,回到园里。一头走,一头想道:"天下莫非只有一个宝玉,你也想他,我也想他。我们家的那一位越发痴心起来,看他的那个神情儿,是一定在宝玉身上的了。三番五次的病,可不是为着这个是什么!这家里金的银的还闹不清,若添了一个什么傅姑

娘,更了不得了。我看宝玉的心也在我们那一位的身上,听着鸳鸯的说话竟是见一个爱一个的。这不是我们姑娘白操了心了吗?"紫鹃本是想着黛玉,往下一想,连自己也不得主意了,不免掉下泪来。要想着黛玉不用瞎操心呢,又恐怕他烦恼;若是看着他这样,又可怜见儿的。左思右想,一时烦躁起来,自己啐自己道:"你替人担什么忧! 就是林姑娘真配了宝玉,他的那性情儿也是难服侍的。宝玉性情虽好,又是贪多嚼不烂的。我倒劝人不必瞎操心,我自己才是瞎操心呢。从今以后,我尽我的心服侍姑娘,其余的事全不管!"这么一想,心里倒觉清净。回到潇湘馆来,见黛玉独自一人坐在炕上,理从前做过的诗文词稿。抬头见紫鹃来,便问:"你到哪里去了?"紫鹃道:"我今儿瞧了瞧姐妹们去。"黛玉道:"敢是找袭人姐姐去?"紫鹃道:"我找他做什么。"黛玉一想这话,怎么顺嘴说了出来,反觉不好意思,便啐道:"你找谁与我什么相干! 倒茶去罢。"

　　紫鹃也心里暗笑,出来倒茶。只听见园里的一叠声乱嚷,不知何故,一面倒茶,一面叫人去打听。回来说道:"怡红院里的海棠本来萎了几棵,也没人去浇灌他。昨日宝玉走去,瞧见枝头上好像有了骨朵儿似的。人都不信,没有理他。忽然今日开得很好的海棠花,众人诧异,都争着去看。连老太太、太太都哄动了来瞧花儿呢,所以大奶奶叫人收拾园里败叶枯枝,这些人在那里传唤。"黛玉也听见了,知道老太太来,便更了衣,叫雪雁去打听,"若是老太太来了,即来告诉我。"雪雁去不多时,便跑来说:"老太太、太太好些人都来了,请姑娘就去罢。"黛玉略自照了一照镜子,掠了一掠鬓发,便扶着紫鹃到怡红院来。

　　已见老太太坐在宝玉常卧的榻上,黛玉便说道:"请老太太安。"退后,便见了邢、王二夫人,回来与李纨、探春、惜春、邢岫烟彼此问了好。只有凤姐因病未来;史湘云因他叔叔调任回京,接了家去;薛宝琴跟他姐姐家去住了;李家姐妹因见园内多事,李婶娘带了在外居住;所以黛玉今日见的只有数人。大家说笑了一回,讲究这花开得古怪。贾母道:"这花儿应在三月里开的,如今虽是十一月,因节气迟,还算十月,应着小阳春的天气,这花开因为和暖是有的。"王夫人道:"老太太见的多,说得是。也不为奇。"邢夫人道:"我听见这花已经萎了一年,怎么这回不应时候儿开了,必有个缘故。"李纨笑道:"老太太与太太说得都是。据我的糊涂想头,必是宝玉有喜事来了,此花先来报信。"探春虽不言语,心内想:"此花必非好兆。大凡顺者昌,逆者亡。草木知运,不时而发,必是妖孽。"只不好说出来。独有黛玉听说是喜事,心里触动,便高兴说道:"当初田家有荆树一棵,三个弟兄因分了家,那荆树便枯了。后来感动了他弟兄们仍旧归在一处,那荆树也就荣了。可知草木也随人的。如今二哥哥认真念书,舅舅喜欢,那棵树也就发了。"贾母王夫人听了喜欢,便说:"林姑娘比方得有理,很有意思。"

　　正说着,贾赦、贾政、贾环、贾兰都进来看花。贾赦便说:"据我的主意,把他砍去,必是花妖作怪。"贾政道:"见怪不怪,其怪自败。不用砍他,随他去就是了。"贾母听见,便说:"谁在这里混说! 人家有喜事好处,什么怪不怪的。若有好事,你们享去;若是不好,我一个人当去。你们不许混说。"贾政听了,不敢言语,讪讪的同贾赦等走了出来。

　　那贾母高兴,叫人传话到厨房里,快快预备酒席,大家赏花。叫:"宝玉、环儿、兰儿各人做一首诗志喜。林姑娘的病才好,不要他费心,若高兴,给你们改改。"对着李纨道:"你们都陪我喝酒。"李纨答应了"是",便笑对探春笑道:"都是你闹的。"探春道:"饶不叫我们做诗,怎么我们闹的。"李纨道:"海棠社不是你起的么,如今那棵海棠也要来入社了。"大家听着都笑了。一时摆上酒菜,一面喝着,彼此都要讨老太太的欢喜,大家说些兴头话。宝玉上来,斟了酒,便立成了四句诗,写出来念与贾母听道:

　　　　海棠何事忽摧隤,今日繁花为底开?
　　　　应是北堂增寿考,一阳旋复占先梅。
　　贾环也写了来念道:
　　　　草木逢春当苗芽,海棠未发候偏差。
　　　　人间奇事知多少,冬月开花独我家。
　　贾兰恭楷誊正,呈与贾母,贾母命李纨念道:
　　　　烟凝媚色春前萎,霜浥微红雪后开。

莫道此花知识浅,欣荣预佐合欢杯。

　　贾母听毕,便说:"我不大懂诗,听去倒是兰儿的好,环儿做得不好。都上来吃饭罢。"宝玉看见贾母喜欢,更是兴头。因想起:"晴雯死的那年海棠死的,今日海棠复荣,我们院内这些人自然都好。但是晴雯不能像花的死而复生了。"顿觉转喜为悲。忽又想起前日巧姐提凤姐要把五儿补入,或此花为他而开,也未可知,却又转悲为喜,依旧说笑。

　　贾母还坐了半天,然后扶了珍珠回去了。王夫人等跟着过来。只见平儿笑嘻嘻的迎上来说:"我们奶奶知道老太太在这里赏花,自己不得来,叫奴才来服侍老太太、太太们,还有两匹红送给宝二爷包裹这花,当作贺礼。"袭人过来接了,呈与贾母看。贾母笑道:"偏是凤丫头行出点事儿来,叫人看着又体面,又新鲜,很有趣儿。"袭人笑着向平儿道:"回去替宝二爷给二奶奶道谢。要有喜大家喜。"贾母听了笑道:"哎哟,我还忘了呢,凤丫头虽病着,还是他想得到,送得也巧。"一面说着,众人就随着去了。平儿私与袭人道:"奶奶说,这花开得奇怪,叫你铰块红绸子挂挂,便应在喜事上去了。以后也不必只管当作奇事混说。"袭人点头答应,送了平儿出去。不题。

　　且说那日宝玉本来穿着一裹圆的皮袄在家歇息,因见花开,只管出来看一回,赏一回,叹一回,爱一回的,心中无数悲喜离合,都弄到这株花上去了。忽然听说贾母要来,便去换了一件狐腋箭袖,罩一件元狐腿外褂,出来迎接贾母。匆匆穿换,未将通灵宝玉挂上。及至后来贾母去了,仍旧换衣。袭人见宝玉脖子上没有挂着,便问:"那块玉呢?"宝玉道:"才刚忙乱换衣,摘下来放在炕桌上,我没有带。"袭人回看桌上并没有玉,便向各处找寻,踪影全无,吓得袭人满身冷汗。宝玉道:"不用着急,少不得在屋里的。问他们就知道了。"袭人当作麝月等藏起吓他玩,便向麝月等笑着说道:"小蹄子们,玩呢到底有个玩法。把这件东西藏在那里了?别真弄丢了,那可就大家活不成了。"麝月等都正色道:"这是哪里的话!玩是玩笑是笑,这个事非同儿戏,你可别混说。你自己昏了心了,想想罢,想想搁在哪里了。这会子又混赖人了。"袭人见他这般光景,不像是玩话,便着急道:"皇天菩萨小祖宗,到底你摆在哪里去了?"宝玉道:"我记得明明放在炕桌上的,你们到底找啊。"袭人、麝月、秋纹等也不敢叫人知道,大家偷偷儿的各处搜寻。闹了大半天,毫无影响,甚至翻箱倒笼,实在没处去找,便疑到方才这些人进来,不知谁捡了去了。袭人说道:"进来的谁不知道这玉是性命似的东西呢,谁敢捡了去呢。你们好歹先别声张,快到各处问去。若有姐妹们捡着吓我们玩呢,你们给他磕头要了回来;若是小丫头偷了去,问出来也不回上头,不论把什么送他换了出来都使得的。这可不是小事,真要丢了这个,比丢了宝二爷的还利害呢。"麝月秋纹刚要往外走,袭人又赶出来嘱咐道:"头里在这里吃饭的倒先别问去,找不成再惹出些风波来,更不好了。"麝月等依言分头各处追问,人人不晓,个个惊疑。麝月等回来,俱目瞪口呆,面面相窥。宝玉也吓怔了。袭人急的只是干哭。找是没处找,回又不敢回,怡红院里的人吓得个个像木雕泥塑一般。

　　大家正在发呆,只见各处知道的都来了。探春叫把园门关上,先命个老婆子带着两个丫头,再往各处去寻去;一面又叫告诉众人:若谁找出来,重重的赏银。大家头宗要脱干系,二宗听见重赏,不顾命的混找了一遍,甚至于茅厕里都找到。谁知那块玉竟像绣花针儿一般,找了一天,总无影响。李纨急了,说:"这件事不是顽的,我要说句无礼的话了。"众人道:"什么呢?"李纨道:"事情到了这里,也顾不得了。现在园里除了宝玉,都是女人,要求各位姐姐、妹妹、姑娘都要叫跟来的丫头脱了衣服,大家搜一搜。若没有,再叫丫头们去搜那些老婆子并粗使的丫头。"大家说道:"这话也说的有理。现在人多手乱,鱼龙混杂,倒是这么一来,你们也洗洗清。"探春独不言语。那些丫头们也都愿意洗净自己。先是平儿起,平儿说道:"打我先搜起。"于是各人自己解怀,李纨一气儿混搜。探春嗔着李纨道:"大嫂子,你也学那起不成材料的样子来了。那个人既偷了去,还肯藏在身上?况且这件东西在家里是宝,到了外头,不知道的是废物,偷他做什么?我想来必是有人使促狭。"众人听说,又见环儿不在这里,昨儿是他满屋里乱跑,都疑到他身上,只是不肯说出来。探春又道:"使促狭的只有环儿。你们叫个人去悄悄的叫了他来,背地里哄着他,叫他拿出来,然后吓着他,叫他不要声张。这就

完了。"大家点头称是。

李纨便向平儿道："这件事还是得你去才弄得明白。"平儿答应，就赶着去了。不多时同了环儿来了。众人假意装出没事的样子，叫人沏了碗茶搁在里间屋里，众人故意搭讪走开。原叫平儿哄他，平儿便笑着向环儿道："你二哥哥的玉丢了，你瞧见了没有？"贾环便急得紫涨了脸，瞪着眼说道："人家丢了东西，你怎么又叫我来查问，疑我。我是犯过案的贼么！"平儿见这样子，倒不敢再问，便又陪笑道："不是这么说，怕三爷要拿了去吓他们，所以白问问瞧见了没有，好叫他们找。"贾环道："他的玉在他身上，看见不看见该问他，怎么问我。捧着他的人多着咧！得了什么不来问我，丢了东西就来问我！"说着，起身就走。众人不好拦他。这里宝玉倒急了，说道："都是这劳什子闹事，我也不要他了。你们也不用闹了。环儿一去，必是嚷得满院里都知道了，这可不是闹事了么。"袭人等急得又哭道："小祖宗，你看这玉丢了没要紧，若是上头知道了，我们这些人就要粉身碎骨了！"说着，便嚎啕大哭起来。

众人更加伤感，明知此事掩饰不来，只得要商议定了话，回来好回贾母诸人。宝玉道："你们竟也不用商议，硬说我砸了就完了。"平儿道："我的爷，好轻巧话儿！上头要问为什么砸的呢，他们也是个死啊。倘或要起砸破的碴儿来，那又怎么样呢？"宝玉道："不然便说我前日出门丢了。"众人一想，这句话倒还混得过去，但是这两天又没上学，又没往别处去。宝玉道："怎么没有，大前儿还到南安王府里听戏去了呢，便说那日丢的。"探春道："那也不妥。既是前儿丢的，为什么当日不来回。"众人正在胡思乱想，要装点撒谎，只听得赵姨娘的声儿哭着喊着走来说："你们丢了东西自己不找，怎么叫人背地里拷问环儿。我把环儿带了来，索性交给你们这一起淬上水的，该杀该剐，随你们罢。"说着，将环儿一推说："你是个贼，快快的招罢！"气得环儿也哭喊起来。

李纨正要劝解，丫头来说："太太来了。"袭人等此时无地可容，宝玉等赶忙出来迎接。赵姨娘暂且也不敢作声，跟了出来。王夫人见众人都有惊惶之色，才信方才听见的话，便道："那块玉真丢了么？"众人都不敢作声，王夫人走进屋里坐下，便叫袭人。慌得袭人连忙跪下，含泪要禀。王夫人道："你起来，快快叫人细细找去，一忙乱倒不好了。"袭人哽咽难言。宝玉生恐袭人真告诉出来，便说道："太太，这事不与袭人相干。是我前日到南安王府那里听戏，在路上丢了。"王夫人道："为什么那日不找？"宝玉道："我怕他们知道，没有告诉他们。我叫焙茗等在外头各处找的。"王夫人道："胡说！如今脱换衣服不是袭人他们服侍的么。大凡哥儿出门回来，手巾荷包短了，还要个明白，何况这块玉不见了，便不问的么！"宝玉无言可答。赵姨娘听见，便得意了，忙接过口道："外头丢了东西，也赖环儿！"话未说完，被王夫人喝道："这里说这个，你且说那些没要紧的话！"赵姨娘便不敢言语了。还是李纨探春从实的告诉了王夫人一遍，王夫人也急得泪如雨下，索性要回明贾母，去问邢夫人那边跟来的这些人去。

凤姐病中也听见宝玉失玉，知道王夫人过来，料躲不住，便扶了丰儿来到园里。正值王夫人起身要走，凤姐姣怯怯的说："请太太安。"宝玉等过来问了凤姐好。王夫人因说道："你也听见了么，这可不是奇事吗？刚才眼错不见就丢了，再找不着。你去想想，打从老太太那边丫头起至你们平儿，谁的手不稳，谁的心促狭。我要回了老太太，认真的查出来才好。不然是断了宝玉的命根子了。"凤姐回道："咱们家人多手杂，自古说的，'知人知面不知心'，哪里保得住谁是好的。但是一吵嚷已经都知道了，偷玉的人若叫太太查出来，明知是死无葬身之地，他着急，反要毁坏了灭口，那时可怎么处呢。据我的糊涂想头，只说宝玉本不爱他，摭丢了，也没有什么要紧。只要大家严密些，别叫老太太老爷知道。这么说了，暗暗的派人去各处察访，哄骗出来，那时玉也可得，罪名也好定。不知太太心里怎么样？"王夫人迟了半日，才说道："你这话虽也有理，但只是老爷跟前怎么瞒的过呢？"便叫环儿过来道："你二哥哥的玉丢了，白问了你一句，怎么你乱嚷。若是嚷破了，人家把那个毁坏了，我看你活得活不得！"贾环吓得哭道："我再不敢嚷了。"赵姨娘听了，哪里还敢言语。王夫人便吩咐众人道："想来自然有没找到的地方儿，好端端的在家里的，还怕他飞到哪里去不成。只是不许声张。限袭人三天内给我找出来，要是三天找不着，只怕也瞒不住，大家那就不用过安静日子

了。"说着，便叫凤姐儿跟到邢夫人那边商议踩缉。不题。

这里李纨等纷纷议论，便传唤看园子的一干人来，叫把园门锁上，快传林之孝家的来，悄悄儿的告诉了他，叫他吩咐前后门上，三天之内，不论男女下人从里头可以走动，要出时一概不许放出，只说里头丢了东西，待这件东西有了着落，然后放人出来。林之孝家的答应了"是"，因说："前儿奴才家里也丢了一件不要紧的东西，林之孝必要明白，上街去找了一个测字的，那人叫做什么刘铁嘴，测了一个字，说的很明白，回来依旧一找便找着了。"袭人听见，便央及林家的道："好林奶奶，出去快求林大爷替我们问问去。"那林之孝家的答应着出来了。邢岫烟道："若说那外头测字打卦的，是不中用的。我在南边闻妙玉能扶乩，何不烦他问一问。况且我听见说这块玉原有仙机，想来问得出来。"众人都诧异道："咱们常见的，从没有听他说起。"麝月便忙问岫烟道："想来别人求他是不肯的，好姑娘，我给姑娘磕个头，求姑娘就去，若问出来了，我一辈子总不忘你的恩。"说着，赶忙就要磕下头去，岫烟连忙拦住。黛玉等也怂恿着岫烟速往栊翠庵去。一面林之孝家的进来说道："姑娘们大喜。林之孝测了字回来说，这玉是丢不了的，将来横竖有人送还来的。"众人听了，也都半信半疑，唯有袭人麝月喜欢的了不得。探春便问："测的是什么字？"林之孝家的道："他的话多，奴才也学不上来，记得是拈了个赏人东西的'赏'字。那刘铁嘴也不问，便说：'丢了东西不是？'"李纨道："这就算好。"林之孝家的道："他还说，'赏'字上头一个'小'字，底下一个'口'字，这件东西很可嘴里放得，必是个珠子宝石。"众人听了，夸赞道："真是神仙。往下怎么说？"林之孝家的道："他说底下'贝'字，拆开不成一个'见'字，可不是'不见'了？因上头拆了'当'字，叫快到当铺里找去。'赏'字加一'人'字，可不是'偿'字？只要找着当铺就有人，有了人便赎了来，可不是偿还了吗。"众人道："既这么着，就先往左近找起，横竖几个当铺都找遍了，少不得就有了。咱们有了东西，再问人就容易了。"李纨道："只要东西，哪怕不问人都使得。林嫂子，烦你就把测字的话快去告诉二奶奶，回了太太，先叫太太放心。就叫二奶奶快派人查去。"林家的答应了便走。

众人略安了一点儿神，呆呆的等岫烟回来。正呆等，只见跟宝玉的焙茗在门外招手儿，叫小丫头子快出来。那小丫头赶忙的出去了。焙茗便说道："你快进去告诉我们二爷和里头太太奶奶姑娘们天大喜事。"那小丫头子道："你快说罢，怎么这么累赘。"焙茗笑着拍手道："我告诉姑娘，姑娘进去回了，咱们两个人都得赏钱呢。你打量什么，宝二爷的那块玉呀，我得了准信来了。"未知如何，下回分解。

第九十五回　因讹成实元妃薨逝
　　　　　　以假混真宝玉疯癫

话说焙茗在门口和小丫头子说宝玉的玉有了，那小丫头急忙回来告诉宝玉。众人听了，都推着宝玉出去问他，众人在廊下听着。宝玉也觉放心，便走到门口问道："你哪里得了？快拿来。"焙茗道："拿是拿不来的，还得托人做保去呢。"宝玉道："你快说是怎么得的，我好叫人去取去。"焙茗道："我在外头知道林爷爷去测字，我就跟了去。我听见说在当铺里找，我没等他说完，便跑到几个当铺里去。我比给他们瞧，有一家便说有。我说给我罢，那铺子里要票子。我说当多少钱，他说三百钱的也有，五百钱的也有。前儿有一个人拿这么一块玉当了三百钱去，今儿又有人也拿一块玉当了五百钱去。"宝玉不等说完，便道："你快拿三百五百去取了来，我们挑着看是不是。"里头袭人便啐道："二爷不用理他。我小时候儿听见我哥哥常说，有些人卖那些小玉儿，没钱便去当。想来是家家当铺里有的。"众人正在听得诧异，被袭人一说，想了一想，倒大家笑起来，说："快叫二爷进来罢，不用理那糊涂东西了。他说的那些玉，想来不是正经东西。"

宝玉正笑着，只见岫烟来了。原来岫烟走到栊翠庵见了妙玉，不及闲话，便求妙玉扶乩。妙玉冷笑几声，说道："我与姑娘来往，为的是姑娘不是势利场中的人。今日怎么听了哪里的谣言，过来缠我。况且我并不晓得什么叫扶乩。"说着，将要不理。岫烟懊悔此来，知他脾气是这么着的，"一时我已说出，不好回去，又不好与他质证他会扶乩的话。"只得陪着笑将袭人等性命关系的话说了一遍，见妙玉略有活动，便起身拜了几拜。妙玉叹道："何必为人作嫁。但是我进京以来，素无人知，今日你来破例，恐将来缠绕不休。"岫烟道："我也一时不忍，知你必是慈悲的。便是将来他人求你，愿不愿在你，谁敢相强。"妙玉笑了一笑，叫道婆焚香，在箱子里找出沙盘乩架，书了符，命岫烟行礼，祝告毕，起来同妙玉扶着乩。不多时，只见那仙乩疾书道：

嘻！来无迹，去无踪，青埂峰下倚古松。欲追寻，山万重，入我门来一笑逢。

书毕，停了乩。岫烟便问请是何仙，妙玉道："请的是拐仙。"岫烟录了出来，请教妙玉解识。妙玉道："这个可不能，连我也不懂。你快拿去，他们的聪明人多着哩。"岫烟只得回来。进入院中，各人都问怎么样了。岫烟不及细说，便将所录乩语递与李纨。众姊妹及宝玉争看，都解的是："一时要找是找不着的，然而丢是丢不了的，不知儿时不找便出来了。但是青埂峰不知在哪里？"李纨道："这是仙机隐语。咱们家里哪里跑出青埂峰来，必是谁怕查出，撂在有松树的山子石底下，也未可定。独是'入我门来'这句，到底是入谁的门呢？"黛玉道："不知请的是谁！"岫烟道："拐仙。"探春道："若是仙家的门，便难入了。"

袭人心里着忙，便捕风捉影的混找，没一块石底下不找到，只是没有。回到院中，宝玉也不问有无，只管傻笑。麝月着急道："小祖宗！你到底是哪里丢的，说明了，我们就是受罪也在明处啊。"宝玉笑道："我说外头丢的，你们又不依。你如今问我，我知道么！"李纨探春道："今儿从早起闹起，已到三更来的天了。你瞧林妹妹已经撑不住，各自去了。我们也该歇歇儿了，明儿再闹罢。"说着，大家散去。宝玉即便睡下。可怜袭人等哭一回，想一回，一夜无眠。暂且不提。

且说黛玉先自回去，想起金石的旧话来，反自喜欢，心里说道："和尚道士的话真个信不得。果真金玉有缘，宝玉如何能把这玉丢了呢。或者因我之事，拆散他们的金玉，也未可知。"想了半天，更觉安心，把这一天的劳乏竟不理会，重新倒看起书来。紫鹃倒觉身倦，连催黛玉睡下。黛玉虽躺下，又想到海棠花上，说"这块玉原是胎里带来的，非比寻常之物，来去自有关系。若是这花主好事呢，不该失了这玉呀？看来此花开的不祥，莫非他有不吉之事？"不觉又伤起心来。又转想到喜事上头，此花又似应开，此玉又似应失，如此一悲一喜，直想到五更，方睡着。

次日，王夫人等早派人到当铺里去查问，凤姐暗中设法找寻。一连闹了几天，总无下落。还喜贾母贾政未知。袭人等每日提心吊胆，宝玉也好几天不上学，只是怔怔的，不言不语，没心没绪的。王夫人只知他因失玉而起，也不大着意。那日正在纳闷，忽见贾琏进来请安，嘻嘻的笑道："今日听得军机贾雨村打发人来告诉二老爷说，舅太爷升了内阁大学士，奉旨来京，已定明年正月二十日宣麻。有三百里的文书去了，想舅太爷昼夜趱行，半个多月就要到了。侄儿特来回太太知道。"王夫人听说，便欢喜非常。正想娘家人少，薛姨妈家又衰败了，兄弟又在外任，照应不着。今日忽听兄弟拜相回京，王家荣耀，将来宝玉都有倚靠，便把失玉

的心又略放开些了。天天专望兄弟来京。

忽一天，贾政进来，满脸泪痕，喘吁吁的说道："你快去禀知老太太，即刻进宫。不用多人的，是你服侍进去。因娘娘忽得暴病，现在太监在外立等，他说太医院已经奏明痰厥，不能医治。"王夫人听说，便大哭起来。贾政道："这不是哭的时候，快快去请老太太，说得宽缓些，不要吓坏了老人家。"贾政说着，出来吩咐家人伺候。王夫人收了泪，去请贾母，只说元妃有病，进去请安。贾母念佛道："怎么又病了！前番吓的我了不得，后来又打听错了。这回情愿再错了也罢。"王夫人一面回答，一面催鸳鸯等开箱取衣饰穿戴起来。王夫人赶着回到自己房中，也穿戴好了，过来伺候。一时出厅上轿进宫。不题。

且说元春自选了凤藻宫后，圣眷隆重，身体发福，未免举动费力。每日起居劳乏，时发痰疾。因前日侍宴回宫，偶沾寒气，勾起旧病。不料此回甚属利害，竟至痰气壅塞，四肢厥冷。一面奏明，即召太医调治。岂知汤药不进，连用通关之剂，并不见效。内官忧虑，奏请预办后事。所以传旨命贾氏椒房进见。贾母王夫人遵旨进宫，见元妃痰塞口涎，不能言语，见了贾母，只有悲泣之状，却少眼泪。贾母进前请安，奏些宽慰的话。少时贾政等职名递进，宫嫔传奏，元妃目不能顾，渐渐脸色改变。内宫太监即要奏闻，恐派各妃看视，椒房姻戚未便久羁，请在外宫伺候。贾母王夫人怎忍便离，无奈国家制度，只得下来，又不敢啼哭，唯有心内悲感。朝门内官员有信。不多时，只见太监出来，立传钦天监。贾母便知不好，尚未敢动。稍刻，小太监传谕出来说："贾娘娘薨逝。"是年甲寅年十二月十八日立春，元妃薨日是十二月十九日，已交卯年寅月，存年四十三岁。贾母含悲起身，只得出宫上轿回家。贾政等亦已得信，一路悲戚。到家中，邢夫人、李纨、凤姐、宝玉等出厅分东西迎着贾母请了安，并贾政王夫人请安，大家哭泣。不题。

次日早起，凡有品级的，按贵妃丧礼，进内请安哭临。贾政又是工部，虽按照仪注办理，未免堂上又要周旋他些，同事又要请教他，所以两头更忙，非比从前与周妃的丧事了。但元妃并无所出，唯谥曰"贤淑贵妃"。此是王家制度，不必多赘。只讲贾府中男女天天进宫，忙的了不得。幸喜凤姐儿近日身子好些，还得出来照应家事，又要预备王子腾进京接风贺喜。凤姐胞兄王仁知道叔叔入了内阁，仍带家眷来京。凤姐心里喜欢，便有些心病，有这些娘家的人，也便摆开，所以身子倒觉比前好了些。王夫人看见凤姐照旧办事，又把担子卸了一半，又眼见兄弟来京，诸事放心，倒觉安静些。

独有宝玉原是无职之人，又不念书，代儒学里知他家里有事，也不来管他；贾政正忙，自然没有空儿查他。想来宝玉趁此机会，竟可与姊妹们天天畅乐，不料他自失了玉后，终日懒怠走动，说话也糊涂了。并贾母等出门回来，有人叫他去请安，便去；没人叫他，他也不动。袭人等怀着鬼胎，又不敢去招惹他，恐他生气。每天茶饭，端到面前便吃，不来也不要。袭人看这光景不像是有气，竟像是有病。袭人偷着空儿到潇湘馆告诉紫鹃，说是"二爷这么着，求姑娘给他开导开导。"紫鹃虽即告诉黛玉，只因黛玉想着亲事上头一定是自己了，如今见了他，反觉不好意思："若是他来呢，原是小时在一处的，也难不理他；若说我去找他，断断使不得。"所以黛玉不肯过来。袭人又背地里去告诉探春。哪知探春心里明明知道海棠开得怪异，"宝玉"失的更奇，接连着元妃姐姐薨逝，谅家道不祥，日日愁闷，那有心肠去劝宝玉。况兄妹们男女有别，只好过来一两次。宝玉又终是懒懒的，所以也不大常来。

宝钗也知失玉。因薛姨妈那日应了宝玉的亲事，回去便告诉了宝钗。薛姨妈还说："虽是你姨妈说了，我还没有应准，说等你哥哥回来再定。你愿意不愿意？"宝钗反正色的对母道："妈妈这话说错了。女孩儿家的事情是父母做主的。如今我父亲没了，妈妈应该做主的，再不然问哥哥。怎么问起我来？"所以薛姨妈更爱惜他，说他虽是从小娇养惯的，却也生来的贞静，因此在他面前，反不提起宝玉了。宝钗自从听此一说，把"宝玉"两字自然更不提起了。如今虽然听见失了玉，心里也甚惊疑，倒不好问，只得听旁人说去，竟像不与自己相干的。只有薛姨妈打发丫头过来了好几次问信。因他自己的儿子薛蟠的事焦心，只等哥哥进京便好为他出脱罪名；又知元妃已薨，虽然贾府忙乱，却得凤姐好了，出来理家，也把贾家的事撂开了。只苦了袭人，虽然在宝玉跟前低声下气的服侍劝慰，宝玉竟是不懂，袭人只有暗暗的着

急而已。

过了几日，元妃停灵寝庙，贾母等送殡去了几天。岂知宝玉一日呆似一日，也不发烧，也不疼痛，只是吃不像吃，睡不像睡，甚至说话都无头绪。那袭人麝月等一发慌了，回过凤姐几次。凤姐不时过来，起先道是找不着玉生气，如今看他失魂落魄的样子，只有日日请医调治。煎药吃了好几剂，只有添病的，没有减病的。及至问他哪里不舒服，宝玉也不说出来。

直至元妃事毕，贾母惦记宝玉，亲到园看视。王夫人也随了来。袭人等忙叫宝玉接去请安。宝玉虽说是病，每日原起来行动，今日叫他接贾母去，他依然仍是请安，唯是袭人在旁扶着指教。贾母看了，便道：“我的儿，我打量你怎么病着，故此过来瞧你。今你依旧的模样儿，我的心放了好些。”王夫人也自然是宽心的。但宝玉并不回答，只管嘻嘻的笑。贾母等进屋坐下，问他的话，袭人教一句，他说一句，大不似往常，直是一个傻子似的。贾母愈看愈疑，便说：“我才进来看时，不见有什么病，如今细细一瞧，这病果然不轻，竟是神魂失散的样子。到底因什么起的呢？”王夫人知事难瞒，又瞧瞧袭人怪可怜的样子，只得便依着宝玉先前的话，将那往南安王府里去听戏时丢了这块玉的话，悄悄的告诉了一遍。心里也彷徨的很，生恐贾母着急，并说：“现在着人在下头里找寻，求签问卦，都说在当铺里找，少不得找着的。”贾母听了，急得站起来，眼泪直流，说道：“这件玉如何是丢得的！你们忒不懂事了，难道老爷也是摞开手的不成！”王夫人知贾母生气，叫袭人等跪下，自己敛容低首回说：“媳妇恐老太太着急老爷生气，都没敢回。”贾母咳道：“这是宝玉的命根子。因丢了，所以他是这么失魂丧魄的。还了得！况是这玉满城里都知道，谁捡了去便叫你们找出来么！叫人快快请老爷，我与他说。”那时吓得王夫人袭人等俱哀告道：“老太太这一生气，回来老爷更了不得了。现在宝玉病着，交给我们尽命的找来就是了。”贾母道：“你们怕老爷生气，有我呢。”便叫麝月传人去请，不一时传进话来，说：“老爷谢客去了。”贾母道：“不用他也使得。你们便说我说的话，暂且也不用责罚下人，我便叫琏儿来写出赏格，悬在前日经过的地方，便说有人捡得送来者，情愿送银一万两，如有知人捡得送信找得者，送银五千两。如真有了，不可吝惜银子。这么一找，少不得就找出来了。若是靠咱们家几个人找，就找一辈子，也不能得。”王夫人也不敢直言。贾母传话告诉贾琏，叫他速办去了。贾母便叫人：“将宝玉动用之物都搬到我那里去，只派袭人秋纹跟过来，余者仍留园内看屋子。”宝玉听了，终不言语，只是傻笑。

贾母便携了宝玉起身，袭人等搀扶出园。回到自己房中，叫王夫人坐下，看人收拾里间屋内安置，便对王夫人道：“你知道我的意思么？我为的园里人少，怡红院里的花树忽萎忽开，有些奇怪。头里仗着一块玉能除邪祟，如今此玉丢了，生恐邪气易侵，故我带他过来一块儿住着。这几天也不用叫他出去，大夫来就在这里瞧。”王夫人听说，便接口道：“老太太想的自然是。如今宝玉同着老太太住了，老太太的福气大，不论什么都压住了。”贾母道：“什么福气，不过我屋里干净些，经卷也多，都可以念念定定心神。你问宝玉好不好？”那宝玉见问，只是笑。袭人叫他说“好”，宝玉也就说“好”。王夫人见了这般光景，未免落泪，在贾母这里，不敢出声。贾母知王夫人着急，便说道：“你回去罢，这里有我调治他。晚上老爷回来，告诉他不必来见我，不许言语就是了。”王夫人去后，贾母叫鸳鸯找些安神定魄的药，按方吃了。不题。

且说贾政当晚回家，在车内听见道儿上人说道：“人要发财也容易的很。”那个问道：“怎么见得？”这个人又道：“今日听见荣府里丢了什么哥儿的玉了，贴着招贴儿，上头写着玉的大小式样颜色，说有人捡了送去，就给一万两银子；送信的还给五千呢。”贾政虽未听得如此真切，心里诧异，急忙赶回，便叫门上的人问起那事来。门上的人禀道：“奴才头里也不知道，今儿晌午琏二爷传出老太太的话，叫人去贴帖儿，才知道的。”贾政便叹气道：“家道该衰，偏生养这么一个孽障！才养他的时候满街的谣言，隔了十几年略好了些，这会子又大张晓谕的找玉，成何道理！”说着，忙走进里头去问王夫人。王夫人便一五一十的告诉。贾政知是老太太的主意，又不敢违拗，只抱怨王夫人几句。又走出来，叫瞒着老太太，背地里揭了这个帖儿下来。岂知早有那些游手好闲的人揭了去了。

过了些时，竟有人到荣府门上，口称送玉来。家内人们听见，喜欢的了不得，便说：“拿

来,我给你回去。"那人便怀内掏出赏格来,指给门上人瞧,"这不是你府上的帖子么,写明送玉来的给银一万两。二太爷,你们这会子瞧我穷,回来我得了银子,就是个财主了。别这么待理不理的。"门上听他话头来得硬,说道:"你到底略给我瞧一瞧,我好给你回去。"那人初倒不肯,后来听人说得有理,便掏出那玉,托在掌中一扬说:"这是不是?"众家人原是在外服役,只知有玉,也不常见,今日才看见这玉的模样儿了。急忙跑到里头,抢头报似的。那日贾政贾赦出门,只有贾琏在家。众人回明,贾琏还细问真不真。门上人口称:"亲眼见过,只是不给奴才,要见主子,一手交银,一手交玉。"贾琏却也喜欢,忙去禀知王夫人,即便回明贾母。把个袭人乐得合掌念佛。贾母并不改口,一叠连声:"快叫琏儿请那人到书房内坐下,将玉取来一看,即便送银。"贾琏依言,请那人进来当客待他,用好言道谢:"要借这玉送到里头,本人见了,谢银分厘不短。"那人只得将一个红绸子包儿送过去。贾琏打开一看,可不是那一块晶莹美玉吗?贾琏素昔原不理论,今日倒要看看,看了半日,上面的字也仿佛认得出来,什么"除邪祟"等字。贾琏看了,喜之不胜,便叫家人伺候,忙忙的送与贾母王夫人认去。

这会子惊动了合家的人,都等着争看。凤姐见贾琏进来,便劈手夺去,不敢先看,送到贾母手里。贾琏笑道:"你这么一点儿事还不叫我献功呢。"贾母打开看时,只见那玉比先前昏暗了好些。一面擦摸,鸳鸯拿上眼镜儿来,戴着一瞧,说:"奇怪,这块玉倒是的,怎么把头里的宝色都没了呢?"王夫人看了一会子,也认不出,便叫凤姐过来看。凤姐看了道:"像倒像,只是颜色不大对。不如叫宝兄弟自己一看就知道了。"袭人在旁也看着未必是那一块,只是盼得的心盛,也不敢说出不像。凤姐于是从贾母手中接过来,同着袭人拿来给宝玉瞧。这时宝玉正睡着才醒。凤姐告诉道:"你的玉有了。"宝玉睡眼朦胧,接在手里也没瞧,便往地上一摔道:"你们又来哄我了。"说着只是冷笑。凤姐连忙拾起来,道:"这也奇了,怎么你没瞧就知道呢。"宝玉也不答言,只管笑。王夫人也进屋里来了,见他这样,便道:"这不用说了。他那玉原是胎里带来的一种古怪东西,自然他有道理。想来这个必是人见了帖儿照样做的。"大家此时恍然大悟。贾琏在外间屋里听见这话,便说道:"既不是,快拿来给我问问他去,人家这样事,他敢来鬼混。"贾母喝住道:"琏儿,拿了去给他,叫他去罢。那也是穷极了的人没法儿了,所以见我们家有这样事,他便想着赚几个钱也是有的。如今白白的花了钱弄了这个东西,又叫咱们认出来了。依着我不要难为他,把这玉还他,说不是我们的,赏给他几两银子。外头的人知道了,才肯有信儿就送来呢。若是难为了这一个人,就有真的,人家也不敢拿来了。"贾琏答应出去。那人还等着呢,半日不见人来,正在那里心里发虚,只见贾琏气愤走出来了。未知何如,下回分解。

第九十六回　瞒消息凤姐设奇谋 泄机关颦儿迷本性

话说贾琏拿了那块假玉忿忿走出,到了书房。那个人看见贾琏的气色不好,心里先发虚了,连忙站起来迎着。刚要说话,只见贾琏冷笑道:"好大胆,我把你这个混帐东西!这里是什么地方儿,你敢来掉鬼!"回头便问:"小厮们呢?"外头轰雷一般几个小厮齐声答应。贾琏道:"取绳子去捆起他来。等老爷回来问明了,把他送到衙门里去。"众小厮又一齐答应"预备着呢。"嘴里虽如此,却不动身。那人先自唬的手足无措,见这般势派,知道难逃公道,只得跪下给贾琏碰头,口口声声只叫:"老太爷别生气。是我一时穷极无奈,才想出这个没脸的营生来。那玉是我借钱做的,我也不敢要了,只得孝敬府里的哥儿玩罢。"说毕,又连连磕头。贾琏啐道:"你这个不知死活的东西!这府里稀罕你的那朽不了的浪东西!"正闹着,只见赖大进来,陪着笑向贾琏道:"二爷别生气了。靠他算个什么东西,饶了他,叫他滚出去罢。"贾琏道:"实在可恶。"赖大贾琏作好作歹,众人在外头都说道:"糊涂狗攮的,还不给爷

和赖大爷磕头呢。快快的滚罢，还等窝心脚呢！"那人赶忙磕了两个头，抱头鼠窜而去。从此街上闹动了"贾宝玉弄出'假宝玉'"来。

且说贾政那日拜客回来，众人因为灯节底下，恐怕贾政生气，已过去的事了，便也都不肯回。只因元妃的事忙碌了好些时，近日宝玉又病着，虽有旧例家宴，大家无兴，也无有可记之事。到了正月十七日，王夫人正盼王子腾来京，只见凤姐进来回说"今日二爷在外听得有人传说，我们家大老爷赶着进京，离城只二百多里地，在路上没了。太太听见了没有？"王夫人吃惊道："我没有听见，老爷昨晚也没有说起，到底在哪里听见的？"凤姐道："说是在枢密张老爷家听见的。"王夫人怔了半天，那眼泪早流下来了，因拭泪说道："回来再叫琏儿索性打听明白了来告诉我。"凤姐答应去了。王夫人不免暗里落泪，悲女哭弟，又为宝玉担忧。如此连三接二，都是不随意的事，哪里搁得住，便有些心口疼痛起来。又加贾琏打听明白了来说道："舅太爷是赶路劳乏，偶然感冒风寒，到了十里屯地方，延医调治。无奈这个地方没有名医，误用了药，一剂就死了。但不知家眷可到了那里没有？"王夫人听了，一阵心酸，便心口疼得坐不住，叫彩云等扶了上炕，还扎挣着叫贾琏去回了贾政，"即速收拾行装迎到那里，帮着料理完毕，即刻回来告诉我们。好叫你媳妇儿放心。"贾琏不敢违拗，只得辞了贾政起身。贾政早已知道，心里很不受用；又知宝玉失玉以后神志惛愦，医药无效；又值王夫人心疼。那年正值京察，工部将贾政保列一等。二月，吏部带领引见。皇上念贾政勤俭谨慎，即放了江西粮道。即日谢恩，已奏明起程日期。虽有众亲朋贺喜，贾政也无心应酬，只念家中人口不宁，又不敢耽延在家。正在无计可施，只听见贾母那边叫"请老爷。"

贾政即忙进去，看见王夫人带着病也在那里。便向贾母请了安。贾母叫他坐下，便说："你不日就要赴任，我有多少话与你说，不知你听不听？"说着，掉下泪来。贾政忙站起来说道："老太太有话只管吩咐，儿子怎敢不遵命呢。"贾母咽哽着说道："我今年八十一岁的人了，你又要做外任去，偏有你大哥在家，你又不能告亲老。你这一去了，我所疼的只有宝玉，偏偏的又病得糊涂，还不知道怎么样呢。我昨日叫赖升媳妇出去叫人给宝玉算算命，这先生算得好灵，说要娶了金命的人帮扶他，必要冲冲喜才好，不然只怕保不住。我知道你不信这些话，所以教你来商量。你的媳妇也在这里，你们两个也商量商量，还是要宝玉好呢，还是随他去呢？"贾政赔笑说道："老太太当初疼儿子这么疼的，难道做儿子的就不疼自己的儿子不成么。只为宝玉不上进，所以时常恨他，也不过是恨铁不成钢的意思。老太太既要给他成家，这也是该当的，岂有逆着老太太不疼他的理。如今宝玉病着，儿子也是不放心。因老太太不叫他见我，所以儿子也不敢言语。我到底瞧瞧宝玉是个什么病。"王夫人见贾政说着也有些眼圈儿红，知道心里是疼的，便叫袭人扶了宝玉来。宝玉见了他父亲，袭人叫他请安，他便请了个安。贾政见他脸面很瘦，目光无神，大有疯傻之状，便叫人扶了进去，便想到："自己也是望六的人了，如今又放外任，不知几年回来。倘或这孩子果然不好，一则年老无嗣，虽说有孙子，到底隔了一层；二则老太太最疼的是宝玉，若有差错，可不是我的罪名更重了。"瞧瞧王夫人，一包眼泪，又想到他身上，复站起来说："老太太这么大年纪，想法儿疼孙子，做儿子的还敢违拗？老太太主意该怎么便怎么就是了。但只姨太太那边不知说明白了没有？"王夫人便道："姨太太是早应了的。只为蟠儿的事没有结案，所以这些时总没提起。"贾政又道："这就是第一层的难处。他哥哥在监里，妹子怎么出嫁。况且贵妃的事虽不禁婚嫁，宝玉应照已出嫁的姐姐有九个月的功服，此时也难娶亲。再者我的起身日期已经奏明，不敢耽搁，这几天怎么办呢？"贾母想了一想："说的果然不错。若是等这几件事过去，他父亲又走了。倘或这病一天重似一天，怎么好？只可越些礼办了才好。"想定主意，便说道："你若给他办呢，我自然有个道理，包管都碍不着。姨太太那边我和你媳妇亲自过去求他。蟠儿那里我央蝌儿去告诉他，说是要救宝玉的命，诸事将就，自然应的。若说服里娶亲，当真使不得。况且宝玉病着，也不可教他成亲，不过是冲冲喜，我们两家愿意，孩子们又有金玉的道理，婚是不用合的了。即挑了好日子，按着咱们家分儿过了礼。赶着挑个娶亲日子，一概鼓乐不用，倒按宫里的样子，用十二对提灯，一乘八人轿子抬了来，照南边规矩拜了堂，一样坐床撒帐，可不是算娶了亲么。宝丫头心地明白，是不用虑的。内中又有袭人，也还是个妥妥当当的孩

子。再有个明白人常劝他更好。他又和宝丫头合的来。再者姨太太曾说，宝丫头的金锁也有个和尚说过，只等有玉的便是婚姻，焉知宝丫头过来，不因金锁倒招出他那块玉来，也定不得。从此一天好似一天，岂不是大家的造化。这会子只要立刻收拾屋子，铺排起来。这屋子是要你派的。一概亲友不请，也不排筵席，待宝玉好了，过了功服，然后再摆席请人。这么着都赶的上。你也看见了他们小两口的事，也好放心的去。"贾政听了，原不愿意，只是贾母做主，不敢违命，勉强赔笑说道："老太太想的极是，也很妥当。只是要吩咐家下众人，不许吵嚷得里外皆知，这要担不是的。姨太太那边，只怕不肯；若是果真应了，也只好按着老太太的主意办去。"贾母道："姨太太那里有我呢。你去吧。"贾政答应出来，心中好不自在。因赴任事多，部里领凭，亲友们荐人，种种应酬不绝，竟把宝玉的事，听凭贾母交与王夫人凤姐儿了。唯将荣禧堂后身王夫人内屋旁边一大跨所二十余间房屋指与宝玉，余者一概不管。贾母定了主意叫人告诉他去，贾政只说很好，此是后话。

且说宝玉见过贾政，袭人扶回里间炕上。因贾政在外，无人敢与宝玉说话，宝玉便昏昏沉沉的睡去。贾母与贾政所说的话，宝玉一句也没有听见。袭人等却静静儿的听得明白。头里虽也听得些风声，到底影响，只不见宝钗过来，却也有些信真。今日听了这些话，心里方才水落归漕，倒也喜欢。心里想道："果然上头的眼力不错，这才配得是。我也造化。若他来了，我可以卸了好些担子。但是这一位的心里只有一个林姑娘，幸亏他没有听见，若知道了，又不知要闹到什么分儿了。"袭人想到这里，转喜为悲，心想："这件事怎么好？老太太、太太哪里知道他们心里的事。一时高兴给他知道，原想要他病好。若是他仍似前的心事，初见林姑娘便要摔玉砸玉；况且那年夏天在园里把我当作林姑娘，说了好些私心话；后来因为紫鹃说了句玩话儿，便哭得死去活来。若是如今和他说要娶宝姑娘，竟把林姑娘撂开，除非是他人事不知还可，若稍明白些，只怕不但不能冲喜，竟是催命了！我再不把话说明，那不是一害三个人了么。"袭人想定主意，待等贾政出去，叫秋纹照看着宝玉，便从里间出来，走到王夫人身旁，悄悄的请了王夫人到贾母后身屋里去说话。贾母只道是宝玉有话，也不理会，还在那里打算怎么过礼，怎么娶亲。

那袭人同了王夫人到了后间，便跪下哭了。王夫人不知何意，把手拉着他说："好端端的，这是怎么说？有什么委屈起来说。"袭人道："这话奴才是不该说的，这会子因为没有法儿了。"王夫人道："你慢慢说。"袭人道："宝玉的亲事老太太、太太已定了宝姑娘了，自然是极好的一件事。只是奴才想着，太太看去宝玉和宝姑娘好，还是和林姑娘好呢？"王夫人道："他两个因从小儿在一处，所以宝玉和林姑娘又好些。"袭人道："不是好些。"便将宝玉素与黛玉这些光景一一的说了，还说："这些事都是太太亲眼见的。独是夏天的话我从没敢和别人说。"王夫人拉着袭人道："我看外面儿也瞧出几分来了。你今儿一说，更加是了。但是刚才老爷说的话想必都听见了，你看他的神情儿怎么样？"袭人道："如今宝玉若有人和他说话他就笑，没人和他说话他就睡。所以头里的话却倒都没听见。"王夫人道："倒是这件事叫人怎么样呢？"袭人道："奴才说是说了，还得太太告诉老太太，想个万全的主意才好。"王夫人便道："既这么着，你去干你的，这时候满屋子的人，暂且不用提起，等我瞅空儿回明老太太，再作道理。"说着，仍到贾母跟前。

贾母正在那里和凤姐儿商议，见王夫人进来，便问道："袭人丫头说什么？这么鬼鬼祟祟的。"王夫人趁问，便将宝玉的心事，细细回明贾母。贾母听了，半日没言语。王夫人和凤姐也都不再说了。只见贾母叹道："别的事都好说。林丫头倒没有什么；若宝玉真是这样，这可叫人作了难了。"只见凤姐想了一想，因说道："难倒不难，只是我想了个主意，不知姑妈肯不肯。"王夫人道："你有主意只管说给老太太听，大家娘儿们商量着办罢了。"凤姐道："依我想，这件事只有一个掉包儿的法子。"贾母道："怎么掉包儿？"凤姐："如今不管宝兄弟明白不明白，大家吵嚷起来，说是老爷做主，将林姑娘配了他了。瞧他的神情儿怎么样。要是他全不管，这个包儿也就不用掉。若是他有些喜欢的意思，这事却要大费周折呢。"王夫人道："就算他喜欢，你怎么样办法呢？"凤姐走到王夫人耳边，如此这般的说了一遍。王夫人点了几点头儿，笑了一笑说道："也罢了。"贾母便道："你娘儿两个捣鬼，到底告诉我是怎

着呀?"凤姐恐贾母不懂,露泄机关,便也向耳边轻轻的告诉了一遍。贾母果真一时不懂,凤姐笑着又说了几句。贾母笑道:"这么着也好,可就只忒苦了宝丫头了。倘或吵嚷出来,林丫头又怎么样呢?"凤姐道:"这个话原只说给宝玉听,外头一概不许提起,有谁知道呢。"

　　正说间,丫头传进话来说:"琏二爷回来了。"王夫人恐贾母问及,使个眼色与凤姐。凤姐便出来迎着贾琏努了个嘴儿,同到王夫人屋里等着去了。一会儿王夫人进来,已见凤姐哭的两眼通红。贾琏请了安,将到十里屯料理王子腾的丧事的话说了一遍,便说:"有恩旨赏了内阁的职衔,谥了文勤公,命本宗扶柩回籍,着沿途地方官员照料。昨日起身,连家眷回南去了。舅太太叫我回来请安问好,说如今想不到不能进京,有多少话不能说。听见我大舅子要进京,若是路上遇见了,便叫他来到咱们这里细细的说。"王夫人听毕,其悲痛自不必言。凤姐劝慰了一番,"请太太略歇一歇,晚上来再商量宝玉的事罢。"说毕,同了贾琏回到自己房中,告诉了贾琏,叫他派人收拾新房。不题。

　　一日,黛玉早饭后带着紫鹃到贾母这边来,一则请安,二则也为自己散散闷。出了潇湘馆,走了几步,忽然想起忘了手绢子来,因叫紫鹃回去取来,自己却慢慢的走着等他。刚走到沁芳桥那边山石背后,当日同宝玉葬花之处,忽听一个人呜呜咽咽在那里哭。黛玉煞住脚听时,又听不出是谁的声音,也听不出哭着叨叨的是些什么话。心里甚是疑惑,便慢慢的走去。及到了跟前,却见一个浓眉大眼的丫头在那里哭呢。黛玉未见他时,还只疑府里这些大丫头有什么说不出的心事,所以来这里发泄发泄;及至见了这个丫头,却又好笑,因想到:这种蠢货有什么情种,自然是那屋里作粗活的丫头受了大女孩子的气了。细瞧了一瞧,却不认得。那丫头见黛玉来了,便也不敢再哭,站起来拭眼泪。黛玉问道:"你好好的为什么在这里伤心?"那丫头听了这话,又流泪道:"林姑娘你评评这个理。他们说话我又不知道,我就说错了一句话,我姐姐也不犯就打我呀。"黛玉听了,不懂他说的是什么,因笑问道:"你姐姐是哪一个?"那丫头道:"就是珍珠姐姐。"黛玉听了,才知他是贾母屋里的,因又问:"你叫什么?"那丫头道:"我叫傻大姐儿。"黛玉笑了一笑,又问:"你姐姐为什么打你?你说错了什么话了?"那丫头道:"为什么呢,就是为我们宝二爷娶宝姑娘的事情。"黛玉听了这句话,如同一个疾雷,心头乱跳。略定了定神,便叫了这丫头"你跟了我这里来。"那丫头跟着黛玉到那畸角儿上葬桃花的去处,那里背静。黛玉因问道:"宝二爷娶宝姑娘,他为什么打你呢?"傻大姐道:"我们老太太和太太二奶奶商量了,因为我们老爷要起身,说就赶着往姨太太商量把宝姑娘娶过来罢。头一宗,给宝二爷冲什么喜,第二宗——"说到这里,又瞅着黛玉笑了一笑,才说道:"赶着办了,还要给林姑娘说婆婆家呢。"黛玉已经听呆了。这丫头只管说道:"我又不知道他们怎么商量的,不叫人吵嚷,怕宝姑娘听见害臊。我白和宝二爷屋里的袭人姐姐说了一句:'咱们明儿更热闹了,又是宝姑娘,又是宝二奶奶,这可怎么叫呢!'林姑娘,你说我这话害着珍珠姐姐什么了,他走过来就打了我一个嘴巴,说我混说,不遵上头的话,要撵出我去。我知道上头为什么不叫言语呢,你们又没告诉我,就打我。"说着,又哭起来。

　　那黛玉此时心里竟是油儿酱儿糖儿醋儿倒在一处的一般,甜苦酸咸,竟说不上什么味儿来了。停了一会儿,颤巍巍地说道:"你别混说了。你再混说,叫人听见又要打你了。你去

罢。"说着，自己移身要回潇湘馆去。那身子竟有千百斤重的，两只脚却像踩着棉花一般，早已软了，只得一步一步慢慢的走将来。走了半天，还没到沁芳桥畔，原来脚下软了。走的慢，且又迷迷痴痴，信着脚从那边绕过来，更添了两箭地的路。这时刚到沁芳桥畔，却又不知不觉的顺着堤往回里走起来。紫鹃取了绢子来，却不见黛玉。正在那里看时，只见黛玉颜色雪白，身子恍恍荡荡的，眼睛也直直的，在那里东转西转。又见一个丫头往前头走了，离的远，也看不出是哪一个来。心中惊疑不定，只得赶过来轻轻的问道："姑娘怎么又回去？是要往哪里去？"黛玉也只模糊听见，随口应道："我问问宝玉去！"紫鹃听了，摸不着头脑，只得搀着他到贾母这边来。

黛玉走到贾母门口，心里微觉明晰，回头看见紫鹃搀着自己，便站住了问道："你作什么来的？"紫鹃赔笑道："我找了绢子来了。头里见姑娘在桥那边呢，我赶着过来问姑娘，姑娘没理会。"黛玉笑道："我打量你来瞧宝二爷来了呢，不然怎么往这里走呢。"紫鹃见他心里迷惑，便知黛玉必是听那丫头什么话了，唯有点头微笑而已。只是心里怕他见了宝玉，那一个已经是疯疯傻傻，这一个又这样恍恍惚惚，一时说出些不大体统的话来，那时如何是好？心里虽如此想，却也不敢违拗，只得搀他进去。那黛玉却又奇怪了，这时不似先前那样软了，也不用紫鹃打帘子，自己掀起帘子进来，却是寂然无声。因贾母在屋里歇中觉，丫头们也有脱滑玩去的，也有打盹儿的，也有在那里伺候老太太的。倒是袭人听见帘子响，从屋里出来一看，见是黛玉，便让道："姑娘屋里坐罢。"黛玉笑着道："宝二爷在家么？"袭人不知底里，刚要答言，只见紫鹃在黛玉身后和他努嘴儿，指着黛玉，又摇摇手儿。袭人不解何意，也不敢言语。黛玉却也不理会，自己走进房来。看见宝玉在那里坐着，也不起来让坐，只瞅着嘻嘻的傻笑。黛玉自己坐下，却也瞅着宝玉笑。两个人也不问好，也不说话，也无推让，只管对着脸傻笑起来。袭人看见这番光景，心里大不得主意，只是没法儿。忽然听着黛玉说道："宝玉，你为什么病了？"宝玉笑道："我为林姑娘病了。"袭人紫鹃两个吓得面目改色，连忙用言语岔。两个却又不答言，仍旧傻笑起来。袭人见了这样，知道黛玉此时心中迷惑不减于宝玉，因悄和紫鹃说道："姑娘才好了，我叫秋纹妹妹同着你搀回姑娘歇歇去罢。"因回身向秋纹道："你和紫鹃姐姐送林姑娘去罢，你可别混说话。"秋纹笑着，也不言语，便来同着紫鹃搀起黛玉。

那黛玉也就站起来，瞅着宝玉只管笑，只管点头儿。紫鹃又催道："姑娘回家去歇歇罢。"黛玉道："可不是，我这就是回去的时候儿了。"说着，便回身笑着出来了，仍旧不用丫头们搀扶，自己却走得比往常飞快。紫鹃秋纹后面赶忙跟着走。黛玉出了贾母院门，只管一直走去。紫鹃连忙搀住叫道："姑娘往这么来。"黛玉仍是笑着随了往潇湘馆来。离门口不远，紫鹃道："阿弥陀佛，可到了家了！"只这一句话没说完，只见黛玉身子往前一栽，哇的一声，一口血直吐出来。未知性命如何，且听下回分解。

第九十七回　林黛玉焚稿断痴情
薛宝钗出闺成大礼

话说黛玉到潇湘馆门口，紫鹃说了一句话，更动了心，一时吐出血来，几乎晕倒。亏了还同着秋纹，两个人挽扶着黛玉到屋里来。那时秋纹去后，紫鹃雪雁守着，见他渐渐苏醒过来，问紫鹃道："你们守着哭什么？"紫鹃见他说话明白，倒放了心了，因说："姑娘刚才打老太太那边回来，身上觉着不大好，唬的我们没了主意，所以哭了。"黛玉笑道："我哪里就能够死呢。"这一句话没完，又喘成一处。原来黛玉因今日听得宝玉宝钗的事情，这本是他数年的心病，一时急怒，所以迷惑了本性。及至回来吐了这一口血，心中却渐渐的明白过来，把头里的事一字也不记得了。这会子见紫鹃哭，方模糊想起傻大姐的话来，此时反不伤心，唯求速死，

以完此债。这里紫鹃雪雁只得守着,想要告诉人去,怕又像上次招得凤姐儿说他们失惊打怪的。

哪知秋纹回去,神情慌遽。正值贾母睡起中觉来,看见这般光景,便问怎么了。秋纹吓的连忙把刚才的事回了一遍。贾母大惊说:"这还了得!"连忙着人叫了王夫人凤姐过来,告诉了他婆媳两个。凤姐道:"我都嘱咐到了,这是什么人去走了风呢。这不更是一件难事了吗?"贾母道:"且别管那些,先瞧瞧去是怎么样了。"说着便起身带着王夫人凤姐等过来看视。见黛玉颜色如雪,并无一点血色,神气昏沉,气息微细。半日又咳嗽了一阵,丫头递了痰盒,吐出都是痰中带血的。大家都慌了。只见黛玉微微睁眼,看见贾母在他旁边,便喘吁吁的说道:"老太太,你白疼了我了!"贾母一闻此言,十分难受,便道:"好孩子,你养着罢,不怕的。"黛玉微微一笑,把眼又闭上了。外面丫头进来回凤姐道:"大夫来了。"于是大家略避。王大夫同着贾琏进来,诊了脉,说道:"尚不妨事。这是郁气伤肝,肝不藏血,所以神气不定。如今要用敛阴止血的药,方可望好。"王大夫说完,同着贾琏出去开方取药去了。

贾母看黛玉神气不好,便出来告诉凤姐等道:"我看这孩子的病,不是我咒他,只怕难好。你们也该替他预备预备,冲一冲。或者好了,岂不是大家省心。就是怎么样,也不至临时忙乱。咱们家里这两天正有事呢。"凤姐儿答应了。贾母又问了紫鹃一回,到底不知是哪个说的。贾母心里只是纳闷,因说:"孩子们从小儿在一处儿玩,好些是有的。如今大了懂的人事,就该要分别些,才是做女孩儿的本分,我才心里疼他。若是他心里有别的想头,成了什么人了呢!我可是白疼了他了。你们说了,我倒有些不放心。"因回到房中,又叫袭人来问。袭人仍将前日回王夫人的话并方才黛玉的光景述了一遍。贾母道:"我方才看他却还不至糊涂,这个理我就不明白了。咱们这种人家,别的事自然没有的,这心病也是断断有不得的。林丫头若不是这个病呢,我凭着花多少钱都使得。若是这个病,不但治不好,我也没心肠了。"凤姐道:"林妹妹的事老太太倒不必张心,横竖有他二哥哥天天同着大夫瞧看。倒是姑妈那边的事要紧。今日早起听见说,房子不差什么就妥当了,竟是老太太,太太到姑妈那边,我也跟了去,商量商量。就只一件,姑妈家里有宝妹妹在那里,难以说话,不如索性请姑妈晚上过来,咱们一夜都说结了,就好办了。"贾母王夫人都道:"你说的是。今日晚了,明日饭后咱们娘儿们就过去。"说着,贾母用了晚饭。凤姐同王夫人各自归房。不提。

且说次日凤姐吃了早饭过来,便要试试宝玉,走进里间说道:"宝兄弟大喜,老爷已择了吉日要给你娶亲了。你喜欢不喜欢?"宝玉听了,只管瞅着凤姐笑,微微的点点头儿。凤姐笑道:"给你娶林妹妹过来好不好?"宝玉却大笑起来。凤姐看着,也断不透他是明白是糊涂,因又问道:"老爷说你好了才给你娶林妹妹呢,若还是这么傻,便不给你娶了。"宝玉忽然正色道:"我不傻,你才傻呢。"说着,便站起来说:"我去瞧瞧林妹妹,叫他放心。"凤姐忙扶住了,说:"林妹妹早知道了。他如今要做新媳妇了,自然害羞,不肯见你的。"宝玉道:"娶过来他到底是见我不见?"凤姐又好笑,又着忙,心里想:"袭人的话不差。提了林妹妹,虽说仍旧说

些疯话,却觉得明白些。若真明白了,将来不是林妹妹,打破了这个灯虎儿,那饥荒才难打呢。"便忍笑说道:"你好好儿的便见你,若是疯疯癫癫的,他就不见你了。"宝玉说道:"我有一个心,前儿已交给林妹妹了。他要过来,横竖给我带来,还放在我肚子里头。"凤姐听着竟是疯话,便出来看看贾母笑。贾母听了,又是笑,又是疼,便说道:"我早听见了。如今且不用理他,叫袭人好好的安慰他。咱们走罢。"

说着王夫人也来。大家到了薛姨妈那里,只说惦记着这边的事来瞧瞧。薛姨妈感激不尽,说些薛蟠的话。喝了茶,薛姨妈才要叫人告诉宝钗,凤姐连忙拦住说:"姑妈不必告诉宝妹妹。"又向薛姨妈赔笑说道:"老太太此来,一则为瞧姑妈,二则也有句要紧的话特请姑妈到那边商议。"薛姨妈听了,点点头儿说:"是了。"于是大家又说些闲话便回来了。

当晚薛姨妈果然过来,见过了贾母,到王夫人屋里来,不免说起王子腾来,大家落了一回泪。薛姨妈便问道:"刚才我到老太太那里,宝哥儿出来请安还好好儿的,不过略瘦些,怎么你们说得很利害?"凤姐便道:"其实也不怎么样,只是老太太悬心。目今老爷又要起身外任去,不知几年才来。老太太的意思,头一件叫老爷看着宝兄弟成了家也放心,二则也给宝兄弟冲冲喜,借大妹妹的金锁压压邪气,只怕就好了。"薛姨妈心里也愿意,只虑着宝钗委屈,便道:"也使得,只是大家还要从长计较计较才好。"王夫人便按着凤姐的话和薛姨妈说,只说:"姨太太这会子家里没人,不如把妆奁一概蠲免。明日就打发蟠儿去告诉蟠儿,一面这里过门,一面给他变法儿撕掳官事。"并不提起宝玉的心事,又说:"姨太太,既作了亲,娶过来早早好一天,大家早放一天心。"正说着,只见贾母差鸳鸯来候信。薛姨妈虽恐宝钗委屈,然也没法儿,又见这般光景,只得满口应承。鸳鸯回去回了贾母。贾母也甚喜欢,又叫鸳鸯过来求薛姨妈和宝钗说明缘故,不叫他受委屈。薛姨妈也答应了。便议定凤姐夫妇作媒人。大家散了。王夫人姊妹不免又叙了半夜话儿。

次日,薛姨妈回家将这边的话细细的告诉了宝钗,还说:"我已经应承了。"宝钗始则低头不语,后来便自垂泪。薛姨妈用好言劝慰解释了好些话。宝钗自回房内,宝琴随去解闷。薛姨妈才告诉了薛蝌,叫他明日起身,"一则打听审详的事,二则告诉你哥哥一个信儿,你即便回来。"

薛蝌去了四日,便回来回复薛姨妈道:"哥哥的事上司已经准了误杀,一过堂就要题本了,叫咱们预备赎罪的银子。妹妹的事,说'妈妈做主很好的,赶着办又省了好些银子,叫妈妈不用等我,该怎么着就怎么办罢。'"薛姨妈听了,一则薛蟠可以回家,二则完了宝钗的事,心里安放了好些。便是看着宝钗心里好像不愿意似的,"虽是这样,他是女儿家,素来也孝顺守礼的人,知我应了,他也没得说的。"便叫薛蝌:"办泥金庚帖,填上八字,即叫人送到琏二爷那边去。还问了过礼的日子来,你好预备。本来咱们不惊动亲友,哥哥的朋友是你说的'都是混帐人',亲戚呢,就是贾王两家,如今贾家是男家,王家无人在京里。史姑娘放定的事,他家没有来请咱们,咱们也不用通知。倒是把张德辉请了来,托他照料些,他上几岁年纪的人,到底懂事。"薛蝌领命,叫人送帖过去。

次日贾琏过来,见了薛姨妈,请了安,便说:"明日就是上好的日子,今日过来回姨太太,就是明日过礼罢。只求姨太太不要挑饬就是了。"说着,捧过通书来。薛姨妈也谦逊了几句,点头应允。贾琏赶着回去回明贾政。贾政便道:"你回老太太说,既不叫亲友们知道,诸事宁可简便些。若是东西上,请老太太瞧了就是了,不必告诉我。"贾琏答应,进内将话回明贾母。

这里王夫人叫了凤姐命人将过礼的物件都送与贾母过目,并叫袭人告诉宝玉。那宝玉又嘻嘻的笑道:"这里送到园里,回来园里又送到这里。咱们的人送,咱们的人收,何苦呢。"贾母王夫人听了,都喜欢道:"说他糊涂,他今日怎么这么明白呢。"鸳鸯等忍不住好笑,只得上来一件一件的点明给贾母瞧,说:"这是金项圈,这是金珠首饰,共八十件。这是妆蟒四十四。这是各色绸缎一百二十匹。这是四季的衣服共一百二十件。外面也没有预备羊酒,这是折羊酒的银子。"贾母看了,都说"好",轻轻的与凤姐说道:"你去告诉姨太太,说:不是虚礼,求姨太太等蟠儿出来慢慢的叫人给他妹妹做来就是了。那好日子的被褥还是咱们这里代办了罢。"凤姐答应了,出来叫贾琏先过去,又叫周瑞旺儿等,吩咐他们:"不必走大门,

只从园里从前开的便门内送去，我也就过去。这门离潇湘馆还远，倘别处的人见了，嘱咐他们不用在潇湘馆里提起。"众人答应着送礼而去。宝玉认以为真，心里大乐，精神便觉得好些，只是语言总有些疯傻。那过礼的回来都不提名说姓，因此上下人等虽都知道，只因凤姐吩咐，都不敢走漏风声。

且说黛玉虽然服药，这病日重一日。紫鹃等在旁苦劝，说道："事情到了这个分儿，不得不说了。姑娘的心事，我们也都知道。至于意外之事是再没有的。姑娘不信，只拿宝玉的身子说起，这样大病，怎么做得亲呢。姑娘别听瞎话，自己安心保重才好。"黛玉微笑一笑，也不答言，又咳嗽数声，吐出好些血来。紫鹃等看去，只有一息奄奄，明知劝不过来，唯有守着流泪，天天三四趟去告诉贾母。鸳鸯测度贾母近日比前疼黛玉的心差了些，所以不常去回。况贾母这几日的心都在宝钗宝玉身上，不见黛玉的信儿也不大提起，只请太医调治罢了。

黛玉向来病着，自贾母起，直到姊妹们的下人，常来问候。今见贾府中上下人等都不过来，连一个问的人都没有，睁开眼，只有紫鹃一人。自料万无生理，因扎挣着向紫鹃说道："妹妹，你是我最知心的，虽是老太太派你服侍我这几年，我拿你就当作我的亲妹妹。"说到这里，气又接不上来。紫鹃听了，一阵心酸，早哭得说不出话来。迟了半日，黛玉又一面喘一面说道："紫鹃妹妹，我躺着不受用，你扶起我来靠着坐坐才好。"紫鹃道："姑娘的身上不大好，起来又要抖搂着了。"黛玉听了，闭上眼不言语了。一时又要起来。紫鹃没法，只得同雪雁把他扶起，两边用软枕靠住，自己却倚在旁边。

黛玉哪里坐得住，下身自觉硌的疼，狠命的撑着，叫过雪雁来道："我的诗本子。"说着又喘。雪雁料是要他前日所理的诗稿，因找来送到黛玉跟前。黛玉点点头儿，又抬眼看那箱子。雪雁不解，只是发怔。黛玉气的两眼直瞪，又咳嗽起来，又吐了一口血。雪雁连忙回身取了水来，黛玉漱了，吐在盒内。紫鹃用绢子给他拭了嘴。黛玉便拿那绢子指着箱子，又喘成一处，说不上来，闭了眼。紫鹃道："姑娘歪歪儿罢。"黛玉又摇摇头儿。紫鹃料是要绢子，便叫雪雁开箱，拿出一块白绫绢子来。黛玉瞧了，撂在一边，使劲说道："有字的。"紫鹃这才明白过来，要那块题诗的旧帕，只得叫雪雁拿出来递给黛玉。紫鹃劝道："姑娘歇歇罢，何苦又劳神，等好了再瞧罢。"只见黛玉接到手里，也不瞧诗，挣扎着伸出那只手来狠命的撕那绢子，却是只有打颤的分儿，哪里撕得动。紫鹃早已知他是恨宝玉，却也不敢说破，只说："姑娘何苦自己又生气！"黛玉点点头儿，掖在袖里，便叫雪雁点灯。雪雁答应，连忙点上灯来。

黛玉瞧瞧，又闭了眼坐着，喘了一会子，又道："笼上火盆。"紫鹃打量他冷，因说道："姑娘躺下，多盖一件罢。那炭气只怕耽不住。"黛玉又摇头儿。雪雁只得笼上，搁在地下火盆架上。黛玉点头，意思叫挪到炕上来。雪雁只得端上来，出去拿那张火盆炕桌。那黛玉却又把身子欠起，紫鹃只得两只手来扶着他。黛玉这才将方才的绢子拿在手中，瞅着那火点点头儿，往上一撂。紫鹃唬了一跳，欲要抢时，两只手却不敢动。雪雁又出去拿火盆桌子，此时那绢子已经烧着了。紫鹃劝道："姑娘这是怎么说呢。"黛玉只作不闻，回手又把那诗稿拿起来，瞧了瞧又撂下了。紫鹃怕他也要烧，连忙将身倚住黛玉，腾出手来拿时，黛玉又早拾起，撂在火上。此时紫鹃却够不着，干急。雪雁正拿进桌子来，看见黛玉一撂，不知何物，赶忙抢时，那纸沾火就着，如何能够少待，早已烘烘的着了。雪雁也顾不得烧手，从火里抓起来撂在地下乱踩，却已烧得所余无几了。那黛玉把眼一闭，往后一仰，几乎不曾把紫鹃压倒。紫鹃连忙叫雪雁上来将黛玉扶着放倒，心里突突的乱跳。欲要叫人时，天又晚了；欲不叫人时，自己同着雪雁和鹦哥等几个小丫头，又怕一时有什么缘故。好容易熬了一夜。

到了次日早起，觉黛玉又缓过一点儿来。饭后，忽然又嗽又吐，又紧起来。紫鹃看着不祥了，连忙将雪雁等都叫进来看守，自己却来回贾母。哪知到了贾母上房，静悄悄的，只有两三个老妈妈和几个做粗活的丫头在那里看屋子呢。紫鹃因问道："老太太呢？"那些人都说不知道。紫鹃听这话诧异，遂到宝玉屋里去看，竟也无人。遂问屋里的丫头，也说不知。紫鹃已知八九，"但这些人怎么竟这样狠毒冷淡！"又想到黛玉这几天竟连一个人问的也没有，越想越悲，索性激起一腔闷气来，一扭身便出来了。自己想了一想："今日倒要看看宝玉是何形状！看他见了我怎么样过的去！那一年我说了一句谎话他就急病了，今日竟公然做出这

件事来！可知天下男子之心真真是冰寒雪冷，令人切齿的！"一面走，一面想，早已来到怡红院。只见院门虚掩，里面却又寂静的很。紫鹃忽然想到："他要娶亲，自然是有新屋子的，但不知他这新屋子在何处？"

正在那里徘徊瞻顾，看见墨雨飞跑，紫鹃便叫住他。墨雨过来笑嘻嘻的道："姐姐在这里做什么？"紫鹃道："我听见宝二爷娶亲，我要来看看热闹儿。谁知不在这里，也不知是儿儿。"墨雨悄悄的道："我这话只告诉姐姐，你可别告诉雪雁他们。上头吩咐了，连你们都不叫知道呢。就是今日夜里娶，哪里是在这里，老爷派琏二爷另收拾了房子了。"说着又问："姐姐有什么事么？"紫鹃道："没什么事，你去罢。"墨雨仍旧飞跑去了。紫鹃自己也发了一回呆，忽然想起黛玉来，这时候还不知是死是活。因两泪汪汪，咬着牙发狠道："宝玉，我看他明儿死了，你算是躲的过不见了！你过了你那如心如意的事儿，拿什么脸来见我！"一面哭，一面走，呜呜咽咽的自回去了。

还未到潇湘馆，只见两个小丫头在门里往外探头探脑的，一眼看见紫鹃，那一个便嚷道："那不是紫鹃姐姐来了吗。"紫鹃知道不好了，连忙摆手儿不叫嚷，赶忙进去看时，只见黛玉肝火上炎，两颧红赤。紫鹃觉得不妥，叫了黛玉的奶妈王奶奶来。一看，他便大哭起来。这紫鹃因见王奶奶有些年纪，可以仗个胆儿，谁知竟是个没主意的人，反倒把紫鹃弄得心里七上八下。忽然想起一个人来，便命小丫头急忙去请。你道是谁，原来紫鹃想起李宫裁是个孀居，今日宝玉结亲，他自然回避。况且园中诸事向系李纨料理，所以打发人去请他。

李纨正在那里给贾兰改诗，冒冒失失的见一个丫头进来回说："大奶奶，只怕林姑娘好不了，那里都哭呢。"李纨听了，吓了一大跳，也不及问了，连忙站起身来便走，素云碧月跟着，一头走着，一头落泪，想着："姐妹在一处一场，更兼他那容貌才情真是寡二少双，唯有青女素娥可以仿佛一二，竟这样小小的年纪，就作了北邙乡女！偏偏凤姐想出一条偷梁换柱之计，自己也不好过潇湘馆来，竟未能少尽姊妹之情。真真可怜可叹。"一头想着，已走到潇湘馆的门口。里面却又寂然无声，李纨倒着起忙来，想来必是已死，都哭过了，那衣衾未知装裹妥当了没有？连忙三步两步走进屋子来。

里间门口一个小丫头已经看见，便说："大奶奶来了。"紫鹃忙往外走，和李纨走了个对脸。李纨忙问："怎么样？"紫鹃欲说话时，唯有喉中哽咽的分儿，却一字说不出。那眼泪一似断线珍珠一般，只将一只手回过去指着黛玉。李纨看了紫鹃这般光景，更觉心酸，也不再问，连忙走过来。看时，那黛玉已不能言。李纨轻轻叫了两声，黛玉却还微微的开眼，似有知识之状，但只眼皮嘴唇微有动意，口内尚有出入之息，却要一句话一点泪也没有了。李纨回身见紫鹃不在跟前，便问雪雁。雪雁道："他在外头屋里呢。"李纨连忙出来，只见紫鹃在外间空床上躺着，颜色青黄，闭了眼只管流泪，那鼻涕眼泪把一个砌花锦边的褥子已湿了碗大的一片。李纨连忙唤他，那紫鹃才慢慢的睁开眼欠起身来。李纨道："傻丫头，这是什么时候，且只顾哭你的！林姑娘的衣衾还不拿出来给他换上，还等多早晚呢。难道他个女孩儿家，你还叫他赤身露体精着来光着去吗！"紫鹃听了这句话，一发止不住痛哭起来。李纨一面也哭，一面着急，一面拭泪，一面拍着紫鹃的肩膀说："好孩子，你把我的心都哭乱了，快着收拾他的东西罢，再迟一会子就了不得了。"

正闹着，外边一个人慌慌张张跑进来，倒把李纨唬了一跳，看时却是平儿。跑进来看见这样，只是呆磕磕的发怔。李纨道："你这会子不在那边，做什么来了？"说着，林之孝家的也进来了。平儿道："奶奶不放心，叫来瞧瞧。既有大奶奶在这里，我们奶奶就只顾那一头儿了。"李纨点点头儿。平儿道："我也见见林姑娘。"说着，一面往里走，一面早已流下泪来。这里李纨因和林之孝家的道："你来的正好，快出去瞧瞧去。告诉管事的预备林姑娘的后事。妥当了叫他来回我，不用到那边去。"林之孝家的答应了，还站着。李纨道："还有什么话呢？"林之孝家的道："刚才二奶奶和老太太商量了，那边用紫鹃姑娘使唤使唤呢。"李纨还未答言，只见紫鹃道："林奶奶，你先请罢。等着人死了我们自然是出去的，哪里用这么……"说到这里却又不好说了，因又改说道："况且我们在这里守着病人，身上也不洁净。林姑娘还有气儿呢，不时的叫我。"李纨在旁解说道："当真这林姑娘和这丫头也是前世的缘法儿。倒是

雪雁是他南边带来的，他倒不理会。唯有紫鹃，我看他两个一时也离不开。"林之孝家的头里听了紫鹃的话，未免不受用，被李纨这番一说，却也没的说，又见紫鹃哭得泪人一般，只好瞅着他微微的笑，因又说道："紫鹃姑娘这些闲话倒不要紧，只是他却说得，我可怎么回老太太呢。况且这话是告诉得二奶奶的吗！"

正说着，平儿擦着眼泪出来道："告诉二奶奶什么事？"林之孝家的将方才的话说了一遍。平儿低了一回头，说："这么着罢，就叫雪姑娘去罢。"李纨道："他使得吗？"平儿走到李纨耳边说了几句，李纨点头儿道："既是这么着，就叫雪雁过去也是一样的。"林之孝家的因问平儿道："雪姑娘使得吗？"平儿道："使得，都是一样。"林家的道："那么姑娘就快叫雪姑娘跟了我去。我先去回了老太太和二奶奶，这可是大奶奶和姑娘的主意。回来姑娘再各自回二奶奶去。"李纨道："是了。你这么大年纪，连这么点子事还不担呢。"林家的笑道："不是不担，头一宗这件事老太太和二奶奶办的，我们都不能很明白；再者又有大奶奶和平姑娘呢。"说着，平儿已叫了雪雁出来。原来雪雁因这几日嫌他小孩子家懂什么，便也把心冷淡了。况且听是老太太和二奶奶叫，也不敢不去。连忙收拾了头，平儿叫他换了新鲜衣服，跟着林家的去了。随后平儿又和李纨说了几句话。李纨又嘱咐平儿打那么催着林之孝家的叫他男人快办了来。平儿答应着出来，转了个弯子，看见林家的带着雪雁在前头走呢，赶忙叫住道："我带了他去罢，你先告诉林大爷办林姑娘的东西去罢。奶奶那里我替回就是了。"那林家的答应着去了。这里平儿带了雪雁到了新房子里，回明了自去办事。

却说雪雁看见这般光景，想起他家姑娘，也未免伤心，只是在贾母凤姐跟前不敢露出。因又想道："也不知用我作什么，我且瞧瞧。宝玉一日家和我们姑娘好的蜜里调油，这时候总不见面了，也不知是真病假病。怕我们姑娘不依，他假说丢了玉，装出傻子样儿来，叫我们姑娘寒了心，他好娶宝姑娘的意思。我看看他去，看他见了我傻不傻。莫不成今儿还装傻么！"一面想着，已溜到里间屋子门口，偷偷儿的瞧。这时宝玉虽因失玉昏聩，但只听见娶了黛玉为妻，真乃是从古至今天上人间第一件畅心满意的事了，那身子顿觉健旺起来——只不过不似从前那般灵透，所以凤姐的妙计百发百中——巴不得即见黛玉，盼到今日完姻，真乐得手舞足蹈，虽有几句傻话，却与病时光景大相悬绝了。雪雁看了，又是生气，又是伤心，他哪里晓得宝玉的心事，便各自走开。

这里宝玉便叫袭人快快给他装新，坐在王夫人屋里。看见凤姐尤氏忙忙碌碌，再盼不到吉时，只管问袭人道："林妹妹打园里来，为什么这么费事，还不来？"袭人忍着笑道："等好时辰。"回来又听见凤姐与王夫人道："虽然有服，外头不用鼓乐，咱们南边规矩要拜堂的，冷清清使不得。我传了家内学过音乐管过戏子的那些女人来吹打，热闹些。"王夫人点头说："使得。"

一时大轿从大门进来，家里细乐迎出去，十二对宫灯，排着进来，倒也新鲜雅致。傧相请了新人出轿。宝玉见新人蒙着盖头，喜娘披着红扶着。下首扶新人的你道是谁，原来就是雪雁。宝玉看见雪雁，犹想："因何紫鹃不来，倒是他呢？"又想道："是了，雪雁原是他南边家里带来的，紫鹃仍是我们家的，自然不必带来。"因此见了雪雁竟如见了黛玉的一般欢喜。傧相赞礼拜了天地。请出贾母受了四拜，后请贾政夫妇登堂，行礼毕，送入洞房。还有坐床撒帐等事，俱是按金陵旧例。贾政原为贾母作主，不敢违拗，不信冲喜之说。哪知今日宝玉居然像个好人一般，贾政见了，倒也喜欢。那新人坐了床便要揭起盖头的，凤姐早已防备，故请贾母王夫人等进去照应。

宝玉此时到底有些傻气，便走到新人跟前说道："妹妹身上好了？好些天不见了，盖着这劳什子做什么！"欲待要揭去，反把贾母急出一身冷汗来。宝玉又转念一想道："林妹妹是爱生气的，不可造次。"又歇了一歇，仍是按捺不住，只得上前揭了。喜娘接去盖头，雪雁走开，莺儿等上来伺候。宝玉睁眼一看，好像宝钗，心里不信，自己一手持灯，一手擦眼，一看，可不是宝钗么！只见他盛妆艳服，丰肩悼体，鬟低鬓軃，眼眴息微，真是荷粉露垂，杏花烟润了。宝玉发了一回征，又见莺儿立在旁边，不见了雪雁。宝玉此时心无主意，自己反以为是梦中了，呆呆的只管站着。众人接过灯去，扶了宝玉仍旧坐下，两眼直视，半语全无。贾母恐他病

发,亲自扶他上床。凤姐尤氏请了宝钗进入里间床上坐下,宝钗此时自然是低头不语。宝玉定了一回神,见贾母王夫人坐在那边,便轻轻的叫袭人道:"我是在哪里呢? 这不是做梦么?"袭人道:"你今日好日子,什么梦不梦的混说。老爷可在外头呢。"宝玉悄悄儿的拿手指着道:"坐在那里这一位美人儿是谁?"袭人握着自己的嘴,笑的说不出话来,歇了半日才说道:"是新娶的二奶奶。"众人也都回过头去,忍不住的笑。宝玉又道:"好糊涂,你说二奶奶到底是谁?"袭人道:"宝姑娘。"宝玉道:"林姑娘呢?"袭人道:"老爷作主娶的是宝姑娘,怎么混说起林姑娘来。"宝玉道:"我才刚看见林姑娘了么,还有雪雁呢,怎么说没有。你们这都是做什么玩呢?"凤姐便走上来轻轻的说道:"宝姑娘在屋里坐着呢。别混说,回来得罪了他,老太太不依的。"宝玉听了,这会子糊涂更利害了。本来原有昏愦的病,加以今夜神出鬼没,更叫他不得主意,便也不顾别的,口口声声只要找林妹妹去。贾母等上前安慰,无奈他只是不懂。又有宝钗在内,又不好明说。知宝玉旧病复发,也不讲明,只得满屋里点起安息香来,定住他的神魂,扶他睡下。众人鸦雀无声,停了片时,宝玉便昏沉睡去。贾母等才得略略放心,只好坐以待旦,叫凤姐去请宝钗安歇。宝钗置若罔闻,也便和衣在内暂歇。贾政在外,未知内里原由,只就方才眼见的光景想来,心下倒放宽了。恰是明日就是起程的吉日,略歇了一歇,众人贺喜送行。贾母见宝玉睡着,也回房去暂歇。

次早,贾政辞了宗祠,过来拜别贾母,禀称:"不孝远离,唯愿老太太顺时颐养。儿子一到任所,即修禀请安,不必挂念。宝玉的事,已经依了老太太完结,只求老太太训诲。"贾母恐贾政在路不放心,并不将宝玉复病的话说起,只说:"我有一句话,宝玉昨夜完姻,并不是同房。今日你起身,必该叫他远送才是。他因病冲喜,如今才好些,又是昨日一天劳乏,出来恐怕着了风。故此问你,你叫他送呢,我即刻去叫他;你若疼他,我就叫人带了他来,你见见,叫他给你磕头就算了。"贾政道:"叫他送什么,只要他从此以后认真念书,比送我还喜欢呢。"贾母听了,又放了一条心,便叫贾政坐着,叫鸳鸯如此如此,带了宝玉,叫袭人跟着来。鸳鸯去了不多一会,果然宝玉来了,仍是叫他行礼。宝玉见了父亲,神志略敛些,片时清楚,也没什么大差。贾政吩咐了几句,宝玉答应了。贾政叫人扶他回去了,自己回到王夫人房中,又切实的叫王夫人管教儿子,断不可如前娇纵。明年乡试,务必叫他下场。王夫人一一的听了,也没提起别的。即忙命人扶了宝钗过来,行了新妇送行之礼,也不出房。其余内眷俱送至二门而回。贾珍等也受了一番训饬。大家举酒送行,一班子弟及晚辈亲友,直送至十里长亭而别。

不言贾政起程赴任。且说宝玉回来,旧病陡发,更加昏聩,连饮食也不能进了。未知性命如何,下回分解。

第九十八回　苦绛珠魂归离恨天
病神瑛泪洒相思地

话说宝玉见了贾政,回至房中,更觉头昏脑闷,懒得动弹,连饭也没吃,便昏沉睡去。仍旧延医诊治,服药不效,索性连人也认不明白了。大家扶着他坐起来,还是像个好人。一连闹了几天,那日恰是回九之期,若不过去,薛姨妈脸上过不去,若说去呢,宝玉这般光景。贾母明知是为黛玉而起,欲要告诉明白,又恐气急生变。宝钗是新媳妇,又难劝慰,必得姨妈过来才好。若不回九,姨妈嗔怪。便与王夫人凤姐商议道:"我看宝玉竟是魂不守舍,起动是不怕的。用两乘小轿叫人扶着从园里过去,应了回九的吉期,以后请姨妈过来安慰宝钗,咱们一心一计的调治宝玉,可不两全?"王夫人答应了,即刻预备。幸亏宝钗是新媳妇,宝玉是个疯傻的,由人拨弄过去了。宝钗也明知其事,心里只怨母亲办得糊涂,事已至此,不肯多言。独有薛姨妈看见宝玉这般光景,心里懊悔,只得草草完事。

到家，宝玉越加沉重，次日连起坐都不能了。日重一日，甚至汤水不进。薛姨妈等忙了手脚，各处遍请名医，皆不识病源。只有城外破寺中住着个穷医，姓毕，别号知庵的，诊得病源是悲喜激射，冷暖失调，饮食失时，忧忿滞中，正气壅闭：此内伤外感之症。于是度量用药，至晚服了，二更后果然省些人事，便要水喝。贾母王夫人等才放了心，请了薛姨妈带了宝钗都到贾母那里暂且歇息。

宝玉片时清楚，自料难保，见诸人散后，房中只有袭人，因唤袭人至跟前，拉着手哭道："我问你，宝姐姐怎么来的？我记得老爷给我娶了林妹妹过来，怎么被宝姐姐赶了去了？他为什么霸占住在这里？我要说呢，又恐怕得罪了他。你们听见林妹妹哭得怎么样了？"袭人不敢明说，只得说道："林姑娘病着呢。"宝玉又道："我瞧瞧他去。"说着，要起来。岂知连日饮食不进，身子哪能动转，便哭道："我要死了！我有一句心里的话，只求你回明老太太：横竖林妹妹也是要死的，我如今也不能保。两处两个病人都要死的，死了越发难张罗。不如腾一处空房子，趁早将我同林妹妹两个抬在那里，活着也好一处医治服侍，死了也好一处停放。你依我这话，不枉了几年的情分。"袭人听了这些话，便哭的哽嗓气噎。宝钗恰好同了莺儿过来，也听见了，便说道："你放着病不保养，何苦说这些不吉利的话。老太太才安慰了些，你又生出事来。老太太一生疼你一个，如今八十多岁的人了，虽不图你的封诰，将来你成了人，老太太也看着乐一天，也不枉了老人家的苦心。太太更是不必说了，一生的心血精神，抚养了你这一个儿子，若是半途死了，太太将来怎么样呢。我虽是命薄，也不至于此。据此三件来看，你便要死，那天也不容你死的，所以你是不得死的。只管安稳着，养个四五天后，风邪散了，太和正气一足，自然这些邪病都没有了。"宝玉听了，竟是无言可答，半晌方才嘻嘻的笑道："你是好些时不和我说话了，这会子说这些大道理的话给谁听？"宝钗听了这话，便又说道："实告诉你说罢，那两日你不知人事的时候，林妹妹已经亡故了。"宝玉忽然坐起来，大声诧异道："果真死了吗？"宝钗道："果真死了。岂有红口白舌咒人死的呢。老太太、太太知道你姐妹和睦，你听见他死了自然你也要死，所以不肯告诉你。"宝玉听了，不禁放声大哭，倒在床上。

忽然眼前漆黑，辨不出方向，心中正自恍惚，只见眼前好像有人走来，宝玉茫然问道："借问此是何处？"那人道："此阴司泉路。你寿未终，何故至此？"宝玉道："适闻有一故人已死，遂寻访至此，不觉迷途。"那人道："故人是谁？"宝玉道："姑苏林黛玉。"那人冷笑道："林黛玉生不同人，死不同鬼，无魂无魄，何处寻访！凡人魂魄，聚而成形，散而为气，生前聚之，死则散焉。常人尚无可寻访，何况林黛玉呢。汝快回去罢。"宝玉听了，呆了半晌道："既云死者散也，又如何有这个阴司呢？"那人冷笑道："那阴司说有便有，说无就无。皆为世俗溺于生死之说，设言以警世，便道上天深怒愚人，或不守分安常，或生禄未终自行夭折，或嗜淫欲尚气逞凶无故自陨者，特设此地狱，囚其魂魄，受无边的苦，以偿生前之罪。汝寻黛玉，是无故自陷也。且黛玉已归太虚幻境，汝若有心寻访，潜心修养，自然有时相见。如不安生，即以自行夭折之罪囚禁阴司，除父母外，欲图一见黛玉，终不能矣。"那人说毕，袖中取出一石，向宝玉心口掷来。宝玉听了这话，又被这石子打着心窝，吓的即欲回家，只恨迷了道路。

正在踌躇，忽听那边有人唤他。回首看时，不是别人，正是贾母、王夫人、宝钗、袭人等围绕哭泣叫着。自己仍旧躺在床上。见案上红灯，窗前皓月，依然锦绣丛中，繁华世界。定神一想，原来竟是一场大梦。浑身冷汗，觉得心内清爽。仔细一想，真正无可奈何，不过长叹数声而已。宝钗早知黛玉已死，因贾母等不许众人告诉宝玉知道，恐添病难治。自己却深知宝玉之病实因黛玉而起，失玉次之，故趁势说明，使其一痛决绝，神魂归一，庶可疗治。贾母王夫人等不知宝钗的用意，深怪他造次。后来见宝玉醒了过来，方才放心。立即到外书房请了毕大夫进来诊视。那大夫进来诊了脉，便道："奇怪，这回脉气沉静，神安郁散，明日进调理的药，就可以望好了。"说着出去。众人各自安心散去。

袭人起初深怨宝钗不该告诉，唯是口中不好说出。莺儿背地也说宝钗道："姑娘试性急了。"宝钗道："你知道什么好歹，横竖有我呢。"那宝钗任人诽谤，并不介意，只窥察宝玉心病，暗下针砭。一日，宝玉渐觉神志安定，虽一时想起黛玉，尚有糊涂。更有袭人缓缓的将"老爷选定的宝姑娘为人和厚；嫌林姑娘秉性古怪，原恐早夭；老太太恐你不知好歹，病中着急，所以叫雪雁过来哄你"的话时常劝解。宝玉终是心酸落泪。欲待寻死，又想着梦中之言，又恐老太太、太太生气，又不能撩开。又想黛玉已死，宝钗又是第一等人物，方信金石姻缘有定，自己也解了好些。宝钗看来不妨大事，于是自己心也安了，只在贾母王夫人等前尽行过家庭之礼后，便设法以释宝玉之忧。宝玉虽不能时常坐起，亦常见宝钗坐在床前，禁不住生来旧病。宝钗每以正言劝解，以"养身要紧，你我既为夫妇，岂在一时"之语安慰他。那宝玉心里虽不顺遂，无奈日里贾母王夫人及薛姨妈等轮流相伴，夜间宝钗独去安寝，贾母又派人服侍，只得安心静养。又见宝钗举动温柔，也就渐渐的将爱慕黛玉的心肠略移在宝钗身上，此是后话。

却说宝玉成家的那一日，黛玉白日已昏晕过去，却心头口中一丝微气不断，把个李纨和紫鹃哭的死去活来。到了晚间，黛玉却又缓过来了，微微睁开眼，似有要水要汤的光景。此时雪雁已去，只有紫鹃和李纨在旁。紫鹃便端了一盏桂圆汤和的梨汁，用小银匙灌了两三匙。黛玉闭着眼静养了一会子，觉得心里似明似暗的。此时李纨见黛玉略缓，明知是回光返照的光景，却料着还有半天耐头，自己回到稻香村料理了一回事情。

这里黛玉睁开眼一看，只有紫鹃和奶妈并几个小丫头在那里，便一手攥了紫鹃的手，使着劲说道："我是不中用的人了。你服侍我几年，我原指望咱们两个总在一处。不想我……"说着，又喘了一会子，闭了眼歇着。紫鹃见他攥着不肯松手，自己也不敢挪动，看他的光景比早半天好些，只当还可以回转，听了这话，又寒了半截。半天，黛玉又说道："妹妹，我这里并没亲人。我的身子是干净的，你好歹叫他们送我回去。"说到这里，又闭了眼不言语了。那手却渐渐紧了，喘成一处，只是出气大入气小，已经促疾的很了。

紫鹃忙了，连忙叫人请李纨，可巧探春来了。紫鹃见了，忙悄悄的说道："三姑娘，瞧瞧林姑娘罢。"说着，泪如雨下。探春过来，摸了摸黛玉的手已经凉了，连目光也都散了。探春紫鹃正哭着叫人端水来给黛玉擦洗，李纨赶忙进来了。三个人才见了，不及说话。刚擦着，猛听黛玉直声叫道："宝玉，宝玉，你好……"说到"好"字，便浑身冷汗，不作声了。紫鹃等急忙扶住，那汗愈出，身子便渐渐的冷了。探春李纨叫人乱着拢头穿衣，只见黛玉两眼一翻，呜呼，香魂一缕随风散，愁绪三更入梦遥！

当时黛玉气绝，正是宝玉娶宝钗的这个时辰。紫鹃等都大哭起来。李纨探春想他素日的可疼，今日更加可怜，也便伤心痛哭。因潇湘馆离新房子甚远，所以那边并没听见。一时大家痛哭了一阵，只听得远远一阵音乐之声，侧耳一听，却又没有了。探春李纨走出院外再听时，唯有竹梢风动，月影移墙，好不凄凉冷淡！一时叫了林之孝家的过来，将黛玉停放毕，派人看守，等明早去回凤姐。

凤姐因见贾母王夫人等忙乱，贾政起身，又为宝玉昏聩更甚，正在着急异常之时，若是又将黛玉的凶信一回，恐贾母王夫人愁苦交加，急出病来，只得亲自到园。到了潇湘馆内，也不免哭了一场。见了李纨探春，知道诸事齐备，便说："很好。只是刚才你们为什么不言语，叫我着急？"探春道："刚才送老爷，怎么说呢。"凤姐道："还倒是你们两个可怜他些。这么着，

我还得那边去招呼那个冤家呢。但是这件事好累赘,若是今日不回,使不得;若回了,恐怕老太太搁不住。"李纨道:"你去见机行事,得回再回方好。"凤姐点头,忙忙的去了。

凤姐到了宝玉那里,听见大夫说不妨事,贾母王夫人略觉放心,凤姐便背了宝玉,缓缓的将黛玉的事回明了。贾母王夫人听得都唬了一大跳。贾母眼泪交流说道:"是我弄坏了他了。但只是这个丫头也忒傻气!"说着,便要到园里去哭他一场,又惦记着宝玉,两头难顾。王夫人等含悲共劝贾母不必过去,"老太太身子要紧。"贾母无奈,只得叫王夫人自去。又说:"你替我告诉他的阴灵:'并不是我忍心不来送你,只为有个亲疏。你是我的外孙女儿,是亲的了,若与宝玉比起来,可是宝玉比你更亲些。倘宝玉有些不好,我怎么见他父亲呢。'"说着,又哭起来。王夫人劝道:"林姑娘是老太太最疼的,但只寿夭有定。如今已经死了,无可尽心,只是葬礼上要上等的发送。一则可以少尽咱们的心,二则就是姑太太和外甥女儿的阴灵儿,也可以少安了。"贾母听到这里,越发痛哭起来。凤姐恐怕老人家伤感太过,明仗着宝玉心中不甚明白,便偷偷的使人来撒个谎儿哄老太太道:"宝玉那里找老太太呢。"贾母听见,才止住泪问道:"不是又有什么缘故?"凤姐陪笑道:"没什么缘故,他大约是想老太太的意思。"贾母连忙扶了珍珠儿,凤姐也跟着过来。

走至半路,正遇王夫人过来,一一回明了贾母。贾母自然又是哀痛的,只因要到宝玉那边,只得忍泪含悲的说道:"既这么着,我也不过去了。由你们办罢,我看着心里也难受,只别委屈了他就是了。"王夫人凤姐一一答应了。贾母才过宝玉这边来,见了宝玉,因问:"你做什么找我?"宝玉笑道:"我昨日晚上看见林妹妹来了,他说要回南去。我想没人留的住,还得老太太给我留一留他。"贾母听着,说:"使得,只管放心罢。"袭人因扶宝玉躺下。

贾母出来到宝钗这边来。那时宝钗尚未回九,所以每每见了人倒有些含羞之意。这一天见贾母满面泪痕,递了茶,贾母叫他坐下。宝钗侧身陪着坐了,才问道:"听得林妹妹病了,不知他可好些了?"贾母听了这话,那眼泪止不住流下来,因说道:"我的儿,我告诉你,你可别告诉宝玉。都是因你林妹妹,才叫你受了多少委屈。你如今作媳妇了,我才告诉你。这如今你林妹妹没了两三天了,就是娶你的那个时辰死的。如今宝玉这一番病还是为着这个,你们先都在园子里,自然也都是明白的。"宝钗把脸飞红了,想到黛玉之死,又不免落下泪来。贾母又说了一回话去了。自此宝钗千回万转,想了一个主意,只不肯造次,所以过了回九才想出这个法子来。如今果然好些,然后大家说话才不至似前留神。

独是宝玉虽然病势一天好似一天,他的痴心总不能解,必要亲去哭他一场。贾母等知他病未除根,不许他胡思乱想,怎奈他郁闷难堪,病多反复。倒是大夫看出心病,索性叫他开散了,再用药调理,倒可好得快些。宝玉听说,立刻要往潇湘馆来。贾母等只得叫人抬了竹椅子过来,扶宝玉坐上。贾母王夫人即便先行。到了潇湘馆内,一见黛玉灵柩,贾母已哭得泪干气绝。凤姐等再三劝住。王夫人也哭了一场。李纨便请贾母王夫人在里间歇着,犹自落泪。

宝玉一到,想起未病之先来到这里,今日屋在人亡,不禁嚎啕大哭。想起从前何等亲密,今日死别,怎不更加伤感。众人原恐宝玉病后过哀,都来解劝,宝玉已经哭得死去活来,大家搀扶歇息。其余随来的,如宝钗,俱极痛哭。独是宝玉必要叫紫鹃来见,问明姑娘临死有何话说。紫鹃本来深恨宝玉,见如此,心里已回过来些,又见贾母王夫人都在这里,不敢洒落宝玉,便将林姑娘怎么复病,怎么烧毁帕子,焚化诗稿,并将临死说的话,一一的都告诉了。宝玉又哭得气噎喉干。探春趁便又将黛玉临终嘱咐带柩回南的话也说了一遍。贾母王夫人又哭起来。多亏凤姐能言劝慰,略略止些,便请贾母等回去。宝玉哪里肯舍,无奈贾母逼着,只得勉强回房。

贾母有了年纪的人,打从宝玉病起,日夜不宁,今又大痛一阵,已觉头晕身热。虽是不放心惦着宝玉,却也挣扎不住,回到自己房中睡下。王夫人更加心痛难禁,也便回去,派了彩云帮着袭人照应,并说:"宝玉若再悲戚,速来告诉我们。"宝钗是知宝玉一时必不能舍,也不相劝,只用讽刺的话说他。宝玉倒恐宝钗多心,也便饮泣收心。歇了一夜,倒也安稳。明日一早,众人都来瞧他,但觉气虚身弱,心病倒觉去了几分。于是加意调养,渐渐的好起来。贾母

幸不成病，唯是王夫人心痛未痊。那日薛姨妈过来探望，看见宝玉精神略好，也就放心，暂且住下。

一日，贾母特请薛姨妈过去商量说："宝玉的命都亏姨太太救的，如今想来不妨了，独委屈了你的姑娘。如今宝玉调养百日，身体复旧，又过了娘娘的功服，正好圆房。要求姨太太作主，另择个上好的吉日。"薛姨妈便道："老太太主意很好，何必问我。宝丫头虽生的粗笨，心里却还是极明白的。他的性情老太太素日是知道的。但愿他们两口儿言和意顺，从此老太太也省好些心，我姐姐也安慰些，我也放了心了。老太太便定个日子。还通知亲戚不用呢？"贾母道："宝玉和你们姑娘生来第一件大事，况且费了多少周折，如今才得安逸，必要大家热闹几天。亲戚都要请的。一来酬愿，二则咱们吃杯喜酒，也不枉我老人家操了好些心。"薛姨妈听说，自然也是喜欢的，便将要办妆奁的话也说了一番。贾母道："咱们亲上做亲，我想也不必这些。若说动用的，他屋里已经满了。必定宝丫头他心爱的要你几件，姨太太就拿了来。我看宝丫头也不是多心的人，不比的我那外孙女儿的脾气，所以他不得长寿。"说着，连薛姨妈也便落泪。恰好凤姐进来，笑道："老太太姑妈又想着什么了？"薛姨妈道："我和老太太说起你林妹妹来，所以伤心。"凤姐笑道："老太太和姑妈且别伤心，我刚才听了个笑话儿来了，意思说给老太太和姑妈听。"贾母拭了拭眼泪，微笑道："你又不知要编派谁呢，你说来我和姨太太听听。说不笑我们可不依。"只见那凤姐未从张口，先用两只手比着，笑弯了腰了。未知他说出些什么来，下回分解。

第九十九回　守官箴恶奴同破例　阅邸报老舅自担惊

话说凤姐见贾母和薛姨妈为黛玉伤心，便说："有个笑话儿说给老太太和姑妈听"，未从开口，先自笑了，因道："老太太和姑妈打量是哪里的笑话儿？就是咱们家的那二位新姑爷新媳妇啊。"贾母道："怎么了？"凤姐拿手比着道："一个这么坐着，一个这么站着。一个这么扭过去，一个这么转过来。一个又……"说到这里，贾母已经大笑起来，说道："你好生说罢，倒不是他们两口儿，你倒把人恼的受不得了。"薛姨妈也笑道："你往下直说罢，不用比了。"凤姐才说道："刚才我到宝兄弟屋里，我看见好几个人笑。我只道是谁，巴着窗户眼儿一瞧，原来宝妹妹坐在炕沿上，宝兄弟站在地下。宝兄弟拉着宝妹妹的袖子，口口声声只叫：'宝姐姐，你为什么不会说话了？你这么说一句话，我的病包管全好。'宝妹妹却扭着头只管躲。宝兄弟却作了一个揖，上前又拉宝妹妹的衣服。宝妹妹急得一扯，宝兄弟自然病后是脚软的，索性一扑，扑在宝妹妹身上了。宝妹妹急得红了脸，说道：'你越发比先不尊重了。'"说到这里，贾母和薛姨妈都笑起来。凤姐又道："宝兄弟便立起身来笑道：'亏了跌了这一交，好容易才跌出你的话来了。'"薛姨妈笑道："这是宝丫头古怪。这有什么的，既作了两口儿，说说笑笑的怕什么。他没见他琏二哥和你。"凤姐儿笑道："这是怎么说呢，我饶说笑话给姑妈解闷儿，姑妈反倒拿我打起卦来了。"贾母也笑道："要这么着才好。夫妻固然要和气，也得有个分寸儿。我爱宝丫头就在这尊重上头。只是我愁着宝玉还是那么傻头傻脑的，这么说起来，比头里竟明白多了。你再说说，还有什么笑话儿没有？"凤姐道："明儿宝玉圆了房，亲家太太抱了外孙子，那时候不更是笑话儿了么。"贾母笑道："猴儿，我在这里同着姨太太想你林妹妹，你来恼个笑儿还罢了，怎么臊起皮来了。你不叫我们想你林妹妹，你不用太高兴了。你林妹恨你，将来不要独自一个到园里去，提防他拉着你不依。"凤姐笑道："他倒不怨我。他临死咬牙切齿倒恨着宝玉呢。"贾母薛姨妈听着，还道是玩话儿，也不理会，便道："你别胡拉扯了。你去叫外头挑个很好的日子给你宝兄弟圆了房儿罢。"凤姐去了，择了吉日，重新摆酒唱戏请亲友。这不在话下。

却说宝玉虽然病好复原，宝钗有时高兴翻书观看，谈论起来，宝玉所有眼前常见的尚可记忆，若论灵机，大不似从前活变了，连他自己也不解，宝钗明知是通灵失去，所以如此。倒是袭人时常说他："你何故把从前的灵机都忘了？那些旧毛病忘了才好，为什么你的脾气还觉照旧，在道理上更糊涂了呢？"宝玉听了并不生气，反是嘻嘻的笑。有时宝玉顺性胡闹，多亏宝钗劝说，诸事略觉收敛些。袭人倒可少费些唇舌，唯知悉心服侍。别的丫头素仰宝钗贞静和平，各人心服，无不安静。只有宝玉到底是爱动不爱静的，时常要到园里去逛。贾母等一则怕他招受寒暑，二则恐他睹景伤情，虽黛玉之柩已寄放城外庵中，然而潇湘馆依然人亡屋在，不免勾起旧病来，所以也不使他去。况且亲戚姊妹们，薛宝琴已回到薛姨妈那边去了；史湘云因史侯回京，也接了家去了，又有了出嫁的日子，所以不大常

来，只有宝玉娶亲那一日与吃喜酒这天来过两次，也只在贾母那边住下，为着宝玉已经娶过亲的人，又想自己就要出嫁，也不肯如从前的诙谐谈笑，就是有时过来，也只和宝钗说话，见了宝玉不过问好而已；那邢岫烟却是因迎春出嫁之后便随着邢夫人过去；李家姊妹也另住在外，即同着李婶娘过来，亦不过到太太们与姐妹们处请安问好，即回到李纨那里略住一两天就去了：所以园内的只有李纨、探春、惜春了。贾母还要将李纨等挪进来，为着元妃薨后，家中事情接二连三，也无暇及此。现今天气一天热似一天，园里尚可住得，等到秋天再挪。此是后话，暂且不提。

且说贾政带了几个在京请的幕友，晓行夜宿，一日到了本省，见过上司，即到任拜印受事，便查盘各属州县粮米仓库。贾政向来作京官，只晓得郎中事务都是一景儿的事情，就是外任，原是学差，也无关于吏治上。所以外省州县折收粮米勒索乡愚这些弊端，虽也听见别人讲究，却未尝身亲其事。只有一心做好官，便与幕宾商议出示严禁，并谕以一经查出，必定详参揭报。初到之时，果然胥吏畏惧，便百计钻营，偏遇贾政这般古执。那些家人跟了这位老爷在都中一无出息，好容易盼到主人放了外任，便在京指着在外发财的名头向人借贷，做衣裳装体面，心里想着，到了任，银钱是容易的了。不想这位老爷呆性发作，认真要查办起来，州县馈送一概不受。门房签押等人心里盘算道："我们再挨半个月，衣服也要当完了。债又逼起来，那可怎么样好呢。眼见得白花花的银子，只是不能到手。"那些长随也道："你们爷们到底还没花什么本钱来的。我们才冤，花了若干的银子打了个门子，来了一个多月，连半个钱也没见过。想来跟这个主儿是不能捞本儿的了。明儿我们齐打伙儿告假去。"次日果然聚齐，都来告假。贾政不知就里，便说："要来也是你们，要去也是你们。既嫌这里不好，就都请便。"那些长随怨声载道而去。

只剩下些家人，又商议道："他们可去的去了，我们去不了的，到底想个法儿才好。"内中有一个管门的叫李十儿，便说："你们这些没能耐的东西，着什么忙！我见这长字号儿的在这里，不犯给他抬头。如今都饿跑了，瞧瞧你十太爷的本领，少不得本主儿依我。只是要你们齐心，打伙儿弄几个钱家去受用，若不随我，我也不管了，横竖拚得过你们。"众人都说："好十爷，你还主儿信得过。若你不管，我们实在是死症了。"李十儿道："不要我出了头得了银钱，

又说我得了大分儿了。窝儿里反起来,大家没意思。"众人道:"你万安,没有的事。就没有多少,也强似我们腰里掏钱。"

正说着,只见粮房书办走来找周二爷。李十儿坐在椅子上,跷着一只腿,挺着腰说道:"找他做什么?"书办便垂手陪着笑说道:"本官到了一个多月的任,这些州县太爷见得本官的告示利害,知道不好说话,到了这时候都没有开仓。若是过了漕,你们太爷们来做什么的。"李十儿道:"你别混说。老爷是有根蒂的,说到那里是要办到那里。这两天原要行文催兑,因我说了缓几天才歇的。你到底找我们周二爷做什么?"书办道:"原为打听催文的事,没有别的。"李十儿道:"越发胡说,方才我说催文,你就信嘴胡诌。可别鬼鬼祟祟来讲什么账,我叫本官打了你,退你。"书办道:"我在这衙门内已经三代了。外头也有些体面,家里还过得,就规规矩矩伺候本官升了还能够,不像那些等米下锅的。"说着,回了一声"二太爷,我走了。"李十儿便站起,堆着笑说:"这么不禁玩,几句话就脸急了。"书办道:"不是我脸急,若再说什么,岂不带累了二太爷的清名呢。"李十儿过来拉着书办的手说:"你贵姓啊?"书办道:"不敢,我姓詹,单名是个'会'字,从小儿也在京里混了几年。"李十儿道:"詹先生,我是久闻你的名的。我们兄弟们是一样的,有什么话晚上到这里咱们说一说。"书办也说:"谁不知道李十太爷是能事的,把我一诈就吓毛了。"大家笑着走开。那晚便与书办咕唧了半夜,第二天拿话去探贾政,被贾政痛骂了一顿。

隔一天拜客,里头吩咐伺候,外头答应了。停了一会子,打点已经三下了,大堂上没有人接鼓。好容易叫个人来打了鼓。贾政踱出暖阁,站班喝道的衙役只有一个。贾政也不查问,在墀下上了轿,等轿夫又等了好一回。来齐了,抬出衙门,那个炮只响得一声,吹鼓亭的鼓手只有一个打鼓,一个吹号筒。贾政便也生气说:"往常还好,怎么今儿不齐集至此?"抬头看那执事,却是搀前落后。勉强拜客回来,便传误班的要打,有的说因没有帽子误的,有的说是号衣当了误的,又有的说是三天没吃饭抬不动。贾政生气,打了一两个也就罢了。隔一天,管厨房的上来要钱,贾政带来银两付了。

以后便觉样样不如意,比在京的时候倒不便了好些。无奈,便唤李十儿问道:"我跟来这些人怎样都变了?你也管管。现在带来银两使没有了,藩库俸银尚早,该打发京里取去。"李十儿禀道:"奴才哪一天不说他们,不知道怎么样这些人都是没精打采的,叫奴才也没法儿。老爷说家里取银子,取多少?现在打听节度衙门这几天有生日,别的府道老爷都上千上万的送了,我们到底送多少呢?"贾政道:"为什么不早说?"李十儿说:"老爷最圣明的。我们新来乍到,又不与别位老爷很来往,谁肯送信。巴不得老爷不去,便好想老爷的美缺。"贾政道:"胡说,我这官是皇上放的,不与节度做生日便叫我不做不成!"李十儿笑着回道:"老爷说的也不错。京里离这里很远,凡百的事都是节度奏闻。他说好便好,说不好便吃不住。到得明白,已经迟了。就是老太太、太太们,哪个不愿意老爷在外头烈烈轰轰的做官呢。"贾政听了这话,也自然心里明白,道:"我正要问你,为什么都说起来?"李十儿回说:"奴才本不敢说。老爷既问到这里,若不说是奴才没良心,若说了少不得老爷又生气。"贾政道:"只要说得在理。"李十儿说道:"那些书吏衙役都是花了钱买着粮道的衙门,哪个不想发财?俱要养家活口。自从老爷到了任,并没见为国家出力,倒先有了口碑载道。"贾政道:"民间有什么话?"李十儿道:"百姓说,凡有新到任的老爷,告示出得愈利害,愈是想钱的法儿。州县害了,好多多的送银子。收粮的时候,衙门里便说新道爷的法令,明是不敢要钱,这一留难叩蹬,那些乡民心里愿意花几个钱早早了事,所以那些人不说老爷好,反说不谙民情。便是本家大人是老爷最相好的,他不多几年已巴到极顶的分儿,也只为识时达务能够上和下睦了。"贾政听到这话,道:"胡说,我就不识时务吗?若是上和下睦,叫我与他们猫鼠同眠吗?"李十儿回说道:"奴才为着这点忠心儿掩不住,才这么说。若是老爷就是这样做去,到了功不成名不就的时候,老爷又说奴才没良心,有什么话不告诉老爷了。"贾政道:"依你怎么做才好?"李十儿道:"也没有别的。趁着老爷的精神年纪,里头的照应,老太太的硬朗,为顾自己就是了。不然到不了一年,老爷家里的钱也都贴补完了,还落了自上至下的人抱怨,都说老爷是做外任的,自然弄了钱藏着受用。倘遇着一两件为难的事,谁肯帮着老爷?那时办也

办不清,悔也悔不及。"贾政道:"据你一说,是叫我做贪官吗? 送了命还不要紧,必定将祖父的功勋抹了才是?"李十儿回禀道:"老爷极圣明的人,没看见旧年犯事的几位老爷吗? 这几位都与老爷相好,老爷常说是个做清官的,如今名在哪里! 现有几位亲戚,老爷向来说他们不好的,如今升的升,迁的迁。只在要做的好就是了。老爷要知道,民也要顾,官也要顾。若是依着老爷不准州县得一个大钱,外头这些差使谁办。只要老爷外面还是这样清名声原好,里头的委屈只要奴才办去,关碍不着老爷的。奴才跟主儿一场,到底也要掏出忠心来。"贾政被李十儿一番言语,说得心无主见,道:"我是要保性命的,你们闹出来不与我相干。"说着,便踱了进去。

李十儿便自己做起威福,钩连内外一气的哄着贾政办事,反觉得事事周到,件件随心。所以贾政不但不疑,反多相信。便有几处揭报,上司见贾政古朴忠厚,也不查察。唯是幕友们耳目最长,见得如此,得便用言规谏,无奈贾政不信,也有辞去的,也有与贾政相好在内维持的。于是漕务事毕,尚无陨越。

一日,贾政无事,在书房中看书。签押上呈进一封书子,外面官封上开着:"镇守海门等处总制公文一角,飞递江西粮道衙门。"贾政拆封看时,只见上写道:

金陵契好,桑梓情深。昨岁供职来都,窃喜常依座右。仰蒙雅爱,许结朱陈,至今佩德勿谖。只因调任海疆,未敢造次奉求,衷怀歉仄,自叹无缘。今幸荣戬遥临,快慰平生之愿。正申燕贺,先蒙翰教,边帐光生,武夫额手。虽隔重洋,尚叨樾荫。想蒙不弃卑寒,希望茑萝之附。小儿已承青盼,淑媛素仰芳仪。如蒙践诺,即遣冰人。途路虽遥,一水可通。不敢云百辆之迎,敬备仙舟以俟。兹修寸幅,恭贺升祺,并求金允。临颖不胜待命之至。

世弟周琼顿首。

贾政看了,心想:"儿女姻缘果然有一定的。旧年因见他就了京职,又是同乡的人,素来相好,又见那孩子长得好,在席间原提起这事。因未说定,也没有与他们说起。后来他调了海疆,大家也不说了。不料我今升任至此,他写书来问。我看起门户却也相当,与探春倒也相配。但是我并未带家眷,只可写字与他商议。"正在踌躇,只见门上传进一角文书,是议取到省会议事件。贾政只得收拾上省,侯节度派委。

一日在公馆闲坐,见桌上堆着一堆字纸,贾政一一看去,见刑部一本:"为报明事,会看得金陵籍行商薛蟠——"贾政便吃惊道:"了不得,已经提本了!"随即心看下去,是"薛蟠殴伤张三身死,串嘱尸证捏供误杀一案。"贾政一拍桌道:"完了!"只得又看,底下是:

据京营节度使咨称:缘薛蟠籍隶金陵,行过太平县,在李家店歇宿,与店内当槽之张三素不相认,于某年月日薛蟠令店主备酒邀请太平县民吴良同饮,令当槽张三取酒。因酒不甘,薛蟠令换好酒。张三因称酒已沽定难换。薛蟠因伊倔强,将酒照脸泼去,不期去势甚猛,恰值张三低头拾箸,一时失手,将酒碗掷在张三囟门,皮破血出,逾时殒命。李店主趋救不及,随向张三之母告知。伊母王氏往看,见已身死,随喊禀地保赴县呈报。前署县诣验,仵作将囟破一寸三分及腰眼一伤,漏报填格,详府审转。看得薛蟠实系泼酒失手,掷碗误伤张三身死,将薛蟠照过失杀人,准斗杀罪收赎等因前来。臣等细阅各犯证尸亲前后供词不符,且查《斗杀律》注云:"相争为斗,相打为殴。必实无争斗情形,邂逅身死,方可以过失杀拟。"应令该节度审明实情,妥拟具题。今据该节度疏称:薛蟠因张三不肯换酒,醉后拉着张三右手,先殴腰眼一拳。张三被殴回骂,薛蟠将碗掷出,致伤囟门深重,骨碎脑破,立时殒命。是张三之死实由薛蟠以酒碗砸伤深重致死,自应以薛蟠拟抵。将薛蟠依《斗杀律》拟绞监侯,吴良拟以杖徒。承审不实之府州县应请……

以下注着"此稿未完"。贾政因薛姨妈之托曾托过知县,若请旨革审起来,牵连着自己,好不放心。即将下一本开看,偏又不是。只好翻来复去将报看完,终没有接这一本的。心中狐疑不定,更加害怕起来。

正在纳闷,只见李十儿进来:"请老爷到官厅伺侯去,大人衙门已经打了二鼓了。"贾政

只是发怔，没有听见。李十儿又请了一遍。贾政道："这便怎么处？"李十儿道："老爷有什么心事？"贾政将看报之事说了一遍。李十儿道："老爷放心。若是部里这么办了，还算便宜薛大爷呢。奴才在京的时候听见，薛大爷在店里叫了好些媳妇，都喝醉了生事，直把个当槽儿的活活打死的。奴才听见不但是托了知县，还求琏二爷去花了好些钱各衙门打通了才提的。不知道怎么部里没有弄明白。如今就是闹破了，也是官官相护的，不过认个承审不实革职处分罢，哪里还肯认得银子听情呢。老爷不用想，等奴才再打听罢。不要误了上司的事。"贾政道："你们哪里知道，只可惜那知县听了一个情，把这个官都丢了，还不知道有罪没有呢。"李十儿道："如今想他也无益，外头伺候着好半天了，请老爷就去罢。"贾政不知节度传办何事，且听下回分解。

第一百回　破好事香菱结深恨
　　　　　悲远嫁宝玉感离情

话说贾政去见了节度，进去了半日不见出来，外头议论不一。李十儿在外也打听不出什么事来，便想到报上的饥荒，实在也着急，好容易听见贾政出来，便迎上来跟着，等不得回去，在无人处便问："老爷进去这半天，有什么要紧的事？"贾政笑道："并没有事。只为镇海总制是这位大人的亲戚，有书来嘱托照应我，所以说了些好话。又说我们如今也是亲戚了。"李十儿听得，心内喜欢，不免又壮了些胆子，便竭力纵恿贾政许这亲事。贾政心想薛蟠的事到底有什么挂碍，在外头信息不早，难以打点，故回到本任便打发家人进京打听，顺便将总制求亲之事回明贾母，如若愿意，即将三姑娘接到任所。家人奉命赶到京中，回明了王夫人，便在吏部打听得贾政并无处分，唯将署太平县的这位老爷革职，即写了禀帖安慰了贾政，然后住着等信。

且说薛姨妈为着薛蟠这件人命官司，各衙门内不知花了多少银钱，才定了误杀具题。原打量将当铺折变给人，备银赎罪。不想刑部驳审，又托人花了好些钱，总不中用，依旧定了个死罪，监着守候秋天大审。薛姨妈又气又疼，日夜啼哭。宝钗虽时常过来劝解，说是："哥哥本来没造化。承受了祖父这些家业，就该安安顿顿的守着过日子。在南边已经闹的不像样，便是香菱那件事情就了不得，因为仗着亲戚们的势力，花了些银钱，这算白打死了一个公子。哥哥就该改过做起正经人来，也该奉养母亲才是，不想进了京仍是这样。妈妈为他不知受了多少气，哭掉了多少眼泪。给他娶了亲，原想大家安安逸逸的过日子，不想命该如此，偏偏娶的嫂子又是一个不安静的，所以哥哥躲出门的。真正俗语说的'冤家路儿狭'，不多几天就闹出人命来了。妈妈和二哥哥也算不得不尽心的了，花了银钱不算，自己还求三拜四的谋干。无奈命里应该，也算自作自受。大凡养儿女是为着老来有靠，便是小户人家还要挣一碗饭养活母亲，哪里有将现成的闹光了反害的老人家哭的死去活来的？不是我说，哥哥的这样行为，不是儿子，竟是个冤家对头。妈妈再不明白，明哭到夜，

夜哭到明，又受嫂子的气。我呢，又不能常在这里劝解，我看见妈妈这样，哪里放得下心。他虽说是傻，也不肯叫我回去。前儿老爷打发人回来说，看见京报唬的了不得，所以才叫人来打点的。我想哥哥闹了事，担心的人也不少。幸亏我还是在跟前的一样，若是离乡调远听见了这个信，只怕我想妈妈也就想杀了。我求妈妈暂且养养神，趁哥哥的活口现在，问问各处的帐目。人家该咱们的，咱们该人家的，亦该请个旧伙计来算一算，看看还有几个钱没有。"薛姨妈哭着说道："这几天为闹你哥哥的事，你来了，不是你劝我，便是我告诉你衙门的事。你还不知道，京里的官商名字已经退了，两个当铺已经给了人家，银子早拿来使完了。还有一个当铺，管事的逃了，亏空了好几千两银子，也夹在里头打官司。你二哥哥天天在外头要账，料京里的账已经去了几万银子，只好拿南边公分里银子并住房折变才够。前两天还听见一个荒信，说是南边的公当铺也因为折了本儿收了。若是这么着，你娘的命可就活不成的了。"说着，又大哭起来。宝钗也哭着劝道："银钱的事，妈妈操心也不中用，还有二哥哥给我们料理。单可恨这些伙计们，见咱们的势头儿败了，各自奔各自的去也罢了，我还听见说帮着人家来挤我们的讹头。可见我哥哥活了这么大，交的人总不过是些个酒肉弟兄，急难中是一个没有的。妈妈若是疼我，听我的话，有年纪的人，自己保重些。妈妈这一辈子，想来还不致挨冻受饿。家里这点子衣裳家伙，只好听凭嫂子去，那是没法儿的了。所有的家人婆子，瞧他们也没心在这里，该去的叫他们去。就可怜香菱苦了一辈子，只好跟着妈妈过去。实在短什么，我要是有的，还可以拿些个来，料我们那个也没有不依的。就是袭姑娘也是心术正道的，他听见我哥哥的事，他倒提起妈妈来就哭。我们那一个还道是没事的，所以不大着急，若听见了也是要唬个半死儿的。"薛姨妈不等说完，便说："好姑娘，你可别告诉他。他为一个林姑娘几乎没要了命，如今才好了些。要是他急出个缘故来，不但你添一层烦恼，我越发没了依靠了。"宝钗道："我也是这么想，所以总没告诉他。"

正说着，只听见金桂跑来外间屋里哭喊道："我的命是不要的了！男人呢，已经是没有活的分儿了。咱们如今索性闹一闹，大伙儿到法场上去拼一拼。"说着。便将头往隔断板上乱撞，撞的披头散发。气得薛姨妈白瞪着两只眼，一句话也说不出来。还亏了宝钗嫂子长、嫂子短，好一句、歹一句的劝他。金桂道："姑奶奶，如今你是比不得手里的了。你两口儿好好的过日子，我是个单身人儿，要脸做什么！"说着，便要跑到街上回娘家去，亏得人还多，扯住了，又劝了半天方住。把个宝琴唬的再不敢见他。若是薛蝌在家，他便抹粉施脂，描眉画鬓，奇情异致的打扮收拾起来，不时引从薛蝌住房前过，或故意咳嗽一声，或明知薛蝌在屋，特问房里何人。有时遇见薛蝌，他便妖妖乔乔、娇娇痴痴的问寒问热，忽喜忽嗔。丫头们看见，都赶忙躲开。他自己也不觉得，只是一意一心要弄得薛蝌感情时，好行宝蟾之计。那薛蝌却只躲着；有时遇见，也不敢不周旋一二，只怕他撒泼放刁的意思。更加金桂一则为色迷心，越瞧越爱，越想越幻，哪里还看得出薛蝌的真假来。只有一宗，他见薛蝌有什么东西都是托香菱收着，衣服缝洗也是香菱，两个人偶然说话，他来了，急忙散开，一发动了一个醋字。欲待发作薛蝌，却是舍不得，只得将一腔隐恨都搁在香菱身上。却又恐怕闹了香菱得罪了薛蝌，倒弄得隐忍不发。

一日，宝蟾走来笑嘻嘻的向金桂道："奶奶看见了二爷没有？"金桂道："没有。"宝蟾笑道："我说二爷的那种假正经是信不得的。咱们前日送了酒去，他说不会喝；刚才我见他到太太那屋里去，那脸上红扑扑儿的一脸酒气。奶奶不信，回来只在咱们院门口等他，他打那边过来时奶奶叫住他问问，看他说什么。"金桂听了，一心的怒气，便道："他哪里就出来了呢。他既无情义，问他作什么！"宝蟾道："奶奶又迂了。他好说，咱们也好说，他不好说，咱们再另打主意。"金桂听着有理，因叫宝蟾瞧着他，看他出去了。宝蟾答应着出来。金桂却去打开镜奁，又照了一照，把嘴唇儿又抹了一抹，然后拿一条洒花绢子，才要出来，又似忘了什么的，心里倒不知怎么着是好了。只听宝蟾外面说道："二爷今日高兴呵，哪里喝了酒来了？"金桂听了，明知是叫他出来的意思，连忙掀起帘子出来。只见薛蝌和宝蟾说道："今日是张大爷的好日子，所以被他们强不过吃了半盅，到这时候脸还发烧呢。"一句话没说完，金桂早接口道："自然人家外人的酒比咱们自己家里的酒是有趣儿的。"薛蝌被他拿话一激，脸越红了，连忙走过

来赔笑道："嫂子说哪里的话。"宝蟾见他二人交谈，便躲到屋里去了。

这金桂初时原要假意发作薛蝌两句，无奈一见他两颊微红，双眸带涩，别有一种谨愿可怜之意，早把自己那骄悍之气感化到爪洼国去了，因笑说道："这么说，你的酒是硬强着才肯喝的呢。"薛蝌道："我哪里喝得来。"金桂道："不喝也好，强如像你哥哥喝出乱子来，明儿娶了你们奶奶儿，像我这样守活寡受孤单呢！"说到这里，两个眼已经乜斜了，两腮上也觉红晕了。薛蝌见这话越发邪僻了，打算着要走。金桂也看出来了，哪里容得，早已走过来一把拉住。薛蝌急了道："嫂子放尊重些。"说着浑身乱颤。金桂索性老着脸道："你只管进来，我和你说一句要紧的话。"正闹着，忽听背后一个人叫道："奶奶，香菱来了。"把金桂唬了一跳，回头瞧时，却是宝蟾掀着帘子看他二人的光景，一抬头见香菱从那边来了，赶忙知会金桂。金桂这一惊不小，手已松了。薛蝌得便脱身跑了。那香菱正走着，原不理会，忽听宝蟾一嚷，才瞧见金桂在那里拉住薛蝌往里死拽。香菱却唬的心头乱跳，自己连忙转身回去。这里金桂早已连吓带气，呆呆的瞅着薛蝌去了。征了半天，恨了一声，自己扫兴归房，从此把香菱恨入骨髓。那香菱本是要到宝琴那里，刚走出腰门，看见这般，吓回去了。

是日，宝钗在贾母屋里听得王夫人告诉老太太要聘探春一事。贾母说道："既是同乡的人，很好。只是听见说那孩子到过我们家里，怎么你老爷没有提起？"王夫人道："连我们也不知道。"贾母道："好便好，但是道儿太远。虽然老爷在那里，倘或将来老爷调任，可不是我们孩子太单了吗？"王夫人道："两家都是做官的，也是拿不定。或者那边还调进来；即不然，终有个叶落归根。况且老爷既在那里做官，上司已经说了，好意思不给么？想来老爷的主意定了，只是不敢做主，故遣人来回老太太的。"贾母道："你们愿意更好。只是三丫头这一去了，不知三年两年那边可能回家？若再迟了，恐怕我赶不上再见他一面了。"说着，掉下泪来。王夫人道："孩子们大了，少不得总要给人家的。就是本乡本土的人，除非不做官还使得，若是做官的，谁保得住总在一处。只要孩子们有造化就好。譬如迎姑娘倒配得近呢，偏是时常听见他被女婿打闹，甚至不给饭吃。就是我们送了东西去，他也摸不着。近来听见益发不好了，也不放他回来。两口子拌起来就说咱们使了他家的银钱。可怜这孩子总不得个出头的日子。前儿我惦记他，打发人去瞧他，迎丫头藏在耳房里不肯出来。老婆子们必要进去，看见我们姑娘这样冷天还穿着几件旧衣裳。他一包眼泪地告诉婆子们说：'回去别说我这么苦，这也是命里所招，也不用送什么衣服东西来，不但摸不着，反要添一顿打。说是我告诉的。'老太太想想，这倒是近处眼见的，若不好更难受。倒亏了大太太也不理会他，大老爷也不出个头！如今迎姑娘实在比我们三等使唤的丫头还不如。我想探丫头虽不是我养的，老爷既看见过女婿，定然是好才许的。只请老太太示下，择个好日子，多派几个人送到他老爷任上。该怎么着，老爷也不肯将就。"贾母道："有他老子作主，你就料理妥当，拣个长行的日子送去，也就定了一件事。"王夫人答应着"是"。宝钗听得明白，也不敢则声，只是心里叫苦："我们家里姑娘们就算他是个尖儿，如今又要远嫁，眼看着这里的人一天少似一天了。"见王夫人起身告辞出去，他也送出来，一径回到自己房中，并不与宝玉说话。见袭人独一个做活，便将听见的话说了。袭人也很不受用。

却说赵姨娘听见探春这事，反欢喜起来，心里说道："我这个丫头在家忒瞧不起我，我何从还是个娘，比他的丫头还不济。况且沊上水护着别人。他挡在头里，连环儿也不得出头。如今老爷接了去，我倒干净。想要他孝敬我，不能够。只愿意他像迎丫头似的，我也称愿。"一面想着，一面跑到探春那边与他道喜说："姑娘，你是要高飞的人了，到了姑爷那边自然比家里还好。想来你也是愿意的。便是养了你一场，并没有借你的光儿。就是我有七分不好，也有三分的好，总不要一去了把我搁在脑勺子后头。"探春听着毫无道理，只低头作活，一句也不言语。赵姨娘见他不理，气愤愤的自己去了。

这里探春又气又笑，又伤心，也不过自己掉泪而已。坐了一回，闷闷的走到宝玉这边来。宝玉因问道："三妹妹，我听见林妹妹死的时候你在那里来着。我还听见说，林妹妹死的时候远远的有音乐之声。或者他是有来历的也未可知。"探春笑道："那是你心里想着罢了。只是那夜却怪，不似人家鼓乐之音。你的话或者也是。"宝玉听了，更以为实。又想前日自己神魂

飘荡之时，曾见一人，说是黛玉生不同人，死不同鬼，必是哪里的仙子临凡。忽又想起那年唱戏做的嫦娥，飘飘艳艳，何等风致。过了一回，探春去了。因必要紫鹃过来，立即回了贾母去叫他。无奈紫鹃心里不愿意，虽经贾母王夫人派了过来，也就没法，只是在宝玉跟前，不是唉声，就是叹气的。宝玉背地里拉着他，低声下气要问黛玉的话，紫鹃从没好话回答。宝钗倒背底里夸他有忠心，并不嗔怪他。那雪雁虽是宝玉娶亲这夜出过力的，宝钗见他心地不甚明白，便回了贾母王夫人，将他配了一个小厮，各自过活去了。王奶妈养着他，将来好送黛玉的灵柩回南。鹦鹉等小丫头仍服侍着老太太。宝玉本想念黛玉，因此及彼，又想跟黛玉的人已经云散，更加纳闷。闷到无可如何，忽又想起黛玉死得这样清楚，必是离凡返仙去了，反又喜欢。

忽然听见袭人和宝钗那里讲究探春出嫁之事，宝玉听了，啊呀的一声，哭倒在炕上。唬得宝钗袭人都来扶起说："怎么了？"宝玉早哭的说不出来，定了一回子神，说道："这日子过不得了！我姊妹们都一个一个的散了！林妹妹是成了仙去了。大姐姐呢已经死了，这也罢了，没天天在一块。二姐姐呢，碰着了一个混帐不堪的东西。三妹妹又要远嫁，总不得见的了。史妹妹又不知要到哪里去。薛妹妹是有了人家的。这些姐姐妹妹，难道一个都不留在家里，单留我做什么！"袭人忙又拿话解劝。宝钗摆着手说："你不用劝他，让我来问他。"因问着宝玉道："据你的心里，要这些姐妹都在家里陪到你老了，都不要为终身的事吗？若说别人，或者还有别的想头。你自己的姐姐妹妹，不用说没有远嫁的；就是有，老爷作主，你有什么法儿！打量天下独是你一个人爱姐姐妹妹呢，若是都像你，就连我也不能陪你。大凡人念书，原为的是明理，怎么你益发糊涂了。这么说起来，我同袭姑娘各自一边儿去，让你把姐姐妹妹们都邀了来守着你。"宝玉听了，两只手拉住宝钗袭人道："我也知道。为什么散的这么早呢？等我化了灰的时候再散也不迟。"袭人掩着他的嘴道："又胡说。才这两天身上好些，二奶奶才吃些饭。若是你又闹翻了，我也不管了。"宝玉慢慢的听他两个人说话都有道理，只是心上不知道怎么才好，只得强说道："我却明白，但只是心里闹的慌。"宝钗也不理他，暗叫袭人快把定心丸给他吃了，慢慢的开导他。袭人便欲告诉探春说临行不必来辞，宝钗道："这怕什么。等消停几日，待他心里明白，还要叫他们多说句话儿呢。况且三姑娘是极明白的人，不像那些假惺惺的人，少不得有一番箴谏。他以后便不是这样了。"正说着，贾母那边打发过鸳鸯来说，知道宝玉旧病又发，叫袭人劝说安慰，叫他不要胡思乱想。袭人等应了。鸳鸯坐了一会子去了。那贾母又想起探春远行，虽不备妆奁，其一应动用之物俱该预备，便把凤姐叫来，将老爷的主意告诉了一遍，即叫他料理去。凤姐答应，不知怎么办理，下回分解。

第一百一回　大观园月夜感幽魂
散花寺神签惊异兆

却说凤姐回至房中，见贾琏尚未回来，便分派那管办探春行装奁事的一干人。那天已有黄昏以后，因忽然想起探春来，要瞧瞧他去，便叫丰儿与两个丫头跟着，头里一个丫头打着灯笼。走出门来，见月光已上，照耀如水。凤姐便命灭了灯笼的"回去罢。"因而走至茶房窗下，听见里面有人嘁嘁喳喳的，又似哭，又似笑，又似议论什么的。凤姐知道不过是家下婆子们又不知搬什么是非，心内大不受用，便命小红进去，装做无心的样子细细打听着，用话套出原委来。小红答应着去了。凤姐只带着丰儿来至园门前，门尚未关，只虚虚的掩着。于是主仆二人方推门进去，只见园中月色比着外面更觉明朗，满地下重重树影，杳无人声，甚是凄凉寂静。刚欲往秋爽斋这条路来，只听唿的一声风过，吹的那树枝上落叶满园中唰喇喇的作响，枝梢上吱喽喽发哨，将那寒鸦宿鸟都惊飞起来。凤姐吃了酒，被风一吹，只觉身上发噤起来。那丰儿也把头一缩说："好冷！"凤姐也撑不住，便叫丰儿："快回去把那件银鼠坎肩儿拿

来，我在三姑娘那里等着。"丰儿巴不得一声，也要回去穿衣裳来，答应了一声，回头就跑了。

凤姐刚举步走了不远，只觉身后咻咻哧哧，似有闻嗅之声，不觉头发森然竖了起来。由不得回头一看，只见黑油油一个东西在后面伸着鼻子闻他呢，那两只眼睛恰似灯光一般。凤姐吓的魂不附体，不觉失声的咳了一声。却是一只大狗。那狗抽头回身，拖着一个扫帚尾巴，一气跑上大土山上方站住了，回身犹向凤姐拱爪儿。凤姐儿此时心跳神移，急急的向秋爽斋来。已将来至门口，方转过山子，只见迎面有一个人影儿一恍。凤姐心中疑惑，心里想着必是哪一房里的丫头，便问："是谁？"问了两声，并没有人出来，已经吓得神魂飘荡。恍恍惚惚的似乎背后有人说道："婶娘连我也不认得了！"凤姐忙回头一看，只见这人形容俊俏，衣履风流，十分眼熟，只是想不起是哪房哪屋里的媳妇来。只听那人又说道："婶娘只管享荣华受富贵的心盛，把我那年说的立万年永远之基都付于东洋大海了。"凤姐听说，低头寻思，总想不起。那人冷笑道："婶娘那时怎样疼我了，如今就忘在九霄云外了。"凤姐听了，此时方想起来是贾蓉的先妻秦氏，便说道："哎呀，你是死了的人哪，怎么跑到这里来了呢！"啐了一口，方转回身，脚下不防一块石头绊了一跤，犹如梦醒一般，浑身汗如雨下。虽然毛发悚然，心中却也明白，只见小红丰儿影影绰绰的来了。凤姐恐怕落人的褒贬，连忙爬起来说道："你们做什么呢，去了这半天？快拿来我穿上罢。"一面丰儿走至跟前服侍穿上，小红过来搀扶。凤姐道："我才到那里，他们都睡了。咱们回去罢。"一面说，一面带了两个丫头急急忙忙回到家中。贾琏已回来了，只是见他脸上神色更变，不似往常，待要问他，又知他素日性格，不敢突然相问，只得睡了。

至次日五更，贾琏就起来要往总理内庭都检点太监裘世安家来打听事务。因太早了，见桌上有昨日送来的抄报，便拿起来闲看。第一件是云南节度使王忠一本，新获了一起私带神枪火药出边事，共有十八名人犯。头一名鲍音，口称系太师镇国公贾化家人。第二件苏州刺史李孝一本，参劾纵放家奴，倚势凌辱军民，以致因奸不遂杀死节妇一家人命三口事。凶犯姓时名福，自称系世袭三等职衔贾范家人。贾琏看见这两件，心中早又不自在起来，待要看第三件，又恐迟了不能见裘世安的面，因此急急的穿了衣服，也等不得吃东西，恰好平儿端上茶来，喝了两口，便出来骑马走了。

平儿在房内收拾换下的衣服。此时凤姐尚未起来，平儿因说道："今儿夜里我听着奶奶没睡什么觉，我这会子替奶奶捶着，好生打个盹儿罢。"凤姐半日不言语。平儿料着这意思是了，便爬上炕来坐在身边轻轻的捶着。才捶了几拳，那凤姐刚有要睡之意，只听那边大姐儿哭了，凤姐又将眼睁开，平儿连向那边道："李妈，你到底是怎么着？姐儿哭了。你到底拍着他些。你也忒好睡了。"那边李妈从梦中惊醒，听得平儿如此说，心中没好气，只得狠命拍了几下，口里嘟嘟哝哝的骂道："真真的小短命鬼儿，放着尸不挺，三更半夜嚎你娘的丧！"一面说，一面咬牙便向那孩子身上拧了一把。那孩子哇的一声大哭起来了。凤姐听见，说"了不得！你听听，他该挫磨孩子了。你过去把那黑心的养汉老婆下死劲的打他几下子，把姐姐抱过来。"平儿笑道："奶奶别生气，他哪里敢挫磨姐儿，只怕是不提防错碰了一下子也是有

的。这会子打他几下子没要紧，明儿叫他们背地里嚼舌根，倒说三更半夜打人。"凤姐听了，半日不言语，长叹一声说道："你瞧瞧，这会子不是我十旺八旺的呢！明儿我要是死了，剩下这小孽障，还不知怎么样呢！"平儿笑道："奶奶这怎么说！大五更的，何苦来呢！"凤姐冷笑道："你哪里知道，我是早已明白了。我也不久了。虽然活了二十五岁，人家没见的也见了，没吃的也吃了，也算全了。所有世上有的也都有了。气也算赌尽，强也算争足了，就是寿字儿上头缺一点儿，也罢了。"平儿听说，由不的滚下泪来。凤姐笑道："你这会子不用假慈悲，我死了你们只有欢喜的。你们一心一计和和气气的，省得我是你们眼里的刺似的。只有一件，你们知好歹只疼我那孩子就是了。"平儿听说这话，越发哭的泪人似的。凤姐笑道："别扯你娘的臊了，哪里就死了呢。哭的那么痛！我不死还叫你哭死了呢。"平儿听说，连忙止住哭，道："奶奶说得这么伤心。"一面说，一面又捶，半日不言语，凤姐又朦胧睡去。

平儿方下炕来要去，只听外面脚步响。谁知贾琏去迟了，那裘世安已经上朝去了，不遇而回，心中正没好气，进来就问平儿道："那些人还没起来呢么？"平儿回说："没有呢。"贾琏一路摔帘子进来，冷笑道："好，好，这会子还都不起来，安心打擂台打撒手儿！"一叠声又要吃茶。平儿忙倒了一碗茶来。原来那些丫头老婆见贾琏出了门又复睡了，不打量这会子回来，原不曾预备。平儿便把温过的拿了来。贾琏生气，举起碗来，哗啷一声摔了个粉碎。

凤姐惊醒，唬了一身冷汗，哎哟一声，睁开眼，只见贾琏气狠狠的坐在旁边，平儿弯着腰拾碗片子呢。凤姐道："你怎么就回来了？"问了一声，半日不答应，只得又问一声。贾琏嚷道："你不要我回来，叫我死在外头罢！"凤姐笑道："这又是何苦来呢！常时我见你不像今儿回来的快，问你一声，也没什么生气的。"贾琏又嚷道："又没遇见，怎么不快回来呢！"凤姐笑道："没有遇见，少不得耐烦些，明儿再去早些儿，自然遇见了。"贾琏嚷道："我可不吃着自己的饭替人家赶獐子呢。我这里一大堆的事没个动秤儿的，没来由为人家的事，瞎闹了这些日子，当什么呢！正经那有事的人还在家里受用，死活不知，还听见说要锣鼓喧天的摆酒唱戏做生日呢。我可瞎跑他娘的腿子！"一面说，一面往地下啐了一口，又骂平儿。凤姐听了，气的干咽，要和他分证，想了一想，又忍住了，勉强赔笑道："何苦来生这么大气，大清早起和我叫喊什么。谁叫你应了人家的事？你既应了，就得耐烦些，少不得替人家办办。也没见这个人自己有为难的事还有心肠唱戏摆酒的闹！"贾琏道："你可说么，你明儿倒也问问他！"凤姐诧异道："问谁？"贾琏道："问谁！问你哥哥。"凤姐道："是他吗？"贾琏道："可不是他，还有谁呢！"凤姐忙问道："他又有什么事叫你替他跑？"贾琏道："你还在坛子里呢。"凤姐道："真真这就奇了，我连一个字儿也不知道。"贾琏道："你怎么能知道呢，这个事连太太和姨太太还不知道呢。头一件怕太太和姨太太不放心，二则你身上又常嚷不好，所以我在外头压住了，不叫里头知道。说起来真真可人恼！你今儿不问我，我也不便告诉你。你打量你哥哥行事像个人呢，你知道外头人都叫他什么？"凤姐道："叫他什么？"贾琏道："叫他什么，叫他'忘仁'！"凤姐扑哧的一笑："他可不叫王仁叫什么呢。"贾琏道："你打量那个王仁吗，是忘了仁义礼智信的那个'忘仁'哪！"凤姐道："这是什么人这么刻薄嘴儿糟蹋人。"贾琏道："不是糟蹋他吗，今儿索性告诉你，你也不知道知道你那哥哥的好处，到底知道他给他二叔做生日啊！"凤姐想了一想道："哎哟，可是呵，我还忘了问你，二叔不是冬天的生日吗？我记得年年都是宝玉去。前者老爷升了，二叔那边送过戏来，我还偷偷儿的说，二叔为人是最啬刻的，比不得大舅太爷。他们各自家里还乌眼鸡似的。不么，昨儿大舅太爷没了，你瞧他是个兄弟，他还出了个头儿揽了个事儿吗！所以那一天说，赶他的生日咱们还他一班子戏，省了亲戚跟前落亏欠。如今这么早就做生日，也不知道是什么意思。"贾琏道："你还作梦呢。他一到京，接着舅太爷的首尾就开了一个吊，他怕咱们知道拦他，所以没告诉咱们，弄了好几千银子。后来二舅嗔着他，说他不该一网打尽。他吃不住了，变了个法子就指着你们二叔的生日撒个网，想着再弄几个钱好打点二舅太爷不生气，也不管亲戚朋友冬天夏天的，人家知道不知道，这么丢脸！你知道我起早为什么？这如今因海疆的事情御史参了一本，说是大舅太爷的亏空，本员已故，应着落其弟王子胜、侄王仁赔补。爷儿两个急了，找了我给他们托人情。我见他们吓的那么个样儿，再者又关系太太和你，我才应了。想着找找总理内庭都检点老裘替

办办，或者前任后任挪移挪移。偏又去晚了，他进里头去了，我白起来跑了一趟。他们家里还那里定戏摆酒呢。你说说，叫人生气不生气！"

凤姐听了，才知王仁所行如此。但他素性要强护短，听贾琏如此说，便道："凭他怎么样，到底是你的亲大舅儿。再者，这件事死的大太爷活的二叔都感激你。罢了，没什么说的，我们家的事，少不得我低三下四的求你了，省的带累别人受气，背地里骂我。"说着，眼泪早流下来，掀开被窝一面坐起来，一面挽头发，一面披衣裳。贾琏道："你倒不用这么着，是你哥哥不是人，我并没说你呀。况且我出去了，你身上又不好，我都起来了，他们还睡觉。咱们老辈子有这个规矩么！你如今作好好先生不管事了。我说了一句你就起来，明儿我要嫌这些人，难道你都替了他们么。好没意思啊！"凤姐听了这些话，才把泪止住了，说道："天呢不早了，我也该起来了。你有这么说的，你替他们家在心的办办，那就是你的情分了。再者也不光为我，就是太太听见也喜欢。"贾琏道："是了，知道了。'大萝卜还用屎浇'。"平儿道："奶奶这么早起来做什么，哪一天奶奶不是起来有一定的时候儿呢。爷也不知是哪里的邪火，拿着我们出气。何苦来呢，奶奶也算替爷挣够了，哪一点儿不是奶奶挡头阵。不是我说，爷把现成儿的也不知吃了多少，这会子替奶奶办了一点子事，又关会着好几层儿呢，就是这么拿糖作醋的起来，也不怕人家寒心。况且这也不单是奶奶的事呀。我们起迟了，原该爷生气，左右到底是奴才呀。奶奶跟前尽着身子累的成了个病包儿了，这是何苦来呢。"说着，自己的眼圈儿也红了。那贾琏本是一肚子闷气，哪里见得这一对娇妻美妾又尖利又柔情的话呢，便笑道："够了，算了罢。他一个人就够使的了，不用你帮着。左右我是外人，多早晚我死了，你们就清净了。"凤姐道："你也别说那个话，谁知道谁怎么样呢。你不死我还死呢，早死一天早心净。"说着，又哭起来。平儿只得又劝了一回。那时天已大亮，日影横窗。贾琏也不便再说，站起来出去了。

这里凤姐自己起来，正在梳洗，忽见王夫人那边小丫头过来道："太太说了，叫问二奶奶今日过舅太爷那边去不去？要去，说叫二奶奶同着宝二奶奶一路去呢。"凤姐因方才一段话，已经灰心丧意，恨娘家不给争气；又兼昨夜园中受了那一惊，也实在没精神，便说道："你先回太太去，我还有一两件事没办清，今日不能去。况且他们那又不是什么正经事。宝二奶奶要去各自去罢。"小丫头答应着，回去回复了。不在话下。

且说凤姐梳了头，换了衣服，想了想，虽然自己不去，也该带个信儿。再者，宝钗还是新媳妇，出门子自然要过去照应应的。于是见过王夫人，支吾了一件事，便过来到宝玉房中。只见宝玉穿着衣服歪在炕上，两个眼睛呆呆的看宝钗梳头。凤姐站在门口，还是宝钗一回头看见了，连忙起身让坐。宝玉也爬起来，凤姐才笑嘻嘻的坐下。宝玉因说麝月道："你们瞧着二奶奶进来也不言语声儿。"麝月笑道："二奶奶头里进来就摆手儿不叫言语么。"凤姐因向宝玉道："你还不走，等什么呢。没见这么大人了还是这么小孩子气的。人家各自梳头，你爬在旁边看什么？成日家一块子在屋里还看不够？也不怕丫头们笑话。"说着，哧的一笑，又瞅着他咂嘴儿。宝玉虽也有些不好意思，还不理会，把个宝钗直臊的满脸飞红，又不好听着，又不好说什么，只见袭人端着茶来，只得搭讪着自己递了一袋烟。凤姐儿笑着站起来接了，道："二妹妹，你别管我们的事，你快穿衣服罢。"宝玉一面也搭讪着找这个，弄那个。凤姐道："你先去罢，哪里有爷们等着奶奶们一块儿走的理呢。"宝玉道："我只是嫌我这衣裳不大好，不如前年穿着老太太给的那件雀金呢好。"凤姐因怄他道："你为什么不穿？"宝玉道："穿着太早些。"凤姐忽然想起，自悔失言，幸亏宝钗也和王家是内亲，只是那些丫头们跟前已经不好意思了。袭人却接着说道："二奶奶还不知道呢，就是穿得，他也不穿了。"凤姐儿道："这是什么缘故？"袭人道："告诉二奶奶，真真是我们这位爷的行事都是天外飞来的。那一年因二舅太爷的生日，老太太给了他这件衣裳，谁知那一天就烧了。我妈病重了，我没在家。那时候还有晴雯妹妹呢，听见说病着整给他补了一夜，第二天老太太才没瞧出来呢。去年那一天上学天冷，我叫焙茗拿了去给他披披。谁知这位爷见了这件衣裳想起晴雯来了，说了总不穿了，叫我给他收一辈子呢。"凤姐不等说完，便道："你提晴雯，可惜了儿的，那孩子模样儿手儿都好，就只嘴头子利害些。偏偏儿的太太不知听了哪里的谣言，活活儿的把个小命儿要

了。还有一件事，那一天我瞧见厨房里柳家的女人他女孩儿，叫什么五儿，那丫头长的和晴雯脱了个影儿似的。我心里要叫他进来，后来我问他妈，他妈说是很愿意。我想着宝二爷屋里的小红跟了我去，我还没还他呢，就把五儿补过来。平儿说太太那一天说了，凡像那个样儿的都不叫派到宝二爷屋里呢。我所以也就搁下了。这如今宝二爷也成了家了，还怕什么呢，不如我就叫他进来。可不知宝二爷愿意不愿意？要想着晴雯，只瞧见这五儿就是了。"宝玉本要走，听见这些话已呆了。袭人道："为什么不愿意，早就要弄了来的，只是因为太太的话说的结实罢了。"凤姐道："那么着明儿我就叫他进来。太太的跟前有我呢。"宝玉听了，喜不自胜，才走到贾母那边去了。这里宝钗穿衣服，凤姐儿看他两口儿这般恩爱缠绵，想起贾琏方才那种光景，好不伤心，坐不住，便起身向宝钗笑道："我和你向老太太屋里去罢。"笑着出了房门，一同来见贾母。

宝玉正在那里回贾母往舅舅家去。贾母点头说道："去罢，只是少吃酒，早些回来。你身子才好些。"宝玉答应着出来，刚走到院内，又转身回来向宝钗耳边说了几句不知什么。宝钗笑道："是了，你快去罢。"将宝玉催着去了。这贾母和凤姐宝钗说了没三句话，只见秋纹进来传说："二爷打发焙茗转来，说请二奶奶。"宝钗说道："他又忘了什么，又叫他回来？"秋纹道："我叫小丫头问了，焙茗说是'二爷忘了一句话，二爷叫我回来告诉二奶奶：若是去呢，快些来罢；若不去呢，别在风地里站着。'"说的贾母凤姐并地下站着的众老婆子丫头都笑了。宝钗飞红了脸，把秋纹啐了一口，说道："好个糊涂东西！这也值得这样慌慌张张跑了来说。"秋纹也笑着回去叫小丫头去骂焙茗。那焙茗一面跑着，一面回头说道："二爷把我巴巴的叫下马来，叫回来说的。我若不说，回来对出来又骂我了。这会子说了，他们又骂我。"那丫头笑着跑回来说了。贾母向宝钗道："你去罢，省得他这么记挂。"说的宝钗站不住，又被凤姐怄他玩笑，没好意思，才走了。

只见散花寺的姑子大了来了，给贾母请安，见过了凤姐，坐着吃茶。贾母因问他："这一向怎么不来？"大了道："因这几日庙中做好事，有几位诰命夫人不时在庙里起坐，所以不得空儿来。今日特来回老祖宗，明儿还有一家做好事，不知老祖宗高兴不高兴，若高兴也去随喜随喜。"贾母便问："做什么好事？"大了道："前月为王大人府里不干净，见神见鬼的，偏生那太太夜间又看见去世的老爷。因此昨日在我庙里告诉我，要在散花菩萨跟前许愿烧香，做四十九天的水陆道场，保佑家口安宁，亡者升天，生者获福。所以我不得空儿来请老太太的安。"却说凤姐素日最厌恶这些事，自从昨夜见鬼，心中总是疑疑惑惑的，如今听了大了这些话，不觉把素日的心性改了一半，已有三分信意，便问大了道："这散花菩萨是谁？他怎么就能避邪除鬼呢？"大了见问，便知他有些信意，便说道："奶奶今日问我，让我告诉奶奶知道。这个散花菩萨来历根基不浅，道行非常。生在西天大树国中，父母打柴为生。养下菩萨来，头长三角，眼横四目，身长三尺，两手拖地。父母说这是妖精，便弃在冰山之后了。谁知这山上有一个得道的老獯狖出来打食，看见菩萨顶上白气冲天，虎狼远避，知道来历非常，便抱回洞中抚养。谁知菩萨带了来的聪慧，禅也会谈，与獯狖天天谈道参禅，说的天花散漫缤纷。至一千年后飞升了。至今山上犹见谈经之处天花散漫，所求必灵，时常显圣，救人苦厄。因此世人才盖了庙，塑了像供奉。"凤姐道："这有什么凭据呢？"大了道："奶奶又来搬驳了。一个佛爷可有什么凭据呢？就是撒谎也不过哄一两个人罢咧，难道古往今来多少明白人都被他哄了不成。奶奶只想，唯有佛家香火历来不绝，他到底是祝国祝民，有些灵验，人才信服。"凤姐听了大有道理，因道："既这么，我明儿也去试试。你庙里可有签？我去求一签，我心里的事签上批的出？批的出来我从此就信了。"大了道："我们的签最是灵的，明儿奶奶去求一签就知道了。"贾母道："既这么着，索性等到后日初一你再去求。"说着，大了吃了茶，到王夫人各房里去请了安，回去不提。

这里凤姐勉强扎挣着，到了初一清早，令人预备了车马，带着平儿并许多奴仆来至散花寺。大了带了众姑子接了进去。献茶后，便洗手至大殿上焚香。那凤姐儿也无心瞻仰圣像，一秉虔诚，磕了头，举起签筒默默的将那见鬼之事并身体不安等故祝告了一回。才摇了三下，只听唰的一声，筒中撺出一支签来。于是叩头拾起一看，只见写着"第三十三签，上上大

吉。"大了忙查签薄看时，只见上面写着"王熙凤衣锦还乡"。凤姐一见这几个字，吃一大惊，惊问大了道："古人也有叫王熙凤的么？"大了笑道："奶奶最是通今博古的，难道汉朝的王熙凤求官的这一段事也不晓得？"周瑞家的在旁笑道："前年李先儿还说这一回书的，我们还告诉他重着奶奶的名字不要叫呢。"凤姐笑道："可是呢，我倒忘了。"说着，又瞧底下的，写的是：

> 去国离乡二十年，于今衣锦返家园。
>
> 蜂采百花成蜜后，为谁辛苦为谁甜！
>
> 行人至，音信迟，讼宜和，婚再议。

看完也不甚明白。大了道："奶奶大喜。这一签巧得很，奶奶自幼在这里长大，何曾回南京去了。如今老爷放了外任，或者接家眷来，顺便还家，奶奶可不是'衣锦还乡'了？"一面说，一面抄了个签经交与丫头。凤姐也半疑半信的。大了摆了斋来，凤姐只动了一动，放下了要走，又给了香银。大了苦留不住，只得让他走了。凤姐回至家中，见了贾母王夫人等，问起签来，命人一解，都欢喜非常，"或者老爷果有此心，咱们走一趟也好。"凤姐儿见人人这么说，也就信了。不在话下。

却说宝玉这一日正睡午觉，醒来不见宝钗，正要问时，只见宝钗进来。宝玉问道："哪里去了？半日不见。"宝钗笑道："我给凤姐姐瞧一回签。"宝玉听说，便问是怎么样的。宝钗把签帖念了一回，又道："家中人人都说好的。据我看，这'衣锦还乡'四字里头还有缘故，后来再瞧罢了。"宝玉道："你又多疑了，妄解圣意。'衣锦还乡'四字从古至今都知道是好的，今儿你又偏生看出缘故来了。依你说，这'衣锦还乡'还有什么别的解说？"宝钗正要解说，只见王夫人那边打发丫头过来请二奶奶。宝钗立刻过去。未知何事，下回分解。

第一百二回　宁国府骨肉病灾祲　大观园符水驱妖孽

话说王夫人打发人来唤宝钗，宝钗连忙过来，请了安。王夫人道："你三妹妹如今要出嫁了，只得你们作嫂子的大家开导开导他，也是你们姊妹之情。况且他也是个明白孩子，我看你们两个也很合的来。只是我听见说宝玉听见他三妹妹出门子，哭的了不的，你也该劝劝他。如今我的身子是十病九痛的，你二嫂子也是三日好两日不好。你还心地明白些，诸事也别说只管吞着不肯得罪人，将来这一番家事，都是你的担子。"宝钗答应着。王夫人又说道："还有一件事，你二嫂子昨儿带了柳家媳妇的丫头来，说补在你们屋里。"宝钗道："今日平儿才带过来，说是太太和二奶奶的主意。"王夫人道："是呦，你二嫂子和我说，我想也没要紧，不便驳他的回。只是一件，我见那孩子眉眼儿上头也不是个很安顿的。起先为宝玉房里的丫头狐狸似的，我撵了几个，那时候你也知道，不然你怎么搬回家去了呢。如今有你，自然不比先前了。我告诉你，不过留点神儿就是了。你们屋里就是袭人那孩子还可以使得。"宝钗答应了，又说了几句话，便过来了。饭后到了探春那边，自有一番殷勤劝慰之言，不必细说。

次日，探春将要起身，又来辞宝玉。宝玉自然难割难分。探春便将纲常大体的话，说的宝玉始而低头不语，后来转悲作喜，似有醒悟之意。于是探春放心，辞别众人，竟上轿登程，水舟车陆而去。

先前众姊妹们都住在大观园中，后来贾妃薨后，也不修葺。到了宝玉婚亲，林黛玉一死，史湘云回去，宝琴在家住着，园中人少，况兼天气寒冷，李纨姊妹、探春、惜春等俱挪回旧所。到了花朝月夕，依旧相约玩耍。如今探春一去，宝玉病后不出屋门，益发没有高兴的人了。所以园中寂寞，只有几家看园的人住着。那日尤氏过来送探春起身，因天晚省得套车，便从前年在园里开通宁府的那个便门里走过去了。觉得凄凉满目，台榭依然，女墙一带都种作园

地一般,心中怅然如有所失,因到家中,便有些身上发热,扎挣一两天,竟躺倒了。日间的发烧犹可,夜里身热异常,便谵语绵绵。贾珍连忙请了大夫看视。说感冒起的,如今缠经,入了足阳明胃经,所以谵语不清,如有所见,有了大秽即可身安。尤氏服了两剂,并不稍减,更加发起狂来。

贾珍着急,便叫贾蓉来打听外头有好医生再请几位来瞧瞧。贾蓉回道:"前儿这位太医是最兴时的了。只怕我母亲的病不是药治得好的。"贾珍道:"胡说,不吃药难道由他去罢。"贾蓉道:"不是说不治。为的是前日母亲从西府去,回来是穿着园子里走来家的,一到了家就身上发烧,别是撞客着了罢?外头有个毛半仙,是南方人,卦起的很灵,不如请他来占卦占卦。看有信儿呢,就依着他,要是不中用,再请别的好大夫来。"贾珍听了,即刻叫人请来。坐在书房内喝了茶,便说:"府上叫我,不知占什么事?"贾蓉道:"家母有病,请教一卦。"毛半仙道:"既如此,取净水洗手,设下香案。让我起出一课来看就是了。"一时下人安排定了。他便怀里掏出卦筒来,走到上头恭恭敬敬的作了一个揖,手内摇着卦筒,口里念道:"伏以太极两仪,纲缊交感。图书出而变化不穷,神圣作而诚求必应。兹有信官贾某,为因母病,虔请伏羲、文王、周公、孔子四大圣人,鉴临在上,诚感则灵,有凶报凶,有吉报吉。先请内像三爻。"说着,将筒内的钱倒在盘内,说"有灵的头一爻就是交。"拿起来又摇一摇,倒出来说是单。第三爻又是交。捡起钱来,嘴里说是:"内爻已示,更请外像三爻,完成一卦。"起出来是单拆单。那毛半仙收了卦筒和铜钱,便坐下问道:"请坐,请坐。让我来细细的看看。这个卦乃是'未济'之卦。世爻是第三爻,午火兄弟劫财,晦气是一定该有的。如今尊驾为母问病,用神是初爻,真是父母爻动出官鬼来。五爻上又有一层官鬼,我看令堂太夫人的病是不轻的。还好,还好,如今子亥之水休囚,寅木动而生火。世爻上动出一个子孙来,倒是克鬼的。况且日月生身,再隔两日子水官鬼落空,交到戌日就好了。但是父母爻上变鬼,恐怕令尊大人也有些关碍。就是本身世爻比劫过重,到了水旺土衰的日子也不好。"说完,便撅着胡子坐着。贾蓉起先听他捣鬼,心里忍不住要笑,听他讲的卦理明白,又说生怕父亲也不好,便说道:"卦是极高明的,但不知我母亲到底是什么病?"毛半仙道:"据这卦上世爻午火变水相克,必是寒火凝结。若要断得清楚,撺著也不大明白,除非用大六壬才断得准。"贾蓉道:"先生都高明的么?"毛半仙道:"知道些。"贾蓉便要请教,报了一个时辰。毛先生便画了盘子,将神将排定。"算去是戌上白虎,这课叫做'魄化课'。大凡白虎乃是凶将,乘旺像气受制,便不能为害。如今乘着死神死煞及时令囚死,则为饿虎,定是伤人。就如魄神受惊消散,故名'魄化'。这课象说是人身丧鬼,忧患相仍,病多丧死,讼有忧惊。按象有日暮虎临,必定是傍晚得病的。象内说,凡占此课,必定旧宅有伏虎作怪,或有形响。如今尊驾为大人而占,正合着虎在阳忧男,在阴忧女。此课十分凶险呢。"贾蓉没有听完,唬得面上失色道:"先生说得很是。但与那卦又不大相合,到底有妨碍么?"毛半仙道:"你不用慌,待我慢慢的再看。"低着头又咕哝了一会子,便说"好了,有救星了!算出已上有贵神救解,谓之'魄化魂归'。先忧后喜,是不妨事的。只要小心些就是了。"

贾蓉奉上卦金,送了出去,回禀贾珍,说是:"母亲的病是在旧宅傍晚得的,为撞着什么伏尸白虎。"贾珍道:"你说你母亲前日从园里走回来的,可不是那里撞着的。你还记得你二婶娘到园里去,回来就病了。他虽没有见什么,后来那些丫头老婆们都说山子上一个毛烘烘的东西,眼睛有灯笼大,还会说话,把他二奶奶赶了回来,唬出一场病来。"贾蓉道:"怎么不记得。我还听见宝叔家的茗烟说,晴雯是做了园里芙蓉花的神了,林姑娘死了半空里有音乐,必定他也是管什么花儿了。想这许多妖怪在园里,还了得!头里人多阳气重,常来常往不打紧。如今冷落的时候,母亲打那里走,还不知端了什么花儿呢,不然就是撞着那一个。那卦也还算是准的。"贾珍道:"到底说有妨碍没有呢?"贾蓉道:"据他说,到了戌日就好了。只愿早两天好,或除两天才好。"贾珍道:"这又是什么意思?"贾蓉道:"那先生若是这样准,生怕老爷也有些不自在。"

正说着,里头喊说:"奶奶要坐起到那边园里去,丫头们都按捺不住。"贾珍等进去安慰定了。只闻尤氏嘴里乱说:"穿红的来叫我,穿绿的来赶我。"地下这些人又怕又好笑。贾珍

便命人买些纸钱送到园里烧化，果然那夜出了汗，便安静些。到了戌日，也就渐渐的好起来。由是一人传十，十人传百，都说大观园中有了妖怪。唬得那些看园的人也不修花补树，灌溉果蔬。起先晚上不敢走，以致鸟兽逼人，甚至日里也是约伴持械而行。过了些时，果然贾珍患病。竟不请医调治，轻则到园化纸许愿，重则详星拜斗。贾珍方好，贾蓉等相继而病。如此接连数月，闹得两府俱怕。从此风声鹤唳，草木皆妖。园中出息，一概全蠲，各房月例重新添起，反弄得荣府中更加拮据。那些看园的没有了想头，个个要离此处，每每造言生事，便将花妖树怪编派起来，各要搬出，将园门封固，再无人敢到园中。以致崇楼高阁，琼馆瑶台，皆为禽兽所栖。

却说晴雯的表史吴贵正住在园门口，他媳妇自从晴雯死后，听见说作了花神，每日晚间便不敢出门。这一日吴贵出门买东西，回来晚了。那媳妇子本有些感冒着了，日间吃错了药，晚上吴贵到家，已死在炕上。外面的人因那媳妇子不妥当，便都说妖怪爬过墙吸了精去死的。于是老太太着急的了不得，替另派了好些人将宝玉的住房围住，巡逻打更。这些小丫头们还说，有的看见红脸的，有的看见很俊的女人的，吵嚷不休。唬得宝玉天天害怕。亏得宝钗有把持的，听得丫头们混说，便唬吓着要打，所以那些谣言略好些。无奈各房的人都是疑人疑鬼的不安静，也添了人坐更，于是更加了好些食用。

独有贾赦不大很信，说："好好园子，哪里有什么鬼怪！"挑了个风清日暖的日子，带了好几个家人，手内持着器械，到园踹着动静。众人劝他不依。到了园中，果然阴气逼人。贾赦还扎挣

寧國府 骨肉病 災祲 蓂榜

前走，跟的人都探头缩脑。内中有个年轻的家人，心内已经害怕，只听呼的一声，回过头来，只见五色灿烂的一件东西跳过去了，唬得哎哟一声，腿子发软，便躺倒了。贾赦回身查问，那小子喘嘘嘘的回道："亲眼看见一个黄脸红须绿衣青裳一个妖怪走到树林子后头山窟窿里去了。"贾赦听了，便也有些胆怯，问道："你们都看见么？"有几个推顺水船儿的回说："怎么没瞧见，因老爷在头里，不敢惊动罢了。奴才们还撑得住。"说得贾赦害怕，也不敢再走，急急的回来，吩咐小子们："不要提及，只说看遍了，没有什么东西。"心里实也相信，要到真人府里请法官驱邪。岂知那些家人无事还要生事，今见贾赦怕了，不但不瞒着，反添些穿凿，说得人人吐舌。

贾赦没法，只得请道士到园作法事驱邪逐妖。择吉日先在省亲正殿上铺排起坛场，上供三清圣像，旁设二十八宿并马、赵、温、周四大将，下排三十六天将图像。香花灯烛设满一堂，钟鼓法器排两边，插着五方旗号。道纪司派定四十九位道众的执事，净了一天的坛。三位法官行香取水毕，然后擂起法鼓，法师们俱戴上七星冠，披上九宫八卦的法衣，踏着登云履，手执牙笏，便拜表请圣。又念了一天的消灾驱邪接福的《洞元经》，以后便出榜召将。榜上大书"太乙混元上清三境灵宝符箓演教大法师行文敕令本境诸神到坛听用。"

那日两府上下爷们仗着法师擒妖，都到园中观看，都说："好大法令！呼神遣将的闹起来，不管有多少妖怪也唬跑了。"大家都挤到坛前。只见小道士们将旗幡举起，按定五方站住，伺候法师号令。三位法师，一位手提宝剑拿着法水，一位捧着七星皂旗，一位举着桃木打

妖鞭,立在坛前。只听法器一停,上头令牌三下,口中念念有词,那五方旗便团团散布。法师下坛,叫本家领着到各处楼阁殿亭房廊屋舍山崖水畔洒了法水,将剑指画了一回,回来连击牌令,将七星旗祭起,众道士将旗幡一聚,接下打怪鞭望空打了三下。本家众人都道拿住妖怪,争着要看,及到跟前,并不见有什么声响。只见法师叫众道士拿取瓶罐,将妖收下,加上封条。法师朱笔书符收禁,令人带回在本观塔下镇住,一面撤坛谢将。

贾赦恭敬叩谢了法师。贾蓉等小弟兄背地都笑个不住,说:"这样的大排场,我打量拿着妖怪给我们瞧瞧到底是些什么东西,哪里知道是这样收罗,究竟妖怪拿去了没有?"贾珍听见骂道:"糊涂东西,妖怪原是聚则成形、散则成气,如今多少神将在这里,还敢现形吗!无非把这妖气收了,便不作祟,就是法力了。"众人将信将疑,且等不见响动再说。那些下人只知妖怪被擒,疑心去了,便不大惊小怪,往后果然没人提起。贾珍等病愈复原,都道法师神力。独有一个小子笑说道:"头里那些响动我也不知道,就是跟着大老爷进园这一日,明明是个大公野鸡飞过去了,拴儿吓离了眼,说得活像。我们都替他圆了个谎,大老爷就认真起来。倒瞧了个很热闹的坛场。"众人虽然听见,哪里肯信,究无人住。

一日,贾赦无事,正想要叫几个家下人搬住园中,看守房屋,唯恐夜晚藏匿奸人。方欲传出话去,只见贾琏进来,请了安,回说今日到他大舅家去听见一个荒信,"说是二叔被节度使参进来,为的是失察属员,重征粮米,请旨革职的事。"贾赦听了吃惊道:"只怕是谣言罢。前儿你二叔带书子来说,探春于某日到了任所,择了某日吉时送你妹子到了海疆,路上风恬浪静,合家不必挂念。还说节度认亲,倒设席贺喜,哪里有做了亲戚倒提参起来的。且不必言语,快到吏部打听明白就来回我。"

贾琏即刻出去,不到半日回来便说:"才到吏部打听,果然二叔被参。题本上去,亏得皇上的恩典,没有交部,便下旨意,说是失察属员,重征粮米,苛虐百姓,本应革职,姑念初膺外任,不谙吏治,被属员蒙蔽,着降三级,加恩仍以工部员外上行走,并令即日回京。这信是准的。正在吏部说话的时候,来了一个江西引见知县,说起我们二叔,是很感激的,但说是个好上司,只是用人不当,那些家人在外招摇撞骗,欺凌属员,已经把好名声都弄坏了。节度大人早已知道,也说我们二叔是个好人。不知怎么样这回又参了。想是沆闹得不好,恐将来弄出大祸,所以借了一件失察的事情参的,倒是避重就轻的意思也未可知。"贾赦未听说完,便叫贾琏:"先去告诉你婶子知道,且不必告诉老太太就是了。"贾琏去回王夫人。未知有何话说,下回分解。

第一百三回　施毒计金桂自焚身
昧真禅雨村空遇旧

话说贾琏到了王夫人那边,一一的说了。次日到了部里打点停妥,回来又到王夫人那边,将打点吏部之事告知。王夫人便道:"打听准了么?果然这样,老爷也愿意,合家也放心。那外任是何尝做得的!若不是那样的参回来,只怕叫那些混帐东西把老爷的性命都坑了呢!"贾琏道:"太太哪里知道?"王夫人道:"自从你二叔放了外任,并没有一个钱拿回来,把家里的倒掏摸了好些去了。你瞧那些跟老爷去的人,他男人在外头不多几时,那些小老婆子们便金头银面的妆扮起来了,可不是在外头瞒着老爷弄钱?你叔叔便使着他们闹去,若弄出事来,不但自己的官做不成,只怕连祖上的官也要抹掉了呢!"贾琏道:"婶子说得很是。方才我听见参了,吓的了不得,直等打听明白才放心。也愿意老爷做个京官,安安逸逸的做几年,才保得住一辈子的声名。就是老太太知道了,倒也是放心的,只要太太说得宽缓些。"王夫人道:"我知道。你到底再去打听打听。"

贾琏答应了,才要出来,只见薛姨妈家的老婆子慌慌张张的走来,到王夫人里间屋内,也

没说请安，便道："我们太太叫我来告诉这里的姨太太，说我们家了不得了，又闹出事来了。"王夫人听了，便问："闹出什么事来？"那婆子又说："了不得，了不得！"王夫人哼道："糊涂东西！有要紧事你到底说啊！"婆子便道："我们家二爷不在家，一个男人也有。这件事情出来怎么办！要求太太打发几位爷们去料理料理。"王夫人听着不懂，便急着道："究竟要爷们去干什么事？"婆子道："我们大奶奶死了。"王夫人听了，便啐道："这种女人死，死了罢咧，也值得大惊小怪的！"婆子道："不是好好儿死的，是混闹死的。快求太太打发人去办办。"说着就要走。王夫人又生气，又好笑，说："这婆子好混帐。琏哥儿，倒不如你过去瞧瞧，别理那糊涂东西。"那婆子没听见打发人去，只听见说别理他，他便赌气跑回去了。这里薛姨妈正在着急，再等不来，好容易见那婆子来了，便问："姨太太打发谁来？"婆子叹说道："人最不要有急难事，什么好亲好眷，看来也不中用。姨太太不但不肯照应我们，倒骂我糊涂。"薛姨妈听了，又气又急道："姨太太不管，你姑奶奶怎么说了？"婆子道："姨太太既不管，我们家的姑奶奶自然更不管了。没有去告诉。"薛姨妈啐道："姨太太是外人，姑娘是我养的，怎么不管！"婆子一时省悟道："是啊，这么着我还去。"

正说着，只见贾琏来了，给薛姨妈请了安，道了恼，回说："我婶子知道弟妇死了，问老婆子，再说不明，着急得很，打发我来问个明白，还叫我在这里料理。该怎么样，姨太太只管说了办去。"薛姨妈本来气得干哭，听见贾琏的话，便笑着说："倒要二爷费心。我说姨太太是待我最好的，都是这老货说不清，几乎误了事。请二爷坐下，等我慢慢的告诉你。"便说："不为别的事，为的是媳妇不是好死的。"贾琏道："想是为兄弟犯事怨命死的？"薛姨妈道："若这样倒好了。前几个月头里，他天天蓬头赤脚的疯闹。后来听见你兄弟问了死罪，他虽哭了一场，以后倒擦脂抹粉的起来。我若说他，又要吵个了不得，我总不理他。有一天不知怎么样来要香菱去作伴，我说：'你放着宝蟾，还要香菱做什么，况且香菱是你不爱的，何苦招气生。'他必不依。我没法儿，便叫香菱到他屋里去。可怜这香菱不敢违我的话，带着病就去了。谁知道他待香菱很好，我倒喜欢。你大妹妹知道了，说：'只怕不是好心罢。'我也不理会。头几天香菱病着，他倒亲手去做汤给他吃，哪知香菱没福，刚端到跟前，他自己烫了手，连碗都砸了。我只说必要迁怒在香菱身上，他倒没生气，自己还拿笤帚扫了，拿水泼净了地，仍旧两个人很好。昨儿晚上，又叫宝蟾去做了两碗汤来，自己说同香菱一块儿喝。隔了一回，听见他屋里两只脚步响，宝蟾急的乱嚷，以后香菱也嚷着扶着墙出来叫人。我忙着看去，只见媳妇鼻子眼睛里都流出血来，在地下乱滚，两手在心口乱抓，两脚乱蹬，把我就吓死了，问他也说不出来，只管直嚷，闹了一回就死了。我瞧那光景是服了毒的。宝蟾便哭着来揪香菱，说他把药药死了奶奶。我看香菱也不是这么样的人，再者他病的起还起不来，怎么能药人呢。无奈宝蟾一口咬定。我的二爷，这叫我怎么办！只得硬着心肠叫老婆子们把香菱捆了，交给宝蟾，便把房门反扣了。我同你二妹妹守了一夜，等府里的门开了才告诉去的。二爷你是明白人，这件事怎么好？"贾琏道："夏家知道了没有？"薛姨妈道："也得撕掳明白了才好报啊。"贾琏道："据我看起来，必要经官才了得下来。我们自然疑在宝蟾身上，别人便说宝蟾为什么药死他奶奶，也是没答对的。若说在香菱身上，竟还装得上。"正说着，只见荣府女人们进来

说:"我们二奶奶来了。"贾琏虽是大伯子,因从小儿见的,也不回避。宝钗进来见了母亲,又见了贾琏,便往里间屋里同宝琴坐下。薛姨妈也将前事告诉一遍。宝钗便说:"若把香菱捆了,可不是我们也说是香菱药死的了么?妈妈说这汤是宝蟾做的,就该捆起宝蟾来问他呀。一面便该打发人报夏家去,一面报官的是。"薛姨妈听见有理,便问贾琏。贾琏道:"二妹子说得很是。报官还得我去,托了刑部里的人,相验问口供的时候有照应得。只是要捆宝蟾放香菱倒怕难些。"薛姨妈道:"并不是我要捆香菱,我恐怕香菱病中受冤着急,一时寻死,又添了一条人命,才捆了交给宝蟾,也是一个主意。"贾琏道:"虽是这么说,我们倒帮了宝蟾了。若要放都放,要捆都捆,他们三个人是一处的。只要叫人安慰香菱就是了。"薛姨妈便叫人开门进去,宝钗就派了带来几个女人帮着捆宝蟾。只见香菱已哭得死去活来,宝蟾反得意扬扬。以后见人要捆他,便乱嚷起来。那禁得荣府的人吆喝着,也就捆了。竟开着门,好叫人看着。这里报夏家的人已经去了。

那夏家先前不住在京里,因近年消索,又记挂女儿,新近搬进京来。父亲已没,只有母亲,又过继了一个混帐儿子,把家业都花完了,不时的常到薛家。那金桂原是个水性人儿,哪里守得住空房,况兼天天心里想念薛蝌,便有些饥不择食的光景。无奈他这一干兄弟又是个蠢货,虽也有些知觉,只是尚未入港。所以金桂时常回去,也帮贴他些银钱。这些时正盼金桂回家,只见薛家的人来,心里就想又拿什么东西来了。不料说这里姑娘服毒死了,他便气得乱嚷乱叫。金桂的母亲听见了,更哭喊起来,说:"好端端的女孩儿在他家,为什么服了毒呢!"哭着喊着的,带了儿子,也等不得雇车,便要走。那夏家本是买卖人家,如今没了钱,哪顾什么脸面。儿子头里就走,他跟了一个破老婆子出了门,在街上啼啼哭哭的雇了一辆破车,便跑到薛家。

进门也不打话,便儿一声肉一声的要讨人命。那时贾琏到刑部托人,家里只有薛姨妈、宝钗、宝琴,何曾见过个阵仗,都吓得不敢则声。便要与他讲理,他们也不听,只说:"我女孩儿在你家得过什么好处,两口朝打暮骂的。闹了几时,还不容他两口子在一处,你们商量着把女婿弄在监里,永不见面。你们娘儿们仗着好亲戚受用也罢了,还嫌他碍眼,叫人药死了他,倒说是服毒!他为什么服毒!"说着,直奔着薛姨妈来。薛姨妈只得后退,说:"亲家太太且请瞧瞧你女儿,问问宝蟾,再说歪话不迟。"那宝钗宝琴因外面有夏家的儿子,难以出来拦护,只在里边着急。恰好王夫人打发周瑞家的照看,一进门来,见一个老婆子指着薛姨妈的脸哭骂。周瑞家的知道必是金桂的母亲,便走上来说:"这位是亲家太太么?大奶奶自己服毒死的,与我们姨太太什么相干,也不犯这么糟蹋呀。"那金桂的母亲问:"你是谁?"薛姨妈见有了人,胆子略壮了些,便说:"这就是我亲戚贾府里的。"金桂的母亲便说道:"谁不知道,你们有仗腰子的亲戚,才能够叫姑爷坐在监里。如今我的女孩儿倒白死了不成!"说着,便拉薛姨妈说:"你到底把我女儿怎样弄杀了?给我瞧瞧!"周瑞家的一面劝说:"只管瞧瞧,用不着拉拉扯扯。"便把手一推。夏家的儿子便跑进来不依道:"你仗着府里的势头儿来打我母亲么!"说着,便将椅子打去,却没有打着。里头跟宝钗的人听见外头闹起来,赶着来瞧,恐怕周瑞家的吃亏,齐打伙的上去半劝半喝。那夏家的母子索性撒起泼来,说:"知道你们荣府的势头儿。我们家的姑娘已经死了,如今也都不要命了!"说着,仍奔薛姨妈拼命。地下的人虽多,哪里挡得住,自古说的"一人拼命,万夫莫当"。

正闹到危急之际,贾琏带了七八个家人进来,见是如此,便叫人先把夏家的儿子拉出去,便说:"你们不许闹,有话好好儿的说。快将家里收拾收拾,刑部里头的老爷们就来相验了。"金桂的母亲正在撒泼,只见来了一位老爷,几个在头里吆喝,那些人都垂手侍立。金桂的母亲见这个光景,也不知是贾府何人,又见他儿子已被众人揪住,又听见说刑部来验,他心里原想看见女儿尸首先闹一个稀烂再去喊官去,不承望这里先报了官,也便软些。薛姨妈已吓糊涂了。还是周瑞家的回说:"他们来了,也没有去瞧他姑娘,便作践起姨太太来了。我们为好劝他,哪里跑进一个野男人,在奶奶们里头混撒村混打,这可不是没有王法了!"贾琏道:"这回子不用和他讲理,等一会子打着问他,说:男人有男人的所在,里头都是些姑娘奶奶们,况且有他母亲还瞧不见他们姑娘么,他跑进来不是要打抢来了!"家人们做好做歹压伏住

红楼梦

图文珍藏版

了。周瑞家的仗着人多，便说："夏太太，你不懂事，既来了，该问个青红皂白。你们姑娘是自己服毒死了，不然便是宝蟾药死他主子了，怎么不问明白，又不看尸首，就想讹人来了呢，我们就肯叫一个媳妇儿白死了不成！现在把宝蟾捆着，因为你们姑娘必要点病儿，所以叫香菱陪着他，也在一个屋里住，故此两个人都看守在那里，原等你们来眼看看刑部相验，问出道理来才是啊。"

金桂的母亲此时势孤，也只得跟着周瑞家的到他女孩儿屋里，只见满脸黑血，直挺挺的躺在炕上，便叫哭起来。宝蟾见是他家的人来，便哭喊说："我们姑娘好意待香菱，叫他在一块儿住，他倒抽空儿药死我们姑娘！"那时薛家上下人等俱在，便齐声吆喝道："胡说，昨日奶奶喝了汤才药死的，这汤可不是你做的！"宝蟾道："汤是我做的，端了来我有事走了，不知香菱起来放些什么在里头药死的。"金桂的母亲听未说完，就奔香菱。众人拦住。薛姨妈便道："这样子是砒霜药的，家里决无此物。不管香菱宝蟾，终有替他买的，回来刑部少不得问出来，才赖不去。如今把媳妇权放平正，好等官来相验。"众婆子上来抬放。宝钗道："都是男人进来，你们将女人动用的东西检点检点。"只见炕褥底下有一个揉成团的纸包儿。金桂的母亲瞧见便拾起，打开看时，并没有什么，便撩开了。宝蟾看见道："可不是有了凭据了。这纸包儿我认得，头几天耗子闹得慌，奶奶家去与舅爷要的，拿回来搁在首饰匣内，必是香菱看见了拿来药死奶奶的。若不信，你们看看首饰匣里有没有了。"

金桂的母亲便依着宝蟾的所在取出匣子，只有几支银簪子。薛姨妈便说："怎么好些首饰都没有了？"宝钗叫人打开箱柜，俱是空的，便道："嫂子这些东西被谁拿去，这可要问宝蟾。"金桂的母亲心里也虚了好些，见薛姨妈查问宝蟾，便说："姑娘的东西他哪里知道。"周瑞家的道："亲家太太别这么说呢。我知道宝姑娘是天天跟着大奶奶的，怎么说不知！"这宝蟾见问得紧，又不好胡赖，只得说道："奶奶自己每每带回家去，我管得么。"众人便说："好个亲家太太！哄着拿姑娘的东西，哄完了叫他寻死来讹我们。好罢了，回来相验便是这么说。"宝钗叫人："到外头告诉琏二爷说，别放了夏家的人。"

里面金桂的母亲忙了手脚，便骂宝蟾道："小蹄子别嚼舌头了！姑娘几时拿东西到我家去。"宝蟾道："如今东西是小，给姑娘偿命是大。"宝琴道："有了东西就有偿命的人了。快请琏二哥哥问准了夏家的儿子买砒霜的话，回来好回刑部里的话。"金桂的母亲着了急道："这宝蟾必是撞见鬼，混说起来。我们姑娘何尝买过砒霜。若这么说，必是宝蟾药死了的。"宝蟾急的乱嚷说："别人赖我也罢了，怎么你们也赖起我来呢！你们不是常和姑娘说，叫他别受委屈，闹得他们家破人亡，那时将东西卷包儿一走，再配一个好姑爷。这个话是有的没有？"金桂的母亲还未及答言，周瑞家的便接口说道："这是你们家的人说的，还赖什么呢。"金桂的母亲恨的咬牙切齿的骂宝蟾说："我待你不错呀，为什么你倒拿话来葬送我呢！回来见了官，我就说是你药死姑娘的。"宝蟾气得瞪着眼说："请太太放了香菱罢，不犯着白害别人。我见官自有我的话。"

宝钗听出这个话头儿来了，便叫人反倒放了宝蟾，说："你原是个爽快人，何苦白冤在里头。你有话索性说了，大家明白，岂不完了事了呢。"宝蟾也怕见官受苦，便说："我们奶奶天天抱怨说：'我这样人，为什么碰着这个瞎眼的娘，不配给二爷，偏给了这么个混帐糊涂行子。要是能够同二爷过一天，死了也是愿意的。'说到那里，便恨香菱。我起初不理会，后来看见与香菱好了，我只道是香菱教他什么了，不承望昨儿的汤不是好意。"金桂的母亲接说道："益发胡说了，若是要药香菱，为什么倒药了自己呢？"宝钗便问道："香菱，昨日你喝汤来着没有？"香菱道："头几天我病得抬不起头来，奶奶叫我喝汤，我不敢说不喝，刚要扎挣起来，那碗汤已经洒了，倒叫奶奶收拾了个难，我心里很过不去。昨儿听见叫我喝汤，我喝不下去，没有法儿正要喝的时候儿呢，偏又头晕起来。只见宝蟾姐姐端了去。我正喜欢，刚合上眼，奶奶自己喝着汤，叫我尝尝，我便勉强也喝了。"宝蟾不待说完，便道："是了，我老实说罢。昨儿奶奶叫我做两碗汤，说是和香菱同喝。我气不过，心里想着香菱哪里配我做汤给他喝呢。我故意的一碗里头多抓了一把盐，记了暗记儿，原想给香菱喝的。刚端进来，奶奶却拦着我到外头叫小子们雇车，说今日回家去。我出去说了，回来见盐多的这碗汤在奶奶跟前呢，我

恐怕奶奶喝着咸，又要骂我。正没法的时候，奶奶往后头走动，我眼错不见就把香菱这碗汤换了过来。也是合该如此，奶奶回来就拿了汤去到香菱床边喝着，说：'你到底尝尝。'那香菱也不觉咸。两个人都喝完了。我正笑香菱没嘴道儿，哪里知道这死鬼奶奶要药香菱，必定趁我不在将砒霜撒上了，也不知道我换碗，这就是天理昭彰，自害其身了。"于是众人往前后一想，真正一丝不错，便将香菱也放了，扶着他仍旧睡在床上。

不说香菱得放，且说金桂母亲心虚事实，还想辩赖。薛姨妈等你言我语，反要他儿子偿还金桂之命。正然吵嚷，贾琏在外嚷说："不用多说，快收拾停当，刑部老爷就到了。"此时唯有夏家母子着忙，想来总要吃亏的，不得已反求薛姨妈道："千不是万不是，终是我死的女孩儿不长进，这也是自作自受。若是刑部相验，到底府上脸面不好看。求亲家太太息了这件事罢。"宝钗道："那可使不得，已经报了，怎么能息呢。"周瑞家的等人大家做好做歹的劝说："若要息事，除非夏亲家太太自己出去拦，我们不提长短罢了。"贾琏在外也将他儿子吓住，他情愿迎到刑部具结拦验。众人依允。薛姨妈命人买棺成殓。不提。

且说贾雨村升了京兆府尹兼管税务，一日出都查勘开垦地亩，路过知机县，到了急流津。正要渡过彼岸，因待人夫，暂且停轿。只见村旁有一座小庙，墙壁坍颓，露出几株古松，倒也苍老。雨村下轿，闲步进庙，但见庙内神像金身脱落，殿宇歪斜，旁有断碣，字迹模糊，也看不明白。意欲行至后殿，只见一翠柏下荫着一间茅庐，庐中有一个道士合眼打坐。雨村走近看时，面貌甚熟，想着倒像在那里见来的，一时再想不出来。从人便欲吆喝。雨村止住，徐步向前叫一声："老道。"那道士双眼微启，微微的笑道："贵官何事？"雨村便道："本府出都查勘事件，路过此地，见老道静修自得，想来道行深通，意欲冒昧请教。"那道人说："来自有地，去自有方。"雨村知是有些来历的，便长揖请问："老道从何处修来，在此结庐？此庙何名？庙中共有几人？或欲真修，岂无名山；或欲结缘，何不通衢？"那道人道："葫芦尚可安身，何必名山结舍。庙名久隐，断碣犹存。形影相随，何须修募。岂似那'玉在椟中求善价，钗于奁内待时飞'之辈耶！"

雨村原是个颖悟人，初听见"葫芦"两字，后闻"玉钗"一对，忽然想起甄士隐的事来。重复将那道士端详一回，见他容貌依然，便屏退从人，问道："君家莫非甄老先生么？"那道人从容笑道："什么真，什么假！要知道真即是假，假即是真。"雨村听说出贾字来，益发无疑，便从新施礼道："学生自蒙慨赠到都，托庇获隽公车，受任贵乡，始知老先生超悟尘凡，飘举仙境。学生虽溯洄思切，自念风尘俗吏，未由再觐仙颜。今何幸于此处相遇，求老仙翁指示愚蒙。倘荷不弃，京寓甚近，学生当得供奉，得以朝夕聆教。"那道人也站起来回礼道："我于蒲团之外，不知天地间尚有何物。适才尊官所言，贫道一概不解。"说毕，依旧坐下。雨村复又心疑："想去若非士隐，何貌言相似若此？离别来十九载，面色如旧，必是修炼有成，未肯将前身说破。但我既遇恩公，又不可当面错过。看来不能以富贵动之，那妻女之私更不必说了。"想罢又道："仙师既不肯说破前因，弟子于心何忍！"正要下礼，只见从人进来，禀说天色将晚，快请渡河。雨村正无主意，那道人道："请尊官速登彼岸，见面有期，迟则风浪顿起。果蒙不弃，贫道他日尚在渡头候教。"说毕，仍合眼打坐。雨村无奈，只得辞了道人出庙。正要过渡，只见一人飞奔而来。未知何事，下回分解。

第一百四回　醉金刚小鳅生大浪　痴公子余痛触前情

话说贾雨村刚欲过渡，见有人飞奔而来，跑到跟前，口称："老爷，方才进的那庙火起了！"雨村回首看时，只见烈炎烧天，飞灰蔽目。雨村心想，"这也奇怪，我才出来，走不多远，这火从何而来？莫非士隐遭劫于此？"欲待回去，又恐误了过河；若不回去，心下又不安。想了一

想,便问道:"你方才见这老道士出来了没有?"那人道:"小的原随老爷出来,因腹内疼痛,略走了一走。回头看见一片火光,原来就是那庙中火起,特赶来禀知老爷。并没有见有人出来。"雨村虽则心里狐疑,究竟是名利关心的人,哪肯回去看视,便叫那人:"你在这里等火灭了进去瞧那老道在与不在,即来回禀。"那人只得答应了伺候。

雨村过河,仍自去查看,查了几处,遇公馆便自歇下。明日又行一程,进了都门,众衙役接着,前呼后拥的走着。雨村坐在轿内,听见轿前开路的人吵嚷。雨村问是何事。那开路的拉了一个人过来跪在轿前禀道:"那人酒醉不知回避,反冲突过来。小的吆喝他,他倒恃酒撒赖,躺在街心,说小的打了他。"雨村便道:"我是管理这里地方的。你们都是我的子民,知道本府经过,喝了酒不知退避,还敢撒赖!"那人道:"我喝酒是自己的钱,醉了躺的是皇上的地,便是大人老爷也管不得。"雨村怒道:"这人目无法纪,问他叫什么名字。"那人回道:"我叫醉金刚倪二。"雨村听了生气,叫人:"打这金刚,瞧他是金刚不是!"手下把倪二按倒,着实的打了几鞭。倪二负痛,酒醒求饶。雨村在轿内笑道:"原来是这么个金刚么。我且不打你,叫人带进衙门慢慢的问你。"众衙役答应,拴了倪二,拉着便走。倪二哀求,也不中用。

雨村进内复旨回曹,哪里把这件事放在心上。那街上看热闹的三三两两传说:"倪二仗着有些力气,恃酒讹人,今儿碰在贾大人手里,只怕不轻饶的。"这话已传到他妻女耳边。那夜果等倪二不见回家,他女儿便到各处赌场寻觅,那赌博的都是这么说,他女儿急得哭了。众人都道:"你不用着急。那贾大人是荣府的一家。荣府里的一个什么二爷和你父亲相好,你同你母亲去找他说个情,就放出来了。"倪二的女儿听了,想了一想,"果然我父亲常说间壁贾二爷和他好,为什么不找他去。"赶着回来,即和母亲说了。

娘儿两个去找贾芸。那日贾芸恰在家,见他母女两个过来,便让座。贾芸的母亲便倒茶。倪家母女即将倪二被贾大人拿去的话说了一遍,"求二爷说情放出来"。贾芸一口应承,说:"这算不得什么,我到西府里说一声就放了。那贾大人全仗我家的西府里才得做了这么大官,只要打发个人去一说就完了。"倪家母女欢喜,回来便到府里告诉了倪二,叫他不用忙,已经求了贾二爷,他满口应承,讨个情便放出来的。倪二听了也喜欢。

不料贾芸自从那日给凤姐送礼不收,不好意思进来,也不常到荣府。那荣府的门上原看着主子的行事,叫谁走动才有些体面,一时来了他便进去通报;若主子不大理了,不论本家亲戚,他一概不回,支了去就完事。那日贾芸到府上说"给琏二爷请安"。门上的说:"二爷不在家,等回来我们替回罢。"贾芸欲要说"请二奶奶的安",生恐门上厌烦,只得回家。又被倪家母女催逼着说:"二爷常说府上是不论哪个衙门,说一声谁敢不依。如今还是府里的一家,又不为什么大事,这个情还讨不来,白是我们二爷了。"贾芸脸上下不来,嘴里还说硬话:"昨儿我们家里有事,没打发人说去,少不得今儿说了就放。什么大不了的事!"倪家母女只得听信。

岂知贾芸近日大门竟不得进去,绕到后头要进园内找宝玉,不料园门锁着,只得垂头丧

气的回来。想起"那年倪二借银与我,买了香料送给他,才派我种树。如今我没有钱去打点,就把我拒绝。他也不是什么好的,拿着太爷留下的公中银钱在外放加一钱,我们穷本家要借一两也不能。他打量保得住一辈子不穷的了,哪知外头的声名很不好。我不说罢了,若说起来,人命官司不知有多少呢。"一面想着,来到家中,只见倪家母女都等着。贾芸无言可支,便说道:"西府里已经打发人说了,只言贾大人不依。你还求我们家的奴才周瑞的亲戚冷子兴去才中用。"倪家母女听了说:"二爷这样体面爷们还不中用,若是奴才,是更不中用了。"贾芸不好意思,心里发急道:"你不知道,如今的奴才比主子强多着呢。"倪家母女听来无法,只得冷笑几声说:"这倒难为二爷白跑了这几天,等我们那一个出来再道乏罢。"说毕出来,另托人将倪二弄了出来,只打了几板,也没有什么罪。

倪二回家,他妻女将贾家不肯说情的话说了一遍。倪二正喝着酒,便生气要找贾芸,说:"这小杂种,没良心的东西! 头里他没有饭吃要到府内钻谋事办,亏我倪二爷帮了他。如今我有了事他不管。好罢咧,若是我倪二闹出来,连两府里都不干净!"他妻女忙劝道:"哎,你又喝了黄汤便是这样有天没日头的,前儿可不是醉了闹的乱子,挨了打还没好呢,你又闹了。"倪二道:"挨了打便怕他不成,只怕拿不着由头! 我在监里的时候,倒认得好几个有义气的朋友,听见他们说起来,不独是城内姓贾的多,外省姓贾的也不少。前儿监里收下了好几个贾家的家人。我倒说,这里的贾家小一辈子并奴才们虽不好,他们老一辈的还好,怎么犯了事。我打听打听,说是和这里贾家是一家,都住在外省,审明白了解进来问罪的,我才放心。若说贾二这小子他忘恩负义,我便和几个朋友说他家怎样倚势欺人,怎样盘剥小民,怎样强娶有男妇女,叫他们吵嚷出来,有了风声到了都老爷耳朵里,这一闹起来,叫你们才认得倪二金刚呢!"他女人道:"你喝了酒睡去罢! 他又强占谁家的女人来了,没有的事你不用混说了。"倪二道:"你们在家里哪里知道外头的事。前年我在赌场里碰见了小张,说他女人被贾家占了,他还和我商量。我倒劝他才了事的。但不知这小张如今哪里去了,这两年没见。若碰着了他,我倪二出个主意叫贾老二死,给我好好的孝敬孝敬我倪二太爷才罢。你倒不理我了!"说着,倒身躺下,嘴里还是咕咕嘟嘟的说了一回,便睡去了。他妻女只当是醉话,也不理他。明日早起,倪二又往赌场中去了。不题。

且说雨村回到家中,歇息了一夜,将道上遇见甄士隐的事告诉了他夫人一遍。他夫人便埋怨他:"为什么不回去瞧一瞧,倘或烧死了,可不是咱们没良心!"说着,掉下泪来。雨村道:"他是方外的人了,不肯和咱们在一处的。"正说着,外头传进话来,禀说:"前日老爷吩咐瞧火烧庙去的回来了回话。"雨村踱了出来。那衙役打千请了安,回说:"小的奉老爷的命回去,也不等火灭,便冒火进去瞧那道士,岂知他坐的地方多烧了。小的想着那道士必定烧死了。那烧的墙屋往后塌去,道士的影儿都没有,只有一个蒲团、一个瓢儿还是好好的。小的各处找寻他的尸首,连骨头都没有一点儿。小的恐老爷不信,想要拿这蒲团瓢儿回来做个证见,小的这么一拿,岂知都成了灰了。"雨村听毕,心下明白,知士隐仙去,便把那衙役打发了出去。回到房中,并没提起士隐火化之言,恐他妇女不知,反生悲感,只说并无形迹,必是他先走了。

雨村出来,独坐书房,正要细想士隐的话,忽有家人传报说:"内廷传旨,交看事件。"雨村疾忙上轿进内,只听见人说:"今日贾存周江西粮道被参回来,在朝内谢罪。"雨村忙到了内阁,见了各大人,将海疆办理不善的旨意看了,出来即忙找着贾政,先说了些为他抱屈的话,后又道喜,问:"一路可好?"贾政也将违别以后的话细细的说了一遍。雨村道:"谢罪的本上了去没有?"贾政道:"已上去了,等膳后下来看旨意罢。"正说着,只听里头传出旨来叫贾政,贾政即忙进去。各大人有与贾政关切的,都在里头等着。等了好一回方见贾政出来,看见他带着满头的汗。众人迎上去接着,问:"有什么旨意。"贾政吐舌道:"吓死人,吓死人! 倒蒙各位大人关切,幸喜没有什么事。"众人道:"旨意问了些什么?"贾政道:"旨意问的是云南私带神枪一案。本上奏明是原任太师贾化的家人,主上一时记着我们先祖的名字,便问起来。我忙着磕头奏明先祖的名字是代化,主上便笑了,还降旨意说:'前放兵部后降府尹的不是也叫贾化么?'"那时雨村也在旁边,倒吓了一跳,便问贾政道:"老先生怎么奏的?"贾政道:"我

便慢慢奏道，'原任太师贾化是云南人，现任府尹贾某是浙江湖州人。'主上又问'苏州刺史奏的贾范是你一家了？'我又磕头奏道：'是。'主上便变色道：'纵使家奴强占良民妻女，还成事么！'我一句不敢奏。主上又问道：'贾范是你什么人？'我忙奏道：'是远族。'主上哼了一声，降旨叫出来了。可不是诧事。"众人道："本来也巧，怎么一连有这两件事。"贾政道："事到不奇，倒是都姓贾的不好。算来我们寒族人多，年代久了，各处都有。现在虽没有事，究竟主上记着一个贾字就不好。"众人说："真是真，假是假，怕什么。"贾政道："我心里巴不得不做官，只是不敢告老。现在我们家里两个世袭，这也无可奈何的。"雨村道："如今老先生仍是工部，想来京官是没有事的。"贾政道："京官虽然无事，我究竟做过两次外任，也就说不齐了。"众人道："二老爷的人品行事我们都佩服。就是令兄大老爷，也是个好人。只要在令侄辈身上严紧些就是了。"贾政道："我因在家的日子少，舍侄的事情不大查考，我心里也不甚放心。诸位今日提起，都是至相好，或者听见东宅的侄儿家有什么不奉规矩的事么？"众人道："没听见别的，只有几位侍郎心里不大和睦，内监里头也有些。想来不怕什么，只要嘱咐那边令侄诸事留神就是了。"众人说毕，举手而散。

贾政然后回家，众子侄等都迎接上来。贾政迎着，请贾母的安，然后众子侄俱请了贾政的安，一同进府。王夫人等已到了荣禧堂迎接。贾政先到了贾母那里拜见了，陈述些违别的话。贾母问探春消息。贾政将许嫁探春的事都禀明了，还说："儿子起身急促，难过重阳，虽没有亲见，听见那边亲家的人来说的极好。亲家老爷太太都说请老太太的安；还说今冬明春大约还可调进京来，这便好了。如今闻得海疆有事，只怕那时还不能调。"贾母始则因贾政降调回来，知探春远在他乡，一无亲故，心下不悦。后听贾政将官事说明，探春安好，也便转悲为喜，便笑着叫贾政出去。然后弟兄相见，众子侄拜见，定了明日清晨拜祠堂。

贾政回到自己屋内，王夫人等见过，宝玉、贾琏替另拜见。贾政见了宝玉果然比起身之时脸面丰满，倒觉安静，并不知他心里糊涂，所以心甚喜欢，不以降调为念，心想"幸亏老太太办理的好。"又见宝钗沉厚更胜先时，兰儿文雅俊秀，便喜形于色。独见环儿仍是先前，究不甚钟爱。歇了半天，忽然想起"为何今日短了一人？"王夫人知是想着黛玉。前因家书未报，今日又初到家，正是喜欢，不便直告，只说是病着。岂知宝玉的心里已如刀绞，因父亲到家，只得把持心性伺候。王夫人家筵接风，子孙敬酒。凤姐虽是侄媳，现办家事，也随了宝钗等递酒。贾政便叫："递了一巡酒都歇息去罢。"命众家人不必伺候，待明早拜过宗祠，然后进见。分派已定，贾政与王夫人说些别后的话，余者王夫人都不敢言。倒是贾政先提起王子腾的事来，王夫人也不敢悲戚。贾政又说蟠儿的事，王夫人只说他是自作自受，趁便也将黛玉已死的话告诉。贾政反吓了一惊，不觉掉下泪来，连声叹息。王夫人也撑不住，也哭了。旁边彩云等即忙拉衣，王夫人止住，重又说些喜欢的话，便安寝了。

次日一早，至宗祠行礼，众子侄都随往。贾政便在祠旁厢旁坐下，叫了贾珍贾琏过来，问起家中事务，贾珍拣可说的说了。贾政又道："我初回家，也不便来细细查问。只是听见外头说起你家里更不比往前，诸事要谨慎才好。你年纪也不小了，孩子们该管教管教，别叫他们在外头得罪了。琏儿也该听听。不是才回家便说你们，因我有所闻，所以才说的，你们更该小心些。"贾珍等脸涨通红的，也只答应个"是"字，不敢说什么。贾政也就罢了。回归西府，众家人磕头毕，仍复进内，众女仆行礼，不必多赘。

只说宝玉因贾政问起黛玉，王夫人答以有病，他便暗里伤心。直待贾政命他回去，一路上已滴了好些眼泪。回到房中，见宝钗和袭人等说话，他便独座外间纳闷。宝钗叫袭人送过茶去，知他必是怕老爷查问工课，所以如此，只得过来安慰。宝玉便借此说："你们今夜先睡一回，我要定定神。这时更不如从前，三言可忘两词，老爷瞧了不好。你们睡罢，叫袭人陪着我。"宝钗听去有理，便自己到房先睡。

宝玉轻轻的叫袭人坐着，央他把紫鹃叫来，有话问他。"但是紫鹃见了我，脸上嘴里总是有气似的，须得你去解释开了他来才好。"袭人道："你说要定神，我倒喜欢，怎么又定到这上头了？有话你明儿问不得！"宝玉道："我就是今晚得闲，明日倘或老爷叫干什么便没空儿。好姐姐，你快去叫他来。"袭人道："他不是二奶奶叫是不来的。"宝玉道："我所以央你去说明

白了才好。"袭人道:"叫我说什么?"宝玉道:"你还不知道我的心也不知道他的心么? 都为的是林姑娘。你说我并不是负心的,我如今叫你们弄成了一个负心人了!"说着这话,便瞧瞧里头,用手一指说:"他是我本不愿意的,都是老太太他们捉弄的,好端端把一个林妹妹弄死了。就是他死,也该叫我见见,说个明白,他自己死了也不怨我。你是听见三姑娘他们说的,临死恨怨我。那紫鹃为他姑娘,也恨得我了不得。我想我是无情的人么? 晴雯到底是个丫头,也没有什么大好处,他死了,我老实告诉你罢,我还做个祭文去祭他。那时林姑娘还亲眼见的。如今林姑娘死了,莫非倒不如晴雯么,死了连祭都不能祭一祭。林姑娘死了还有知的,他想起来不要更怨我么!"袭人道:"你要祭便祭去,要我们做什么?"宝玉道:"我自从好了起来就想要做一首祭文的,不知道我如今一点灵机都没有了。若祭别人,胡乱却使得;若是他断断俗俚不得一点儿的。所以叫紫鹃来问,他姑娘这条心他们打从哪样上看出来的。我没病的头里还想得出来,一病以后都不记得。你说林姑娘已经好了,怎么忽然死的? 他好的时候我不去,他怎么说? 我病时候他不来,他也怎么说? 所以有他的东西,我诓了过来,你二奶奶总不叫我动,不知什么意思。"袭人道:"二奶奶唯恐你伤心罢了,还有什么!"宝玉道:"我不信。既是他这么念我,为什么临死都把诗稿烧了,不留给我作个纪念? 又听见说天上有音乐响,必是他成了神或是登了仙去。我虽见过了棺材,到底不知道棺材里有他没有。"袭人道:"你这话益发糊涂了,怎么一个人不死就搁上一个空棺材当死了人呢。"宝玉道:"不是嗄! 大凡成仙的人,或是肉身去的,或是脱胎去的。好姐姐,你到底叫了紫鹃来。"袭人道:"如今等我细细的说明了你的心,他若肯来还好,若不肯来,还得费多少话。就是来了,见你也不肯细说。据我主意,明后日等二奶奶上去了,我慢慢的问他,或者倒可仔细。遇着闲空儿我再慢慢的告诉你。"宝玉道:"你说得也是,你不知道我心里的着急。"正说着,麝月出来说:"二奶奶说,天已四更了,请二爷进去睡罢。袭人姐姐必是说高了兴了,忘了时候儿了。"袭人听了道:"可不是,该睡了,有话明儿再说罢。"宝玉无奈,只得含愁进去,又向袭人耳边道:"明儿不要忘了。"袭人笑道:"知道了。"麝月笑道:"你们两个又闹鬼了。何不和二奶奶说了,就到袭人那边睡去,由着你们说一夜,我们也不管。"宝玉摆手道:"不用言语。"袭人恨道:"小蹄子,你又嚼舌根,看我明儿撕你!"回转头来对宝玉道:"这不是二爷闹的,说了四更的话,总没有说到这里。"一面说,一面送宝玉进屋,各人散去。

那夜宝玉无眠,到了明日,还思这事。只闻得外头传进话来说:"众亲朋因老爷回家,都要送戏接风。老爷再四推辞,说:'唱戏不必,竟在家里备了水酒,倒请亲朋过来大家谈谈。'于是定了后儿摆席请人,所以进来告诉。"不知所请何人,下回分解。

第一百五回　锦衣军查抄宁国府
骢马使弹劾平安州

话说贾政正在那里设宴请酒,忽见赖大急忙走上荣禧堂来回贾政道:"有锦衣府堂官赵老爷带领好几位司官说来拜望。奴才要取职名来回,赵老爷说:'我们至好,不用的。'一面就下车来走进来了。请老爷同爷们快接去。"贾政听了,心想:"赵老爷并无来往,怎么也来? 现在有客,留他不便,不留又不好。"正自思想,贾琏说:"叔叔快去罢,再想一回,人都进来了。"正说着,只见二门上家人又报进来说:"赵老爷已进二门了。"贾政等抢步接去,只见赵堂官满脸笑容,并不说什么,一径走上厅来。后面跟着五六位司官,也有认得的,也有不认得的,但是总不答话。贾政等心里不得主意,只得跟了上来让座。众亲友也有认得赵堂官的,见他仰着脸不大理人,只拉贾政的手,笑着说了几句寒温的话。众人看见来头不好,也有躲进里间屋里的,也有垂手侍立的。

贾政正要带笑叙话,只见家人慌张报道:"西平王爷到了。"贾政慌忙去接,已见王爷进

来。赵堂官抢上去请了安，便说："王爷已到，随来各位老爷就该带领府役把守前后门。"众官应了出去。贾政等知事不好，连忙跪接。西平郡王用两手扶起，笑嘻嘻的说道："无事不敢轻造，有奉旨交办事件，要赦老接旨。如今满堂中筵席未散，想有亲友在此未便，且请众位府上亲友各散，独留本宅的人听候。"赵堂官回说："王爷虽是恩典，但东边的事，这位王爷办事认真，想是早已封门。"众人知是两府干系，恨不能脱身。只见王爷笑道："众位只管就请，叫人来给我送出去，告诉锦衣府的官员说，这都是亲友，不必盘查，快快放出。"那些亲友听见，就一溜烟飞的出去了。独有贾赦贾政一干人唬得面如土色，满身发颤。

不多一回，只见进来无数番役，各门把守。本宅上下人等，一步不能乱走。赵堂官便转过一付脸来回王爷道："请爷宣旨意，就好动手。"这些番役却撩衣勒臂，专等旨意。西平王慢慢的说道："小王奉旨带领锦衣府赵全来查看贾赦家产。"贾赦等听见，俱俯伏在地。王爷便站在上头说："有旨意：'贾赦交通外官，依势凌弱，辜负朕恩，有忝祖德，着革去世职。钦此。'"赵堂官一叠声叫："拿下贾赦，其余皆看守。"维时贾赦、贾政、贾琏、贾珍、贾蓉、贾蔷、贾芝、贾兰俱在，唯宝玉假说有病，在贾母那边打闹，贾环本来不大见人的，所以就将现在几人看住。赵堂官即叫他的家人："传齐司员，带同番役，分头按房抄查登账。"这一言不打紧，唬得贾政上下人等面面相看，喜的番役家人摩拳擦掌，就要往各处动手。西平王道："闻得赦老与政老同房各爨的，理应遵旨查看贾赦的家资，其余且按房封锁，我们复旨去再候定夺。"赵堂官站起来说："回王爷：贾赦贾政并未分家，闻得他侄儿贾琏现在承总管家，不能不尽行查抄。"西平王听了，也不言语。赵堂官便说："贾琏贾赦两处须得奴才带领去查抄才好。"西平王便说："不必忙，先传信后宅，且请内眷回避，再查不迟。"一言未了，老赵家奴番役已经拉着本宅家人领路，分头查抄去了。王爷喝命："不许罗唣！待本爵自行查看。"说着，便慢慢的站起来要走，又吩咐说："跟我的人一个不许动，都给我站在这里候着，回来一齐瞧着登数。"正说着，只见锦衣司官跪禀说："在内查出御用衣裙并多少禁用之物，不敢擅动，回来请示王爷。"一回儿又有一起人来拦住王爷，就回说："东跨所抄出两箱房地契又一箱借票，却都是违例取利的。"老赵便说："好个重利盘剥！很该全抄！请王爷就此坐下，叫奴才去全抄来再候定夺罢。"说着，只见王府长史来禀说："守门军传进来说，主上特命北静王到这里宣旨，请爷接去。"赵堂官听了，心里喜欢说："我好晦气，碰着这个酸王。如今那位来了，我就好施威。"一面想着，也迎出来。

只见北静王已到大厅，就向外站着，说："有旨意，锦衣府赵全听宣。"说："奉旨意：'着锦衣官唯提贾赦质审，余交西平王遵旨查办。钦此。'"西平王领了，好不喜欢，便与北静王坐下，着赵堂官提贾赦回衙。里头那些查抄的人听得北静王到，俱一齐出来，及闻赵堂官走了，大家没趣，只得侍立听候。北静王便挑选两个诚实司官并十来个老年番役，余者一概逐出。西平王便说："我正与老赵生气。幸得王爷同来降旨，不然这里很吃大亏。"北静王说："我在朝内听见王爷奉旨查抄贾宅，我甚放心，谅这里不到荼毒。不料老赵这么混帐。但不知现在政老及宝玉在哪里，里面不知闹到怎么样了。"众人回禀："贾政等在下房看守着，里面已抄得乱腾腾的了。"西平王便吩咐司员："快将贾政带来问话。"众人命带了上来。贾政跪了请安，不免含泪乞恩。北静王便起身拉着，说："政老放心。"便将旨意说了。贾政感激涕零，望北又谢了恩，仍上来听候。王爷道："政老，方才老赵在这里的时候，番役呈禀有禁用之物并重利欠票，我们也难掩过。这禁用之物原办进贵妃用的，我们声明，也无碍。独是借券想个什么法儿才好。如今政老且带司员实在将赦老家产呈出，也就了事，切不可再有隐匿，自干罪戾。"贾政答应道："犯官再不敢。但犯官祖父遗产并未分过，唯各人所住的房屋有的东西便为己有。"两王便说："这也无妨，唯将赦老那一边所有的交出就是了。"又吩咐司员等依命行事，不许胡混乱动。司员领命去了。

且说贾母那边女眷也摆家宴，王夫人正在那边说："宝玉不到外头，恐他老子生气。"凤姐带病哼哼唧唧的说："我看宝玉也不是怕人，他见前头陪客的人也不少了，所以在这里照应也是有的。倘或老爷想起里头少个人在那里照应，太太便把宝兄弟献出去，可不是好？"贾母笑道："凤丫头病到这地位，这张嘴还是那么尖巧。"正说到高兴，只听见邢夫人那边的人一

直声的嚷进来说："老太太、太太，不……不好了！多多少少的穿靴带帽的强……强盗来了，翻箱倒笼的来拿东西。"贾母等听着发呆。又见平儿披头散发拉着巧姐哭啼啼的来说："不好了，我正与姐儿吃饭，只见来旺被人拴着进来说：'姑娘快快传进去，请太太们回避，外面王爷就进来查抄家产。'我听了着忙，正要进房拿要紧东西，被一伙人浑推浑赶出来的。咱们这里该穿该带的快快收拾。"王邢二夫人等听得，俱魂飞天外，不知怎样才好。独见凤姐先前圆睁两眼听着，后来便一仰身栽到地下死了。贾母没有听完，便吓得涕泪交流，连话也说不出来。那时一屋子人拉那个，扯那个，正闹得翻天覆地，又听见一叠声嚷说："叫里面女眷们回避，王爷进来了！"

可怜宝钗宝玉等正在没法，只见地下这些丫头婆子乱抬乱扯的时候，贾琏喘吁吁的跑进来说："好了，好了，幸亏王爷救了我们了！"众人正要问他，贾琏见凤姐死在地下，哭着乱叫，又怕老太太吓坏了，急得死去活来。还亏平儿将凤姐叫醒，令人扶着。老太太也回过气来，哭得气短神昏，躺在炕上。李纨再三宽慰。然后贾琏定神将两王恩典说明，唯恐贾母邢夫人知道贾赦被拿，又要唬死，暂且不敢明说，只得出来照料自己屋内。

一进屋门，只见箱开柜破，物件抢得半空。此时急得两眼直竖，淌泪发呆。听见外头叫，只得出来。见贾政同司员登记物件，一人报说：

"赤金首饰共一百二十三件，珠宝俱全。珍珠十三挂，淡金盘二件，金碗二对，金抢碗二个，金匙四十把，银大碗八十个，银盘二十个，三镶金象牙筋二把，镀金执壶四把，镀金折盂三对，茶托二件，银碟七十六件，银酒杯三十六个。黑狐皮十八张，青狐六张，貂皮三十六张，黄狐三十张，猞猁狲皮十二张，麻叶皮三张，洋灰皮六十张，灰狐腿皮四十张，酱色羊皮二十张，猢狸皮二张，黄狐腿二把，小白狐皮二十块，洋呢三十度，毕叽二十三度，姑绒十二度，香鼠筒子十件，豆鼠皮四方，天鹅绒一卷，梅鹿皮一方，云狐筒子二件，貉锟皮一卷，鸭皮七把，灰鼠一百六十张，獾子皮八张，虎皮六张，海豹三张，海龙十六张，灰色羊四十把，黑色羊皮六十三张，元狐帽沿十副，倭刀帽沿十二副，貂帽沿二副，小狐皮十六张，江貉皮二张，獭子皮二张，猫皮三十五张，倭股十二度，绸缎一百三十卷，纱绫一百八一卷，羽线绉三十二卷，氆氇三十卷，妆蟒缎八卷，葛布三捆，各色布三捆，各色皮衣一百三十二件，棉夹单纱绢衣三百四十件。玉玩三十二件，带头九副，铜锡等物五百余件，钟表十八件，朝珠九挂，各色妆蟒三十四件，上用蟒缎迎手靠背三分，宫妆衣裙八套，脂玉圈带一条，黄缎十二卷。潮银五千二百两，赤金五十两，钱七千吊。"

一切动用家伙攒钉登记，以及荣国赐第，俱一一开列，其房地契纸，家人文书，亦俱封裹。贾琏在旁边窃听，只不听见报他的东西，心里正在疑惑。只闻两家王爷问贾政道："所抄家资内有借券，实系盘剥，究是谁行的？政老据实才好。"贾政听了，跪在地下碰头说："实在犯官不理家务，这些事全不知道。问犯官侄儿贾琏才知。"贾琏连忙走上跪下，禀说："这一箱文书既在奴才屋内抄出来的，敢说不知道么。只求王爷开恩，奴才叔叔并不知道的。"两王道："你父已经获罪，只可并案办理。你今认了也是正理。如此叫人将贾琏看守，余俱散收宅内。政老，你须小心候旨。我们进内复旨去了，这里有官役看守。"说着，上轿出门。贾政等在二门跪送。北静王把手一伸，说："请放心。"觉得脸上大有不忍之色。

此时贾政魂魄方定，犹是发怔。贾兰便说："请爷爷进内瞧老太太，再想法儿打听东府里的事。"贾政疾忙起身进内。只见各门上妇女乱糟糟的，不知要怎样。贾政无心查问，一直到贾母房中，只见人人泪痕满面，王夫人宝玉等围住贾母，寂静无言，各各掉泪。唯有邢夫人哭作一团。因见贾政进来，都说："好了，好了！"便告诉老太太说："老爷仍旧好好的进来，请老太太安心罢。"贾母奄奄一息的，微开双目说："我的儿，不想还见得着你！"一声未了，便嚎啕的哭起来。于是满屋里人俱哭个不住。贾政恐哭坏老母，即收泪说："老太太放心罢。本来事情原不小，蒙主上天恩，两位王爷的恩典，万般珍恤。就是大老爷暂时拘质，等问明白了，主上还有恩典。如今家里一些也不动了。"贾母见贾赦不在，又伤心起来，贾政再三安慰方止。

众人俱不敢走散，独邢夫人回至自己那边，见门总封锁，丫头婆子亦锁在几间屋内。邢

夫人无处可走，放声大哭起来，只得往凤姐那边去。见二门旁舍亦上封条，唯有屋门开着，里头呜咽不绝。邢夫人进去，见凤姐面如纸灰，合眼躺着，平儿在旁暗哭。邢夫人打量凤姐死了，又哭起来。平儿迎上来说："太太不要哭。奶奶抬回来觉着像是死的了，幸得歇息一回苏过来，哭了几声，如今痰息气定，略安一安神。太太也请定定神罢。但不知老太太怎样了？"邢夫人也不答言，仍走到贾母那边。见眼前俱是贾政的人，自己夫子被拘，媳妇病危，女儿受苦，现在身无所归，哪里禁得住。众人劝慰，李纨等令人收拾房屋请邢夫人暂住，王夫人拨人服侍。

贾政在外，心惊肉跳，拈须搓手的等候旨意。听见外面看守军人乱嚷道："你到底是哪一边的？既碰在我们这里，就记在这里册上。拴着他，交给里头锦衣府的爷们！"贾政出外看时，见是焦大，便说："怎么跑到这里来？"焦大见问，便号天蹈地地哭道："我天天劝，这些不长进的爷们，倒拿我当作冤家！连爷还不知道焦大跟着太爷受的苦！今朝弄到这个田地！珍大爷蓉哥儿都叫什么王爷拿了去了，里头女主儿们都被什么府里衙役抢得披头散发搁在一处空房里，那些不成材料的狗男女却像猪狗似的拦起来了。所有的都抄出来搁着，木器钉得破烂，磁器打得粉碎。他们还要把我拴起来。我活了八九十岁，只有跟着太爷捆人的，哪里倒叫人捆起来！我便说我是西府里，就跑出来。那些人不依，押到这里，不想这里也是那么着。我如今也不要命了，和那些人拼了罢！"说着撞头。众役见他年老，又是两王吩咐，不敢发狠，便说："你老人家安静些，这是奉旨的事。你且这里歇歇，听个信儿再说。"贾政听明，虽不理

他，但是心里刀绞似的，便道："完了，完了！不料我们一败涂地如此！"

正在着急听候内信，只见薛蝌气嘘嘘的跑进来说："好容易进来了！姨父在哪里。"贾政道："来得好，但是外头怎么放进来的？"薛蝌道："我再三央说，又许他们钱，所以我才能够出入的。"贾政便将抄去之事告诉了他，便烦去打听打听，"就有好亲，在火头上也不便送信，是你就好通信了。"薛蝌道："这里的事我倒想不到，那边东府的事我已听见说，完了。"贾政道："究竟犯什么事？"薛蝌道："今朝为我哥哥打听决罪的事，在衙内闻得，有两位御史风闻得珍大爷引诱世家子弟赌博，这款还轻；还有一大款是强占良民妻女为妾，因其女不从，凌逼致死。那御史恐怕不准，还将咱们家的鲍二拿去，又还拉出一个姓张的来。只怕连都察院都有不是，为的是姓张的曾告过的。"贾政尚未听完，便跺脚道："了不得！罢了，罢了！"叹了一口气，扑簌簌的掉下泪来。

薛蝌宽慰了几句，即便又出来打听去了。隔了半日，仍旧进来说："事情不好。我在刑科打听，倒没有听见两王复旨的信，但听得说李御史今早参奏平安州奉承京官，迎合上司，虐害百姓，好几大款。"贾政慌道："那管他人的事，到底打听我们的怎么样？"薛蝌道："说是平安州就有我们，那参的京官就是赦老爷。说的是包揽词讼。所以火上浇油。就是同朝这些官府，俱藏躲不迭，谁肯送信。就即如才散的这些亲友，有的竟回家去了，也有远远儿的歇下打听的。可恨那些贵本家便在路上说，'祖宗挣下的功业，弄出事来了，不知道飞到哪个头上，大家也好施威。'"贾政没有听完，复又顿足道："都是我们大爷忒糊涂，东府也忒不成事体。

如今老太太与琏儿媳妇是死是活还不知道呢。你再打听去,我到老太太那边瞧瞧。若有信,能够早一步才好。"正说着,听见里头乱嚷出来说:"老太太不好了!"急得贾政即忙进去。未知生死如何,下回分解。

第一百六回 王熙凤致祸抱羞惭
贾太君祷天消祸患

话说贾政闻知贾母危急,即忙进去看视。见贾母惊吓气逆,王夫人鸳鸯等唤醒回来,即用疏气安神的丸药服了,渐渐的好些,只是伤心落泪。贾政在旁劝慰,总说是"儿子们不肖,招了祸来累老太太受惊。若老太太宽慰些,儿子们尚可在外料理;若是老太太有什么不自在,儿子们的罪孽更重了。"贾母道:"我活了八十多岁,自作女孩儿起到你父亲手里,都托着祖宗的福,从没有听见过那些事。如今到老了,见你们倘或受罪,叫我心里过得去么!倒不如合上眼随你们去罢了。"说着,又哭。

贾政此时着急异常,又听外面说:"请老爷,内廷有信。"贾政急忙出来,见是北静王府长史,一见面便说"大喜。"贾政谢了,请长史坐下,"请问王爷有何谕旨?"那长史道:"我们王爷同西平郡王进内复奏,将大人的惧怕的心、感激天恩之话都代奏了。主上甚是悯恤,并念及贵妃薨逝未久,不忍加罪,着加恩仍在工部员外上行走。所封家产,唯将贾赦的入官,余俱给还。并传旨令尽心供职。唯抄出借券令我们王爷查核,如有违禁重利的一概照例入官,其在定例生息的同房地文书尽行给还。贾琏着革去职衔,免罪释放。"贾政听毕,即起身叩谢天恩,又拜谢王爷恩典。"先请长史大人代为禀谢,明晨到阙谢恩,并到府里磕头。"那长史去了。少停,传出旨来。承办官遵旨一一查清,入官者入官,给还者给还,将贾琏放出,所有贾赦名下男妇人等造册入官。

可怜贾琏屋内东西除将按例放出的文书发给外,其余虽未尽入官的,早被查抄的人尽行抢去,所存者只有家伙物件。贾琏始则惧罪,后蒙释放已是大幸,及想起历年积聚的东西并凤姐的体己不下七八万金,一朝而尽,怎得不痛。且他父亲现禁在锦衣府,凤姐病在垂危,一时悲痛。又见贾政含泪叫他,问道:"我因官事在身,不大理家,故叫你们夫妇总理家事。你父亲所为固难劝谏,那重利盘剥究竟是谁干的?况且非咱们这样人家所为。如今入了官,在银钱是不打紧的,这种声名出去还了得吗!"贾琏跪下说道:"侄儿办家事,并不敢存一点私心。所有出入的账目,自有赖大、吴新登、戴良等登记,老爷只管叫他们来查问。现在这几年,库内的银子出多少少,虽没贴补在内,已在各处做了好些空头,求老爷问太太就知道了。这些放出去的账,连侄儿也不知道哪里的银子,要问周瑞旺儿才知道。"贾政道:"据你说来,连你自己屋里的事还不知道,那些家中上下的事更不知道了。我这回也不来查问你,现今你无事的人,你父亲的事和你珍大哥的事还不快去打听打听。"贾琏一心委屈,含着眼泪答应了

出去。贾政叹气连连的想道:"我祖父勤劳王事,立下功勋,得了两个世职,如今两房犯事都革去了。我瞧这些子侄没一个长进的。老天啊,老天啊!我贾家何至一败如此!我虽蒙圣恩格外垂慈,给还家产,那两处食用自应归并一处,叫我一人哪里支撑的住。方才琏儿所说更加诧异,说不但库上无银,而且尚有亏空,这几年竟是虚名在外。只恨我自己为什么糊涂若此。倘或我珠儿在世,尚有膀臂;宝玉虽大,更是无用之物。"想到那里,不觉泪满衣襟。又想:"老太太偌大年纪,儿子们并没有自能奉养一日,反累他吓得死去活来。种种罪孽,叫我委之何人!"

正在独自悲切,只见家人禀报各亲友进来看候。贾政一一道谢,说起:"家门不幸,是我不能管教子侄,所以至此。"有的说:"我久知令兄赦大老爷行事不妥,那边珍哥更加骄纵。若说因官事错误得个不是,于心无愧,如今自己闹出的,倒带累了二老爷。"有的说:"人家闹的也多,也没见御史参奏,不是珍爷大得罪朋友,何至如此。"有的说:"也不怪御史,我们听见说是府上的家人同几个泥腿在外头哄嚷出来的。御史恐参奏不实,所以诓了这里的人去才说出来的。我想府上待下人最宽的,为什么还有这事?"有的说:"大凡奴才们是一个养活不得的。今儿在这里都是好亲友我才敢说,就是尊驾在外任,我保不得——你是不爱钱的——那外头的风声也不好,都是奴才们闹的。你该提防些。如今虽说没有动你的家,倘或再遇着主上疑心起来,好些不便呢。"贾政听说,心下着忙道:"众位听见我的风声怎样?"众人道:"我们虽没听见实据,只闻外面人说你在粮道任上怎么叫门上家人要钱。"贾政听了,便说道:"我是对得天的,从不敢起这要钱的念头。只是奴才在外招摇撞骗,闹出事来我就吃不住了。"众人道:"如今怕也无益,只好将现在的管家们都严严的查一查,若有抗主的奴才,查出来严严的办一办。"贾政听了点头。便见门上进来回禀说:"孙姑爷那边打发人来说,自己有事不能来,着人来瞧瞧。说大老爷该他一种银子,要在二老爷身上还的。"贾政心内忧闷,只说:"知道了。"众人都冷笑道:"人说令亲孙绍祖混帐,真有些。如今丈人抄了家,不但不来瞧看帮补照应,倒赶忙的来要银子,真真不在理上。"贾政道:"如今且不必说他。那头亲事原是家兄配错的,我的侄女儿的罪已经受够了,如今又招我来。"正说着,只见薛蝌进来说道:"我打听锦衣府赵堂官必要照御史参的办去,只怕大老爷和珍大爷吃不住。"众人都道:"二老爷,还得是你出去求求王爷,怎么挽回挽回才好。不然这两家就完了。"贾政答应致谢,众人都散。

那时天已点灯时候,贾政进去请贾母的安,见贾母略略好些。回到自己房中,埋怨贾琏夫妇不知好歹,如今闹出放账取利的事情,大家不好。方见凤姐所为,心里很不受用。凤姐现在病重,知他所有什物尽被抄抢一光,心内郁结,一时未便埋怨,暂且隐忍不言。一夜无话。次早贾政进内谢恩,并到北静王府西平王府两处叩谢,求两位王爷照应他哥哥侄儿。两位应许。贾政又在同寅相好处托情。

且说贾琏打听得父兄之事不很妥,无法可施,只得回到家中。平儿守着凤姐哭泣,秋桐在耳房中抱怨凤姐。贾琏走近旁边,见凤姐奄奄一息,就有多少怨言,一时也说不出来。平儿哭道:"如今事已如此,东西已去不能复来。奶奶这样,还得再请个大夫调治调治才好。"贾琏啐道:"我的性命还不保,我还管他么!"凤姐听见,睁眼一瞧,虽不言语,那眼泪流个不尽,见贾琏出去,便与平儿道:"你别不达事务了,到了这样田地,你还顾我做什么。我巴不得今儿就死才好。只要你能够眼里有我,我死之后,你扶养大了巧姐儿,我在阴司里也感激你的。"平儿听了,放声大哭。凤姐道:"你也是聪明人。他们虽没有来说我,他必抱怨我。虽说事是外头闹的,我若不贪财,如今也没有我的事,不但是枉费心计,挣了一辈子的强,如今落在人后头。我只恨用人不当,恍惚听得那边珍大爷的事说是强占良民妻子为妾,不从逼死,有个姓张的在里头,你想想还有谁,若是这件事审出来,咱们二爷是脱不了的,我那时怎样见人。我要即时就死,又耽不起吞金服毒的。你到还要请大夫,可不是你为顾我反倒害了我了么。"平儿愈听愈惨,想来实在难处,恐凤姐自寻短见,只得紧紧守着。

幸贾母不知底细,因近日身子好些,又见贾政无事,宝玉宝钗在旁天天不离左右,略觉放心。素来最疼凤姐,便叫鸳鸯"将我体己东西拿些给凤丫头,再拿些银钱交给平儿,好好的伏

侍好了凤丫头，我再慢慢的分派。"又命王夫人照看了邢夫人。又加了宁国府第人官，所有财产房地等并家奴等俱造册收尽，这里贾母命人将车接了尤氏婆媳等过来。可怜赫赫宁府只剩得他们婆媳两个并佩凤、偕鸾二人，连一个下人没有。贾母指出房子一所居住，就在惜春所住的间壁。又派了婆子四人丫头两个服侍。一应饭食起居在大厨房内分送，衣裙什物又是贾母送去，零星需用亦在账房内开销，俱照荣府每人月例之数。那贾赦、贾珍、贾蓉在锦衣府使用，账房内实在无项可支。如今凤姐一无所有，贾琏况又债务满身，贾政不知家务，只说已经托人，自有照应。贾琏无计可施，想到那亲戚里头薛姨妈家已败，王子腾已死，余者亲戚虽有，俱是不能照应，只得暗暗差人下屯将地亩暂卖了数千金作为监中使费。贾琏如此一行，那些家奴见主家势败，也便趁此弄鬼，并将东庄租税也就指名借用些。此是后话，暂且不提。

且说贾母见祖宗世职革去，现在子孙在监质审，邢夫人、尤氏等日夜啼哭，凤姐病在垂危，虽有宝玉宝钗在侧，只可解劝，不能分忧，所以日夜不宁，思前想后，眼泪不干。一日傍晚，叫宝玉回去，自己扎挣坐起，叫鸳鸯等各处佛堂上香，又命自己院内焚起斗香，用拐拄着出到院中。琥珀知是老太太拜佛，铺下大红短毡拜垫。贾母上香跪下磕了好些头，念了一回佛，含泪祝告天地道："皇天菩萨在上，我贾门史氏，虔诚祷告，求菩萨慈悲。我贾门数世以来，不敢行凶霸道。我帮夫助子，虽不能为善，亦不敢作恶。必是后辈儿孙骄侈暴佚，暴珍天物，以致合府抄检。现在儿孙监禁，自然凶多吉少，皆由我一人罪孽，不教儿孙，以至于此。我今只求皇天保佑：在监逢凶化吉，有病的早早安身。总有合家罪孽，情愿一人承当，只求饶恕儿孙。若皇天见怜，念我虔诚，早早赐我一死，宽免儿孙之罪。"默默说到此，不禁伤心，呜呜咽咽的哭泣起来。鸳鸯、珍珠一面解劝，一面扶进房去。

只见王夫人带了宝玉、宝钗过来请晚安，见贾母悲伤，三人也大哭起来。宝钗更有一层苦楚：想哥哥也在外监，将来要处决，不知可减缓否；翁姑虽然无事，眼见家业萧条；宝玉依然疯傻，毫无志气。想到后来终身，更比贾母、王夫人哭得更痛。宝玉见宝钗如此大恸，他亦有一番悲戚。想的是老太太年老不得安，老爷、太太见此光景不免悲伤，众姐妹风流云散，一日少似一日。追想在园中吟诗起社，何等热闹，自从林妹妹一死，我郁闷到今，又有宝姐姐过来，未便时常悲切。见他忧兄思母，日夜难得笑容，今见他悲哀欲绝，心里更加不忍，竟嚎啕大哭。鸳鸯、彩云、莺儿、袭人见他们如此，也各有所思，便也呜咽起来。余者丫头们看得伤心，也便陪哭，竟无人解慰。满屋中哭声惊天动地，将外头上夜婆子吓慌，急报于贾政知道。那贾政正在书房纳闷，听见贾母的人来报，心中着忙，飞奔进内。远远听得哭声甚众，打量老太太不好，急得魂魄俱丧，疾忙进来，只见坐着悲啼，神魂方定。说是"老太太伤心，你们该劝解，怎么的齐打伙儿哭起来了。"众人听得贾政声气，急忙止哭，大家对面发怔。贾政上前安慰了老太太，又说了众人几句。各自心想道："我们原恐老太太悲伤，故来劝解，怎么忘情大家痛哭起来。"

正自不解，只见老婆子带了史侯家的两个女人进来，请了贾母的安，又向众人请安毕，便说："我们家老爷、太太、姑娘打发我来，说听见府里的事原没有什么大事，不过一时受惊。恐怕老爷太太烦恼，叫我们过来告诉一声，说这里二老爷是不怕的了。我们姑娘本要自己来的，因不多几日就要出阁，所以不能来了。"贾母听了，不便道谢，说："你回去给我问好。这是我们的家运合该如此。承你老爷太太惦记，过一日再来奉谢。你家姑娘出阁，想来你们姑爷是不用说的了。他们的家计如何？"两个女人回道："家计倒不怎么着，只是姑爷长的很好，为人又和平。我们见过好几次，看来与这里宝二爷差不多，还听得说才情学问都好的。"贾母听了，喜欢道："咱们都是南边人，虽在这里住久了，那些大规矩还是从南方礼儿，所以新姑爷我们都没见过。我前儿还想起我娘家的人来，最疼的就是你们家姑娘，一年三百六十天，在我跟前的日子倒有二百多天，混得这么大了。我原想给他说个好女婿，又为他叔叔不在家，我又不便作主。他既造化配了个好姑爷，我也放心。月里出阁我原想过来吃杯喜酒，不料我家闹出这样事来，我的心就像在热锅里熬的似的，哪里能够再到你们家去。你回去说我问好，我们这里的人都说请安问好。你替另告诉你家姑娘，不要将我放在心里。我是八十多岁

的人了，就死也算不得没福的了。只愿他过了门，两口子和顺，百年到老，我便安心了。"说着，不觉掉下泪来。那女人道："老太太也不必伤心。姑娘过了门，等回了九，少不得同姑爷过来请老太太的安，那时老太太见了才喜欢呢。"贾母点头。那女人出去。别人都不理论，只有宝玉听了发了一回怔，心里想道："如今一天一天的都过不得了。为什么人家养了女儿到大了必要出嫁，一出了嫁就改变。史妹妹这样一个人又被他叔叔硬压着配人了，他将来见了我必是又不理我了。我想一个人到了这个没人理的分儿，还活着做什么。"想到那里，又是伤心。见贾母此时才安，又不敢哭泣，只是闷闷的。

一时贾政不放心，又进来瞧瞧老太太，见是好些，便出来传了赖大，叫他将合府里管事人的花名册子拿来，一齐点了一点，除去贾赦入官的人，尚有三十余家，共男女二百十二名。贾政叫现在府内当差的男人共二十一名进来，问起历年居家用度，共有若干进来，该用若干出去。那管总的家人将近来支用簿子呈上。贾政看时，所入不敷所出，又加连年宫里花用，账上有在外浮借的也不少。再查东省地租，近年所交不及祖上一半，如今用度比祖上更加十倍。贾政不看则已，看了急得跺脚道："这了不得！我打量虽是琏儿管事，在家自有把持，岂知好几年头里已就寅年用了卯年的，还是这样装好看，竟把世职俸禄当作不打紧的事情，为什么不败呢！我如今要就省俭起来，已是迟了。"想到那里，背着手踱来踱去，竟无方法。

众人知贾政不知理家，也是白操心着急，便说道："老爷也不用焦心，这是家家这样的。若是统总算起来，连王爷家还不够。不过是装着门面，过到哪里就到哪里。如今老爷到底得了主上的恩典，才有这点子家产，若是一并入了官，老爷就不用过了不成。"贾政嗔道："放屁！你们这班奴才最没有良心的，仗着主子好的时候任意开销，到弄光了，走的走，跑的跑，还顾主子的死活呢！如今你们道是没有查封是好，哪知道外头的名声。大本儿都保不住，还搁得住你们在外头支架子说大话诓人骗人，到闹出事来望主子身上一推就完了。如今大老爷与珍大爷的事，说是咱们家人鲍二在外传播的，我看这人口册上并没有鲍二，这是怎么说？"众人回道："这鲍二是不在册档上的。先前在宁府册上，为二爷见他老实，把他们两口子叫过来了。及至他女人死了，他又回宁府去。后来老爷衙门有事，老太太们爷们往陵上去，珍大爷替理家事带过来的，以后也就去了。老爷数年不管家事，哪里知道这些事来。老爷打量册上没有名字的就只有这个人，不知一个人手下亲戚们也有，奴才还有奴才呢。"贾政道："这还了得！"想去一时不能清理，只得喝退众人，早打了主意在心里了，且听贾赦等事审得怎样再定。

一日正在书房筹算，只见一人飞奔进来说："请老爷快进内廷问话。"贾政听了心下着忙，只得进去。未知凶吉，下回分解。

第一百七回　散余资贾母明大义　复世职政老沐天恩

话说贾政进内，见了枢密院各位大人，又见了各位王爷。北静王道："今日我们传你来，有遵旨问你的事。"贾政即忙跪下。众大人便问道："你哥哥交通外官，恃强凌弱，纵儿聚赌，强占良民妻女不遂逼死的事，你都知道么？"贾政回道："犯官自从主恩钦点学政，任满后查看赈恤，于上年冬底回家，又蒙堂派工程，后又往江西监追，题参回都，仍在工部行走，日夜不敢急惰。一应家务并未留心伺察，实在糊涂，不能管教子侄，这就是辜负圣恩。亦求主上重重治罪。"

北静王据说转奏，不多时传出旨来。北静王便述道："主上因御史参奏贾赦交通外官，恃强凌弱。据该御史指出平安州互相往来，贾赦包揽词讼。严鞫贾赦，据供平安州原系姻亲来往，并未干涉官事。该御史亦不能指实。唯有倚势强索石呆子古扇一款是实的，然系玩物，

究非强索良民之物可比。虽石呆子自尽，亦系疯傻所致，与逼勒致死者有间。今从宽将贾赦发往台站效力赎罪。所参贾珍强占良民妻女为妾不从逼死一款，提取都察院原案，看得尤二姐实系张华指腹为婚未娶之妻，因伊贫苦自愿退婚，尤二姐之母愿结贾珍之弟为妾，并非强占。再尤三姐自刎掩埋并未报官一款，查尤三姐原系贾珍妻妹，本意为伊择配，因被逼索定礼，众人扬言秽乱，以致羞忿自尽，并非贾珍逼勒致死。但身系世袭职员，罔知法纪，私埋人命，本应重治，念伊究属功臣后裔，不忍加罪，亦从宽革去世职，派往海疆效力赎罪，贾蓉年幼无干省释。贾政实系在外任多年，居官尚属勤慎，免治伊治家不正之罪。”贾政听了，感激涕零，叩首不及，又叩求王爷代奏下忱。北静王道：“你该叩谢天恩，更有何奏？”贾政道：“犯官仰蒙圣恩不加大罪，又蒙将家产给还，实在扪心惶愧，愿将祖宗遗受重禄积余置产一并交官。”北静王道：“主上仁慈待下，明慎用刑，赏罚无差。如今既蒙莫大深恩，给还财产，你又何必多此一奏。”众官也说不必。贾政便谢了恩，叩谢了王爷出来。恐贾母不放心，急忙赶回。

上下男女人等不知传进贾政是何吉凶，都在外头打听，一见贾政回家，都略略的放心，也不敢问。只见贾政忙忙的走到贾母跟前，将蒙圣恩宽免的事，细细告诉了一遍。贾母虽则放心，只是两个世职革去，贾赦又往台站效力，贾珍又往海疆，不免又悲伤起来。邢夫人、尤氏听见那话，更哭起来。贾政便道：“老太太放心。大哥虽则台站效力，也是为国家办事，不致受苦，只要办得妥当，就可复职。珍儿正是年轻，很该出力。若不是这样，便是祖父的余德，亦不能久享。”说了些宽慰的话。

贾母素来本不大喜欢贾赦，那边东府贾珍究竟隔了一层。只有邢夫人、尤氏痛哭不已。邢夫人想着“家产一空，丈夫年老远出，膝下虽有琏儿，又是素来顺他二叔的，如今是都靠着二叔，他两口子更是顺着那边去了。独我一人孤苦伶仃，怎么好。”那尤氏本来独掌宁府的家计，除了贾珍也算是唯他为尊，又与贾珍夫妇相和，“如今犯事远出，家财抄尽，依往荣府，虽则老太太疼爱，终是依人门下。又带了偕鸾、佩凤，蓉儿夫妇又是不能兴家立业的人。”又想着“二妹妹三妹妹俱是琏二叔闹的，如今他们倒安然无事，依旧夫妇完素。只留我们几人，怎生度日！”想到这里，痛哭起来。贾母不忍，便问贾政道：“你大哥和珍儿现已定案，可能回家？蓉儿既没他的事，也该放出来了。”贾政道：“若在定例，大哥是不能回的。我已托人徇个私情，叫我们大老爷同侄儿回家好置办行装，衙门内业已应了。想来蓉儿同着他爷爷父亲一起出来。只请老太太放心，儿子办去。”贾母又道：“我这几年老的不成人了，总没有问过家事。如今东府是全抄了去，房屋入官不消说的。你大哥那边琏儿那里也都抄了。咱们西府银库，东省地土，你知道到底还剩了多少？他两个起身，也得给他们几千银子才好。”

贾政正是没法，听见贾母一问，心想着：“若是说明，又恐老太太着急；若不说明，不用说将来，现在怎样办法？”定了主意，便回道：“若老太太不问，儿子也不敢说。如今老太太既问到这里，现在琏儿也在这里，昨日儿子已查了，旧库的银子早已虚空，不但用尽，外头还有亏空。现今大哥这件事若不花银托人，虽说主上宽恩，只怕他们爷儿两个也不大好。就是这项银子尚无打算。东省的地亩早已寅年吃了卯年的租儿了，一时也算不转来，只好尽所有的蒙圣恩没有动的衣服首饰折变了给大哥、珍儿作盘费罢了。过日的事只可再打算。”贾母听了，

又急得眼泪直淌，说道："怎么着，咱们家到了这样田地了么！我虽没有经过，我想起我家向日比这里还强十倍，也是摆了几年虚架子，没有出这样事已经塌下来了，不消一二年就完了。据你说起来，咱们竟一两年就不能支了。"贾政道："若是这两个世俸不动，外头还有些挪移。如今无可指称，谁肯接济。"说着，也泪流满面，"想起亲戚来，用过我们的如今都穷了，没有用过我们的又不肯照应了。昨日儿子也没有细查，只看家下的人丁册子，别说上头的钱一无所出，那底下的人也养不起许多。"

贾母正在忧虑，只见贾赦、贾珍、贾蓉一齐进来给贾母请安。贾母看这般光景，一只手拉着贾赦，一只手拉着贾珍，便大哭起来。他两人脸上羞惭，又见贾母哭泣，都跪在地下哭着说道："儿孙们不长进，将祖上功勋丢了，又累老太太伤心，儿孙们是死无葬身之地的了！"满屋中人看这光景，又一齐大哭起来。贾政只得劝解："倒先要打算他两个的使用，大约在家只可住得一两日，迟则人家就不依了。"老太太含悲忍泪的说道："你两个且各自同你们媳妇们说说话儿去罢。"又吩咐贾政道："这件事是不能久待的，想来外面挪移恐不中用，那时误了钦限怎么好。只好我替你们打算罢了。就是家中如此乱糟糟的，也不是常法儿。"一面说着，便叫鸳鸯吩咐去了。

这里贾赦等出来，又与贾政哭泣了一会，都不免将从前任性过后懊悔如今分离的话说了一会，各自同媳妇那边悲伤去了。贾赦年老，倒也抛的下；独有贾珍与尤氏怎忍分离！贾琏、贾蓉两个也只有拉着父亲啼哭。虽说是比军流减等，究竟生离死别，这也是事到如此，只得大家硬着心肠过去。

却说贾母叫邢、王二夫人同了鸳鸯等，开箱倒笼，将做媳妇到如今积攒的东西都拿出来，又叫贾赦、贾政、贾珍等，一一的分派说："这里现有的银子，交贾赦三千两，你拿二千两去做你的盘费使用，留一千给大太太另用。这三千给珍儿，你只许拿一千去，留下二千交你媳妇过日子。仍旧各自度日，房子是在一处，饭食各自吃罢。四丫头将来的亲事还是我的事。只可怜凤丫头操心了一辈子，如今弄得精光，也给他三千两，叫他自己收着，不许叫琏儿用。如今他还病得神昏气丧，叫平儿来拿去。这是你祖留下来的衣服，还有我少年穿的衣服首饰，如今我用不着。男的呢，叫大老爷、珍儿、琏儿、蓉儿拿去分了，女的呢，叫大太太、珍儿媳妇、凤丫头拿了分去。这五百两银子交给琏儿，明年将林丫头的棺材送回南去。"分派定了，又叫贾政道："你说现在还该着人的使用，这是少不得的。你叫拿这金子变卖偿还。这是他们闹掉了我的，你也是我的儿子，我并不偏向。宝玉已经成了家，我剩下这些金银等物，大约还值几千两银子，这是都给宝玉的了。珠儿媳妇向来孝顺我，兰儿也好，我也分给他们些。这便是我的事情完了。"贾政见母亲如此明断分析，俱跪下哭着说："老太太这么大年纪，儿孙们没点孝顺，承受老祖宗这样恩典，叫儿孙们更无地自容了！"贾母道："别瞎说，若不闹出这个乱儿，我还收着呢。只是现在家人过多，只有二老爷是当差的，留几个人就够了。你就吩咐管事的，将人叫齐了，他分派妥当。各家有人便就罢了。譬如一抄尽了，怎么样呢？我们里头的，也要叫人分派，该配人的配人，赏去的赏去。如今虽说咱们这房子不入官，你到底把这园子交了才好。那些田地原交琏儿清理，该卖的卖，该留的留，断不要支架子做空头。我索性说了罢，江南甄家还有几两银子，二太太那里收着，该叫人就送去罢。倘或再有点事出来，可不是他们躲过了风暴又遇了雨么。"

贾政本是不知当家立计的人，一听贾母的话，一一领命，心想："老太太实在真真是理家的人，都是我们这些不长进的闹坏了。"贾政见贾母劳乏，求着老太太歇歇养神。贾母又道："我所剩的东西也有限，等我死了做结果我的使用。余的都给我服侍的丫头。"贾政等听到这里，更加伤感。大家跪下："请老太太宽怀，只愿儿子们托老太太的福，过了些时都邀了恩眷。那时兢兢业业的治起家来，以赎前愆，奉养老太太到一百岁的时候。"贾母道："但愿这样才好，我死了也好见祖宗。你们别打量我是享得富贵受不得贫穷的人哪，不过这几年看看你们轰轰烈烈，我落得都不管，说说笑笑养身子罢了，哪知道家运一败直到这样！若说外头好看里头空虚，是我早知道的了。只是'居移气，养移体'，一时下不得台来。如今借此正好收敛，守住这个门头，不然叫人笑话你。你还不知，只打量我知道穷了便着急的要死，我心里是

想着祖宗莫大的功勋，无一日不指望你们比祖宗还强，能够守住也就罢了。谁知他们爷儿两个做些什么勾当！"

　　贾母正自长篇大论的说，只见丰儿慌慌张张的跑来回王夫人道："今早我们奶奶听见外头的事，哭了一场，如今气都接不上来。平儿叫我来回太太。"丰儿没有说完，贾母听见，便问："到底怎么样？"王夫人便代回道："如今说是不大好。"贾母起身道："哎，这些冤家竟要磨死我了！"说着，叫人扶着，要亲自看去。贾政即忙拦住劝道："老太太伤了好一回的心，又分派了好些事，这会该歇歇。便是孙子媳妇有什么事，该叫媳妇瞧去就是了，何必老太太亲身过去呢。倘或再伤感起来，老太太身上要有一点儿不好，叫做儿子的怎么处呢。"贾母道："你们各自出去，等一会子再进来。我还有话说。"贾政不敢多言，只得出来料理兄侄起身的事，又叫贾琏挑人跟去。这里贾母才叫鸳鸯等派人拿了给凤姐的东西跟着过来。

　　凤姐正在气厥。平儿哭得眼红，听见贾母带着王夫人、宝玉、宝钗过来，疾忙出来迎接。贾母便问："这会子怎么样了？"平儿恐惊了贾母，便说："这会子好些。老太太既来了，请进去瞧瞧。"他先跑进去轻轻的揭开帐子。凤姐开眼瞧着，只见贾母进来，满心惭愧。先前原打算贾母等恼他，不疼的了，是死活由他的，不料贾母亲自来瞧，心里一宽，觉那拥塞的气略松动些，便要扎挣坐起。贾母叫平儿按着，"不要动，你好些么？"凤姐含泪道："我从小儿过来，老太太、太太怎么样疼我。哪知我福气薄，叫神鬼支使的失魂落魄，不但不能够在老太太跟前尽点孝心，公婆前讨个好，还是这样把我当人，叫我帮着料理家务，被我闹的七颠八倒，我还有什么脸儿见老太太、太太呢！今日老太太、太太亲自过来，我更当不起了，恐怕还活三天的又折上了两天去了。"说着，悲咽。贾母道："那些事原是外头闹起来的，与你什么相干。就是你的东西被人拿去，这也算不了什么呀。我带了好些东西给你，任你自便。"说着，叫人拿上来给他瞧瞧。

　　凤姐本是贪得无厌的人，如今被抄尽净，本是愁苦，又恐人埋怨，正是几不欲生的时候，今儿贾母仍旧疼他，王夫人也没嗔怪，过来安慰他，又想贾琏无事，心下安放好些，便在枕上与贾母磕头，说道："请老太太放心。若是我的病托着老太太的福好了些，我情愿自己当个粗使丫头，尽心竭力的服侍老太太、太太罢。"贾母听他说得伤心，不免掉下泪来。宝玉是从来没有经过这大风浪的，心下只知安乐、不知忧患的人，如今碰来碰去都是哭泣的事，所以他竟比傻子尤甚，见人哭他就哭。凤姐看见众人忧闷，反倒勉强说几句宽慰贾母的话，求着"请老太太、太太回去，我略好些过来磕头。"说着，将头仰起。贾母叫平儿"好生服侍，短什么到我那里要去。"说着，带了王夫人将要回到自己房中。只听见两三处哭声，贾母实在不忍闻见，便叫王夫人散去，叫宝玉"去见你大爷大哥，送一送就回来。"自己躺在榻上下泪。幸喜鸳鸯等能用百样言语劝解，贾母暂且安歇。

　　不言贾赦等分离悲痛。那些跟去的人谁是愿意的？不免心中抱怨，叫苦连天。正是生离果胜死别，看者比受者更加伤心。好好的一个荣国府，闹到人嚎鬼哭。贾政最循规矩，在伦常上也讲究的，执手分别后，自己先骑马赶至城外举酒送行，又叮咛了好些国家轸恤勋臣，力图报称的话。贾政等挥泪分头而别。

　　贾政带了宝玉回家，未及进门，只见门上有好些人在那里乱嚷说："今日旨意，将荣国公世职着贾政承袭。"那些人在那里要喜钱，门上人和他们分争，说是"本来的世职我们本家袭了，有什么喜报。"那些人说道："那世职的荣耀比任什么还难得，你们大老爷闹掉了，想要这个再不能了。如今的圣人在位，赦过宥罪，还赏给二老爷袭了，这是千载难逢的，怎么不给喜钱。"正闹着，贾政回家，门上回了，虽则喜欢，究是哥哥犯事所致，反觉感极涕零，赶着进内告诉贾母。王夫人正恐贾母伤心，过来安慰，听得世职复还，自是欢喜。又见贾政进来，贾母拉了说些勤慎报恩的话。独有邢夫人尤氏心下悲苦，只好不露出来。且说外面这些趋炎奉势的亲戚朋友，先前贾宅有事都远避不来，今儿贾政袭职，知圣眷尚好，大家都来贺喜。那知贾政纯厚性成，因他袭哥哥的职，心内反生烦恼，只知感激天恩。于第二日进内谢恩，到底将赏还府第园子备折奏请入官。内廷降旨不必，贾政才得放心。回家以后，循分供职，但是家计萧条，入不敷出。贾政又不能在外应酬。

家人们见贾政忠厚，凤姐抱病不能理家，贾琏的亏缺一日重似一日，难免典房卖地。府内家人几个有钱的，怕贾琏缠扰，都装穷躲事，甚至告假不来，各自另寻门路。独有一个包勇，虽是新投到此，恰遇荣府坏事，他倒有些真心办事，见那些人欺瞒主子，便时常不忿。奈他是个新来乍到的人，一句话也插不上，他便生气，每天吃了就睡。众人嫌他不肯随和，便在贾政前说他终日贪杯生事，并不当差。贾政道："随他去罢。原是甄府荐来，不好意思，横竖家内添这一人吃饭，虽说是穷，也不在他一人身上。"并不叫来驱逐。众人又在贾琏跟前说他怎样不好，贾琏此时也不敢自作威福，只得由他。

忽一日，包勇奈不过，吃了几杯酒，在荣府街上闲逛，见有两个人说话。那人说道："你瞧，这么个大府，前儿抄了家，不知如今怎么样了。"那人道："他家怎么能败，听见说里头有位娘娘是他家的姑娘，虽是死了，到底有根基的。况且我常见他们来往的都是王公侯伯，哪里没有照应。便是现在的府尹前任的兵部是他们的一家，难道有这些人还护庇不来么？"那人道："你白住在这里！别人犹可，独是那个贾大人更了不得！我常见他在两府来往，前儿御史虽参了，主子还叫府尹查明实迹再办。你道他怎么样？他本沾过两府的好处，怕人说他回护一家，他便狠狠的踢了一脚，所以两府里才到底抄了。你道如今的世情还了得么！"两人无心说闲话，岂知旁边有人跟着听的明白。包勇心下暗想："天下有这样负恩的人！但不知是我老爷的什么人。我若见了他，便打他一个死，闹出事来我承当去。"

那包勇正在酒后胡思乱想，忽听那边喝道而来。包勇远远站着。只见那两人轻轻的说道："这来的就是那个贾大人了。"包勇听了，心里怀恨，趁了酒兴，便大声的道："没良心的男女！怎么忘了我们贾家的恩了。"雨村在轿内，听得一个"贾"字，便留神观看，见是一个醉汉，便不理会过去了。那包勇醉着不知好歹，便得意扬扬回到府中，问起同伴，知是方才见的那位大人是这府里提拔起来的。"他不念旧恩，反来踢弄咱们家里，见了他骂他几句，他竟不敢答言。"那荣府的人本嫌包勇，只是主人不计较他，如今他又在外闯祸，不得回，趁贾政无事，便将包勇喝酒闹事的话回了。贾政此时正怕风波，听得家人回禀，便一时生气，叫进包勇骂了几句，便派去看园，不许他在外行走。那包勇本是直爽的脾气，投了主子他便赤心护主，岂知贾政反倒责骂他。他也不敢再辨，只得收拾行李往园中看守浇灌去了。未知后事如何，下回分解。

第一百八回　强欢笑蘅芜庆生辰
　　　　　　死缠绵潇湘闻鬼哭

却说贾政先前曾将房产并大观园奏请入官，内廷不收，又无人居住，只好封锁。因园子接连尤氏惜春住宅，太觉旷阔无人，遂将包勇罚看荒园。此时贾政理家，又奉了贾母之命将人口渐次减少，诸凡省俭，尚且不能支持。幸喜凤姐为贾母疼惜，王夫人等虽则不大喜欢，若说治家办事尚能出力，所以将内事仍交凤姐办理。但近来因被抄以后，诸事运用不来，也是每形拮据。那些房头上下人等原是宽裕惯的，如今较之往日，十去其七，怎能周到，不免怨言不绝。凤姐也不敢推辞，扶病承欢贾母。过了些时，贾赦、贾珍各到当差地方，特有用度，暂且自安，写书回家，都言安逸，家中不必挂念。于是贾母放心，邢夫人尤氏也略略宽怀。

一日，史湘云出嫁回门，来贾母这边请安。贾母提起他女婿甚好，史湘云也将那里过日平安的话说了，请老太太放心。又提起黛玉去世，不免大家泪落。贾母又想起迎春苦楚，越觉悲伤起来。史湘云劝解一回，又到各家请安问好毕，仍到贾母房中安歇，言及"薛家这样人家被薛大哥闹的家破人亡。今年虽是缓决人犯，明年不知可能减等？"贾母道："你还不知道呢，昨儿蟠儿媳妇死的不明白，几乎又闹出一场大事来。还幸亏老佛爷有眼，叫他带来的丫头自己供出来了，那夏奶奶才没的闹了，自家拦住相验。你姨妈这里才将皮裹肉的打发出去

了。你说说，真真是六亲同运！薛家是这样了，姨太太守着薛蝌过日，为这孩子有良心，他说哥哥在监里尚未结局，不肯娶亲。你邢妹妹在大太太那边也就很苦。琴姑娘为他公公死了尚未满服，梅家尚未娶去。二太太的娘家舅太爷一死，凤丫头的哥哥也不成人，那二舅太爷也是个小气的，又是官项不清，也是打饥荒。甄家自从抄家以后别无信息。"湘云道："三姐姐去了曾有书字回来么？"贾母道："自从嫁了去，二老爷回来说，你三姐姐在海疆甚好。只是没有书信，我也日夜惦记。为着我们家连连的出些不好事，所以我也顾不来。如今四丫头也没有给他提亲。环儿呢，谁有工夫提起他来。如今我们家的日子比你从前在这里的时侯更苦些。只可怜你宝姐姐，自过了门，没过一天安逸日子。你二哥哥还是这样疯疯癫癫，这怎么处呢！"湘云道："我从小儿在这里长大的，这里那些人的脾气我都知道的。这一回来了，竟都改了样子了。我打量我隔了好些时没来，他们生疏我。我细想起来，竟不是的，就是见了我，瞧他们的意思原要像先前一样的热闹，不知怎么，说说就伤心起来了。我所以坐坐就到老太太这里来了。"贾母道："如今这样日子在我也罢了，你们年轻轻儿的人还了得！我正要想个法儿叫他们还热闹一天才好，只是打不起这个精神来。"湘云道："我想起来了，宝姐姐不是后儿的生日吗，我多住一天，给他拜过寿，大家热闹一天。不知老太太怎么样？"贾母道："我真正气糊涂了。你不提我竟忘了，后日可不是他的生日！我明日拿出钱来，给他办个生日。他没有定亲的时候倒做过好几次，如今他过了门，倒没有做。宝玉这孩子头里很伶俐很淘气，如今为着家里的事不好，把这孩子越发弄的话都没有了。倒是珠儿媳妇还好，他有的时候是这么着，没的时候他也是这么着，带着兰儿静静儿的过日子，倒难为他。"湘云道："别人还不离，独有琏二嫂子连模样儿都改了，说话也不伶俐了。明日等我来引导他们，看他们怎么样。但是他们嘴里不说，心里要抱怨我，说我有了——"湘云说到那里，却把脸飞红了。贾母会意，道："这怕什么。原来姊妹们都是在一处乐惯了的，说说笑笑，再别要留这些心。大凡一个人，有也罢没也罢，总要受得富贵耐得贫贱才好。你宝姐姐生来是个大方的人，头里他家这样好，他也一点儿不骄傲，后来他家坏了事，他也是舒舒坦坦的。如今在我家里，宝玉待他好，他也是那样安顿；一时待他不好，不见他有什么烦恼。我看这孩子倒是个有福气的。你林姐姐那是个最小性儿又多心的，所以到底不长命。凤丫头也见过些事，很不该略见些风波就改了样子，他若这样没见识，也就是小器了。后儿宝丫头的生日，我替另拿出银子来，热热闹闹给他做个生日，也叫他喜欢这一天。"湘云答应道："老太太说得很是。索性把那些姐妹们都请了，大家叙一叙。"贾母道："自然要请的。"一时高兴道："叫鸳鸯拿出一百银子来交给外头，叫他明日起预备两天的酒饭。"鸳鸯领命，叫婆子交了出去。一宿无话。

　　次日传话出去，打发人去接迎春，又请了薛姨妈、宝琴，叫带了香菱来。又请李婶娘。不多半日，李纹、李绮都来了。宝钗本没有知道，听见老太太的丫头来请，说："薛姨太太来了，请二奶奶过去呢。"宝钗心里喜欢，便是随身衣服过去，要见他母亲。只见他妹子宝琴并香菱都在这里，又见李婶娘等人也都来了。心想："那些人必是知道我们家的事情完了，所以来问候的。"便去问了李婶娘好，见了贾母，然后与他母亲说了几句话，便与李家姐妹们问好。湘云在旁说道："太太们请都坐下，让我们姐妹们给姐姐拜寿。"宝钗听了倒呆了一呆，回来一想："可不是明日是我的生日吗！"便说："妹妹们过来瞧老太太是该的，若说为我的生日，是断断不敢的。"正推让着，宝玉也来请薛姨妈、李婶娘的安。听见宝钗自己推让，他心里本早打算过宝钗生日，因家中闹得七颠八倒，也不敢在贾母处提起，今见湘云等众人要拜寿，便喜欢道："明日才是生日，我正要告诉老太太来。"湘云笑道："扯臊，老太太还等你告诉。你打量这些人为什么来？是老太太请的！"宝钗听了，心下未信。只听贾母合他母亲道："可怜宝丫头做了一年新媳妇，家里接二连三的有事，总没有给他做过生日。今日我给他做个生日，请姨太太、太太们来大家说说话儿。"薛姨妈道："老太太这些时心里才安，他小人儿家还没有孝敬老太太，倒要老太太操心。"湘云道："老太太最疼的孙子是二哥哥，难道二嫂子就不疼了么！况且宝姐姐也配老太太给他做生日。"宝钗低头不语。宝玉心里想道："我只说史妹妹出了阁是换了一个人了，我所以不敢亲近他，他也不来理我。如今听他的话，原是和先前一样的。为什么我们那个过了门更觉得腼腆了，话都说不出来了呢？"

正想着，小丫头进来说："二姑奶奶回来了。"随后李纨、凤姐都进来，大家厮见一番。迎春提起他父亲出门，说："本要赶来见见，只是他拦着不许来，说是咱们家正是晦气时候，不要沾染在身上。我扭不过，没有来，直哭了两三天。"凤姐道："今儿为什么肯放你回来？"迎春道："他又说咱们家二老爷又袭了职，还可以走走，不妨事的，所以才放我来。"说着，又哭起来。贾母道："我原为气得慌，今日接你们来给孙子媳妇过生日，说说笑笑解个闷儿。你们又提起这些烦事来，又招起我的烦恼来了。"迎春等都不敢作声了。凤姐虽勉强说了几句有兴的话，终不似先前爽利，招人发笑。贾母心里要宝钗喜欢，故意的怄凤姐儿说话。凤姐也知贾母之意，便竭力张罗，说道："今儿老太太喜欢些了。你看这些人好几时没有聚在一处，今儿齐全。"说着回过头去，看见婆婆、尤氏不在这里，又缩住了口。贾母为着"齐全"两字，也想邢夫人等，叫人请去。邢夫人、尤氏、惜春等听见老太太叫，不敢不来，心内也十分不愿意，想着家业零败，偏又高兴给宝钗做生日，到底老太太偏心，便来了也是无精打采的。贾母问起岫烟来，邢夫人假说病着不来。贾母会意，知薛姨妈在这里有些不便，也不提了。

一时摆下果酒。贾母说："也不送到外头，今日只许咱们娘儿们乐一乐。"宝玉虽然娶过亲的人，因贾母疼爱，仍在里头打混，但不与湘云、宝琴等同席，便在贾母身旁设着一个坐儿，他代宝钗轮流敬酒。贾母道："如今且坐下大家喝酒，到挨晚儿再到各处行礼去。若如今行起来了，大家又闹规矩，把我的兴头打回去就没趣了。"宝钗便依言坐下。贾母又叫人来道："咱们今儿索性洒脱些，各留一两个人伺候。我叫鸳鸯带了彩云、莺儿、袭人、平儿等在后间去，也喝一盅儿酒。"鸳鸯等道："我们还没有给二奶奶磕头，怎么就好喝酒去呢。"贾母道："我说了，你们只管去，用的着你们再来。"鸳鸯等去了。这里贾母才让薛姨妈等喝酒，见他们都不是往常的样子，贾母着急道："你们到底是怎么着？大家高兴些才好。"湘云道："我们又吃又喝，还要怎样！"凤姐道："他们小的时候儿都高兴，如今都碍着脸不敢混说，所以老太太瞧着冷净了。"

宝玉轻轻的告诉贾母道："话是没有什么说的，再说就说到不好的上头来了。不如老太太出个主意，叫他们行个令儿罢。"贾母侧着耳朵听了，笑道："若是行令，又得叫鸳鸯去。"宝玉听了，不待再说，就出席到后间去找鸳鸯，说："老太太要行令，叫姐姐去呢。"鸳鸯道："小爷，让我们舒舒服服的喝一杯罢，何苦来又来搅什么。"宝玉道："当真老太太说，得叫你去呢，与我什么相干。"鸳鸯没法，说道："你们只管喝，我去了就来。"便到贾母那边。老太太道："你来了，不是要行令吗。"鸳鸯道："听见宝二爷说老太太叫，我敢不来吗。不知老太太要行什么令儿？"贾母道："那文的怪闷的慌，武的又不好，你倒是想个新鲜玩意儿才好。"鸳鸯想了想道："如今姨太太有了年纪，不肯费心，倒不如拿出令盘骰子来，大家掷个曲牌名儿赌输赢酒罢。"贾母道："这也使得。"便命人取骰盆放在桌上。鸳鸯说："如今用四个骰子掷去，掷不出名儿来的罚一杯，掷出名儿来，每人喝酒的杯数儿掷出来再定。"众人听了道："这是容易的，我们都随着。"鸳鸯便打点儿。众人叫鸳鸯喝了一杯，就在他身上数起，恰是薛姨妈先掷。薛姨妈便掷了一下，却是四个么。鸳鸯道："这是有名的，叫做'商山四皓'。有年纪的喝一杯。"于是贾母、李婶娘、邢王两夫人都该喝。贾母举酒要喝，鸳鸯道："这是姨太太掷的，还该姨太太说个曲牌名儿，下家儿接一句《千家诗》。说不出的罚一杯。"薛姨妈道："你又来算计我了，我哪里说得上来。"贾母道："不说到底寂寞，还是说一句的好。下家儿就是我了，若说不出来，我陪姨太太喝一盅就是了。"薛姨妈便道："我说个'临老入花丛'。"贾母点点头

儿道:"将谓偷闲学少年。"说完,骰盆过到李纹,便掷了两个四两个二。鸳鸯说:"也有名了,这叫作'刘阮入天台'。"李纹便接着说了个"二士入桃源。"下手儿便是李纨,说道:"寻得桃源好避秦。"大家又喝了一口。骰盆又过到贾母跟前,便掷了两个二两个三。贾母道:"这要喝酒了?"鸳鸯道:"有名儿的,这是'江燕引雏'。众人都该喝一杯。"凤姐道:"雏是雏,倒飞了好些了。"众人瞅了他一眼,凤姐便不言语。贾母道:"我说什么呢?'公领孙'罢。"下手是李绮,便说道:"闲看儿童捉柳花。"众人都说好。宝玉巴不得要说,只是令盆轮不到,正想着,恰好到了跟前,便掷了一个二两个三一个幺,便说道:"这是什么?"鸳鸯笑道:"这是个'臭',先喝一杯再掷罢。"宝玉只得喝了又掷,这一掷掷了两个三两个四。鸳鸯道:"有了,这叫做'张敞画眉'。"宝玉明白打趣他,宝钗的脸也飞红了。凤姐不大懂得,还说:"二兄弟快说了,再找下家儿是谁。"宝玉明知难说,自认"罚了罢,我也没下家。"过了令盆轮到李纨,便掷了一下儿。鸳鸯道:"大奶奶掷的是'十二金钗'。"宝玉听了,赶到李纨身旁看时,只见红绿对开,便说:"这一个好看得很。"忽然想起十二钗的梦来,便呆呆的退到自己座上,心里想,"这十二钗说是金陵的,怎么家里这些人如今七大八小的就剩了这几个?"复又看看湘云、宝钗,虽说都在,只是不见了黛玉,一时按捺不住,眼泪便要下来。恐人看见,便说身上躁的很,脱脱衣服去,挂了筹出席去了。这史湘云看见宝玉这般光景,打量宝玉掷不出好的,被别人掷了去,心里不喜欢,便去了;又嫌那个令儿没趣,便有些烦。只见李纨道:"我不说了,席间的人也不齐,不如罚我一杯。"贾母道:"这个令儿也不热闹,不如蠲了罢。让鸳鸯掷一下,看掷出个什么来。"小丫头便把令盆放在鸳鸯跟前。鸳鸯依命便掷了两个二一个五,那一个骰子在盆中只管转,鸳鸯叫道:"不要五!"那骰子单单转出一个五来。鸳鸯道:"了不得!我输了。"贾母道:"这是不算什么的吗?"鸳鸯道:"名儿倒有,只是我说不上曲牌名来。"贾母道:"你说名儿,我给你凑。"鸳鸯道:"这是浪扫浮萍。"贾母道:"这也不难,我替你凑个'秋鱼入菱窠'。"鸳鸯下手的就是湘云,便道:"白萍吟尽楚江秋。"众人都道:"这句很确。"鸳鸯道:"这令完了。咱们喝两杯吃饭罢。"回头一看,见宝玉还没进来,便问道:"宝玉哪里去了,还不来?"鸳鸯道:"换衣服去了。"贾母道:"谁跟了去的?"那莺儿便上来回道:"我看见二爷出去,我叫袭人姐姐跟了去的。"贾母王夫人才放心。

等了一回,王夫人叫人去找来。小丫头子到了新房,只见五儿在那里插蜡。小丫头便问:"宝二爷哪里去了?"五儿道:"在老太太那边喝酒呢。"小丫头道:"我在老太太那里,太太叫我来找的。岂有在那里倒叫我来找的理。"五儿道:"这就不知道了,你到别处找去罢。"小丫头没法,只得回来,遇见秋纹,便道:"你见二爷哪里去了?"秋纹道:"我也找他。太太们等他吃饭,这会子哪里去了呢?你快去回老太太去,不必说不在家,只说喝了酒不大受用不吃饭了,略躺一躺再来,请老太太们吃饭罢。"小丫头依言回去告诉珍珠,珍珠依言回了贾母。贾母道:"他本来吃不多,不吃也罢了。叫他歇歇罢。告诉他今儿不必过来,有他媳妇在这里。"珍珠便向小丫头道:"你听见了?"小丫头答应着,不便说明,只得在别处转了一转,说告诉了。众人也不理会,便吃毕饭,大家散坐说话。不题。

且说宝玉一时伤心,走了出来,正无主意,只见袭人赶来,问是怎么了。宝玉道:"不怎么,只是心里烦得慌。何不趁他们喝酒咱们两个到珍大奶奶那里逛逛去。"袭人道:"珍大奶奶在这里,去找谁?"宝玉道:"不找谁,瞧瞧他现在这里住的房屋怎么样。"袭人只得跟着,一面走,一面说。走到尤氏那边,又一个小门儿半开半掩,宝玉也不进去。只见看园门的两个婆子坐在门槛上说话儿。宝玉问道:"这小门开着么?"婆子道:"天天是不开的。今儿有人出来说,今日预备老太太要用园里的果子,故开着门等着。"宝玉便慢慢的走到那边,果见腰门半开,宝玉便走了进去。袭人忙拉住道:"不用去,园里不干净,常没有人去,不要撞见什么。"宝玉仗着酒气,说:"我不怕那些。"袭人苦苦的拉住不容他去。婆子们上来说道:"如今这园子安静了。自从那日道士拿了妖去,我们摘花儿、打果子一个人常走的。二爷要去,咱们都跟着,有这些人怕什么。"宝玉喜欢,袭人也不便相强,只得跟着。

宝玉进得园来,只见满目凄凉,那些花木枯萎,更有几处亭馆,彩色久经剥落,远远望见一丛修竹,倒还茂盛。宝玉一想,说:"我自病时出园住在后边,一连几个月不准我到这里,瞬

息荒凉。你看独有那几杆翠竹菁葱，这不是潇湘馆么！"袭人道："你几个月没来，连方向都忘了。咱们只管说话，不觉往怡红院走过了。"回过头来用手指着道："这才是潇湘馆呢。"宝玉顺着袭人的手一瞧，道："可不是过了吗！咱们回去瞧瞧。"袭人道："天晚了，老太太必是等着吃饭，该回去了。"宝玉不言，找着旧路，竟往前走。

你道宝玉虽离了大观园将及一载，岂遂忘了路径？只因袭人恐他见了潇湘馆，想起黛玉又要伤心，所以用言混过。岂知宝玉只望里走，天又晚，恐招了邪气，故宝玉问他，只说已走过了，欲宝玉不去。不料宝玉的心唯在潇湘馆内。袭人见他往前急走，只得赶上，见宝玉站着，似有所见，如有所闻，便道："你听什么？"宝玉道："潇湘馆倒有人住着么？"袭人道："大约没有人罢。"宝玉道："我明明听见有人在内啼哭，怎么没有人！"袭人道："你是疑心。素常你到这里，常听见林姑娘伤心，所以如今还是那样。"宝玉不信，还要听去。婆子赶上说道："二爷快回去罢。天已晚了，别处我们还敢走走，只是这里路又隐僻，又听得人说这里林姑娘死后常听见有哭声，所以人都不敢走的。"宝玉袭人听说，都吃了一惊。宝玉道："可不是。"说着，便滴下泪来，说："林妹妹，林妹妹，好好儿的是我害了你了！你别怨我，只是父母作主，并不是我负心。"愈说愈痛，便大哭起来。袭人正在没法，只见秋纹带着些人赶来对袭人道："你好大胆，怎么领了二爷到这里来！老太太、太太他们打发人各处找到了，刚才腰门上有人说是你同二爷到这里来了，唬得老太太、太太们了不得，骂着我，叫我带人赶来，还不快回去么！"宝玉犹自痛哭。袭人也不顾他哭，两个人拉着就走，一面替他拭眼泪，告诉他老太太着急。宝玉没法，只得回来。

袭人知老太太不放心，将宝玉仍送到贾母那边。众人都等着未散。贾母便说："袭人，我素常知你明白，才把宝玉交给你，怎么今儿带他园里去！他的病才好，倘或撞着什么，又闹起来，这便怎么处？"袭人也不敢分辩，只得低头不语。宝钗看宝玉颜色不好，心里着实的吃惊。倒还是宝玉恐袭人受委屈，说道："青天白日怕什么。我因为好些时没到园里逛逛，今儿趁着酒兴走走。哪里就撞着什么了呢！"凤姐在园里吃过大亏，听那里寒毛倒竖，说："宝兄弟胆子忒大了。"湘云道："不是胆大，倒是心实。不知是会芙蓉神去了，还是寻什么仙去了。"宝玉听着，也不答言。独有王夫人急的一言不发。贾母问道："你到园里可曾唬着么？这回不用说了，以后要逛，到底多带几个人才好。不然大家早散了。回去好好的睡一夜，明日一早过来，我还要找补，叫你们再乐一天呢。不要为他又闹出什么缘故来。"众人听说，辞了贾母出来。薛姨妈便到王夫人那里住下。史湘云仍在贾母房中。迎春便往惜春那里去了。余者各自回去。不题。

独有宝玉回到房中，唉声叹气。宝钗明知其故，也不理他，只是怕他忧闷，勾出旧病来，便进里间叫袭人来细问他宝玉到园怎的光景。未知袭人怎生回说，下回分解。

第一百九回　候芳魂五儿承错爱
还孽债迎女返真元

话说宝钗叫袭人问出缘故，恐宝玉悲伤成疾，便将黛玉临死的话与袭人假作闲谈，说："人生在世，有意有情，到了死后各自干各自的去了，并不是生前那样个人死后还是这样。活人虽有痴心，死的竟不知道。况且林姑娘既说仙去，他看凡人是个不堪的浊物，哪里还肯混在世上。只是人自己疑心，所以招些邪魔外祟来缠扰了。"宝钗虽是与袭人说话，原说给宝玉听的。袭人会意，也说是没有的事。若说林姑娘的魂灵儿还在园里，我们也算好的，怎么不曾梦见了一次。"宝玉在外闻听得，细细的想道："果然也奇。我知道林妹妹死了，哪一日不想几遍，怎么从没梦过。想是他到天上去了，瞧我这凡夫俗子不能交通神明，所以梦都没有一个儿。我就在外间睡着，或者我从园里回来，他知道我的实心，肯与我梦里一见。我必要问

他实在哪里去了,我也时常祭奠。若是果然不理我这浊物,竟无一梦,我便不想他了。"主意已定,便说:"我今夜就在外间睡了,你们也不用管我。"宝钗也不强他,只说:"你不要胡思乱想。你不瞧瞧,太太因你园里去了急得话都说不出来。若是知道还不保养身子,倘或老太太知道了,又说我们不用心。"宝玉道:"白这么说罢咧,我坐一会子就进来。你也乏了,先睡罢。"宝钗知他必进来的,假意说道:"我睡了,叫袭姑娘伺候你罢。"宝玉听了,正合机宜。候宝钗睡了,他便叫袭人麝月另铺设下一副被褥,常叫人进来瞧二奶奶睡着了没有。宝钗故意装睡,也是一夜不宁。那宝玉知是宝钗睡着,便与袭人道:"你们各自睡罢,我又不伤感。你若不信,你就服侍我睡了再进去,只要不惊动我就是了。"袭人果然服侍他睡下,便预备下了茶水,关好了门,进里间去照应一回,各自假寐,宝玉若有动静,再为出来。宝玉见袭人等进来,便将坐更的两个婆子支到外头,他轻轻的坐起来,暗暗的祝了几句,便睡下了,欲与神交。起初再睡不着,以后把心一静,便睡去了。

岂知一夜安眠,直到天亮。宝玉醒来,拭眼坐起来想了一回,并无有梦,便叹口气道:"正是'悠悠生死别经年,魂魄不曾来入梦'。"宝钗却一夜反没有睡着,听宝玉在外边念这两句,便接口道:"这句又说莽撞了,如若林妹妹在时,又该生气了。"宝玉听了,反不好意思,只得起来搭讪着往里间走,说:"我原要进来的,不觉得一个盹儿就打着了。"宝钗道:"你进来不进来与我什么相干。"袭人等本没有睡,眼见他们两个说话,即忙倒上茶来。已见老太太那边打发小丫头来,问:"宝二爷昨晚得安顿么?若安顿时,早早的同二奶奶梳洗了就过去。"袭人便说:"你去回老太太,说宝玉昨夜很安顿,回来就过去。"小丫头去了。

宝钗起来梳洗了,莺儿袭人等跟着先到贾母那里行了礼,便到王夫人那边起至凤姐都让过了,仍到贾母处,见他母亲也过来了。大家问起:"宝玉晚上好么?"宝钗便说:"回去就睡了,没有什么。"众人放心,又说些闲话。只见小丫头进来说:"二姑奶奶要回去了。听见说孙姑爷那边人来到大太太那里说了些话,大太太叫人到四姑娘那边说不必留了,让他去罢。如今二姑奶奶在大太太那边哭呢,大约就过来辞老太太。"贾母众人听了,心中好不自在,都说:"二姑娘这样一个人,为什么命里遭着这样的人,一辈子不能出头。这便怎么好!"说着,迎春进来,泪痕满面,因为是宝钗的好日子,只得含着泪,辞了众人要回去。贾母知道他的苦处,也不便强留,只说道:"你回去也罢了。但是不要悲伤,碰着了这样人,也是没法儿的。过几天我再打发人接你去。"迎春道:"老太太始终疼我,如今也疼不来了。可怜我只是没有再来的时候了。"说着,眼泪直流。众人都劝道:"这有什么不能回来的?比不得你三妹妹,隔得远,要见面就难了。"贾母等想起探春,不觉也大家落泪,只为是宝钗的生日,即转悲为喜说:"这也不难,只要海疆平静,那边亲家调进京来,就见的着了。"大家说:"可不是这么着呢。"说着,迎春只得含悲而别。众人送了出来,仍回贾母那里。从早至暮,又闹了一天。

众人见贾母劳乏,各自散了。独有薛姨妈辞了贾母,到宝钗那里,说道:"你哥哥是今年过了,直要等到皇恩大赦的时候减了等才好赎罪。这几年叫我孤苦伶仃怎么处!我想要与你二哥哥完婚,你想想好不好?"宝钗道:"妈妈是为着大哥哥娶了亲唬怕的了,所以把二哥哥的事犹豫起来。据我说很该就办。邢姑娘是妈妈知道的,如今在这里也很苦,娶了去虽说我家穷,究竟比他傍人门户好多着呢。"薛姨妈道:"你得便的时候就去告诉老太太,说我家没人,就要拣日子。"宝钗道:"妈妈只管同二哥哥商量,挑个好日子,过来和老太太、大太太说了,娶过去就完了一宗事。这里大太太也巴不得娶了去才好。"薛姨妈道:"今日听见史姑娘也就回去了,老太太心里要留你妹妹在这里住几天,所以他住下了。我想他也是不定多早晚就走的人了,你们姊妹们也多叙几天话儿。"宝钗道:"正是呢。"于是薛姨妈又坐了一坐,出来辞了众人回去了。

却说宝玉晚间归房,因想昨夜黛玉竟不入梦,"或者他已经成仙,所以不肯来见我这种浊人也是有的;不然就是我的性儿太急了,也未可知。"便想了个主意,向宝钗说道:"我昨夜偶然在外间睡着,似乎比在屋里睡的安稳些,今日起来心里也觉清静些。我的意思还要在外间睡两夜,只怕你们又来拦我。"宝钗听了,明知早晨他嘴里念诗是为着黛玉的事了。想来他那个呆性是不能劝的,倒好叫他睡两夜,索性自己死了心也罢了,况兼昨夜听他睡的倒也安静,

便道:"好没来由,你只管睡去,我们拦你作什么!但只不要胡思乱想,招出些邪魔外祟来。"宝玉笑道:"谁想什么!"袭人道:"依我劝二爷竟还是屋里睡罢,外边一时照应不到,着了风倒不好。"宝玉未及答言,宝钗却向袭人使了个眼色。袭人会意,便道:"也罢,叫个人跟着你罢,夜里好倒茶倒水的。"宝玉便笑道:"这么说,你就跟了我来。"袭人听了倒没意思起来,登时飞红了脸,一声也不言语。宝钗素如袭人稳重,便说道:"他是跟惯了我的,还叫他跟着我罢。叫麝月、五儿照料着也罢了。况且今日他跟着我闹了一天也乏了,该叫他歇歇了。"宝玉只得笑着出来。宝钗因命麝月、五儿给宝玉仍在外间铺设了,又嘱咐两个人醒睡些,要茶要水都留点神儿。

两个答应着出来,看见宝玉端然坐在床上,闭目合掌,居然像个和尚一般,两个也不敢言语,只管瞅着他笑。宝钗又命袭人出来照应。袭人看见这般却也好笑,便轻轻的叫道:"该睡了,怎么又打起坐来了!"宝玉睁开眼看见袭人,便道:"你们只管睡罢,我坐一坐就睡。"袭人道:"因为你昨日那个光景,闹的二奶奶一夜没睡。你再这么着,成何事体?"宝玉料着自己不睡都不肯睡,便收拾睡下。袭人又嘱咐了麝月等几句,才进去关门睡了。这里麝月五儿两个人也收拾了被褥,伺候宝玉睡着,各自歇下。

哪知宝玉要睡越睡不着,见他两个人在那里打铺,忽然想起那年袭人不在家时晴雯、麝月两个人服侍,夜间麝月出去,晴雯要唬他,因为没穿衣服着了凉,后来还是从这个病上死的。想到这里,一心移在晴雯身上去了。忽又想起凤姐说五儿给晴雯脱了个影儿,因又将想晴雯的心肠移在五儿身上。自己假装睡着,偷偷的看那五儿,越瞧越像晴雯,不觉呆性复发。听了听,里间已无声息,知是睡了。却见麝月也睡着了,便故意叫了麝月两声,却不答应。五儿听见宝玉唤人,便问道:"二爷要什么?"宝玉道:"我要漱漱口。"五儿见麝月已睡,只得起来重新剪了蜡花,倒了一盅茶来,一手托着漱盂。却因赶忙起来的,身上只穿着一件桃红绫子小袄儿,松松的挽着一个鬏儿。宝玉看时,居然晴雯复生。忽又想起晴雯说的"早知担个虚名,也就打个正经主意了",不觉呆呆的呆看,也不接茶。

那五儿自从芳官去后,也无心进来了。后来听见凤姐叫他进来服侍宝玉,竟比宝玉盼他进来的心还急。不想进来以后,见宝钗袭人一般尊贵稳重,看着心里实在敬慕;又见宝玉疯疯傻傻,不似先前风致;又听见王夫人为女孩子们和宝玉玩笑都撵了:所以把这件事搁在心上,倒无一毫的儿女私情了。怎奈这位呆爷今晚把他当作晴雯,只管爱惜起来。那五儿早已羞得两颊红潮,又不敢大声说话,只得轻轻的说道:"二爷漱口啊。"宝玉笑着接了茶在手中,也不知道漱了没有,便笑嘻嘻的问道:"你和晴雯姐姐好不是啊?"五儿听了摸不着头脑,便道:"都是姐妹,也没有什么不好的。"宝玉又悄悄的问道:"晴雯病重了我看他去,不是你也去了么?"五儿微微笑着点头儿。宝玉道:"你听见他说什么了没有?"五儿摇着头儿道:"没有。"宝玉已经忘神,便把五儿的手一拉。五儿急得红了脸,心里乱跳,便悄悄说道:"二爷有什么话只管说,别拉拉扯扯的。"宝玉才放了手,说道:"他和我说来着,'早知担了个虚名,也就打正经主意了。'你怎么没听见么?"五儿听了这话明明是轻薄自己的意思,又不敢怎

样,便说道:"那是他自己没脸,这也是我们女孩儿家说得的吗。"宝玉着急道:"你怎么也是这么个道学先生!我看你长的和他一模一样,我才肯和你说这个话,你怎么倒拿这些话来糟蹋他!"

此时五儿心中也不知宝玉是怎么个意思,便说道:"夜深了,二爷也睡罢,别紧着坐着,看凉着。刚才奶奶和袭人姐姐怎么嘱咐了?"宝玉道:"我不凉。"说到这里,忽然想起五儿没穿着大衣服,就怕他也像晴雯着了凉,便说道:"你为什么不穿上衣服就过来!"五儿道:"爷叫的紧,哪里有尽着穿衣裳的空儿。要知道说这半天话儿时,我也穿上了。"宝玉听了,连忙把自己盖的一件月白绫子绵袄儿揭起来递给五儿,叫他披上。五儿只不肯接,说:"二爷盖着罢,我不凉。我凉我有我的衣裳。"说着,回到自己铺边,拉了一件长袄披上。又听了听,麝月睡的正浓,才慢慢过来说:"二爷今晚不是要养神呢吗?"宝玉笑道:"实告诉你罢,什么是养神,我倒是要遇仙的意思。"五儿听了,越发动了疑心,便问道:"遇什么仙?"宝玉道:"你要知道,这话长着呢。你挨着我来坐下,我告诉你。"五儿红了脸笑道:"你在那里躺着,我怎么坐呢。"宝玉道:"这个何妨。那一年冷天,也是你麝月姐姐和你晴雯姐姐玩,我怕冻着他,还把他揽在被里渥着呢。这有什么的!大凡一个人总不要酸文假醋才好。"五儿听了,句句都是宝玉调戏之意。那知这位呆爷却是实心实意的话儿。五儿此时走开不好,站着不好,坐下不好,倒没了主意了,因微微的笑着道:"你别混说了,看人家听见这是什么意思。怨不得人家说你专在女孩儿身上用工夫,你自己放着二奶奶和袭人姐姐都是仙人儿似的,只爱和别人胡缠。明儿再说这些话,我回了二奶奶,看你什么脸见人。"

正说着,只听外面咕咚一声,把两个人吓了一跳。里间宝钗咳嗽了一声。宝玉听见,连忙咬嘴儿。五儿也就忙忙的熄了灯悄悄的躺下了。原来宝钗、袭人因昨夜不曾睡,又兼日间劳乏了一天,所以睡去,都不曾听见他们说话。此时院中一响,早已惊醒,听了听,也无动静。宝玉此时躺在床上,心里疑惑:"莫非林妹妹来了,听见我和五儿说话故意吓我们的?"翻来覆去,胡思乱想,五更以后,才朦胧睡去。

却说五儿被宝玉鬼混了半夜,又兼宝钗咳嗽,自己怀着鬼胎,生怕宝钗听见了,也是思前想后,一夜无眠。次日一早起来,见宝玉尚自昏昏睡着,便轻轻的收拾了屋子。那时麝月已醒,便道:"你怎么这么早起来了,你难道一夜没睡吗?"五儿听这话又似麝月知道了的光景,便只是讪笑,也不答言。不一时,宝钗袭人都起来,开了门见宝玉尚睡,却也纳闷:"怎么外边两夜睡得倒这般安稳?"及宝玉醒来,见众人都起来了,自己连忙爬起,揉着眼睛,细想昨夜又不曾梦见,可是仙凡路隔了。慢慢的下了床,又想昨夜五儿说的宝钗袭人都是天仙一般,这话却也不错,便怔怔的瞅着宝玉。宝钗见他发怔,虽知他为黛玉之事,却也定不得梦不梦,只是瞅的自己倒不好意思,便道:"二爷昨夜可真遇见仙了么?"宝玉听了,只道昨晚的话宝钗听见了,笑着勉强说道:"这是哪里的话!"那五儿听了这一句,越发心虚起来,又不好说的,只得且看宝钗的光景。只见宝钗又笑着问五儿道:"你听见二爷睡梦中和人说话来着么?"宝玉听了,自己坐不住,搭讪着走开了。五儿把脸飞红,只得含糊道:"前半夜倒说了几句,我也没听真。什么'担了虚名',又什么'没打正经主意',我也不懂,劝着二爷睡了。后来我也睡了,不知二爷还说来着没有。"宝钗低头一想:"这话明是为黛玉了。但尽着叫他在外头,恐怕心邪了招出些花妖月姊来。况兼他的旧病原在姊妹上情重,只好设法将他的心意挪移过来,然后能免无事。"想到这里,不免面红耳热起来,也就讪讪的进房梳洗去了。

且说贾母两日高兴,略吃多了些,这晚有些不受用,第二天便觉着胸口饱闷。鸳鸯等要回贾政。贾母不叫言语,说:"我这两日嘴馋些吃多了点子,我饿一顿就好了。你们快别吵嚷。"于是鸳鸯等并没有告诉人。

这日晚间,宝玉回到自己屋里,见宝钗自贾母王夫人处请了晚安回来。宝玉想着早起之事,未免赧颜抱惭。宝钗看他这样,也晓得是个没意思的光景,因想着:"他是个痴情人,要治他的这病,少不得仍以痴情治之。"想了一回,便问宝玉道:"你今夜还在外间睡去罢咧?"宝玉自觉没趣,便道:"里间外间都是一样的。"宝钗意欲再说,反觉不好意思。袭人道:"罢呀,这倒是什么道理呢。我不信睡得那么安稳!"五儿听见这话,连忙接口道:"二爷在外间

睡，别的倒没什么，只是爱说梦话，叫人摸不着头脑儿，又不敢驳他的回。"袭人便道："我今日挪到床上睡睡，看说梦话不说？你们只管把二爷的铺盖铺在里间就完了。"宝钗听了，也不作声。宝玉自己惭愧不来，哪里还有强嘴的分儿，便依着搬进里间来。一则宝玉负愧，欲安慰宝钗之心；二则宝钗恐宝玉思郁成疾，不如假以词色，使得稍觉亲近，以为移花接木之计。于是当晚袭人果然挪出去。宝玉因心中愧悔，宝钗欲拢络宝玉之心，自过门至今日，方才如鱼得水，恩爱缠绵，所谓二五之精妙合而凝的了。此是后话。

且说次日宝玉宝钗同起，宝玉梳洗了先过贾母这边来。这里贾母因疼宝玉，又想宝钗孝顺，忽然想起一件东西，便叫鸳鸯开了箱子，取出祖上所遗一个汉玉玦，虽不及宝玉他那块玉石，挂在身上却也稀罕。鸳鸯找出来递与贾母，便说道："这件东西我好像从没见的，老太太这些年还记得这样清楚，说是那一箱什么匣子里装着，我按着老太太的话一拿就拿出来了。老太太怎么想着拿出来做什么？"贾母道："你哪里知道，这块玉还是祖爷爷给我们老太爷，老太爷疼我，临出嫁的时候叫了我去亲手递给我的。还说：'这玉是汉时所佩的东西，很贵重，你拿着就像见了我的一样。'我那时还小，拿了来也不当什么，便撂在箱子里。到了这里，我见咱们家的东西也多，这算得什么，从没带过，一撂便撂了六十多年。今儿见宝玉这样孝顺，他又丢了一块玉，故此想着拿出来给他，也像是祖上给我的意思。"一时宝玉请安，贾母便喜欢道："你过来，我给你一件东西瞧瞧。"宝玉走到床前，贾母便把那块汉玉递给宝玉。宝玉接来一瞧，那玉有三寸方圆，形似甜瓜，色有红晕，甚是精致。宝玉口口称赞。贾母道："你爱么？这是我祖爷爷给我的，我传了你罢。"宝玉笑着请个安谢了，又拿了要送给他母亲瞧。贾母道："你太太瞧了告诉你老子，又说疼儿子不如疼孙子了。他们从没见过。"宝玉笑着去了。宝钗等又说了几句话，也辞了出来。

自此贾母两日不进饮食，胸口仍是结闷，觉得头晕目眩，咳嗽。邢、王二夫人、凤姐等请安，见贾母精神尚好，不过叫人告诉贾政，立刻来请了安。贾政出来，即请大夫看脉。不多一时，大夫来诊了脉，说是有年纪的人停了些饮食，感冒些风寒，略消导发散些就好了。开了方子，贾政看了，知是寻常药品，命人煎好进服。以后贾政早晚进来请安，一连三日，不见稍减。贾政又命贾琏："打听好大夫，快去请来瞧老太太的病。咱们家常请的几个大夫，我瞧着不怎么好，所以叫你去。"贾琏想了一想，说道："记得那年宝兄弟病的时候，倒是请了一个不行医的来瞧好了的，如今不如找他。"贾政道："医道却是极难的，愈是不兴时的大夫倒有本领。你就打发人去找来罢。"贾琏即忙答应去了，回来说道："这刘大夫新近出城教书去了，过十来天进城一次。这时等不得，又请了一位，也就来了。"贾政听了，只得等着。不题。

且说贾母病时，合宅女眷无日不来请安。一日，众人都在那里，只见看园内腰门的老婆子进来，回说："园里的栊翠庵的妙师父知道老太太病了，特来请安。"众人道："他不常过来，今儿特地来，你们快请进来。"凤姐走到床前回贾母。岫烟是妙玉的旧相识，先走出去接他。只见妙玉头带妙常髻，身上穿一件月白素绸袄儿，外罩一件水田青缎镶边长背心，拴着秋香色的丝绦，腰下系一条淡墨画的白绫裙，手执麈尾念珠，跟着一个侍儿，飘飘拽拽的走来。岫烟见了问好，说是"在园内住的日子，可以常常来瞧瞧你。近来因为园内人少，一个人轻易难出来。况且咱们这里的腰门常关着，所以这些日子不得见你。今儿幸会。"妙玉道："头里你们是热闹场中，你们虽在外园里住，我也不便常来亲近。如今知道这里的事情也不大好，又听说是老太太病着，又惦记你，并要瞧瞧宝姑娘。我哪管你们的关不关，我要来就来，我不来你们要我来也不能啊。"岫烟笑道："你还是那种脾气。"一面说着，已到贾母房中。众人见了都问了好。妙玉走到贾母床前问候，说了几句套话。贾母便道："你是个女菩萨，你瞧瞧我的病可好得了好不了？"妙玉道："老太太这样慈善的人，寿数正有呢。一时感冒，吃几贴药想来也就好了。有年纪人只要宽心些。"贾母道："我倒不为这些，我是极爱寻快乐的。如今这病也不觉怎样，只是胸隔闷饱，刚才大夫说是气恼所致。你是知道的，谁敢给我气受，这不是那大夫脉理平常么。我和琏儿说了，还是头一个大夫说感冒伤食的是，明儿仍请他来。"说着，叫鸳鸯吩咐厨房里办一桌净素菜来，请他在这里便饭。妙玉道："我已吃过午饭了，我是不吃东西的。"王夫人道："不吃也罢，咱们多坐一会说些闲话儿罢。"妙玉道："我久已不见你们，

今儿来瞧瞧。"又说了一回话便要走,回头见惜春站着,便问道:"四姑娘为什么这样瘦?不要只管爱画劳了心。"惜春道:"我久不画了。如今住的房屋不比园里的显亮,所以没兴画。"妙玉道:"你如今住在哪一所了?"惜春道:"就是你才进来的那个门东边的屋子。你要来很近。"妙玉道:"我高兴的时候来瞧你。"惜春等说着送了出去,回身过来,听见丫头们回说大夫在贾母那儿呢。众人暂且散去。

哪知贾母这病日重一日,延医调治不效,以后又添腹泻。贾政着急,知病难医,即命人到衙门告假,日夜同王夫人亲视汤药。一日,见贾母略进些饮食,心里稍宽。只见老婆子在门外探头,王夫人叫彩云看去,问问是谁。彩云看了是陪迎春到孙家去的人,便道:"你来做什么?"婆子道:"我来了半日,这里找不着一个姐姐们,我又不敢冒撞,我心里又急。"彩云道:"你急什么?又是姑爷作践姑娘不成么?"婆子道:"姑娘不好了。前儿闹了一场,姑娘哭了一夜,昨日痰堵住了。他们又不请大夫,今日更利害了。"彩云道:"老太太病着呢,别大惊小怪的。"王夫人在内已听见了,恐老太太听见不受用,忙叫彩云带他外头说去。岂知贾母病中心静,偏偏听见,便道:"迎丫头要死了么?"王夫人便道:"没有。婆子们不知轻重,说是这两日有些病,恐不能就好,到这里问大夫。"贾母道:"瞧我的大夫就好,快请了去。"王夫人便叫彩云叫这婆子去回太太太去,那婆子去了。这里贾母便悲伤起来,说是:"我三个孙女儿,一个享尽了福死了,三丫头远嫁不得见面,迎丫头虽苦,或者熬出来,不打量他年轻轻儿的就要死了。留着我这么大年纪的人活着做什么!"王夫人鸳鸯等解劝了好半天。那时宝钗、李氏等不在房中,凤姐近来有病,王夫人恐贾母生悲添病,便叫人叫了他们来陪着,自己回到房中,叫彩云来埋怨这婆子不懂事,"以后我在老太太那里,你们有事不用来回。"丫头们依命不言。岂知那婆子刚到邢夫人那里,外头的人已传进来说:"二姑奶奶死了。"邢夫人听了,也便哭了一场。现今他父亲不在家中,只得叫贾琏快去瞧看。知贾母病重,众人都不敢回。可怜一位如花似月之女,结褵年余,不料被孙家揉搓以致身亡。又值贾母病笃,众人不便离开,竟容孙家草草完结。

贾母病势日增,只想这些好女儿。一时想起湘云,便打发人去瞧他。回来的人悄悄的找鸳鸯,因鸳鸯在老太太身旁,王夫人等都在那里,不便上去,到了后头找了琥珀,告诉他道:"老太太想史姑娘,叫我们去打听。哪里知道史姑娘哭得了不得,说是姑爷得了暴病,大夫都瞧了,说这病只怕不能好,若变了个痨病,还可挨过四五年。所以史姑娘心里着急。又知道老太太病,只是不能过来请安,还叫我不要在老太太面前提起。倘或老太太问起来,务必托你们变个法儿回老太太才好。"琥珀听了,咳了一声,就也不言语,半日说道:"你去罢。"琥珀也不便回,心里打算告诉鸳鸯,叫他撒谎去,所以来到贾母床前,只见贾母神色大变,地下站着一屋子的人,喊喊的说"瞧着是不好了",也不敢言语了。这里贾政悄悄的叫贾琏到身旁,向耳边说了几句话。贾琏轻轻的答应出去了,便传齐了现在家的一干家人说:"老太太的事待好出来了,你们快快分头派人办去。头一件先请出板来瞧瞧,好挂里子。快到各处将各人的衣服量了尺寸,都开明了,便叫裁缝去做孝衣。那棚杠执事的去讲定。厨房里还该多派几个人。"赖大等回道:"二爷,这些事不用爷费心,我们早打算好了。只是这项银子在哪里打算?"贾琏道:"这种银子不用打算,老太太自己早留下了。刚才老爷的主意只要办的好,我想外面也要好看。"赖大等答应,派人分头办去。

贾琏复回到自己房中,便问平儿:"你奶奶今儿怎么样?"平儿把嘴往里一努说:"你瞧去。"贾琏进内,见凤姐正要穿衣,一时动不得,暂且靠在炕桌儿上。贾琏道:"你只怕养不住了。老太太的事今儿明儿就要出来了,你还脱得过么。快叫人将屋里收拾收拾就该扎挣上去了。若有了事,你我还能回来么。"凤姐道:"咱们这里还有什么收拾的,不过就是这点子东西,还怕什么!你先去罢,看老爷叫你。我换件衣裳就来。"

贾琏先回到贾母房里,向贾政悄悄的回道:"诸事已交派明白了。"贾政点头。外面又报太医进来了,贾琏接入,又诊了一回,出来悄悄的告诉贾琏:"老太太的脉气不好,防着些。"贾琏会意,与王夫人等说知。王夫人即忙使眼色叫鸳鸯过来,叫他把老太太的装裹衣服预备出来。鸳鸯自去料理。贾母睁眼要茶喝,邢夫人便进了一杯参汤。贾母刚用嘴接着喝,便道:

"不要这个,倒一盅茶来我喝。"众人不敢违拗,即忙送上来,一口喝了,还要,又喝一口,便说:"我要坐起来。"贾政等道:"老太太要什么只管说,可以不必坐起来才好。"贾母道:"我喝了口水,心里好些,略靠着和你们说说话。"珍珠等用手轻轻的扶起,看见贾母这回精神好些。未知生死,下回分解。

第一百十回　史太君寿终归地府　王凤姐力诎失人心

　　却说贾母坐起说道:"我到你们家已经六十多年了。从年轻的时候到老来,福也享尽了。自你们老爷起,儿子孙子也都算是好的了。就是宝玉呢,我疼了他一场。"说到那里,拿眼满地下瞅着。王夫人便推宝玉走到床前。贾母从被窝里伸出手来拉着宝玉道:"我的儿,你要争气才好!"宝玉嘴里答应,心里一酸,那眼泪便要流下来,又不敢哭,只得站着,听贾母说道:"我想再见一个重孙子我就安心了。我的兰儿在哪里呢?"李纨也推贾兰上去。贾母放了宝玉,拉着贾兰道:"你母亲是要孝顺的,将来你成了人,也叫你母亲风光风光。凤丫头呢?"凤姐本来站在贾母旁边,赶忙走到眼前说:"在这里呢。"贾母道:"我的儿,你是太聪明了,将来修修福罢。我也没有修什么,不过心实吃亏,那些吃斋念佛的事我也不大干,就是旧年叫人写了些《金刚经》送送人,不知送完了没有?"凤姐道:"没有呢。"贾母道:"早该施舍完了才好。我们大老爷和珍儿是在外头乐了,最可恶的是史丫头没良心,怎么总不来瞧我。"鸳鸯等明知其故,都不言语。贾母又瞧了一瞧宝钗,叹了口气,只见脸上发红。贾政知是回光返照,即忙进上参汤。贾母的牙关已经紧了,合了一回眼,又睁着满屋里瞧了一瞧。王夫人宝钗上去轻轻扶着,邢夫人凤姐等便忙穿衣,地下婆子们已将床安设停当,铺了被褥,听见贾母喉间略一响动,脸变笑容,竟是去了,享年八十三岁。众婆子疾忙停床。

　　于是贾政等在外一边跪着,邢夫人等在内一边跪着,一齐举起哀来。外面家人各样预备齐全,只听里头信儿一传出来,从荣府大门起至内宅门扇扇大开,一色净白纸糊了,孝棚高起,大门前的牌楼立时竖起,上下人等登时成服。贾政报了丁忧。礼部奏闻,主上深仁厚泽,念及世代功勋,又系元妃祖母,赏银一千两,谕礼部主祭。家人们各处报丧。众亲友皆知贾家势败,今见圣恩隆重,都来探丧。择了吉时成殓,停灵正寝。贾赦不在家,贾政为长,宝玉、贾环、贾兰是亲孙,年纪又小,都应守灵。贾琏虽也是亲孙,带着贾蓉尚可分派家人办事。虽请了些男女外亲来照应,内里邢、王二夫人、李纨、凤姐、宝钗等是应灵旁哭泣的,尤氏虽可照应,他贾珍外出依住荣府,一向总不上前,且又荣府的事不甚谙练。贾蓉的媳妇更不必说了。惜春年小,虽在这里长的,他于事家全不知道。所以内里竟无一人支持,只有凤姐可以照管

里头的事。况又贾琏在外作主,里外他二人倒也相宜。

凤姐先前仗着自己的才干,原打量老太太死了他大有一番作用。邢、王二夫人等本知他曾办过秦氏的事,必是妥当,于是仍叫凤姐总理里头的事。凤姐本不应辞,自然应了,心想:"这里的事本是我管的,那些家人更是我手下的人,太太和珍大嫂子的人本来难使唤些,如今他们都去了。银项虽没有了对牌,这种银子是现成的。外头的事又是他办着。虽说我现今身子不好,想来也不致落褒贬,必是比宁府里还得办些。"心下已定,且待明日接了三,后日一早便叫周瑞家的传出话去,将花名册取上来。凤姐一一的瞧了,统共只有男仆二十一人,女仆只有十九人,余者俱是些丫头,连各房算上,也不过三十多人,难以点派差使。心里想道:"这回老太太的事倒没有东府里的人多。"又将庄上的弄出几个,也不敷差遣。

正在思算,只见一个小丫头过来说:"鸳鸯姐姐请奶奶。"凤姐只得过去。只见鸳鸯哭得泪人一般,一把拉着凤姐儿说道:"二奶奶请坐,我给二奶奶磕个头。虽说服中不行礼,这个头是要磕的。"鸳鸯说着跪下。慌的凤姐赶忙拉住,说道:"这是什么礼,有话好好的说。"鸳鸯跪着,凤姐便拉起来。鸳鸯说道:"老太太的事一应内外都是二爷和二奶奶办,这种银子是老太太留下的。老太太这一辈子也没有糟蹋过什么银钱,如今临了这件大事,必得求二奶奶体体面面的办一办才好。我方才听见老爷说什么诗云子曰,我不懂;又说什么'丧与其易,宁戚',我听了不明白。我问宝二奶奶,说是老爷的意思老太太的丧事只要悲切才是真孝,不必糜费图好看的念头。我想老太太这样一个人,怎么不该体面些!我虽是奴才丫头,敢说什么,只是老太太疼二奶奶和我这一场,临死了还不叫他风光风光!我想二奶奶是能办大事的,故此我请二奶奶来作个主。我生是跟老太太的人,老太太死了我也是跟老太太的,若是瞧不见老太太的事怎么办,将来怎么见老太太呢!"凤姐听了这话来的古怪,便说:"你放心,要体面是不难的。况且老爷虽说要省,那势派也错不得。便拿这项银子都花在老太太身上,也是该当的。"鸳鸯道:"老太太的遗言说,所有剩下的东西是给我们的,二奶奶倘或用着不够,只管拿这个去折变补上。就是老爷说什么,我也不好违老太太的遗言。那日老太太分派的时候不是老爷在这里听见的么。"凤姐道:"你素来最明白的,怎么这会子那样的着急起来了。"鸳鸯道:"不是我着急,为的是大太太是不管事的,老爷是怕招摇的,若是二奶奶心里也是老爷的想头,说抄过家的人家丧事还是这么好,将来又要抄起来,也就不顾起老太太来,怎么处!在我呢是个丫头,好歹碍不着,到底是这里的声名。"凤姐道:"我知道了,你只管放心,有我呢!"鸳鸯千恩万谢的托了凤姐。

那凤姐出来想道:"鸳鸯这东西好古怪,不知打了什么主意,论理老太太身上本该体面些。哎,不要管他,且按着咱们家先前的样子办去。"于是叫了旺儿家的来把话传出去请二爷进来。不多时,贾琏进来,说道:"怎么找我? 你在里头照应着些就是了。横竖作主是咱们二老爷,他说怎么着咱们就怎么着。"凤姐道:"你也说起这个话来了,可不是鸳鸯说的话应验了么。"贾琏道:"什么鸳鸯的话?"凤姐便将鸳鸯请进去的话述了一遍。贾琏道:"他们的话算什么。才刚二老爷叫我去,说老太太的事固要认真办理,但是知道的呢,说是老太太自己结果自己,不知道的只说咱们都隐匿起来了,如今很宽裕。老太太的这种银子用不了谁还要么,仍旧该用在老太太身上。老太太是在南边的坟地虽有,阴宅却没有。老太太的枢是要归到南边去的,留这银子在祖坟上盖起些房屋来,再余下的置买几顷祭田。咱们回去也好,就是不回去,也叫这些贫穷族中住着,也好按时按节早晚上香,时常祭扫祭扫。你想这些话可不是正经主意? 据你这个话,难道都花了罢?"凤姐道:"银子发出来了没有?"贾琏道:"谁见过银子!我听说咱们太太听见了二老爷的话,极力的撺掇二太太和二老爷,说这是好主意。叫我怎么着!现在外头棚杠上要支几百银子,这会子还没有发出来。我要去,他们都说有,先叫外头办了回来再算。你想这些奴才们有钱的早溜了,按着册子叫去,有的说告病,有的说下庄子去了。走不动的有几个,只有赚钱的能耐,还有赔钱的本事么!"凤姐听了,呆了半天,说道:"这还办什么!"

正说着,见来了一个丫头说:"大太太的话问二奶奶,今儿第三天了,里头还很乱,供了饭还叫亲戚们等着吗? 叫了半天,来了菜,短了饭,这是什么办事的道理!"凤姐急忙进去,吆喝

人来伺候，胡弄着将早饭打发了。偏偏那日人来的多，里头的人都死眉瞪眼的。凤姐只得在那里照料了一会子，又惦记着派人，赶着出来叫了旺儿家的传齐了家人女人们，一一分派了。众人都答应着不动。凤姐道："什么时候，还不供饭！"众人道："传饭是容易的，只要将里头的东西发出来，我们才好照管去。"凤姐道："糊涂东西，派定了你们少不得有的。"众人只得勉强应着。凤姐即往上房取发应用之物，要去请示邢、王二夫人，见人多难说，看那时候已经日渐平西了，只得找了鸳鸯，说要老太太存的这一分家伙。鸳鸯道："你还问我呢，那一年二爷当了赎了来了么！"凤姐道："不用银的金的，只要这一分平常使的。"鸳鸯道："大太太珍大奶奶屋里使的是哪里来的！"凤姐一想不差，转身就走，只得到王夫人那边找了玉钏彩云，才拿了一分出来，急忙叫彩明登账，发与众人收管。

鸳鸯见凤姐这样慌张，又不好叫他回来，心想："他头里作事何等爽利周到，如今怎么掣肘的这个样儿。我看这两三天连一点头脑都没有，不是老太太白疼了他了吗！"哪里知邢夫人一听贾政的话，正合着将来家计艰难的心，巴不得留一点子作个收局。况且老太太的事原是长房作主，贾赦虽不在家，贾政又是拘泥的人，有件事便说请大奶奶的主意。邢夫人素知凤姐手脚大，贾琏的闹鬼，所以死拿住不放松。鸳鸯只道已将这项银两交了出去，故见凤姐掣肘如此，便疑为不肯用心，便在贾母灵前唠唠叨叨哭个不了。邢夫人等听了话中有话，不想到自己不令凤姐便宜行事，反说凤丫头果然有些不用心。王夫人到了晚上叫了凤姐过来说："咱们家虽说不济，外头的体面是要的。这两三日人来人往，我瞧着那些人都照应不到，想是你没有吩咐。还得你替我们操点心儿才好。"凤姐听了，呆了一会，要将银两不凑手的话说出，但是银钱是外头管的，王夫人说的是照应不到，凤姐也不敢辨，只好不言语。邢夫人在旁说道："论理该是我们做媳妇的操心，本不是孙子媳妇的事。但是我们动不得身，所以托你的，你是打不得撒手的。"凤姐紫涨了脸，正要回说，只听外头鼓乐一奏，是烧黄昏纸的时候了，大家举起哀来，又不得说，凤姐原想回来再讲，王夫人催他出去料理，说道："这里有我们的，你快快儿的去料理明儿的事罢。"

凤姐不敢再言，只得含悲忍泣的出来，又叫人传齐了众人，又吩咐了一会，说："大娘婶子们可怜我罢！我上头挨了好些说，为的是你们不齐截，叫人笑话。明儿你们豁出些辛苦来罢。"那些人回道："奶奶办事不是今儿个一遭儿了，我们敢违拗吗？只是这回的事上头过于累赘。只说打发这顿饭罢，有的在这里吃，有的要在家里吃，请了那位太太，又是那位奶奶不来。诸如此类，哪得齐全。还求奶奶劝劝那些姑娘们不要挑饬就好了。"凤姐道："头一层是老太太的丫头们是难缠的，太太们的也难说话，叫我说谁去呢。"众人道："从前奶奶在东府里还是署事，要打要骂，怎么这样锋利，谁敢不依。如今这些姑娘们都压不住了？"凤姐叹道："东府里的事虽说托办的，太太虽在那里，不好意思说什么。如今是自己的事情，又是公中的，人人说得话。再者外头的银钱也叫不灵，即如棚里要一件东西，传了出来总不见拿进来。这叫我什么法儿呢。"众人道："二爷在外头倒不应什么？"凤姐道："还提那个，他也是那里为难。第一件银钱不在他手里，要一件得回一件，哪里凑手。"众人道："老太太这项银子不在二爷手里吗？"凤姐道："你们回来问管事的便知道了。"众人道："怨不得我们听见外头男人抱怨说：'这么件大事，咱们一点摸不着，净当苦差！'叫人怎么能齐心呢？"凤姐道："如今不用说了，眼面前的事大家留些神罢。倘或闹的上头有了什么说的，我和你们不依的。"众人道："奶奶要怎么样他们敢抱怨吗，只是上头一人一个主意，我们实在难周到的。"凤姐听了没法，只得央说道："好大娘们！明儿且帮我一天，等我把姑娘们闹明白了再说罢咧。"众人听命而去。

凤姐一肚子的委屈，愈想愈气，直到天亮又得上去。要把各处的人整理整理，又恐邢夫人生气；要和王夫人说，怎奈邢夫人挑唆。这些丫头们见邢夫人等不助着凤姐的威风，更加作践起他来。幸得平儿替凤姐排解，说是"二奶奶巴不得要好，只是老爷太太们吩咐了外头，不许糜费，所以我们二奶奶不能应付到了。"说过几次才得安静些。虽说僧经道忏，上祭挂帐，络绎不绝，终是银钱吝啬，谁肯踊跃，不过草草了事。连日王妃诰命也来得不少，凤姐也不能上去照应，只好在底下张罗，叫了那个，走了这个，发一回急，央及一会，胡弄过了一起，

又打发一起。别说鸳鸯等看去不像样，连凤姐自己心里也过不去了。

　　邢夫人虽说是冢妇，仗着"悲戚为孝"四个字，倒也都不理会。王夫人落得跟了邢夫人行事，余者更不必说了。独有李纨瞧出凤姐的苦处，也不敢替他说话，只自叹道："俗话说的，'牡丹虽好，全仗绿叶扶持'，太太们不亏了凤丫头，那些人还帮着吗！若是三姑娘在家还好，如今只有他几个自己的人瞎张罗，面前背后的也抱怨说是一个钱摸不着，脸面也不能剩一点儿。老爷是一味的尽孝，庶务上头不大明白，这样的一件大事，不撒散几个钱就办的开了吗！可怜凤丫头闹了几年，不想在老太太的事上，只怕保不住脸了。"于是抽空儿叫了他的人来吩咐道："你们别看着人家的样儿，也糟蹋起琏二奶奶来。别打量什么穿孝守灵就算了大事了，不过混过几天就是了。看见那些人张罗不开，便插个手儿也未为不可，这也是公事，大家都该出力的。"那些素服李纨的人都答应着说："大奶奶说得很是。我们也不敢那么着，只听见鸳鸯姐姐们的口话儿好像怪琏二奶奶的似的。"李纨道："就是鸳鸯我也告诉过他，我说琏二奶奶并不是在老太太的事上不用心，只是银子钱都不在他手里，叫他巧媳妇都作的上没米的粥来吗？如今鸳鸯也知道了，所以他不怪他了。只是鸳鸯的样子竟是不像从前了，这也奇怪，那时候有老太太疼他倒没有作过什么威福，如今老太太死了，没有了仗腰子的了，我看他倒有些气质不大好了。我先前替他愁，这会子幸喜大老爷不在家才躲过去了，不然他有什么法儿。"

　　说着，只见贾兰走来说："妈妈睡罢，一天到晚人来客去的也乏了，歇歇罢。我这几天总没有摸摸书本儿，今儿爷爷叫我家里睡，我喜欢的很，要理个一两本书才好。别等脱了孝再都忘了。"李纨道："好孩子，看书呢自然是好的。今儿且歇歇罢，等老太太送了殡再看罢。"贾兰道："妈妈要睡，我也就睡在被窝里头想想也罢了。"众人听了都夸道："好哥儿，怎么这点年纪得了空儿就想到书上！不像宝二爷娶了亲的人还是那么孩子气，这几日跟着老爷跪着，瞧他很不受用，巴不得老爷一动身就跑过来找二奶奶，不知唧唧咕咕的说些什么，甚至弄的二奶奶都不理他了。他又去找琴姑娘，琴姑娘也远避他。邢姑娘也不很同他说话。倒是咱们本家的什么喜姑娘咧四姑娘咧，哥哥长哥哥短的和他亲密。我们看那宝二爷除了和奶奶姑娘们混混，只怕他心里也没有别的事，白过费了老太太的心，疼了他这么大，哪里及兰哥儿一零儿呢。大奶奶，你将来是不愁的了。"李纨道："就好也还小，只怕到他大了，咱们家还不知怎么样了呢！环哥儿你们瞧着怎么样？"众人道："这一个更不像样儿了！两个眼睛倒像个活猴儿似的，东溜溜，西看看，虽在那里嚎丧，见了奶奶姑娘们来了，他在孝幔子里头净偷着眼儿瞧人呢。"李纨道："他的年纪其实也不小了。前日听见说还要给他说亲呢，如今又得等着了。哎，还有一件事——咱们家这些人，我看来也是说不清的，且不必说闲话——后日送殡各房的车辆是怎么样了？"众人道："琏二奶奶这几天闹的像失魂落魄的样儿了，也没见传出去。昨儿听见我的男人说，琏二爷派了蔷二爷料理，说是咱们家的车也不够，赶车的也少，要到亲戚家去借去呢。"李纨笑道："车也都是借得的么？"众人道："奶奶说笑话儿了，车怎么借不得？只是那一日所有的亲戚都用车，只怕难借，想来还得雇呢。"李纨道："底下人的只得雇，上头白车也有雇的么？"众人道："现在大太太东府里的大奶奶、小蓉奶奶都没有车了，不雇哪里来的呢？"李纨听了叹息道："先前见有咱们家儿的太太奶奶们坐了雇的车来咱们都笑话，如今轮到自己头上了。你明儿去告诉你的男人，我们的车马早早儿的预备好了，省得挤。"众人答应了出去。不题。

　　且说史湘云因他女婿病着，贾母死后只来的一次，屈指算是后日送殡，不能不去。又见他女婿的病已成痨症，暂且不妨，只得坐夜前一日过来。想起贾母素日疼他；又想到自己命苦，刚配了一个才貌双全的男人，性情又好，偏偏的得了冤孽症候，不过挨日子罢了。于是更加悲痛，直哭了半夜。鸳鸯等再三劝慰不止。宝玉瞅着也不胜悲伤，又不好上前去劝，见他淡妆素服，不敷脂粉，更比未出嫁的时候犹胜几分。转念又看宝琴等淡素装饰，自有一种天生丰韵。独有宝钗浑身孝服，哪知道比寻常穿颜色时更有一番雅致。心里想道："所以千红万紫终让梅花为魁，殊不知并非为梅花开的早，竟是'洁白清香'四字是不可及的了。但只这时候若有林妹妹也是这样打扮，又不知怎样的丰韵了！"想到这里，不觉的心酸起来，那泪

珠便直滚滚的下来了，趁着贾母的事，不妨放声大哭。众人正劝湘云不止，外间又添出一个哭的来了。大家只道是想着贾母疼他的好处，所以伤悲，岂知他们两个人各自有各自的心事。这场大哭，不禁满屋的人无不下泪。还是薛姨妈、李婶娘等劝住。

明日是坐夜之期，更加热闹。凤姐这日竟支撑不住，也无方法，只得用尽心力，甚至咽喉嚷破敷衍过了半日。到了下半天，人客更多了，事情也更繁了，瞻前不能顾后。正在着急，只见一个小丫头跑来说："二奶奶在这里呢，怪不得大太太说，里头人多照应不过来，二奶奶是躲着受用去了。"凤姐听了这话，一口气撞上来，往下一咽，眼泪直流，只觉得眼前一黑，嗓子里一甜，便喷出鲜红的血来，身子站不住，就蹲倒在地。幸亏平儿急忙过来扶住。只见凤姐的血吐个不住。未知性命如何，下回分解。

第一百十一回　鸳鸯女殉主登太虚
狗彘奴欺天招伙盗

话说凤姐听了小丫头的话，又气又急又伤心，不觉吐了一口血，便昏晕过去，坐在地下。平儿急来靠着，忙叫了人来搀扶着，慢慢的送到自己房中，将凤姐轻轻的安放在炕上，立刻叫小红斟上一杯开水送到凤姐唇边。凤姐呷了一口，昏迷仍睡。秋桐过来略瞧了一瞧，却便走开，平儿也不叫他。只见丰儿在旁站着，平儿叫他快快的去回明白了二奶奶吐血发晕不能照应的话，告诉了邢、王二夫人。邢夫人打量凤姐推病藏躲，因这时女亲在内不少，也不好说别的，心里却不全信，只说："叫他歇着去罢。"众人也并无言语。只说这晚人客来往不绝，幸得几个内亲照应。家下人等见凤姐不在，也有偷闲歇力的，乱乱吵吵，已闹的七颠八倒，不成事体了。

到二更多天远客去后，便预备辞灵。孝幕内的女眷大家都哭了一阵。只见鸳鸯已哭的昏晕过去了，大家扶住捶闹了一阵才醒过来，便说"老太太疼我一场我跟了去"的话。众人都打量人到悲哭俱有这些言语，也不理会。到了辞灵之时，上上下下也有百十余人，只鸳鸯不在。众人忙乱之时，谁去捡点。到了琥珀等一干的人哭奠之时，却不见鸳鸯，想来是他哭乏了，暂在别处歇着，也不言语。辞灵以后，外头贾政叫了贾琏问明送殡的事，便商量着派人看家。贾琏回说："上人里头派了芸儿在家照应，不必送殡。下人里头派了林之孝的一家子照应拆棚等事。但不知里头派谁看家？"贾政道："听见你母亲说是你媳妇病了不能去，就叫他在家的。你珍大嫂子又说你媳妇病得利害，还叫四丫头陪着，带领了几个丫头婆子照看上屋里才好。"贾琏听了，心想："珍大嫂子与四丫头两个不合，所以撺掇着不叫他去，若是上头就是他照应，也是不中用的。我们那一个又病着，也难照应。"想了一回，回贾政道：

"老爷且歇歇儿,等进去商量定了再回。"贾政点了点头,贾琏便进去了。

谁知此时鸳鸯哭了一场,想到"自己跟着老太太一辈子,身子也没有着落。如今大老爷虽不在家,大太太的这样行为我也瞧不上。老爷是不管事的人,以后便乱世为王起来了,我们这些人不是要叫他们掇弄的么。谁收在屋子里,谁配小子,我是受不得这样折磨的,倒不如死了干净。但是一时怎么样的个死法呢?"一面想,一面走回老太太的套间屋内。刚跨进门,只见灯光惨淡,隐隐有个女人拿着汗巾子好似要上吊的样子。鸳鸯也不惊怕,心里想道:"这一个是谁? 和我的心事一样,倒比我走在头里了。"便问道:"你是谁? 咱们两个人是一样的心,要死一块儿死。"那个人也不答言。鸳鸯走到跟前一看,并不是这屋子的丫头,仔细一看,觉得冷气侵人时就不见了。鸳鸯呆了一呆,退出在炕沿上坐下,细细一想道:"哦,是了,这是东府里的小蓉大奶奶啊! 他早死了的了,怎么到这里来? 必是来叫我来了。他怎么又上吊呢?"想了一想道:"是了,必是教给我死的法儿。"鸳鸯这么一想,邪侵入骨,便站起来,一面哭,一面开了妆匣,取出那年绞的一缕头发,揣在怀里,就在身上解下一条汗巾,按着秦氏方才比的地方拴上。自己又哭了一回,听见外头人客散去,恐有人进来,急忙关上屋门,然后端了一个脚凳自己站上,把汗巾拴上扣儿套在咽喉,便把脚凳蹬开。可怜咽喉气绝,香魂出窍,正无投奔,只见秦氏隐隐在前,鸳鸯的魂魄疾忙赶上说道:"蓉大奶奶,你等等我。"那个人道:"我并不是什么蓉大奶奶,乃警幻之妹可卿是也。"鸳鸯道:"你明明是蓉大奶奶,怎么说不是呢?"那人道:"这也有个缘故,待我告诉你,你自然明白了。我在警幻宫中原是个钟情的首坐,管的是风情月债,降临尘世,自当为第一情人,引这些痴情怨女早早归入情司,所以该当悬梁自尽的。因我看破凡情,超出情海,归入情天,所以太虚幻境痴情一司竟自无人掌管。今警幻仙子已经将你补入,替我掌管此司,所以命我来引你前去的。"鸳鸯的魂道:"我是个最无情的,怎么算我是个有情的人呢?"那人道:"你还不知道。世人都把那淫欲之事当作'情'字,所以作出伤风败化的事来,还自谓风月多情,无关紧要。不知'情'之一字,喜怒哀乐未发之时便是个性,喜怒哀乐已发便是情了。至于你我这个情,正是未发之情,就如那花的含苞一样,欲待发泄出来,这情就不为真情了。"鸳鸯的魂听了点头会意,便跟了秦氏可卿而去。

这里琥珀辞了灵,听邢、王二夫人分派看家的人,想着去问鸳鸯明日怎样坐车的,在贾母的外间屋里找了一遍不见,便找到套间里头。刚到门口,见门儿掩着,从门缝里望里看时,只见灯光半明不灭的,影影绰绰,心里害怕,又不听见屋里有什么动静,便走回来说道:"这蹄子跑到哪里去了?"劈头见了珍珠,说:"你见鸳鸯姐姐来着没有?"珍珠道:"我也找他,太太们等他说话呢。必在套间里睡着了罢。"琥珀道:"我瞧了,屋里没有。那灯也没人夹蜡花儿,漆黑怪怕的,我没进去。如今咱们一块儿进去瞧,看有没有。"琥珀等进去正夹蜡花,珍珠说:"谁把脚凳搁在这里,几乎绊我一跤。"说着往上一瞧,哎的哎哟一声,身子往后一仰,咕咚的栽在琥珀身上。琥珀也看见了,便大嚷起来,只是两只脚挪不动。

外头的人也都听见了,跑进来一瞧,大家嚷着报与邢、王二夫人知道。王夫人宝钗等听了,都哭着去瞧。邢夫人道:"我不料鸳鸯倒有这样志气,快叫人去告诉老爷。"只有宝玉听见此信,便哭的双眼直竖。袭人等慌忙扶着,说道:"你要哭就哭,别憋着气。"宝玉死命的才哭出来了,心想"鸳鸯这样一个人偏又这样死法",又想"实在天地间的灵气独钟在这些女子身上了。他算得了死所,我们究竟是一件浊物,还是老太太的儿孙,谁能赶得上他。"复又喜欢起来。那时宝钗听见宝玉大哭,也出来了,及到跟前,见他又笑。袭人等忙说:"不好了,又要疯了。"宝钗道:"不妨事,他有他的意思。"宝玉听了,更喜欢宝钗的话,"倒是他还知道我的心,别人哪里知道。"正在胡思乱想,贾政等进来,着实的嗟叹着,说道:"好孩子,不枉老太太疼他一场!"即命贾琏出去吩咐人连夜买棺盛殓,"明日便跟着老太太的殡送出,也停在老太太棺后,全了他的心志。"贾琏答应出去。这里命人将鸳鸯放下,停放里间屋内。平儿也知道了,过来同袭人、莺儿等一干人都哭的哀哀欲绝。内中紫鹃也想起自己终身一无着落,"恨不跟了林姑娘去,又全了主仆的恩义,又得了死所。如今空悬在宝玉屋内,虽说宝玉仍是柔情蜜意,究竟算不得什么?"于是更哭得哀切。

王夫人即传了鸳鸯的嫂子进来,叫他看着入殓。遂和邢夫人商量了,在老太太项内赏了他嫂子一百两银子,还说等闲了将鸳鸯所有的东西俱赏他们。他嫂子磕了头出去,反喜欢说:"真真的我们姑娘是个有志气的,有造化的,又得了好名声,又得了好发送。"旁边一个婆子说道:"罢呀嫂子,这会子你把一个活姑娘卖了一百银子便这么喜欢了,那时候儿给了大老爷,你还不知得多少银钱呢,你该更得意了。"一句话戳了他嫂子的心,便红了脸走开了。刚走到二门上,见林之孝带了人抬进棺材来了,他只得也跟进去帮着盛殓,假意哭嚎了几声。贾政因他为贾母而死,要了香来上了三炷,作了一个揖,说:"他是殉葬的人,不可作丫头论。你们小一辈都该行个礼。"宝玉听了,喜不自胜,走上来恭恭敬敬磕了几个头。贾琏想他素日的好处,也要上来行礼,被邢夫人说道:"有了一个爷们便罢,不要折受他不得超生。"贾琏就不便过来了。宝钗听了,心中好不自在,便说道:"我原不该给他行礼,但只老太太去世,咱们都有未了之事,不敢胡为,他肯替咱们尽孝,咱们也该托托他好好的替咱们服侍老太太西去,也少尽一点心哪。"说着扶了莺儿走到灵前,一面奠酒,那眼泪早扑簌簌流下来了,奠毕拜了几拜,狠狠的哭了他一场。众人也有说宝玉的两口子都是傻子,也有说他两个心肠儿好的,也有说他知礼的。贾政反倒合了意。

一面商量定了看家的仍是凤姐、惜春,余者都遣去伴灵。一夜谁敢安眠,一到五更,听见外面齐人。到了辰初发引,贾政居长,衰麻哭泣,极尽孝子之礼。灵柩出了门,便有各家的路祭,一路上的风光不必细述。走了半日,来至铁槛寺安灵,所有孝男等俱应在庙伴宿,不题。

且说家中林之孝带领拆了棚,将门窗上好,打扫净了院子,派了巡更的人到晚打更上夜。只是荣府规例,一、二更,三门掩上,男人便进不去了,里头只有女人们查夜。凤姐虽隔了一夜渐渐的神气清爽了些,只是哪里动得。只有平儿同着惜春各处走了一走,吩咐了上夜的人,也便各自归房。

却说周瑞的干儿子何三,去年贾珍管事之时,因他和鲍二打架,被贾珍打了一顿,撵在外头,终日在赌场过日。近知贾母死了,必有些事情领办,岂知探了几天的信,一些也没有想头,便唉声叹气的回到赌场中,闷闷的坐下。那些人便说道:"老三,你怎么样?不下来捞本了么?"何三道:"倒想要捞一捞呢,就只没有钱么。"那些人道:"你到你们周大太爷那里去了几日,府里的钱你也不知弄了多少来,又来和我们装穷儿了。"何三道:"你们还说呢,他们的金银不知有几百万,只藏着不用。明儿留着不是火烧的就是贼偷的,他们才死心呢。"那些人道:"你又撒谎,他家抄了家,还有多少金银?"何三道:"你们还不知道呢,抄去的是撂不了的。如今老太太死又留了好些金银,他们一个也不使,都在老太太屋里搁着,等送了殡回来才分呢。"内中有一个人听在心里,掷了几骰,便说:"我输了几个钱,也不翻本儿了,睡去了。"说着,便走出来拉了何三道:"老三,我和你说句话。"何三跟他出来。那人道:"你这样一个伶俐人,这样穷,为你不服这口气?"何三道:"我命里穷,可有什么法儿呢。"那人道:"你才说荣府的银子这么多,为什么不去拿些使唤使唤?"何三道:"我的哥哥,他家的金银虽多,你我去白要一二钱他们给咱们吗!"那人笑道:"他不给咱们,咱们就不会拿吗!"何三听了这

话里有话,便问道:"依你说怎么样拿呢?"那人道:"我说你没有本事,若是我,早拿了来了。"何三道:"你有什么本事?"那人便轻轻的说道:"你若要发财,你就引个头儿。我有好些朋友都是通天的本事,不要说他们送殡去了,家里剩下几个女人,就让有多少男人也不怕。只怕你没这么大胆子罢咧。"何三道:"什么敢不敢!你打量我怕那个干老子么,我是瞧着干妈的情儿上头才认他作干老子罢咧,他又算了人了!你刚才的话,就只怕弄不来倒招了饥荒。他们哪个衙门不熟?别说拿不来,倘或拿了来也要闹出来的。"那人道:"这么说你的运气来了。我的朋友还有海边上的呢,现今都在这里看个风头,等个门路。若到了手,你我在这里也无益,不如大家下海去受用不好么?你若撇不下你干妈,咱们索性把你干妈也带了去,大家伙儿乐一乐好不好?"何三道:"老大,你别是醉了罢,这些话混说的什么。"说着,拉那人走到一个僻静地方,两个人商量了一回,各人分头而去。暂且不题。

且说包勇自被贾政吃喝派去看园,贾母的事出来也忙了,不曾派他差使,他也不理会,总是自做自吃,闷来睡一觉,醒时便在园里耍刀弄棍,倒也无拘无束。那日贾母一早出殡,他虽知道,因没有派他差事,他任意闲游。只见一个女尼带了一个道婆来到园内腰门那里扣门,包勇走来说道:"女师父哪里去?"道婆道:"今日听得老太太的事完了,不见四姑娘送殡,想必是在家看家。想他寂寞,我们师父来瞧他一瞧。"包勇道:"主子都不在家,园门是我看的,请你们回去罢。要来呢,等主子们回来了再来。"婆子道:"你是哪里来的个黑炭头,也要管起我们的走动来了。"包勇道:"我嫌你们这些人,我不叫你们来,你们有什么法儿!"婆子生了气,嚷道:"这都是反了天的事了!连老太太在日还不能拦我们的来往走动呢,你是哪里的这么个横强盗,这样没法没天的。我偏要打这里走!"说着,便把手在门环上狠狠的打了几下。妙玉已气的不言语,正要回身便走,不料里头看二门的婆子听见有人拌嘴似的,开门一看,见是妙玉,已经回身走去,明知必是包勇得罪了走了。近日婆子们都知道上头太太们四姑娘都亲近得很,恐怕日后说出门上不放他进来,那时如何担得住,赶忙走来说:"不知师父来,我们开门迟了。我们四姑娘在家里还正想师父呢,快请回来。看园子的小子是个新来的,他不知咱们的事,回来回了太太,打他一顿撵出去就完了。"妙玉虽是听见,总不理他。那经得看腰门的婆子赶上再四央求,后来才说出怕自己担不是,几乎急的跪下,妙玉无奈,只得随了那婆子过来。包勇见这般光景,自然不好拦他,气得瞪眼叹气而回。

这里妙玉带了道婆走到惜春那里,道了恼,叙了些闲话。说起"在家看家,只好熬个几夜。但是二奶奶病着,一个人又闷又是害怕,能有一个人在这里我就放心。如今里头一个男人也没有,今儿你既光降,肯伴我一宵,咱们下棋说话儿,可使得么?"妙玉本自不肯,见惜春可怜,又提起下棋,一时高兴应了,打发道婆回去取了他的茶具衣褥,命侍儿送了过来,大家坐谈一夜。惜春欣幸异常,便命彩屏去开上年蠲的雨水,预备好茶。那妙玉自有茶具。那道婆去了不多时,又来了个侍者,带了妙玉日用之物。惜春亲自烹茶。两人言语投机,说了半天,那时已是初更时候,彩屏放下棋枰,两人对弈。惜春连输两盘,妙玉又让了四个子儿,惜春方赢了半子。这时已到四更,天空地阔,万籁无声。妙玉道:"我到五更须得打坐一回,我自有人服侍,你自去歇息。"惜春犹是不舍,见妙玉要自己养神,不便扭他。

正要歇去,猛听得东边上屋内上夜的人一片声喊起,惜春那里的老婆子们也接着声嚷道:"了不得了!有了人了!"唬得惜春彩屏等心胆俱裂,听见外头上夜的男人便声喊起来。妙玉道:"不好了,必是这里有了贼了。"正说着,这里不敢开门,便掩了灯光。在窗户眼内往外一瞧,只是几个男人站在院内,唬得不敢作声,回身摆着手轻轻的爬下来说:"了不得,外头有几个大汉站着。"说犹未了,又听得房上响声不绝,便有外头上夜的人进来吃喝拿贼。一个人说道:"上屋里的东西都丢了,并不见人。东边有人去了,咱们到西边去。"惜春的老婆子听见有自己的人,便在外间屋里说道:"这里有好些人上了房了。"上夜的都说:"你瞧,这可不是吗。"大家一齐嚷起来。只听房上飞下好些瓦来,众人都不敢上前。

正在没法,只听园门腰门一声大响,打进门来,见一个梢长大汉,手执木棍。众人唬得藏躲不及,听得那人喊说道:"不要跑了他们一个!你们都跟我来。"这些家人听了这话,越发唬得骨软筋酥,连跑也跑不动了。只见这人站在当地只管乱喊,家人中有一个眼尖些的看出来

了,你道是谁,正是甄家荐来的包勇。这些家人不觉胆壮起来,便颤巍巍的说道:"有一个走了,有的在房上呢。"包勇便向地下一扑,耸身上房追赶那贼。这些贼人明知贾家无人,先在院内偷看惜春房内,见有个绝色女尼,便顿起淫心,又欺上屋俱是女人,且又畏惧,正要踹进门去,因听外面有人进来追赶,所以贼众上房。见人不多,还想抵挡,猛见一人上房赶来,那些贼见是一人,越发不理论了,便用短兵抵住。那经得包勇用力一棍打去,将贼打下房来。那些贼飞奔而逃,从园墙过去,包勇也在房上追捕。岂知园内早藏下了几个在那里接赃,已经接过好些,见贼伙跑回,大家举械保护,见追的只有一人,明欺寡不敌众,反倒迎上来。包勇一见,生气道:"这些毛贼!敢来和我斗斗!"那伙贼便说:"我们有一个伙计被他们打倒了,不知死活,咱们索性抢了他出来。"这里包勇闻声即打,那伙贼便抢起器械,四五个人围住包勇乱打起来。外头上夜的人也都仗着胆子,只顾赶了来。众贼见斗他不过,只得跑了。包勇还要赶时,被一个箱子一绊,立定看时,心想东西未丢,众贼远逃,也不追赶。便叫众人将灯照着,地下只有几个空箱,叫人收拾,他便欲跑回上房。因路径不熟,走到凤姐那边,见里面灯烛辉煌,便问:"这里有贼没有?"里头的平儿战兢兢的说道:"这里也没开门,只听上屋叫喊说有贼呢。你到那里去罢。"包勇正摸不着路头,遥见上夜的人过来,才跟着一齐寻到上屋。见是门开户启,那些上夜的在那里啼哭。

一时贾芸、林之孝都进来了,见是失盗。大家着急进内查点,老太太的房门大开,将灯一照,锁头拧折,进内一瞧,箱柜已开,便骂那些上夜女人道:"你们都是死人么!贼人进来你们不知道的么!"那些上夜的人啼哭着说道:"我们几个人轮更上夜,是管二三更的,我们都没有住脚前后走的。他们是四更五更,我们的下班儿。只听见他们喊起来,并不见一个人,赶着照看,不知什么时候把东西早已丢了。求爷们问管四五更的。"林之孝道:"你们个个要死,回来再说。咱们先到各处查去。"上夜的男人领着走到尤氏那边,门儿关紧,有几个接音说:"唬死我们了。"林之孝问道:"这里没有丢东西?"里头的人方开了门道:"这里没丢东西。"林之孝带着人走到惜春院内,只听得里面说道:"了不得了!唬死姑娘了,醒醒儿罢。"林之孝便叫人开门,问是怎样了。里头婆子开门说:"贼在这里打仗,把姑娘都唬坏了,亏得妙师父和彩屏才将姑娘救醒。东西是没失。"林之孝道:"贼人怎么打仗?"上夜的男人说:"幸亏包大爷上了房把贼打跑了去了,还听见打倒一个人呢。"包勇道:"在园门那里呢。"贾芸等走到那边,果见一人躺在地下死了。细细一瞧,好像周瑞的干儿子。众人见了诧异,派一个人看守着,又派两个人照看前后门,俱仍旧关锁着。

林之孝便叫人开了门,报了营官,立刻到来查勘。踏察贼迹是从后夹道上屋的,到了西院房上,见那瓦破碎不堪,一直过了后园去了。众上夜的齐声说道:"这不是贼,是强盗。"营官着急道:"并非明火执杖,怎算为盗。"上夜的道:"我们赶贼,他在房上掷瓦,我们不能上前,幸亏我们家的姓包的上房打退。赶到园里,还有好几个贼竟与姓包的打仗,打不过姓包的才都跑了。"营官道:"可又来,若是强盗,倒打不过你们的人么。不用说了,你们快查清了东西,递了失单,我们报就是了。"

贾芸等又到上屋,已见凤姐扶病过来,惜春也来。贾芸请了凤姐的安,问了惜春的好。大家查看失物,因鸳鸯已死,琥珀等又送灵去了,那些东西都是老太太的,并没见数,只用封锁,如今打从哪里查去。众人都说:"箱柜东西不少,如今一空,偷的时候不小,那些上夜的人管什么的!况且打死的贼是周瑞的干儿子,必是他们通同一气的。"凤姐听了,气的眼睛直瞪瞪的便说:"把那些上夜的女人都拴起来,交给营里审问。"众人叫苦连天,跪地哀求。不知怎生发放,并失去的物有无着落,下回分解。

第一百十二回　活冤孽妙尼遭大劫
死雠仇赵妾赴冥曹

话说凤姐命捆起上夜众女人送营审问,女人跪地哀求。林之孝同贾芸道:"你们求也无

益。老爷派我们看家,没有事是造化,如今有了事,上下都担不是,谁救得你。若说是周瑞的干儿子,连太太起,里里外外的都不干净。"凤姐喘吁吁的说道:"这都是命里所招,和他们说什么,带了他们去就是了。这丢的东西你告诉营里去说,实在是老太太的东西,问老爷们才知道。等我们报了去,请了老爷们回来,自然开了失单送来。文官衙门里我们也是这样报。"贾芸林之孝答应出去。

惜春一句话也没有,只是哭道:"这些事我从来没有听见过,为什么偏偏碰在咱们两个人身上!明儿老爷太太回来,叫我怎么见人!说把家里交给咱们,如今闹到这个分儿,还想活着么!"凤姐道:"咱们愿意吗! 现在有上夜的人在那里。"惜春道:"你还能说,况且你又病着。我是没有说的。这都是我大嫂子害了我的,他撺掇着太太派我看家的。如今我的脸搁在哪里呢!"说着,又痛哭起来。凤姐道:"姑娘,你快别这么想,若说没脸,大家一样的。你若这么糊涂想头,我更搁不住了。"二人正说着,只听见外头院子里有人大嚷的说道:"我说那三姑六婆是再要不得的,我们甄府里从来是一概不许上门的,不想这府里倒不讲究这个呢。昨儿老太太的殡才出去,那个什么庵里的尼姑死要到咱们这里来,我吆喝着不准他们进来,腰门上的老婆子倒骂我,死央及叫放那姑子进去。那腰门子一会儿开着,一会儿关着,不知做什么,我不放心没敢睡,听到四更这里就嚷起来。我来叫门倒不开了,我听见声儿紧了,打开了门,见西边院子里有人站着,我便赶走打死了。我今儿才知道,这是四姑奶奶的屋子。那个姑子就在里头,今儿天没亮溜出去了,可不是那姑子引进来的贼么。"平儿等听着,都说:"这是谁这么没规矩? 姑娘奶奶都在这里,敢在外头混嚷吗。"凤姐道:"你听见说'他甄府里',别就是甄家荐来的那个厌物罢。"惜春听得明白,更加心里过的不。凤姐接着问惜春道:"那个人混说什么姑子,你们那里弄了个姑子住下了?"惜春便将妙玉来瞧他留着下棋守夜的话说了。凤姐道:"是他么,他怎么肯这样,是再没有的话。但是叫这讨人嫌的东西嚷出来,老爷知道了也不好。"惜春愈想愈怕,站起来要走。凤姐虽说坐不住,又怕惜春害怕弄出事来,只得叫他先别走。"且看着人把偷剩下的东西收起来,再派了人看着才好走呢。"平儿道:"咱们不敢收,等衙门里来了踏看了才好收呢。咱们只好看着。但只不知老爷那里有人去了没有?"凤姐道:"你叫老婆子问去。"一回进来说:"林之孝是走不开,家下人要伺候查验的,再有的是说不清楚的,已经芸二爷去了。"凤姐点头,同惜春坐着发愁。

且说那伙贼原是何三等邀的,偷抢了好些金银财宝接运出去,见人追赶,知道都是那些不中用的人,要往西边屋内偷去,在窗外看见里面灯光底下两个美人:一个姑娘,一个姑子。那些贼哪顾性命,顿起不良,就要踹进来,因见包勇来赶,才获赃而逃。只不见了何三。大家且躲入窝家。到第二天打听动静,知是何三被他们打死,已经报了文武衙门。这里是躲不住的,便商量趁早规入海洋大盗一处,去若迟了,通缉文书一行,关津上就过不去了。内中一个人胆子极大,便说:"咱们走是走,我就只舍不得那个姑子,长的实在好看。不知是那个庵里的雏儿呢?"一个人道:"啊呀,我想起来了,必就是贾府园里的什么栊翠庵里的姑子。不是前年外头说他和他们家什么宝二爷有缘故,后来不知怎么又害起相思病来了,请大夫吃药的就是他。"那一个人听了,说:"咱们今日躲一天,叫咱们大哥借钱置办些买卖行头,明儿亮钟时候陆续出关。你们在关外二十里坡等我。"众贼议定,分赃俵散。不题。

且说贾政等送殡,到了寺内安厝毕,亲友散去。贾政在外厢房伴灵,邢、王二夫人等在内,一宿无非哭泣。到了第二日,重新上祭。正摆饭时,只见贾芸进来,在老太太灵前磕了个

头，忙忙的跑到贾政跟前跪下请了安，喘吁吁的将昨夜被盗，将老太太上房的东西都偷去，包勇赶贼打死了一个，已经呈报文武衙门的话说了一遍。贾政听了发怔。邢、王二夫人等在里头也听见了，都唬得魂不附体，并无一言，只有啼哭。贾政过了一会子问失单怎样开的，贾芸回道："家里的人都不知道，还没有开单。"贾政道："还好，咱们动过家的，若开出好的来反担罪名。快叫琏儿。"贾琏领着宝玉等去别处上祭未回，贾政叫人赶了回来。贾琏听了，急得直跳，一见芸儿，也不顾贾政在那里，便把贾芸狠狠的骂了一顿说："不配抬举的东西，我将这样重任托你，押着人上夜巡更，你是死人么！亏你还有脸来告诉！"说着，往贾芸脸上啐了几口。贾芸垂手站着，不敢回一言。贾政道："你骂他也无益了。"贾琏然后跪下说："这便怎么样？"贾政道："也没法儿，只有报官缉贼。但只有一件：老太太遗下的东西咱们都没动，你说要银子，我想老太太死得几天，谁忍得动他那一项银子。原打量完了事算了账还人家，再有的在这里和南边置坟产的，再有东西也没见数儿。如今说文武衙门要失单，若将几件好的东西上恐有碍，若说金银若干，衣饰若干，又没有实在数目，谎开使不得。倒可笑你如今竟换了一个人了，为什么这样料理不开！你跪在这里是怎么样呢！"贾琏也不敢答言，只得站起来就走。贾政又叫道："你哪里去？"贾琏又跪下道："赶回去料理清楚再来回。"贾政哼的一声，贾琏把头低下。贾政道："你进去回了你母亲，叫了老太太的一两个丫头去，叫他们细细的想了开单子。"贾琏心里明知老太太的东西都是鸳鸯经管，他死了问谁？就问珍珠，他们哪里记得清楚。只不敢驳回，连连的答应了，起来走到里头。邢、王夫人又埋怨了一顿，叫贾琏快回去，问他们这些看家的说"明儿怎么见我们！"贾琏也只得答应了出来，一面命人套车预备琥珀等进城，自己骑上骡子，跟了几个小厮，如飞的回去。贾芸也不敢再回贾政，斜签着身子慢慢的溜出来，骑上了马来赶贾琏。一路无话。

到回了家中，林之孝请了安，一直跟了进来。贾琏到了老太太上屋，见了凤姐、惜春在那里，心里又恨又说不出来，便问林之孝道："衙门里瞧了没有？"林之孝自知有罪，便跪下回道："文武衙门都瞧了，来踪去迹也看了，尸也验了。"贾琏吃惊道："又验什么尸？"林之孝又将包勇打死的伙贼似周瑞的干儿子的话回了贾琏。贾琏道："叫芸儿。"贾芸进来也跪着听话。贾琏道："你见老爷时怎么没有回周瑞的干儿子做了贼被包勇打死的话？"贾芸说道："上夜的人说像他的，恐怕不真，所以没有回。"贾琏道："好糊涂东西！你若告诉了我，就带了周瑞来一认可不就知道了。"林之孝回道："如今衙门里把尸首放在市口儿招认去了。"贾琏道："这又是个糊涂东西，谁家的人做了贼，被人打死，要偿命么！"林之孝回道："这不用人家认，奴才就认得是他。"贾琏听了想道："是啊，我记得珍大爷那一年要打的可不是周瑞家的么。"林之孝回说："他和鲍二打架来着，还见过的呢。"贾琏听了更生气，便要打上夜的人。林之孝哀告道："请二爷息怒，那些上夜的人，派了他们，还敢偷懒？只是爷府上的规矩，三门里一个男人不敢进去，就是奴才们，里头不叫，也不敢进去。奴才在外同芸哥儿刻刻查点，见三门关的严严的，外头的门一重没有开。那贼是从后夹道子来的。"贾琏道："里头上夜的女人呢。"林之孝将分更上夜奉奶奶的命捆着等爷审问的话回了。贾琏又问"包勇呢？"林之孝说："又往园里去了。"贾琏便说："去叫来。"小厮们便将包勇带来。说："还亏你在这里，若没有你，只怕所有房屋里的东西都抢了去了呢。"包勇也不言语。惜春恐他说出那话，心下着急。凤姐也不敢言语。只见外头说："琥珀姐姐等回来了。"大家见了，不免又哭一场。

贾琏叫人检点偷剩下的东西，只有些衣服尺头钱箱未动，余者都没有了。贾琏心里更加着急，想着"外头的棚杠银、厨房的钱都没有付给，明儿拿什么还呢！"便呆想了一会。只见琥珀等进去，哭了一会，见箱柜开着，所有的东西怎能记忆，便胡乱想猜，虚拟了一张失单，命人即送到文武衙门。贾琏复又派人上夜。凤姐、惜春各自回房。贾琏不敢在家安歇，也不及埋怨凤姐，竟自骑马赶出城外。这里凤姐又恐惜春短见，又打发了丰儿过去安慰。

天已二更。不言这里贼去关门，众人更加小心，谁敢睡觉。且说伙贼一心想着妙玉，知是孤庵女众，不难欺负。到了三更夜静，便拿了短兵器，带了些闷香，跳上高墙。远远瞧见栊翠庵内灯光犹亮，便潜身溜下，藏在房头僻处。等到四更，见里头只有一盏海灯，妙玉一人在蒲团上打坐。歇了一会，便唉声叹气的说道："我自元墓到京，原想传个名的，为这里请来，不能又栖

他处。昨儿好心去瞧四姑娘，反受了这蠢人的气，夜里又受了大惊。今日回来，那蒲团再坐不稳，只觉肉跳心惊。"因素常一个打坐的，今日又不肯叫人相伴。岂知到了五更，寒颤起来。正要叫人，只听见窗外一响，想起昨晚的事，更加害怕，不免叫人。岂知那些婆子都不答应。自己坐着，觉得一股香气透入闷门，便手足麻木，不能动弹，口里也说不出话来，心中更自着急。只见一个人拿着明晃晃的刀进来。此时妙玉心中却是明白，只不能动，想是要杀自己，索性横了心，倒也不怕。哪知那个人把刀插在背后，腾出手来将妙玉轻轻的抱起，轻薄了一会子，便拖起背在身上。此时妙玉心中只是如醉如痴。可怜一个极洁极净的女儿，被这强盗的闷香熏住，由着他拨弄了去了。

却说这贼背了妙玉来到园后墙边，搭了软梯，爬上墙跳出去了。外边早有伙计弄了车辆在园外等着，那人将妙玉放倒在车上，反打起官衔灯笼，叫开栅栏，急急行到城门，正是开门之时。门官只知是有公干出城的，也不及查诘。赶出城去，那伙贼加鞭赶到二十里坡和众强徒打了照面，各自分头奔南海而去。不知妙玉被劫或是甘受污辱，还是不屈而死，不知下落，也难妄拟。

只言栊翠庵一个跟妙玉的女尼，他本住在静室后面，睡到五更，听见前面有人声响，只道妙玉打坐不安。后来听见有男人脚步，门窗响动，欲要起来瞧看，只是身子发软懒怠开口，又不听见妙玉言语，只睁着两眼听着。到了天亮，终觉得心里清楚，披衣起来，叫了道婆预备妙玉茶水，他便往前面来看妙玉。岂知妙玉的踪迹全无，门窗大开。心里诧异，昨晚响动甚是疑心，说："这样早，他到哪里去了？"走出院门一看，有一个软梯靠墙立着，地下还有一把刀鞘，一条搭膊，便道："不好了，昨晚是贼烧了闷香了！"急叫人起来查看，庵门仍是紧闭。那些婆子女侍们都说："昨夜煤气熏着了，今早都起不起来，这么早叫我们做什么。"那女尼道："师父不知哪里去了。"众人道："在观音堂打坐呢。"女尼道："你们还做梦呢，你来瞧瞧。"众人不知，也都着忙，开了庵门，满园里都找到了，"想来或是到四姑娘那里去了。"

众人来叩腰门，又被包勇骂了一顿。众人说道："我们妙师父昨晚不知去向，所以来找。求你老人家叫开腰门，问一问来了没来就是了。"包勇道："你们师父引了贼来偷我们，已经偷到手了，他跟了贼去受用了。"众人道："阿弥陀佛，说这些话的防着下割舌地狱！"包勇生气道："胡说，你们再闹我就要打了。"众人赔笑央告道："求爷叫开门我们瞧瞧，若没有，再不敢惊动你太爷了。"包勇道："你不信你去找，若没有，回来问你们。"包勇说着叫开腰门，众人找到惜春那里。

惜春正是愁闷，悄着"妙玉清早去后不知听见我们姓包的话了没有，只怕又得罪了他，以后总不肯来。我的知己是没有了。况我现在实难见人。父母早死，嫂子嫌我，头里有老太太，到底还疼我些，如今也死了，留下我孤苦伶仃，如何了局！"想到："迎春姐姐磨折死了，史姐姐守着病人，三姐姐远去，这都是命里所招，不能自由。独有妙玉如闲云野鹤，无拘无束。我能学他，就造化不小了。但我是世家之女，怎能遂意。这回看家已大担不是，还有何颜在这里。又恐太太们不知我的心事，将来的后事如何呢？"想到其间，便要把自己的青丝铰去，要想出家。彩屏等听见，急忙来劝，岂知已将一半头发铰去。彩屏愈加着忙，说道："一事不了又出一事，这可怎么好呢！"正在吵闹，只见妙玉的道婆来找妙玉。彩屏问起来由，先唬了一跳，说是昨日一早去了没来。里面惜春听见，急忙问道："哪里去了？"道婆便将昨夜听见的响动，被煤气熏着，今早不见有妙玉，庵内软梯刀鞘的话说了一遍。惜春惊疑不定，想起昨日包勇的话来，必是那些强盗看见了他，昨晚抢去了也未可知。但是他素来孤洁的很，岂肯惜命？"怎么你们都没听见么？"众人道："怎么不听见！只是我们这些人都是睁着眼连一句话也说不出，必是那贼子烧了闷香。妙姑一人想也被贼闷住，不能言语；况且贼人必多，拿刀弄杖威逼着，他还敢声喊么？"正说着，包勇又在腰门那里嚷，说："里头快把这些混帐的婆子赶了出来罢，快关腰门！"彩屏听见恐担不是，只得叫婆子出去，叫人关了腰门。惜春于是更加苦楚，无奈彩屏等再三以礼相劝，仍旧将一半青丝笼起。大家商议不必声张，就是妙玉被抢也当作不知，且等老爷太太回来再说。惜春心里的死定下一个出家的念头，暂且不提。

且说贾琏回到铁槛寺，将到家中查点上夜的人，开了失单报去的话回了。贾政道："怎

样开的?"贾琏便将琥珀所记得的数目单子呈出,并说:"这上头元妃赐的东西已经注明。还有那人家不大有的东西不便开上,等侄儿脱了孝出去托人细细的缉访,少不得弄出来的。"贾政听了合意,就点头不言。贾琏进内见了邢、王二夫人,商量着"劝老爷早些回家才好呢,不然都是乱麻似的。"邢夫人道:"可不是,我们在这里也是惊心吊胆。"贾琏道:"这是我们不敢说的,还是太太的主意二老爷是依的。"邢夫人便与王夫人商议妥了。

过了一夜,贾政也不放心,打发宝玉进来说:"请太太们今日回家,过两三日再来。家人们已经派定了,里头请太太们派人罢。"邢夫人派了鹦哥等一干人伴灵,将周瑞家的等人派了总管,其余上下人等都回去。一时忙乱套车备马。贾政等在贾母灵前辞别,众人又哭了一场。

都起来正要走时,只见赵姨娘还爬在地下不起。周姨娘打量他还哭,便去拉他。岂知赵姨娘满嘴白沫,眼睛直竖,把舌头吐出,反把家人唬了一大跳。贾环过来乱嚷。赵姨娘醒来说道:"我是不回去的,跟着老太太回南京。"众人道:"老太太哪用你来!"赵姨娘道:"我跟了一辈子老太太,大老爷还不依,弄神弄鬼的来算计我。——我想仗着马道婆要出出我的气,银子白花了好些,也没有弄死了一个。如今我回去了,又不知谁来算计我。"众人听见,早知是鸳鸯附在他身上。邢、王二夫人都不言语瞅着。只有彩云等代他央告道:"鸳鸯姐姐,你死是自己愿意的,与赵姨娘什么相干,放了他罢。"见邢夫人在这里,也不敢说别的。赵姨娘道:"我不是鸳鸯,他早到仙界去了。我是阎王差人拿我去的,要问我为什么和马婆子用魔魔法的案件。"说着便叫"好琏二奶奶,你在这里老爷面前少顶一句儿罢,我有一千日的不好还有一天的好呢。好二奶奶,亲二奶奶,并不是我要害你,我一时糊涂,听了那个老娼妇的话。"正闹着,贾政打发人进来叫环儿。婆子们去回道:"赵姨娘中了邪了,三爷看着呢。"贾政道:"没有的事,我们先走了。"于是爷们等先回。这里赵姨娘还是混说,一时救不过来。邢夫人恐他又说出什么来,便说:"多派几个人在这里瞧着他,咱们先走,到了城里打发大夫出来瞧罢。"王夫人本嫌他,也打撒手儿。宝钗本是仁厚的人,虽想着他害宝玉的事,心里究竟过不去,背地里托了周姨娘在这里照应。周姨娘也是个好人,便应承了。李纨说道:"我也在这里罢。"王夫人道:"可以不必。"于是大家都要起身。贾环急忙道:"我也在这里吗?"王夫人啐道:"糊涂东西!你姨妈的死活都不知,你还要走吗!"贾环就不敢言语了。宝玉道:"好兄弟,你是走不得的。我进了城打发人来瞧你。"说毕,都上车回家。寺里只有赵姨娘、贾环、鹦哥等人。

贾政、邢夫人等先后到家,到了上房哭了一场。林之孝带了家下众人请了安,跪着。贾政喝道:"去罢!明日问你!"凤姐那日发晕了几次,竟不能出接,只有惜春见了,觉得满面羞惭。邢夫人也不理他,王夫人仍是照常,李纨、宝钗拉着手说了几句话。独有尤氏说道:"姑娘,你操心了,倒照应了好几天!"惜春一言不答,只紫涨了脸。宝钗将尤氏一拉,使了个眼色。尤氏等各自归房去了。贾政略略的看了一看,叹了口气,并不言语。到书房席地坐下,叫了贾琏、贾蓉、贾芸吩咐了几句话。宝玉要在书房来陪贾政,贾政道:"不必。"兰儿仍跟他母亲。一宿无话。

次日,林之孝一早进书房跪着,贾政将前后被盗的事问了一遍。并将周瑞供了出来,又说:"衙门拿住了鲍二,身边搜出了失单上的东西。现在夹讯,要在他身上要这一伙贼呢。"贾政听了大怒道:"家奴负恩,引贼偷窃家主,真是反了!"立刻叫人到城外将周瑞捆了,送到衙门审问。林之孝只管跪着不敢起来。贾政道:"你还跪着做什么?"林之孝道:"奴才该死,求老爷开恩。"正说着,赖大等一干办事家人上来请了安,呈上丧事账簿。贾政道:"交给琏二爷算明了来回。"吭喝着林之孝起来出去了。贾琏一腿跪着,在贾政身边说了一句话。贾政把眼一瞪道:"胡说,老太太的事,银两被贼偷去,就该罚奴才拿出来么!"贾琏红了脸不敢言语,站起来也不敢动。贾政道:"你媳妇怎么样?"贾琏又跪下说:"看来是不中用了。"贾政叹口气道:"我不料家运衰败一至如此!况且环哥儿他妈尚在庙中病着,也不知是什么症候,你们知道不知道?"贾琏也不敢言语。贾政道:"传出话去,叫人带了大夫瞧去。"贾琏即忙答应着出来,叫人带了大夫到铁槛寺去瞧赵姨娘。未知死活,下回分解。

第一百十三回　忏宿冤凤姐托村姬
释旧憾情婢感痴郎

话说赵姨娘在寺内得了暴病，见人少了，更加混说起来，唬得众人都恨，就有两个女人搀着。赵姨娘双膝跪在地下，说一回，哭一回，有时爬在地下叫饶，说："打杀我了！红胡子的老爷，我再不敢了。"有一时双手合着，也是叫疼。眼睛突出，嘴里鲜血直流，头发披散，人人害怕，不敢近前。那时又将天晚，赵姨娘的声音只管喑哑起来了，居然鬼嚎一般。无人敢在他跟前，只得叫了几个有胆量的男人进来坐着，赵姨娘一时死去，隔了些时又回过来，整整的闹了一夜。

到了第二天，也不言语，只装鬼脸，自己拿手撕开衣服，露出胸膛，好像有人剥他的样子。可怜赵姨娘虽说不出来，其痛苦之状实在难堪。正在危急，大夫来了，也不敢诊，只嘱咐"办理后事罢"，说了起身就走。那送大夫的家人再三央告说："请老爷看看脉，小的好回禀家主。"那大夫用手一摸，已无脉息。贾环听了，然后大哭起来。众人只顾贾环，谁料理赵姨娘。只有周姨娘心里苦楚，想到："做偏房侧室的下场头不过如此！况他还有儿子的，我将来死起来还不知怎样呢！"于是反哭的悲切。且说那人赶回家去回禀了。贾政即派家人去照例料理，陪着环儿住了三天，一同回来。

那人去了，这里一人传十，十人传百，都知道赵姨娘使了毒心害人被阴司里拷打死了。又说是"琏二奶奶只怕也好不了，怎么说琏二奶奶告的呢。"这些话传到平儿耳内，甚是着急，看着凤姐的样子实在是不能好的了，看着贾琏近日并不似先前的恩爱，本来事也多，竟像不与他相干的。平儿在凤姐跟前只管劝慰，又想着邢、王二夫人回家几日，只打发人来问问，并不亲身来看。凤姐心里更加悲苦。贾琏回来也没有一句贴心的话。凤姐此时只求速死，心里一想，邪魔悉至。只见尤二姐从房后走来，渐近床前说："姐姐，许久的不见了。做妹妹的想念的很，要见不能，如今好容易进来见见姐姐。姐姐的心机也用尽了，咱们的二爷糊涂，也不领姐姐的情，反倒怨姐姐做事过于苛刻，把他的前程去了，叫他如今见不得人。我替姐姐气不平。"凤姐恍惚说道："我如今也后悔我的心忒窄了，妹妹不念旧恶，还来瞧我。"平儿在旁听见，说道："奶奶说什么？"凤姐一时苏醒，想起尤二姐已死，必是他来索命。被平儿叫醒，心里害怕，又不肯说出，只得勉强说道："我神魂不定，想是说梦话。给我捶捶。"平儿上去捶着，见个小丫头子进来，说是"刘姥姥来了，婆子们带着来请奶奶的安。"平儿急忙下来说："在哪里呢？"小丫头子说："他不敢就进来，还听奶奶的示下。"平儿听了点头，想凤姐病里必是懒待见人，便说道："奶奶现在养神呢，暂且叫他等着。你问他来有什么事么？"小丫头子说道："他们问过了，没有事。说知道老太太去世了，因没有报才来迟了。"小丫头子说着，凤姐听见，便叫"平儿，你来，人家好心来瞧，不要冷淡人家。你去请了刘姥姥进来，我

和他说说话儿。"平儿只得出来请刘姥姥这里坐。

凤姐刚要合眼,又见一个男人一个女人走向炕前,就像要上炕似的。凤姐着忙,便叫平儿说:"那里来了一个男人跑到这里来了!"连叫两声,只见丰儿小红赶来说:"奶奶要什么?"凤姐睁眼一瞧,不见有人,心里明白,不肯说出来,便问丰儿道:"平儿这东西哪里去了?"丰儿道:"不是奶奶叫去请刘姥姥去了么。"凤姐定了一会神,也不言语。

只见平儿同刘姥姥带了一个小女孩儿进来,说:"我们姑奶奶在哪里?"平儿引到炕边,刘姥姥便说:"请姑奶奶安。"凤姐睁眼一看,不觉一阵伤心,说:"姥姥你好?怎么这时候才来?你瞧你外孙女儿也长的这么大了。"刘姥姥看着凤姐骨瘦如柴,神情恍惚,心里也就悲惨起来,说:"我的奶奶,怎么这几个月不见,就病到这个分儿。我糊涂的要死,怎么不早来请姑奶奶的安!"便叫青儿给姑奶奶请安。青儿只是笑,凤姐看了倒也十分喜欢,便叫小红招呼着。刘姥姥道:"我们屯乡里的人不会病的,若一病了就要求神许愿,从不知道吃药的。我想姑奶奶的病不要撞着什么了罢?"平儿听着那话不在理,便在背地里扯他。刘姥姥会意,便不言语。哪里知道这句话倒合了凤姐的意,扎挣着说:"姥姥你是有年纪的人,说的不错。你见过的赵姨娘也死了,你知道么?"刘姥姥诧异道:"阿弥陀佛!好端端一个人怎么就死了?我记得他也有一个小哥儿,这便怎么样呢?"平儿道:"这怕什么,他还有老爷太太呢。"刘姥姥道:"姑娘,你哪里知道,不好死了是亲生的,隔了肚皮子是不中用的。"这句话又招起凤姐的愁肠,呜呜咽咽的哭起来了。众人都来劝解。

巧姐儿听见他母亲悲哭,便走到炕前用手拉着凤姐的手,也哭起来。凤姐一面哭着道:"你见过了姥姥了没有?"巧姐儿道:"没有。"凤姐道:"你的名字还是他起的呢,就和干娘一样,你给他请个安。"巧姐儿便走到跟前,刘姥姥忙着拉着道:"阿弥陀佛,不要折杀我了!巧姑娘,我一年多不来,你还认得我么?"巧姐儿道:"怎么不认得。那年在园里见的时候我还小,前年你来,我还和你要隔年的蝈蝈儿,你也没有给我,必是忘了。"刘姥姥道:"好姑娘,我是老糊涂了。若说蝈蝈儿,我们屯里多得很,只是不到我们那里去,若去了,要一车也容易。"凤姐道:"不然你带了他去罢。"刘姥姥笑道:"姑娘这样千金贵体,绫罗裹大了的,吃的是好东西,到了我们那里,我拿什么哄他玩,拿什么给他吃呢?这倒不是坑杀我了么?"说着,自己还笑,他说:"那么着,我给姑娘做个媒罢。我们那里虽说是屯乡里,也有大财主人家,几千顷地,几百牲口,银子钱亦不少,只是不像这里有金的,有玉的。姑奶奶是瞧不起这种人家,我们庄家人瞧着这样大财主,也算是天上的人了。"凤姐道:"你说去,我愿意就给。"刘姥姥道:"这是玩话儿罢咧。放着姑奶奶这样,大官大府的人家只怕还不肯给,哪里肯给庄家人。就是姑奶奶肯了,上头太太们也不给。"巧姐因他这话不好听,便走了去和青儿说话。两个女孩儿倒说得上,渐渐的就熟起来了。

这里平儿恐刘姥姥话多,搅烦了凤姐,便拉了刘姥姥说:"你提起太太来,你还没有过去呢。我出去叫人带了你去见见,也不枉来这一趟。"刘姥姥便要走。凤姐道:"忙什么,你坐下,我问你近来的日子还过的么?"刘姥姥千恩万谢的说道:"我们若不仗着姑奶奶",说着,指着青儿说:"他的老子娘都要饿死了。如今虽说是庄家人苦,家里也挣了好几亩地,又打了一眼井,种些菜蔬瓜果,一年卖的钱也不少,尽够他们嚼吃的了。这两年姑奶奶还时常给些衣服布匹,在我们村里算过得的了。阿弥陀佛,前日他老子进城,听见姑奶奶这里动了家,我就几乎唬杀了。亏得又有人说不是这里,我才放心。后来又听见说这里老爷升了,我又喜欢,就要来道喜,为的是满地的庄家来不得。昨日又听说老太太没有了,我在地里打豆子,听见了这话,唬得连豆子都拿不起来了,就在地里狠狠的哭了一大场。我和女婿说,我也顾不得你们了,不管真话谎话,我是要进城瞧瞧去的。我女儿女婿也不是没良心的,听见了也哭了一回子,今儿天没亮就赶着我进城来了。我也不认得一个人,没有地方打听,一径来到后门,见是门神都糊了,我这一唬又不小。进了门找周嫂子,再找不着,撞见一个小姑娘,说周嫂子他得了不是了,撵了。我又等了好半天,遇见了熟人,才得进来。不打量姑奶奶也是那么病。"说着,又掉下泪来。平儿等着急,也不等他说完拉着就走,说:"你老人家说了半天,口干了,咱们喝碗茶去罢。"拉着刘姥姥到下房坐着,青儿在巧姐儿那边。刘姥姥道:"茶倒不

要。好姑娘,叫人带了我去请太太的安,哭哭老太太去罢。"平儿道:"你不用忙,今儿也赶不出城的了。方才我是怕你说话不防头招的我们奶奶哭,所以催你出来的。别思量。"刘姥姥道:"阿弥陀佛,姑娘是你多心,我知道。倒是奶奶的病怎么好呢?"平儿道:"你瞧去妨碍不妨碍?"刘姥姥道:"说是罪过,我瞧着不好。"

正说着,又听凤姐叫呢。平儿及到床前,凤姐又不言语了。平儿正问丰儿,贾琏进来,向炕上一瞧,也不言语,走到里间气哼哼的坐下。只有秋桐跟了进去,倒了茶,殷勤一回,不知喊喊喳喳的说些什么。回来贾琏叫平儿来问道:"奶奶不吃药么?"平儿道:"不吃药。怎么样呢。"贾琏道:"我知道么!你拿柜子上的钥匙来罢。"平儿见贾琏有气,又不敢问,只得出来凤姐耳边说了一声。凤姐不言语,平儿便将一个匣子搁在贾琏那里就走。贾琏道:"有鬼叫你吗!你搁着叫谁拿呢?"平儿忍气打开,取了钥匙开了柜子,便问道:"拿什么?"贾琏道:"咱们有什么吗?"平儿气得哭道:"有话明白说,人死了也愿意!"贾琏道:"还要说么!头里的事是你们闹的。如今老太太的还短了四五千银子,老爷叫我拿公中的地账弄银子,你说有么?外头拉的账不开发使得么?谁叫我应这个名儿!只好把老太太给我的东西折变去罢了。你不依么?"平儿听了,一句不言语,将柜里东西搬出。只见小红过来说:"平姐姐快走,奶奶不好呢。"平儿也顾不得贾琏,急忙过来,见凤姐用手空抓,平儿用手攥着哭叫。贾琏也过来一瞧,把脚一跺道:"若是这样,是要我的命了。"说着,掉下泪来。丰儿进来:"外头找二爷呢。"贾琏只得出去。

这里凤姐愈加不好,丰儿等不免哭起来。巧姐听见赶来。刘姥姥也急忙走到炕前,嘴里念佛,捣了些鬼,果然凤姐好些。一时王夫人听了丫头的信,也过来了,先见凤姐安静些,心下略放心,见了刘姥姥,便说:"刘姥姥,你好?什么时候来的?"刘姥姥便说:"请太太安。"不及细说,只言凤姐的病。讲究了半天,彩云进来说:"老爷请太太呢。"王夫人叮咛了平儿几句话,便过去了。凤姐闹了一回,此时又觉清楚些,见刘姥姥在这里,心里信他求神祷告,便把丰儿等支开,叫刘姥姥坐在头边,告诉他心神不宁如见鬼怪的样。刘姥姥便说我们屯里什么菩萨灵,什么庙有感应。凤姐道:"求你替我祷告,要用供献的银钱我有。"便在手腕上褪下一支金镯子来交给他。刘姥姥道:"姑奶奶,不用那个。我们村庄人家许了愿,好了,花上几百钱就是了,哪用这些。就是我替姑奶奶求去,也是许愿。等姑奶奶好了,要花什么自己去花罢。"凤姐明知刘姥姥一片好心,不好勉强,只得留下。说:"姥姥,我的命交给你了。我的巧姐儿也是千灾百病的,也交给你了。"刘姥姥顺口答应,便说:"这么着,我看天气尚早,还赶得出城去,我就去了。明儿姑奶奶好了,再请还愿去。"凤姐因被众冤魂缠绕害怕,巴不得他就去,便说:"你若肯替我用心,我能安稳睡一觉,我就感激你了。你外孙女儿叫他在这里住下罢。"刘姥姥道:"庄家孩子没有见过世面,没的在这里打嘴。我带他去的好。"凤姐道:"这就是多心了。既是咱们一家,这怕什么。虽说我们穷了,这一个人吃饭也不碍什么。"刘姥姥见凤姐真情,落得叫青儿住几天,又省了家里的嚼吃。只怕青儿不肯,不如叫他来问问,若是他肯,就留下。于是和青儿说了几句。青儿因与巧姐儿玩得熟了,巧姐又不愿他去,青儿又愿意在这里。刘姥姥便吩咐了几句,辞了平儿,忙忙的赶出城去。不题。

且说栊翠庵原是贾府的地址,因盖省亲园子,将那庵圈在这里,向来食用香火并不动贾府的钱粮。今日妙玉被劫,那女尼呈报到官,一则候官府缉盗的下落,二则是妙玉基业不便离散,依旧住下。不过回明了贾府。那时贾府的人虽都知道,只为贾政新丧,且又心事不宁,也不敢将这些没要紧的事回禀。只有惜春知道此事,日夜不安。渐渐传到宝玉耳边,说妙玉被贼劫去,又有的说妙玉凡心动了跟人而走。宝玉听得十分纳闷,想来必是被强徒抢去,这个人必不肯受,一定不屈而死。但是一无下落,心下甚不放心,每日长嘘短叹。还说:"这样一个人自称为'槛外人',怎么遭此结局!"又想到:"当日园中何等热闹,自从二姐姐出阁以来,死的死,嫁的嫁,我想他一尘不染是保得住的了,岂知风波顿起,比林妹妹死的更奇!"由是一而二,二而三,追思起来,想到《庄子》上的话,虚无缥缈,人生在世,难免风流云散,不禁的大哭起来。袭人等又道是他的疯病发作,百般的温柔解劝。宝钗初时不知何故,也用话箴规。怎奈宝玉抑郁不解,又觉精神恍惚。宝钗想不出道理,再三打听,方知妙玉被劫不知去

向，也是伤感，只为宝玉愁烦，便用正言解释。因提起"兰儿自送殡回来，虽不上学，闻得日夜攻苦。他是老太太的重孙，老太太素来望你成人，老爷为你日夜焦心，你为闲情痴意糟蹋自己，我们守着你如何是个结果！"说得宝玉无言可答，过了一回才说道："我哪管人家的闲事，只可叹咱们家的运气衰颓。"宝钗道："可又来，老爷太太原为是要你成人，接续祖宗遗绪。你只是执迷不悟，如何是好。"宝玉听来，话不投机，便靠在桌上睡去。宝钗也不理他，叫麝月等伺候着，自己却去睡了。

宝玉见屋里人少，想起："紫鹃到了这里，我从没和他说句知心的话儿，冷冷清清撂着他，我心里甚不过意。他呢，又比不得麝月秋纹，我可以安放得的。想起从前我病的时候，他在我这里伴了好些时，如今他的那一面小镜子还在我这里，他的情义却也不薄了。如今不知为什么，见我就是冷冷的。若说为我们这一个呢，他是和林妹妹最好的，我看他待紫鹃也不错。我有不在家的日子，紫鹃原与他说有讲的；到我来了，紫鹃便走开了。想来自然是为林妹妹死我便成了家的缘故。嗳，紫鹃，紫鹃，你这样一个聪明女孩儿，难道连我这点子苦处都看不出来么！"因又一想："今晚他们睡的睡，做活的做活，不如趁着这个空儿我找他去，看他有什么话。倘或我还有得罪之处，便赔个不是也使得。"想定主意，轻轻的走出了房门，来找紫鹃。

那紫鹃的下房也就在西厢里间。宝玉悄悄的走到窗下，只见里面尚有灯光，便用舌头舐破窗纸往里一瞧，见紫鹃独自挑灯，又不是做什么，呆呆的坐着。宝玉便轻轻的叫道："紫鹃姐姐还没有睡么？"紫鹃听了唬了一跳，怔怔的半日才说："是谁？"宝玉道："是我。"紫鹃听着，似乎是宝玉的声音，便问："是宝二爷么？"宝玉在外轻轻的答应了一声。紫鹃问道："你来做什么？"宝玉道："我有一句心里的话要和你说说，你开了门，我到你屋里坐坐。"紫鹃停了一会儿说道："二爷有什么话，天晚了，请回罢，明日再说罢。"宝玉听了，寒了半截。自己还要进去，恐紫鹃未必开门，欲要回去，这一肚子的隐情，越发被紫鹃这一句话勾起。无奈，说道："我也没有多余的话，只问你一句。"紫鹃道："既是一句，就请说。"宝玉半日反不言语。紫鹃在屋里不见宝玉言语，知他素有痴病，恐怕一时实在抢白了他，勾起他的旧病倒也不好了，因站起来细听了一听，又问道："是走了，还是傻站着呢？有什么又不说，尽着在这里怄人。已经怄死了一个，难道还要怄死一个么！这是何苦来呢！"说着，也从宝玉舐破之处往外一张，见宝玉在那里呆听。紫鹃不便再说，回身剪了剪烛花。忽听宝玉叹了一声道："紫鹃姐姐，你从来不是这样铁心石肠，怎么近来连一句好好儿的话都不和我说了？我固然是个浊物，不配你们理我；但只我有什么不是，只望姐姐说明了，哪怕姐姐一辈子不理我，我死了倒作个明白鬼呀！"紫鹃听了，冷笑道："二爷就是这个话呀，还有什么？若就是这个话呢，我们姑娘在时我也跟着听俗了！若是我们有什么不好处呢，我是太太派来的，二爷倒是回太太去，左右我们丫头们更算不得什么了。"说到这里，那声儿便哽咽起来，说着又擤鼻涕，宝玉在外知他伤心哭了，便急的跺脚道："这是怎么说，我的事情你在这里几个月还有什么不知道的。就便别人不肯替我告诉你，难道你还不叫我说，叫我憋死了不成！"说着，也呜咽起来了。

宝玉正在这里伤心，忽听背后一个人接言道："你叫谁替你说呢？谁是谁的什么？自己得罪了人自己央及呀，人家赏脸不赏在人家，何苦来拿我们这些没要紧的垫喘儿呢。"这一句话把里外两个人都吓了一跳。你道是谁，原来却是麝月。宝玉自觉脸上没趣。只见麝月又说道："到底是怎么着？一个赔不是，一个人又不理。你倒是快快的央及呀。嗳，我们紫鹃姐姐也就太狠心了，外头这么怪冷的，人家央及了这半天，总连个活动气儿也没有。"又向宝玉道："刚才二奶奶说了，多早晚了，打量你在哪里呢，你却一个人站在这房檐底下做什么！"紫鹃里面接着说道："这可是什么意思呢？早就请二爷进去，有话明日说罢。这是何苦来！"宝玉还要说话，因见麝月在那里，不好再说别的，只得一面同麝月走回，一面说道："罢了，罢了！我今生今世也难剖白这个心了！唯有老天知道罢了！"说到这里，那眼泪也不知从何处来的，滔滔不断了。麝月道："二爷，依我劝你死了心罢，白赔眼泪也可惜了儿的。"宝玉也不答言，遂进了屋子。只见宝钗睡了，宝玉也知宝钗装睡。却是袭人说了一句道："有什么话明日说不得，巴巴儿的跑那里去闹，闹出——"说到这里也就不肯说，迟了一迟才接着道："身上不

觉怎么样?"宝玉也不言语,只摇摇头儿,袭人一面才打发睡下。一夜无眠,自不必说。

这里紫鹃被宝玉一招,越发心里难受,直直的哭了一夜。思前想后,"宝玉的事,明知他病中不能明白,所以众人弄鬼弄神的办成了。后来宝玉明白了,旧病复发,常时哭想,并非忘情负义之徒。今日这种柔情,一发叫人难受,只可怜我们林姑娘真真是无福消受他。如此看来,人生缘分都有一定,在那未到时,大家都是痴心妄想。乃至无可如何,那糊涂的也就不理会了,那情深义重的也不过临风对月,洒泪悲啼。可怜那死的倒未必知道,这活的真真是苦恼伤心,无休无了。算来竟不如草木石头,无知无觉,倒也心中干净!"想到此处,倒把一片酸热之心一时冰冷了。才要收拾睡时,只听东院里吵嚷起来。未知何事,下回分解。

第一百十四回　王熙凤历幻返金陵
甄应嘉蒙恩还玉阙

却说宝玉宝钗听说凤姐病的危急,赶忙起来。丫头秉烛伺候。正要出院,只见王夫人那边打发人来说:"琏二奶奶不好了,还没有咽气,二爷二奶奶且慢些过去罢。琏二奶奶的病有些古怪,从三更天起到四更时候,琏二奶奶没有住嘴说些胡话,要船要轿的,说到金陵归入册子去。众人不懂,他只是哭哭喊喊的。琏二爷没有法儿,只得去糊弄了船轿,还没拿来,琏二奶奶喘着气等呢。叫我们过来说,等琏二奶奶去了再过去罢。"宝玉道:"这也奇,他到金陵做什么?"袭人轻轻的和宝玉说道:"你不是那年做梦,我还记得说有多少册子,不是琏二奶奶也到那里去么?"宝玉听了点头道:"是呀,可惜我都不记得那上头的话了。这么说起来,人都有个定数的了。但不知林妹妹又到哪里去了?我如今被你一说,我有些懂得了。若再做这个梦时,我得细细的瞧一瞧,便有未卜先知的分儿了。"袭人道:"你这样的人可是不可和你说话的,偶然提了一句,你便认起真来了?就算你能先知了,你有什么法儿!"宝玉道:"只怕不能先知,若是能了,我也犯不着为你们瞎操心了。"

两个正说着,宝钗走来问道:"你们说什么?"宝玉恐他盘诘,只说:"我们谈论凤姐姐。"宝钗道:"人要死了,你们还只管议论人。旧年你还说我咒人,那个签不是应了么?"宝玉又想了一想,拍手道:"是的,是的。这么说起来,你倒能先知了。我索性问问你,你知道我将来怎么样?"宝钗笑道:"这是又胡闹起来了。我是就他求的签上的话混解的,你就认了真了。你就和邢妹妹一样的了,你失了玉,他去求妙玉扶乩,批出来的众人不解,他还背地里和我说妙玉怎么前知,怎么参禅悟道。如今他遭此大难,他如何自己都不知道,这可是算得前知吗?就是我偶然说着了二奶奶的事情,其实知道他是怎么样了,只怕我连我自己也不知道呢。这样下落可不是虚诞的事,是信得的么!"宝玉道:"别提他了。你只说邢妹妹罢,自从我们这里连连的有事,把他这件事竟忘记了。你们家这么一件大事怎么就草草的完了,也没请亲唤友的。"宝钗道:"你这话又是迂了。我们家的亲戚只有咱们这里和王家最近。王家没了什么正经人了。咱们家遭了老太太的大事,所以也没请,就是琏二哥张罗了张罗。别的亲戚虽也有一两门子,你没过去,如何知道。算起来我们这二嫂子的命和我差不多,好好的许了我二哥哥,我妈妈原想要体体面面的给二哥哥娶这房亲事的。一则为我哥哥在监里,二哥哥也不肯大办;二则为咱家的事;三则为我二嫂子在大太太那边忒苦,又加着抄了家,大太太是苛刻一点的,他也实在难受:所以我和妈妈说了,便将将就就的娶了过去。我看二嫂子如今倒是安心乐意的孝敬我妈妈,比亲媳妇还强十倍呢。待二哥哥也是极尽妇道的,和香菱又甚好,二哥哥不在家,他两个和和气气的过日子。虽说是穷些,我妈妈近来倒安逸好些。就是想起我哥哥来不免悲伤。况且常打发人家里来要使用,多亏二哥哥在外头账头儿上讨来应付他的。我听见说城里有几处房子已经典去,还剩了一所在那里,打算着搬去住。"宝玉道:"为什么要搬?住在这里你来去也便宜些,若搬远了,你去就要一天了。"宝钗道:"虽说是亲戚,倒底

各自的稳便些。哪里有个一辈子住在亲戚家的呢。"

宝玉还要讲出不搬去的理，王夫人打发人来说："琏二奶奶咽了气了。所有的人多过去了，请二爷二奶奶就过去。"宝玉听了，也撑不住跺脚要哭。宝钗虽也悲戚，恐宝玉伤心，便说："有在这里哭的，不如到那边哭去。"

于是两人一直到凤姐那里。只见好些人围着哭呢。宝钗走到跟前，见凤姐已经停床，便大放悲声。宝玉也拉着贾琏的手大哭起来。贾琏也重新哭泣。平儿等因见无人劝解，只得含悲上来劝止了。众人都悲哀不止。贾琏此时手足无措，叫人传了赖大来，叫他办理丧事。自己回明了贾政去，然后行事。但是手头不济，诸事拮据，又想起凤姐素日来的好处，更加悲哭不已，又见巧姐哭的死去活来，越发伤心。哭到天明，即刻打发人去请他大舅子王仁过来。那王仁自从王子腾死后，王子胜又是无能的人，任他胡为，已闹的六亲不和。今知妹子死了，只得赶着过来哭了一场。见这里诸事将就，心下便不舒服，说："我妹妹在你家辛辛苦苦当了好几年家，也没有什么错处，你们家该认真的发送发送才是。怎么这时候诸事还没有齐备！"贾琏本与王仁不睦，见他说些混帐话，知他不懂的什么，也不大理他。王仁便叫了他外甥女儿巧姐儿过来说："你娘在时，本来办事不周到，只知道一味的奉承老太太，把我们的人都不大看在眼里。外甥女儿，你也大了，看见我曾经沾染过你们没有！如今你娘死了，诸事要听着舅舅的话。你母亲娘家的亲戚就是我和你二舅舅了。你父亲的为人我也早知道的了，只有重别人，那年什么尤姨娘死了，我虽不在京，听见人说花了好些银子。如今你娘死了，你父亲倒是这样的将就办事吗！你也不快些劝劝你父亲。"巧姐道："我父亲巴不得要好看，只是如今比不得从前了。现在手里没钱，所以诸事省些是有的。"王仁道："你的东西还少么！"巧姐儿道："旧年抄去，何尝还了呢。"王仁道："你也这样说。我听见老太太又给了好些东西，你该拿出来。"巧姐又不好说父亲用去，只推不知道。王仁便道："哦，我知道了，不过是你要留着做嫁妆罢咧。"巧姐听了，不敢回言，只气得哽噎难鸣的哭起来了。平儿生气说道："舅老爷有话，等我们二爷进来再说，姑娘这么点年纪，他懂的什么。"王仁道："你们是巴不得二奶奶死了，你们就好为王了。我并不要什么，好看些也是你们的脸面。"说着，赌气坐着。巧姐满怀的不舒服，心想："我父亲并不是没情，我妈妈在时舅舅不知拿了多少东西去，如今说得这样干净。"于是便不大瞧得起他舅舅了。岂知王仁心里想来，他妹妹不知攒积了多少，虽说抄了家，那屋里的银子还怕少吗。"必是怕我来缠他们，所以也帮着这么说，这小东西儿也是不中用的。"从此王仁也嫌了巧姐儿了。

贾琏并不知道，只忙着弄银钱使用。外头的大事叫赖大办了，里头也要用好些钱，一时实在不能张罗。平儿知他着急，便叫贾琏道："二爷也别过于伤了自己的身子。"贾琏道："什么身子，现在日用的钱都没有，这件事怎么办！偏有个糊涂行子又在这里蛮缠，你想有什么法儿！"平儿道："二爷也不用着急，若说没钱使唤，我还有些东西旧年幸亏没有抄去，在里头。二爷要就拿去当着使唤罢。"贾琏听了，心想难得这样，便笑道："这样更好，省得我各处张罗。等我银子弄到手了还你。"平儿道："我的也是奶奶给的，什么还不还，只要这件事办的好看

些就是了。"贾琏心里倒着实感激他，便将平儿的东西拿了去当钱使用，诸凡事情便与平儿商量。秋桐看着心里就有些不甘，每每口角里头便说："平儿没有了奶奶，他要上去了。我是老爷的人，他怎么就越过我去了呢。"平儿也看出来了，只不理他。倒是贾琏一时明白，越发把秋桐嫌了，一时有些烦恼便拿着秋桐出气。邢夫人知道，反说贾琏不好。贾琏忍气。不题。

再说凤姐停了十余天，送了殡。贾政守着老太太的孝，总在外书房。那时清客相公渐渐的都辞去了，只有个程日兴还在那里，时常陪着说说话儿。提起"家运不好，一连人口死了好些，大老爷和珍大爷又在外头，家计一天难似一天。外头东庄地亩也不知道怎么样，总不得了呀！"程日兴道："我在这里好些年，也知道府上的人哪一个不是肥己的。一年一年都往他家里拿，那自然府上是一年不够一年了。又添了大老爷珍大爷那边两处的费用，外头又有些债务，前儿又破了好些财，要想衙门里缉贼追赃是难事。老世翁若要安顿家事，除非传那些管事的来，派一个心腹的人各处去清查清查，该去的去，该留的留，有了亏空着在经手的身上赔补，这就有了数儿了。那一座大的园子人家是不敢买的。这里头的出息也不少，又不派人管了。那年老世翁不在家，这些人就弄神弄鬼儿的，闹的一个人不敢到园里。这都是家人的弊。此时把下人查一查，好的使着，不好的便撵了，这才是道理。"贾政点头道："先生你所不知，不必说下人，便是自己的侄儿也靠不住。若要我查起来，哪能一一亲见亲知。况我又在服中，不能照管这些了。我素来又兼不大理家，有的没的，我还摸不着呢。"程日兴道："老世翁最是仁德的人，若在别家的，这样的家计，就穷起来，十年五载还不怕，便向这些管家的要也就够了。我听见世翁的家人还有做知县的呢。"贾政道："一个人若要使起家人们的钱来，便了不得了，只好自己俭省些。但是册子上的产业，若是实有还好，生怕有名无实了。"程日兴道："老世翁所见极是。晚生为什么说要查查呢！"贾政道："先生必有所闻。"程日兴："我虽知道些那些管事的神通，晚生也不敢言语的。"贾政听了，便知话里有因，便叹道："我自祖父以来都是仁厚的，从没有刻薄过下人。我看如今这些人一日不似一日了。在我手里行出主子样儿来，又叫人笑话。"

两人正说着，门上的进来回道："江南甄老爷到来了。"贾政便问道："甄老爷进京为什么？"那人道："奴才也打听了，说是蒙圣恩起复了。"贾政道："不用说了，快请罢。"那人出去请了进来。那甄老爷即是甄宝玉之父，名叫甄应嘉，表字友忠，也是金陵人氏，功勋之后。原与贾府有亲，素来走动的。因前年挂误革了职，动了家产。今遇主上眷念功臣，赐还世职，行取来京陛见。知道贾母新丧，特备祭礼择日到寄灵的地方拜奠，所以先来拜望。贾政有服不能远接，在外书房门口等着。那位甄老爷一见，便悲喜交集，因在制中不便行礼，便拉着了手叙了些阔别思念的话，然后分宾主坐下，献了茶，彼此又将别后事情的话说了。贾政问道："老亲翁几时陛见的？"甄应嘉道："前日。"贾政道："主上隆恩，必有温谕。"甄应嘉道："主上的恩典真是比天还高，下了好些旨意。"贾政道："什么好旨意？"甄应嘉道："近来越寇猖獗，海疆一带小民不安，派了安国公征剿贼寇。主上因我熟悉土疆，命我前往安抚，但是即日就要起身。昨日知老太太仙逝，谨备瓣香至灵前拜奠，稍尽微忱。"贾政即忙叩首拜谢，便说："老亲翁即此一行，必是上慰圣心，下安黎庶，诚哉莫大之功，正在此行。但弟不克亲睹奇才，只好遥聆捷报。现在镇海统制是弟舍亲，会时务望青照。"甄应嘉道："老亲翁与统制是什么亲戚？"贾政道："弟那年在江西粮道任时，将小女许配与统制少君，结缡已经三载。因海口案内未清，继以海寇聚奸，所以音信不通。弟深念小女，俟老亲翁安抚事竣后，拜恩便中请为一视。弟即修数行烦尊纪带去，便感激不尽了。"甄应嘉道："儿女之情，人所不免，我正在有奉托老亲翁的事。日蒙圣恩召取来京，因小儿年幼，家下乏人，将贱眷全带来京。我因钦限迅速，昼夜先行，贱眷在后缓行，到京尚需时日。弟奉旨出京，不敢久留。将来贱眷到京，少不得要到尊府，定叫小犬叩见。如可进教，遇有姻事可图之处，望乞留意为感。"贾政一一答应。那甄应嘉又说了几句话，就要起身，说："明日在城外再见。"贾政见他事忙，谅难再坐，只得送出书房。

贾琏宝玉早已伺候在那里代送，因贾政未叫，不敢擅入。甄应嘉出来，两人上去请安。应嘉一见宝玉，呆了一呆，心想："这个怎么甚像我家宝玉？只是浑身缟素。"因问："至亲久

阔，爷们都不认得了。"贾政忙指贾琏道："这是家兄名赦之子琏二侄儿。"又指着宝玉道："这是第二小犬，名叫宝玉。"应嘉拍手道奇："我在家听见说老亲翁有个衔玉生的爱子，名叫宝玉。因与小儿同名，心中甚为罕异。后来想着这个也是常有的事，不在意了。岂知今日一见，不但面貌相同，且举止一般，这更奇了。"问起年纪，比这里的哥儿略小一岁。贾政便因提起承属包勇，问及令郎哥儿与小儿同名的话述了一遍。应嘉因属意宝玉，也不暇问及那包勇的得妥，只连连的称道："真真罕异！"因又拉了宝玉的手，极致殷勤。又恐安国公起身甚速，急须预备长行，勉强分手徐行。贾琏宝玉送出，一路又问了宝玉好些的话。及至登车去后，贾琏宝玉回来见了贾政，便将应嘉问的话回了一遍。

贾政命他二人散去。贾琏又去张罗算明凤姐丧事的账目。宝玉回到自己房中，告诉了宝钗，说是："常提的甄宝玉，我想一见不能，今日倒先见了他父亲。我还听得说宝玉也不日要到京了，要来拜望我老爷呢。又人人说和我一模一样的，我只不信。若是他后儿到了咱们这里来，你们都去瞧去，看他果然和我像不像。"宝钗听了道："嗳，你说话怎么越发不留神了，什么男人同你一样都说出来了，还叫我们瞧去吗！"宝玉听了，知是失言，脸上一红，连忙的还要解说。不知何话，下回分解。

第一百十五回　惑偏私惜春矢素志　证同类宝玉失相知

话说宝玉为自己失言被宝钗问住，想要掩饰过去，只见秋纹进来说："外头老爷叫二爷呢。"宝玉巴不得一声，便走了。去到贾政那里，贾政道："我叫你来不为别的，现在你穿着孝，不便到学里去，你在家里，必要将你念过的文章温习温习。我这几天倒也闲着，隔两三日要做几篇文章我瞧瞧，看你这些时进益了没有。"宝玉只得答应着。贾政又道："你环兄弟兰侄儿我也叫他们温习去了。倘若你作的文章不好，反倒不及他们，那可就不成事了。"宝玉不敢言语，答应了个"是"，站着不动。贾政道："去罢。"宝玉退了出来，正撞见赖大诸人拿着些册子进来。

宝玉一溜烟回到自己房中，宝钗问了知道叫他作文章，倒也喜欢，唯有宝玉不愿意，也不敢怠慢。正要坐下静静心，见有两个姑子进来，宝玉看是地藏庵的，来和宝钗说："请二奶奶安。"宝钗待理不理的说："你们好？"因叫人来："倒茶给师父们喝。"宝玉原要和那姑子说话，见宝钗似乎厌恶这些，也不好兜搭。那姑子知道宝钗是个冷人，也不久坐，辞了要去。宝钗道："再坐坐去罢。"那姑子道："我们因在铁槛寺做了功德，好些时没来请太太奶奶们的安，今日来了，见过了奶奶太太们，还要看四姑娘呢。"宝钗点头，由他去了。

那姑子便到惜春那里，见了彩屏，说："姑娘在哪里呢？"彩屏道："不用提了。姑娘这几天饭都没吃，只是歪着。"那姑子道："为什么？"彩屏道："说也话长。你见了姑娘只怕他便和你说了。"惜春早已听见，急忙坐起来说："你们两个人好啊？见我们家事差了，便不来了。"那姑子道："阿弥陀佛！有也是施主，没也是施主，别说我们是本家庵里的，受过老太太多少恩惠呢。如今老太太的事，太太奶奶们都见了，只没有见姑娘，心里惦记，今儿是特特的来瞧姑娘来的。"惜春便问起水月庵的姑子来，那姑子道："他们庵里闹了些事，如今门上也不肯常放进来了。"便问惜春道："前儿听见说栊翠庵的妙师父怎么跟了人去了？"惜春道："哪里的话！说这个话的人提防着割舌头。人家遭了强盗抢去，怎么还说这样的坏话。"那姑子道："妙师父的为人怪僻，只怕是假惺惺罢。在姑娘面前我们也不好说的。哪里像我们这些粗夯人，只知道讽经念佛，给人家忏悔，也为着自己修个善果。"惜春道："怎么样就是善果呢？"那姑子道："除了咱们家这样善德人家儿不怕，若是别人家，那些诰命夫人小姐也保不住一辈子的荣华。到了苦难来了，可就救不得了。只有个观世音菩萨大慈大悲，遇见人家有苦难的就

慈心发动,设法儿救济。为什么如今都说大慈大悲救苦救难的观世音菩萨呢。我们修了行的人,虽说比夫人小姐们苦多着呢,只是没有险难的了。虽不能成佛作祖,修修来世或者转个男身,自己也就好了。不像如今脱生了个女人胎子,什么委屈烦难都说不出来。姑娘你还不知道呢,要是人家姑娘们出了门子,这一辈子跟着人是更没法儿的。若说修行,也只要修得真。那妙师父自为才情比我们强,他就嫌我们这些人俗,岂知俗的才能得善缘呢。他如今到底是遭了大劫了。"惜春被那姑子一番话说得合在机上,也顾不得丫头们在这里,便将尤氏待他怎样,前儿看家的事说了一遍。并将头发指给他瞧道:"你打量我是什么没主意恋火坑的人么? 早有这样的心,只是想不出道儿来。"那姑子听了,假作惊慌道:"姑娘再别说这个话! 珍大奶奶听见还要骂杀我们,撵出庵去呢! 姑娘这样人品,这样人家,将来配个好姑爷,享一辈子的荣华富贵。"惜春不等说完,便红了脸说:"珍大奶奶撵得你,我就撵不得么?"那姑子知是真心,便索性激他一激,说道:"姑娘别怪我们说错了话,太太奶奶们哪里就依得姑娘的性子呢? 那时闹出没意思来倒不好。我们倒是为姑娘的话。"惜春道:"这也瞧罢咧。"彩屏等听这话头不好,便使个眼色儿给姑子叫他去。那姑子会意,本来心里也害怕,不敢挑逗,便告辞出去。惜春也不留他,便冷笑道:"打量天下就是你们一个地藏庵么!"那姑子也不敢答言去了。

彩屏见事不妥,恐担不是,悄悄的去告诉了尤氏说:"四姑娘铰头发的念头还没有息呢。他这几天不是病,竟是怨命。奶奶提防些,别闹出事来,那会子归罪我们身上。"尤氏道:"他哪里是为要出家,他为的是大爷不在家,安心和我过不去,也只好由他罢了。"彩屏等没法,也只好常常劝解。岂知惜春一天一天的不吃饭,只想铰头发。彩屏等吃不住,只得到各处告诉。邢、王二夫人等也都劝了好几次,怎奈惜春执迷不解。

邢、王二夫人正要告诉贾政,只听外头传进来说:"甄家的太太带了他们家的宝玉来了。"众人急忙接出,便在王夫人处坐下。众人行礼,叙些寒温,不必细述。只言王夫人提起甄宝玉与自己的宝玉无二,要请甄宝玉进来一见。传话出去,回来说道:"甄少爷在外书房同老爷说话,说的投了机了,打发人来请我们二爷三爷,还叫兰哥儿,在外头吃饭。吃了饭进来。"说毕,里头也便摆饭。不题。

且说贾政见甄宝玉相貌果与宝玉一样,试探他的文才,竟应对如流,甚是心敬,故叫宝玉等三人出来警励他们。再者到底叫宝玉来比一比。宝玉听命,穿了素服,带了兄弟侄儿出来,见了甄宝玉,竟是旧相识一般。那甄宝玉也像哪里见过的,两人行了礼,然后贾环贾兰相见。本来贾政席地而坐,要让甄宝玉在椅子上坐。甄宝玉因是晚辈,不敢上坐,就在地下铺了褥子坐下。如今宝玉等出来,又不能同贾政一处坐着,为甄宝玉又是晚一辈,又不好叫宝玉等站着。贾政知是不便,站着又说了几句话,叫人摆饭,说:"我失陪,叫小儿辈陪着,大家说说话儿,好叫他们领领大教。"甄宝玉逊谢道:"老伯大人请便。侄儿正欲领听世兄们的教呢。"贾政回复了几句,便自往内书房去。那甄宝玉反要送出来,贾政拦住。宝玉等先抢了一步出了书房门槛,站立着看贾政进去,然后进来让甄宝玉坐下。彼此套叙了一回,诸如久慕竭想的话,也不必细述。

且说贾宝玉见了甄宝玉,想到梦中之景,并且素知甄宝玉为人必是和他同心,以为得了知己。因初次见面,不便造次。且又贾环贾兰在座,只有极力夸赞说:"久仰芳名,无由亲炙。今日见面,真是谪仙一流的人物。"那甄宝玉素来也知贾宝玉的为人,今日一见,果然不差,"只是可与我共学,不可与你适道,他既和我同名同貌,也是三生石上的旧精魂了。既我略知了些道理,怎么不和他讲讲。但是初见,尚不知他的心与我同不同,只好缓缓的来。"便道:"世兄的才名,弟所素知的,在世兄是数万人的里头选出来最清最雅的,在弟是庸庸碌碌一等愚人,忝附同名,殊觉玷辱了这两个字。"贾宝玉听了,心想:"这个人果然同我的心一样的。但是你我都是男人,不比那女孩儿们清洁,怎么他拿我当作女孩儿看待起来?"便道:"世兄谬赞,实不敢当。弟是至浊至愚,只不过一块顽石耳,何敢比世兄品望高清,实称此两字。"甄宝玉道:"弟少时不知分量,自谓尚可琢磨。岂知家遭消索,数年来更比瓦砾犹贱,虽不敢说历尽甘苦,然世道人情略略的领悟了好些。世兄是锦衣玉食,无不遂心的,必是文章经济高

出人上,所以老伯钟爱,将为席上之珍。弟所以才说尊名方称。"贾宝玉听这话头又近了禄蠹的旧套,想话回答。贾环见未与他说话,心中早不自在。倒是贾兰听了这话甚觉合意,便说道:"世叔所言固是太谦,若论到文章经济,实在从历练中出来的,方为真才实学。在小侄年幼,虽不知文章为何物,然将读过的细味起来,那膏粱文绣比着令闻广誉,真是不啻百倍的了。"甄宝玉未及答言,贾宝玉听了兰儿的话心里越发不合,想道:"这孩子从几时也学了这一派酸论。"便说道:"弟闻得世兄也诋尽流俗,性情中另有一番见解。今日弟幸会芝范,想欲领教一番超凡入圣的道理,从此可以净洗俗肠,重开眼界,不意视弟为蠢物,所以将世路的话来酬应。"甄宝玉听说,心里晓得"他知我少年的性情,所以疑我为假。我索性把话说明,或者与我作个知心朋友也是好的。"便说道:"世兄高论,固是真切。但弟少时也曾深恶那些旧套陈言,只是一年长似一年,家君致仕在家,懒于酬应,委弟接待。后来见过那些大人先生尽都是显亲扬名的人,便是著书立说,无非言忠言孝,自有一番立德立言的事业,方不枉生在圣明之时,也不致负了父亲师长养育教诲之恩,所以把少时那一派迂想痴情渐渐的淘汰了些。如今尚欲访师觅友,教导愚蒙,幸会世兄,定当有以教我。适才所言,并非虚意。"贾宝玉愈听愈不耐烦,又不好冷淡,只得将言语支吾。幸喜里头传出话来说:"若是外头爷们吃了饭,请甄少爷里头去坐呢。"宝玉听了,趁势便邀甄宝玉进去。

那甄宝玉依命前行,贾宝玉等陪着来见王夫人。贾宝玉见是甄太太上坐,便先请过了安,贾环贾兰也见了。甄宝玉也请了王夫人的安。两母两子互相厮认。虽是贾宝玉是娶过亲的,那甄夫人年纪已老,又是老亲,因见贾宝玉的相貌身材与他儿子一般,不禁亲热起来。王夫人更不用说,拉着甄宝玉问长问短,觉得比自己家的宝玉老成些。回看贾兰,也是清秀超群的,虽不能像两个宝玉的形象,也还随得上。只有贾环粗夯,未免有偏爱之色。众人一见两个宝玉在这里,都来瞧看,说道:"真真奇事,名字同了也罢,怎么相貌身材都是一样的。亏得是我们宝玉穿孝,若是一样的衣服穿着,一时也认不出来。"内中紫鹃一时痴意发作,便想起黛玉来,心里说道:"可惜林姑娘死了,若不死时,就将那甄宝玉配了他,只怕也是愿意的。"正想着,只听得甄夫人道:"前日听得我们老爷回来说,我们宝玉年纪也大了,求这里老爷留心一门亲事。"王夫人正爱甄宝玉,顺口便说道:"我也想要与令郎作伐。我家有四个姑娘,那三个都不用说,死的死、嫁的嫁了,还有我们珍大侄儿的妹子,只是年纪过小几岁,恐怕难配。倒是我们大媳妇的两个堂妹子生得人才齐整,二姑娘呢,已经许了人家,三姑娘正好与令郎为配。过一天我给令郎作媒,但是他家的家计如今差些。"甄夫人道:"太太这话又客套了。如今我们家还有什么,只怕人家嫌我们穷罢了。"王夫人道:"现今府上复又出了差,将来不但复旧,必是比先前更要鼎盛起来。"甄夫人笑着道:"但愿依着太太的话更好。这么着就求太太作个保山。"甄宝玉听他们说起亲事,便告辞出来。贾宝玉等只得陪着来到书房,见贾政已在那里,复又立谈几句。听见甄家的人来回甄宝玉道:"太太要走了,请爷回去罢。"于是甄宝玉告辞出来。贾政命宝玉环兰相送。不题。

且说宝玉自那日见了甄宝玉之父,知道甄宝玉来京,朝夕盼望。今儿见面原想得一知己,岂知谈了半天,竟有些冰炭不投。闷闷的回到自己房中,也不言,也不笑,只管发怔。宝钗便问:"那甄宝玉果然像你么?"宝玉道:"相貌倒还是一样的。只是言谈间看起来并不知道什么,不过也是个禄蠹。"宝钗道:"你又编派人家了。怎么就见得也是个禄蠹呢?"宝玉道:"他说了半天,并没个明心见性之谈,不过说些什么文章经济,又说什么为忠为孝,这样人可不是个禄蠹么!只可惜他也生了这样一个相貌。我想来,有了他,我竟要连我这个相貌都不要了。"宝钗见他又发呆话,便说道:"你真真说出句话来叫人发笑,这相貌怎么能不要呢。况且人家这话是正理,做了一个男人原该要立身扬名的,谁像你一味的柔情私意。不说自己没有刚烈,倒说人家是禄蠹。"宝玉本听了甄宝玉的话甚不耐烦,又被宝钗抢白了一场,心中更加不乐,闷闷昏昏,不觉将旧病又勾起来了,并不言语,只是傻笑。宝钗不知,只道"我的话错了,他所以冷笑",也不理他。岂知那日便有些发呆,袭人等怄他也不言语。过了一夜,次日起来只是发呆,竟有前番病的样子。

一日,王夫人因为惜春定要铰发出家,尤氏不能拦阻,看着惜春的样子是若不依他必要

自尽的,虽然昼夜着人看着,终非常事,便告诉了贾政。贾政叹气跺脚,只说:"东府里不知干了什么,闹到如此地位。"叫了贾蓉来说了一顿,叫他去和他母亲说,认真劝解劝解。"若是必要这样,就不是我们家的姑娘了。"岂知尤氏不劝还好,一劝了更要寻死,说:"做了女孩儿终不能在家一辈子的,若像二姐姐一样,老爷太太们倒要烦心,况且死了。如今譬如我死了似的,放我出了家,干干净净的一辈子,就是疼我了。况且我又不出门,就是栊翠庵,原是咱们家的基址,我就在那里修行。我有什么,你们也照应得着。现在妙玉的当家的在那里。你们依我呢,我就算得了命了;若不依我呢,我也没法,只有死就完了。我如若遂了自己的心愿,那时哥哥回来我和他说,并不是你们逼着我的。若说我死了,未免哥哥回来倒说你们不容我。"尤氏本与惜春不合,听他的话也似乎有理,只得来回王夫人。

王夫人已到宝钗那里,见宝玉神魂失所,心下着忙,便说袭人道:"你们忒不留神,二爷犯了病也不来回我。"袭人道:"二爷的病原来是常有的,一时好,一时不好。天天到太太那里仍旧请安去,原是好好儿的,今儿才发糊涂些。二奶奶正要来回太太,恐防太太说我们大惊小怪。"宝玉听见王夫人说他们,心里一时明白,恐他们受委屈,便说道:"太太放心,我没什么病,只是心里觉着有些闷闷的。"王夫人道:"你是有这病根子,早说了好请大夫瞧瞧,吃两剂药好了不好!若再闹到头里丢了玉的时候似的,就费事了。"宝玉道:"太太不放心便叫个人来瞧瞧,我就吃药。"王夫人便叫丫头传话出来请大夫。这一个心思都在宝玉身上,便将惜春的事忘了。迟了一回,大夫看了,服药。王夫人回去。

过了几天,宝玉更糊涂了,甚至于饭食不进,大家着急起来。恰又忙着脱孝,家中无人,又叫了贾芸来照应大夫。贾琏手下无人,请了王仁来在外帮着料理。那巧姐儿是日夜哭母,也是病了。所以荣府中又闹得马仰人翻。

一日又当脱孝来家,王夫人亲身又看宝玉,见宝玉人事不醒,急得众人手足无措。一面哭着,一面告诉贾政说:"大夫回了,不肯下药,只好预备后事。"贾政叹气连连,只得亲自看视,见其光景果然不好,便又叫贾琏办去。贾琏不敢违拗,只得叫人料理。手头又短,正在为难,只见一个人跑进来说:"二爷,不好了,又有饥荒来了。"贾琏不知何事,这一唬非同小可,瞪着眼说道:"什么事?"那小厮道:"门上来了一个和尚,手里拿着二爷的这块丢的玉,说要一万赏银。"贾琏照脸啐道:"我打量什么事,这样慌张。前番那假的你不知道么!就是真的,现在人要死了,要这玉做什么!"小厮道:"奴才也说了,那和尚说给他银子就好了。"又听着外头嚷进来说:"这和尚撒野,各自跑进来了,众人拦他拦不住。"贾琏道:"哪里有这样怪事,你们还不快打出去呢。"正闹着,贾政听见了,也没了主意了。里头又哭出来说:"宝二爷不好了!"贾政益发着急。只见那和尚嚷道:"要命拿银子来!"贾政忽然想起,头里宝玉的病是和尚治好的,这会子和尚来,或者有救星。但是这玉倘或是真,他要起银子来怎么样呢?想了一想,姑且不管他,果真人好了再说。

贾政叫人去请,那和尚已进来了,也不施礼,也不答话,便往里就跑。贾琏拉着道:"里头都是内眷,你这野东西混跑什么!"那和尚道:"迟了就不能救了。"贾琏急得一面走一面乱嚷道:"里头的人不要哭了,和尚进来了。"王夫人等只顾着哭,哪里理会。贾琏走近来又嚷,王夫人等回过头来,见一个长大的和尚,唬了一跳,躲避不及。那和尚直走到宝玉炕前,宝钗避

过一边，袭人见王夫人站着，不敢走开。只见那和尚道："施主们，我是送玉来的。"说着，把那块玉擎着道："快把银子拿出来，我好救他。"王夫人等惊惶无措，也不择真假，便说道："若是救活了人，银子是有的。"那和尚笑道："拿来。"王夫人道："你放心，横竖折变的出来。"和尚哈哈大笑，手拿着玉在宝玉耳边叫道："宝玉，宝玉，你的宝玉回来了。"说了这一句，王夫人等见宝玉把眼一睁。袭人说道："好了。"只见宝玉便问道："在哪里呢?"那和尚把玉递给他手里。宝玉先前紧紧的攥着，后来慢慢的得过手来，放在自己眼前细细的一看说："哎呀，久违了!"里外众人都喜欢的念佛，连宝钗也顾不得和尚了，贾琏也走过来一看。果见宝玉回过来了，心里一喜，急忙躲出去了。

那和尚也不言语，赶来拉着贾琏就跑。贾琏只得跟着到了前头，赶着告诉贾政。贾政听了喜欢，即找和尚施礼叩谢。和尚还了礼坐下。贾琏心下狐疑："必是要了银子才走。"贾政细看那和尚，又非前次见的，便问："宝刹何方? 法师大号? 这玉是哪里得的? 怎么小儿一见便会活过来呢?"那和尚微微笑道："我也不知道，只要拿一万银子来就完了。"贾政见这和尚粗鲁，也不敢得罪，便说："有。"和尚道："有便快拿来罢，我要走了。"贾政道："略请少坐，待我进内瞧瞧。"和尚道："你去快出来才好。"

贾政果然进去，也不及告诉便走到宝玉炕前。宝玉见是父亲来，欲要爬起，因身子虚弱起不来。王夫人按着说道："不要动。"宝玉笑着拿这玉给贾政瞧道："宝玉来了。"贾政略略一看，知道此事有些根源，也不细看，便和王夫人道："宝玉好过来了。这赏银怎么样?"王夫人道："尽着我所有的折变了给他就是了。"宝玉道："只怕这和尚不是要银子的罢。"贾政点头道："我也看来古怪，但是他口口声声的要银子。"王夫人道："老爷出去先款留着他再说。"贾政出来，宝玉便嚷饿了，喝了一碗粥，还说要饭。婆子们果然取了饭来，王夫人还不敢给他吃。宝玉说："不妨的，我已经好了。"便爬着吃了一碗，渐渐的神气果然好过来了，便要坐起来。麝月上去轻轻的扶起，因心里喜欢，忘了情说道："真是宝贝，才看见了一会儿就好了。亏的当初没有砸破。"宝玉听了这话，神色一变，把玉一撂，身子往后一仰。未知死活，下回分解。

<h1>第一百十六回　得通灵幻境悟仙缘
送慈柩故乡全孝道</h1>

话说宝玉一听麝月的话，身往后仰，复又死去，急得王夫人等哭叫不止。麝月自知失言致祸，此时王夫人等也不及说他。那麝月一面哭着，一面打定主意，心想："若是宝玉一死，我便自尽跟了他去!"不言麝月心里的事。且言王夫人等见叫不回来，赶着叫人出来找和尚救治。岂知贾政进出去时，那和尚已不见了。贾政正在诧异，听见里头又闹，急忙进来。见宝玉又是先前的样子，口关紧闭，脉息全无。用手在心窝中一摸，尚是温热。贾政只得急忙请医灌药救治。

哪知那宝玉的魂魄早已出了窍了。你道死了不成? 却原来恍恍惚惚赶到前厅，见那送玉的和尚坐着，便施了礼。哪知和尚站起身来，拉着宝玉就走。宝玉跟了和尚，觉得身轻如叶，飘飘摇摇，也没出大门，不知从哪里走了出来。行了一程，到了个荒野地方，远远的望见一座牌楼，好像曾到过的。正要问那和尚时，只见恍恍惚惚来了一个女人。宝玉心里想道："这样旷野地方，哪得有如此的丽人，必是神仙下界了。"宝玉想着，走近前来细细一看，竟有些认得的，只是一时想不起来。见那女人和和尚打了一个照面就不见了。宝玉一想，竟是尤三姐的样子，越发纳闷："怎么他也在这里?"又要问时，那和尚拉着宝玉过了那牌楼，只见牌上写着"真如福地"四个大字，两边一幅对联，乃是:

假去真来真胜假，无原有是有非无。

转过牌坊，便是一座宫门。门上横书四个大字道："福善祸淫"。又有一副对子，大书云：

过去未来，莫谓智贤能打破；

前因后果，须知亲近不相逢。

宝玉看了，心下想道："原来如此。我倒要问问因果来去的事了。"这么一想，只见鸳鸯站在那里招手儿叫他。宝玉想道："我走了半日，原不曾出园子，怎么改了样子了呢？"赶着要和鸳鸯说话，岂知一转眼便不见了，心里不免疑惑起来。走到鸳鸯站的地方儿，乃是一溜配殿，各处都有匾额。宝玉无心去看，只向鸳鸯立的所在奔去。见那一间配殿的门半掩半开，宝玉也不敢造次进去，心里正要问那和尚一声，回过头来，和尚早已不见了。宝玉恍惚，见那殿宇巍峨，绝非大观园景象。便立住脚，抬头看那匾额上写道："引觉情痴"。两边写的对联道：

喜笑悲哀都是假，贪求思慕总因痴。

宝玉看了，便点头叹息。想要进去找鸳鸯问他是什么所在，细细想来甚是熟识，便仗着胆子推门进去。满屋一瞧，并不见鸳鸯，里头只是黑漆漆的，心下害怕。正要退出，见有十数个大橱，橱门半掩。

宝玉忽然想起："我少时做梦曾到过这个地方。如今能够亲身到此，也是大幸。"恍惚间，把找鸳鸯的念头忘了。便壮着胆把上首的大橱开了橱门一瞧，见有好几本册子，心里更觉喜欢，想道："大凡人做梦，说是假的，岂知有这梦便有这事。我常想还要做这个梦再不能的，不料今儿被我找着了。但不知那册子是那个见过的不是？"伸手在上头取了一本，册上写着"金陵十二钗正册"。宝玉拿着一想道："我恍惚记得是那个，只恨记不得清楚。"便打开头一页看去，见上头有画，但是画迹模糊，再瞧不出来。后面有几行字迹也不清楚，尚可摹拟，便细细的看去，见有什么"玉带"，上头有个好像"林"字，心里想道："不要是说林妹妹罢？"便认真看去，底下又有"金簪雪里"四字，诧异道"怎么又像他的名字呢。"复将前后四句合起来一念道："也没有什么道理，只是暗藏着他两个名字，并不为奇。独那'怜'字'叹'字不好。这是怎么解？"想到那里，又自啐道："我是偷着看，若只管呆想起来，倘有人来，又看不成了。"遂往后去，也无暇细玩那图画，只从头看去。看到尾儿有几句词，什么"相逢大梦归"一句，便恍然大悟道："是了，果然机关不爽，这必是元春姐姐了。若都是这样明白，我要抄了去细玩起来，那些姐妹们的寿夭穷通没有不知的了。我回去自不肯泄漏，只做一个未卜先知的人，也省了多少闲想。"又向各处一瞧，并没有笔砚，又恐人来，只得忙着看去。只见图上影影有一个放风筝的人儿，也无心去看。急急的将那十二首诗词都看遍了。也有一看便知的，也有一想便得的，也有不大明白的，心下牢牢记着。一面叹息，一面又取那《金陵又副册》一看，看到"堪羡优伶有福，谁知公子无缘"，先前不懂，见上面尚有花席的影子，便大惊痛哭起来。

待要往后再看，听见有人说道："你又发呆了！林妹妹请你呢。"好似鸳鸯的声气，回头却不见人。心中正自惊疑，忽鸳鸯在门外招手。宝玉一见，喜得赶出来。但见鸳鸯在前影影绰绰的走，只是赶不上。宝玉叫道："好姐姐，等等我。"那鸳鸯并不理，只顾前走。宝玉无奈，尽力赶去，忽见别有一洞天，楼阁高耸，殿角玲珑，且有好些宫女隐约其间。宝玉贪看景致，竟将鸳鸯忘了。宝玉顺步走入一座宫门，内有奇花异卉，都也认不明白。唯有白石花阑围着一颗青草，叶头上略有红色，但不知是何名草，这样矜贵。只见微风动处，那青草只摇摆不休，虽说是一枝小草，又无花朵，其妩媚之态，不禁心动神怡，魂消魄丧。宝玉只管呆呆的看着，只听见旁边有一人说道："你是哪里来的蠢物，在此窥探仙草！"宝玉听了，吃了一惊，回头看时，却是一位仙女，便施礼道："我找鸳鸯姐姐，误入仙境，恕我冒昧之罪。请问神仙姐姐，这里是何地方？怎么我鸳鸯姐姐到此还说是林妹妹叫我？望乞明示。"那人道："谁知你的姐姐妹妹，我是看管仙草的，不许凡人在此逗留。"宝玉欲待要出来，又舍不得，只得央告道："神仙姐姐既是那管理仙草的，必然是花神姐姐了。但不知这草有何好处？"那仙女道："你要知道这草，说起来话长着呢。那草本在灵河岸上，名曰绛珠草。因那时萎败，幸得一个神瑛侍者日以甘露灌溉，得以长生。后来降凡历劫，还报了灌溉之恩，今返归真境。所以警幻仙子命我看管，不令蜂缠蝶恋。"宝玉听了不解，一心疑定必是遇见了花神了，今日断不可当面错过，

便问:"管这草的是神仙姐姐了。还有无数名花必有专管的,我也不敢烦问,只有看管芙蓉花的是哪位神仙?"那仙女道:"我却不知,除是我主人方晓。"宝玉便问道:"姐姐的主人是谁?"那仙女道:"我主人是潇湘妃子。"宝玉听道:"是了,你不知道这位妃子就是我的表妹林黛玉。"那仙女道:"胡说。此地乃上界神女之所,虽号为潇湘妃子,并不是娥皇女英之辈,何得与凡人有亲。你少来混说,瞧着叫力士打你出去。"

宝玉听了发怔,只觉自形秽浊,正要退出,又听见有人赶来说道:"里面叫请神瑛侍者。"那人道:"我奉命等了好些时,总不见有神瑛侍者过来,你叫我哪里请去。"那一个笑道:"才退去的不是么?"那侍女慌忙赶出来说:"请神瑛侍者回来。"宝玉只道是问别人,又怕有人追赶,只得踉跄而逃。正走时,只见一人手提宝剑迎面拦住说:"哪里走!"唬得宝玉惊慌无措,仗着胆抬头一看,却不是别人,就是尤三姐。宝玉见了,略定些神,央告道:"姐姐怎么你也来逼起我来了。"那人道:"你们弟兄没有一个好人,败人名节,破人婚姻。今儿你到这里,是不饶你的了!"宝玉听去话头不好,正自着急,只听后面有人叫道:"姐姐快快拦住,不要放他走了。"尤三姐道:"我奉妃子之命等候已久,今儿见了,必定要一剑斩断你的尘缘。"宝玉听了益发着忙,又不懂这些话到底是什么意思,只得回头要跑。岂知身后说话的并非别人,却是晴雯。宝玉一见,悲喜交集,便说:"我一个人走迷了道儿,遇见仇人,我要逃回,却不见你们一人跟着我。如今好了,晴雯姐姐,快快的带我回家去罢。"晴雯道:"侍者不必多疑,我非晴雯,我是奉妃子之命特来请你一会,并不难为你。"宝玉满腹狐疑,只得问道:"姐姐说是妃子叫我,那妃子究是何人?"晴雯道:"此时不必问,到了那里自然知道。"宝玉没法,只得跟着走。细看那人背后举动恰是晴雯,那面目声音是不错的了,"怎么他说不是? 我此时心里模糊。且别管他,到了那边见了妃子,就有不是,那时再求他,到底女人的心肠是慈悲的,必是想我冒失。"

正想着,不多时到了一个所在。只见殿宇精致,彩色辉煌,庭中一丛翠竹,户外数本苍松。廊檐下立着几个侍女,都是宫妆打扮,见了宝玉进来,便悄悄的说道:"这就是神瑛侍者么?"引着宝玉的说道:"就是。你快进去通报罢。"有一侍女笑着招手,宝玉便跟着进去。过了几层房舍,见一正房,珠帘高挂。那侍女说:"站着候旨。"宝玉听了,也不敢则声,只得在外等着。那侍女进去不多时,出来说:"请侍者参见。"又有一人卷起珠帘。只见一女子,头戴花冠,身穿绣服,端坐在内。宝玉略一抬头,见是黛玉的形容,便不禁的说道:"妹妹在这里! 叫我好想。"那帘外的侍女悄咤道:"这侍者无礼,快快出去。"说犹未了,又见一个侍儿将珠帘放下。宝玉此时欲待进去又不敢,要走又不舍,待要问明,见那些侍女并不认得,又被驱逐,无奈出来。心想要问晴雯,回头四顾,并不见有晴雯。心下狐疑,只得快快出来,又无人引着,正欲找原路而去,却又找不出旧路了。

正在为难,见凤姐站在一所房檐下招手。宝玉看见喜欢道:"可好了,原来回到自己家里了。我怎么一时迷乱如此。"急奔前来说:"姐姐在这里么,我被这些人捉弄到这个分儿。林妹妹又不肯见我,不知何缘故。"说着,走到凤姐站的地方,细看起来并不是凤姐,原来却是贾蓉的前妻秦氏。宝玉只得立住脚要问"凤姐姐在哪里",那秦氏也不答言,竟自往屋里去了。宝玉恍恍惚惚的又不敢跟进去,只得呆呆的站着,叹道:"我今儿得了什么不是,众人都不理我。"便痛哭起来。见有几个黄巾力士执鞭赶来,说是"何处男人敢闯入我们这天仙福地来,快走出去!"宝玉听得,不敢言语。正要寻路出来,远远望见一群女子说笑前来。宝玉看时,

又像有迎春等一干人走来,心里喜欢,叫道:"我迷住在这里,你们快来救我!"正嚷着,后面力士赶来。宝玉急得往前乱跑,忽见那一群女子都变作鬼怪形象,也来追扑。

宝玉正在情急,只见那送玉来的和尚手里拿着一面镜子一照,说道:"我奉元妃娘娘旨意,特来救你。"登时鬼怪全无,仍是一片荒郊。宝玉拉着和尚说道:"我记得是你领我到这里,你一时又不见了。看见了好些亲人,只是都不理我,忽又变作鬼怪,到底是梦是真,望老师明白指示。"那和尚道:"你到这里曾偷看什么东西没有?"宝玉一想道:"他既能带我到天仙福地,自然也是神仙了,如何瞒得他。况且正要问个明白。"便道:"我倒见了好些册子来着。"那和尚道:"可又来,你见了册子还不解么!世上的情缘都是那些魔障。只要把历过的事情细细记着,将来我与你说明。"说着,把宝玉狠命的一推,说:"回去罢!"宝玉站不住脚,一跤跌倒,口里嚷道:"阿哟!"

王夫人等正在哭泣,听见宝玉苏来,连忙叫唤。宝玉睁眼看时,仍躺在炕上,见王夫人宝钗等哭的眼泡红肿。定神一想,心里说道:"是了,我是死去过来的。"遂把神魂所历的事呆呆的细想,幸喜多多还记得,便哈哈的笑道:"是了,是了。"王夫人只道旧病复发,便好延医调治,即命丫头婆子快去告诉贾政,说是"宝玉回过来了,头里原是心迷住了,如今说出话来,不用备办后事了。"贾政听了,即忙进来看视,果见宝玉苏来,便道:"没的痴儿你要唬死谁么!"说着,眼泪也不知不觉流下来了。又叹了几口气,仍出去叫人请医生诊脉服药。这里麝月正思自尽,见宝玉一过来,也放了心。只见王夫人叫人端了桂圆汤叫他喝了几口,渐渐的定了神。王夫人等放心,也没有说麝月,只叫人仍把那玉交给宝钗给他带上,"想起那和尚来,这玉不知哪里找来的,也是古怪。怎么一时要银一时又不见了,莫非是神仙不成?"宝玉道:"说起那和尚来的踪迹去的影响,那玉并不是找来的。头里丢的时候,必是那和尚取去的。"王夫人道:"玉在家里怎么能取的了去?"宝钗道:"既可送来,就可取去。"袭人麝月道:"那年丢了玉,林大爷测了个字,后来二奶奶过了门,我还告诉过二奶奶,说测的那字是什么'赏'字。二奶奶还记得么?"宝钗想道:"是了。你们说测的是当铺里找去,如今才明白了,竟是个和尚的'尚'字在上头,可不是和尚取了去的么。"王夫人道:"那和尚本来古怪。那年宝玉病的时候,那和尚说是我们家有宝贝可解,说的就是这块玉了。他既知道,自然这块玉到底有些来历。况且你女婿养下来就嘴里含着的。古往今来,你们听见过这么第二个么。只是不知终久这块玉到底是怎么着,就连咱们这一个还不知是怎么着。病也是这块玉,好也是这块玉,生也是这块玉——"说到这里忽然住了,不免又流下泪来。宝玉听了,心里却也明白,更想死去的事愈加有因,只不言语,心里细细的记忆。那时惜春便说道:"那年失玉,还请妙玉请过仙,说是'青埂峰下倚古松',还有什么'入我门来一笑逢'的话,想起来'入我门'三字大有讲究。佛教的法门最大,只怕二哥不能入得去。"宝玉听了,又冷笑几声。宝钗听了,不觉的把眉头儿肐揪着发起怔来。尤氏道:"偏你一说又是佛门了。你出家的念头还没有歇么?"惜春笑道:"不瞒嫂子说,我早已断了荤了。"王夫人道:"好孩子,阿弥陀佛,这个念头是起不得的。"惜春听了,也不言语。宝玉想"青灯古佛前"的诗句,不禁连叹几声。忽又想起一床席一枝花的诗句来,拿眼睛看着袭人,不觉又流下泪来。众人都见他忽笑忽悲,也不解是何意,只道是他的旧病。岂知宝玉触处机来,竟能把偷看册上诗句俱牢牢记住了,只是不说出来,心中早有一个成见在那里了。暂且不题。

且说众人见宝玉死去复生,神气清爽,又加连日服药,一天好似一天,渐渐的复原起来。便是贾政见宝玉已好,现在丁忧无事,想起贾赦不知几时遇赦,老太太的灵柩久停寺内,终不放心,欲要扶柩回南安葬,便叫了贾琏来商议。贾琏便道:"老爷想得极是,如今趁着丁忧干了一件大事更好。将来老爷起了服,生恐又不能遂意了。但是我父亲不在家,侄儿呢又不敢僭越。老爷的主意很好,只是这件事也得好几千银子。衙门里缉赃那是再缉不出来的。"贾政道:"我的主意是定了,只为大爷不在家,叫你来商议商议怎么个办法。你是不能出门的。现在这里没有人,我为是好几口材都要带回去的,一个怎么样的照应呢,想起把蓉哥儿带了去。况且有他媳妇的棺材也在里头。还有你林妹妹的,那是老太太的遗言说跟着老太太一块儿回去的。我想这一项银子只好在那里挪借几千,也就够了。"贾琏道:"如今的人情过于

淡薄。老爷呢，又丁忧；我们老爷呢，又在外头，一时借是借不出来的了。只好拿房地文书出去押去。"贾政道："住的房子是官盖的，哪里动得。"贾琏道："住房是不能动的。外头还有几所可以出脱的，等老爷起复后再赎也使得。将来我父亲回来了，倘能也再起用，也好赎的。只是老爷这么大年纪，辛苦这一场，侄儿们心里实不安。"贾政道："老太太的事，是应该的。只要你在家谨慎些，把持定了才好。"贾琏道："老爷这倒只管放心，侄儿虽糊涂，断不敢不认真办理。况且老爷回南少不得多带些人去，所留下的人也有限了，这点子费用还可以过的来。就是老爷路上短少些，必经过赖尚荣的地方，可也叫他出点力儿。"贾政道："自己的老人家的事，叫人家帮什么。"贾琏答应了"是"，便退出来打算银钱。

贾政便告诉了王夫人，叫他管了家，自己便择了发引长行的日子，就要起身。宝玉此时身体复元，贾环贾兰倒认真念书，贾政都交付给贾琏，叫他管教，"今年是大比的年头。环儿是有服的，不能入场；兰儿是孙子，服满了也可以考的；务必叫宝玉同着侄儿考去。能够中一个举人，也好赎一赎咱们的罪名。"贾琏等唯唯应命。贾政又吩咐了在家的人，说了好些话，才别了宗祠，便在城外念了几天经，就发引下船，带了林之孝等而去。也没有惊动亲友，唯有自家男女送了一程回来。

宝玉因贾政命他赴考，王夫人便不时催逼查考起他的功课来。那宝钗袭人时常劝勉，自不必说。哪知宝玉病后虽精神日长，他的念头一发更奇僻了，竟换了一种。不但厌弃功名仕进，竟把那儿女情缘也看淡了好些。只是众人不大理会，宝玉也并不说出来。一日，恰遇紫鹃送了林黛玉的灵柩回来，闷坐自己屋里啼哭，想道："宝玉无情，见他林妹妹的灵柩回去并不伤心落泪，见我这样痛哭也不来劝慰，反瞅着我笑。这样负心的人，从前都是花言巧语来哄着我们！前夜亏我想得开，不然几乎又上了他的当。只是一件叫人不解，如今我看他待袭人等也是冷冷儿的。二奶奶是本来不喜欢亲热的，麝月那些人就不抱怨他么？我想女孩子们多半是痴心的，白操了那些时的心，看将来怎样结局！"正想着，只见五儿走来瞧他，见紫鹃满面泪痕，便说："姐姐又想林姑娘了？想一个人闻名不如眼见，头里听着宝二爷女孩子跟前是最好的，我母亲再三的把我弄进来。岂知我进来了，尽心竭力的服侍了几次病，如今病好了，连一句好话也没有剩出来，如今索性连眼儿也都不瞧了。"紫鹃听他说的好笑，便噗嗤的一笑，啐道："呸，你这小蹄子，你心里要宝玉怎么个样儿待你才好？女孩儿家也不害臊，连名公正气的屋里人瞧着他还没事人一大堆呢，有工夫理你去！"因又笑着拿个指头往脸上抹着问道："你到底算宝玉的什么人哪？"那五儿听了，自知失言，便飞红了脸。待要解说不是要宝玉怎么看待，说他近来不怜下的话，只听院门外乱嚷说："外头和尚又来了，要那一万银子呢。太太着急，叫琏二爷和他讲去，偏偏琏二爷又不在家。那和尚在外头说些疯话，太太叫请二奶奶过去商量。"不知怎样打发那和尚，下回分解。

第一百十七回　阻超凡佳人双护玉　欣聚党恶子独承家

话说王夫人打发人来叫宝钗过去商量，宝玉听见说是和尚在外头，赶忙的独自一人走到前头，嘴里乱嚷道："我的师父在哪里？"叫了半天，并不见有和尚，只得走到外面。见李贵将和尚拦住，不放他进来。宝玉便说道："太太叫我请师父进去。"李贵听了松了手，那和尚便摇摇摆摆的进去。宝玉看见那僧的形状与他死去时所见的一般，心里早有些明白了，便上前施礼，连叫："师父，弟子迎候来迟。"那僧说："我不要你们接待，只要银子，拿了来我就走。"宝玉听来又不像有道行的话，看他满头癞疮，混身腌臢破烂，心里想道："自古说'真人不露相，露相不真人'，也不可当面错过，我且应他谢银，并探探他的口气。"便说道："师父不必性急，现在家母料理，请师父坐下略等片刻。弟子请问，师父可是从'太虚幻境'而来？"那和尚

道:"什么幻境,不过是来处来去处去罢了!我是送还你的玉来的。我且问你,那玉是从哪里来的?"宝玉一时对答不来。那僧笑道:"你自己的来路还不知,便来问我!"宝玉本来颖悟,又经点化,早把红尘看破,只是自己的底里未知;一闻那僧问起玉来,好像当头一棒,便说道:"你也不用银子了,我把那玉还你罢。"那僧笑道:"也该还我了。"

宝玉也不答言,往里就跑,走到自己院内,见宝钗袭人等都到王夫人那里去了,忙向自己床边取了那玉便走出来。迎面碰见了袭人,撞了一个满怀,把袭人唬了一跳,说道:"太太说,你陪着和尚坐着很好,太太在那里打算送他些银两。你又回来做什么?"宝玉道:"你快去回太太,说不用张罗银两了,我把这玉还了他就是了。"袭人听说,即忙拉住宝玉道:"这断使不得的!那玉就是你的命,若是他拿了去,你又要病着了。"宝玉道:"如今不再病的了,我已经有了心了,要那玉何用!"摔脱袭人,便要想走。袭人急得赶着嚷道:"你回来,我告诉你一句话。"宝玉回过头来道:"没有什么说的了。"袭人顾不得什么,一面赶着跑,一面嚷道:"上回丢了玉,几乎没有把我的命要了!刚刚儿的有了,你拿了去,你也活不成,我也活不成了!你要还他,除非是叫我死了!"说着,赶上一把拉住。宝玉急了道:"你死也要还,你不死也要还!"狠命的把袭人一推,抽身要走。怎奈袭人两只手绕着宝玉的带子不放松,哭喊着坐在地下。里面的丫头听见连忙赶来,瞧见他两个人的神情不好,只听见袭人哭道:"快告诉太太去,宝二爷要把那玉去还和尚呢!"丫头忙忙飞报王夫人。那宝玉更加生气,用手来掰开了袭人的手,幸亏袭人忍痛不放。紫鹃在屋里听见宝玉要把玉给人,这一急比别人更甚,把素日冷淡宝玉的主意都忘在九霄云外了,连忙跑出来帮着抱住宝玉。那宝玉虽是个男人,用力摔打,怎奈两个人死命的抱住不放,也难脱身,叹口气道:"为一块玉这样死命的不放,若是我一个人走了,又待怎么样呢?"袭人紫鹃听到那里,不禁嚎啕大哭起来。

正在难分难解,王夫人宝钗急忙赶来,见是这样形景,便哭着喝道:"宝玉,你又疯了吗!"宝玉见王夫人来了,明知不能脱身,只得赔笑说道:"这当什么,又叫太太着急。他们总是这样大惊小怪的,我说那和尚不近人情,他必要一万银子,少一个不能。我生气进来拿这玉还他,就说是假的,要这玉干什么。他见得我们不稀罕那玉,便随意给他就过去了。"王夫人道:"我打量真要还他,这也罢了。为什么不告诉明白了他们,叫他们哭哭喊喊的像什么。"宝钗道:"这么说呢倒还使得。要是真拿那玉给他,那和尚有些古怪,倘或一给了他,又闹到家口不宁,岂不是不成事了么?至于银钱呢,就把我的头面折变了,也还够了呢。"王夫人听了道:"也罢了,且就这么办罢。"宝玉也不回答。只见宝钗走上来在宝玉手里拿了这玉,说道:"你也不用出去,我和太太给他钱就是了。"宝玉道:"玉不还他也使得,只是我还得当面见他一见才好。"袭人等仍不肯放手,到底宝钗明决,说:"放了手由他去就是了。"袭人只得放手。宝玉笑道:"你们这些人原来重玉不重人哪。你们既放了我,我便跟着他走了,看你们就守着那块玉怎么样!"袭人心里又着急起来,仍要拉他,只碍着王夫人和宝钗的面前,又不好太露轻薄。恰好宝玉一撒手就走了。袭人忙叫小丫头在三门口传了焙茗等,"告诉外头照应着二爷,他有些疯了。"小丫头答应了出去。

王夫人宝钗等进来坐下,问起袭人来由,袭人便将宝玉的话细细说了。王夫人宝钗甚是

不放心,又叫人出去吩咐众人伺候,听着和尚说些什么。回来小丫头传话进来回王夫人道:"二爷真有些疯了。外头小厮们说,里头不给他玉,他也没法,如今身子出来了,求着那和尚带了他去。"王夫人听了说道:"这还了得!那和尚说什么来着?"小丫头回道:"和尚说要玉不要人。"宝钗道:"不要银子了么?"小丫头道:"没听见说,后来和尚和二爷两个人说着笑着,有好些话外头小厮们都不大懂。"王夫人道:"糊涂东西,听不出来,学是自然学得来的。"便叫小丫头:"你把那小厮叫进来。"小丫头连忙出去叫进那小厮,站在廊下,隔着窗户请安。王夫人便问道:"和尚和二爷的话你们不懂,难道学也学不来吗?"那小厮回道:"我们只听见说什么'大荒山',什么'青埂峰',又说什么'太虚境','斩断尘缘'这些话。"王夫人听了也不懂。宝钗听了,唬得两眼直瞪,半句话都没有了。

正要叫人出去拉宝玉进来,只见宝玉笑嘻嘻的进来说:"好了,好了。"宝钗仍是发怔。王夫人道:"你疯疯癫癫的说的是什么?"宝玉道:"正经话又说我疯癫。那和尚与我原认得的,他不过也是要来见我一见。他何尝是真要银子呢,也只当化个善缘就是了。所以说明了他自己就飘然而去。这可不是好了么!"王夫人不信,又隔着窗户问那小厮。那小厮连忙出去问了门上的人,进来回说:"果然和尚走了。说请太太们放心,我原不要银子,只要宝二爷时常到他那里去去就是了。诸事只要随缘,自有一定的道理。"王夫人道:"原来是个好和尚,你们曾问住在哪里?"门上道:"奴才也问来着,他说我们二爷是知道的。"王夫人问宝玉道:"他到底住在哪里?"宝玉笑道:"这个地方说远就远,说近就近。"宝钗不待说完,便道:"你醒醒儿罢,别尽着迷在里头。现在老爷太太就疼你一个人,老爷还吩咐叫你干功名长进呢。"宝玉道:"我说的不是功名么!你们不知道,'一子出家,七祖升天'呢。"王夫人听到那里,不觉伤心起来,说:"我们的家运怎么好,一个四丫头口口声声要出家,如今又添出一个来了。我这样个日子叫他做什么!"说着,大哭起来。宝钗见王夫人伤心,只得上前苦劝。宝玉笑道:"我说了这一句玩话,太太又认起真来了。"王夫人止住哭声道:"这些话也是混说的么!"

正闹着,只见丫头来回话:"琏二爷回来了,颜色大变,说请太太回去说话。"王夫人又吃了一惊,说道:"将就些,叫他进来罢,小婶子也是旧亲,不用回避了。"贾琏进来,见了王夫人请了安。宝钗迎着也问了贾琏的安。回说道:"刚才接了我父亲的书信,说病重的很,叫我就去,若迟了恐怕不能见面。"说到那里,眼泪便掉下来了。王夫人道:"书上写的是什么病?"贾琏道:"写的是感冒风寒起来的,如今成了痨病了。现在危急,专差一个人连日连夜赶来的,说如若再耽搁一两天就不能见面了。故来回太太,侄儿必得就去才好。只是家里没人照管。蔷儿芸儿虽说糊涂,到底是个男人,外头有了事来还可传个话。侄儿家里倒没有什么事,秋桐是天天哭着喊着不愿意在这里,侄儿叫了他娘家的人来领了去了,倒省了平儿好些气。虽是巧姐没人照应,还亏平儿的心不很坏。姐儿心里也明白,只是性气比他娘还刚硬些,求太太时常管教管教他。"说着眼圈儿一红,连忙把腰里拴槟榔荷包的小绢子拉下来擦眼。王夫人道:"放着他亲祖母在那里,托我做什么。"贾琏轻轻的说道:"太太要说这个话,侄儿就该活活儿的打死了。没什么说的,总求太太始终疼侄儿就是了。"说着,就跪下来了。王夫人也眼圈儿红了,说:"你快起来,娘儿们说话儿,这是怎么说。只是一件,孩子也大了,倘或你父亲有个一差二错又耽搁住了,或者有个门当户对的来说亲,还是等你回来,还是你太太做主?"贾琏道:"现在太太们在家,自然是太太们做主,不必等我。"王夫人道:"你要去,就写了禀帖给二老爷送个信,说家下无人,你父亲不知怎样,快请二老爷将老太太的大事早早的完结,快快回来。"贾琏答应了"是",正要走出去,复转回来回道:"咱们家的家下人家里还够使唤,只是园里没人太空了。包勇又跟了他们老爷去了。姨太太住的房子,薛二爷已搬到自己的房子内住了。园里一带屋子都空着,忒没照应,还得太太叫人常查看查看。那栊翠庵原是咱们家的地基,如今妙玉不知哪里去了,所有的根基他的当家女尼不敢自己做主,要求府里一个人管理管理。"王夫人道:"自己的事还闹不清,还搁得住外头的事么。这句话好歹别叫四丫头知道,若是他知道了,又要吵着出家的念头出来。你想咱们家什么样的人家,好好的姑娘出了家,还了得!"贾琏道:"太太不提起侄儿也不敢说,四妹妹到底是东府里的,又没有父母,他亲哥哥又在外头,他亲嫂子又不大说的上话。侄儿听见要寻死觅活了

好几次。他既是心里这么着的了，若是牛着他，将来倘或认真寻了死，比出家更不好了。"王夫人听了点头道："这件事真真叫我也难担。我也做不得主，由他大嫂子去就是了。"

贾琏又说了几句才出来，叫了众家人来交代清楚，写了书，收拾了行装，平儿等不免叮咛了好些话。只有巧姐儿惨伤的了不得，贾琏又欲托王仁照应，巧姐到底不愿意；听见外头托了芸蔷二人，心里更不受用，嘴里却说不出来，只得送了他父亲，谨谨慎慎的随着平儿过日子。丰儿小红因凤姐去世，告假的告假，告病的告病，平儿意欲接了家中一个姑娘来，一则给巧姐作伴，二则可以带量他。遍想无人，只有喜鸾四姐儿是贾母旧日钟爱的，偏偏四姐儿新近出了嫁了，喜鸾也有了人家儿，不日就要出阁，也只得罢了。

且说贾芸贾蔷送了贾琏，便进来见了邢、王二夫人。他两个倒替着在外书房住下，日间便与家人厮闹，有时找了几个朋友吃个车箍辘会，甚至聚赌，里头哪里知道。一日邢大舅王仁来，瞧见了贾芸贾蔷住在这里，知他热闹，也就借着照看的名儿时常在外书房设局赌钱喝酒。所有几个正经的家人，贾政带了几个去，贾琏又跟去了几个，只有那赖林诸家的儿子侄儿。那些少年托着老子娘的福吃喝惯了的，哪知当家立计的道理。况且他们长辈都不在家，便是没笼头的马了，又有两个旁主人怂恿，无不乐为。这一闹，把个荣国府闹得没上没下，没里没外。那贾蔷还想勾引宝玉，贾芸拦住道："宝二爷那个人没运气的，不用惹他。那一年我给他说了一门子绝好的亲，父亲在外头做税官，家里开几个当铺，姑娘长的比仙女儿还好看。我巴巴儿的细细的写了一封书子给他，谁知他没造化——"说到这里，瞧了瞧左右无人，又说："他心里早和咱们这个二姊娘好上了。你没听见说，还有一个林姑娘呢，弄的害了相思病死的，谁不知道。这也罢了，各自的姻缘罢咧。谁知他为这件事倒恼了我了，总不大理。他打量谁必是借谁的光儿呢。"贾蔷听了点点头，才把这个心歇了。

他两个还不知道宝玉自会那和尚以后，他是欲断尘缘。一则在王夫人跟前不敢任性，已与宝钗袭人等皆不大款洽了。那些丫头不知道，还要逗他，宝玉哪里看得到眼里。他也并不将家事放在心里。时常王夫人宝钗劝他念书，他便假作攻书，一心想着那个和尚引他到那仙境的机关。心目中触处皆为俗人，却在家难受，闲来倒与惜春闲讲。他们两个人讲得上了，那种心更加准了几分，哪里还管贾环贾兰等。那贾环为他父亲不在家，赵姨娘已死，王夫人不大理会他，便入了贾蔷一路。倒是彩云时常规劝，反被贾环辱骂。玉钏儿见宝玉疯癫更甚，早和他娘说了要求着出去。如今宝玉贾环两个哥儿两个各有一种脾气，闹得人人不理。独有贾兰跟着他母亲上紧攻书，作了文字送到学里请教代儒。因近来代儒老病在床，只得自己刻苦。李纨是素来沉静，除了请王夫人的安，会会宝钗，余者一步不走，只有看着贾兰攻书。所以荣府住的人虽不少，竟是各自过各的，谁也不肯做谁的主。贾环贾蔷等愈闹的不像事了，甚至偷典偷卖，不一而足。贾环更加宿娼滥赌，无所不为。

一日邢大舅王仁都在贾家外书房喝酒，一时高兴，叫了几个陪酒的来唱着喝着劝酒。贾蔷便说："你们闹的太俗。我要行个令儿。"众人道："使得。"贾蔷道："咱们'月'字流觞罢。我先说起'月'字，数到哪个便是哪个喝酒，还要酒面酒底。须得依着令官，不依者罚三大杯。"众人都依了。贾蔷喝了一杯令酒，便说："飞羽觞而醉月。"顺饮数到贾环。贾蔷说："酒面要个'桂'字。"贾环便说道："'冷露无声湿桂花'。酒底呢？"贾蔷道："说个'香'字。"贾环道："天香云外飘。"大舅说道："没趣，没趣。你又懂得什么字了，也假斯文起来！这不是取乐，竟是怄人了。咱们都蠲了，倒是搳搳拳，输家喝输家唱，叫做'苦中苦'。若是不会唱的，说个笑话儿也使得，只要有趣。"众人都道："使得。"于是乱搳起来。王仁输了，喝了一杯，唱了一个。众人道好，又搳起来了。是个陪酒的输了，唱了一个什么"小姐小姐多丰彩"。以后邢大舅输了，众人要他唱曲儿，他道："我唱不上来的，我说个笑话儿罢。"贾蔷道："若说不笑仍要罚的。"邢大舅就喝了杯，便说道："诸位听着：村庄上有一座元帝庙，旁边有个土地祠。那元帝老爷常叫土地来说闲话儿。一日元帝庙里被了盗，便叫土地去查访。土地禀道：'这地方没有贼的，必是神将不小心，被外贼偷了东西去。'元帝道：'胡说，你是土地，失了盗不问你问谁去呢？你倒不去拿贼，反说我的神将不小心吗？'土地禀道：'虽说是不小心，到底是庙里的风水不好。'元帝道：'你倒会看风水么？'土地道：'待小神看看。'那土地向各处瞧了一

会，便来回禀道：'老爷坐的身子背后两扇红门就不谨慎。小神坐的背后是砌的墙，自然东西丢不了。以后老爷的背后亦改了墙就好了。'元帝老爷听来有理，便叫神将派人工墙。众神将叹口气道：'如今香火一炷也没有，哪里有砖灰人工来打墙！'元帝老爷没法，叫众神将作法，却都没有主意。那元帝老爷脚下的龟将军站起来道：'你们不中用，我有主意。你们将红门拆下来，到了夜里拿我的肚子垫住这门口，难道当不得一堵墙么？'众神将都说道：'好，又不花钱，又便当结实。'于是龟将军便当这个差使，竟安静了。岂知过了几天，那庙里又丢了东西。众神将叫了土地来说道：'你说砌了墙就不丢东西，怎么如今有了墙还要丢？'那土地道：'这墙砌的不结实。'众神将道：'你瞧去。'土地一看，果然是一堵好墙，怎么还有失事？把手摸了一摸道：'我打量是真墙，哪里知道是个假墙！'"众人听了大笑起来。贾蔷也忍不住的笑，说道："傻大舅，你好！我没有骂你，你为什么骂我！快拿杯来罚一大杯。"邢大舅喝了，已有醉意。

众人又喝了几杯，都醉起来。邢大舅说他姐姐不好，王仁说他妹妹不好，都说的狠狠毒毒的。贾环听了，趁着酒兴也说凤姐不好，怎样苛刻我们，怎么样踏我们的头。众人道："大凡做个人，原要厚道些。看凤姑娘仗着老太太这样的利害，如今焦了尾巴梢子了，只剩了一个姐儿，只怕也要现世现报呢。"贾芸想着凤姐待他不好，又想起巧姐儿见他就哭，也信着嘴儿混说。还是贾蔷道："喝酒罢，说人家做什么。"那两个陪酒的道："这位姑娘多大年纪了？长得怎么样？"贾蔷道："模样儿是好的很的。年纪也有十三四岁了。"那陪酒的说道："可惜这样人生在府里这样人家，若生在小户人家，父母兄弟都做了官，还发了财呢。"众人道："怎么样？"那陪酒的说："现今有个外藩王爷，最是有情的，要选一个妃子。若合了式，父母兄弟都跟了去。可不是好事儿吗？"众人都不大理会，只有王仁心里略动了一动，仍旧喝酒。

只见外头走进赖林两家的子弟来，说："爷们好乐呀！"众人站起来说道："老大老三怎么这时候才来？叫我们好等！"那两个人说道："今早听见一个谣言，说是咱们家又闹出事来了，心里着急，赶到里头打听去，并不是咱们。"众人道："不是咱们就完了，为什么不就来？"那两个说道："虽不是咱们，也有些干系。你们知道是谁，就是贾雨村老爷。我们今儿进去，看见带着锁子，说要解到三法司衙门里审问去呢。我们见他常在咱们家里来往，恐什么事，便跟了去打听。"贾芸道："到底老大用心，原该打听打听。你且坐下喝一杯再说。"两人让了一回，便坐下，喝着酒道："这位雨村老爷人也能干，也会钻营，官也不小了，只是贪财，被人家参了个婪索属员的几款。如今的万岁爷是最圣明最仁慈的，独听了一个'贪'字，或因糟蹋了百姓，或因恃势欺良，是极生气的，所以旨意便叫拿问。若是问出来了，只怕搁不住。若是没有的事，那参的人也不便。如今真真是好时候，只要有造化做个官儿就好。"众人道："你的哥哥就是有造化的，现做知县还不好么。"赖家的说道："我哥哥虽是做了知县，他的行为只怕也保不住怎么样呢。"众人道："手也长么？"赖家的点点头儿，便举起杯来喝酒。众人又道："里头还听见什么新闻？"两人道："别的事没有，只听见海疆的贼寇拿住了好些，也解到法司衙门里审问。还审出好些贼寇，也有藏在城里的，打听消息，抽空儿就抢人家。如今知道朝里那些老爷们都是能文能武，出力报效，所到之处早就消灭了。"众人道："你听见有在城里的，不知审出咱们家失盗了一案来没有？"两人道："倒没有听见。恍惚有人说是有个内地里的人，城里犯了事，抢了一个女人下海去了。那女人不依，被这贼寇杀了。那贼寇正要跳出关去，被官兵拿住了，就在拿获的地方正了法了。"众人道："咱们栊翠庵的什么妙玉不是叫人抢去，不要就是他罢？"贾环道："必是他！"众人道："你怎么知道？"贾环道："妙玉这个东西是最讨人嫌的。他一日家捏酸，见了宝玉就眉开眼笑了。我若见了他，他从不拿正眼瞧我一瞧。真要是他，我才趁愿呢！"众人道："抢的人也不少，哪里就是他。"贾芸道："有点信儿。前日有个人说，他庵里的道婆做梦，说看见是妙玉叫人杀了。"众人笑道："梦话算不得。"邢大舅道："管他梦不梦，咱们快吃饭罢。今夜做个大输赢。"众人愿意，便吃毕了饭，大赌起来。

赌到三更多天，只听见里头乱嚷，说是四姑娘和珍大奶奶拌嘴，把头发都铰掉了，赶到邢夫人王夫人那里去磕了头，说是要求容他做尼姑呢，送他一个地方，若不容他，他就死在眼前。那邢王两位太太没主意，叫请蔷大爷芸二爷进去。贾芸听了，便知是那回看家的时候起

的念头,想来是劝不过来的了,便和贾蔷商议道:"太太叫我们进去,我们是做不得主的。况且也不好做主,只好劝去。若劝不住,只好由他们罢。咱们商量了写封书给琏二叔,便卸了我们的干系了。"两人商量定了主意,进去见了邢王两位太太,便假意的劝了一回。无奈惜春立意必要出家,就不放他出去,只求一两间净屋子给他诵经拜佛。尤氏见他两个不肯做主,又怕惜春寻死,自己便硬做主张,说是:"这个不是索性我耽了罢。说我做嫂子的容不下小姑子,逼着他出了家了就完了。若说到外头去呢,断使不得。若在家里呢,太太们都在这里,算我的主意罢。叫蔷哥儿写封子书给你珍大爷琏二叔就是了。"贾蔷等答应了。不知邢、王二夫人依与不依,下回分解。

<h1>第一百十八回　记微嫌舅兄欺弱女
惊谜语妻妾谏痴人</h1>

　　说话邢、王二夫人听尤氏一段话,明知也难挽回。王夫人只得说道:"姑娘要行善,这也是前生的夙根,我们也实在拦不住。只是咱们这样人家的姑娘出了家,不成了事体。如今你嫂子说了准你修行,也是好处。却有一句话要说,那头发可以不剃的,只要自己的心真,那在头发上头呢。你想妙玉也是带发修行的,不知他怎样凡心一动,才闹到那个分儿。姑娘执意如此,我们就把姑娘住的房子便算了姑娘的静室。所有服侍姑娘的人也得叫他们来问:他若愿意跟的,就讲不得说亲人;若不愿意跟的,另打主意。"惜春听了,收了泪,拜谢了邢、王二夫人、李纨、尤氏等。王夫人说了,便问彩屏等谁愿跟姑娘修行。彩屏等回道:"太太们派谁就是谁。"王夫人知道不愿意,正在想人。袭人立在宝玉身后,想来宝玉必要大哭,防着他的旧病。岂知宝玉叹道:"真真难得。"袭人心里更自伤悲。宝钗虽不言语,遇事试探,见是执迷不醒,只得暗中落泪。王夫人才要叫了众丫头来问。忽见紫鹃走上前去,在王夫人面前跪下,回道:"刚才太太问跟四姑娘的姐姐,太太看着怎么样?"王夫人道:"这个如何强派得人的,谁愿意他自然就说出来了。"紫鹃道:"姑娘修行自然姑娘愿意,并不是别的姐姐们的意思。我有句话回太太,我也并不是拆开姐姐们,各人有各人的心。我服侍林姑娘一场,林姑娘待我也是太太们知道的,实在恩重如山,无以可报。他死了,我恨不得跟了他去。但是他不是这里的人,我又受主子家的恩典,难以从死。如今四姑娘既要修行,我就求太太们将我派了跟着姑娘,服侍姑娘一辈子。不知太太们准不准。若准了,就是我的造化了。"邢、王二夫人尚未答言,只见宝玉听到那里,想起黛玉一阵心酸,眼泪早下来了。众人才要问他时,他又哈哈的大笑,走上来道:"我不该说的。这紫鹃蒙太太派给我屋里,我才敢说。求太太准了他罢,全了他的好心。"王夫人道:"你头里姊妹出了嫁,还哭的死去活来;如今看见四妹妹要出家,不但不劝,倒说好事,你如今到底是怎么个意思,我索性不明白了。"宝玉道:"四妹妹修行是已经准的了,四妹妹也是一定主意了。若是真的,我有一句话告诉太太;若是不定的,我就不敢混说了。"惜春道:"二哥哥说话也好笑,一个人主意不定便扭得过太太们来了?我也是像紫鹃的话,容我呢,是我的造化,不容我呢,还有一个死呢。那怕什么!二哥哥既有话,只管说。"宝玉道:"我这也不算什么泄露了,这也是一定的。我念一首诗给你们听听罢!"众人道:"人家苦得很的时候,你倒来做诗。怄人!"宝玉道:"不是做诗,我到一个地方儿看了来的。你们听听罢。"众人道:"使得。你就念念,别顺着嘴儿胡诌。"宝玉也不分辩,便说道:

　　　勘破三春景不长,缁衣顿改昔年妆。
　　　可怜绣户侯门女,独卧青灯古佛旁!

　　李纨宝钗听了,诧异道:"不好了,这人入了迷了。"王夫人听了这话,点头叹息,便问宝玉:"你到底是哪里看来的?"宝玉不便说出来,回道:"太太也不必问,我自有见的地方。"王夫人回过味来,细细一想,便更哭起来道:"你说前儿是玩话,怎么忽然有这首诗? 罢了,我知

道了,你们叫我怎么样呢!我也没有法儿了,也只得由着你们去罢!但是要等我合上了眼,各自干各自的就完了!"宝钗一面劝着,这个心比刀绞更甚,也撑不住便放声大哭起来。袭人已经哭的死去活来,幸亏秋纹扶着。宝玉也不啼哭,也不相劝,只不言语。贾兰贾环听到那里,各自走开。李纨竭力的解说:"总是宝兄弟见四妹妹修行,他想来是痛极了,不顾前后的疯话,这也作不得准的。独有紫鹃的事情准不准,好叫他起来。"王夫人道:"什么依不依,横竖一个人的主意定了,那也扭不过来。可是宝玉说的也是一定的了。"紫鹃听了磕头。惜春又谢了王夫人。紫鹃又给宝玉宝钗磕了头。宝玉念声"阿弥陀佛!难得,难得。不料你倒先好了!"宝钗虽然有把持,也难撑住。只有袭人,也顾不得王夫人在上,便痛哭不止,说:"我也愿意跟了四姑娘去修行。"宝玉笑道:"你也是好心,但是你不能享这个清福的。"袭人哭道:"这么说,我是要死的了!"宝玉听到那里,倒觉伤心,只是说不出来。因时已五更,宝玉请王夫人安歇,李纨等各自散去。彩屏等暂且服侍惜春回去,后来指配了人家。紫鹃终身服侍,毫不改初。此是后话。

且言贾政扶了贾母灵柩一路南行,因遇着班师的兵将船只过境,河道拥挤,不能速行,在道实在心焦。幸喜遇见了海疆的官员,闻得镇海统制钦召回京,想来探春一定回家,略略解些烦心。只打听不出起程的日期,心里又烦燥。想到盘费算来不敷,不得已写书一封,差人到赖尚荣任上借银五百,叫人沿途迎上来应需用。那人去了几日,贾政的船才行得十数里。那家人回来,迎上船只,将赖尚荣的禀启呈上。书内告了多少苦处,备上白银五十两。贾政看了生气,即命家人立刻送还,将原书发回,叫他不必费心。那家人无奈,只得回到赖尚荣任所。

赖尚荣接到原书银两,心中烦闷,知事办得不周到,又添了一百,央求来人带回,帮着说些好话。岂知那人不肯带回,撂下就走了。赖尚荣心下不安,立刻修书到家,回明他父亲,叫他设法告假赎出身来。于是赖家托了贾蔷贾芸等在王夫人面前乞恩放出。贾蔷明知不能,过了一日,假说王夫人不依的话回复了。赖家一面告假,一面差人到赖尚荣任上,叫他告病辞官。王夫人并不知道。

那贾芸听见贾蔷的假话,心里便没想头,连日在外又输了好些银钱,无所抵偿,便和贾环相商。贾环本是一个钱没有的,虽是赵姨娘积蓄些微,早被他弄光了,哪能照应人家。便想起凤姐待他刻薄,要趁贾琏不在家要摆布巧姐出气,遂把这个当叫贾芸来上,故意的埋怨贾芸道:"你们年纪又大,放着弄银钱的事又不敢办,倒和我没有钱的人相商。"贾芸道:"三叔,你这话说的倒好笑,咱们一块儿玩,一块儿闹,哪里有银钱的事。"贾环道:"不是前儿有人说是外藩要买个偏房,你们何不和王大舅商量把巧姐说给他呢?"贾芸道:"叔叔,我说句招你生气的话,外藩花了钱买人,还想能和咱们走动么。"贾环在贾芸耳边说了些话,贾芸虽然点头,只道贾环是小孩子的话,也不当事。恰好王仁走来说道:"你们两个人商量些什么,瞒着我么?"贾芸便将贾环的话附耳低言的说了。王仁拍手道:"这倒是一种好事,又有银子。只怕你们不能,若是你们敢办,我是亲舅舅,做得主的。只要环老三在大太太跟前那么一说,我找邢大舅再一说,太太们问起来你们齐打伙说好就是了。"贾环等商议定了,王仁便去找邢大

舅，贾芸便去回邢、王二夫人，说得锦上添花。

王夫人听了虽然入耳，只是不信。邢夫人听得邢大舅知道，心里愿意，便打发人找了邢大舅来问他。那邢大舅已经听了王仁的话，又可分肥，便在邢夫人跟前说道："若说这位郡王，是极有体面的。若应了这门亲事，虽说是不是正配，保管一过了门，姊夫的官早复了，这里的声势又好了。"邢夫人本是没主意的人，被傻大舅一番假话哄得心动，请了王仁来一问，更说得热闹。于是邢夫人倒叫人出去追着贾芸去说。王仁即刻找了人去到外藩公馆说了。那外藩不知底细，便要打发人来相看。贾芸又钻了相看的人，说明"原是瞒着合宅的，只说是王府相亲。等到成了，他祖母做主，亲舅舅的保山，是不怕的。"那相看的人应了。贾芸便送信与邢夫人，并回了王夫人。那李纨宝钗等不知缘故，只道是件好事，也都欢喜。

那日果然来了几个女人，都是艳妆丽服。邢夫人接了进去，叙了些闲话。那来人本知是个诰命，也不敢待慢。邢夫人因事未定，也没有和巧姐说明，只说有亲戚来瞧，叫他去见。那巧姐到底是个小孩子，哪管这些，便跟了奶妈过来。平儿不放心，也跟着来。只见有两个宫人打扮的，见了巧姐便浑身上下一看，更又起身来拉着巧姐的手又瞧了一遍，略坐了一坐就走了。倒把巧姐看得羞臊，回到房中纳闷，想来没有这门亲戚，便问平儿。平儿先看见来头，却也猜着八九必是相亲的。"但是二爷不在家，大太太做主，到底不知是哪府里的。若说是对头亲，不该这样相看。瞧那几个人的来头，不像是本支王府，好像是外头路数。如今且不必和姑娘说明，且打听明白再说。"

平儿心下留神打听。那些丫头婆子都是平儿使过的，平儿一问，所有听见外头的风声都告诉了。平儿便吓的没了主意，虽不和巧姐说，便赶着去告诉了李纨宝钗，求他二人告诉王夫人。王夫人知道这事不好，便和邢夫人说知。怎奈邢夫人信了兄弟并王仁的话，反疑心王夫人不是好意，便说："孙女儿也大了，现在琏儿不在家，这件事我还做得主。况且是他亲舅爷爷和他亲舅舅打听的，难道倒比别人不真么！我横竖是愿意的。倘有什么不好，我和琏儿也抱怨不着别人！"

王夫人听了这些话，心下暗暗生气，勉强说些闲话，便走出来，告诉了宝钗，自己落泪。宝玉劝道："太太别烦恼，这件事我看来是不成的。这又是巧姐儿命里所招，只求太太不管就是了。"王夫人道："你一开口就是疯话。人家说定了就要接过去。若依平儿的话，你琏二哥可不抱怨我。别说自己的侄孙女儿，就是亲戚家的，也是要好才好。邢姑娘是我们作媒的，配了你二大舅子，如今和和顺顺的过日子不好么。那琴姑娘梅家娶了去，听见说是丰衣足食的很好。就是史姑娘是他叔叔的主意，头里原好，如今姑爷痨病死了，你史妹妹立志守寡，也就苦了。若是巧姐儿错给了人家儿，可不是我的心坏？"

正说着，平儿过来瞧宝钗，并探听邢夫人的口气。王夫人将邢夫人的话说了一遍。平儿呆了半天，跪下求道："巧姐儿终身全仗着太太。若信了人家的话，不但姑娘一辈子受了苦，便是琏二爷回来怎么说呢！"王夫人道："你是个明白人，起来，听我说。巧姐儿到底是大太太孙女儿，他要做主，我能够拦他么？"宝玉劝道："无妨碍的，只要明白就是了。"平儿生怕宝玉疯癫嚷出来，也并不言语，回了王夫人竟自去了。

这里王夫人想到烦闷，一阵心痛，叫丫头扶着勉强回到自己房中躺下，不叫宝玉宝钗过来，说睡睡就好的。自己却也烦闷，听见说李婶娘来了也不及接待。只见贾兰进来请了安，回道："今早爷爷那里打发人带了一封书子来，外头小子们传进来的。我母亲接了正要过来，因我老娘来了，叫我先呈给太太瞧，回来我母亲就过来来回太太。还说我老娘要过来呢。"说着，一面把书子呈上。王夫人一面接书，一面问道："你老娘来作什么？"贾兰道："我也不知道。我只见我老娘说，我三姨儿的婆婆家有什么信儿来了。"王夫人听了，想起来还是前次给甄宝玉说了李绮，后来放定下茶，想来此时甄家要娶过门，所以李婶娘来商量这件事情，便点点头儿。一面拆开书信，见上面写着道：

近因沿途俱系海疆凯旋船只，不能迅速前行。闻探姐随翁婿来都，不知曾有信否？前接到琏任手禀，知大老爷身体欠安，亦不知已有确信否？宝玉兰哥场期已近，务须实心用功，不可急惰。老太太灵柩抵家，尚需日时。我身体平善，不必挂念。此谕宝玉等

知道。月日手书。蓉儿另禀

王夫人看了，仍旧递给贾兰，说："你拿去给你二叔叔瞧瞧，还交给你母亲罢。"

正说着，李纨同李婶娘过来。请安问好毕，王夫人让了座。李婶娘便将甄家要娶李绮的话说了一遍。大家商议了一会子。李纨因问王夫人道："老爷的书子太太看过了么？"王夫人道："看过了。"贾兰便拿着给他母亲瞧。李纨看了道："三姑娘出门了好几年，总没有来，如今要回京了。太太也放了好些心。"王夫人道："我本是心痛，看见探丫头要回来了，心里略好些。只是不知几时才到。"李婶娘便问了贾政在路好。李纨因向贾兰道："哥儿瞧见了？场期近了，你爷爷惦记的什么似的。你快拿了去给二叔叔瞧去罢。"李婶娘道："他们爷儿两个又没进过学，怎么能下场呢？"王夫人道："他爷爷做粮道的起身时，给他们爷儿两个援了例监了。"李婶娘点头。贾兰一面拿着书子出来，来找宝玉。

却说宝玉送了王夫人去后，正拿着《秋水》一篇在那里细玩。宝钗从里间走出，见他看的得意忘形，便走过来一看，见是这个，心里着实烦闷。细想他只顾把这些出世离群的话当作一件正经事，终久不妥。看他这种光景，料劝不过来，便坐在宝玉旁边，怔怔的坐着。宝玉见他这般，便道："你这又是为什么？"宝钗道："我想你我既为夫妇，你便是我终身的倚靠，却不在情欲之私。论起荣华富贵，原不过是过眼烟云，但自古圣贤，以人品根底为重。"宝玉也没听完，把那书本搁在旁边，微微的笑道："据你说人品根底，又是什么古圣贤，你可知古圣贤说过'不失其赤子之心'。那赤子有什么好处，不过是无知无识无贪无忌。我们生来已陷溺在贪嗔痴爱中，犹如污泥一般，怎么能跳出这般尘网。如今才晓得'聚散浮生'四字，古人说了，不曾提醒一个。既要讲到人品根底，谁是到那太初一步地位的！"宝钗道："你既说'赤子之心'，古圣贤原以忠孝为赤子之心，并不是遁世离群无关无系为赤子之心。尧舜禹汤周孔时刻以救民济世为心，所谓赤子之心，原不过是'不忍'二字。若你方才所说的，忍于抛弃天伦，还成什么道理？"宝玉点头笑道："尧舜不强巢许，武周不强夷齐。"宝钗不等他说完，便道："你这个话益发不是了。古来若都是巢许夷齐，为什么如今人又把尧舜周孔称为圣贤呢！况且你自比夷齐，更不成话，伯夷叔齐原是生在商末世，有许多难处之事，所以才有托而逃。当此圣世，咱们世受国恩，祖父锦衣玉食；况你自有生以来，自去世的老太太以及老爷太太视如珍宝。你方才所说，自己想一想是与不是。"宝玉听了，也不答言，只有仰头微笑。宝钗因又劝道："你既理屈词穷，我劝你从此把心收一收，好好的用用功。但能博得一第，便是从此而止，也不枉天恩祖德。"宝玉点了点头，叹了口气说道："一第呢，其实也不是什么难事，倒是你这个'从此而止，不枉天恩祖德'却还不离其宗。"宝钗未及答言，袭人过来说道："刚才二奶奶说的古圣先贤，我们也不懂。我只想着我们这些人从小儿辛辛苦苦跟着二爷，不知陪了多少小心，论起理来原该当的，但只二爷也该体谅体谅。况二奶奶替二爷在老爷太太跟前行了多少孝道，就是二爷不以夫妻为事，也不可太辜负了人心。至于神仙那一层更是谎话，谁见过有走到凡间来的神仙呢！哪里来的这么个和尚，说了些混话，二爷就信了真。二爷是读书的人，难道他的话比老爷太太还重么！"宝玉听了，低头不语。

袭人还要说时，只听外面脚步走响，隔着窗户问道："二叔在屋里呢么？"宝玉听了，是贾兰的声音，便站起来笑道："你进来罢。"宝钗也站起来。贾兰进来，笑容可掬的给宝玉宝钗请了安，问了袭人的好——袭人也问了好——便把书子呈给宝玉瞧。宝玉接在手中看了，便道："你三姑姑回来了。"贾兰道："爷爷既如此写，自然是回来的了。"宝玉点头不语，默默如有所思。贾兰便问："叔叔看见爷爷后头写的叫咱们好生念书了？叔叔这一程子只怕总没作文章罢？"宝玉笑道："我也要作几篇熟一熟手，好去诓这个功名。"贾兰道："叔叔既这样，就拟几个题目，我跟着叔叔作，也好进去混场，别到那时交了白卷子惹人笑话。不但笑话我，人家连叔叔都要笑话了。"宝玉道："你也不至如此。"说着，宝钗命贾兰坐下。宝玉仍坐在原处，贾兰侧身坐了。两个谈了一回文，不觉喜动颜色。宝钗见他爷儿两个谈得高兴，便仍进屋里去了。心中细想宝玉此时光景，或者醒悟过来了，只是刚才说话，他把那"从此而止"四字单单的许可，这又不知是什么意思了。宝钗尚自犹豫，唯有袭人看他爱讲文章，提到下场，更又欣然。心里想道："阿弥陀佛！好容易讲四书似的才讲过来了！"这里宝玉和贾兰讲文，

莺儿沏过茶来，贾兰站起来接了。又说了一会子下场的规矩并请甄宝玉在一处的话，宝玉也甚似愿意。一时贾兰回去，便将书子留给宝玉了。

那宝玉拿着书子，笑嘻嘻走进来递给麝月收了，便出来将那本《庄子》收了，把几部向来最得意的，如《参同契》《元命苞》《五灯会元》之类，叫出麝月秋纹莺儿等都搬了搁在一边。宝钗见他这番举动，甚为罕异，因欲试探他，便笑问道："不看他倒是正经，但又何必搬开呢。"宝玉道："如今才明白过来了。这些书都算不得什么，我还要一火焚之，方为干净。"宝钗听了，更欣喜异常。只听宝玉口中微吟道："内典语中无佛性，金丹法外有仙丹。"宝钗也没很听真，只听得"无佛性""有仙丹"几个字，心中转又狐疑，且看他作何光景。宝玉便命麝月秋纹等收拾一间静室，把那些语录名稿及应制诗之类都找出来搁在静室中，自己却当真静静的用起功来。宝钗这才放了心。

那袭人此时真是闻所未闻，见所未见，便悄悄的笑着向宝钗道："到底奶奶说话透彻，只一路讲究，就把二爷劝明白了。就只可惜迟了一点儿，临场太近了。"宝钗点头微笑道："功名自有定数，中与不中倒也不在用功的迟早。但愿他从此一心巴结正路，把从前那些邪魔永不沾染就好了。"说到这里，见房里无人，便悄说道："这一番悔悟回来固然很好，但一件，怕又犯了前头的旧病，和女孩儿们打起交道来，也是不好。"袭人道："奶奶说的也是。二爷自从信了和尚，才把这些姐妹冷淡了；如今不信和尚，真怕又要犯了前头的旧病呢。我想奶奶和我二爷原不大理会，紫鹃去了，如今只他们四个，这里头就是五儿有些个狐媚子，听见说他妈求了大奶奶和奶奶，说要讨出去给人家儿呢，但是这两天到底在这里呢。麝月秋纹虽没别的，只是二爷那几年也都有些顽顽皮皮的。如今算来只有莺儿二爷倒不大理会，况且莺儿也稳重。我想倒茶弄水只叫莺儿带着小丫头们服侍就够了，不知奶奶心里怎么样。"宝钗道："我也虑的是这些，你说的倒也罢了。"从此便派莺儿带着小丫头服侍。

那宝玉却也不出房门，天天只差人去给王夫人请安。王夫人听见他这番光景，那一种欣慰之情，更不待言了。到了八月初三，这一日正是贾母的冥寿。宝玉早晨过来磕了头，便回去，仍到静室中去了。饭后，宝钗袭人等都和姊妹们跟着邢、王二夫人在前面屋里说闲话儿。宝玉自在静室冥心危坐，忽见莺儿端了一盘瓜果进来说："太太叫人送来给二爷吃的。这是老太太的克什。"宝玉站起来答应了，复又坐下，便道："搁在那里罢。"莺儿一面放下瓜果，一面悄悄向宝玉道："太太那里夸二爷呢。"宝玉微笑。莺儿又道："太太说了，二爷这一用功，明儿进场中了出来，明年再中了进士，作了官，老爷太太可就不枉了盼二爷了。"宝玉也只点头微笑。莺儿忽然想起那年给宝玉打络子的时候宝玉说的话来，便道："真要二爷中了，那可是我们姑奶奶的造化了。二爷还记得那一年在园子里，不是二爷叫我打梅花络子时说的，我们姑奶奶后来带着我不知到哪一个有造化的人家儿去呢。如今二爷可是有造化的罢咧。"宝玉听到这里，又觉尘心一动，连忙敛神定息，微微的笑道："据你说来，我是有造化的，你们姑娘也是有造化的，你呢？"莺儿把脸飞红了，勉强道："我们不过当丫头一辈子罢咧，有什么造化呢！"宝玉笑道："果然能够一辈子是丫头，你这个造化比我们还大呢！"莺儿听见这话似乎又是疯话了，恐怕自己招出宝玉的病根来，打算着要走。只见宝玉笑着说道："傻丫头，我告诉你罢。"未知宝玉又说出什么话来，且听下回分解。

第一百十九回　中乡魁宝玉却尘缘
沐皇恩贾家延世泽

话说莺儿见宝玉说话摸不着头脑，正自要走，只听宝玉又说道："傻丫头，我告诉你罢。你姑娘既是有造化的，你跟着他自然也是有造化的了。你袭人姐姐是靠不住的。只要往后你尽心服侍他就是了。日后或有好处，也不枉你跟着他熬了一场。"莺儿听了前头像话，后头

说的又有些不像了，便道："我知道了。姑娘还等我呢。二爷要吃果子时，打发小丫头叫我就是了。"宝玉点头，莺儿才去了。一时宝钗袭人回来，各自房中去了。不题。

且说过了几天便是场期，别人只知盼望他爷儿两个作了好文章便可以高中的了，只有宝钗见宝玉的功课虽好，只是那有意无意之间，却别有一种冷静的光景。知他要进场了，头一件，叔侄两个都是初次赴考，恐人马拥挤有什么闪失；第二件，宝玉自和尚去后总不出门，虽然见他用功喜欢，只是改的太速太好了，反倒有些信不及，只怕又有什么变故。所以进场的头一天，一面派了袭人带了小丫头们同着素云等给他爷儿两个收拾妥当，自己又都过了目，好好的搁起预备着；一面过来同李纨回了王夫人，拣家里的老成管事的多派了几个，只说怕人马拥挤碰了。

次日宝玉贾兰换了半新不旧的衣服，欣然过来见了王夫人。王夫人嘱咐道："你们爷儿两个都是初次下场，但是你们活了这么大，并不曾离开我一天。就是不在我眼前，也是丫鬟媳妇们围着，何曾自己孤身睡过一夜。今日各自进去，孤孤凄凄，举目无亲，须要自己保重。早些作完了文章出来，找着家人早些回来，也叫你母亲媳妇们放心。"王夫人说着不免伤心起来。贾兰听一句答应一句。只见宝玉一声不哼，待王夫人说完了，走过来给王夫人跪下，满眼流泪，磕了三个头，说道："母亲生我一世，我也无可答报，只有这一入场用心作了文章，好好的中个举人出来。那时太太喜欢喜欢，便是儿子一辈子的事也完了，一辈子的不好也都遮过去了。"王夫人听了，更觉伤心起来，便道："你有这个心自然是好的，可惜你老太太不能见你的面了！"一面说，一面拉他起来。那宝玉只管跪着不肯起来，便说道："老太太见与不见，总是知道的，喜欢的，既能知道了，喜欢了，便不见也和见的一样。只不过隔了形质，并非隔了神气啊。"李纨见王夫人和他如此，一则怕勾起宝玉的病来，二则也觉得光景不大吉祥，连忙过来说道："太太，这是大喜的事，为什么这样伤心？况且宝兄弟近来很知好歹，很孝顺，又肯用功，只要带了侄儿进去好好的作文章，早早的回来，写出来请咱们的世交老先生们看了，等着爷儿两个都报了喜就完了。"一面叫人搀起宝玉来。宝玉却转过身来给李纨作了个揖，说："嫂子放心。我们爷儿两个都是必中的。日后兰哥还有大出息，大嫂子还要带凤冠穿霞帔呢。"李纨笑道："但愿应了叔叔的话，也不枉——"说到这里，恐怕又惹起王夫人的伤心来，连忙咽住了。宝玉笑道："只要有了个好儿子能够接续祖基，就是大哥哥不能见，也算他的后事完了。"李纨见天气不早了，也不肯尽着和他说话，只好点点头儿。此时宝钗听得早已呆了，这些话不但宝玉，便是王夫人李纨所说，句句都是不祥之兆，却又不敢认真，只得忍泪无言。那宝玉走到跟前，深深的作了一个揖。众人见他行事古怪，也摸不着是怎么样，又不敢笑他。只见宝钗的眼泪直流下来。众人更是纳罕。又听宝玉说道："姐姐，我要走了，你好生跟着太太听我的喜信儿罢。"宝钗道："是时候了，你不必说这些唠叨话了。"宝玉道："你倒催我的紧，我自己也知道该走了。"回头见众人都在这里，只没惜春紫鹃，便说道："四妹妹和紫鹃姐姐跟前替我说一句罢，横竖是再见就完了。"众人见他的话又像有理，又像疯话。大家只说他从没出过门，都是太太的一套话招出来的，不如早早催他去了就完了事了，便说道："外面有人等你呢，你再闹就误了时辰了。"宝玉仰面大笑道："走了，走了！不用胡闹了，完了事了！"众人也都笑道："快走罢。"独有王夫人和宝钗娘儿两个倒像生离死别的一般，那眼泪也不知从哪里来的，直流下来，几乎失声哭出。但见宝玉嘻天哈地，大有疯傻之状，遂从此出门走了。正是：

走求名利无双地，打出樊笼第一关。

不言宝玉贾兰出门赴考。且说贾环见他们考去，自己又气又恨，便自大为王说："我可要给母亲报仇了。家里一个男人没有，上头大太太依了我，还怕谁！"想定了主意，跑到邢夫人那边请了安，说了些奉承的话。那邢夫人自然喜欢，便说道："你这才是明理的孩子呢。像那巧姐儿的事，原该我做主的，你琏二哥糊涂，放着亲奶奶，倒托别人去！"贾环道："人家那头儿也说了，只认得这一门子。现在定了，还要备一份大礼来送太太呢。如今太太有了这样的藩王孙女婿儿，还怕大老爷没大官做！不是我说自己的太太，他们有了元妃姐姐，便欺压的人难受。将来巧姐儿别也是这样没良心，等我去问问他。"邢夫人道："你也该告诉他，他才知道你的好处。只怕他父亲在家也找不出这么门子好亲事来！但只平儿那个糊涂东西，他倒说这件事不好，说是你太太也不愿意。想来恐怕我们得意。若迟了你二哥回来，又听人家的话，就办不成了。"贾环道："那边都定了，只等太太出了八字。王府的规矩，三天就要来娶的。但是一件，只怕太太不愿意，那边说是不该娶犯官的孙女，只好悄悄的抬了去，等大老爷免了罪做了官，再大家热闹起来。"邢夫人道："这有什么不愿意，也是礼上应该的。"贾环道："既这么着，这帖子太太出了就是了。"邢夫人道："这孩子又糊涂了，里头都是女人，你叫芸哥儿写一个就是了。"贾环听说，喜欢的了不得，连忙答应了出来，赶着和贾芸说了，邀着王仁到那外藩公馆立文书兑银子去了。

哪知刚才所说的话，早被跟邢夫人的丫头听见。那丫头是求了平儿才挑上的，便抽空儿赶到平儿那里，一五一十的都告诉了。平儿早知此事不好，已和巧姐细细的说明。巧姐哭了一夜，必要等他父亲回来做主，大太太的话不能遵。今儿又听见这话，便大哭起来，要和太太讲去。平儿急忙拦住道："姑娘且慢着。大太太是你的亲祖母，他说二爷不在家，大太太做得主的，况且还有舅舅做保山。他们都是一气，姑娘一个人哪里说得过呢。我到底是下人，说不上话去。如今只可想法儿，断不可冒失的。"邢夫人那边的丫头道："你们快快的想主意，不然可就要抬走了。"说着，各自去了。平儿回过头来见巧姐哭作一团，连忙扶着道："姑娘，哭是不中用的，如今是二爷够不着，听见他们的话头——"这句话还没说完，只见邢夫人那边打发人来告诉："姑娘大喜的事来了。"叫平儿将姑娘所有应用的东西料理出来。若是赔送呢，原说明了等二爷回来再办。平儿只得答应了。

回来又见王夫人过来，巧姐儿一把抱住，哭得倒在怀里。王夫人也哭道："姐儿不用着急，我为你吃了大太太好些话，看来是扭不过来的。我们只好应着缓下去，即刻差个家人赶到你父亲那里去告诉。"平儿道："太太还不知道么？早起三爷在大太太跟前说了，什么外藩规矩三日就要过去的。如今大太太已叫芸哥儿写了名字年庚去了，还等得二爷么？"王夫人听说是"三爷"，便气得说不出话来，呆了半天，一叠声叫人找贾环。找了半日，人回："今早同蔷哥儿王舅爷出去了。"王夫人问："芸哥呢？"众人回说不知道。巧姐屋内人人瞪眼，一无方法。王夫人也难和邢夫人争论，只有大家抱头大哭。

有个婆子进来，回说："后门上的人说，那个刘姥姥又来了。"王夫人道："咱们家遭着这样事，哪有工夫接待人。不拘怎么回了他去罢。"平儿道："太太该叫他进来，他是姐儿的干妈，也得告诉告诉他。"王夫人不言语，那婆子便带了刘姥姥进来。各人见了问好。刘姥姥见众人的眼圈儿都是红的，也摸不着头脑，迟了一会子，便问道："怎么了？太太姑娘们必是想二姑奶奶了。"巧姐儿听见提起他母亲，越发大哭起来。平儿道："姥姥别说闲话，你既是姑娘的干妈，也该知道的。"便一五一十的告诉了。把个刘姥姥也唬怔了，等了半天，忽然笑道："你这样一个伶俐姑娘，没听见过鼓儿词么，这上头的方法多着呢。这有什么难的。"平儿赶忙问道："姥姥你有什么法儿快说罢。"刘姥姥道："这有什么难的呢，一个人也不叫他们知道，扔崩一走，就完了事了。"平儿道："这可是混说了。我们这样人家的人，走到哪里去！"刘姥姥道："只怕你们不走，你们要走，就到我屯里去。我就把姑娘藏起来，即刻叫我女婿弄了人，叫姑娘亲笔写个字儿，赶到姑老爷那里，少不得他就来了。可不好么？"平儿道："大太太知道呢？"刘姥姥道："我来他们知道么？"平儿道："大太太住在后头，他待人刻薄，有什么信没有送给他的。你若前门走来就知道了，如今是后门来的，不妨事。"刘姥姥道："咱们说定了

几时,我叫女婿打了车来接了去。"平儿道:"这还等得几时呢,你坐着罢。"急忙进去,将刘姥姥的话避了旁人告诉了。王夫人想了半天不妥当。平儿道:"只有这样,为的是太太才敢说明,太太就装不知道,回来倒问大太太。我们那里就有人去,想二爷回来也快。"王夫人不言语,叹了一口气。巧姐儿听见,便和王夫人道:"只求太太救我,横竖父亲回来只有感激的。"平儿道:"不用说了,太太回去罢。回来只要太太派人看屋子。"王夫人道:"掩密些。你们两个人的衣服铺盖是要的。"平儿道:"要快走了才中用呢,若是他们定了,回来就有了饥荒了。"一句话提醒了王夫人,便道:"是了,你们快办去罢,有我呢。"于是王夫人回去,倒过去找邢夫人说闲话儿,把邢夫人先绊住了。平儿这里便遣人料理去了,嘱咐道:"倒别避人,有人进来看见,就说大太太吩咐的,要一辆车子送刘姥姥去。"这里又买嘱了看后门的人雇车来。平儿便将巧姐装做青儿模样,急急的去了。后来平儿只当送人,眼错不见,也跨上车去了。

原来近日贾府后门虽开,只有一两个人看着,余外虽有几个家下人,因房大人少,空落落的,谁能照应。且邢夫人又是个不怜下人的,众人明知此事不好,又都感念平儿的好处,所以通同一气放走了巧姐。邢夫人还自和王夫人说话,哪里理会。只有王夫人甚不放心,说了一回话,悄悄的走到宝钗那里坐下,心里还是惦记着。宝钗见王夫人神色恍惚,便问:"太太的心里有什么事?"王夫人将这事背地里和宝钗说了。宝钗道:"险得很!如今得快快儿的叫芸哥儿止住那里才妥当。"王夫人道:"我找不着环儿呢。"宝钗道:"太太总要装作不知,等我想个人去叫大太太知道才好。"王夫人点头,一任宝钗想人。暂且不言。

且说外藩原是要买几个使唤的女人,据媒人一面之词,所以派人相看。相看的人回去禀明了藩王。藩王问起人家,众人不敢隐瞒,只得实说。那外藩听了,知是世代勋戚,便说:"了不得!这是有干例禁的,几乎误了大事!况我朝觐已过,便要择日起程,倘有人来再说,快快打发出去。"这日恰好贾芸王仁等递送年庚,只见府门里头的人便说:"奉王爷的命,再敢拿贾府的人来冒充民女者,要拿住究治。如今太平时候,谁敢这样大胆!"这一嚷,唬得王仁等抱头鼠窜的出来,埋怨那说事的人,大家扫兴而散。

贾环在家候信,又闻王夫人传唤,急得烦燥起来。见贾芸一人回来,赶着问道:"定了么?"贾芸忙慌忙跺足道:"了不得,了不得!不知谁露了风了!"还把吃亏的话说了一遍。贾环气得发怔说:"我早起在大太太跟前说的这样好,如今怎么样处呢?这都是你们众人坑了我了!"正没主意,听见里头乱嚷,叫着贾环等的名字说:"大太太二太太叫呢。"两个人只得蹭进去。只见王夫人怒容满面说:"你们干的好事!如今逼死了巧姐和平儿了,快快的给我找还尸首来完事!"两个人跪下。贾环不敢言语,贾芸低头说道:"孙子不敢干什么,为的是邢舅太爷和王舅爷说给巧妹妹作媒,我们才回太太们的。大太太愿意,才叫孙子写帖儿去。人家还不要呢。怎么我们逼死了妹妹呢!"王夫人道:"环儿在大太太那里说的,三日内便要抬了走。说亲作媒有这样的么!我也不问你们,快把巧姐儿还了我们,等老爷回来再说。"邢夫人如今也是一句话儿说不出了,只有落泪。王夫人便骂贾环说:"赵姨娘这样混帐的东西,留的种子也是这混帐的!"说着,叫丫头扶了回到自己房中。

那贾环贾芸邢夫人三个人互相埋怨,说道:"如今且不用埋怨,想来死是不死的,必是平儿带了他到那什么亲戚家躲着去了。"邢夫人叫了前后的门人来骂着,问巧姐儿和平儿知道哪里去了。岂知下人一口同音说是:"大太太不必问我们,问当家的爷们就知道了。在大太太也不用闹,等我们太太问起来我们有话说。要打大家打,要发大家发。自从琏二爷出了门,外头闹的还了得!我们的月钱月米是不给了,赌钱喝酒闹小旦,还接了外头的媳妇儿到宅里来。这不是爷吗。"说得贾芸等顿口无言。王夫人那边又打发人来催说:"叫爷们快找来。"那贾环等急得恨无地缝可钻,又不敢盘问巧姐那边的人。明知众人深恨,是必藏起来了。但是这句话怎敢在王夫人面前说。只得各处亲戚家打听,毫无踪迹。里头一个邢夫人,外头环儿等,这几天闹的昼夜不宁。

看看到了出场日期,王夫人只盼着宝玉贾兰回来。等到晌午,不见回来,王夫人李纨宝钗着忙,打发人到下处打听。去了一起,又无消息,连去的人也不来了。回来又打发一起

人去,又不见回来。三个人心里如热油熬煎,等到傍晚有人进来,见是贾兰。众人喜欢问道:"宝二叔呢?"贾兰也不及请安,便哭道:"二叔丢了。"王夫人听了这话便怔了,半天也不言语,便直挺挺的躺倒床上。亏得彩云等在后面扶着,下死的叫醒转来哭着。见宝钗也是白瞪两眼。袭人等已哭得泪人一般,只有哭着骂贾兰道:"糊涂东西,你同二叔在一处,怎么他就丢了?"贾兰道:"我和二叔在下处,是一处吃一处睡。进了场,相离也不远,刻刻在一处的。今儿一早,二叔的卷子早完了,还等我呢。我们两个人一起去交了卷子,一同出来,在龙门口一挤,回头就不见了。我们家接场的人都问我,李贵还说看见的,相离不过数步,怎么一挤就不见了。现叫李贵等分头的找去,我也带了人各处号里都找遍了,没有,我所以这时候才回来。"王夫人是哭的一句话也说不出来,宝钗心里已知八九,袭人痛哭不已。贾蔷等不等盼咐,也是分头而去。可怜荣府的人个个死多活少,空备了接场的酒饭。贾兰也忘却了辛苦,还要自己找去。倒是王夫人拦住道:"我的儿,你叔叔丢了,还禁得再丢了你么。好孩子,你歇歇去罢。"贾兰哪里肯走。尤氏等苦劝不止。众人中只有惜春心里却明白了,只不好说出来,便问宝钗道:"二哥哥带了玉去了没有?"宝钗道:"这是随身的东西,怎么不带!"惜春听了便不言语。袭人想起那日抢玉的事来,也是料着那和尚作怪,柔肠几断,珠泪交流,呜呜咽咽哭个不住。追想当年宝玉相待的情分,有时怄他,他便恼了,也有一种令人回心的好处,那温存体贴是不用说了。若怄急了他,便赌誓说做和尚。那知道今日却应了这句话!看看那天已觉是四更天气,并没有个信儿。李纨又怕王夫人苦坏了,极力的劝着回房。众人都跟着伺候,只有邢夫人回去。贾环躲着不敢出来。王夫人叫贾兰去了,一夜无眠。次日天明,虽有家人回来,都说没有一处不寻到,实在没有影儿。于是薛姨妈、薛蝌、史湘云、宝琴、李婶等,连二连三的过来请安问信。

如此一连数日,王夫人哭得饮食不进,命在垂危。忽有家人回道:"海疆来了一人,口称统制大人那里来的,说我们家的三姑奶奶明日到京了。"王夫人听说探春回京,虽不能解宝玉之愁,那个心略放了些。到了明日,果然探春回来。众人远远接着,见探春出挑得比先前更好了,服采鲜明。见了王夫人形容枯槁,众人眼肿腮红,便也大哭起来,哭了一会,然后行礼。看见惜春道姑打扮,心里很不舒服。又听见宝玉心迷走失,家中多少不顺的事,大家又哭起来。还亏得探春能言,见解亦高,把话来慢慢儿的劝解了好些时,王夫人等略觉好些。再明儿,三姑爷也来了。知有这样的事,探春住下劝解。跟探春的丫头老婆也与众姐妹们相聚,各诉别后的事。从此上上下下的人,竟是无昼无夜专等宝玉的信。

那一夜五更多天,外头几个家人进来到二门口报喜。几个小丫头乱跑进来,也不及告诉大丫头了,进了屋子便说:"太太奶奶们大喜。"王夫人打量宝玉找着了,便喜欢的站起身来说:"在哪里找着的,快叫他进来。"那人道:"中了第七名举人。"王夫人道:"宝玉呢?"家人不言语,王夫人仍旧坐下。探春便问:"第七名中的是谁?"家人回说"是宝二爷。"正说着,外头又嚷道:"兰哥儿中了。"那家人赶忙出去接了报单回禀,见贾兰中了一百三十名。李纨心下喜欢,因王夫人不见了宝玉,不敢喜形于色。王夫人见贾兰中了,心下也是喜欢,只想:"若是宝玉一回来,咱们这些人不知怎样乐呢!"独有宝钗心下悲苦,又不好掉泪。众人道喜,说是"宝玉既有中的命,自然再不会丢的。况天下哪有迷失了的举人。"王夫人等想来不错,略有笑容。众人便趁势劝王夫人等多进了些饮食。只见三门外头焙茗乱嚷说:"我们二爷中了举人,是丢不了的了。"众人问道:"怎见得呢?"焙茗道:"'一举成名天下闻',如今二爷走到哪里,哪里就知道的。谁敢不送来!"里头的众人都说:"这小子虽是没规矩,这句话是不错的。"惜春道:"这样大人了,哪里有走失的。只怕他勘破世情,入了空门,这就难找着他了。"这句话又招得王夫人等又大哭起来。李纨道:"古来成佛作祖成神仙的,果然把爵位富贵都抛了也多得很。"王夫人哭道:"他若抛了父母,这就是不孝,怎能成佛作祖。"探春道:"大凡一个人不可有奇处。二哥哥生来带块玉来,都道是好事,这么说起来,都是有了这块玉的不好。若是再有几天不见,我不是叫太太生气,就有些缘故了,只好譬如没有生这位哥哥罢了。果然有来头成了正果,也是太太几辈子的修积。"宝钗听了不言语,袭人哪里忍得住,心里一疼,头上一晕,便栽倒了。王夫人见了可怜,命人扶他回去。贾环见哥哥侄儿中了,又为巧姐

的事大不好意思，只报怨蔷芸两个，知道探春回来，此事不肯干休，又不敢躲开，这几天竟是如在荆棘之中。

明日贾兰只得先去谢恩，知道甄宝玉也中了，大家序了同年。提起贾宝玉心迷走失，甄宝玉叹息劝慰。知贡举的将考中的卷子奏闻，皇上一一的披阅，看取中的文章俱是平正通达的。见第七名贾宝玉是金陵籍贯，第一百三十名又是金陵贾兰，皇上传旨询问，两个姓贾的是金陵人氏，是贾妃一族。大臣领命出来，传贾宝玉贾兰问话，贾兰将宝玉场后迷失的话并将三代陈明，大臣代为转奏。皇上最是圣明仁德，想起贾氏功勋，命大臣复奏，大臣便细细的奏明。皇上甚是悯恤，命有司将贾赦犯罪情由查案呈奏。皇上又看到海疆靖寇班师善后事宜一本，奏的是海宴河清，万民乐业的事。皇上圣心大悦，命九卿叙功议赏，并大赦天下。贾兰等朝臣散后拜了座师，并听见朝内有大赦的信，便回了王夫人等。合家略有喜色，只盼宝玉回来。薛姨妈更加喜欢，便要打算赎罪。

一日，人报甄老爷同三姑爷来道喜，王夫人便命贾兰出去接待。不多一回，贾兰进来笑嘻嘻的回王夫人道："太太们大喜了。甄老伯在朝内听见有旨意，说是大老爷的罪名免了，珍大爷不但免了罪，仍袭了宁国三等世职。荣国世职仍是老爷袭了，俟丁忧服满，仍升工部郎中。所抄家产，全行赏还。二叔的文章，皇上看了甚喜，问知元妃兄弟，北静王还奏说人品亦好，皇上传旨召见，众大臣奏称据伊侄贾兰回称出场时迷失，现在各处寻访，皇上降旨着五营各衙门用心寻访。这旨意一下，请太太们放心，皇上这样圣恩，再没有找不着了。"王夫人等这才大家称贺，喜欢起来。只有贾环等心下着急，四处找寻巧姐。

哪知巧姐随了刘姥姥带着平儿出了城，到了庄上，刘姥姥也不敢轻亵巧姐，便打扫上房让给巧姐平儿住下。每日供给虽是乡村风味，倒也洁净。又有青儿陪着，暂且宽心。那庄上也有几家富户，知道刘姥姥家来了贾府姑娘，谁不来瞧，都道是天上神仙。也有送果的，也有送野味的，倒也热闹。内中有个极富的人家，姓周，家财巨万，良田千顷。只有一子，生得文雅清秀，年纪十四岁，他父母延师读书，新近科试中了秀才。那日他母亲看见了巧姐，心里羡慕，自想："我是庄家人家，哪能配得起这样世家小姐！"呆呆的想着。刘姥姥知他心事，拉着他说："你的心事我知道了，我给你们做个媒罢。"周妈妈笑道："你别哄我，他们什么人家，肯给我们庄家人么。"刘姥姥道："说着瞧罢。"于是两人各自走开。

刘姥姥惦记着贾府，叫板儿进城打听，那日恰好到宁荣街，只见有好些车轿在那里。板儿便在邻近打听，说是："宁荣两府复了官，赏还抄的家产，如今府里又要起来了。只是他们的宝玉中了官，不知走到哪里去了。"板儿心里喜欢，便要回去，又见好几匹马到来，在门前下马。只见门上打千儿请安说："二爷回来了，大喜！大老爷身上安了么？"那位爷笑着道："好了。又遇恩旨，就要回来了。"还问："那些人做什么的？"门上回说："是皇上派官在这里下旨意，叫人领家产。"那位爷便喜欢进去。板儿便知是贾琏了。也不用打听，赶忙回去告诉他外祖母。刘姥姥听说，喜的眉开眼笑，去和巧姐儿贺喜，将板儿的话说了一遍。平儿笑说道："可不是，亏得姥姥这样一办，不然姑娘也摸不着那好时候。"巧姐更自欢喜。正说着，那送贾琏信的人也回来了，说是："姑老爷感激得很，叫我一到家快把姑娘送回去。又赏了我好几两银子。"刘姥姥听了得意，便叫人赶了两辆车，请巧姐平儿上车。巧姐等在刘姥姥家住熟了，反是依依不舍，更有青儿哭着，恨不能留下。刘姥姥知他不忍相别，便叫青儿跟了进城，一径直奔荣府而来。

且说贾琏先前知道贾赦病重，赶到配所，父子相见，痛哭一场，渐渐的好起来。贾琏接着家书，知道家中的事，禀明贾赦回来，走到中途，听得大赦，又赶了两天，今日到家，恰遇颁赏恩旨。里面邢夫人等正愁无人接旨，虽有贾兰，终是年轻，人报琏二爷回来，大家相见，悲喜交集，此时也不及叙话，即到前厅叩见了钦命大人。问了他父亲好，说明日到内府领赏，宁国府第发居住。众人起身辞别，贾琏送出门去。见有几辆屯车，家人们不许停歇，正在吵闹。贾琏早知道是巧姐来的车，便骂家人道："你们这帮糊涂忘八崽子，我不在家，就欺心害主，将巧姐儿都逼走了。如今人家送来，还要拦阻，必是你们和我有什么仇么！"众家人原怕贾琏回来不依，想来少时才破，岂知贾琏说得更明，心下不懂，只得站着回道："二爷出门，奴

才们有病的，有告假的，都是三爷、蔷大爷、芸大爷做主，不与奴才们相干。"贾琏道："什么混帐东西！我完了事再和你们说，快把车赶进来！"

贾琏进去见邢夫人，也不言语，转身到了王夫人那里，跪下磕了个头，回道："姐儿回来了，全亏太太。环兄弟太太也不用说他了。只是芸儿这东西，他上回看家就闹乱儿，如今我去了几个月，便闹到这样。回太太的话，这种人撵了他不往来也使得。"王夫人道："你大舅子为什么也是这样？"贾琏道："太太不用说，我自有道理。"正说着，彩云等回道："巧姐儿进来了。"见了王夫人，虽然别不多时，想起这样逃难的景况，不免落下泪来。巧姐儿也便大哭。贾琏谢了刘姥姥。王夫人便拉他坐下，说起那日的话来。贾琏见平儿，外面不好说别的，心里感激，眼中流泪。自此贾琏心里愈敬平儿，打算等贾赦等回来要扶平儿为正。此是后话，暂且不题。

邢夫人正恐贾琏不见了巧姐，必有一番的周折，又听见贾琏在王夫人那里，心下更是着急，便叫丫头去打听。回来说是巧姐儿同着刘姥姥在那里说话，邢夫人才如梦初觉，知他们的鬼，还抱怨着王夫人"调唆我母子不和，到底是哪个送信给平儿的？"正问着，只见巧姐同着刘姥姥带了平儿，王夫人在后头跟着进来，先把头里的话都说在贾芸王仁身上，说："大太太原是听人家说，为的是好事，哪里知道外头的鬼。"邢夫人听了，自觉羞惭。想起王夫人主意不差，心里也服。于是邢王夫人彼此心下相安。

平儿回了王夫人，带了巧姐到宝钗那里来请安，各自提各自的苦处。又说到"皇上隆恩，咱们家该兴旺起来了。想来宝二爷必回来的。"正说到这话，只见秋纹急忙来说："袭人不好了！"不知何事，且听下回分解。

第一百二十回　甄士隐详说太虚情
贾雨村归结红楼梦

话说宝钗听秋纹说袭人不好，连忙进去瞧看。巧姐儿同平儿也随着走到袭人炕前。只见袭人心痛难禁，一时气厥。宝钗等用开水灌了过来，仍旧扶他睡下，一面传请大夫。巧姐儿问宝钗道："袭人姐姐怎么病到这个样？"宝钗道："大前儿晚上哭伤了心了，一时发晕栽倒了。太太叫人扶他回来，他就睡倒了。因外头有事，没有请大夫瞧他，所以致此。"说着，大夫来了，宝钗等略避。大夫看了脉，说是急怒所致，开了方子去了。

原来袭人模糊听见说宝玉若不回来，便要打发屋里的人都出去，一急越发不好了。到大夫瞧后，秋纹给他煎药。他各自一人躺着，神魂未定，好像宝玉在他面前，恍惚又像是见个和尚，手里拿着一本册子揭着看，还说道："你别错了主意，我是不认得你们的了。"袭人似要和他说话，秋纹走来说："药好了，姐姐吃罢。"袭人睁眼一瞧，知是个梦，也不告诉人。吃了药，便自己细细的想："宝玉必是跟了和尚去。上回他要拿玉出去，便是要脱身的样子，被我揪住，看他竟不像往常，把我混推混搡的，一点情意都没有。后来待二奶奶更生厌烦。在别的姊妹跟前，也是没有一点情意。这就是悟道的样子。但是你悟了道，抛了二奶奶怎么好！我是太太派我服侍你，虽是月钱照着那样的分例，其实我究竟没在老爷太太跟前回明就算了你的屋里人。若是老爷太太打发我出去，我若死守着，又叫人笑话；若是我出去，心想宝玉待我的情分，实在不忍。"左思右想，实在难处。想到刚才的梦"好像和我无缘"的话，"倒不如死了干净"。岂知吃药以后，心痛减了好些，也难躺着，只好勉强支持。过了几日，起来服侍宝钗。宝钗想念宝玉，暗中垂泪，自叹命苦。又知他母亲打算给哥哥赎罪，很费张罗，不能不帮着打算。暂且不表。

且说贾政扶贾母灵柩，贾蓉送了秦氏凤姐鸳鸯的棺木，到了金陵，先安了葬。贾蓉自送黛玉的灵也去安葬。贾政料理坟墓的事。一日接到家书，一行一行的看到宝玉贾兰得中，心

里自是喜欢。后来看到宝玉走失，复又烦恼，只得赶忙回来。在道儿上又闻得有恩赦的旨意，又接家书，果然赦罪复职，更是喜欢，便日夜趱行。

一日，行到毗陵驿地方，那天乍寒下雪，泊在一个清净去处。贾政打发众人上岸投帖辞谢朋友，总说即刻开船，都不敢劳动。船中只留一个小厮伺候，自己在船中写家书，先要打发人起早到家。写到宝玉的事，便停笔。抬头忽见船头上微微的雪影里面一个人，光着头，赤着脚，身上披着一领大红猩猩毡的斗篷，向贾政倒身下拜。贾政尚未认清，急忙出船，欲待扶住问他是谁。那人已拜了四拜，站起来打了个问讯。贾政才要还揖，迎面一看，不是别人，却是宝玉。贾政吃一大惊，忙问道："可是宝玉么？"那人只不言语，似喜似悲。贾政又问道："你若是宝玉，如何这样打扮，跑到这里？"宝玉未及回言，只见舡头上来了两人，一僧一道，夹住宝玉说道："俗缘已毕，还不快走。"说着，三个人飘然登岸而去。贾政不顾地滑，急忙来赶。见那三人在前，哪里赶得上。只听见他们三人口中不知是哪个作歌曰：

我所居兮，青埂之峰。我所游兮，鸿蒙太空。谁与我游兮，吾谁与从？渺渺茫茫兮，归彼大荒！

贾政一面听着，一面赶去，转过一小坡，倏然不见。贾政已赶得心虚气喘，惊疑不定，回过头来，见自己的小厮也是随后赶来。贾政问道："你看见方才那三个人么？"小厮道："看见的。奴才为老爷追赶，故也赶来。后来只见老爷，不见那三个人了。"贾政还欲前走，只见白茫茫一片旷野，并无一人。贾政知是古怪，只得回来。

众家人回舡，见贾政不在舱中，问了舡夫，说是"老爷上岸追赶两个和尚一个道士去了。"众人也从雪地里寻踪迎去，远远见贾政了，迎上去接着，一同回船。贾政坐下，喘息方定，将见宝玉的话说了一遍。众人回禀，便要在这地方寻觅。贾政叹道："你们不知道，这是我亲眼见的，并非鬼怪。况听得歌声大有玄妙。那宝玉生下时衔了玉来，便也古怪，我早知不祥之兆，为的是老太太疼爱，所以养育到今。便是那和尚道士，我也见了三次：头一次是那僧道来说玉的好处；第二次便是宝玉病重，他来了将那玉持诵一番，宝玉便好了；第三次送那玉来，坐在前厅，我一转眼就不见了。我心里便有些诧异，只道宝玉果真有造化，高僧仙道来护佑他的。岂知宝玉是下凡历劫的，竟哄了老太太十九年！如今叫我才明白。"说到那里，掉下泪来。众人道："宝二爷果然是下凡的和尚，就不该中举人了。怎么中了才去？"贾政道："你们哪里知道，大凡天上星宿，山中老僧，洞里的精灵，他自有一种性情。你看宝玉何尝肯念书，他若略一经心，无有不能的。他那一种脾气也是各别另样。"说着，又叹了几声。众人便拿"兰哥得中，家道复兴"的话解了一番。贾政仍旧写家书，便把这事写上，劝谕合家不必想念了。写完封好，即着家人回去。贾政随后赶回。暂且不题。

且说薛姨妈得了赦罪的信，便命薛蝌去各处借贷，并自己凑齐了赎罪银两。刑部准了，收兑了银子，一角文书将薛蟠放出。他们母子姊妹弟兄见面，不必细述，自然是悲喜交集了。薛蟠自己立誓说道："若是再犯前病，必定犯杀犯剐！"薛姨妈见他这样，便要握他嘴说："只要自己拿定主意，必定还要妄口巴舌血淋淋的起这样恶誓么！只香菱跟了你受了多少的苦

处,你媳妇已经自己治死自己了,如今虽说穷了,这碗饭还有得吃,据我的主意,我便算他是媳妇了,你心里怎么样?"薛蟠点头愿意。宝钗等也说:"很该这样。"倒把香菱急得脸涨通红,说是:"服侍大爷一样的,何必如此。"众人便称起大奶奶来,无人不服。薛蟠便要去拜谢贾家,薛姨妈宝钗也都过来。见了众人,彼此聚首,又说了一番的话。

正说着,恰好那日贾政的家人回家,呈上书子,说:"老爷不日到了。"王夫人叫贾兰将书子念给听。贾兰念到贾政亲见宝玉的一段,众人听了都痛哭起来,王夫人宝钗袭人等更甚。大家又将贾政书内叫家内"不必悲伤,原是借胎"的话解了一番。"与其作了官,倘或命运不好,犯了事坏庄败产,那时倒不好了。宁可咱们家出一位佛爷,倒是老爷太太的积德,所以才投到咱们家来。不是说句不顾前后的话,当初东府里太爷倒是修炼了十几年,也没有成了仙。这佛是更难成的。太太这么一想,心里便开豁了。"王夫人哭着和薛姨妈道:"宝玉抛了我,我还恨他呢。我叹的是媳妇的命苦,才成了一二年的亲,怎么他就硬着肠子都撂下了走了呢!"薛姨妈听了也甚伤心。宝钗哭得人事不知。所有爷们都在外头,王夫人便说道:"我为他担了一辈子的惊,刚刚儿的娶了亲,中了举人,又知道媳妇作了胎,我才喜欢些,不想弄到这样结局! 早知这样,就不该娶亲害了人家的姑娘!"薛姨妈道:"这是自己一定的,咱们这样人家,还有什么别的说的吗? 幸喜有了胎,将来生个外孙子必定是有成立的,后来就有了结果了。你看大奶奶,如今兰哥儿中了举人,明年成了进士,可不是就做了官了么。他头里的苦也算吃尽了的,如今的甜来,也是他为人的好处。我们姑娘的心肠儿姊姊是知道的,并不是刻薄轻佻的人,姊姊倒不必担忧。"王夫人被薛姨妈一番言语说得极有理,心想:"宝钗小时候更是廉静寡欲极爱素淡的,他所以才有这个事,想人生在世真有一定数的。看着宝钗虽是痛哭,他端庄样儿一点不走,却倒来劝我,这是真真难得的! 不想宝玉这样一个人,红尘中福分竟没有一点儿!"想了一回,也觉解了好些。又想到袭人身上:"若说别的丫头呢,没有什么难处的,大的配了出去,小的服侍二奶奶就是了。独有袭人可怎么处呢?"此时人多,也不好说,且等晚上和薛姨妈商量。

那日薛姨妈并未回家,因恐宝钗痛哭,所以在宝钗房中解劝。那宝钗却是极明理,思前想后,"宝玉原是一种奇异的人。夙世前因,自有一定,原无可怨天尤人。"更将大道理的话告诉他母亲了。薛姨妈心里反倒安了,便到王夫人那里先把宝钗的话说了。王夫人点头叹道:"若说我无德,不该有这样好媳妇了。"说着,更又伤心起来。薛姨妈倒又劝了一会子,因又提起袭人来,说:"我见袭人近来瘦的了不得,他是一心想着宝哥儿。但是正配呢理应守的,屋里人愿守也是有的。唯有这袭人,虽说是算个屋里人,到底他和宝哥儿并没有过明路儿的。"王夫人道:"我才刚想着,正要等妹妹商量商量。若说放他出去,恐怕他不愿意,又要寻死觅活;若要留着他也罢,又恐老爷不依。所以难处。"薛姨妈道:"我看姨老爷是再不肯叫守着的。再者姨老爷并不知道袭人的事,想来不过是个丫头,哪有留的理呢? 只要姊姊叫他本家的人来,狠狠的吩咐他,叫他配一门正经亲事,再多多的陪送他些东西。那孩子心肠儿也好,年纪儿又轻,也不枉跟了姐姐会子,也算姐姐待他不薄了。袭人那里还得我细细劝他。就是叫他家的人来也不用告诉他,只等他家里果然说定了好人家儿,我们还打听打听,若果然足衣足食,女婿长的像个人儿,然后叫他出去。"王夫人听了道:"这个主意很是。不然叫老爷冒冒失失的一办,我可不是又害了一个人了么!"薛姨妈听了点头道:"可不是么!"又说了几句,便辞了王夫人,仍到宝钗房中去了。

看见袭人泪痕满面,薛姨妈便劝解譬喻了一会。袭人本来老实,不是伶牙俐齿的人,薛姨妈说一句,他应一句,回来说道:"我是做下人的人,姨太太瞧得起我,才和我说这些话,我是从不敢违拗太太的。"薛姨妈听他的话,"好一个柔顺的孩子!"心里更加喜欢。宝钗又将大义的话说了一遍,大家各自相安。

过了几日,贾政回家,众人迎接。贾政见贾赦贾珍已都回家,弟兄叔侄相见,大家历叙别来的景况。然后内眷们见了,不免想起宝玉来,又大家伤了一会儿心。贾政喝住道:"这是一定的道理。如今只要我们在外把持家事,你们在内相助,断不可仍是从前这样的散慢。别房的事,各有各家料理,也不用承总。我们本房的事,里头全归于你,都要按理而行。"王夫人便

半宝钗有孕的话也告诉了，将来丫头们都放出去。贾政听了，点头无语。

次日贾政进内，请示大臣们，说是："蒙恩感激，但未服阕，应该怎么谢恩之处，望乞大人们指教。"众朝臣说是代奏请旨。于是圣恩浩荡，即命陛见。贾政进内谢了恩，圣上又降了好些旨意，又问起宝玉的事来。贾政据实回奏。圣上称奇，旨意说，宝玉的文章固是清奇，想他必是过来人，所以如此。若在朝中，可以进用。他既不敢受圣朝的爵位，便赏了一个"文妙真人"的道号。贾政又叩头谢恩而出。

回到家中，贾琏贾珍接着，贾政将朝内的话述了一遍，众人喜欢。贾珍便回说："宁国府第收拾齐全，回明了要搬过去。栊翠庵圈在园内，给四妹妹静养。"贾政并不言语，隔了半日，却吩咐了一番仰报天恩的话。贾琏也趁便回说："巧姐亲事，父亲太太都愿意给周家为媳。"贾政昨晚也知巧姐的始末，便说："大老爷大太太做主就是了。莫说村居不好，只要人家清白，孩子肯念书，能够上进。朝里那些官儿难道都是城里的人么？"贾琏答应了"是"，又说："父亲有了年纪，况且又有痰症的根子，静养几年，诸事原仗二老爷为主。"贾政道："提起村居养静，甚合我意。只是我受恩深重，尚未酬报耳。"贾政说毕进内。贾琏打发请了刘姥姥来，应了这件事。刘姥姥见了王夫人等，便说些将来怎样升官，怎样起家，怎样子孙昌盛。

正说着，丫头回道："花自芳的女人进来请安。"王夫人问几句话，花自芳的女人将亲戚作媒，说的是城南蒋家的，现在有房有地，又有铺面，姑爷年纪略大几岁，并没有娶过的，况且人物儿长的是百里挑一的。王夫人听了愿意，说道："你去应了，隔几日进来再接你妹子罢。"王夫人又命人打听，都说是好。王夫人便告诉了宝钗，仍请了薛姨妈细细的告诉了袭人。袭人悲伤不已，又不敢违命的，心里想起宝玉那年到他家去，回来说的死也不回去的话，"如今太太硬作主张。若说我守着，又叫人说我不害臊；若是去了，实不是我的心愿"，便哭得咽哽难鸣，又被薛姨妈宝钗等苦劝，回过念头想道："我若是死在这里，倒把太太的好心弄坏了。我该死在家里才是。"

于是，袭人含悲叩辞了众人，那姐妹分手时自然更有一番不忍说。袭人怀着必死的心肠上车回去，见了哥哥嫂子，也是哭泣，但只说不出来。那花自芳悉把蒋家的聘礼送给他看，又把自己所办妆奁一一指给他瞧，说那是太太赏的，那是置办的。袭人此时更难开口，住了两天，细想起来："哥哥办事不错，若是死在哥哥家里，岂不又害了哥哥呢。"千思万想，左右为难，真是一缕柔肠，几乎牵断，只得忍住。

那日已是迎娶吉期，袭人本不是那一种泼辣人，委委屈屈的上轿而去，心里另想到那里再作打算。岂知过了门，见那蒋家办事极其认真，全都按着正配的规矩。一进了门，丫头仆妇都称奶奶。袭人此时欲要死在这里，又恐害了人家，辜负了一番好意。那夜原是哭着不肯俯就的，那姑爷却极柔情曲意的承顺。到了第二天开箱，这姑爷看见一条猩红汗巾，方知是宝玉的丫头。原来当初只知是贾母的侍儿，意想不到是袭人。此时蒋玉菡念着宝玉待他的旧情，倒觉满心惶愧，更加周旋，又故意将宝玉所换那条松花绿的汗巾拿出来。袭人看了，方知这姓蒋的原来就是蒋玉菡，始信姻缘前定。袭人才将心事说出，蒋玉菡也深为叹息敬服，不敢勉强，并越发温柔体贴，弄得个袭人真无死所了。看官听说：虽然事有前定，无可奈何。但孽子孤臣，义夫节妇，这"不得已"三字也不是一概推诿得的。此袭人所以在又副册也。正是前人过桃花庙的诗上说道：

　　千古艰难唯一死，伤心岂独息夫人！

不言袭人从此又是一番天地。且说那贾雨村犯了婪索的案件，审明定罪，今遇大赦，褫籍为民。雨村因叫家眷先行，自己带了一个小厮，一车行李，来到急流津觉迷渡口。只见一个道者，从那渡头草棚里出来，执手相迎。雨村认得是甄士隐，也连忙打恭，士隐道："贾老先生别来无恙？"雨村道："老仙长到底是甄老先生！何前次相逢觌面不认？后知火焚草亭，下鄙深为惶恐。今日幸得相逢，益叹老仙翁道德高深。奈鄙人下愚不移，致有今日。"甄士隐道："前者老大人高官显爵，贫道怎敢相认？原因故交，敢赠片言，不意老大人相弃之深。然而富贵穷通，亦非偶然，今日复得相逢，也是一桩奇事。这里离草庵不远，暂请膝谈，未知可否？"

国学经典文库

中国二十大名著

红楼梦

图文珍藏版

雨村欣然领命,两人携手而行,小厮驱车随后,到了一座茅庵。士隐让进雨村坐下,小童献上茶来。雨村便请教仙长超尘的始末。士隐笑道:"一念之间,尘凡顿易。老先生从繁华境中来,岂不知温柔富贵乡中有一宝玉乎?"雨村道:"怎么不知。近闻纷纷传述,说他也遁入空门。下愚当时也曾与他往来过数次,再不想此人竟有如是之决绝。"士隐道:"非也。这一段奇缘,我先知之。昔年我与先生在仁清巷旧宅门口叙话之前,我已会过他一面。"雨村惊讶道:"京城离贵乡甚远,何以能见?"士隐道:"神交久矣。"雨村道:"既然如此,现今宝玉的下落,仙长定能知之。"士隐道:"宝玉,即宝玉也。那年荣宁查抄之前,钗黛分离之日,此玉早已离世。一为避祸,二为撮合,从此风缘一了,形质归一,又复稍示神灵,高魁贵子,方显得此玉那天奇地灵锻炼之宝,非凡间可比。前经茫茫大士渺渺真人携带下凡,如今尘缘已满,仍是此二人携归本处,这便是宝玉的下落。"雨村听了,虽不能全然明白,却也十知四五,便点头叹道:"原来如此,下愚不知。但那宝玉既有如此的来历,又何以情迷至此,复又豁悟如此?还要请教。"士隐笑道:"此事说来,老先生未必尽解。太虚幻境即是真如福地。一番阅册,原始要终之道,历历生平,如何不悟?仙草归真,焉有通灵不复原之理呢!"雨村听着,却不明白了。知仙机也不便更问,因又说道:"宝玉之事既得闻命,但是敝族闺秀如此之多,何元妃以下算来结局俱属平常呢?"士隐叹息道:"老先生莫怪拙言,贵族之女俱属从情天孽海而来。大凡古今女子,那'淫'字固不可犯,只这'情'字也是沾染不得的。所以崔莺苏小,无非仙子尘心;宋玉相如,大是文人口孽。凡是情思缠绵的,那结局就不可问了。"雨村听到这里,不觉拈须长叹,因又问道:"请教老仙翁,那荣宁两府,尚可如前否?"士隐道:"福善祸淫,古今定理。现今荣宁两府,善者修缘,恶者悔祸,将来兰桂齐芳,家道复初,也是自然的道理。"雨村低了半日头,忽然笑道:"是了,是了。现在他府中有一个名兰的已中乡榜,恰好应着'兰'字。适间老仙翁说'兰桂齐芳',又道宝玉'高魁子贵',莫非他有遗腹之子,可以飞黄腾达的么?"士隐微微笑道:"此系后事,未便预说。"雨村还要再问,士隐不答,便命人设俱盘飧,邀雨村共食。

食毕,雨村还要问自己的终身,士隐便道:"老先生草庵暂歇,我还有一段俗缘未了,正当今日完结。"雨村惊讶道:"仙长纯修若此,不知尚有何俗缘?"士隐道:"也不过是儿女私情罢了。"雨村听了益发惊异:"请问仙长,何出此言?"士隐道:"老先生有所不知,小女英莲幼遭尘劫,老先生初任之时曾经判断。今归薛姓,产难完劫,遗一子于薛家以承宗祧。此时正是尘缘脱尽之时,只好接引接引。"士隐说着拂袖而起。雨村心中恍恍惚惚,就在这急流津觉迷渡口草庵中睡着了。

这士隐自去度脱了香菱,送到太虚幻境,交那警幻仙子对册。刚过牌坊,见那一僧一道,缥缈而来。士隐接着说道:"大士、真人,恭喜,贺喜! 情缘完结,都交割清楚了么?"那僧道说:"情缘尚未全结,倒是那蠢物已经回来了。还得把他送还原所,将他的后事叙明,不枉他下世一回。"士隐听了,便拱手而别。那僧道仍携了玉到青埂峰下,将宝玉安放在女娲炼石补天之处,各自云游而去。从此后,"天外书传天外事,两番人作一番人。"

这一日空空道人又从青埂峰前经过,见那补天未用之石仍在那里,上面字迹依然如旧,又从头的细细看了一遍,见后面偈文后又历叙了多少收缘结果的话头,便点头叹道:"我从前见石兄这段奇文,原说可以闻世传奇,所以曾经抄录,但未见返本还原。不知何时复有此一佳话,方知石兄下凡一次,磨出光明,修成圆觉,也可谓无复遗憾了。只怕年深日久,字迹模糊,反有舛错,不如我再抄录一番,寻个世上清闲无事的人,托他传遍,知道奇而不奇,俗而不俗,真而不真,假而不假。或者尘梦劳人,聊倩鸟呼归去;山灵好客,更从石化飞来,亦未可知。"想毕,便又抄了,仍袖至那繁华昌盛的地方,遍寻了一番,不是建功立业之人,即系糊口谋衣之辈,那有闲情要去和石头饶舌。直寻到急流津觉迷度口,草庵中睡着一个人,因想他必是闲人,便要将这抄录的《石头记》给他看看。哪知那人再叫不醒。空空道人复又使劲拉他,才慢慢的开眼坐起,便接来草草一看,仍旧掷下道:"这事我已亲见尽知。你这抄录的尚无舛错,我只指与你一个人,托他传去,便可归结这一新鲜公案了。"空空道人忙问何人,那人道:"你须待某年某月某日某时到一个悼红轩中,有个曹雪芹先生,只说贾雨村言托他如此如

此。"说毕,仍旧睡下了。

那空空道人牢牢记着此言,又不知过了几世几劫,果然有个悼红轩,见那曹雪芹先生正在那里翻阅历来的古史。空空道人便将贾雨村言了,方把这《石头记》示看。那雪芹先生笑道:"果然是'贾雨村言'了!"空空道人便问:"先生何以认得此人,便肯替他传述?"曹雪芹先生笑道:"说你空空,原来你肚里果然空空。既是假语村言,但无鲁鱼亥豕以及背谬矛盾之处,乐得与二三同志,酒余饭饱,雨夕灯窗之下,同消寂寞,又不必大人先生品题传世。似你这样寻根究底,便是刻舟求剑,胶柱鼓瑟了。"那空空道人听了,仰天大笑,掷下抄本,飘然而去。一面走着,口中说道:"果然是敷衍荒唐!不但作者不知,抄者不知,并阅者也不知。不过游戏笔墨,陶情适性而已!"后人见了这本奇传,亦曾题过四句为作者缘起之言更转一竿头。云:

说到辛酸处,荒唐愈可悲。
由来同一梦,休笑世人痴!